L

MICHELIN

2020

ESPAÑA | PORTUGAL

MICHELIN

SUMARIO

Pesca (Lisboa) - Henrique Seruca / Il Gallo d'Oro (Funchal)

Consulte la Guía MICHELIN en :
www.viamichelin.es
y escríbanos a :
laguiamichelin-esport@michelin.com

ESTIMADO LECTOR,

Tenemos el gusto de presentarle la Guía MICHELIN España & Portugal 2020, una publicación de marcado carácter culinario que se esfuerza por recoger los mejores restaurantes y hoteles de ambos países, con una meticulosa revisión de los establecimientos tanto en la península ibérica como en Baleares, las islas Canarias o el archipiélago de Madeira. Como en otras ediciones, incluimos también las direcciones más destacadas del Principado de Andorra.

- *Una de nuestras obsesiones es atender a la diversidad, por eso intentamos satisfacer a todo tipo de clientes y buscamos establecimientos de diferentes rangos: para el viajero de empresa, para aquél que va con la familia, para el turista vacacional que anhela sorprender a su pareja, para el foodie que necesita estar a la última... y, por supuesto, para aquellos que tienen un perfil más gastronómico, pues son los que justifican nuestra razón de ser. Con independencia de cuál sea su motivación, seguro que encuentra entre estas páginas el espacio adecuado a sus necesidades, pues hay opciones para todos los gustos y presupuestos.*

- *Los establecimientos citados en la guía, que en esta ocasión se ve enriquecida con textos más amplios en los restaurantes con estrella MICHELIN y Bib Gourmand, han sido seleccionados una vez más por el equipo de inspectores MICHELIN, hombres y mujeres que ponen todos sus sentidos al servicio de nuestros lectores desde la independencia que da el anonimato y el hecho de pagar sus facturas. Recordamos que al finalizar la selección anual solamente los mejores, y siempre tras una decisión colegiada, son reconocidos con alguna distinción: nuestras famosas estrellas MICHELIN (una ✿, dos ✿✿ y tres ✿✿✿), el deseado Bib Gourmand ☺ y El plato MICHELIN 🍽.*

- *Queremos destacar, una vez más, que el simple hecho de aparecer en la Guía MICHELIN debe verse como un premio, pues los estándares de calidad que demanda el mercado cada vez son más elevados y tener una reseña en nuestras páginas es en sí una garantía de calidad.*

2020 sube el nivel y tiene muchas novedades

- Un año más ha sido galardonado un restaurante con las tres estrellas MICHELIN, el mayor reconocimiento gastronómico. Se trata del **Cenador de Amós,** en la localidad cántabra de Villaverde de Pontones.

- En la categoría de dos estrellas hay seis novedades: **Angle** en Barcelona, **Noor** en Córdoba, **Skina** en Marbella, **Bardal** en Ronda, **El Poblet** en València y, ya en Portugal, el singular restaurante **Casa de Chá da Boa Nova**, ubicado en Leça da Palmeira.

- Dentro del apartado de una estrella MICHELIN debemos felicitarnos, pues las 23 novedades de esta edición demuestran que el posicionamiento culinario de ambos países sigue elevándose.

- Las grandes urbes continúan su ascenso, pues suman al firmamento MICHELIN establecimientos como **Aürt** y **Cinc Sentits** en Barcelona, **99 KŌ sushi bar** y **Gofio by Cícero Canary** en Madrid o **EPUR** y **Fifty Seconds** en Lisboa.

Sin embargo, lo que más llama la atención es lo repartidas que están las distinciones (**Magoga** en Cartagena, **La Biblioteca** en Iruña/Pamplona, **Mantúa** en Jerez de la Frontera, **Iván Cerdeño** en Toledo, **La Salita** en València...), con un impacto especial tanto en Baleares (**Voro** en Canyamel - Mallorca y **Es Tragón** en Sant Antoni de Portmany - Eivissa/Ibiza) como en Canarias (**La Aquarela** en Arguineguín y **Los Guayres** en Mogán, ambas en Gran Canaria). Las novedades de Portugal son: **Mesa de Lemos** (Passos de Silgueiros) y **Vistas** (Vila Nova de Cacela).

- Si nos fijamos en los Bib Gourmand vemos que destacan dos ciudades: València (**Canalla Bistro**, **Forastera** y **Gallina Negra**) y Las Palmas de Gran Canaria (**La Barra**, **El Equilibrista 33**, **Pícaro** y **El Santo**).

Nuestro trabajo sigue siendo el mismo de siempre: poner a su alcance una selección renovada, independiente y fiable. Por favor, no dude a la hora de contactar con nosotros, pues es básico saber su opinión sobre los establecimientos seleccionados y conocer esas otras direcciones que, bajo su criterio, podrían estar recomendadas.

Esperamos que disfrute con la Guía MICHELIN España & Portugal 2020.

LOS COMPROMISOS DE LA GUÍA MICHELIN

LA EXPERIENCIA AL SERVICIO DE LA CALIDAD

Ya sea Japón, Estados Unidos, China o Europa, el inspector de la Guía MICHELIN respeta exactamente los mismos criterios para evaluar la calidad de una mesa o de un establecimiento hotelero y aplica las mismas reglas en sus visitas. Porque si la Guía goza hoy de un reconocimiento mundial, se debe a la constancia de su compromiso con respecto a sus lectores. Un compromiso del que queremos reafirmar aquí los principios fundamentales:

La visita anónima

Primera regla de oro. Los inspectores testan de manera anónima y habitual mesas y habitaciones, para apreciar plenamente el nivel de prestaciones ofrecidas a todos los clientes. Pagan la cuenta y, después, pueden revelar su identidad si quieren obtener algún tipo de información complementaria. El correo de los lectores nos proporciona, por otra parte, valiosos testimonios y toda una serie de información que se tendrá en cuenta para la elaboración de nuestros itinerarios de visitas.

La independencia

Para poder mantener un punto de vista totalmente objetivo - siempre buscando el interés del lector - la selección de establecimientos se realiza con total independencia, y la inscripción de los establecimientos en la Guía es totalmente gratuita. Los inspectores y el redactor jefe adoptan las decisiones de manera colegiada y las distinciones más altas se debaten a escala europea.

La elección de lo mejor

La Guía, lejos de ser un listín de direcciones, se concentra en una selección de los mejores hoteles y restaurantes, en todas las cate-

Nuestras estrellas, una ✿, dos ✿✿ y tres ✿✿✿, distinguen las cocinas más notables, cualquiera que sea su estilo. Calidad de los productos, control de cocciones y texturas, equilibrio y armonía de sabores, personalidad de la cocina y regularidad, son los criterios que, más allá de los diferentes tipos de cocina, definen las mejores mesas.

✿✿✿ TRES ESTRELLAS MICHELIN

Una cocina única. ¡Justifica el viaje!

¡La firma de un gran chef! Productos de excepción, sabores puros y marcados, equilibrio en las composiciones: aquí la cocina está al nivel de una obra de arte. Los platos, perfectamente acabados, se transforman a menudo en clásicos.

✿✿ DOS ESTRELLAS MICHELIN

Una cocina excepcional. ¡Merece la pena desviarse!

Los mejores productos, se realzan gracias a la experiencia y la inspiración de un chef con talento, que firma con su equipo platos sutiles, impactantes y, en ocasiones, muy originales.

✿ UNA ESTRELLA MICHELIN

Una cocina de gran nivel. ¡Compensa pararse!

Productos de primera calidad, cuidadas elaboraciones, sabores marcados y una notable regularidad en la confección de los platos.

BIB GOURMAND

Nuestra mejor relación calidad/precio

Un momento de placer gastronómico por menos de 35 €: productos de calidad, precios contenidos y una cocina con una excelente relación calidad/precio.

El plato MICHELIN

Una cocina de calidad

Productos de calidad y la mano del chef: ¡sencillamente una buena comida!

gorías de confort y precio. Una elección que es el resultado de la aplicación rigurosa de un mismo método por parte de todos los inspectores, independientemente del país en el que actúen.

La actualización anual

Cada año se revisa y actualiza toda la información práctica, todas las clasificaciones y distinciones para poder ofrecer la información más fiable.

La homogeneidad de la selección

Los criterios de clasificación son idénticos para todos los países que cubre la Guía MICHELIN. A cada cultura, su cocina, pero la calidad tiene que seguir siendo un principio universal...

"La ayuda a la movilidad": es la misión que se ha propuesto Michelin.

MODO DE EMPLEO...

COMO UTILIZAR LA GUÍA

RESTAURANTES

Los restaurantes están clasificados por la calidad de su cocina:

Estrellas

✿✿✿ Una cocina única. ¡Justifica el viaje!

✿✿ Una cocina excepcional. ¡Merece la pena desviarse!

✿ Una cocina de gran nivel. ¡Compensa pararse!

Bib Gourmand

☺ Nuestra mejor relación calidad/precio.

El plato MICHELIN

🍽 Una cocina de calidad.

Dentro de cada categoría de calidad de cocina, los restaurantes están clasificados según su standing *(de XXXXX a X)* y se citan por orden alfabético.

En rojo: Nuestros restaurantes más agradables.

ESPAÑA

LOGROÑO
La Rioja – Ver mapa regional n° **14** A2
Mapa de carreteras Michelin n°573-E2

✿ **Cortés**
COCINA CLASICA • ACTUAL
Estamos en un restaurante fa
ductos locales de temporada
Completa bodega con extenso
Especialidades: Los garbanzo
Menú 50/65€ – Carta 65/85 €
Plano: B1-a – *Madre de Dios 3*
Santa, octubre, domingo noc

☺ **La Casa de Ramón**
COCINA CREATIVA • MODERN
so por un bar a un comedor ac
trasera. Posee agradables hab
Especialidades: Pulpo con
wasabi. Coca de Llavaneres
Menú 28/36€ – Carta 38/47 €
Plano: A2-c – *Marqués de San*
www.lacasaderamon.com

🍽 **Las Cancelas**
COCINA TRADICIONAL • RÚS
casona de piedra. Su cuidada
sante cocina creativa y una bu
Menú 22/37 € – (solo almuerz
Plano: A1-e – *Saturnino Ularg*
www.lascancelas.com – Cerra

HOTELES

Los hoteles están clasificados por categorías de confort *(de 🏨 a 🏠)*, y se citan por orden alfabético.

🏡 Otros tipos de alojamiento recomendados.

En rojo: Nuestros establecimientos más agradables.

🏨 **Mikasa** Ⓝ
ROMANTICO • ELEGANTE Res
tados, ya que ocupa una casa
tas habitaciones, todas con m
un restaurante de excelente m
caballerizas.
48 hab – ☕ 10 € – 85/155
Plano: A1-b – *Gran Vía del Rey*
www.mikasa.com – cerrado f
☺ **La Casa de Ramón** – ver selecc

Localizar el establecimiento

Los establecimientos están situados en los planos, y sus coordenadas indicadas en la dirección.

Palabras-clave

Dos palabras-clave para identificar de un vistazo el tipo de cocina *(para los restaurantes)* y el estilo *(decoración, ambiente...)* del establecimiento.

edulis, níscalos, colmenillas, rebozuelos...
ferencia, pues siempre trabajan con pro-
ado la micología a la categoría de arte.
de vinos franceses.
tus. El corzo en el pinar. Un paisaje dulce.
27 23 57 – www.cortes.com – Semana
s.
cio familiar llevado con dedicación. Acce-
e complementa con otro salón en la parte
de adecuado confort.
nfitadas. Tataki de ternera con soja y
1 ✉ 26001 – ✆ 979 12 50 80 –
ogedor restaurante instalado en una bella
rústica se complementa con una intere-
tación.
bado en invierno)
001 – ✆ 937 93 87 53 –
en enero, 7 días en junio y domingo
o y rezuma nobleza por los cuatro cos-
el s. XVI bien restaurada. Ofrece exquisi-
de época, un bello entorno ajardinado y
ste último instalado en lo que fueron las
artamentos
rlos I-74 – ✆ 941 12 24 23 –
rantes

Instalaciones y servicios

- Carta de vinos atractiva
- Carta de cocktails atractiva
- Hotel con restaurante
- Restaurante con habitaciones
- Tranquilo
- Bonita vista
- Parque o jardín
- Golf
- Ascensor
- Instalaciones adaptadas para personas con movilidad reducida
- Aire acondicionado
- Comidas servidas en el jardín o en la terraza
- Piscina al aire libre/cubierta
- Spa
- Gimnasio
- Salas de conferencias
- Salones privados
- Parking • Garaje
- No se aceptan tarjetas de crédito
- Estación de metro

- Nuevo establecimiento recomendado

Precios

Restaurantes

Menú/Menu 20/38 €	Menú a precio fijo, mínimo/máximo
Carta 20/60 €	Comida a la carta, precio mínimo/máximo
Tapa 4 €	Precio de una tapa
Ración 10 €	Precio de una ración

Hoteles

70/100 €	Precio mínimo/máximo de una habitación doble, desayuno incluido
9 €	Precio del desayuno

LEYENDA DE LOS PLANOS

Hoteles •
Restaurantes • Bares de tapas •

Curiosidades

- Edificio interesante
- Edificio religioso interesante

Vías de circulación

- Autopista • autovía
- Número del acceso : completo-parcial
- Vía importante de circulación
- Calle impracticable, de uso restringido
- Calle peatonal
- Aparcamiento
- Túnel
- Estación y línea férrea
- Funicular • Tren de cremallera
- Teleférico, telecabina

Signos diversos

- Oficina de Información de Turismo
- Edificio religioso
- Torre • Ruinas • Molino de viento
- Jardín, parque, bosque • Cementerio
- Estadio • Golf • Hipódromo
- Piscina al aire libre, cubierta
- Vista • Panorama
- Monumento • Fuente
- Puerto deportivo
- Faro
- Aeropuerto
- Boca de metro
- Estación de autobuses
- Tranvía
- Transporte por barco :
  Pasajeros y vehículos • pasajeros solamente
- Oficina central de lista de Correos
- Ayuntamiento • Universidad, Escuela superior

SUMÁRIO

Introducâo

Consulte o Guia MICHELIN:
www.viamichelin.pt
e escreva para:
laguiamichelin-esport@michelin.com

CARO LEITOR,

Temos o prazer de apresentar o Guia MICHELIN España & Portugal 2020, uma publicação com acentuado carácter culinário que se esforça por recompilar os melhores restaurantes e hotéis de ambos os países, com uma meticulosa revisão dos estabelecimentos, tanto na península ibérica, como nas ilhas Baleares, ilhas Canárias ou no arquipélago da Madeira. Assim como noutras edições, incluímos também os estabelecimentos mais proeminentes do Principado de Andorra.

- *Uma das nossas obsessões é atender a diversidade, por isso tentamos satisfazer todo o tipo de clientes e procuramos estabelecimentos de diversos escalões: para o viajante de empresa, para quem vai com a família, para o turista que quer surpreender o cônjuge, para o foodie que precisa de estar à última... E, claro está, para quem tem um perfil mais gastronómico, pois são os que justificam a nossa razão de ser. Independentemente da motivação, certamente vai encontrar nestas páginas o espaço adequado às suas necessidades, pois há opções para todos os gostos e orçamentos.*

- *Os estabelecimentos citados no guia, que desta vê se vê enriquecido com textos mais extensos nos restaurantes com estrela MICHELIN e Bib Gourmand, foram selecionados mais uma vez pela equipa de inspetores MICHELIN, homens e mulheres que colocam todos os seus sentidos ao serviço dos nossos leitores, sempre com a independência que dá o anonimato e o facto de pagar as suas contas. Relembramos que ao finalizar a seleção anual só os melhores, e sempre após uma decisão coletiva, são reconhecidos com alguma distinção: as nossas famosas estrelas MICHELIN (uma ✿, duas ✿✿ e três ✿✿✿), o desejado Bib Gourmand ☺ e O prato MICHELIN ¶○.*

- *Queremos sublinhar, mais uma vez, que o mero facto de aparecer no Guia MICHELIN se deve ver como um prémio, dado que os padrões de qualidade que exige o mercado são cada vez mais elevados e ter uma menção nas nossas páginas é por si só uma garantia de qualidade.*

Alma (Lisboa)

2020 sobe o nível e tem muitas novidades

• Mais um ano foi galardoado um restaurante com as três estrelas MICHELIN, o maior reconhecimento gastronómico. É **Cenador de Amós**, na localidade de Villaverde de Pontones *(Cantabria)*.

• Na categoria de duas estrelas há seis novidades: **Angle** em Barcelona, **Noor** em Córdoba, **Skina** em Marbella, **Bardal** em Ronda, **El Poblet** em València e, já em Portugal, o singular restaurante **Casa de Chá da Boa Nova**, situado em Leça da Palmeira.

• No ponto de uma estrela MICHELIN devemos felicitar-nos, pois as 23 novidades desta edição demonstram que o posicionamento culinário de ambos os países continua a subir.

• As grandes urbes continuam a crescer, pois adicionam ao firmamento MICHELIN estabelecimentos como **Aürt** e **Cinc Sentits** em Barcelona, **99 KŌ sushi bar** e **Gofio by Cícero Canary** em Madrid o **EPUR** e **Fifty Seconds** em Lisboa. Contudo, o que mais chama a atenção é como estão repartidas as distinções (**Magoga** em Cartagena, **La Biblioteca** em Iruña/Pamplona, **Mantúa** em Jerez de la Frontera, **Iván Cerdeño** em

Toledo, **La Salita** em València...), com um impacto especial tanto em Baleares (**Voro** em Canyamel - Mallorca e **Es Tragón** em Sant Antoni de Portmany - Eivissa/Ibiza) como em Canárias (**La Aquarela** em Arguineguín e **Los Guayres** em Mogán, ambas em Gran Canária). As novidades de Portugal são: **Mesa de Lemos** (Passos de Silgueiros) e **Vistas** (Vila Nova de Cacela).

- Se observamos os Bib Gourmand vemos que destacam duas cidades: València (**Canalla Bistro**, **Forastera** e **Gallina Negra**) e Las Palmas de Gran Canaria (**La Barra, El Equilibrista 33**, **Pícaro** e **El Santo**).

O nosso trabalho continua a ser o mesmo de sempre: pôr ao seu alcance uma seleção renovada, independente e de confiança. Por favor, não duvide contactar connosco, pois é fundamental saber a sua opinião sobre os estabelecimentos selecionados e conhecer esses outros estabelecimentos que, a ser ver, poderiam ser recomendados.

Esperamos que desfrute com o Guia MICHELIN España & Portugal 2020.

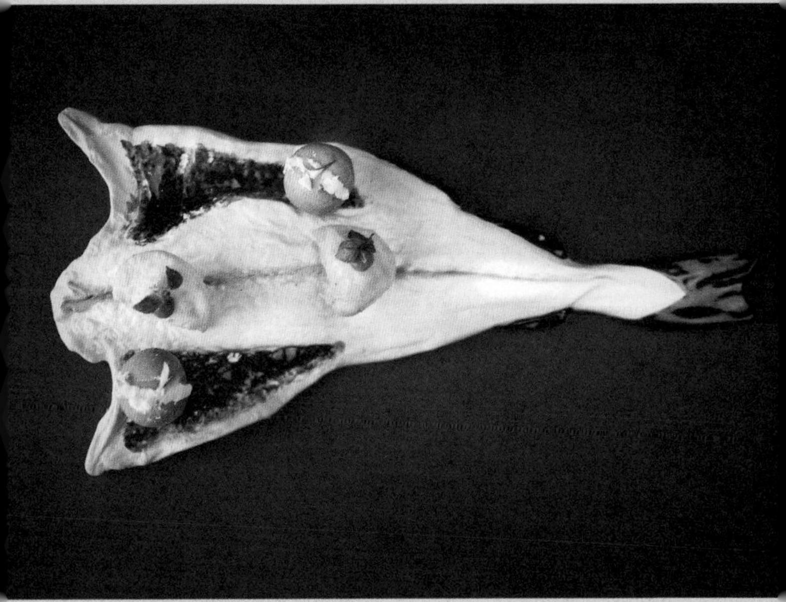

OS COMPROMISSOS DO GUIA MICHELIN

A EXPERIÊNCIA AO SERVIÇO DA QUALIDADE

Quer seja no Japão, nos Estados Unidos, na China ou na Europa, o inspector do Guia MICHELIN respeita exactamente os mesmos critérios para avaliar a qualidade de uma mesa ou de um estabelecimento hoteleiro e aplica as mesmas regras durante as suas visitas. Se o Guia goza hoje de reconhecimento mundial, é graças à constância do seu compromisso para com os seus leitores. Um compromisso cujos princípios ratificamos a seguir:

A visita anónima

Primeira regra de ouro. Os inspectores testam de forma anónima e regular mesas e quartos, com o intuito de apreciar plenamente o nível dos serviços oferecidos aos clientes. Também pagam as suas contas, podendo depois revelar a sua identidade para obterem informações adicionais. O correio dos leitores fornece-nos, por outra parte, preciosos testemunhos e muitas informações que são tidas em conta no momento da elaboração dos nossos itinerários de visitas.

A independência

Para manter um ponto de vista perfeitamente objectivo, para interesse exclusivo do leitor, a selecção dos estabelecimentos realiza-se com total independência e a inscrição dos estabelecimentos no Guia é totalmente gratuita. As decisões são discutidas de forma colegial pelos inspectores e o redactor-chefe, e as distinções mais altas são objecto de um debate a nível europeu.

As nossas estrelas, uma ✿ duas ✿✿ e três ✿✿✿, distinguem as cozinhas mais notáveis, qualquer que seja o seu estilo. Qualidade dos produtos, controle das elaborações e texturas, equilíbrio e harmonia de sabores, personalidade da cozinha e regularidade, são os critérios que, para além das diferentes cozinhas, definem as melhores mesas.

A escolha do melhor

Longe de ser uma lista de endereços, o Guia concentra-se numa selecção dos melhores hotéis e restaurantes, em todas

TRÊS ESTRELAS MICHELIN

Uma cozinha única. Justifica a viagem!

A assinatura de um grande chef! Produtos excepcionais, sabores puros e marcados, composições equilibradas: aqui a cozinha está ao nível de uma obra de arte. Os pratos, perfeitamente acabados muitas vezes se tornam clássicos.

DUAS ESTRELAS MICHELIN

Uma cozinha excecional. Vale um desvio!

Os melhores produtos, realçados pela experiência e pela inspiração de um chefe com talento, que assina com a sua equipa pratos sutis, impactantes e em certas ocasiões muito originais.

UMA ESTRELA MICHELIN

Uma cozinha de grande nivel. Merece a pena parar!

Produtos de primeira qualidade, cuidada execução dos pratos, sabores acentuados, e constância na realização dos pratos.

BIB GOURMAND

A nossa melhor relação qualidade/preço

Un momento de prazer gastronómico por menos de 35 €: produtos de qualidade, uma conta moderada, e uma cozinha com uma excelente relação qualidade/preço.

O prato MICHELIN

Uma cozinha de qualidade

Produtos de qualidade e a mão do chefe: uma boa refeição, nem mais nem menos!

as categorias de conforto e preços. Uma escolha que resulta da aplicação rigorosa de um mesmo método por parte de todos os inspectores, seja qual for o país onde actuam.

A actualização anual

Todas as informações práticas, todas as classificações e distinções são revistas e actualizadas anualmente, com o objectivo de oferecermos uma informação confiável.

A homogeneidade da selecção

Os critérios de classificação são idênticos para todos os países cobertos pelo Guia MICHELIN. A cada cultura, sua cozinha, mas a qualidade deve permanecer como um princípio universal...

"A ajuda a mobilidade": é a missão à qual se dedica a Michelin.

MODO D'EMPREGO...

COMO USAR O GUIA

RESTAURANTES

Os restaurantes estão classificados pela qualidade da sua cozinha:

Estrelas

✿✿✿ Uma cozinha única. Justifica a viagem!

✿✿ Uma cozinha excecional. Vale um desvio!

✿ Uma cozinha de grande nivel. Merece a pena parar!

Bib Gourmand

☺ A nossa melhor relação qualidade/preço.

O prato MICHELIN

🍽 Uma cozinha de qualidade.

Dentro de cada categoria de qualidade de cozinha, os restaurantes estão classificados de acordo com o seu conforto *(de XXXXX a X)* e apresentam-se por ordem alfabética.

A cor Vermelha: Os nossos restaurantes mais agradáveis.

HOTÉIS

Os hotéis são classificados por categorias de conforto *(de ⌂⌂⌂⌂⌂ a ⌂)* e estão dispostos em ordem alfabética.

⌂ Outros tipos de alojamento recomendados.

A cor Vermelha: Os nossos estabelecimentos mais agradáveis.

Localização do estabelecimento

Os estabelecimentos estão localizados nos mapas da cidade, e suas coordenadas enumeradas no seu endereço.

ESPAÑA

LOGROÑO

La Rioja – Ver mapa regional n° **14** A2

Mapa de carreteras Michelin n°573-E2

✿ **Cortés**

COCINA CLASICA • **ACTUAL**

Estamos en un restaurante fa ductos locales de temporada Completa bodega con extenso

Especialidades: Los garbanz

Menú 50/65€ – Carta 65/85 €

Plano: B1-a – *Madre de Dios 3 Santa, octubre, domingo noc*

☺ **La Casa de Ramón**

COCINA CREATIVA • **MODERN**

so por un bar a un comedor ac trasera. Posee agradables hab

Especialidades: Pulpo con wasabi. Coca de Llavaneres

Menú 28/36€ – Carta 38/47 €

Plano: A2-c – *Marqués de Sar*

www.lacasaderamon.com

🍽 **Las Cancelas**

COCINA TRADICIONAL • **RÚS**

casona de piedra. Su cuidada sante cocina creativa y una bu

Menú 22/37 € – (solo almuerz

Plano: A1-e – *Saturnino Ularg*

www.lascancelas.com – *Cerra*

⌂ **Mikasa** Ⓝ

ROMANTICO • **ELEGANTE** Re tados, ya que ocupa una casa tas habitaciones, todas con m un restaurante de excelente r caballerizas.

48 hab – ☕ 10 € – 👥85/155

Plano: A1-b – *Gran Vía del Re*

www.mikasa.com – *cerrado f*

☺ La Casa de Ramón –ver selecc

Palavras chave

Duas palavras-chave para identificar rapidamente o tipo de cozinha *(para os restaurantes)* e o estilo *(decoração, atmosfera ...)* do estabelecimento.

edulis, níscalos, colmenillas, rebozuelos...
ferencia, pues siempre trabajan con pro-
vado la micología a la categoría de arte.
de vinos franceses.
tus. El corzo en el pinar. Un paisaje dulce.
27 23 57 – www.cortes.com – Semana
es.
ocio familiar llevado con dedicación. Acce-
se complementa con otro salón en la parte
de adecuado confort.
onfitadas. Tataki de ternera con soja y
71 ✉ 26001 – ✆ 979 12 50 80 –
ogedor restaurante instalado en una bella
rústica se complementa con una intere-
ntación.
ábado en invierno)
5001 – ✆ 937 93 87 53 –
en enero, 7 días en junio y domingo
no y rezuma nobleza por los cuatro cos-
del s. XVI bien restaurada. Ofrece exquisi-
de época, un bello entorno ajardinado y
ste último instalado en lo que fueron las
partamentos
rlos I-74 – ✆ 941 12 24 23 –
rantes

Instalações e serviços

- Carta de vinhos atractiva
- Carta de cocktails atractiva
- Hotel com restaurante
- Restaurante com quartos
- Em calma
- Bela vista
- Parque ou jardim
- Golfe
- Elevador
- Instalações adaptadas para pessoas com mobilidade reduzida
- Ar condicionado
- Refeições servidas no jardim ou na esplanada
- Piscina ao ar livre/coberta
- Spa
- Ginásio
- Salas de conferências
- Salões privados
- Parque de estacionamento
- Garagem
- Não são aceites cartões de crédito
- Estação de metro

- Novo estabelecimento recomendado

Preços

Restaurantes

Menú/Menu 0/60 €	Menu a preço fixo, mínimo/máximo
Carta 0/35 €	Refeição a lista, preço mínimo/máximo
Tapa 4 €	Preço de uma tapa
ación 10 €	Preço de uma porcão

Hotéis

70/100 €	Preço mínimo/máximo do quarto duplo, pequeno almoço incluido
9 €	Preço do pequeno almoço

LEGENDA DAS PLANTAS

Hotéis
Restaurantes • Bares de tapas

Curiosidades

Edifício interessante
Edifício religioso interessante

Vias de circulação

Auto-estrada • estrada com faixas de rodagem separadas
Número do nó de acesso: completo-parcial
Grande via de circulação
Rua impraticável, regulamentada
Via reservada aos peões
Parque de estacionamento
Túnel
Estação e via férrea
Funicular • Trem de cremalheira
Teleférico, telecabine

Signos diversos

Posto de Turismo
Edifício religioso
Torre • Ruínas • Moinho de vento
Jardim, parque, bosque • Cemitério
Estádio • Golfe • Hipódromo
Piscina ao ar livre, coberta
Vista • Panorama
Monumento • Fonte
Porto desportivo
Farol
Aeroporto
Estação de metro
Estação de autocarros
Eléctrico
Transporte por barco :
Passageiros e automóveis • só de passageiros
Correio principal com posta-restante
Câmara municipal • Universidade, Grande Escola

CONTENTS

Introduction

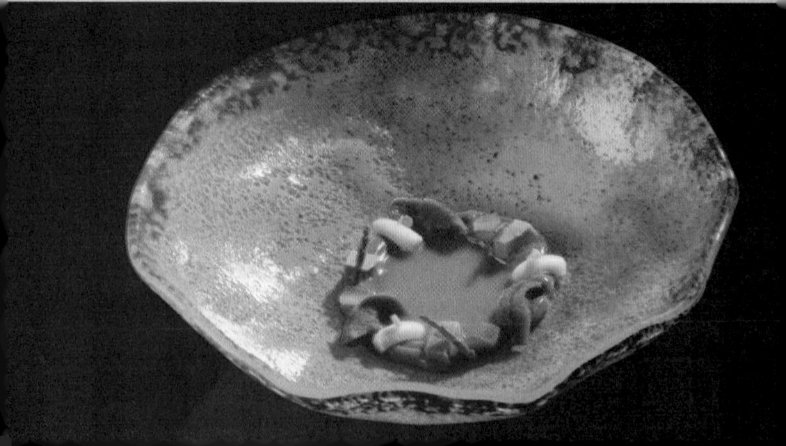

Consult the MICHELIN Guide at:
www.viamichelin.es or **.pt**
and write to us at:
laguiamichelin-esport@michelin.com

Audrey's by Rafa Soler (Calp)

DEAR READER

We are delighted to present the 2020 edition of the MICHELIN Guide Spain & Portugal, a publication with a clear culinary vocation that strives to feature the very finest restaurants and hotels in both countries, including a thorough review of establishments located not only in the Iberian Peninsula, but also in the Balearics, the Canary Islands and the Madeira archipelago. As in previous editions, we have also featured the most outstanding options in the Principality of Andorra.

- ***Diversity is one of our core values, and in this sense we seek to satisfy the tastes of all types of customers, locating establishments that cater for business travellers, those visiting with the family, holidaymakers looking to surprise their partner, foodies hunting for the latest trends... and of course all those with varying degrees of expertise in gastronomy, as they are our fundamental reason for being. Whatever your reason, you are bound to find in this guide a venue that caters for your needs, as it is packed with options to suit all tastes and pockets.***

- ***The establishments featured in the guide, which in this edition include longer texts in the cases of MICHELIN star and Bib Gourmand restaurants, have once again been meticulously selected by MICHELIN's team of inspectors; men and women who have placed all their senses at the service of our readers, applying the independence afforded by their anonymity and the fact that they pay their restaurant bills. It must be remembered that once the year's selection has been made, always in accordance with consensus-based procedures, the establishments are awarded one of our accolades: the famous MICHELIN stars (one ✿, two ✿✿ and three ✿✿✿), the much sought-after Bib Gourmand ☺ and the MICHELIN Plate ꟾO.***

- ***We would once again like to draw your attention to the fact that merely being selected for inclusion in the MICHELIN Guide is a distinction in itself, due to the increasingly high market standards. Indeed, a mention in our guide is a guarantee of excellence.***

Alma/Lisboa

2020: rising standards and a wealth of exciting innovations

- One restaurant has yet again been awarded three MICHELIN stars, the highest gastronomic accolade. It is **Cenador de Amós**, located in Villaverde de Pontones *(Cantabria)*.

- The two star category includes six new establishments: **Angle** in Barcelona, **Noor** in Córdoba, **Skina** in Marbella, **Bardal** in Ronda, **El Poblet** in València and, moving to Portugal, the magnificent **Casa de Chá da Boa Nova** restaurant, situated in Leça da Palmeira.

- The MICHELIN one star category has given us cause for immense pride and satisfaction, as the 23 new additions in this latest edition are proof of the rising culinary standards in both countries.

- The major cities continue to move forward in this sense, with new additions to the MICHELIN firmament such as **Aürt** and **Cinc Sentits** in Barcelona, **99 KŌ sushi bar** and **Gofio by Cícero Canary** in Madrid or **EPUR** and **Fifty Seconds** in

Bon Bon (Lagoa)

Lisbon. However, one of the most striking aspects is the fact that the accolades are evenly spread throughout (**Magoga** in Cartagena, **La Biblioteca** in Iruña/Pamplona, **Mantúa** in Jerez de la Frontera, **Iván Cerdeño** in Toledo, **La Salita** in València...), although the impact has been particularly noticeable both in the Balearic Islands (**Voro** in Canyamel - Mallorca and **Es Tragón** in Sant Antoni de Portmany - Eivissa/Ibiza) and in the Canary Islands (**La Aquarela** in Arguineguín and **Los Guayres** in Mogán, both in Gran Canaria island). The new additions for Portugal are: **Mesa de Lemos** (Passos de Silgueiros) and **Vistas** (Vila Nova de Cacela).

• As for the Bib Gourmand awards, two cities in particular stand out: València (**Canalla Bistro**, **Forastera** and **Gallina Negra**) and Las Palmas de Gran Canaria (**La Barra**, **El Equilibrista 33**, **Pícaro** and **El Santo**).

Our mission remains unchanged; namely to offer you a renewed, independent and reliable selection of establishments. Please feel free to get in touch, as it is essential for us to know your thoughts and opinions of our selection and also to discover those establishments that you consider could be worthy of recommendation.

We hope that you enjoy the 2020 edition of the MICHELIN Guide Spain & Portugal.

THE MICHELIN GUIDE'S COMMITMENTS

EXPERIENCED IN QUALITY!

Whether they are in Japan, the USA, China or Europe, our inspectors apply the same criteria to judge the quality of each and every hotel and restaurant that they visit. The Michelin Guide commands a worldwide reputation thanks to the commitments we make to our readers – and we reiterate these below:

Anonymous inspections

Our inspectors make regular and anonymous visits to hotels and restaurants to gauge the quality of products and services offered to an ordinary customer. They settle their own bill and may then introduce themselves and ask for more information about the establishment. Our readers' comments are also a valuable source of information, which we can follow up with a visit of our own.

Independence

To remain totally objective for our readers, the selection is made with complete independence. Entry into the Guide is free. All decisions are discussed with the Editor and our highest awards are considered at a European level.

Our famous one ✵, two ✵✵ and three ✵✵✵ stars, identify establishments serving the highest quality cuisine – taking into account the quality of ingredients, the mastery of techniques and flavours, the levels of creativity and, of course, consistency.

Selection and choice

The Guide offers a selection of the best hotels and restaurants in every category of comfort and price. This is only possible because all the inspectors rigorously apply the same methods.

✿✿✿ THREE MICHELIN STARS

Exceptional cuisine, worth a special journey!

Our highest award is given for the superlative cooking of chefs at the peak of their profession. The ingredients are exemplary, the cooking is elevated to an art form and their dishes are often destined to become classics.

✿✿ TWO MICHELIN STARS

Excellent cooking, worth a detour!

The personality and talent of the chef and their team is evident in the expertly crafted dishes, which are refined, inspired and sometimes original.

✿ ONE MICHELIN STAR

High quality cooking, worth a stop!

Using top quality ingredients, dishes with distinct flavours are carefully prepared to a consistently high standard.

BIB GOURMAND

Good quality, good value cooking

'Bibs' are awarded for simple yet skilful cooking for under €35.

THE PLATE MICHELIN

Good cooking

Fresh ingredients, capably prepared: simply a good meal.

Annual updates

All the practical information, classifications and awards are revised and updated every year to give the most reliable information possible.

Consistency

The criteria for the classifications are the same in every country covered by the MICHELIN Guide.

The sole intention of Michelin is to make your travels safe and enjoyable.

SEEK AND SELECT...

HOW TO USE THIS GUIDE

RESTAURANTS

Restaurants are classified by the quality of their cuisine:

Stars

✿✿✿ Exceptional cuisine, worth a special journey!

✿✿ Excellent cooking, worth a detour!

✿ High quality cooking, worth a stop!

Bib Gourmand

☺ Good quality, good value cooking.

The Plate Michelin

‖O Good cooking.

Within each cuisine category, restaurants are listed by comfort, from XXXXX to X, and alphabetical order.

Red: Our most delightful places.

HOTELS

Hotels are classified by categories of comfort, from ⌂⌂⌂ to ⌂ and alphabetical order.

⌂ Other accommodation.

Red: Our most delightful places.

Locating the establishment

Location and coordinates on the town plan, with main sights.

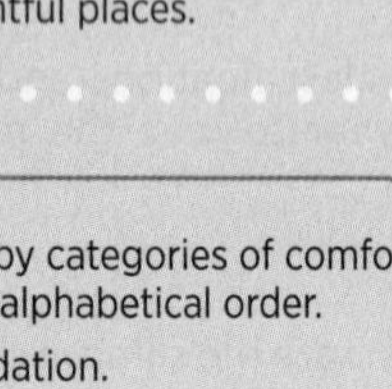

ESPAÑA

LOGROÑO

La Rioja – Ver mapa regional n° **14** A2
Mapa de carreteras Michelin n°573-E2

✿ **Cortés**
COCINA CLASICA • ACTUAL
Estamos en un restaurante fa
ductos locales de temporada
Completa bodega con extensc
Especialidades: Los garbanz
Menú 50/65€ – Carta 65/85 €
Plano: B1-a – *Madre de Dios*
Santa, octubre, domingo noc

☺ **La Casa de Ramón**
COCINA CREATIVA • MODERN
so por un bar a un comedor ac
trasera. Posee agradables hab
Especialidades: Pulpo con
wasabi. Coca de Llavaneres
Menú 28/36€ – Carta 38/47 €
Plano: A2-c – *Marqués de Sar*
www.lacasaderamon.com

‖O **Las Cancelas**
COCINA TRADICIONAL • RÚS
casona de piedra. Su cuidada
sante cocina creativa y una bu
Menú 22/37 € – (solo almuerz
Plano: A1-e – *Saturnino Ularg*
www.lascancelas.com – Cerra

⌂⌂⌂ **Mikasa** Ⓝ
ROMANTICO • ELEGANTE Re
tados, ya que ocupa una casa
tas habitaciones, todas con n
un restaurante de excelente n
caballerizas.
48 hab – ☕ 10 € – 85/155
Plano: A1-b – *Gran Vía del Rey*
www.mikasa.com – cerrado f
☺ **La Casa de Ramón** –ver selecc

Key words

Each entry comes with two key words, making it quick and easy to identify the type of establishment and/or the food that it serves.

;edulis, níscalos, colmenillas, rebozuelos...
eferencia, pues siempre trabajan con pro-
vado la micología a la categoría de arte.
de vinos franceses.
etus. El corzo en el pinar. Un paisaje dulce.

' 27 23 57 – *www.cortes.com – Semana*
es.

ocio familiar llevado con dedicación. Acce-
se complementa con otro salón en la parte
de adecuado confort.
onfitadas. Tataki de ternera con soja y

71 ✉ 26001 – ✆ 979 12 50 80 –

cogedor restaurante instalado en una bella
n rústica se complementa con una intere-
ntación.
ábado en invierno)
5001 – ✆ 937 93 87 53 –
en enero, 7 días en junio y domingo

mo y rezuma nobleza por los cuatro cos-
del s. XVI bien restaurada. Ofrece exquisi-
de época, un bello entorno ajardinado y
este último instalado en lo que fueron las

oartamentos
arlos I-74 – ✆ 941 12 24 23 –

urantes

Facilities & services

- Particularly interesting wine list
- Particularly interesting cocktails list
- Hotel with a restaurant
- Restaurant with bedrooms
- Peaceful establishment
- Great view
- Garden or park
- Golf course
- Lift *(elevator)*
- Wheelchair access
- Air conditioning
- Outside dining available
- Swimming pool: outdoor or indoor
- Wellness centre
- Sauna • Exercise room
- Conference room
- Private dining room
- Car park
- Garage
- Credit cards not accepted
- Nearest Underground station

New establishment in the guide

Prices

Restaurants

Menú/Menu 20/38 €	Fixed price menu. Lowest/highest price
Carta 20/35 €	A la carte menu. Lowest/highest price
Tapa 4 €	Price for a tapa
Ración 10 €	Price for a portion

Hotels

70/100 €	Lowest/highest price for a double room, breakfast included
9 €	Breakfast price where not included in rate.

TOWN PLAN KEY

- Hotels
- Restaurants. Tapas Bar

Sights

Place of interest
Interesting place of worship

Road

Motorway, dual carriageway
Junction: complete, limited
Main traffic artery
Unsuitable for traffic; street subject to restrictions
Pedestrian street
Car park
Tunnel
Station and railway
Funicular
Cable car, cable way

Various signs

Tourist Information Centre
Place of worship
Tower or mast • Ruins • Windmill
Garden, park, wood • Cemetery
Stadium • Golf course • Racecourse
Outdoor or indoor swimming pool
View • Panorama
Monument • Fountain
Pleasure boat harbour
Lighthouse
Airport
Underground station
Coach station
Tramway
Ferry services:
passengers and cars, passengers only
Main post office with poste restante
Town Hall • University, College

Universal Images Group/Getty Images

ESPAÑA

EL PALMARÉS 2020
O PALMARÉS

LAS NUEVAS ESTRELLAS ✿
AS NOVAS ESTRELAS

✿✿✿

Villaverde de Pontones *(Cantabria)*	**Cenador de Amós**

✿✿

Barcelona *(Cataluña)*	**Angle**
Córdoba *(Andalucía)*	**Noor**
Marbella *(Andalucía)*	**Skina**
Ronda *(Andalucía)*	**Bardal**
València *(Comunidad Valenciana)*	**El Poblet**

✿

Barcelona *(Cataluña)*	**Aürt**
Barcelona *(Cataluña)*	**Cinc Sentits**
Bilbao *(País Vasco)*	**Ola Martín Berasategui**
Cartagena *(Región de Murcia)*	**Magoga**
Eivissa-Ibiza/Sant Antoni de Portmany *(Islas Baleares)*	**Es Tragón**
Gran Canaria/Arguineguín *(Islas Canarias)*	**La Aquarela**
Gran Canaria/Mogán *(Islas Canarias)*	**Los Guayres**
Iruña/Pamplona *(Navarra)*	**La Biblioteca**
Jaén *(Andalucía)*	**Dama Juana**
Jerez de la Frontera *(Andalucía)*	**Mantúa**
Madrid *(Comunidad de Madrid)*	**99 KŌ sushi bar**
Madrid *(Comunidad de Madrid)*	**Gofio by Cícero Canary**
Mallorca/Canyamel *(Islas Baleares)*	**Voro**
Quintanilla de Onésimo *(Castilla y León)*	**Taller**
Salou *(Cataluña)*	**Deliranto**
Toledo *(Castilla-La Mancha)*	**Iván Cerdeño**
Torrenueva *(Castilla-La Mancha)*	**Retama**
València *(Comunidad Valenciana)*	**La Salita**
Xàbia *(Comunidad Valenciana)*	**Tula**

LOS NUEVOS BIB GOURMAND
OS NOVOS BIB GOURMAND

Albacete *(Castilla-La Mancha)*	**Asador Concepción**
Alcalá del Valle *(Andalucía)*	**Mesón Sabor Andaluz**
Alcoi *(Comunidad Valenciana)*	**L'Amagatall de Tota**
Alcossebre *(Comunidad Valenciana)*	**Atalaya**
Badajoz *(Extremadura)*	**Lugaris**
Barcelona *(Cataluña)*	**Cruix**
Barcelona *(Cataluña)*	**Saó**
Campo de Criptana *(Castilla-La Mancha)*	**Las Musas**
Cartaya *(Andalucía)*	**Consolación**
Cartes *(Cantabria)*	**La Cartería**
Castelló de la Plana *(Comunidad Valenciana)*	**Le Bistrot Gastronómico**
Chiva *(Comunidad Valenciana)*	**Las Bairetas**
Córdoba *(Andalucía)*	**Avío**
A Coruña *(Galicia)*	**Miga**
Cuenca *(Castilla-La Mancha)*	**Olea Comedor**
Cullera *(Comunidad Valenciana)*	**Eliana Albiach**
Dénia *(Comunidad Valenciana)*	**El Baret de Miquel Ruiz**
Girona *(Cataluña)*	**Pocavergonya**
Gran Canaria / Las Palmas de Gran Canaria *(Islas Canarias)*	**La Barra**
Gran Canaria / Las Palmas de Gran Canaria *(Islas Canarias)*	**El Equilibrista 33**
Gran Canaria / Las Palmas de Gran Canaria *(Islas Canarias)*	**Pícaro**
Gran Canaria / Las Palmas de Gran Canaria *(Islas Canarias)*	**El Santo**
Granada *(Andalucía)*	**Atelier Casa de Comidas**
Hondarribia *(País Vasco)*	**Zeria**
Hostalric *(Cataluña)*	**Quatre Vents 3.0**
Ibi *(Comunidad Valenciana)*	**Erre que Erre**
Jaraíz de la Vera *(Extremadura)*	**La Finca**
Madrid *(Comunidad de Madrid)*	**Bolívar**
Madrid *(Comunidad de Madrid)*	**Cantina Roo**
Madrid *(Comunidad de Madrid)*	**La Taberna del Loco Antonelli**

Además podrá encontrar todas las estrellas y todos los Bib Gourmand, en la página 656.
Você também pode encontrar todas as estrelas e os Bib Gourmand na página 656.

Marbella *(Andalucía)*	**Kava**
Ourense *(Galicia)*	**Pacífico**
La Palma / Las Caletas *(Islas Canarias)*	**El Jardín de la Sal**
Quintanar de la Orden *(Castilla-La Mancha)*	**Granero**
Sagunt *(Comunidad Valenciana)*	**Arrels**
Sanlúcar de Barrameda *(Andalucía)*	**El Espejo**
Santiago de Compostela *(Galicia)*	**Asador Gonzaba**
Santiago de Compostela *(Galicia)*	**Pampín Bar**
Sevilla *(Andalucía)*	**Sobretablas**
Talavera de la Reina *(Castilla-La Mancha)*	**Raíces-Carlos Maldonado**
Tenerife / La Matanza de Acentejo *(Islas Canarias)*	**La Bola de Jorge Bosch**
Tenerife / El Sauzal *(Islas Canarias)*	**Las Terrazas del Sauzal**
Tres Cantos *(Comunidad de Madrid)*	**La Sartén**
València *(Comunidad Valenciana)*	**Canalla Bistro**
València *(Comunidad Valenciana)*	**Forastera**
València *(Comunidad Valenciana)*	**Gallina Negra**
Valladolid *(Castilla y León)*	**Chuchi Martín**
Valladolid *(Castilla y León)*	**La Cocina de Manuel**
Vigo *(Galicia)*	**Abisal**
Vigo *(Galicia)*	**Morrofino**

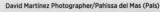

David Martínez Photographer/Pahissa del Mas (Pals)

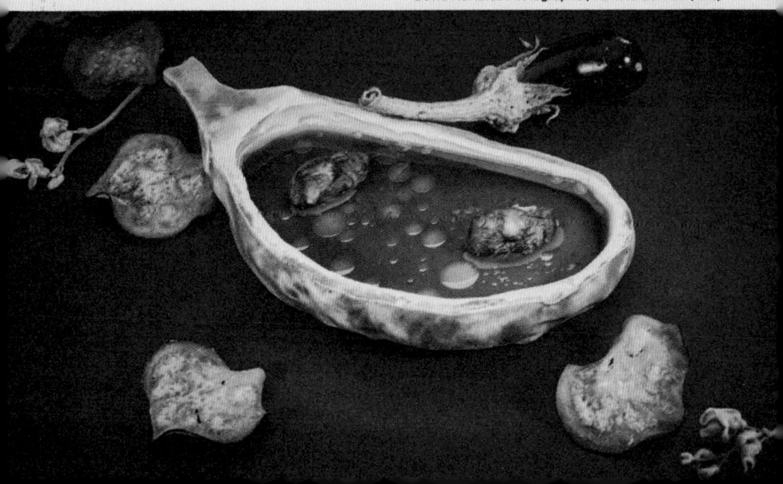

Las estrellas de buena mesa 2020

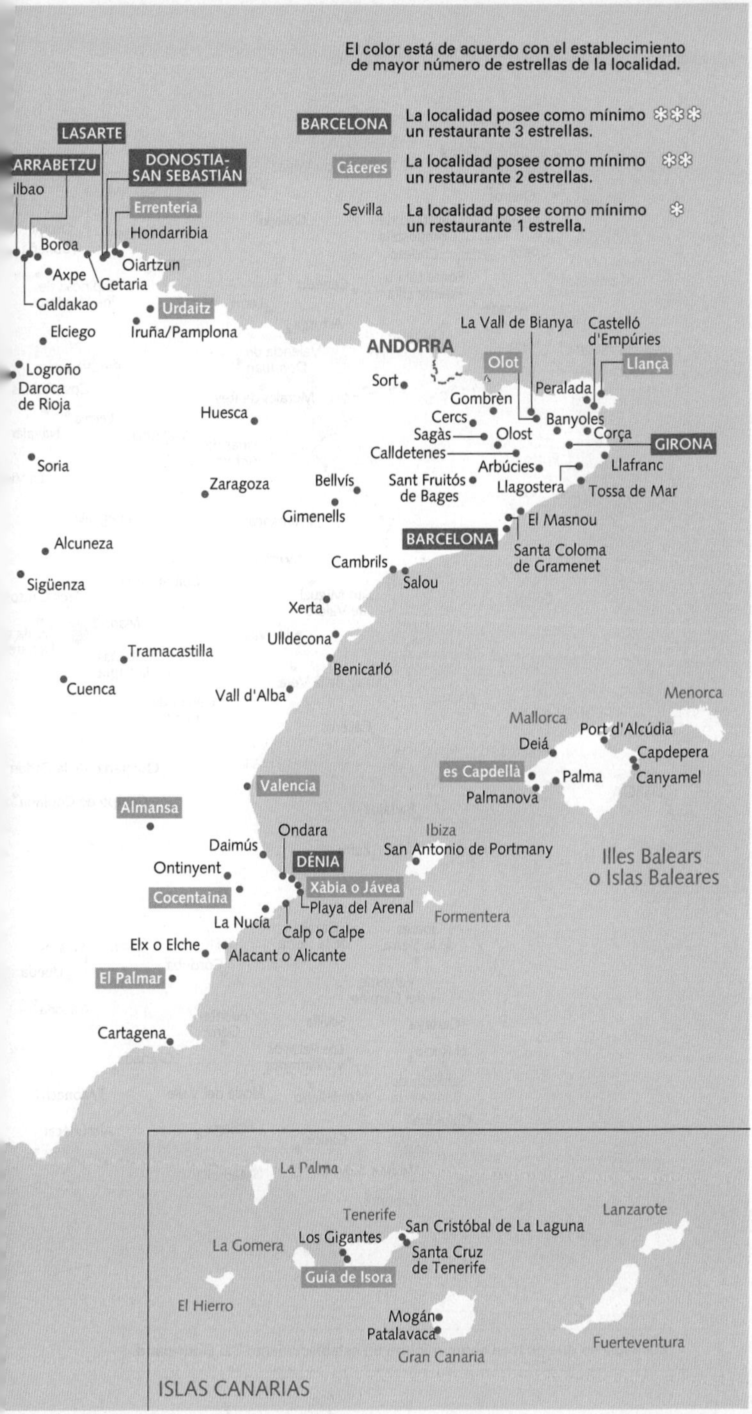
El color está de acuerdo con el establecimiento de mayor número de estrellas de la localidad.
BARCELONA La localidad posee como mínimo un restaurante 3 estrellas.
Cáceres La localidad posee como mínimo un restaurante 2 estrellas.
Sevilla La localidad posee como mínimo un restaurante 1 estrella.
LASARTE
ARRABETZU
DONOSTIA-SAN SEBASTIÁN
ilbao
Errenteria
Hondarribia
Boroa
Oiartzun
Axpe
Getaria
Galdakao
Urdaitz
Elciego
Iruña/Pamplona
Logroño
Daroca de Rioja
Huesca
Soria
Zaragoza
Alcuneza
Sigüenza
Tramacastilla
Cuenca
ANDORRA
Sort
La Vall de Bianya
Castelló d'Empúries
Olot
Llançà
Peralada
Gombrèn
Banyoles
Cercs
Sagàs
Olost
Corça
GIRONA
Calldetenes
Arbúcies
Llafranc
Sant Fruitós de Bages
Llagostera
Tossa de Mar
Bellvís
Gimenells
El Masnou
BARCELONA
Santa Coloma de Gramenet
Cambrils
Salou
Xerta
Ulldecona
Benicarló
Vall d'Alba
Menorca
Mallorca
Port d'Alcúdia
Deiá
Capdepera
es Capdellà
Palma
Canyamel
Palmanova
Valencia
Almansa
Ondara
Ibiza
Daimús
San Antonio de Portmany
DÉNIA
Illes Balears o Islas Baleares
Ontinyent
Xàbia o Jávea
Cocentaina
Playa del Arenal
La Nucía
Formentera
Calp o Calpe
Elx o Elche
Alacant o Alicante
El Palmar
Cartagena
La Palma
Tenerife
Lanzarote
San Cristóbal de La Laguna
Los Gigantes
La Gomera
Santa Cruz de Tenerife
Guía de Isora
El Hierro
Mogán
Patalavaca
Fuerteventura
Gran Canaria
ISLAS CANARIAS

A Coruña
Ferrol
Puerto de Vega
San Román de Candamo
Puente San Miguel
Santand
Cánduas
Oleiros
Negreira
Santiago de Compostela
Oviedo
Cartes
Oruña
Borleña
Esteiro
Gonte
Codeso
Cosgaya
Cambados
Ponte Ulla o Puente Ulla
Canedo
Espinosa de los Monteros
Arcade
León
Hío
Astorga
Ourense
Baiona
Vigo
Valencia de Don Juan
Burgos
A Guarda
Covarrubias
Morales de Rey
Lerma
Navaler
Valladolid
Pinar de Antequera
Porto
La Vi
Salamanca
Boceguillas
Vecinos
Guadarrama
San Miguel de Valero
Coimbra
Tres Canto
Madrid
Alcalá
Henare
Hervás
Cabañas de la Sagra
Jaraíz de la Vera
Talavera de la Reina
Ocaña
PORTUGAL
Cáceres
Quintanar de la Orden
LISBOA
Campo de Criptana
Badajoz
Zafra
Linares de la Sierra
Cazalla de la Sierra
Linares
Córdoba
Úbeda
Valverde del Camino
Cazorla
Cartaya
Sevilla
Puente-Genil
Faro
El Rocío
Los Palacios y Villafranca
Granada
Sanlúcar de Barrameda
Montellano
Alcalá del Valle
Monachil
Chipiona
Málaga
Almuñécar
Cádiz
Gaucín
Medina-Sidonia
Marbella
Zahora
Ceuta
Localidades que poseen como mínimo un establecimiento Bib Gourmand.
Melilla

Los Bib Gourmand 2020

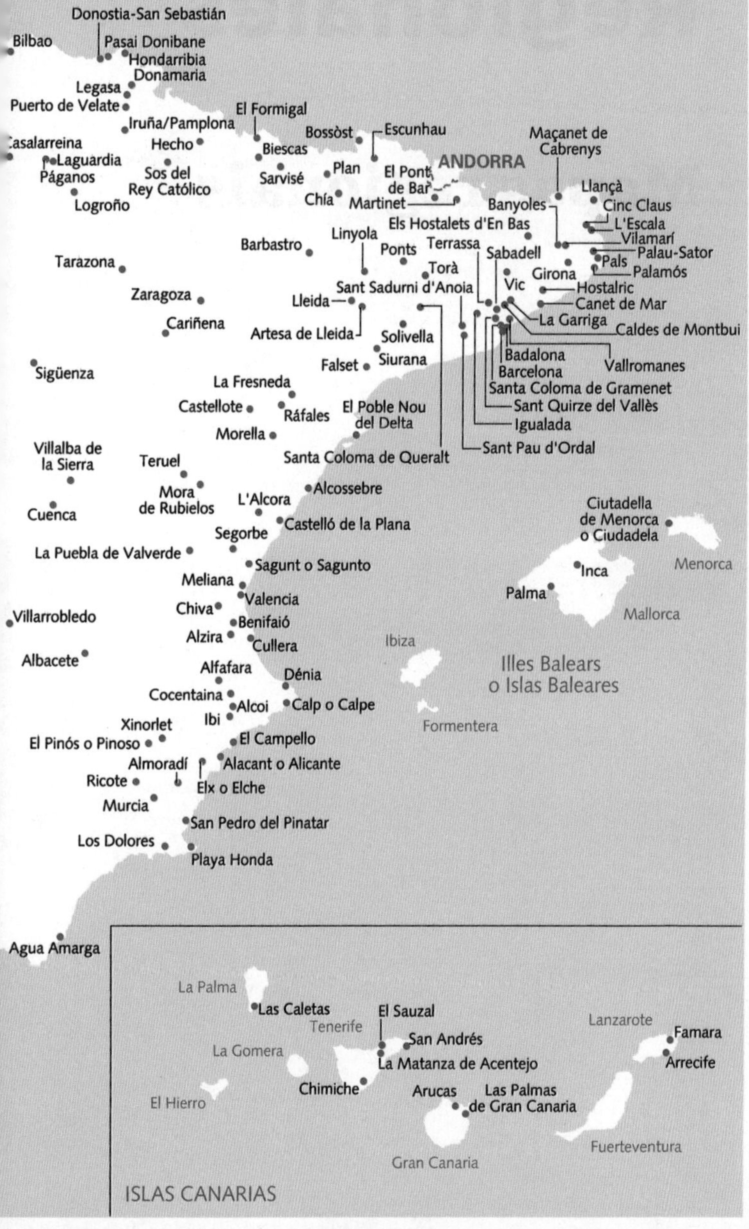

Mapas Regionales

Mapas regionais

Localidad que posee como mínimo...

- ● un hotel o un restaurante
- ✿ una de las mejores mesas del año
- ☺ un restaurante « Bib Gourmand »
- ⌂ un hotel o una casa rural particularmente agradable

Localidade que possui como mínimo...

- ● um hotel ou um restaurante
- ✿ uma das melhores mesas do ano
- ☺ um restaurante « Bib Gourmand »
- ⌂ um hotel ou uma casa rural particularmente agradável

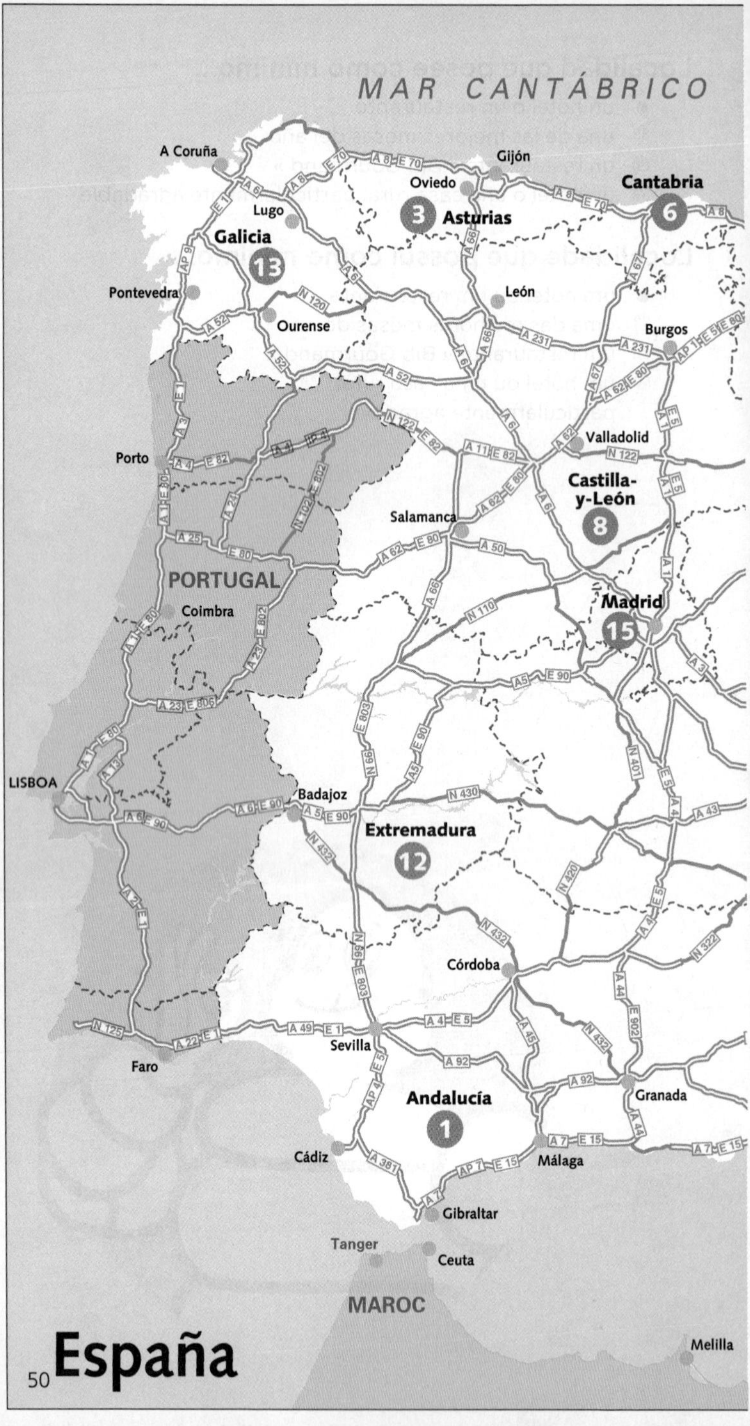
MAR CANTÁBRICO
A Coruña
Gijón
Oviedo
Cantabria
6
Lugo
3
Asturias
Galicia
13
Pontevedra
León
Ourense
Burgos
Valladolid
Porto
Castilla-y-León
8
Salamanca
PORTUGAL
Coimbra
Madrid
15
LISBOA
Badajoz
Extremadura
12
Córdoba
Sevilla
Faro
Granada
Andalucía
1
Cádiz
Málaga
Gibraltar
Tanger
Ceuta
MAROC
Melilla

España

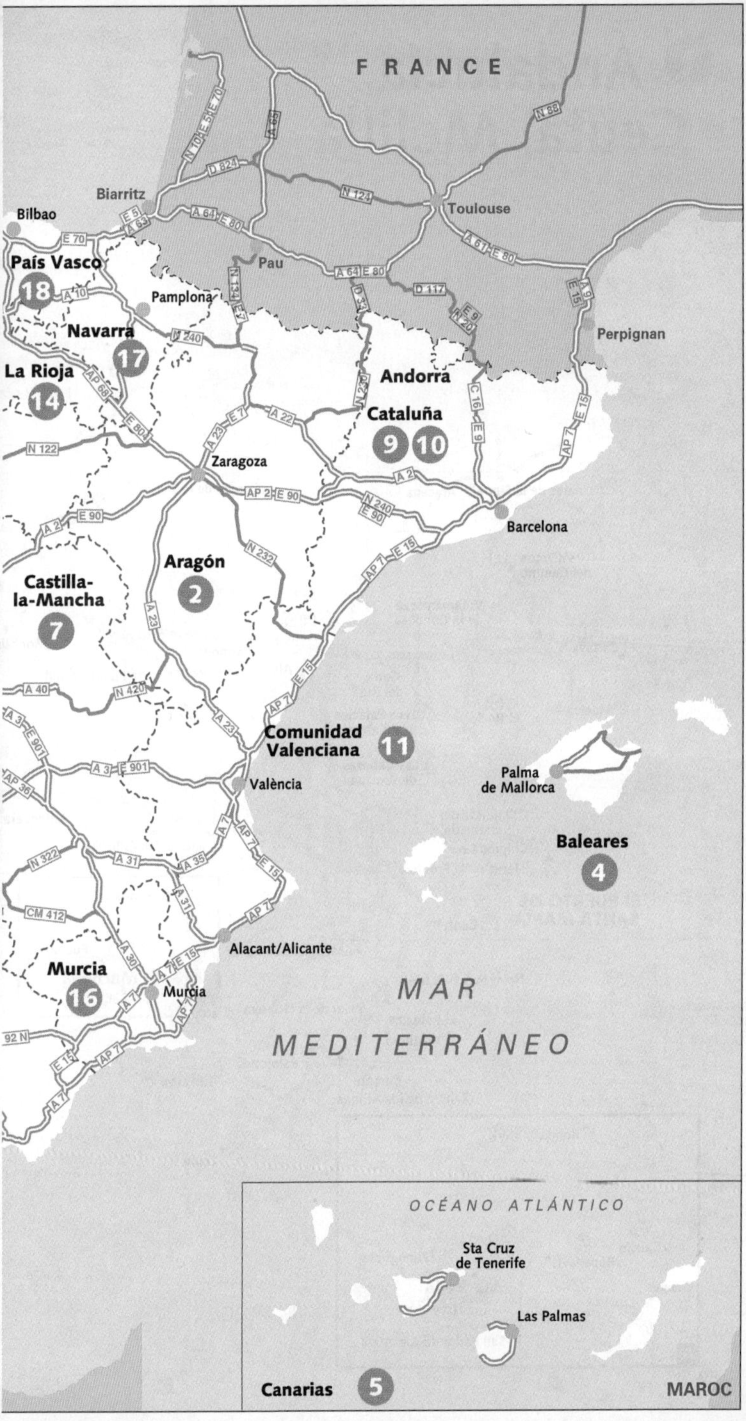

FRANCE
Biarritz
Bilbao
Toulouse
Pau
Perpignan
País Vasco
18
Pamplona
Navarra
17
La Rioja
14
Andorra
Cataluña
9
10
Zaragoza
Barcelona
Aragón
2
Castilla-
la-Mancha
7
Comunidad
Valenciana
11
València
Palma
de Mallorca
Baleares
4
Alacant/Alicante
Murcia
16
Murcia
MAR
MEDITERRÁNEO
OCÉANO ATLÁNTICO
Sta Cruz
de Tenerife
Las Palmas
Canarias
5
MAROC

1 Andalucía, Ceuta, Melilla

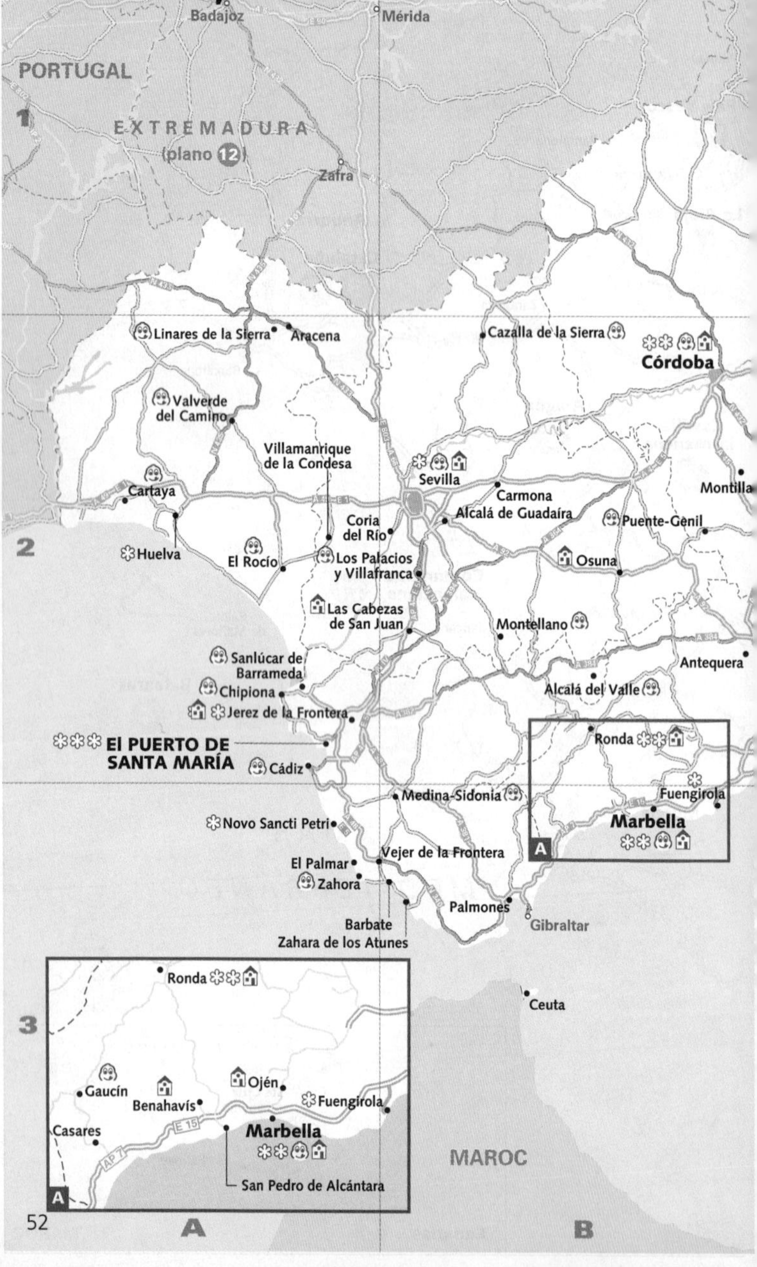

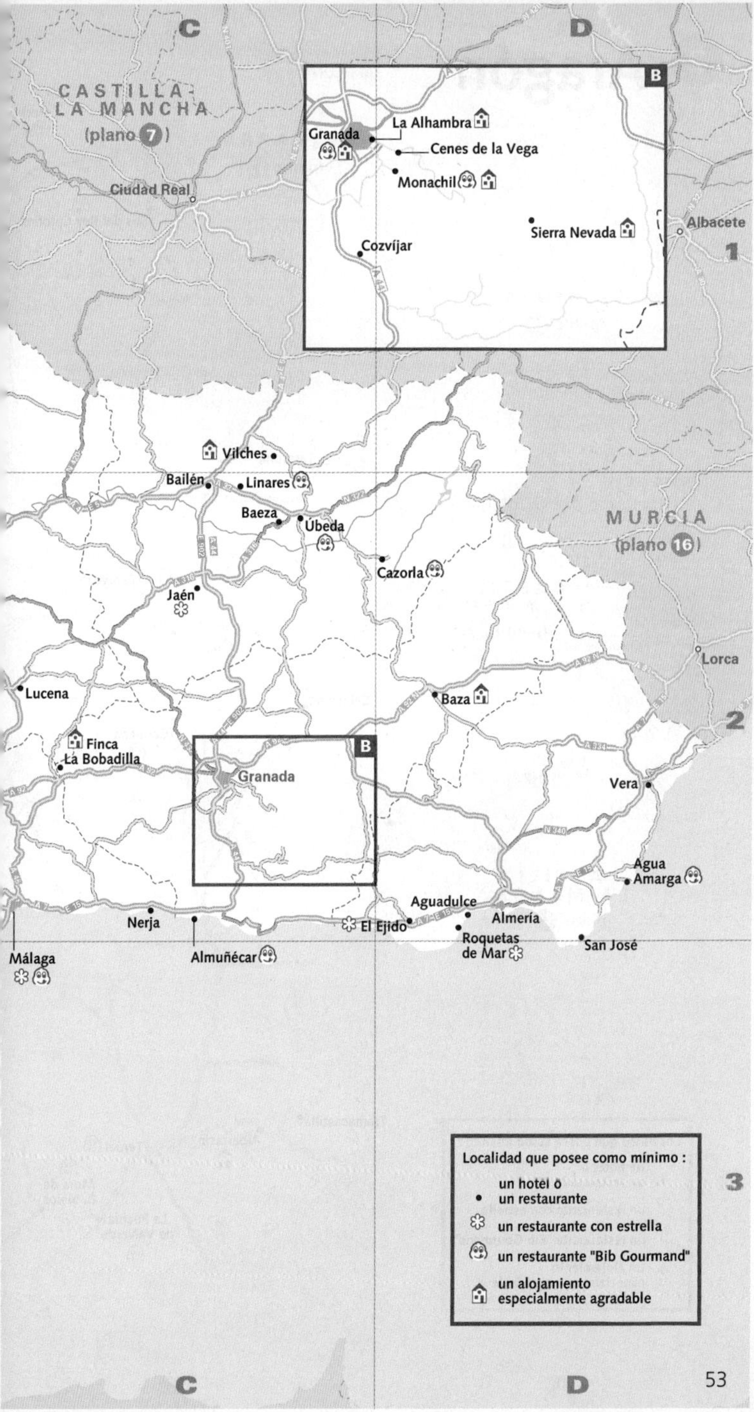
C
D
CASTILLA-LA MANCHA
(plano 7)
Ciudad Real
Albacete
B
La Alhambra
Granada
Cenes de la Vega
Monachil
Sierra Nevada
Cozvíjar
1
Vilches
Bailén
Linares
Baeza
Úbeda
Cazorla
MURCIA
(plano 16)
Jaén
Lorca
Lucena
Baza
2
Finca
La Bobadilla
Granada
Vera
Agua
Amarga
Aguadulce
Almería
Nerja
El Ejido
Roquetas
de Mar
San José
Málaga
Almuñécar
Localidad que posee como mínimo :
un hotel o
un restaurante
un restaurante con estrella
un restaurante "Bib Gourmand"
un alojamiento
especialmente agradable
3
C
D

2 Aragón

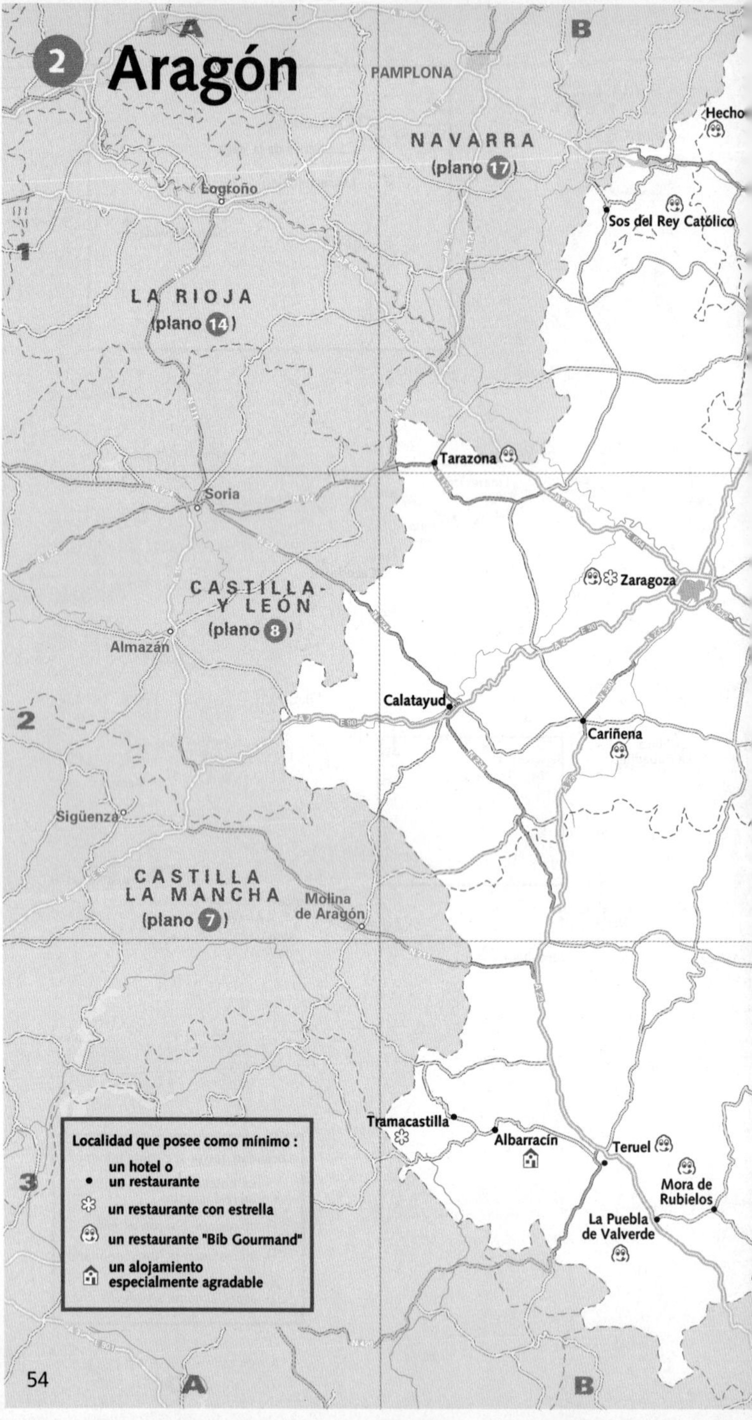
A
B
1
2
3
PAMPLONA
NAVARRA
(plano 17)
Hecho
Sos del Rey Católico
Logroño
LA RIOJA
(plano 14)
Tarazona
Soria
CASTILLA-
Y LEÓN
(plano 8)
Zaragoza
Almazán
Calatayud
Cariñena
Sigüenza
CASTILLA
LA MANCHA
(plano 7)
Molina
de Aragón
Tramacastilla
Albarracín
Teruel
Mora de
Rubielos
La Puebla
de Valverde
Localidad que posee como mínimo :
un hotel o
un restaurante
un restaurante con estrella
un restaurante "Bib Gourmand"
un alojamiento
especialmente agradable

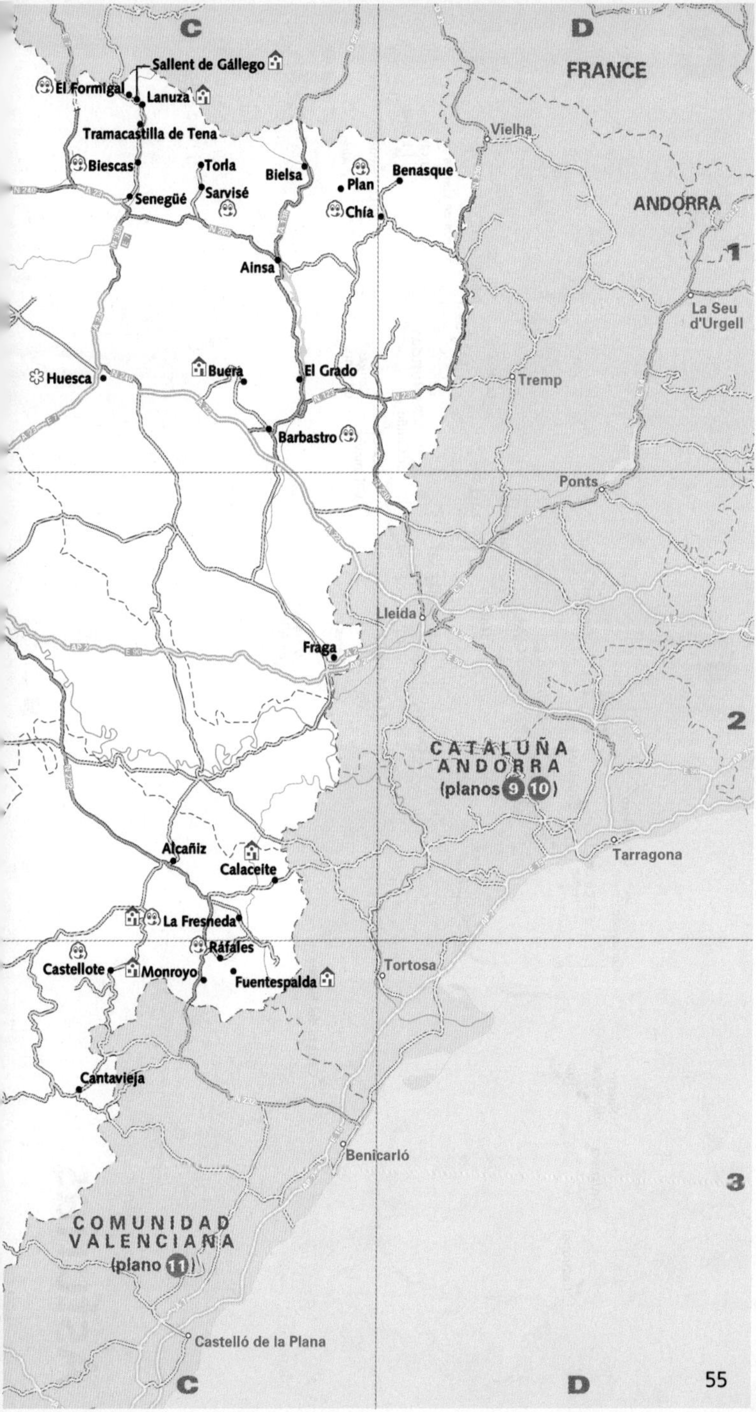
C
D
FRANCE
Sallent de Gállego
El Formigal
Lanuza
Tramacastilla de Tena
Vielha
Biescas
Torla
Bielsa
Plan
Benasque
Senegüé
Sarvisé
Chía
ANDORRA
1
Ainsa
La Seu d'Urgell
Huesca
Buera
El Grado
Tremp
Barbastro
Ponts
Lleida
Fraga
2
CATALUÑA
ANDORRA
(planos 9 10)
Alcañiz
Calaceite
Tarragona
La Fresneda
Ráfales
Castellote
Monroyo
Fuentespalda
Tortosa
Cantavieja
Benicarló
3
COMUNIDAD
VALENCIANA
(plano 11)
Castelló de la Plana
C
D

Asturias

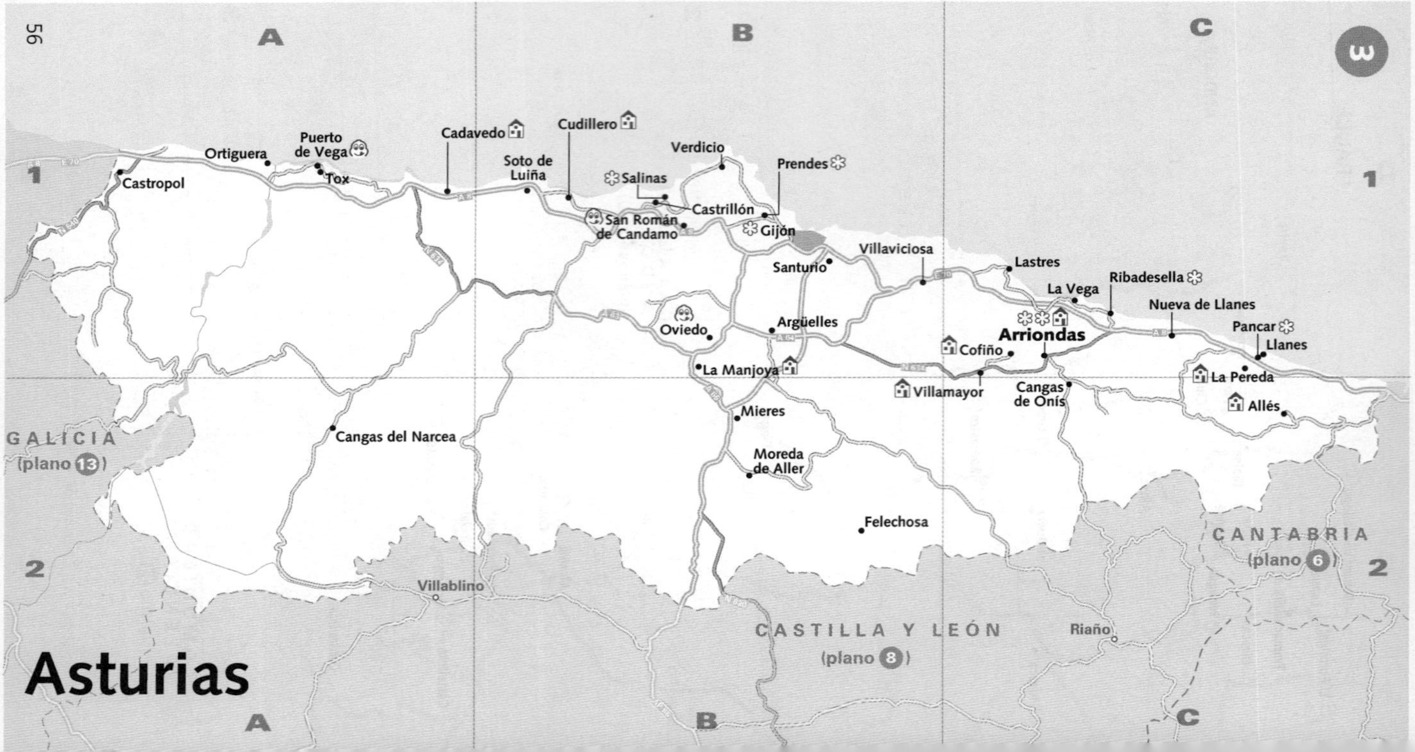
3
Castropol
Ortiguera
Puerto de Vega
Tox
Cadavedo
Soto de Luiña
Cudillero
Salinas
San Román de Candamo
Verdicio
Castrillón
Prendes
Gijón
Santurio
Villaviciosa
Oviedo
Argüelles
La Manjoya
Mieres
Moreda de Aller
Felechosa
Cangas del Narcea
Villablino
Lastres
La Vega
Ribadesella
Nueva de Llanes
Arriondas
Cofiño
Villamayor
Cangas de Onís
Pancar
Llanes
La Pereda
Allés
Riaño
GALICIA
(plano 13)
CASTILLA Y LEÓN
(plano 8)
CANTABRIA
(plano 6)

Balears

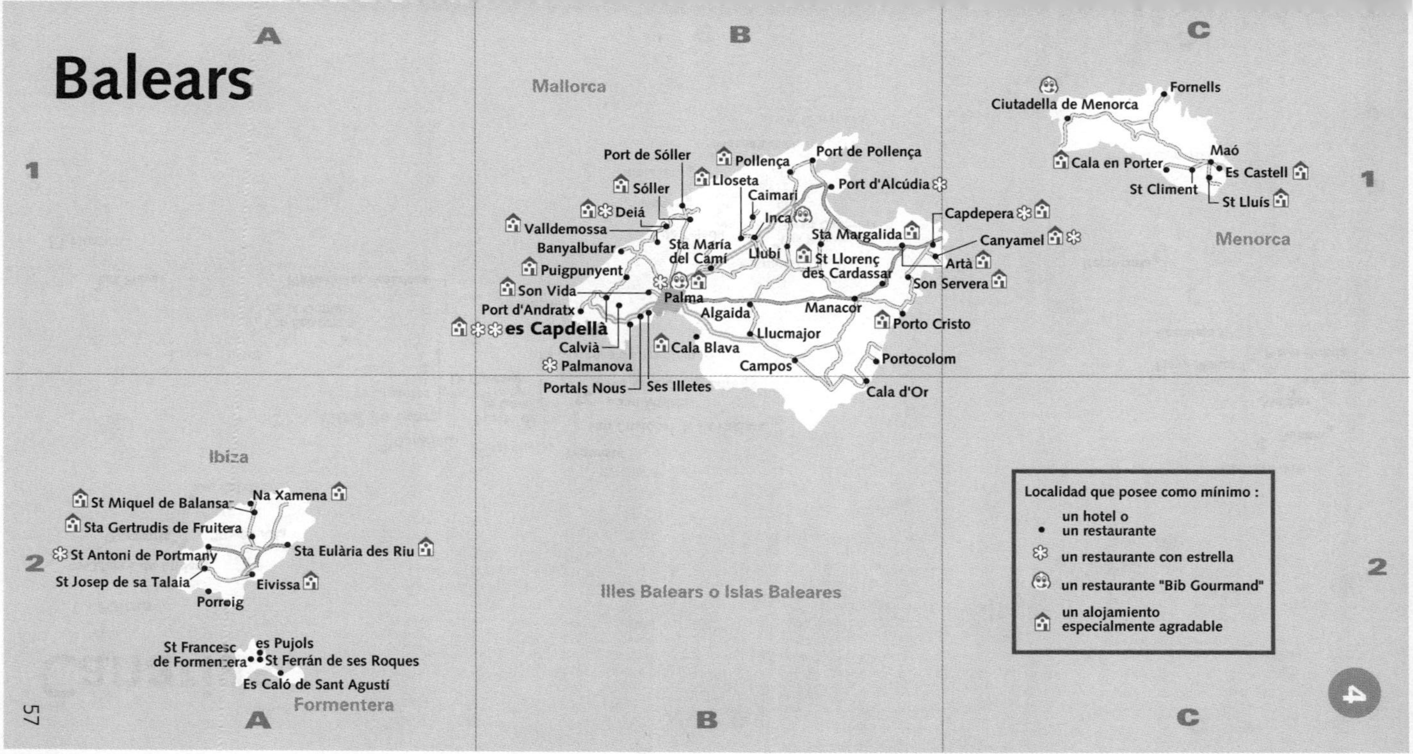
A
B
C
1
2
Mallorca
Menorca
Ibiza
Formentera
Illes Balears o Islas Baleares
Ciutadella de Menorca
Fornells
Maó
Cala en Porter
Es Castell
St Climent
St Lluís
Port de Sóller
Pollença
Port de Pollença
Sóller
Lloseta
Port d'Alcúdia
Caimari
Deiá
Inca
Capdepera
Valldemossa
Sta Margalida
Canyamel
Banyalbufar
Sta María del Camí
Llubí
St Llorenç des Cardassar
Artà
Puigpunyent
Son Servera
Son Vida
Palma
Port d'Andratx
Algaida
Manacor
es Capdellà
Porto Cristo
Llucmajor
Calvià
Cala Blava
Palmanova
Campos
Portocolom
Portals Nous
Ses Illetes
Cala d'Or
St Miquel de Balansat
Na Xamena
Sta Gertrudis de Fruitera
St Antoni de Portmany
Sta Eulària des Riu
St Josep de sa Talaia
Eivissa
Porroig
St Francesc de Formentera
es Pujols
St Ferrán de ses Roques
Es Caló de Sant Agustí
Localidad que posee como mínimo :
un hotel o un restaurante
un restaurante con estrella
un restaurante "Bib Gourmand"
un alojamiento especialmente agradable
4

Canarias

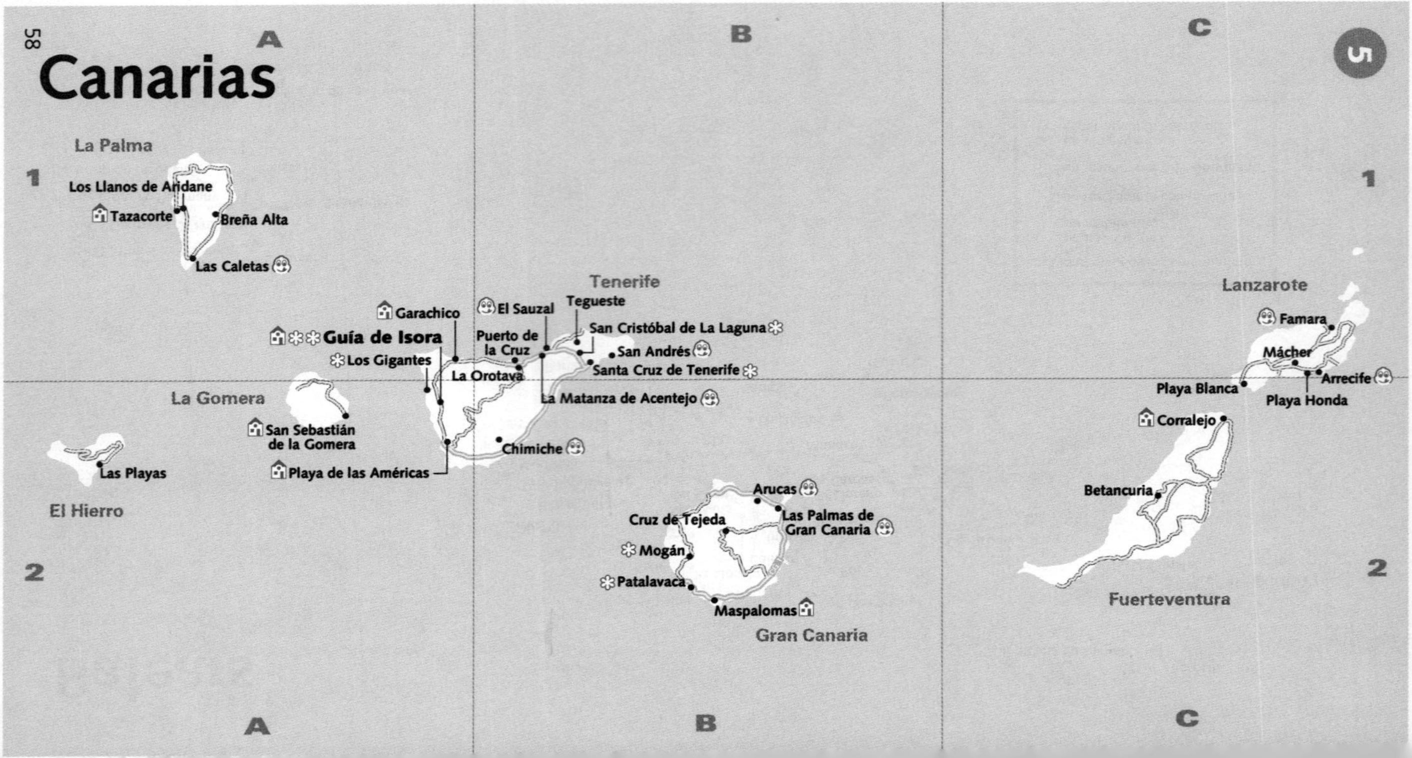
5
A
B
C
1
2
La Palma
Los Llanos de Aridane
Tazacorte
Breña Alta
Las Caletas
El Hierro
Las Playas
La Gomera
San Sebastián
de la Gomera
Playa de las Américas
Tenerife
Garachico
Guía de Isora
Los Gigantes
El Sauzal
Puerto de
la Cruz
La Orotava
Tegueste
San Cristóbal de La Laguna
San Andrés
Santa Cruz de Tenerife
La Matanza de Acentejo
Chimiche
Gran Canaria
Arucas
Las Palmas de
Gran Canaria
Cruz de Tejeda
Mogán
Patalavaca
Maspalomas
Lanzarote
Famara
Mácher
Arrecife
Playa Blanca
Playa Honda
Fuerteventura
Corralejo
Betancuria

Cantabria

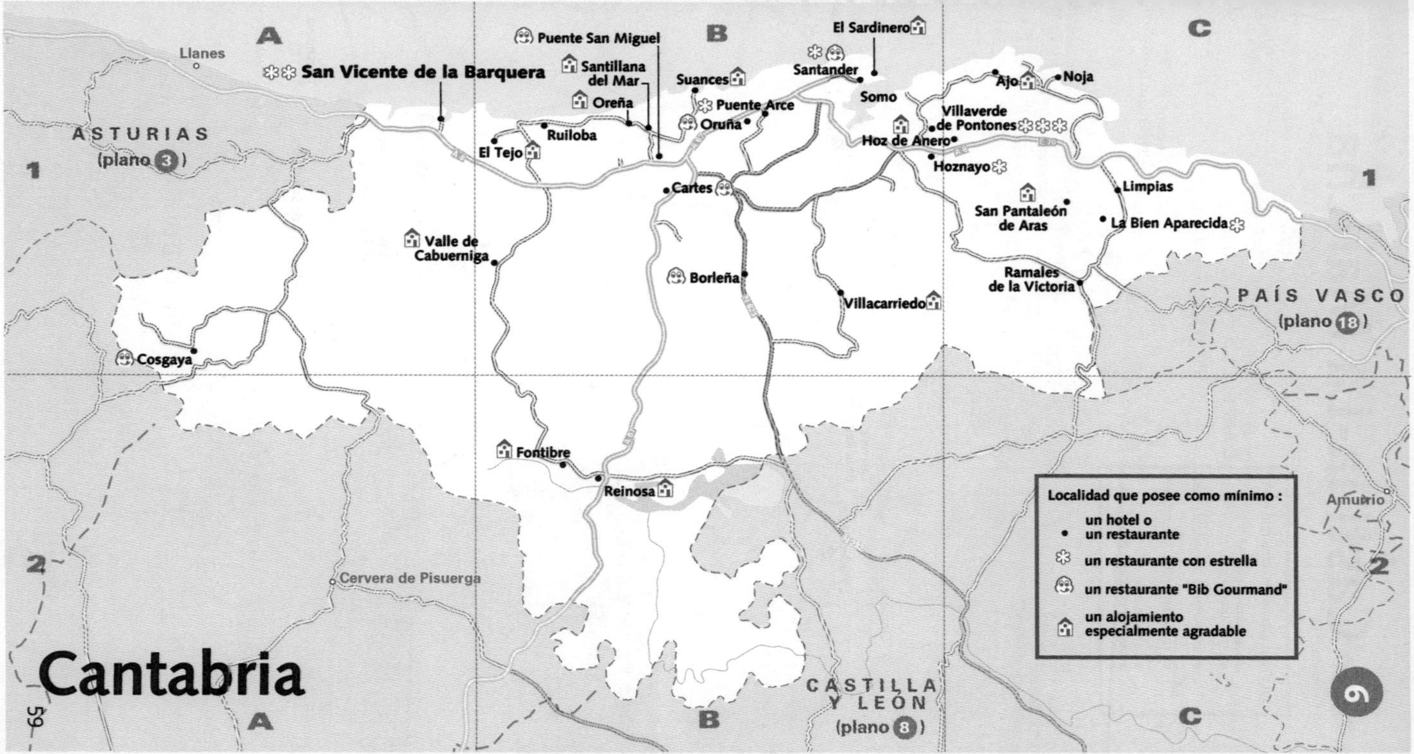

6
A
B
C
1
2
Llanes
San Vicente de la Barquera
Puente San Miguel
Santillana del Mar
Oreña
Ruiloba
El Tejo
Suances
Puente Arce
Oruña
Santander
El Sardinero
Somo
Ajo
Noja
Villaverde de Pontones
Hoz de Anero
Hoznayo
Limpias
San Pantaleón de Aras
La Bien Aparecida
Ramales de la Victoria
Cartes
Borleña
Villacarriedo
Valle de Cabuerniga
Cosgaya
Fontibre
Reinosa
Cervera de Pisuerga
Amurrio
ASTURIAS (plano 3)
PAÍS VASCO (plano 18)
CASTILLA Y LEÓN (plano 8)
Localidad que posee como mínimo :
un hotel o un restaurante
un restaurante con estrella
un restaurante "Bib Gourmand"
un alojamiento especialmente agradable

7 Castilla-La Mancha

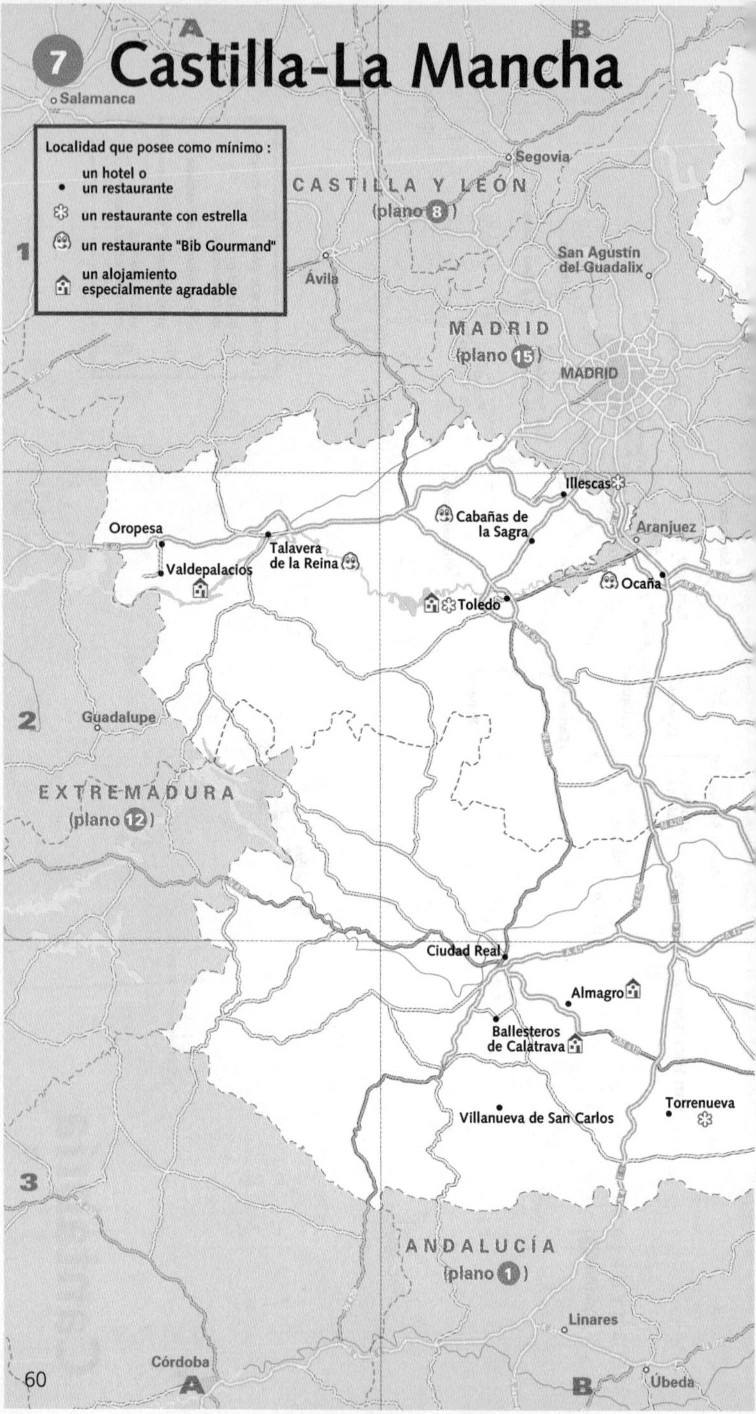

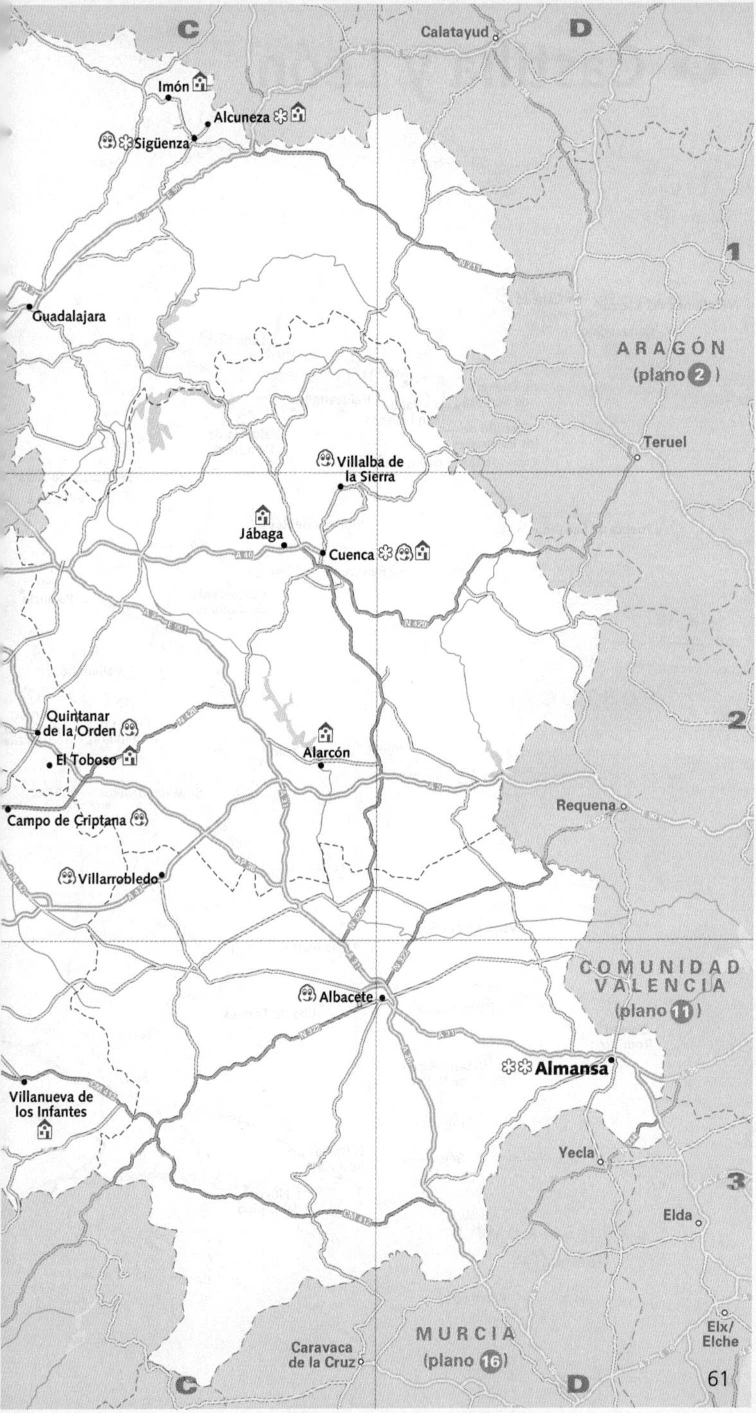
C
D
Calatayud
Imón
Alcuneza
Sigüenza
Guadalajara
1
ARAGÓN
(plano 2)
Teruel
Villalba de
la Sierra
Jábaga
Cuenca
2
Quintanar
de la Orden
El Toboso
Alarcón
Campo de Criptana
Requena
Villarrobledo
COMUNIDAD
VALENCIA
(plano 11)
Albacete
Almansa
Villanueva de
los Infantes
Yecla
3
Elda
Elx/
Elche
MURCIA
(plano 16)
Caravaca
de la Cruz
C
D

8 Castilla y León

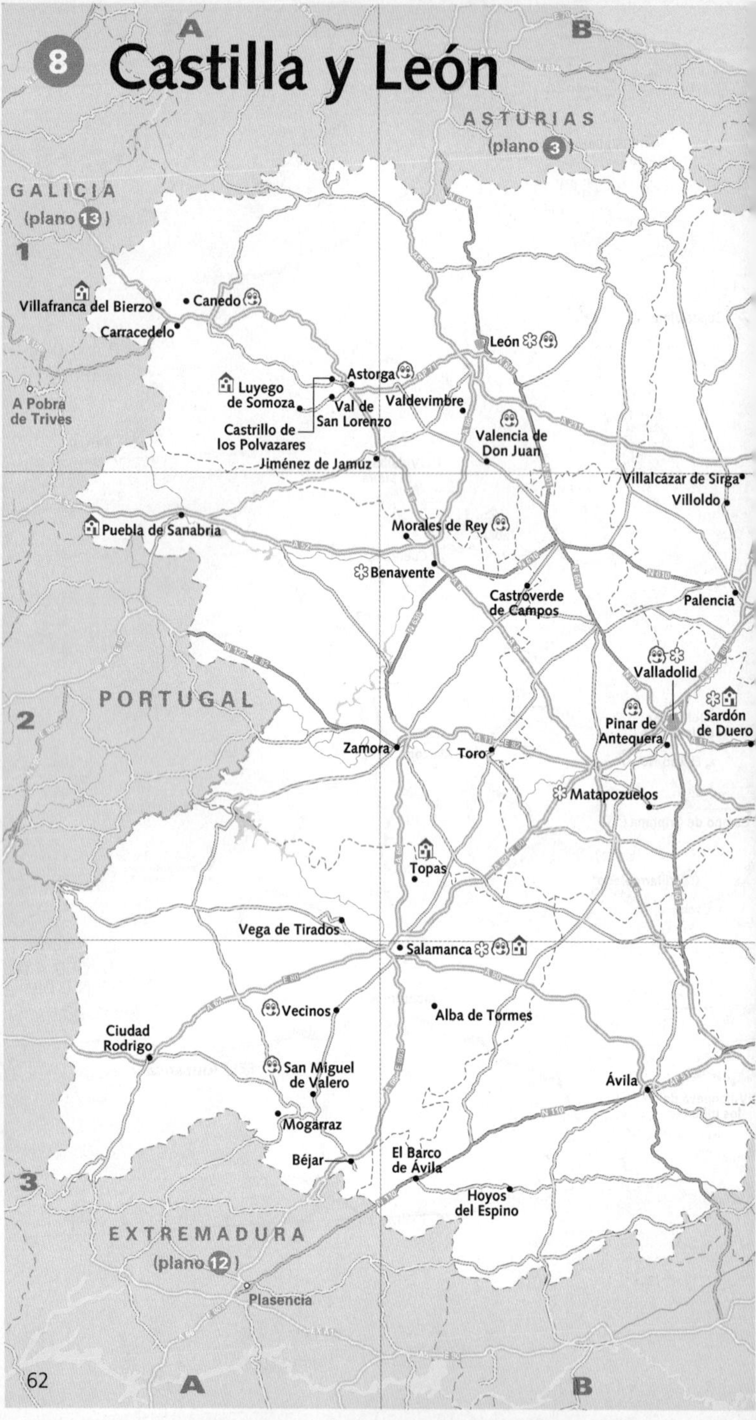
A
B
ASTURIAS
(plano 3)
GALICIA
(plano 13)
1
Villafranca del Bierzo
Canedo
Carracedelo
León
Astorga
Luyego de Somoza
Valdevimbre
Val de San Lorenzo
Castrillo de los Polvazares
Valencia de Don Juan
A Pobra de Trives
Jiménez de Jamuz
Villalcázar de Sirga
Villoldo
Puebla de Sanabria
Morales de Rey
Benavente
Castroverde de Campos
Palencia
Valladolid
PORTUGAL
2
Sardón de Duero
Pinar de Antequera
Zamora
Toro
Matapozuelos
Topas
Vega de Tirados
Salamanca
Vecinos
Alba de Tormes
Ciudad Rodrigo
San Miguel de Valero
Ávila
Mogarraz
Béjar
El Barco de Ávila
3
Hoyos del Espino
EXTREMADURA
(plano 12)
Plasencia
A
B

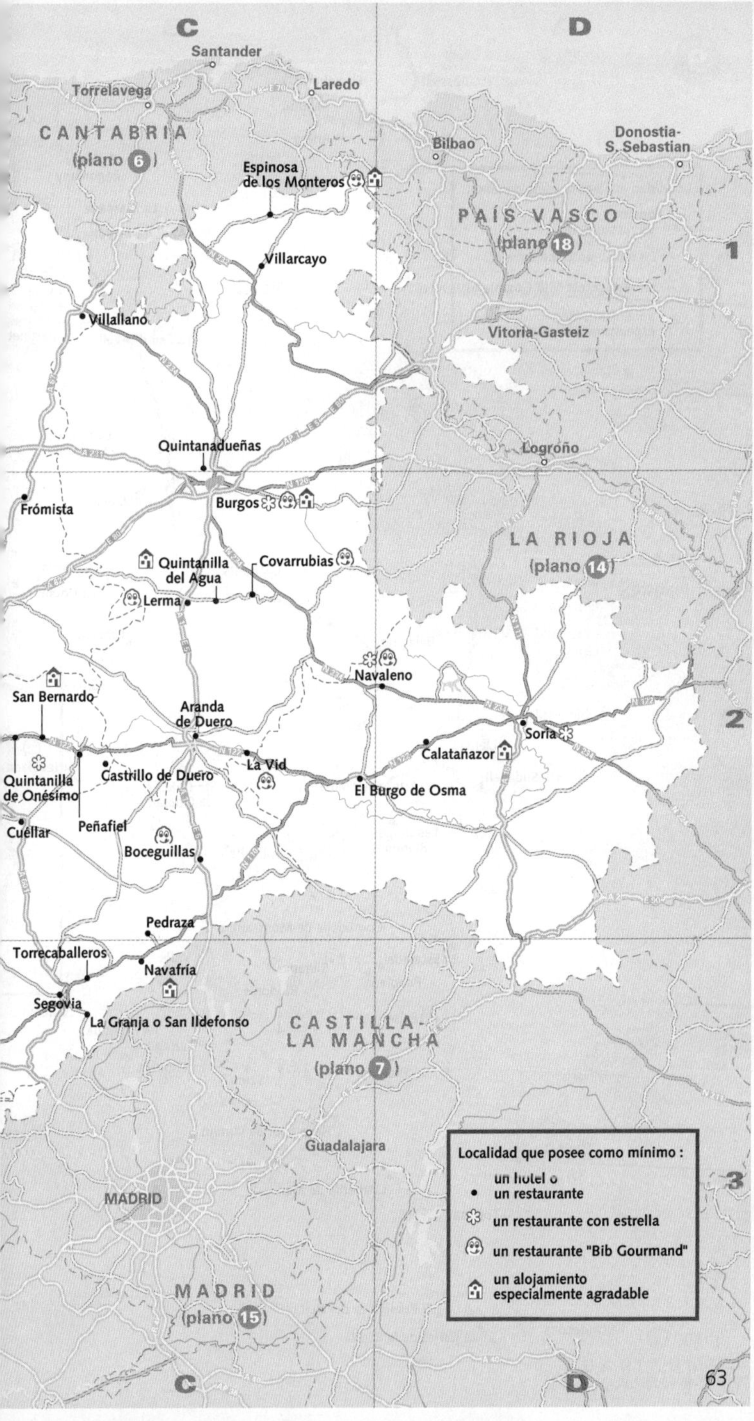
C
D
Santander
Torrelavega
Laredo
CANTABRIA
(plano 6)
Bilbao
Donostia-
S. Sebastian
Espinosa
de los Monteros
PAÍS VASCO
(plano 18)
1
Villarcayo
Villallano
Vitoria-Gasteiz
Quintanadueñas
Logroño
Frómista
Burgos
LA RIOJA
(plano 14)
Quintanilla
del Agua
Covarrubias
Lerma
Navaleno
San Bernardo
Aranda
de Duero
2
Soria
Calatañazor
La Vid
Quintanilla
de Onésimo
Castrillo de Duero
El Burgo de Osma
Cuéllar
Peñafiel
Boceguillas
Pedraza
Torrecaballeros
Navafría
Segovia
La Granja o San Ildefonso
CASTILLA-
LA MANCHA
(plano 7)
Guadalajara
Localidad que posee como mínimo :
un hotel o
un restaurante
un restaurante con estrella
un restaurante "Bib Gourmand"
un alojamiento
especialmente agradable
3
MADRID
MADRID
(plano 15)
C
D

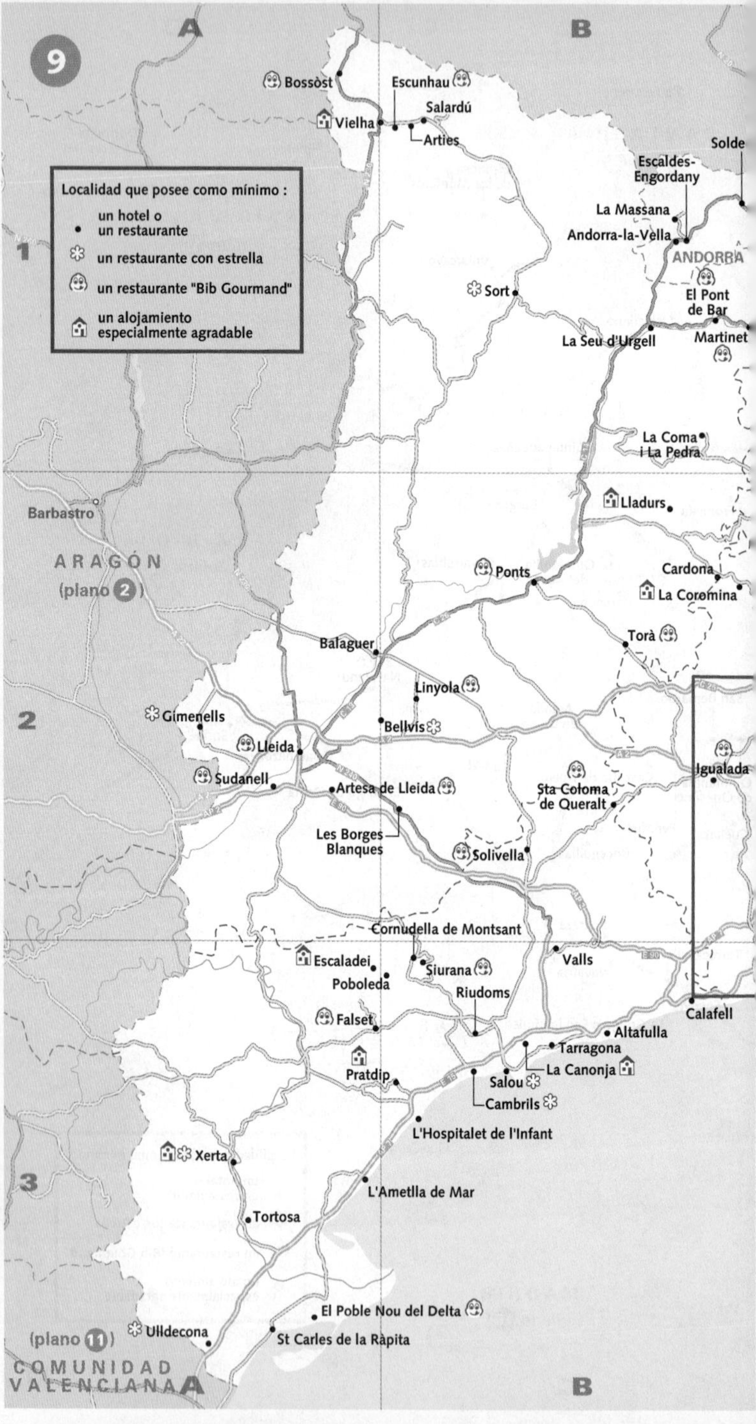
9
A
B
Localidad que posee como mínimo :
un hotel o
un restaurante
un restaurante con estrella
un restaurante "Bib Gourmand"
un alojamiento
especialmente agradable
1
2
3
Bossòst
Escunhau
Salardú
Vielha
Arties
Solde
Escaldes-
Engordany
La Massana
Andorra-la-Vella
ANDORRA
El Pont
de Bar
Martinet
Sort
La Seu d'Urgell
La Coma
i La Pedra
Lladurs
Barbastro
ARAGÓN
(plano 2)
Ponts
Cardona
La Coromina
Torà
Balaguer
Linyola
Gimenells
Bellvís
Lleida
Sudanell
Artesa de Lleida
Igualada
Sta Coloma
de Queralt
Les Borges
Blanques
Solivella
Cornudella de Montsant
Escaladei
Siurana
Poboleda
Valls
Riudoms
Calafell
Falset
Altafulla
Tarragona
La Canonja
Pratdip
Salou
Cambrils
L'Hospitalet de l'Infant
Xerta
L'Ametlla de Mar
Tortosa
El Poble Nou del Delta
Ulldecona
St Carles de la Ràpita
(plano 11)
COMUNIDAD
VALENCIANA
A
B

Cataluña, Andorra

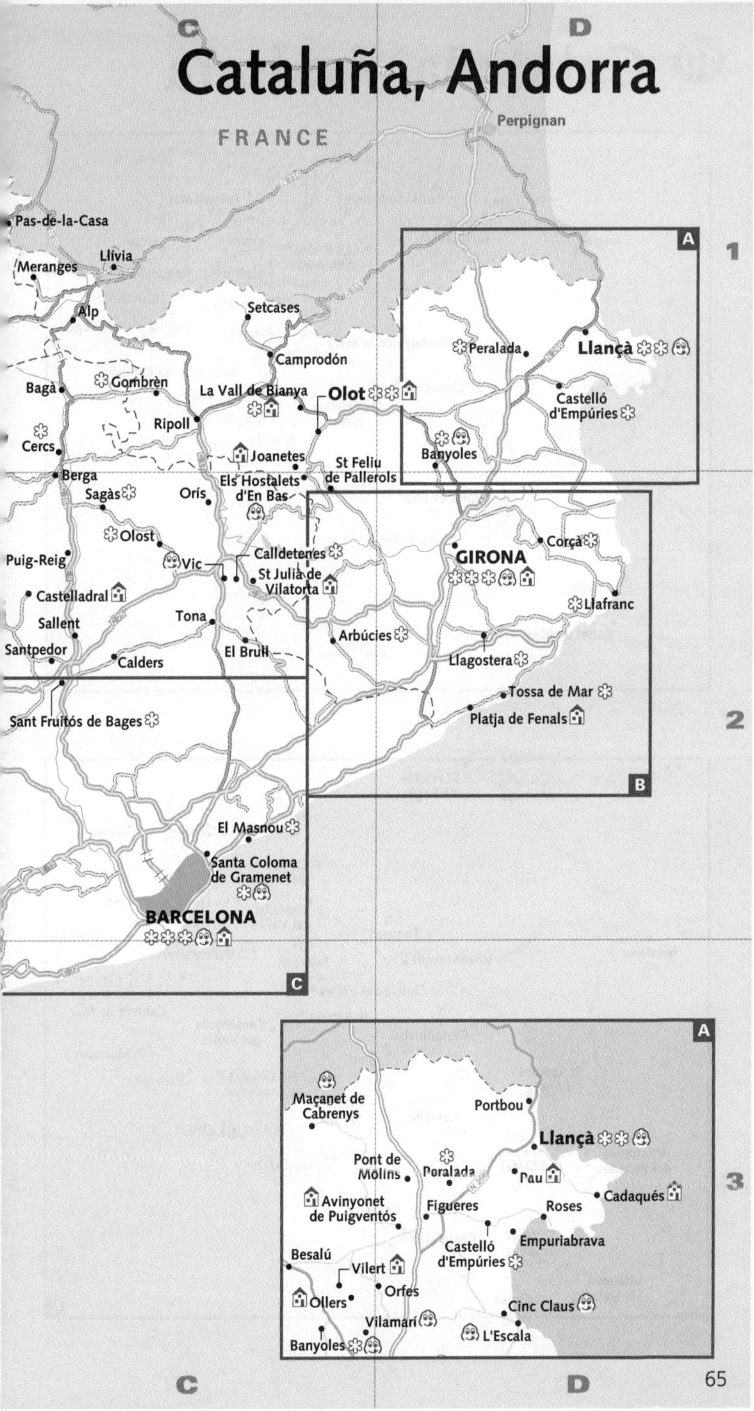

10 Cataluña, Andorra

L'Estartit
Corçà
Madremanya
St Gregori
Palau-Sator
Pals
GIRONA
Anglès
La Bisbal d'Empordà
Torrent
Begur
Llofriu
Regencós
Palafrugell
Llafranc
Calella de Palafrugell
Palamós
Romanyà de la Selva
St Antoni de Calonge
Arbúcies
Llagostera
Platja d'Aro
Sta Cristina d'Aro
S'Agaró
St Feliu de Guíxols
Hostalric
Tossa de Mar
Lloret de Mar
Platja de Fenals
Calella
Canet de Mar
B

St Fruitós de Bages
Manresa
La Garriga
Cànoves
Caldes de Montbui
Granollers
Castellar del Vallès
Terrassa
Mataró
Igualada
Viladecavalls
Sabadell
Vallromanes
Cabrils
St Quirze del Vallès
Cabrera de Mar
Bellaterra
Cerdanyola del Vallès
Castellbisbal
El Masnou
St Sadurní d'Anoia
Sta Coloma de Gramenet
Badalona
Molins de Rei
Cervelló
BARCELONA
Vilafranca del Penedès
St Pau d'Ordal
St Joan Despí
Gavà
Castelldefels
St Pere de Ribes
Vilanova i la Geltrú
Sitges
C

Comunidad Valenciana 11

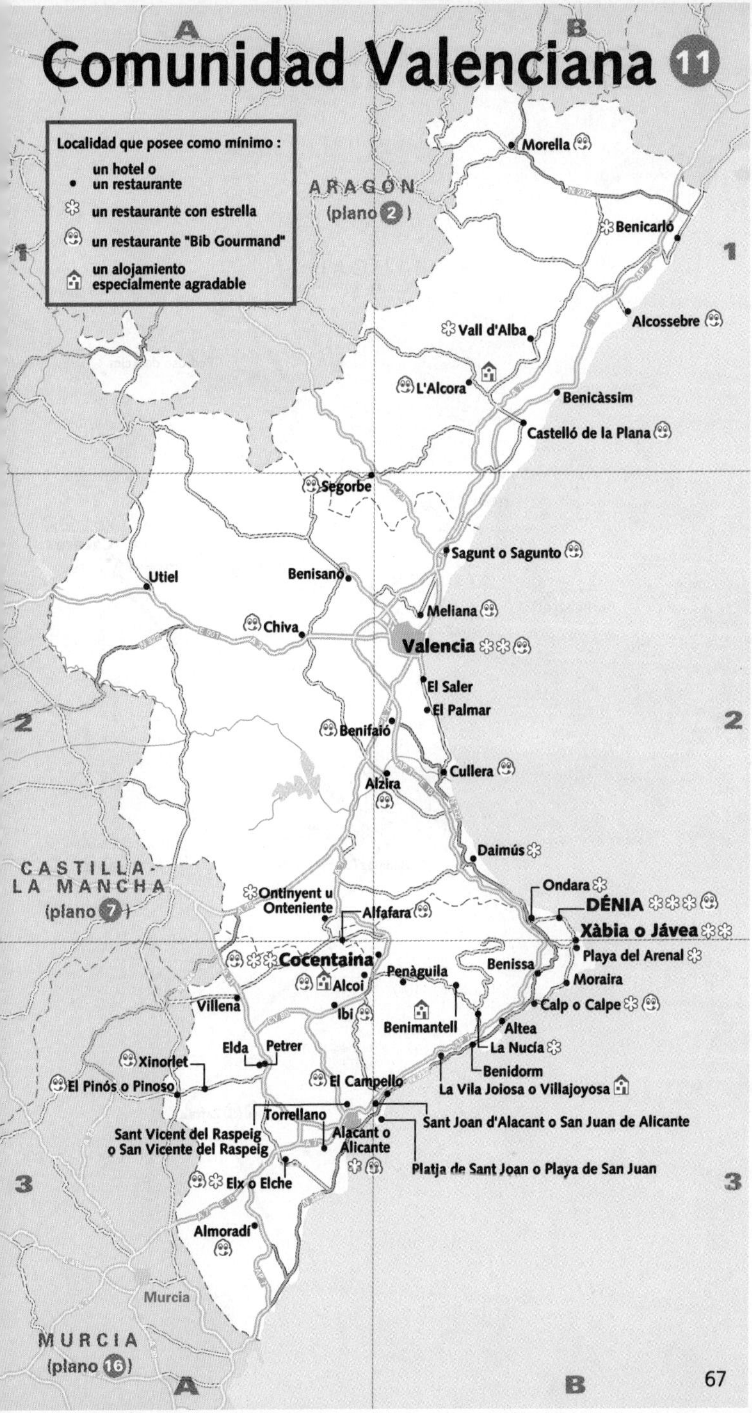

A
B
Localidad que posee como mínimo :
un hotel o un restaurante
un restaurante con estrella
un restaurante "Bib Gourmand"
un alojamiento especialmente agradable
ARAGÓN
(plano 2)
CASTILLA-LA MANCHA
(plano 7)
MURCIA
(plano 16)
Murcia
1
2
3
Morella
Benicarló
Alcossebre
Vall d'Alba
L'Alcora
Benicàssim
Castelló de la Plana
Segorbe
Sagunt o Sagunto
Utiel
Benisanó
Meliana
Chiva
Valencia
El Saler
El Palmar
Benifaió
Cullera
Alzira
Daimús
Ondara
DÉNIA
Xàbia o Jávea
Playa del Arenal
Ontinyent u Onteniente
Alfafara
Cocentaina
Benissa
Moraira
Alcoi
Penàguila
Calp o Calpe
Villena
Ibi
Benimantell
Altea
La Nucia
Elda
Petrer
Benidorm
Xinorlet
El Pinós o Pinoso
El Campello
La Vila Joiosa o Villajoyosa
Torrellano
Sant Joan d'Alacant o San Juan de Alicante
Sant Vicent del Raspeig o San Vicente del Raspeig
Alacant o Alicante
Platja de Sant Joan o Playa de San Juan
Elx o Elche
Almoradí

12 Extremadura

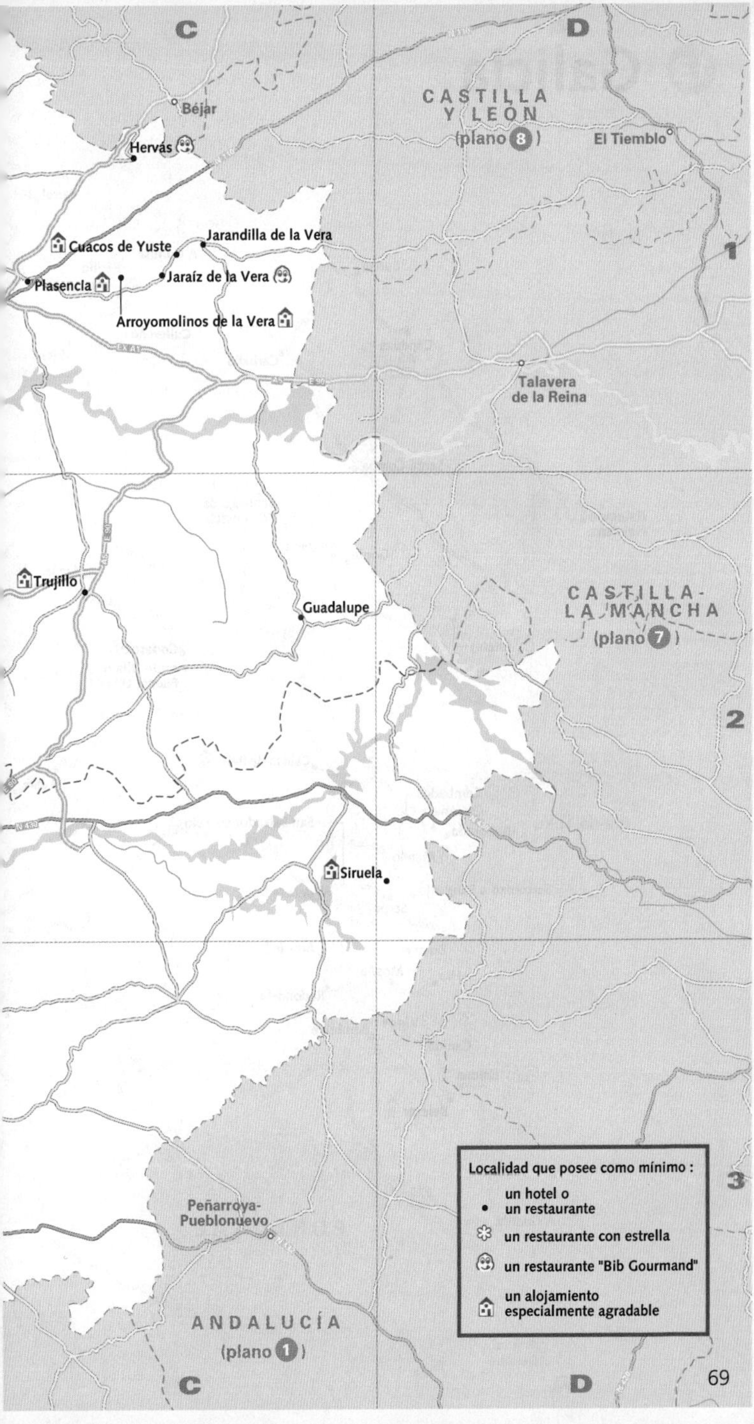
C
D
CASTILLA Y LEON
(plano 8)
Béjar
Hervás
El Tiemblo
Cuacos de Yuste
Jarandilla de la Vera
Jaraíz de la Vera
Plasencia
Arroyomolinos de la Vera
Talavera de la Reina
1
Trujillo
Guadalupe
CASTILLA-LA MANCHA
(plano 7)
2
Siruela
Peñarroya-Pueblonuevo
3
ANDALUCÍA
(plano 1)
C
D
Localidad que posee como mínimo :
un hotel o un restaurante
un restaurante con estrella
un restaurante "Bib Gourmand"
un alojamiento especialmente agradable

13 Galicia

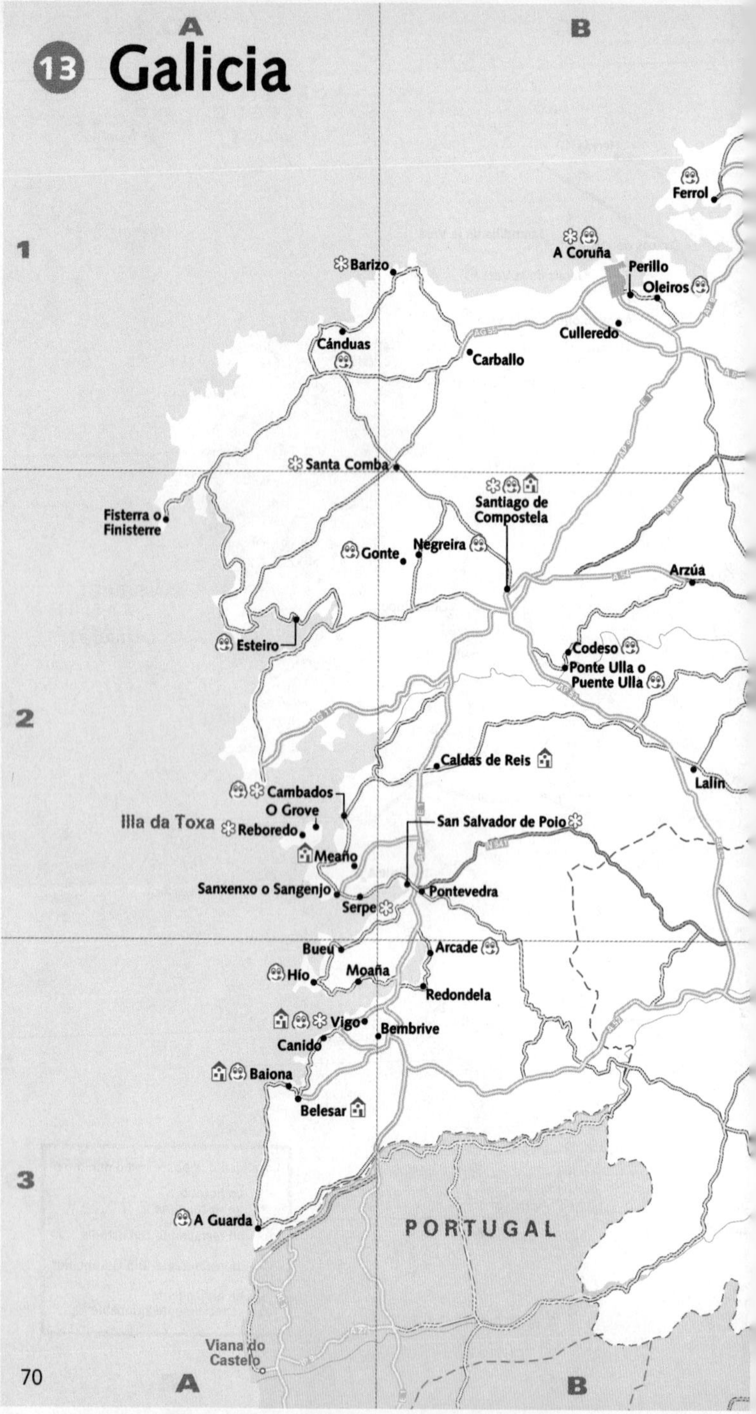
A
B
1
2
3
Ferrol
A Coruña
Perillo
Oleiros
Barizo
Culleredo
Cánduas
Carballo
Santa Comba
Santiago de Compostela
Fisterra o Finisterre
Gonte
Negreira
Arzúa
Esteiro
Codeso
Ponte Ulla o Puente Ulla
Caldas de Reis
Lalín
Cambados
O Grove
Illa da Toxa
Reboredo
San Salvador de Poio
Meaño
Sanxenxo o Sangenjo
Pontevedra
Serpe
Bueu
Arcade
Hío
Moaña
Redondela
Vigo
Bembrive
Canido
Baiona
Belesar
A Guarda
PORTUGAL
Viana do Castelo
A
B

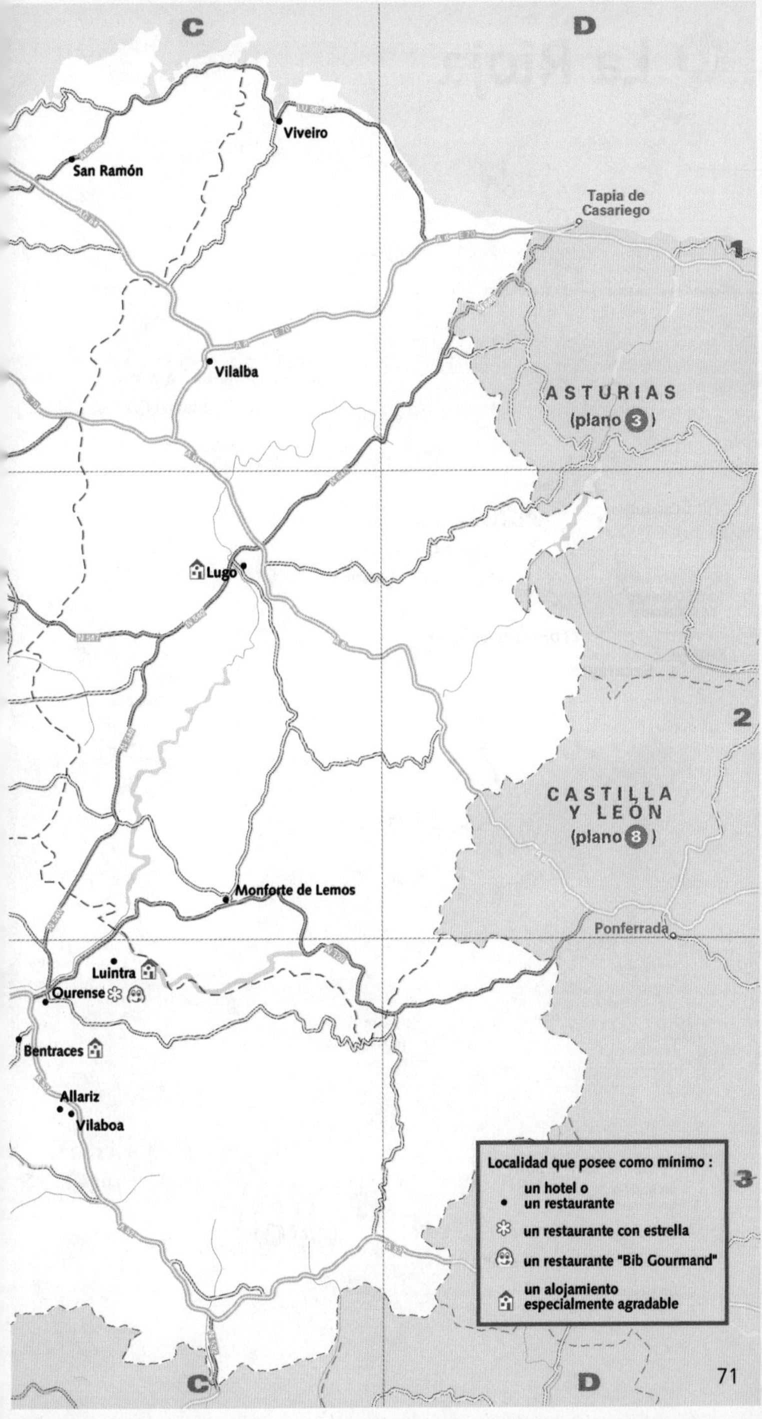
C
D
Viveiro
San Ramón
Tapia de Casariego
1
Vilalba
ASTURIAS
(plano 3)
Lugo
2
CASTILLA Y LEÓN
(plano 8)
Monforte de Lemos
Ponferrada
Luintra
Ourense
Bentraces
Allariz
Vilaboa
3
Localidad que posee como mínimo :
un hotel o un restaurante
un restaurante con estrella
un restaurante "Bib Gourmand"
un alojamiento especialmente agradable
C
D

14 La Rioja

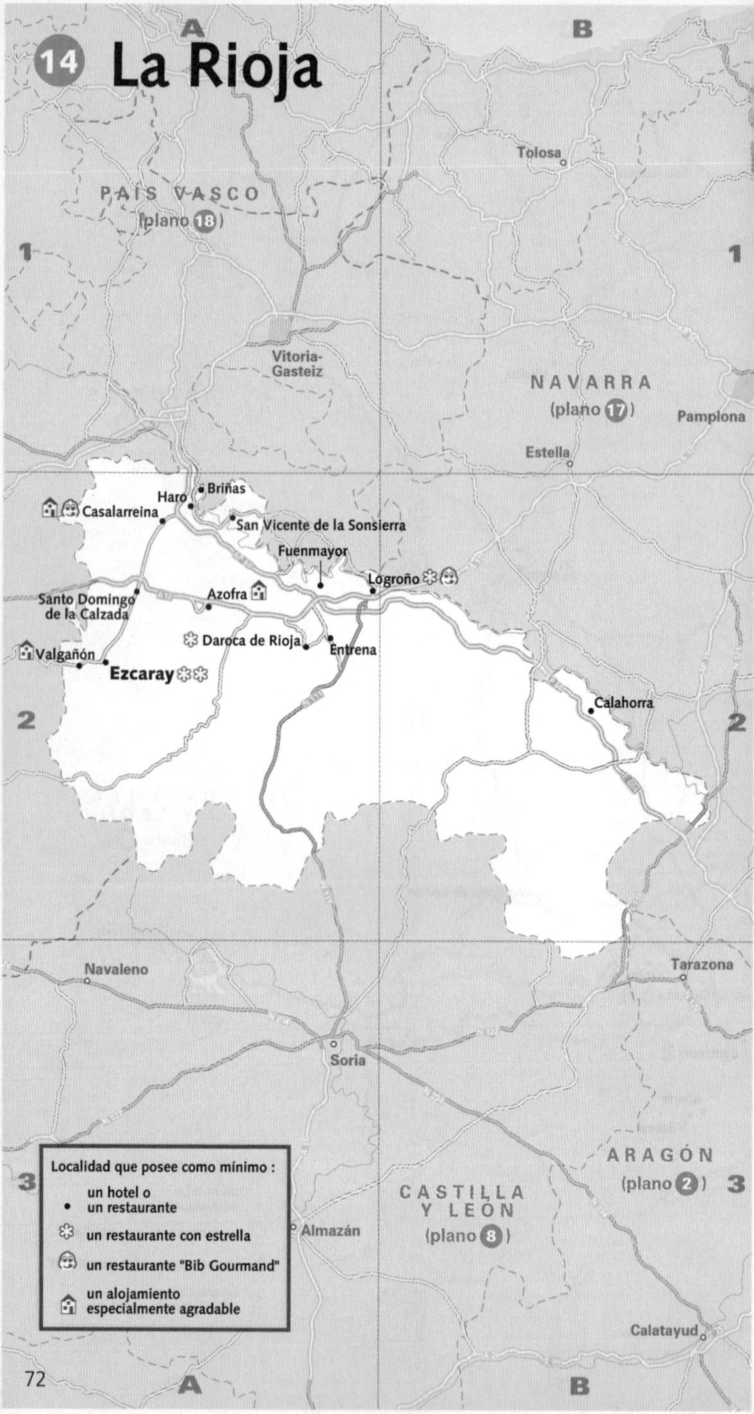
A
B
1
2
3
Tolosa
PAIS VASCO
(plano 18)
Vitoria-Gasteiz
NAVARRA
(plano 17)
Pamplona
Estella
Briñas
Haro
Casalarreina
San Vicente de la Sonsierra
Fuenmayor
Logroño
Santo Domingo de la Calzada
Azofra
Daroca de Rioja
Entrena
Valgañón
Ezcaray
Calahorra
Navaleno
Tarazona
Soria
ARAGÓN
(plano 2)
CASTILLA Y LEÓN
(plano 8)
Almazán
Calatayud
Localidad que posee como mínimo :
un hotel o un restaurante
un restaurante con estrella
un restaurante "Bib Gourmand"
un alojamiento especialmente agradable

Madrid 15

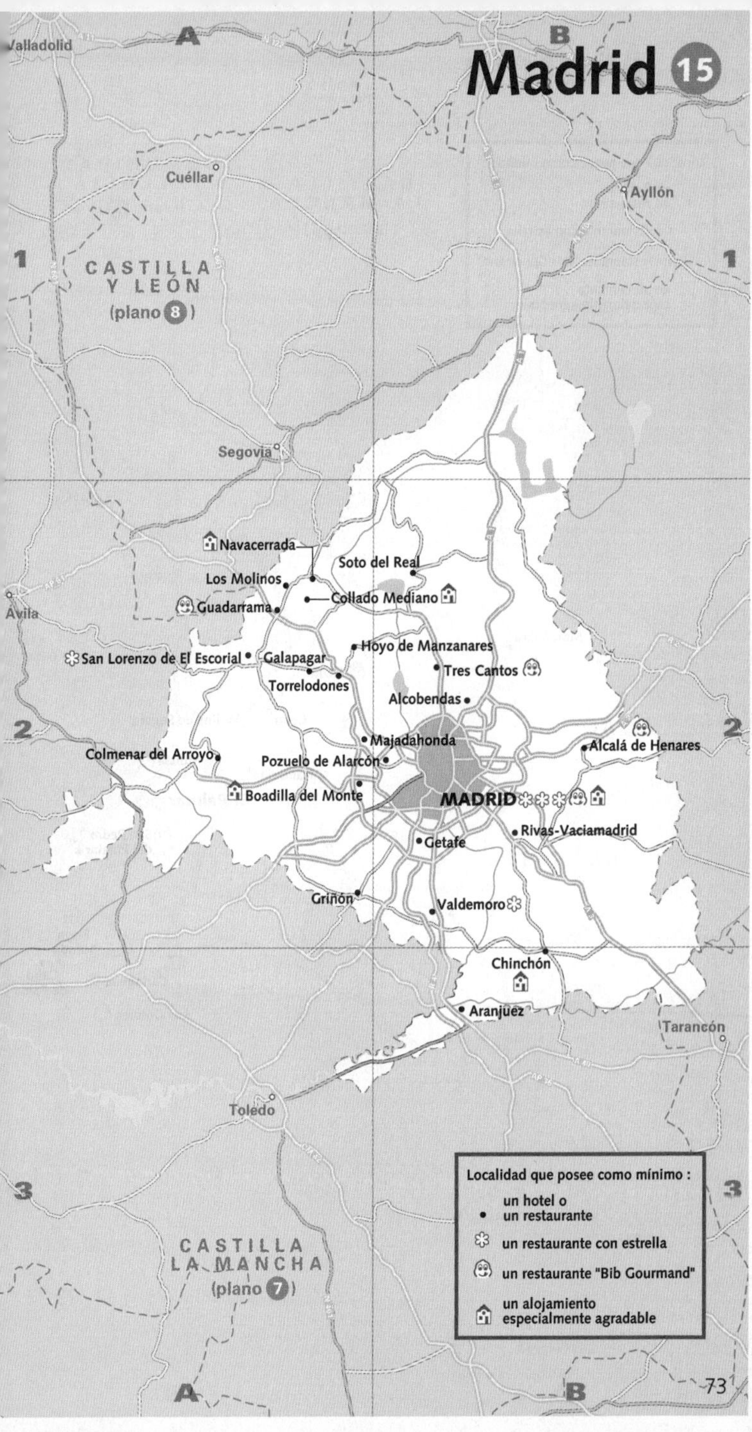
Valladolid
A
B
Cuéllar
Ayllón
1
CASTILLA Y LEÓN (plano 8)
Segovia
Navacerrada
Soto del Real
Los Molinos
Collado Mediano
Ávila
Guadarrama
San Lorenzo de El Escorial
Galapagar
Hoyo de Manzanares
Tres Cantos
Torrelodones
Alcobendas
2
Majadahonda
Colmenar del Arroyo
Pozuelo de Alarcón
Alcalá de Henares
Boadilla del Monte
MADRID
Rivas-Vaciamadrid
Getafe
Griñón
Valdemoro
Chinchón
Aranjuez
Tarancón
Toledo
3
CASTILLA LA MANCHA (plano 7)
Localidad que posee como mínimo :
un hotel o un restaurante
un restaurante con estrella
un restaurante "Bib Gourmand"
un alojamiento especialmente agradable

16 Murcia

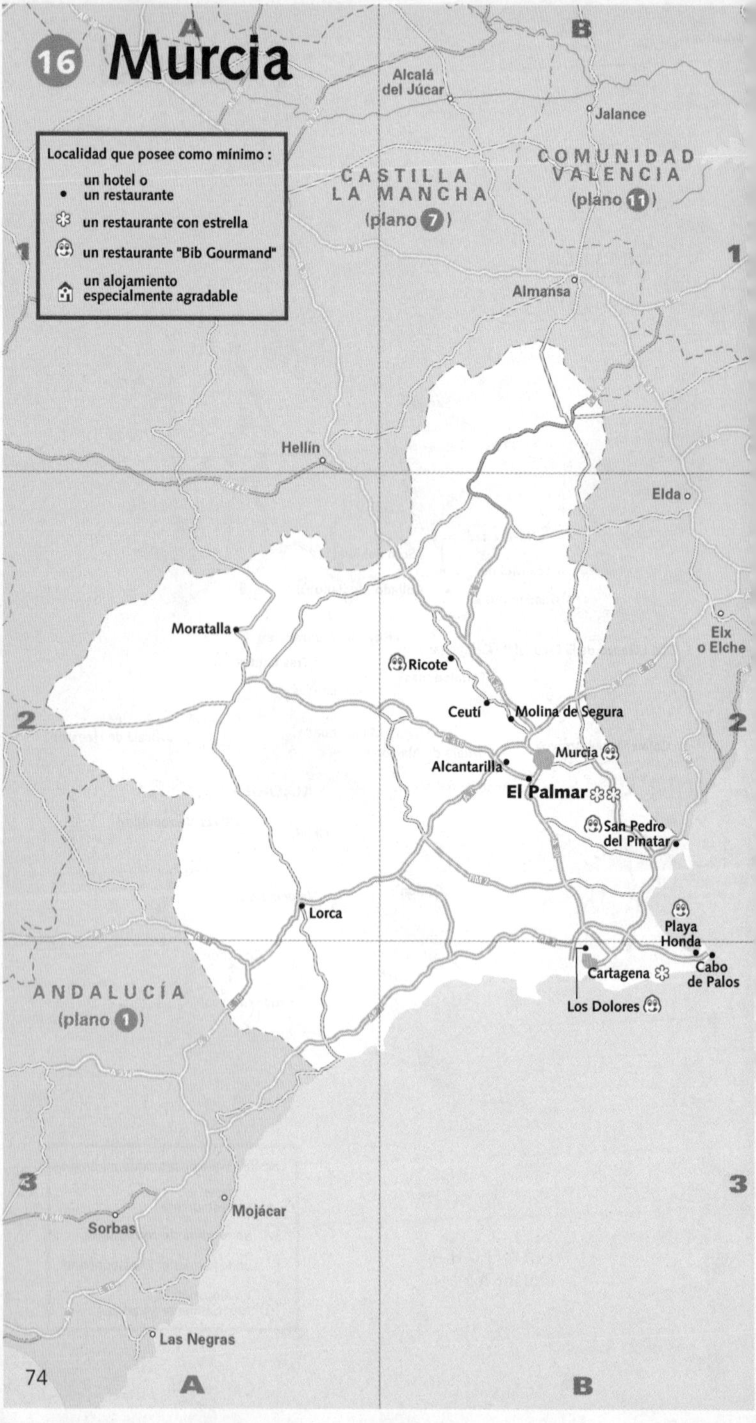
Localidad que posee como mínimo :
• un hotel o un restaurante
un restaurante con estrella
un restaurante "Bib Gourmand"
un alojamiento especialmente agradable
A
B
1
2
3
Alcalá del Júcar
Jalance
CASTILLA LA MANCHA (plano 7)
COMUNIDAD VALENCIA (plano 11)
Almansa
Hellín
Elda
Elx o Elche
Moratalla
Ricote
Ceutí
Molina de Segura
Murcia
Alcantarilla
El Palmar
San Pedro del Pinatar
Lorca
Playa Honda
Cabo de Palos
Cartagena
Los Dolores
ANDALUCÍA (plano 1)
Mojácar
Sorbas
Las Negras

Navarra 17

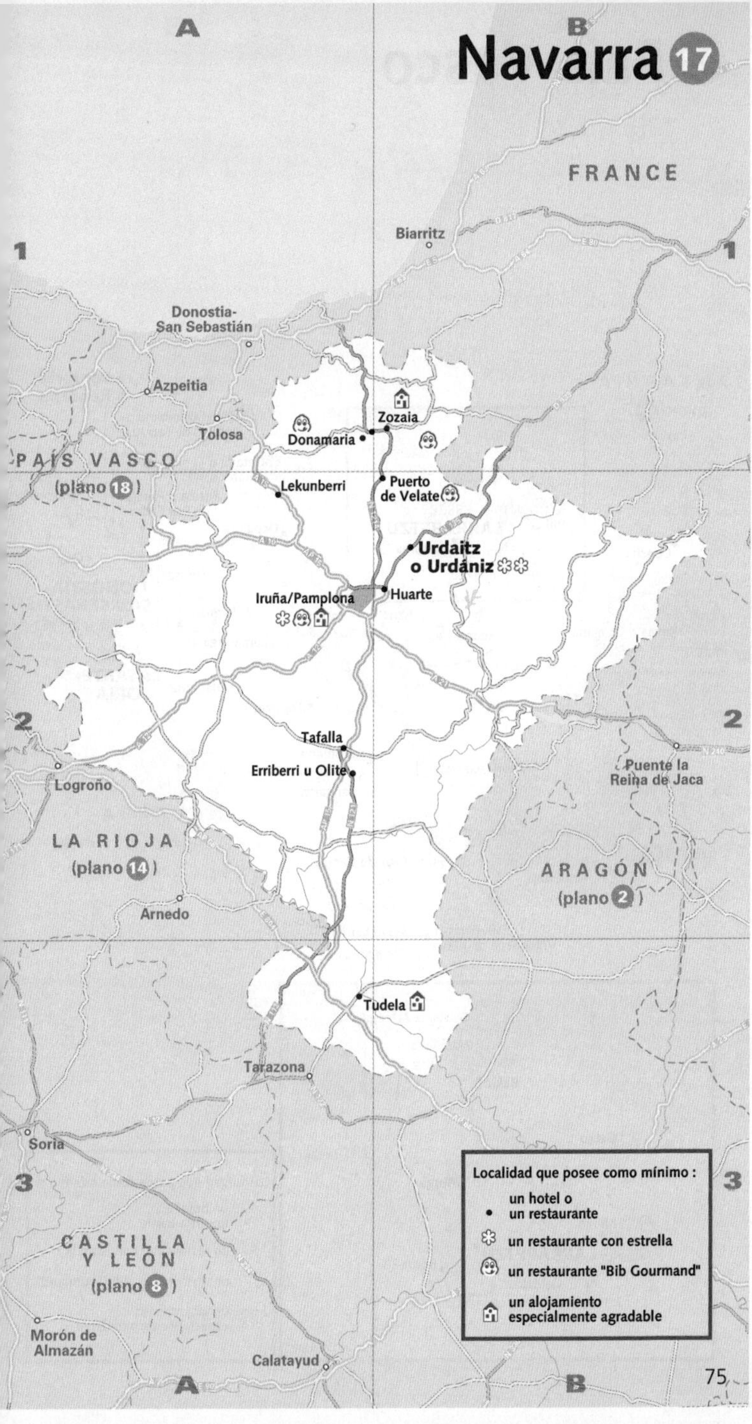
A
B
FRANCE
Biarritz
1
Donostia-
San Sebastián
Azpeitia
Tolosa
Zozaia
Donamaria
PAÍS VASCO
(plano 18)
Lekunberri
Puerto
de Velate
Urdaitz
o Urdániz
Iruña/Pamplona
Huarte
2
Tafalla
Erriberri u Olite
Logroño
Puente la
Reina de Jaca
LA RIOJA
(plano 14)
ARAGÓN
(plano 2)
Arnedo
Tudela
Tarazona
Soria
3
CASTILLA
Y LEÓN
(plano 8)
Morón de
Almazán
Calatayud
Localidad que posee como mínimo :
un hotel o
un restaurante
un restaurante con estrella
un restaurante "Bib Gourmand"
un alojamiento
especialmente agradable

18 País Vasco

Restaurantes & hoteles

Restaurantes & hotéis

Localidades de A a Z

Localidades de A a Z

tbralnina/iStock

AGUA AMARGA

Almería – Mapa regional 1–D2 – Mapa de carreteras Michelin nº 578-V24

Asador La Chumbera 🏠 P

TRADICIONAL · AMBIENTE TRADICIONAL ✗ Apartado, tranquilo y... ¡realmente encantador! Lo mejor de esta casa es su emplazamiento, pues saliendo de Agua Amarga por la carretera de Carboneras lo encontrará instalado en una construcción encalada de gran tipismo. Ofrece dos salas de ambiente rústico-actual, ambas dominadas por los tonos blancos y con chimeneas, así como una agradable terraza adornada con cactus y chumberas, resultando esta perfecta para contemplar el Parque Natural del Cabo de Gata-Níjar. Cocina tradicional con influencias tanto árabes como orientales. ¡Pruebe los pescados del día o su sabroso Entrecot de buey!

Especialidades : Carpaccio de lecha. Entrecot de vaca. Tiramisú.

Carta 30/45€

Paraje Los Ventorrillos, en la carretera de Carboneras : Noreste 1.2 km ⊠ 04149 – ℰ 634 67 62 98 – www.asadorlachumbera.com – Cerrado 1 noviembre-4 diciembre, miércoles

AGUADULCE

Almería – Mapa regional 1–D2 – Mapa de carreteras Michelin nº 578-V22

Bacus 🏠 ♿ 🅰🅲 ⇄

INTERNACIONAL · BAR DE TAPAS ✗ Ubicado en una nueva zona residencial. Este gastrobar de estética moderna se presenta con una barra a la entrada, una zona de mesas al fondo y un reservado. Tapas creativas.

Tapa 5€ – Ración 13€

Camino de los Parrales 330 ⊠ 04720 – ℰ 950 34 13 54 – www.bacus.eu – Cerrado 13-30 enero, domingo

AÍNSA

Huesca – Mapa regional 2–C1 – Mapa de carreteras Michelin nº 574-E30

Callizo 🅰🅲

CREATIVA · MARCO CONTEMPORÁNEO ✗✗✗ ¡Una experiencia gastronómica en toda regla! Su propuesta se traduce en un pausado recorrido por la casona en piedra (bodega, cocina, comedor...), descubriendo por etapas los sabores de temporada de la comarca de Sobrarbe, al norte de Aragón, en lo que ellos mismos definen como "cocina tecno-emocional de montaña".

Menú 60/80€

Plaza Mayor ⊠ 22330 – ℰ 974 50 03 85 – www.restaurantecallizo.es – Cerrado 2 noviembre-1 abril, lunes, martes

AJO

Cantabria – Mapa regional 6–C1 – Mapa de carreteras Michelin nº 572-B19

Palacio de la Peña 🏠 🐕 🛏 🅰🅲 P

LUJO · HISTÓRICA Resulta íntimo y rezuma nobleza por los cuatro costados, ya que ocupa una casa-palacio del s. XVII bien restaurada. Ofrece exquisitas habitaciones, todas con mobiliario de época, un bello entorno ajardinado y un restaurante de excelente montaje, este último instalado en lo que fueron las caballerizas.

8 habitaciones 🖵 – ♦♦ 295/380€

De la Peña 26 ⊠ 39170 – ℰ 942 67 05 67 – www.hotelpalacio.es

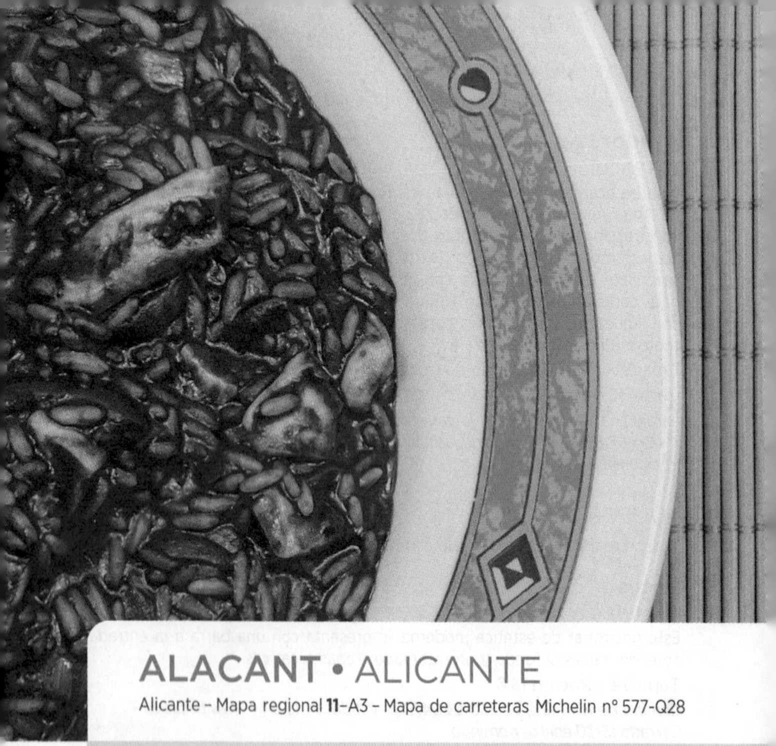

ALACANT • ALICANTE

Alicante - Mapa regional **11**-A3 - Mapa de carreteras Michelin nº 577-Q28

Nos gusta...

Subir al castillo de Santa Bárbara y disfrutar, desde **La Ereta**, de... ¡las mejores vistas a la ciudad! Tras un paseo por la Marina Deportiva del Puerto de Alicante gozar del benévolo clima en alguna de sus terrazas y tomarnos unos vinos, mariscos, arroces o pescados en **La Taberna del Gourmet**, a escasos metros de la Marina. Si lo que queremos es darnos un homenaje lo mejor es ir a **Monastrell**, toda una experiencia para el paladar. A la hora de ir de tapas no podemos perdernos dos grandes clásicos, **Nou Manolín** y **Piripi**, donde también se puede comer. Otro establecimiento interesante es **El Portal**, con un sorprendente ambiente afterwork.

El recetario alicantino tradicional, que mima los arroces "a banda" en todas las localidades costeras, se complementa con platos típicos como la Borreta o la Pericana, dos clásicos surgidos en los pueblos del interior que tampoco debemos dejar de probar.

Photitos2016/iStock

Restaurantes

Monastrell (María José San Román)

MODERNA • DE DISEÑO XXX Luz natural a raudales, relajantes vistas a los yates amarrados, ese característico olor a mar que atrapa sin querer... aquí todo tiene un marcado carácter mediterráneo.

La chef María José San Román busca una cocina moderna que no rompa los vínculos con lo local, pues el conocimiento de los productos autóctonos es lo que mejor potencia un plato. Por ello, siempre ensalza los fantásticos pescados y mariscos de la zona, ese apreciado azafrán que potencia los sabores, el imprescindible aceite de oliva virgen extra, un buen pan... y, por supuesto, los arroces, un producto fetiche que la fascina y que es capaz de presentar con increíbles elaboraciones.

¿Sus granos de arroz favoritos? Albufera, Bahía, Bombita... todos son especiales, pero apuesta por los integrales porque ve en ellos el futuro.

Especialidades : Sopa acidulada de crustáceos, centolla, emulsión de codium e hinojo fermentado. Arroz guisado con pollo campero. Galleta de almendras, crema de vainilla y helado de arroz con leche.

Menú 66/115€

Plano B3-x - *Avenida del Almirante Julio Guillén Tato 1 ✉ 03002 - ✆ 965 12 66 40 - www.monastrell.com - Cerrado lunes, cena: domingo*

Govana

TRADICIONAL • AMBIENTE CLÁSICO X No tiene pérdida, ya que se encuentra frente al entretenido e interesante Museo Arqueológico de Alicante (MARQ). Para muchos, este restaurante de organización familiar debería ser una visita obligada en la ciudad, pues José López, su chef-propietario, refleja desde los fogones los mejores matices de la cocina mediterránea tradicional. Aquí la gran especialidad de la casa son los arroces (de hecho contempla hasta 15 variedades), sin embargo su carta resulta bastante completa al ofrecer también algún marisco, pescados, carnes, revueltos, Caldereta de bogavante, Alubias de La Granja...

Especialidades : Almejas a la marinera. Arroz con pata. Manzana asada al hojaldre.

Menú 35€ (almuerzo)/50€ - Carta 33/45€

Plano D1-h - *Plaza Dr. Gómez Ulla 4 ✉ 03013 - ✆ 965 21 82 50 - www.govana.net - Cerrado 1-14 septiembre, lunes, cena: martes-domingo*

Celeste - Don Carlos

MODERNA • AMBIENTE CLÁSICO XX ¡Singular! Para acceder al restaurante gastronómico debe atravesar el gastrobar Don Carlos. Cocina tradicional puesta al día, en base al mercado y propuesta a través de menús.

Menú 33/200€

Plano C2-t - *General Primo de Rivera 12 ✉ 03002 - ✆ 966 14 56 82 - www.doncarlosalicante.com - Cerrado 1-30 enero, 19-26 mayo, 3-13 noviembre, lunes, domingo*

La Ereta

CREATIVA • DE DISEÑO XX Original construcción de línea moderna ubicada en la subida al castillo de Santa Bárbara. Proponen unos menús muy creativos, uno como homenaje a los mejores platos de la casa.

Menú 39€ (almuerzo), 49/65€

Plano C1-d - *Parque de la Ereta ✉ 03001 - ✆ 965 14 32 50 - www.laereta.es - Cerrado 7-21 enero, domingo*

Nou Manolín

REGIONAL • ACOGEDORA XX Restaurante de larga trayectoria y prestigio en la ciudad. Posee varios privados y un gran comedor rústico-actual que sorprende por su precioso techo de diseño en madera. Completa carta tradicional con arroces, pescados, mariscos...

Carta 35/55€

Plano B2-m - *Villegas 3 ✉ 03001 - ✆ 965 61 64 25 - www.grupogastronou.com*

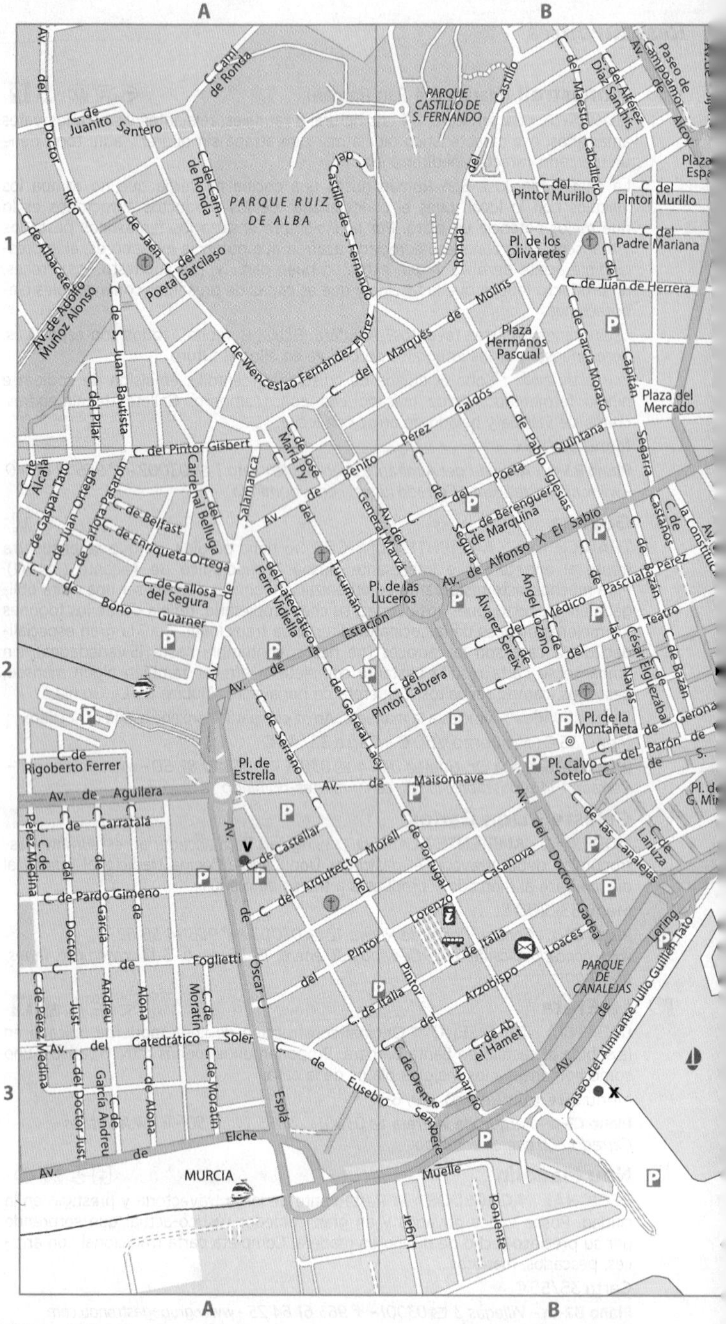
A
B
1
2
3
Av. del Doctor Rico
C. Cami de Ronda
C. de Juanito Santero
C. del Cam. de Ronda
PARQUE RUIZ DE ALBA
C. del Castillo de S. Fernando
PARQUE CASTILLO DE S. FERNANDO
C. del Castillo
Ronda
C. del Maestro Caballero
C. del Alférez Díaz Sanchis
Av. Paseo de Campoamor
Alcoy
Plaza España
C. del Pintor Murillo
Pl. de los Olivaretes
C. del Padre Mariana
C. de Juan de Herrera
C. de Albacete
Av. de Adolfo Muñoz Alonso
C. de Jaén
C. del Poeta Garcilaso
C. de S. Juan Bautista
C. de Wenceslao Fernández Flórez
C. del Marqués de Molins
Plaza Hermanos Pascual
C. de García Morató
Capitán Segarra
Plaza del Mercado
C. del Pilar
C. de Pablo Iglesias
C. del Pintor Gisbert
C. del Cardenal Belluga
Salamanca
C. de José María Py
Av. de Benito Pérez Galdós
C. del Poeta Quintana
C. de Alcalá
C. de Gaspar Tato
C. de Juan Ortega
C. de Carlota Pasarón
C. de Belfast
C. de Enriqueta Ortega
C. del Tucumán
Av. del General Marvá
C. de Segura
C. de Berenguer de Marquina
Av. de Alfonso X El Sabio
C. de Castaños
C. de Bazán
la Constitución
C. del Catedrático Ferre Vidiella
Pl. de los Luceros
C. de Callosa del Segura
C. de Bono Guarner
Av. de la Estación
Álvarez Sereix
Ángel Lozano
C. del Médico Pascual Pérez
C. de las Navas
César Elguezábal
Teatro
C. de Bazán
C. del Pintor Cabrera
C. del General Lacy
C. de Serrano
Pl. de la Montañeta
Gerona
C. del Barón de S.
Pl. Calvo Sotelo
C. de Rigoberto Ferrer
Pl. de Estrella
Av. de Aguilera
Av. de Maisonnave
Pl. de G. Mir
C. de Carratalá
C. de Pérez Medina
C. de Castellar
C. del Arquitecto Morell
C. de Portugal
Casanova
Av. del Doctor Gadea
C. de las Canalejas
C. de Lanuza
C. de Pardo Gimeno
C. del Doctor Just
C. de García Andreu
C. de Alona
Foglietti
Av. de Óscar Esplá
C. del Pintor Lorenzo Casanova
C. de Italia
Loaces
Loring
PARQUE DE CANALEJAS
C. de Moratín
C. del Arzobispo
C. del Pintor Aparicio
Paseo del Almirante Julio Guillén Tato
Av. del Catedrático Soler
C. de Eusebio Sempere
C. de Ab el Hamet
C. de Orense
Av. de Elche
MURCIA
Muelle de Poniente
Lugar
V
X

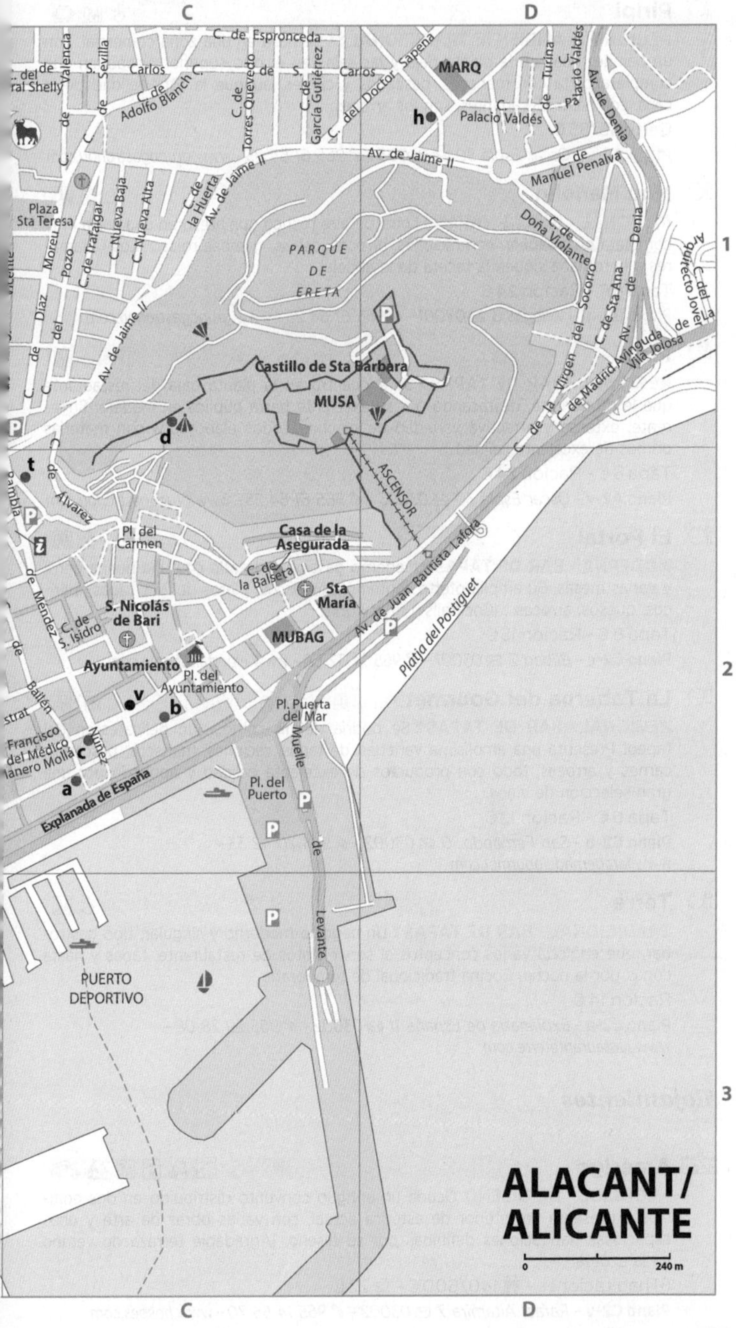

ALACANT/ ALICANTE

⛿○ Piripi   ♿ AC ⬗

REGIONAL · AMBIENTE TRADICIONAL XX Se halla en una zona comercial, con un bar de tapas en la planta baja y las salas en el piso superior. Proponen una completa carta con mariscos, pescados y carnes, aunque la especialidad de la casa, con hasta 15 variantes, son los arroces.

Carta 35/55 €

Plano A2-v – *Oscar Esplá 30* ✉ *03003* – ℰ *965 61 64 25* – *www.grupogastronou.com*

⛿○ Nou Manolín   AC

REGIONAL · BAR DE TAPAS X Local de aire rústico que atesoran una carta muy completa para tapear, con raciones, arroces, ostras, gambas rojas... ¡Los Calamares a la romana siguen la receta de la abuela!

Tapa 8 € – Ración 24 €

Plano B2-m – *Villegas 3* ✉ *03001* – ℰ *965 61 64 25* – *www.grupogastronou.com*

⛿○ Piripi   AC

REGIONAL · BAR DE TAPAS X Se encuentra en la planta baja del restaurante que le da nombre, destacando por su excelente barra pública en madera. Sugerente, extensa y atractiva variedad de pinchos, todos elaborados con materias primas de excelente calidad.

Tapa 8 € – Ración 24 €

Plano A2-v – *Oscar Esplá 30* ✉ *03003* – ℰ *965 61 64 25* – *www.grupogastronou.com*

⛿○ El Portal   ♿ AC

MODERNA · BAR DE TAPAS X Moderno gastrobar dotado con una buena barra y varias mesas. Su amplia oferta contempla mariscos, platos del día, tapas, ibéricos, quesos, arroces... ¡Cocktails y afterworks!

Tapa 8 € – Ración 15 €

Plano C2-c – *Bilbao 2* ✉ *03001* – ℰ *965 14 32 69* – *www.elportaltaberna.com*

⛿○ La Taberna del Gourmet   🛋 AC

REGIONAL · BAR DE TAPAS X Se podría definir como... ¡un delicatessen del tapeo! Presenta una amplísima variedad de tapas, raciones, mariscos, pescados, carnes y arroces, todo con productos de excelente calidad y apoyado por una gran selección de vinos.

Tapa 6 € – Ración 12 €

Plano C2-b – *San Fernando 10* ✉ *03002* – ℰ *965 20 42 33* – *www.latabernadelgourmet.com*

⛿○ Terre   ♿ AC

TRADICIONAL · BAR DE TAPAS X Un negocio moderno y singular, tipo gastrobar, que engloba varios conceptos al servir platos de restaurante, tapas y hasta copas por la noche. Cocina tradicional de temporada.

Ración 14 €

Plano C2-a – *Explanada de España 11* ✉ *03002* – ℰ *965 29 78 08* – *www.restauranteterre.com*

Alojamientos

⌂ Amérigo   ♨ 🖥 ⿻ ⬆ AC 🏋 🚗

NEGOCIOS · DE DISEÑO Ocupa un antiguo convento distribuido en dos edificios y presenta un interior de estética actual, con varias obras de arte y unas espaciosas habitaciones definidas por su diseño. ¡Agradable terraza de verano en la azotea!

81 habitaciones – 👫 140/600 € – ☕ 22 €

Plano C2-v – *Rafael Altamira 7* ✉ *03002* – ℰ *965 14 65 70* – *www.hospes.com*

por la av. de Dénia ver plano : D1

Pópuli Bistró

COCINA MEDITERRÁNEA • RÚSTICA X En esta casa todo tiene un toque especial, lo que ha llevado al negocio a crecer rápidamente en popularidad. Si la sorpresa es importante por su emplazamiento, en una gran finca de L'Albufereta de Alicante, no resulta menos agradable la cuidadísima estética interior de línea rústica-actual, definida por el protagonismo que adquieren los materiales utilizados (madera de pino, rafia, esparto...), la amplitud de espacios o su estudiada luminosidad. Aquí le propondrán una cocina mediterránea de mercado, con un buen apartado de arroces y otro de sabrosas carnes a la brasa. ¡Agradable terraza!

Especialidades : Calamares de Dénia encebollados. Fideuá de salmonetes. Torrija de Javier.

Carta 34/52€

Fuera de plano – *Vial Flora de España 36 - 5 km ✉ 03016 – ✆ 965 61 64 25 – www.grupogastronou.com – Cerrado cena: domingo*

Maestral

TRADICIONAL • AMBIENTE CLÁSICO XXX Ubicado en una bonita villa, rodeada de jardines y con una terraza para cenas estivales. En su elegante interior proponen una completa carta de cocina tradicional actualizada.

Menú 42€ – Carta 35/50€

Fuera de plano – *Andalucía 18 (Vistahermosa) - 4 km ✉ 03016 – ✆ 965 26 25 85 – www.maestral.es*

Baeza & Rufete

MODERNA • SENCILLA X Una casa de contrastes, pues a pesar del reducido tamaño y la sencillez de sus instalaciones apuesta por tener un marcado perfil gastronómico. ¡Cocina alicantina actualizada!

Menú 55/80€ – Carta 55/75€

Fuera de plano – *Avenida de Ansaldo 31 - 6 km ✉ 03540 – ✆ 965 16 22 47 – www.baezarufete.com – Cerrado 20 febrero-10 marzo, 19-29 junio, cena: lunes-jueves, cena: domingo*

ALARCÓN

Cuenca – Mapa regional **7**-C2 – Mapa de carreteras Michelin nº 576-N23

Parador de Alarcón

HISTÓRICO • ACOGEDORA Fortaleza árabe-medieval del s. VIII emplazada sobre un peñón rocoso, dominando el Júcar y toda la localidad. Las habitaciones saben combinar lo rústico y lo actual. En su restaurante, con altos techos en piedra, descubrirá la esencia del recetario regional.

14 habitaciones – 110/250€ – 18€

Avenida Amigos de los Castillos 3 ✉ 16214 – ✆ 969 33 03 15 – www.parador.es

ALBA DE TORMES

Salamanca – Mapa regional **8**-B3 – Mapa de carreteras Michelin nº 575-J13

Don Fadrique

TRADICIONAL • RÚSTICA XX Sobre una loma, lo que permite ver la localidad desde la terraza-mirador. En su encantador comedor, con bodega, ofrecen una cocina tradicional actualizada y sugerentes menús.

Menú 45€ (almuerzo), 55/64€ – Carta 35/65€

Carretera de Salamanca, Noroeste : 2 km ✉ 37800 – ✆ 923 37 00 76 – www.donfadrique.com – Cerrado 7-31 enero, lunes, cena: martes-jueves, cena: domingo

ALBACETE

Albacete - Mapa regional **7**-D3 - Mapa de carreteras Michelin nº 576-P24

Don Gil

ESPAÑOLA CONTEMPORÁNEA · AMBIENTE CLÁSICO XX Tome nota, pues no es fácil encontrar establecimientos, como este, donde ofrezcan servicio y elaboraciones de calidad a precios ajustados. El negocio, ubicado junto a un céntrico mercado, se presenta con una zona de tapeo, luminosas salas, un moderno lounge-bar reservado para eventos y una agradable terraza techada para disfrutar de las sobremesas. Su amplia propuesta, tradicional actualizada, se enriquece con platos manchegos, unos deliciosos arroces e interesantes menús. Pruebe su Vieira salteada con hongos de temporada, el delicioso Arroz de carabineros, la Paletilla de lechal al horno...

Especialidades : Atún, asadillo manchego y soja. Arroz campero. Torrija de brioche.

Menú 30/50 € - Carta 33/45 €

Baños 2 ✉ 02004 - ☎ 967 23 97 85 - www.restaurantedongil.com - Cerrado cena: lunes, cena: domingo

Asador Concepción N

TRADICIONAL · MARCO CONTEMPORÁNEO X Se encuentra en una céntrica calle peatonal y podemos considerarlo un clásico, pues es un negocio de tercera generación que desde su apertura aquí, en 1994, ha sabido actualizarse tanto en la propuesta como en el confort. Presenta un amplio bar de tapas, un reservado y un comedor principal al que se accede por un pasillo repleto de fotografías antiguas, tanto del primitivo negocio como de la propia ciudad. Apuestan por una cocina tradicional que exalte el producto manchego, con algunas actualizaciones, unas maravillosas carnes maduradas y un apartado especial para los platos de cuchara.

Especialidades : Croquetas de bogavante. Paletilla de cordero lechal. Tarta de manzana.

Menú 20 € - Carta 30/45 €

Concepción 5 ✉ 02002 - ☎ 967 52 43 50 - www.asadorconcepcion.com - Cerrado 21 julio-20 agosto, lunes, cena: domingo

El Callejón

TRADICIONAL · ACOGEDORA XX He aquí un restaurante rústico con personalidad y encanto, pues está repleto de rincones que tienen en el mundo taurino su eje temático. Tienda gourmet y cocina tradicional.

Carta 35/60 €

Guzmán el Bueno 18 ✉ 02002 - ☎ 967 21 11 38 - www.restauranteelcallejon.com - Cerrado 7-14 enero, 1-27 agosto, lunes, cena: domingo

Nuestro Bar

REGIONAL · RÚSTICA XX Su sabrosa cocina de corte local lo mantiene en la cima del éxito. Presenta un marco con cierto tipismo, un buen servicio de mesa y una carta de tinte regional que se completa, acertadamente, con varios menús. ¡Concurrido bar de tapas!

Menú 15/25 € - Carta 20/50 €

Alcalde Conangla 102 ✉ 02002 - ☎ 967 24 33 73 - www.nuestrobar.es - Cerrado 1-31 julio, cena: domingo

Caldereros

TRADICIONAL · ACOGEDORA X En una animada calle peatonal. Posee una zona de bar y dos pequeños comedores, ambos con preciosos suelos hidráulicos. Cocina tradicional con platos de cuchara y de mercado.

Carta 30/50 €

Caldereros 13 ✉ 02002 - ☎ 967 61 02 17 - www.caldereros.es - Cerrado 1-26 agosto, domingo

ALBARRACÍN

Teruel - Mapa regional **2**-B3 - Mapa de carreteras Michelin nº 574-K25

Casa de Santiago

FAMILIAR • RÚSTICA Está en el casco viejo y aloja recuerdos de un pasado exquisito, pues ocupa una antigua casona que invita al reposo. Disfruta de agradables salones sociales y pequeñas habitaciones... eso sí, todas con un estilo rústico sumamente detallista. En su comedor le propondrán una carta de corte casero-tradicional.

9 habitaciones - 64/75€ - 6€

Subida a las Torres 11 ✉ 44100 - ✆ 978 70 03 16 - www.casadesantiago.es

La Casona del Ajimez

FAMILIAR • ACOGEDORA ¡Al pie de la Alcazaba! Con su nombre ensalza una curiosa parte de su fachada, pues el término Ajimez se refiere a los antiguos balcones volados de inspiración musulmana. Ofrece unas habitaciones muy acogedoras, todas bien personalizadas.

6 habitaciones - 84€ - 6€

San Juan 2 ✉ 44100 - ✆ 978 71 03 21 - www.casonadelajimez.com

ALCALÁ DE GUADAIRA

Sevilla - Mapa regional **1**-B2 - Mapa de carreteras Michelin nº 578-T12

al Suroeste 8 km

La Perdida

CARNES A LA PARRILLA • CASA DE CAMPO XX Aquí la especialidad son las carnes de bovino a la brasa, maduradas y de su propia ganadería (vacas Charolesas) o de otras razas (Black Angus, Simmental, Buey gallego...).

Carta 40/65€

Carretera A 8031 ✉ 41500 - ✆ 954 73 93 42 - www.asadorlaperdida.com - Cerrado cena: lunes-miércoles, cena: domingo

ALCALÁ DE HENARES

Madrid - Mapa regional **15**-B2 - Mapa de carreteras Michelin nº 576-K19

Ambigú

MODERNA • SIMPÁTICA X Una buena opción si está visitando esta preciosa ciudad, cuna del más insigne escritor de las letras hispanas en 1547 y Patrimonio de la Humanidad desde 1998. El restaurante, ubicado junto al céntrico teatro Salón Cervantes, sorprende con una estética desenfadada, fresca e informal, mostrando la cocina desde la misma sala y un servicio que, pareciendo más propio de una cafetería, resulta muy profesional. Propuesta gastronómica ligera, joven, curiosa... de clara tendencia actual, con platos e ingredientes internacionales, llegados desde Sudamérica y Asia, en la búsqueda de cierta fusión.

Especialidades : Tosta de foie con puré de higos y caviar de palo cortado. Atún rojo a la llama del wok glaseado con teriyaki y salmorejo. Torrija caramelizada y helado de vainilla bourbon.

Carta 35/44€

Cervantes 7 ✉ 28801 - ✆ 910 13 84 32 - www.ambigualcala.com

Goya

TRADICIONAL • AMBIENTE CLÁSICO XX Está bien llevado entre hermanos y ofrece dos estilos de cocina diferentes, uno de gusto tradicional en el bar-cafetería y otro de tendencia más actual en el cuidado comedor.

Carta 40/60€

Goya 2 ✉ 28807 - ✆ 918 82 60 34 - www.restaurantegoya.com - Cerrado cena: lunes, cena: domingo

Hostería del Estudiante

TRADICIONAL • AMBIENTE CLÁSICO XX Un restaurante que destaca por sus magníficas vistas al famoso Triángulo o Patio Trilingüe de la Universidad, llamado así porque allí impartían las clases en latín, griego y hebreo. Cocina autóctona de calidad y regional elaborada.

Menú 28/60€ – Carta 36/48€

Parador de Alcalá de Henares, Colegios 3 ✉ 28801 – ✆ 918 88 03 30 – www.parador.es – Cerrado 17 julio-3 septiembre, lunes, martes, cena: domingo

Ki-Jote

JAPONESA • SENCILLA X Disfrute de la cocina nipona en un negocio que emana tranquilidad. Su chef-propietario se ha formado en el laureado Kabuki, por lo que trabaja a la perfección cada producto.

Menú 31€ – Carta 30/40€

Vía Complutense 42, trasera ✉ 28805 – ✆ 652 83 10 15 – www.ki-jote.com – Cerrado lunes, martes, miércoles, cena: domingo

Parador de Alcalá de Henares

HISTÓRICO • CONTEMPORÁNEA Conjuga diversas partes de lo que fue el histórico colegio-convento de Santo Tomás (s. XVII) con varios elementos de equilibrado diseño actual y vanguardista. Amplia zona social, habitaciones modernas y buen confort general. En el comedor, de montaje actual, encontrará la típica carta regional de Paradores.

128 habitaciones – 100/300€ – 18€ – 1 suite

Colegios 8 ✉ 28801 – ✆ 918 88 03 30 – www.parador.es

Hostería del Estudiante – Ver selección restaurantes

ALCALÁ DEL VALLE

Cádiz – Mapa regional **1**-B2 – Mapa de carreteras Michelin nº 578-V14

Mesón Sabor Andaluz

TRADICIONAL • SENCILLA X Tomates, trigueros, cerezas, higos, alcachofas, berenjenas... aquí siempre trabajan con productos de temporada, tanto del campo como de la huerta local. Esta modestísima casa de ambiente rústico, llevada con amabilidad por José y Antonia, un matrimonio realmente encantador, apuesta por una cocina tradicional de corte casero, humilde en las formas y de platos sencillos pero... ¡sabrosos a más no poder! La propuesta destila autenticidad por los cuatro costados, con especialidades como las Croquetas de gambas con alioli de ajillo o su ya mítico Rabo de toro guisado de forma tradicional.

Especialidades : Croquetas de gambas y su ali oli de ajillo. Rabo de toro cocinado de forma tradicional. Flan de vainilla de Madagascar.

Carta 23/35€

La Huerta 3 ✉ 11693 – ✆ 956 13 55 10 – Cerrado 6-19 julio, martes

ALCANADA – Balears → Ver Balears (Mallorca) : Port d'Alcúdia

ALCANTARILLA

Murcia – Mapa regional **16**-B2 – Mapa de carreteras Michelin nº 577-S26

La Cava de Royán

TRADICIONAL • MARCO CONTEMPORÁNEO XX De estética actual y próximo al centro. Tanto en los comedores, dos de ellos privados, como en su bar de tapas la apuesta es clara: cocina tradicional con toques actuales.

Menú 35/50€ – Carta 25/50€

Avenida Estación de Lorca 4 ✉ 30820 – ✆ 968 80 86 83 – www.lacavaderoyan.net – Cerrado cena: lunes-martes, cena: domingo

ALCAÑIZ

Teruel – Mapa regional **2**-C2 – Mapa de carreteras Michelin nº 574-I29

Meseguer

TRADICIONAL • SENCILLA ✗ He aquí un negocio familiar fiel al trabajo y al producto, un detalle notable tanto en los platos tradicionales como en los más actualizados. Su amplia carta se enriquece con varios menús, ofrecen comida para llevar y... ¡gestionan unos cuidados apartamentos!

Menú 15/45€ - Carta 30/55€

Avenida del Maestrazgo 9 ✉ 44600 - ✆ 978 83 10 02 - www.aparthotelmeseguer.es - Cerrado 24-27 diciembre, cena: lunes-jueves, domingo

Parador de Alcañiz

HISTÓRICO • TRADICIONAL Ocupa el llamado Castillo de los Calatravos y resulta singular, pues domina todo Alcañiz desde lo alto de una colina. Presenta un recoleto patio-terraza, habitaciones de línea castellana-actual y un cuidado restaurante, ideal para descubrir la cocina regional.

37 habitaciones - 👥 95/195€ - ☕ 17€

Castillo de Calatravos ✉ 44600 - ✆ 978 83 04 00 - www.parador.es

ALCOBENDAS

Madrid - Mapa regional **15**-B2 - Mapa de carreteras Michelin nº 576-K19, 575-K19

en La Moraleja Sur : 4 km

99 sushi bar

JAPONESA • DE DISEÑO ✗✗ Este moderno restaurante japonés llamará su atención tanto por la barra, donde se ve trabajar al sushiman, como por la cortina-cascada de agua que hay tras él. Cocina nipona.

Menú 90€ - Carta 45/70€

Estafeta 2 ✉ 28109 - ✆ 916 50 31 59 - www.99sushibar.com - Cerrado cena: domingo

A'Kangas by Urrechu

CARNES A LA PARRILLA • MARCO CONTEMPORÁNEO ✗✗ Presenta una diáfana terraza y un cuidado interior, donde destaca el expositor. Cocina tradicional elaborada y fantásticas carnes rojas a la brasa, algunas maduradas con mimo.

Menú 50/70€ - Carta 50/80€

Estafeta 4 ✉ 28109 - ✆ 915 55 56 00 - www.akangas.com - Cerrado cena: domingo

El Barril de La Moraleja

PESCADOS Y MARISCOS • ACOGEDORA ✗✗ Sorprende con una cuidadísima terraza y un interior actual-marinero. La carta, especializada en productos del mar, se completa con un buen apartado de arroces y carnes rojas.

Carta 45/70€

Estafeta 4 ✉ 28109 - ✆ 916 50 95 86 - www.grupo-oter.com

ALCOCÉBER - Castellón → Ver Alcossebre

ALCOI

Alicante - Mapa regional **11**-A3 - Mapa de carreteras Michelin nº 577-P28

por la carretera de la Font Roja

Suroeste : 8 km y desvío a la derecha 1 km

L'Amagatall de Tota Ⓝ

COCINA MEDITERRÁNEA • MARCO CONTEMPORÁNEO ✗ Uno de esos casos en los que el nombre da paso a los sentimientos, pues el chef Jorge Sanus deseaba ensalzar con él a su propia madre, Carmina Pastor (Tota), y reconocerla como una gran cocinera aunque no haya ejercido nunca de manera profesional. Encontrará una única sala de línea actual, con un mostrador central, buen mobiliario en tonos grises y un curioso techo repleto de pequeños puntos de luz. La carta, bastante amplia, con variedad de tapas e incluso platos para compartir, apuesta por la cocina mediterránea de temporada, heredera de los sabores de siempre pero puesta al día con gusto.

Especialidades : Falso nigiri de merluza y gamba. Ventresca de atún rojo en ensalada valenciana. Pastel de carne.

Menú 18/35 € - Carta 30/40 €

El Terrer 6 ✉ 03801 - ☎ 966 84 28 88 - Cerrado 27 enero-3 febrero, 5-26 agosto, lunes, cena: martes-miércoles, cena: domingo

Masía la Mota

FAMILIAR · ACOGEDORA Data del s. XVII y lo encontrará en pleno parque natural, por lo que atesora unas magníficas vistas a la Font Roja y a la sierra de Mariola desde sus terrazas, habitaciones y piscina. El restaurante, en la antigua almazara, apuesta por la cocina tradicional.

12 habitaciones - 115/250 €

Carretera de la Font Roja ✉ 03800 - ☎ 966 54 03 70 - www.masialamota.com - Cerrado 14-27 diciembre

L'ALCORA

Castellón - Mapa regional **11**-B1 - Mapa de carreteras Michelin n° 577-L29

Sant Francesc

TRADICIONAL · FAMILIAR X Un negocio familiar de larga trayectoria en el que... ¡siempre atienden con enorme amabilidad! El espacioso comedor, de sencillo ambiente clásico, se complementa con tres privados panelables mucho más pequeños, reservándose estos para las reuniones familiares y de empresa. Ofrecen una carta tradicional con numerosos platos caseros y de olla, así como unos deliciosos postres de elaboración propia. Pruebe los famosos Caracoles blancos de montaña, la Olla casera de ayuno, el Rabo de toro deshuesado en su salsa... y la gran especialidad, los Dátiles rellenos de crema de café sobre crema inglesa.

Especialidades : Calamares con alcachofas y brotes de ajos tiernos. Conejo en salsa al tomillo con caracoles. Helado de higos y galleta de algarroba.

Menú 18 € (almuerzo)/30 € - Carta 29/44 €

Avenida Castelló 19 ✉ 12110 - ☎ 964 36 09 24 - www.restaurantsantfrancesc.es - Cerrado 3-24 agosto, cena: lunes-viernes, sábado, cena: domingo

ALCOSSEBRE • ALCOCÉBER

Castellón - Mapa regional **11**-B1

Atalaya N

MODERNA · MINIMALISTA XX Está cerca del puerto deportivo, en los bajos de un modesto edificio de apartamentos que, sin embargo, luego sorprende por su acogedora terraza. En su luminoso interior, de cuidado ambiente minimalista, podrá degustar la propuesta actual y diferente de Alejandra y Emanuel, una pareja de chefs que buscan las raíces de la cocina tradicional mediterránea para añadirle técnica, detalles de autor y sutiles matices asiáticos que potencien el sabor. La carta se complementa con hasta tres menús (Arroz, Bergantín y Goleta) y tienen una vajilla muy original, diseñada... ¡por la propia madre de la chef!

Especialidades : Galeras. Langostinos thai. Miel i mató.

Menú 28 € (almuerzo), 39/52 € - Carta 30/45 €

Camí l'Atall 1A, Zona las Fuentes ✉ 12579 - ☎ 964 41 49 30 - www.atalayarestaurante.com - Cerrado 15 diciembre-15 febrero, lunes, martes, cena: miércoles, cena: domingo

en la urbanización El Pinar Norte : 4 km

El Pinar

TRADICIONAL · AMBIENTE TRADICIONAL X Uno de esos restaurantes en los que comer es un placer, pues conjuga su buen nivel gastronómico con un entorno agradable y unas magníficas vistas al mar. El negocio, emplazado en una urbanización y en lo alto de una montaña, ocupa una casa de planta baja dotada con un luminoso comedor acristalado y una maravillosa terraza, todo rodeado de pinos y vegetación. En su amplia carta podrá ver platos propios del recetario tradicional e internacional, pero también un completísimo apartado de arroces y un menú. Las cristaleras del comedor se abren en verano y... ¡parece que estamos en la terraza!

Especialidades : Arroz de sepia, rape y coliflor. Lenguado a la almendra. Tarta de queso.

Menú 18 € (almuerzo), 30/60 € - Carta 31/40 €

Islas Mancolibre 4-A ✉ 12570 - ✆ 964 41 22 66 - Cerrado 7 enero-1 marzo, lunes

ALCUNEZA - Guadalajara → Ver Sigüenza

ALFAFARA

Alicante - Mapa regional **11**-A2 - Mapa de carreteras Michelin nº 577-P28

Casa el Tio David

REGIONAL • RÚSTICA Uno de esos restaurantes de los que todo el mundo da buenas referencias... no en vano, está llevado directamente por el propietario y su esposa. Ocupa una casa familiar de principios del s. XX y presenta un comedor de ambiente rústico-regional, con multitud de detalles decorativos, la viguería vista y una chimenea que suele estar encendida. Carta regional y local complementada por dos menús, uno denominado Tradición y el otro Degustación. ¿Las especialidades? Pruebe su Popurrí de croquetas variadas, la popular Pericana de la Serra Mariola o la Paletilla de cordero horneada Al-Ándalus.

Especialidades : Olleta de Blat Picat. Arroz de pichón con verduras de temporada. Pan escondido con helado de yema y crumble de cacao.

Menú 35/45 € - Carta 32/45 €

Bancal del Clot 2 ✉ 03838 - ✆ 965 51 01 42 - www.casaeltiodavid.com - Cerrado 24 junio-16 julio, cena: lunes, martes, cena: miércoles-jueves, cena: domingo

ALGAIDA - Balears → Ver Balears (Mallorca)

LA ALHAMBRA - Granada → Ver Granada

ALICANTE - Alicante → Ver Alacant

ALLARIZ

Ourense - Mapa regional **13**-C3 - Mapa de carreteras Michelin nº 571-F6

Portovello

TRADICIONAL • RÚSTICA La belleza del entorno, en un parque junto al río, define esta antigua fábrica de curtidos de aire rústico. Balcón-terraza con hermosas vistas y cocina de sabor tradicional.

Menú 16/18 € - Carta 26/35 €

Parque Porto Vello ✉ 32660 - ✆ 988 44 23 29 - www.restauranteportovello.es

ALLES - Asturias → Ver Panes

ALMAGRO

Ciudad Real - Mapa regional **7**-B3 - Mapa de carreteras Michelin nº 576-P18

Parador de Almagro

EDIFICIO HISTÓRICO • HISTÓRICA Instalado parcialmente en un convento franciscano del s. XVI. Ofrece unos patios de extraordinaria tranquilidad, varios espacios sociales y habitaciones de buen confort, sorprendiendo todas por sus detalles regionales. El elegante comedor se complementa con un salón de desayunos en el refectorio.

54 habitaciones - 90/210 € - 16 € - 3 suites

Ronda de San Francisco 31 ✉ 13270 - ✆ 926 86 01 00 - www.parador.es

La Casa del Rector

FAMILIAR • PERSONALIZADA En esta preciosa casa solariega encontrará unas habitaciones totalmente personalizadas, unas de atractivo ambiente rústico, otras modernas y, finalmente, las de diseño. ¡Hermoso patio regional y pequeño SPA con tratamientos de cromoterapia!

29 habitaciones – 75/135 € – 1 € – 3 suites

Pedro Oviedo 8 ✉ 13270 – ✆ 926 26 12 59 – www.lacasadelrector.com

ALMANSA

Albacete – Mapa regional **7**-D3 – Mapa de carreteras Michelin n° 576-P26

Maralba (Fran Martínez)

CREATIVA • MARCO CONTEMPORÁNEO XXX Un negocio familiar que resume su propuesta en una frase llena de sabor: "cocina manchega con balcones al Mediterráneo".

En su renovado comedor, más tranquilo, elegante y con la bodega acristalada, el chef Fran Martínez sabe poner en valor la gastronomía regional y sus productos, aportando a las elaboraciones esos toques de modernidad que la hacen realmente diferente, todo con el añadido de una relación calidad/precio difícilmente mejorable cuando hablamos de platos de autor. También llama la atención la inserción en sus menús de diversos pescados de Levante, normalmente reinterpretados con acierto, y la posibilidad de añadir un maridaje que juega con los vinos de La Mancha y de la costa levantina. El pan también está a la altura, pues... ¡lo elaboran ellos mismos!

Especialidades : Salmonete de roca semicurado en sal de cítricos. Sargo con hinojo y pil-pil de sus pieles. Bizcocho helado de yogur, sorbete de leche de oveja y frutos rojos.

Menú 58/90 € – Carta 58/90 €

Violeta Parra 5 ✉ 02640 – ✆ 967 31 23 26 – www.maralbarestaurante.es – Cerrado 17 febrero-5 marzo, 1-17 septiembre, cena: lunes, martes, cena: miércoles-jueves, cena: domingo

Mesón de Pincelín

TRADICIONAL • MARCO REGIONAL XX Disfruta de un bar, con mesas altas para tapear, varias salas y tres privados, siendo unos espacios actuales y otros de línea clásica-regional. Su extensa carta tradicional se enriquece con un apartado de guisos y arroces. Completa bodega.

Menú 40/60 € – Carta 35/65 €

Las Norias 10 ✉ 02640 – ✆ 967 34 00 07 – www.pincelin.com – Cerrado 7-15 enero, 10-25 agosto, lunes, cena: domingo

ALMERÍA

Almería – Mapa regional **1**-D2 – Mapa de carreteras Michelin n° 578-V22

Tony García Espacio Gastronómico

TRADICIONAL • TENDENCIA XX Ganas de agradar, pasión y productos de gran calidad. Presenta un buen gastrobar, una maravillosa cocina abierta orientada al "show cooking" y, por último, un comedor actual.

Menú 25/55 € – Carta 33/60 €

Avenida del Mediterráneo 201 ✉ 04009 – ✆ 673 38 02 70 – www.tonygarciaespaciogastronomico.com

Valentín

TRADICIONAL • AMBIENTE CLÁSICO XX Un negocio que, tras su transformación, ha sabido ganar clientes tanto para el tapeo como para la carta. Cocina tradicional con pescados, mariscos y buen apartado de arroces.

Carta 30/50 €

Tenor Iribarne 19 ✉ 04001 – ✆ 950 26 44 75 – www.restaurantevalentin.es – Cerrado 7-22 enero, lunes, cena: domingo

🍴○ **Joseba Añorga**   🏠 ⅙ A/C

CREATIVA · BAR DE TAPAS ✗ Gastrobar de ambiente rústico-actual ubicado en la misma plaza del Ayuntamiento, bajo unos soportales. Cocina de autor elaborada con productos de calidad y hecha al momento.

Tapa 3 € – Ración 15 € – Menú 30/60 €

Plaza de la Constitución 4 ✉ 04003 – ℰ 950 04 06 94 –
www.tabernavascaenalmeria.com

🍴○ **Salmantice**   🏠 ⅙ A/C

TRADICIONAL · MARCO CONTEMPORÁNEO ✗ Se accede directamente a la sala, que tiene un estilo funcional-actual y la cocina a la vista. Recetario castellano tradicional, carnes abulenses y... ¡algún plato asiático!

Menú 25/60 € – Carta 40/120 €

Costa Balear 16 ✉ 04009 –
ℰ 950 62 55 00 – www.restaurantesalmantice.es – Cerrado 1 junio-1 octubre,
22 diciembre-15 enero, cena: lunes, domingo

ALMERIMAR – Almería ➜ Ver El Ejido

ALMORADÍ

Alicante – Mapa regional 11–A3 – Mapa de carreteras Michelin n° 577-R27

😊 **El Buey**   A/C

CLÁSICA · AMBIENTE CLÁSICO ✗ Un negocio familiar definido por su honestidad. Posee un pequeño bar que funciona casi como un privado y un coqueto comedor, de línea clásica-actual pero con algún que otro detalle rústico. Su chef-propietario propone una cocina de tinte tradicional e internacional; aunque en su origen trabajó mucho el vacuno mayor, de ahí el nombre de la casa, hoy se muestra más atento a las materias primas de la huerta y de temporada, siendo su producto estrella las Alcachofas de la Vega Baja del Segura. ¡Todos los domingos ofrecen un plato típico de la zona, el Cocido con pelotas de la Vega Baja!

Especialidades : Pastel de alcachofas. Lomo de corvina al horno estilo Vega Baja. Mousse de higos.

Menú 37 € – Carta 25/38 €

La Reina 94 ✉ 03160 –
ℰ 966 78 15 93 – Cerrado lunes, cena: martes-jueves, cena: domingo

ALMUÑÉCAR

Granada – Mapa regional 1–C2 – Mapa de carreteras Michelin n° 578-V18

😊 **El Chaleco**   A/C

FRANCESA · AMBIENTE CLÁSICO ✗ Un restaurante con buen nombre que ahora, llevado por la hija de los anteriores propietarios, está sabiendo mantener la esencia de la casa desde una perspectiva más fresca y actual. En su coqueto comedor, repartido en dos espacios, podrá degustar una cocina de inspiración francesa que resulta atípica en la zona. Trabajan básicamente sobre un menú, aunque a este le suelen añadir sugerencias y algún plato especial que se indica con un suplemento en el precio. Esté atento, pues... ¡con frecuencia proponen atractivos menús temáticos (Bogavante, Especial Marisco, Aniversario, Menú Belga...)!

Especialidades : Ravioli de gambas a las hierbas frescas. Rodaballo a la manera del chef. Sabayon de Renaud.

Menú 27/38 € – Carta 30/39 €

Avenida Costa del Sol 37 ✉ 18690 –
ℰ 958 63 24 02 – www.elchaleco.com – Cerrado 1 enero-4 febrero, lunes, cena:
domingo

ALP

Girona – Mapa regional **9**–C1 – Mapa de carreteras Michelin n° 574-E35

⊪○ Casa Patxi   🏠

REGIONAL · RÚSTICA ⅹ Antigua casa de payés construida en piedra. Presenta un buen comedor rústico, donde ofrecen guisos regionales y carnes de caza, así como l'Era Casa Patxi, un espacio más informal para tomar raciones y tostas fieles a la filosofía "Km 0".

Menú 22/30 € – Carta 28/44 €

Orient 23 ⊠ 17538 – 𝒸 972 89 01 82 – www.casapatxi.com – Cerrado 3-17 junio, 9-25 noviembre, cena: martes, miércoles, cena: domingo

ALTAFULLA

Tarragona – Mapa regional **9**–B3 – Mapa de carreteras Michelin n° 574-I34

⊪○ Bruixes de Burriac   ⇦ & 🄐🄒 ⇩

TRADICIONAL · DE DISEÑO ⅹⅹ ¡Elegancia, diseño y modernidad! Sorprende su sala, presidida por una bodega acristalada y con la cocina a la vista. Carta de corte tradicional con amplia variedad de menús.

Menú 32/65 € – Carta 50/65 €

Cup 2 (Hotel Gran Claustre) ⊠ 43893 – 𝒸 977 65 15 57 – www.bruixesdeburriac.com – Cerrado lunes, cena: domingo

ALTEA

Alicante – Mapa regional **11**–B3 – Mapa de carreteras Michelin n° 577-Q29

⊪○ Oustau de Altea   🏠

INTERNACIONAL · RÚSTICA ⅹⅹ En la parte más bonita del casco viejo. Este restaurante presenta una refrescante terraza y una distribución interior en tres espacios, con un ambiente de elegante aire rústico y detalles de diseño. Cocina internacional a precios reducidos.

Carta 25/40 €

Mayor 5 (casco antiguo) ⊠ 03590 – 𝒸 965 84 20 78 – www.oustau.com – Cerrado 10 enero-10 marzo, almuerzo: lunes-domingo

⊪○ La Capella   🏠 🄐🄒

TRADICIONAL · RÚSTICA ⅹ Un negocio de contrastes que no le dejará indiferente. Esta casa familiar, en pleno casco viejo y con más de tres siglos de historia, disfruta de una coqueta terraza y dos salas de aire rústico. Cocina tradicional mediterránea y de arroces.

Carta 30/50 €

San Pablo 1 ⊠ 03590 – 𝒸 966 88 04 84 – www.lacapella-altea.com – Cerrado 17-26 febrero, miércoles

ALZIRA

Valencia – Mapa regional **11**–B2 – Mapa de carreteras Michelin n° 577-O28

⊛ Cami·Vell   🄐🄒 ⇩

TRADICIONAL · AMBIENTE TRADICIONAL ⅹⅹ Uno de esos casos en los que el relevo generacional otorga nuevos bríos a un negocio, algo que no quita para que podamos ver al fundador, Antonio López, pululando de vez en cuando por allí. Toni al frente de la sala e Iván desde los fogones ya vuelan completamente solos, algo para lo que se han formado toda la vida. En su comedor, repartido en varios espacios de ambiente rústico-actual, con bellos azulejos cerámicos y la cocina vista, proponen un completo menú degustación y una buena oferta de platos que se mueven entre la tradición y la modernidad, con constantes guiños al producto local.

Especialidades : Tendón de vaca con crema de chirivía. Terrina de cabritillo lechal. Eclair con crema de naranja y cítricos.

Menú 36/70 € – Carta 30/45 €

Colón 51 ⊠ 46600 – 𝒸 962 41 25 21 – www.camivell.com – Cerrado cena: lunes-martes, domingo

L'AMETLLA DE MAR

Tarragona - Mapa regional **9**-A3 - Mapa de carreteras Michelin nº 574-J32

La Llotja

TRADICIONAL • RÚSTICA Un restaurante con personalidad donde intentan que el producto y el sabor sean los protagonistas. Ofrecen auténtica cocina de mercado, fiel a la temporada y con base marinera.

Menú 68 € - Carta 50/70 €

Sant Roc 23 ✉ 43860 - ✆ 977 45 73 61 - www.restaurantlallotja.com - Cerrado 14-30 septiembre, 21-31 diciembre, lunes, cena: martes-miércoles, cena: domingo

AMOREBIETA - ETXANO

Vizcaya - Mapa de carreteras Michelin nº 573-C21

en Boroa Noroeste : 3,6 km - Mapa regional **18**-A3

Boroa

TRADICIONAL • RÚSTICA Ir a este encantador restaurante es como viajar al pasado y absorber, de una sola tacada, la esencia de ese Euskadi verde y atemporal que todos tenemos en la mente... no en vano, ocupa un caserío del s. XV en plena naturaleza.

En su interior, de ambiente rústico por la conservación de la estructura original en madera, le propondrán una carta tradicional, de corte actual, que ensalza las raíces de la cocina vasca... salvo las noches laborables de lunes a jueves, cuando la carta se ve notablemente simplificada. También ofrecen dos menús degustación, uno mensual que denominan Bizkargi y otro de temporada llamado Txindoki.

Aquí el producto es lo primero y todo está delicioso; sin embargo, los postres merecen una mención especial, pues son capaces de poner la guinda a un magnífico ágape.

Especialidades : Vieiras y alcachofas sobre vichyssoise de puerro, txangurro y espuma de vermut. Codorniz en asado breve rellena de duxelle de hongo y espinaca con cremoso de patata. Coco, cerveza negra, chocolate y cereza.

Menú 60/90 € - Carta 55/100 €

Caserío Garai 11 ✉ 48340 - ✆ 946 73 47 47 - www.boroa.com - Cerrado 3-17 febrero, cena: lunes-jueves, cena: domingo

AMPOSTA

Tarragona - Mapa de carreteras Michelin nº 574-J31

en El Poblenou del Delta Sureste : 17 km - Mapa regional **9**-A3

L'Algadir

TRADICIONAL • MARCO CONTEMPORÁNEO Puede sorprender el hecho de que se encuentre en un hotel, el primero certificado con la Etiqueta Ecológica Europea (Ecolabel) en Cataluña... sin embargo, demuestra suficiente peso y calidad para ser el indiscutible protagonista del negocio, ubicado en pleno Delta del Ebro y con los famosos arrozales a escasos metros. El alma de la casa es Joan Capilla, el chef-propietario, que apuesta por los productos "Km 0" y las técnicas más modernas en pro de una cocina tradicional actualizada y una amplia variedad de arroces, la gran especialidad de la casa. ¡La relación calidad/precio es fantástica!

Especialidades : Ortigas de mar con algas, gelée, perlas de yuzu y galleta de arroz de algas. Magret de pato del Delta, mango, naranja y salsa ratafia. Flan de café, barquillo y café liofilizado.

Menú 15 € (almuerzo)/37 € - Carta 30/45 €

Ronda dels Pins 27 ✉ 43549 - ✆ 977 74 45 59 - www.hotelalgadirdelta.com - Cerrado 6 enero-9 marzo, lunes, cena: domingo

AMPUERO

Cantabria - Mapa regional **6**-C1 - Mapa de carreteras Michelin nº 572-B19

en La Bien Aparecida Suroeste : 5 km - Mapa regional **6**-C1

Solana (Ignacio Solana)

MODERNA • MARCO CONTEMPORÁNEO XXX Sorprende por su icónico emplazamiento a pocos metros del Santuario de La Bien Aparecida, la venerada patrona de Cantabria.

Si pensáramos en una postal que reflejara la montaña cántabra no encontraríamos una mejor, pues gracias a los ventanales de su comedor nos vemos inmersos en plena naturaleza, transportados a un mundo verde no exento de vacas pastando en los prados.

El chef Ignacio Solana plantea, junto a su hermana Inma, una cocina contemporánea de fuertes raíces tradicionales, basada tanto en los productos autóctonos de temporada como en los sabores de aquellos entrañables guisos que marcaron su infancia. ¿Algún plato destacado? Aunque siempre se habla de uno de sus postres, la Tostada de pan brioche, aconsejamos que pruebe sus famosas, exquisitas y premiadas Croquetas de jamón.

Especialidades : Ensalada de tomate con texturas de anchoa. Merluza, "beurre blanc" y algas. Quesada 2.0.

Menú 48/85 € - Carta 45/65 €

La Bien Aparecida 11 ✉ 39849 - ☎ 942 67 67 18 - www.restaurantesolana.com - Cerrado 27 enero-19 febrero, lunes, cena: martes-jueves, cena: domingo

ANDRÍN - Asturias ➔ Ver Llanes

ANGLÈS

Girona - Mapa regional **10**-A1 - Mapa de carreteras Michelin nº 574-G37

L'Aliança 1919 d'Anglès

MODERNA • SIMPÁTICA XX Un edificio de 1919 que... ¡es un trozo de historia! Ofrece una bella sala de ambiente bistró y una cocina actual-creativa realmente admirable, pues juega con las sensaciones.

Menú 25 € (almuerzo), 43/75 € - Carta 36/60 €

Jacint Verdaguer 3 ✉ 17160 - ☎ 972 42 01 56 - www.alianca1919.com - Cerrado 15-30 junio, 21 diciembre-3 enero, lunes, cena: martes-miércoles, cena: domingo

ANTEQUERA

Málaga - Mapa regional **1**-B2 - Mapa de carreteras Michelin nº 578-U16

Plaza de Toros

TRADICIONAL • AMBIENTE TRADICIONAL X Atractivo y singular, pues se encuentra bajo los tendidos de la mismísima plaza de toros. ¿Una recomendación? Remate la fiesta con un dulce típico, el Bienmesabe antequerano.

Carta 25/47 €

Paseo de María Cristina ✉ 29200 - ☎ 951 46 93 33 - www.restauranteplazadetoros.es

ARACENA

Huelva - Mapa regional **1**-A2 - Mapa de carreteras Michelin nº 578-S10

Jesús Carrión

TRADICIONAL • RÚSTICA X Céntrico y de sencillo aire rústico. Ofrece una carta tradicional con posibilidad de probar los platos por tapas o raciones, resultando estas últimas ideales para compartir.

Menú 15/60 € - Carta 22/59 €

Pozo de la Nieve 35 ✉ 21200 - ☎ 959 46 31 88 - www.jesuscarrionrestaurante.com - Cerrado lunes, martes, cena: miércoles-jueves, cena: domingo

﹖○ Montecruz   🛱 AC

TRADICIONAL · RÚSTICA ╳ ¡Una referencia en la zona! Su carta, tradicional, serrana y basada en los productos ibéricos, se enriquece con un apartado de setas, varios arroces, jornadas cinegéticas...

Menú 45€ – Carta 25/41€

Plaza San Pedro 36 ⊠ 21200 – ℰ 959 12 60 13 – www.restaurantemontecruz.com – Cerrado miércoles

ARANDA DE DUERO
Burgos – Mapa regional **8**–C2 – Mapa de carreteras Michelin n° 575-G18

﹖○ Casa Florencio   AC ⇔

REGIONAL · RÚSTICA ╳ Se presenta con un bar de estética actual que deja el horno de leña a la vista y varios comedores de ambiente rústico, destacando el del piso superior. Cocina regional.

Menú 34/56€ – Carta 30/50€

Isilla 14 ⊠ 09400 – ℰ 947 50 02 30 – www.casaflorencio.com – Cerrado cena: lunes-domingo

﹖○ Mesón El Pastor   AC

CASTELLANA · RÚSTICA ╳ Casa de gestión familiar llevada con cercanía y buen hacer. Ofrece varias salas de ambiente castellano y una carta regional en la que el Lechazo asado es el gran protagonista.

Carta 30/50€

Plaza de la Virgencilla 11 ⊠ 09400 – ℰ 947 50 04 28 – www.meson-elpastor.com – Cerrado cena: martes

ARANJUEZ
Madrid – Mapa regional **15**–B3 – Mapa de carreteras Michelin n° 576-L19

﹖○ Casa José   🛱 AC ⇔

ACTUAL · ACOGEDORA ╳╳╳ Esta casa familiar, muy centrada en el mundo vegetal, disfruta de un curioso "Atelier" y un bello comedor en el piso superior. ¡Verduras y hortalizas de la huerta de Aranjuez!

Menú 55/75€ – Carta 49/64€

Andalucía 17 (esquina Abastos 32) ⊠ 28300 – ℰ 918 91 14 88 – www.casajose.es – Cerrado 6-12 enero, 10-30 agosto, lunes, cena: domingo

﹖○ Aguatinta   🛱 ᕒ AC

TRADICIONAL · ACOGEDORA ╳ Un restaurante de línea actual en el que se trabaja tanto con carnes como con pescados y mariscos, todo de calidad. ¡Su agradable patio-terraza cuenta con un jardín vertical!

Carta 35/55€

Almíbar 5-7 ⊠ 28300 – ℰ 910 18 26 61 – www.restauranteaguatinta.com – Cerrado 4-28 agosto, lunes

ARANTZAZU
Guipúzcoa – Mapa regional **18**–B2 – Mapa de carreteras Michelin n° 573-D22

﹖○ Zelai Zabal   AC P

VASCA · RÚSTICA ╳╳ Un restaurante de tradición familiar con solera y prestigio, no en vano abrió sus puertas en 1898 como hostal y casa de comidas. Cocina clásica vasca con detalles actuales.

Menú 24€ (almuerzo)/40€ – Carta 39/54€

Carretera de Oñate, Noroeste : 1 km ⊠ 20567 – ℰ 943 78 13 06 – www.zelaizabal.com – Cerrado 1-8 agosto, 23 diciembre-10 febrero, lunes, cena: domingo

ARBÚCIES

Girona – Mapa regional **10**-A1 – Mapa de carreteras Michelin nº 574-G37

Les Magnòlies

MODERNA • ELEGANTE XXX Arbúcies se encuentra en la comarca gerundense de La Selva y supone una gran opción para darse un homenaje, tanto si esta en ruta como si piensa visitar el Parque Natural del Montseny.

El restaurante, que ocupa una casa señorial del s. XIX y debe su nombre a los tres magnolios centenarios que rodean el edificio, ofrece una terraza en la que puede tomar café, copas o aperitivos y un elegante interior clásico-actual.

El chef Víctor Torres ha sabido marcar su impronta, moderna en la técnica pero alejada de sorpresas en favor de potenciar gustos más tradicionales; eso sí, siempre en base a las mejores materias primas de la zona. La carta se completa con un menú corto denominado Tast y un menú largo, más gastronómico, del que se pueden extraer platos. ¡Atención personalizada y amabilidad!

Especialidades : Guisantes con kokotxas de merluza y refrito de ajos. Guiso de cerdo, piquillos y piparras. Chocolate negro, frutos rojos y flores de amapola.

Menú 66/85 € – Carta 55/75 €

Paseo del Mossèn Antoni Serres 3 ✉ 17401 – ✆ 972 86 08 79 – www.lesmagnolies.com – Cerrado 24 diciembre-23 enero, lunes, martes, cena: miércoles-jueves, cena: domingo

ARCADE

Pontevedra – Mapa regional **13**-B3 – Mapa de carreteras Michelin nº 571-E4

Arcadia

PESCADOS Y MARISCOS • FAMILIAR X Disfruta de cierta fama y un buen emplazamiento en la avenida más importante de la localidad, ofreciendo un comedor principal de línea clásica, otro más actual junto a la cafetería y, por último, un privado. Los propietarios, presentes tanto en la sala como en la cocina, están siempre pendientes de todo. De sus fogones surge una cocina tradicional marinera muy bien elaborada. Debemos destacar su famosa Empanada de zamburiñas, el Rape con almejas, la Brocheta de rape con gambas y vieiras... , así como cualquiera de sus deliciosos postres caseros.

Especialidades : Salpicón de buey de mar. Arroz de bogavante. Tarta de queso casera.

Menú 13/50 € – Carta 30/40 €

Avenida Castelao 25-A ✉ 36690 – ✆ 986 70 00 37 – www.restaurantearcadia.com – Cerrado 15 octubre-15 noviembre, lunes, cena: domingo

AREA (PLAYA DE) – Lugo → Ver Viveiro

EL ARENAL (PLAYA DE) – Alicante → Ver Xàbia

ARGÓMANIZ

Álava – Mapa regional **18**-B2 – Mapa de carreteras Michelin nº 573-D22

Parador de Argómaniz

TRADICIONAL • CLÁSICA ¡Un remanso de paz próximo a Vitoria-Gasteiz! Recupera un palacio renacentista y presenta un interior clásico-actual, con cuidadas habitaciones y salones polivalentes. El restaurante, fiel a la cocina regional, sorprende al mostrar la bella cubierta en madera.

52 habitaciones – 80/170 € – 16 € – 1 suite

Parador 14 ✉ 01192 – ✆ 945 29 32 00 – www.parador.es

ARGÜELLES

Asturias – Mapa regional **3**-B1 – Mapa de carreteras Michelin nº 572-B12

ꟷ El Asador de Abel

TRADICIONAL • MARCO REGIONAL XX ¡Con el propietario al frente! Dispone de un amplio bar que utilizan cada vez más como comedor, una sala para la carta de línea actual y un gran salón de banquetes. Cocina tradicional con platos de cuchara, carnes y pescados a la parrilla.

Menú 25/50 € – Carta 35/70 €

La Revuelta del Coche ✉ 33188 –

✆ 985 74 09 13 – www.elasadordeabel.com – Cerrado 20 enero-1 febrero, 7-28 agosto, cena: lunes-miércoles, cena: domingo

ARGUINEGUÍN - Las Palmas

➔ Ver Canarias (Gran Canaria)

ARRECIFE - Las Palmas

➔ Ver Canarias (Lanzarote)

ARRIONDAS

Asturias – Mapa regional **3**–C1 – Mapa de carreteras Michelin n° 572-B14

✿ El Corral del Indianu (José A. Campoviejo)

CREATIVA • ACOGEDORA XX Recupera el edificio más antiguo de Arriondas y con su nombre recuerda a todos aquellos asturianos que, a finales del s. XIX, buscaron fortuna en las "Américas" para regresar ya ricos y con un nuevo estatus social.

Si el sitio es especial, pues cuenta con una sala interior rústica-actual y un comedor acristalado que sorprende por sus vistas a un precioso jardín, lo mejor aquí es la experiencia culinaria, ya que el chef José Antonio Campoviejo busca la emoción a través de la creatividad, partiendo del recetario tradicional y de la espléndida despensa asturiana (las ostras del Eo, los pollos Pitu de caleya, los increíbles quesos de la región...).

Suele sorprender con trampantojos y revisa grandes clásicos como la Fabada, ofrecida a la manera tradicional o en escabeche tibio de primavera.

Especialidades : Los dos ahumados. Roda-Vaca. Leche de aldea.

Menú 72/92 € – Carta 46/75 €

Avenida de Europa 14 ✉ 33540 –

✆ 985 84 10 72 – www.elcorraldelindianu.com – Cerrado 1-22 enero, cena: miércoles, jueves, cena: domingo

en la carretera AS 342

✿✿ Casa Marcial (Nacho Manzano)

CREATIVA • ACOGEDORA XXX Nacho Manzano nos propone un viaje a los orígenes, a las raíces de sus ancestros, a la tierra que le vio nacer... pero también, una travesía por los potentes sabores asturianos.

Casa Marcial, heredera del antiguo negocio de comidas familiar que se reinventó en 1993, permanece aislada entre montañas y es mucho más que un restaurante, pues ejerció como testigo mudo ante el estrecho vínculo que el chef estableció con el entorno en sus primeros años de vida.

¿Qué implica gastronómicamente? Pasión, respeto, amor, hospitalidad... siendo todos estos términos interpretables a través de sus menús degustación, donde se conjugan tradición e innovación en un fantástico ejemplo de técnica y equilibrio. Permiten extraer platos de los menús, con bastantes detalles de fusión entre el mar y la montaña.

Especialidades : Cebolleta asada, su jugo perfumado, tinta y cristales de calamar. Rodaballo frito brasa con espárragos y sus huevas. Leche y pasto.

Menú 110/180 € – Carta 90/110 €

La Salgar, Norte : 4 km ✉ 33549 –

✆ 985 84 09 91 – www.casamarcial.com – Cerrado 7 enero-7 marzo, lunes, cena: martes-jueves, cena: domingo

en Cofiño por la carretera AS 260 - Noroeste: 7 km

Puebloastur

GRAN LUJO · ELEGANTE Lujo, relax, naturaleza... todo a su servicio con auténtico espíritu astur. Presenta una variada zona social, detallistas habitaciones de línea clásica-actual, un buen SPA y una sugerente oferta gastronómica, siempre con el valle del Sueve como telón de fondo.

30 habitaciones - 265/424 € - 25 € - 2 suites

33540 - 984 08 18 18 - www.puebloastur.com

ARROYOMOLINOS DE LA VERA

Cáceres - Mapa regional **12**-C1 - Mapa de carreteras Michelin n° 576-L12

La Era de mi Abuelo

TRADICIONAL · RÚSTICA XX ¡Bastante acogedor! Su chef propone una cocina tradicional de calidad, sin dejar de lado la evolución pero respetando también los platos típicos y los productos autóctonos.

Menú 30 € - Carta 33/50 €

Hotel Peña del Alba, Camino de la Gargüera, Suroeste: 1,8 km 10410 - 927 17 75 16 - www.pdelalba.com - Cerrado 7 enero-28 febrero, cena: lunes, cena: domingo

Peña del Alba

CASA DE CAMPO · RÚSTICA ¡Construcción en piedra de atractivos exteriores! La zona social está presidida por una chimenea circular, en ladrillo visto, y ofrece unas habitaciones rústicas repletas de detalles, alguna tipo duplex y otras en casitas independientes.

18 habitaciones - 86/142 € - 9 €

Camino de la Gargüera, Suroeste: 1,8 km 10410 - 927 17 75 16 - www.pdelalba.com - Cerrado 7 enero-28 febrero

La Era de mi Abuelo - Ver selección restaurantes

ARTÀ - Baleears

Balears → Ver Balears (Mallorca)

ARTESA DE LLEIDA

Lleida - Mapa regional **9**-A2 - Mapa de carreteras Michelin n° 574-H32

Antoni Rubies

TRADICIONAL · FAMILIAR X Si le gustan los arroces apúnteselo, pues este restaurante es una de las opciones más interesantes para degustarlos en la comarca leridana de Segrià. El chef y su esposa, que compensan la sencillez del montaje con admirables dosis de amabilidad, apuestan por una cocina tradicional fiel a los productos de proximidad. Aquí, sin embargo, lo más destacado son sus sabrosísimos arroces, siempre elaborados en base a las distintas variedades de Molí de Pals y con opción a un menú temático muy demandado (cinco entrantes al centro y un arroz a elegir). ¡Sorprende su nutrida colección de ginebras!

Especialidades: Raviolis de butifarra negra. Arroz de verduras y setas. Pastel de zanahoria con vainilla bourbon.

Menú 15 € (almuerzo), 26/35 € - Carta 28/38 €

Lleida 6 25150 - 973 16 75 53 - www.antonirubies.com - Cerrado lunes, martes, cena: miércoles-jueves, cena: domingo

ARTIES

Lleida - Mapa regional **9**-B1 - Mapa de carreteras Michelin n° 574-D32

Casa Irene

TRADICIONAL · ACOGEDORA XX Acogedor restaurante dotado con un comedor principal de estilo montañés. Encontrará una cocina regional y tradicional con platos actualizados, así como dos menús degustación.

Menú 68/78 € - Carta 50/80 €

Major 22 (Hotel Casa Irene) 25599 - 973 64 43 64 - www.hotelcasairene.com - Cerrado 13 abril-4 diciembre, lunes, almuerzo: martes-viernes

ARUCAS - Las Palmas ➜ Ver Canarias (Gran Canaria)

ARZÚA

A Coruña - Mapa regional **13**-B2 - Mapa de carreteras Michelin nº 571-D5

al Suroeste 10 km

Casa Brandariz

COCINA CASERA · **RÚSTICA** Queso Arzúa, ternera gallega, miel... Este restaurante, ubicado en unas antiguas cuadras, exalta con claridad los productos gallegos. ¡Solo tienen carta los fines de semana!

Menú 25/40 € - Carta 25/35 €

Dombodán (Hotel Casa Brandariz) ✉ 15819 -
✆ 981 50 80 90 - www.casabrandariz.com - Cerrado 10 diciembre-6 enero, lunes, cena: domingo

ASTORGA

León - Mapa regional **8**-A1 - Mapa de carreteras Michelin nº 575-E11

Las Termas

REGIONAL · **AMBIENTE CLÁSICO** Este céntrico restaurante debe su nombre al hecho de que en su día estuvieron aquí las termas romanas de la ciudad. Disfruta de un diáfano comedor definido por las tonalidades ocres y el mobiliario en madera, todo dispuesto de tal manera que resulta muy acogedor. El propietario, Santiago, está al frente del negocio y siempre se muestra pendiente del servicio, con un trato atento y familiar para que nadie se marche descontento de su casa. Ofrece elaboraciones y productos regionales, como la Cecina o el Congrio al ajoarriero, aunque sin duda el omnipresente Cocido maragato es su plato estrella.

Especialidades : Ensalada maragata. Bacalao enfritada. Tarta de queso.

Menú 23 € (almuerzo) - Carta 25/35 €

Santiago 1 ✉ 24700 -
✆ 987 60 22 12 - www.restaurantelastermas.com - Cerrado 28 enero-12 febrero, 17-28 junio, lunes, cena: martes-domingo

ÁVILA

Ávila - Mapa regional **8**-B3 - Mapa de carreteras Michelin nº 575-K15

El Almacén

TRADICIONAL · **ACOGEDORA** Negocio de línea moderna emplazado en un antiguo almacén, a orillas del río. Ofrece una cocina de gusto tradicional y una gran bodega acristalada. Solicite las mesas ubicadas junto a las ventanas, pues tienen buenas vistas a las murallas.

Menú 55/65 € - Carta 40/70 €

Carretera de Salamanca 6 ✉ 05002 -
✆ 920 25 44 55 - www.restauranteelalmacen.com - Cerrado 31 agosto-5 octubre, lunes, cena: domingo

Parador de Avila

HISTÓRICO · **CLÁSICA** En el casco antiguo y al pie de las murallas. Este bello palacio del s. XVI ofrece unas dependencias muy cuidadas pero algo sobrias en su decoración. El comedor, de ambiente castellano y con vistas al jardín, es una gran opción para descubrir la cocina típica y regional. ¡Pruebe el famoso Chuletón de Ávila!

61 habitaciones - 85/175 € - 16 € - 2 suites

Marqués de Canales Y Chozas ✉ 05001 -
✆ 920 21 13 40 - www.parador.es

AVINYONET DE PUIGVENTÓS

Girona – Mapa regional **9**–D3 – Mapa de carreteras Michelin nº 574-F38

Mas Falgarona

CASA DE CAMPO • MEDITERRÁNEA Idóneo si busque relajarse en el Alt Empordà, pues esta preciosa masía está rodeada de agreste naturaleza. Presenta unas cuidadas habitaciones de estilo mediterráneo y un restaurante que se abastece de su propia huerta. ¡Aceite de oliva Arbequina embotellado!

15 habitaciones – 85/200 €

Carretera de Llers, Norte : 1,5 km ✉ 17742 – ✆ 972 54 66 28 – www.masfalgarona.com – Cerrado 2 enero-2 febrero

AXPE

Vizcaya – Mapa regional **18**–A2 – Mapa de carreteras Michelin nº 573-C22

Etxebarri (Bittor Arginzoniz)

TRADICIONAL • RÚSTICA XX Los gastrónomos viajan hasta este templo culinario como quien va a un centro de peregrinación, pues aquí han desvelado los secretos del fuego... ¡hasta domarlo!

Bittor Arginzoniz, el chef, propietario y alma de la casa, lo apostó todo por un sueño, por una manera de ser y trabajar, lo que le llevó a reformar un caserío del s. XVIII ubicado en su pueblo, Axpe - Atxondo, a los pies del Anboto. Su propuesta es única por ofrecer alta cocina a la parrilla, para lo que juega con distintos tipos de maderas (encina, cepas de vid, el roble de las cubas usadas...), utensilios inventados por él mismo y un curioso sistema de poleas que le permite subir y bajar las parrillas para controlar los puntos de cocción.

Si está interesado en ir reserve con tiempo, pues hay una lista de espera de varios meses.

Especialidades : Zamburiñas a la brasa. Kokotxa de bacalao rebozada a la brasa. Helado de leche reducida con jugo de remolacha.

Menú 185 € – Carta 95/140 €

Plaza San Juan 1 ✉ 48291 – ✆ 946 58 30 42 – www.asadoretxebarri.com – Cerrado 1-31 agosto, 23 diciembre-9 enero, lunes, cena: martes-viernes, cena: domingo

AZOFRA

La Rioja – Mapa regional **14**–A2 – Mapa de carreteras Michelin nº 573-E21

Real Casona de las Amas

HISTÓRICO • ACOGEDORA Instalado en un palacete del s. XVII. Posee acogedoras estancias de aire rústico, habitaciones de gran confort y una pequeña pero agradable piscina con solárium. ¡Ideal si lo que busca es tranquilidad, paseos por el campo o jugar al golf!

16 habitaciones – 79/139 € – 10 € – 2 suites

Mayor 5 ✉ 26323 – ✆ 941 41 61 03 – www.realcasonadelasamas.com – Cerrado 31 diciembre-23 enero

BADAJOZ

Badajoz – Mapa regional **12**–A2 – Mapa de carreteras Michelin nº 576-P9

Lugaris

TRADICIONAL • AMBIENTE CLÁSICO XX Acogedor y bien llevado por dos socios, Javier García al frente de los fogones y Ángel Pereita pendiente tanto de la bodega como de la sala. El chef, que siempre ha defendido la conservación de la cultura culinaria extremeña, los sabores de la dehesa y su fusión con las técnicas más innovadoras, propone una cocina tradicional sincera, comprometida y bien actualizada. La casa se presenta con una terraza-jardín a la entrada, dos salas de línea actual y una carta, con un menú degustación, que suelen cambiar tres veces al año. ¡Aquí los carpaccios, que tienen un toque especial, nunca defraudan!

Especialidades : Carpaccio de presa ahumada con aceite trufado. Secreto ibérico con salsa de jamón y cebolla caramelizada. Bombón relleno de mousse de chocolate y queso.

Menú 38 € - Carta 30/45 €

Avenida Adolfo Díaz Ambrona 44 ✉ 06006 - ✆ 924 27 45 40 - www.restaurantelugaris.es - Cerrado 29 julio-4 agosto, cena: domingo

El paso del Agua

INTERNACIONAL • POPULAR X Muy singular, pues conserva estructuras de un convento y presenta un olivo, superviviente de un rayo, en la misma sala. Cocina personal, con una completa carta y varios menús.

Menú 16 € (almuerzo), 40/60 € - Carta 30/55 €

Santa Lucía 2 ✉ 06001 - ✆ 924 10 87 93 - www.restauranteelpasodelagua.es - Cerrado cena: domingo

BADALONA

Barcelona - Mapa regional **10**-B3 - Mapa de carreteras Michelin n° 574-H36

Olmosgourmet

TRADICIONAL • TENDENCIA XX No destaca por su emplazamiento, pues se halla en un polígono industrial orientado a mayoristas... sin embargo, esta es una casa familiar que sorprende tanto por su montaje como por su organización. Presenta una cafetería en la planta baja, donde sirven desayunos y menús, así como un restaurante a la carta en el piso superior, este con tres modernas salas separadas por paneles móviles. Ofrecen una cocina tradicional actualizada, un menú degustación realmente económico y sugerentes especialidades, como el Morro de bacalao confitado, con crema de cebolla dulce y picadillo de jamón ibérico.

Especialidades : Carpaccio de gambas a la donostiarra. Arroz de cochinillo. Brioche caramelizado con helado de almendras.

Menú 35 € (almuerzo)/45 € - Carta 28/40 €

Francesc Teixidó 7 ✉ 08918 - ✆ 933 20 55 42 - www.olmosrestaurant.com - Cerrado 1 julio-31 agosto, cena: lunes-sábado, domingo

BAEZA

Jaén - Mapa regional **1**-C2 - Mapa de carreteras Michelin n° 578-S19

Palacio de Gallego

TRADICIONAL • ACOGEDORA X Agradable, en plena zona monumental y... ¡dotado con una fantástica terraza ajardinada! Las verduras, los pescados y las carnes a la parrilla son el gran eje de su propuesta.

Carta 30/55 €

Santa Catalina 5 ✉ 23440 - ✆ 667 76 01 84 - www.palaciodegallego.com - Cerrado 13-23 enero, martes, almuerzo: miércoles

Taberna Canela en Rama

TRADICIONAL • BAR DE TAPAS X Se halla en el casco histórico, destaca por su terraza y sigue la línea, orientada al tapeo, de la casa madre en Linares. Cocina tradicional-regional pensada para compartir.

Tapa 2 € - Ración 12 €

Comendadores 6 ✉ 23440 - ✆ 671 71 47 35 - canelaenramalinares.es - Cerrado lunes, almuerzo: martes

Puerta de la Luna

HISTÓRICO • CLÁSICA ¡Instalado, parcialmente, en un edificio del s. XVI! Presenta un patio central, bellos rincones y unas habitaciones de completo equipamiento. Tanto el restaurante, ubicado junto a la piscina, como el bar de tapas apuestan por la cocina de gusto tradicional.

44 habitaciones - †† 72/179 € - ☕ 15 €

Canónigo Melgares Raya 7 ✉ 23440 - ✆ 953 74 70 19 - www.hotelpuertadelaluna.com

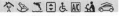

BAGÀ

Barcelona – Mapa regional **9**-C1 – Mapa de carreteras Michelin nº 574-F35

Ca L'Amagat

TRADICIONAL • AMBIENTE CLÁSICO Canelones caseros, Manitas de cerdo rellenas de "ceps", Costillas a la brasa... Aquí encontrará una carta tradicional y varios menús, todo en base a productos de proximidad.

Menú 18 € – Carta 30/50 €

Clota 4 ✉ 08695 – ✆ 938 24 40 32 – www.hotelcalamagat.com – Cerrado 20-30 junio, 13-23 septiembre, 23 diciembre-7 enero, lunes, cena: domingo

BAGERGUE – Lleida

➔ Ver Salardú

BAILÉN

Jaén – Mapa regional **1**–C2 – Mapa de carreteras Michelin nº 578-R18

Taberna de Miguel

TRADICIONAL • SENCILLA Ofrecen una carta tradicional, con toques actuales, y un sugerente menú, siendo aquí donde el chef libera su creatividad. ¡Tomar el menú exige una reserva previa de dos días!

Menú 37/55 € – Carta 35/45 €

María Bellido 118 ✉ 23710 – ✆ 615 41 50 28 – www.tabernademiguel.com – Cerrado 15-31 agosto, cena: lunes, martes, cena: miércoles-jueves

BAIONA

Pontevedra – Mapa regional **13**–A3 – Mapa de carreteras Michelin nº 571-F3

Casa Rita

PESCADOS Y MARISCOS • AMBIENTE CLÁSICO En esta casa, especializada en pescados y mariscos, saben que el producto es el rey y apuestan por grandes piezas que trocean para raciones individuales. ¡Excelentes cortes!

Carta 38/70 €

Carabela La Pinta 17 ✉ 36300 – ✆ 677 06 83 65 – www.casarita.eu

Parador de Baiona

HISTÓRICO • HISTÓRICA Singular pazo gallego reconstruido en un entorno amurallado que destaca tanto por sus exteriores como por sus vistas al mar. Amplia zona noble, confortables habitaciones y restaurante de carácter polivalente. ¡La muralla, visitable, tiene un perímetro de 2 Km!

117 habitaciones – 100/275 € – 20 € – 5 suites

Castelo Monterreal ✉ 36300 – ✆ 986 35 50 00 – www.parador.es

al Sur 2, 5 km

Paco Durán

TRADICIONAL • AMBIENTE CLÁSICO Este restaurante familiar se ha hecho rápidamente un nombre en la zona y destaca, aparte de por su cocina, por su atractivo emplazamiento en pleno monte, desde donde ofrece unas fantásticas vistas tanto a Baiona como a las bellísimas Islas Cíes. Presenta un pequeño bar privado y una sala de línea clásica completamente acristalada, para que el comensal pueda disfrutar del paisaje desde cualquier mesa. Aquí encontrará una cocina tradicional gallega de cuidadas elaboraciones, bien vertebrada en torno a los pescados y mariscos de estas costas pero sin olvidar las sabrosas carnes a la parrilla.

Especialidades : Chocos en su tinta. Lubina a la brasa. Tarta de queso con arándanos.

Carta 30/45 €

Iglesia 60 ✉ 36308 – ✆ 986 35 50 17 – Cerrado 7 enero-7 febrero, lunes, cena: domingo

en Belesar Sureste: 3 km y desvío a la derecha 2,5 km - Mapa regional **13**-A3

Le Sept

CASA DE CAMPO • CONTEMPORÁNEA Casa de diseño moderno definida por su luminosidad... no en vano, disfruta de abundantes acristalamientos y buenas vistas. ¡Alquilan un "txoko", al estilo vasco, para grupos!

7 habitaciones - 75/200 €

Medialdea 58 ✉ 36307 - ✆ 630 96 87 48 - www.lesept.es - Cerrado 13-31 enero, 16-29 noviembre

BAKIO

Vizcaya - Mapa regional **18**-A3 - Mapa de carreteras Michelin nº 573-B21

Zintziri Errota

MODERNA • RÚSTICA Instalado en un bucólico caserío de 1650 que primero funcionó como ferrería y después como molino harinero. Sorprende con un interior de hermosa rusticidad y una carta actual.

Menú 32/53 € - Carta 40/70 €

Barrio Arzalde 5 ✉ 48130 - ✆ 946 19 32 23 - www.zintzirierrota.com - Cerrado 3 febrero-3 marzo, 23 diciembre-2 enero, lunes, cena: martes-jueves, cena: domingo

Gotzon Jatetxea

REGIONAL • AMBIENTE CLÁSICO Frente a la playa, llevado en familia y avalado por una larga trayectoria. Cocina vasca elaborada con productos de temporada, buenos pescados y carnes de confianza.

Carta 42/65 €

Luzarragako Bidea 2 ✉ 48130 - ✆ 946 19 40 43 - www.gotzonjatetxea.com - Cerrado 7 enero-7 marzo, miércoles

BALAGUER

Lleida - Mapa regional **9**-A2 - Mapa de carreteras Michelin nº 574-G32

Cal Xirricló

TRADICIONAL • ACOGEDORA Este negocio familiar, de 3ª generación, presenta un buen bar para tapear y una sala actual. Platos de temporada con detalles modernos, tapas creativas y menús degustación.

Menú 18/60 € - Carta 30/60 €

Doctor Fleming 53 ✉ 25600 - ✆ 973 44 50 11 - www.calxirriclo.com - Cerrado cena: lunes-martes, domingo

BALEA - Pontevedra → Ver O Grove

Skashkin/iStock

ILLES BALEARS/ ISLAS BALEARES

Las islas Baleares, un destino de referencia para el turista nacional e internacional, combinan su excelente oferta de sol y playa con unas espléndidas opciones culturales, de ocio, de naturaleza... así como con una gastronomía singular, construida en base a los pescados y mariscos del Mediterráneo pero sin dejar de lado ni los cultivos autóctonos ni sus selectos productos ganaderos.

El recetario balear muestra platos comunes a todo el archipiélago (las Coques, el Arroz brut, el Rostit de cerdo relleno...) y otros que, por derecho propio, se han convertido en un emblema de cada isla: la famosa Sobrasada y el Tumbet mallorquín, la maravillosa Caldereta de langosta menorquina, la Borrida de ratjada de Ibiza y, ya en Formentera, la Ensalada payesa con "peix sec". En lo que se refiere a los postres, hay uno que copa casi todo el protagonismo: la deliciosa Ensaimada mallorquina, que puede presentarse sin nada (lisa) o con diferentes rellenos (cabello de ángel, nata, crema...).

- Mapa regional n° 4-B1
- Mapa de carreteras Michelin n° 579

ÍNDICE DE LAS LOCALIDADES

A

B

C

D

E

F

I

L

M

P

S

V

X

Mallorca

Alex/iStock

ALGAIDA

Balears – Mapa regional **4**-B1 – Mapa de carreteras Michelin n° 579-L6

Hostal Algaida

TRADICIONAL • FAMILIAR Realmente sencillo pero auténtico, con toda la familia implicada en el negocio. Ofrecen cocina casera y tradicional mallorquina, siendo famosos por sus tartas y ensaimadas.

Carta 20/45 €

Carretera de Manacor ✉ 07210 – ✆ 971 66 51 09

Es 4 Vents

TRADICIONAL • RÚSTICA Excelente casa para degustar cocina tradicional mallorquina, paellas y, sobre todo, unas fantásticas carnes a la parrilla. Si hace bueno no lo dude y... ¡coma en la terraza!

Carta 25/50 €

Carretera de Manacor ✉ 07210 – ✆ 971 66 51 73 – www.es4vents.com – Cerrado 17 junio-4 julio, martes

ARTÀ

Balears – Mapa regional **4**-B1 – Mapa de carreteras Michelin n° 579-O6

Sant Salvador

FAMILIAR • PERSONALIZADA Bello edificio de carácter señorial ubicado a las afueras de Artà, un encantador pueblo medieval. Presenta una decoración personalizada, colorista e imaginativa, combinando detalles clásicos y de diseño. Agradable jardín con piscina y buen restaurante.

8 habitaciones – 99/265 €

Castellet 7 ✉ 07570 – ✆ 971 82 95 55 – www.santsalvador.com

Can Moragues

FAMILIAR • HISTÓRICA Un edificio del s. XIX en el que... ¡se sentirá como en casa! Posee un acogedor salón con chimenea, encantadoras habitaciones con mobiliario de época y un bonito jardín.

8 habitaciones – 89/143 €

Pou Nou 12 ✉ 07570 – ✆ 971 82 95 09 – www.canmoragues.com

BANYALBUFAR

Balears – Mapa regional **4**-B1 – Mapa de carreteras Michelin n° 579-I5

Son Tomás

TRADICIONAL • FAMILIAR Este negocio familiar disfruta de un correcto comedor y una agradable terraza, con vistas tanto al mar como a los bancales del pueblo. Cocina tradicional, buenos arroces y platos mallorquines. ¡La cafetería de la planta baja es muy popular entre los ciclistas!

Carta 28/45 €

Baronía 17 ✉ 07191 – ✆ 971 61 81 49 – Cerrado 4 noviembre-1 febrero, martes

CAIMARI

Balears – Mapa regional **4**-B1 – Mapa de carreteras Michelin nº 579-L5

Ca Na Toneta

REGIONAL • RURAL X En esta casa, llevada entre hermanas y dotada con una pequeña tienda, encontrará honestidad, tradición y una cocina mallorquina estacional realmente excelente, pues recupera los sabores primigenios de la isla. ¡Su nombre rinde un homenaje a la abuela Toneta!

Menú 45/60€

Horitzó 21 ✉ 07314 – ✆ 971 51 52 26 – www.canatoneta.com – Cerrado 20 diciembre-1 marzo, miércoles

CALA BLAVA

Balears – Mapa regional **4**-B1 – Mapa de carreteras Michelin nº 579-K7

La Fortaleza

CREATIVA • MARCO CONTEMPORÁNEO XXX Elegante, singular y... ¡sumamente especial! Sus menús desvelan una cocina actual con toques de autor, uno en base al recetario mallorquín y el otro con productos de temporada.

Menú 90/95€

Hotel Cap Rocat, Carretera d'Enderrocat ✉ 07609 – ✆ 971 74 78 78 – www.caprocat.com – Cerrado 17 noviembre-1 marzo, lunes, almuerzo: martes-sábado, domingo

Cap Rocat

HISTÓRICO • INSÓLITA Impresionante, exclusivo y... ¡único si busca privacidad! Este hotel, al borde del mar, recupera una antigua ciudadela fortificada, con fantásticas vistas y espacios de inusitada belleza. Ofrece habitaciones con piscina propia y una buena oferta gastronómica.

30 habitaciones – 400/650€

Carretera d'Enderrocat ✉ 07609 – ✆ 971 74 78 78 – www.caprocat.com – Cerrado 17 noviembre-1 marzo

La Fortaleza – Ver selección restaurantes

CALA D'OR

Balears – Mapa regional **4**-B2 – Mapa de carreteras Michelin nº 579-N7

Port Petit

FRANCESA • ROMÁNTICA XX En este coqueto local, que destaca por su agradable terraza y sus hermosas vistas a la marina, apuestan por una cocina mediterránea e internacional de influencia francesa.

Menú 22/70€ – Carta 50/65€

Avenida Cala Llonga ✉ 07660 – ✆ 971 64 30 39 – www.portpetit.com – Cerrado 1 noviembre-1 abril, martes

CALVIÀ

Balears – Mapa regional **4**-B1 – Mapa de carreteras Michelin nº 579-J6

Maricel

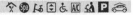

LUJO • CONTEMPORÁNEA Está al borde mismo del mar y ofrece dos tipos de habitaciones, destacando las que poseen terraza con vistas frontales a la bahía. Si puede, reserve mesa para descubrir el famoso desayuno Maricel, tipo degustación y considerado... ¡uno de los mejores del mundo!

51 habitaciones – 490/1300€ – 7 suites

Carretera de Palmanova-Port D'Andratx 11 ✉ 07181 – ✆ 971 70 77 44 – www.hospes.com

CAMPOS

Balears – Mapa regional **4**-B1 – Mapa de carreteras Michelin nº 579-M7

Fontsanta

REGIONAL • ELEGANTE ⅩⅩ ¡Instalado en unas antiguas cuadras! En su comedor, presidido por una chimenea, le propondrán una cocina de gusto tradicional-mediterráneo, con algún que otro plato clásico.

Menú 35 € (almuerzo), 50/75 € – Carta 40/80 €

Carretera Campos-Colonia de Sant Jordi km 8 (Hotel Fontsanta) ✉ 07630 – ✆ 971 65 50 16 – www.fontsantahotel.com – Cerrado 10 noviembre-23 febrero

Tess de Mar

COCINA MEDITERRÁNEA • MARCO CONTEMPORÁNEO ⅩⅩ Restaurante de ambiente contemporáneo ubicado... ¡en unas antiguas cocheras! Destaca por la zona que se asoma al coqueto jardín y ofrece una cocina actual de producto "Km. 0".

Menú 70 € – Carta 49/80 €

Hotel Sa Creu Nova Art H., Nou 10 ✉ 07630 – ✆ 871 51 53 45 – www.tessdemar.com – Cerrado 2 enero-28 febrero

Kairiku

JAPONESA • RÚSTICA Ⅹ Singular e íntimo, pues solo tiene una gran mesa para 10 comensales. El chef reproduce el concepto nipón "Omakase", no sujeto a un menú fijo y con alguna influencia peruana.

Menú 97 €

Hotel Sa Creu Nova Art H., Nou 10 ✉ 07630 – ✆ 871 51 53 45 – www.kairiku.es – Cerrado 1 enero-1 abril, lunes, almuerzo: martes-sábado, domingo

Sa Creu Nova Art H.

BOUTIQUE HOTEL • CONTEMPORÁNEA Ubicado en el centro de la localidad, donde ocupa tres casas típicas contiguas. Ofrece un agradable salón-biblioteca, con moderna chimenea, y habitaciones bastante espaciosas, conviviendo en muchas la piedra vista con la madera. ¡Marcado carácter mediterráneo!

16 habitaciones – 250/450 €

Nou 10 ✉ 07630 – ✆ 871 51 53 45 – www.sacreunova.com

Kairiku • **Tess de Mar** – Ver selección restaurantes

CANYAMEL

Balears – Mapa regional **4**-B1 – Mapa de carreteras Michelin nº 579-O6

Voro (N)

MODERNA • MARCO CONTEMPORÁNEO ⅩⅩⅩ Disfruta de un emplazamiento privilegiado, a la entrada del hotel Park Hyatt Mallorca, y emana unas inequívocas ganas de comerse el mundo; no en vano, toma su nombre de un término latino que significa "devorar".

En sus comedores, ambos con altísimos techos, descubrirá la filosofía culinaria del chef Álvaro Salazar, un hombre que asienta sus esfuerzos en una única idea: crear una "gastronomía sin ataduras, comprometida con el entorno y con las raíces mediterráneas". ¿Su propuesta? Dos menús degustación, de línea actual, que buscan trasladar a nuestros días los recuerdos de la infancia (como los olores de los guisos que hacía su tía Luisa), con guiños a los platos representativos del recetario español pero afinando técnicas, sabores y texturas en una constante búsqueda de la coherencia.

Especialidades : Infusión de zanahorias a la leña, lentejas y mantequilla de comino. Mero salvaje asado, su gazpachuelo y guisantes. Sorbete de naranja, palomitas de quinoa, pomelo, chiles y pimentón.

Menú 105/135 €

Hotel Park Hyatt Mallorca, Urbanización Atalaya de Canyamel, Vial A 12 ✉ 07589 – ✆ 646 89 68 26 – www.vorobyparkhyattmallorca.com – Cerrado 1 noviembre-29 febrero, lunes, almuerzo: martes-sábado, domingo

Can Simoneta

FUSIÓN • CASA DE CAMPO XXX Emana encanto por los cuatro costados, pues se encuentra en un acantilado con magníficas vistas. Sabores del mundo en base al mejor producto español. ¡Una pequeña experiencia!

Menú 80/120€ - Carta 28/75€

Hotel Can Simoneta, Carretera Artà-Canyamel, km 8 ✉ 07580 - ✆ 971 81 61 10 - www.cansimoneta.com - Cerrado 1 noviembre-29 febrero

Park Hyatt Mallorca

GRAN LUJO • MEDITERRÁNEA Lujo, tranquilidad, belleza mediterránea, excelso confort... En este hotel, que domina el valle de Canyamel, recrean la fisonomía de un típico pueblo mallorquín. Encontrará habitaciones de ensueño, en general con maravillosas vistas, y una variada oferta gastronómica en torno a la plaza de la villa.

142 habitaciones - 250/845€ - 16 suites

Urbanización Atalaya de Canyamel, Vial A 12 ✉ 07589 - ✆ 871 81 12 34 - www.parkhyattmallorca.com

Voro - Ver selección restaurantes

Can Simoneta

LUJO • ELEGANTE Una de las direcciones más bellas de la isla, pues se halla sobre un acantilado y disfruta de un fantástico jardín asomado al mar. En lo que se refiere a las habitaciones, bien personalizadas, destacan las llamadas Beach House por su acceso directo a la playa.

15 habitaciones - 280/460€ - 11 suites

Carretera Artà-Canyamel, km 8 ✉ 07580 - ✆ 971 81 61 10 - www.cansimoneta.com - Cerrado 1 noviembre-29 febrero

Can Simoneta - Ver selección restaurantes

ES CAPDELLÀ

Balears - Mapa regional **4**-B1 - Mapa de carreteras Michelin nº 579-I6

Zaranda (Fernando P. Arellano)

CREATIVA • ELEGANTE XXXX ¡Un baluarte gastronómico del archipiélago balear!

La llegada resulta en sí misma espectacular, pues el hotel Castell Son Claret ocupa una hacienda-castillo del s. XVIII, en plena campiña mallorquina, que por la exuberante vegetación circundante nos recuerda las mansiones señoriales de las colonias de otros tiempos.

La creativa propuesta de Fernando Pérez Arellano, un chef madrileño formado en diferentes casas europeas, sitúa el producto mediterráneo y autóctono en una posición de primacía, buscando con valentía una reflexión y una reinterpretación del mismo que sea apreciable en sus menús, normalmente abiertos para que pueda hacer su propia selección de platos. ¿Una idea que resume su filosofía? La que toma prestada del genial artista Joan Miró: "para ser universal, hay que ser local".

Especialidades : Huevo negro con caviar de sepia. Pavé de lengua de ternera, con ensalada tibia de puerro y patata. Las cuatro estaciones de la almendra mallorquina.

Menú 140/185€

Hotel Castell Son Claret, Carretera Ma 1032, km 1,7 ✉ 07196 - ✆ 971 13 86 27 - www.zaranda.es - Cerrado 1 noviembre-27 febrero, lunes, almuerzo: martes-sábado, domingo

Castell Son Claret

GRAN LUJO • MEDITERRÁNEA Llamativo edificio del s. XVIII construido en piedra a modo de hacienda-castillo, en una enorme finca arbolada y con el acceso por un idílico paseo de palmeras. Encontrará unas elegantes habitaciones, todas con destacable domótica, un pequeño pero lujoso balneario y una excelente oferta culinaria.

41 habitaciones - 395/2000€

Carretera Ma 1032, km 1,7 ✉ 07196 - ✆ 971 13 86 20 - www.castellsonclaret.com - Cerrado 1 noviembre-15 febrero

Zaranda - Ver selección restaurantes

CAPDEPERA

Balears – Mapa regional **4**-B1 – Mapa de carreteras Michelin nº 579-O5

por la carretera de Cala Mesquida Norte : 1, 5 km y desvío a la derecha 1, 5 km

Andreu Genestra

CREATIVA • RURAL XXX Si desea descubrir un recetario mallorquín fresco e inspirador no encontrará un sitio mejor, pues esta casa tiene al frente a uno de los chefs más revolucionarios de la isla.

Tras un arduo proceso de formación por restaurantes de medio mundo el chef Andreu Genestra decidió regresar a sus orígenes y explotar la esencia de su isla natal, trasladando al comensal los sabores del entorno desde un concepto gastronómico actual y creativo. Podrá disfrutar su particular "cuina de la terra" a través de diferentes menús degustación, todos con opción de maridaje.

¿Una curiosidad? La finca en la que se encuentra el restaurante, dentro del hotel rural Predi Son Jaumell, cuenta con un huerto de 6. 000 m² donde cultivan verduras y hortalizas autóctonas, como el maravilloso pimentón dulce Tap de Cortí.

Especialidades : Gamba roja con manzana roja. Ternera mallorquina con garbanzos. Mantecado de albaricoque.

Menú 65/105€

Hotel Predi Son Jaumell, Carretera Cala Mesquida, camí de Son Moltó ✉ 07580 – ✆ 971 56 59 10 – www.andreugenestra.com – Cerrado 1 diciembre-28 febrero, almuerzo: lunes, martes, almuerzo: miércoles-viernes

Predi Son Jaumell

LUJO • CONTEMPORÁNEA Encantador edificio en piedra del s. XVII emplazado en mitad del campo, en una finca cultivada que cuenta con varias cuevas naturales. Ofrece unas habitaciones de elegante simplicidad, con partes en piedra vista e hidromasaje en la mayoría de los baños.

24 habitaciones – 316/621€

Carretera Cala Mesquida, camí de Son Moltó ✉ 07580 – ✆ 971 81 87 96 – www.hotelsonjaumell.com – Cerrado 1 diciembre-28 febrero

Andreu Genestra – Ver selección restaurantes

DEIÀ

Balears – Mapa regional **4**-B1 – Mapa de carreteras Michelin nº 579-J5

Es Racó d'Es Teix (Josef Sauerschell)

CLÁSICA • ROMÁNTICA XX Todos guardamos en la memoria algún lugar "mágico", un emplazamiento de esos que elevan el alma y nos hacen sentir en sintonía con la naturaleza. Este restaurante o rincón, pues es lo que significa "racó" en mallorquín, es claramente uno de esos sitios, destacando por tener una idílica terraza que se asoma a la sierra Tamuntana y a Deià.

Referirnos a esta casa es hablar de la historia de amor entre el chef alemán Josef Sauerschell y su mujer, Leonor Payeras, natural de la localidad, con quien decidió abrir esta coqueta casa de ambiente rústico y emprender la gran aventura de su vida.

En lo gastronómico apuestan por una cocina de tintes clásicos con influencias tanto mediterráneas como germanas, construida desde un conocimiento sólido y en base a las mejores materias primas de la zona.

Especialidades : Terrina de codorniz y foie gras con uvas y tirabeques. Pechuga de paloma con limón y berros. Trufa de chocolate con granizado de naranja, remolacha y ciruelas.

Menú 38€ (almuerzo), 78/120€ – Carta 73/93€

Sa Vinya Vella 6 ✉ 07179 – ✆ 971 63 95 01 – www.esracodesteix.es – Cerrado 4 noviembre-13 marzo, lunes, martes

El Olivo

INTERNACIONAL • ROMÁNTICA XXX Atesora una magnífica sala principal de elegante aire rústico, con los techos altos en madera y el ambiente de una antigua prensa de aceite. Cocina internacional actualizada.

Menú 100/150 € - Carta 76/106 €

Hotel Belmond La Residencia, Finca Son Canals ✉ 07179 - ✆ 971 63 90 11 - www.belmond.com - Cerrado 10 noviembre-20 marzo, almuerzo: lunes-domingo

Belmond La Residencia

HISTÓRICO • ELEGANTE Una antigua casa señorial, restaurada con maestría, que recoge la herencia arquitectónica de la isla. Encontrará dependencias de cálido confort, todas decoradas con sumo gusto, y una amplia oferta gastronómica, proponiendo en su restaurante Café Miró una buena selección de tapas y platos mediterráneos.

66 habitaciones - 375/980 € - 6 suites

Finca Son Canals ✉ 07179 - ✆ 971 63 90 11 - www.belmond.com - Cerrado 10 noviembre-20 marzo

El Olivo - Ver selección restaurantes

en la carretera de Valldemossa Noroeste : 2, 5 km

Sa Pedrissa

AGROTURISMO • ACOGEDORA Casa del s. XVI situada en un enclave privilegiado, con vistas a la bahía de Deià y la piscina sobre el acantilado. La mayoría de sus habitaciones son tipo suite. El restaurante ocupa un antiguo molino de aceite, con los suelos en piedra y chimenea. ¡Disfrute de sus preciosas terrazas, entre pinos y olivos!

11 habitaciones - 195/440 € - 6 suites

Carretera Valldemossa-Deià km 64,5 ✉ 07179 - ✆ 971 63 91 11 - www.sapedrissa.com - Cerrado 1 diciembre-31 enero

SES ILLETES • ILLETAS

Balears - Mapa regional **4**-B1 - Mapa de carreteras Michelin nº 579-J6

Arrels by Marga Coll

REGIONAL • AMBIENTE MEDITERRÁNEO XX ¡Sinceridad y pasión! En su sala, con amplios ventanales asomados al mar, le propondrán una cocina mallorquina muy personal, siempre elaborada en base al producto de mercado.

Menú 56 €

Hotel Gran Meliá de Mar, Paseo Illetes 7 ✉ 07184 - ✆ 971 40 25 11 - www.restaurantearrels.com - Cerrado 1 enero-31 marzo, 1 noviembre-31 diciembre, lunes, martes, almuerzo: miércoles-domingo

Gran Meliá de Mar

RESORT • CONTEMPORÁNEA Un hotel singular, sin duda, tanto por la arquitectura como por su cuidado interiorismo. Ofrece varias zonas sociales, toda una planta con un tratamiento exclusivo (RedLevel) y unos maravillosos exteriores, no exento de espacios chill out y románticas vistas.

137 habitaciones - 190/625 € - 17 suites

Paseo Illetes 7 ✉ 07184 - ✆ 971 40 25 11 - www.melia.com - Cerrado 1 enero-1 abril, 1 noviembre-31 diciembre

Arrels by Marga Coll - Ver selección restaurantes

INCA

Balears – Mapa regional **4**-B1 – Mapa de carreteras Michelin nº 579-L5

Sa Fàbrica

MODERNA • MARCO CONTEMPORÁNEO Gastronomía actual de temporada, hecha para agradar y siempre en base a productos frescos. ¿Solo eso? Pues no, ya que la sala recupera una de las naves de la Fàbrica Ramis, uno de los edificios más icónicos del patrimonio industrial mallorquín. Estas son las credenciales presentadas por el chef de origen bávaro Marcel Ress, enamorado de la isla y tremendamente popular por estos lares tras proclamarse ganador del concurso televisivo Top Chef España en 2015. Si bien la propuesta al mediodía se centra en un menú libre, por las noches se enriquece con una completa carta. ¡Curiosa mesa del chef!

Especialidades : Gazpacho de fresas con aguacate y cilantro. Bacalao con costra de hierbas y puré de calabaza. Crema de albahaca y chocolate blanco con helado de mascarpone.

Menú 17 € (almuerzo), 35/55 €

Gran Vía Colón 28 ✉ 07300 – ✆ 971 41 25 07 – www.safabrica.es – Cerrado 7 enero-7 febrero, lunes, domingo

Joan Marc

MODERNA • DE DISEÑO Un restaurante de estética elegante, actual y natural con un indiscutible protagonista: el árbol. Sorprende por su oferta cambiante y de temporada, permitiendo a los comensales que elaboren ellos mismos sus menús a unos precios fijos. ¡Sabores bien definidos!

Menú 19 € (almuerzo), 52/68 €

Plaza del Blanquer 17 ✉ 07300 – ✆ 971 50 08 04 – www.joanmarcrestaurant.com – Cerrado 6-29 enero, 30 junio-4 julio, 12-25 noviembre, lunes, cena: domingo

LLOSETA

Balears – Mapa regional **4**-B1 – Mapa de carreteras Michelin nº 579-L5

Cas Comte

FAMILIAR • CLÁSICA Fantástica casa señorial en piedra que remonta sus orígenes al s. XVIII. Sus dependencias, que concilian la atmósfera de antaño con el confort actual, se ven apoyadas por un patio y un espacio de relax. En su cálido comedor encontrará cocina de tinte casero.

20 habitaciones – 125/140 €

Comte d'Aiamans 11 ✉ 07360 – ✆ 971 87 30 77 – www.hotelcascomte.com

LLUBÍ

Balears – Mapa regional **4**-B1 – Mapa de carreteras Michelin nº 579-M5

Daica

TRADICIONAL • RÚSTICA Una casa de pueblo dotada con dos salas de línea rústica-actual y un agradable patio. Cocina actual apreciable en tres menús degustación, siempre en base a las materias primas de temporada y proximidad. ¡Los recuerdos de infancia se saborean en algunos platos!

Menú 45/72 €

Nou 8 ✉ 07430 – ✆ 971 52 25 67 – www.daica.es – Cerrado 31 agosto-7 septiembre, 22 diciembre-6 febrero, martes, cena: domingo

LLUCMAJOR

Balears – Mapa regional **4**-B1 – Mapa de carreteras Michelin nº 579-L7

Son Julia Country House H.

LUJO • ELEGANTE En esta mansión mallorquina del s. XV encontrará un espectacular salón oriental, habitaciones de gran confort y un hermoso entorno ajardinado. Su restaurante propone una cocina de fusión mediterránea con toques asiáticos y... ¡unas buenas barbacoas en verano!

28 habitaciones – 220/290 € – 1 suite

Carretera de S'Arenal, Suroeste : 1 km ✉ 07620 – ✆ 971 66 97 00 – www.sonjulia.com

MANACOR

Balears – Mapa regional **4**-B1 – Mapa de carreteras Michelin nº 579-N6

al Norte 4 km

La Reserva Rotana

CASA DE CAMPO • ELEGANTE ¡Finca señorial situada en una reserva natural! La decoración de sus elegantes dependencias revela el gusto por los detalles. Presenta un anexo algo más sencillo y, como la propiedad tiene 300 ha, cuenta con su propio campo de golf.

24 habitaciones – 350/420 €

Camí de s'Avall ✉ 07500 – ✆ 971 84 56 85 – www.reservarotana.com – Cerrado 1 noviembre-28 febrero

PALMA

Balears – Mapa regional **4**-B1 – Mapa de carreteras Michelin nº 579-J6

Marc Fosh

MODERNA • MINIMALISTA XX Está algo escondido en una callejuela del centro histórico pero resulta sorprendente, pues sus modernas instalaciones forman parte del hotel Convent de la Missió, que ha recuperado un seminario del s. XVII.

Su interior denota personalidad, con luminosos espacios de ambiente minimalista y un agradable patio-terraza que llama la atención por tener, allí mismo, una pared de agua cayendo en cascada.

La cocina del chef Marc Fosh, natural de Gran Bretaña, concilia sabor, técnica y creatividad, ensalzando los productos mediterráneos de temporada que le enamoraron cuando conoció la isla. La evolución gastronómica de este restaurante, que empezó llamándose Simply Fosh, está permitiendo al chef una interesante diversificación de sus propuestas de negocio. ¡El menú del almuerzo es algo más sencillo!

Especialidades : Consomé frío de tomates ahumados y albahaca con atún marinado, plancton y escaramujo. Arroz con bogavante, coco, sake y su bullabesa. Crema de limón en salmuera con sorbete de cereza y agua de rosas.

Menú 72/92 €

Hotel Convent de la Missió, De la Missió 7 ✉ 07003 – ✆ 971 72 01 14 – www.marcfosh.com – Cerrado 27 enero-9 febrero, 25 noviembre-8 diciembre, cena: domingo

Adrián Quetglas

MODERNA • SIMPÁTICA X Un restaurante al que no se le puede pedir mucho más, salvo... ¡que estuviera al lado de nuestra casa!

Se halla en pleno centro de la ciudad, asomado al cauce del Torrent de Sa Riera, y destaca tanto por su acogedor e íntimo ambiente de bistró, con atractivos detalles como el jardín vertical, como por el atentísimo servicio de todo el personal.

El chef-propietario, que intenta democratizar la alta cocina, promulga un mundo culinario lleno de matices y variantes, con detalles propios de su Buenos Aires natal, una fuerte base de sabores mediterráneos e inequívocas influencias de sus vivencias profesionales en Londres, París o Moscú (llegó a ser reconocido como uno de los mejores chefs de Rusia). Y por si fuera poco, la relación calidad/precio de la casa es fantástica. ¿Se lo va a perder?

Especialidades : Nigiri abierto de vieiras, helado de Sriracha y esencia de sisho. Corvina marinada y suavemente ahumada con coco y zanahoria thai. Banana asada con kumquat y caramelo de algarroba.

Menú 35/60 €

Paseo de Mallorca 20 ✉ 07012 – ✆ 971 78 11 19 – www.adrianquetglas.es – Cerrado 16 febrero-4 marzo, 16-31 agosto, lunes, domingo

Aromata

MODERNA • ACOGEDORA Conocer la cocina mallorquina contemporánea pasa por entender la filosofía gastronómica de Andreu Genestra, uno de los chefs más relevantes e interesantes de las Baleares. Este restaurante, que ocupa el bellísimo patio porticado de un céntrico edificio señorial, se presenta en sociedad como la sucursal de este gran chef en la capital mallorquina, donde defiende bajo una dinámica "low cost" su dogma culinario: hacer siempre "cuina de la terra". Cocina actual de raíces isleñas en base al mejor producto autóctono, con delicadas elaboraciones y un formato accesible. ¡Amplia oferta de menús!

Especialidades : Colage de serviola, con nata ahumada y perejil encurtido. Caldereta de cordero con ravioli de su butifarra. Vendimia dulce, remolacha y canela.

Menú 22 € (almuerzo), 45/65 € - Carta 35/55 €

Concepción 12 (Centro Cultural "Sa Nostra") ✉ 07012 - ✆ 971 49 58 33 - www.aromatarestaurant.com - Cerrado lunes, domingo

Bala Roja Ⓝ

MODERNA • MARCO CONTEMPORÁNEO Su nombre rememora las bolas de cañón incandescentes que se disparaban desde el Baluard del Príncep. Cocina tradicional española, bien actualizada y en base al producto local.

Menú 24 € (almuerzo), 56/74 €

Hotel Es Princep, Calle de Bala Roja 3 ✉ 07001 - ✆ 971 72 20 00 - www.balaroja.es - Cerrado 8 enero-15 febrero, lunes, martes

El Patio de Glòria Ⓝ

MODERNA • MARCO CONTEMPORÁNEO Resulta elegante, tiene personalidad respecto al hotel y posee un cuidado bar-coctelería. Cocina ecléctica de base mediterránea, con toques actuales y guiños a otras culturas.

Menú 21 € (almuerzo) - Carta 40/55 €

Hotel Glòria de Sant Jaume, Sant Jaume 20 - ✆ 971 71 79 97 - www.elpatiodegloria.com

Quadrat

COCINA MEDITERRÁNEA • MARCO CONTEMPORÁNEO Cocina mediterránea, con toques actuales, en las antiguas caballerizas de... ¡una casa-palacio! Para almorzar solo sirven un menú ejecutivo y, los domingos, otro de arroces.

Menú 25 € (almuerzo)/65 € - Carta 42/68 €

Hotel Sant Francesc, Plaza de Sant Francesc 5 ✉ 07001 - ✆ 971 49 50 00 - www.hotelsantfrancesc.com - Cerrado 13-19 enero

Sumaq

PERUANA • MARCO CONTEMPORÁNEO Atesora una clientela habitual y apuesta por la cocina de fusión, con fuertes raíces peruanas. Pruebe su Secuencia de Ceviches, tres elaboraciones distintas en un mismo plato.

Menú 50 € - Carta 35/62 €

Cotoner 44 ✉ 07013 - ✆ 696 52 67 58 - www.restaurantesumaq.com

La Bodeguilla

TRADICIONAL • BISTRÓ Céntrico, de línea actual y abierto todo el día. Posee una sala-tienda de vinos donde se puede tapear y dos comedores de cuidado montaje. Cocina tradicional actualizada.

Carta 38/50 €

Sant Jaume 3 ✉ 07012 - ✆ 971 71 82 74 - www.grupoamida.com

Stagier Bar Ⓝ

MODERNA • BAR DE TAPAS Un gastrobar de ambiente joven que apuesta por la alta cocina en formato "mini", con tapas de vanguardia que combinan técnica y sabor. ¡Hay tapas homenaje a grandes casas!

Tapa 3 € - Ración 15 €

D'Espartero 11 - ✆ 871 04 19 70 - www.stagierbar.com - Cerrado 28 diciembre-15 enero, lunes, domingo

Calatrava

URBANO • DE DISEÑO Se halla en uno de los barrios más antiguos de la ciudad, levantado en gran parte sobre las antiguas murallas y con fantásticas vistas a la bahía. Sirven el desayuno en la terraza-solárium del último piso y proponen una cocina casual en el bistró.

16 habitaciones ☕ - 👥 220/450 €

Plaza Llorenç Villalonga 8 ✉ 07001 - ✆ 971 72 81 10 - www.boutiquehotelcalatrava.com

Can Alomar

URBANO • ELEGANTE Distinguido, céntrico y con un buen emplazamiento, pues recupera una casa señorial urbana de gran valor Patrimonial. Disfrute de la terraza-solárium, de las vistas desde su mirador o del restaurante, donde proponen cocina nipona-peruana de base mediterránea.

16 habitaciones - 👥 200/360 € - ☕ 22 €

Sant Feliu 1 ✉ 07012 - ✆ 871 59 20 02 - www.boutiquehotelcanalomar.com

Can Bordoy (N)

LUJO • VINTAGE Lujo y confort en un hotel boutique con enorme personalidad. Atesora espaciosas habitaciones donde se concilia lo vintage con la última tecnología, un exclusivo SPA, un restaurante que apuesta por la cocina saludable... ¡y un patio-jardín simplemente encantador!

24 habitaciones ☕ - 👥 380/2800 €

Forn de la Glòria 14 ✉ 07012 - ✆ 871 87 12 02 - www.canbordoy.com

Can Cera

URBANO • HISTÓRICA Está en pleno casco antiguo, recuperando un edificio señorial del s. XVII. Tras el patio de la entrada descubrirá una zona social de aire palaciego y unas habitaciones de gran confort, todas con algún detalle de época. El restaurante propone una cocina actual con platos de origen tradicional e internacional.

14 habitaciones - 👥 180/470 € - ☕ 22 € - 1 suite

San Francisco 8 ✉ 07001 - ✆ 971 71 50 12 - www.cancerahotel.com

Glòria de Sant Jaume (N)

BOUTIQUE HOTEL • CLÁSICA Le cautivará, pues ocupa una casa señorial mallorquina restaurada con gusto, respeto y gran personalidad. Atesora dos patios, cuidadas habitaciones de línea clásica, algunas abuhardilladas, un coqueto restaurante y... ¡un exclusivo SPA en las antiguas cuadras!

14 habitaciones ☕ - 👥 181/360 €

Sant Jaume 18 ✉ 07012 - ✆ 971 71 79 97 - www.gloriasantjaume.com

El Patio de Glòria - Ver selección restaurantes

Palacio Ca Sa Galesa

URBANO • ELEGANTE Un palacete del s. XVI para estar como en casa. Ofrece lujosas zonas nobles y coquetas habitaciones, con obras de Miró, Calde, Bennàssar... ¡Terraza panorámica con "haimas"!

12 habitaciones - 👥 240/420 € - ☕ 24 € - 4 suites

MIramar 8 ✉ 07001 - ✆ 971 71 54 00 - www.palaciocasagalesa.com

Sant Francesc

BOUTIQUE HOTEL • CONTEMPORÁNEA Un palacete neoclásico, del s. XIX, en el corazón del casco antiguo. Ofrece singulares espacios y habitaciones de gran confort, muchas con molduras y frescos restaurados.

41 habitaciones - 👥 195/420 € - ☕ 25 € - 1 suite

Plaza de Sant Francesc 7 ✉ 07001 - ✆ 971 49 50 00 - www.hotelsantfrancesc.com

Quadrat - Ver selección restaurantes

Convent de la Missió

HISTÓRICO · MINIMALISTA ¡Relajante y seductor! Ocupa un seminario del s. XVII que hoy presenta una estética vanguardista, convirtiendo las antiguas estancias en espacios diáfanos, con detalles de diseño y una decoración minimalista en tonos blancos. ¡Terraza-solárium con piscina!

27 habitaciones - 243/323€ - 18€

Missió 7-A ✉ 07003 - ☎ 971 22 73 47 - www.conventdelamissio.com

Marc Fosh - Ver selección restaurantes

Es Princep (N)

BOUTIQUE HOTEL · CONTEMPORÁNEA Un hotel con encanto ubicado sobre el histórico Baluard del Príncep, un enclave amurallado que disfruta de fantásticas vistas al mar. Posee unas habitaciones de línea contemporánea, un Spa y una nutrida oferta gastronómica, el eje estratégico de su propuesta.

66 habitaciones - 190/270€ - 2 suites

Bala Roja 1 ✉ 07001 - ☎ 971 72 00 00 - www.esprincep.com

Bala Roja - Ver selección restaurantes

Posada Terra Santa

URBANO · DE DISEÑO Atesora la autenticidad derivada de su ubicación, pues se halla en las callejuelas que vertebran el casco viejo. Los arcos en piedra originales conviven hoy con una estética simpática y actual. Su restaurante propone una cocina de fusión asiático-mediterránea.

26 habitaciones - 160/350€

Posada Terra Santa 5 ✉ 07001 - ☎ 971 21 47 42 - www.posadaterrasanta.com

Al Oeste de la Bahía

en La Bonanova Mapa regional **4**-B1

Valparaíso Palace

NEGOCIOS · CLÁSICA Su privilegiada ubicación dominando la bahía le brinda unas maravillosas vistas. Presenta una cuidada zona social, con un magnífico hall, equipadas habitaciones de línea actual y un completísimo SPA... ¡el más grande de la isla! Sus restaurantes ofrecen una buena oferta gastronómica de tinte moderno e internacional.

163 habitaciones - 180/390€ - 28€ - 11 suites

Francisco Vidal i Sureda 23 ✉ 07015 - ☎ 971 40 03 00 - www.gprovalparaiso.com

en Sa Vileta Mapa regional **4**-B1

Schwaiger XINO'S

COCINA MEDITERRÁNEA · DE DISEÑO Curioso restaurante tipo ático ubicado sobre un centro comercial. Disfruta de una estupenda terraza y propone una cocina mediterránea con marcadas influencias internacionales.

Menú 23€ (almuerzo)/48€ - Carta 45/68€

Camino de la Vileta 39 ✉ 07011 - ☎ 971 66 68 19 - www.schwaiger.es - Cerrado almuerzo: sábado, domingo

en Son Vida Mapa regional **4**-B1

Castillo H. Son Vida

PALACE · CLÁSICA Lujo y clasicismo conviven en este histórico palacio señorial, ubicado entre frondosos pinares y con espléndidas vistas tanto a la ciudad como a la bahía o las montañas. Dentro de su oferta gastronómica destaca el restaurante Es Ví, refinado y con una cocina basada en sus menús degustación.

164 habitaciones - 210/580€ - 10 suites

Raixa 2 ✉ 07013 - ☎ 971 49 34 93 - www.luxurycollection.com

Al Este de la Bahía

en Es Coll d'en Rabassa Mapa regional 4-B1

Bonsol

PESCADOS Y MARISCOS • AMBIENTE CLÁSICO Este negocio de aire marinero presenta una sala dividida en varios espacios, un vivero y una buena barra-expositor. Productos del mar de calidad a precios de mercado.

Carta 55/75€

Illa de Xipre 12 ✉ 07007 - ✆ 971 26 62 70 - www.marisqueriabonsol.com - Cerrado 20 diciembre-7 enero, lunes

PALMANOVA

Balears - Mapa regional 4-B1 - Mapa de carreteras Michelin nº 579-J6

Es Fum

CREATIVA • ELEGANTE Si aceptamos que Mallorca es un pequeño paraíso sobre la tierra debemos ver este restaurante como una joya más de ese tesoro, la oferta gastronómica que más brilla dentro del lujoso hotel St. Regis Mardavall.

La propuesta, que corre a cargo del chef canario Miguel Navarro, destila gusto, técnica, creatividad... y un saber hacer que desvela, a las claras, su sólida formación como pupilo del maestro Martín Berasategui, por lo que también traslada a la mesa esa filosofía construida desde el amor, la honestidad y el trabajo.

Los platos, desgranados en atractivos menús degustación, se pueden disfrutar tanto en las elegantes salas, de ambiente clásico-actual, como en su maravillosa terraza de verano, esta última con un marcado carácter mediterráneo y vistas dignas de guardar para el recuerdo.

Especialidades : Ostra Fines de Claire con salmorejo de jalapeño y sake. Raviolis de foie con consomé de pato. Cerezas encurtidas.

Menú 135/160€

Hotel St. Regis Mardavall, Carretera Palma-Andratx 19 ✉ 07181 - ✆ 971 62 96 29 - www.restaurant-esfum.com - Cerrado 30 octubre-2 abril, lunes, martes, almuerzo: miércoles-domingo

St. Regis Mardavall

GRAN LUJO • ELEGANTE Lujoso y repartido en varios edificios, con un bello jardín y vistas al mar. Encontrará un elegante hall octogonal, excelentes habitaciones y un completo SPA. Variada oferta gastronómica y servicio de gran nivel, pues su personal viene de... ¡más de 30 países!

125 habitaciones - 350/900€ - 10 suites

Carretera Palma-Andratx 19 ✉ 07181 - ✆ 971 62 96 29 - www.stregismardavall.com - Cerrado 26 noviembre-15 enero

Es Fum - Ver selección restaurantes

POLLENÇA

Balears - Mapa regional 4-B1 - Mapa de carreteras Michelin nº 579-M4

por la carretera Ma 2200 Sur : 3 km y desvío a la izquierda 0, 5 km

365

CREATIVA • ROMÁNTICA Una propuesta sumamente interesante, tanto por el entorno como por el nivel gastronómico y el cuidado servicio de mesa. Encontrará una carta de carácter creativo, elaborada con materias primas de calidad y en un ambiente vanguardista.

Menú 68/90€ - Carta 61/84€

Hotel Son Brull, Carretera Palma-Pollença ✉ 07460 - ✆ 971 53 53 53 - www.sonbrull.com - Cerrado 30 noviembre-13 febrero, almuerzo: lunes-domingo

Son Brull

HISTÓRICO • ELEGANTE Este imponente edificio, rodeado por una extensa finca, ocupa un convento jesuita del s. XVIII. Combina el encanto antiguo con las características del confort más moderno. ¡Atesora longevos olivos, gran variedad de árboles frutales y un buen huerto ecológico!

27 habitaciones – 260/850 €

Carretera Palma-Pollença ✉ 07460 – ✆ 971 53 53 53 – www.sonbrull.com – Cerrado 1 diciembre-13 febrero

365 – Ver selección restaurantes

PORT D'ALCÚDIA • PUERTO DE ALCUDIA

Balears – Mapa regional **4**-B1 – Mapa de carreteras Michelin nº 579-M5

Maca de Castro

CREATIVA • DE DISEÑO XXX Una casa familiar que ha sabido evolucionar y diversificarse, gracias al trabajo bien hecho y al portentoso oficio que la chef Macarena de Castro (Maca) demuestra cada día.

El restaurante, en la 1ª planta de un edificio tipo villa, presenta una sala de ambiente moderno-vanguardista que comparte espacio con el otro negocio afín (Bistró del Jardín), ubicado en la planta baja y con una fórmula más accesible.

¿Su pauta culinaria? Un menú adecuado a los productos de temporada aportados por la despensa mallorquina, con profundo respeto por los sabores, los productos autóctonos y esa autenticidad que, desde la técnica y la creatividad, toma forma en una visión casi instintiva de lo que para Maca es la cocina mediterránea. ¡Sorprenden al comensal mostrando la lista de la compra de ese mismo día!

Especialidades : Yema de pato al azafrán con alcachofa. Cabracho al vapor y sus huevas. Piña del Mediterráneo.

Menú 132 €

Dels Tritons ✉ 07400 – ✆ 971 89 23 91 – www.macadecastro.com – Cerrado 28 octubre-2 abril, lunes, martes, almuerzo: miércoles-domingo

Bistró del Jardín

TRADICIONAL • SIMPÁTICA XX En la planta baja de la villa donde está Maca de Castro, de la misma propiedad. Presenta una sala tipo porche y una bella terraza-jardín, su razón de ser. Cocina tradicional.

Carta 40/70 €

Dels Tritons ✉ 07400 – ✆ 971 89 31 26 – www.bistrodeljardin.com

Casa Gallega

TRADICIONAL • BAR DE TAPAS X El local, tipo taberna gallega, posee una terraza, una barra con varias mesas y un comedor rústico-actual. Carta tradicional con raciones, medias raciones y un económico menú.

Tapa 6 € – Ración 15 €

Hostelería 11 ✉ 07400 – ✆ 971 54 51 79 – www.casagallegaalcudia.com

en Alcanada Este : 3, 5 km – Mapa regional 4-B1

La Terraza

TRADICIONAL • A LA MODA XX ¡A unos dos metros sobre el agua! Posee una sala interior y una idílica terraza techada, con maravillosas vistas a la bahía. Cocina tradicional con influencias mediterráneas.

Carta 48/70 €

Plaza Pompeu Fabra 7 ✉ 07400 – ✆ 971 54 56 11 – www.laterrazaalcanada.com – Cerrado 1 noviembre-31 marzo, almuerzo: lunes-domingo

en la playa de Muro Sur : 6 km - Mapa regional 4-B1

Fusion19

FUSIÓN • CHIC Curioso, pues de día funciona como sushi-bar (snacks, tapas, ensaladas...) y de noche evoluciona hacia una propuesta más ambiciosa, con sugerentes menús y platos de autor.

Menú 45/69 € - Carta 37/58 €

Avenida s'Albufera 23 ✉ 07458 - ✆ 971 89 42 59 - www.fusion19.com - Cerrado 1 noviembre-28 febrero

PORT D'ANDRATX • PUERTO DE ANDRATX

Balears - Mapa regional 4-B1 - Mapa de carreteras Michelin n° 579-I6

Villa Italia

TRADICIONAL • ACOGEDORA ¡Un hotel cautivador! Posee una estética a modo de villa toscana y está construido en una ladera, lo que le otorga unas fantásticas vistas sobre el puerto de Andratx. También es llamativo su restaurante, pues se reparte entre dos terrazas cubiertas con los techos retráctiles y ofrece una carta internacional.

21 habitaciones - 280/700 €

Camino San Carlos 13 ✉ 07157 - ✆ 971 67 40 11 - www.hotelvillaitalia.com - Cerrado 7 enero-5 marzo

PORT DE POLLENÇA • PUERTO DE POLLENSA

Balears - Mapa regional 4-B1 - Mapa de carreteras Michelin n° 579-M4

en la carretera de Alcúdia Sur : 3 km

Ca'n Cuarassa

INTERNACIONAL • RÚSTICA Atractivo marco de estilo rústico mallorquín. Ofrece una terraza acristalada y varias salas, todas con bellas lámparas y litografías abstractas. Cocina de gusto internacional.

Menú 35 € - Carta 32/57 €

Alcúdia 2 ✉ 07460 - ✆ 971 86 42 66 - www.cancuarassa.com - Cerrado 31 octubre-1 marzo

PORT DE SÓLLER • PUERTO DE SÓLLER

Balears - Mapa regional 4-B1 - Mapa de carreteras Michelin n° 579-K5

Es Canyis

TRADICIONAL • AMBIENTE CLÁSICO Negocio de arraigada tradición familiar que destaca por su emplazamiento en el paseo marítimo, con una terraza y vistas al mar. Ofrece un luminoso comedor clásico y una carta tradicional, con varios platos actualizados y algunos arroces.

Carta 30/45 €

Paseo de la Platja de'n Repic 21 ✉ 07108 - ✆ 971 63 14 06 - www.escanyis.es - Cerrado 17 noviembre-1 marzo, lunes, cena: domingo

Jumeirah Port Sóller

GRAN LUJO • CONTEMPORÁNEA Un hotel moderno y lujoso, emplazado sobre un acantilado y con todo lo que el cliente más cosmopolita pueda desear. Deslumbra por sus vistas al mar, sus maravillosas zonas sociales, el relajante SPA, las espaciosas habitaciones... y en lo gastronómico, una variada oferta que viaja del recetario local al internacional.

121 habitaciones - 350/650 € - 3 suites

Bélgica ✉ 07108 - ✆ 971 63 78 88 - www.jumeirah.com - Cerrado 1 enero-31 marzo

PORTALS NOUS

Balears - Mapa regional **4**-B1 - Mapa de carreteras Michelin nº 579-J6

Baiben

INTERNACIONAL • MARCO CONTEMPORÁNEO XX Se halla frente a los lujosos yates de Puerto Portals, a los que se asoma, y sorprende por su luminosidad. Completa carta internacional, con platos de multitud de países.

Menú 22/35€ - Carta 30/55€

Puerto Portals, Local 1 ✉ 07181 - ✆ 971 67 55 47 - www.baibenrestaurants.com

PORTO CRISTO

Balears - Mapa regional **4**-B1 - Mapa de carreteras Michelin nº 579-O6

por la carretera de Portocolom Suroeste : 4, 5 km y desvío a la derecha 1 km

Son Mas

TRADICIONAL • ELEGANTE Esta hermosa casa señorial pertenece a una de las estirpes más influyentes de la isla, pues la familia Servera también es la propietaria de las famosas Cuevas del Drach. Tanto las zonas sociales como las habitaciones son muy amplias e invitan al relax. ¡Espectacular piscina y torre original del s. XVII!

16 habitaciones - 296/375€

Carretera Porto Cristo-Portocolom ✉ 07680 - ✆ 971 55 87 55 - www.sonmas.com - Cerrado 31 octubre-15 marzo

PORTOCOLOM

Balears - Mapa regional **4**-B1 - Mapa de carreteras Michelin nº 579-N7

Sa Llotja

MODERNA • SIMPÁTICA X ¡Asomado a la cala y a los amarres del puerto! Ocupa el primer piso del edificio portuario, con la sala acristalada y una espectacular terraza. Su carta de cocina actual contempla algún plato asturiano y pescados frescos de gran calidad.

Menú 31€ - Carta 40/80€

Cristobal Colón 2, edificio portuario ✉ 07670 - ✆ 971 82 51 65 - www.restaurantsallotjaportocolom.com - Cerrado 4 noviembre-24 diciembre, lunes

PUIGPUNYENT

Balears - Mapa regional **4**-B1 - Mapa de carreteras Michelin nº 579-J6

Oleum

INTERNACIONAL • RÚSTICA XXX No luce el nombre "Oleum" de forma banal, pues ocupa una antigua almazara de aceite decorada con las muelas del molino original. Carta de cocina actual, amplia y variada.

Menú 69€ - Carta 52/85€

Hotel G.H. Son Net, Castillo Son Net ✉ 07194 - ✆ 971 14 70 00 - www.sonnet.es

G.H. Son Net

EDIFICIO HISTÓRICO • ACOGEDORA Mansión mallorquina del s. XVII que realza con exquisito gusto todos sus rincones. Posee unas maravillosas estancias, habitaciones en distintos estilos y cinco villas que destacan por su gran privacidad, una con su propia piscina privada.

26 habitaciones - 180/450€ - 5 suites

Castillo Son Net ✉ 07194 - ✆ 971 14 70 00 - www.sonnet.es

Oleum - Ver selección restaurantes

SANT LLORENÇ DES CARDASSAR

Balears – Mapa regional **4**-B1 – Mapa de carreteras Michelin n° 579-N6

Son Penya

CASA DE CAMPO • ELEGANTE ¡Idóneo para relajarse y renovarse! Este coqueto hotel rural, rodeado por un paisaje virgen, sorprende con unos espacios llenos de encanto, todos ideados para tener intimidad.

20 habitaciones – 195/315 €

Camino de Son Berga ✉ 07530 – ✆ 971 599751 – www.sonpenya.com – Cerrado 31 octubre-28 febrero

SANTA MARGALIDA

Balears – Mapa regional **4**-B1 – Mapa de carreteras Michelin n° 579-M5

en la carretera de Alcúdia Ma 3410 Norte : 4 km

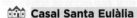

Casal Santa Eulàlia

LUJO • CLÁSICA Mansión del s. XIII y estilo mallorquín que ha respetado la nobleza de los antiguos señoríos. Ofrece unas habitaciones amplias y serenas, todas de elevado confort. El restaurante, que ocupa un típico "celler" o bodega, propone una cocina mediterránea.

25 habitaciones – 198/545 €

✉ 07458 – ✆ 971 85 27 32 – www.casal-santaeulalia.com – Cerrado 4 noviembre-21 marzo

SANTA MARÍA DEL CAMÍ

Balears – Mapa regional **4**-B1 – Mapa de carreteras Michelin n° 579-K6

Molí des Torrent

CLÁSICA • RÚSTICA XX Antiguo molino de viento dotado con varios comedores rústicos y una agradable terraza-patio, esta última con porche. Cocina clásica con influencias alemanas y mediterráneas.

Carta 29/62 €

Carretera de Bunyola 75, Noroeste : 1,8 km ✉ 07320 – ✆ 971 14 05 03 – www.molidestorrent.de – Cerrado 1 diciembre-31 enero, miércoles, jueves

SÓLLER

Balears – Mapa regional **4**-B1 – Mapa de carreteras Michelin n° 579-K5

G.H. Sóller

HISTÓRICO • CLÁSICA Este céntrico hotel ocupa un antiguo edificio de carácter señorial, con el exterior ajardinado. Disfruta de una correcta zona noble y habitaciones de muy buen confort. En su luminoso restaurante encontrará una carta tradicional y una atractiva terraza de verano. ¡Agradable sala de desayunos en el ático!

50 habitaciones – 180/250 € – 4 suites

Romaguera 18 ✉ 07100 – ✆ 971 63 86 86 – www.granhotelsoller.com – Cerrado 11 noviembre-29 febrero

Son Grec

MANSIÓN • ACOGEDORA Una preciosa casa señorial del s. XVIII, rehabilitada con acierto y vestida con numerosas obras de arte moderno. Presenta espléndidos exteriores, una coqueta zona social con chimenea y habitaciones decoradas con muchísimo gusto. ¡Detalles, silencio y relax!

14 habitaciones – 180/300 €

Camino de Sa Figuera 28 ✉ 07100 – ✆ 971 63 17 05 – www.songrec.com – Cerrado 1 enero-15 marzo, 19 octubre-31 diciembre

por la carretera de Deià

Béns d'Avall

REGIONAL • ELEGANTE XX Está ubicado en una urbanización rodeada de monte y destaca por su fantástica terraza, con vistas a la costa y al mar. La cocina, basada en un recetario regional actualizado, sorprende por sus detalles y su buen nivel.

Menú 74 € – Carta 55/75 €

Urbanización Costa de Deià, Noroeste : 5 km y desvío a la derecha 2,3 km ✉ 07100 – ✆ 971 63 23 81 – www.bensdavall.com – Cerrado 4 noviembre-27 marzo, lunes, martes

Ca's Xorc

CASA DE CAMPO • PERSONALIZADA Encantadora finca agrícola del s. XIX emplazada en la ladera de la montaña, rodeada de frutales, olivos, terrazas... y una atractiva piscina panorámica. Atesora unas habitaciones de gran confort y un coqueto restaurante, este último instalado en el viejo molino de aceite y con una carta de tintes creativos.

15 habitaciones ☕ – ♦♦ 225/570 €

Noroeste : 4 km y desvío a la izquierda 0,5 km ✉ 07100 – ✆ 971 63 82 80 – www.casxorc.com – Cerrado 31 octubre-26 marzo

en el camino de Son Puça Noroeste : 2 km

Ca N'Aí

CASA DE CAMPO • ACOGEDORA Espectacular casa de campo arropada por la paz y el silencio de los naranjos. Su decoración, de ambiente tradicional-mallorquín, transforma las estancias en un microcosmos del ideal estético mediterráneo. ¡Todas las habitaciones poseen terraza privada!

30 habitaciones ☕ – ♦♦ 165/300 €

Camino Son Sales 50 ✉ 07100 – ✆ 971 63 24 94 – www.canai.com – Cerrado 1 diciembre-28 febrero

SON SERVERA

Balears – Mapa regional **4**-B1 – Mapa de carreteras Michelin n° 579-O6

por la antigua carretera de Artà

Son Gener

CASA DE CAMPO • CONTEMPORÁNEA Si busca un agroturismo tranquilo y especial hospédese en este, pues data del s. XVII y aúna lo original con lo contemporáneo. Ofrece bellos jardines, salones que invitan al sosiego, espaciosas habitaciones y un restaurante que se nutre de su propia huerta.

10 habitaciones ☕ – ♦♦ 325/400 €

Carretera Son Severa-Artà km 3 (MA-4031) Norte : 3 km y desvío a la derecha 0,5 km ✉ 07550 – ✆ 971 18 36 12 – www.songener.com

VALLDEMOSSA

Balears – Mapa regional **4**-B1 – Mapa de carreteras Michelin n° 579-J5

Valldemossa

CASA DE CAMPO • ACOGEDORA Lujosa casa ubicada en lo alto de un cerro, con varias escalinatas, terrazas y una hermosa panorámica a la sierra de Tramontana. Encontrará un precioso jardín, grandes dosis de privacidad y un restaurante que destaca por sus bellísimas vistas al pueblo.

12 habitaciones ☕ – ♦♦ 330/600 €

Carretera vieja de Valldemossa ✉ 07170 – ✆ 971 61 26 26 – www.valldemossahotel.com – Cerrado 1 noviembre-28 febrero

Menorca

G. Azumendi/age fotostock

CALA EN PORTER

Balears – Mapa regional **4**–C1 – Mapa de carreteras Michelin nº 579-S4

en la carretera Me 12 Noreste : 2 km

Torralbenc

MODERNA • ÍNTIMA XX Sorprende por su emplazamiento, en un espacio agrícola recuperado de línea rústica-actual. Cocina variada pero de gran calidad, con platos clásicos, tradicionales, modernos...

Carta 48/79 €

Hotel Torralbenc, Carretera Maó-Cala'n Porter, km 10 ✉ 07730 – ✆ 971 37 72 11 – www.torralbenc.com

Torralbenc

LUJO • PERSONALIZADA Instalado en una tradicional finca menorquina, rodeada de viñedos, que ha sido rehabilitada con muchísimo acierto, pues combina los colores, espacios y materiales propios de esta tierra con el confort y diseño actual. ¡Descubra las habitaciones de los anexos!

27 habitaciones – 183/495 €

Carretera Maó-Cala'n Porter km 10 ✉ 07730 – ✆ 971 37 72 11 – www.torralbenc.com

Torralbenc – Ver selección restaurantes

ES CASTELL

Balears – Mapa regional **4**–C1 – Mapa de carreteras Michelin nº 579-T4

por la carretera de Sant Lluis Sur : 2 km y desvío a la izquierda 1 km

Sant Joan de Binissaida

MANSIÓN • CONTEMPORÁNEA ¡Aquí el descanso está asegurado! Esta hermosa casa señorial se encuentra en pleno campo y sorprende por la personalización de sus cuidadas habitaciones, cada una de ellas dedicada a un compositor clásico. El restaurante ofrece una cocina actual y presume de utilizar productos ecológicos de su propia finca.

15 habitaciones – 145/340 €

camí de Binissaida 108 ✉ 07720 – ✆ 971 35 55 98 – www.binissaida.com – Cerrado 16 octubre-15 abril

CIUTADELLA DE MENORCA • CIUDADELA

Balears – Mapa regional **4**-C1 – Mapa de carreteras Michelin n° 579-R3

Smoix

TRADICIONAL • MARCO CONTEMPORÁNEO XX Se encuentra en la avenida principal que cruza Ciutadella y desprende esa sensación propia de los establecimientos con personalidad... no en vano, la estética contemporánea-industrial que emana su interior pretende rendir su particular homenaje a la antigua fábrica-taller de artículos para joyería que aquí existió. Miquel Sánchez, el chef-propietario, construye su propuesta desde la más absoluta pasión por los productos ecológicos y de temporada, lo que se traduce en una cocina llena de matices y, sobre todo, plena de sabor. ¿Un plato que no debe perderse? Su riquísimo Ravioli de cigalas.

Especialidades : Ensalada de verduras asadas. Cochinillo al horno. Lemon pie.

Menú 35/50 € – Carta 30/48 €

Avenida Jaume el Conqueridor 38 ✉ 07760 – ✆ 971 38 28 08 – www.smoix.com – Cerrado lunes

Mon Restaurant

REGIONAL • ELEGANTE XX Encontrará una zona de espera, una sala muy luminosa y un patio cubierto en el que también montan mesas. Cocina actual que busca sacar el máximo partido al producto autóctono. Como complemento al negocio también ofrece unas agradables habitaciones.

Menú 23/48 € – Carta 36/49 €

Paseo de San Nicolás 4 ✉ 07760 – ✆ 971 38 17 18 – www.restaurantmon.com – Cerrado 1-29 febrero, lunes, cena: domingo

Rels

MODERNA • BISTRÓ X Su nombre evoca las raíces y supone el regreso a su tierra de dos chefs formados en grandes casas. ¿Su propuesta? Platos menorquines actualizados, sabrosos y equilibrados.

Menú 23 € (almuerzo), 38/50 € – Carta 36/50 €

Sant Isidre 33 ✉ 07760 – ✆ 971 48 05 16 – www.relsrestaurant.com – Cerrado 22 diciembre-3 abril, lunes

Can Faustino

PALACE • PERSONALIZADA Instalado en un edificio señorial, hoy remodelado, del s. XVI. Ofrece un amplio hall, espacios de gran personalidad y habitaciones equipadas con sobrio mobiliario Art Decó.

24 habitaciones ☕ – 👥 165/315 €

San Rafael 9 ✉ 07760 – ✆ 971 48 91 91 – www.canfaustino.com

FORNELLS

Balears – Mapa regional **4**-C1 – Mapa de carreteras Michelin n° 579-S3

Es Cranc

PESCADOS Y MARISCOS • FAMILIAR X Un restaurante familiar especializado en pescados y mariscos, aunque sin duda el plato que les ha dado fama es la Caldereta de langosta. ¡No se marche sin visitar su vivero!

Carta 30/80 €

Escoles 31 ✉ 07748 – ✆ 971 37 64 42 – Cerrado 1 diciembre-28 febrero

MAÓ

Balears – Mapa regional **4**-C1 – Mapa de carreteras Michelin n° 579-T4

Ses Forquilles

MODERNA • BAR DE TAPAS X Este bar disfruta de una amplia barra, con varias mesas para el tapeo, y un coqueto comedor en el piso superior. El secreto de su éxito está en el uso de buenas materias primas, unas dosis de creatividad y cierto mimo en las presentaciones.

Tapa 10 € – Ración 20 €

Rovellada de Dalt 20 ✉ 07703 – ✆ 971 35 27 11 – www.sesforquilles.com – Cerrado 7-11 septiembre, lunes, domingo

S'Espigó

PESCADOS Y MARISCOS • AMBIENTE CLÁSICO ¡Ubicado en la zona del puerto! Presenta una terraza a la entrada, uno de sus puntos fuertes, y un único comedor de adecuado montaje. Cocina especializada en pescados, mariscos y platos marineros... como su sabrosa Caldereta de langosta.

Carta 41/87€

Moll de Llevant 267 (puerto) ✉ 07701 - ☎ 971 36 99 09 - www.sespigo.com - Cerrado 1 octubre-7 abril, lunes, domingo

SANT CLIMENT

Balears - Mapa regional 4-C1 - Mapa de carreteras Michelin nº 579-T4

Es Molí de Foc

MODERNA • RÚSTICA Muy conocido, pues ocupa un molino de fuego del s. XIX y tiene contigua una fábrica de cerveza artesanal. En su comedor, de aire rústico, le ofrecerán una carta de cocina actual y otra de arroces, uno de los puntos fuertes de esta casa.

Carta 45/72€

Sant Llorenç 65 ✉ 07712 - ☎ 971 15 32 22 - www.molidefoc.es - Cerrado 31 octubre-1 marzo, lunes, cena: domingo

SANT LLUÍS

Balears - Mapa regional 4-C1 - Mapa de carreteras Michelin nº 579-T4

Sa Pedrera d'es Pujol

CREATIVA • ELEGANTE Interesante, pues su chef-propietario recupera viejas recetas de antaño para ponerlas al día en técnica y presentación. Ofrece varias salas de ambiente rústico, otra acristalada y una bodega-cueva en la que el cliente puede escoger su vino.

Menú 30/70€ - Carta 50/75€

Camino d'es Pujol 14 (Torret), Sur : 1,5 km ✉ 07710 - ☎ 971 15 07 17 - www.sapedreradespujol.com - Cerrado miércoles

Pan y Vino

FRANCESA CLÁSICA • RÚSTICA Instalado en una casa encalada, típica de la zona, que hoy atesora un interior lleno de rincones a modo de saloncitos. Cocina francesa basada en productos de temporada.

Menú 38/55€ - Carta 38/52€

Camino de la Coixa 3 (Torret), Sur : 1 km ✉ 07710 - ☎ 971 15 02 01 - www.panyvinomenorca.com - Cerrado 1 noviembre-7 febrero, martes

por la carretera de Es Castell Noreste : 1, 5 km y desvío a la izquierda 0, 5 km

Biniarroca

HISTÓRICO • RÚSTICA Romántico, tranquilo y con jardines más propios de una bucólica villa italiana. En este precioso conjunto rural, del s. XVIII, encontrará habitaciones personalizadas y un buen restaurante, este con una propuesta internacional en base a productos de la isla.

18 habitaciones - 120/240€

Camino Vell 57 ✉ 07710 - ☎ 971 15 00 59 - www.biniarroca.com - Cerrado 14 octubre-16 abril

por la carretera de Alcalfar Sureste : 2 km y desvío a la derecha 0, 5 km

Alcaufar Vell

HISTÓRICO • REGIONAL Casa señorial de estilo neoclásico emplazada en pleno campo. Posee unas habitaciones muy cuidadas, tanto en el edificio principal como en los viejos establos, destacando las últimas por sus terrazas. El restaurante, ubicado también en las caballerizas, oferta una cocina actual de temporada y diversos menús.

22 habitaciones - 110/460€ - 17€

Carretera de Cala Alcalfar ✉ 07710 - ☎ 971 15 18 74 - www.alcaufarvell.com

Eivissa o Ibiza

NoirChocolate/iStock

EIVISSA • IBIZA

Balears – Mapa regional **4**-A2 – Mapa de carreteras Michelin nº 579-C10

El Cigarral

TRADICIONAL • MARCO REGIONAL XX Llevado con acierto por el chef-propietario y su familia. En su comedor, de ambiente castellano, ofrecen una cocina de base tradicional donde nunca falta algún plato de caza.

Menú 25/30 € – Carta 35/55 €

Fray Vicente Nicolás 9, por av. d'Ignasi Wallis ✉ 07800 – ✆ 971 31 12 46 – www.elcigarralrestaurante.com – Cerrado 24 agosto-14 septiembre, domingo

La Gaia

FUSIÓN • MARCO CONTEMPORÁNEO XX Su chef apuesta por lo que llaman cocina "japeruvian", una propuesta fresca y diferente que se mueve entre lo japonés y lo peruano... eso sí, con productos de la propia isla.

Menú 80/120 € – Carta 55/75 €

Paseo Juan Carlos I-17 (Hotel Ibiza G.H.) ✉ 07800 – ✆ 971 80 68 06 – www.ibizagranhotel.com – Cerrado 1 noviembre-2 abril, almuerzo: lunes-domingo

It

ITALIANA • MARCO CONTEMPORÁNEO XX Destaca tanto por su elegante línea actual como por su emplazamiento, frente a los amarres de un puerto deportivo. Elaboraciones italianas actualizadas e interesantes menús.

Carta 65/105 €

Puerto Deportivo Marina Botafoch 110 ✉ 07800 – ✆ 971 31 11 07 – www.it-ibiza.com – Cerrado 1-31 enero, cena: domingo

Mirador de Dalt Vila

MODERNA • ÍNTIMA XX Disfruta de un acceso independiente respecto al hotel y cuenta con un bar de estilo clásico-actual. La sala es pequeña pero agradable, con el techo pintado al fresco y varios óleos decorando sus paredes. Cocina actual muy bien elaborada.

Menú 50/120 € – Carta 75/95 €

Hotel Mirador de Dalt Vila, Plaza de España 4 ✉ 07800 – ✆ 971 30 30 45 – www.hotelmiradoribiza.com – Cerrado 1 noviembre-31 marzo

Sa Brisa

MODERNA • MARCO CONTEMPORÁNEO X Uno de los locales más de moda en el centro, con una estética moderna a la par que elegante. Platitos y gastrotapas con influencias tradicionales, sudamericanas y asiáticas.

Menú 21 € (almuerzo), 45/68 € – Carta 30/55 €

Vara de Rey 15 ✉ 07800 – ✆ 971 09 06 49 – www.sabrisarestaurante.com – Cerrado 1 noviembre-16 diciembre, lunes

Ca n'Alfredo

TRADICIONAL • FAMILIAR Céntrico, familiar y de larga trayectoria en la ciudad. Viste sus paredes con curiosas fotografías de clientes famosos y ofrece una cocina tradicional de abundantes raciones, enriquecida con algunos platos ibicencos y catalanes.

Carta 40/70 €

Vara de Rey 16 ✉ 07800 – ✆ 971 31 12 74 – www.canalfredo.com – Cerrado 23 diciembre-2 enero, lunes, cena: domingo

Re.Art

MODERNA • BAR DE TAPAS Un gastrobar de estética urbana-industrial en el que se cocina a la vista del cliente. Su atrevida propuesta combina el producto local con sabores de influencia asiática.

Tapa 8 € – Ración 15 €

Castella 9 ✉ 07800 – ✆ 871 03 65 75 – www.reart.es – Cerrado domingo

Mirador de Dalt Vila

HISTÓRICO • ACOGEDORA Esta preciosa casa señorial data de 1905 y destaca por su emplazamiento, pues se encuentra dentro del recinto amurallado. Compensa su escueta zona social con unas magníficas habitaciones, todas con mobiliario clásico-actual de calidad.

13 habitaciones – 300/750 € – 2 suites

Plaza de España 4 ✉ 07800 – ✆ 971 30 30 45 – www.hotelmiradoribiza.com

Mirador de Dalt Vila – Ver selección restaurantes

PORROIG

Balears – Mapa regional **4**-A2 – Mapa de carreteras Michelin nº 579-B10

Es Xarcu

PESCADOS Y MARISCOS • RURAL Una excelente recomendación a pie de playa, sencilla en el montaje pero con idílicas vistas y honestidad desde sus fogones. Magníficos pescados al peso y mariscos de calidad.

Carta 45/75 €

Cala des Jondal ✉ 07829 – ✆ 971 18 78 67 – www.esxarcurestaurante.com – Cerrado 20 octubre-15 abril

en la playa d'Es Torrent

Es Torrent

PESCADOS Y MARISCOS • AMBIENTE MEDITERRÁNEO Sorprende por su emplazamiento sobre una playa, a modo de chiringuito, y es famoso por la calidad de sus pescados. ¡Prolongue la experiencia descansando en una de sus hamacas!

Carta 60/90 €

Playa Es Torrent ✉ 07829 – ✆ 971 80 21 60 – www.estorrent.net – Cerrado 15 octubre-14 abril

SANT ANTONI DE PORTMANY

Balears – Mapa regional **4**-A2 – Mapa de carreteras Michelin nº 579-B10

Es Tragón (Álvaro Sanz)

CREATIVA • AMBIENTE MEDITERRÁNEO Un espacio de relax y tranquilidad en esta bulliciosa isla, pues se encuentra en una casa tipo villa rodeada por un agradable jardín-terraza arbolado.

El chef Álvaro Sanz, que presume junto a su equipo de dar un toque canalla a todo lo que hacen, apuesta por una cocina mediterránea elaborada y creativa que, en algunos casos, sorprende por retomar viejas recetas a las que le dan una vuelta con toques de autor. Su oferta se basa en dos menús degustación, con la posibilidad de extraer platos sueltos de los mismos como si se tratara de una carta.

Seguramente lo más original es la puesta en escena de los aperitivos en la barra, desde donde contemplará las labores en la cocina, pues se inspiran en distintas partes de la geografía Española y en México, donde el chef también trabajó.

Especialidades : El Mediterráneo escabechado. Caldereta de gamba roja. Chocolate, caramelo y café.

Menú 90/130€ – Carta 70/90€

Carretera Cap Negret ✉ 07820 – ℰ 971 34 64 54 – www.estragonibiza.com –
Cerrado 3 noviembre-1 abril, lunes, almuerzo: martes-viernes

SANT JOSEP DE SA TALAIA • SAN JOSÉ

Balears – Mapa regional **4**–A2 – Mapa de carreteras Michelin n° 579-B10

en la carretera de Cala d'Hort Suroeste : 7 km

⅋○ Es Boldado ⪕ 🏠 🅰🅲 🅿

PESCADOS Y MARISCOS · RÚSTICA ⅄ Se halla al final de un camino de tierra y destaca por sus fantásticas vistas, tanto al mar como a los islotes de Es Vedrà y Es Vedranell. ¡Su pescado no puede ser más fresco!

Carta 50/75€

Carretera de Cala d'Hort ✉ 07800 – ℰ 626 49 45 37 – www.restauranteboldado.net –
Cerrado 1 noviembre-15 febrero, cena: lunes-domingo

en la carretera de Cala Tarida Oeste : 4 km

⅋○ S'Espartar 🏠 🅰🅲 🅿

PESCADOS Y MARISCOS · RÚSTICA ⅄ Un restaurante familiar que emana honestidad y respeto por el producto. Encontrará unos pescados realmente magníficos, pues... ¡el hermano del chef posee dos barcos de pesca!

Carta 40/50€

Carretera San Josep-Cala Tarida, km 4 ✉ 07830 – ℰ 971 80 02 93 –
www.restaurantsespartar.com – Cerrado 10 diciembre-31 marzo, lunes

SANT MIQUEL DE BALANSAT • SAN MIGUEL

Balears – Mapa regional **4**–A2 – Mapa de carreteras Michelin n° 579-C9

🏠 Can Pardal ⪗ ⪕ 🍸 🅰🅲

TRADICIONAL · RURAL Paredes encaladas, muros anchos, agradables patios, una elegante estética rústica-ibicenca, piscina con vistas al valle... ¡perfecto para una escapada en pareja! Presenta dos comedores, uno con chimenea, y unas habitaciones muy confortables, estas repartidas entre el edificio principal y los anexos.

5 habitaciones ⬚ – 🛉🛉 185/269€

Missa 3 ✉ 07815 – ℰ 971 33 45 75 – www.canpardalibiza.com –
Cerrado 27 octubre-23 abril

en la urbanización Na Xamena Noroeste : 6 km – Mapa regional **4**–A2

⅋○ Eden by Fran López ⪕ ⪗ 🏠 ⊡ & 🅰🅲 ⇪ 🅿

COCINA MEDITERRÁNEA · AMBIENTE MEDITERRÁNEO ⅄⅄ Realmente idílico, pues presenta pequeñas terrazas y románticas vistas al mar. Descubra la filosofía del chef Fran López, aquí con productos ibicencos y algún toque oriental.

Menú 52/87€ – Carta 57/120€

Hotel Hacienda Na Xamena, Urbanización Na Xamena ✉ 07815 – ℰ 971 33 45 00 –
www.haciendanaxamena-ibiza.com – Cerrado 1 noviembre-20 abril

🏨 Hacienda Na Xamena ⪗ ⪕ 🍸 🔲 🕭 🎦 & 🅰🅲 🎿 🅿

LUJO · CONTEMPORÁNEA Cautiva por su privilegiado emplazamiento en una reserva natural, asomado a una cala y con bellas vistas al mar desde todas las habitaciones, algunas con piscina privada. Lujo, SPA con circuito de aguas, servicios terapéuticos, una buena oferta culinaria...

69 habitaciones – 🛉🛉 390/800€ – ⬚ 27€ – 4 suites

✉ 07815 – ℰ 971 33 45 00 – www.haciendanaxamena-ibiza.com –
Cerrado 1 noviembre-20 abril

⅋○ **Eden by Fran López** – Ver selección restaurantes

por la carretera de Port de Sant Miquel

Norte : 2, 5 km y desvío a la izquierda 1 km

Cas'Pla

TRADICIONAL • RURAL Encantador conjunto hotelero emplazado en plena naturaleza. Disfruta de unas buenas zonas sociales, que combinan clasicismo y rusticidad, así como unas elegantes habitaciones, destacando las que tienen terraza privada y vistas al valle.

16 habitaciones - 186/229 € - 17 € - 2 suites

07811 - 971 33 45 87 - www.caspla-ibiza.com

SANTA EULÀRIA DES RIU

Balears - Mapa regional **4**-A2 - Mapa de carreteras Michelin n° 579-D10

Es Terral

FRANCESA • FAMILIAR Una pequeña joya, de aire rústico, ubicada en una calle peatonal repleta de restaurantes. Ofrece buena cocina francesa de tinte actual, sobre todo en base al producto local.

Menú 20 € (almuerzo) - Carta 36/65 €

Sant Vicent 47 07840 - 628 58 13 14 - www.esterral.com - Cerrado 16 diciembre-15 enero, lunes

por la carretera de Cala Llonga Suroeste 5, 5 km y desvío a la derecha 1 km

Can Domo

COCINA MEDITERRÁNEA • RÚSTICA Se halla en una casa del s. XVII que funciona como Agroturismo y ofrece cocina de mucho nivel, conjugando con acierto y técnica los sabores propios de esta tierra y del mar.

Menú 85 € - Carta 65/75 €

Carretera de Jesús a Cala Llonga, km 7,6 07840 - 971 33 10 59 - www.candomo.com - Cerrado 2 noviembre-25 marzo, almuerzo: lunes, martes, almuerzo: miércoles-domingo

por la carretera de Es Canar Noreste : 2 km

Donde Marian y Miguel

CARNES A LA PARRILLA • RÚSTICA Si le apetece comer carne a la parrilla no encontrará un sitio mejor, pues aquí la traen de la península y de gran calidad. Ofrecen varios espacios de agradable aire rústico.

Carta 35/65 €

Carretera de Es Canar, km 2 07840 - 971339271 - www.dondemarianymiguel.com - Cerrado 7-31 enero, 2 noviembre-2 diciembre, lunes

por la carretera de Sant Carles Noreste : 5 km y desvío a la izquierda 0, 5 km

Can Curreu

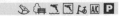

MODERNA • RÚSTICA ¡Uno de los mejores restaurantes de la isla! Disfruta de un acogedor comedor de estilo mediterráneo-ibicenco y una atractiva terraza techada junto a un olivo milenario. Carta de corte tradicional con toques actuales.

Menú 40/52 € - Carta 50/70 €

Hotel Can Curreu, Carretera de Sant Carles 07840 - 971 33 52 80 - www.cancurreu.com

Can Curreu

TRADICIONAL • RÚSTICA Se encuentra en una finca arbolada, distribuido entre varias casas encaladas de ambiente ibicenco. Encontrará unas habitaciones de aire rústico-actual y gran nivel, con los techos en madera, terraza y en muchos casos chimenea. Pequeño SPA.

11 habitaciones - 195/295 € - 4 suites

07840 - 971 33 52 80 - www.cancurreu.com

Can Curreu - Ver selección restaurantes

SANTA GERTRUDIS DE FRUITERA

Balears – Mapa regional **4**-A2 – Mapa de carreteras Michelin n° 579-C10

al Oeste 6, 5 km

Cas Gasi

AGROTURISMO • TRADICIONAL Finca rústica de aire ibicenco ubicada en pleno campo, donde sorprenden con un precioso entorno ajardinado, un espacio para practicar yoga y un área al aire libre reservada para los masajes. Cálidas habitaciones y oferta gastronómica de tinte internacional.

18 habitaciones – 395/775 €

Camino Vell de Sant Mateu ✉ 07814 – ✆ 971 19 77 00 – www.casgasi.com – Cerrado 1 noviembre-1 marzo

Formentera

pisaphotography/Shutterstock.com

ES CALÓ DE SANT AGUSTÍ

Balears – Mapa regional **4**-A2 – Mapa de carreteras Michelin n° 579-D11

Es Caló

TRADICIONAL • AMBIENTE TRADICIONAL X Agradable y asomado a un mar de... ¡increíbles aguas turquesas! Aquí podrá degustar una cocina española elaborada con mimo, siempre con buenos pescados y sabrosísimos arroces.

Carta 50/70 €

Vicari Joan Marí 14 ✉ 07860 – ✆ 971 32 73 11 – www.restauranteescalo.com – Cerrado 2 noviembre-15 marzo

ES PUJOLS

Balears – Mapa regional **4**-A2 – Mapa de carreteras Michelin n° 579-C11

Kokoy N

JAPONESA • TENDENCIA XX En la última planta del hotel Five Flowers, donde sorprende por su bella terraza con vistas al mar. Fusión japonesa-mediterránea, bien asesorada por el chef Hideki Matsuhisa.

Menú 72/107 € – Carta 50/60 €

Hotel Five Flowers, Fonoll Marí 84 ✉ 07871 – ✆ 971 32 81 60 – www.fiveflowershotel.com – Cerrado 20 octubre-20 abril, almuerzo: lunes-domingo

Pinatar

TRADICIONAL • RÚSTICA XX Aquí apuestan por la cocina más isleña, especializada en pescados y mariscos, sin olvidarse de unos buenos arroces o algunas recetas de la abuela. ¡Gran menú a base de tapas!

Carta 35/62 €

Avenida Miramar 25 ✉ 07871 – ✆ 971 32 81 37 – www.restaurantpinatar.com – Cerrado 1 noviembre-1 mayo, almuerzo: lunes-domingo

Five Flowers

LUJO • DE DISEÑO Un hotel moderno, romántico, colorido... iidóneo para parejas! Presenta unas cuidadas habitaciones, todas con mobiliario de diseño, terraza y vistas a la piscina, así como una buena oferta gastronómica, con un restaurante de gusto internacional y otro japonés.

79 habitaciones - 122/590 € - 25 €

Fonoll Marí 84 ✉ 07871 - ✆ 971 32 81 60 - www.fiveflowershotel.com - Cerrado 20 octubre-20 abril

Kokoy - Ver selección restaurantes

SANT FERRAN DE SES ROQUES

Balears - Mapa regional **4**-A2 - Mapa de carreteras Michelin n° 579-C11

en la carretera del Far de la Mola Sureste : 2, 5 km

Can Dani

ACTUAL • AMBIENTE MEDITERRÁNEO XX Emana aires mediterráneos, destaca por su terraza y propone una cocina de raíces con gran nivel técnico, basada en el producto local y en una acertada combinación de sabores.

Menú 73 € - Carta 64/87 €

Carretera de la Mola, km 8,5 ✉ 07871 - ✆ 971 32 85 05 - Cerrado 12 octubre-15 abril, lunes, almuerzo: martes-domingo

SANT FRANCESC DE FORMENTERA

Balears - Mapa regional **4**-A2 - Mapa de carreteras Michelin n° 579-C11

Ca Na Joana

COCINA MEDITERRÁNEA • ÍNTIMA XX Singular, romántico e intimista, pues recupera una casa típica, del s. XVII, en cuya restauración han intervenido numerosos artesanos. Cocina mediterránea, fresca y aromática.

Carta 53/80 €

Berenguer Renart 2 ✉ 07860 - ✆ 971 32 31 60 - www.canajoanaformentera.com - Cerrado 15 octubre-1 mayo, almuerzo: lunes-domingo

BALLESTEROS DE CALATRAVA

Ciudad Real - Mapa regional **7**-B3 - Mapa de carreteras Michelin nº 576-P18

Palacio de la Serna

PALACE • PERSONALIZADA Este palacio del s. XVIII combina, con acierto, los detalles de época y la decoración más vanguardista... no en vano, el propietario es un artista polifacético que muestra aquí muchas de sus obras. Comedor de buen montaje y cocina tradicional. ¡Visite sus museos, uno de coches clásicos y otro al aire libre!

26 habitaciones - 115/125 € - 12 €

Cervantes 18 ✉ 13432 - ✆ 926 84 22 08 - www.hotelpalaciodelaserna.com

BANYALBUFAR - Balears ➜ Ver Balears (Mallorca)

BANYOLES

Girona - Mapa regional **9**-C3 - Mapa de carreteras Michelin nº 574-F38

Ca l'Arpa (Pere Arpa)

TRADICIONAL • ACOGEDORA XX Si algo llama la atención en esta casa, junto al ayuntamiento de la ciudad, es su marcado carácter familiar y su afán por recuperar el recetario tradicional de la zona, convenientemente reinterpretado y actualizado.

En su interior, de ambiente contemporáneo, el chef Pere Arpa apuesta por una gastronomía que ensalce el valioso legado gastronómico catalán, transmitiendo el amor por su tierra y poniendo en primer plano la increíble calidad de los productos de proximidad, seleccionados a través de los mejores proveedores locales en un constante afán por transmitir su convencimiento de que la cocina es un hecho cultural.

Mención aparte merece Montse Lao, la responsable de sala y sumiller, pues suele sorprender a los comensales proponiendo interesantes vinos de pequeñas bodegas del entorno.

Especialidades : Manzana y butifarra negra. Pies de cerdo con foie. Chocolate, cacao y pera.

Menú 45/80 € - Carta 50/65 €

Paseo Indústria 5 ✉ 17820 - ✆ 972 57 23 53 - www.calarpa.com - Cerrado cena: domingo

Quatre Estacions

TRADICIONAL • AMBIENTE CLÁSICO XX Está llevado entre dos amables matrimonios y se encuentra en una avenida industrial, con un pequeño hall, un comedor clásico-actual en el que se recrean diferentes espacios y un semiprivado de planta circular. Por las mañanas ofrecen contundentes desayunos de "cuchillo y tenedor", dando opción a descubrir más tarde, ya en el almuerzo o la cena, unas elaboraciones de tinte tradicional. Aquí son famosos los Erizos de mar rellenos y gratinados... sin embargo, dentro de su carta tambíen debemos destacar los Huevos con foie, las Alcachofas con almejas o mejillones, las Tentaciones de chocolate...

Especialidades : Erizos rellenos de marisco al perfume de trufa. Gratinado de rape con langostinos a la crema de ajos. Crema catalana.

Menú 18 € (almuerzo)/30 € - Carta 27/45 €

Avenida de La Farga 5 ✉ 17820 - ✆ 972 57 33 00 - www.restaurantquatreestacions.com - Cerrado 1-15 septiembre, lunes, cena: martes-jueves, cena: domingo

BARBASTRO

Huesca - Mapa regional **2**-C1 - Mapa de carreteras Michelin nº 574-F30

Trasiego

CREATIVA • MARCO CONTEMPORÁNEO XX El Complejo de San Julián y Santa Lucía, que está formado por un antiguo hospital y una iglesia renacentista bajo esta advocación, sorprende en lo gastronómico y en lo estético, pues aquí todo ensalza tanto la cultura del vino como el turismo de carácter enológico; no en vano, aquí se halla también la sede del Consejo Regulador de la D. O. Somontano. El chef Javier Matinero, importante impulsor de la renovación culinaria en esta comarca, propone una carta actual e interesantes menús. ¿Algún plato destacado? Pruebe su delicioso Tartar de tomate rosa de Barbastro con helado de mejillones.

Especialidades : Tartar de tomate rosa con helado de mejillones. Raviolis de rabo de buey con su jugo. Torrija, nueces y caramelo.

Menú 19 € (almuerzo)/33 € - Carta 34/45 €

Avenida de La Merced 64 ✉ 22300 - ✆ 974 31 27 00 - www.eltrasiego.com - Cerrado 1-15 julio, lunes, cena: domingo

BARBATE

Cádiz - Mapa regional **1**-B3 - Mapa de carreteras Michelin n° 578-X12

El Campero

TRADICIONAL • TENDENCIA XX Una referencia indiscutible para cualquier gastrónomo. Aquí el producto estrella es el emblemático atún rojo de almadraba, del que ofrecen... ¡hasta 25 cortes diferentes!

Menú 85 € - Carta 41/58 €

Avenida de la Constitución 5 ✉ 11160 - ✆ 956 43 23 00 - www.restauranteelcampero.es - Cerrado 15 diciembre-20 febrero, lunes

El Campero

TRADICIONAL • BAR DE TAPAS X Un grastrobar de diseño que resulta ideal para tapear o comer de raciones. Su carta destaca por el apartado "Atuneando", aunque también ofrece pescados, mariscos, arroces...

Tapa 5 € - Ración 18 €

Avenida de la Constitución 5 ✉ 11160 - ✆ 956 43 23 00 - www.restauranteelcampero.es - Cerrado 15 diciembre-20 febrero, lunes

BARCELONA

La capital catalana, uno de los destinos turísticos más importantes del mundo, suele enamorar al viajero por su carácter y su propuesta, pues combina a la perfección sus posibilidades culturales y de ocio, todo con la guinda de un clima mediterráneo realmente excepcional.

Debe visitar las joyas modernistas diseñadas por Gaudí, por supuesto, aunque también impregnarse de la esencia cosmopolita de la calle y dar una vuelta por sus mercados, sus plazas, sus concurridas terrazas...

La gastronomía de esta tierra, fiel a los sabores de sus raíces pero también singular e innovadora, atesora especialidades tradicionales como el Pantumaca (pa amb tomàquet), la popular Escalivada, la Esqueixada, el Xató, los famosos Cargols a la llauna, el Suquet de pescado... y, en lo que respecta a los postres, la universal Crema catalana.

¿Bebidas con personalidad? Sin duda alguna el Cava, un vino espumoso de enorme prestigio y tradición que tiene su principal zona de producción en las tierras del Penedés.

- Mapa regional n° 10-B3
- Mapa de carreteras Michelin n° 574-H36

C. Pedrazzini/Photodisc/Getty Images

NUESTRA SELECCIÓN DE RESTAURANTES

LOS RESTAURANTES DE LA A A LA Z

Melba/age fotostock

H. Leue/Getty Images

RESTAURANTES POR TIPO DE COCINA

Actual

Asiática

Carnes a la Parrilla

Clásica

Cocina de Mercado

Cocina Mediterránea

Creativa

Fusión

Internacional

Italiana

Japonesa

Mexicana

Moderna

Peruana

Pescados y mariscos

Regional

Tradicional

RESTAURANTES ABIERTOS SÁBADO Y DOMINGO

R. Valls López/age fotostock

LAS MESAS QUE NO DEBEN FALTAR

LAS ESTRELLAS: LAS MEJORES MESAS

✿✿✿

Tres estrellas: una cocina única. ¡Justifica el viaje!

✿✿

Dos estrellas: una cocina excepcional. ¡Merece la pena desviarse!

✿

Una cocina de gran nivel. ¡Compensa pararse!

BIB GOURMAND

Nuestras mejores relaciones calidad-precio

NUESTRA SELECCIÓN DE HOTELES

lev dolgachov / Syda Productions /age fotostock

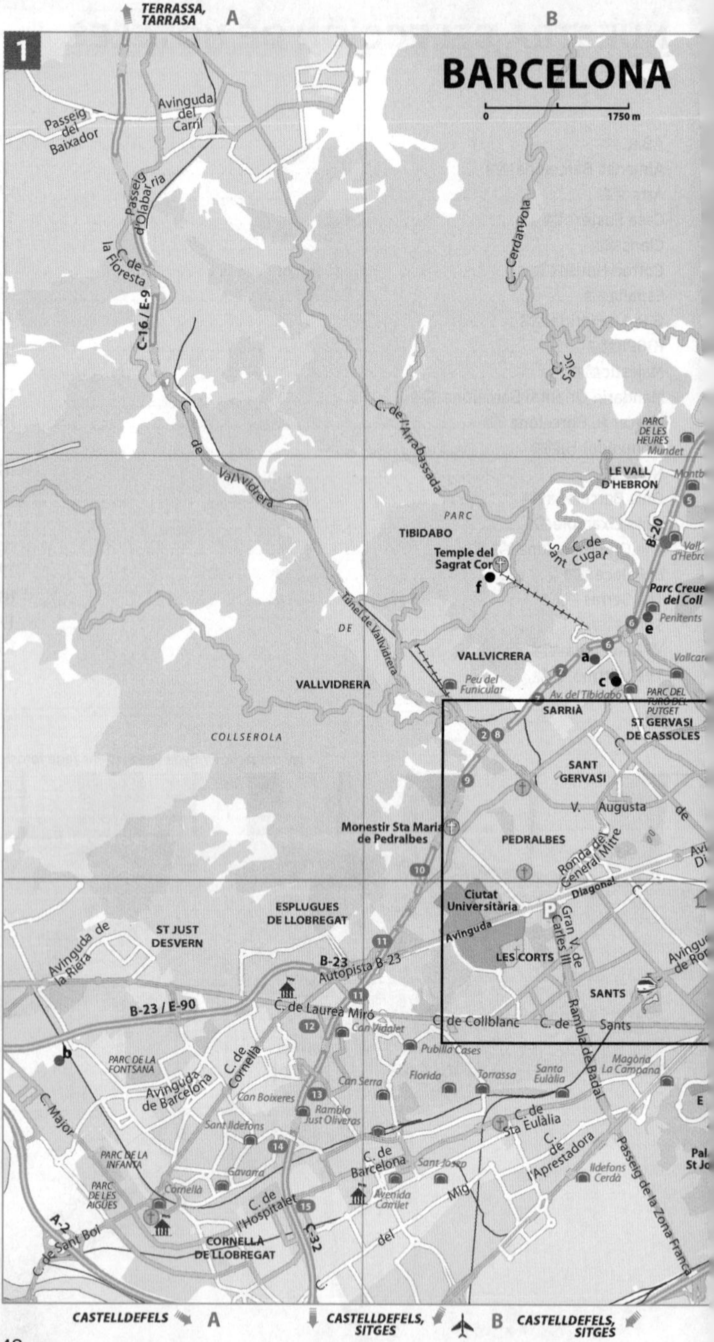
1
BARCELONA
0
1750 m
TERRASSA, TARRASA
A
B
1
2
3
Passeig del Baixador
Avinguda del Carril
Passeig d'Olabarria
C. de la Floresta
C-16 / E-9
C. de Vallvidrera
C. Cerdanyola
C. Sant
C. de l'Arrabassada
PARC DE LES HEURES
Mundet
LE VALL D'HEBRON
PARC
TIBIDABO
Temple del Sagrat Cor
f
C. de Sant Cugat
B-20
Parc Creueta del Coll
Penitents
e
Túnel de Vallvidrera
DE
VALLVICRERA
a
c
VALLVIDRERA
Peu del Funicular
Av. del Tibidabo
PARC DEL TURÓ DEL PUTGET
SARRIÀ
ST GERVASI DE CASSOLES
COLLSEROLA
SANT GERVASI
V. Augusta
Monestir Sta Maria de Pedralbes
PEDRALBES
Ronda del General Mitre
Diagonal
Ciutat Universitària
Avinguda
Gran V. de Carles III
ESPLUGUES DE LLOBREGAT
ST JUST DESVERN
Avinguda de la Riera
B-23
Autopista B-23
LES CORTS
SANTS
B-23 / E-90
C. de Laureà Miró
C. de Collblanc
C. de Sants
Can Vidalet
Pubilla Cases
Rambla de Badal
b
PARC DE LA FONTSANA
Avinguda de Barcelona
C. de Cornellà
Can Serra
Florida
Torrassa
Santa Eulàlia
Magòria La Campana
C. Major
Can Boixeres
Rambla Just Oliveras
C. de Sta Eulàlia
Sant Ildefons
C. de l'Aprestadora
Passeig de la Zona Franca
PARC DE LA INFANTA
C. de Barcelona
Sant Josep
Ildefons Cerdà
Gavarra
PARC DE LES AIGÜES
Cornellà
C. de l'Hospitalet
Avenida Carrilet
Mig
A-2
C. de Sant Boi
C-32
del
CORNELLÀ DE LLOBREGAT
LLEIDA, TARRAGONA
LLEIDA, TARRAGONA
CASTELLDEFELS
A
CASTELLDEFELS, SITGES
B
CASTELLDEFELS, SITGES

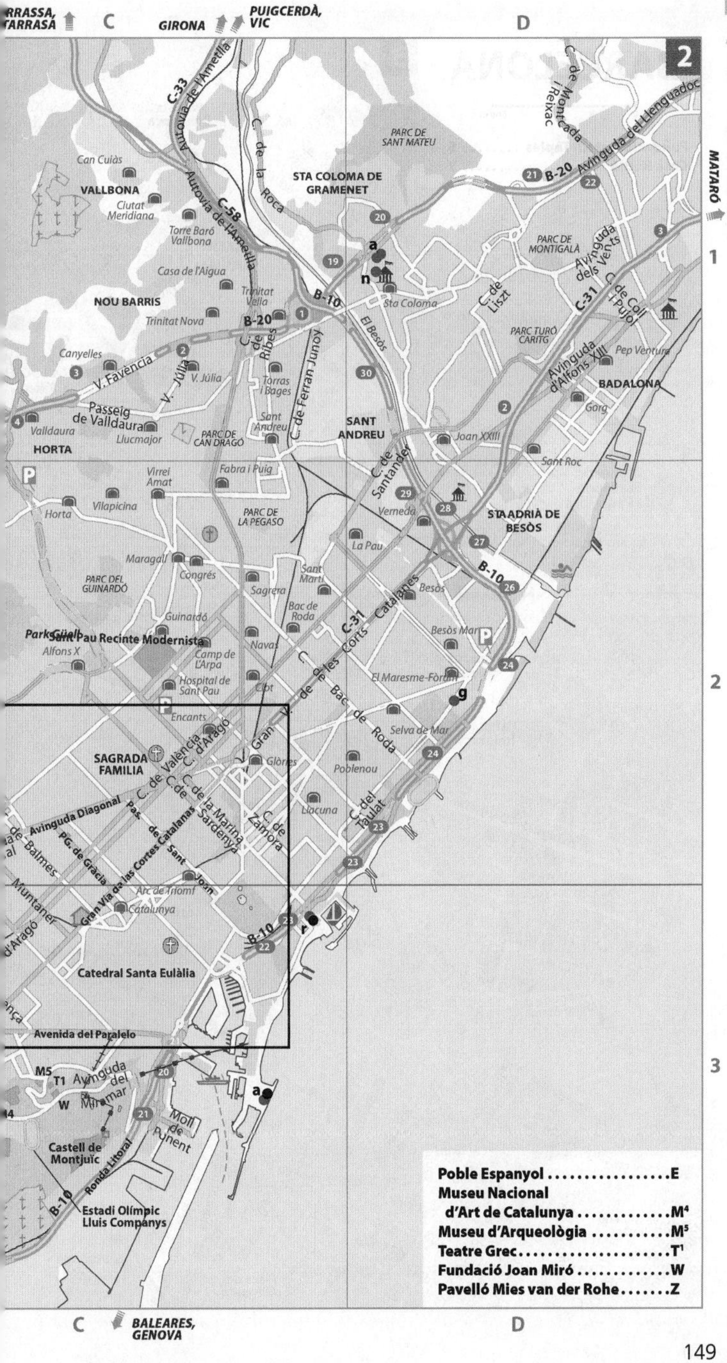

2
C
D
1
2
3
TERRASA, TARRASA
GIRONA
PUIGCERDÀ, VIC
BALEARES, GENOVA
MATARÓ
C-33
Autovia de l'Ametlla
C-58
C. de la Roca
C. de Montcada i Reixac
Avinguda del Llenguadoc
B-20
PARC DE SANT MATEU
STA COLOMA DE GRAMENET
Can Cuiàs
VALLBONA
Ciutat Meridiana
Torre Baró Vallbona
Casa de l'Aigua
Trinitat Vella
NOU BARRIS
Trinitat Nova
B-10
Sta Coloma
PARC DE MONTIGALÀ
Avinguda dels Vents
C. de Liszt
C-31
C. de Coll i Pujol
PARC TURÓ CARITG
Avinguda d'Alfons XIII
Pep Ventura
BADALONA
Gorg
Canyelles
V. Favència
V. Júlia
C. de Ribes
Torras i Bages
C. de Ferran Junoy
El Besòs
Passeig de Valldaura
Valldaura
Llucmajor
PARC DE CAN DRAGÓ
Sant Andreu
SANT ANDREU
Joan XXIII
HORTA
Sant Roc
Virrei Amat
Fabra i Puig
C. de Santander
Horta
Vilapicina
PARC DE LA PEGASO
Verneda
STA ADRIÀ DE BESÒS
La Pau
Maragall
Congrés
PARC DEL GUINARDÓ
Sant Martí
Sagrera
Besòs
Bac de Roda
Guinardó
Park Güell
Sant Pau Recinte Modernista
Alfons X
Navas
Camp de L'Arpa
C-31
C. de les Corts Catalanes
Besòs Mar
Hospital de Sant Pau
Clot
El Maresme-Fòrum
Encants
Gran V. de les Corts Catalanes
C. de Bac de Roda
Selva de Mar
SAGRADA FAMILIA
C. de València
C. d'Aragó
Glòries
Poblenou
Avinguda Diagonal
C. de la Marina
C. de Sardenya
C. de Zamora
Llacuna
C. del Taulat
Pas. de Sant Joan
Gran Via de las Cortes Catalanas
PG. de Gracia
C. de Balmes
Muntaner
Arc de Triomf
Catalunya
d'Aragó
Catedral Santa Eulàlia
Avenida del Paralelo
M5
T1
Avinguda del Miramar
W
Moll de Ponent
Castell de Montjuïc
Ronda Litoral
Estadi Olímpic Lluis Companys
Poble Espanyol . . . . .E
Museu Nacional d'Art de Catalunya M4
Museu d'Arqueològia M5
Teatre Grec. .T1
Fundació Joan Miró . . . . .W
Pavelló Mies van der Rohe . . . . . . .Z

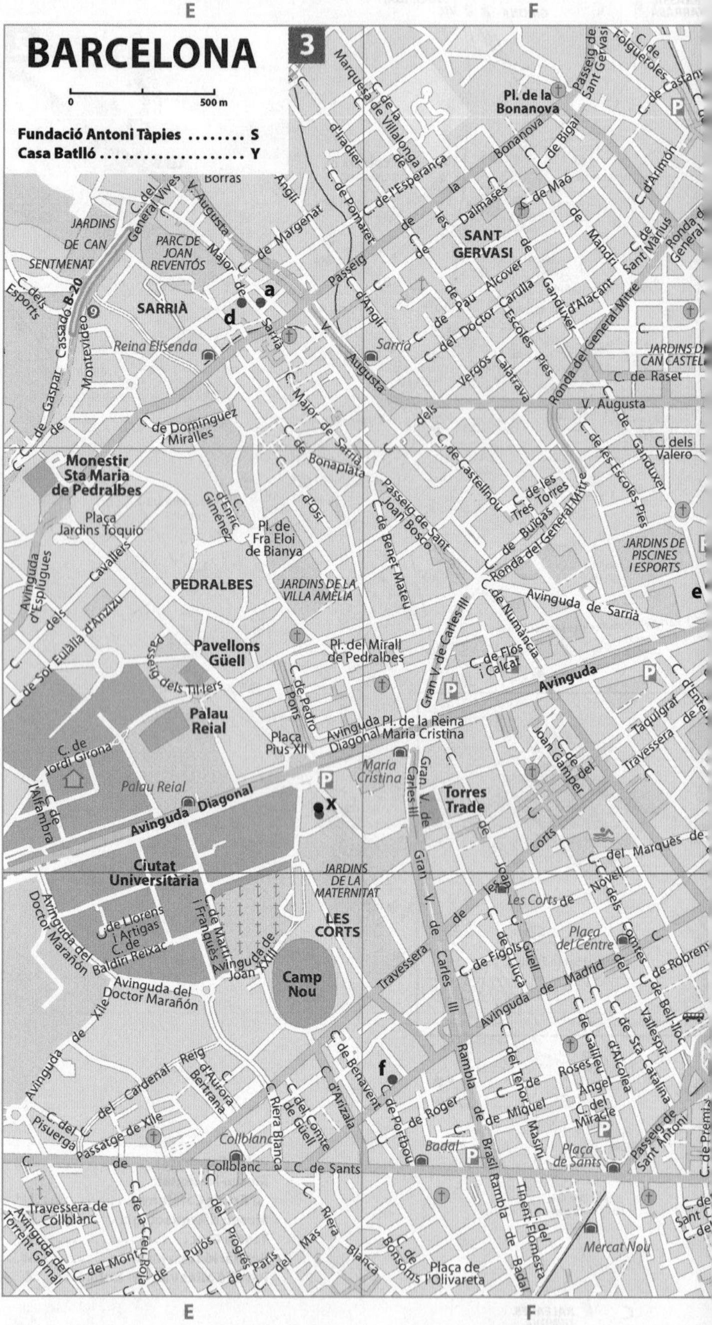
E
F
BARCELONA
3
0
500 m
Fundació Antoni Tàpies .... S
Casa Batlló .... Y
1
2
3
Pl. de la Bonanova
Passeig de Sant Gervasi
C. de Folgueroles
C. de Castany
P
Marquesa
C. de la de Villalonga
C. d'Iradier
C. de Pomaret
C. de l'Esperança
Bonanova
la
C. de Bigai
C. de Maó
C. d'Arimon
Borras
C. del General Vives
V. Augusta
Anglí
C. de Margenat
C. de les Dalmases
SANT GERVASI
C. de Mandri
C. de Sant Màrius
Ronda del General
JARDINS DE CAN SENTMENAT
PARC DE JOAN REVENTÓS
Major de Sarrià
Passeig
C. d'Anglí
C. de Pau Alcover
C. del Doctor Carulla
Escoles Pies
Ganduxer
C. d'Alacant
Ronda del General Mitre
C. dels Esports
B-20
Cassadó
SARRIÀ
a
d
Montevideo
Reina Elisenda
Sarrià
Augusta
C. de Vergós
Calatrava
JARDINS DE CAN CASTEL
C. de Raset
V. Augusta
C. de Gaspar
C. de Domínguez i Miralles
C. Major de Sarrià
dels
C. de Castellnou
C. de les Escoles Pies
C. de Ganduxer
C. dels Valero
Monestir Sta Maria de Pedralbes
C. d'Enric Giménez
C. de Bonaplata
C. d'Osi
Passeig de Sant Joan Bosco
C. de les Tres Torres
C. de Buïgas
Ronda del General Mitre
Plaça Jardins Toquio
Pl. de Fra Eloi de Bianya
C. de Benet Mateu
JARDINS DE PISCINES I ESPORTS
Avinguda d'Esplugues
Cavallers
PEDRALBES
JARDINS DE LA VILLA AMÈLIA
C. de Numància
Avinguda de Sarrià
e
dels
C. de Sor Eulàlia d'Anzizu
Pavellons Güell
Pl. del Mirall de Pedralbes
Gran V. de Carles III
C. de Flos i Calcat
Passeig dels Til·lers
C. de Pedro i Pons
Avinguda
C. d'Entença
Palau Reial
Avinguda Diagonal
Pl. de la Reina Maria Cristina
Plaça Pius XII
C. de Joan Gamper
C. del Taquígraf
Travessera de
C. de Jordi Girona
Maria Cristina
Gran V. de Carles III
Torres Trade
C. de l'Alhambra
Palau Reial
Avinguda Diagonal
x
Corts
C. del Marquès de
Ciutat Universitària
JARDINS DE LA MATERNITAT
C. de Joan Güell
Les Corts
C. de Novell
C. dels Comtes de
Avinguda del Doctor Marañón
C. de Llorens i Artigas
C. de Baldiri Reixac
C. de Martí i Franquès
Avinguda de Joan XXIII
LES CORTS
Travessera de
C. de Fígols
C. de Lluçà
Plaça del Centre
C. de Robrenyo
Avinguda del Doctor Marañón
Camp Nou
Gran V. de Carles III
Avinguda de Madrid
C. de Bell-lloc
Vallespir
Avinguda de Xile
C. de Benavent
C. del Tenor
C. de Galileu
C. de Sta Catalina
C. del Cardenal Reig
C. d'Aurora Bertrana
f
Rambla
Roses
C. d'Alcolea
C. de Riera Blanca
C. del Comte de Güell
C. d'Arizala
C. de Portbou
C. de Roger
C. de Miquel
Àngel
C. del Miracle
Passeig de Sant Antoni
C. del Pisuerga
Passatge de Xile
Collblanc
C. de Premià
C. de
Collblanc
C. de Sants
Badal
Rambla de Brasil
Masini
Plaça de Sants
Travessera de Collblanc
C. de la Creu Roja
C. del Progrés
Riera Blanca
C. de Bonsoms
C. del Tinent Flomesa
Rambla de Badal
C. de Sant C.
Avinguda del Torrent Gornal
C. del Mont
Pujòs
C. de París
C. del Mas
Plaça de l'Olivareta
Mercat Nou
E
F

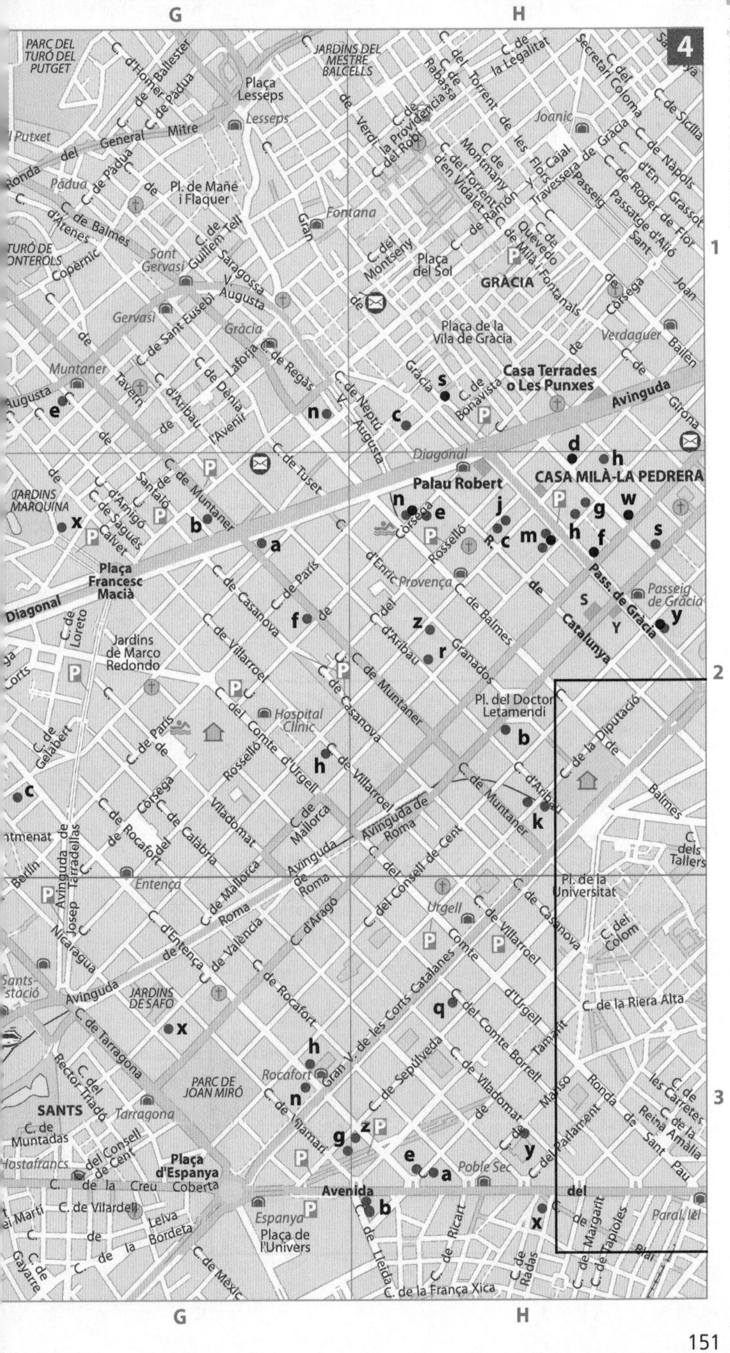
G
H
4
1
2
3
PARC DEL TURÓ DEL PUTGET
JARDINS DEL MESTRE BALCELLS
Plaça Lesseps
Lesseps
Joanic
Putxet
Ronda del General Mitre
Pàdua
Pl. de Mañé i Flaquer
Fontana
TURÓ DE MONTEROLS
Sant Gervasi
Plaça del Sol
GRÀCIA
Plaça de la Vila de Gràcia
Verdaguer
Gràcia
Muntaner
Casa Terrades o Les Punxes
Avinguda
Diagonal
Palau Robert
CASA MILÀ-LA PEDRERA
JARDINS MARQUINA
Plaça Francesc Macià
Provença
Passeig de Gràcia
Pass. de Gràcia
Jardins de Marco Redondo
Hospital Clínic
Pl. del Doctor Letamendi
C. de la Diputació
C. dels Tallers
Pl. de la Universitat
Entença
Urgell
C. del Colom
JARDINS DE SAFO
C. de la Riera Alta
Sants-Estació
PARC DE JOAN MIRÓ
Rocafort
SANTS
Tarragona
C. de Muntadas
Hostafrancs
Plaça d'Espanya
C. de la Creu Coberta
Avenida del Paral·lel
Poble Sec
Espanya
Plaça de l'Univers
C. de Vilardell
C. de la França Xica
Paral·lel
C. de Balmes
C. de Muntaner
C. de Casanova
C. de Villarroel
C. del Comte d'Urgell
C. d'Aribau
C. de Mallorca
C. de Rosselló
C. de Còrsega
C. de Calàbria
C. de Rocafort
C. de Viladomat
Gran V. de les Corts Catalanes
C. del Consell de Cent
C. d'Aragó
C. de València
C. de Sepúlveda
C. del Comte Borrell
C. de Tarragona
C. de Lleida
C. de Ricart
Ronda de Sant Pau
C. de les Carretes
C. de la Reina Amàlia
C. del Parlament
C. de Manso
C. de Tamarit
C. de Margarit
C. de Tapioles
Avinguda de Josep Tarradellas
Avinguda de Roma
C. de Nicaragua
C. de Berlín
C. de Loreto
C. de Gelabert
C. de París
C. de Tuset
V. Augusta
C. de Saragossa
C. de Guillem Tell
C. de Balmes
C. de Padua
C. d'Homer
C. de Ballester
C. de Verdi
C. de la Providència
C. del Robí
C. de Montmany
C. del Torrent de les Flors
C. de la Legalitat
C. de Rabassa
C. del Torrent d'en Vidalet
C. de Ramón y Cajal
Travessera de Gràcia
C. de Quevedo
C. de Milà i Fontanals
C. de Roger de Flor
Passatge d'Aliò
C. de Sicília
C. de Nàpols
C. d'En Grassot
C. de Secretari Coloma
Passeig de Sant Joan
C. de Còrsega
C. de Bailèn
C. de Girona
C. del Montseny
C. de Bonavista
C. de Neptú
C. de Regàs
C. de Laforja
C. de Sant Eusebi
C. de Dènia
C. de l'Avenir
C. d'Aribau
C. de Santaló
C. de Tavern
C. d'Amigó
C. de Saguès
C. de Calvet
C. de Copèrnic
C. d'Atenes
C. de Granados
C. d'Enric Granados
C. de Vilamarí
C. de Leiva
C. de la Bordeta
C. de Gayarre
C. de Mèxic
C. de Radas
C. del Rector Triadó
C. del Consell de Cent
C. d'Entença
C. de Numància

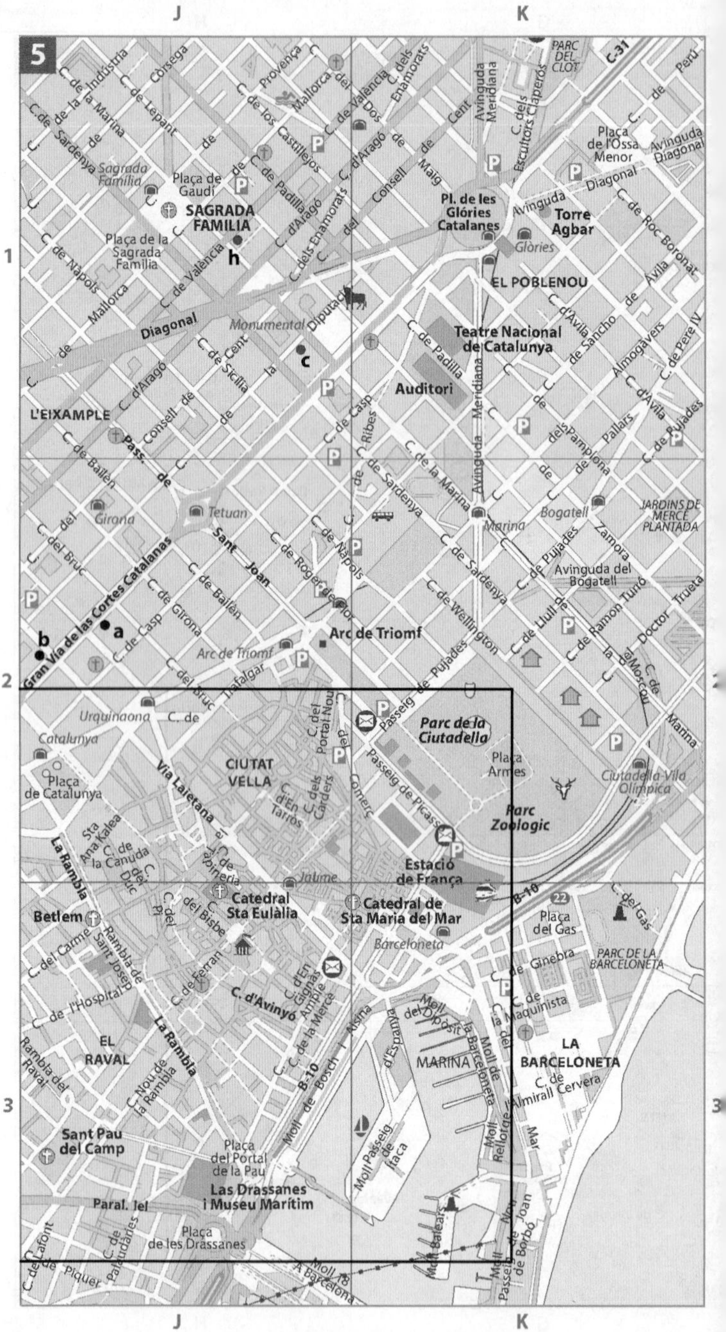
J
K
5
1
2
3
PARC DEL CLOT
C-31
C. de la Indústria
Còrsega
C. de la Marina
C. de Lepant
C. de Sardenya
Provença
C. de los Castillejos
Mallorca
C. de València
C. dels Dos Enamorats
C. d'Aragó
Consell de Cent
Maig
Avinguda Meridiana
C. dels Escultors Claperós
C. de Perú
Plaça de l'Ossa Menor
Avinguda Diagonal
Diagonal
Sagrada Família
Plaça de Gaudí
SAGRADA FAMILIA
C. de Padilla
Pl. de les Glòries Catalanes
Torre Agbar
Glòries
C. de Roc Boronat
Plaça de la Sagrada Família
h
C. de Nàpols
C. dels Enamorats
EL POBLENOU
C. d'Àvila
C. de Sancho de Àvila
Monumental
Diputació
Diagonal
Teatre Nacional de Catalunya
Almogàvers
C. de Pere IV
C. de Sicília
c
Auditori
L'EIXAMPLE
Consell de Cent
C. de Casp
Ribes
C. de Pallars
C. de Pujades
C. de Pamplona
C. de Bailèn
Pass. de Sant Joan
C. de la Marina
Avinguda Meridiana
Tetuan
Girona
C. de Sardenya
Bogatell
JARDINS DE MERCÈ PLANTADA
C. del Bruc
Marina
Zamora
C. de Nàpols
C. de Roger de Flor
Avinguda del Bogatell
Gran Via de las Cortes Catalanas
C. de Girona
C. de Wellington
C. de Ramon Turró
C. Doctor Trueta
b
a
C. de Casp
Arc de Triomf
C. de Llull
C. de la Marina
Arc de Triomf
Passeig de Pujades
C. del Moscou
Trafalgar
Urquinaona
C. de
Parc de la Ciutadella
Catalunya
C. del Portal Nou
Plaça Armes
Plaça de Catalunya
Via Laietana
CIUTAT VELLA
C. d'En Tarròs
C. dels Carders
Comerç
Passeig de Picasso
Ciutadella-Vila Olímpica
Parc Zoologic
La Rambla
Sta Ana
C. de la Canuda
C. del Duc
C. de Tapineria
Estació de França
Jaume
B-10
22
C. del Gas
Betlem
C. del Pi
C. del Bisbe
Catedral Sta Eulàlia
Catedral de Sta Maria del Mar
Plaça del Gas
Barceloneta
C. del Carme
Rambla de Sant Josep
C. de Ferran
C. de Ginebra
PARC DE LA BARCELONETA
C. d'Avinyó
C. d'En Gignàs
Ample
C. de la Mercè
C. de la Maquinista
C. de l'Hospital
Moll del Dipòsit
Moll d'Espanya
EL RAVAL
La Rambla
Rambla del Raval
Moll de Bosch i Alsina
B-10
MARINA
LA BARCELONETA
C. de l'Almirall Cervera
C. Nou de la Rambla
Moll de la Barceloneta
Moll Rellotge
Mar
Sant Pau del Camp
Plaça del Portal de la Pau
Moll Passeig de Ítaca
Las Drassanes i Museu Marítim
Paral. lel
Plaça de les Drassanes
C. de Palaudàries
C. de Lafont
Piquer
Moll 18 A Barcelona
Moll Balears
Moll
Passeig de Joan de Borbó
Nou

BARCELONA:

Casa de l'Ardiaca	A
Plaça Berenguer el Gran	B
Centre Excursionista de Catalunya	C1
Palau del Lloctinent	E
Santa Àgata	F
Museu d'Història de la Ciutat	M1
Museu F. Màrès	M2
Museu Barbier-Mueller d'Art Precolombi	M12
Palau del Marquès de Llió	M16
Pia Amloina	N
Plaça del Rei	P2
Plaça de Sant Felip Neri	P3
Plaça Nova	P4
Casa de la Canonja	V

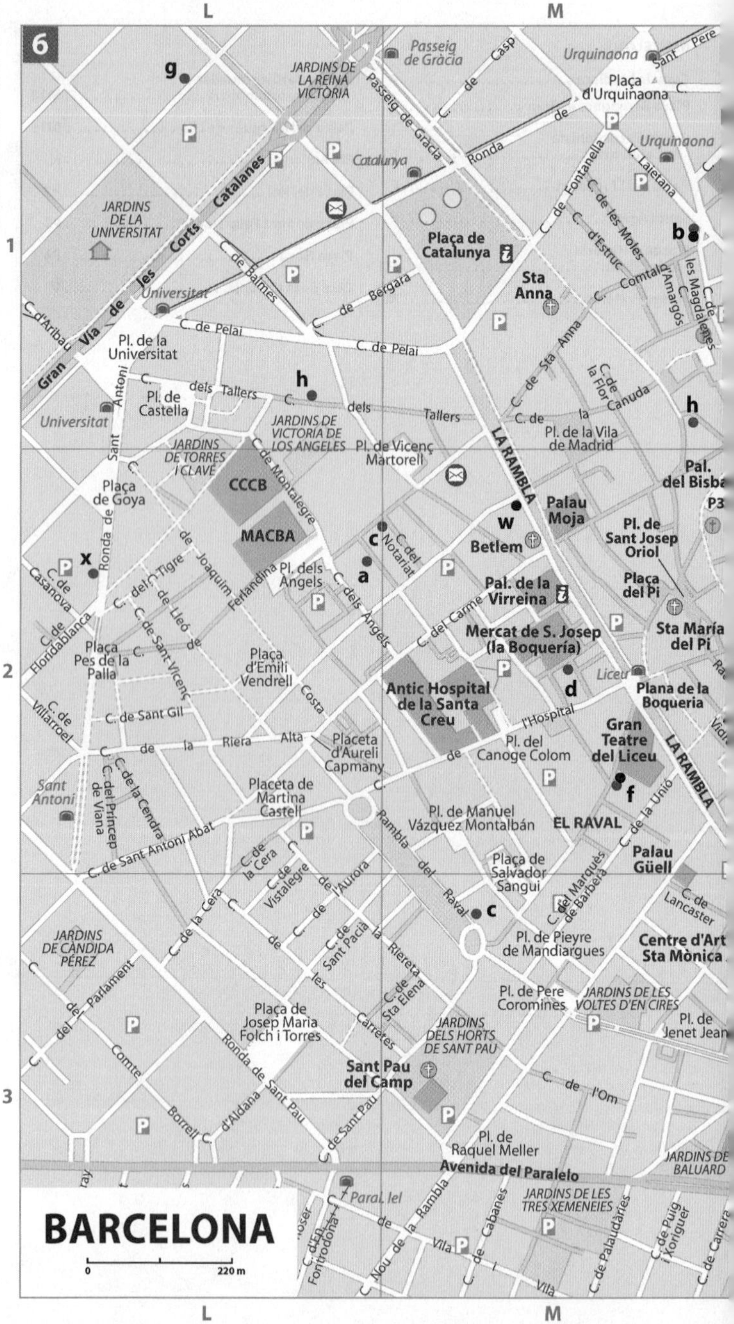
BARCELONA
0
220 m
6
L
M
1
2
3
Passeig de Gràcia
JARDINS DE LA REINA VICTÒRIA
Catalunya
Urquinaona
Plaça d'Urquinaona
Sant Pere
JARDINS DE LA UNIVERSITAT
Gran Via de les Corts Catalanes
Passeig de Gràcia
Ronda
Plaça de Catalunya
C. de Fontanella
V. Laietana
C. de les Moles
C. d'Estruc
Comtal
Sta Anna
C. de Balmes
C. de Bergara
Universitat
C. de Pelai
C. d'Aribau
Pl. de la Universitat
Pl. de Castella
C. dels Tallers
C. de Sta Anna
C. de la Canuda
Pl. de la Vila de Madrid
JARDINS DE VICTÒRIA DE LOS ÀNGELS
Pl. de Vicenç Martorell
JARDINS DE TORRES I CLAVÉ
CCCB
MACBA
C. de Montalegre
LA RAMBLA
Palau Moja
Pal. del Bisbe
Plaça de Goya
Ronda de Sant Antoni
C. del Tigre
C. de Joaquín Costa
Ferlandina
Pl. dels Àngels
C. del Notariat
C. dels Àngels
Betlem
Pl. de Sant Josep Oriol
Plaça del Pi
Sta María del Pi
Pal. de la Virreina
C. del Carme
Mercat de S. Josep (la Boquería)
C. de Casanova
C. de Floridablanca
C. de Lleó
C. de Sant Vicenç
Plaça Pes de la Palla
Plaça d'Emili Vendrell
Antic Hospital de la Santa Creu
Liceu
Plana de la Boqueria
C. de Villarroel
C. de Sant Gil
C. de la Riera Alta
Placeta d'Aureli Capmany
C. de l'Hospital
Pl. del Canoge Colom
Gran Teatre del Liceu
Sant Antoni
C. del Príncep de Viana
C. de la Cendra
Placeta de Martina Castell
Pl. de Manuel Vázquez Montalbán
EL RAVAL
C. de la Unió
Palau Güell
C. de Sant Antoni Abat
C. de la Cera
C. de Vistalegre
C. de l'Aurora
Rambla del Raval
Plaça de Salvador Seguí
C. del Marquès de Barberà
C. de Lancaster
JARDINS DE CÀNDIDA PÉREZ
C. de Sant Pacià
C. de la Riereta
C. de les Carretes
C. de Sta Elena
Pl. de Pieyre de Mandiargues
Centre d'Art Sta Mònica
C. del Parlament
C. del Comte Borrell
Plaça de Josep Maria Folch i Torres
JARDINS DELS HORTS DE SANT PAU
Pl. de Pere Coromines
JARDINS DE LES VOLTES D'EN CIRES
Pl. de Jenet Jean
Ronda de Sant Pau
Sant Pau del Camp
C. de l'Om
C. d'Aldana
C. de Sant Pau
Pl. de Raquel Meller
Avenida del Paralelo
JARDINS DE BALUARD
Paral. lel
C. d'En Fontrodona
C. Nou de la Rambla
C. de Cabanes
JARDINS DE LES TRES XEMENEIES
C. de Palaudàries
C. de Puig i Xoriguer
C. de Carreras
C. de la Vila i Vilà

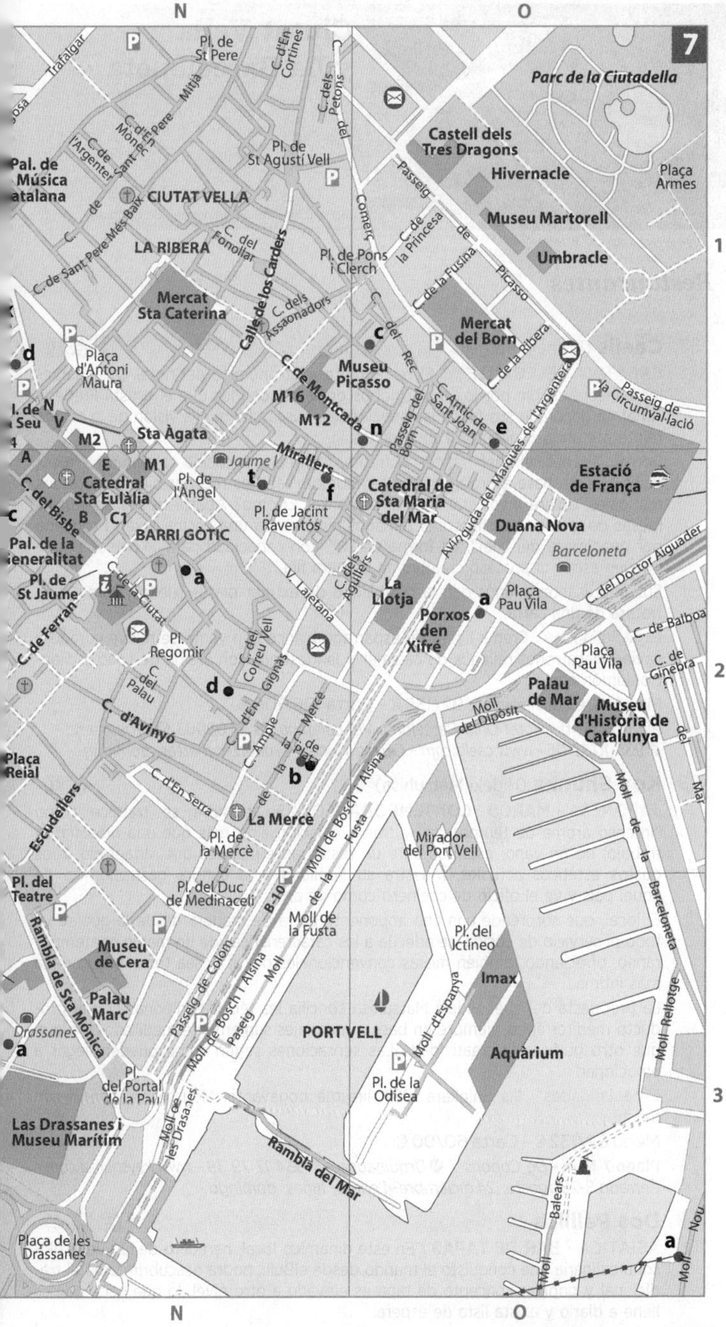
N
O
7
Parc de la Ciutadella
Castell dels Tres Dragons
Hivernacle
Museu Martorell
Umbracle
Plaça Armes
Pl. de St Pere
C. d'En Cortines
C. dels Petons
Trafalgar
Mitjà
C. d'En Mònec
Sant Pere
C. de l'Argenter
Pl. de St Agustí Vell
Pal. de Música Catalana
CIUTAT VELLA
LA RIBERA
C. del Fonollar
C. de Sant Pere Més Baix
Mercat Sta Caterina
Calle de los Carders
C. dels Assaonadors
Pl. de Pons i Clerch
C. de la Princesa
Passeig de Picasso
C. de la Fusina
Comerç
Mercat del Born
C. de la Ribera
C. del Rec
Museu Picasso
C. de Montcada
M16
M12
Plaça d'Antoni Maura
Passeig del Born
C. Antic de Sant Joan
Passeig de la Circumval·lació
Avinguda del Marquès de l'Argentera
Sta Àgata
M2
M1
Jaume I
Miralles
Estació de França
Catedral Sta Eulàlia
Pl. de l'Àngel
Catedral de Sta Maria del Mar
C. del Bisbe
C1
Pl. de Jacint Raventós
Duana Nova
Barceloneta
BARRI GÒTIC
Pal. de la Generalitat
Pl. de St Jaume
C. de la Ciutat
V. Laietana
C. dels Agullers
La Llotja
Porxos den Xifré
Plaça Pau Vila
C. del Doctor Aiguader
C. de Balboa
C. de Ferran
Pl. Regomir
C. del Correu Vell
C. d'En Gignàs
C. de Ginebra
C. del Palau
C. d'Avinyó
C. Ample
C. de la Mercè
C. de la Plata
Moll del Dipòsit
Palau de Mar
Museu d'Història de Catalunya
Moll de Bosch i Alsina
Plaça Reial
C. d'En Serra
La Mercè
Escudellers
Pl. de la Mercè
Moll de la Fusta
Mirador del Port Vell
Moll de la Barceloneta
Pl. del Teatre
Pl. del Duc de Medinaceli
B-10
Rambla de Sta Mònica
Museu de Cera
Pl. del Ictíneo
Imax
Palau Marc
Passeig de Colom
Moll d'Espanya
Moll Rellotge
Drassanes
PORT VELL
Aquàrium
Pl. del Portal de la Pau
Pl. de la Odisea
Las Drassanes i Museu Marítim
Moll de les Drassanes
Rambla del Mar
Balears
Plaça de les Drassanes
Moll Nou
1
2
3

Ciutat Vella y La Barceloneta

S. Politi Markovina/AWL Images/Getty Images

Restaurantes

✿ Caelis (Romain Fornell)

CREATIVA • ELEGANTE XXX El restaurante gastronómico del hotel Ohla Barcelona, inconfundible por los ojos (globos oculares) con los que el artista Frederic Amat ha decorado sus fachadas neoclásicas, busca una nueva visión de la cocina reinterpretando conceptos y propuestas.

Romain Fornell, el chef francés al frente, plantea una cocina catalana de raíces galas que, en base a productos de temporada, sabores reconocibles y acertados maridajes, quiere involucrar más al comensal. ¿Cómo? Aparte de las habituales mesas de la sala, de diferentes tamaños, encontrará una cocina abierta rodeada por una "mesa del chef", en forma de "U", con capacidad para 14 personas que pueden asistir al proceso creativo en primera fila.

Sus interesantes menús dan la posibilidad de extraer platos sueltos, como si se tratara de una carta.

Especialidades : Crema ligera de espárrago blanco con yema de huevo curado y caviar. Macarrones rellenos de calamar y langostinos con crema de coco y cilantro. Limón cristal.

Menú 42€ (almuerzo), 92/135€ - Carta 106/106€

Plano 6 M1-b - *Hotel Ohla Barcelona, Via Laietana 49 ✉ 08003 Ⓜ Urquinaona - ☎ 935 10 12 05 - www.caelis.com - Cerrado lunes, almuerzo: martes, domingo*

✿ Koy Shunka (Hideki Matsuhisa)

JAPONESA • MARCO CONTEMPORÁNEO XX Su nombre se traduce como "Intenso aroma de temporada" y trae a colación algo más que una filosofía de trabajo; no en vano, estamos ante un restaurante japonés que, adaptado a los gustos estéticos actuales, muestra su fidelidad a la cultura gastronómica de aquel país y ve el oficio de cocinero como un arte.

El local, que sorprende con una imponente barra de madera desde la que se ve todo el servicio de cocina, se adecúa a las características de un marco contemporáneo, ofreciendo también mesas convencionales por si desea tener una comida más íntima.

La propuesta del chef Hideki Matsuhisa concilia las técnicas niponas con el producto mediterráneo, siempre en base a maridajes sumamente meditados y algún que otro guiño a la creatividad. ¡Las sensaciones según come pueden llegar a emocionar!

Especialidades : Ika Shiokara 1987. Ikejime bogavante. Mousse de mango con mochi.

Menú 89/132€ - Carta 60/90€

Plano 7 N1-x - *De Copons 7 Ⓜ Urquinaona - ☎ 934 12 79 39 - www.koyshunka.com - Cerrado 8-28 agosto, 24 diciembre-4 enero, lunes, domingo*

✿ Dos Palillos

ASIÁTICA • BAR DE TAPAS X En este dinámico local, heredero de la nueva filosofía culinaria que conquistó el mundo desde elBulli, podrá descubrir como el tradicional y popular concepto de tapa es elevado a otro nivel, lo que hace que se llene a diario y exista lista de espera.

Ubicado a pocos pasos del Museu d'Art Contemporani de Barcelona, Dos Palillos se presenta con una sencilla barra a la entrada, donde se puede comer sin reserva, y una segunda barra más gastronómica a continuación, esta segunda en forma de "U" en torno a una cocina abierta que permite al cliente ver todo el proceso de elaboración. Es en esta última, mucho más cuidada y atractiva, donde le propondrán sus interesantes menús degustación, fruto de una divertida fusión entre la cocina oriental, sobre todo nipona, y los productos ibéricos.

Especialidades : Sopa wonton de bogavante yin yang. Aemono de pulpo. Coco thai.

Tapa 10 € - Menú 110 € - Carta 45/55 €

Plano 6 LM2-c - *Elisabets 9 ✉ 08001 Ⓜ Catalunya - ✆ 933 04 05 13 - www.dospalillos.com - Cerrado 2-24 agosto, 22 diciembre-6 enero, lunes, almuerzo: martes-miércoles, domingo*

Senyor Parellada

REGIONAL • **ACOGEDORA** XX Esta casa goza de un encanto indudable, pues atesora una atmósfera de aire clásico-colonial y posee varios rincones en los que parece que el tiempo se hubiese detenido. Sentarse a su mesa no es solo rendir honores a la auténtica cocina catalana, sino también a la historia, pues funcionó como fonda con un constante ir y venir de viajeros. El éxito de público se debe, en gran medida, al trato afable, a la bondad de los precios y, por supuesto, a una carta dotada de apartados tremendamente sugerentes, como el denominado "Barcelona és Bona", su "Mar... y Montaña" o el popular "Menú de Viajante".

Especialidades : Canelones Fonda Europa. Cordero del Montseny a las doce cabezas de ajo. Pastel de fruta de la pasión.

Menú 38 € - Carta 30/43 €

Plano 7 N2-t - *L'Argenteria 37 ✉ 08003 Ⓜ Jaume I - ✆ 933 10 50 94 - www.senyorparellada.com*

Marea Alta

PESCADOS Y MARISCOS • **AMBIENTE MEDITERRÁNEO** XXX Disfruta de unas maravillosas vistas, no en vano... ¡estamos en el piso 24! Aquí apuestan por los sabores del mar, con una cocina de brasa que resalta la calidad del producto.

Menú 75/100 € - Carta 55/75 €

Plano 7 N3-a - *Avenida Drassanes 6-8, edificio Colón, piso 24 ✉ 08001 Ⓜ Drassanes - ✆ 936 31 35 90 - www.restaurantemareaalta.com - Cerrado lunes*

Torre d'Alta Mar

MODERNA • **MARCO CONTEMPORÁNEO** XXX Destaca por su original emplazamiento en lo alto de una torre metálica, a 75 metros de altura. Sala circular, actual y totalmente acristalada, con magníficas vistas al mar, al puerto y a la ciudad. Carta tradicional con detalles actuales.

Menú 82/98 € - Carta 65/95 €

Plano 7 O3-a - *Paseo Joan de Borbó 88 ✉ 08039 Ⓜ Barceloneta - ✆ 932 21 00 07 - www.torredealtamar.com - Cerrado 5-23 agosto, 24-29 diciembre, almuerzo: lunes, almuerzo: domingo*

La Barra de Carles Abellan

TRADICIONAL • **TENDENCIA** XX Cautiva por su visión de la cocina mediterránea, apostando por los platos a la brasa, las elaboraciones en directo y una estética que no deja indiferente. ¡Fantástica terraza!

Menú 76 € - Carta 60/95 €

Plano 2 C3-a - *Hotel W Barcelona, Plaza de la Rosa dels Vents 1 (Moll De Llevant) ✉ 08039 - ✆ 932 95 26 36 - www.carlesabellan.com Cerrado 6 enero-4 febrero, lunes, almuerzo: martes, cena: domingo*

El Cercle

CLÁSICA • **AMBIENTE CLÁSICO** XX ¡En el Reial Cercle Arstístic! Un local que combina varias propuestas, de la cocina nipona a la actual-catalana, en distintos ambientes (terraza, biblioteca o barra japonesa).

Menú 45/65 € - Carta 31/47 €

Plano 6 M1-h - *Dels Arcs 5-1º ✉ 08002 Ⓜ Plaça Catalunya - ✆ 936 24 48 10 - www.elcerclerestaurant.com*

Fonda España

TRADICIONAL • ACOGEDORA XX ¡Un icono del Modernismo! Ofrece una cocina tradicional actualizada, con el sello del chef Martín Berasategui y sugerentes propuestas, como su menú "Viaje por el Modernismo".

Menú 79/118 € – Carta 35/60 €

Plano 6 M2-f – *Hotel España, Sant Pau 9 ✉ 08001 Ⓜ Liceu – ✆ 935 50 00 10 – www.hotelespanya.com – Cerrado 3-23 agosto, cena: domingo*

Informal by Marc Gascons

COCINA MEDITERRÁNEA • BISTRÓ XX Restaurante de hotel dotado con un acceso independiente. Tiene el sello de Els Tinars y una carta pensada para compartir, con platos catalanes y mediterráneos de temporada.

Menú 35/49 € – Carta 40/75 €

Plano 7 N2-b – *Hotel The Serras, Plata 4 ✉ 08002 Ⓜ Drassanes – ✆ 931 69 18 69 – www.restauranteinformal.com*

Ají

PERUANA • BISTRÓ X Su nombre, que significa "chile" en peruano y "gusto" en japonés, ya da una buena pista sobre la orientación de esta casa. Cocina nikkei con sabor y texturas muy definidas.

Menú 21 € (almuerzo), 35/58 € – Carta 30/50 €

Plano 2 C3-r – *Marina 19 ✉ 08005 Ⓜ Ciutadella-Vila Olímpica – ✆ 935 11 97 67 – www.restaurantaji.com – Cerrado 1-19 enero, lunes, domingo*

Bodega Sant Antoni Gloriós Ⓝ

TRADICIONAL • BAR DE TAPAS X Informal y con una carta concebida para picar. Combinan la cocina tradicional y la actual, sin olvidarse del "laterío" gourmet y selectos embutidos. ¡Pida sus míticas Bravas!

Tapa 6 € – Ración 10 €

Plano 4 H3-y – *Manso 42 ✉ 08015 – ✆ 934 24 06 28 – Cerrado 27 enero-3 febrero, 24 agosto-7 septiembre*

Direkte Boqueria Ⓝ

ACTUAL • TABERNA X Singular, minúsculo y ubicado en los pórticos del famoso Mercado de La Boquería. Fusionan las raíces catalanas y los productos mediterráneos con las cocinas de China y Japón.

Menú 45/58 €

Plano 6 M2-d – *Les Cabres 13 ✉ 08001 Ⓜ Liceu – ✆ 931 14 69 39 – www.direkte.cat – Cerrado 3-11 marzo, 12-27 agosto, 24 noviembre-10 diciembre, lunes, cena: martes-jueves, domingo*

Dos Pebrots

COCINA MEDITERRÁNEA • POPULAR X Combina su carácter informal con un concepto muy singular, pues aquí plantean una cocina de estudio e investigación que narra la evolución de la gastronomía mediterránea.

Menú 50/70 € – Carta 30/70 €

Plano 6 L2-a – *Doctor Dou 19 ✉ 08001 Ⓜ Catalunya – ✆ 938 53 95 98 – www.dospebrots.com – Cerrado 12-27 agosto, 23 diciembre-7 enero, lunes, martes, almuerzo: miércoles-jueves*

Estimar

PESCADOS Y MARISCOS • AMBIENTE MEDITERRÁNEO X Un restaurante íntimo y algo escondido que acumula parabienes, pues hace notoria la pasión por el mar de la familia Gotanegra y el chef Rafa Zafra. Cocina de brasa y producto.

Carta 70/120 €

Plano 7 N2-f – *Sant Antoni dels Sombrerers 3 ✉ 08003 Ⓜ Jaume I – ✆ 932 68 91 97 – www.restaurantestimar.com – Cerrado 8-15 abril, 5-25 agosto, 23 diciembre-8 enero, almuerzo: lunes, domingo*

🍴◯ **Kak Koy**   AC

JAPONESA · **BAR DE TAPAS** X La gastronomía nipona, con influencias mediterráneas, llevada al concepto de tapas y raciones. El trabajo en la Robata, la singular parrilla japonesa, toma gran protagonismo.

Tapa 7 € – Ración 12 €

Plano 7 N1-d – *Ripoll 16* ✉ *08002* Ⓜ *Urquinaona –*
📞 *933 02 84 14 – www.kakkoy.com –*
Cerrado 8-28 agosto, 24 diciembre-4 enero, lunes, domingo

🍴◯ **Majide**   &. AC

JAPONESA · **SENCILLA** X Un restaurante japonés que sigue la senda marcada por el laureado Koy Shunka, del mismo grupo. La cocina está totalmente a la vista, así que recomendamos comer en su barra.

Menú 16 € (almuerzo)/65 € – Carta 30/55 €

Plano 6 L1-h – *Tallers 48* ✉ *08001* Ⓜ *Universitat –* 📞 *930 16 37 81 – www.majide.es –*
Cerrado almuerzo: lunes, cena: domingo

🍴◯ **Montiel**   AC ⟷

MODERNA · **SENCILLA** X Este restaurante gastronómico, ubicado junto al Museo Picasso, sorprende por la creatividad de sus menús, siempre con unas presentaciones muy cuidadas y productos "Km. 0".

Menú 35 € (almuerzo)/75 € – Carta 39/76 €

Plano 7 O1-c – *Flassaders 19* ✉ *08003* Ⓜ *Jaume I –*
📞 *932 68 37 29 – www.restaurantmontiel.com –*
Cerrado martes, almuerzo: miércoles

🍴◯ **Oaxaca**   🌐 &. AC

MEXICANA · **TENDENCIA** X Descubra los auténticos sabores de la gastronomía mexicana en un espacio que, dentro de un ambiente actual-informal, no huye de los tipismos. ¡Haga una pausa en su mezcalería!

Menú 56 € – Carta 35/55 €

Plano 7 O2-a – *Pla del Palau 19* ✉ *08002* Ⓜ *Barceloneta –* 📞 *933 19 00 64 –*
www.oaxacacuinamexicana.com

🍴◯ **Suculent** Ⓝ   AC ⟷

ACTUAL · **ACOGEDORA** X Una joya culinaria, en pleno Raval, donde apuestan por varios menús de cocina actual, siempre con los sabores muy bien maridados. ¡La nevera da paso a una mesa clandestina!

Menú 48/80 €

Plano 6 M3-c – *Rambla del Raval 45* ✉ *08001* Ⓜ *Liceu –* 📞 *934 43 65 79 –*
www.suculent.com – Cerrado lunes, martes

🍴◯ **Ten's**   🌐 &. AC

MODERNA · **TENDENCIA** X Un moderno gastrobar tutelado por Jordi Cruz. Apuestan por las tapas, pero sin olvidarse de las raciones y de unas magníficas ostras. ¡Los fines de semana triunfan sus menús!

Menú 48/62 € – Carta 25/40 €

Plano 7 O1-e – *Avenida Marqués de l'Argentera 11* ✉ *08003* Ⓜ *Barceloneta –*
📞 *933 19 22 22 – www.tensbarcelona.com*

🍴◯ **El Xampanyet**   AC

TRADICIONAL · **BAR DE TAPAS** X Taberna de gran tradición familiar y atmósfera típica, a base de azulejos, botas de vino, barriles... Variada selección de tapas especializadas en conservas y salazones.

Tapa 6 € – Ración 12 €

Plano 7 O1-n – *Montcada 22* ✉ *08003* Ⓜ *Jaume I –* 📞 *933 19 70 03 –*
Cerrado 13-30 enero, 1 agosto-3 septiembre, lunes, domingo

Alojamientos

W Barcelona

NEGOCIOS • DE DISEÑO El hotel, diseñado por Ricardo Bofill, se encuentra en la zona del puerto y presenta dos edificios de cristal, uno en forma de cubo y el otro a modo de vela abierta al mar. Completo SPA, excelentes habitaciones, amplias salas de reuniones y sorprendente lounge-bar en la planta 26.

406 habitaciones – 299/1025€ – 22€ – 67 suites

Plano 2 C3-a – *Plaza de la Rosa dels Vents 1 (Moll De Llevant) 08039 – 932 95 28 00 – www.w-barcelona.com*

La Barra de Carles Abellan – Ver selección restaurantes

H1898

CADENA HOTELERA • HISTÓRICA Ocupa lo que fue la sede de Tabacos de Filipinas y presenta una estética clásica-actual. Zona SPA, habitaciones equipadas al más alto nivel y azotea-solárium con vistas. En el restaurante, de ambiente colonial-actual, propone una cocina de gusto mediterráneo.

166 habitaciones – 180/600€ – 24€ – 3 suites

Plano 6 M2-w – *La Rambla 109 08002 Catalunya – 935 52 95 52 – www.hotel1898.com*

Mercer H. Barcelona

PALACE • HISTÓRICA Un hotel con historia, pues ocupa un palacio remodelado por Rafael Moneo que aún atesora maravillosos vestigios, como... ¡la muralla romana de Barcino! Aquí el detalle se hace arte, con excelentes habitaciones y una atractiva terraza-solárium en la azotea.

27 habitaciones – 320/550€ – 36€ – 1 suite

Plano 7 N2-a – *Lledó 7 08002 Jaume I – 933 10 74 80 – www.mercerbarcelona.com*

The Serras

LUJO • ELEGANTE Lujo, practicidad y líneas puras frente a la colosal Gamba diseñada por Javier Mariscal. Encontrará habitaciones muy bien equipadas, una terraza-solárium en la azotea, con inmejorables vistas sobre la zona portuaria, y un restaurante de carácter desenfadado.

28 habitaciones – 250/1000€ – 29€

Plano 7 N2-b – *Paseo de Colom 9 08002 Drassanes – 931 69 18 68 – www.hoteltheserrasbarcelona.com*

Informal by Marc Gascons – Ver selección restaurantes

España

CADENA HOTELERA • ACOGEDORA ¡Una joya del Modernismo! Se encuentra en pleno casco antiguo y es fácil de localizar, pues ocupa un edificio del s. XIX contiguo al Liceu. Cuidada zona social con detalles históricos y habitaciones no muy amplias pero confortables, todas de línea moderna.

83 habitaciones – 115/450€ – 19€

Plano 6 M2-f – *Sant Pau 9 08001 Liceu – 935 50 00 00 – www.hotelespanya.com*

Fonda España – Ver selección restaurantes

Neri

HISTÓRICO • CONTEMPORÁNEA ¡A unos pasos de la Catedral! Recupera dos edificios históricos, donde sorprende con unas habitaciones detallistas, una atractiva terraza en la azotea, un restaurante de línea "casual" que apuesta por las tapas y varios apartamentos, estos en la misma calle.

21 habitaciones – 280/600€ – 27€ – 1 suite

Plano 7 N2-c – *Sant Sever 5 08002 Liceu – 933 04 06 55 – www.hotelneri.com*

Ohla Barcelona

BOUTIQUE HOTEL • CONTEMPORÁNEA Se halla en pleno centro y tras su bella fachada neoclásica, salpicada por los curiosos ojos del artista Frederic Amat, se presenta como una gran opción para el turista. Habitaciones actuales con detalles de diseño, azotea con vistas y coqueto bar chill out.

74 habitaciones - 250/600€

Plano 6 M1-b - *Via Laietana 49 ✉ 08003 Ⓜ Urquinaona - ✆ 933 41 50 50 - www.ohlabarcelona.com*

✿ **Caelis** - Ver selección restaurantes

The Wittmore

BOUTIQUE HOTEL • ELEGANTE ¡Exclusividad escondida en pleno Barrio Gótico! Sorprende por su filosofía, pues busca el sosiego de un auténtico club inglés, con servicios personalizados, un restaurante muy "british" y espacios singulares (salón biblioteca, patio con jardín vertical...).

22 habitaciones - 200/280€ - 23€

Plano 7 N2-d - *Riudarenes 7 ✉ 08002 Ⓜ Jaume I - ✆ 935 50 08 85 - www.thewittmore.com*

Sur Diagonal

D. Schoenen/LOOK-foto /Getty Images

Restaurantes

✿✿✿ Lasarte

CREATIVA • DE DISEÑO XXXX ¡Descubra el "garrote" de Martín Berasategui en Barcelona!

Ni que decir tiene que Paolo Casagrande, su jefe de cocina, ha demostrado ser un alumno aventajado a la hora de plasmar el ideario, la metodología y la fantasía que el maestro, Martín Berasategui, diseña para cada uno de los restaurantes asesorados que pertenecen a su grupo.

¿Qué encontrará? Un espacio con personalidad que desvela una gran labor de interiorismo, profesionales de primer orden pendientes tanto de la sala como de la bodega, una "Mesa del chef" con capacidad para ocho comensales y vistas al laborioso proceso creativo en los fogones... todo, bajo el paraguas de tres valores fundamentales que se repiten como un mantra: honestidad, un constante afán de superación y el uso, siempre, de las mejores materias primas.

Especialidades : Ravioli de wagyu y anguila glaseada, crema yodada, raifort y caviar. Pez rey asado con pil pil de almejas, nécora, champagne y una crema fina de avellana. Esferas de cardamomo, manzana y yogur.

Menú 215/245€ - Carta 130/175€

Plano 4 H2-m - *Hotel Monument H., Mallorca 259 ✉ 08008 Ⓜ Passeig de Gràcia - ✆ 934 45 32 42 - www.restaurantlasarte.com - Cerrado 1-14 enero, 5-13 abril, 16 agosto-8 septiembre, lunes, domingo*

✿✿ Moments

CREATIVA • ELEGANTE XXXX Este restaurante, ubicado en el cosmopolita hotel Mandarin Oriental Barcelona, nos permite acercarnos a la filosofía culinaria de la famosa chef Carme Ruscalleda; eso sí, siendo aquí elaborada por su propio hijo, Raül Balam, que demuestra ser un alumno aventajado.

El moderno local, dominado por los tonos ámbar y dorado, presenta los laterales acristalados y una llamativa "mesa del chef", para un máximo de 15 comensales, con vistas a todo el trabajo que se realiza "in situ" en la cocina.

¿Sensaciones? La creatividad oculta tras una aparente sencillez, la frescura de los productos, la potencia y nitidez de los sabores, el carácter saludable de los platos... todo interpretable tanto en la carta como en el menú, que suele tener un planteamiento temático (el séptimo arte, los ecosistemas...).

Especialidades : Bacalao a la santpolenca. Pluma anko. Sweet bomba Barceloneta.

Menú 79€ (almuerzo)/189€ – Carta 95/140€

Plano 4 H2-y – *Hotel Mandarin Oriental Barcelona, Passeig de Gràcia 38-40 ✉ 08007 Ⓜ Passeig de Gràcia – ☎ 931 51 87 81 – www.mandarinoriental.es – Cerrado 5-21 enero, 23 agosto-9 septiembre, lunes, almuerzo: martes-jueves, domingo*

✿✿ Cocina Hermanos Torres (Sergio y Javier Torres)

CREATIVA • DE DISEÑO XXX La apuesta más personal de los gemelos Torres, Sergio y Javier, explora un nuevo concepto que busca integrar el microcosmos de los fogones en el restaurante, para que cada cliente viva una experiencia diferente.

El local sorprende tanto por la fachada, un bosque con juegos lumínicos que cambia con cada estación, como por su interior, con tres módulos de cocina alineados en el epicentro de la sala y varias zonas exclusivas (producción, preparación, obrador, I+D...) arropando el trabajo/servicio del espacio central; todo bajo las mágicas "nubes" de luz del diseñador barcelonés Pete Sans.

Plantean un recetario creativo con guiños a sus viajes, a los recuerdos de infancia con la abuela Catalina, a las regiones de España... siempre en base a la tradición y a los mejores productos de temporada.

Especialidades : Cebolla de Fuentes con trufa. Bacalao y su esencia. La era del cacao.

Menú 155/170€ – Carta 90/120€

Plano 4 G2-c – *Taquígraf Serra 20 ✉ 08029 Ⓜ Entença – ☎ 934 10 00 20 – www.cocinahermanostorres.com – Cerrado 18 agosto-2 septiembre, lunes, domingo*

✿✿ Enoteca

MODERNA • AMBIENTE MEDITERRÁNEO XXX Si buscásemos una idea o premisa que nos ayudara a definir este restaurante tendríamos que fijarnos en su luminosidad, en el cuidado interiorismo dominado por los tonos blancos, en su obsesión por los productos de proximidad para narrar historias... todo en un claro esfuerzo por transmitir la auténtica atmósfera mediterránea.

Este restaurante, ubicado en el lujoso hotel Arts y tutelado por el laureado chef Paco Pérez, propone una cocina mediterránea repleta de matices, pues la enriquece con toques internacionales y algún guiño de fusión asiática.

El planteamiento prioritario, de todas formas, se construye siempre desde el máximo respeto al producto de temporada y una clara puesta en valor de conceptos gastronómicos como el "mar y montaña", tremendamente arraigado en el recetario catalán.

Especialidades : Espardenyes a la carbonara. Pichón, huitlacoche, mole de mil días y dumplings. Yuzu, mango y limón.

Menú 190€ – Carta 90/120€

Plano 2 C3-r – *Hotel Arts, Marina 19 ✉ 08005 Ⓜ Ciutadella-Vila Olímpica – ☎ 934 83 81 08 – www.enotecapacoperez.com – Cerrado 1-16 marzo, 30 noviembre-15 diciembre, lunes, domingo*

✿✿ Angle

MODERNA • MINIMALISTA XXX Está asesorado por el mediático chef Jordi Cruz y encierra su filosofía en una frase concluyente: "alta gastronomía de consumo cotidiano".

Lo encontrará en la primera planta del hotel Cram, donde se presenta con un acceso independiente y una sala de impronta minimalista definida por el uso de grandes cortinas, lámparas de diseño y un atractivo juego cromático limitado a los colores blanco y rojo.

El joven chef al frente, Alberto Durá, sigue la línea marcada por su tutor pero demuestra tener un espacio de libertad, por eso aquí la propuesta, construida en torno a productos de mercado, ve la luz a través de dos menús degustación en los que encontraremos tanto platos del ABaC como otros de creación propia. ¡La experiencia comienza en el bar, con el chef sirviendo los primeros aperitivos!

Especialidades : Puerro con pan de carbón y romesco de chiles. Arroz "cap i pota" de ternera y ostras. Merengues de frambuesa con remolacha.

Menú 90/115€

Plano 4 H2-b – *Aragó 214 ✉ 08011 Ⓜ Universitat – ✆ 932 16 77 77 – www.anglebarcelona.com*

✿✿ Disfrutar

CREATIVA • DE DISEÑO XX Comprender el éxito de esta casa es entender la creatividad de los tres grandes chefs sobre los que se sustenta: Eduard Xatruch, Oriol Castro y Mateu Casañas. Parece claro que su pasado bulliniano tuvo mucho que ver, pues los conceptos y técnicas que aprendieron junto a Ferran Adrià marcaron su forma de trabajar y entender la gastronomía.

El local, que llama la atención en lo estético al buscar las raíces mediterráneas a través de la cerámica, sorprende también por sus juegos cromáticos, con unas curiosísimas celosías y la cocina vista como elemento claramente protagonista.

¿Qué tiene de especial? La propuesta en sí misma, pues es tan personal y creativa que demanda auténtica maestría técnica, jugando con las formas y texturas pero manteniendo unos sabores tremendamente nítidos.

Especialidades : La gilda de Disfrutar. Pichón con abrigo de maíz. Cornete de sésamo negro.

Menú 155/195€

Plano 4 G2-h – *Villarroel 163 ✉ 08036 Ⓜ Hospital Clinic – ✆ 933 48 68 96 – www.disfrutarbarcelona.com – Cerrado 1-10 marzo, 2-18 agosto, 21 diciembre-7 enero, sábado, domingo*

✿ Enigma

CREATIVA • DE DISEÑO XXX ¡Original, diferente y singular! Si se considera un gastrónomo sin prejuicios no debe perdérselo, pues su visionario concepto de la cocina lo ha llevado a convertirse en la punta de lanza del grupo "elBarri", liderado por el chef Albert Adrià.

La experiencia se desarrolla en siete espacios de diseño rompedor (Ryokan, la Cava, la Barra, la Planxa, Dinner, Dulces y 41º), a través de los cuales nos van contando una historia llena de enigmas y secretos. Texturas marcadas, sabores profundos, interesantes maridajes, puntos perfectos... Su "menú sorpresa", con más de 40 bocados, abre las puertas del sabor a la cocina creativa y globalizada; no en vano, utilizan productos exclusivos de distintas partes del mundo. Recomendamos ir sin prisa, pues el recorrido dura... ¡más de tres horas!

Especialidades : Pan de cristal. Bogavante madurado. Soja, soja, soja.

Menú 220€

Plano 4 H3-z – *Sepúlveda 38-40 ✉ 08015 Ⓜ Plaza España – www.enigmaconcept.es – Cerrado 6-13 abril, 10-24 agosto, 21 diciembre-13 enero, lunes, almuerzo: martes, miércoles, almuerzo: jueves-viernes, domingo*

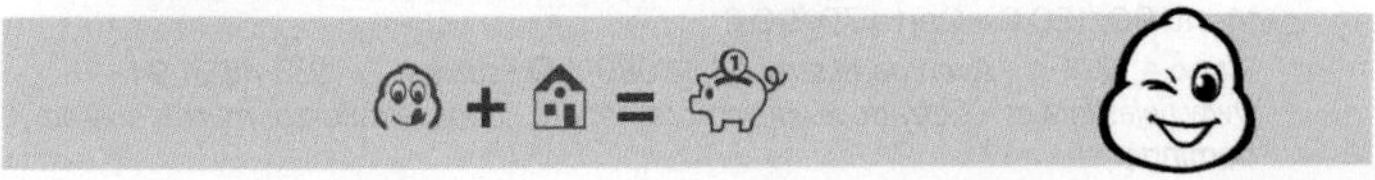

✿ Cinc Sentits Ⓝ (Jordi Artal)

CREATIVA • MINIMALISTA XXX ¡Le cautivará! El local busca, en sí mismo, enriquecer la experiencia mediante la consecución de espacios, pues con ellos narran tanto las raíces como las influencias culinarias del chef Jordi Artal: los paisajes de La Torre de l'Espanyol (Tarragona) donde su familia elaboraba vino y aceite, esa Barcelona que se vislumbra en el diseño minimalista del comedor, el reservado con una única "mesa del chef" asoma a la cocina, la sala para el show cooking...

La propuesta, siempre bajo su personal prisma sobre la moderna cocina catalana, es la propia de un chef autodidacta que solo trabaja con pequeños productores de confianza. Presenta dos menús degustación en los que encontrará platitos llenos de buen gusto y delicadeza, con texturas de acertados contrastes y una constante exaltación del sabor.

Especialidades : Ostra a la brasa, con su agua emulsionada con mantequilla tostada y puré de piel de limón. Papada, arroz cremoso de manzana, pistacho y mostaza. Leche ahumada, piedras de yogur y chocolate blanco, dulce de leche con vainilla y crema de casia.

Menú 99/139€

Plano 4 G3-h - *Entença 60 ✉ 08015 Ⓜ Rocafort - ✆ 933 23 94 90 - www.cincsentits.com - Cerrado 14-18 enero, 11-22 agosto, lunes, domingo*

✿ Alkimia (Jordi Vilà)

MODERNA • DE DISEÑO XX Comentan sobre sí mismos que les gusta "la cocina que mira hacia el futuro pero sabe de dónde viene".

El restaurante, ubicado dentro de la histórica fábrica de cervezas Moritz, rehabilitada como complejo gastronómico por el laureado arquitecto francés Jean Nouvel, sorprende por su estética, con detalles de diseño, vanguardistas guiños al mundo marino y una acertada conservación de los elementos clásicos que nos trasladan a las casas señoriales barcelonesas.

Jordi Vilà, el chef al frente, propone una cocina fresca y actual pero de hondas raíces catalanas, apreciable tanto en el comedor gastronómico (carta y menús) como en el espacio "unplugged", ahora llamado "Al Kostat", que se encuentra a continuación, donde la oferta es algo más sencilla e informal (tapas, arroces y platos a la brasa).

Especialidades : Tartar de pescado, gamba y cigala. Cordero xisqueta a la brasa con crema de queso, berenjena, arándanos y tomillo fresco. "Menjar blanc" con fruta fresca y gelé de cava.

Menú 98/158€ - Carta 72/100€

Plano 6 L2-x - *Ronda San Antoni 41, 1º ✉ 08011 Ⓜ Universitat - ✆ 932 07 61 15 - www.alkimia.cat - Cerrado 15-30 agosto, sábado, domingo*

✿ Hoja Santa (Paco Méndez)

MEXICANA • SIMPÁTICA XX La esencia culinaria de México la conoce todo el mundo... sin embargo, si de verdad quiere descubrir la alta gastronomía de aquél país debe acercarse a un restaurante como este, donde le guiarán en un increíble viaje entre típicas botanas, tacos, moles...

El local, más amplio al incluir el espacio de la antigua taquería Niño Viejo, sorprende tanto por el ambiente desenfadado como por los bellos detalles decorativos, en general poco convencionales, que nos trasladan a las tierras aztecas.

El chef Paco Méndez, asociado para este proyecto con Albert Adrià (elBarri), revisa los sabores charros desde un planteamiento culinario libre, actual y claramente creativo, con técnicas que afinan las texturas y suavizan los sabores para adaptarlos al paladar europeo. ¡Tienen más de 70 tequilas y mezcales!

Especialidades : Guacamole con quelites. Cochinillo con recado blanco. Pan de muerto y churros con aire de chocolate de metate.

Menú 90/150€ - Carta 70/90€

Plano 4 GH3-g - *Avenida Mistral 54 ✉ 08015 Ⓜ Espanya - ✆ 933 48 21 94 - www.hojasanta.es - Cerrado 20 diciembre-1 enero, lunes, almuerzo: martes-viernes, domingo*

✿ Oria

MODERNA • A LA MODA XX Los hoteles gastronómicos están en auge, pues no siempre es factible comer bien allí donde nos alojamos. La decidida apuesta del hotel Monument H. por la cocina de calidad (aquí se encuentra también el laureado Lasarte) es un magnífico ejemplo de ello.

El restaurante Oria, amplio, elegante y abierto al lobby del hotel, está tutelado gastronómicamente por el chef Martín Berasategui, lo que asegura los altos estándares de su sello a la hora de proponernos una cocina tradicional actualizada de raíces mediterráneas.

La carta, que denota ineludibles toques vascos en diversas elaboraciones, se completa con un sugerente "Menú ejecutivo" a 40 euros y el llamado "A medida", una propuesta más personalizada que se ajusta a cualquier presupuesto por encima de esa misma cantidad. ¡No le defraudará!

Especialidades : Cigalita en crujiente de pan con alcachofas, apio nabo y ensalada de brotes tiernos. Cordero lechal laqueado con su balotina melosa y crema de col. Coulant de almendra con helado de miel.

Menú 40€ (almuerzo), 50/150€ – Carta 67/82€

Plano 4 H2-m – *Hotel Monument H., Passeig de Gràcia 75 ✉ 08008 Ⓜ Passeig de Gràcia – ✆ 935 48 20 33 – www.monumenthotel.com*

✿ Pakta

FUSIÓN • DE DISEÑO XX Aquí asistimos a un cambio de rumbo con todas las de la ley, pues este atractivo local ha transformado su particular visión de la cocina nikkei peruana en favor de una mayor identificación con la cocina japonesa-mediterránea.

El local también se presenta renovado, con menos plazas, luces tenues, una especie de cortinas de gruesos hilos de infinitos colores... y una barra de preparación abierta, mucho más amplia, en la que se puede comer.

La propuesta, basada en dos menús degustación, encuentra uno de sus puntos álgidos al presentarnos las tradicionales pinturas Gyotaku (peces a tamaño natural estampados con tinta Sumi-e) para que veamos los pescados del día. También han enriquecido notablemente la bodega, que ahora cuenta con... ¡más de 35 sakes llegados directamente desde Japón!

Especialidades : Soba de piel de bacalao. Librito de kombu y calamar con arroz en su tinta. Kakigori de chocolate y borracho de té verde.

Menú 120/150€

Plano 4 H3-b – *Lleida 5 ✉ 08004 Ⓜ Espanya – ✆ 936 24 01 77 – www.pakta.es – Cerrado 12-26 agosto, 21 diciembre-13 enero, lunes, almuerzo: martes-jueves, domingo*

✿ Xerta

CREATIVA • DE DISEÑO XX Si busca la esencia culinaria de aquellos lugares a los que viaja debe visitarlo, pues seguramente supone la mejor manera de conocer la cocina de las Terres de l'Ebre (Tarragona) en la Ciudad Condal.

El restaurante, al que se accede por el lobby del moderno hotel Ohla Eixample, presenta una sala de aspecto actual con vistas tanto al jardín vertical como a la cocina, lo que le permitirá contemplar la actividad que allí se desarrolla mientras come.

La apuesta del chef Fran López, criado entre fogones y formado tres años en casa del prestigioso maestro francés Alain Ducasse, busca exaltar los sabores y productos de su tierra, el Delta del Ebro, acercando al comensal la posibilidad de conocer esa genuina gastronomía (angulas, ostras, arroces...) desde un punto de vista más creativo.

Especialidades : Anguila kabayaki. Arroz de ortigas y espardeñas. Texturas florales.

Menú 38€ (almuerzo), 55/120€ – Carta 60/95€

Plano 4 H2-n – *Hotel Ohla Eixample, Còrsega 289 ✉ 08008 Ⓜ Diagonal – ✆ 937 37 90 80 – www.xertarestaurant.com – Cerrado lunes, domingo*

Tickets

CREATIVA • BAR DE TAPAS Tremendamente singular, pues busca redimensionar el concepto de la tapa y trasladarnos la sensación de que participamos de un gran espectáculo; no en vano... ¡la entrada recuerda un teatro más del Paral·lel!

En el sorprendente interior, con varias barras y espacios patrocinados, la imaginación toma la palabra en favor de las vanguardias y el color, creando un mundo onírico que, como mínimo, resulta divertido y diferente. La propuesta, con guiños a la efervescencia creativa de "elBulli", viaja de una carta llena de tapas de diseño a un menú no escrito a la medida del cliente.

La parte dulce del local merece una mención aparte, pues contorsiona diversos cuentos infantiles en los que las frutas son sacadas de contexto y escala, creando así un entorno tan irreal que... ¡resulta cautivador!

Especialidades : Las oliva-s. La codorniz de Bresse Wellington. El cheesecake de Tickets.

Ración 15 € – Menú 100/130 € – Carta 30/60 €

Plano 4 H3-a – *Avenida del Paral.lel 164 ✉ 08015 Ⓜ Espanya – www.ticketsbar.es – Cerrado 4-14 abril, 8-25 agosto, 21 diciembre-7 enero, lunes, almuerzo: martes-viernes, domingo*

Aürt Ⓝ (Artur Martínez)

MODERNA • TENDENCIA No solemos encontrar alta cocina en los lobbies de los hoteles, una zona habitualmente de paso, por eso la propuesta del Hilton Diagonal Mar Barcelona nos ha parecido... ¡muy apetecible!

El chef Artur Martínez, que ya ostentó una estrella MICHELIN en el desaparecido Capritx (Terrassa), ha llegado a Barcelona para romper moldes, por eso ha concebido un espacio moderno e informal, con dos barras, diseñado para comer en ellas mientras terminan los platos ante sus ojos. ¿La filosofía? Busca, normalmente en base a un binomio de productos de temporada, reinterpretar conceptos tradicionales con técnicas actuales.

La propuesta se completa con MA'I (l'am al revés), una zona dedicada al mundo de las bebidas (fermentados, destilados e infusiones) con la que también hace un guiño a su familia.

Especialidades : Salmorejo de gamba roja. Pluma ibérica a la pimienta verde. Boniato con café.

Menú 70/95 €

Plano 2 D2-g – *Paseo del Taulat 262-264 Ⓜ El Maresme Fòrum – ✆ 935 070 860 – www.aurtrestaurant.com – Cerrado 1-15 enero, 1-25 agosto, lunes, almuerzo: martes, domingo*

Cruix Ⓝ

ACTUAL • BRASSERIE Un modesto local, próximo al Parc de Joan Miró, que hoy disfruta de una línea informal-actual, con las paredes en ladrillo visto y unas sencillas lámparas de diseño. Los dos amigos al frente, Miquel y Carlos, tenían claro tras su estudios de hostelería que algún día unirían sus caminos en un proyecto común; fruto de aquel sueño, han emprendido esta aventura con simpatía, ilusión y muchísima profesionalidad. Ofrecen una buena carta con tapas y platillos de cocina actual, aunque lo que mejor les funciona son los arroces y el menú degustación Cruix (10 pases). ¡No perdone los Churros de bacalao!

Especialidades : Anchoas de Ángelet con salsa holandesa. Paella de gamba al ajillo. Día triste en la playa.

Menú 28/34 € – Carta 28/35 €

Plano 4 G3-n – *Entença 57 ✉ 08015 Ⓜ Rocafort – ✆ 935 25 23 18 – www.cruixrestaurant.com – Cerrado lunes, domingo*

Petit Comitè

REGIONAL • DE DISEÑO Un restaurante de línea actual decorado con loza y morteros. Apuestan por una cocina de proximidad, siempre con producto nacional y apetecibles sugerencias temáticas diarias.

Menú 65 € – Carta 45/80 €

Plano 4 H2-c – *Pasaje de la Concepció 13 ✉ 08007 Ⓜ Diagonal – ✆ 936 33 76 27 – www.petitcomite.cat*

Racó d'en Cesc

MODERNA • AMBIENTE CLÁSICO XXX Posee una terracita, una sala tipo bistró y un comedor clásico, proponiendo una carta catalana-creativa diferente para cada espacio. ¡Amplia oferta de cervezas artesanales!

Menú 42/68€ - Carta 38/54€

Plano 4 H2-k - *Diputació 201 ✉ 08011 Ⓜ Universitat - ✆ 934 51 60 02 - www.elracodencesc.com - Cerrado 1-31 agosto, domingo*

Rías de Galicia

PESCADOS Y MARISCOS • AMBIENTE CLÁSICO XXX Percebes, ostras, lamprea, atún... Aquí ofrecen, bajo múltiples formatos culinarios, los mayores tesoros del Atlántico y el Mediterráneo. ¡Bodega con grandes nombres y añadas!

Menú 100€ - Carta 70/100€

Plano 4 H3-b - *Lleida 7 ✉ 08002 Ⓜ Espanya - ✆ 934 24 81 52 - www.riasdegalicia.com*

Windsor

MODERNA • AMBIENTE CLÁSICO XXX Este restaurante, de ambiente clásico actualizado, se ve apoyado por una exquisita terraza interior y unos espacios que admiten varias configuraciones. Cocina catalana-actual.

Menú 32€ (almuerzo), 52/75€ - Carta 55/75€

Plano 4 H2-e - *Còrsega 286 ✉ 08008 Ⓜ Diagonal - ✆ 932 37 75 88 - www.restaurantwindsor.com - Cerrado 1-31 agosto, domingo*

Be So

TRADICIONAL • MARCO CONTEMPORÁNEO XX Tiene gran personalidad y sorprende tanto por su elegante decoración, dominada por los tonos dorados, como por su propuesta tradicional actualizada. ¡Esmeradas presentaciones!

Menú 49€ (almuerzo), 80/120€ - Carta 68/99€

Plano 3 E2-x - *Hotel Sofía, Plaza de Pius XII-4 ✉ 08028 Ⓜ Maria Cristina - ✆ 935 08 10 20 - www.sofiabarcelona.com - Cerrado 1-31 agosto, lunes, domingo*

Jardín del Alma Ⓝ

TRADICIONAL • MARCO CONTEMPORÁNEO XX Destaca por su terraza arbolada, pues nos hacen pensar que estamos en el campo. El chef, que apuesta por una cocina tradicional de temporada, sale a saludar a todas las mesas.

Carta 55/65€

Plano 4 H2-h - *Hotel Alma Barcelona, Mallorca 271 ✉ 08008 Ⓜ Passeig de Gracia - ✆ 932 16 44 78 - www.almahotels.com - Cerrado 13-19 enero*

Manairó (Jordi Herrera)

CREATIVA • MARCO CONTEMPORÁNEO XX Resulta singular, tanto por la decoración de estética moderna como por el carácter intimista de su iluminación. Cocina actual de bases catalanas y cuidadas presentaciones.

Menú 25€ (almuerzo), 55/75€ - Carta 60/80€

Plano 5 J1-c - *Diputació 424 ✉ 08013 Ⓜ Monumental - ✆ 932 31 00 57 - www.manairo.com - Cerrado 1-7 enero, domingo*

Monvínic

MODERNA • VINOTECA XX Sorprende tanto por su diseño contemporáneo como por su filosofía, pues aquí todo gira en torno al mundo del vino. Cocina actualizada de base tradicional y espléndida bodega.

Menú 35€ (almuerzo), 65/75€ - Carta 55/70€

Plano 6 L1-g - *Diputació 249 ✉ 08007 Ⓜ Catalunya - ✆ 932 72 61 87 - www.monvinic.com - Cerrado 3-31 agosto, almuerzo: lunes, almuerzo: sábado, domingo*

⁛○ Nectari   AC ⟺

MODERNA · AMBIENTE CLÁSICO ⅩⅩ Sus instalaciones se reducen a dos pequeñas salas de línea actual y un privado, donde apuestan por una carta de raíces
mediterráneas con diversos toques creativos y de autor.

Menú 35€ (almuerzo), 75/110€ – Carta 55/75€

Plano 4 G3-x – *València 28* ✉ *08015* Ⓜ *Tarragona* – ☎ *932 26 87 18* –
www.nectari.es – *Cerrado 22 febrero-5 marzo, 20 agosto-15 septiembre, cena:
martes, domingo*

⁛○ Pur Ⓝ   ḋ AC

COCINA DE MERCADO · DE DISEÑO ⅩⅩ Tiene el sello del chef Nandu Jubany,
que aquí apuesta por una cocina de producto "en estado puro", sin salsas ni artificios. Elaboraciones a la plancha, a la brasa, a la sal...

Menú 92€ – Carta 65/95€

Plano 4 H2-j – *Pasaje de la Concepció 11* ✉ *08008* Ⓜ *Diagonal* – ☎ *931 70 17 70* –
www.purbarcelona.com

⁛○ Tunateca Balfegó   ḋ AC ⟺

MODERNA · MARCO CONTEMPORÁNEO ⅩⅩ Si le interesan los distintos cortes
y cocinados del atún no puede perdérselo. Sorprende por su estética, en tonos
azules y con bellos detalles alusivos a este majestuoso pez.

Menú 83/120€ – Carta 35/55€

Plano 4 G2-a – *Avenida Diagonal 439* ✉ *08036* – ☎ *937 97 64 60* –
www.tunatecabalfego.com – *Cerrado domingo*

⁛○ Uma Ⓝ   ḋ AC ⟺

CREATIVA · MARCO CONTEMPORÁNEO ⅩⅩ Toma su nombre de la palabra
"tenedor" en swahili y propone una gran experiencia gastronómica. Sea puntual,
pues... ¡todos los comensales inician el menú sorpresa a la vez!

Menú 96€

Plano 4 H2-g – *Mallorca 275* ✉ *08008* Ⓜ *Diagonal* – ☎ *656 99 09 30* –
www.espaciouma.com – *Cerrado 8-29 enero, 10-23 agosto, martes, miércoles,
almuerzo: jueves, almuerzo: domingo*

⁛○ Xavier Pellicer   ḋ AC

COCINA DE MERCADO · MARCO CONTEMPORÁNEO ⅩⅩ Defiende una cocina
"healthy" basada en el mundo vegetal. Hay un espacio informal y otro más gastronómico llamado El Menjador, este bajo reserva y solo con menús degustación.

Menú 28€ (almuerzo), 54/65€ – Carta 35/60€

Plano 4 H2-h – *Provença 310* ✉ *08037* Ⓜ *Diagonal* –
☎ *935 25 90 02* – *www.xavierpellicer.com* –
Cerrado 7-13 enero, 3-25 agosto, lunes, domingo

⁛○ Bodega 1900   🏠 AC

TRADICIONAL · BAR DE TAPAS Ⅹ ¡Un negocio con el encanto de los antiguos
colmados! Aquí proponen una pequeña carta con platos a la brasa, productos
ibéricos y conservas caseras, todo de excelente calidad.

Tapa 10€ – Ración 16€

Plano 4 H3-e – *Tamarit 91* ✉ *08015* Ⓜ *Poble Sec* – ☎ *933 25 26 59* –
Cerrado 5-13 abril, 9-24 agosto, 22 diciembre-13 enero, lunes, domingo

⁛○ Mediamanga   ḋ AC

MODERNA · BAR DE TAPAS Ⅹ Gastrobar de ambiente ecléctico en el que conviven elementos modernistas y art decó. Su propuesta mima todos los detalles,
ofreciendo platos actuales pensados para compartir.

Tapa 5€ – Ración 17€

Plano 4 H2-k – *Aribau 13* ✉ *08011* Ⓜ *Universitat* – ☎ *938 32 56 94* –
www.mediamanga.es – *Cerrado 27 enero-2 febrero, 24-30 agosto*

Mont Bar

TRADICIONAL • BAR DE TAPAS Un gastrobar, con encanto, que huye de tipismos. Tratan con amabilidad, ofrecen un servicio profesional y proponen una cocina tradicional basada en la excelencia del producto.

Tapa 7 € - Ración 18 € - Carta 40/60 €

Plano 4 H2-k - *Diputació 220 ✉ 08011 Ⓜ Universitat - ✆ 933 23 95 90 - www.montbar.com - Cerrado 13-22 enero, 17-25 agosto, martes*

Espai Kru

INTERNACIONAL • TENDENCIA Se halla en la 1ª planta del restaurante Rías de Galicia y resulta singular, pues presenta un espacio único. Carta internacional y de fusión, con productos crudos y cocinados.

Menú 110 € - Carta 50/80 €

Plano 4 H3-b - *Lleida 7 ✉ 08004 Ⓜ Espanya - ✆ 934 23 45 70 - www.espaikru.com - Cerrado 8-15 agosto, lunes, cena: domingo*

Gresca

MODERNA • MINIMALISTA Apuesta por unas elaboraciones actuales basadas en la temporalidad del producto. Su gran cocina se comunica con el local anexo (Gresca Bar), más centrado en el mundo del vino.

Menú 70 € - Carta 40/70 €

Plano 4 H2-z - *Provença 230 ✉ 08007 Ⓜ Diagonal - ✆ 934 51 61 93 - www.gresca.net - Cerrado 12-31 agosto, sábado, domingo*

Lomo Alto

CARNES A LA PARRILLA • SIMPÁTICA Un templo carnívoro en dos alturas (Lomo Bajo y Lomo Alto) que sorprende por sus impresionantes cámaras acristaladas. Carnes bovinas ibéricas viejas, maduradas y a la brasa.

Menú 95/125 € - Carta 45/80 €

Plano 4 H2-s - *Aragó 283-285 ✉ 08007 Ⓜ Passeig de Gràcia - ✆ 935 19 30 00 - www.lomoalto.barcelona*

Mano Rota

MODERNA • POPULAR Tiene un aspecto industrial y defiende un concepto: el restaurante con barra. Su interesante carta muestra platos tradicionales, actuales e internacionales de Perú y Japón.

Menú 18 € (almuerzo)/65 € - Carta 35/55 €

Plano 4 H3-x - *Creus dels Molers 4 ✉ 08004 Ⓜ Poble Sec - ✆ 931 64 80 41 - www.manorota.com - Cerrado almuerzo: lunes, domingo*

Osmosis

MODERNA • MARCO CONTEMPORÁNEO Agradable, de ambiente contemporáneo y distribuido en dos plantas. ¿Qué proponen? Un menú degustación actual, corto o largo, elaborado con productos de mercado y de temporada.

Menú 28 € (almuerzo), 45/140 €

Plano 4 H2-r - *Aribau 100 ✉ 08036 Ⓜ Diagonal - ✆ 934 54 52 01 - www.restauranteosmosis.com - Cerrado 24-30 diciembre, domingo*

Paco Meralgo

TRADICIONAL • BAR DE TAPAS Ofrece dos barras y dos accesos independientes, pero sobre todo unos sugerentes expositores de marisco, con productos de calidad frescos y variados. También posee un privado.

Tapa 4 € - Ración 15 €

Plano 4 G2-f - *Muntaner 171 ✉ 08002 Ⓜ Hospital Clínic - ✆ 934 30 90 27 - www.restaurantpacomeralgo.com*

Da Paolo

ITALIANA • AMBIENTE CLÁSICO Restaurante italiano ubicado en las proximidades del estadio Nou Camp. Conjunto sencillo y cuidado, dotado con una sala bastante agradable y una carta bien elaborada.

Menú 16/19€ - Carta 23/35€

Plano 3 F3-f - *Avenida de Madrid 63 ✉ 08028 Ⓜ Badal - ✆ 934 90 48 91 - www.dapaolo.es - Cerrado 4-21 agosto, lunes, cena: domingo*

Slow & Low Ⓝ

FUSIÓN • TENDENCIA Ilusión, juventud, ganas de agradar... Aquí proponen una cocina viajera y moderna, con toques creativos de fusión, claras influencias mexicanas e interesantes menús sorpresa.

Menú 30€ (almuerzo), 42/58€

Plano 4 H3-q - *Comte Borrell 119 ✉ 08015 Ⓜ Urgell - ✆ 936 25 45 12 - www.slowandlowbcn.com - Cerrado 8-24 enero, 9-25 agosto, lunes, domingo*

Alojamientos

Arts

LUJO • DE DISEÑO ¡Excelente en todos los sentidos! Ocupa una torre acristalada del Puerto Olímpico y destaca tanto por sus vistas como por su interior, con amplios espacios, diversas zonas sociales privadas y unas habitaciones detallistas de gran nivel. Inmensos salones decorados con obras de arte y exquisita oferta gastronómica.

397 habitaciones - 350/470€ - 39€ - 86 suites

Plano 2 C3-r - *Marina 19 ✉ 08005 Ⓜ Ciutadella-Vila Olímpica - ✆ 932 21 10 00 - www.hotelartsbarcelona.com*

✿✿ **Enoteca** - Ver selección restaurantes

Sofia

NEGOCIOS • CONTEMPORÁNEA Vanguardista, tecnológico, diferente... Este hotel ha sido rediseñado para que el lujo y el confort sean una parte implícita a su esencia, con un gran abanico de opciones para la organización de eventos, espectaculares vistas desde la azotea y una recepción independiente en las dos últimas plantas, las más exclusivas.

447 habitaciones - 230/350€ - 28€ - 18 suites

Plano 3 E2-x - *Plaza de Pius XII 4 ✉ 08028 Ⓜ Maria Cristina - ✆ 935 08 10 00 - www.sofiabarcelona.com*

Be So - Ver selección restaurantes

Mandarin Oriental Barcelona

LUJO • DE DISEÑO ¡Lujo y placer! Un hotel de diseño innovador y carácter cosmopolita que, en su día, funcionó como banco. Ofrece maravillosas habitaciones, una atractiva terraza-patio, una azotea de ambiente "cool"... ¿Y en lo gastronómico? Varias propuestas, con el restaurante Blanc del lobby pensado para todos los servicios del día.

120 habitaciones - 425/725€ - 45€ - 29 suites

Plano 4 H2-y - *Passeig de Gràcia 38-40 ✉ 08007 Ⓜ Passeig de Gràcia - ✆ 931 51 88 88 - www.mandarinoriental.com*

✿✿ **Moments** - Ver selección restaurantes

El Palace Barcelona

LUJO • ELEGANTE Un símbolo de la hostelería barcelonesa, pues abrió sus puertas en 1919 y transmite la esencia de aquellos años. Ofrece distinguidas zonas nobles y habitaciones de excelente equipamiento, la mayoría de elegante clasicismo y algunas... ¡hasta con baños romanos!

102 habitaciones - 290/575€ - 29€ - 18 suites

Plano 5 J2-a - *Gran Via de les Corts Catalanes 668 ✉ 08010 Ⓜ Urquinaona - ✆ 935 10 11 30 - www.hotelpalacebarcelona.com*

Almanac Barcelona

BOUTIQUE HOTEL • CONTEMPORÁNEA A pocos metros del Passeig de Gràcia y orientado al cliente de lujo, sobre todo americano. Ofrece habitaciones de estética contemporánea, las más amplias en la 7ª planta, un restaurante de ambiente moderno que destaca por su pastelería y una azotea con vistas.

91 habitaciones - 280/450€ - 35€

Plano 5 J2-b - *Gran Via de Les Corts Catalanes 619 08007*
Passeig de Gracia - 930 18 70 00 - www.almanachotels.com

Claris

TRADICIONAL • CONTEMPORÁNEA Resulta señorial, ya que está ubicado en el antiguo palacio Vedruna, donde clasicismo y vanguardia se alían en armonía. Sorprende con una importante colección arqueológica repartida, mediante vitrinas, por la mayoría de las habitaciones. Cuenta con un restaurante completamente acristalado en la azotea.

84 habitaciones - 239/600€ - 23€ - 40 suites

Plano 4 H2-w - *Pau Claris 150 08009 Passeig de Gràcia - 934 87 62 62 - www.hotelclaris.com*

Monument H.

GRAN LUJO • CONTEMPORÁNEA Instalado en un hermoso edificio premodernista que destaca por su emplazamiento, a escasísimos metros de La Pedrera. Evidencia una impresionante obra de interiorismo presentando un gran lobby, con la cafetería abierta, y unas habitaciones de excelente confort.

60 habitaciones - 275/550€ - 38€ - 24 suites

Plano 4 H2-m - *Passeig de Gràcia 75 08008 Passeig de Gràcia - 935 48 20 00 - www.monumenthotel.com*

✿ **Oria** • ✿✿✿ **Lasarte** - Ver selección restaurantes

Majestic

TRADICIONAL • CLÁSICA Este emblemático hotel, elegante y ya centenario, destaca tanto por su historia como por su agradable azotea de carácter panorámico. Combina la excelencia en el servicio con unas habitaciones clásicas de gran confort. Su restaurante sigue la filosofía "Km. 0".

226 habitaciones - 224/800€ - 37€ - 45 suites

Plano 4 H2-f - *Passeig de Gràcia 68 08007 Passeig de Gràcia - 934 88 17 17 - www.hotelmajestic.es*

Cotton House

CADENA HOTELERA • ELEGANTE Desprende personalidad... no en vano, su nombre recuerda que este imponente edificio, de finales del s. XIX, fue la sede de la Fundación Textil Algodonera. Habitaciones cuidadas, aunque algo pequeñas, y cocina creativa de bases tradicionales e internacionales.

78 habitaciones - 300/600€ - 28€ - 5 suites

Plano 5 J2-a - *Gran Vía de les Corts Catalanes 670 08010*
Urquinaona - 934 50 50 45 - www.hotelcottonhouse.com

The One Barcelona

LUJO • DE DISEÑO ¡Lujo urbano junto al Quadrat d'Or del Modernismo! Mármoles de Jordania, maderas nobles, detalles de diseño... todo combinado con elegancia en una línea clásica atemporal. Su oferta culinaria brilla con el restaurante Somni, dotado de un acceso independiente.

88 habitaciones - 210/760€ - 30€ - 5 suites

Plano 4 H2-d - *Provença 277 08037 Diagonal - 932 14 20 70 - www.hotelstheone.com -*
Cerrado 19 agosto-10 septiembre

BARCELONA • ESPAÑA

Ohla Eixample

NEGOCIOS • CONTEMPORÁNEA Un hotel moderno y con acabados industriales que sorprende por su fachada, destacando esta aún más gracias a un impactante juego de luces nocturno. Presenta habitaciones de diseño, una terraza interior y una bonita piscina en el ático, con zona chill out.

94 habitaciones – 200/800 €

Plano 4 H2-n – *Còrsega 289-291 ✉ 08008 Ⓜ Diagonal – ✆ 937 37 79 77 – www.ohlaeixample.com*

✿ **Xerta** – Ver selección restaurantes

Norte Diagonal

L. Maisant/hemis.fr

Restaurantes

✿✿✿ ABaC

CREATIVA • DE DISEÑO XXXX Tradición, modernidad, coherencia, precisión, producto... todos estos términos definen la cocina de Jordi Cruz, un chef tremendamente mediático por su labor como jurado en el programa MasterChef.

En su elegante restaurante, con vistas a un apacible jardín, nos plantea una experiencia culinaria única, pues no es fácil narrar una historia lógica en la que el hilo conductor sean los productos de temporada; siempre desde la excelencia técnica, con una atractiva revisión de los platos mediterráneos, alguna chispa de rock & roll y un guiño a los "platos del mundo", pues es capaz de exaltar las cualidades del producto ibérico con toques orientales, consiguiendo así unas armonías dignas de elogio.

Su cocina de autor, madura y atrevida, deja virtualmente desguarnecidas las fronteras del sabor.

Especialidades : Bloody Mary on the rocks. Ventresca de atún a la parrilla con crema de compota de ajos, leche de almendras, dátiles y aceite de oliva. Caja frágil de chocolate.

Menú 190/210 €

Plano 1 B2-c – *Hotel ABaC, Avenida del Tibidabo 1 ✉ 08022 Ⓜ Av. Tibidabo – ✆ 933 19 66 00 – www.abacrestaurant.com*

✿ Via Veneto

CLÁSICA • AMBIENTE CLÁSICO XXXX Si busca un restaurante de espíritu clásico... ¡no encontrará uno mejor! Tras medio siglo de vicisitudes, la familia Monje ha conservado los valores de una casa por la que no pasan los años, pues ha sabido actualizarse sin perder personalidad.

En este elegante marco de ambiente Belle Époque, donde también hay una gran selección de privados, le propondrán una carta de gusto clásico bien actualizada y con caza en temporada, así como la opción de interesantísimos menús degustación. La maravillosa bodega, visitable y a seis metros bajo tierra, destaca por su colección de vinos nacionales y franceses.

¿Anécdotas? El polifacético Salvador Dalí era uno de los comensales ilustres que frecuentaba Via Veneto, llegando a utilizar sus salones en la celebración de alocados performances culinarios.

Especialidades : Nuestros canelones rellenos de pollo con salsa de trufa. Rodaballo a la brasa con arroz al azafrán. Manzana de Girona caramelizada y rellena de compota a la canela con helado de yogur.

Menú 80/240 € - Carta 85/105 €

Plano 3 F2-e - *Ganduxer 10 Ⓜ Hospital Clínic - ✆ 932 00 72 44 - www.viavenetorestaurant.com - Cerrado 1 agosto-11 septiembre, cena: sábado, domingo*

✿ Hofmann

MODERNA • AMBIENTE CLÁSICO XxX La historia de Hofmann solo se puede explicar desde el amor más absoluto por la gastronomía, ejercido sin restricciones por la chef-fundadora de la institución, Mey Hofmann, que supo traspasar su legado tanto a su hija Silvia, hoy al frente del proyecto, como al competente equipo de profesores.

El local, en un entorno con muchas oficinas, presenta dos espacios bien diferenciados: uno a modo de bar de tapas, orientado a un servicio rápido e informal, y el restaurante como tal, de cuidado ambiente clásico, con mucho personal de la propia escuela y una gran cristalera para ver la actividad en los fogones.

Aquí la línea de trabajo apuesta por la cocina moderna, controlada tras una exhaustiva revisión del recetario tradicional, que es puesto al día en combinaciones, técnicas y presentaciones.

Especialidades : La clásica tarta de sardinas de Mey Hofmann. Pescado de lonja al estilo del chef. Crujientes templados de vainilla con uvas pasas.

Menú 39/95 € - Carta 60/80 €

Plano 4 G1-n - *La Granada del Penedès 14-16 ✉ 08006 Ⓜ Diagonal - ✆ 932 18 71 65 - www.hofmann-bcn.com - Cerrado 5-12 abril, 1-31 agosto, 24 diciembre-6 enero, almuerzo: sábado, domingo*

✿ Hisop (Oriol Ivern)

CREATIVA • MINIMALISTA XX He aquí un restaurante con bastante éxito, y no es tarea fácil en Barcelona, cuyo nombre hace referencia a una planta aromática y medicinal muy conocida por todas las culturas mediterráneas.

En su comedor, de ambiente actual-minimalista y con mucha madera, el chef Oriol Ivern plantea unas elaboraciones frescas y creativas que revisan la tradición culinaria catalana, siempre en base a productos autóctonos de temporada y a unas acertadísimas combinaciones. Su meta, lógica teniendo en cuenta su personalidad, estriba en ofrecer una cocina realmente singular, con notas lúdicas y detalles que dejen la puerta abierta a la sorpresa.

La carta, no muy amplia pero apetecible y bien estructurada, se completa con un interesante menú degustación, teniendo este último la opción de maridaje.

Especialidades : Gambas de Palamós con bearnesa. Salmonete con mayonesa de moluscos. Piña con foie y helado de brioche.

Menú 67/95 € - Carta 58/65 €

Plano 4 G2-b - *Pasaje de Marimon 9 ✉ 08021 Ⓜ Hospital Clínic - ✆ 932 41 32 33 - www.hisop.com - Cerrado 1-7 enero, almuerzo: sábado, domingo*

Saó Ⓝ

TRADICIONAL • AMBIENTE CLÁSICO XX Se encuentra en la zona alta de Barcelona y no luce un nombre baladí, pues traducido al castellano (sazón) pone de relieve el "punto o madurez de las cosas". Juanen Benavent, el chef de origen valenciano al frente de la casa, juega sus cartas apostando por los productos estacionales de proximidad para ofrecer una cocina de corte tradicional con marcadas influencias francesas, un detalle que se entiende mucho mejor tras saber que estuvo cuatro años trabajando en el restaurante Goust de París. ¿Qué encontrará? Tres menús (Llavor, Guerminat y Arrels) que varían en función del número de platos.

Especialidades : Canelón de alcachofa y foie. Magret de pato, lombarda y pan de higos. Fresas y menta.

Menú 19 € (almuerzo), 32/45 €

Plano 1 B2-e - *Cesare Cantù 2 ✉ 08023 Ⓜ Penitents - ✆ 935 66 39 68 - www.saobcn.com - Cerrado 13-26 enero, 17-30 agosto, lunes, martes, cena: domingo*

Vivanda

TRADICIONAL • ACOGEDORA X Se halla en una casa remodelada del barrio de Sarriá y trabaja habitualmente con clientes de la zona. Encontrará un interior de estética actual, donde conviven las mesas altas para tapeo con las bajas propias del restaurante, y un patio-terraza arbolado (con un techo retráctil) que funciona muy bien durante la época estival. Elaboran una cocina tradicional catalana que, usando productos de mercado y técnicas actuales, rememora los sabores de antaño a través de "Platillos" (poco más de medias raciones) y lo que denominan "Platos del mes". ¡No se pierda sus famosas Croquetas de jamón!

Especialidades : Macarrones de rustido. Rabo de buey al vino. Torrija de Santa Teresa.

Carta 28/35€

Plano 3 E1-a – *Major de Sarrià 134 ✉ 08017 Ⓜ Reina Elisenda – ✆ 932 03 19 18 – www.vivanda.cat – Cerrado lunes, cena: domingo*

Tram-Tram

MODERNA • FAMILIAR XXX Casa de línea clásica con cuyo nombre se rinde un pequeño homenaje al tranvía. Ofrece una cocina tradicional actualizada, con detalles internacionales, y la opción de menús.

Menú 90€ – Carta 45/65€

Plano 3 E1-d – *Major de Sarrià 121 ✉ 08017 Ⓜ Reina Elisenda – ✆ 932 04 85 18 – www.tram-tram.com – Cerrado 30 marzo-6 abril, 3-31 agosto, lunes, cena: martes, cena: domingo*

La Balsa

COCINA MEDITERRÁNEA • ACOGEDORA XX Un clásico renovado que le sorprenderá, pues transforma una pequeña joya arquitectónica en un remanso de paz. Buena cocina mediterránea de producto y... ¡singulares terrazas!

Menú 50/70€ – Carta 35/62€

Plano 1 B2-a – *Infanta Isabel 4 ✉ 08022 – ✆ 932 11 50 48 – www.labalsarestaurant.com – Cerrado 1-31 agosto, cena: domingo*

99 sushi bar

JAPONESA • DE DISEÑO XX Cocina nipona de calidad en sintonía con la de los restaurantes homónimos. Si hay sitio coma en la barra, pues... ¡esta gastronomía es más atractiva en las distancias cortas!

Menú 90€ – Carta 55/75€

Plano 4 G2-x – *Tenor Viñas 4 ✉ 08021 Ⓜ Muntaner – ✆ 936 39 62 17 – www.99sushibar.com – Cerrado 1 agosto-1 septiembre, cena: domingo*

Roig Robí

REGIONAL • AMBIENTE CLÁSICO XX Resulta agradable, presenta un ambiente clásico y está dotado con una sala tipo invernadero, alrededor de un patio-jardín. Cocina catalana con opción a diferentes menús.

Menú 40/66€ – Carta 40/65€

Plano 4 H1-c – *Sèneca 20 ✉ 08006 Ⓜ Diagonal – ✆ 932 18 92 22 – www.roigrobi.com – Cerrado 1-6 enero, 3-23 agosto, almuerzo: sábado, domingo*

Bardeni-Caldeni

CARNES A LA PARRILLA • BAR DE TAPAS X Estamos en un "meat bar" y aquí las carnes son las protagonistas. Sorprende por su estética de carnicería antigua y cuenta con una barra, al fondo, donde se puede comer.

Ración 12€ – Carta 25/40€

Plano 5 J1-h – *Valencia 454 ✉ 08013 Ⓜ Sagrada Familia – ✆ 932 32 58 11 – www.bardeni.es – Cerrado 9-30 agosto, lunes, domingo*

Silvestre

TRADICIONAL • ACOGEDORA Coqueto, acogedor y con varios espacios independientes, lo que aporta cierta intimidad. Cocina tradicional e internacional, con buenos menús y opción a medias raciones.
Menú 27 € (almuerzo), 45/55 € - Carta 35/55 €
Plano 4 G1-e - *Santaló 101 ✉ 08021 Ⓜ Muntaner - ✆ 932 41 40 31 - www.restaurante-silvestre.com - Cerrado 3-25 agosto, almuerzo: sábado, domingo*

Alojamientos

Casa Fuster

LUJO • DE DISEÑO ¡En un edificio de carácter modernista! Atesora un Café Vienés con música de jazz, habitaciones al más alto nivel y un bar panorámico en la terraza-azotea. El restaurante, con buenas vistas al paseo, enriquece su carta con una interesante oferta de menús.
85 habitaciones - 220/3500 € - 27 € - 20 suites
Plano 4 H1-s - *Passeig de Gràcia 132 ✉ 08008 Ⓜ Diagonal - ✆ 932 55 30 00 - www.hotelcasafuster.com*

G.H. La Florida

LUJO • DE DISEÑO Encanto y vanguardismo en la misma cima del Tibidabo, pues presenta estancias diseñadas por famosos interioristas y preciosas terrazas escalonadas. Sin duda lo mejor son las espectaculares vistas sobre la ciudad, tanto desde el hotel como desde su restaurante.
62 habitaciones - 250/450 € - 28 € - 8 suites
Plano 1 B2-f - *Carretera Vallvidrera al Tibidabo 83-93 ✉ 08035 - ✆ 932 59 30 00 - www.hotellaflorida.com*

ABaC

LUJO • CONTEMPORÁNEA Aquí encontrará unas habitaciones realmente magníficas, todas de estética actual, con tecnología domótica y hasta cromoterapia en los baños. ¡Ofrecen algunos servicios de SPA!
15 habitaciones - 329/460 € - 31 €
Plano 1 B2-c - *Avenida del Tibidabo 1 ✉ 08022 Ⓜ Av. Tibidabo - ✆ 933 19 66 00 - www.abacbarcelona.com*

✿✿✿ **ABaC** - Ver selección restaurantes

EL BARCO DE ÁVILA

Ávila – Mapa regional **8**–B3 – Mapa de carreteras Michelin n° 575-K13

🍴◯ **LY.2** 🛖 **P**

TRADICIONAL · SENCILLA ✗ No se deje engañar por las apariencias, pues su modesto exterior esconde un restaurante muy cuidado. Cocina tradicional actualizada, elaborada y de esmeradas presentaciones.

Menú 10 € (almuerzo), 35/50 € – Carta 35/42 €

Cabezuelo 30 ✉ *05600 – ℰ 606 42 82 30 – www.restaurantely2.es –*
Cerrado 7-25 enero, 8-15 junio, 7-21 septiembre, martes

BARIZO – A Coruña → Ver Malpica de Bergantiños

BAZA

Granada – Mapa regional **1**–D2 – Mapa de carreteras Michelin n° 578-T21

por la carretera de Murcia Noreste : 3, 5 km y desvío a la derecha 4 km

🏠 **Cuevas Al Jatib** ✿ 🏖 🌊 🛁 🚗 **P**

CASA DE CAMPO · PERSONALIZADA Estas encantadoras casas-cueva, algo aisladas y típicas de la arquitectura popular, se presentan con unos relajantes baños árabes y acogedoras habitaciones. En su coqueto comedor podrá degustar platos propios de la gastronomía árabe, francesa y local.

6 habitaciones – 👥 55/86 € – 🍴 8 €

Arroyo Cúrcal ✉ *18800 – ℰ 958 34 22 48 – www.aljatib.com*

BEGUR

Girona – Mapa regional **10**–B1 – Mapa de carreteras Michelin n° 574-G39

🍴◯ **Fonda Caner** ⇦ 🛖 **AC**

REGIONAL · AMBIENTE CLÁSICO ✗ Restaurante de funcionamiento independiente muy centrado en los clientes del hotel. Proponen una cocina regional que procura trabajar con productos biológicos y de la zona.

Menú 24/50 € – Carta 30/50 €

Pi i Ralló 10 (Hotel Rosa) ✉ *17255 – ℰ 972 62 23 91 – www.fondacaner.com –*
Cerrado 3 noviembre-25 marzo, almuerzo: lunes-viernes

🏠 **Aiguaclara** ✿ **AC** **P**

FAMILIAR · PERSONALIZADA Ocupa una casa de indiano que data de 1866, con un pequeño salón social, un patio y coquetas habitaciones, todas personalizadas. El restaurante, repartido en dos zonas y con una carta tradicional, tiene un espacio chill out para picar y un sencillo comedor.

10 habitaciones 🍴 – 👥 60/250 €

Sant Miquel 2 ✉ *17255 – ℰ 972 62 29 05 – www.hotelaiguaclarabegur.com –*
Cerrado 8 diciembre-13 febrero

BÉJAR

Salamanca – Mapa regional **8**–A3 – Mapa de carreteras Michelin n° 575-K12

🍴◯ **La Plata** 🛖 **AC**

TRADICIONAL · SENCILLA ✗ ¡Una referencia para los más carnívoros! Ofrecen una carta tradicional con toques actuales e interesantísimas jornadas gastronómicas (carne de buey, ternera Charra, setas...).

Carta 30/45 €

Recreo 93 ✉ *37700 – ℰ 923 40 02 82 – www.restaurantelaplata.com –*
Cerrado 15-25 abril, 15-25 septiembre, miércoles

BELATE (PUERTO DE) · VELATE

Navarra – Mapa regional **17**–B2 – Mapa de carreteras Michelin n° 573-C25

en la carretera NA 1210 Sur : 2 km

Venta de Ulzama

TRADICIONAL • AMBIENTE CLÁSICO XX Una de las mejores opciones para comer, o alojarse, en el valle de Ulzama. Este negocio familiar, con más de un siglo de historia, seguro que le agradará, pues ocupa un típico caserón de montaña y disfruta de un precioso entorno natural, llegando a sorprender por su ubicación junto a... ¡una granja de ciervos! Ofrece un coqueto bar, un elegante comedor de línea clásica y una carta de tinte tradicional, esta última con un buen apartado de sugerencias que van evolucionando según los productos de temporada (verduras, hongos, caza...). ¡Las vistas desde el comedor y la terraza son magníficas!

Especialidades : Espárragos frescos con huevo a baja temperatura y mayonesa de azafrán. Pichón guisado a la cazadora con dulce de membrillo. Cuajada quemada y canutillos.

Menú 30/45 € - Carta 33/43 €

Puerto de Belate ✉ 31797 - ✆ 948 30 51 38 - www.ventadeulzama.com - Cerrado 20 diciembre-20 enero, lunes

BELESAR - Pontevedra ➜ Ver Baiona

BELLATERRA

Barcelona - Mapa regional **10**-B3 - Mapa de carreteras Michelin nº 574-H36

Ébano

MODERNA • DE DISEÑO XX Restaurante familiar instalado en una bonita casa señorial. Ofrece varios espacios de línea actual y una cocina de mercado bien elaborada, con exóticas influencias culinarias.

Carta 35/55 €

Avenida Josep María Marcet i Coll 24 ✉ 08290 - ✆ 935 80 33 40 - www.ebanorestaurant.com - Cerrado 9-20 agosto, lunes, domingo

BELLVÍS

Lleida - Mapa regional **9**-B2 - Mapa de carreteras Michelin nº 574-G32

La Boscana (Joël Castanyé)

CREATIVA • DE DISEÑO XXX Ubicado a las afueras del pueblo, en una finca que sorprende tanto por su tamaño como por su integración en la naturaleza; no en vano, ofrece varios pabellones acristalados que se asoman a cuidados jardines, arboledas y hasta a un idílico estanque.

En su elegante comedor, con mucha luz natural y detalles de diseño, descubrirá un discurso culinario de autor, pues el chef Joël Castanyé plantea una cocina que mima los detalles, tanto desde el punto de vista técnico como en lo que se refiere a la puesta en escena. Además, el chef demuestra que sabe mirar a su entorno, reformulando con acierto los sabores leridanos.

Aquí la experiencia se presenta como un pequeño recorrido: un aperitivo en la misma cocina, un cóctel en la barra y, al final, el descubrimiento de su propuesta ya en la mesa.

Especialidades : Crema de pularda. Cochinillo en dos cocciones. Peras de Lleida al vino.

Menú 62/150 € - Carta 75/95 €

Carretera Bell-lloc d'Urgell (Suroeste : 1 km) ✉ 25142 - ✆ 973 56 55 75 - www.laboscana.net - Cerrado 30 diciembre-31 enero, lunes, martes, cena: miércoles-jueves, cena: domingo

BEMBRIVE - Pontevedra ➜ Ver Vigo

BENAHAVÍS

Málaga – Mapa regional **1**-A3 – Mapa de carreteras Michelin nº 578-W14

Amanhavis

TRADICIONAL · ACOGEDORA Una casa con encanto, pues aquí cuidan la decoración hasta el último detalle. Ofrece habitaciones temáticas y un tranquilo patio central, con plantas y una pequeña piscina. Su restaurante propone una carta-menú que toma como base el recetario internacional.

9 habitaciones – 109/163 € – 14 €

Del Pilar 3 ✉ 29679 – ✆ 952 85 60 26 – www.amanhavis.com – Cerrado 15 diciembre-31 enero

BENASQUE

Huesca – Mapa regional **2**-D1 – Mapa de carreteras Michelin nº 574-E31

El Fogaril

REGIONAL · RÚSTICA XX Con su nombre rememoran una cocina, en forma de círculo, típica de esta tierra. En su comedor, de aire rústico y con detalles cinegéticos, le ofrecerán una carta regional basada en guisos, platos de caza y deliciosas setas en temporada.

Menú 24 € – Carta 30/45 €

Avenida de Los Tilos ✉ 22440 – ✆ 974 55 16 12 – www.hotelciria.com – Cerrado 13 abril-14 mayo, 14 octubre-14 noviembre

BENAVENTE

Zamora – Mapa regional **8**-B2 – Mapa de carreteras Michelin nº 575-F12

por la carretera de León Noreste : 2,5 km y desvío a la derecha 0,5 km

El Ermitaño (Óscar Pérez)

TRADICIONAL · ACOGEDORA XX La filosofía de una casa marca su propuesta y conducta, su forma de trabajar, aportando la base para que un proyecto perdure y se haga con una fiel clientela.

Este restaurante, ubicado en una casa de campo señorial dotada hasta con una ermita (s. XVIII), sigue estas premisas a la perfección, apostando por una perfecta simbiosis entre tradición e innovación.

Los hermanos Pérez, Pedro Mario al frente de la sala y Óscar Manuel desde los fogones, apuestan por una cocina que refleje su historia, su herencia y sus respectivas personalidades, diferentes pero complementarias, por lo que la carta contempla un apartado con los grandes clásicos de la casa, otro con platos de temporada más creativos y, como complemento, sus ya populares menús degustación. ¡Maravillosa selección de quesos y vinos!

Especialidades : La caballa marinada en vinagre de Jerez, tomate, ajo, cebolla roja, jengibre, sésamo y rocoto. El corzo asado al regaliz de palo con reineta y cacahuete. Cítricos, coco, frutas y cromáticos.

Menú 25 € (almuerzo), 45/70 € – Carta 50/80 €

Arrabal Huerta de los Salados ✉ 49600 – ✆ 980 63 67 95 – www.elermitano.com – Cerrado 31 diciembre-15 enero, lunes, cena: domingo

BENICARLÓ

Castellón – Mapa regional **11**-B1 – Mapa de carreteras Michelin nº 577-K31

Raúl Resino

CREATIVA · MARCO CONTEMPORÁNEO XX La arrolladora personalidad del chef se ve reflejada en una insólita frase que resume su filosofía: "Cocinamos como pensamos, no pensamos cómo vamos a cocinar".

Raúl Resino, que pasó por algunos de los restaurantes con más renombre de nuestro país (Martín Berasategui, El Celler de Can Roca, Zuberoa...) apuesta por una cocina creativa en constante evolución; eso sí, siempre vinculada a pescados, mariscos y productos de la huerta, pues es un absoluto enamorado de las materias primas de proximidad, sobre todo de las que vienen del Maestrazgo y de la Costa del Azahar.

¿Ve detalles de inspiración nipona en los platos? No se extrañe. El chef pasó dos años en Tokio, donde asimiló las enseñanzas del maestro Yoshikawa Takamasa. La puesta en escena es magnífica y... ¡algunos platos parecen cuadros!

Especialidades : Crema de cigalas infusionada con lemongrass y boulgur marino. Zarzuela de pescados y mariscos actualizada. Mix mix de horchata y yuzu.

Menú 36 € (almuerzo), 53/73 €

Avenida de Alacant 3 ✉ 12580 - ✆ 964 86 55 05 - www.restauranteraulresino.com - Cerrado 15 junio-1 julio, lunes, martes, cena: domingo

Pau

ARROCES • AMBIENTE MEDITERRÁNEO Presenta un estilo moderno, desenfadado y de aires mediterráneos, muy en la línea de una oferta centrada, básicamente, en los arroces. ¡También hay un gastrobar llamado Xixo!

Menú 16 € (almuerzo), 23/38 € - Carta 30/40 €

Avenida Marqués de Benicarló 11 ✉ 12580 - ✆ 964 47 05 46 - www.paurestaurant.com - Cerrado 7-16 enero, 17-26 junio, 16-25 septiembre, lunes, martes, cena: miércoles, cena: domingo

BENICÀSSIM

Castellón - Mapa regional **11**-B1 - Mapa de carreteras Michelin n° 577-L30

en la zona de la playa

El Palasiet

SPA Y BIENESTAR • CLÁSICA Se halla frente al mar y atesora una historia singular, pues... ¡fueron pioneros en los servicios de talasoterapia! Entorno ajardinado, habitaciones con terraza, coqueto restaurante especializado en cocina mediterránea y saludable... ¡Experimente el bienestar!

74 habitaciones - 144/275 € - 6 suites

Pontazgo 11 ✉ 12560 - ✆ 964 30 02 50 - www.palasiet.com - Cerrado 1 enero-31 marzo

BENIDORM

Alicante - Mapa regional **11**-B3 - Mapa de carreteras Michelin n° 577-Q29

Villa Venecia

LUJO • ELEGANTE Elegante, acogedor y en la zona más elevada de la ciudad, por lo que disfruta de unas excelentes vistas sobre el mar. Ofrece habitaciones de muy buen confort y un restaurante, de marcado carácter panorámico, que apuesta por la cocina tradicional mediterránea.

25 habitaciones - 69/174 €

Plaza Sant Jaume 1 ✉ 03501 - ✆ 965 85 54 66 - www.hotelvillavenecia.com

BENIFAIÓ

Valencia - Mapa regional **11**-B2 - Mapa de carreteras Michelin n° 577-O28

Juan Veintitrés

TRADICIONAL • SIMPÁTICA He aquí un negocio bien llevado entre tres hermanos, con uno al frente de los fogones mientras los otros están pendientes de la sala. La casa, que inició su andadura como un simple bar, posee dos sobrios comedores de línea actual y tiene la particularidad de que no dispone de carta, pues quieren recitar los platos de palabra para tener un trato más directo con los clientes. Cocina tradicional con detalles actuales y de mercado, destacando tanto los pescados frescos (Rape con tallarines de pasta, Merluza al pil-pil...) como sus arroces: a banda, con bogavante, de alcachofas con puntillas...

Especialidades : Cocochas de merluza. Rape con tallarines. Soufflé de calabaza.

Carta 35/50 €

Papa Juan XXIII-8 ✉ 46450 - ✆ 961 78 45 75 - www.restaurantejuanxxiii.com - Cerrado 11-31 agosto, lunes, cena: domingo

BENIMANTELL

Alicante - Mapa regional **11**-B3 - Mapa de carreteras Michelin nº 577-P29

Vivood Landscape H.

BOUTIQUE HOTEL • DE DISEÑO Un hotel único, pues su diseño participa del paisajismo y juega con la naturaleza. ¿Qué ofrece? Edificaciones sostenibles, eficacia energética, estructuras de hormigón a modo de cubo con jacuzzi exterior... y un restaurante que defiende la cocina ecológica.

25 habitaciones - 175/270 € - 10 suites

Carretera Guadalest-Alcoy 10 ✉ 03516 - ✆ 966 31 85 85 - www.vivood.com

BENISANÓ

Valencia - Mapa regional **11**-A2 - Mapa de carreteras Michelin nº 577-N28

Rioja

TRADICIONAL • AMBIENTE CLÁSICO XX Brinda un comedor clásico-actual, varios reservados y una cuidada bodega. Junto a sus platos tradicionales, siempre basados en la calidad de los productos locales, encontrará una buena carta de arroces. ¡No se marche sin probar su Paella valenciana a la leña!

Menú 20/80 € - Carta 25/50 €

Avenida Verge del Fonament 37 ✉ 46181 - ✆ 962 79 21 58 - www.hotel-rioja.es - Cerrado cena: domingo

BENISSA

Alicante - Mapa regional **11**-B3 - Mapa de carreteras Michelin nº 577-P30

Casa del Maco

INTERNACIONAL • ELEGANTE XX En una casa de campo del s. XVIII que combina con elegancia la rusticidad y el estilo clásico. Cocina de gusto mediterráneo adaptada al paladar centroeuropeo. También ofrece habitaciones de aire contemporáneo y... ¡una agradable terraza en la zona de la piscina!

Menú 25 € (almuerzo), 45/59 € - Carta 58/78 €

Pou Roig 15, Sur 8 km ✉ 03720 - ✆ 965 73 28 42 - www.casadelmaco.com - Cerrado 1-31 enero, almuerzo: lunes, martes, almuerzo: miércoles

BENTRACES

Ourense - Mapa regional **13**-C3 - Mapa de carreteras Michelin nº 571-F6

Pazo de Bentraces

HISTÓRICO • PERSONALIZADA Ocupa un bello pazo señorial que en su origen, allá por el s. XV, sirvió como residencia episcopal. Posee un hermoso jardín, una zona social repleta de objetos de anticuario y encantadoras habitaciones, todas de línea clásica-elegante.

6 habitaciones - 120 € - 10 €

Do Eiro 9 (Barbadás) ✉ 32890 - ✆ 988 38 33 81 - www.pazodebentraces.com - Cerrado 8 diciembre-1 abril

BERGA

Barcelona - Mapa regional **9**-C2 - Mapa de carreteras Michelin nº 574-F35

Terra

TRADICIONAL • AMBIENTE CLÁSICO XX Un restaurante que, más allá de una buena experiencia, busca transmitir un sentimiento. Su chef propone una cocina tradicional catalana y de temporada, con interesantes menús.

Menú 21 € (almuerzo), 27/80 € - Carta 38/50 €

Paseo de la Pau 27 ✉ 08600 - ✆ 938 21 11 85 - www.elterrarestaurant.com - Cerrado 4-16 febrero, cena: lunes, martes, cena: miércoles-jueves, cena: domingo

BERGARA

Guipúzcoa - Mapa regional **18**-B2 - Mapa de carreteras Michelin nº 573-C22

Lasa

TRADICIONAL • AMBIENTE CLÁSICO XX ¡En el histórico Palacio de Ozaeta, declarado Monumento Nacional! Posee varios salones, alguno polivalente, ya que trabaja tanto la carta como el banquete. Cocina tradicional con toques actuales, destacando especialmente por sus ahumados.

Menú 52 € - Carta 48/68 €

Zubiaurre 35 ✉ 20570 - ☎ 943 76 10 55 - www.restaurantelasa.es - Cerrado 1-31 agosto, 24 diciembre-3 enero, lunes, cena: domingo

BESALÚ

Girona - Mapa regional **9**-C3 - Mapa de carreteras Michelin nº 574-F38

Pont Vell

TRADICIONAL • RÚSTICA X ¡En pleno casco antiguo! Ofrece dos salas de aire rústico y una idílica terraza a la sombra de un níspero, todo con magníficas vistas al río. Cocina tradicional y regional, con especialidades como el Conejo agridulce o el Rabo de buey.

Menú 35/40 € - Carta 40/60 €

Pont Vell 24 ✉ 17850 - ☎ 972 59 10 27 - www.restaurantpontvell.com - Cerrado 29 junio-8 julio, 16 diciembre-16 enero, cena: lunes, martes, cena: miércoles-jueves, cena: domingo

BETANCURIA - Las Palmas ➜ Ver Canarias (Fuerteventura)

BIDEGOIAN

Guipúzcoa - Mapa regional **18**-B2 - Mapa de carreteras Michelin nº 573-C23

Bailara

MODERNA • ELEGANTE XX Cocina bien actualizada. Su carta tiene la singularidad de que, salvo suplementos, muestra los grupos de alimentos (entrantes, pescados, carnes y postres) a un precio fijo.

Menú 60 € (almuerzo), 75/110 € - Carta 50/65 €

Hotel Iriarte Jauregia, Eliz Bailara 8 ✉ 20496 - ☎ 943 68 12 34 - www.bailara.com - Cerrado 10 diciembre-24 febrero, martes, almuerzo: miércoles

Iriarte Jauregia

MANSIÓN • ELEGANTE Casa palaciega del s. XVII construida en piedra y rodeada por un hermoso jardín... ¡con árboles centenarios! Sus coquetas habitaciones combinan elementos antiguos y modernos.

21 habitaciones ☕ - 👥 136/190 €

Eliz Bailara 8 ✉ 20496 - ☎ 943 68 12 34 - www.iriartejauregia.com - Cerrado 1 enero-21 febrero

Bailara - Ver selección restaurantes

BIELSA

Huesca - Mapa regional **2**-C1 - Mapa de carreteras Michelin nº 574-E30

en el Valle de Pineta Noroeste : 14 km

Parador de Bielsa

TRADICIONAL • MONTAÑESA ¡La montaña en estado puro! Disfruta de un emplazamiento privilegiado, pues ocupa un sólido edificio a modo de refugio en la entrada oriental al Parque Nacional de Ordesa. En su restaurante elaboran los platos típicos de la cocina belsetana y del Alto Aragón.

34 habitaciones - 👥 90/180 € - ☕ 17 € - 6 suites

✉ 22350 - ☎ 974 50 10 11 - www.parador.es

LA BIEN APARECIDA - Cantabria ➜ Ver Ampuero

BIESCAS

Huesca – Mapa regional **2**-C1 – Mapa de carreteras Michelin nº 574-E29

El Montañés

TRADICIONAL • AMBIENTE TRADICIONAL Una de las opciones más interesantes para comer o cenar si está visitando el Valle de Tena. Este restaurante ha escogido un nombre que le va como anillo al dedo, pues la fachada en piedra da paso a un interior de ambiente montañés donde imperan la piedra vista y, sobre todo, la madera. Aquí encontrará una reducida carta de gusto tradicional con toques actuales, platos de temporada y la opción de varios menús, uno de ellos de tipo degustación. Entre sus especialidades podemos destacar el esponjoso Risotto de boletus al aroma de trufa o el Lechazo en dos cocciones con emulsión de salvia.

Especialidades : Ensalada de escalivada con anchoas y bizcocho de oliva negra. Cochinillo confitado y crujiente con salsa ácida. Tiramisú "El Montañes" con garrapiñados.

Menú 22 € (almuerzo)/27 € – Carta 30/40 €

Escudial 1 ✉ 22630 – ✆ 974 48 52 16 – www.elmontanes.net –
Cerrado 4-20 noviembre, lunes, cena: domingo

zeleno/iStock

BILBAO

Vizcaya - Mapa regional **18**-A3 - Mapa de carreteras Michelin n° 573-C20

Nos gusta...

Salir de tapas por el casco viejo para disfrutar de su ambiente, tomar unos pintxos en **Gure-Toki** y pasar por **Los Fueros**, un restaurante “botxero” perfecto para descubrir los platos típicos de la ciudad. Contemplar las fantásticas vistas al Guggenheim desde el **G. H. Domine Bilbao** y comer en **Nerua Guggenheim Bilbao**, una experiencia única por estar dentro del propio museo. También nos gusta pasarnos por un gran clásico como **Zortziko**, un restaurante elegantísimo que ya ha cumplido sus bodas de plata, o por propuestas más novedosas como el **Eneko Bilbao** del Palacio Euskalduna, donde el chef Eneko Atxa da una vuelta de tuerca a su creatividad en un entorno que enaltece la cultura vasca.

Marmitako, Bacalao al pil-pil, Kokotxas de merluza en salsa verde, Carolinas... hay especialidades que no debe perderse, nacidas en torno a la ría para ser embajadoras de la cocina bilbaína en todo el mundo.

Chris Costello/iStock

Restaurantes

✿ Nerua Guggenheim Bilbao (Josean Alija)

CREATIVA • MINIMALISTA XXX Comer en un museo siempre es algo especial, pero si hablamos del Guggenheim Bilbao ya son palabras mayores, pues la singularidad del espacio repercute sobre toda la experiencia.

Nerua, que toma su nombre del término latino con el que se conocía a la ría del Nervión, donde se junta el agua dulce y el agua salada, reproduce esa fusión de fluidos en su propia filosofía, pues el chef Josean Alija busca rescatar los sabores de la cocina vasca desde la innovación, enriqueciendo la propuesta con matices vegetales e interesantes toques exóticos.

Aquí trabajan en base a varios menús, todos con opción de maridaje. A través de ellos podrá descubrir cómo sacan partido a la temporalidad y cómo plasman una máxima de la casa: el análisis, la reflexión y su replanteamiento constante del proceso creativo.

Especialidades : Txitxarro en escabeche de aceituna. Merluza en salazón, ajo y pimiento verde. Pastel de limón, almendra, miel y romero.

Menú 80€ (almuerzo), 110/170€

Plano B1-d - *Avenida de Abandoibarra 2 ✉ 48009 Ⓜ Moyúa - ✆ 944 00 04 30 - www.neruaguggenheimbilbao.com - Cerrado 1-17 enero, lunes, cena: martes-miércoles, cena: domingo*

✿ Zortziko (Daniel García)

CLÁSICA • ELEGANTE XXX Si tiene ganas de un "clásico" reserve mesa, pues Zortziko lleva abierto desde 1989 y ha sabido convertirse en un icono del mundo culinario bilbaíno.

Presenta varias dependencias o salas con personalidad propia, aunque sobre todas ellas destaca su elegante comedor Versalles, que hace honor a su nombre y se muestra vestido con una estética clásica propia de otros tiempos. Este espacio recrea el marco perfecto para degustar la cocina del chef Daniel García, un hombre de dilatada trayectoria que plantea su cocina como un viaje iniciático a las raíces de la gastronomía vizcaína... eso sí, revisando siempre los sabores desde la modernidad y la estacionalidad de cada producto.

¿Grandes platos? La Copa de foie, las Ostras crocantes o el Pichón a la moda Zortziko en cinco cocciones diferentes.

Especialidades : Bogavante a baja temperatura, gazpacho de espárragos y cuajada de su coral. Merluza en salsa de percebes, base de chirivia y ramallo. Ensalada dulce: manzana dorada, tomate, vainas, menta, pepino y crujiente de vinagre.

Menú 65/99€ - Carta 70/110€

Plano C2-e - *Alameda de Mazarredo 17 ✉ 48001 Ⓜ Abando - ✆ 944 23 97 43 - www.zortziko.es - Cerrado lunes, domingo*

✿ Eneko Bilbao

CREATIVA • DE DISEÑO XX ¿Aún no conoce la cocina del chef Eneko Atxa? Acérquese al Palacio Euskalduna y descubra su particular visión de la gastronomía vizcaína, actualizada en las formas pero tremendamente respetuosa con los productos de temporada.

El atractivo local de Bilbao, integrado en una nueva línea de negocio que busca expandir su filosofía culinaria por el mundo (de momento Eneko London y Eneko Tokyo), presenta un ambiente de diseño que ensalza los valores de la cultura vasca, dejando parte de la cocina a la vista y mostrando su personalidad en la notoria presencia de la madera por todas partes.

Encontrará una pequeña carta de autor y dos menús, con muchos platos que recuerdan su trabajo en Azurmendi (Larrabetzu). La experiencia se completa con... ¡unas fantásticas vistas al "botxo" desde la terraza!

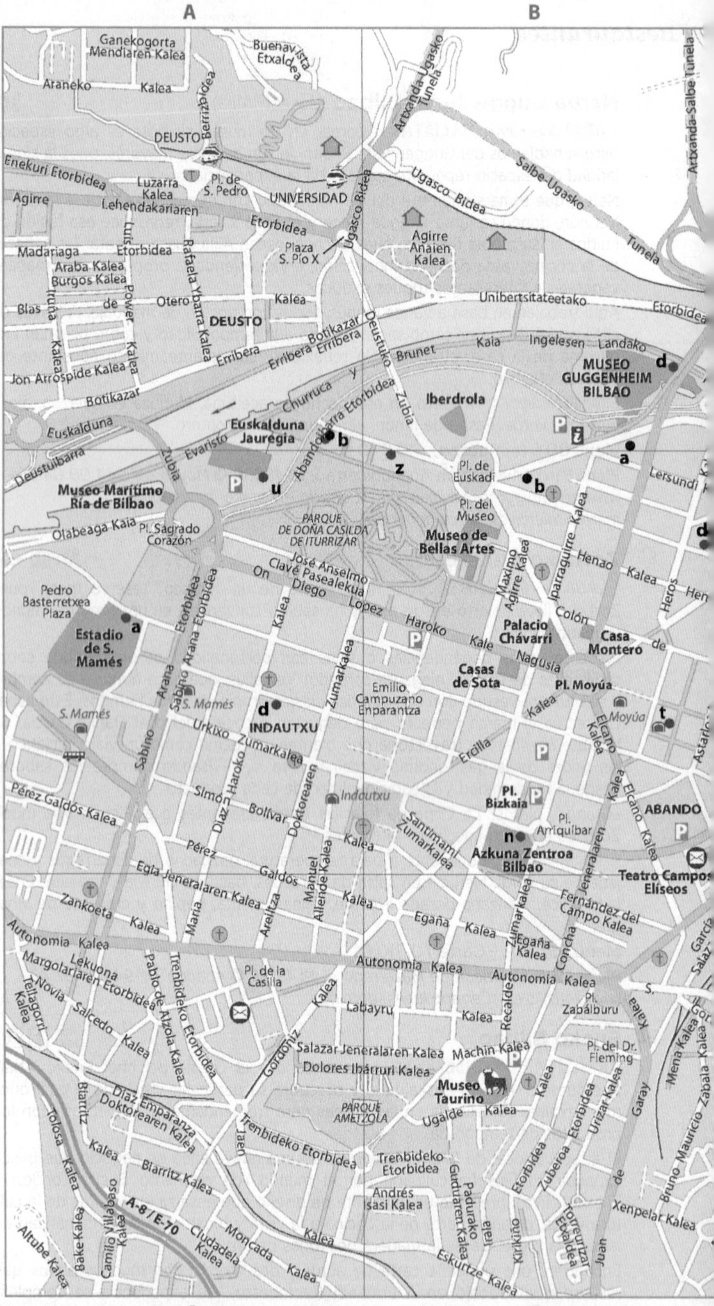
A
B
1
2
3
Ganekogorta Mendiaren Kalea
Buenavista Etxaldea
Araneko Kalea
Berrizbidea
DEUSTO
Artxanda-Ugasko Tunela
Artxanda-Salbe Tunela
Salbe-Ugasko Tunela
Ugasco Bidea
Enekuri Etorbidea
Luzarra Kalea
Pl. de S. Pedro
UNIVERSIDAD
Agirre Lehendakariaren Etorbidea
Madariaga Etorbidea
Luis Power Kalea
Rafaela Ybarra Kalea
Araba Kalea
Burgos Kalea
Plaza S. Pío X
Ugasco Bidea
Agirre Anaien Kalea
Blas de Otero Kalea
Iruña Kalea
DEUSTO
Unibertsitateetako Etorbidea
Botikazar Erribera
Erribera
Deustuko Erribera
Jon Arróspide Kalea
Botikazar
Churruca y Brunet
Zubia
Kaia
Ingelesen Landako
MUSEO GUGGENHEIM BILBAO
Iberdrola
Euskalduna
Deustuibarra
Evaristo
Zubia
Euskalduna Jauregia
Abandoibarra Etorbidea
Museo Marítimo Ría de Bilbao
Olabeaga Kaia
Pl. Sagrado Corazón
PARQUE DE DOÑA CASILDA DE ITURRIZAR
Pl. de Euskadi
Pl. del Museo
Museo de Bellas Artes
Lersundi
Máximo Aguirre Kalea
Iparraguirre Kalea
Henao Kalea
Heros
José Anselmo Clavé Pasealekua
On Diego Lopez Haroko Kale Nagusia
Pedro Basterretxea Plaza
Estadio de S. Mamés
Sabino Arana Etorbidea
Kalea
Colón de Larreategui
Palacio Chávarri
Casa Montero
Casas de Sota
Pl. Moyúa
Zumarkalea
Emilio Campuzano Enparantza
S. Mamés
INDAUTXU
Urkixo Zumarkalea
Ercilla Kalea
Moyúa
Elcano Kalea
Astarloa
Pl. Bizkaia
Pérez Galdós Kalea
Simón Bolívar Kalea
Díaz Haroko
Doktorearen
Indautxu
Santimami Zumarkalea
Pl. Arriquíbar
Jeneralaren Kalea
ABANDO
Pérez Galdós Kalea
Manuel Allende Kalea
Areilza
Azkuna Zentroa Bilbao
Teatro Campos Elíseos
Egia Jeneralaren Kalea
Zankoeta Kalea
María
Egaña Kalea
Fernández del Campo Kalea
Autonomía Kalea
Lekuona
Margolariaren Etorbidea
Pablo de Alzola Kalea
Trenbideko Etorbidea
Pl. de la Casilla
Autonomía Kalea
Zumarkalea
Egaña Kalea
Concha
Pl. Zabálburu
Novia Salcedo Kalea
Tellagorri Kalea
Labayru
Kalea
Recalde
Gordóniz Kalea
Salazar Jeneralaren Kalea
Dolores Ibárruri Kalea
Machin Kalea
Pl. del Dr. Fleming
Mena Kalea
Museo Taurino
Ugalde Kalea
PARQUE AMETZOLA
Díaz Emparanza Doktorearen Kalea
Biarritz Kalea
Jaén
Trenbideko Etorbidea
Urizar Kalea
Garay
Bruno Mauricio Zabala Kalea
Tolosa Kalea
Biarritz Kalea
Andrés Isasi Kalea
Padurako Gudarien Kalea
Etorbidea
Zuberoa Etorbidea
Torreurizar Etxaldea
Xenpelar Kalea
A-8 / E-70
Camilo Villabaso Kalea
Ciudadela Kalea
Moncada Kalea
Iralá
Kirikiño
Juan de Garay
Bake Kalea
Altube Kalea
Eskurtze Kalea
a
b
u
z
d
t
n

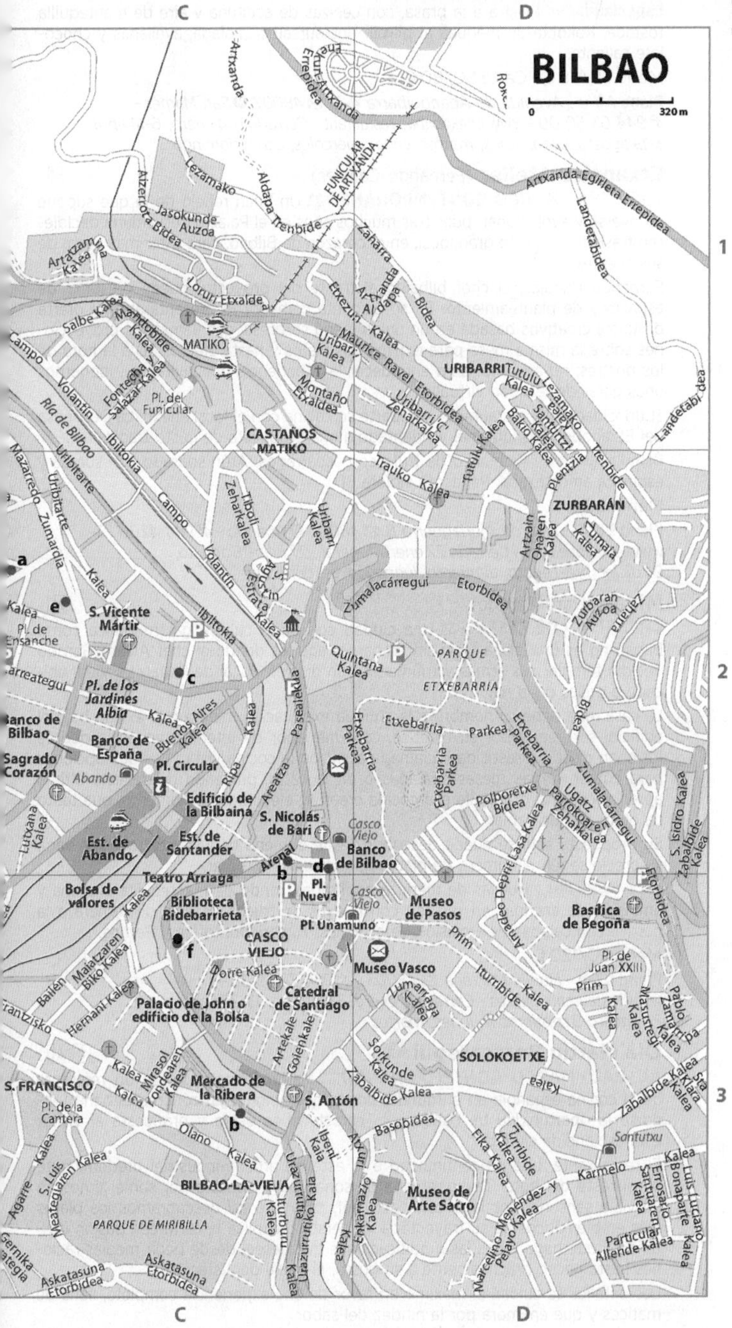
BILBAO
0
320 m
C
D
1
2
3
Artxanda
Funi. Artxanda Errepidea
Artxanda-Egirleta Errepidea
Landetabidea
Lezamako
Aldapa Trenbide
FUNICULAR DE ARTXANDA
Aizerrota Bidea
Jasokunde Auzoa
Artatzamina Kalea
Loruri Etxalde
Zaharra
Artxanda Aldapa
Bidea
Etxezuri Kalea
Salbe Kalea
Mandobide Kalea
MATIKO
Campo
Volantín
Fontecha y Salazar Kalea
Pl. del Funicular
Uribarri Kalea
Maurice Ravel Etorbidea
Montaño Etxaldea
Uribarri C. Zeharkalea
URIBARRI
Tutulu Kalea
Lezamako Kalea
Santurtzi Kalea
Bakio Kalea
Landetabidea
Ría de Bilbao
Ibiltokia
CASTAÑOS MATIKO
Trauko Kalea
Tutulu Kalea
Plentzia
Trenbide
ZURBARÁN
Mazarredo
Uribitarte
Zumarkia
Tiboli Zeharkalea
Uribarri Kalea
Artzain Onaren Kalea
Zumaia Kalea
a
Kalea
e
S. Vicente Mártir
Pl. de Ensanche
S. Agustín Estrata Kalea
Zumalacárregui Etorbidea
Zubaran Auzoa
Zabala
Quintana Kalea
PARQUE ETXEBARRIA
c
Arreategui
Pl. de los Jardines Albia
Buenos Aires Kalea
Banco de Bilbao
Banco de España
Pl. Circular
Sagrado Corazón
Abando
Ripa
Areatza
Pasealekua
Etxebarria Parkea
Etxebarria Parkea
Bidea
Zumalacárregui
Edificio de la Bilbaina
S. Nicolás de Bari
Casco Viejo
Banco de Bilbao
Polboretxe Bidea
Ugatz Parrokoaren Zeharkalea
Lasa Kalea
S. Isidro Kalea
Zabalbide Kalea
Lutxana Kalea
Est. de Abando
Est. de Santander
Arenal
b
d
Teatro Arriaga
Bolsa de valores
Pl. Nueva
Casco Viejo
Museo de Pasos
Amadeo Deprit
Etorbidea
Basílica de Begoña
Biblioteca Bidebarrieta
Pl. Unamuno
CASCO VIEJO
Prim
f
Museo Vasco
Iturribide Kalea
Pl. de Juan XXIII
Prim
Bailén
Maiatzaren Biko Kalea
Torre Kalea
Catedral de Santiago
Zumarraga Kalea
Kalea
Masustegi Kalea
Pablo Zamarripa Kalea
Hernani Kalea
Palacio de John o edificio de la Bolsa
Frantzisko
Artekale
Golenkale
Sorkunde Kalea
SOLOKOETXE
Kalea
Mirasol
Kondearen Kalea
Mercado de la Ribera
Zabalbide Kalea
Kalea
Zabalbide Kalea
Sta. Klara Kalea
S. FRANCISCO
S. Antón
Pl. de la Cantera
b
Olano Kalea
Iberli Kaia
Atxuri
Basobidea
Fika Kalea
Iturribide Kalea
Santutxu
S. Luis
Meategiaren Kalea
Agarre
BILBAO-LA-VIEJA
Urazurrutia
Iturburu Kalea
Erronazio Kalea
Museo de Arte Sacro
Karmelo
Kalea
Erronkario Santuaren Kalea
Luis Luciano Bonaparte Kalea
PARQUE DE MIRIBILLA
Marcelino Menéndez y Pelayo Kalea
Particular Allende Kalea
Gernika
Askatasuna Etorbidea
Askatasuna Etorbidea
Urazurrutiko Kaia
Kalea

Especialidades : Ostra a la brasa, con cenizas de aceituna y aire de mantequilla tostada. Kokotxa de merluza al pil-pil. "Intxaursaltsa" helada, avellanas y chocolate caliente.

Menú 69/98 € - Carta 50/80 €

Plano A2-u - *Avenida de Abandoibarra 4-3º ✉ 48007 Ⓜ San Mamés - ✆ 944 03 50 00 - www.enekobilbao.restaurant - Cerrado 1-14 enero, 6-14 abril, 3-19 agosto, cena: lunes, martes, cena: miércoles, cena: domingo*

✿ **Etxanobe Atelier** (Fernando Canales) A/C

CREATIVA • MARCO CONTEMPORÁNEO XX Un buen reflejo de lo que supone renovarse y evolucionar, pues tras muchos años en el Palacio Euskalduna decidieron trasladarse a este gran local, en el corazón de Bilbao, para estar más cerca de sus clientes.

Fernando Canales, el chef bilbaíno al frente del proyecto, puede presumir de espacio y de planteamiento. En su elegante comedor le presentarán una oferta de tintes creativos basada en un único menú sorpresa, con llamativas proyecciones sobre la misma mesa para explicar los platos y hasta efectos 3D a la hora de los postres; no en vano, para enriquecer la experiencia nos invitan a... ¡ponernos unas gafas de realidad virtual!

¿Curiosidades? El restaurante comparte su cocina con el local anexo, La Despensa del Etxanobe, más informal y orientado a una propuesta de gusto tradicional.

Especialidades : Ajoblanco de trufa con espárragos. Atún soasado con sumac y espinaca amostazada. Panacota violeta 3D.

Menú 120 €

Plano B2-d - *Juan de Ajuriaguerra 8 ✉ 48007 Ⓜ Abando - ✆ 944 42 10 71 - www.etxanobe.com - Cerrado 27 enero-1 marzo, 27 julio-16 agosto, 24 diciembre-1 enero, almuerzo: lunes-jueves, domingo*

✿ **Mina** (Álvaro Garrido) A/C

CREATIVA • DE DISEÑO XX Una ciudad con tanta cultura gastronómica como Bilbao no es una plaza fácil; sin embargo, aquí es donde el chef Álvaro Garrido decidió templar sus armas y triunfar, en un discreto local de Bilbao La Vieja ubicado a orillas de la ría.

La casa, que debe su nombre a la antigua explotación minera que existió bajo el edificio, sorprende por su estética, con una labor de interiorismo en la que se fusionan diseño y rusticidad. Llama la atención la cocina vista y las dos opciones para comer, en las mesas ovaladas o en la barra, pudiendo desde esta última apreciar con mayor detalle esa cocina creativa, ejecutada al momento, que tanto ha dado de que hablar.

Su propuesta solo se puede descubrir desde el menú degustación, aunque varía su precio según el número de platos que vayamos a tomar.

Especialidades : Huevas de merluza confitadas, fondo de mantequilla avellana y emulsión de anchoas en salazón con huevas de trucha. Molleja de ternera a la parrilla con calabaza y emulsión de especias. Tamarindo, toffee y Perrins.

Menú 90/120 €

Plano C3-b - *Muelle Marzana ✉ 48003 - ✆ 944 79 59 38 - www.restaurantemina.es - Cerrado 7 enero-22 febrero, 13-22 abril, 24 agosto-9 septiembre, lunes, martes*

✿ **Ola Martín Berasategui** Ⓝ A/C

ACTUAL • MARCO CONTEMPORÁNEO XX Martín Berasategui es un referente de la cocina española en el mundo, por lo que ningún gastrónomo debería perderse la oportunidad de conocer su característico estilo y propuesta al visitar esta espléndida ciudad.

El restaurante, que da continuidad a la estética urbana-industrial predominante en el resto del hotel Tayko, emana personalidad y apuesta por sumergirnos en un viaje sensorial por la historia del chef, para que así descubramos los platos más emblemáticos de su trayectoria. El personal explica la carta con pasión invitando a que haga todas las modificaciones que desee, desde pedir medias raciones hasta hacer, prácticamente a su gusto, el menú degustación.

Los detalles se cuidan al máximo en favor de una experiencia completa, llena de matices y que enamora por la nitidez del sabor.

Especialidades : Ensalada de tuétanos de verdura con marisco, crema de lechuga de caserío y jugo yodado. Salmonetes con cristales de escamas comestibles, rabo de cerdo ibérico y un jugo de chocolate blanco con algas. Tarta fina de hojaldre con manzana y crema helada.

Menú 98/155€ - Carta 60/80€

Plano C3-f - *Hotel Tayko, De la Ribera 13 ✉ 48005 Ⓜ Casco Viejo - ✆ 944 65 20 66 - www.taykohotels.com - Cerrado lunes, martes, cena: domingo*

✿ Zarate (Sergio Ortiz de Zarate)

TRADICIONAL • A LA MODA XX La historia de Zarate es la de un hombre comprometido con el mar, pues su pasión por la pesca ha marcado las directrices de su propuesta culinaria.

El chef Sergio Ortiz de Zarate comenzó a moldear su restaurante en la localidad de Lekeitio (Vizkaya), donde empezó a hacerse un nombre y a ser reconocido por sus magníficos pescados salvajes asados. Con el traslado del negocio a Bilbao llegó el reconocimiento a la calidad de su cocina, tradicional por los cuatro costados, y la ampliación de su repertorio, ya con unos platos más modernos y de estudiada presentación.

Los pilares de esta casa son firmes, sin duda, y se basan tanto en el respeto por el rico legado de la cocina vasca como en el uso de la mejor materia prima del Cantábrico, llegada a diario de los puertos de Lekeitio y Ondarroa.

Especialidades : Arroz socarrado de marisco. Kikirikotxas, cocochas de merluza con crestas. Cuajado de chocolate con pan y aceite.

Menú 75/200€ - Carta 75/95€

Plano A2-d - *Licenciado Poza 65 ✉ 48013 Ⓜ San Mamés - ✆ 944 41 65 21 - www.zaratejatetxea.com - Cerrado 24 agosto-17 septiembre, lunes, cena: martes-miércoles, cena: domingo*

Los Fueros

VASCA • BISTRÓ X A los grandes clásicos de Bilbao se les denomina "botxeros" y, sin duda, este es uno de ellos, pues abrió sus puertas en 1878 bajo el nombre de Bar Colón. Hoy, tras una magnífica rehabilitación que lejos de proponer grandes cambios ha respetados sus señas de identidad, se presenta como uno de los restaurantes más interesantes del Casco Viejo, con un bellísimo interior tipo bistró y una buena carta que viaja por los platos más típicos y representativos de la ciudad... eso sí, presentados de forma actual. ¡No deje de probar sus míticas Gambas a la plancha!

Especialidades : Empanada de anchoas del Cantábrico cocinada al momento. Merluza frita en aceite de oliva con mayonesa de pimiento asado. Txakolimisu.

Menú 30/50€ - Carta 26/45€

Plano C2-b - *De los Fueros 6 ✉ 48005 Ⓜ Casco Viejo - ✆ 944 15 30 47 - www.losfueros.com - Cerrado martes*

Aizian

TRADICIONAL • AMBIENTE CLÁSICO XXX Tiene personalidad respecto al hotel y con su nombre rememora una obra del maestro Chillida, el gran "herrero del arte". Proponen una cocina de gusto actual bastante variada.

Menú 40€ (almuerzo), 50/85€ - Carta 55/80€

Plano A1-b - *Hotel Meliá Bilbao, Lehendakari Leizaola 29 ✉ 48001 Ⓜ San Mamés - ✆ 944 28 00 39 - Cerrado 1-15 agosto, domingo*

San Mamés Jatexea

TRADICIONAL • TENDENCIA XXX Resulta singular por su ubicación, en el mismísimo estadio de "Los Leones" y asomado al terreno de juego. Carta tradicional y menús degustación. ¡No abre durante los partidos!

Menú 52/67€ - Carta 55/80€

Plano A2-a - *Raimundo Pérez Lezama (Estadio de Fútbol San Mamés, puerta 14 - 1º) ✉ 48007 Ⓜ San Mamés - ✆ 946 41 24 32 - www.sanmamesjatetxea.com - Cerrado lunes, cena: martes*

ESPAÑA

Bascook

MODERNA • DE DISEÑO XX ¡Un negocio moderno, distendido e informal! Su original carta desgrana una cocina de gusto actual con tres apartados: vegetariana, tradicional y de fusión con otras culturas.

Carta 45/65€

Plano C2-c – *Barroeta Aldamar 8 ✉ 48001 Ⓜ Abando – ✆ 944 00 99 77 – www.bascook.com – Cerrado cena: lunes-miércoles, domingo*

La Despensa del Etxanobe

TRADICIONAL • DE DISEÑO XX Un espacio más informal anexo al Etxanobe Atelier, con el que comparte las instalaciones de cocina. Buenos expositores y elaboraciones tradicionales, con platos actualizados.

Menú 80€ – Carta 55/70€

Plano B2-d – *Juan de Ajuriaguerra 8 ✉ 48007 Ⓜ Abando – ✆ 944 42 10 23 – www.etxanobe.com – Cerrado 27 enero-9 febrero, 27 julio-16 agosto, 24-31 diciembre, domingo*

KUMA

JAPONESA • A LA MODA XX Brinda una estética bastante cuidada, con una barra de sushi para la elaboración de los platos fríos. Cocina nipona y de fusión, siempre con el máximo respeto por el producto.

Carta 40/88€

Plano C2-a – *Ercilla 8 ✉ 48007 Ⓜ Moyúa – ✆ 677 48 33 48 – www.restaurantekuma.com – Cerrado lunes, domingo*

Origen Ⓝ

FUSIÓN • DE DISEÑO XX Cautiva por su diseño, moderno, informal e inspirado en los elementos de la naturaleza: agua, fuego, tierra y aire. ¡Un local diferente con platos tradicionales y de fusión!

Menú 50/80€ – Carta 45/60€

Plano B2-z – *Lehendakari Leizaola 7 ✉ 48011 Ⓜ San Mamés – ✆ 946 42 23 82 – www.origenrestaurante.com – Cerrado 1-15 agosto*

Yandiola

TRADICIONAL • DE DISEÑO XX En el centro cívico-cultural Askuna Zentroa (antiguo AlhóndigaBilbao), un emblemático almacén de vinos que fue rehabilitado por Philippe Starck. Cocina actual y de temporada.

Menú 55€ – Carta 45/65€

Plano B2-n – *Plaza Arriquibar 4 Ⓜ Indautxu – ✆ 944 13 36 36 – www.yandiola.com – Cerrado lunes, domingo*

El Globo

TRADICIONAL • BAR DE TAPAS X Resulta céntrico y casi siempre está lleno. Ofrece una barra bien surtida de pinchos y raciones, todos de excelente aspecto. ¡No se marche sin probar su Txangurro gratinado!

Tapa 2€ – Ración 10€

Plano B2-t – *Diputación 8 ✉ 48008 Ⓜ Moyúa – ✆ 944 15 42 21 – www.barelglobo.com – Cerrado 17 febrero-2 marzo, 31 julio-19 agosto, domingo*

Gure-Toki

VASCA • BAR DE TAPAS X Una casa familiar, en pleno casco viejo, que sabe mirar al futuro sin olvidar sus raíces. Sus elaborados "pintxos" y raciones apuestan por la cocina tradicional actualizada.

Tapa 3€ – Ración 15€ – Menú 25/50€

Plano C2-3-d – *Plaza Nueva 12 ✉ 48005 Ⓜ Casco Viejo – ✆ 944 15 80 37 – www.guretoki.com – Cerrado 15 julio-13 agosto, miércoles, cena: domingo*

Alojamientos

G.H. Domine Bilbao

NEGOCIOS · DE DISEÑO Muestra el inconfundible sello del diseñador Javier Mariscal, con detalles modernos por doquier y vistas al Museo Guggenheim desde muchas de sus habitaciones. Amplias zonas nobles, donde encontraremos hasta una cascada de agua, y buena oferta gastronómica.

139 habitaciones - 150/650€ - 26€ - 7 suites

Plano B1-a - *Alameda Mazarredo 61 ✉ 48009 Ⓜ Moyúa - ✆ 944 25 33 00 - www.hoteldominebilbao.com*

Meliá Bilbao

CADENA HOTELERA · CLÁSICA Construcción moderna y escalonada emplazada al lado de la ría. Posee un gran hall-lobby con ascensores panorámicos, varios salones y unas habitaciones muy bien equipadas, todas exteriores y algunas con su propia terraza. ¡Atractiva oferta gastronómica!

196 habitaciones - 110/460€ - 15 suites

Plano A1-b - *Lehendakari Leizaola 29 ✉ 48001 Ⓜ San Mamés - ✆ 944 28 00 00 - www.melia.com*

Aizian - Ver selección restaurantes

Tayko Ⓝ

URBANO · DE DISEÑO Bien ubicado, pues se asoma a la ría y está cerca del teatro Arriaga. Sorprende por su interior, pues han sabido actualizar un edificio de 1924 defendiendo una estética industrial no exenta de diseño. ¡Aquí la gastronomía está firmada por Martín Berasategui!

53 habitaciones - 80/280€ - 20€

Plano C3-f - *De la Ribera 13 ✉ 48005 Ⓜ Casco Viejo - ✆ 944 65 20 70 - www.taykohotels.com*

Ola Martín Berasategui - Ver selección restaurantes

Miró

TRADICIONAL · CONTEMPORÁNEA Se halla junto al Guggenheim y sorprende por su interior, ya que responde a la creatividad del diseñador Antonio Miró. Buen confort y soluciones prácticas en el mobiliario.

50 habitaciones - 90/500€ - 16€

Plano B2-b - *Alameda Mazarredo 77 ✉ 48009 Ⓜ Moyúa - ✆ 946 61 18 80 - www.mirohotelbilbao.com*

LA BISBAL D'EMPORDÀ

Girona - Mapa regional **10**-B1 - Mapa de carreteras Michelin nº 574-G39

Drac

TRADICIONAL · RÚSTICA XX Cuidado, agradable y con bellos muros en piedra. Le propondrán unos platos de tinte actual no exentos de atrevimiento y una interesante carta de vinos con rarezas de la zona.

Menú 25€ (almuerzo), 35/50€ - Carta 35/55€

Hotel Castell d'Empordà, Carretera del Castell, Norte : 1,5 km ✉ 17100 - ✆ 972 64 62 54 - www.hotelcastelldemporda.com - Cerrado 4 noviembre 31 marzo

Castell d'Empordà

EDIFICIO HISTÓRICO · PERSONALIZADA Un castillo medieval, con anexos actuales, rodeado por un bosque. Tienen una espectacular maqueta que reproduce la batalla de Waterloo con... ¡más de 2.000 soldaditos de plomo!

57 habitaciones - 109/319€

Carretera del Castell, Norte : 1,5 km ✉ 17100 - ✆ 972 64 62 54 - www.hotelcastelldemporda.com - Cerrado 5 noviembre-9 marzo

Drac - Ver selección restaurantes

BOADILLA DEL MONTE

Madrid - Mapa regional **15**-A2 - Mapa de carreteras Michelin nº 576-K18

El Antiguo Convento de Boadilla del Monte

HISTÓRICO • CLÁSICA Convento del s. XVII dotado con un hermoso claustro y refectorio. Sorprende por sus magníficas instalaciones, vestidas con detalles antiguos, valiosos arcones, bellas alfombras, espléndidas tapicerías... y hasta doseles sobre algunas camas.

16 habitaciones - 158/228€ - 1 suite

Las Monjas ✉ 28660 - ✆ 916 32 22 20 - www.elconvento.net

BOCEGUILLAS

Segovia - Mapa regional **8**-C2 - Mapa de carreteras Michelin nº 575-H19

Área de Boceguillas

REGIONAL • AMBIENTE TRADICIONAL XX ¿Necesitas hacer una parada en el camino? Esta es una excelente opción, tanto por sus impecables instalaciones como por su oferta gastronómica. Presenta un estilo rústico-actual, con una amplia cafetería, una tienda "vintage" y dos salas, la principal circular, bajo una cúpula y con vistas a las montañas de Somosierra. La responsabilidad de la cocina recae sobre Conchi Domínguez, que gracias a su dedicación ha sabido potenciar este sector del negocio. Carta de tinte regional donde los asados en horno de leña son su principal atractivo. ¡Hay apartamentos tipo bungalow con garaje privado!

Especialidades : Boletus confitados con micuit. Cordero lechal asado en horno de leña. Torrija con chocolate blanco y helado de vainilla.

Menú 19/29€ - Carta 35/45€

Autovía A 1, km 115 y 118 ✉ 40560 - ✆ 921 54 37 03 - www.areaboceguillas.com - Cerrado 1-15 agosto

LA BONANOVA - Baleears

→ Ver Balears (Mallorca) : Palma

BOQUEIXÓN

A Coruña - Mapa de carreteras Michelin nº 571-D4

en Codeso Sureste : 3 km - Mapa regional **13**-B2

O Balado

TRADICIONAL • SENCILLA X Singular y sorprendente, pues refleja la filosofía vital de una pareja enamorada de su profesión. Al encontrarse en una aldea puede resultar algo difícil de localizar; sin embargo, merece la pena hallar la casa y flanquear su discreta fachada para descubrir una sala, de marcado eclecticismo, donde veremos detalles rústicos, modernos, de carácter hogareño... y hasta una típica "lareira", utilizada tanto para cocinar como para ahumar productos. Ofertan calidad, precios económicos y platos tradicionales elaborados con mucho cariño, como la Anguila ahumada o el Rabo de vaca de Bandeira estofado.

Especialidades : Jurel ahumado. Costilla de vaca de Bandeira. Queso de Arzúa y fresas.

Menú 30/42€ - Carta 33/45€

Ardesende 3 ✉ 15881 - ✆ 639 89 37 49 - www.obalado.com - Cerrado 20-30 junio, 20 diciembre-7 enero, cena: lunes-jueves, domingo

LES BORGES BLANQUES

Lleida - Mapa regional **9**-B2 - Mapa de carreteras Michelin nº 574-H32

Hostal Benet

CATALANA • AMBIENTE TRADICIONAL XX Ocupa un edificio con siglos de historia, pues sirvió como molino y ayuntamiento. Carta actual de base tradicional, con guiños al aceite de "Les Garrigues" y opción de menús.

Carta 29/52€

Plaza del 1 de Octubre 21-23 ✉ 25400 - ✆ 973 14 23 18 - www.restauranthostalbenet.com - Cerrado 1-9 enero, 9-24 septiembre, cena: lunes, martes, miércoles, cena: jueves, cena: domingo

BORLEÑA

Cantabria - Mapa regional **6**-B1 - Mapa de carreteras Michelin n° 572-C18

Mesón de Borleña

TRADICIONAL • AMBIENTE CLÁSICO X Un negocio con muchísima historia, sin duda, pues su licencia de apertura... ¡data de 1834! Gran parte del éxito se debe al esfuerzo de sus actuales propietarios, una familia que tomó las riendas de la casa hace ya más de medio siglo. El restaurante se presenta hoy con un bar público, donde ofrecen el menú, y un luminoso comedor de línea clásica. Proponen una cocina de gusto tradicional que convence tanto por sus sabrosos guisos como por la calidad de las materias primas que utilizan, destacando entre estas últimas las magníficas carnes de ternera que les suministra un ganadero de la zona.

Especialidades : Ensalada templada de bacalao. Chipirones en su tinta. Arroz con leche.

Menú 25€ - Carta 25/40€

Carretera N 623 ✉ 39699 - ✆ 942 59 76 43 - www.hoteldeborlena.com - Cerrado 17 febrero-2 marzo, 9-24 noviembre, lunes

BOROA - Vizcayа ➜ Ver Amorebieta-Etxano

BOSSÒST

Lleida - Mapa regional **9**-A1 - Mapa de carreteras Michelin n° 574-D32

Er Occitan

MODERNA • MARCO CONTEMPORÁNEO XX ¡Conocido en todo el Valle de Arán! Se accede por la parte trasera del local y dispone de una única sala de línea actual-funcional, con vistas al río, donde le propondrán una fórmula menú-carta de elaboraciones modernas a precio cerrado y un menú degustación reservado, en exclusiva, a mesas completas con platos compartidos. Buscan el dinamismo de la cocina tradicional puesta al día y juegan con los productos de temporada, por eso su carta va variando con los cambios de estación. La propietaria es una gran aficionada a la enología, por lo que conoce bien las pequeñas bodegas del entorno.

Especialidades : Trucha de Tavascán marinada, huevas y crema de yuba. Jarrete de cerdo a la coquela. Frutas amarillas con yogur y sorbete de calabaza.

Menú 35/57€

Major 66 ✉ 25550 - ✆ 973 64 73 66 - www.eroccitan.com - Cerrado 29 junio-14 julio, 31 agosto-6 septiembre, lunes, cena: martes-jueves, cena: domingo

El Portalet

MODERNA • MARCO CONTEMPORÁNEO XX Este restaurante familiar protege una pequeña parte de nuestra historia, pues cuentan que sus recios muros en piedra sirvieron, en otros tiempos, como cuadra para las diligencias que viajaban hacia Francia. Hoy la sala se presenta totalmente renovada, con una estética de línea rústica-actual, buenos detalles de diseño y diversos guiños al mundo vegetal. Su chef propone una cocina actual que apuesta por los productos de temporada, por eso veremos unos menús en constante evolución que juegan con las materias primas, los sabores, las texturas... cuidando siempre muchísimo la puesta en escena.

Especialidades : Coca de foie con manzana asada. Conejo con berenjena a la llama. Piña y coco en texturas, cacahuete y helado de curry.

Menú 37/51€

Sant Jaume 32 ✉ 25550 - ✆ 973 64 82 00 - www.restaurantportalet.com - Cerrado 20 junio-7 julio, lunes, cena: martes-jueves, cena: domingo

BREÑA ALTA - Santa Cruz de Tenerife ➜ Ver Canarias (La Palma)

BRIÑAS

La Rioja - Mapa regional **14**-A2 - Mapa de carreteras Michelin nº 573-E21

Tondón

ACTUAL • MARCO CONTEMPORÁNEO XX Se accede por el hall del hotel, presenta un montaje actual y destaca por su terraza con vistas al Ebro. Carta de cocina actual con platos actualizados y menús degustación.

Menú 60/80€ - Carta 40/55€

Hotel Palacio Tondón, Del Campo 2 ✉ 26290 - ✆ 941 69 01 00 - www.palaciotondon.com - Cerrado almuerzo: lunes-miércoles

Palacio Tondón

PALACE • CONTEMPORÁNEA Debe su nombre a los viñedos limítrofes y ocupa un palacete, hoy restaurado, que remonta sus orígenes al s. XVI. Instalaciones modernas-funcionales, habitaciones de confort actual, agradables vistas al Ebro, bodegas naturales... ¡Una gran opción de enoturismo!

33 habitaciones - 140/180€

Del Campo 2 ✉ 26290 - ✆ 941 69 01 00 - www.palaciotondon.com

Tondón - Ver selección restaurantes

EL BRULL

Barcelona - Mapa regional **9**-C2 - Mapa de carreteras Michelin nº 574-G36

en el Club de Golf Oeste : 3 km

L'Estanyol

TRADICIONAL • AMBIENTE TRADICIONAL XX ¡Una antigua masía en un campo de golf! Posee un bar con un espacio dedicado a Johan Cruyff y comedores de aire rústico-elegante. Cocina tradicional, regional e internacional.

Menú 13€ (almuerzo)/65€ - Carta 25/55€

Club de Golf ✉ 08553 - ✆ 938 84 03 54 - www.restaurantestanyol.com - Cerrado cena: lunes-jueves, cena: domingo

BUERA

Huesca - Mapa regional **2**-C1 - Mapa de carreteras Michelin nº 574-F30

La Posada de Lalola

FAMILIAR • PERSONALIZADA Una antigua casa de pueblo restaurada con muchísimo encanto. Tiene la recepción en el restaurante, posee un salón con chimenea y ofrece habitaciones de estilo rústico-actual.

7 habitaciones - 75/95€

La Fuente 14 ✉ 22146 - ✆ 974 31 84 37 - www.laposadadelalola.com

BUEU

Pontevedra - Mapa regional **13**-A3 - Mapa de carreteras Michelin nº 571-F3

A Centoleira

PESCADOS Y MARISCOS • FAMILIAR X ¡Un negocio familiar centenario! Posee una taberna de gran tipismo, un comedor rústico y una sala para banquetes con excelentes vistas a la ría. Cocina atlántica tradicional.

Menú 16€ (almuerzo), 20/30€ - Carta 40/65€

Playa de Beluso 28 ✉ 36937 - ✆ 986 32 34 81 - www.acentoleira.com - Cerrado 14-30 octubre, lunes, cena: domingo

🍴 **Loureiro** ⟨& 🅰🅲 🅿

PESCADOS Y MARISCOS · FAMILIAR ✗ Bien situado frente a la playa homónima. En los comedores, que sorprenden por sus fantásticas vistas a la ría de Pontevedra, le propondrán una sabrosa cocina marinera.
Menú 15 € – Carta 25/50 €

Playa de Loureiro 13, Noreste : 1 km ✉ 36930 – 𝒞 986 32 07 19 – www.restauranteloureiro.com – Cerrado 7 enero-7 febrero, cena: domingo

EL BURGO DE OSMA

Soria – Mapa regional **8**-C2 – Mapa de carreteras Michelin n° 575-H20

🏩 **Castilla Termal Burgo de Osma**

🎋 🌊 🖼 ⑨ ⅙ 🏧 & 🅰🅲 ♨ 🅿 🚗

TERMAL · HISTÓRICA Instalado en un impresionante edificio, ya que ocupa lo que fue la Universidad de Santa Catalina, del s. XVI. Amplias zonas nobles, habitaciones detallistas y un hermoso balneario emplazado bajo el patio columnado. El restaurante completa su carta tradicional con un apartado vegetariano y otro para celíacos.
66 habitaciones ⌂ – 👫 119/189 € – 4 suites

Universidad 5 ✉ 42300 – 𝒞 975 34 14 19 – www.castillatermal.com

BURGOS

Burgos – Mapa regional **8**-C2 – Mapa de carreteras Michelin n° 575-E18

🍀 **Cobo Vintage** (Miguel Cobo) 🅰🅲

MODERNA · TENDENCIA ✗✗ ¡El buque insignia de la alta cocina burgalesa! Ansía nuevos horizontes apostando por un gran espacio bicéfalo, con una tasca evolucionada (pucheros, guisos, salazones...) y un entorno culinario más gourmet donde dejar volar la imaginación.

El chef santanderino Manuel Cobo, conocido a nivel mediático por sus programas de televisión (Top Chef y La cuenta, por favor), ofrece una cocina moderna-creativa de marcadas influencias tradicionales, una fórmula con la que siempre busca el equilibrio entre las raíces burgalesas, los sabores marinos de su Cantabria natal y esa especial obsesión del chef por las fermentaciones y los curados.

¿Su filosofía? Aquí repiten como un mantra la frase del artista y cineasta Andy Warhol: "La idea no es vivir para siempre, la idea es crear algo que sí lo haga".

Especialidades : Cigala a la sal con grasa de buey y royal de sus interiores. Costilla de vaca asada, caldo de legumbres y cremoso láctico. Cacao, guayaba y pitahaya.
Menú 65/75 € – Carta 45/65 €

La Merced 19 (previsto traslado a Plaza de la Libertad 9) ✉ 09002 – 𝒞 947 02 75 81 – www.cobovintage.es – Cerrado 14 diciembre-2 febrero, lunes, cena: martes-miércoles, cena: domingo

🍃 **La Fábrica** 🅰🅲

TRADICIONAL · MINIMALISTA ✗✗ Llevado con talento e ilusión por Ricardo Temiño, su chef-propietario, un cocinero local habituado a compaginar su trabajo entre fogones con la participación en prestigiosos campeonatos culinarios. Se presenta con un diáfano comedor de estética actual-minimalista, estando este presidido por una chimenea en forja que aporta un punto de calidez a la estancia. ¿La propuesta? Cocina de mercado actualizada y tradicional burgalesa puesta al día, siempre en base a productos de temporada y con opción tanto a menús como a medias raciones. ¡El mimo en las presentaciones denota sus ganas de agradar!

Especialidades : Buñuelos de bacalao y queso Idiazábal. Tournedó de lechazo con salsa de mostaza y menta. La fábrica de chocolate.
Menú 21 € (almuerzo), 45/55 € – Carta 35/50 €

Briviesca 4 ✉ 09004 – 𝒞 947 04 04 20 – www.fabricarestaurante.com – Cerrado 27 enero-10 febrero, 15-31 agosto, lunes, cena: domingo

Blue Gallery

CREATIVA · A LA MODA XX Instalado en un cubo de cristal, donde se presenta con una pequeña barra y las mesas en la zona acristalada. Cocina de fusión con bases asiáticas y buen producto de mercado.

Menú 19/45€

Paseo Comuneros de Castilla 19 ✉ 09006 – ✆ 947 05 74 51 – www.bluegalleryrestaurante.com – Cerrado domingo

Casa Ojeda

TRADICIONAL · RÚSTICA XX Negocio ya centenario que da cabida a un bar-cafetería, una pastelería, una tienda de delicatessen y varios apartamentos. Posee dos salas de aire castellano y tres privados.

Carta 40/65€

Vitoria 5 ✉ 09004 – ✆ 947 20 90 52 – www.grupojeda.es – Cerrado cena: domingo

Puerta Real

TRADICIONAL · AMBIENTE CLÁSICO XX Destaca por su excelente ubicación en la plaza de la Catedral, con un bar de tapas a la entrada y una sala de montaje actual. Cocina actualizada y un menú fiel a la tradición.

Menú 33/50€ – Carta 26/80€

Plaza Rey San Fernando 9 ✉ 09003 – ✆ 947 26 52 00 – www.puertareal.es – Cerrado cena: domingo

Alma N

COCINA DE TEMPORADA · MARCO CONTEMPORÁNEO X Amplio, luminoso, actual, agradable... Ofrecen una cocina contemporánea fresca y de buen nivel, con producto llegado de las lonjas del Cantábrico para el servicio a la carta.

Menú 18/40€ – Carta 30/45€

General Sanz Pastor 7 ✉ 09003 – ✆ 947 65 65 49 – Cerrado cena: lunes-miércoles, cena: domingo

La Favorita

TRADICIONAL · BAR DE TAPAS X Excelente bar-restaurante de aire rústico, pues aún conserva las paredes originales en ladrillo visto y piedra. Destaca por la calidad de sus pinchos y sus carnes a la brasa.

Tapa 2€ – Ración 18€

Avellanos 8 ✉ 09003 – ✆ 947 20 59 49 – www.lafavoritaburgos.com

NH Palacio de Burgos

NEGOCIOS · CONTEMPORÁNEA Instalado en un antiguo convento de fines del s. XVI que conserva la fachada y el claustro, este último hoy cubierto por un techo acristalado. Ofrece unas habitaciones amplias y luminosas, así como un restaurante de montaje actual orientado al cliente alojado.

110 habitaciones – 🚻 109/209€ – ☕ 19€ – 3 suites

La Merced 13 ✉ 09002 – ✆ 947 47 99 00 – www.nh-hotels.com

al Sur en la autovía A1

Landa

TRADICIONAL · CLÁSICA Magnífico hotel ubicado, parcialmente, en un torreón del s. XIV. Atesora amplias zonas nobles y habitaciones bien personalizadas, la mitad con hidromasaje en los baños. Acogedor comedor clásico-regional para el almuerzo y salón de aire medieval para las cenas.

36 habitaciones – 🚻 130/165€ – ☕ 18€ – 1 suite

3,5 Km ✉ 09001 – ✆ 947 25 77 77 – www.landa.as

CABAÑAS DE LA SAGRA

Toledo – Mapa regional **7**-B2 – Mapa de carreteras Michelin nº 576-L18

Casa Elena

REGIONAL • MARCO REGIONAL XX Resulta acogedor y tiene al dueño totalmente volcado en el negocio. Con independencia del tema gastronómico, muy interesante, han acertado al recuperar una casona rural que destila autenticidad. Presenta varias salas, bellos muros encalados, altos techos en madera, coquetos patios... y el comedor principal en lo que fueron las caballerizas. Desde los fogones se exalta la cocina regional, actualizada y entendida con un planteamiento vital, pues defienden la sostenibilidad, la ecología y las corrientes "Slow Food" trabajando con productos "Km. 0". ¡Sugerente carro de panes y aceites locales!

Especialidades : Degustación de croquetas melosas. Cochinillo a baja temperatura, puré a la vainilla, salsa de sus huesos y manzanilla. Tarta de queso manchego con helado de tomillo.

Menú 23 € (almuerzo), 48/70 € - Carta 35/50 €

Nueva 15 ✉ 45592 - ✆ 925 35 54 07 - www.restaurantecasaelena.com - Cerrado cena: lunes-jueves, cena: domingo

LAS CABEZAS DE SAN JUAN

Sevilla - Mapa regional **1**-B2 - Mapa de carreteras Michelin n° 578-V12

por la carretera A 371 Este : 8,5 km y desvío a la izquierda 1 km

Hacienda de San Rafael

CASA DE CAMPO • ELEGANTE Exclusivo, aislado e instalado en una gran hacienda que funcionó como almazara en el s. XVIII. Atesora un bello entorno ajardinado, habitaciones detallistas, casitas independientes y un restaurante, para el cliente alojado, que se adapta a cualquier exigencia.

20 habitaciones ☕ - 👥 320/2500 €

Carretera N-IV km 594 ✉ 41730 - ✆ 955 87 21 93 - www.haciendadesanrafael.com - Cerrado 15 noviembre-10 marzo

CABO DE PALOS

Murcia - Mapa regional **16**-B3 - Mapa de carreteras Michelin n° 577-T27

La Tana

TRADICIONAL • FAMILIAR X Negocio familiar ubicado en la zona del puerto, donde ofrecen unos comedores de correcto montaje y una carta rica en pescados, mariscos, arroces y calderos. Su atractiva terraza destaca por sus buenas vistas al mar.

Menú 33/42 € - Carta 28/40 €

Paseo de la Barra 3 ✉ 30370 - ✆ 968 56 30 03 - www.la-tana.com - Cerrado 3-28 febrero

CABRERA DE MAR

Barcelona - Mapa regional **10**-B3 - Mapa de carreteras Michelin n° 574-H37

Cal Tito

PESCADOS Y MARISCOS • SENCILLA X Restaurante de organización familiar ubicado cerca del centro. Plantean una cocina de producto sin grandes complicaciones... eso sí, especializada en pescados y mariscos.

Carta 34/58 €

Ronda de Calalunya 42 ✉ 08349 - ✆ 937 59 19 13 - Cerrado lunes, cena: domingo

CABRILS

Barcelona - Mapa regional **10**-B3 - Mapa de carreteras Michelin n° 574-H37

Axol

MODERNA • FAMILIAR XX Negocio de gestión familiar instalado en un atractivo chalet de líneas vanguardistas. Ofrecen una cocina actual, apegada al producto de temporada, y una buena oferta de menús.

Menú 32/70 € - Carta 40/53 €

Arboç 6, Urbanización Can Cabot ✉ 08348 - ✆ 937 53 86 45 - www.restaurantaxol.com - Cerrado 17 febrero-1 marzo, 28 septiembre-11 octubre, lunes, martes

Ca L'Estrany

TRADICIONAL • AMBIENTE CLÁSICO XX Esta casa, tipo masía pero de estética actual, está muy vinculada a La Cofradía de Pescadores de Arenys de Mar. Aquí lo mejor son las sugerencias y el pescado de temporada.

Carta 31/40€

Camí Coll de Port 19 ✉ 08348 – ✆ 937 50 70 66 – www.calestrany.com – Cerrado lunes, cena: domingo

Mas de Baix

MANSIÓN • RÚSTICA ¡Alójese en una preciosa casona señorial del s. XVII! En este céntrico edificio encontrará zonas sociales de aire rústico y unas habitaciones muy cuidadas, todas bien personalizadas y con cierto aire colonial. Entorno con piscina y césped.

11 habitaciones – 115/145€ – 10€

passeig Tolrà 1 ✉ 08348 – ✆ 937 53 80 84 – www.hotelmasdebaix.com

CACABELOS

León – Mapa de carreteras Michelin nº 575-E9

en Canedo Noreste : 6,5 km – Mapa regional **8**–A1

Palacio de Canedo

REGIONAL • RÚSTICA XX Si busca un establecimiento con encanto... ¡no dude en visitarlo! Se podría decir que la sede de Prada a Tope, más que un palacio de campo rehabilitado, se ha convertido en un sueño hecho realidad, pues aquí se dan cita la belleza arquitectónica, el amor por las tradiciones y el respeto a la tierra berciana, esta última integrada con sus viñedos para lograr así un entorno más armonioso. Presenta una nave para la elaboración de sus productos, una maravillosa tienda, un bar, grandes comedores y habitaciones de original rusticidad. Cocina regional con personalidad y vinos de elaboración propia.

Especialidades : Lacón prensado con nuestros pimientos asados. Lomo de bacalao con parmentier y guiso de manitas. Crema de limón con castañas.

Menú 30/36€ – Carta 25/40€

La Iglesia ✉ 24540 – ✆ 987 56 33 66 – www.pradaatope.es – Cerrado 15-29 febrero

CÁCERES

Cáceres – Mapa regional **12**–B2 – Mapa de carreteras Michelin nº 576-N10

✿✿ Atrio (Toño Pérez)

CREATIVA • DE DISEÑO XXXX Si algo se respira en esta casa es la pasión por los detalles, pues la delicadeza va más allá de la gastronomía para transmitirse a todos los elementos físicos que rodean al cliente.

Con el chef cacereño Toño Pérez, alma y motor del restaurante, descubrirá una cocina innovadora de maridajes clásicos, cercana a los austeros productos de la zona pero con un increíble poder para potenciarlos y convertir la experiencia en un festival de sabores.

No se pierda bajo ningún concepto la bodega, una de las mejores del mundo gracias a la incansable labor de José Polo (copropietario, sumiller y jefe de sala), pues atesora joyas como el Château d'Yquem de 1806, que por los extraordinarios, y casi épicos, avatares del destino ha llegado a tener un precio en carta que... ¡supera los 300. 000 euros!

Especialidades : Vieiras y manitas, en milhojas tostadas con caviar y caldo de cocido. Lagarto ibérico en esferas con callos de bacalao y garam masala. El choco-jamón, café y crème brûlée de jamón rancio.

Menú 120/175€

Hotel Atrio, Plaza San Mateo 1 ✉ 10003 – ✆ 927 24 29 28 – www.restauranteatrio.com

Madruelo

TRADICIONAL • AMBIENTE TRADICIONAL XX Se encuentra a un paso de la Plaza Mayor y con su nombre rinde un pequeño homenaje a la escuela que existió hace años en este barrio. El restaurante, que ocupa una casa del s. XIX bien restaurada, dispone de un pequeño hall y luminosas dependencias de aire clásico-rústico, con los techos abovedados, diversas arcadas comunicando los espacios y un cuidado servicio de mesa. Su chef elabora unos platos de base tradicional definidos por la calidad de las materias primas, normalmente extremeñas, y unas cuidadísimas presentaciones. ¡El Solomillo ibérico y su Carpaccio de Retinto son una delicia!

Especialidades : Carpaccio de retinto. Solomillo ibérico con boletus. Tarta de chocolate Madruelo.

Menú 30/36 € – Carta 28/40 €

Camberos 2 ✉ 10003 – ✆ 927 24 36 76 – www.madruelo.com – Cerrado 15-31 enero, 1-15 julio, cena: lunes-martes, cena: domingo

Javier Martín

ACTUAL • MARCO CONTEMPORÁNEO XX En este moderno local, muy bien llevado por una pareja en la barriada de Nuevo Cáceres, encontrará una completa carta tradicional con pinceladas actuales y varios menús.

Menú 30 € – Carta 35/50 €

Juan Solano Pedrero 15 ✉ 10005 – ✆ 927 23 59 06 – www.restaurantejaviermartin.com – Cerrado 27 julio-9 agosto, cena: domingo

alBalat

TRADICIONAL • MARCO CONTEMPORÁNEO X ¡Una casa llevada en familia! Presenta una zona de tapeo y un comedor actual, donde le propondrán una carta tradicional bien apoyada por un menú del día y otro de degustación.

Menú 15/30 € – Carta 31/48 €

Avenida de Ruta de la Plata 4 ✉ 10001 – ✆ 927 03 83 03 – www.restaurantealbalat.com – Cerrado 20-26 enero, cena: domingo

Atrio

LUJO • DE DISEÑO Se halla en el espectacular casco antiguo y ocupa un edificio excepcional, no en vano ha sido rehabilitado por los prestigiosos arquitectos Mansilla y Tuñón. Encontrará unas estancias y habitaciones de inmaculado diseño, jugando siempre con los espacios, las luces y la interpretación visual de cada cliente.

14 habitaciones – 319/693 € – 41 €

Plaza San Mateo 1 ✉ 10003 – ✆ 927 24 29 28 – www.restauranteatrio.com

Atrio – Ver selección restaurantes

Parador de Cáceres

HISTÓRICO • CONTEMPORÁNEA Este atractivo Parador se encuentra en pleno centro histórico, ocupando el antiguo Palacio de Torreorgaz. Pese a ser un edificio del s. XIV hoy se presenta totalmente renovado, conservando reminiscencias del pasado pero ofreciendo también un confort muy actual. El restaurante destaca por su zona ajardinada.

39 habitaciones – 100/225 € – 19 €

Ancha 6 ✉ 10003 – ✆ 927 21 17 59 – www.parador.es

CADAQUÉS

Girona – Mapa regional **9**-D3 – Mapa de carreteras Michelin nº 574-F39

Compartir

MODERNA • RÚSTICA X Posee un amplio patio-terraza y un agradable interior de ambiente rústico-mediterráneo, con fuerte presencia de la piedra y la madera. Su propuesta culinaria apunta hacia el plato completo, de gran calidad, pero todo ideado para compartir.

Carta 30/70 €

Riera Sant Vicenç ✉ 17488 – ✆ 972 25 84 82 – www.compartircadaques.com – Cerrado 5-30 enero, 22 noviembre-3 diciembre, lunes, martes

Calma Blanca

LUJO • DE DISEÑO iIdeal para una escapada romántica! Ofrece unas cuidadas habitaciones de línea mediterránea con guiños a Dalí, un pequeño SPA y bonitas vistas, desde las terrazas y el jardín.

7 habitaciones – 370/720 € – 30 €

Avenida Salvador Dalí 8 ✉ 17488 – ✆ 972 15 93 56 – www.calmablanca.es – Cerrado 1 diciembre-31 enero

Villa Gala N

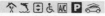

BOUTIQUE HOTEL • MEDITERRÁNEA Ubicado en una tranquila calle del centro de Cadaqués y... icon guiños a la musa de Dalí! Encontrará habitaciones de estilo mediterráneo y una terraza panorámica con piscina.

14 habitaciones – 180/380 €

Solitari 5 ✉ 17488 – ✆ 872 22 80 00 – www.hotelvillagala.com

CADAVEDO

Asturias – Mapa regional **3**–A1 – Mapa de carreteras Michelin nº 572-B10

Torre de Villademoros

TRADICIONAL • ACOGEDORA Casona solariega del s. XVIII, con porche y un cuidado jardín, emplazada junto a la torre medieval de la que toma su nombre. Posee amplias habitaciones de estética rústica-actual y un correcto comedor, para desayunos y cenas, orientado al cliente alojado.

10 habitaciones – 85/131 € – 9 € – 1 suite

Villademoros, Oeste : 1,5 km ✉ 33788 – ✆ 985 64 52 64 – www.torrevillademoros.com – Cerrado 6 enero-1 marzo, 3 noviembre-23 diciembre

CÁDIZ

Cádiz – Mapa regional **1**–A2 – Mapa de carreteras Michelin nº 578-W11

Sopranis

MODERNA • A LA MODA Se halla en una calle peatonal del barrio de Santa María, para muchos la cuna del flamenco, y es un buen sitio donde comer en la "Tacita de Plata". En conjunto, se trata de un restaurante de línea actual, con una barra de apoyo y dos coquetos comedores que llaman la atención por sus suelos de estilo antiguo. Presentan una carta actual-moderna y dos menús degustación, variando los platos según la estacionalidad y el tipo de materia prima adquirida, ya que van a diario al puerto o al mercado de abastos. iEl maridaje que se oferta con los menús tiene una excelente relación calidad/precio!

Especialidades : Raviolis del puchero y crema de su caldo. Caldereta de pescado de roca y mariscos. Tarta de queso de cabra payoya, membrillo y mousse de fresas.

Menú 35/50 € – Carta 35/43 €

Sopranis 5 ✉ 11005 – ✆ 956 28 43 10 – www.sopranis.es – Cerrado 4-15 noviembre, lunes, cena: domingo

La Curiosidad de Mauro Barreiro

MODERNA • MARCO CONTEMPORÁNEO Su oferta culinaria fusiona la cocina de otros países, sobre todo de Sudamérica y Asia, con platos más locales. iEn el bar también muestran su carta con un apartado de tapas!

Menú 35/45 € – Carta 32/45 €

Veedor 10 ✉ 11003 – ✆ 956 99 22 88 – www.lacuriosidaddemaurobarreiro.com

La Punta del Sur N

REGIONAL • BAR DE TAPAS Un sencillo bar decorado como una taberna marinera. No se pierda la Ensaladilla trufada, sus Huevos rotos, el Pescaíto... iy unas Tortillitas de camarones que son un escándalo!

Tapa 3 € – Ración 7 €

San Félix 11 ✉ 11002 – ✆ 608 97 93 57 – Cerrado lunes, almuerzo: martes, cena: domingo

🍴○ **Sonámbulo** Ⓝ   🏠 ⅃ 🆎

FUSIÓN · ACOGEDORA ✗ Enamora dentro de su sencillez, tanto por el montaje como por sus coquetos detalles (retro, rústico, plantas...). Cocina moderna de fusión, con platos tradicionales y exóticos.

Menú 22/40€ – Carta 25/35€

Plaza Candelaria 12 ✉ 11005 – ✆ 661 77 07 90 – www.sonambulocadiz.com

🏨🏨 **Parador H. Atlántico**   ✿ ← ⅃ 🌐 ⅃ ⬚ ⅃ 🆎 ⅃ 🅿 🚗

TRADICIONAL · DE DISEÑO ¡Vanguardismo orientado al océano! Este Parador atesora unas zonas sociales que tienen en el hierro a su gran protagonista, un buen salón de conferencias y modernas habitaciones, todas con terraza y vistas al mar. El restaurante, dotado con una bodega acristalada, propone una carta tradicional actualizada.

124 habitaciones – 📶 110/305€ – ⚏ 19€

Avenida Duque de Nájera 9 ✉ 11002 – ✆ 956 22 69 05 – www.parador.es

CAIMARI – Balears ➜ Ver Balears (Mallorca)

CALA BLAVA – Balears ➜ Ver Balears (Mallorca)

CALA D'OR – Balears ➜ Ver Balears (Mallorca)

CALA EN PORTER – Balears ➜ Ver Balears (Menorca)

CALACEITE

Teruel – Mapa regional **2**–C2 – Mapa de carreteras Michelin n° 574-I30

🏠 **Hotel del Sitjar**   ✿ 🐾 ⬚ 🆎 ⅃

TRADICIONAL · ACOGEDORA Lo mejor es su emplazamiento, pues ocupa una hermosa casa solariega del s. XVIII situada en la misma plaza Mayor. Presenta un interior con mucho encanto, cálido y confortable, dominado por los detalles decorativos, la piedra y la madera. El restaurante, de carácter polivalente, ofrece una carta tradicional.

15 habitaciones ⚏ – 📶 95/115€

Plaza España 15 ✉ 44610 – ✆ 978 85 11 14 – www.hoteldelsitjar.com –
Cerrado 1 enero-14 febrero

CALAFELL

Tarragona – Mapa regional **9**–B3 – Mapa de carreteras Michelin n° 574-I34

en la carretera C - 31 Sureste : 2 km

🍴○ **La Barca de Ca l'Ardet**   🏠 🆎

TRADICIONAL · FAMILIAR ✗ Se encuentra a las afueras de la localidad, instalado en un chalet azul de una zona residencial. En sus salas podrá descubrir una carta tradicional, con claras influencias del mar y un buen apartado de arroces. ¡Amplia variedad de menús!

Menú 30€ (almuerzo)/53€ – Carta 45/60€

Marinada 1, Urbanización Mas Mel ✉ 43820 – ✆ 977 69 15 59 –
www.labarcadecalardet.com – Cerrado 1-16 septiembre, 27 diciembre-15 enero, cena:
lunes, martes, cena: domingo

en la playa

🍴○ **Masia de la Platja**   ⅃ 🆎

TRADICIONAL · FAMILIAR ✗✗ Este negocio familiar, que abrió sus puertas en 1961, ofrece una carta basada en pescados, mariscos y arroces. Se complementa con un local de tapas anexo bastante concurrido.

Menú 40/60€ – Carta 50/90€

Vilamar 67-69 ✉ 43820 – ✆ 977 69 13 41 – www.masiadelaplatja.com –
Cerrado 8-15 enero, 2-25 noviembre, cena: martes, miércoles

Masia de la Platja - Tapes

MODERNA • BAR DE TAPAS ¡Tiene identidad propia respecto al restaurante! Su carta, que ensalza sobre todo los productos del mar, contempla un buen número de tapas, tanto tradicionales como creativas.

Tapa 8 € - Ración 28 € - Menú 20/40 €

Vilamar 69 ✉ 43820 - ✆ 977 69 51 00 - www.masiadelaplatja.com - Cerrado 8-15 enero, 2-25 noviembre, cena: martes, miércoles

CALAHORRA

La Rioja - Mapa regional **14**-B2 - Mapa de carreteras Michelin nº 573-F24

Chef Nino

TRADICIONAL • AMBIENTE CLÁSICO Un restaurante elegante, de ambiente clásico y con más de 40 años de historia. Su propuesta, tradicional y de temporada con platos actualizados, se completa con un apartado más informal denominado "D'tapas". ¡No se pierda su Menestra de verduras de temporada!

Menú 15 € - Carta 33/50 €

Basconia 2 ✉ 26500 - ✆ 941 13 31 04 - www.chefnino.com - Cerrado 24 diciembre-24 enero, lunes, cena: martes-jueves, cena: domingo

CALATAÑAZOR

Soria - Mapa regional **8**-D2 - Mapa de carreteras Michelin nº 575-G21

Casa del Cura

FAMILIAR • RURAL Tiene la categoría de Posada Real, se halla en un pueblo pintoresco y ofrece un coqueto salón social, presidido por la típica chimenea pinariega. Habitaciones coloristas y buen restaurante, pionero en la cocina micológica. ¡Pregunte por sus jornadas mozárabes!

6 habitaciones - †† 65/100 € - ☕ 6 €

Real 25 ✉ 42193 - ✆ 975 18 36 42 - www.posadarealcasadelcura.com

CALATAYUD

Zaragoza - Mapa regional **2**-B2 - Mapa de carreteras Michelin nº 574-H25

Casa Escartín

TRADICIONAL • RÚSTICA Una casa familiar que cuida muchísimo tanto los productos como los sabores. El chef, hijo del propietario, va actualizando poco a poco el recetario tradicional de su padre.

Menú 20/35 € - Carta 30/60 €

Paseo San Nicolás de Francia 19 ✉ 50300 - ✆ 976 89 17 38 - www.restaurantecasaescartin.com - Cerrado cena: domingo

CALDAS DE REIS • CALDAS DE REYES

Pontevedra - Mapa regional **13**-B2 - Mapa de carreteras Michelin nº 571-E4

Torre do Río

CASA DE CAMPO • ACOGEDORA ¡Encantador! Ocupa un complejo textil del s. XVIII bien rehabilitado y emplazado en un entorno único... no en vano, la finca fue declarada de Interés Paisajístico Nacional. Las estancias denotan buen gusto y a los clientes se les ofrece un menú previa reserva.

12 habitaciones ☕ - †† 100/125 €

Baxe 1 (Carretera de Moraña - Este : 1.5 km) ✉ 36653 - ✆ 986 54 05 13 - www.torredorio.es

CALDERS

Barcelona - Mapa regional **9**-C2 - Mapa de carreteras Michelin nº 574-G35

en la carretera N 141 C Noreste : 2, 5 km

Urbisol

TRADICIONAL • ACOGEDORA XX Emana personalidad propia respecto al hotel... no en vano, fue el origen del negocio. Amabilidad, confort, cuidada iluminación y cocina tradicional actualizada de buen nivel.

Menú 50 € – Carta 29/77 €

Hotel Urbisol, Carretera N 141 C ✉ 08279 – ☎ 938 30 91 53 – www.hotelurbisol.com – Cerrado 2-26 enero, lunes, martes, cena: domingo

Urbisol

FAMILIAR • CONTEMPORÁNEA Tranquila masía ubicada en pleno bosque, donde disfruta de agradables terrazas y un amplio espacio de ambiente chill out. Ofrece confortables habitaciones de línea actual, la mayoría personalizadas con la temática de flores y algunas con espléndidas vistas.

16 habitaciones ☕ – 👥 110/165 €

Carretera N 141 C ✉ 08275 – ☎ 938 30 91 53 – www.hotelurbisol.com – Cerrado 2-26 enero

Urbisol – Ver selección restaurantes

CALDES DE MONTBUI

Barcelona – Mapa regional **10**-B2 – Mapa de carreteras Michelin nº 574-H36

Mirko Carturan Cuiner

MODERNA • A LA MODA XX Tras una buena formación como profesional este chef, de origen piamontés, decidió abrir aquí su propio negocio... por eso, el restaurante se presenta como una extensión de sí mismo, con la cocina acristalada nada más entrar, un comedor actual decorado a base de libros gastronómicos, un patio-terraza y un privado. ¿Su propuesta? Cocina actual con toques de personalidad, siempre ensalzando los productos de temporada, cuidando las texturas y mimando las presentaciones. También organizan varias jornadas gastronómicas a lo largo del año: Trufas (blanca de Alba, negra, de verano), setas, caza...

Especialidades : Huevo a baja temperatura, habitas y aceitunas negras. Espalditas asadas al vino rancio y cebolleta al romero. Gratinado de cerezas con helado de horchata.

Menú 30/50 € – Carta 33/45 €

Avenida Pi i Margall 75 ✉ 08140 – ☎ 938 65 41 60 – www.mirkocarturan.com – Cerrado 5-12 abril, 9-16 agosto, 29 diciembre-3 enero, cena: lunes-jueves, almuerzo: sábado, domingo

CALELLA

Barcelona – Mapa regional **10**-A2 – Mapa de carreteras Michelin nº 574-H37

El Hogar Gallego

PESCADOS Y MARISCOS • AMBIENTE CLÁSICO XX Este negocio familiar tiene un bar con mesas para raciones, un comedor principal de línea clásica y otros tres salones algo más actuales. Pescados y mariscos de gran calidad.

Menú 60 € – Carta 55/80 €

Ànimes 73 ✉ 08370 – ☎ 937 66 20 27 – www.elhogargallego.cat – Cerrado lunes, cena: domingo

El Drac N

CREATIVA • TENDENCIA X La personalidad del chef Raül Balam Ruscalleda llevada a su tierra, El Maresme, para aprovechar los productos de temporada del entorno desde su creatividad. ¡Sabores marcados!

Menú 65/78 € – Carta 46/64 €

Hotel Sant Jordi, Turisme 72 – ☎ 937 66 19 19 – www.hotelsantjordi.com – Cerrado 8 diciembre-5 febrero, lunes, almuerzo: martes-viernes, cena: domingo

ESPAÑA

Sant Jordi

BOUTIQUE HOTEL · ACOGEDORA Se encuentra en 2ª línea de playa y presenta una nueva apuesta por el lujo en Costa Barcelona. Sorprende con habitaciones detallistas y bien personalizadas, todas diferentes, así como una gran piscina olímpica y... "una ruta de sensaciones" en un SPA anexo.

37 habitaciones – 125/280 € – 25 € – 4 suites

Turisme 80 ✉ 08370 – ✆ 937 66 19 19 – www.hotelsantjordi.com – Cerrado 10 diciembre-5 febrero

El Drac – Ver selección restaurantes

CALELLA DE PALAFRUGELL

Girona – Mapa regional **10**-B1 – Mapa de carreteras Michelin nº 574-G39

Sa Jambina

TRADICIONAL · AMBIENTE MEDITERRÁNEO Está cerca de las playas y presenta dos salas, ambas de línea mediterránea-actual. La carta, muy orientada a las sugerencias, se centra en los pescados y mariscos de la zona.

Carta 39/60 €

Boffil i Codina 21 ✉ 17210 – ✆ 972 61 46 13 – Cerrado 15 diciembre-15 enero, lunes

LAS CALETAS

→ Ver Canarias (La Palma)

CALLDETENES

Barcelona – Mapa regional **9**-C2 – Mapa de carreteras Michelin nº 574-G36

Can Jubany (Nandu Jubany)

MODERNA · RÚSTICA Una casa de referencia en Cataluña, tanto por su emplazamiento en una preciosa masía como por el talento del chef Nandu Jubany, un hombre que no para de acometer nuevos proyectos.

El acceso a la masía ya apunta maneras, pues nos permite ver la huerta anexa, de la que sacan muchos de sus productos, y la propia cocina, que deja a la vista el perfecto equilibrio entre tradición y vanguardia antes de entrar. El acogedor interior sorprende con varias salas de ambiente rústico-actual, diferentes espacios para la sobremesa y una mesa del chef al pie de los fogones.

El apasionado chef propone una cocina actual de marcadas raíces tradicionales, con platos muy bien elaborados que toman como punto de partida el uso de los mejores productos catalanes y la consecución de unos sabores más que nítidos.

Especialidades : Guisantes lágrima rehogados con tripitas de bacalao. Fideos a la cazuela con costilla y gambas. Plátano con caramelo, vainilla y fruta de la pasión.

Menú 92/135 € – Carta 63/125 €

Carretera C 25 (salida 187), Este : 1,5 km ✉ 08506 – ✆ 938 89 10 23 – www.canjubany.com – Cerrado 1-20 enero, 6-12 abril, 10-23 agosto, lunes, cena: martes, domingo

ES CALÓ DE SANT AGUSTÍ – Balears

→ Ver Balears (Formentera)

CALP • CALPE

Alicante – Mapa regional **11**-B3 – Mapa de carreteras Michelin nº 577-Q30

Audrey's by Rafa Soler

CREATIVA · ELEGANTE Para millones de cinéfilos la elegancia solo ha tenido una nombre, Audrey Hepburn, por eso han aprovechado su mítica película "Desayuno con diamantes" para hacer un guiño al AR Diamante Beach.

Aquí, en un espacio de acogedora modernidad, el chef Rafa Soler plantea una cocina valenciana evolucionada; muy creativa en las formas y las técnicas pero también apegada a los mejores productos de proximidad. Sus platos denotan personalidad y alma mediterránea, transformando siempre las materias primas desde el respeto a sus raíces, a la temporalidad y al sabor.

¿Alguna curiosidad? Uno de los maestros de Rafa Soler fue el desaparecido y emblemático chef Joël Robuchon. Lo consideraba un segundo padre, así que quiso rendirle un pequeño homenaje poniéndole el nombre de Joël a su propio hijo.

Especialidades : Quisquillas, crema de almendra y uva. Suquet de salmonete, patatas, alioli y hierbas de playa. Levadura, fondillón, pasas y garrofa.

Menú 60/89 € - Carta 55/70 €

Avenida Juan Carlos I-48 ✉ 03710 - ✆ 608 66 76 37 - www.audreys.es - Cerrado 17-25 febrero, 25 mayo-3 junio, 26 octubre-11 noviembre, lunes, martes

Beat

COCINA MEDITERRÁNEA • AMBIENTE MEDITERRÁNEO XX Siempre es bueno buscar una línea de trabajo que envuelva todo lo que hacemos. Eso, precisamente, es lo que ocurre en el hotel The Cook Book, que busca el "latido gastronómico" con su restaurante Beat.

El luminoso local, dominado por los tonos blancos, refleja la esencia del mediterráneo y sirve como escenario a lo que va a ser una gran experiencia culinaria, marcada por un producto intachable y una coherencia tal que los sabores se refuerzan unos a otros.

El chef valenciano José Manuel Miguel, que ya bebió las mieles del éxito en la Ciudad de la Luz, tiene como única meta ser feliz entre fogones, por eso orienta la propuesta hacia sus tres fantásticos menús sin olvidarse de un buen servicio a la carta, con platos propios de una cocina actual de base mediterránea. ¡Le robará el corazón!

Especialidades : Gamba roja de Denia en raviolis con tirabeques y ajos tiernos. Lubina salvaje con un puré fino de brócoli y berros, mini puerros glaseados y salsa holandesa. Nuestra avellana.

Menú 45/89 € - Carta 55/70 €

Urbanización Marisol Park 1A, Norte : 0,5 km ✉ 03710 - ✆ 628 27 78 58 - www.thecookbookhotel.com - Cerrado 19 octubre-22 noviembre, lunes, martes

Komfort

ACTUAL • A LA MODA X Interesante pese a estar a las afueras de Calpe, pues se halla en la urbanización Marisol Park. Sus instalaciones forman parte del hotel gastronómico The Cook Book, donde presenta una moderna sala tipo bistró con grandes cristaleras, mesas desnudas de distintas alturas y un sinfín de lámparas diferentes definiendo la personalidad del local. Aquí encontrará una cocina tradicional e internacional bien elaborada, en base a productos de calidad y con presentaciones que denotan su gusto por los detalles. ¿Alguna curiosidad? Sí; su nombre recuerda la corriente culinaria conocida como "comfort food".

Especialidades : Tataki de atún rojo con encurtidos. Chuletón a la brasa con verduras y cremoso de patata. Chiboust de galleta María con helado de café.

Carta 27/44 €

Urbanización Marisol Park 1A, Norte : 0,5 km ✉ 03710 - ✆ 636 57 22 41 - www.thecookbookhotel.com - Cerrado 21 octubre-25 noviembre

Abiss

COCINA MEDITERRÁNEA • MARCO CONTEMPORÁNEO XX Junto a la playa y dotado de románticas vistas al mar. Aquí encontrará una carta tradicional e internacional, bien complementada por tres menús degustación y uno más de tapas.

Menú 45/55 € - Carta 26/51 €

Benidorm 3 ✉ 03710 - ✆ 965 83 91 43 - www.restauranteabiss.com - Cerrado lunes, martes

El Bodegón

TRADICIONAL • RÚSTICA X Un gran clásico impasible al paso del tiempo. Presenta un interior de pulcra rusticidad y una carta fiel al gusto tradicional e internacional. ¡Compran en la lonja a diario!

Menú 25/50 € - Carta 25/44 €

Delfín 8 ✉ 03710 - ✆ 965 83 01 64 - www.bodegoncalpe.es - Cerrado 22 diciembre-22 enero, domingo

al Norte 3 km

Orobianco

ITALIANA CONTEMPORÁNEA · AMBIENTE MEDITERRÁNEO XXX ¿Un italiano triunfando en la Costa Blanca? Efectivamente, pues al elevado nivel de su cocina hay que unir... ¡unas vistas de auténtica postal!

El chef Ferdinando Bernardi ha tomado el testigo de la casa con sorprendente naturalidad, dando continuidad a la propuesta italiana que ya existía pero aportando la personalidad de un hombre enamorado de su profesión, pues se crio entre fogones, descubrió nuevas técnicas viajando por el mundo y en la búsqueda de su propia identidad flirteó con la panadería y la pastelería. Hoy, sus menús reinterpretan la cocina transalpina desde el mejor producto local (quisquillas de Santa Pola, gambas rojas de Dénia...).

Si sueña con sorprender a su pareja vaya reservando, pues tiene unas puestas de sol y una panorámica sobre el Peñón de Ifach que les cautivarán.

Especialidades : Cappelletti y su terrina de cordero lechal, limón y menta. Spaghetti con nuestra bottarga dulce y ceviche de lubina. Absoluto de fresa.

Menú 55/95 € – Carta 55/75 €

Partida Colina del Sol 49 A ✉ 03710 – ✆ 965 83 79 33 – www.orobianco.es – Cerrado 7-22 enero, 10-25 noviembre, martes, miércoles

CALVIÀ - Balears

➜ Ver Balears (Mallorca)

CAMBADOS

Pontevedra – Mapa regional **13**-A2 – Mapa de carreteras Michelin nº 571-E3

Yayo Daporta

CREATIVA · AMBIENTE CLÁSICO XX Ante un puñado de enormes percebes, que sostiene como si tuviera un ramo de flores, el chef Yayo Daporta se confiesa con una mítica frase de George Bernard Shaw: "No hay amor más sincero que el amor a la comida".

En su restaurante, que fue Hospital Real (s. XVIII) y también la casa familiar, aprendió a cultivar la curiosidad por lo que esconde la línea de costa. La propuesta ofrece justo eso, amor, con los sabores genuinos de mariscos, pescados azules y algas presentados en elaboraciones sencillas pero efectivas. Profesional, mediático y admirador de la cocina peruana, ofrece varios menús y una carta que versiona los platos típicos gallegos.

A cargo de la bodega está su hermana Esther, una reconocida sumiller que invita a los clientes a que sean ellos mismos los que escojan las botellas.

Especialidades : Ostras con guacamole marino. Callos marinos con escupiña al pil-pil. Sorbete de mosto de albariño.

Menú 50/95 €

Hospital 7 ✉ 36630 – ✆ 986 52 60 62 – www.yayodaporta.com – Cerrado 1-15 mayo, 4-24 noviembre, lunes, cena: domingo

Ribadomar

GALLEGA · AMBIENTE CLÁSICO X La noble villa de Cambados, considerada la capital del Albariño, siempre merece una visita, pues atesora un conjunto histórico de excepción, bodegas de fama mundial y, sobre todo, unas posibilidades gastronómicas que hay que experimentar. En esta casa de organización familiar podrá conocer el legado culinario de la cocina gallega, basada más en la excelente calidad de sus pescados y mariscos que en el hecho de realizar unas complicadas elaboraciones. Pulpo á feira, Merluza Ribadomar, Angulas al ajillo, Lenguado con zamburiñas... ¡todo bueno, abundante y a buen precio!

Especialidades : Vieiras al horno. Merluza Ribadomar. Tarta de almendra.

Menú 25/35 € – Carta 30/45 €

Valle Inclán 17 ✉ 36630 – ✆ 986 54 36 79 – www.ribadomar.es – Cerrado lunes, cena: martes-jueves

A Taberna do Trasno

TRADICIONAL • TENDENCIA Céntrico e inesperado, pues este restaurante ha devuelto la vida a una preciosa casa en piedra, con más de dos siglos de historia, que hoy sorprende por su moderno interior. El chef-propietario, que fruto de sus raíces bebe de la gastronómica vasca, ofrece una cocina tradicional con toques actuales, algunos mariscos y, sobre todo, unos fantásticos pescados y carnes a la brasa, ya que cuenta con su propio horno de leña. ¿Alguna recomendación por nuestra parte? Pruebe el Pulpo a la brasa sobre crema de cachelos o la maravillosa Merluza de Burela a la brasa, con almejas y reducción de Albariño.

Especialidades : Pulpo braseado con kimchi, puré de patata, corteza de pan de maíz y piparras. Secreto ibérico con espuma de queso ahumado. Torrija con helado y crema pastelera.

Carta 30/45€

Príncipe 12 ✉ 36630 – ✆ 986 52 49 88 – www.atabernadotrasno.com – Cerrado 13-23 enero, 22-30 junio, lunes

Pandemonium

MODERNA • AMBIENTE CLÁSICO Restaurante de aire moderno dotado con dos espacios de buen montaje. ¿Su propuesta? Una carta de tinte actual que busca la fusión de estilos y un correcto menú degustación.

Menú 33/45€ – Carta 30/47€

Albariño 16 ✉ 36630 – ✆ 986 54 36 38 – Cerrado 20 diciembre-7 enero, lunes, cena: martes, cena: domingo

Posta do Sol

PESCADOS Y MARISCOS • ACOGEDORA Instalado en un antiguo bar. El comedor posee antigüedades y detalles regionales, como los encajes de Camariñas. Su especialidad son la Empanada de vieiras y los mariscos.

Menú 20€ – Carta 25/52€

Ribeira de Fefiñans 22 ✉ 36630 – ✆ 986 54 22 85 – www.restaurantepostadosol.com

Parador de Cambados

EDIFICIO HISTÓRICO • REGIONAL Elegante pazo del s. XVI ubicado en el centro de la localidad, rodeado de jardines y próximo a la ría. Amplia zona social y habitaciones con mobiliario neorrústico. El restaurante se presenta con un bello techo en madera y una completa carta de cocina gallega.

57 habitaciones – 80/190€ – 16€ – 1 suite

Paseo de la Calzada ✉ 36630 – ✆ 986 54 22 50 – www.parador.es

CAMBRILS

Tarragona – Mapa regional **9**-B3 – Mapa de carreteras Michelin nº 574-I33

Can Bosch (Joan y Arnau Bosch)

TRADICIONAL • ACOGEDORA Aquí encontramos los valores propios de un negocio familiar fiel a sí mismo, con la honestidad por bandera y una línea guía que no se quiebra desde su apertura en 1969: usar exclusivamente materia prima de temporada y aprovechar la calidad de los cercanos frutos del mar.

En su acogedor comedor, de ambiente contemporáneo, Joan y Arnau Bosch (padre e hijo) unen sus fuerzas para que tradición e innovación puedan ir de la mano en una cocina respetuosa con el producto; de hecho, los pescados y mariscos vienen directamente de la lonja de Cambrils y sus famosos arroces del Delta del Ebro, usando siempre la variedad Carnaroli del "Molí de Rafelet".

No hay mayor prueba de éxito que el favor del público, pero también es justo recordar que este restaurante luce su estrella MICHELIN... ¡desde 1985!

Especialidades : Tartar de lubina y cigala del Mediterráneo con crema fresca y caviar de beluga. Rodaballo con holandesa al palo cortado y puerros a la brasa. Babà al ron, fruta de la pasión, coco y helado de plátano.

Menú 50/98€ – Carta 60/90€

Rambla Jaume I-19 ✉ 43850 – ✆ 977 36 00 19 – www.canbosch.com – Cerrado 22 diciembre-1 febrero, lunes, cena: domingo

✿ Rincón de Diego (Diego Campos)

TRADICIONAL • MARCO CONTEMPORÁNEO XXX Si le gusta pasear por los puertos deportivos puede ser una gran opción, pues esta casa se encuentra a pocos metros del mismo y del popular Club Nàutic de Cambrils.

El restaurante, con dos plantas de ambiente actual-contemporáneo y una exclusiva terraza, presume hoy de tener un tándem de lujo tras los fogones: el reconocido chef Diego Campos, uno de los bastiones en la revitalización de la gastronomía local, y su hijo Rubén, que ha regresado al negocio para ir dando el relevo generacional.

¿La base de su gastronomía? Una cocina tradicional actualizada que ensalza los pescados y mariscos de Cambrils, dejando siempre constancia de ese toque personal que aquí le saben dar a los arroces, las fideuás, su romesco, el suquet... ¡Interesantes menús y jornadas gastronómicas durante todo el año!

Especialidades : Tartar de tomate con langosta del Mediterráneo y mahonesa de su coral. Lubina salvaje con falso arroz de calamar de potera en su tinta. Viva México.

Menú 49/82€ – Carta 65/105€

Drassanes 19 ✉ 43850 – ☎ 977 36 13 07 – www.rincondediego.com – Cerrado 22 diciembre-7 febrero, lunes, cena: domingo

Bresca

TRADICIONAL • A LA MODA XX Una casa de línea actual-funcional que mima cada detalle. Su oferta, tradicional actualizada, se enriquece en los postres con una carta más de infusiones, tés y vinos dulces.

Menú 43/52€ – Carta 40/55€

Dr. Fleming 4 ✉ 43850 – ☎ 977 36 95 12 – www.brescarestaurant.com – Cerrado 22 diciembre-25 enero, lunes, cena: martes, cena: domingo

Miramar

TRADICIONAL • MARCO CONTEMPORÁNEO XX Negocio familiar de 3ª generación ubicado junto a la Torre del Port (s. XVII). Proponen una cocina marinera actualizada que cuida mucho los detalles. ¡Gran carro de postres!

Menú 45/75€ – Carta 55/80€

Paseo Miramar 30 ✉ 43850 – ☎ 977 36 00 63 – www.miramar-cambrils.com – Cerrado 23 diciembre-24 enero, miércoles

Acuamar-Casa Matas

TRADICIONAL • SENCILLA X Se halla frente al puerto, reparte las sencillas salas entre dos plantas y trabaja mucho por la buena relación calidad-precio de sus pescados y mariscos. ¿Qué pedir? Pruebe los pescados al horno o a la sal, los Pulpitos de Cambrils, la Paella de bogavante...

Menú 24/27€ – Carta 30/55€

Consolat del Mar 66 ✉ 43850 – ☎ 977 36 00 59 – www.acuamar.com – Cerrado 13 octubre-13 noviembre, 22 diciembre-3 enero, cena: miércoles, jueves

EL CAMPELLO

Alicante – Mapa regional **11**-B3 – Mapa de carreteras Michelin nº 577-Q28

Brel

INTERNACIONAL • DE DISEÑO X Un negocio familiar que, como un pequeño guiño a sus orígenes, toma su nombre del famoso cantante belga Jacques Brel, conocido internacionalmente por su tema "Ne me quitte pas". El restaurante, que inicialmente funcionó como pizzería, destaca tanto por su emplazamiento frente a la playa como por su atractivo interior: amplio, luminoso, de diseño actual y con una barra-mesa especial junto a la cocina acristalada. Aquí encontrará sorprendentes pizzas de autor, pastas de elaboración propia, varios platos modernos y dos buenos menús, uno de degustación y otro denominado "Mesa 0".

Especialidades : Ensaladilla de tuétano y anguila ahumada. Bacalao al turrón. Rolling and rock.

Menú 45/90€ – Carta 30/45€

San Vicente 91 ✉ 03560 – ☎ 965 63 07 01 – www.restaurantebrel.com – Cerrado 1-15 noviembre, miércoles

Andra-Mari

VASCA • SENCILLA XX Una oferta tradicional de auténtica cocina vasca en la costa mediterránea. Posee una terraza a la entrada, donde se puede comer o tapear, así como un bar con mesas altas y varios comedores de línea actual convertibles en privados.

Menú 25/45€ - Carta 25/80€

Avenida Xixona 37 ✉ 03560 - ✆ 965 63 34 35 - www.restaurante-andramari.com - Cerrado 22-30 junio, 3-20 noviembre, cena: lunes, martes, almuerzo: domingo

CAMPO DE CRIPTANA

Ciudad Real - Mapa regional **7**-C2 - Mapa de carreteras Michelin nº 576-N20

Las Musas (N)

REGIONAL • MARCO CONTEMPORÁNEO XX Un valor seguro en todos los sentidos, pues a la buena propuesta gastronómica hay que unir su cuidado ambiente rústico-actual y el hecho de encontrarse... ¡al ladito mismo de los legendarios molinos-gigantes descritos en El Quijote! El local, que ocupa una antigua discoteca y toma de ella su nombre, está en una localidad con mucho turismo, por eso desde los fogones apuestan por una cocina con marcado carácter manchego; eso sí, sin cerrar las puertas a los detalles y gustos actuales. ¿Platos destacados? Las clásicas Migas, sus Croquetas de cocido, el Queso frito de Valdivieso con bizcocho...

Especialidades : Queso frito con mermelada de aceite y bizcocho de aceitunas. Paletilla de cordero asada estilo arriero. Torrija caramelizada con helado de orégano fresco.

Menú 15€ (almuerzo)/35€ - Carta 30/40€

Barbero 3 ✉ 13610 - ✆ 926 58 91 91 - www.restaurantelasmusas.com

CAMPOS - Balears ➜ Ver Balears (Mallorca)

CAMPRODÓN

Girona - Mapa regional **9**-C1 - Mapa de carreteras Michelin nº 574-F37

El Pont 9

TRADICIONAL • FAMILIAR XX Este restaurante familiar, ubicado junto a un precioso puente del s. XII, destaca por su estética actual y sus idílicas vistas al Ter desde el comedor principal. Ofrecen una cocina actual... eso sí, elaborada con el mejor producto local.

Menú 24€ - Carta 32/53€

Camino Cerdanya 1 ✉ 17867 - ✆ 972 74 05 21 - www.restaurantelpont9.com - Cerrado 25 junio-9 julio, 2-17 noviembre, lunes, martes, cena: miércoles, cena: domingo

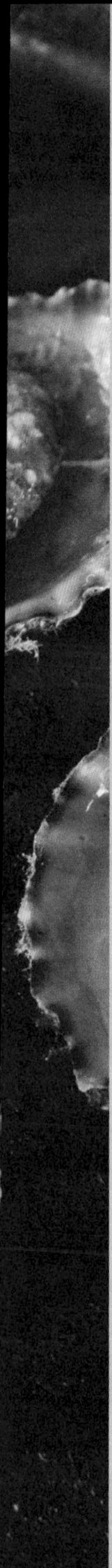

ISLAS CANARIAS

Clima, naturaleza, folclore, arte... La diversidad de las Islas Canarias cautiva cada año a millones de turistas de todo el mundo, que caen rendidos ante el contraste de sus paisajes volcánicos, la belleza de sus cielos estrellados (los más limpios de Europa) y el peculiar mestizaje de su gastronomía, pues esta combina los productos autóctonos con los llegados de la península y de Latinoamérica.

El recetario canario, ecléctico y con una evolución distinta en cada isla, posee especialidades como las Papas arrugadas, unas patatas de diminuto tamaño que son hervidas con piel y presentadas, tal cual, con dos salsas (Mojo rojo y Mojo verde). También son típicos el Potaje de berros, el Conejo en salmorejo o la Vieja sancocha (pescado autóctono guisado).

Muchos platos van acompañados del tradicional Gofio, una elaboración en base a cereales tostados que ya conocían los guanches; y en lo que respecta a los postres, los más populares son el Bienmesabe y el emblemático Plátano de Canarias.

- Mapa regional n° 5-B2
- Mapa de carreteras Michelin n° 125

G. Azumendi/age fotostock

ÍNDICE DE LAS LOCALIDADES

Gran Canaria

imv/iStock

ARGUINEGUÍN

Las Palmas – Mapa regional **5**–B2 – Mapa de carreteras Michelin nº 125-C4

en la playa de Patalavaca Noroeste : 2 km – Mapa regional **5**–B2

La Aquarela

CREATIVA • **ELEGANTE** XXX Un restaurante serio y de excelente reputación que sorprende por su ubicación en un complejo de apartamentos privados ubicado junto a la playa de Patalavaca, al sur de la isla de Gran Canaria.

En este establecimiento, de ambiente clásico y con varias mesas al pie de la piscina, encontrará unas elaboraciones muy técnicas, de cuidadas presentaciones y delicadas texturas. El chef al frente, Germán Ortega, está en un proceso de reinvención personal, potenciando la utilización de los productos autóctonos y proponiendo una cocina actual-creativa con constantes guiños al recetario internacional.

Sentarse cerca de la piscina a contemplar la puesta de sol supone un auténtico placer, sobre todo si es fin de semana y se deja llevar por la música del pianista que ameniza las veladas en directo.

Especialidades : Ostra, jugo de pollo, kimchi de berros y rabanito. Pescado de mercado, parmentier de hinojo y mantequilla tostada. Piña, palmera y coco.

Menú 88 € – Carta 70/95 €

Barranco de la Verga (edificio Aquamarina), carretera GC-500 ✉ 35129 – ✆ 928 73 58 91 – www.restaurantelaaquarela.com – Cerrado 1-30 junio, lunes, almuerzo: martes-domingo

ARUCAS

Las Palmas – Mapa regional **5**–B2 – Mapa de carreteras Michelin nº 125-E2

Casa Brito

TRADICIONAL • **RÚSTICA** XX Casa Brito tiene fama en la isla gracias tanto a su cocina, bien presentada y de gusto tradicional, como al buen nivel de su organización, amable y acostumbrada a trabajar con clientela local. Encontrará un bar privado y dos salas de ambiente rústico, la principal con la parrilla vista y los techos en madera. La gran especialidad de este restaurante son las carnes a la parrilla, dando siempre el punto adecuado a vacuno de Alemania, Uruguay, Castilla, Galicia, Asturias... ¿Qué puede pedir? Pruebe el Chorizo parrillero o las sabrosas Chuletitas de Baifo (el cabrito autóctono) a la parrilla.

Especialidades : Carajacas: hígado de ternera adobado y salteado. Lomo alto de vaca rubia gallega. Huevos mole con gofio.

Carta 25/38 €

Pasaje Ter 17 (Visvique), Sur : 1,5 km ✉ 35412 – ✆ 928 62 23 23 – www.casabrito.com – Cerrado 1-15 septiembre, lunes, martes, cena: domingo

CRUZ DE TEJEDA

Las Palmas – Mapa regional **5**–B2 – Mapa de carreteras Michelin nº 125-D2

Parador Cruz de Tejeda

TRADICIONAL • CLÁSICA Tranquilidad, relax y... ¡buenas vistas! Este parador se desmarca un poco de la oferta dominante en la isla para complacer a un cliente de senderismo y naturaleza. El restaurante, de línea clásica, propone descubrir los mejores platos del recetario regional.

43 habitaciones - 90/170 € - 19 € - 1 suite

Cruz de Tejeda ✉ 35328 - ✆ 928 01 25 00 - www.parador.es

MASPALOMAS

Las Palmas - Mapa regional **5**-B2 - Mapa de carreteras Michelin nº 125-E4

en la playa del Inglés - Mapa regional 5-B2

Rías Bajas

GALLEGA • AMBIENTE CLÁSICO XX Tras muchos años de trabajo se ha convertido, gracias a su profesionalidad y buen hacer, en todo un clásico de la isla. Su nombre evidencia una cocina sumergida en el recetario gallego, siendo la especialidad los pescados y mariscos.

Carta 35/65 €

Avenida de Tirajana 26, edificio Playa del Sol ✉ 35100 - ✆ 928 76 40 33 - www.riasbajasplayadelingles.com

junto al faro

Grand H. Residencia

LUJO • ELEGANTE Complejo hotelero formado por una serie de villas de estilo canario, todas bien distribuidas en torno a una bella terraza con piscina. Distinguido confort y una exquisita decoración. El restaurante, de ambiente elegante y cocina internacional, atesora una entrañable terraza elevada sobre la piscina.

94 habitaciones - 720/1350 € - 21 suites

Avenida del Oasis 32 ✉ 35100 - ✆ 928 72 31 00 - www.grand-hotel-residencia.com

en la urbanización Salobre Golf Oeste : 4 km y desvío a la derecha 3 km

Salobre H. Resort and Serenity

CADENA HOTELERA • CONTEMPORÁNEA Un oasis de lujo, confort y diseño... ¡en un paraje desértico! Ofrece habitaciones de gran calidad, con una decoración moderna bien integrada en el entorno y varias piscinas, una panorámica. Sus bares y restaurantes proponen una variada oferta gastronómica.

286 habitaciones - 200/420 € - 21 € - 27 suites

Swing (Salida 53, Autovía GC1) ✉ 35100 - ✆ 928 94 30 00 - www.salobrehotel.com

MOGÁN

Las Palmas - Mapa regional **5**-B2 - Mapa de carreteras Michelin nº 125-C3

en el puerto de Mogán Suroeste : 8 km

Los Guayres

MODERNA • AMBIENTE CLÁSICO XXX Una experiencia no exenta de magia, pues tras recorrer los áridos paisajes del valle de Mogán supone un oasis de elegancia y exotismo, con claras referencias a la estética isleña.

En este restaurante, dentro del hotel Cordial Mogán Playa pero con protagonismo desde el exterior, resalta la figura del chef grancanario Alexis Álvarez, un hombre muy humilde, formado en algunas de las mejores casas de la península, que se reafirma en su convicción de buscar una fusión entre la cocina canaria tradicional y la más actual, mostrando a través de sus menús detalles de autor, de la culinaria internacional y, por supuesto, de los espléndidos productos autóctonos.

¿Recomendaciones? Si es posible reserve en la terraza, pues esta reproduce un balcón típico canario que se asoma a los jardines del hotel.

Especialidades : Carabinero con calabacín, citronella y manzana. Paletilla de cochinillo confitado con mole de pasas. Frutos rojos, queso Amurga y albahaca.

Menú 74/90€

Avenida de los Marreros 2 ✉ 35138 – ✆ 928 72 41 00 – www.becordial.com – Cerrado 15 junio-26 julio, 7-13 diciembre, lunes, almuerzo: martes-sábado, domingo

LAS PALMAS DE GRAN CANARIA

Las Palmas – Mapa regional **5**-B2 – Mapa de carreteras Michelin nº 125-G2

Deliciosamarta

CREATIVA • ACOGEDORA XX Toma su nombre de la famosa comedia romántica alemana (Bella Martha, 2001) y es conveniente reservar, pues se encuentra en una atractiva calle peatonal del barrio de Triana. En su interior, lleno de personalidad al combinar la estética actual con las paredes en piedra, podrá descubrir una cocina de mercado fresca e innovadora que procura distanciarse del recetario isleño tradicional para apostar por fórmulas más imaginativas, siempre con unas cuidadas presentaciones y detalles culinarios que, delicadamente, desvelan las raíces catalanas de su chef. ¡Consulte sus recomendaciones!

Especialidades : Terrina de foie y millo tostado. Steak tartar con papitas fritas. Los buñuelos de viento.

Carta 30/45€

Pérez Galdós 33 ✉ 35002 – ✆ 676 37 70 32 – Cerrado 10 agosto-5 septiembre, sábado, domingo

La Barra

MODERNA • SENCILLA X Hablar de este gastrobar, ubicado en una céntrica calle peatonal donde no falta competencia, supone destacar la figura del chef Ángel Palacios, un hombre con buena mano que ya ha probado las mieles del éxito culinario. El local, que fija su modelo en las icónicas barras y vermuterías de Madrid o Barcelona, oferta una cocina fresca y actual pensada para compartir, tomando como base el recetario canario y con un mimo especial en sus presentaciones. ¿Busca una experiencia más intensa? Escoja las mesas ubicadas junto a la cocina, pues esta está abierta y permite ver la construcción de cada plato.

Especialidades : Steak tartar La Barra. Cherne en escabeche de zanahoria. Ningyo Yaki de plátano y yuzu.

Menú 40€ – Carta 25/35€

Joaquín Costa 25 ✉ 35007 – ✆ 928 93 97 03 – www.traddiction.es – Cerrado 3-19 agosto, 5-14 octubre, martes, miércoles

El Equilibrista 33

MODERNA • SENCILLA X Está cerca de la playa de Las Alcaravaneras, refleja un poco la personalidad del chef-propietario y cuenta con un montón de adeptos, pues sin duda saben tratar las materias primas y combinar, en su justa medida, la tradición con la innovación, haciendo siempre lo imposible por exaltar los diferentes productos de la región. Si viene por esta casa, de ambiente moderno-actual, no debe perderse los Huevos moles con el típico gofio canario al natural, uno de los postres más apreciados entre sus clientes y que suele cautivar por su extraordinario e intenso sabor. ¡Tradición en estado puro!

Especialidades : Hojaldre, foie, manzana, champiñones y piñones. Cherne templado, huevas de trucha, wakame y caldo de algas. Huevos moles.

Carta 30/40€

Ingeniero Salinas 23 ✉ 35006 – ✆ 928 23 43 26 – Cerrado 7-16 enero, 13-23 abril, 7-24 septiembre, lunes, martes, miércoles, cena: domingo

Pícaro

FUSIÓN • SENCILLA X Descubra el ambiente alegre y desenfadado de este local, singular tanto en la forma como en el concepto; no en vano, una de sus premisas busca trabajar sin presión para así disfrutar de cada momento. El joven chef, que viene de una familia hostelera, propone una cocina viajera con toques asiáticos, tomando siempre como punto de partida el producto local. Aquí defienden su carácter informal apostando por los platos al centro, para compartir, todo dentro de una oferta no muy amplia pero sabrosa, técnica y detallista. ¡Algunas elaboraciones las sirve el propio chef para así poder explicarlas!

Especialidades : Carpaccio de pepino encurtido. Ropa vieja de rabo de toro. Cocoliflor.

Carta 25/35€

Avenida José Mesa y López 1 ✉ 35006 - ✆ 928 01 57 11 - www.restaurantepicaro.com - Cerrado 3-18 junio, 9-15 septiembre, lunes, martes

Qué Leche

MODERNA • SIMPÁTICA X Si a parte de comer bien busca una pequeña experiencia gastronómica no dude en visitarlo, pues estamos seguros de que le gustará. El local, no muy amplio pero agradable e informal, está llevado de forma entusiasta por Jennise y Mario, una joven pareja que apuesta por la cocina actual, personal, detallista... basada en la calidad de las materias primas y con gran parte de los platos pensados para compartir. Pruebe su Corvina estilo Nikkei, con caldo ponzu, tobiko-wasabi, maíz y plancton o el sugerente Chipirón sahariano con pistacho, parmesano, emulsión de jengibre y tinta.

Especialidades : Foie con plátano y helado de millo. Lubina en salsa verde, hinojo y lechuga de mar. Bizcocho relleno de chocolate con helado de sésamo negro y fresas naturales.

Carta 30/40€

Torres 22 ✉ 35002 - ✆ 607 91 78 03 - www.restaurantequeleche.com - Cerrado lunes, domingo

El Santo

CREATIVA • DE DISEÑO X Se encuentra en una zona peatonal del centro de la ciudad y sorprende por su estética, pues ha sabido encontrar ese carácter propio del "nuevo mundo canario" al combinar los detalles en piedra del edificio rehabilitado con sugerentes toques tropicales y algún que otro llamativo retrato. El joven y preparado chef, Abraham Ortega, apuesta por una cocina llena de creatividad que ensalce los fantásticos productos de la isla, siempre con unas cuidadas presentaciones y la innegable demostración de que domina numerosas técnicas. ¡Las Canarias ofrecen infinitamente más que Papas con mojo picón!

Especialidades : Ensaladilla de batata de Lanzarote, cherne y gambones salvajes. Carrillera de cochino negro. Laurisilva.

Menú 45/65€ - Carta 35/50€

Escritor Benito Pérez Galdós 23 ✉ 35002 - ✆ 928 28 33 66 - www.elsantorestaurante.com - Cerrado lunes, domingo

Bevir

MODERNA • MARCO CONTEMPORÁNEO XX Un restaurante de aire contemporáneo donde apuestan por una cocina fresca y actual, basada en los productos autóctonos y con buenos detalles. ¡Descubra sus menús degustación!

Menú 35€ (almuerzo), 45/65€

Perez Galdos 43 ✉ 35002 - ✆ 928 35 85 48 - www.restaurantebevir.com - Cerrado 15 agosto-15 septiembre, lunes, cena: martes, domingo

Summum

MODERNA • DE DISEÑO XX En el ático del H. Reina Isabel, por lo que ofrece... ¡unas maravillosas vistas! Su chef propone una original fusión entre la cocina tradicional canaria y la latinoamericana.

Menú 42/55€ - Carta 42/53€

Alfredo J Jones 40 (Hotel Reina Sofia) ✉ 35008 - ✆ 928 26 01 00 - wwww.summumdelreinaisabel.com - Cerrado lunes, domingo

Fuerteventura

svf74/Shutterstock.com

BETANCURIA

Las Palmas – Mapa regional **5**–C2 – Mapa de carreteras Michelin n° 125-G3

Casa Santa María

TRADICIONAL · RÚSTICA XX Destaca por su atractiva decoración, ya que muestra detalles típicos en un marco dominado por la madera y los objetos de inspiración árabe. Terraza de exuberante vegetación. Su carta aglutina una buena selección de platos canarios.

Menú 23/38 € – Carta 29/45 €

Plaza Santa María 1 ✉ 35637 –
✆ 928 87 82 82 – www.casasantamaria.net –
Cerrado 1-30 junio, domingo

CORRALEJO

Las Palmas – Mapa regional **5**–C2 – Mapa de carreteras Michelin n° 125-I1

Gran Hotel Atlantis Bahía Real

GRAN LUJO · ELEGANTE Magnífico conjunto en cuya arquitectura se fusiona la estética neomudéjar con algunas influencias coloniales. Le sorprenderá con un hermoso espacio chill out sobre las aguas e idílicas vistas, a las islas de Lanzarote y Lobos. Entre sus restaurantes destaca La Cúpula, de elegante estilo clásico y carácter gastronómico.

226 habitaciones – 210/310 € – 16 suites

Avenida Grandes Playas 103 ✉ 35660 –
✆ 928 53 64 44 – www.atlantisbahiareal.com

Lanzarote

Erlantz Pérez Rodríguez/iStock

ARRECIFE

Las Palmas - Mapa regional **5**-C1 - Mapa de carreteras Michelin nº 125-E4

Lilium

REGIONAL • SENCILLA X La opción ideal para descubrir... ¡la cocina canaria actualizada! Este restaurante, ubicado en la nueva zona de La Marina, se presenta con la fachada acristalada, un sencillo comedor de línea actual y una agradable terraza mirando al embarcadero. De sus fogones, que quedan completamente a la vista en el interior del local, surge una cocina canaria muy bien puesta al día. ¿Algún plato representativo de la casa? No se marche sin probar el famoso Cochinillo Negro con su piel crujiente, brotes vegetales y compota dulce o su Atún de temporada, con salsa ponzu y mojo verde de cilantro.

Especialidades : Queso asado y savia de palma. Ropa vieja de pulpo. Crema de quesillo canario, manises y helado de caramelo salado.

Menú 35€ - Carta 25/40€

Avenida Olof Palme (Marina Lanzarote) ✉ 35500 - ✆ 928 52 49 78 - www.restaurantelilium.com - Cerrado domingo

FAMARA

Las Palmas - Mapa regional **5**-C1 - Mapa de carreteras Michelin nº 125-E3

El Risco

PESCADOS Y MARISCOS • SENCILLA X Si desea comer en un sito especial no busque más, pues este restaurante ocupa la casa que diseñó y decoró el multidisciplinar artista César Manrique para su hermano... de hecho, el edificio es hoy un inmueble protegido y aún conserva un mural dedicado a los pescadores de la zona. En conjunto presenta un sencillo montaje de sutil inspiración marinera, siendo lo más destacado las magníficas vistas a la cala en la que se encuentra, con varios islotes en su horizonte y la isla de La Graciosa al fondo. Ofrecen pescados y mariscos locales, con elaboraciones actuales, y un buen apartado de arroces.

Especialidades : Carpaccio de sama, brotes y vinagreta de burgaos. Lomo de cherne con hummus de lentejas. Huevos mole, espuma de gofio y miel de palma.

Carta 30/45€

Montaña Clara 30 ✉ 35530 - ✆ 928 52 85 50 - www.restauranteelrisco.com - Cerrado cena: domingo

MÁCHER

Las Palmas - Mapa regional **5**-C1 - Mapa de carreteras Michelin nº 125-C4

Esencia N

ACTUAL • MARCO CONTEMPORÁNEO XX Está llevado por una joven pareja y sorprende en lo estético, por su línea actual y sus vistas al pueblo. Cocina tradicional con platos actualizados y productos de la isla.

Menú 42/73€ - Carta 45/55€

Carretera de Tías A Macher 67 ✉ 35571 - ✆ 928 52 45 24 - www.restauranteesencia.com - Cerrado almuerzo: lunes-martes, domingo

PLAYA BLANCA

Las Palmas - Mapa regional **5**-C2 - Mapa de carreteras Michelin nº 125-B5

Princesa Yaiza

LUJO • ELEGANTE Resulta sorprendente, ya que es como un pueblecito a pie de mar donde imperan la amabilidad y el trato personalizado. Disfruta de amplias zonas sociales, piscinas de todo tipo, buenas instalaciones deportivas y diversos tipos de habitaciones, todas con terraza y una estética colonial. Oferta gastronómica variada y de gran calidad.

225 suites - 234/411 € - 160 habitaciones

Avenida Papagayo 22 -
928 51 93 00 - www.princesayaiza.com

PLAYA HONDA

Las Palmas - Mapa regional **5**-C1 - Mapa de carreteras Michelin nº 125-D4

Aguaviva

ACTUAL • ACOGEDORA XX Agradable restaurante instalado en un chalet de una zona residencial. En sus salas, decoradas con numerosos detalles, podrá degustar una cocina actual de base tradicional.

Carta 48/65 €

Mástil 31 ✉ 35509 -
928 82 15 05 - www.restauranteaguaviva.com -
Cerrado 1-18 junio, 1-17 octubre, lunes, cena: sábado, domingo

Tenerife

imv/iStock

CHIMICHE

Santa Cruz de Tenerife - Mapa regional **5**-B2 - Mapa de carreteras Michelin nº 125-F5

El Secreto de Chimiche

REGIONAL • RÚSTICA X Hay quien califica a esta casa, alejada de las rutas turísticas, como una joya escondida y... ¡el nombre parece que les da la razón! Se encuentra a pie de carretera, oculta tras una anodina fachada que da paso a un coqueto interior de ambiente rústico renovado, con un agradable bar, la sala en varios niveles, acogedores rincones y bonitas terrazas. El chef, que trabajó con el gran Santi Santamaría, apuesta por una gastronomía tradicional de sabor, tomando como base la esencia de la cocina canaria y con numerosas elaboraciones a la brasa de leña. ¡Ofrecen fantásticas carnes maduradas!

Especialidades : Lentejas pardinas de Lanzarote. Steak tartar. Yogur, manzana.

Menú 39/48 € - Carta 30/40 €

Carretera General del Sur 4 ✉ 38594 -
922 77 72 79 - www.casafitochimiche.com -
Cerrado 17 junio-2 julio, 2-16 septiembre, lunes, cena: martes-jueves, cena: domingo

GARACHICO

Santa Cruz de Tenerife – Mapa regional **5**-A1 – Mapa de carreteras Michelin n° 125-C3

San Roque

HISTÓRICO • ACOGEDORA Casa señorial del s. XVIII distribuida en torno a un precioso patio canario. Las estancias se visten con mobiliario de diseño Bauhaus y demuestran personalidad propia. El restaurante, de uso polivalente, extiende sus mesas hasta el porche que rodea la piscina.

20 habitaciones – 190/260 € – 7 suites

Esteban de Ponte 32 ✉ 38450 – ✆ 922 13 34 35 – www.hotelsanroque.com – Cerrado 8 junio-16 julio

GUÍA DE ISORA

Santa Cruz de Tenerife – Mapa regional **5**-A2 – Mapa de carreteras Michelin n° 125-C4

al Suroeste 12,5 km

✿✿ M.B

CREATIVA • AMBIENTE CLÁSICO XXXX ¡En uno de los mejores resorts del mundo! Si el hotel The Ritz-Carton Abama ya merece todo tipo de parabienes, pues se trata de un espectacular complejo repleto de jardines, palmeras y opciones de ocio, el restaurante emana esa esencia de lujo clásico, relax y exclusividad que solo está al alcance de los elegidos.

En lo gastronómico, debemos resaltar la figura del chef al frente, Erlantz Gorostiza, que sabe trasmitir con fidelidad la apasionante cocina del maestro Martín Berasategui; no debemos olvidar que este restaurante pertenece a su grupo y que todo aquí esta tutelado por él desde su casa matriz en Lasarte-Oria (Guipúzcoa).

Creatividad a raudales, finísimas texturas, sabores nítidos, productos escogidos... Según se van degustando los platos solo anhelas... ¡que nunca se acaben!

Especialidades : Tartar de atún rojo aderezado con salsa kimchi, fideo de ponzu cítrico, granizado de jengibre y cerezas. Cochinillo en dos cortes, una parte en terrina melosa y la otra en rulo crujiente acompañado de membrillo de vino tinto. Tarta fina de hojaldre con manzana, su sorbete y chantilly de licor de canela.

Menú 140/183 € – Carta 108/181 €

Hotel The Ritz-Carlton, Abama, Carretera TF 47, km 9 ✉ 38687 – ✆ 922 12 60 00 – www.mb-restaurants.com – Cerrado 7 enero-22 febrero, 1-28 junio, lunes, almuerzo: martes-sábado, domingo

✿ Abama Kabuki

JAPONESA • MARCO CONTEMPORÁNEO XXX En el hotel The Ritz-Carlton Abama podrá acercarse a la cocina japonesa desde un punto de vista diferente, pues solo aquí se fusionan los sabores del país nipón, las técnicas de occidente y esos maravillosos productos que dan las Islas Canarias.

El restaurante, ubicado en la Casa Club del campo de golf, sorprende tanto desde el punto de vista gustativo, tutelado por el chef Ricardo Sanz, como desde el estético, pues la acertada labor de interiorismo sabe transmitir ese carácter ceremonial inherente al resto de restaurantes del grupo Kabuki, enriqueciendo aquí la experiencia con una fantástica terraza-jardín panorámica.

Las especialidades de la casa son el sushi y el sashimi, aunque aconsejamos que también pruebe algún plato elaborado a la robata (parrilla japonesa de carbón) o al wok.

Especialidades : Sashimi Kabuki. Costillas de wagyu con salsa teriyaki. Degustación de mochis.

Menú 107/145 € – Carta 80/100 €

Hotel The Ritz-Carlton, Abama, Carretera TF 47, km 9 ✉ 38687 – ✆ 922 12 60 00 – www.ritzcarlton.com – Cerrado 1 septiembre-2 octubre, almuerzo: lunes, martes, almuerzo: miércoles-domingo

Txoko

TRADICIONAL • BISTRÓ Refleja un moderno txoko vasco y quiere, con una cocina muy "casual", recordar los orígenes del chef Martín Berasategui. ¡Su terraza acristalada se abre totalmente en verano!

Carta 39/67€

Hotel The Ritz-Carlton, Abama, Carretera TF 47, km 9 ✉ 38687 – ✆ 922 12 60 00 – www.ritzcarlton.com – Cerrado almuerzo: lunes-sábado, domingo

The Ritz-Carlton, Abama

GRAN LUJO • ELEGANTE En este espectacular complejo encontrará hermosos jardines y terrazas, todo repleto de palmeras, así como un campo de golf y hasta un club de playa. Excelente zona social, magníficas habitaciones y amplia oferta gastronómica, por lo que en sus restaurantes podrá degustar elaboraciones tradicionales, especialidades japonesas y deliciosos platos de autor.

359 habitaciones – 279/460€ – 102 suites

Carretera TF 47, km 9 ✉ 38687 – ✆ 922 12 60 00 – www.ritzcarlton.com

M.B • **Txoko** **Abama Kabuki** – Ver selección restaurantes

LOS GIGANTES

Santa Cruz de Tenerife – Mapa regional **5**-A2 – Mapa de carreteras Michelin nº 125-B4

El Rincón de Juan Carlos (Juan Carlos Padrón)

CREATIVA • DE DISEÑO Lo más llamativo en un negocio familiar de estas características es la libertad con la que trabajan, esa fe que ha permitido a los hermanos Padrón, Juan Carlos y Jonathan, abrirse un hueco en un entorno tan turístico como este.

Su propuesta arranca desde la base de una cocina canaria puesta al día. Ahí, destacan tanto por sus finas texturas como por la consecución de unos sabores delicados a la par que divertidos, pues hacen pensar al comensal al resultar diferentes e inesperados en la boca. El punto "travieso" lo consiguen haciendo guiños a otras cocinas del mundo... eso sí, sin dejar nunca atrás la línea argumental que enraíza con sus orígenes.

¿Una máxima? Juan Carlos afirma que "el cocinero debe aspirar a ser artista, ser perfeccionista y exigirse todo para llegar a donde quiere".

Especialidades : Cigala, blanco de cigala y sriracha. Atún a la bordelesa y raifort. Chocolate Orelys con helado de mandarina y yuzu.

Menú 95€

Pasaje Jacaranda 2 ✉ 38683 – ✆ 922 86 80 40 – www.elrincondejuancarlos.es – Cerrado 6-27 julio, 1-10 septiembre, 7-17 diciembre, lunes, almuerzo: martes-sábado, domingo

LA MATANZA DE ACENTEJO

Santa Cruz de Tenerife – Mapa regional **5**-B1 – Mapa de carreteras Michelin nº 125-G2

La Bola de Jorge Bosch

ACTUAL • RÚSTICA He aquí un negocio singular, pues empezó siendo un sencillo guachinche (modesto establecimientos familiar donde servían cocina casera y vino cosechero de producción propia) para evolucionar hacia lo que el chef-propietario, Jorge Bosch, ha calificado como "gastroguachinche". Ofrece una sala de ambiente rústico, una agradable terraza y un cuidado jardín, con zona chill out, donde también organizan eventos. ¿Qué plantean? Una cocina actual muy personal y desenfadada, siempre con producto canario y una sana intención de reinventar el recetario isleño para descubrirnos los sabores autóctonos.

Especialidades : Tomate aliñado, helado de mojo. Tartar de patudo canario y helado de parchita. Torrija, helado de gofio y curable de millo.

Menú 30/50€ – Carta 25/50€

Del Sol 7 ✉ 38379 – ✆ 922 57 86 15 – www.laboladejorgebosch.com – Cerrado lunes, martes, cena: domingo

LA OROTAVA

Santa Cruz de Tenerife - Mapa regional **5**-B1 - Mapa de carreteras Michelin nº 125-F3

Haydée

MODERNA • RÚSTICA X Instalado en una antigua y bella casa que sorprende por sus terrazas. Los hermanos-chefs apuestan, en base al producto autóctono, por una cocina actual con toques asiáticos.

Menú 50/70 € - Carta 40/60 €

Camino Torreón Bajo 80 ✉ 38300 - ✆ 822 90 25 39 - www.restaurantehaydee.es - Cerrado 8-25 junio, martes, miércoles, cena: domingo

PLAYA DE LAS AMÉRICAS

Santa Cruz de Tenerife - Mapa regional **5**-A2 - Mapa de carreteras Michelin nº 125-D5

La Cúpula

CREATIVA • MARCO CONTEMPORÁNEO XXX Restaurante de carácter panorámico que sorprende por su colorista cúpula, pues refleja... ¡la explosión de una supernova! Cocina internacional y canaria, con platos actuales.

Menú 63/78 € - Carta 40/65 €

París (playa de Fañabé) (Hotel Jardines de Nivaria) ✉ 38660 - ✆ 922 71 33 33 - www.restaurantelacupula.com - Cerrado 15 junio-15 julio, lunes, almuerzo: martes-sábado, domingo

Sensu

JAPONESA • AMBIENTE EXÓTICO XX Toma su nombre de los abanicos japoneses y da continuidad a la propuesta del restaurante Kazan, aquí con una vertiente más divertida que mezcla técnicas clásicas y actuales.

Menú 55/105 € - Carta 46/71 €

Unterhaching (Casa del Lago 1º piso), Hotel G.H. Bahía del Duque ✉ 38660 - ✆ 922 10 59 68 - www.restaurantesensu.com - Cerrado lunes

Sucás

CREATIVA • DE DISEÑO XX Atesora una estética actual, con la cocina vista desde la sala y una sugerente "mesa del chef" que funciona como privado. Carta de tinte moderno-creativo con opción de menús.

Menú 39 € - Carta 40/70 €

Roques del Salmor 5 ✉ 38660 - ✆ 822 07 00 35 - www.sucas.rest - Cerrado almuerzo: lunes-sábado, domingo

G.H. Bahía del Duque

LUJO • CLÁSICA Espectacular complejo dotado con un bello hall y unas cuidadas habitaciones, muchas en edificios independientes tipo villa. Vegetación subtropical en torno a varias piscinas. Su excelente oferta culinaria engloba restaurantes de cocina actual, franco-belga, italiana... y hasta oriental de fusión.

289 habitaciones - 300/370 € - 97 suites

Avenida de Bruselas (playa del Duque) ✉ 38660 - ✆ 922 74 69 00 - www.bahia-duque.com

Royal Hideaway Corales Resort

LUJO • DE DISEÑO Hotel de línea moderna ubicado al lado de La Caleta, una localidad que aún conserva el espíritu de los pueblos pesqueros. Sorprende al distribuirse en dos edificios, uno pensado para el turismo en familia y el otro, con el concepto "Adults Only", más orientado al descanso. Gran oferta gastronómica y de entretenimiento.

121 habitaciones - 250/400 € - 114 suites

Virgen de Guadalupe 21 ✉ 38670 - ✆ 922 75 79 00 - www.royalhideaway.com

PUERTO DE LA CRUZ

Santa Cruz de Tenerife - Mapa regional **5**-B1 - Mapa de carreteras Michelin nº 125-F2

Brunelli's

CARNES A LA PARRILLA • MARCO CONTEMPORÁNEO XX ¡Junto al famoso Loro Parque! Aquí apuestan sobre todo por las carnes, de excelente calidad, de distintas procedencias y, en varios casos, maduradas en el propio restaurante.

Menú 25/50 € - Carta 39/54 €

Bencomo 42 (Punta Brava) ✉ 38400 - ✆ 922 06 26 00 - www.brunellis.com

SAN ANDRÉS

Santa Cruz de Tenerife - Mapa regional **5**-B1 - Mapa de carreteras Michelin nº 125-J2

La Posada del Pez

MODERNA • SIMPÁTICA X En poco tiempo se ha puesto de moda, pues se come bien y está, en coche, a tan solo 10 minutos de Santa Cruz de Tenerife. Lo encontrará a la entrada del pueblo, en un llamativo edificio adornado por una de las típicas balconadas isleñas. Ya en su interior presenta un agradable comedor de ambiente rústico, con la cocina a la vista y un buen servicio de mesa. El chef, de origen gallego, propone una cocina tradicional actualizada especializada en pescados, sobre todo de la zona pero también traídos de la península. Su carta se enriquece con varios arroces y algún guiño a la gastronomía japonesa.

Especialidades : Salpicón de bogavante azul. Pámpano confitado con puré de papa verde. Canutillo de hojaldre con crema de queso y helado de yogur griego.

Carta 30/40 €

Carretera Taganana 2 ✉ 38120 - ✆ 922 59 19 48 - www.restaurantelaposadadelpez.es - Cerrado 20 diciembre-26 enero, lunes, cena: domingo

Abikore

JAPONESA • TENDENCIA X Le sorprenderá, pues ocupa una típica casa canaria con interiorismo de aire nórdico. Cocina de base japonesa adaptada tanto al gusto español como al producto isleño autóctono.

Menú 25/45 € - Carta 30/55 €

Carmen 3 ✉ 38120 - ✆ 922 59 19 39 - www.abikore.com - Cerrado 4-10 junio, 1-7 octubre, 23 diciembre-8 enero, cena: lunes, martes, cena: domingo

SAN CRISTÓBAL DE LA LAGUNA

Santa Cruz de Tenerife - Mapa regional **5**-B1 - Mapa de carreteras Michelin nº 125-I2

Nub (Fernanda Fuentes y Andrea Bernardi)

CREATIVA • A LA MODA XX Singular, pues La Laguna Gran Hotel ha recuperado un palacete de alma isleña del s. XVIII.

Al restaurante se accede por la entrada del hotel, decorada con detalles alusivos a su pasado como fábrica de tabacos; desde ahí, buscan los contrastes al pasar a unos comedores de línea actual-minimalista que se asoman tanto a la cocina como a la sección fría de la pastelería.

El origen de los chefs, Fernanda Fuentes y Andrea Bernardi, condiciona la propuesta, accesible a través de unos menús que fusionan el recetario chileno e italiano con el canario más tradicional. Aquí todo fluye en base a unas materias primas escogidas, algunas de sus países, y a un notorio nivel técnico que les permite jugar con los sabores, las texturas y las presentaciones. ¡Haga la sobremesa en el coqueto patio-terraza!

Especialidades : Vieiras con salsa de parmesano y caviar cítrico. Carbonara de apio nabo. Naranjas frescas, aceitunas caramelizadas, gel de cebolla y helado de pimienta.

Menú 75 € (almuerzo), 110/120 €

Nava y Grimón 18 (Hotel La Laguna G.H.) ✉ 38201 - ✆ 922 07 76 06 - www.nubrestaurante.com - Cerrado 4-19 mayo, 24 agosto-1 septiembre, 28 diciembre-5 enero, lunes, martes, cena: domingo

SANTA CRUZ DE TENERIFE

Santa Cruz de Tenerife - Mapa regional **5**-B1 - Mapa de carreteras Michelin nº 125-J2

Kazan

JAPONESA • DE DISEÑO XX ¡Cocina japonesa en su máxima expresión! Esta atractiva casa, cuyo nombre significa "Volcán", busca empatizar con la isla haciendo un evidente guiño al entorno del Teide.

Se halla cerca del puerto y recrea un interior de medida simplicidad, con una notoria profusión de la madera para estrechar los lazos con la naturaleza; el fondo, lo preside una barra de sushi para comer a título más individual.

Sabores suaves, finas texturas, cortes delicados... un particular mundo culinario, no exento de toques occidentales o nikkeis, que ve la luz en propuestas frías y calientes (sushis, sashimis, nigiris, temakis, yakitoris, témpuras...). Si busca una experiencia más intensa pida el menú "Omakase", sin precio fijo pero elaborado al momento por el chef en función de los mejores productos que tenga.

Especialidades : Usuzukuri de toro y erizo gallego. Rodaballo en tempura. Las cuatro estaciones de la manzana.

Menú 55/105 € - Carta 45/65 €

Paseo Milicias de Garachico 1, local 4 ✉ 38004 - ☎ 922 24 55 98 - www.restaurantekazan.com - Cerrado cena: lunes, domingo

Solana

MODERNA • A LA MODA XX Un restaurante renovado, pues han aprovechado el cambio de local para dar un paso al frente en sus propuestas. Cocina canaria actual, con un interesante apartado de arroces.

Menú 23/50 € - Carta 35/67 €

Angel Guimerá 37 ✉ 38003 - ☎ 922 24 37 80 - www.solanarestaurante.es - Cerrado 1-30 agosto, lunes, domingo

Sagrario

TRADICIONAL • AMBIENTE TRADICIONAL X ¡Una casa muy personal! Sagrario Pablos, la chef-propietaria, ha sabido fidelizar a sus clientes con honestidad, cercanía y buen hacer. Cocina tradicional con guiños locales.

Carta 38/50 €

Doctor Guigou 37 ✉ 38001 - ☎ 922 10 27 88 - www.inforestaurantesagrari.com - Cerrado 15-30 agosto, domingo

San Sebastián 57 N

COCINA DE TEMPORADA • SENCILLA X Íntimo, actual y con gran aceptación, por lo que suele estar lleno. Su chef propone una cocina tradicional actualizada con aderezos de otros países, sobre todo sudamericanos.

Menú 24/50 € - Carta 30/50 €

Avenida de San Sebastián 57 ✉ 38005 - ☎ 822 10 43 25 - www.sansebastian57.com - Cerrado 24 febrero-4 marzo, 7-16 octubre, domingo

Iberostar Grand H. Mencey

HISTÓRICO • ELEGANTE Tiene su encanto, ya que se halla en un edificio protegido de inspiración colonial y viste su interior con elegancia. Buenos espacios sociales, habitaciones clásicas renovadas e interesante oferta culinaria, destacando la propuesta del restaurante Papa Negra.

253 habitaciones - 104/305 € - 22 € - 8 suites

Doctor José Naveiras 38 ✉ 38004 - ☎ 922 60 99 00 - www.iberostar.com

, , , , &

EL SAUZAL

Santa Cruz de Tenerife – Mapa regional **5**-B1 – Mapa de carreteras Michelin nº 125-G2

Las Terrazas del Sauzal

MODERNA • AMBIENTE CLÁSICO Si está buscando un buen restaurante pero con notas románticas no se esfuerce más, pues este disfruta de unas agradables terrazas asomadas a la inmensidad del océano, perfectas para disfrutar, en compañía, de las vistas al litoral o a las idílicas puestas de sol. Desde sus fogones pretenden traer a los cánones de la cocina actual los sabores de siempre, por ello tienen en la tradición su fuente de inspiración. Trabajan con los mejores pescados de la zona, unas jugosas carnes elaboradas con cocciones lentas y muchísimos productos de producción propia (todas las verduras y parte de las frutas).

Especialidades : Huevo trufado a baja temperatura. Costilla de vaca vieja a baja temperatura. Bienmesabe con helado de Bailey's con jengibre.

Carta 33/42 €

Pasaje Sierva de Dios 9 ✉ 38360 – ✆ 922 57 14 91 – www.terrazasdelsauzal.com – Cerrado lunes, martes

TEGUESTE

Santa Cruz de Tenerife – Mapa regional **5**-B1 – Mapa de carreteras Michelin nº 125-H2

La Sandunga

INTERNACIONAL • ACOGEDORA Se halla en una casa de campo y sorprende por su interior, con la cocina vista y la sala principal abierta al paisaje. Carta de gusto internacional, con buen apartado de carnes, en la que encontrará tanto platos canarios como franceses, japoneses o peruanos.

Carta 30/48 €

San Ignacio 17 ✉ 38280 – ✆ 923 63 72 09 – www.lasandunga.es – Cerrado lunes, martes

La Gomera

vasantytf/iStock

SAN SEBASTIÁN DE LA GOMERA

Santa Cruz de Tenerife – Mapa regional **5**-A2 – Mapa de carreteras Michelin nº 125-D2

Parador de San Sebastián de La Gomera

CADENA HOTELERA • RÚSTICA Está en la parte alta de la ciudad y atesora, junto a las buenas vistas al mar y el amplio jardín botánico, una encantadora decoración regional. Entre sus habitaciones destacan las que tienen los típicos balcones de madera. En el comedor podrá degustar las especialidades gastronómicas propias de esta tierra.

60 habitaciones – 100/225 € – 19 € – 2 suites

Cerro de la Horca 1 ✉ 38800 – ✆ 922 87 11 00 – www.parador.es

El Hierro

vasantytf/iStock

VALVERDE, EN LAS PLAYAS Suroeste : 20 km

Santa Cruz de Tenerife – Mapa regional **5**-A2 – Mapa de carreteras Michelin n° 125-D3

Parador de El Hierro

TRADICIONAL • CLÁSICA El sosiego está asegurado en este parador, colgado sobre una playa de roca volcánica. La mayoría de sus habitaciones poseen mobiliario de línea clásica y unas bonitas vistas. El comedor, de aire regional, es idóneo para descubrir la gastronomía de la isla.

47 habitaciones – 90/165 € – 18 €

Las Playas 15 38910 – 922 55 80 36 – www.parador.es

La Palma

Dominic_Dahncke/iStock

BREÑA ALTA

Santa Cruz de Tenerife – Mapa regional **5**-A1 – Mapa de carreteras Michelin n° 125-D5

Casa Osmunda

TRADICIONAL • RÚSTICA Instalado en una bonita casa de indianos que sirvió como lugar de descanso para comerciantes. Ofrece un interior rústico-canario y una cocina tradicional de gran honestidad.

Carta 30/45 €

Subida la Concepción 2 38710 – 922 41 26 35 – Cerrado lunes, cena: domingo

LAS CALETAS

Santa Cruz de Tenerife – Mapa regional **5**-A1 – Mapa de carreteras Michelin n° 125-D7

El Jardín de la Sal

REGIONAL • ACOGEDORA Un restaurante sorprendente tanto por la propuesta gastronómica como por su aislado emplazamiento junto al antiguo faro de Fuencaliente, que hoy funciona como Centro de Interpretación de la Reserva Marina de La Palma. Aquí encontrará una cocina tradicional actualizada que exalta los productos autóctonos, sobre todo los pescados, y un espacio temático singular, con una cafetería en el piso superior, que destaca por sus magníficas vistas. ¿Lo mejor? El juego cromático entre el azul del océano, las tierras negras propias de una isla volcánica y el radiante blanco de las salinas del entorno.

Especialidades : Queso tierno palmero asado con mermelada de tomate y aceite de cilantro. Cochino negro asado sobre puré de papas y guisantes. Espuma de yogur de leche de cabra con confitura de papaya.

Menú 18 € (almuerzo)/47 € - Carta 25/39 €

Carretera La Costa-El Faro 5 ✉ 38740 - ✆ 922 97 98 00 - www.salinasdefuencaliente.es - Cerrado 1-14 junio, cena: lunes-domingo

LOS LLANOS DE ARIDANE

Santa Cruz de Tenerife - Mapa regional **5**-A1 - Mapa de carreteras Michelin nº 125-C5

El Rincón de Moraga

TRADICIONAL • RÚSTICA Alojado en una antigua casa canaria de ambiente rústico-regional. Apuestan por una cocina tradicional actualizada que fusiona los platos locales con los de otras latitudes.

Carta 24/47 €

Llano de San Pedro 4 (Argual) ✉ 38760 - ✆ 922 46 45 64 - Cerrado almuerzo: lunes, domingo

TAZACORTE

Santa Cruz de Tenerife - Mapa regional **5**-A1 - Mapa de carreteras Michelin nº 125-B5

Hacienda de Abajo

TRADICIONAL • HISTÓRICA Singular, histórico, diferente... en pleno Tazacorte y rodeado de platanales. Podríamos catalogarlo como un hotel-museo, pues cobija más de 1100 piezas de arte o anticuario. Habitaciones con balcón o terraza y oferta culinaria de sabor canario e internacional.

31 habitaciones - 234/675 € - 1 suite

Miguel de Unamuno 11 ✉ 38770 - ✆ 922 40 60 00 - www.hotelhaciendadeabajo.com

urf/iStock

CÁNDUAS

A Coruña - Mapa regional **13**-A1 - Mapa de carreteras Michelin n° 571-C3

Mar de Ardora

GALLEGA • ACOGEDORA XX Si va a visitar la famosa Costa da Morte esta puede ser una opción interesante para hacer un alto, pues se trata de uno de los mejores restaurantes de la zona. Está instalado en una casa de piedra al borde de la carretera y posee un interior muy cuidado, con un bar de aire rústico, un precioso saloncito para la sobremesa y la sala repartida en dos ambientes, uno interior clásico-modernista y el otro, más atractivo, acristalado para que disfrute de sus vistas al mar. Cocina gallega actualizada, buena bodega y agradable terraza chill out, esta última con música en directo los fines de semana.

Especialidades : Langostinos fritos con mayonesa de mostaza a la antigua. Merluza con arroz, trufa y langostinos. Sopa de yogur con helado de turrón.

Menú 15€ (almuerzo) - Carta 25/45€

As Revoltas - Carretera AC 430, Este : 2 km ✉ 15116 - ☎ 981 75 43 11 - www.mardeardora.com - Cerrado 7-31 enero, lunes, cena: domingo

CANEDO - León ➜ Ver Cacabelos

CANET DE MAR

Barcelona - Mapa regional **10**-A2 - Mapa de carreteras Michelin n° 574-H37

La Font

MODERNA • A LA MODA X Una opción sumamente interesante en la comarca del Maresme. Este agradable restaurante, ubicado en la parte alta de la localidad, destaca tanto por su modernidad como por su organización familiar, no en vano cuenta con tres hermanos implicados totalmente en el negocio. Ofrecen una cocina actual y de mercado, sin grandes sofisticaciones pero muy correcta en su nivel, basada en un menú económico para los días laborables y otro un poco más elaborado para los fines de semana. Uno de sus mejores platos es la Paletilla de cordero deshuesada y cocinada a baja temperatura.

Especialidades : Mar y montaña de pies de cerdo con gambas. Suprema de merluza con raíz de apio y vinagreta de tomate con albahaca. Coca de Llavaneres de crema y piñones.

Menú 21€ (almuerzo), 31/41€ - Carta 35/55€

Rafael Masó 1-3 (acceso por vía Figuerola) ✉ 08360 - ☎ 937 94 36 73 - www.restaurantlafont.es - Cerrado 17 febrero-6 marzo, 12-29 septiembre, cena: lunes, martes, cena: miércoles-jueves, cena: domingo

CANGAS DE MORRAZO

Pontevedra - Mapa de carreteras Michelin n° 571-F3

en Hío Oeste : 6 km - Mapa regional **13**-A3

Doade

PESCADOS Y MARISCOS • AMBIENTE CLÁSICO X Muchos turistas se acercan hasta este pueblecito, en la península del Morrazo, para contemplar su famoso "cruceiro" y luego darse un homenaje. Para lo último, sin duda, este negocio familiar es la mejor opción; no en vano, destaca tanto por su montaje clásico-actual como por el hecho de ofrecer siempre pescado fresco (la ventaja de tener un buen contacto en la lonja). Su carta es toda una invitación, pues contempla carnes gallegas, mariscos, especialidades marineras, arroces y unos fantásticos pescados (lubina, rodaballo, mero, sargo...) al horno. ¡También ofrecen cuidadas habitaciones!

Especialidades : Empanada de centolla. Sargo al horno. Tarta de hojaldre con yema tostada.

Menú 10/35€ - Carta 35/45€

Bajada Playa de Arneles 1 ✉ 36948 - ☎ 986 32 83 02 - www.hoteldoade.com - Cerrado 1-30 noviembre, lunes, cena: domingo

CANGAS DE ONÍS

Asturias – Mapa regional **3**-C2 – Mapa de carreteras Michelin n° 572-B14

Los Arcos

TRADICIONAL • TENDENCIA XX Se encuentra junto al Ayuntamiento, donde disfruta de una buena terraza, una amplia cafetería y un comedor clásico-actual. Completa carta de cocina tradicional y regional.

Menú 13/35 € – Carta 29/49 €

Plaza Camila Beceña 3 ✉ 33550 –
✆ 985 84 92 77 – www.loslagosnature.com

El Molín de la Pedrera

TRADICIONAL • ACOGEDORA X Resulta popular y ofrece dos salas, una amplia para grupos y otra más íntima, con chimenea, de línea rústica-actual. Cocina regional actualizada rica en productos autóctonos.

Carta 24/40 €

Río Güeña 2 ✉ 33550 –
✆ 985 84 91 09 – www.elmolindelapedrera.com –
Cerrado 24 diciembre-17 enero, cena: martes, miércoles

en la carretera de Arriondas

Parador de Cangas de Onís

HISTÓRICO • CLÁSICA Parador de carácter histórico integrado en el monasterio de San Pedro de Villanueva, en plena naturaleza. Ofrece un bello patio central en el antiguo claustro, confortables habitaciones y un restaurante de montaje clásico que apuesta por la cocina tradicional.

64 habitaciones – 90/195 € – 18 €

Villanueva, Noroeste : 3 km ✉ 33550 – ✆ 985 84 94 02 – www.parador.es –
Cerrado 7 enero-2 abril

CANGAS DEL NARCEA

Asturias – Mapa regional **3**-A2 – Mapa de carreteras Michelin n° 572-C10

en Corias Norte : 2 km – Mapa regional 3-A2

Parador de Corias

EDIFICIO HISTÓRICO • HISTÓRICA Le llaman El Escorial asturiano y toma como base un monasterio del s. XI que hoy destaca por sus dos claustros, uno con un árbol centenario. Amplio salón social, salas polivalentes, habitaciones sobrias pero actuales y buen comedor en lo que fue el refectorio.

76 habitaciones – 85/185 € – 18 €

Monasterio de Corias ✉ 33800 – ✆ 985 07 00 00 – www.parador.es

CANIDO

Pontevedra – Mapa regional **13**-A3 – Mapa de carreteras Michelin n° 571-F3

Durán

PESCADOS Y MARISCOS • AMBIENTE CLÁSICO XX Frente a la playa, donde se presenta con dos salas de aire clásico-actual y una terracita de verano. Encontrará buenos pescados y mariscos, así como un apartado de arroces.

Carta 30/60 €

Playa de Canido 129 ✉ 36390 –
✆ 986 49 08 37 – www.restauranteduran.com –
Cerrado 20 enero-10 febrero, 20-30 septiembre, lunes, cena: martes, cena: domingo

LA CANONJA

Tarragona - Mapa regional **9**-B3 - Mapa de carreteras Michelin n° 574-I33

en la autovía T 11 Noroeste : 2 km

La Boella

TRADICIONAL • ELEGANTE XXX El salón-biblioteca, un molino de aceite, comedores de elegante rusticidad... En este restaurante, realmente singular, elaboran una cocina tradicional con platos actualizados.

Menú 25 € (almuerzo), 40/45 € - Carta 40/60 €

Hotel Mas La Boella, Autovía de Reus-Tarragona T11, km 12 ✉ 43110 - ✆ 977 77 15 15 - www.laboella.com - Cerrado 1 enero-21 febrero

Mas La Boella

BOUTIQUE HOTEL • PERSONALIZADA ¡Un complejo oleoturístico definido por el sosiego! Reparte sus estancias entre dos edificios: uno de nueva construcción, donde están las habitaciones más modernas, y el otro fruto de recuperar una antigua masía rodeada de jardines, olivos y viñedos.

13 habitaciones - †† 150/270 € - ☕ 15 €

Autovía de Reus-Tarragona T11, km 12 ✉ 43310 - ✆ 977 77 15 15 - www.laboella.com - Cerrado 2 enero-21 febrero

La Boella - Ver selección restaurantes

CÀNOVES

Barcelona - Mapa regional **10**-B2 - Mapa de carreteras Michelin n° 574-G37

al Norte 5 km

Can Cuch

CASA DE CAMPO • ECO-RESPONSABLE Instalado en una antigua masía de piedra que destaca por sus vistas, desde más de 700 m. de altitud, al entorno del Montseny. Cuidadas habitaciones de aire rústico, las superiores con chimenea, y sorprendente piscina panorámica en lo que fue la balsa de riego.

11 habitaciones ☕ - †† 100/195 €

Can Cuch de Muntanya 35 ✉ 08445 - ✆ 931 03 39 80 - www.hotelcancuch.com

CANTAVIEJA

Teruel - Mapa regional **2**-C3 - Mapa de carreteras Michelin n° 574-K28

Balfagón Alto Maestrazgo

TRADICIONAL • AMBIENTE TRADICIONAL XX Aunque basan su propuesta en una cocina tradicional, con detalles actuales, también procuran dinamizar la carta con sugerencias de temporada y jornadas gastronómicas.

Carta 30/50 €

Avenida del Maestrazgo 20 (Hotel Balfagón Alto Maestrazgo) ✉ 44140 - ✆ 964 18 50 76 - www.hotelspabalfagon.com - Cerrado 28 junio-10 julio, 18-25 diciembre, cena: domingo

CANTERAS - Murcia → Ver Cartagena

CANYAMEL - Balears → Ver Balears (Mallorca)

CANYELLES PETITES (PLAYA DE) - Girona → Ver Roses

LOS CAÑOS DE MECA

Cádiz - Mapa de carreteras Michelin n° 578-X11

en Zahora Noroeste: 5 km – Mapa regional **1**–A3

Arohaz

MODERNA • SIMPÁTICA Un negocio moderno-minimalista que inició su andadura como gastrobar y ya debe ser considerado un restaurante con todas las de la ley, pues ha sabido hacer de la inicial y aparente modestia una auténtica virtud. Apuesta por una cocina actual, de bases tradicionales, que ensalce los mejores productos gaditanos... eso sí, con acertados toques de fusión gracias a sus constantes incursiones en los recetarios y gustos de otras latitudes. También disfruta de unas magníficas habitaciones, todas confortables, amplias y bien equipadas. ¡Agradables terrazas, una tipo porche y otra al aire libre!

Especialidades : Sorbete de gazpacho, huevo poché y langostinos salteados. Presa ibérica a baja temperatura en manteca colorá. Borrachito con crema de naranja.

Carta 33/44 €

Carril del Pozo 25 ✉ 11159 – ✆ 956 43 70 05 – www.hotelarohaz.com – Cerrado 7 diciembre-11 febrero, martes

ES CAPDELLÀ – Balears → Ver Balears (Mallorca)

CAPDEPERA – Balears → Ver Balears (Mallorca)

CARBALLO

A Coruña – Mapa regional **13**–B1 – Mapa de carreteras Michelin nº 571-C3

Rio Sil

TRADICIONAL • AMBIENTE CLÁSICO Este templo carnívoro, bien remodelado, sorprende con una bodega acristalada y una parrilla digna de visitar. Carnes gallegas selectas y sugerentes jornadas gastronómicas.

Menú 12/45 € – Carta 30/50 €

Rio Sil 43 ✉ 15100 – ✆ 981 70 04 78 – www.riosil.gal – Cerrado 13-27 enero, sábado, cena: domingo

CARDONA

Barcelona – Mapa regional **9**–B2 – Mapa de carreteras Michelin nº 574-G35

Parador de Cardona

EDIFICIO HISTÓRICO • HISTÓRICA Parador-Museo instalado en una gran fortaleza medieval que domina el horizonte sobre un promontorio. Realizan interesantes rutas turísticas dentro del edificio y ofrecen sobrias habitaciones, destacando las que poseen camas con dosel. En su comedor podrá descubrir una cocina atenta al recetario regional.

54 habitaciones – 95/200 € – 19 €

Castell de Cardona ✉ 08261 – ✆ 938 69 12 75 – www.parador.es

en La Coromina Este: 4 km – Mapa regional **9**–B2

La Premsa

FAMILIAR • ORIGINAL ¡Singular y de trato muy familiar! Ocupa una antigua prensa de aceite que aún cobija entre sus recios muros de piedra los aperos, silos y utensilios propios de aquella actividad. Posee espaciosas habitaciones, todas personalizadas, y un restaurante especializado tanto en platos regionales como a la brasa.

9 habitaciones – 100/135 €

De l'Església 53 ✉ 08261 – ✆ 938 69 17 83 – www.lapremsahotelrural.com – Cerrado 21-28 febrero

CARIÑENA

Zaragoza – Mapa regional **2**-B2 – Mapa de carreteras Michelin nº 574-H26

La Rebotica

REGIONAL • RÚSTICA X Una parada obligada para cualquiera que busque los sabores de antaño. Este coqueto restaurante se halla en la parte antigua de la ciudad, junto a la hermosa iglesia de Nª Sra. de la Asunción e instalado en la que un día fue la casa del farmacéutico... ¡de ahí su nombre! Presenta un ambiente rústico y acogedor, con mobiliario provenzal, coquetos detalles y un correcto servicio de mesa. En sus fogones se elabora una cocina de marcadas raíces aragonesas, basada en la calidad de los productos de la región pero con algún toque actual. ¡Eche un ojo a su carta de vinos, volcada con la D. O. Cariñena!

Especialidades : Flan de foie, trufa y manzana. Ternasco de Aragón asado al estilo La Rebotica. Tarta de queso maravillosa.

Menú 20 € (almuerzo)/40 € – Carta 30/40 €

San José 3 ✉ 50400 – ✆ 976 62 05 56 – www.restaurantelarebotica.com – Cerrado 13-20 abril, 22 julio-5 agosto, 24 diciembre-2 enero, lunes, cena: martes-domingo

CARMONA

Sevilla – Mapa regional **1**-B2 – Mapa de carreteras Michelin nº 578-T13

La Yedra

TRADICIONAL • ACOGEDORA XX Se halla a escasos metros del Parador, en una coqueta casa encalada que le sorprenderá por la preciosa terraza montada en su patio de acceso. Cocina tradicional actualizada.

Carta 30/43 €

General Freire 6 ✉ 41410 – ✆ 954 14 45 25 – www.restaurantelayedra.es – Cerrado 4-12 febrero, 1-15 agosto, lunes, cena: domingo

Molino de la Romera

TRADICIONAL • RÚSTICA X Instalado en un molino de aceite del s. XV que también se usó de granero. Encontrará una carta tradicional, con especialidades como las carnes a la brasa sobre carbón vegetal.

Carta 20/45 €

Puerta de Marchena ✉ 41410 – ✆ 954 14 20 00 – www.molinodelaromera.com – Cerrado 15-21 mayo, 1-15 agosto, lunes, cena: domingo

Parador de Carmona

EDIFICIO HISTÓRICO • CLÁSICA Ocupa el antiguo alcázar del Rey Don Pedro, por lo que... ¡disfruta de unas vistas excepcionales! Tiene el aparcamiento en el patio de armas, unas habitaciones de buen confort y un bello comedor de altísimos techos donde se apuesta por los sabores regionales.

63 habitaciones – †† 105/225 € – ☕ 19 €

Alcázar ✉ 41410 – ✆ 954 14 10 10 – www.parador.es

CARRACEDELO

León – Mapa regional **8**-A1 – Mapa de carreteras Michelin nº 575-E9

La Tronera

MODERNA • ACOGEDORA XX Restaurante de línea actual, con chimenea, dominado por los tonos blancos. Su carta, tradicional-regional pero con toques actuales, se ve enriquecida por un menú degustación.

Menú 40 € – Carta 30/55 €

El Caño 1, Suroeste: 1,5 km (Hotel La Tronera) ✉ 24565 – ✆ 616 18 26 19 – www.hotelrurallatronera.com – Cerrado lunes, martes, cena: miércoles-jueves

CARTAGENA

Murcia – Mapa regional **16**-B3 – Mapa de carreteras Michelin nº 577-T27

Magoga (María Gómez)

REGIONAL • MARCO CONTEMPORÁNEO XX ¿Qué nos gusta de Magoga? Que tiene gente joven, humilde, profesional... con las ideas muy claras y ganas de comerse el mundo.

Podríamos hablar del fantástico tándem formado por la chef María Gómez y su marido Adrián (ambos cocineros aunque a él lo encontremos al frente de la sala); sin embargo, lo que más llama la atención aquí es la sensación de equilibrio y coherencia. ¿La propuesta? Una cocina tradicional actualizada, con toques modernos, que busca las raíces cartageneras e intenta potenciar el producto local de temporada: pescados y mariscos tanto del Mediterráneo como del Mar Menor, frutas y hortalizas del Campo de Cartagena, las mejores carnes de los pueblos del interior...

Buen carro de quesos y espléndida bodega, con grandes vinos españoles y una selección de caldos franceses.

Especialidades : Ensalada de cebolla, almendra marcona y salazones curados en casa. Kokotxa de atún rojo en salsa Périgord acompañado de su propio jugo y cítricos. Pasión de chocolate y algarroba.

Menú 60/140 € – Carta 36/75 €

Plaza Doctor Vicente García Marcos 5 ✉ 30201 – ✆ 629 98 02 57 – www.restaurantemagoga.com – Cerrado 7-14 enero, 31 agosto-6 septiembre, lunes, cena: martes, cena: domingo

El Barrio de San Roque

TRADICIONAL • AMBIENTE CLÁSICO XX Ocupa un antiguo almacén que ha cuidado mucho su decoración original y hoy se presenta con un montaje clásico-actual. Dentro de su carta tradicional merecen ser destacados los pescados de la zona, los arroces y sus sabrosos guisos del día.

Menú 20/55 € – Carta 24/53 €

Jabonerías 30 ✉ 30201 – ✆ 968 50 06 00 – www.elbarriodesanroque.com – Cerrado 6-20 enero, 13-27 abril, 30 agosto-7 septiembre, 25 octubre-2 noviembre, cena: sábado, domingo

La Marquesita

TRADICIONAL • AMBIENTE CLÁSICO XX En una plaza bastante céntrica. Su completa carta tradicional se enriquece con sabrosas especialidades, como el Rabo de toro, y por la noche dan la opción de medias raciones.

Menú 23/50 € – Carta 40/70 €

Plaza de Alcolea 6 ✉ 30201 – ✆ 968 50 77 47 – www.lamarquesita.net – Cerrado 4 agosto-3 septiembre, lunes, cena: domingo

en Canteras Oeste : 4 km – Mapa regional **16**-B3

Sacromonte

TRADICIONAL • RÚSTICA X Casa familiar dotada con un mesón de tapas y raciones, dos salas rústicas y un comedor más clásico para la carta, este con dos privados. Su carta tradicional se ve refrendada por un excelente expositor de mariscos, pescados y carnes rojas.

Menú 20/30 € – Carta 20/35 €

Monte San Juan 1 (por N 332 Mazarrón) ✉ 30200 – ✆ 968 53 53 28 – www.restaurantesacromonte.com – Cerrado martes

en Los Dolores Norte : 3, 5 km – Mapa regional **16**-B3

La Cerdanya

CATALANA • RÚSTICA X Aunque se haya a las afueras de la ciudad no debe perdérselo, pues posee un coqueto comedor de ambiente rústico decorado con aperos y detalles de La Cerdanya, un bellísimo valle pirenaico. Su chef-propietario, Juan Regis, es un apasionado de la cocina y en particular de los productos selectos, por eso propone una carta tradicional y de mercado bastante personal, con muchos platos del recetario catalán e intensos guisos elaborados a fuego lento... ¡a la antigua usanza! Debemos destacar la excelente calidad de sus carnes y un clásico de la casa, el sorprendente Bacalao con rebozuelos y tripas.

Especialidades : Alubias guisadas con tripa de bacalao y rebozuelo. Filet de pobre con comenillas. Crema catalana.

Carta 29/38 €

Subida al Plan 5 ✉ 30310 – ✆ 968 31 15 78 – Cerrado 15-30 agosto, lunes

CARTAYA

Huelva – Mapa regional **1**-A2 – Mapa de carreteras Michelin n° 578-U8

Consolación

TRADICIONAL • FAMILIAR X Uno de esos sitios a los que da gusto ir, pues son jóvenes, honestos, profesionales... y, por encima, te tratan con suma amabilidad. Estamos en un negocio familiar de 3ª generación llevado entre hermanos, con una agradable terraza acristalada, un buen bar para tapear y un luminoso comedor de línea actual-funcional. ¿Qué encontrará? Una carta bastante extensa, con deliciosos pescados frescos (plancha, brasa, rellenos...), varios arroces, buenas carnes y unos mariscos al peso que conquistan al más incrédulo. ¡Pida las Gambas de Huelva o los Langostinos cocidos, el producto fetiche de la casa!

Especialidades : Chipirones a la plancha con cebolla caramelizada. Lomos de lenguado al cava con marisco. Fresas con zumo de naranja.

Menú 35 € – Carta 25/40 €

Avenida Consolación 2 ✉ 21450 – ✆ 959 39 02 98 – www.restauranteconsolacion.es – Cerrado 28 septiembre-5 octubre, cena: lunes, cena: domingo

CARTES

Cantabria – Mapa regional **6**-B1 – Mapa de carreteras Michelin n° 572-C17

La Cartería

TRADICIONAL • MARCO CONTEMPORÁNEO XX Cartes es un pueblecito singular por encontrarse en el histórico Camino Real que conectaba Castilla con el puerto de Santander. Aquí, en una casona del s. XVII que sirvió como oficina de correos y telégrafos, es donde el chef Enrique Pérez nos propone una cocina tradicional actualizada repleta de mimo y delicadeza, con platos cuidados y sabrosos que dejan huella en el paladar. La acogedora sala, de aire rústico, se complementa con unas mesitas a la entrada, bajo un balcón, donde podrá tomar algo mientras contempla el ir y venir de la gente por... ¡una de las calles con más encanto de España!

Especialidades : Salmorejo ahumado, anchoa y helado de queso curado. Pichón asado en dos cocciones, maíz y orejones. Babá al tostadillo de Potes, crema de limón y avellanas.

Menú 18 € (almuerzo)/45 € – Carta 30/45 €

Camino Real 49 ✉ 39311 – ✆ 942 55 03 63 – www.restaurantelacarteria.com – Cerrado 1-15 junio, 1-15 octubre, cena: lunes-martes, miércoles, cena: domingo

CASALARREINA

La Rioja – Mapa regional **14**-A2 – Mapa de carreteras Michelin n° 573-E21

La Vieja Bodega

TRADICIONAL • RÚSTICA XX Una antigua bodega del s. XVII transformada en restaurante. Posee un bello entorno ajardinado y varias salas de ambiente rústico, las dos principales con los techos en madera y los comedores privados dotados de chimenea. También disfruta de una coqueta terraza acristalada y dos "calados" en piedra, siendo este el nombre que se le da en La Rioja a las bodegas subterráneas. Su cocina tradicional-regional, bastante variada, encuentra la réplica perfecta en su carta de vinos, con más de 500 referencias y un claro predominio de los caldos riojanos. ¡Escuche bien las sugerencias de palabra!

Especialidades : Pisto de verduras con láminas de bacalao y salsa de choriceros. Rabo estofado y desmigado con salsa de foie y guiso de setas. Tartaleta de chocolate templado con helado de frutos rojos.

Menú 35/55 € – Carta 33/50 €

Avenida de La Rioja 17 ✉ 26230 – ✆ 941 32 42 54 – www.laviejabodega.es – Cerrado 7 enero-13 febrero, cena: lunes-jueves, cena: domingo

Hospedería Señorío de Casalarreina

EDIFICIO HISTÓRICO • ACOGEDORA Estupendo hotel instalado en un ala del monasterio de la Piedad. Sus dependencias están decoradas con mucho gusto, cuidando los detalles y utilizando mobiliario antiguo restaurado. ¡La mayoría de los baños poseen bañera de hidromasaje!

15 habitaciones - 69/139 €

Plaza Santo Domingo de Guzmán 6 ✉ 26230 - ☎ 941 32 47 30 - www.hscasalarreina.com

CASARES

Málaga - Mapa regional **1**-A3 - Mapa de carreteras Michelin n° 578-W14

en la carretera MA 8300 Sureste : 11 km

Kabuki Raw

JAPONESA • ELEGANTE XXX Elegancia, distinción, la cocina abierta al comedor... ¡el concepto Kabuki en una hacienda andaluza! Propuesta nipona fusionada con platos mediterráneos y productos ibéricos.

Menú 110/140 € - Carta 40/138 €

Hotel Finca Cortesin ✉ 29690 - ☎ 952 93 78 00 - www.fincacortesin.com - Cerrado 7 enero-20 febrero, lunes, almuerzo: martes-sábado, domingo

Finca Cortesin

GRAN LUJO • ELEGANTE Magnífico hotel, a modo de hacienda, emplazado en una soberbia finca. Presenta detalles de lujo, excelentes habitaciones de línea clásica y una sugerente oferta gastronómica, pues mientras en el restaurante Kabuki Raw proponen alta cocina japonesa, en El Jardín de Lutz apuestan por los auténticos sabores mediterráneos.

34 habitaciones - 602/952 € - 33 suites

✉ 29690 - ☎ 952 93 78 00 - www.fincacortesin.com - Cerrado 7 enero-20 febrero

Kabuki Raw - Ver selección restaurantes

ES CASTELL - Balears → Ver Balears (Menorca)

CASTELLADRAL

Barcelona - Mapa regional **9**-C2 - Mapa de carreteras Michelin n° 574-G35

por la carretera de Súria Suroeste : 4 km

La Garriga de Castelladral

EDIFICIO HISTÓRICO • RURAL Esta majestuosa masía, construida en piedra y con vistas a la montaña de Montserrat, arropa tras sus recios muros unos valores que ensalzan el sosiego, la tradición y el reencuentro con la naturaleza. Disfruta de cálidas zonas sociales, habitaciones de excelente confort y un buen comedor en el antiguo pajar.

20 habitaciones - 165/220 €

Carretera de Súria a Castelladral, km 5,2 ✉ 08671 - ☎ 938 68 22 50 - www.masialagarriga.com

CASTELLAR DEL VALLÈS

Barcelona - Mapa regional **10**-B2 - Mapa de carreteras Michelin n° 574-H36

por la carretera de Terrassa Suroeste : 5 km

Can Font

TRADICIONAL • RÚSTICA XXX Este impecable restaurante presenta una sala de estilo rústico catalán, un privado y tres salones de banquetes, ya que estos últimos constituyen el punto fuerte del negocio. Cocina de mercado con platos tradicionales e internacionales.

Menú 44 € - Carta 50/62 €

Urbanización Can Font, km 22,5 ✉ 08211 - ☎ 937 14 53 77 - www.boda-font.es - Cerrado 7-17 enero, 6-18 agosto, cena: lunes, martes, cena: miércoles-jueves, cena: domingo

CASTELLBISBAL

Barcelona - Mapa regional **10**-A3 - Mapa de carreteras Michelin nº 574-H35

en la carretera de Martorell a Terrassa C 243c Oeste : 9 km

Ca l'Esteve

CATALANA • AMBIENTE CLÁSICO XX Negocio familiar de 4ª generación instalado en una gran casa de piedra, próxima a los viñedos de la finca. Su carta, clásica catalana, se enriquece con sugerencias diarias.

Menú 25 € - Carta 30/52 €

✉ 08755 - ✆ 937 75 56 90 - www.restaurantcalesteve.com - Cerrado 7-13 enero, 18 agosto-1 septiembre, lunes, cena: martes-miércoles, cena: domingo

CASTELLCIUTAT - Lleida → Ver La Seu d'Urgell

CASTELLDEFELS

Barcelona - Mapa regional **10**-A3 - Mapa de carreteras Michelin nº 574-I35

en el barrio de la playa

La Canasta

PESCADOS Y MARISCOS • AMBIENTE CLÁSICO XX Goza de cierta reputación y atesora una larga trayectoria. En sus salas, de elegante estilo clásico-marinero, podrá descubrir una cocina especializada en arroces, fideos, pescados y mariscos. ¡No se pierda sus carros de quesos y tartas!

Menú 39/60 € - Carta 41/89 €

Passeig Marítim 197 ✉ 08860 - ✆ 936 65 68 57 - www.restaurantelacanasta.com

CASTELLÓ D'EMPÚRIES

Girona - Mapa regional **9**-D3 - Mapa de carreteras Michelin nº 574-F39

Emporium (Màrius y Joan Jordà)

MODERNA • FAMILIAR XX Le debe su nombre a las ruinas de Empúries y refleja un enorme compromiso, tanto con el turismo como con la gastronomía del Alt Empordà.

El negocio, dentro del hotel homónimo, lleva en manos de la misma familia desde 1965; de hecho, hoy los gemelos Màrius y Joan Jordà (4ª generación) se turnan al frente de la sala y de los fogones. En su comedor, clásico pero con detalles de modernidad, le propondrán una cocina tradicional actualizada, no exenta de toques creativos, que ensalza los sabores empordaneses en base a los productos de proximidad (frutas y verduras de Torroella de Montgrí, pescados de Port de la Selva o Roses, la ternera de Girona...).

¿Recomendaciones? Pida algún plato clásico, como los Canelones de asado de pularda o los Pies de cerdo guisados con butifarra blanca de perol.

Especialidades : Pulpo y globitos con patata, algas y tinta. Cabrito lechal con coliflor y sardina ahumada, caviar y queso. Limón con moras, menta y yogur.

Menú 40 € (almuerzo), 59/105 € - Carta 65/87 €

Santa Clara 31 ✉ 17486 - ✆ 972 25 05 93 - www.emporiumhotel.com - Cerrado 17 febrero-5 marzo, 2-18 noviembre, lunes, cena: domingo

CASTELLÓ DE LA PLANA • CASTELLÓN DE LA PLANA

Castellón - Mapa regional **11**-B1 - Mapa de carreteras Michelin nº 577-M29

Le Bistrot Gastronómico N

FUSIÓN • ACOGEDORA X Un establecimiento sencillo, simpático e informal donde se busca que la gente disfrute al máximo. Los chef-propietarios, que alternan su labor en los fogones con el trabajo en la misma sala para explicar todos los platos, apuestan por una cocina actual que fusione sabores y productos de diferentes partes del mundo, siempre con coherencia, delicadas texturas y unas cuidadas presentaciones. Ofrecen gran variedad de fórmulas o menús para que la propuesta, en lo posible, sea compartida y comentada por toda la mesa. ¿Su máximo anhelo? Qué el cliente sienta una gran explosión de sabor en su boca.

Especialidades : Pulpo confitado con hummus y salsa teriyaki. Gambas con tallarines negros y salsa de tamarindo. Un tiramisú de limón diferente.

Menú 20/45€

Temprado 12 ✉ 12002 - ✆ 964 72 44 60 - www.lebistrotcs.com - Cerrado 18 julio-4 septiembre, lunes, martes, cena: domingo

ReLevante

MODERNA • A LA MODA X Alegría, ambiente desenfadado, juventud, profesionalidad... no es fácil encontrar tantos conceptos positivos en un mismo establecimiento y, mucho menos, que este se encuentre dentro de un hotel (NH Mindoro). En su moderno y sencillo interior, presidido por una gran pared-pizarra, le propondrán una cocina actual, con toques innovadores, que apuesta por los productos locales, interesantes sugerencias en base al mercado y un buen menú del día. ¿Recomendaciones? Pruebe la Ensaladilla rusa con langostinos de Castellón, el Tartar de atún o alguno de sus arroces, pues... ¡están realmente deliciosos!

Especialidades : Ensaladilla rusa, huevas y langostino del Grao. Arroz de pato, foie y anguila. Tarta de queso azul.

Menú 23/35€ - Carta 33/44€

Moyano 4 ✉ 12002 - ✆ 964 22 23 00 - www.nh-hotels.com - Cerrado 27 julio-3 septiembre, lunes, domingo

La Llenega

MODERNA • BISTRÓ X Un local de línea moderna y organización familiar. Propone una oferta gastronómica de tinte mediterráneo y algún plato morellano, estos como un guiño a los orígenes del chef.

Menú 15€ (almuerzo) - Carta 35/45€

Conde Noroña 27 ✉ 12002 - ✆ 964 05 68 26 - www.lallenega.com - Cerrado 1-31 agosto, cena: lunes-martes, cena: domingo

en el puerto (Grau) Este : 5 km

Tasca del Puerto

PESCADOS Y MARISCOS • AMBIENTE CLÁSICO X Está distribuido en dos casas y tras su remozada fachada presenta varias salas de reducida capacidad, todas con detalles típicos y buen montaje en su categoría. Carta tradicional y menús basados en arroces, pescado fresco y mariscos.

Menú 35/54€ - Carta 38/75€

Avenida del Puerto 13 ✉ 12100 - ✆ 964 28 44 81 - www.tascadelpuerto.com - Cerrado 7-21 enero, lunes, cena: domingo

CASTELLOTE

Teruel - Mapa regional **2**-C3 - Mapa de carreteras Michelin nº 574-J29

Castellote

TRADICIONAL • SENCILLA X Estamos ante un negocio de amable organización familiar, característica que siempre le aporta humanidad, cercanía y calor a cualquier establecimiento. En general trabajan bastante y esto se debe tanto a la bondad de sus platos, basados en elaboraciones sencillas que ensalzan el recetario tradicional, como al hecho de que en esta localidad se encuentra el "Bosque Pétreo" de Dinópolis. Una de las especialidades de esta casa es el Dulce de galletas con nata, un plato que lleva más de 40 años en la carta y que tiene su origen en la nata natural que se extraía de la leche recién ordeñada.

Especialidades : Rollito de borraja con bacalao. Cochinillo al horno. Tarta de queso.

Menú 17/30€ - Carta 28/47€

Paseo de la Mina 15 ✉ 44560 - ✆ 978 88 75 96 - www.hotelcastellote.com - Cerrado 15 diciembre-7 enero, cena: domingo

CASTRILLO DE DUERO

Valladolid – Mapa regional **8**-C2 – Mapa de carreteras Michelin nº 575-H17

Cepa 21

MODERNA · MARCO CONTEMPORÁNEO XX Luminoso, actual y ubicado en la misma bodega, con fantásticas vistas a los viñedos. Cocina tradicional de cuidadas presentaciones, actualizada y en evolución según temporada.

Menú 65 € (almuerzo)/75 €

Carretera N 122, km 297 ✉ 47318 –
✆ 983 48 40 84 – www.cepa21restaurante.com –
Cerrado 10 diciembre-6 febrero, lunes, martes, cena: miércoles-domingo

CASTRILLO DE LOS POLVAZARES

León – Mapa regional **8**-A1 – Mapa de carreteras Michelin nº 575-E11

Casa Coscolo

TRADICIONAL · RÚSTICA X Instalado en una casona de piedra de atractivo aire rústico-actual. Aunque su carta contempla otras opciones, aquí casi todo el mundo viene a comer el famoso Cocido maragato.

Menú 20 € (almuerzo) – Carta 25/35 €

La Magdalena 1 ✉ 24718 –
✆ 987 69 19 84 – www.restaurantecoscolo.com –
Cerrado 3-21 febrero, 22 junio-3 julio, cena: lunes-domingo

CASTRILLÓN

Asturias – Mapa regional **3**-B1 – Mapa de carreteras Michelin nº 572-B12

Gunea

ASTURIANA · MARCO CONTEMPORÁNEO XX Una casona en piedra, con detalles marineros, bien llevada por una pareja de cocineros que busca un retorno a sus orígenes. Cocina de cercanía y paladar donde prima el sabor.

Carta 40/60 €

Avenida del Campo 20, Cruz de Illas ✉ 34410 – ✆ 985 54 65 27 – Cerrado cena: lunes-martes, miércoles, cena: jueves, cena: domingo

CASTROPOL

Asturias – Mapa regional **3**-A1 – Mapa de carreteras Michelin nº 572-B8

Casa Vicente

TRADICIONAL · AMBIENTE CLÁSICO XX Son conocidos por sus pescados (hasta 10 tipos) y sus mariscos, aunque también tienen buenas carnes y otros platos de tinte regional. ¡Amplias cristaleras con vistas a la ría!

Carta 40/65 €

Carretera N 640 ✉ 33760 – ✆ 985 63 50 51 – Cerrado 15 diciembre-31 enero, lunes, martes

CASTROVERDE DE CAMPOS

Zamora – Mapa regional **8**-B2 – Mapa de carreteras Michelin nº 575-G14

Lera

REGIONAL · AMBIENTE CLÁSICO XX Uno de los restaurantes especializados en caza con más prestigio de España, pues su cocina regional ensalza el producto cinegético. ¡Descubra los Pichones de Tierra de Campos!

Menú 64/92 € – Carta 35/55 €

Conquistadores Zamoranos ✉ 49110 –
✆ 980 66 46 53 – www.restaurantelera.es –
Cerrado 18-25 febrero, 16-30 junio, 1-8 septiembre, cena: lunes, martes

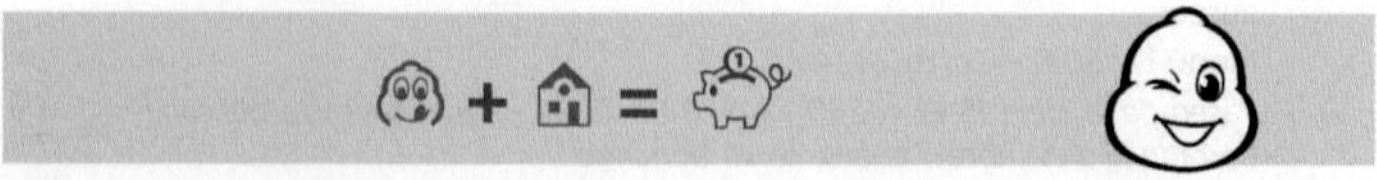

CAZALLA DE LA SIERRA

Sevilla – Mapa regional **1**-B2 – Mapa de carreteras Michelin n° 578-S12

Agustina

MODERNA • FAMILIAR X Una de las mejores opciones para almorzar o cenar si está visitando la Sierra Norte de Sevilla. El negocio, que se esconde tras una resplandeciente fachada encalada y está llevado por una agradable pareja, se presenta con un bar de tapas y un correcto comedor, este último de línea actual y sencillo montaje. ¿Quiere saber algo curioso? Muchos de los pinchos que puede probar en la barra son una pequeña degustación de la amplia carta que le ofrecerán en la sala del piso superior. Cocina actual de base tradicional, elaborada con cariño, buena mano y pequeñas dosis de imaginación.

Especialidades : Ensalada de codorniz en escabeche con vinagreta de jengibre. Carrillada de ternera con un toque de cacao. Crema de limón con galleta caramelizada.

Carta 28/35€

Plaza del Concejo ✉ 41370 – ✆ 954 88 32 55 – www.agustinarestaurante.com – Cerrado martes

CAZORLA

Jaén – Mapa regional **1**-D2 – Mapa de carreteras Michelin n° 578-S20

Mesón Leandro

REGIONAL • ACOGEDORA X Sin duda, la referencia gastronómica en el casco viejo de Cazorla. El restaurante, que se halla junto a las monumentales ruinas de la iglesia de Santa María, está llevado con gran profesionalidad por un matrimonio, trabajando él en la gestión de la sala mientras ella está al frente de los fogones. El negocio se presenta con una coqueta terraza a la entrada y un interior rústico-actual que es caldeado por una agradable chimenea. Cocina regional especializada en carnes rojas y de caza a la brasa de carbón. ¡No se marche sin probar el magnífico Solomillo de ciervo o el de jabalí!

Especialidades : Croquetas de perdiz. Solomillo de ciervo. Milhojas de queso con frutas del bosque sobre base de vainilla.

Menú 15€ (almuerzo), 20/60€ – Carta 29/45€

La Hoz 3 ✉ 23470 – ✆ 953 72 06 32 – www.mesonleandro.com – Cerrado cena: lunes, martes

Casa Alfonso

TRADICIONAL • AMBIENTE CLÁSICO X Se encuentra en el centro de Cazorla y sorprende en lo gastronómico, pues ofrece una amplia carta de base tradicional con platos actualizados, tanto de caza como de temporada.

Carta 30/45€

Plaza Consuelo Mendieta 2 ✉ 23470 – ✆ 953 72 14 63 – Cerrado 20-31 julio, martes

CELORIO – Asturias → Ver Llanes

CENES DE LA VEGA

Granada – Mapa regional **1**-D1 – Mapa de carreteras Michelin n° 578-U19

Ruta del Veleta

TRADICIONAL • ELEGANTE XXX Llevado con gran profesionalidad. Su interesante carta, la decoración típica y la ubicación en un lujoso edificio le otorgan el reconocimiento unánime. ¡Bodega visitable!

Menú 70/100€ – Carta 45/70€

Avenida de Sierra Nevada 146 ✉ 18190 – ✆ 958 48 61 34 – www.rutadelveleta.com – Cerrado cena: domingo

CERCS

Barcelona – Mapa regional **9**–C1 – Mapa de carreteras Michelin nº 574-F35

en el cruce de las carreteras C 16 y C 26 Sur : 4 km

Estany Clar (Josep Xandri)

MODERNA • RÚSTICA XX ¿Sabía que aquí es donde el mediático chef Jordi Cruz conquistó su primera estrella MICHELIN? Pues sí, fue entre los muros de esta preciosa masía del s. XIV donde se convirtió en uno de los cocineros más jóvenes de Europa con este reconocimiento.

Lo más destacable hoy es que el chef-propietario, Josep Xandri, supo coger el testigo tras su marcha e imprimió su propio sello a los fogones; de hecho, fusionó el gusto por las técnicas actuales de Jordi Cruz con su particular visión de la cocina, siempre fiel al producto de la zona pero también concienciada con la necesidad de una continua investigación y un minucioso control en los procesos de elaboración.

Actualmente Josep Xandri sigue al frente del proyecto, aunque poco a poco va dando paso a nuevos valores de la cocina que buscan despuntar.

Especialidades : Canelón de boletus y ternera en su salsa. Escabeche de jabalí. Chocolate Valrhona, avellana, aceituna negra, remolacha y helado de hoja de roble.

Menú 36 € (almuerzo), 40/100 € – Carta 55/80 €

Carretera C 16, km 99,4 ✉ 08600 – ✆ 628 20 67 80 – www.estanyclar.com – Cerrado lunes

CERDANYOLA DEL VALLÈS

Barcelona – Mapa regional **10**–B3 – Mapa de carreteras Michelin nº 574-H36

Tast & Gust

TRADICIONAL • ACOGEDORA XX Carne de vacuno picada y cruda, cebolla, pimienta negra, alcaparras... esta casa es un templo del Steak tartar, por ello su carta tradicional contempla aquí varias propuestas.

Carta 30/50 €

Sant Martí 92 ✉ 08290 – ✆ 935 91 00 00 – www.tastandgust.com – Cerrado 5-30 agosto, lunes, domingo

CERVELLÓ

Barcelona – Mapa regional **10**–A3 – Mapa de carreteras Michelin nº 574-H35

al Noroeste 4,5 km

Can Rafel

MODERNA • RÚSTICA XX Se presenta con dos salas y dos privados, destacando la principal por su luminosidad, sus vistas al campo de golf y su chimenea. Interesantes elaboraciones de tinte actual y agradable terraza panorámica.

Menú 17/28 € – Carta 38/58 €

Urbanización Can Rafel (Hotel Can Rafel) ✉ 08758 – ✆ 936 50 10 05 – www.canrafel.net – Cerrado 1-31 enero, martes, cena: domingo

CEUTA

Ceuta – Mapa regional **1**–B3 – Mapa de carreteras Michelin nº 734-F15

Bugao

COCINA DE MERCADO • MARCO CONTEMPORÁNEO XX ¡Frente a la playa de La Ribera! Proponen una cocina tradicional actualizada con algunos platos de fusión, trabajando con pescados de la zona, carnes gallegas, cordero lechal...

Carta 38/60 €

Independencia 15 ✉ 51001 – ✆ 956 51 50 47 – www.restaurantebugao.com – Cerrado lunes, cena: domingo

CEUTÍ

Murcia – Mapa regional **16**–B2 – Mapa de carreteras Michelin nº 577-R26

🍴 El Albero

INTERNACIONAL • AMBIENTE CLÁSICO XX Ha consolidado su propuesta: cocina tradicional actualizada con detalles orientales. Pruebe alguno de sus clásicos, como las Rocas de bacalao o el Ravioli de chato murciano.

Carta 25/45€

Mallorca 10 ✉ 30562 – ✆ 868 92 34 00 – www.restauranteelalbero.net – Cerrado 16-31 agosto, lunes, cena: domingo

CHÍA

Huesca – Mapa regional **2**-D1 – Mapa de carreteras Michelin nº 574-E31

Casa Chongastán

REGIONAL • ACOGEDORA XX ¡Si busca carne de calidad no dude en venir! El restaurante ocupa un bonito edificio de estética alpina, sin embargo, lo realmente significativo es el hecho de que la misma familia se dedica a la restauración y a la cría natural de ganado vacuno autóctono. En su carta encontrará deliciosos guisos caseros, algunas setas de temporada y sus sabrosísimas carnes a la brasa, provenientes tanto de la caza como de sus propias reses. La carne de sus terneras es famosa por tener un perfecto nivel de infiltración de la grasa entre las fibras musculares.

Especialidades : Recau. Entrecot de ternera de casa. Tarta de queso.

Carta 27/42€

Fondevila 8 ✉ 22465 – ✆ 974 55 32 00 – www.chongastan.com – Cerrado 14-24 abril, 8-18 junio, 2-20 noviembre, lunes, cena: martes-jueves, cena: domingo

CHICLANA DE LA FRONTERA

Cádiz – Mapa de carreteras Michelin nº 578-W11

en la urbanización Novo Sancti Petri Suroeste : 11,5 km –

Mapa regional **1**–A3

✿ Alevante

CREATIVA • MINIMALISTA XXX ¿Aún no ha probado el plancton marino? Aquí podrá degustarlo, pues Alevante encarna la propuesta gourmet del lujoso hotel Melia Sancti Petri, ubicado en plena costa gaditana.

Conceptualmente, estamos ante la filial del increíble y famoso restaurante Aponiente (El Puerto de Santa María), por lo que en él tendrá acceso, a través de diferentes menús degustación que varían en función del número de platos, a muchas de esas mismas elaboraciones que han llevado al portentoso chef Ángel León a ser conocido, mundialmente, como "El Chef del Mar".

Diáfano, elegante, de inspiración minimalista... los únicos elementos que visten las desnudas paredes del comedor son las pequeñas siluetas de unos pescados que nadan juntos, formando un gran banco de peces. ¡Descubra el auténtico sabor del mar!

Especialidades : Embutidos marinos. Cuajada de erizo, plancton y huevas de esturión. Cítricos marroquíes.

Menú 110/130€

Hotel Gran Meliá Sancti Petri, Playa de La Barrosa ✉ 11139 – ✆ 956 49 12 00 – www.alevanteangelleon.com – Cerrado 15 noviembre-12 marzo, lunes, almuerzo: martes-sábado, domingo

🍴 Cataria

PESCADOS Y MARISCOS • MARCO CONTEMPORÁNEO XX Esta casa tiene por piedra angular los productos de la lonja, por estandarte los pescados a la brasa y como gran referencia... ¡el emblemático restaurante Elkano de Getaria!

Menú 90€ – Carta 60/80€

Playa de La Barrosa (Hotel Iberostar Andalucía Playa) ✉ 11130 – ✆ 664 15 07 52 – www.restaurantecataria.com – Cerrado 18 octubre-3 abril, cena: lunes, martes, miércoles, cena: domingo

Gran Meliá Sancti Petri

GRAN LUJO • CLÁSICA Lujo, confort, belleza... y un precioso patio porticado frente al mar, con agradables terrazas, fuentes y espacios verdes. En conjunto atesora unas excelentes habitaciones, todas actuales y con terraza. Su amplia oferta gastronómica permite viajar de los sabores internacionales a los más regionales y mediterráneos.

224 habitaciones - 130/500 € - 3 suites

Playa de La Barrosa ✉ 11139 - ✆ 956 49 12 00 - www.gran-melia-sanctipetri.com - Cerrado 1 enero-13 marzo

Alevante - Ver selección restaurantes

CHIMICHE - Santa Cruz de Tenerife ➜ Ver Canarias (Tenerife)

CHINCHÓN

Madrid - Mapa regional **15**-B3 - Mapa de carreteras Michelin nº 576-L19

Parador de Chinchón

EDIFICIO HISTÓRICO • TRADICIONAL Instalado en un convento del s. XVII que emana el sosiego de otros tiempos. Presenta un bello jardín y cuidadas habitaciones, todas actuales. El restaurante se complementa con una taberna, famosa por ofrecer el "Cocido completo de Taba" los fines de semana.

38 habitaciones - 90/190 € - 18 €

Los Huertos 1 ✉ 28370 - ✆ 918 94 08 36 - www.parador.es

CHINORLET - Alicante ➜ Ver Xinorlet

CHIPIONA

Cádiz - Mapa regional **1**-A2 - Mapa de carreteras Michelin nº 578-V10

Casa Paco

PESCADOS Y MARISCOS • AMBIENTE TRADICIONAL X ¿Conoce el sabor de Chipiona? En esta casa, ubicada en uno de los locales del Puerto Deportivo, quieren dejar muy claro este concepto, por eso apuestan por el producto de lonja 100% local. Encontrará una buena barra de tapeo, una sala de ambiente marinero y una estupenda terraza con mobiliario en mimbre, esta última a pocos metros de las llamativas embarcaciones de recreo. ¿Una recomendación? Descubra los famosos Langostinos del alba, pescados solo bajo la respetuosa técnica del "trasmallo" y en el mejor horario posible, el denominado "de alba" por referirse a las primeras horas del día.

Especialidades : Langostinos cocidos. Corvina al ajillo. Tocino de cielo.

Carta 33/45 €

Puerto Deportivo de Chipiona ✉ 11550 - ✆ 956 37 46 64 - Cerrado 9 diciembre-12 enero, cena: lunes-jueves, cena: domingo

CHIVA - Valencia ➜ Ver Xiva

CINC CLAUS - Girona ➜ Ver L'Escala

CIUDAD REAL

Ciudad Real - Mapa regional **7**-B3 - Mapa de carreteras Michelin nº 576-P18

San Huberto

TRADICIONAL • MARCO CONTEMPORÁNEO XX Restaurante-asador dotado con una buena terraza de verano y un horno de leña. Su carta, especializada en asados, también contempla pescados salvajes y mariscos del día.

Menú 25 € (almuerzo) - Carta 30/55 €

Montiel ✉ 13004 - ✆ 926 92 35 35 - www.asadorsanhuberto.es - Cerrado cena: lunes, cena: domingo

Mesón Octavio

TRADICIONAL • RÚSTICA X Un negocio familiar que apuesta por la tradición renovada para exaltar los sabores cinegéticos de la región (perdiz, lomo de ciervo...). La carta se completa con el menú Sol.

Carta 30/45€

Severo Ochoa 6 ✉ 13005 - ✆ 926 25 60 50 - www.mesonoctavio.com - Cerrado 1-30 agosto, cena: lunes-sábado, domingo

Miami Gastro

MODERNA • BAR DE TAPAS X Moderno gastrobar donde apuestan por unas tapas y raciones fieles a la cocina tradicional actualizada. ¡Debe probar la Flor de calabacín en tempura, rellena de queso de cabra!

Tapa 4€ - Ración 15€

Avenida Rey Santo 3 ✉ 13001 - ✆ 926 92 19 43 - www.miamigastro.es - Cerrado domingo

CIUDAD RODRIGO

Salamanca - Mapa regional **8**-A3 - Mapa de carreteras Michelin n° 575-K10

Parador de Ciudad Rodrigo

EDIFICIO HISTÓRICO • REGIONAL Castillo feudal del s. XIV construido en un marco excepcional, sobre la vega del río Águeda. Disfruta de una correcta zona social vestida con detalles medievales, cuidadas habitaciones de aire castellano y un jardín con vistas. En su comedor encontrará especialidades regionales y locales, como el Farinato.

35 habitaciones - 95/200€ - 17€

Plaza del Castillo ✉ 37500 - ✆ 923 46 01 50 - www.parador.es

CIUTADELLA DE MENORCA - Balears

➜ Ver Balears (Menorca)

COCENTAINA

Alicante - Mapa regional **11**-A3 - Mapa de carreteras Michelin n° 577-P28

Natxo Sellés

TRADICIONAL • RÚSTICA XX Resulta interesante, pues ocupa una casa del s. XVIII que sorprende por su elegante interior, con unos salones de ambiente clásico-rústico que denotan personalidad y atesoran buenos detalles arquitectónicos, tanto en piedra como en madera. Su chef-propietario, Natxo Sellés, propone una cocina tradicional de temporada con algunos platos actualizados y dos menús, uno denominado "Picaeta" y el otro "El Laurel"; sin embargo, los indiscutibles protagonistas de la casa son los arroces y el guiso tradicional de Rabo de toro. ¡Aquí cambian la carta hasta cinco veces al año!

Especialidades : Vieiras, crema de berberechos y tempura vegetal. Presa ibérica, espuma de moho, trigo sarraceno y salsa de cebolla quemada. Coco con piña asada.

Menú 24/28€ - Carta 27/37€

Juan María Carbonell 3 ✉ 03820 - ✆ 965 59 17 38 - www.restaurantenatxoselles.es - Cerrado 7-14 enero, 15-29 agosto, cena: lunes-jueves, cena: domingo

por la carretera N 340 (km 803) Norte : 1,5 km y desvío a la izquierda 0, 5 km

L'Escaleta (Kiko Moya)

CREATIVA • ELEGANTE XXX Ocupa un atractivo chalet en las laderas del Montcabrer y refleja como pocos la evolución, ese progreso natural que se suele percibir en los negocios que pasan de una generación a otra.

La filosofía culinaria impuesta por su chef, Kiko Moya, huye de los excesos para ensalzar el terruño y encontrar su esencia en la tradición... eso sí, sin dar la espalda a la creatividad y tomando como base el producto de temporada de la zona.

Su carta se completa con dos menús degustación, ambos con opción de maridaje. ¿Qué encontrará? Fideos translúcidos, gambas curadas, sofisticados huevos... y unos increíbles "arroces al cuadrado", una variante de arroz, meloso o seco, presentado en una bandeja de hierro rectangular y terminado al horno, lo que le ha abierto las puertas de la fama de par en par.

Especialidades : Anguila ahumada sobre un pil-pil de té de acelgas. Mero asado con boletus y aliño de mantequilla de avellana. Raíz de remolacha y vainilla.

Menú 95/125 € - Carta 50/70 €

Pujada Estació del Nord 205 ✉ 03824 -
✆ 965 59 21 00 - www.lescaleta.com -
Cerrado 12 enero-3 febrero, lunes, cena: martes-jueves, cena: domingo

CODESO - A Coruña ➜ Ver Boqueixón

COFIÑO - Asturias ➜ Ver Arriondas

COLLADO MEDIANO

Madrid - Mapa regional **15**-A2 - Mapa de carreteras Michelin n° 576-J17

La Torre Box Art H.

TRADICIONAL • DE DISEÑO Instalado en una casa señorial que sorprende por sus exteriores, su bello torreón y, sobre todo, por... ¡un salón polivalente a modo de cubo de cristal! Presenta un moderno interior, luminosas habitaciones y un restaurante que apuesta por la cocina de fusión.

7 habitaciones - 112/245 €

Paseo de Rosales 48 ✉ 28450 -
✆ 918 55 85 58 - www.latorreboxarthotel.es -
Cerrado 23 diciembre-9 enero

ES COLL D'EN RABASSA - Balears ➜ Ver Balears (Mallorca) : Palma

COLMENAR DEL ARROYO

Madrid - Mapa regional **15**-A2 - Mapa de carreteras Michelin n° 576-K17

Chicote's

TRADICIONAL • AMBIENTE TRADICIONAL Bien llevado entre hermanos y enfocado a la cocina tradicional. Posee un bar a la entrada, donde sirven el menú, y un cálido comedor a la carta de ambiente rústico-regional.

Menú 12/18 € - Carta 30/56 €

Avenida de España 1 ✉ 28213 - ✆ 918 65 12 26 - www.restaurantechicotes.com -
Cerrado 15 septiembre-1 octubre, lunes, cena: martes

LA COMA I LA PEDRA

Lleida - Mapa regional **9**-B1 - Mapa de carreteras Michelin n° 574-F34

Fonts del Cardener

REGIONAL • FAMILIAR Muy familiar, por lo que... ¡aquí se sentirá como en casa! En sus salas, de línea clásica-regional, ofrecen una cocina catalana muy completa, con guisos y platos a la brasa.

Menú 12 € (almuerzo)/23 € - Carta 25/45 €

Carretera de Tuixén, Norte : 1 km (Hotel Fonts del Cardener) ✉ 25284 -
✆ 973 49 23 77 - www.hotelfontsdelcardener.com -
Cerrado 7-24 enero, 11 mayo-4 junio, 2 noviembre-4 diciembre, miércoles, jueves

COMILLAS

Cantabria – Mapa de carreteras Michelin nº 572-B17

en El Tejo Suroeste : 3,5 km – Mapa regional **6**–B1

La Posada Los Trastolillos

FAMILIAR • ACOGEDORA Casa rural, de corte actual, rodeada por un cuidado jardín con frutales. Encontrará unas luminosas habitaciones, todas personalizadas y las de mayor confort con vistas al mar.

9 habitaciones – 70/130 €

Barrio Ceceño 46 B ✉ 39528 – ✆ 942 72 22 12 – www.lostrastolillos.com – Cerrado 20 diciembre-1 marzo

CONCHA

Vizcaya – Mapa regional **18**–A2 – Mapa de carreteras Michelin nº 573-C19

Casa Garras

TRADICIONAL • AMBIENTE CLÁSICO Un negocio familiar, de los de toda la vida, que hoy se muestra con aires renovados, tanto en la estética como en sus fogones. ¡La carne que usan proviene de su propio ganado!

Menú 55 € – Carta 45/60 €

Barrio Concha 6 ✉ 48891 – ✆ 946 80 62 80 – www.casagarras.com – Cerrado lunes, martes

CORÇÀ

Girona – Mapa regional **10**–B1 – Mapa de carreteras Michelin nº 574-G39

Bo.TiC (Albert Sastregener)

CREATIVA • MINIMALISTA Desprende personalidad por los cuatro costados, tanto por su ubicación en una antigua fábrica de carruajes como por el hecho de reflejar la culminación de un proyecto familiar.

Presenta un agradable jardín, donde encontraremos una zona para tomar aperitivos o hacer la sobremesa, así como dos salas de diseño minimalista, una asomada a la cocina y la otra, más acogedora, entre los recios muros de piedra de lo que fue la primitiva carpintería.

El chef Albert Sastregener, que suele definir su trabajo indicando que tiene "un pie en la cocina moderna y otro en la clásica", propone unas elaboraciones creativas de gran nivel técnico, muy respetuosas con la tradición catalana, sugerentes y fieles a un objetivo prioritario: lograr que los sabores siempre se manifiesten con nitidez y contundencia.

Especialidades : Escalivada, brandada de bacalao y queso de cabra. Rape, tupinambo, velouté, hinojo y caracoles de mar. Chocolate, tamarindo y guindilla.

Menú 68/149 € – Carta 75/100 €

Avenida Costa Brava 6 ✉ 17121 – ✆ 972 63 08 69 – www.bo-tic.com – Cerrado 3-17 febrero, 9-23 noviembre, lunes, martes, cena: domingo

CÓRDOBA

Córdoba – Mapa regional 1–B2 – Mapa de carreteras Michelin nº 578-S15

Nos gusta...

Lo mejor de Córdoba es callejear, sin duda, y empaparse del encanto inherente a su judería, una experiencia necesaria antes de intentar comprender las múltiples influencias culinarias de la localidad. Aquí recomendamos tapear y descubrir vinos singulares, como los Montilla-Moriles en la **Taberna el Nº 10** o la Manzanilla en **Casa Pepe de la Judería**. Otra propuesta interesante es subir a la terraza de **Casa Rubio**, anexa a la histórica Puerta de Almodóvar (s. XIV), para disfrutar de sus vistas y, ya escapando un poco de tipismos, descubrir la cocina andalusí renovada que ofrecen en **Noor**, con algunas recetas anteriores al descubrimiento de América. Tampoco está de más contemplar la belleza renacentista del **Palacio del Bailío** y comer en el **Choco**, otro referente de la gastronomía local.

La visita a la Mezquita y los paseos en coche de caballos... ¡también se alojan para siempre en la memoria!

KavalenkavaVolha/iStock

Restaurantes

❀❀ **Noor** (Paco Morales) 🍇 ♿ [A/C]

CREATIVA • DE DISEÑO XXX Tras el exótico nombre de Noor, que en árabe significa "luz", se esconde todo un mundo simbólico y un elemento diferenciador, pues aquí parten de la premisa de recuperar los sabores de la auténtica cocina andalusí.

El restaurante, algo alejado de la ruta turística habitual al encontrarse en el humilde barrio de Cañero, sorprende enormemente por su labor de interiorismo, ya que han trasladado al diseño más vanguardista el característico juego de contrastes que define, desde siempre, tanto el arte como la arquitectura musulmana.

El chef Paco Morales revisa y replantea la evolución culinaria de toda una cultura, volviendo inteligentemente la mirada al siglo X desde la técnica, la fantasía y la exigencia más actual. ¡Un viaje al histórico Al-Ándalus desde conceptos gastronómicos del s. XXI!

Especialidades : Karim de almendra tostada, erizo del Sahara y manzana verde con zumaque. Pichón asado y reposado con cerezas torrefactadas y encurtidas en vinagre de manzana. Algarroba almorávide.

Menú 95/170 €

Fuera de plano – *Pablo Ruiz Picasso 6 (por Avenida de Libia D1) ✉ 14014 – ✆ 957 96 40 55 – www.noorrestaurant.es – Cerrado 6-20 enero, 28 junio-1 septiembre, lunes, martes, domingo*

❀ **Choco** (Kisko García) ♿ [A/C]

CREATIVA • MINIMALISTA XXX Lo que más llama la atención es la esencia misma de esta casa, pues siendo un restaurante elegante y de aire minimalista no ha perdido esa autenticidad que solo tienen los negocios de toda la vida; no en vano aquí, en la barriada de Fuensanta, es donde el Choco dio sus primeros pasos como un sencillo bar de tapas y comidas.

El responsable del cambio es Kisko García, el chef-propietario, que por devoción a su gente decidió vincular el negocio al entorno que le vio crecer, apostando desde ese punto de partida por una cocina regional actualizada que, a través de sus menús degustación, saque a la luz todos los sabores, olores y risas que marcaron su niñez.

Técnicas actuales, finas texturas, sabores intensos, presentaciones divertidas... ¡actitud, humildad y recuerdos con estrella MICHELIN!

Especialidades : Salmorejo verde montado. Royal de rabo de toro. Cereza, yogur y vino.

Menú 90/150 €

Plano D2-a – *Compositor Serrano Lucena 5 ✉ 14010 – ✆ 957 26 48 63 – www.restaurantechoco.es – Cerrado 1-31 agosto, lunes, cena: domingo*

☺ **El Envero** ⛱ ♿ [A/C] ⌂

MODERNA • MARCO CONTEMPORÁNEO XX Aunque está algo alejado de la zona turística se ha hecho rápidamente con un nombre y una clientela. En conjunto disfruta de una decoración moderna, presentándose con un buen bar de tapas, un comedor y un privado. Su chef propone una cocina actual y de temporada, siempre con sugerencias del día, donde se apuesta tanto por los productos ecológicos de las huertas cercanas como por los procedentes de la almadraba. Una curiosidad: con su nombre, El Envero, recuerdan el momento en que las uvas cambian de color para iniciar su maduración. Pida el Tartar de atún, pues... ¡tiene un sabor espectacular!

Especialidades : Láminas de presa ibérica con polvo de foie y mostaza. Arroz de carabineros. Nuestra versión del tiramisú.

Menú 37/45 € – Carta 30/50 €

Fuera de plano – *Teruel 21 (por Avenida del Gran Capitán B1) ✉ 14012 – ✆ 957 20 31 74 – www.elenvero.com – Cerrado lunes, cena: domingo*

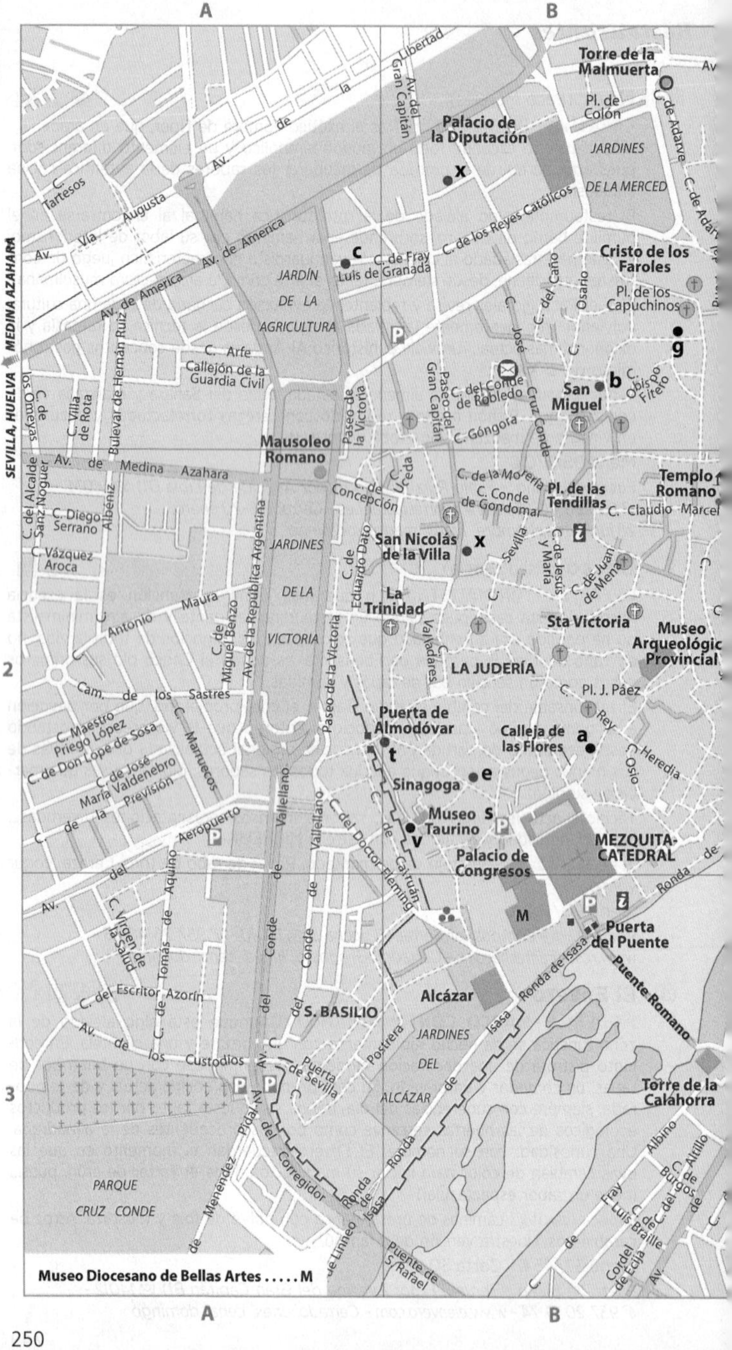
A
B
2
3
SEVILLA, HUELVA
MEDINA AZAHARA
Torre de la Malmuerta
Pl. de Colón
JARDINES DE LA MERCED
C. de Adarve
Palacio de la Diputación
x
Av. de la Libertad
Av. del Gran Capitán
Av. Vía Augusta
C. Tartesos
Av. de America
C. de los Reyes Católicos
c
C. de Fray Luis de Granada
JARDÍN DE LA AGRICULTURA
Cristo de los Faroles
Pl. de los Capuchinos
g
C. Osario
C. del Caño
C. José Cruz Conde
C. Arfe
Callejón de la Guardia Civil
Bulevar de Hernán Ruiz
C. Villa de Rota
C. de los Omeyas
C. del Conde de Robledo
Paseo del Gran Capitán
San Miguel
b
C. Obispo Fitero
C. Góngora
Paseo de la Victoria
Mausoleo Romano
Av. de Medina Azahara
C. de Concepción
C. Uceda
C. de la Morería
C. Conde de Gondomar
Pl. de las Tendillas
Templo Romano
C. Claudio Marcel
C. del Alcalde Sanz Noguer
C. Diego Serrano
C. Albéniz
C. Vázquez Aroca
Av. de la República Argentina
JARDINES DE LA VICTORIA
C. de Eduardo Dato
San Nicolás de la Villa
x
C. Sevilla
C. de Jesús y María
C. de Juan de Mena
C. Antonio Maura
C. de Miguel Benzo
La Trinidad
C. Valladares
Sta Victoria
Museo Arqueológico Provincial
LA JUDERÍA
Cam. de los Sastres
Pl. J. Páez
C. Rey Heredia
Puerta de Almodóvar
t
Calleja de las Flores
a
C. Osio
C. Maestro Priego López
C. de Don Lope de Sosa
C. Marruecos
C. de José María Valdenebro
C. de la Previsión
e
Sinagoga
Museo Taurino
s
v
C. del Doctor Fleming
C. de Cairuán
Av. del Aeropuerto
Av. del Conde de Vallellano
C. del Conde de Vallellano
Palacio de Congresos
MEZQUITA-CATEDRAL
Ronda de Isasa
M
Puerta del Puente
Puente Romano
C. Virgen de la Salud
C. de Tomás de Aquino
C. del Escritor Azorín
S. BASILIO
Alcázar
JARDINES DEL ALCÁZAR
C. Postrera
Av. de los Custodios
Puerta de Sevilla
Torre de la Calahorra
Av. del Corregidor
Pidal
Av. de Menéndez
PARQUE CRUZ CONDE
Av. de Linneo
Puente de S. Rafael
C. de Fray Albino
C. de Burgos
C. del Altillo
C. de Luis Braille
Cordel de Écija
Museo Diocesano de Bellas Artes ..... M

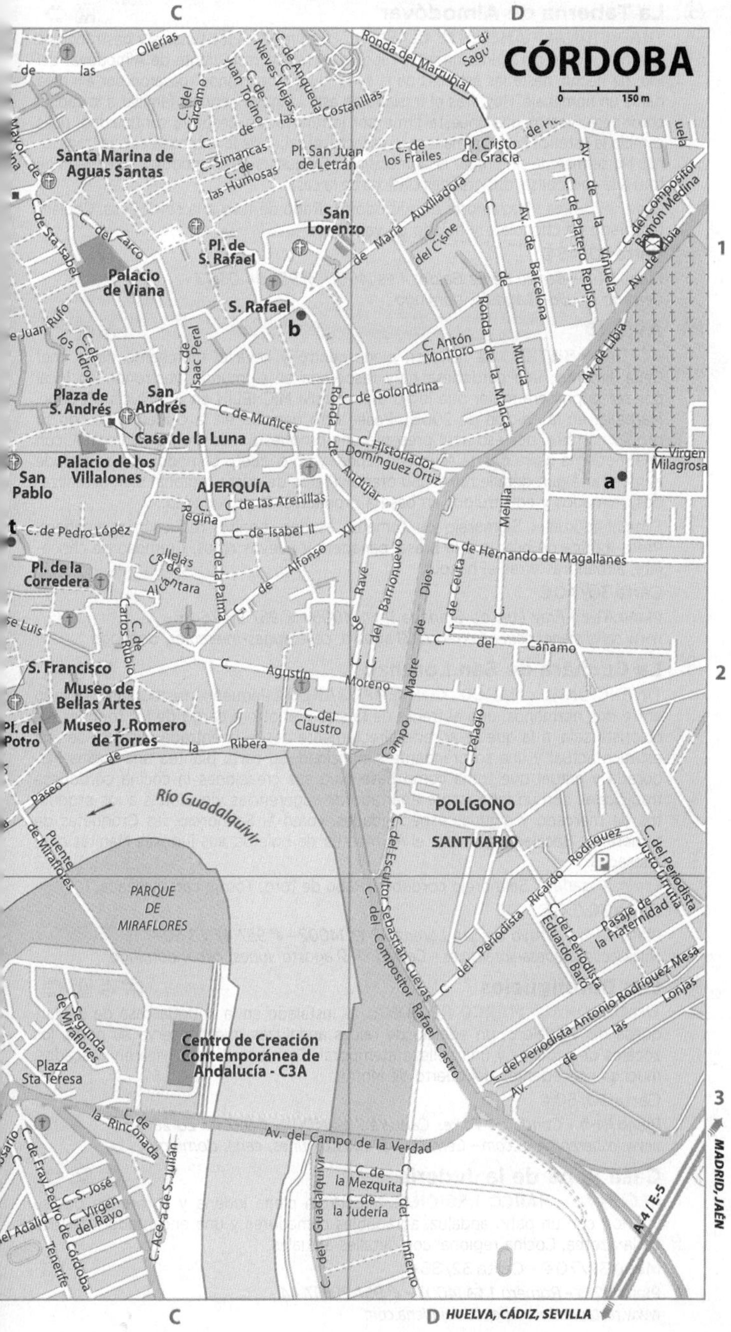
CÓRDOBA
0
150 m
C
D
1
2
3
Ollerías
C. de Anqueda
Nieves Viejas
C. de Juan Tocino
C. del Carcamo
Costanillas
Ronda del Marrubial
C. Simancas
C. de las Humosas
Pl. San Juan de Letrán
C. de los Frailes
Pl. Cristo de Gracia
Santa Marina de Aguas Santas
C. de Sta Isabel
C. del Zarco
Palacio de Viana
Pl. de S. Rafael
San Lorenzo
C. de María Auxiliadora
C. del Cisne
Av. de Barcelona
C. de Platero Repiso
Av. de la Viñuela
C. del Compositor Ramón Medina
Av. de Libia
S. Rafael
b
C. de Isaac Peral
Ronda de Murcia
Ronda de la Manca
C. Antón Montoro
C. de los Cidros
Plaza de S. Andrés
San Andrés
Casa de la Luna
C. de Muñices
Ronda de Andújar
C. de Golondrina
C. Historiador Domínguez Ortiz
C. Virgen Milagrosa
a
Palacio de los Villalones
San Pablo
AJERQUÍA
C. Regina
C. de las Arenillas
C. de Pedro López
C. de Isabel II
Melilla
C. de Hernando de Magallanes
Pl. de la Corredera
Callejas de Alcántara
C. de la Palma
C. de Alfonso XII
C. de Ravé
C. del Barrionuevo
Madre de Dios
C. de Ceuta
C. del Cáñamo
C. de Carlos Rubio
S. Francisco
C. Agustín Moreno
Museo de Bellas Artes
Pl. del Potro
Museo J. Romero de Torres
C. del Claustro
Paseo de la Ribera
Campo
C. Pelagio
Río Guadalquivir
POLÍGONO
SANTUARIO
Puente de Miraflores
C. del Escultor Sebastián Cuevas
C. del Compositor Rafael Castro
C. del Periodista Ricardo Rodríguez
C. del Periodista Justo Urrutia
C. del Periodista Eduardo Baró
Pasaje de la Fraternidad
P
PARQUE DE MIRAFLORES
C. del Periodista Antonio Rodríguez Mesa
Av. de las Lonjas
C. Segunda de Miraflores
Plaza Sta Teresa
Centro de Creación Contemporánea de Andalucía - C3A
C. de la Rinconada
Av. del Campo de la Verdad
C. de la Mezquita
C. de la Judería
C. del Guadalquivir
C. del Infierno
C. de Fray Pedro de Córdoba
C. S. José
C. Virgen del Rayo
C. Acera de S. Julián
Tenerife
A-4 / E-5
MADRID, JAÉN
HUELVA, CÁDIZ, SEVILLA

La Taberna de Almodóvar

TRADICIONAL • AMBIENTE CLÁSICO XX Son muchos los turistas y gastrónomos que han ido en peregrinación a La Taberna, el mítico restaurante de Almodóvar del Río; de hecho, hasta las estrellas de la serie "Juego de Tronos" pasaron por allí para darse un homenaje. Hoy, tras el traslado de este longevo negocio familiar a la capital cordobesa, vemos una apuesta firme por la renovación desde la continuidad, pues cambia la estética pero permanece lo esencial, el sabor de la auténtica cocina tradicional. No se marche sin probar las famosísimas Croquetas de "Almodóvar" o el Rabo de toro a la cordobesa, dos grandes clásicos de la casa.

Especialidades : Mazamorra de Almodóvar. Rabo de toro a la cordobesa. Coulant templado de chocolate y helado de vainilla.

Carta 30/45€

Plano B1-x - *Benito Pérez Galdós 1 ✉ 14001 - ☎ 957 94 03 33 - Cerrado 31 julio-31 agosto, domingo*

Avío (N)

ACTUAL • BISTRÓ X Se halla en pleno centro y lleva el marchamo de la chef Celia Jiménez, una cordobesa muy respetada en el mundo gastronómico local por ser la primera mujer que logró una estrella MICHELIN en Andalucía (El Lago, Marbella, en la edición de 2006). Posee otro negocio en la ciudad, este con su propio nombre, por eso aquí presenta una propuesta más alegre e informal, con una moderna barra donde se puede tapear y un coqueto comedor que sorprende al mostrar algún detalle retro. ¿Su oferta? Platos de gusto regional bien actualizados, mimados y construidos en base a productos de proximidad.

Especialidades : Salmorejo de tomates asados, bonito, requesón y albahaca. Presa ibérica de bellota a la brasa, panadera y huevos rotos. Cremoso de chocolate, almendras y ras el hanout.

Carta 30/40€

Plano A1-c - *Fray Luís de Granada 11 ✉ 14008 - ☎ 957 96 76 66 - www.celiajimenez.com - Cerrado 1-31 agosto, cena: lunes-miércoles, domingo*

La Cuchara de San Lorenzo

TRADICIONAL • MARCO CONTEMPORÁNEO X Pequeño restaurante llevado entre dos hermanos, uno al frente de la sala y el otro a cargo de los fogones. La colorista sala, a la que se accede directamente desde la entrada, disfruta de una estética actual y una sorprendente simplicidad. Su carta plantea una cocina elaborada y actual que toma como base para sus creaciones la cocina cordobesa tradicional, con un interesante apartado de sugerencias vinculadas a los productos de mercado y algunas especialidades, como el Salmorejo, las Croquetas de ternera, su Bacalao gratinado, el Parmentier de boletus, sus jugosas Manitas deshuesadas...

Especialidades : Salmorejo cordobés. Rabo de toro. Torrija caramelizada.

Carta 30/50€

Plano C1-b - *Arroyo de San Lorenzo 2 ✉ 14002 - ☎ 957 47 78 50 - www.lacucharadesanlorenzo.es - Cerrado 1-31 agosto, lunes, cena: domingo*

Los Berengueles

TRADICIONAL • MARCO REGIONAL XX Instalado en la antigua casa de la Marquesa de Valdeloro, un edificio de raíces andaluzas que conserva su patio, los zócalos de azulejos y una belleza atemporal. Cocina tradicional rica en pescados, muchos procedentes del puerto de Motril.

Carta 30/50€

Plano B1-b - *Conde de Torres Cabrera 7 ✉ 14001 - ☎ 957 47 28 28 - www.losberengueles.com - Cerrado 1-31 agosto, lunes, cena: domingo*

Casa Pepe de la Judería

REGIONAL • MARCO REGIONAL XX Está en plena judería y sorprende por su interior, con un patio andaluz, agradables comedores y una encantadora terraza en la azotea. Cocina regional con detalles actuales.

Menú 37/70€ - Carta 32/86€

Plano B2-s - *Romero 1 ✉ 14003 - ☎ 957 20 07 44 - www.restaurantecasapepedelajuderia.com*

Casa Rubio

REGIONAL • MARCO REGIONAL XX Posee un bar de tapas, dos confortables comedores de estilo clásico-actual y una agradable terraza en la azotea, esta última dotada de vistas a las murallas. Cocina tradicional con especialidades, como el Rabo o las Berenjenas con miel.

Carta 40/58 €

Plano AB2-t - *Puerta Almodóvar 5 ✉ 14003 - ✆ 957 42 08 53 - www.restaurantecasarubiocordoba.com*

Celia Jiménez

MODERNA • TENDENCIA XX ¡En el complejo deportivo más grande de Andalucía! La chef, con buen nombre en el mundo gastronómico, propone una cocina andaluza puesta al día en técnicas y presentaciones.

Menú 65/80 €

Fuera de plano - *Escritora María Goyri (Complejo Deportivo Open Arena) (por Avenida de América A1) ✉ 14005 - ✆ 957 04 98 55 - www.celiajimenez.com - Cerrado 1 julio-31 agosto, cena: lunes-jueves, domingo*

Tellus

TRADICIONAL • MARCO CONTEMPORÁNEO XX Disfruta de una estética actual y toma su nombre de la diosa que simboliza la tierra en la mitología romana. Cocina tradicional actualizada basada en productos de cercanía.

Menú 35 € - Carta 35/50 €

Fuera de plano - *María "La Judía", esquina Conchita Cintrón ✉ 14011 - ✆ 957 24 49 23 - www.tellus.es - Cerrado cena: lunes, domingo*

Cuatromanos

MODERNA • SIMPÁTICA X Informal, llevado entre hermanos y dotado de un curioso comedor, en tonos blancos, que sorprende con la cocina acristalada y un pequeño jardín vertical. ¡Técnica e innovación!

Carta 35/50 €

Plano B2-x - *San Felipe 13 ✉ 14003 - ✆ 957 11 05 91 - www.cuatromanos.es - Cerrado 7-13 enero, 1-17 agosto, lunes, cena: domingo*

Taberna el nº 10

TRADICIONAL • BAR DE TAPAS X Se halla en plena judería y... ¡está dedicada al vino con la D. O. Montilla-Moriles! Sus tapas y raciones son un buen método para descubrir la cocina tradicional y regional.

Tapa 6 € - Ración 14 €

Plano B2-e - *Romero 10 ✉ 14002 - ✆ 957 42 14 83 - www.tabernaelnumero10cordoba.com*

Taberna Salinas

REGIONAL • BAR DE TAPAS X Esta taberna, llena de tipismo, distribuye sus salitas en torno a un patio cordobés. Aquí no hay tapas, solo raciones propias de la cocina regional como el Potaje de garbanzos con manitas, el Pisto o las Naranjas con cebolletas y bacalao.

Tapa 7 € - Ración 9 €

Plano C2-t - *Tundidores 3 ✉ 14002 - ✆ 957 48 01 35 - www.tabernasalinas.com - Cerrado 1-31 agosto, domingo*

Alojamientos

Palacio del Bailío

HISTÓRICO • MINIMALISTA Se encuentra en un palacio declarado Bien de Interés Cultural, pues combina la belleza arquitectónica de los ss. XVI-XVII con la decoración minimalista más moderna, sugerentes opciones de relax y... ¡los impresionantes vestigios de una auténtica villa romana!

53 habitaciones - 160/800 € - 25 €

Plano B1-g - *Ramírez de las Casas Deza 10-12 ✉ 14001 - ✆ 957 49 89 93 - www.hospes.com*

NH Collection Amistad Córdoba

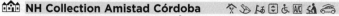

CADENA HOTELERA • CONTEMPORÁNEA Conjunto histórico ubicado junto a la muralla árabe. Disfruta de amplias zonas comunes, solárium, un bonito patio mudéjar y cuidadas habitaciones, estas repartidas entre dos edificios. El restaurante, ubicado en un patio cubierto, apuesta por la cocina actual.

108 habitaciones – 89/400 € – 25 €

Plano B2-v – *Plaza de Maimónides 3 ✉ 14004 – ✆ 957 42 03 35 – www.nh-hotels.com*

Balcón de Córdoba

LUJO • ELEGANTE Ocupa una casa típica cordobesa que formó parte de la iglesia de la Encarnación, por lo que conserva algunos objetos relacionados y restos arqueológicos. Atesora tres patios y se presenta con unas habitaciones de sobria modernidad, todas distintas. ¡Suba a su azotea, pues ofrece unas inmejorables vistas!

8 habitaciones – 157/427 € – 2 suites

Plano B2-a – *Encarnación 8 ✉ 14003 – ✆ 957 49 84 78 – www.balcondecordoba.com*

CORIA DEL RÍO

Sevilla – Mapa regional **1**-B2 – Mapa de carreteras Michelin nº 578-U11

Sevruga

MODERNA • SIMPÁTICA XX Restaurante de moderna fachada e interior actual que destaca tanto por la agradable terraza a orillas del Guadalquivir como por su atractiva terraza-bar en la azotea. Cocina tradicional con toques actuales y agradables presentaciones.

Carta 24/36 €

Avenida de Andalucía 5 ✉ 41100 – ✆ 954 77 66 95 – www.sevruga.es – Cerrado 9-15 septiembre, lunes, cena: domingo

Sevruga Cervecería

ANDALUZA • BAR DE TAPAS X Céntrico, moderno e informal, pues su decoración combina distintos motivos andaluces con antiguas fotos de la ciudad. ¿Qué encontrará? Chacinas, ibéricos, quesos, pescaitos...

Tapa 3 € – Ración 18 €

Plaza Manuel Ruiz Sosa 1 ✉ 41100 – ✆ 954 77 21 49 – www.sevruga.es – Cerrado 9-25 septiembre, lunes, cena: domingo

CORIAS – Asturias ➜ Ver Cangas de Narcea

CORNUDELLA DE MONTSANT

Tarragona – Mapa regional **9**-B3 – Mapa de carreteras Michelin nº 574-I32

Quatre Molins N

CREATIVA • MARCO CONTEMPORÁNEO X Su joven chef, formado en grandes casas de Francia e Italia, apuesta por dos menús degustación de corte moderno, ambos con mucha creatividad y la miel como producto fetiche.

Menú 50/65 €

Comte de Rius 8 ✉ 43360 – ✆ 977 82 10 04 – www.quatremolins.com – Cerrado 24 diciembre-8 enero, lunes, cena: martes-jueves, cena: domingo

LA COROMINA – Barcelona ➜ Ver Cardona

CORRALEJO – Las Palmas ➜ Ver Canarias (Fuerteventura)

LarisaBlinova/iStock

A CORUÑA

A Coruña – Mapa regional **13**–B1 – Mapa de carreteras Michelin nº 571-B4

Nos gusta...

Debe subir a **Árbore da Veira**, en el monte de San Pedro, para degustar la nueva cocina gallega y disfrutar de sus impresionantes vistas sobre el mar. Tras ver el milenario faro romano de la Torre de Hércules o la bellísima plaza porticada de María Pita, dos visitas inexcusables, puede ir a darse un homenaje a **El de Alberto**, donde apuestan por una cocina actual de producto, a un restaurante de marcados tintes gallegos como es **A Mundiña** o al sorprendente **Bido**, que fusiona su estética de diseño con platos de gran modernidad. También aconsejamos dar una vuelta por el paseo Marítimo, tapear por las concurridas calles Estrella, Olmos, Galera... y terminar en el gastrobar **Culuca**, un especio siempre desenfadado.

¿Le apetece ir a un mercado de abastos? No se pierda el de la plaza de Lugo, renovado con gusto y perfecto para contemplar, o comprar, los exquisitos pescados y mariscos de esta tierra.

Pat_Hastings/Shutterstock.com

Restaurantes

✿ Árbore da Veira (Luis Veira)

CREATIVA • MARCO CONTEMPORÁNEO XXX Este restaurante, ubicado junto a las emblemáticas baterías de artillería que protegían la ría desde lo alto del monte de San Pedro, sorprende al comensal con una experiencia visual, pues invita a pararse y disfrutar observando esta bellísima ciudad desde las alturas.

¿Qué encontrará? Muchísima luz, labor de interiorismo, una llamativa vajilla de autor, la acertada combinación de ingredientes en apariencia alejados, algas crujientes, sabrosos mejillones... La cocina del chef Luis Veira, un orgulloso coruñés, refleja un constante juego de productos con los que consigue platos muy intensos, siempre maridados por una bodega que añade novedades cada trimestre.

¿Una expresión que les defina? Aquí les gusta decir que visitarles es como entrar en trance, "un trance que enrola todos los sentidos".

Especialidades : Steak tartare con mantequilla de hierbas aromáticas. Rape con pisto de pimientos con tomates. Milhoja de vainilla de Tahití y chocolate blanco.

Menú 60/90€ - Carta 45/70€

Fuera de plano - *Parque Monte San Pedro (por Avenida de Pedro Barrié de la Maza A2) ✉ 15011 - ✆ 981 07 89 14 - www.arboredaveira.com - Cerrado cena: lunes, martes, cena: miércoles-jueves, cena: domingo*

Artabria

TRADICIONAL • MARCO CONTEMPORÁNEO XX Restaurante de corte moderno emplazado cerca de la playa de Riazor. Tras su cuidada fachada encontrará un bar de espera y un comedor de estilo actual, con buen servicio de mesa y cuadros abstractos de autores gallegos vistiendo sus paredes. Tiene la cocina parcialmente vista al fondo de la sala, proponiéndonos desde ella una carta de tinte tradicional con licencias actuales. ¿Especialidades? Pruebe las Cestillas crujientes de zamburiñas con crema de nécoras, los Rollitos de salmón ahumado con tártara de langostinos, su Arroz caldoso de carabineros... y, por supuesto, la Lamprea en temporada.

Especialidades : Colas de langostinos crujientes con aguacate y emulsión de ajo. Costilla de Black Angus a baja temperatura con salsa barbacoa. Pastel caliente de avellana con sorbete de fruta de la pasión.

Menú 33€ - Carta 35/45€

Fuera de plano - *Fernando Macías 28 ✉ 15004 - ✆ 981 26 96 46 - www.restauranteartabria.com - Cerrado cena: lunes, cena: domingo*

El de Alberto

MODERNA • VINTAGE X Si busca una auténtica experiencia Bib Gourmand debe conocer este restaurante, ubicado en la zona antigua de A Coruña y definido tanto por la personalidad del propietario, que vive la hostelería con pasión, como por el renovado look de gusto contemporáneo-vintage que hoy presenta el local. Encontrará una barra de apoyo, un sencillo comedor dominado por los tonos blancos y una cocina bien elaborada que denota raíces tradicionales, gallegas e internacionales, siempre con detalles de modernidad y unas materias primas de gran calidad. Aconsejamos que reserve, pues... ¡suele llenarse a diario!

Especialidades : Coulant de patata, huevo, setas y trufa. Lenguado con guiso de navajas. Esfera de chocolate con mousse de fruta de la pasión.

Menú 34€ - Carta 30/41€

Plano A1-b - *Ángel Rebollo 18 ✉ 15002 - ✆ 981 90 74 11 - Cerrado lunes, cena: domingo*

Miga N

TRADICIONAL • TENDENCIA X Este bistró gallego, en pleno centro de A Coruña, sorprende por su ambiente desenfadado, algo que llama aún más la atención al conservar las paredes en piedra originales, con más de 300 años de historia. El chef Adrián Felipez, que ha pasado por casas emblemáticas como Bo. TiC o El Celler de Can Roca, ha puesto en marcha su sueño apostando por el producto gallego de temporada, tratado siempre con un mimo exquisito. La propuesta, tradicional actualizada, está pensada para compartir, dejando el menú abierto a los deseos del cliente. ¡El apartado "Déjate llevar" destaca las sugerencias diarias!

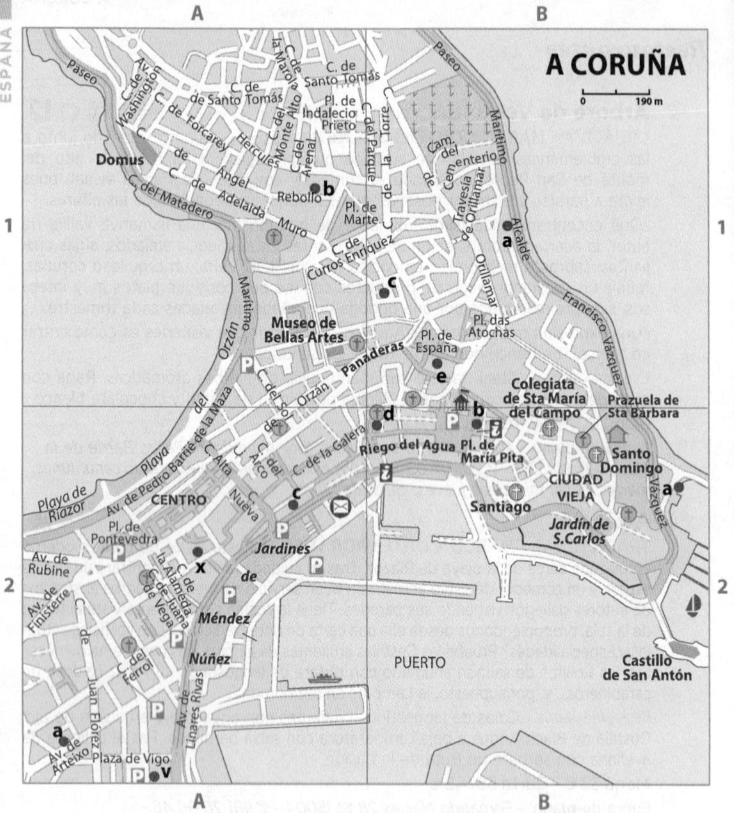

Especialidades : Pisto a la brasa, cigalitas y huevo frito de Baldaio. Prensado de cacheira de porco celta, crema de cocido, berza y repollo. Hierbaluisa, yogur y limón.

Carta 30/40€

Plano B1-e – *Plaza de España 7 – ✆ 881 92 48 82 – www.migacoruna.com – Cerrado lunes, cena: miércoles, cena: domingo*

Asador Coruña

TRADICIONAL • AMBIENTE CLÁSICO XX Una casa en la que se respeta muchísimo el producto. Presenta una sala de corte clásico-tradicional con profusión de madera, detalles en piedra y la cocina a la vista. ¡Excelentes carnes gallegas en parrilla de leña... y buenos pescados!

Carta 30/45€

Fuera de plano – *Alcalde José Crespo López Mora 4 (por Avenida de Linares Rivas A2) ✉ 15008 – ✆ 981 24 01 57 – www.asadorcoruna.com – Cerrado cena: domingo*

Bido

MODERNA • MARCO CONTEMPORÁNEO XX Platos bien resueltos, productos de calidad, elaboraciones delicadas... He aquí un restaurante que sorprende en fondo y forma, con cocina actual en un ambiente de diseño.

Menú 68€ – Carta 40/55€

Plano A2-v – *Marcial del Adalid 2 ✉ 15003 – ✆ 881 92 28 47 – www.bidorestaurante.es – Cerrado lunes, cena: miércoles, cena: domingo*

Comarea Marina

PESCADOS Y MARISCOS • SIMPÁTICA XX Destaca por las vistas desde el comedor y la terraza, tanto al puerto como a la fortaleza. Cocina tradicional pensada para compartir, con pescados, mariscos y arroces melosos.

Menú 35/80 € - Carta 25/50 €

Plano B2-a - *Paseo Marítimo Alcalde Francisco Vázquez ✉ 15002 - ✆ 981 20 88 85 - www.grupocomarea.es - Cerrado lunes, cena: domingo*

A Mundiña

GALLEGA • MARCO CONTEMPORÁNEO XX Mantiene su propuesta de gusto tradicional y presenta una estética renovada. Los pescados de las lonjas cercanas (Laxe, Malpica, A Coruña...) son los grandes protagonistas.

Carta 35/60 €

Plano A2-c - *Real 77 ✉ 15003 - ✆ 881 89 93 27 - www.amundina.com - Cerrado lunes, domingo*

Ōvera (N)

FUSIÓN • DE DISEÑO XX Luminoso, de diseño actual-minimalista y con un marcado carácter oriental, pues aquí el chef Carlos Pérez enriquece la propuesta japo-gallega que triunfó en su taberna Hokutō.

Carta 25/70 €

Plano A2-x - *Rúa de Durán Loriga 8 - ✆ 881 88 55 49 - www.restauranteovera.com - Cerrado lunes, cena: domingo*

Salitre (N)

GALLEGA • MARCO CONTEMPORÁNEO XX Construye su propuesta en base al producto gallego, apostando por los sabores tradicionales y los platos a la carta. ¡Pídase la sabrosa caldeirada de pescado o algún arroz!

Carta 40/60 €

Plano B1-a - *Paseo Marítimo Alcalde Francisco,Vázquez 25 ✉ 15002 - ✆ 981 92 32 53 - www.salitrecoruna.com - Cerrado lunes, cena: domingo*

Arallo Taberna

FUSIÓN • BAR DE TAPAS X Un local simpático e informal en el que desaparecen los protocolos para que los fogones tomen el protagonismo. Cocina de fusión peruano-nipona elaborada con producto gallego.

Tapa 5 € - Ración 15 €

Plano B2-b - *Plaza María Pita 3 ✉ 15001 - ✆ 881 02 30 10 - www.arallotaberna.com - Cerrado lunes, martes*

Comarea

TRADICIONAL • BAR DE TAPAS X Negocio de tapas-vinoteca repartido entre dos locales anexos, ambos con la misma filosofía. ¿Quiere unas raciones? Pruebe sus mariscos, los ibéricos, el pulpo, los arroces...

Tapa 5 € - Ración 12 €

Fuera de plano - *Carlos Martínez Barbeito y Morás 4 ✉ 15009 - ✆ 981 13 26 58 - www.grupocomarea.es - Cerrado domingo*

Culuca

MODERNA • BAR DE TAPAS X Un gastrobar céntrico, amplio y actual, pero también de ambiente joven e informal. Aquí ofrecen tapas y raciones que mezclan las recetas clásicas con otras más creativas.

Tapa 5 € - Ración 15 €

Plano A2-a - *Avenida Arteixo 10 ✉ 15004 - ✆ 981 97 88 98 - www.culuca.com - Cerrado 6-12 enero, cena: domingo*

ESPAÑA

Eclectic

CREATIVA • COLORIDA X Ubicado en un callejón del casco viejo, donde sorprende con un interiorismo clásico. Cocina que fusiona tendencias, bajo una "mirada migrante" y siempre con productos locales.

Menú 35/58€

Plano B2-d – *Oliva 3 ✉ 15001 – ✆ 617 62 14 23 – www.eclecticrestaurante.com – Cerrado 7-23 enero, 4-28 mayo, 8-21 septiembre, lunes, cena: domingo*

en Culleredo Sur : 13 km – Mapa regional 13-B1

La Picotería

MODERNA • MARCO CONTEMPORÁNEO X Atractivo local de aire contemporáneo en el que apuestan por una cocina actualizada de base tradicional, con buenos detalles técnicos y unas cuidadas presentaciones.

Carta 30/40€

Fuera de plano – *Ferrocarril 1 ✉ 15670 – ✆ 881 96 50 78 – www.lapicoteria.es – Cerrado lunes, cena: domingo*

en Perillo Sureste : 7, 5 km – Mapa regional 13-B1

El Mirador del Madrileño

PESCADOS Y MARISCOS • ACOGEDORA XX Coqueto negocio familiar, asomado a la bahía, en el que apuestan por la cocina tradicional y las sugerencias diarias, pues siempre ofrecen producto salvaje de río o de mar.

Carta 30/55€

Fuera de plano – *Avenida Ernesto Che Guevara 73 ✉ 15172 – ✆ 981 63 85 17 – Cerrado cena: domingo*

COSGAYA

Cantabria – Mapa regional 6-A1 – Mapa de carreteras Michelin nº 572-C15

Del Oso

COCINA CASERA • RÚSTICA XX ¿Tiene ganas de probar un buen Cocido lebaniego? En pocos sitios encontrará uno tan rico como aquí. Nos encontramos a los pies de los Picos de Europa, en pleno Valle de Liébana, un entorno natural siempre verde y cautivador que invita a degustar platos contundentes, típicos de montaña. El restaurante, bien llevado en familia y ubicado dentro del precioso hotel Del Oso, se presenta con un comedor de entrañable rusticidad, donde podrá degustar platos sencillos pero con mucho sabor, de esos que nos recuerdan a nuestras abuelas. Los postres también merecen una mención, pues todos son caseros.

Especialidades : Sopa de cocido. Cocido lebaniego. Arroz con leche.

Carta 30/40€

Barrio Areños 2 (Hotel Del Oso) ✉ 39539 – ✆ 942 73 30 18 – www.hoteldeloso.com – Cerrado 10 diciembre-14 febrero

COVARRUBIAS

Burgos – Mapa regional 8-C2 – Mapa de carreteras Michelin nº 575-F19

De Galo

TRADICIONAL • RÚSTICA XX ¡Instalado en una antigua posada! Actualmente, el comedor ocupa lo que fueron las cuadras de la misma, por lo que el entorno presenta un ambiente rústico realmente cálido, atractivo y original. Aquí encontrará paredes en adobe y piedra, viejas vigas de madera, aperos de labranza y un buen número de objetos que nos transportan a un mundo rural rescatado del pasado. Presenta una carta tradicional castellana en la que destacan las carnes a la brasa, sus sabrosas legumbres y algunas especialidades, como la Olla podrida o el clásico Cordero asado.

Especialidades : Alubias rojas. Cordero lechal en horno de leña. Arroz con leche.
Menú 13/20 € - Carta 22/40 €
Monseñor Vargas 10 ✉ 09346 - ✆ 947 40 63 93 - www.degalo.com - Cerrado 28 enero-2 febrero, 16-26 diciembre, cena: lunes-martes, miércoles, cena: jueves, cena: domingo

COZVÍJAR
Granada - Mapa regional **1**-C1 - Mapa de carreteras Michelin nº 578-V19

Hacienda Señorío de Nevada
CASA DE CAMPO • ELEGANTE Un hotel con detalles de diseño que destaca por su ubicación, en una gran finca con bodega. Ofrece grandes espacios para eventos, habitaciones con vistas a Sierra Nevada, un cuidado restaurante... y su propia tienda de vinos. ¡Ideal para escapadas enológicas!
24 habitaciones - 90/150 € - 1 suite
De la Carretera ✉ 18659 - ✆ 958 77 70 92 - www.senoriodenevada.es

CRUZ DE TEJEDA - Las Palmas
➔ Ver Canarias (Gran Canaria)

CUACOS DE YUSTE
Cáceres - Mapa regional **12**-C1 - Mapa de carreteras Michelin nº 576-L12

en la carretera de Valfrío Sur : 4, 5 km

La Casona de Valfrío
CASA DE CAMPO • RÚSTICA Casa rústica levantada en una finca aislada y de bellísimos exteriores, con la piscina rodeada de césped, un agradable porche y una pequeña zona chill out. Cálido salón con chimenea y cuidadas habitaciones de aire rústico, estas con detalles en madera y forja.
6 habitaciones - 100/110 €
Finca Marivial ✉ 10430 - ✆ 629 46 45 72 - www.lacasonadevalfrio.com - Cerrado 16 diciembre-14 febrero

CUDILLERO
Asturias - Mapa regional **3**-B1 - Mapa de carreteras Michelin nº 572-B11

El Pescador
PESCADOS Y MARISCOS • AMBIENTE CLÁSICO XX Restaurante de gestión familiar que ofrece una carta muy amplia, con diversos platos asturianos y, sobre todo, los pescados y mariscos locales (merluza, pixín, virrey...).
Menú 25 € (almuerzo), 30/50 € - Carta 25/79 €
El Pito, Tolombreo de Arriba, Sureste : 1,5 km ✉ 33150 - ✆ 985 59 09 37 - www.hotelrestauranteelpescador.com - Cerrado 20 diciembre-6 enero

Casona de la Paca
MANSIÓN • CLÁSICA Una casona de indianos (1887) que nos traslada en el tiempo. Posee un bello jardín, una elegante sala acristalada, habitaciones coloniales... y apartamentos de línea actual.
19 habitaciones - 85/115 € - 10 €
El Pito, Sureste : 1 km ✉ 33150 - ✆ 985 59 13 03 - www.casonadelapaca.com - Cerrado 10 diciembre-1 marzo

CUÉLLAR
Segovia - Mapa regional **8**-C2 - Mapa de carreteras Michelin nº 575-I16

San Francisco
REGIONAL • AMBIENTE CLÁSICO X En este negocio familiar, de 4ª generación, encontrará platos como el Guiso de rabo de toro, las Carrilleras de ternera con ciruelas o el típico Lechazo asado. ¡Bodega propia!
Carta 20/53 €
Avenida Camilo José Cela 2 ✉ 40200 - ✆ 921 14 20 67 - www.hmsanfrancisco.com - Cerrado 4-6 septiembre, cena: domingo

CUENCA

Cuenca - Mapa regional **7**-C2 - Mapa de carreteras Michelin nº 576-L23

Trivio (Jesús Segura García)

MODERNA · A LA MODA Está algo alejado de la zona monumental pero merece una visita, pues abre las puertas del sabor a un mundo extraordinario para cualquier gastrónomo.

Jesús Segura, el chef al frente, se ha hecho un nombre por su "cocina de secano", una apuesta única que aprovecha los cereales de Castilla-La Mancha para trabajar con ellos desde todos los puntos de vista (semillas, granos, leguminosas...). En base a una constante investigación replantea los sabores y convierte los cereales y legumbres del entorno en los grandes protagonistas; además, sorprende con "vinagres de última generación" y fermentados de verduras según la técnica "nukazuke" japonesa.

Debe probar los originales "quesos" sin leche y sus famosas croquetas de jamón, pues estas fueron reconocidas en 2016 como... ¡las mejores del mundo!

Especialidades : Callos vegetales. Cordero confitado. Cereales.

Menú 32/65€

Colón 25 ✉ 16002 -
✆ 969 03 05 93 - www.restaurantetrivio.com -
Cerrado 27 enero-2 febrero, 13-20 abril, 29 junio-6 julio, 14-21 septiembre, lunes, cena: domingo

Olea Comedor

ESPAÑOLA CONTEMPORÁNEA · MARCO CONTEMPORÁNEO La sinceridad llevada a otro nivel, pues aquí interpretan el hecho de tener la cocina a la vista como una demostración de que... ¡no tienen nada que ocultar! El chef Eduardo Albiol, que plantea una cocina bastante personal y diferente, trabaja sobre el recetario tradicional para actualizarlo con detalles y productos de otras tendencias, por lo que encontraremos en sus platos tanto rasgos mediterráneos como asiáticos. Su único referente son los clientes, por eso están muy atentos a sus reacciones y se atreven con casi todo esperando, finalmente, su beneplácito. ¡Respetan muchísimo el sabor!

Especialidades : Tomate rosa, ajo verde y huevas de trucha. Lasaña de brisket. Cheesecake, cremoso de queso, galleta salada y melocotón.

Menú 20/30€ - Carta 23/35€

Avenida Castilla-La Mancha 3 ✉ 16002 - ✆ 628 85 97 42 -
Cerrado 29 julio-21 agosto, 16-25 septiembre, lunes, martes, cena: domingo

Raff San Pedro

ESPAÑOLA CONTEMPORÁNEA · HISTÓRICA Forma parte del hotel Leonor de Aquitania, donde ocupa las antiguas caballerizas de una casa palaciega en piedra. Cocina tradicional actualizada e interesantes menús.

Menú 24/40€ - Carta 35/50€

San Pedro 58 ✉ 16001 - ✆ 969 69 08 55 - www.raffsanpedro.es - Cerrado cena: lunes, cena: domingo

Parador de Cuenca

EDIFICIO HISTÓRICO · HISTÓRICA Instalado en un convento del s. XVI que atesora magníficas vistas a las Casas Colgadas. Posee cuidadas habitaciones de aire contemporáneo, un hermoso claustro que usan para las cenas estivales y un buen comedor, este último volcado con el recetario manchego.

63 habitaciones - 110/305€ - 19€ - 2 suites

Subida a San Pablo ✉ 16001 - ✆ 969 23 23 20 - www.parador.es

CULLERA

Valencia - Mapa regional **11**-B2 - Mapa de carreteras Michelin nº 577-O29

Eliana Albiach

EUROPEA TRADICIONAL • AMBIENTE CLÁSICO XX Íntimo, de cuidado ambiente clásico y con un sorprendente emplazamiento, pues se encuentra a tan solo unos pasos de la turística playa del Racó. El chef-propietario, que quiso rendir un tributo a su madre con el nombre del local, apuesta por la cocina de producto no exenta de creatividad, un estilo culinario que defiende a través de una carta de marcado sabor mediterráneo, otra más tradicional dedicada en exclusiva a los populares arroces (más de 20 variedades) y unos interesantes menús degustación, estos últimos con la condición de servirse siempre a mesa completa.

Especialidades : Carpaccio de foie con hojas silvetres y calabaza. Lomo de lubina con duxelle de setas. Financier de almendras, café y tiramisú en emulsión.

Menú 25/38 € – Carta 25/40 €

Peset Alexandre 2 ✉ 46400 – ✆ 961 73 22 29 – www.elianaalbiach.com – Cerrado 7 enero-7 febrero, lunes, cena: domingo

CULLEREDO – A Coruña ➜ Ver A Coruña

DAIMÚS

Valencia – Mapa regional **11**-B2 – Mapa de carreteras Michelin nº 577-P29

en la playa Noreste : 1, 5 km

Casa Manolo (Manuel Alonso)

MODERNA • AMBIENTE TRADICIONAL XXX Refleja la historia de un humilde chiringuito familiar que, tras mucho trabajo, constantes mejoras y más de 30 años "cantando" comandas, logró convertirse en un restaurante con estrella MICHELIN.

El chef Manuel Alonso, que explica con orgullo cómo las bases de su cocina las aprendió de sus padres, propone una cocina marinera evolucionada, con toques creativos e ingredientes de distintos orígenes que no cesan en su búsqueda de nuevos juegos de sabor. Tampoco olvida la tradición, por eso mantiene en su carta los populares Callos al estilo de mi madre y pone en valor el pan artesano.

¿Queda algo del primitivo chiringuito? Mantiene la esencia y sus mágicas vistas al Mediterráneo; además, en verano abren sobre la misma arena de la playa lo que llaman Casa Manolo Lounge. ¡No olvide la toalla!

Especialidades : Espárragos con maíz y botarga. Lubina con salsa de naranja y vainilla. Mango, calamansi, polen y cilantro.

Menú 59/99 € – Carta 50/75 €

Paseo Marítimo 5 ✉ 46710 – ✆ 962 81 85 68 – www.restaurantemanolo.com – Cerrado miércoles, cena: domingo

DAROCA DE RIOJA

La Rioja – Mapa regional **14**-A2 – Mapa de carreteras Michelin nº 573-E22

Venta Moncalvillo (Ignacio Echapresto)

MODERNA • RÚSTICA XXX ¿Un herrero triunfando en la cocina? Parece que sí. La historia del chef Ignacio Echapresto demuestra que todo es posible, pues un día decidió cambiar de profesión y, sin experiencia previa, dejó el yunque por los fogones.

La casa debe su nombre a la sierra de Moncalvillo, un espacio natural que les nutre de inspiración y de maravillosos productos. Junto a su hermano Carlos, que se ocupa de la sala y la espléndida bodega, Ignacio Echapresto autodefine su propuesta como una cocina de eses: "sencilla, sorprendente y sabrosa".

Lo cierto, confirmando una clara base tradicional, es que es una cocina actualizada y elaborada, siempre fiel a la despensa riojana y con devoción por los hongos, las hierbas silvestres, la caza... ¡La mayoría de las verduras y hortalizas provienen de su propia huerta!

Especialidades : Guisantes con calamar. Pichón en tres secuencias. Queso, miel y nueces.

Menú 65/125 € - Carta 50/75 €

Carretera de Medrano 6 ✉ 26373 - ✆ 941 44 48 32 - www.ventamoncalvillo.com - Cerrado 7-14 junio, 21 diciembre-15 enero, lunes, cena: martes-jueves, domingo

DEBA

Guipúzcoa - Mapa regional **18**-B2 - Mapa de carreteras Michelin nº 573-C22

Urgain

PESCADOS Y MARISCOS · MARCO REGIONAL XX Original, pues combina su estética funcional-actual con sutiles detalles rupestres en alusión a la cueva de Ekain. Carta de temporada rica en pescados y mariscos de la zona.

Menú 21/45 € - Carta 40/70 €

Hondartza 5 ✉ 20820 - ✆ 943 19 11 01 - www.urgain.net - Cerrado 10 enero-16 marzo, cena: martes

DEIÀ - Balears ➜ Ver Balears (Mallorca)

DÉNIA

Alicante - Mapa regional **11**-B2 - Mapa de carreteras Michelin nº 577-P30

El Baret de Miquel Ruiz (N)

COCINA MEDITERRÁNEA · SENCILLA X Pequeño, humilde y singular en todos los sentidos, pues refleja el proyecto más particular del chef Miquel Ruiz, un hombre que busca la felicidad desde la honestidad y lucha por popularizar la alta cocina. Sorprende con una decoración tremendamente desenfadada (juegos de mesas y sillas descabalados, suelos antiguos en gres, una curiosa colección de sifones...) y una propuesta culinaria muy personal, con gran habilidad en las ejecuciones, que toma como base los sabores mediterráneos y de mercado, creando siempre los platos en función de los ingredientes que encuentra al hacer su compra diaria.

Especialidades : Figatell de sepia. Sashimi de caballa con alcachofa en tres texturas. Tarta de manzana.

Carta 28/40 €

Historiador Palau 1 ✉ 03700 - ✆ 673 74 05 95 - www.miquelruizcuiner.com - Cerrado 3 agosto-3 septiembre, 23 diciembre-4 enero, lunes, domingo

Peix & Brases

COCINA MEDITERRÁNEA · A LA MODA XX Presenta dos ambientes, el gastrobar de la planta baja y el gastronómico en el primer piso... con una atractiva terraza en la azotea. Cocina mediterránea-actual de proximidad.

Menú 49/69 € - Carta 50/80 €

Plaza de Benidorm 16 ✉ 03700 - ✆ 965 78 50 83 - www.peixibrases.com - Cerrado 16-30 noviembre, lunes

El Raset

TRADICIONAL · AMBIENTE CLÁSICO XX Encontrará una terraza y dos salas, ambas con una decoración clásica-elegante marcada por los tonos blancos. Cocina tradicional actualizada, varios arroces y un completo menú.

Menú 28 € (almuerzo)/36 € - Carta 35/48 €

Bellavista 7 ✉ 03700 - ✆ 965 78 50 40 - www.grupoelraset.com - Cerrado 7 enero-7 febrero

Aticcook (N)

CREATIVA · DE DISEÑO X Se encuentra en un ático y... ¡sorprende por su interiorismo! Cocina creativa, personal y de sabores muy bien definidos, que ve la luz a través de un único menú de temporada.

Menú 55 €

Camí de la Bota 13 ✉ 03700 - ✆ 678 30 43 87 - www.aticcookbrunoruiz.com - Cerrado 1-30 enero, lunes, almuerzo: martes, domingo

en la carretera de Les Rotes Sureste : 4 km

Les Rotes

FAMILIAR • ELEGANTE Tiene su encanto, pues se encuentra en una zona residencial... ¡próxima a una cala! Variada zona social y habitaciones de buen confort, destacando las 12 con vistas al mar. Su restaurante trabaja sobre una carta regional, con un buen apartado de arroces.

33 habitaciones - 113/185 €

Carretera del Barranc del Monyo 85 ✉ 03700 - ✆ 965 78 03 23 - www.hotellesrotesdenia.com

en la carretera de Las Marinas

Quique Dacosta

CREATIVA • DE DISEÑO XXX Rompa las barreras de su mente y explore un mundo de sensaciones únicas, concebidas desde la imaginación y el sabor.

El restaurante, fiel reflejo de la personalidad mediterránea del chef, ocupa un edificio tipo villa dotado con una terraza y un interior bastante luminoso. Descubra su futurista Estudio de Creatividad, pues refleja la evolución de la "mesa del chef" hacia un mundo más interactivo y conectado, permitiendo que el cliente viva una experiencia de rango tecnoemocional. Todos sus platos alimentan cuerpo y alma, pero tanto los arroces como la famosa Gamba de Denia, cocida en agua de mar, deben catalogarse como un regalo para el paladar.

¿Una curiosidad? Uno de sus libros se llama "3" en homenaje a la Guía MICHELIN y a la conquista del tercer "macaron" en la edición de 2013.

Especialidades : Carro de salazones. Raya a la mantequilla negra. Sopa de almendras.

Menú 210 €

Rascassa 1 (Urbanización El Poblet), Noroeste : 3 km ✉ 03700 - ✆ 965 78 41 79 - www.quiquedacosta.es - Cerrado 9 diciembre-7 abril, lunes, martes

LOS DOLORES - Murcia → Ver Cartagena

DONAMARIA

Navarra - Mapa regional **17**-A1 - Mapa de carreteras Michelin n° 573-C24

Donamaria'ko Benta

TRADICIONAL • RÚSTICA X Ocupa una venta del s. XIX y tiene a toda la familia implicada en el negocio. Su comedor presenta un acogedor ambiente rústico, con las paredes en piedra, la viguería vista y mobiliario antiguo de gran calidad. Aquí encontrará unos interesantes menús de cocina tradicional actualizada, la opción de carta los fines de semana y varias jornadas gastronómicas a lo largo del año dedicadas a los hongos, la caza y los productos de temporada. Si desea pasar unos días en la zona puede hacerlo, pues también ofrece unas correctas habitaciones. ¡Pruebe los Hongos, con pan de pueblo y yema de huevo!

Especialidades : Espárragos frescos gratinados con queso y coral de remolacha. Solomillo de vaca con salsa de pimienta negra y patatas fritas caseras. Tiramisú casero con helado de café.

Menú 20/30 € - Carta 25/35 €

Barrio de la Venta 4, Oeste : 1 km ✉ 31750 - ✆ 948 45 07 08 - www.donamariako.com - Cerrado 15 diciembre-20 enero, lunes, cena: domingo

DONOSTIA / SAN SEBASTIÁN

Guipúzcoa – Mapa regional **18**–B2 – Mapa de carreteras Michelin n° 573-C24

Nos gusta...

Contemplar las bellísimas vistas que ofrece el **Mirador de Ulía** y pasear por el casco viejo; aquí, es imprescindible hacer una parada en **Ganbara** y pedir un pintxo de boletus. Pasarnos por el mítico hotel **María Cristina** a tomar una copa y cumplir con una visita obligada para cualquier gastrónomo: comer en **Arzak**, el tres estrellas Michelin más antiguo de España. También es un placer acercarse hasta el monte Igueldo para subir a **Akelaŕe**, otro gran clásico de la alta gastronomía que, además, disfruta de unas impresionantes vistas al Cantábrico.

Estamos en uno de los mejores destinos culinarios del mundo, una de las ciudades con más estrellas Michelin por habitante; esto, sin duda, nos permite hallar curiosísimos detalles gourmet en cada rincón, con los tradicionales "txokos" y las sociedades gastronómicas como los mejores exponentes de lo que supone la cocina en esta maravillosa localidad.

C. Moirenc/hemis.fr

al Este

✿✿✿ Arzak (Elena y Juan Mari Arzak)

CREATIVA • MARCO CONTEMPORÁNEO XXX Este restaurante donostiarra es una auténtica institución, pues forma parte del firmamento MICHELIN... ¡desde 1974!

La centenaria casona familiar del Alto de Miracruz es hoy un foco de atracción culinaria donde convergen la historia y la modernidad, pues el tándem formado por Juan Mari Arzak, uno de los padres de la Nueva Cocina Vasca, y su hija Elena, una de las mejores cocineras del mundo, ha sabido plantear el maridaje perfecto entre la sorprendente vanguardia y el buen hacer de la tradición. La creatividad, la puesta en escena y los sabores pueden parecer mágicos, sin embargo son fruto de muchísimas horas de experimentación en el Laboratorio Arzak, ubicado en el mismo edificio, donde juegan como auténticos alquimistas con un "Banco de sabores" de más de 1. 000 productos e ingredientes.

Especialidades : Txangurro amarillo. Mero en su plenitud. Dulce mezcal.

Menú 250 € - Carta 180/180 €

Plano C1-a - *Avenida Alcalde José Elosegi 273 (Alto de Miracruz) ✉ 20015 - ✆ 943 27 84 65 - www.arzak.es - Cerrado 2-10 febrero, 14 junio-1 julio, 1 noviembre-17 diciembre, lunes, domingo*

✿ Mirador de Ulía (Rubén Trincado)

CREATIVA • AMBIENTE CLÁSICO XX ¿Puede un restaurante aportar algo más que placer al paladar? Por supuesto y aquí tenemos un ejemplo; no en vano, las vistas que este ofrece sobre la playa de la Zurriola... ¡son de esas que quitan el hipo!

La casa, ubicada sobre el monte Ulía, emana mucho más que pasión por la cocina, pues refleja la evolución de un negocio familiar de 3ª generación que abrió hace más de medio siglo. Hoy, el chef Rubén Trincado defiende un estilo propio y un legado enraizado en la tradición, con platos de claras connotaciones creativas que siempre juegan con los productos de la zona y las materias primas de estacionalidad.

¿Curiosidades? El chef demuestra inquietudes, de ahí su participación como asesor gastronómico en Seratta, un mercado de experiencias gourmet que está triunfando en Bogotá (Colombia).

Especialidades : Gamba en salazón. Pato lacado. Carpaccio de queso.

Menú 120 € - Carta 61/90 €

Plano B1-c - *Paseo de Ulía 193 ✉ 20013 - ✆ 943 27 27 07 - www.miradordeulia.es - Cerrado 19 diciembre-1 marzo, lunes, martes, cena: domingo*

Galerna

CREATIVA • SIMPÁTICA X Destaca por su buen emplazamiento en el barrio de Gros, uno de los más turísticos de la localidad por hallarse allí tanto la playa de la Zurriola como el famoso Kursaal. El local, al que se accede bajando unas escaleras entre macetas y plantas aromáticas, compensa sus reducidas dimensiones con una estética bastante actual, dominada por los tonos blancos y con curiosos detalles de carácter marinero. Los chefs-propietarios, Jorge y Rebeca, están conquistando su sueño con una propuesta de temporada que combina, de manera vistosa, creativa y desenfadada, la cocina moderna y la tradicional.

Especialidades : Trucha ahumada ligeramente escarchada sobre plancton de río y helado de tomate. Salmonetes del día en su ambiente. Brownie de algarrobo y helado de calabaza.

Carta 30/45 €

Plano E1-c - *Paseo Colón 46 (Gros) ✉ 20002 - ✆ 943 27 88 39 - www.galernajanedan.com - Cerrado 1-15 noviembre, martes*

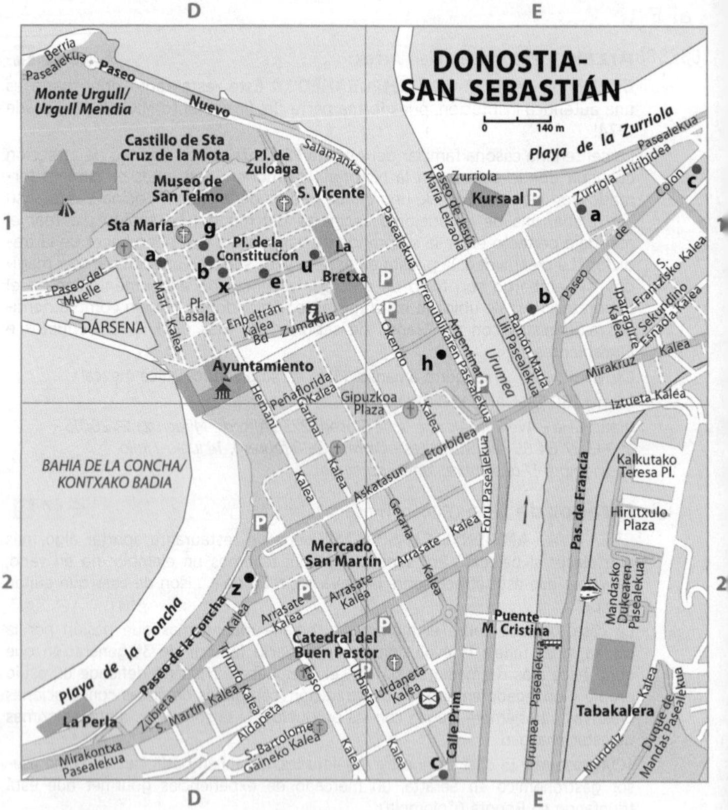

Topa

FUSIÓN • TENDENCIA ¿Desconoce el significado de "Topa"? Pues es la clave de todo, ya que se traduce como "encontrar" y mantiene ese mismo sentido en euskera, castellano y... ¡hasta guaraní! Esta original propuesta, tutelada por el chef Andoni Luis Aduriz, se presenta bajo una estética urbana y suele sorprender al comensal, pues desgrana en un único planteamiento la rica fusión gastrocultural que existe entre los vascos y los distintos pueblos latinoamericanos. ¿Qué encontrará? Ceviches, tiraditos, quesadillas, txangurro, begihaundi... y guacamoles para elaborar usted mismo siguiendo unas claras instrucciones.

Especialidades : Tiradito de bacalao a la oriotarra. Taco talo al pastor vasco. Quesadillas de chocolate de Ecuador.

Carta 25/40 €

Plano E1-b – *Aguirre Miramón 7 ✉ 20012 – ✆ 943 56 91 43 – www.topasukalderia.com*

Bergara

TRADICIONAL • BAR DE TAPAS Un negocio que atesora varios premios de alta cocina en miniatura. En su excelente barra encontraremos tapas y pinchos como la Txalupa, un gratinado de setas con langostinos.

Tapa 3 € – Ración 15 €

Plano B1-e – *General Arteche 8 (Gros) ✉ 20002 – ✆ 943 27 50 26 – www.pinchosbergara.es – Cerrado 16-31 octubre*

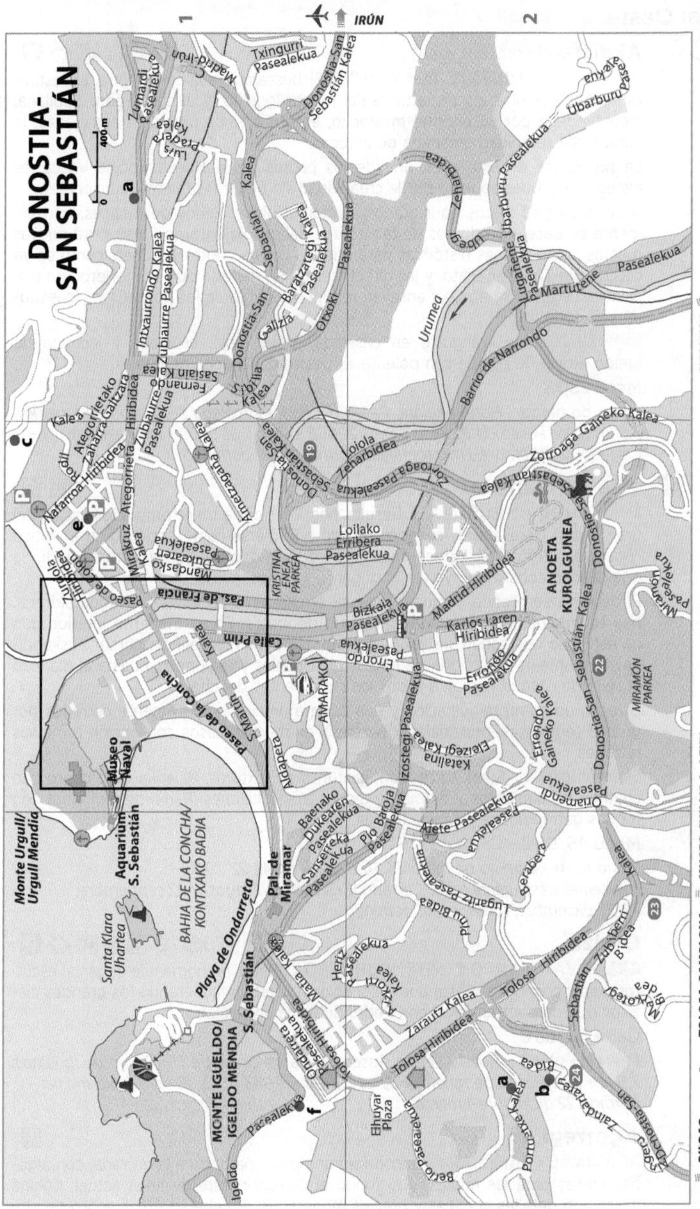
DONOSTIA-SAN SEBASTIÁN
0
400 m
IRÚN
BILBAO
TOLOSA, PAMPLONA, MADRID
MUSEO CHILLIDA - LEKU
HERNANI
Monte Urgull/ Urgull Mendia
Aquarium S. Sebastián
Museo Naval
Santa Klara Uhartea
BAHIA DE LA CONCHA/ KONTXAKO BADIA
Playa de Ondarreta
Pal. de Miramar
MONTE IGUELDO/ IGELDO MENDIA
S. Sebastián
Paseo de la Concha
Pas. de Francia
Calle Prim
Paseo de Colón
Zurriola Hiribidea
KRISTINA ENEA PARKEA
AMARAKO
Loilako Erribera Pasealekua
ANOETA KUROLGUNEA
MIRAMÓN PARKEA
Madrid Hiribidea
Karlos Laren Hiribidea
Bizkaia Pasealekua
Errondo Pasealekua
Izostegi Pasealekua
Aiete Pasealekua
Pío Baroja Pasealekua
Tolosa Hiribidea
Zarautz Kalea
Ondarreta Pasealekua
Ehuyar Plaza
Berio Pasealekua
Igeldo Pasealekua
Urumea
Barrio de Narrondo
Zorroaga Pasealekua
Zorroaga Gaineko Kalea
Martutene Pasealekua
Ubarburu Pasealekua
Zeharbidea
Intxaurrondo Kalea
Zubiaurre Pasealekua
Nafarroa Hiribidea
Ategorrieta Hiribidea
Otxoki Pasealekua
Donostia-San Sebastián Kalea
Txingurri Pasealekua
Zumardi Pasealekua
Madrid-Irún
Miramon Pasealekua
Oriamendi Pasealekua
Lugaritz Pasealekua
Mateo Kalea
19
22
23
24
a
b
c
e
f
A
B
C
1
2

ESPAÑA

al Oeste

✿✿✿ Akelaŕe (Pedro Subijana)

CREATIVA • AMBIENTE CLÁSICO XXXX Si buscamos analogías entre el restaurante Akelaŕe, ubicado en la falda del monte Igueldo, y el chef Pedro Subijana, inconfundible por su enorme mostacho, encontraremos una clara semejanza, la inequívoca serenidad emanada de ambos.

La propuesta de este chef, uno de los padres de la Nueva Cocina Vasca, es excepcional, pues apuesta por la creatividad sin negar las raíces tradicionales.

Aquí degustará platos equilibrados, comprensibles y llenos de matices, normalmente en base a productos de temporada del propio entorno. Descubrirá nuevas recetas, aportaciones históricas para nuestra cocina contemporánea, como su ya clásico Gin-Tonic en Plato, y las directrices de un método que el chef procura cincelar a fuego en su equipo: ensayar, repetir, preguntarse los porqués y... ¡cuestionárselo todo!

Especialidades : Txangurro en ensalada, acelga roja, espinaca y lechuga de Igeldo. Royal de pichón con polenta. El postre de la leche de oveja.

Menú 230€

Fuera de plano – *Hotel Akelaŕe, Paseo del Padre Orcolaga 56 (Barrio de Igueldo), 7,5 km (por Paseo de Igueldo A1) ✉ 20008 – ✆ 943 31 12 09 – www.akelarre.net – Cerrado 22 diciembre-1 marzo, lunes, martes, cena: domingo*

✿ eMe Be Garrote

TRADICIONAL • RÚSTICA XX Resulta singular y ansía un retorno a los inicios del gran Martín Berasategui, cuando empezó a formarse como cocinero en el mítico "Bodegón Alejandro". Parece mentira, pero ya lo decía el genial Antoni Gaudí: "la originalidad consiste en volver al origen".

El negocio sorprende y mucho, por su emplazamiento en una antigua sidrería, hoy totalmente transformada, del barrio de Ibaeta. En su moderno interior, con un estilismo que según sus propias palabras podríamos calificar como "euskandinavo", plantean una cocina de raíces tradicionales y regionales puesta al día, con el sello de calidad común a todos los restaurantes del chef.

Ofrecen un menú degustación y una carta a precios prácticamente cerrados por grupos (entrantes, principales y postres), en muchos casos con opción a medias raciones.

Especialidades : Steak tartar con aceitunas en texturas. Paletilla de cordero con chutney de pimientos y crema de ajo en tres cocciones. Panal de almendra con toques garrapiñados y canela helada.

Menú 45/95€ – Carta 40/75€

Plano A2-b – *Camino de Igara 33 ✉ 20018 – ✆ 943 22 79 71 – www.emeberestaurante.com – Cerrado 16-31 marzo, 31 agosto-22 septiembre, 22-26 diciembre, lunes, cena: domingo*

Oteiza

CREATIVA • MARCO CONTEMPORÁNEO XX Rinde un homenaje al genial escultor guipuzcoano y apuesta por el servicio a la carta, recuperando los grandes clásicos que un día triunfaron con Pedro Subijana en Akelaŕe.

Carta 50/85€

Fuera de plano – *Hotel Akelaŕe, Paseo del Padre Orcolaga 56 (Barrio de Igueldo), 7,5 km (por Paseo de Igueldo A1) ✉ 20008 – ✆ 943 31 12 08 – www.akelarre.net – Cerrado 22 diciembre-1 marzo*

Agorregi

REGIONAL • FAMILIAR XX Encontrará una pequeña barra a la entrada, con algunas mesas para los menús, y al fondo el comedor, este de línea actual. Cocina vasca con detalles actuales y precios moderados. ¡Pruebe su Arroz negro de chipirón o el Pichón a la sartén!

Menú 25€ (almuerzo), 42/57€ – Carta 35/55€

Plano A2-a – *Portuetxe bidea 14 ✉ 20008 – ✆ 943 22 43 28 – www.agorregi.com – Cerrado 20 agosto-4 septiembre, 24 diciembre-4 enero, cena: martes-miércoles, domingo*

Rekondo

VASCA • AMBIENTE CLÁSICO XX Bello caserío ubicado en la subida al monte Igueldo, donde ofrecen un bar-vinoteca, dos salas y dos privados. Cocina vasca con platos de corte más actual y excepcional bodega.

Carta 53/78€

Plano A1-f – *Paseo de Igueldo 57 ✉ 20008 – ✆ 943 21 29 07 – www.rekondo.com – Cerrado 1-15 junio, 1-15 noviembre, martes, miércoles*

Xarma Cook & Culture

MODERNA • TENDENCIA X Un local diferente e informal, con la cocina abierta en un atractivo espacio de ambiente rústico-industrial. Su propuesta, muy "canalla", se basa en el producto de temporada.

Menú 50€ – Carta 31/49€

Plano E1-a – *Miguel Imaz 1 ✉ 20002 – ✆ 943 14 22 67 – www.xarmacook.com – Cerrado martes*

Akelaŕe

BOUTIQUE HOTEL • DE DISEÑO ¡Un sueño hecho realidad! Así se refiere Pedro Subijana a este fantástico hotel, integrado en la ladera del monte Igueldo. Ofrece un espléndido SPA y habitaciones de diseño actual, todas con profusión de madera, maravillosas terrazas e idílicas vistas al mar.

22 habitaciones – 495/960€

Fuera de plano – *Paseo del Padre Orcolaga 56 (Barrio de Igueldo), 7,5 km (por Paseo de Igueldo A1) ✉ 20008 – ✆ 943 31 12 08 – www.akelarre.net – Cerrado 22 diciembre-1 marzo*

Oteiza • **Akelaŕe** – Ver selección restaurantes

Centro

Amelia (Paulo Airaudo)

CREATIVA • MARCO CONTEMPORÁNEO XX Hacerse un nombre en una de las ciudades con más estrellas MICHELIN por metro cuadrado no es fácil y eso dice mucho de un restaurante como este.

Lo primero por lo que llama la atención es por su atípico ambiente contemporáneo-industrial, con un espacio minimalista dominado por el cemento visto. Aquí es donde el chef Paulo Airaudo, un ítalo-argentino que se declara "un nómada del mundo", despliega su talento en pos de una cocina de raíces. Los platos, en ocasiones arriesgados, narrar sus recuerdos de infancia en Córdoba (Argentina), siempre en base al producto de temporada y con guiños a la cocina vasca. Su menú sorpresa, con varias opciones de maridaje, desvela una propuesta sorprendente e impecable en la técnica, con finas texturas, fondos delicados y muchísimo sabor. ¡Visite la cocina!

Especialidades : El pollo. Rodaballo, espárrago blanco y caviar. Flan de queso de cabra con boniato.

Menú 139€

Plano E2-c – *Prim 34, (posible traslado a Zubieta 26) ✉ 20006 – ✆ 943 84 56 47 – www.ameliarestaurant.com – Cerrado 23 diciembre-31 enero, lunes, almuerzo: martes-viernes, domingo*

Kokotxa (Daniel López)

MODERNA • AMBIENTE TRADICIONAL XX Se halla en pleno casco viejo y, solo con su nombre, rememora uno de los mejores platos de la gastronomía vasca, elaborado con la espectacular "barbilla" de la merluza o el bacalao.

En este agradable restaurante, con el tándem de Daniel López en los fogones y Estela Velasco en la sala, encontrará una cocina actual de fuertes raíces vascas en la que prima la honestidad de usar el mejor producto de mercado posible, tratado con mimo y elaborado con maestría. Al chef le gusta introducir matices de otras culturas (Japón, India, Turquía...), pero siempre con sutileza para que aporten personalidad y sumen en el paladar.

Centran su propuesta en dos menús, ambos a mesa completa, que varían en función del número de platos. ¡El pescado del día suele dejar la puerta abierta a la creatividad del chef!

Especialidades : Espárragos de Navarra, mejillones y codium. Pichón de Bresse con ragú de sus interiores. Bizcocho de moscovado, almendra, lavanda y melocotón.

Menú 86/120 €

Plano D1-a - *Kanpandegi 11 ✉ 20003 - ✆ 943 42 19 04 - www.restaurantekokotxa.com - Cerrado 23 febrero-11 marzo, 1-8 junio, 18 octubre-4 noviembre, lunes, domingo*

Juanito Kojua

VASCA • AMBIENTE CLÁSICO XX ¡El más antiguo de la parte vieja! En sus salas, de marcado aire marinero, podrá degustar una cocina de fuertes raíces vascas centrada en los pescados y mariscos de la zona.

Menú 36 € - Carta 40/60 €

Plano D1-b - *Puerto 14 ✉ 20003 - ✆ 943 42 01 80 - www.juanitokojua.com - Cerrado cena: domingo*

Beti-Jai Berria

MODERNA • BAR DE TAPAS X Un local de línea actual que sorprende tanto por su forma de trabajar como por su propuesta, pues ofrece los pintxos vascos de siempre y platos de alta cocina en versión tapa.

Tapa 3 € - Ración 7 €

Plano D1-e - *Fermin Calbeton 22 ✉ 20003 - ✆ 943 44 19 44 - www.betijaiberria.es - Cerrado 21 enero-12 marzo, miércoles*

Bodegón Alejandro

TRADICIONAL • RÚSTICA X ¿Busca un lugar que ensalce los valores vascos y recupere el recetario tradicional? Pues no indague más. Aquí, en pleno casco viejo, encontrará calidad, gran dedicación y una carta vasca con menú degustación.

Menú 52 € - Carta 45/60 €

Plano D1-u - *Fermín Calbetón 4 ✉ 20003 - ✆ 943 42 71 58 - www.bodegonalejandro.com*

A Fuego Negro

CREATIVA • BAR DE TAPAS X También en el barrio antiguo pero distinto conceptualmente al resto de bares de la zona. La barra se complementa con varias mesas para degustar sus menús de pinchos creativos.

Tapa 4 € - Ración 8 € - Menú 40 €

Plano D1-g - *Abutzuaren 31-31 ✉ 20003 - ✆ 650 13 53 73 - www.afuegonegro.com - Cerrado 17 febrero-2 marzo, lunes, almuerzo: martes-viernes*

Ganbara

TRADICIONAL • BAR DE TAPAS X Con el devenir de los años se ha convertido en una referencia del casco viejo. Carta de asador, con productos de temporada, magníficos pinchos y una especialidad: las setas.

Tapa 3 € - Ración 20 €

Plano D1-x - *San Jerónimo 21 ✉ 20003 - ✆ 943 27 88 39 - www.ganbarajatetxea.com - Cerrado 10-28 junio, 11-29 noviembre, lunes, cena: domingo*

María Cristina

GRAN LUJO • HISTÓRICA ¡El buque insignia de la hostelería donostiarra! Este maravilloso edificio, de principios del s. XX y a pocos metros del Kursaal, atesora un interior sumamente elegante. En el restaurante Café Saigón elaboran una cocina oriental que, sin duda, le cautivará.

110 habitaciones - 180/950 € - 33 € - 29 suites

Plano E1-h - *República Argentina 4 ✉ 20004 - ✆ 943 43 76 00 - www.hotel-mariacristina.com*

De Londres y de Inglaterra

TRADICIONAL · CLÁSICA ¡Excelentemente situado y de hermoso clasicismo! Si su cálido salón social nos brinda serenas vistas a la bahía de La Concha, las habitaciones nos sumergen en un entorno de elegancia y confort. En su restaurante podrá degustar una cocina de base tradicional.

166 habitaciones - 83/588 € - 24 € - 7 suites

Plano D2-z - *Zubieta 2 ✉ 20007 - ✆ 943 44 07 70 - www.hlondres.com*

al Sur

Misura

MODERNA · DE DISEÑO XX Mantiene la filosofía culinaria del chef Xavier Pellicer, que apuesta por la cocina vista y el uso de productos ecológicos. ¡Gastronomía saludable para cualquier paladar!

Menú 55/90 € - Carta 35/65 €

Fuera de plano - *Hotel Arima, Paseo de Miramón 162 (por B2) ✉ 20014 - ✆ 943 56 91 36 - www.misurarestaurant.com - Cerrado martes, miércoles*

Arima

NEGOCIOS · CONTEMPORÁNEA Hotel de líneas vanguardistas que destaca por su emplazamiento en el bosque de Miramón, dentro del Parque Tecnológico y cerca del Basque Culinary Center. Apuesta por la sostenibilidad y las energías limpias, con muchas habitaciones abiertas a la naturaleza.

67 habitaciones - 100/200 € - 20 € - 2 suites

Fuera de plano - *Paseo de Miramón 162 (por B2) ✉ 20014 - ✆ 943 56 91 36 - www.arimahotel.com*

Misura - Ver selección restaurantes

EIVISSA - Balears → Ver Balears

EL EJIDO

Almería - Mapa regional **1**-D2 - Mapa de carreteras Michelin nº 578-V21

La Costa (José Álvarez)

MODERNA · MARCO CONTEMPORÁNEO XXX Nos encontramos en la comarca del Poniente Almeriense, conocida popularmente como "Mar de plástico" por sus inmensos y prolíficos invernaderos.

Aquí, en una de las principales avenidas que cruza El Ejido, podrá degustar una cocina de producto sin trampa ni cartón, tremendamente honesta, saludable y comprometida con el entorno. El chef José Álvarez sabe conjugar tradición y actualidad, siempre en base a unos sabores muy marcados, constantes ganas de sorprender y, sobre todo, la notoria intención de que el cliente disfrute en su mesa.

Evidentemente, sobre todo tras ver el nombre del negocio, los grandes protagonistas en la mesa son los pescados y mariscos, siempre frescos al llegar de las cercanas lonjas de Adra y Almería. El otro pilar culinario, como es lógico, son las verduras.

Especialidades : Guisantes con colágeno de romerete. Salmonete de roca y arroz de sus higaditos. Nuestra torrija.

Menú 88 € - Carta 50/75 €

Bulevar 48 ✉ 04700 - ✆ 950 48 17 77 - www.restaurantelacosta.com - Cerrado 29 junio-12 julio, cena: lunes-miércoles, domingo

Barra de José Álvarez

TRADICIONAL · BAR DE TAPAS X Este gastrobar, que en su día fue el origen del negocio, se presenta hoy con un amplio interior de aire rústico. Sugerente cocina en miniatura y menú gastronómico de tapas.

Tapa 3 € - Ración 18 €

Bulevar 46 ✉ 04700 - ✆ 950 48 14 40 - www.restaurantelacosta.com - Cerrado 29 junio-12 julio, domingo

en Almerimar Sur : 10 km

Golf Almerimar

RESORT • CONTEMPORÁNEA Un hotel de equipamiento moderno y altas calidades que aspira tanto al público de empresa como al vacacional. Ofrece unas habitaciones de gran confort, numerosos servicios complementarios y una oferta gastronómica de sabor oriental. ¡Bus propio hasta la playa!

104 habitaciones – 350/450 € – 11 suites

Avenida Almerimar 04711 – 950 49 70 50 – www.hotelgolfalmerimar.com

ELCHE – Alicante → Ver Elx

ELCIEGO

Álava – Mapa regional **18**–A3 – Mapa de carreteras Michelin n° 573-E22

Marqués de Riscal

CREATIVA • DE DISEÑO XxxX Ubicado en un hotel-bodega que desborda diseño, imaginación y creatividad; no en vano... ¡es una de las obras maestras del prestigioso arquitecto canadiense Frank O. Gehry!

Aquí, bajo unas espectaculares cubiertas curvas de titanio coloreado (rosa, oro y plata) que recuerdan el rojo del vino, el dorado de la malla y el plateado de las cápsulas que cierran las botellas de Marqués de Riscal, podrá degustar una cocina de autor con constantes guiños a la tradición.

La propuesta, limitada a dos menús degustación que varían en función del número de platos (o ideas), denota los gustos culinarios del laureado chef Francis Paniego, asesor de todo lo que aquí acontece. Ambos menús ensalzan los productos locales de temporada y, para los aperitivos, buscan la inspiración en la sierra riojana.

Especialidades : Carpaccio de gamba con tartar de ajo blanco y caviar de vino tinto. Merluza sobre sopa de arroz y pimiento verde. Tosta templada de queso de Cameros, manzana reineta y helado de toffe.

Menú 90/200 €

Hotel Marqués de Riscal, Torrea 1, Bodegas Marqués de Riscal 01340 – 945 18 08 88 – www.hotel-marquesderiscal.com – Cerrado 7-30 enero, lunes, almuerzo: martes

Marqués de Riscal

LUJO • DE DISEÑO Forma parte del impresionante edificio creado por Frank O. Gehry para albergar las bodegas de las que toma su nombre, con habitaciones de lujoso diseño y un moderno SPA en un edificio anexo. También posee dos restaurantes, uno de carácter gastronómico y otro de gusto tradicional llamado Bistró 1860.

61 habitaciones – 320/875 €

Torrea 1, Bodegas Marqués de Riscal 01340 – 945 18 08 88 – www.hotel-marquesderiscal.com – Cerrado 7-30 enero

Marqués de Riscal – Ver selección restaurantes

ELDA

Alicante – Mapa regional **11**–A3 – Mapa de carreteras Michelin n° 577-Q27

Fayago

TRADICIONAL • SENCILLA X Céntrico restaurante familiar de estética actual. Posee un vivero de marisco a la entrada y un comedor bastante diáfano. Carta de producto especializada en arroces y mariscos.

Carta 35/55 €

Colón 19 03600 – 965 38 10 13 – www.fayago.es – Cerrado 11-18 junio, 10 agosto-2 septiembre, lunes, cena: martes-domingo

ELX • ELCHE

Alicante - Mapa regional **11**-A3 - Mapa de carreteras Michelin nº 577-R27

Frisone

TRADICIONAL • A LA MODA XX Ha mejorado notablemente con el cambio de local, a pocos metros del anterior, pues ahora se presenta con espacios más diáfanos, grandes ventanales que aportan muchísima luz, altos techos, elegantes lámparas de araña... y una estética actual-minimalista dominada por los tonos blancos. En lo gastronómico, ya conocedores de su fiel clientela, los hermanos Rivas siguen apostando por una cocina tradicional actualizada, contemporánea en las formas y mediterránea en el sabor, que explota al máximo los productos del entorno. ¡Los arroces y los mariscos de Santa Pola siguen brillando en su oferta!

Especialidades : Chipirón de arrastre, miso y ensalada de rábano. Vieiras thai con papada y buñuelos. Cuajada con miel, leche quemada y helado de leche merengada.

Menú 32€ - Carta 30/40€

Borreguet 4 ✉ 03203 - ✆ 965 45 11 97 - www.restaurantefrisone.com - Cerrado 16 agosto-7 septiembre, lunes, cena: domingo

Mesón El Granaíno

TRADICIONAL • RÚSTICA X Una casa familiar con medio siglo de historia. Posee dos comedores de ambiente alpujarreño y dos salas más, tipo bodega, en el sótano. Cocina tradicional con toques actuales.

Menú 42/48€ - Carta 30/55€

Josep María Buch 40 ✉ 03201 - ✆ 966 66 40 80 - www.mesongranaino.com - Cerrado 12-20 abril, 16-31 agosto, domingo

en la carretera N 340 Este : 5 km

La Masía de Chencho

TRADICIONAL • RÚSTICA XXX Negocio familiar instalado en una centenaria casona de campo, donde ofrecen varias salas de elegante línea rústica y numerosos privados. Aquí encontrará una cocina tradicional actualizada y algunos clásicos, como su exitoso Steak Tartar.

Carta 35/55€

Partida de Jubalcoy 1-9 ✉ 03295 - ✆ 965 42 17 84 - www.lamasiadechencho.com - Cerrado cena: domingo

por la av. de Santa Pola Sureste : 4,5 km y desvío a la derecha 1 km

La Finca (Susi Díaz)

CREATIVA • RÚSTICA XXX Las vivencias de cada chef definen su propuesta, por eso es preciso resaltar la valentía de la hoy mediática Susi Díaz, que cambió las tijeras y los patrones de la alta costura por las técnicas y la creatividad de la alta cocina.

En el restaurante La Finca la cocina alicantina tradicional se viste de gala, pues reproduce sus sabores y sus famosos arroces con delicados toques de autor. Descubrirá una cocina de raíces y recuerdos que sabe aprovechar el producto local, sobre todo los pescados y mariscos, buscando siempre la sorpresa en el plano visual y no dudando a la hora de incorporar hierbas aromáticas o flores comestibles de su propio jardín.

¿Un faro que le guía? Una frase de la Madre Teresa de Calcuta: "Que nadie llegue jamás a ti sin que al irse se sienta un poco mejor y más feliz".

Especialidades : Puntillas con cebolletas y tirabeques. Arroz con ossobuco y tartar de toro. Tartaleta de limón.

Menú 79/119€ - Carta 79/79€

Partida de Perleta 1-7 ✉ 03295 - ✆ 965 45 60 07 - www.lafinca.es - Cerrado 2-16 enero, 6-12 abril, lunes, cena: martes-miércoles, cena: domingo

EMPURIABRAVA

Girona - Mapa regional **9**-D3 - Mapa de carreteras Michelin n° 574-F39

Port Salins

TRADICIONAL • FUNCIONAL Excelentemente ubicado, junto a uno de los canales del puerto deportivo y... ¡con amarres propios a disposición de los clientes! Zona social con ascensor panorámico, cuidadas habitaciones y agradable azotea, utilizada en verano para organizar barbacoas.

41 habitaciones - 79/210 € - 15 €

Avenida Fages de Climent 10-15 17487 - 972 45 66 40 - www.hotelportsalins.com

ENTRENA

La Rioja - Mapa regional **14**-A2 - Mapa de carreteras Michelin n° 573-E22

Finca de los Arandinos

AGROTURISMO • DE DISEÑO Este hotel-bodega, rodeado de viñedos, sorprende por su diseño en forma de cubos y por su estética interior... no en vano, muchas habitaciones las vistió David Delfín, el "enfant terrible" de la moda española. El restaurante basa su oferta en diferentes menús.

14 habitaciones - 120/185 €

Carretera LR 137 km 4,6 26375 - 941 44 61 26 - www.fincadelosarandinos.com

ERRENTERIA • RENTERÍA

Guipúzcoa - Mapa regional **18**-B2 - Mapa de carreteras Michelin n° 573-C24

en el cruce de la carretera de Astigarraga a Oiartzun Sur : 4 km y desvío 1, 5 km

Mugaritz (Andoni Luis Aduriz)

CREATIVA • MINIMALISTA XXXX Mugaritz ofrece muchísimo más que una experiencia, pues traspasa los límites gastronómicos en favor de nuevas fronteras y preguntas: ¿se pueden beber los alimentos? , ¿el aire es comida? ...

La vinculación del chef Andoni Luis Aduriz con la tierra queda patente desde nuestra aproximación al restaurante, aislado en un caserío vasco que nos habla de un carácter muy concreto, abierto a las vanguardias pero estrechamente relacionado con la naturaleza adyacente.

El chef, tremendamente creativo, disciplinado e infatigable en su búsqueda de nuevas formas de expresión, configura su sello culinario apostando por unas presentaciones provocadoras y muchas veces arriesgadas, con unos menús que cada temporada intentan contarnos una historia distinta con una meta común: "Abrir la mente, no solo la boca".

Especialidades : Gusto: bogavante americana. Sacrificio: contando hebras de azafrán. Fábula: contorsiones de miel.

Menú 220 €

Aldura Aldea 20-Otzazulueta Baserria 20100 - 943 52 24 55 - www.mugaritz.com - Cerrado 10 diciembre-14 abril, lunes, almuerzo: martes, cena: domingo

ERRIBERRI • OLITE

Navarra - Mapa regional **17**-A2 - Mapa de carreteras Michelin n° 573-E25

Parador de Olite

EDIFICIO HISTÓRICO • HISTÓRICA Instalado parcialmente en el Palacio-Castillo Primitivo de Olite, declarado Monumento Nacional. Ofrece elegantes dependencias donde conviven el pasado histórico y el confort actual, así como un comedor que exalta los platos propios del recetario regional.

43 habitaciones - 90/185 € - 18 €

Plaza de los Teobaldos 2 31390 - 948 74 00 00 - www.parador.es

L'ESCALA

Girona – Mapa regional **9**-D3 – Mapa de carreteras Michelin n° 574-F39

La Gruta

INTERNACIONAL • **AMBIENTE CLÁSICO** XX Ya no es ningún secreto lo bien que se come en esta casa, lo que ha permitido al restaurante cambiar de local y trasladarse aquí, junto a la playa urbana del Port d'en Perris en Punta de l'Olla. El experimentado chef, natural de Francia, propone una cocina de gusto moderno con toques galos que triunfa por precio y sabor, en gran medida gracias a la posibilidad que dan al cliente para que cree sus propios menús (Bistronómico, Chef o Descubrimiento) en base a los platos que desee degustar. ¡Los postres se elaboran al momento, por lo que aconsejan pedirlos al principio de la comida!

Especialidades : Pétalos de bacalao con habitas y guisantes, queso de cabra y tomate. Magret de pato asado al vermut, risotto de shiitakes. Éclair de crema de yuzu y fruta de la pasión.

Menú 20 € (almuerzo), 28/50 € – Carta 35/52 €

De la Casa Gran 1 (Port d'en Perris) ✉ 17130 – ☎ 972 77 62 11 – www.restaurantlagruta.com – Cerrado 21 junio-1 julio, 20 diciembre-11 enero, cena: lunes, domingo

Miryam

PESCADOS Y MARISCOS • **AMBIENTE CLÁSICO** XX En esta impecable casa familiar encontrará una cocina marinera basada en el producto y sabrosas sugerencias de temporada. ¡Viste sus paredes con valiosas obras pictóricas!

Carta 45/75 €

Ronda del Pedró 4 ✉ 17130 – ☎ 972 77 02 87 – www.restaurantmiryam.com – Cerrado 1-30 noviembre, cena: domingo

El Roser 2

COCINA MEDITERRÁNEA • **AMBIENTE CLÁSICO** XX Llevado entre hermanos y dotado con sorprendentes vistas al mar. Carta amplia, variada, atrevida... de carácter marinero, con un apartado de mariscos y sugerentes menús.

Carta 45/90 €

Passeig Lluís Albert 1 ✉ 17130 – ☎ 972 77 11 02 – www.elroser2.com – Cerrado cena: martes, miércoles, cena: domingo

en Cinc Claus Noroeste : 1 km – Mapa regional **9**-D3

Mas Concas

COCINA MEDITERRÁNEA • **RÚSTICA** XX Uno de esos casos en los que la experiencia culinaria se enriquece con un plus, pues nos encontramos ante una masía hermosa y con historia. El edificio, que remonta sus orígenes a finales del s. XVII y está construido en piedra, fue la residencia de verano de la escritora Caterina Albert y Paradís, mucho más conocida bajo el seudónimo de Víctor Català. En sus comedores, todos de ambiente rústico y altísimos techos, le propondrá una cocina actualizada de base mediterránea, siempre bien presentada y con las materias primas de la zona como pilares básicos de su inspiración. ¡Sugerentes menús!

Especialidades : Foie-gras a la plancha con tatín de melocotón. Pichón en su jugo con alcachofas en tempura. Manzana con ganache de chocolate.

Menú 18 € (almuerzo), 29/37 € – Carta 30/45 €

Camí de Cinc Claus ✉ 17130 – ☎ 972 77 51 58 – www.masconcas.com – Cerrado 1 enero-29 febrero, cena: lunes, martes

ESCALADEI

Tarragona – Mapa regional **9**-A3 – Mapa de carreteras Michelin n° 574-I32

Terra Dominicata Ⓝ

BOUTIQUE HOTEL • DE DISEÑO En un entorno natural que tiene la tranquilidad asegurada. Reparte las habitaciones, todas actuales, entre dos edificios, uno de ellos con una bodega que ensalza los vinos del Priorat. Bellas terrazas con vistas, coqueto restaurante y... ¡sugerentes desayunos!

24 habitaciones ☕ – 👥 180/400 € – 2 suites

Carretera T-702, km 13 ✉ 43379 – ☎ 877 91 22 92 – www.terradominicata.com

ESCUNHAU - Lleida ➜ Ver Vielha

ESKUERNAGA • VILLABUENA DE ÁLAVA

Álava – Mapa regional **18**–A2 – Mapa de carreteras Michelin nº 573-E21

Viura

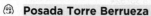

LUJO • DE DISEÑO Muy moderno, vinculado a la cultura del vino y construido en forma de cubos. Ofrece habitaciones amplias y luminosas, con mucho diseño y los suelos en cemento pulido. El restaurante, diáfano, actual y tremendamente original por cubrir el techo con barricas, ofrece una cocina tradicional actualizada.

33 habitaciones – 150/400 €

Mayor ✉ 01307 – ✆ 945 60 90 00 – www.hotelviura.com – Cerrado 1-31 enero

ESPINOSA DE LOS MONTEROS

Burgos – Mapa regional **8**–C1 – Mapa de carreteras Michelin nº 575-C19

Posada Torre Berrueza

TRADICIONAL • RÚSTICA XX Una de las mejores opciones para comer si está visitando el monumento natural de Ojo Guareña y sus famosas cuevas... no en vano, este negocio atesora la distinción "Marca Natural" gracias tanto a la calidad de sus servicios como a la firme apuesta por los productos autóctonos. Se halla en un atractivo edificio junto al hotel homónimo, donde se presenta con dos plantas y el comedor principal en el piso superior, este último de cuidado montaje rústico-actual y con una bonita chimenea. El chef-propietario propone una cocina tradicional muy personal. ¡No se vaya sin probar la Morcilla local!

Especialidades : Ensalada de perdiz escabechada. Solomillo con foie. Tarta Berrueza.

Carta 35/45 €

Hotel Posada Real Torre Berrueza, Nuño de Rasura 5 ✉ 09560 – ✆ 947 14 38 22 – www.torreberrueza.es – Cerrado lunes

Posada Real Torre Berrueza

HISTÓRICO • CONTEMPORÁNEA Instalado en una torre del s. XII rehabilitada con gusto. Presenta un coqueto salón social con chimenea y habitaciones no exentas de carácter, todas coloristas y confortables.

8 habitaciones – 85 €

Nuño de Rasura 5 ✉ 09560 – ✆ 947 14 38 22 – www.torreberrueza.es

Posada Torre Berrueza – Ver selección restaurantes

ESPONELLÀ

Girona – Mapa regional **9**–C3 – Mapa de carreteras Michelin nº 574-F38

en Vilert Este : 2, 5 km

La Calma de Rita

FAMILIAR • RÚSTICA Rusticidad, historia, tranquilidad, encanto... encontrará todo eso, y más, en un bucólico pueblo donde el tiempo parece haberse detenido. Habitaciones bien personalizadas.

6 habitaciones – 138/220 €

Del Riu 8 ✉ 17832 – ✆ 972 59 78 43 – www.lacalmaderita.com

L'ESTARTIT

Girona – Mapa regional **10**–B1 – Mapa de carreteras Michelin nº 574-F39

Les Corones

A LA PARRILLA • MARCO CONTEMPORÁNEO XX Este restaurante, de estilo contemporáneo, presume de estrechos vínculos con Getaria y de confiar al producto todo el protagonismo. Carta especializada en pescados a la brasa.

Carta 40/65 €

Avenida Roma 50 ✉ 17258 – ✆ 972 75 00 99 – www.lescorones.com – Cerrado 1 noviembre-31 marzo, martes

ESTEIRO

A Coruña - Mapa regional **13**-A2 - Mapa de carreteras Michelin nº 571-D3

Muiño

PESCADOS Y MARISCOS • SENCILLA Está en el casco urbano, al borde de la carretera que pasa por esta pequeña localidad. Tras su discreta fachada tiene un espacioso bar público, que suele llenarse con clientela local, un sencillo comedor donde sirven el menú del día y las dos salas a la carta del piso superior, ambas de corte clásico. Ofrece una cocina tradicional gallega en la que se aprecia que trabajan con productos frescos de indudable calidad, con muy buenos mariscos y unas sabrosísimas carnes a la piedra... sin embargo, la gran especialidad que les ha hecho famosos en la zona es su exquisito Bogavante con arroz.

Especialidades : Gambas al ajillo. Guiso de rubio. Tarta de queso.

Menú 10 € (almuerzo) - Carta 30/42 €

Ribeira de Mayo, carretera AC 550 ✉ 15240 - ✆ 981 76 38 85 - www.restaurantemuino.com - Cerrado 4-21 noviembre, lunes, cena: domingo

EZCARAY

La Rioja - Mapa regional **14**-A2 - Mapa de carreteras Michelin nº 573-F20

El Portal (Francis Paniego)

CREATIVA • DE DISEÑO El chef Francis Paniego transmite honestidad, sinceridad, cercanía... y esa misma naturalidad es la mejor carta de presentación de quién se siente orgulloso de su historia y sus orígenes; no en vano, estamos en un negocio familiar de 5ª generación.

Vinculado al ya mítico Echaurren Tradición, en manos de su madre, Marisa Sánchez, durante muchísimos años y considerado un templo de la cocina tradicional riojana, la propuesta del chef en El Portal evoluciona hacía una reinterpretación de sus raíces... eso sí, desde el punto de vista de una gastronomía de autor, con un nivel técnico y creativo capaz de encandilarnos.

¿Un producto fetiche? Todo lo que tenga que ver con la casquería, pues él ha sabido llevarla a un nivel superior y transformar su aparente modestia en la mayor de las virtudes.

Especialidades : Cigala, pil-pil de nueces y trufa. Albóndiga fluida de trufa. Helado de mantecado envuelto en cortezas de cerdo.

Menú 135/150 € - Carta 89/117 €

Hotel Echaurren, Padre José García 19 ✉ 26280 - ✆ 941 35 40 47 - www.echaurren.com - Cerrado 7-23 enero, 22 junio-2 julio, lunes, martes, cena: domingo

Casa Masip

TRADICIONAL • RÚSTICA Instalado en una céntrica casa solariega con las paredes en piedra. En su comedor, rústico-actual y con la viguería de madera vista, podrá degustar una cocina tradicional especializada en verduras de temporada y platos de caza. Por si desea alojarse, disponen de un buen salón social y cuidadas habitaciones.

Menú 20 € (almuerzo), 30/40 € - Carta 30/50 €

Academia Militar de Zaragoza 6 ✉ 26280 - ✆ 941 35 43 27 - www.casamasip.com - Cerrado 11-25 noviembre, lunes, cena: martes-jueves, cena: domingo

Echaurren Tradición

TRADICIONAL • AMBIENTE CLÁSICO Este restaurante, que fue la piedra angular del negocio, se presenta como el templo que guarda la memoria gastronómica de toda una vida dedicada a los fogones. Su chef propone una cocina tradicional bien elaborada y que cuida los detalles.

Menú 65 € - Carta 41/65 €

Hotel Echaurren, Padre José García 19 ✉ 26280 - ✆ 941 35 40 47 - www.echaurren.com - Cerrado 14-27 diciembre, cena: domingo

Echaurren

FAMILIAR • CONTEMPORÁNEA Un hotel de larga tradición familiar y gran prestigio en la región. Se presenta con una zona social renovada, una moderna cafetería y habitaciones bien actualizadas, todas ellas amplias, modernas y de completo equipamiento.

24 habitaciones – 180/325€ – 20€

Padre José García 19 ✉ 26280 – ✆ 941 35 40 47 – www.echaurren.com – Cerrado 14-27 diciembre

Echaurren Tradición • El Portal – Ver selección restaurantes

FALSET

Tarragona – Mapa regional **9**-A3 – Mapa de carreteras Michelin nº 574-I32

El Celler de L'Aspic

TRADICIONAL • A LA MODA XX Un restaurante de línea moderna en el que descubrirá dos mundos paralelos, por un lado el gastronómico y por otro el asociado a la cultura del vino. La confortable sala principal está decorada con varios expositores repletos de botellas y se complementa con un privado, donde suelen organizar las catas. Su chef-propietario ofrece algunas especialidades catalanas y una cocina tradicional bien actualizada, para cuya elaboración procura trabajar con las excelentes materias primas que nacen de esta tierra, la comarca del Priorat. Buenos menús degustación, uno de ellos con maridaje de vinos.

Especialidades : Arroz meloso de bacalao con verduritas. Magret de pato con fresones y garnacha. Crema de almendra con mousse de avellana.

Menú 35/65€ – Carta 35/45€

Miquel Barceló 31 ✉ 43730 – ✆ 977 83 12 46 – www.cellerdelaspic.com – Cerrado 20 junio-10 julio, 20 diciembre-10 enero, cena: lunes-martes, miércoles, cena: domingo

FAMARA – Las Palmas ➜ Ver Canarias (Lanzarote)

FANALS (PLAYA DE) – Girona ➜ Ver Lloret de Mar

FELECHOSA

Asturias – Mapa regional **3**-B2 – Mapa de carreteras Michelin nº 572-C13

De Torres

TRADICIONAL • AMBIENTE CLÁSICO X Este negocio familiar, junto a la carretera, apuesta por la cocina tradicional asturiana y la organización de sugerentes Jornadas Gastronómicas (Caza, Bacalao, Matanza...).

Menú 12€ (almuerzo), 15/25€ – Carta 25/35€

Carretera General 85 ✉ 33688 – ✆ 985 48 70 11 – www.hrdetorres.com – Cerrado 10 junio-10 julio, cena: lunes, martes

FERROL

A Coruña – Mapa regional **13**-B1 – Mapa de carreteras Michelin nº 571-B5

O Camiño do Inglés

MODERNA • TENDENCIA X Se halla a escasos metros del Muelle Curuxeiras y con su nombre rememora el Camino Inglés, la histórica ruta de peregrinaje que va desde Ferrol, o A Coruña, hasta Santiago de Compostela. El nuevo local presenta una línea desenfadada y actual, con mobiliario muy colorista, una pequeña barra de inspiración nipona y la cocina abierta al comedor, con lo que se hace al cliente partícipe del proceso de elaboración. Su apuesta es clara: cocina de mercado de tinte tradicional e internacional, presentada en un único menú degustación y con la opción de una carta a base de platillos para compartir.

Especialidades : Solamente salmonete. Raya a la meunière galleguizada. Carrot cake a nuestra manera.

Menú 58€ – Carta 35/50€

Espartero 77-79 ✉ 15401 – ✆ 981 35 20 90 – www.ocaminodoingles.com – Cerrado lunes, cena: domingo

Medulio

GALLEGA • **AMBIENTE CLÁSICO** XX ¡A las afueras de Ferrol! Presenta un comedor principal de línea actual y varios privados. Cocina gallega tradicional con especialidades, como las Caldeiradas y el Lacón.

Carta 35/50 €

Lugar del Bosque 73 (Serantes) ✉ 15405 – ✆ 981 33 00 89 – www.restaurantemedulio.com – Cerrado 13-31 julio, lunes, cena: domingo

Modesto

PESCADOS Y MARISCOS • **MARCO CONTEMPORÁNEO** XX Una casa de ambiente clásico-actual ubicada a pie de carretera. Plantean una cocina tradicional que ensalza los productos de la zona, con un destacable apartado de mariscos.

Carta 40/65 €

Carretera de Ferrol-Cobas 89 (Serantes) ✉ 15405 – ✆ 981 32 32 75 – www.rmodesto.com – Cerrado cena: martes-miércoles, domingo

O Parrulo

GALLEGA • **MARCO CONTEMPORÁNEO** XX Este negocio familiar debe su nombre al apodo cariñoso de su propietario, pato en gallego, por eso muestran también una curiosa colección de figuras dedicadas a este animal. Ofrecen cocina gallega y una especialidad, el Chuletón de ternera.

Carta 35/80 €

Avenida Catabois 401 ✉ 15405 – ✆ 981 31 86 53 – www.oparrulo.com – Cerrado 23 diciembre-8 enero, cena: miércoles, domingo

Frank

MODERNA • **MINIMALISTA** X En este pequeño pero simpático restaurante, llevado por un amable matrimonio, apuestan por una cocina actual, ligera y desenfadada. ¡Suelen incorporar ingredientes exóticos!

Carta 15/30 €

San Francisco 42-44 ✉ 15401 – ✆ 981 35 50 71 – Cerrado lunes, domingo

Parador de Ferrol

TRADICIONAL • **CLÁSICA** Esta mansión señorial combina su emplazamiento en el casco antiguo con unas buenas vistas, tanto al puerto como al mar. Ofrece unas confortables habitaciones de gusto clásico, destacando las asomadas al mar y las cuatro que tienen galería.

38 habitaciones – ✝✝ 75/150 € – ☕ 16 €

Plaza Contralmirante Azarola Gresillón ✉ 15401 – ✆ 981 35 67 20 – www.parador.es

por estrada de praias Doniños Noroeste : 4 km

A Gabeira

TRADICIONAL • **MARCO CONTEMPORÁNEO** XX Un elegante restaurante, de 4ª generación, que debe su nombre a un islote cercano. Presenta un privado, dos salas y la cocina vista, donde el experimentado chef-propietario apuesta por una gastronomía tradicional no exenta de toques creativos, con un buen apartado de mariscos y clásicos de la casa. ¡Acogedora terraza!

Menú 60 € – Carta 35/55 €

Valon Nucleo ✉ 15593 – ✆ 981 31 68 81 – www.agabeira.com – Cerrado 12 octubre-5 noviembre, lunes, cena: martes, cena: domingo

FIGUERES

Girona – Mapa regional **9**-D3 – Mapa de carreteras Michelin n° 574-F38

Bocam Ⓝ

ACTUAL • **MARCO CONTEMPORÁNEO** X Céntrico restaurante de estilo actual y desenfadado. Aquí ofrecen una cocina fresca, divertida y enormemente visual, con varios postres que... ¡homenajean al mismísimo Dalí!

Carta 32/32 €

La Jonquera 18 ✉ 17600 – ✆ 972 53 94 94 – www.bocam.cat

en la antigua carretera N II

El Motel

REGIONAL • AMBIENTE CLÁSICO XXX Un negocio familiar con historia; de hecho, tanto el clasicismo decorativo como el servicio parecen de otra época. ¡Una gran referencia nacional en cuanto a cocina clásica!

Menú 45€ - Carta 42/70€

Avenida Salvador Dalí 170 ✉ 17600 - ✆ 972 50 05 62 - www.hotelemporda.com - Cerrado cena: lunes, martes, cena: domingo

FINCA LA BOBADILLA - Granada

➜ Ver Loja

FINISTERRE - A Coruña

➜ Ver Fisterra

FISTERRA • FINISTERRE

A Coruña - Mapa regional **13**-A2 - Mapa de carreteras Michelin n° 571-D2

Tira do Cordel

PESCADOS Y MARISCOS • RÚSTICA X Destaca por su emplazamiento a pie de playa, en un edificio centenario que funcionó como fábrica de salazones. Excelente producto gallego elaborado, sobre todo, a la parrilla.

Carta 40/75€

Paseo Marítimo 1 (antiguo San Roque 2) ✉ 15155 - ✆ 981 74 06 97 - www.tiradocordel.com - Cerrado 1-31 enero, lunes, cena: domingo

al Norte 2 km

Ó Fragón

GALLEGA • MINIMALISTA XX Llama bastante la atención, pues ocupa un edificio de estética minimalista en la ladera de la montaña y... ¡ofrece unas espectaculares vistas! Cocina tradicional gallega.

Menú 38€ - Carta 38/60€

San Martiño de Arriba 22 ✉ 15155 - ✆ 981 74 04 29 - www.ofragon.es - Cerrado 4-21 noviembre, martes

FONTIBRE

Cantabria - Mapa regional **6**-B2 - Mapa de carreteras Michelin n° 572-C17

Posada Rural Fontibre

FAMILIAR • RÚSTICA Casona de labranza del s. XIX vestida con multitud de detalles. Su atractiva fachada en piedra da paso a un coqueto salón con chimenea y unas cálidas habitaciones, todas rústicas, confortables, de vivos colores y con mobiliario restaurado.

6 habitaciones - 👫 56/84€ - ☕ 5€

El Molino 23 ✉ 39212 - ✆ 942 77 96 55 - www.posadafontibre.com

FORMENTERA - Balears

➜ Ver Balears

EL FORMIGAL - Huesca

➜ Ver Sallent de Gállego

FORNELLS - Balears

➜ Ver Balears (Menorca)

FRAGA

Huesca - Mapa regional **2**-C2 - Mapa de carreteras Michelin n° 574-H31

+Billauba

TRADICIONAL • FAMILIAR XX Encontrará una barra de tapeo a la entrada, un comedor clásico-actual y un altillo que se reserva para comidas más privadas. Cocina tradicional y menús con opción de maridaje.

Menú 24/42€ - Carta 36/48€

Avenida de Aragón 41 ✉ 22520 - ✆ 974 47 41 67 - www.billauba.com - Cerrado 1-7 enero, 19 agosto-1 septiembre, lunes, cena: martes-jueves, almuerzo: domingo

LA FRESNEDA

Teruel - Mapa regional **2**-C2 - Mapa de carreteras Michelin n° 574-J30

Matarraña

TRADICIONAL · FAMILIAR ✕ Un establecimiento de organización familiar muy conocido por el hecho de que, hace ya años, su extensa carta era completamente "cantada". Ocupa una antigua casa de piedra en el centro del pueblo, con un bar de espera y varias salas distribuidas en dos plantas, todas de aire rústico y algunas con chimenea. Dentro de su carta tradicional destacan platos como el Bacalao estilo Matarraña, una especialidad que tuvo su origen durante las vigilias de Semana Santa y que, actualmente, podemos disfrutar a lo largo de todo el año.

Especialidades : Rollitos del Matarraña. Ternasco de Aragón. Pastel de requesón con nueces.

Carta 26/35 €

Plaza Nueva 5 ✉ 44596 - ✆ 978 85 45 03 - Cerrado 1-15 septiembre, martes, cena: domingo

El Convent 1613

TRADICIONAL · ELEGANTE ✕✕ Se distribuye en torno al patio acristalado del hotel y suele tener clientes alojados, pues se halla en un marco que merece la pena disfrutar. Cocina tradicional actualizada.

Carta 35/57 €

Hotel El Convent 1613, El Convento 1 ✉ 44596 - ✆ 978 85 48 50 - www.hotelelconvent.com - Cerrado 6 enero-6 marzo, 9-26 diciembre, lunes, almuerzo: martes-miércoles

El Convent 1613

HISTÓRICO · RÚSTICA Este hotelito rural, que en su día fue un convento, atesora muchísimo encanto, tanto por sus estancias como por su agradable jardín. Encontrará dos tipos de habitaciones, las del edificio principal de estética rústica y las del anexo con una línea más actual.

20 habitaciones - 95/175 €

El Convento 1 ✉ 44596 - ✆ 978 85 48 50 - www.hotelelconvent.com - Cerrado 6-31 enero, 9-26 diciembre

El Convent 1613 - Ver selección restaurantes

FRÓMISTA

Palencia - Mapa regional **8**-C2 - Mapa de carreteras Michelin n° 575-F16

Hostería de los Palmeros

TRADICIONAL · AMBIENTE CLÁSICO ✕✕ ¡En un edificio que funcionó como hospital de peregrinos! Posee un hermoso bar, un salón con chimenea para tomar el café y un comedor a la carta en el piso superior. Cocina tradicional basada en el producto, tanto del mar como del mercado.

Carta 45/60 €

Plaza San Telmo 4 ✉ 34440 - ✆ 979 81 00 67 - www.hosteriadelospalmeros.com - Cerrado 8 enero-15 febrero, martes

FUENGIROLA

Málaga - Mapa regional **1**-B3 - Mapa de carreteras Michelin n° 578-W16

Los Marinos José

PESCADOS Y MARISCOS · FAMILIAR ✕✕ ¡Un icono de la cocina marinera en la Costa del Sol! Ofrecen pescados y mariscos de la zona, siempre frescos al provenir de la lonja o de las capturas en sus propios barcos.

Menú 95 € - Carta 50/80 €

Paseo Marítimo Rey de España 161, 2,5 km ✉ 29640 - ✆ 952 66 10 12 - www.losmarinosjose.com - Cerrado 9 diciembre-20 enero, lunes, domingo

Charolais

TRADICIONAL • RÚSTICA Dos locales anexos y comunicados (Charolais y Charolais tapas) que apuestan por una carta tradicional de tintes vascos. Destaca su amplia oferta de vinos y su coqueta terraza.

Carta 35/60€

Larga 14 ✉ 29640 – ✆ 952 47 54 41 – www.bodegacharolais.com

en la urbanización Reserva del Higuerón

Sollo (Diego Gallegos)

CREATIVA • DE DISEÑO Salirse del camino establecido es arriesgado, pero... ¡suele tener premio! Un buen ejemplo es el caso del restaurante Sollo, que toma su nombre del esturión andaluz, el epicentro de su propuesta, y ha hecho que el chef de origen brasileño Diego Gallegos sea reconocido como "El chef del caviar". Aquí encontrará una interesantísima experiencia gastronómica, variada en cuanto al número de pases y realmente singular, pues más del 80% de los platos giran en torno a los pescados de río.

¿Curiosidades? Sollo se posiciona frente a la pesca extractiva y busca la sostenibilidad, por lo que cuenta con una planta de producción acuapónica que produce, en grandes tanques que el cliente puede visitar, tanto los peces de agua dulce (tilapia, bagre...) como las verduras que acompañan sus elaboraciones.

Especialidades : Caviar ecológico de Riofrío. Bagre en cuchara. Mazamorra de maíz morado.

Menú 100€

Avenida del Higuerón 48 (AP-7, salida 217) ✉ 29640 – ✆ 951 38 56 22 – www.sollo.es – Cerrado almuerzo: lunes-jueves, domingo

FUENMAYOR

La Rioja – Mapa regional **14**–A2 – Mapa de carreteras Michelin n° 573-E22

Alameda

REGIONAL • AMBIENTE CLÁSICO Una casa familiar con prestigio entre la profesión gracias a la calidad de sus materias primas. ¿Busca protagonistas? Aquí, sin duda, son la parrilla y el carbón de encina.

Carta 41/71€

Plaza Félix Azpilicueta 1 ✉ 26360 – ✆ 941 45 00 44 – www.restaurantealameda.com – Cerrado 1-31 agosto, 24 diciembre-7 enero, lunes, cena: domingo

FUENTERRABÍA – Guipúzcoa → Ver Hondarribia

FUENTESPALDA

Teruel – Mapa regional **2**–C3 – Mapa de carreteras Michelin n° 574-J30

por la carretera de Valderrobres Noreste : 6,3 km y desvío a la izquierda 5,3 km

La Torre del Visco

LUJO • ACOGEDORA Masía del s. XV ubicada en el campo, en una finca repleta de olivos y que cuenta con un huerto ecológico. Resulta ideal para desconectar, ofreciendo también rutas de senderismo, talleres de cocina, catas... Gastronomía de proximidad con productos de temporada.

9 habitaciones – 215/285€ – 8 suites

✉ 44587 – ✆ 978 76 90 15 – www.torredelvisco.com – Cerrado 5 enero-5 marzo

FUERTEVENTURA – Las Palmas → Ver Canarias

GALAPAGAR

Madrid – Mapa regional **15**–A2 – Mapa de carreteras Michelin n° 576-K17

Garnacha

TRADICIONAL • RÚSTICA XX Encontrará un comedor algo reducido pero de buen montaje, en piedra vista y con vigas de madera, así como un reservado y una coqueta bodega. Cocina tradicional actualizada.

Carta 40/65€

Carretera Las Rozas-El Escorial 12, km 16 ✉ 28260 - ✆ 918 58 33 24 - www.restaurantegarnacha.com - Cerrado lunes, cena: domingo

GALDAKAO • GALDÁCANO

Vizcaya - Mapa regional **18**-A3 - Mapa de carreteras Michelin nº 573-C21

Andra Mari

TRADICIONAL • RÚSTICA XX ¡Un clásico de la gastronomía vasca! Construido por la familia Asúa en el viejo caserío familiar, la idea de este restaurante era dar descanso y sustento a los fieles que visitaban la cercana iglesia de Andra Mari (s. XIII), de la que toman el nombre.

El bello edificio, que disfruta de unas fantásticas vistas al valle del río Ibaizábal, atesora una interesante bodega en el sótano, un bar que sirve como zona de espera y dos salas de ambiente rústico-regional, ambas con un marcadísimo carácter panorámico.

La chef Zuriñe García, formada en la casa, plantea una cocina de firmes bases tradicionales que sabe ensalzar los sabores de la gastronomía vizcaína y adaptarlos a los cánones actuales. Sus platos tienen un don: transmiten la cocina rural y marinera del País Vasco con enorme sensibilidad.

Especialidades : Chipirón encebollado y esponja de perejil. Paletilla de cordero con quínoa y aceituna negra. Tarta de queso con frutos rojos.

Menú 40/75€ - Carta 45/75€

Barrio Elexalde 22 ✉ 48960 - ✆ 944 56 00 05 - www.andra-mari.com - Cerrado 7-14 enero, 13-17 abril, 3-23 agosto, cena: lunes, martes, cena: miércoles-jueves, cena: domingo

Iraragorri

FAMILIAR • RÚSTICA Debe su nombre al mítico futbolista del Athletic (José Iraragorri) y recupera su precioso caserío familiar, del s. XV. Encontrará coquetas habitaciones, con profusión de madera y mobiliario de época, así como un atractivo restaurante en las antiguas cuadras.

9 habitaciones - 👫 75/85€ - ☕ 8€

Txomin Egileor 28 ✉ 48960 - ✆ 944 36 36 01 - www.iraragorri.com

GARACHICO - Santa Cruz de Tenerife ➜ Ver Canarias (Tenerife)

LA GARRIGA

Barcelona - Mapa regional **10**-B2 - Mapa de carreteras Michelin nº 574-G36

Vinòmic

TRADICIONAL • SENCILLA X Se encuentra en el centro de la localidad y dicen que su nombre viene de la fusión de tres palabras: vino, amic (amigo) y gastronòmic (gastronómico). Encontrará un pequeño bar a la entrada, donde se puede descubrir su propuesta en formato de tapas, y dos salas de modesto montaje, ambas con parte de sus paredes en ladrillo visto o piedra. Desde los fogones apuestan por una cocina tradicional actualizada coherente con el entorno, pues su filosofía culinaria se construye en base a la utilización prioritaria de los productos de proximidad. ¡Originalidad contenida, sin estridencias!

Especialidades : "Cap i pota" con garbanzos. Pollo con cigalas. Flan de mató con frutos secos.

Menú 18€ (almuerzo)/37€ - Carta 30/40€

Banys 60 ✉ 08530 - ✆ 931 29 82 70 - www.vinomic.cat - Cerrado 24 febrero-9 marzo, 24 agosto-8 septiembre, lunes, martes, cena: miércoles, cena: domingo

GAUCÍN

Málaga – Mapa regional **1**-A3 – Mapa de carreteras Michelin nº 578-W14

Platero & Co

COCINA MEDITERRÁNEA • **RÚSTICA** Podríamos definir esta localidad, en plena Serranía de Ronda, como un pueblo blanco típico de postal, pues se muestra encajado entre montañas y con las casas encaladas como principal seña de identidad. El restaurante, llevado por una pareja de origen holandés, se mimetiza a la perfección con este entorno rústico y apuesta por una cocina internacional que se construye en base al mejor producto local de temporada (castañas, cerezas, setas, queso de cabra, higos...). Si busca un momento mágico pida mesa en la terraza, pues disfruta de unas fantásticas vistas al valle y a la Sierra de Grazalema.

Especialidades : Presa ibérica ahumada con aliño de harissa y zumaque. Bacalao al punto de sal, perejil y ajo asado. Manzana y castaña al horno con helado casero.

Menú 23/35 € – Carta 25/38 €

Los Bancos 9 ✉ 29480 – ✆ 667 49 38 87 – www.platero-gaucin.com – Cerrado 1-31 enero, lunes, martes

GAUTEGIZ - ARTEAGA

Vizcaya – Mapa regional **18**-B3 – Mapa de carreteras Michelin nº 573-B22

Castillo de Arteaga

EDIFICIO HISTÓRICO • **CLÁSICA** ¡Le enamorará! Sorprende tanto por el emplazamiento, en la bellísima reserva de Urdaibai, como por su azarosa historia, marcada por personajes tan singulares como la emperatriz Eugenia de Montijo. Habitaciones personalizadas e interesante oferta gastronómica.

13 habitaciones – 170/230 €

Gaztelubide 7 ✉ 48311 – ✆ 946 24 00 12 – www.castillodearteaga.com – Cerrado 29 diciembre-9 febrero

GAVÀ

Barcelona – Mapa regional **10**-B3 – Mapa de carreteras Michelin nº 574-I36

en la zona de la playa Sur : 5 km

Les Marines

TRADICIONAL • **AMBIENTE CLÁSICO** Está emplazado en una finca arbolada próxima al mar, con una atractiva terraza y acogedoras salas de ambiente clásico. Cocina tradicional actualizada y sugerencias del día.

Menú 40/50 € – Carta 33/53 €

Calafell 21 ✉ 08850 – ✆ 936 33 35 70 – www.lesmarines.com – Cerrado cena: domingo

GERONA – Girona ➜ Ver Girona

GETAFE

Madrid – Mapa regional **15**-B2 – Mapa de carreteras Michelin nº 576-L18

Casa de Pías

MODERNA • **A LA MODA** Este céntrico negocio presenta una estética de gusto contemporáneo, con cuadros actuales y un claro dominio de los tonos blancos. Cocina actual y reservado en la 1ª planta.

Carta 30/55 €

Plaza Escuelas Pías 4 ✉ 28901 – ✆ 916 96 47 57 – www.casadepias.com – Cerrado 1-20 agosto, 30 diciembre-2 enero, cena: lunes-martes, cena: domingo

GETARIA • GUETARIA

Guipúzcoa – Mapa regional **18**-B2 – Mapa de carreteras Michelin nº 573-C23

❀ Elkano

PESCADOS Y MARISCOS • AMBIENTE CLÁSICO XX La vida da muchas vueltas... y si no, que se lo digan a Aitor Arregi, un jugador de fútbol profesional (Vitoria, Eibar, Villarreal...) que supo coger el timón del negocio familiar cuando colgó las botas.

Su particular comprensión del "paisaje culinario" se remonta al primer Elkano, abierto por Pedro Arregi (padre de Aitor). En el actual local, mucho más grande, se da continuidad a los valores culinarios de una casa estrechamente vinculada a la mar y a los marineros, con los que trabajan a diario para comprarles las mejores capturas.

Estamos en uno de los templos de la cocina a la parrilla, una cocción que según señalan "no manipula texturas ni sabores". Su control de las brasas es total, tanto como la elección del producto y su exquisita manera de tratarlo. ¡Descubra su mítico Rodaballo!

Especialidades : Kokotxas en salsa. Rodaballo a la parrilla. Helado de queso con infusión de fresa.

Menú 97 € – Carta 75/100 €

Herrerieta 2 ✉ 20808 – ✆ 943 14 00 24 – www.restauranteelkano.com – Cerrado 21 diciembre-4 enero, cena: lunes, martes, cena: domingo

Kaia Kaipe

PESCADOS Y MARISCOS • AMBIENTE CLÁSICO XX Se halla en el casco antiguo y cuenta con unos cuidados comedores, uno tipo terraza. Excelente bodega, vivero propio, vistas al puerto y la parrilla como gran protagonista.

Carta 60/120 €

General Arnao 4 ✉ 20808 – ✆ 943 14 05 00 – www.kaia-kaipe.com – Cerrado 24 febrero-13 marzo, 23 diciembre-3 enero, cena: lunes

GETXO

Vizcaya – Mapa regional **18**–A3 – Mapa de carreteras Michelin nº 573-B21

Brasserie

TRADICIONAL • MARCO CONTEMPORÁNEO XX Presenta una sala luminosa y actual, así como una terraza frente al mar. Cocina tradicional especializada en pescados salvajes, que suelen elaborar con maestría a la brasa.

Menú 45/60 € – Carta 40/55 €

Hotel Igeretxe, Muelle de Ereaga 3 - Playa de Ereaga ✉ 48992 – ✆ 944 91 00 09 – www.hotel-igeretxe.com – Cerrado cena: domingo

Igeretxe

NEGOCIOS • CONTEMPORÁNEA Un hotel con cierto encanto, pues se halla en plena playa de Ereaga y atesora unas magníficas terrazas con vistas. Ofrece correctos espacios sociales y amplias habitaciones, todas de línea actual-funcional y la mayoría asomadas al mar. Su oferta gastronómica viaja de la cocina japonesa a la más tradicional.

22 habitaciones – 97/117 €

Muelle de Ereaga 3 - playa de Ereaga ✉ 48992 – ✆ 944 91 00 09 – www.hotel-igeretxe.com

Brasserie – Ver selección restaurantes

LOS GIGANTES – Santa Cruz de Tenerife → Ver Canarias (Tenerife)

GIJÓN

Asturias – Mapa regional **3**–B1 – Mapa de carreteras Michelin nº 572-B12

❀ La Salgar (Esther Manzano)

MODERNA • ACOGEDORA XXX Estamos en casa de la primera chef asturiana que consiguió una estrella MICHELIN (edición 2014), lo que convirtió a Esther Manzano en todo un símbolo para la hostelería del principado.

Podríamos hablar del rico legado familiar, pues su hermano (Nacho Manzano) abandera desde Casa Marcial la gastronomía regional; sin embargo, también llama poderosamente la atención por su emplazamiento, ya que se encuentra en los bellos jardines del Museo del Pueblo de Asturias.

En su comedor, amplio, acogedor y parcialmente acristalado para disfrutar del entorno verde, degustará una cocina de bases tradicionales fiel a la filosofía "km 0"... eso sí, con platos muy bien actualizados. ¿Un consejo? Si busca un momento especial reserve mesa por la noche, pues las vistas a los hórreos resultan casi mágicas.

Especialidades : Enoki, calamar, tinta de tierra y piel de leche con algas. Solomillo de vaca asturiana, leche y pasto. Chocolate, menta y pasión.

Menú 38/80 € – Carta 55/75 €

Paseo Dr. Fleming 859 ✉ 33203 –
✆ 985 33 11 55 – www.lasalgar.es –
Cerrado 15-29 febrero, 15-31 octubre, lunes, cena: martes, cena: domingo

✿ Auga (Gonzalo Pañeda)

MODERNA • ELEGANTE XXX Nos encontramos en pleno puerto deportivo de Gijón, en un restaurante que enamora por su singular emplazamiento sobre uno de los espigones, prácticamente encima del agua.

Suele sorprender al comensal tanto por su elegancia como por su luminosidad, con un comedor clásico-actual en el que predomina la madera y una de esas terrazas, asomadas al mar, en las que desearíamos que el tiempo se detuviera.

Aquí la propuesta varía en función del mercado y nace de la creatividad de Gonzalo Pañeda, un chef con inequívoco oficio, muchísimo gusto en todas sus elaboraciones y un profundo respeto tanto por la tradición asturiana, que actualiza con acierto, como por el producto. ¿La guinda del pastel? La buena labor de Antonio Pérez, que aparte de ser su socio ejerce como sumiller y jefe de sala.

Especialidades : Caldo de cocido, pies de cerdo y anguila ahumada. Salmonete, pil-pil hecho con sus espinas y codium. Ensalada de menta, frutas y chocolate.

Menú 80 € – Carta 50/75 €

Claudio Alvargonzález ✉ 33201 – ✆ 985 16 81 86 – www.restauranteauga.com –
Cerrado 29 junio-8 julio, 26 octubre-16 noviembre, lunes, cena: domingo

Ciudadela

TRADICIONAL • RÚSTICA XX Cuenta con un concurrido bar de tapas y dos comedores, todo de cuidado ambiente rústico. En el sótano poseen otros cinco espacios más a modo de cuevas. Su completa carta alberga platos tradicionales, de cuchara, internacionales, de caza...

Carta 36/58 €

Capua 7 ✉ 33202 – ✆ 985 34 77 32 – www.restauranteciudadela.com – Cerrado lunes, cena: domingo

V. Crespo

TRADICIONAL • AMBIENTE TRADICIONAL XX ¡Un clásico de ambiente marinero! Su cocina tradicional y asturiana se enriquece con varias jornadas gastronómicas, como las del Cocido maragato o las del Bacalao en Cuaresma.

Carta 40/60 €

Periodista Adeflor 3 ✉ 33205 – ✆ 985 34 75 34 – www.restaurantevcrespo.com –
Cerrado 1-15 julio, lunes, cena: domingo

El Cencerro

TRADICIONAL • SIMPÁTICA X Ofrecen una cocina de bases tradicionales y elaboraciones actuales, siendo su especialidad el bacalao y las carnes rojas (ternera Casina, Frisona holandesa, buey de Kobe...).

Menú 17 € (almuerzo), 25/50 € – Carta 32/52 €

Decano Prendes Pando 24 ✉ 33208 – ✆ 984 39 15 67 – www.tabernaelcencerro.es –
Cerrado almuerzo: lunes, cena: domingo

DESCUBRE LA GAMA
Maestra
Una gama de especialidades cerveceras
llena de sabores y matices.
Mahou
Maestra
DUNKEL
Mahou
Maestra
DOBLE LÚPULO
DE MAESTROS CERVECEROS PARA MAESTROS CERVECEROS

Gloria

TRADICIONAL • BAR DE TAPAS Este excelente gastrobar, con instalaciones de diseño, nos trae la propuesta más informal de los hermanos Manzano (Nacho y Esther). Platos tradicionales, modernos y de fusión.

Tapa 6 € – Ración 15 €

Plaza Florencio Rodríguez 3 ✉ 33206 – ✆ 984 29 94 90 – www.estasengloria.com – Cerrado lunes, cena: domingo

Parador de Gijón Molino Viejo

EDIFICIO HISTÓRICO • REGIONAL Con cierto encanto, instalado en un antiguo molino y ubicado en un parque, junto al estadio de fútbol de El Molinón. Sus luminosas dependencias brindan todas las comodidades y disfruta de un restaurante que apuesta por recuperar la "cocina de las guisanderas".

40 habitaciones – 80/185 € – 15 €

Avenida Torcuato Fernández Miranda 15 (parque de Isabel la Católica) ✉ 33203 – ✆ 985 37 05 11 – www.parador.es

en Santurio por la carretera de Villaviciosa : 7, 5 km

Los Nogales

TRADICIONAL • MARCO REGIONAL Un negocio familiar que destaca por su situación en pleno campo, con bellas vistas a los prados y las montañas. Cocina tradicional de raciones generosas y precios ajustados.

Menú 55 € – Carta 40/70 €

Camino La Matona 118 ✉ 33394 – ✆ 985 33 63 34 – www.restaurantelosnogales.es – Cerrado 25 diciembre-31 enero, cena: lunes, martes, cena: miércoles-jueves, cena: domingo

GIMENELLS

Lleida – Mapa regional **9**-A2 – Mapa de carreteras Michelin nº 574-H31

Malena (Josep María Castaño)

MODERNA • ACOGEDORA Está a las afueras de Gimenells, en una antigua explotación agraria que hoy colabora con el IRTA (Instituto de Investigación y Tecnología Agroalimentaria) para promover los productos de la zona.

Presenta una sugerente bodega acristalada, la cocina a la vista, un comedor de línea actual y un acogedor privado, este último con la chimenea encendida en invierno.

El chef, conocido coloquialmente como Xixo Castaño, apuesta por una gastronomía actual-creativa que se construye en base a los mejores productos autóctonos. Suele iniciar su propuesta con una cata de aceites de oliva, sobre panes artesanos, y tiene en su magistral uso de las brasas uno de sus puntos fuertes, pues ha diseñado una tecnología que, gracias al vapor, permite a los alimentos absorber los aromas desprendidos por las ascuas.

Especialidades : Ravioli de escalivada, "menjar blanc" y helado de anchoas. Cochinillo cocinado con cítricos, vainilla y pera al vino. Pan con aceite, chocolate de rosas y espuma de agua de mar.

Menú 42/72 € – Carta 40/67 €

Carretera de Sucs (La Vaqueria) ✉ 25112 – ✆ 973 74 85 23 – www.malenagastronomia.com – Cerrado 2-9 enero, lunes, cena: martes-jueves

GIRONA • GERONA

Girona – Mapa regional **10**-A1 – Mapa de carreteras Michelin nº 574-G38

Massana (Pere Massana)

MODERNA • AMBIENTE CLÁSICO Un negocio familiar con más de 30 años de historia, lo que se traduce en un perfecto equilibrio entre el trato cercano y la profesionalidad.

Pere Massana, el chef-propietario, es un cocinero vocacional que empezó a trastear en los fogones del antiguo restaurante de sus padres. Esa relación que él vivió con la profesión es la que ha querido transmitir a sus hijos, presentes junto a su mujer, Ana Roger, tanto en la sala como en la cocina.

¿Qué ofrecen? Una combinación entre tradición e innovación, tratando las mejores materias primas del entorno y potenciando los sabores con las técnicas actuales. Cuidan los detalles y las presentaciones, aportando guiños viajeros y revisando grandes clásicos de la casa, como su soberbio homenaje al Magret de pato Massana, un plato a la brasa... ¡de 1986!

Especialidades : Boletus, gambas y trufa en carpaccio. Arroz meloso de gamba roja y tartar de calamar. Fruta del tiempo versión 2019.

Menú 110/120 € – Carta 80/115 €

Bonastruc de Porta 10-12 ✉ 17001 – ✆ 972 21 38 20 – www.restaurantmassana.com – Cerrado 23 diciembre-8 enero, lunes, domingo

Pocavergonya N

A/C

FUSIÓN • BISTRÓ X Se encuentra en el centro de la ciudad y el nombre le viene al pelo, pues aquí apuestan por ese toque sinvergüenza o canalla de los chefs que trabajan frente al público para hacerles partícipes del proceso creativo. El local, que presenta una línea actual y una llamativa barra en madera de estilo japonés, supone el escenario perfecto para descubrir una cocina que mezcla la tradición con los sabores y técnicas asiáticos, consiguiendo unas armonías agradables y muchas veces sorprendentes. Resulta asequible, pues trabajan con productos de mercado y sus platos están pensados para compartir.

Especialidades : Foie con galleta de chocolate y helado de plátano. Morro de bacalao con espinacas, butifarra negra y menta. Crème brûlée con helado de canela.

Carta 30/40 €

Plaza Poeta Marquina 2 ✉ 17002 – ✆ 972 20 64 22 – Cerrado 15-31 agosto, domingo

Atempo N

A/C P

CREATIVA • ELEGANTE XXX Está asesorado por el chef Jordi Cruz, así que bebe de la creatividad que este desarrolla para su laureado ABaC. ¡Espectaculares vistas y platos terminados ante el cliente!

Menú 100/145 €

Hotel Sants Metges, Sant Julià de Ramis, Norte 7 km ✉ 17481 – ✆ 872 20 14 41 – www.atemporestaurant.com – Cerrado lunes, martes

Divinum

A/C

COCINA DE MERCADO • AMBIENTE CLÁSICO XXX Un restaurante clásico no exento de personalidad, pues cubre sus dependencias con las tradicionales bóvedas catalanas. Carta actual de temporada e interesante oferta de menús.

Menú 65/90 € – Carta 45/45 €

Albereda 7 ✉ 17004 – ✆ 872 08 02 18 – www.divinum.cat – Cerrado domingo

Nu

A/C

FUSIÓN • TENDENCIA XX El local, que hace esquina en una zona peatonal del casco antiguo, se presenta con un interior minimalista y una barra al estilo nipón frente a la cocina. Su propuesta actual de fusión le sorprenderá, pues muchos platos se terminan ante los ojos del cliente.

Menú 59 € – Carta 45/50 €

Abeuradors 4 ✉ 17001 – ✆ 972 22 52 30 – www.nurestaurant.cat – Cerrado 5-15 febrero, 1-11 junio, 2-12 noviembre, almuerzo: lunes, domingo

Cal Ros N

A/C

CREATIVA • ACOGEDORA X Está en el casco viejo, bien llevado por un chef que apuesta por el equilibrio entre la creatividad y la esencia de la cocina tradicional catalana ¡Cuidada puesta en escena!

Menú 38/65 € – Carta 40/70 €

Cort Reial 9 ✉ 17004 – ✆ 972 21 91 76 – www.calros-restaurant.com – Cerrado 1-15 agosto, lunes, martes, cena: domingo

ⓘ○ Maran   ♿ AC

MODERNA · MARCO CONTEMPORÁNEO ✗ Presenta una línea moderna-funcional y está llevado por dos jóvenes socios. Aquí apuestan por una cocina actual,
siempre abierta a influencias tradicionales e internacionales.

Menú 19€ (almuerzo), 42/80€ – Carta 45/67€

Gran Vía Jaume I - 8 ⊠ 17001 –
𝒞 972 66 43 93 – www.restaurantmaran.com –
Cerrado cena: lunes, martes, cena: domingo

ⓘ○ Occi   🍽 AC

TRADICIONAL · BISTRÓ ✗ Casa de ambiente muy familiar en una estrecha calle
del casco antiguo. Su carta, tradicional actualizada, se completa con un menú.
¡Buena oferta de caza y setas en temporada!

Menú 20€ – Carta 36/53€

Mercaders 3 ⊠ 17004 – 𝒞 972 22 71 54 – www.restaurantocci.com – Cerrado cena:
miércoles, domingo

ⓘ○ Plaça del Vi 7   🍷 🍽 AC

TRADICIONAL · BAR DE TAPAS ✗ Singular, pues combina detalles clásicos, rústicos y de aire retro. Como el dueño es "sommelier" enriquece su cocina tradicional actualizada con una magnífica carta de vinos.

Tapa 4€ – Ración 15€

Plaza del Vi 7 ⊠ 17004 – 𝒞 972 21 56 04 – Cerrado 15-30 junio,
25 diciembre-5 enero, lunes, domingo

🏨 Sants Metges Ⓝ   ☂ 🍷 ≼ 🛌 🏊 ♿ AC P 🚘

EDIFICIO HISTÓRICO · DE DISEÑO Elegancia, historia, seguridad, relax... ¡y
unas vistas que enamoran! Este apartado hotel, construido sobre una antigua fortaleza, sorprende con una propuesta de lujo no exenta de posibilidades gastronómicas y culturales; de hecho, hay hasta un Museo de Joyería.

15 habitaciones – ♥♥ 380/450€ – ☲ 25€

Sant Julià de Ramis, Norte 7 km ⊠ 17481 – 𝒞 872 20 14 41 –
www.hotelsantsmetges.com

ⓘ○ **Atempo** – Ver selección restaurantes

🏨 Nord 1901   🔃 ♿ AC

BOUTIQUE HOTEL · ELEGANTE Ubicado en un edificio muy bien recuperado y
ampliado, con una amplia gama de habitaciones y apartamentos. ¡El jardín interior nos desubica de estar en el centro de la ciudad!

22 habitaciones – ♥♥ 100/180€ – ☲ 13€

Nord 7-9 ⊠ 17001 – 𝒞 972 41 15 22 – www.nord1901.com

al Noroeste por Pont de França, desvío a la izquierda dirección Sant Gregori y
cruce desvío a Taialà : 2 km

🌸🌸🌸 El Celler de Can Roca (Joan y Jordi Roca)   🍷 ♿ AC P

CREATIVA · DE DISEÑO ✗✗✗✗ ¿Cómo se llega a estar entre los mejores del
mundo? Las dudas se disipan con solo ver su logo, una R con tres patas, pues
este símbolo refleja los pilares de la casa.

En la hostelería es fácil ver hermanos trabajando juntos, lo extraño es que se sin-
cronicen como un reloj, que sigan vinculados a su entorno y que cada uno (Joan
como chef-director, Jordi como responsable del universo dulce y Josep en labores de sumiller) haya logrado el reconocimiento en su campo gastronómico. Fantasía, contrastes, cromatismo, recuerdos, aromas, viajes, sostenibilidad... la paleta
de emociones en el plato es capaz de transmitir todas estas sensaciones y
merece, como mínimo, saborearse una vez en la vida.

Los postres son espectaculares, entre otros detalles porque... ¡fermentan y tues-
tan el cacao en su origen!

Especialidades : Ostra, salsa de hinojo, ajo negro, manzana, algas, champiñón, destilado de tierra y anémonas. Merluza semicurada, jugo de las espinas, pesto de espárragos y rúcula, piparras a la parrilla y aire de aceite de rúcula. Gran bombón de chocolate.

Menú 190/215€ – Carta 160/190€

Can Sunyer 48 ✉ 17007 – ✆ 972 22 21 57 – www.cellercanroca.com – Cerrado 5-12 abril, 11-26 agosto, 23 diciembre-7 enero, lunes, almuerzo: martes, domingo

GOMBRÈN

Girona – Mapa regional **9**-C1 – Mapa de carreteras Michelin n° 574-F36

✿ La Fonda Xesc (Francesc Rovira)

MODERNA · MARCO REGIONAL XX En un pueblecito de la comarca gerundense del Ripollés, donde empieza el Pirineo Catalán, rodeado de montañas y verdes parajes.

Llama la atención, de eso no cabe duda, pues ocupa parte de una casona que data de 1730. En su interior descubrirá dos zonas bien diferenciadas: la antigua, bajo unos arcos de piedra de formidable robustez, y la nueva, que resulta más luminosa y se abre al idílico paisaje del entorno a través de grandes cristaleras.

Su chef, Francesc Rovira, propone una cocina actual-creativa muy identificada con el territorio, modesta a nivel técnico pero tremendamente sabrosa, aromática, sugerente... con detalles de gran delicadeza y una filosofía de la que jamás se apartan: trabajar siempre con el mejor producto autóctono de temporada (carnes, patatas, setas, embutidos...).

Especialidades : Arroz de la Fonda con pichón, seta de ostra y avellana. Conejo confitado a la antigua, cebolla y cigala. Chocolate, regaliz y eucalipto.

Menú 47/95€ – Carta 50/75€

Plaza Roser 1 ✉ 17531 – ✆ 972 73 04 04 – www.fondaxesc.com – Cerrado 20 julio-3 agosto, 9-23 noviembre, lunes, cena: martes-jueves, cena: domingo

LA GOMERA – Santa Cruz de Tenerife ➜ Ver Canarias

GONTE – A Coruña ➜ Ver Negreira

GORGUJA – Girona ➜ Ver Llívia

EL GRADO

Huesca – Mapa regional **2**-C1 – Mapa de carreteras Michelin n° 574-F30

La Bodega del Somontano

TRADICIONAL · AMBIENTE CLÁSICO X Establecimiento de organización familiar emplazado a la entrada de la localidad, en lo que fueron unas antiguas cuadras. Ofrece dos salas de buen confort, destacando la que reservan a la carta por contar con chimenea. Cocina pirenaica y tradicional aragonesa.

Menú 16€ – Carta 20/35€

Barrio del Cinca 11 (Carretera de Barbastro) ✉ 22390 – ✆ 974 30 40 30 – www.restaurantebodegasdelsomontano.com – Cerrado martes

GRAN CANARIA – Las Palmas ➜ Ver Canarias

Jultud/iStock

GRANADA

Granada – Mapa regional **1**-C1 – Mapa de carreteras Michelin n° 578-U19

Nos gusta...

Existen lugares en el mundo que siempre deben ir asociados a la "BELLEZA", con mayúsculas, y esto precisamente es lo que ocurre en Granada, la antigua capital del Reino Nazarí ubicada a los pies de Sierra Nevada.

El nivel gastronómico en esta tierra, que cuida con mimo sus tapas, no ha parado de crecer, por lo que a los restaurantes con mayor renombre, como el panorámico **Arriaga** o el siempre interesante **Damasqueros**, hoy podemos unir establecimientos tan singulares como **María de la O**, donde se conjuga su carácter más polivalente con una cocina de gran nivel técnico.
No dude en visitar alguno de los espectaculares miradores del Albayzín (San Nicolás, San Cristóbal, Santa Isabel la Real...), pues las vistas que ofrecen a la Alhambra son incomparables; de hecho, el expresidente estadounidense Bill Clinton llegó a calificarlas, tras una visita, como: "la más bella puesta de sol del planeta".

nito100/iStock

Restaurantes

Atelier Casa de Comidas

ANDALUZA • SENCILLA Un restaurante informal y animado que está ganando adeptos rápidamente, pues apuesta por un formato económico que exalta los sabores andaluces desde los usos y técnicas más actuales. Al frente del proyecto está Raúl Sierra, un joven chef con inquietudes y mundo (trabajó un tiempo en Bélgica) que explora la esencia de la cocina granadina para presentarla con unas texturas y unas presentaciones dignas de elogio. ¿Detalles a tener en cuenta? La pequeña carta se completa con un buen apartado de sugerencias diarias, expuesto en una gran pizarra, y... ¡tienen muchos platos diseñados para compartir!

Especialidades : Croissant relleno de rabo de toro, queso payoyo y salsa bearnesa. Pluma ibérica adobada, toffe de cebolla y calabaza especiada. Arroz con leche cremoso, amaretto y mascarpone.

Carta 20/35€

Fuera de plano - *Callejón del Ángel 6 (por Paseo de los Basilios C3) 18006 - 858 70 80 57 - www.ateliercomidas.es - Cerrado 6-20 enero, 5-20 agosto, lunes, domingo*

Arriaga

TRADICIONAL • MINIMALISTA En lo alto del Centro Cultural Memoria de Andalucía, un edificio con casi 60 metros de altura y... ¡espectaculares vistas sobre la ciudad! Cocina tradicional actualizada.

Menú 50/70€

Fuera de plano - *Avenida de la Ciencia 2 (Centro Cultural Memoria de Andalucía, por Camino de Ronda A3) 18006 - 958 13 26 19 - www.restaurantearriaga.com - Cerrado 22 julio-6 agosto, lunes, cena: martes, cena: domingo*

Damasqueros

MODERNA • A LA MODA En este restaurante, agradable y de línea moderna, apuestan por un menú degustación que se transforma con bastante frecuencia. Cocina actual, fresca y de espíritu innovador.

Menú 40/60€

Plano C2-b - *Damasqueros 3 18009 - 958 21 05 50 - www.damasqueros.com - Cerrado 1-31 agosto, lunes, cena: domingo*

La Fábula

TRADICIONAL • ELEGANTE Aquí descubrirá una cocina humilde no exenta de inquietudes, pues combina los detalles galos con esos rasgos culinarios que desarrolló Santi Santamaría, el mentor del chef.

Menú 50/120€ - Carta 60/80€

Plano B3-e - *San Antón 28 (Hotel Villa Oniria) 18005 - 958 25 01 50 - www.restaurantelafabula.com - Cerrado 1 agosto-1 septiembre, lunes, domingo*

María de la O

TRADICIONAL • ELEGANTE ¡En un palacete del siglo XIX! Tiene un carácter polivalente (gastrobar, eventos...) y apuesta por una cocina de buenas bases técnicas, jugando con las texturas y los sabores.

Menú 35/60€ - Carta 45/65€

Fuera de plano - *Carretera de la Sierra (por Paseo de la Bomba C3) 18008 - 958 21 60 69 www.mariadelaogranada.com - Cerrado 1-15 agosto, lunes*

Cala

MODERNA • SENCILLA ¡Sorprendente! Se halla fuera del centro histórico pero merece la pena acercarse hasta él, pues su joven chef propone una carta creativa que ensalza el producto tradicional.

Carta 30/55€

Fuera de plano - *José Luís Pérez Pujadas 7 (por Neptuno A3) 18006 - 858 98 90 58 - www.restaurantecalagranada.es - Cerrado 15-30 enero, 1-15 agosto, lunes, cena: domingo*

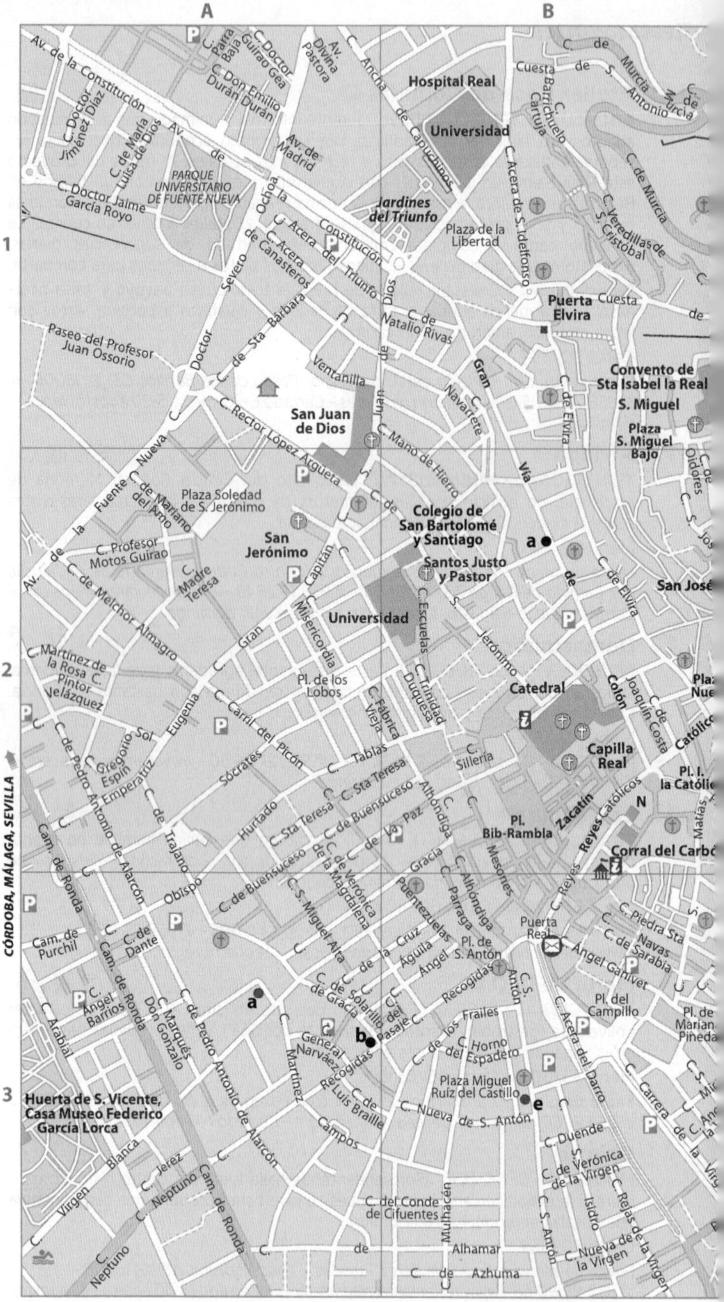
A
B
1
2
3
CÓRDOBA, MÁLAGA, SEVILLA
Hospital Real
Universidad
Jardines del Triunfo
Plaza de la Libertad
Puerta Elvira
Convento de Sta Isabel la Real
S. Miguel
Plaza S. Miguel Bajo
San Juan de Dios
Colegio de San Bartolomé y Santiago
Santos Justo y Pastor
San Jerónimo
Plaza Soledad de S. Jerónimo
PARQUE UNIVERSITARIO DE FUENTE NUEVA
San José
Catedral
Capilla Real
Pl. I. la Católica
Corral del Carbó
Pl. Bib-Rambla
Zacatín
Puerta Real
Pl. de S. Antón
Pl. del Campillo
Pl. de Mariana Pineda
Pl. de los Lobos
Plaza Miguel Ruíz del Castillo
Huerta de S. Vicente, Casa Museo Federico García Lorca
Av. de la Constitución
Av. de Madrid
Av. Divina Pastora
C. Ancha de Capuchinos
Cuesta de S. Antonio
C. de Murcia
C. Veredillas de S. Cristóbal
C. Acera de S. Ildefonso
C. Barrichuelo Cartuja
Paseo del Profesor Juan Ossorio
C. Doctor Severo Ochoa
C. de Sta Bárbara
C. Rector López Argueta
Av. de la Fuente Nueva
C. de Melchor Almagro
C. Profesor Motos Guirao
C. Madre Teresa
Gran Vía de Colón
C. de Elvira
C. Mano de Hierro
Navarrete
C. Escuelas
C. Trinidad
Duquesa
C. Fábrica Vieja
Misericordia
C. Carril del Picón
Gran Capitán
C. Tablas
C. Sillería
Reyes Católicos
C. Mesones
C. Alhóndiga
C. de Buensuceso
C. Sta Teresa
Sócrates
Hurtado
C. Emperatriz Eugenia
C. de Trajano
C. Obispo
C. de Pedro Antonio de Alarcón
Cam. de Ronda
Cam. de Purchil
C. de Dante
C. Ángel Barrios
C. Arabial
C. Marqués Don Gonzalo
C. Martínez
C. de Solarillo de Gracia
C. de Gracia
C. Recogidas
General Narváez
C. Luis Braille
Campos
C. Nueva de S. Antón
C. S. Antón
C. Acera del Darro
C. Duende
C. de Verónica de la Virgen
C. S. Isidro
C. Rejas de la Virgen
C. Nueva de la Virgen
C. del Conde de Cifuentes
C. Mulhacén
C. de Alhamar
C. de Azhuma
C. Neptuno
C. Jerez
C. Virgen Blanca
C. Ángel Ganivet
C. Piedra Santa
C. de Sarabia
C. Joaquín Costa
C. de Oidores
C. Horno del Espadero
C. de los Frailes
Puentezuelas
Águila
C. de la Cruz
C. S. Miguel Alta
C. de Verónica de la Magdalena
C. de Natalio Rivas
Ventanilla
a
b
e
N

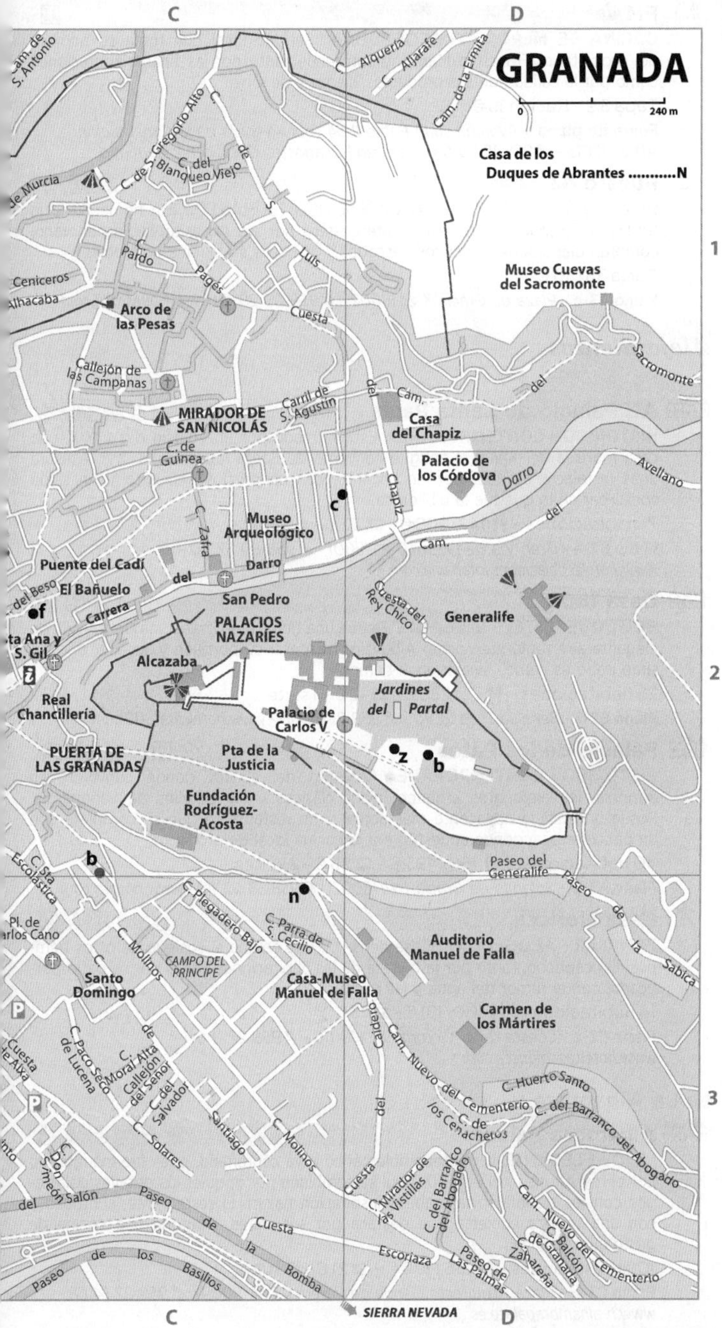
C
D
GRANADA
0
240 m
Casa de los Duques de Abrantes ....N
1
2
3
Museo Cuevas del Sacromonte
Arco de las Pesas
MIRADOR DE SAN NICOLÁS
Casa del Chapiz
Palacio de los Córdova
Museo Arqueológico
Puente del Cadí
El Bañuelo
San Pedro
PALACIOS NAZARÍES
Generalife
Alcazaba
Jardines del Partal
Palacio de Carlos V
Real Chancillería
PUERTA DE LAS GRANADAS
Pta de la Justicia
Fundación Rodríguez-Acosta
Paseo del Generalife
Auditorio Manuel de Falla
Casa-Museo Manuel de Falla
Santo Domingo
CAMPO DEL PRINCIPE
Carmen de los Mártires
Sta Ana y S. Gil
Pl. de Carlos Cano
Cam. de S. Antonio
C. Alquería
C. Aljarafe
Cam. de la Ermita
C. de S. Gregorio Alto
C. del Blanqueo Viejo
Cuesta de S. Luis
C. Pardo
Pagés
Ceniceros
Alhacaba
Callejón de las Campanas
Carril de S. Agustín
Cam. del Chapiz
C. de Guinea
C. Zafra
Carrera del Darro
Cam. del Sacromonte
Cam. del Avellano
Cuesta del Rey Chico
Paseo de la Sabica
C. Sta Escolástica
C. Plegadero Bajo
C. Parra de S. Cecilio
C. Molinos
Cuesta del Caldero
Cam. Nuevo del Cementerio
C. Huerto Santo
C. del Barranco del Abogado
C. de los Cenachetos
C. Paco Seco de Lucena
C. de Moral Alta
Callejón del Señor
C. del Salvador
Santiago
C. Solares
Cuesta de Aixa
C. Don Simeón
Paseo del Salón
Cuesta Escoriaza
C. Mirador de las Vistillas
Paseo de la Bomba
Paseo de las Palmas
Paseo de los Basilios
C. Balcón de Granada
C. Zahareña
SIERRA NEVADA
c
f
z
b
n
P

FM

COCINA DE MERCADO • ACOGEDORA Sencillo local que toma su nombre del propietario, Francisco Martín, y sorprende tanto por las finas elaboraciones como por la calidad de sus productos, siempre de lonja.

Tapa 3 € - Ración 15 €

Fuera de plano - *Avenida Juan Pablo II-54 (por Avenida de la Constitución A1) ✉ 18013 - ✆ 958 15 70 04 - Cerrado 1-31 agosto, lunes, cena: domingo*

Puesto 43

PESCADOS Y MARISCOS • AMBIENTE MEDITERRÁNEO ¡Un homenaje a la tradición pescadera! Este restaurante destaca por sus expositores... no en vano, compran diariamente todos los pescados y mariscos en la lonja de Motril.

Carta 35/50 €

Plano A3-a - *Plaza de Gracia 3 ✉ 18002 - ✆ 958 08 29 48 - www.puesto43.com*

Alojamientos

AC Palacio de Santa Paula

HISTÓRICO • CONTEMPORÁNEA Está formado por un edificio del s. XIX, una casa morisca del XIV y el antiguo convento de Santa Paula, del s. XVI. Atesora unas instalaciones que rebosan encanto, con un precioso claustro y un salón social-bar en lo que fue la biblioteca.

71 habitaciones - 142/208 € - 22 € - 4 suites

Plano B2-a - *Gran Vía de Colón 31 ✉ 18001 - ✆ 958 80 57 40 - www.hotelacpalaciodesantapaula.com*

Casa 1800

BOUTIQUE HOTEL • ELEGANTE Ocupa una típica casa granadina del s. XVII, de elegante aire regio y en pleno Albayzín. Traspasar su portalón y acceder al bellísimo patio es como... ¡viajar en el tiempo!

25 habitaciones - 75/285 € - 12 € - 1 suite

Plano C2-f - *Benalúa 11 ✉ 18010 - ✆ 958 21 07 00 - www.hotelcasa1800.com*

Palacio de los Patos

HISTÓRICO • CONTEMPORÁNEA Conjunto del s. XIX donde conviven, en armonía, los elementos arquitectónicos clásicos y los detalles de vanguardia. Posee un edificio adyacente más actual y un restaurante que se completa con un patio-terraza, donde apuestan por la cocina local de producto.

40 habitaciones - 160/495 € - 26 € - 2 suites

Plano A3-b - *Solarillo de Gracia 1 ✉ 18002 - ✆ 958 53 57 90 - www.hospes.com*

Casa Morisca

FAMILIAR • ACOGEDORA ¡Casa del s. XV que emana el sosiego de otros tiempos! Un capricho, tanto por la belleza de las habitaciones como por su patio porticado, con el rumor del agua y las plantas.

14 habitaciones - 100/181 € - 13 €

Plano C2-c - *Cuesta de la Victoria 9 ✉ 18010 - ✆ 958 22 11 00 - www.hotelcasamorisca.com*

en La Alhambra Mapa regional 1-C1

Alhambra Palace

LUJO • ELEGANTE Un hotel emblemático y ya centenario, pues fue inaugurado por el rey Alfonso XIII en 1910. Aquí se combinan por doquier los detalles palaciegos con los de influencia árabe e inspiración nazarí. El restaurante, suntuoso y con una terraza cubierta que destaca por sus vistas, propone una cocina de gusto internacional.

108 habitaciones - 156/376 € - 21 € - 17 suites

Plano C3-n - *Plaza Arquitecto García de Paredes 1 ✉ 18009 - ✆ 958 22 14 68 - www.h-alhambrapalace.es*

Parador de Granada

HISTÓRICO • ACOGEDORA Pura historia, pues ocupa un convento franciscano construido sobre los vestigios de un palacio musulmán. Atesora un claustro, cuidados jardines, bucólicas terrazas... y guiños culinarios a los auténticos sabores del Emirato de Granada. ¡Descubra su Menú Nazarí!

40 habitaciones - 210/410 € - 21 €

Plano D2-b - *Real de la Alhambra 18009 - 958 22 14 40 - www.parador.es*

América

FAMILIAR • RÚSTICA ¡En la ciudadela de La Alhambra! Tiene un marcado carácter familiar y dos edificios que se unen por un patio-jardín. Entrañable zona social y habitaciones de ambiente rústico. En su comedor se pueden degustar diversos platos "granainos" y de sabor casero.

16 habitaciones - 90/213 € - 9 €

Plano D2-z - *Real de la Alhambra 53 18009 - 958 10 92 96 - www.hotelamericagranada.com - Cerrado 15 noviembre-29 febrero*

LA GRANJA • SAN ILDEFONSO

Segovia - Mapa regional **8**-C3 - Mapa de carreteras Michelin n° 575-J17

Reina XIV

TRADICIONAL • AMBIENTE CLÁSICO Fácil de localizar, pues se encuentra junto al parador. Posee una bonita bodega vista y dos comedores, el principal de ambiente clásico. Su cocina de tinte tradicional se enriquece con platos típicos, como los famosos Judiones de La Granja.

Carta 30/45 €

Reina 14 40100 - 921 47 05 48 - www.reina14.com - Cerrado 7 enero-8 febrero, lunes, martes, cena: miércoles-viernes, cena: domingo

Parador de La Granja

HISTÓRICO • CONTEMPORÁNEA Instalado en la impresionante Casa de los Infantes, del s. XVIII. Presenta un interior muy actual, hasta tres patios y espaciosas habitaciones. El restaurante, que tiene entrada propia, ofrece una carta de base tradicional con platos actualizados y dos menús.

102 habitaciones - 95/210 € - 19 € - 25 suites

Infantes 3 40100 - 921 01 07 50 - www.parador.es

GRANOLLERS

Barcelona - Mapa regional **10**-B2 - Mapa de carreteras Michelin n° 574-H36

La Taverna d'en Grivé

TRADICIONAL • AMBIENTE CLÁSICO Restaurante familiar que sorprende, tras su discreta fachada, por su buen nivel de montaje, con tres salas de acogedora rusticidad. Buena carta de producto y de mercado.

Carta 50/70 €

Josep Maria Segarra 98 08400 - 938 49 57 83 - www.tavernagrive.cat - Cerrado 5-30 agosto, lunes, cena: miércoles, cena: domingo

El Trabuc

CATALANA • RÚSTICA Antigua masía dotada con varias salas de aire rústico y un porche acristalado. Su carta de cocina tradicional catalana trabaja mucho los caracoles, el bacalao y la brasa.

Carta 45/55 €

Cami de Can Bassa 2 08401 - 938 70 86 57 - www.eltrabuc.com - Cerrado 16-30 agosto, cena: domingo

GRIÑÓN

Madrid - Mapa regional **15**-A2 - Mapa de carreteras Michelin nº 576-L18

El Bistró

TRADICIONAL • AMBIENTE CLÁSICO XX Instalado en un chalet que sorprende tanto por sus cuidados exteriores como por su interior, de línea clásica-actual. Amplia carta de cocina tradicional actualizada, con un interesante apartado para compartir y algunos grandes clásicos de la familia Sandoval.

Menú 49/69€ - Carta 36/69€

Avenida Humanes 52 ✉ 28971 - ✆ 918 14 99 27 - www.laromanee.com - Cerrado 6-13 abril, 1-31 agosto, 24-31 diciembre, lunes, cena: martes-jueves, cena: domingo

O GROVE

Pontevedra - Mapa regional **13**-A2 - Mapa de carreteras Michelin nº 571-E3

Beiramar

PESCADOS Y MARISCOS • FAMILIAR XX Restaurante de larga trayectoria familiar, y reducidas dimensiones, situado frente al puerto. Combina una estética actual con una carta especializada en pescados y mariscos.

Carta 33/55€

Avenida Beiramar 30 ✉ 36980 - ✆ 986 73 10 81 - www.restaurantebeiramar.com - Cerrado 1 noviembre-4 diciembre, lunes

D'Berto

PESCADOS Y MARISCOS • AMBIENTE TRADICIONAL XX ¡Los productos de la ría en su máxima expresión! Si es de los que piensa que el tamaño sí importa no dude en comer aquí pues, aparte de unos pescados y mariscos realmente sorprendentes, encontrará un buen servicio e inigualable calidad.

Carta 45/80€

Avenida Teniente Domínguez 84 ✉ 36980 - ✆ 986 73 34 47 - www.dberto.com - Cerrado 9 diciembre-1 marzo, cena: lunes, martes

A Solaina

PESCADOS Y MARISCOS • AMBIENTE TRADICIONAL XX Nécoras, centollos, navajas, bogavantes... esta es una casa especializada en pescados y mariscos, gallegos y de excepcional calidad. Destaca tanto por la amabilidad como por su emplazamiento, en una calle peatonal de la zona del puerto.

Carta 30/52€

Cruceiro 8 ✉ 36980 - ✆ 986 73 34 04 - www.marisqueriassolaina.com

en Balea Suroeste : 5 km - Mapa regional **13**-A2

Brasería Sansibar

A LA PARRILLA • AMBIENTE TRADICIONAL X Un establecimiento interesante, pues si ya eran populares por sus carnes a la parrilla ahora también ofrecen sabrosos pescados a la brasa, siempre recién llegados de la lonja.

Carta 40/66€

Balea 20-B ✉ 36988 - ✆ 986 73 85 13 - www.braseriasansibar.com - Cerrado 23 diciembre-9 enero, cena: lunes-martes, miércoles, cena: jueves-domingo

en Reboredo Suroeste : 3 km - Mapa regional **13**-A2

Culler de Pau (Javier Olleros)

CREATIVA • MINIMALISTA XXX O Grove es una península con fantásticas calas de arena blanca y fina. Allí se sitúa Culler de Pau, un restaurante separado del mar por un valle cuajado de maizales y pequeños huertos. Es también la casa de la familia del cocinero Javier Olleros, que comparte proyecto con su mujer, Amaranta Rodríguez, y con el cocinero japonés Takahide Tamaka, al que Olleros conoció trabajando en Martín Berasategui.

Preocupado por la obesidad, por el cambio climático, por las prisas del "fast-food"... la suya es una cocina de "Km. 0", pensada con sentido medioambiental y vocación atlántica. De ahí que tenga su propio huerto, cuidado por "la señora Adelina" (Padín), del que salen muchas de las hierbas que redondean los platos. Se demuestra que la magia del trabajo, por encima de recetas, está en el alma.

Especialidades : Caballa, escabeche y calabacín. Solomillo de vaca, vinagreta de hierbas frescas y espinacas. Tarta de Santiago.

Menú 75/110 € - Carta 75/150 €

Reboredo 73 ✉ 36988 - ✆ 986 73 22 75 - www.cullerdepau.com - Cerrado 13 enero-7 marzo, cena: lunes, martes, cena: miércoles-jueves

GUADALAJARA

Guadalajara - Mapa regional **7**-C1 - Mapa de carreteras Michelin n° 576-J17

Biosfera

MODERNA • TENDENCIA XX ¡Toman la naturaleza como punto de partida de todo! Su atrevida propuesta fusiona elaboraciones de la cocina tradicional española con platos japoneses, mexicanos y peruanos.

Menú 50 € - Carta 35/50 €

Cuesta San Miguel 5 - ✆ 949 89 43 08 - www.restaurantebiosfera.es - Cerrado 8-15 enero, 1-15 agosto, lunes, cena: martes, cena: domingo

GUADALUPE

Cáceres - Mapa regional **12**-C2 - Mapa de carreteras Michelin n° 576-N14

Parador de Guadalupe

HISTÓRICO • CLÁSICA Rodeado de hermosos parajes y levantado sobre lo que fue el Palacio del Marqués de la Romana (s. XVI). Atesora habitaciones de noble aire castellano, así como unos bellísimos jardines, patios y terrazas. Cocina de gusto regional con quesos y aceites locales.

41 habitaciones - 85/175 € - 17 €

Marqués de la Romana 12 ✉ 10140 - ✆ 927 36 70 75 - www.parador.es

GUADARRAMA

Madrid - Mapa regional **15**-A2 - Mapa de carreteras Michelin n° 576-J17

La Calleja

TRADICIONAL • RÚSTICA X Coqueto, céntrico y llevado entre varios hermanos. Posee un bar privado y un comedor de aire rústico en el que dan todo el protagonismo a las paredes, revestidas de ladrillo visto con aparejo de espigas. Aunque ofrecen una buena carta tradicional lo que les ha hecho realmente populares son sus sabrosas carnes a la brasa, pues suelen servirse en una pequeña parrillita para que usted mismo las de su punto deseado. Otras especialidades que no debe perderse son las Croquetas (de jamón, queso o carabineros), el Bacalao al pil-pil, el Escalope de foie a la brasa en reducción de Pedro Ximénez...

Especialidades : Ensalada de aguacate, tomate, langostinos y salmorejo. Bacalao al pil-pil. Tiramisú.

Carta 30/48 €

Calleja del Potro 6 ✉ 28440 - ✆ 918 54 85 63 - www.restaurantelacalleja.com - Cerrado 10-21 febrero, 15-26 junio, 13-23 octubre, lunes, cena: martes-jueves, cena: domingo

A GUARDA • LA GUARDIA

Pontevedra - Mapa regional **13**-A3 - Mapa de carreteras Michelin n° 571-G3

Trasmallo

PESCADOS Y MARISCOS • FAMILIAR X A Guarda es conocida internacionalmente como "La capital de la Langosta", por eso aquí no debe extrañarnos que todo tenga una estrecha relación con el mar. Al acercarnos a este sencillo restaurante familiar descubriremos, a través de su nombre, una parte fundamental en la historia de la villa, pues el término Trasmallo identifica el arte de pesca artesanal más utilizado por los marineros de la zona. Su carta contempla algunos arroces y carnes, sin embargo los grandes protagonistas son los pescados y mariscos... de hecho, cuentan con un gran vivero de langostas y bogavantes.

Especialidades : Salpicón de marisco. Raya a la gallega. Semifrío de yogur griego con arándanos.

Menú 33/36 € - Carta 33/50 €

Porto 59 ✉ 36780 - ✆ 986 61 04 73 - www.trasmallo.es - Cerrado 18-28 febrero, 4-20 noviembre, miércoles

Xantar

TRADICIONAL • RÚSTICA Negocio de gestión familiar ubicado en el casco antiguo de A Guarda, a pocos metros de la coqueta Praza do Reló. La pareja al frente ha reformado la casa, que hoy se presenta con un bar en la planta baja, acompañado por una sencilla salita, y un agradable comedor de ambiente rústico en el piso superior. Trabajan mucho con la clientela local, buenos conocedores del producto de la zona, a los que proponen una cocina tradicional con alguna actualización y una sabrosa selección de arroces. ¿Algún plato destacado? Pruebe las Filloas rellenas de grelos y langostinos o su Rodaballo con erizos.

Especialidades : Pulpo con champiñones y berberechos. Bacalao Xantar. Tarta de filloas.

Carta 25/45 €

Colón 11 ✉ 36780 - ✆ 986 61 18 14 - Cerrado 7 enero-5 febrero, lunes, cena: martes

LA GUARDIA - Pontevedra ➜ Ver A Guarda

GÜERTONA - Asturias ➜ Ver Ribadesella

GUETARIA - Guipúzcoa ➜ Ver Getaria

GUÍA DE ISORA - Santa Cruz de Tenerife ➜ Ver Canarias (Tenerife)

HARO

La Rioja - Mapa regional **14**-A2 - Mapa de carreteras Michelin nº 573-E21

Los Agustinos

HISTÓRICO • CLÁSICA Se halla en un antiguo convento del s. XIV, dotado hoy con habitaciones clásicas y un majestuoso claustro cubierto que hace de zona polivalente. El restaurante ofrece tres salas, dos de ellas en los pasillos del claustro, y una cocina tradicional actualizada.

62 habitaciones - †† 77/125 € - ☕ 17 € - 2 suites

San Agustín 2 ✉ 26200 - ✆ 941 31 13 08 - www.hotellosagustinos.com - Cerrado 1-20 enero

HECHO

Huesca - Mapa regional **2**-B1 - Mapa de carreteras Michelin nº 574-D27

Canteré

TRADICIONAL • ACOGEDORA Merece la pena acercarse hasta este pueblo de montaña para visitar el restaurante, instalado en una casa "chesa" típica que sorprende por la vieja viña que adorna su fachada. Posee un bar público y un comedor de ambiente rústico en el piso superior, este último con atractivas paredes en piedra y una cuidada iluminación para realzar su decoración. Aquí encontrará una carta de base tradicional con diversos toques actuales, aunque también están teniendo mucho éxito sus jornadas gastronómicas, unas dedicadas a las setas y otras a la matanza. ¡Descubra sus Boliches (habitas) con papada de cerdo!

Especialidades : Borrajas, berberechos y mango con espuma de patata. Carrillera de ternera con soja y anís estrellado. Chocolates lamineros.

Menú 24/30 € - Carta 30/45 €

Aire 1 ✉ 22720 -
✆ 974 37 52 14 - www.cantere.es -
Cerrado 3 febrero-9 marzo, lunes, cena: martes-miércoles, cena: domingo

HERVÁS

Cáceres – Mapa regional **12**–C1 – Mapa de carreteras Michelin nº 576-L12

El Almirez

TRADICIONAL • FAMILIAR XX Bien situado en el casco histórico y a escasos minutos de la sorprendente judería. Este restaurante de ambiente familiar disfruta de una agradable terraza cruzando la calle y un pequeño comedor en dos niveles, con mobiliario clásico y elegantes tonos grises tanto en las paredes como en las tapicerías. Su chef-propietaria apuesta por una cocina tradicional y de temporada, en ambos casos de cuidadas presentaciones y la última especialmente volcada con las setas durante el otoño. Si quiere darse un homenaje no lo dude, pida las Migas extremeñas con huevos rotos y el Cabrito al modo de Hervás.

Especialidades : Migas extremeñas. Solomillo con foie. Coulant de castañas asadas y teja de naranja.

Carta 25/40€

Collado 19 ✉ 10700 – ✆ 927 47 34 59 – www.restauranteelalmirez.com – Cerrado 1-12 junio, 13-21 septiembre, lunes, cena: domingo

Nardi

TRADICIONAL • MARCO CONTEMPORÁNEO XX En una localidad tan turística como Hervás se agradece encontrar establecimientos como este, con una opción culinaria actual que sabe dar una vuelta de tuerca a la cocina tradicional. El local, en una céntrica calle peatonal, se presenta con una terraza de verano, una barra de bar y una sala repartida en dos alturas. Apuestan por una cocina tradicional actualizada que ensalce los productos del Valle de Ambroz. ¿Qué ofrecen? Medias raciones, un menú de tapas por las noches, un menú degustación.... e interesantes platos, como sus Ravioli de manitas de cerdo a la extremeña, con migas crujientes.

Especialidades : Ensalada de canónigos con foie y vinagreta de avellanas. Paletilla de cabrito del valle de Ambroz. Limón sorpresa.

Menú 36€ – Carta 28/40€

Braulio Navas 19 ✉ 10700 – ✆ 927 48 13 23 – www.restaurantenardi.com – Cerrado 20-30 junio, martes, cena: miércoles

EL HIERRO – Santa Cruz de Tenerife ➜ Ver Canarias

HÍO – Pontevedra ➜ Ver Cangas de Morrazo

HONDARRIBIA • FUENTERRABÍA

Guipúzcoa – Mapa regional **18**–B2 – Mapa de carreteras Michelin nº 573-B24

Alameda (Gorka y Kepa Txapartegi)

MODERNA • AMBIENTE CLÁSICO XXX ¿Un restaurante con alma? Aquí tiene uno no exento de historia y romanticismo, pues los hermanos Txapartegi han sabido hacer de este negocio un enclave de parada obligada para cualquier foodie.

Cuenta con dos espacios bien diferenciados: la taberna, donde se abrió al público en 1942, y el restaurante gastronómico como tal, con Gorka y Kepa al frente de la cocina mientras Mikel hace labores de sumiller y controla la sala.

Una de las enseñanzas de la abuela Julia, que fue la que asentó los pilares de la casa, decía que "cuanto más corta sea la distancia entre la tierra y el fogón, mejor"; esa frase nunca cayó en saco roto y ha marcado su propuesta, de fuertes raíces vascas pero también moderna, mimada en los detalles y elaborada en base a los múltiples "tesoros" de temporada del entorno.

Especialidades : "Txitxarro", cítricos, ahumados y encurtidos. "Txipiron" versión Pelayo. Homenaje a Gartzinea.

Menú 78/115€ – Carta 70/90€

Minasoroeta 1 ✉ 20280 – ✆ 943 64 27 89 – www.restaurantealameda.net – Cerrado 1-19 enero, 13-22 abril, 21-31 diciembre, lunes, cena: martes, cena: domingo

Zeria

PESCADOS Y MARISCOS • ACOGEDORA Tiene su encanto, una estrecha relación con el mar y la dosis justa de historia, pues ocupa una encantadora casa de pescadores que remonta sus construcción al año 1575; de hecho, durante las labores de restauración del edificio se descubrió que este se había levantado sobre... ¡el esqueleto de una ballena! En su comedor, en la 1ª planta y de acogedor ambiente rústico, le propondrán una cocina tradicional de producto, basada tanto en el recetario vasco como en el planteamiento de unas elaboraciones sencillas para no disfrazar ni desvirtuar los sabores. ¡El trabajar con producto fresco se nota!

Especialidades : Ensalada de rape alangostado con juliana de berza cruda. Lenguado meuniere. Crema de requesón.

Menú 45/75€ - Carta 35/50€

San Pedro 23 ✉ 20280 -
✆ 943 64 09 33 - www.restaurantezeria.com -
Cerrado 13 enero-10 febrero, jueves, cena: domingo

Sebastián

MODERNA • ACOGEDORA Precioso, íntimo, evocador... no en vano, se halla en una casa del s. XVI donde conviven los detalles rústicos y el mobiliario antiguo. Cocina tradicional bien puesta al día.

Carta 36/49€

Mayor 11 ✉ 20280 - ✆ 943 64 01 67 - www.sebastianhondarribia.com - Cerrado lunes, almuerzo: martes-jueves

Laia

A LA PARRILLA • RÚSTICA Instalado en lo que fueron las cuadras de un antiguo caserío. ¿Qué encontrará? Diferentes cortes de carne de maduración larga y pescados frescos, todo al calor de las brasas.

Menú 50/70€ - Carta 41/69€

Arkolla Auzoa 33, Suroeste : 2 km ✉ 20280 -
✆ 943 64 63 09 - www.laiaerretegia.com -
Cerrado 7 enero-3 febrero, 19-25 octubre, cena: lunes-jueves, cena: domingo

Gran Sol

TRADICIONAL • BAR DE TAPAS Su nombre recuerda el legendario caladero del Atlántico Norte, lo que enlaza con la tradición pesquera local. Descubra sus pintxos: Jaizkibel, Hondarribia, Huevo Mollete...

Tapa 5€ - Ración 15€

San Pedro 65 ✉ 20280 - ✆ 943 64 27 01 - www.bargransol.com - Cerrado lunes, cena: domingo

Parador de Hondarribia

EDIFICIO HISTÓRICO • CLÁSICA Un trozo de historia, pues esta fortaleza medieval sirvió de residencia al mismísimo Carlos V, el Rey Emperador. ¡Impresionante colección de tapices sobre la vida de Aquiles!

36 habitaciones - †† 120/270€ - ☕ 19€

Plaza Arma 14 ✉ 20280 - ✆ 943 64 55 00 - www.parador.es

Villa Magalean

BOUTIQUE HOTEL • ELEGANTE Un hotel boutique con encanto, a modo de villa de los años 50, que ha sabido renovarse manteniendo la esencia de esa época. ¡Destacan sus dos habitaciones abuhardilladas!

8 habitaciones ☕ - †† 195/385€

Nafarroa Berea 2 ✉ 20280 -
✆ 943 56 91 30 - www.villamagalean.com

HORNA - Burgos → Ver Villarcayo

L'HOSPITALET DE L'INFANT • HOSPITALET DEL INFANTE

Tarragona - Mapa regional **9**-B3 - Mapa de carreteras Michelin n° 574-J32

Itxas-Begi

VASCA · FAMILIAR X Disfruta de un agradable ambiente familiar y destaca por su emplazamiento, en pleno puerto deportivo. Sala funcional, pequeña terraza acristalada y cocina vasca tradicional.

Menú 18/25 € - Carta 30/50 €

Puerto Deportivo, local 2 ✉ 43890 - ✆ 977 82 34 09 - Cerrado 22 diciembre-7 febrero, lunes

ELS HOSTALETS D'EN BAS

Girona - Mapa regional **9**-C2 - Mapa de carreteras Michelin n° 574-F37

L'Hostalet

CATALANA · FAMILIAR X Llevado en familia y emplazado en una céntrica casa de piedra, del s. XVIII, que sorprende con un singular comedor principal de techos abovedados. Pertenece al grupo de restaurantes propulsores de la "Cocina Volcánica", desde cuya plataforma se quiere recuperar la gastronomía propia de la Garrotxa, con productos autóctonos, platos copiosos y elaboraciones muy arraigadas. Buen apartado de carnes a la brasa y especialidades, como su Milhojas de patata y "butifarra de perol" con crema de hongos, la Costilla de cerdo marinada a la brasa o todo un clásico de la casa, los Huevos a la caputxina.

Especialidades : Milhojas de patata y butifarra del perol con crema de hongos. Carrillera de cerdo con salsa de ratafía, compota de manzana y nabos confitados. Sorbete de limón y romero, nueces y yogur de oveja.

Menú 13 € (almuerzo) - Carta 25/35 €

Vic 18 ✉ 17177 - ✆ 972 69 00 06 - www.restaurantlhostalet.com - Cerrado 1-31 julio, cena: lunes, martes, cena: miércoles-jueves, cena: domingo

HOSTALRIC

Girona - Mapa regional **10**-A1 - Mapa de carreteras Michelin n° 574-G37

Quatre Vents 3.0

MODERNA · BISTRÓ X Esta casa plantea, en sí misma, la romántica vuelta a las esencias, a los orígenes, a las raíces familiares... El luminoso local, fundado por los abuelos del propietario, se presenta hoy con una estética moderna y funcional, destacando tanto la agradable terraza como el comedor, ambos con vistas a las montañas del Montseny. Desde los fogones plantean una cocina bien presentada y actual, que evoluciona a lo largo del año en función de los productos de temporada. Trabajan básicamente con una oferta de menús, aunque los fines de semana también hay tapas y una carta de raciones para compartir.

Especialidades : Airbag de algas, aguacate, caviar de aceite de oliva y pistachos. Ensalada de bogavante, aguacate y menta. Texturas de chocolate y Baileys.

Menú 15 € (almuerzo), 29/51 € - Carta 25/35 €

Avenida del Coronel Estrada 122 ✉ 17450 - ✆ 972 86 56 90 - www.restaurantquatrevents.com - Cerrado lunes, cena: martes-jueves

HOYO DE MANZANARES

Madrid - Mapa regional **15**-A2 - Mapa de carreteras Michelin n° 576-K18

El Vagón de Beni

MODERNA · ROMÁNTICA XX Evocador conjunto, a modo de pequeña estación, dotado con dos antiguos vagones de tren restaurados. Ofrece una coqueta terraza sobre el andén y una cocina actual elaborada.

Menú 35/60 € - Carta 45/58 €

San Macario 6 ✉ 28240 - ✆ 918 56 68 12 - www.elvagondebeni.es - Cerrado 4-21 noviembre, lunes, cena: martes, cena: domingo

HOYOS DEL ESPINO

Ávila - Mapa regional **8**-B3 - Mapa de carreteras Michelin n° 575-K14

Mira de Gredos

TRADICIONAL • FAMILIAR XX Dotado con una gran sala acristalada para contemplar la sierra de Gredos. Proponen una cocina tradicional-actualizada y varios menús. ¡Tiene que probar sus Patatas revolconas!

Menú 36/60 € - Carta 35/50 €

Carretera de El Barco (AV 941) ✉ 05634 - ✆ 920 34 90 23 - www.lamiradegredos.com - Cerrado 7-24 enero, 18 septiembre-9 octubre, lunes, martes, cena: miércoles-jueves, cena: domingo

HOZ DE ANERO

Cantabria - Mapa regional **6**-C1 - Mapa de carreteras Michelin n° 572-B19

Casona Camino de Hoz

AGROTURISMO • ACOGEDORA Antigua casona cántabra llevada en familia y rodeada de verdes prados. Sorprende por su decoración, con muchos detalles personalizados, un espacio para la venta de jabones artesanales a la entrada y habitaciones de aire rústico-moderno, todas diferentes.

11 habitaciones - 88/110 € - 1 suite

Barrio Gorenzo ✉ 39794 - ✆ 942 50 72 23 - www.caminodehoz.com

HOZNAYO

Cantabria - Mapa regional **6**-B1 - Mapa de carreteras Michelin n° 572-B18

La Bicicleta (Eduardo Quintana)

MODERNA • ACOGEDORA XX El nombre de este restaurante, ubicado en una casona del s. XVIII, está cargado de intención, pues refleja la relación profesional que el chef Eduardo Quintana mantuvo con el mundo del ciclismo; no en vano, la frase de Albert Einstein que luce a la entrada (La vida es como andar en bicicleta. Para mantener el equilibrio hay que estar en movimiento) marca su conducta ante la vida.

En su interior, de simpático ambiente rústico-retro, podrá degustar una cocina moderna y actual que reinterpreta la tradición culinaria cántabra y vasca, aportando importantes dosis de creatividad, un honesto trabajo con productos de primer nivel, en la medida de lo posible ecológicos y de proximidad, así como un personalísimo toque viajero.

¡La terraza invita a comer en un ambiente más joven y desenfadado!

Especialidades : La huerta de temporada. Cabrito y su jugo, canelón de papada y patata soufflé. Soufflé de cítricos y helado de pomelo.

Menú 45 € (almuerzo), 65/95 € - Carta 51/65 €

La Plaza 12, carretera N 634 ✉ 39716 - ✆ 636 29 69 70 - www.labicicletahoznayo.com - Cerrado 8 enero-4 marzo, lunes, martes, cena: miércoles-viernes, cena: domingo

HUARTE

Navarra - Mapa regional **17**-B2 - Mapa de carreteras Michelin n° 573-D25

Asador Zubiondo

TRADICIONAL • RÚSTICA XX En este atractivo caserón, construido en piedra y emplazado en la ribera del Arga, podrá degustar una cocina tradicional que ensalza el producto, sobre todo las verduras.

Carta 40/55 €

Avenida Roncesvalles 1 ✉ 31620 - ✆ 948 33 08 07 - www.asadorzubiondo.com - Cerrado 15-31 julio, cena: domingo

HUELVA

Huelva - Mapa regional **1**-A2 - Mapa de carreteras Michelin n° 578-U9

✿ Acánthum (Xanty Elías)

MODERNA • MARCO CONTEMPORÁNEO XX Todo negocio tiene una filosofía de trabajo, un objetivo, y en el caso de Acánthum se ve con claridad, pues la idea sobre la que construye su mundo gastronómico busca provocar emociones y sensaciones que nos desvelen los auténticos sabores de Huelva.

En este céntrico restaurante, que sorprende tanto por sus paredes en piedra negra como por la curiosa iluminación del techo a través de paneles que cambian de color, el chef Xanty Elías demuestra un profundo conocimiento de la despensa de su tierra.

A la hora de crear, sabe acudir al producto "Km. 0" que refrenda la identidad onubense y jugar, desde el punto de vista de la cocina actual, con unas cartas marcadas: setas en temporada y, por supuesto, el maravilloso cerdo ibérico criado en las dehesas de la Sierra de Aracena. ¡ADN con sabor!

Especialidades : Gamba blanca de Huelva y pistacho. Venado, yema, macadamia. Los montes de Paymogo.

Menú 65/85€ – Carta 55/75€

San Salvador 17 ✉ 21003 – ☎ 959 24 51 35 – www.acanthum.com – Cerrado 19 enero-3 febrero, 17 mayo-1 junio, lunes, cena: martes-miércoles, cena: domingo

Taberna El Condado

TRADICIONAL • BAR DE TAPAS X Este local, de aire rústico-actual, es famoso por la calidad de sus jamones ibéricos. También ofrecen tapas y raciones, tanto de salazones como de carnes serranas a la brasa.

Tapa 4€ – Ración 15€ – Menú 30/50€

Santa Ángela de la Cruz 3 ✉ 21003 – ☎ 959 26 11 23 – Cerrado cena: domingo

HUESCA

Huesca – Mapa regional **2**–C1 – Mapa de carreteras Michelin nº 574-F28

✿ Lillas Pastia (Carmelo Bosque)

MODERNA • AMBIENTE CLÁSICO XXX No tiene pérdida, pues se encuentra en la planta baja de lo que se conoce como el Círculo Oscense o Casino, un maravilloso ejemplo del modernismo arquitectónico local.

El restaurante, que sorprende por su atemporal elegancia en continuidad con la estética del edificio, se ha convertido en una de las referencias nacionales cuando hablamos del hongo "tuber melanosporum", pues la Trufa Negra de Huesca está viviendo años de constante auge y cada vez son más los productores de la región que se dedican a su explotación.

El chef Carmelo Bosque propone una cocina de tinte actual, basada tanto en la estacionalidad como en la utilización de los productos autóctonos, que siempre ven la luz ante el cliente en unos platos muy bien presentados. ¡Descubra la cocina oscense a través de sus menús!

Especialidades : Espárragos naturales fritos con mantequilla y mollejas rustidas. Manitas de cerdo rellenas de setas y trufa. Fresas, rosas y coco.

Menú 45/70€ – Carta 40/65€

Plaza de Navarra 4 ✉ 22002 – ☎ 974 21 16 91 – www.lillaspastia.es – Cerrado almuerzo: lunes, cena: domingo

✿ Tatau (Tonino Valiente)

CREATIVA • BAR DE TAPAS X Este establecimiento supuso una revolución dentro de la gastronomía oscense, pues consiguió la estrella en la edición de 2015, solo un año después de entrar en la guía, y eso le sirvió como acicate para cambiar de local.

El alma que marca y define la línea de trabajo en esta casa es Tonino Valiente, su chef-propietario, que hoy presenta un sorprendente gastrobar con la cocina abierta al cliente y una propuesta sumamente apetecible, ya que fusiona acertadamente la tradición y la modernidad.

¿El nombre de Tatau? Enlaza con la fuerte personalidad de Tonino, en concreto con sus tatuajes, pues los distintos pasos que ha dado en la vida han dejado una "marca" y una historia descifrable también a través de sus elaboraciones. ¡La agresiva y transgresora estética pin-up del local le cautivará!

Especialidades : Tortilla con tuétano y caviar. Mar y montaña de bogavante y pichón. Chocolate sexy.

Tapa 8 € - Ración 18 € - Menú 60/100 €

Azara ✉ 22002 - ✆ 974 04 20 78 - www.tatau.es - Cerrado 9-23 agosto, lunes, domingo

Las Torres

MODERNA • ELEGANTE XX Una casa de línea clásica-actual que debe su nombre a la zona en la que se encuentra, conocida popularmente como "Las tres torres". Cocina actual con interesantes menús.

Menú 40/75 € - Carta 40/55 €

María Auxiliadora 3 ✉ 22003 - ✆ 974 22 82 13 - www.lastorres-restaurante.com - Cerrado 16-29 agosto, cena: lunes, cena: domingo

El Origen

TRADICIONAL • AMBIENTE CLÁSICO X Sus chefs apuestan claramente por los productos ecológicos, sobre todo en lo referente a las verduras y a las carnes de granja. Cocina tradicional con buena oferta de menús.

Menú 18/45 € - Carta 33/50 €

Plaza Justicia 4 ✉ 22001 - ✆ 974 22 97 45 - www.elorigenhuesca.com - Cerrado 2-8 septiembre, miércoles, cena: domingo

IBI

Alicante - Mapa regional **11**-A3 - Mapa de carreteras Michelin n° 577-Q28

Erre que Erre (N)

COCINA DE TEMPORADA • SENCILLA X Pulpo de roca con parmentier de patata, Tuétano de ternera con boletus y trufa, Tartar de atún rojo con crujientes de trigo... Si algo llama la atención es que aquí trabajan bien y con materias primas escogidas. El local, próximo al centro, de sencilla estética actual y con una gran bodega acristalada en la misma sala, ha ganado adeptos rápidamente, pues combina su atractiva propuesta de producto y sabor con una notoria contención en los precios, dando la opción de platos pequeños, a modo de media ración, para compartir. ¡La tradición heladera de Ibi se deja notar en sus maravillosos postres!

Especialidades : Coca de aceite, tomate y atún rojo. Pichón asado con el guiso de su gazpacho. Coulant de turrón, sorbete de limón y tierra de canela.

Menú 15 € (almuerzo)/42 € - Carta 28/43 €

Juan Brotóns 11 ✉ 03440 - ✆ 966 33 60 46 - www.rqrgastrobar.com - Cerrado 10-24 agosto, lunes, cena: martes-miércoles, cena: domingo

IBIZA - Balears ➜ Ver Balears (Eivissa)

IGUALADA

Barcelona - Mapa regional **10**-A2-3 - Mapa de carreteras Michelin n° 574-H34

Somiatruites

ACTUAL • DE DISEÑO X El nombre de este original restaurante, que podríamos traducir como "Soñadores", descubre la personalidad del joven chef David Andrés y su hermano Xavier, volcados en la transformación de una antigua fábrica de curtidos ubicada junto al Museu de la Pell de Igualada. Encontrará un interior de estética industrial, con las paredes en piedra y ladrillo visto, muebles de diseño y llamativos recortes de cuero en los techos como un guiño a la historia del edificio. Ofrecen una cocina actual y divertida, de base tradicional pero con sabores muy marcados. ¡Gran menú del día y cuidados postres caseros!

Especialidades : Gazpacho de melocotón con ensalada de tomates de colores de nuestro huerto. Solomillo de ternera con patatas en dos temperaturas: steak tartar y con parmentier. Huevo frito del Somiatruites: cheesecake.

Menú 14 € (almuerzo) - Carta 25/35 €

Del Sol 19 ✉ 08700 - ✆ 938 03 66 26 - www.somiatruites.eu - Cerrado 3-16 agosto, cena: lunes, cena: domingo

Somiatruites

FAMILIAR · DE DISEÑO Se halla sobre el restaurante homónimo y resulta muy original, pues aúna el diseño y la funcionalidad con una clara vocación sostenible. Aquí todo está estudiado, por eso en la cubierta tienen un huerto que funciona como aislante y les abastece de verduras.

7 habitaciones - 105/120 € - 18 €

Bajada Sant Nicolau 12 ✉ 08700 - ✆ 938 03 66 26 - www.somiatruites.eu - Cerrado 3-16 agosto

ILLESCAS

Toledo - Mapa regional **7**-B2 - Mapa de carreteras Michelin n° 576-L18

El Bohío (Pepe Rodríguez)

MODERNA · AMBIENTE TRADICIONAL XXX Un negocio familiar que ha sabido transformarse, pues mantiene el carácter de aquel primitivo mesón de carretera que, solo con su nombre, quiso rendir tributo a sus raíces cubanas.

Aquí emerge la figura del chef Pepe Rodríguez, uno de los jueces de MasterChef, que revisa el recetario tradicional de La Mancha y sus productos para presentarlos bajo preceptos modernos y creativos, haciendo que la técnica ensalce los sabores de antaño. El propio chef define así su propuesta: "la cocina de siempre, vista con los ojos de hoy".

Sus menús abordan tres líneas de trabajo: la sencillez de la cocina casera como homenaje a su madre, el que ensalza la estacionalidad y, por último, el de degustación, que busca la versión más vanguardista de la cocina manchega y suele iniciarse de manera espectacular.

Especialidades : La pringá del cocido y su caldo. Callos a la manera tradicional. Queso, miel y manzana verde.

Menú 70 € (almuerzo), 90/135 €

Avenida Castilla-La Mancha 81 ✉ 45200 - ✆ 925 51 11 26 - www.elbohio.net - Cerrado 1 agosto-1 septiembre, lunes, cena: martes-miércoles, cena: domingo

SES ILLETES - Balears →

IMÓN

Guadalajara - Mapa regional **7**-C1 - Mapa de carreteras Michelin n° 576-I21

La Botica

PARTICULAR · PERSONALIZADA La antigua botica del pueblo ha sido transformada en una casa rural con encanto. Ofrece bellas habitaciones, personalizadas en su decoración, y una agradable terraza-porche. En su comedor encontrará una reducida carta de gusto tradicional.

6 habitaciones - 80/160 €

De Cervantes 40 ✉ 19269 - ✆ 949 39 74 15 - www.laboticahotelrural.com

INCA - Balears → Ver Balears (Mallorca)

IRÚN

Guipúzcoa - Mapa regional **18**-B2 - Mapa de carreteras Michelin n° 573-C24

Singular Iñigo Lavado

CREATIVA · MARCO CONTEMPORÁNEO X Se halla en el atractivo recinto ferial e intenta ofrecer una experiencia "singular" tanto en lo estético como en lo gastronómico. ¡Puede pedir platos sueltos de sus menús!

Menú 25 € (almuerzo)/35 € - Carta 30/52 €

Avenida Iparralde 43 - Ficoba ✉ 20304 - ✆ 943 63 96 39 - www.inigolavado.com - Cerrado 17-23 febrero, 17 agosto-1 septiembre, lunes, cena: martes-miércoles

IRUÑA • PAMPLONA

Navarra – Mapa regional **17**–A2 – Mapa de carreteras Michelin nº 573-D25

Nos gusta...

Esta es una ciudad universal, una etapa clave en el Camino de Santiago, y algo se le enciende en el alma a todo aquel que la descubre; de hecho, su impacto sobre el visitante es tal que el legendario novelista norteamericano Ernest Hemingway viajó hasta aquí... ¡en nueve ocasiones!

A nosotros, cuando vamos, nos gusta ser partícipes de la historia del **G. H. La Perla**, en la animada plaza del Castillo, y comer en restaurantes como **Europa** o **Rodero**, dos templos de la gastronomía navarra. También ver la curiosa colección de carruajes antiguos del hotel **Palacio Guendulain**, visitar el mercado de Santo Domingo, recorrer a pie las calles por las que transcurren los encierros de San Fermín, tomando unos pintxos en los populares bares de la calle Estafeta (**Bodegón Sarria**) y, por supuesto, acercarnos hasta la plaza del ayuntamiento, como quien va a escuchar el "Chupinazo" o el famoso "Pobre de mí".

J. Larrea/age fotostock

Restaurantes

✿ Europa (Pilar Idoate)

MODERNA • AMBIENTE CLÁSICO XXX Nos encontramos en pleno corazón de Pamplona, a unos pasos de la plaza del Castillo y de la mítica calle Estafeta, por la que siempre discurren los encierros de San Fermín.

Desde los fogones, la chef Pilar Idoate defiende una cocina tradicional actualizada de fuertes raíces vascas, con un producto navarro que tiene la calidad por bandera, unos fondos de contundente sabor y texturas solo al alcance de la alta gastronomía. Ofrecen una buena carta y menús con maridaje, lo que permite apreciar en su total esplendor los valores de una casa que luce la estrella MICHELIN desde 1993.

Tan conocidos como el restaurante Europa son la familia que hay detrás, los Idoate Vidaurre, un clan de nueve hermanos, algunos ya desaparecidos, que han sabido hacer de la hostelería algo más que una profesión.

Especialidades : Vieira asada, ahumada con leña de cerezo sobre crema de coliflor, guisante y crujiente de boniato. Tacos de res sin hueso a la parrilla con pimientos del piquillo asados con leña. Melocotón asado con especias, trufa de chocolate blanco, helado de té verde, champán y frambuesas.

Menú 63/89 € - Carta 55/80 €

Plano B1-n - *Espoz y Mina 11-1° ✉ 31002 - ✆ 948 22 18 00 - www.hreuropa.com - Cerrado domingo*

✿ Rodero (Koldo Rodero)

MODERNA • AMBIENTE CLÁSICO XXX No hay nada mejor que una frase del chef para entender este restaurante: "Rodero es una familia. Tratamos de hacer feliz a la gente con nuestro trabajo, intentando hacer las cosas bien y con cariño".

Criado entre fogones, la vocación de Koldo Rodero se dejó notar desde pronto, cuando soñaba con que el sabor fuera la piedra angular de su propuesta. Hoy este chef nos da una magnífica visión de la cocina navarra actual, más creativa, inteligente, técnica... y la muestra tremendamente sugerente. Junto a sus hermanas, ambas en las salas, ha sabido trasformar el negocio familiar para que se adapte a los tiempos, siempre reivindicando las virtudes del producto navarro.

¿Una curiosidad? Su conocimiento de las verduras le llevó a sacar una línea de cosmética natural hecha solo con estos vegetales.

Especialidades : Meloso de tomate rosa con melón y cardamomo. Guiso casero de callos y morros. Helado de haba tonka, gelatina de whisky y vainilla.

Menú 67/78 € - Carta 65/78 €

Plano B1-s - *Arrieta 3 ✉ 31002 - ✆ 948 22 80 35 - www.restauranterodero.com - Cerrado lunes, cena: martes, domingo*

✿ La Biblioteca (N)

CREATIVA • MINIMALISTA XX Se encuentra en el hotel Alma Pamplona y es uno de esos restaurantes que sorprenden para bien; de hecho, cuando reservas, guardan una plaza para tu coche cerca de la puerta y... ¡te esperan para acompañarte!

El joven chef Leandro Gil, formado en grandes casas como Akelaŕe, Arzak o El Molino de Urdániz, apuesta por una cocina de temporada tremendamente elegante y personal, pues elimina lo superfluo para cargar las tintas en utilizar todo lo posible tanto los vegetales de su huerto-jardín como las hierbas silvestres que recolecta allí mismo o en los alrededores, siempre con técnicas actuales, pocos productos bien combinados y unas elaboraciones aparentemente sencillas que nos hablan de su sinceridad a la hora de crear. ¡Cocina de vanguardia con carácter y emoción!

Especialidades : Calabacín, uva y vinagreta. Pichón de Araiz, algarroba y café. Champiñón, yema de oca y raíz de achicoria.

Menú 75/85 €

Fuera de plano - *Hotel Alma, Beloso Bajo 11 (por Avenida de la Baja Navarra B2) ✉ 31016 - ✆ 948 29 33 80 - www.almapamplona.com - Cerrado 1-31 enero, lunes, martes, cena: domingo*

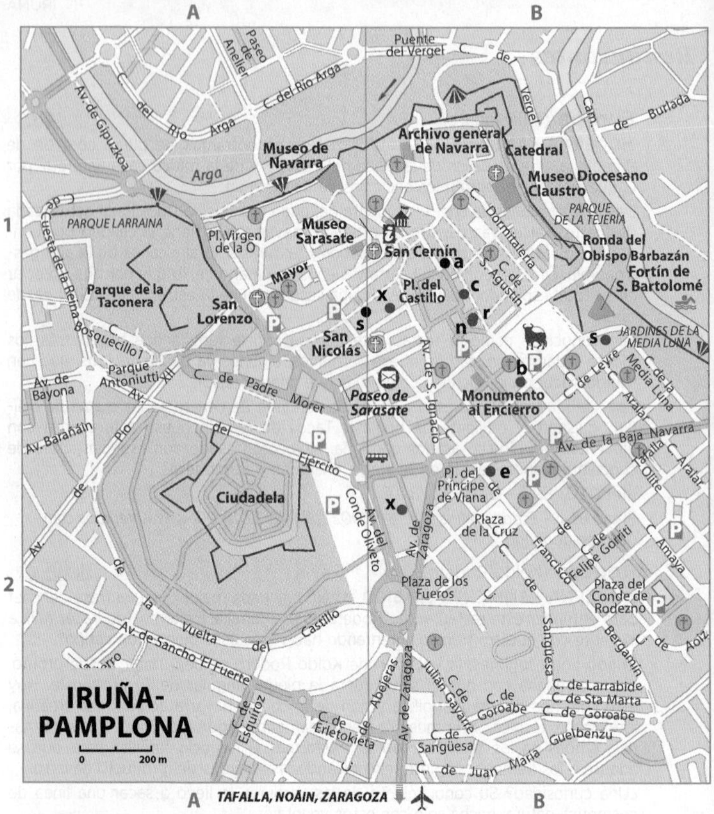

Ábaco

COCINA DE MERCADO • MARCO CONTEMPORÁNEO XX Callos de mar, Esponja de anchoa, Parpatana de atún rojo glaseada, Parfait de almendra y sopa de maracuyá... ¿A quién no se le abre el apetito con estos platos? En esta casa, ubicada a escasos metros de la Plaza de Toros, encontrará sabor, técnica, producto, profesionalidad y, sobre todo, muchísima pasión, pues su chef-propietario, Jesús Íñigo, ha sabido combinarlo todo en la justa medida para que siempre disfrute de sus propuestas. ¿Qué encontrará? Una cocina actual y de mercado, así como un sabroso apartado de pinchos y la opción de dos buenos menús (estos últimos para mesas completas).

Especialidades : Tartar de tuétano, vieira y jugo de carne. Parpatana de atún rojo y kabayaki. Carrot cake.

Menú 36/45€ – Carta 33/48€

Plano B1-b – *Juan de Labrit 19 ✉ 31001 – ✆ 948 85 58 25 – www.abacorestaurante.com – Cerrado 24 febrero-12 marzo, 31 agosto-16 septiembre, lunes, cena: domingo*

Alhambra

TRADICIONAL • ELEGANTE XXX Todo un clásico de la hostelería local, puesto al día y con el sello de calidad que aportan los hermanos Idoate. Cocina tradicional elaborada y una variada oferta de menús.

Menú 69€ – Carta 45/65€

Plano B2-e – *Francisco Bergamín 7 ✉ 31003 – ✆ 948 24 50 07 – www.restaurantealhambra.es – Cerrado cena: miércoles, domingo*

Enekorri

MODERNA • A LA MODA XXX Una casa definida por dos conceptos: la fidelidad a los productos de temporada y su pasión por los vinos, lo que hace que su estupenda bodega esté en constante evolución.

Carta 40/70€

Plano B2-x - *Tudela 14 ✉ 31002 - ✆ 948 23 07 98 - www.enekorri.com - Cerrado 10-31 agosto, domingo*

Baserriberri

MODERNA • BAR DE TAPAS X ¡Auténtico! Aquí proponen, a través de un menú sorpresa de varias tapas o "destinos", un viaje gastronómico por diversos países del mundo... eso sí, en base al producto local.

Tapa 3€ - Ración 10€ - Menú 26/42€

Plano B1-x - *San Nicolás 32 ✉ 31001 - ✆ 948 22 20 21 - www.baserriberri.com - Cerrado 28 enero-13 febrero, 15-29 julio, lunes, cena: domingo*

Bodegón Sarria

TRADICIONAL • BAR DE TAPAS X Se presenta con unos sugerentes jamones colgados de las vigas y curiosos vinilos en las paredes, estos últimos con los "encierros" como motivo principal. Pinchos tradicionales, fríos y calientes, buenas raciones y embutidos ibéricos.

Tapa 3€ - Ración 12€

Plano B1-c - *Estafeta 50-52 ✉ 31001 - ✆ 948 22 77 13 - www.bodegonsarria.com - Cerrado cena: jueves*

Guría

MODERNA • BAR DE TAPAS X Abre sus puertas junto a la animada Plaza del Castillo y es un clásico, eso sí... ¡totalmente actualizado! Pinchos cuidados y bien elaborados, con una base de cocina actual.

Tapa 3€ - Ración 15€

Plano B1-r - *Estafeta 60-62 ✉ 31001 - ✆ 948 22 74 05 - Cerrado 9-23 enero, lunes*

Letyana

MODERNA • BAR DE TAPAS X ¡Un icono del tapeo local! Posee una barra repleta de pinchos y un comedor en la entreplanta, donde proponen una pequeña carta de raciones, cazuelitas y platos tradicionales.

Tapa 3€ - Ración 14€

Fuera de plano - *Travesía de Bayona 2 (por Avenida de Bayona A1) ✉ 31011 - ✆ 948 25 50 45 - Cerrado 15-31 julio, cena: domingo*

Alojamientos

G.H. La Perla

HISTÓRICO • PERSONALIZADA Todo un clásico, bien reformado, por el que han pasado personajes de la talla de Ernest Hemingway o Manolete, por lo que cada habitación está personalizada y recuerda a alguno de sus huéspedes más ilustres. Curiosa biblioteca y restaurante a modo de gastrobar.

43 habitaciones - 176/1980€ - 16€ - 1 suite

Plano B1-a - *Plaza del Castillo 1 ✉ 31001 - ✆ 948 22 30 00 - www.granhotellaperla.com*

Alma

LUJO • DE DISEÑO Edificio de diseño moderno situado en la ribera del río, junto a un club deportivo. Encontrará garaje gratuito y espaciosas habitaciones, todas de ambiente minimalista. El restaurante, que propone una cocina tradicional actualizada, destaca por sus verduras.

58 habitaciones - 99/699€ - 20€ - 1 suite

Fuera de plano - *Beloso Bajo 11 (por Avenida de la Baja Navarra B2) ✉ 31006 - ✆ 948 29 33 80 - www.almapamplona.com*

La Biblioteca - Ver selección restaurantes

Palacio Guendulain

EDIFICIO HISTÓRICO • ELEGANTE Le sorprenderá, pues viste su zona social con bellos carruajes y objetos históricos. Bar inglés, biblioteca, salones de aire regio... y confortables habitaciones, la mayoría clásicas. En su elegante restaurante ofrecen una carta de gusto actual y varios menús.

24 habitaciones – 200/585 € – 2 suites

Plano AB1-s – *Zapatería 53 ✉ 31001 – ✆ 948 22 55 22 – www.palacioguendulain.com*

JÁBAGA

Cuenca – Mapa regional **7**-C2 – Mapa de carreteras Michelin nº 576-L23

en la carretera N 400 Sur : 3, 5 km

La Casita de Cabrejas

AGROTURISMO • ACOGEDORA Destaca tanto por su elegante rusticidad como por sus exteriores, pues se halla en una preciosa finca repleta de pinares. Ofrece un salón social con chimenea, habitaciones de estilo antiguo y un coqueto restaurante. ¡Disfrute con sus actividades multiaventura!

12 habitaciones – 81/94 €

vía de servicio km 168 ✉ 16194 – ✆ 969 27 10 08 – www.lacasitadecabrejas.com

JAÉN

Jaén – Mapa regional **1**-C2 – Mapa de carreteras Michelin nº 578-S18

Dama Juana (Juan Aceituno)

MODERNA • MARCO CONTEMPORÁNEO XX Toda una sorpresa, pues se trata del mismo chef y equipo del Oliva Garden (hasta hace poco en la carretera Bailén-Motril), que se ha trasladado al centro de la capital jiennense.

El local, ubicado en pleno barrio de San Ildefenso, refleja el ardiente deseo del chef Juan Aceituno por estar más cerca de su gente, apostando siempre por la defensa de las raíces, del tapeo entre amigos, de los platos para compartir... desde la más absoluta honestidad. Encontrará una buena barra y un pequeño comedor de línea contemporánea en el que no falta algún detalle retro que le aporta personalidad.

¿Su propuesta? Una cocina tradicional actualizada que enamora por su sabor, con finas texturas, delicadas elaboraciones y guiños a su abuela, Juana "La Chucha", la que le infundió su pasión por la gastronomía.

Especialidades : Papada, enoki, nabo, caviar y jugo de ropavieja. Andrajos sin trabajo con carabinero a la brasa. Licor de manzana.

Menú 32/50 € – Carta 30/45 €

Melchor Cobo Medina 7 ✉ 23001 – ✆ 953 00 64 54 – Cerrado 1-31 agosto, lunes, cena: domingo

Bagá (Pedro Sánchez Jaén)

MODERNA • BISTRÓ X ¡Los sueños se hacen realidad! Este restaurante supone el vuelo en solitario, y además en su propia tierra, de un hombre que siente la gastronomía en el alma y la practica desde la más absoluta honestidad.

El local, que toma su nombre de la flor del olivo, presenta un interior no muy grande pero con interesantes detalles de diseño. Bajo este entorno, el chef Pedro Sánchez nos plantea una cocina actual de raíces que intenta ensalzar los productos autóctonos menos conocidos por el gran público, como la Morcilla de caldera o sus sabrosos Buñuelos de carrueco, para luego mostrar su buen hacer en el manejo de escabeches y su peculiar don a la hora de fusionar el mar con la montaña.

¿Una recomendación? No se pierda las Quisquillas de Motril en escabeche de perdiz, pues... ¡están buenísimas!

Especialidades : Quisquillas de Motril en escabeche de perdiz. Hinojo con pil-pil de merluza. Sorbete de manzana ácida, guisantes y frambuesa.

Menú 65/90 €

Reja de la Capilla 3 ✉ 23001 - ✆ 953 04 74 50 - www.bagagastronomico.com - Cerrado 1-31 agosto, lunes, cenа: domingo

Casa Antonio

MODERNA • MARCO CONTEMPORÁNEO XXX Se presenta con una terraza, un bar de tapeo y varias salas de aire contemporáneo. La carta contempla platos actualizados que toman como base la cocina tradicional y regional.

Menú 50 € - Carta 45/65 €

Fermín Palma 3 ✉ 23008 - ✆ 953 27 02 62 - www.casantonio.es - Cerrado lunes, almuerzo: domingo

Horno de Salvador

TRADICIONAL • ELEGANTE XX Casa solariega emplazada en un paraje relativamente solitario. Cuenta con una agradable terraza arbolada y una sala de línea clásica-elegante, donde podrá descubrir una cocina tradicional rica en asados, carnes rojas y caza en temporada.

Menú 38/60 € - Carta 40/55 €

Carretera al Castillo ✉ 23001 - ✆ 953 23 05 28 - www.hornodesalvador.com - Cerrado 15 julio-15 agosto, lunes, cena: domingo

Yuma's

TRADICIONAL • AMBIENTE CLÁSICO XX Uno de esos sitios de los que se suele salir contento, pues combina sus impecables instalaciones con una carta tradicional sencilla pero honesta. Pruebe su Ensalada de perdiz, el Revuelto de bacalao con aguacate o las Cocochas en caldo.

Menú 32/50 € - Carta 30/55 €

Avenida de Andalucía 74 ✉ 23006 - ✆ 953 22 82 73 - Cerrado 5-25 agosto, domingo

MangasVerdes

MODERNA • BAR DE TAPAS X ¡Un gastrobar de contrastes! Concilia la creación de un ambiente desenfadado con una cocina ciertamente destacable, donde las texturas y los sabores son muy agradables.

Tapa 5 € - Ración 15 € - Menú 34 €

Bernabé Soriano 28 ✉ 23001 - ✆ 953 08 94 95 - www.mangasverdesjaen.com - Cerrado 9-19 agosto, lunes, cena: domingo

JARAÍZ DE LA VERA

Cáceres - Mapa regional **12**-C1 - Mapa de carreteras Michelin nº 576-L12

La Finca

REGIONAL • AMBIENTE TRADICIONAL XX Una casa de organización familiar en la que también existe la posibilidad de alojarse, por si quiere recorrer la bella comarca de La Vera. Está llevada entre dos hermanos, Pilar y Víctor, que han tomado las riendas del negocio con entusiasmo y dedicación. Ofrecen un buen menú del día y otro de temporada, cambiando este último tres veces al año. En su carta no faltan las carnes de ibérico, la lechona, el cabrito verato... y las famosas Migas de la abuela Fidela, conocidas en toda la comarca. ¿Curiosidades? Víctor es un apasionado del ron, por lo que tiene... ¡más de 100 variedades diferentes!

Especialidades : Ensalada de zorongollos y pintada en escabeche. Caldereta de cabrito verato. Sapillos en leche con castañas.

Menú 12/40 € - Carta 30/45 €

Carretera EX 203, Norte : 0,5 km (Hotel Villa Xarahiz) ✉ 10400 - ✆ 927 66 51 50 - www.villaxarahiz.com - Cerrado lunes, cena: domingo

JARANDILLA DE LA VERA

Cáceres - Mapa regional **12**-C1 - Mapa de carreteras Michelin nº 576-L12

Parador de Jarandilla de La Vera

EDIFICIO HISTÓRICO • CLÁSICA ¡Sirvió como residencia al mismísimo emperador Carlos V! En este castillo feudal del s. XV, que aún conserva sus murallas, el patio interior y el entorno ajardinado, encontrará unas habitaciones algo sobrias pero de buen confort. La oferta gastronómica refleja un marcado carácter local y regional.

52 habitaciones - 85/190 € - 15 €

Avenida García Prieto 1 10450 - 927 56 01 17 - www.parador.es

JÁVEA - Alicante → Ver Xàbia

JEREZ DE LA FRONTERA

Cádiz - Mapa regional **1**-A2 - Mapa de carreteras Michelin nº 578-V11

LÚ Cocina y Alma (Juanlu Fernández)

MODERNA • MARCO CONTEMPORÁNEO XXX ¿Qué pasa si a un plato francés le sustituimos la mantequilla por la manteca colorá? Estos "retoques" son los que marcan la esencia de esta casa, sorprendente en lo gastronómico y en lo estético.

El local, remodelado por el interiorista mexicano Jean Porsche, mantiene la cocina abierta en el centro de la sala y con ello apuesta, desde una sutil elegancia, por ese concepto "Chef's Table" que busca involucrar al comensal para hacerle más partícipe de la experiencia. El chef Juan Luis Fernández (Juanlu), que ha trabajado con genios como Martín Berasategui o Ángel León, da una vuelta de tuerca a la cocina francesa y revisa su recetario adaptándolo al producto andaluz.

La mágica propuesta se desvela solo a través de menús, siempre con la opción de un maridaje que ensalza los vinos de Jerez.

Especialidades : Lomo de caballa y ventresca en salsa bearnesa de puchero. Foie y seta de cardo silvestre. Manzana verde y calvados.

Menú 70/130 €

Zaragoza 2 11402 - 695 40 84 81 - www.lucocinayalma.com - Cerrado 3-17 febrero, lunes, cena: domingo

Mantúa N (Israel Ramos)

MODERNA • MARCO CONTEMPORÁNEO XX Una casa de ambiente minimalista con cuyo nombre se rinde un pequeño homenaje a la historia, pues ensalza un tipo de uva que se plantaba en esta tierra en el s. XVIII.

El chef jerezano Israel Ramos, formado en Cádiz y en grandes casas de toda España, propone una cocina actual sumamente interesante, de bases tradicionales pero con finas texturas, delicados sabores y una puesta en escena de excelente nivel. Aquí no hay carta, pues funcionan con varios menús degustación en los que se ve un intento de versionar, desde la modernidad, esos sabores de siempre que todos asociamos a la tradición local y regional.

La cuidada bodega, como no podía ser de otra manera en esta bellísima ciudad, da un protagonismo especial a los vinos del Marco de Jerez, ofreciendo maridajes específicos para cada menú.

Especialidades : Verduras de temporada, huevo y escabeche de pollo. Ravioli de pato y choco con sopa de foie. Haba tonka, chocolate y arrope.

Menú 55/75 €

Plaza Aladro 7 11402 - 856 65 27 39 - www.restaurantemantua.com - Cerrado lunes, cena: domingo

La Carboná

ACTUAL • RÚSTICA XX Ocupa una antigua nave-bodega, hoy renovada, donde ofrecen pescados y carnes de gran calidad. Los vinos de Jerez toman el protagonismo, tanto en los platos como en la bodega.

Menú 45/75 € - Carta 35/55 €

San Francisco de Paula 2 11404 - 956 34 74 75 - www.lacarbona.com - Cerrado 1-31 julio, martes

Universo Santi

ACTUAL • AMBIENTE CLÁSICO XX Se halla en una finca arbolada, tiene un trasfondo integrador y, gastronómicamente, resulta bastante interesante, pues defiende el legado culinario del chef Santi Santamaria.

Menú 55/85€ - Carta 45/60€

Glorieta de Alcalde Miguel Primo de Rivera y Urquijo ✉ 11407 - ✆ 856 66 23 79 - www.universosanti.com - Cerrado 7-19 enero, lunes

Albalá

MODERNA • BAR DE TAPAS X ¡Próximo a la Real Escuela Andaluza del Arte Ecuestre! Resulta acogedor, ofreciendo una carta de tapas y raciones bastante interesante. ¡Pruebe las Croquetas de rabo de toro!

Tapa 3€ - Ración 12€

Divina Pastora ✉ 11403 - ✆ 956 34 64 88 - www.restaurantealbala.com

Albores

TRADICIONAL • TENDENCIA X Ubicado en una apacible calle peatonal del casco histórico. Ofrece una amplia carta de cocina tradicional actualizada, con muchos platos en versión de tapas o medias raciones.

Carta 25/45€

Consistorio 12 ✉ 11403 - ✆ 956 32 02 66 - www.restaurantealbores.com

A Mar

TRADICIONAL • TENDENCIA X ¡Ven el mar como una gran despensa! Su amplia carta tradicional se centra en los pescados y mariscos, pero también tiene arroces, carnes, ensaladas... Opción de medias raciones.

Carta 33/45€

Latorre 8 ✉ 11403 - ✆ 956 32 29 15 - www.a-marrestaurante.com - Cerrado lunes, cena: domingo

Casa Palacio María Luisa

LUJO • ELEGANTE ¿Prefiere las sábanas de algodón egipcio, de lino o de seda? En este edificio del s. XIX, que en su día albergó el Casino de Jerez, comprenderá que las palabras lujo y elegancia pueden quedarse un poco justas. ¡En su restaurante ensalzan los sabores gaditanos!

19 habitaciones - 👥 250/390€ - ☕ 18€ - 2 suites

Tornería 22 ✉ 11403 - ✆ 956 92 62 63 - www.casapalaciomarialuisa.com

JIMÉNEZ DE JAMUZ

León - Mapa regional **8**-A1 - Mapa de carreteras Michelin nº 575-F12

El Capricho

CARNES A LA PARRILLA • RÚSTICA X ¡Un paraíso para los amantes de la auténtica carne de buey! Atesora ganadería propia y está instalado en una antigua cueva-bodega. Cocina tradicional y carnes a la parrilla.

Menú 30/130€ - Carta 35/75€

Carrobierzo 28 ✉ 24767 - ✆ 987 66 42 27 - www.bodegaelcapricho.com - Cerrado 7-22 enero

JOANETES

Girona - Mapa regional **9**-C1 - Mapa de carreteras Michelin nº 574-F37

Mas Les Comelles

AGROTURISMO • RURAL Masía del s. XIV emplazada en la ladera de una montaña, con vistas al valle y una preciosa piscina. Ofrece un salón social con chimenea, confortables habitaciones, un coqueto restaurante y un pabellón, tipo aula de cocina, donde sirven su menú degustación.

6 habitaciones ☕ - 👥 200/250€

Sur : 1,5 km ✉ 17176 - ✆ 628 61 77 59 - www.parcsensorial.com - Cerrado 1 enero-29 febrero

KEXAA • QUEJANA

Álava – Mapa regional **18**-A2 – Mapa de carreteras Michelin nº 573-C20

Arcos de Quejana

TRADICIONAL • RÚSTICA XX ¡Se accede por el bar del hotel, en la 1ª planta! Ofrece una moderna bodega visitable, varias salas panelables y un salón para banquetes abuhardillado en el último piso, este con el acceso por un ascensor panorámico. Cocina tradicional.

Menú 22/54€ – Carta 32/49€

Carretera Beotegi ✉ 01477 – ✆ 945 39 93 20 – www.arcosdequejana.com – Cerrado 20 diciembre-20 enero, lunes, martes, cena: domingo

LAGUARDIA

Álava – Mapa regional **18**-A2 – Mapa de carreteras Michelin nº 573-E22

Amelibia

TRADICIONAL • AMBIENTE CLÁSICO XX Esta es una localidad de referencia en la Rioja Alavesa y una parada obligada en cualquier ruta enológica que desee descubrir los vinos nacidos de esta tierra. El negocio, llevado con gran profesionalidad por un amable matrimonio, se presenta con un buen hall y una única sala de línea clásica-actual, destacando en esta última las mesas más próximas a las ventanas por sus vistas al campo. Ofrecen una cocina tradicional con toques actuales, platos de temporada, un menú diario de raciones generosas y sabrosas especialidades, como las Patitas de cordero en salsa de pimientos choriceros.

Especialidades : Menestra de verduras. Bacalao con pisto. Cuajada.

Carta 32/45€

Barbacana 14 ✉ 01300 – ✆ 945 62 12 07 – www.restauranteamelibia.com – Cerrado cena: lunes, martes, cena: miércoles-domingo

Hospedería de los Parajes

FAMILIAR • PERSONALIZADA Está instalado en dos antiguas casas de piedra y destaca tanto por el equipamiento como por su originalidad... pero sobre todo por como cuidan cada detalle. Habitaciones personalizadas, bodega y tienda delicatessen. El restaurante acompaña su cocina tradicional actualizada con un impecable servicio de mesa.

18 habitaciones – 150/500€

Mayor 46 ✉ 01300 – ✆ 945 62 11 30 – www.hospederiadelosparajes.com

LALÍN

Pontevedra – Mapa regional **13**-B2 – Mapa de carreteras Michelin nº 571-E5

Cabanas

TRADICIONAL • ACOGEDORA XX De sus fogones surge una cocina tradicional actualizada que se ve enriquecida con diversos platos de temporada y de caza. ¡No dude en probar el famoso Cocido gallego de Lalín!

Menú 20/80€ – Carta 30/50€

Pintor Laxeiro 3 ✉ 36500 – ✆ 986 78 23 17 – www.restaurantecabanas.com – Cerrado 18-31 mayo, lunes, cena: domingo

Asturiano

PESCADOS Y MARISCOS • MARCO CONTEMPORÁNEO X Muy bien llevado en familia. Destaca por la bondad de sus pescados y mariscos, comprados personalmente en la lonja. Cocina tradicional de producto con escasa manipulación.

Carta 40/60€

Rosalía de Castro 24 ✉ 36500 – ✆ 986 78 12 63 – Cerrado 1-15 julio, lunes, cena: domingo

🍴○ **La Molinera**   🪑 AC 🔁

TRADICIONAL · **AMBIENTE CLÁSICO** ✗ Un sencillo negocio familiar que ha adquirido nuevos bríos al pasar de padres a hijos. Cocina tradicional y actual, con platos típicos gallegos y otros mucho más elaborados.

Menú 40 € – Carta 31/47 €

Rosalía de Castro 15 ✉ *36500 – ☎ 986 78 20 55 – www.restaurantelamolinera.com – Cerrado cena: martes, miércoles*

LANGARIKA

Álava – Mapa regional **18**–B2 – Mapa de carreteras Michelin n° 573-D22

🍴○ **Laua**   🪑 AC 🔁

CREATIVA · **MARCO REGIONAL** ✗✗ En esta casa, de medida rusticidad, los hermanos Ramírez le propondrán dos esmerados menús degustación sorpresa, uno corto y otro largo, ambos de marcado carácter creativo.

Menú 55/75 €

Langarika 4 ✉ *01206 – ☎ 945 30 17 05 – www.lauajantokia.com – Cerrado lunes, cena: martes-domingo*

LANUZA – Huesca ➜ Ver Sallent de Gállego

LANZAROTE – Las Palmas ➜ Ver Canarias

LARRABETZU

Vizcaya – Mapa regional **18**–A3 – Mapa de carreteras Michelin n° 573-C21

junto a la autovía N 637 Oeste: 2, 8 km

🏵🏵🏵 **Azurmendi** (Eneko Atxa Azurmendi)   🕷 ≼ 🪑 AC 🅿

CREATIVA · **DE DISEÑO** ✗✗✗✗ Los valores que marcan la personalidad de un restaurante no se construyen solo en torno a los fogones o el interiorismo, y un magnífico ejemplo lo tenemos en Azurmendi, una casa ejemplar a la hora de ejercer la profesión con responsabilidad.

El edificio también procura su integración en el entorno, lo que le ha convertido en un símbolo mundial dentro de la gastronomía eficiente y un ejemplo de sostenibilidad (reutilización del agua de lluvia, aprovechamiento de la luz solar, control de la temperatura, producción autónoma de energías renovables...).

El chef Eneko Atxa plantea una propuesta creativa e innovadora que, a través de sus menús degustación, ve la luz en un ameno recorrido por las distintas instalaciones del edificio, haciendo de la comida una experiencia tremendamente singular.

Especialidades : Quisquillas, gel vegetal y granizado de tomate. Salmonete en dos servicios, a la llama y asado, jugo de pimientos al carbón y perejil. Oliva negra, leche de oveja y cacao.

Menú 220 €

Legina Auzoa ✉ *48195 – ☎ 944 55 83 59 – www.azurmendi.biz –*
Cerrado 16 diciembre-4 febrero, lunes, cena: martes-jueves, cena: domingo

🏵 **Eneko**   ≼ 🪑 AC 🔁 🅿

CREATIVA · **ACOGEDORA** ✗✗ ¡La propuesta más informal y asequible del chef Eneko Atxa! Sorprende por su ubicación sobre la gran bodega de txacoli Gorka Izagirre, en las mismas instalaciones donde vio la luz el famoso restaurante Azurmendi, hoy a pocos metros.

En la sala, que suele romper los esquemas del comensal al presentarse con dos cocinas a la vista, una a cada lado, apuestan por unos platos de autor fieles a la tradición vasca pero que reproduzcan la filosofía del chef: "Las manos del artesano esculpen emociones". Su fórmula se presenta a través de un único menú degustación de gusto actual, impecable en la técnica y rebosante de sabor.

¿Le gusta la enología? Aquí, previa reserva, también existe la posibilidad de visitar la bodega y hacer una cata antes de comer, algo que hace aún más grande la experiencia.

Especialidades : Yema de huevo de caserío sobre estofado de trigo y jugo de pimientos asados al carbón. Merluza en tempura. Café, leche y caramelo.

Menú 77 €

Legina Auzoa ✉ 48195 - ✆ 944 55 88 66 - www.eneko.restaurant - Cerrado 16 diciembre-4 febrero, lunes, cena: martes-viernes, cena: domingo

LASARTE - ORIA

Guipúzcoa - Mapa regional **18**-B2 - Mapa de carreteras Michelin nº 573-C23

✿✿✿ Martín Berasategui

CREATIVA • ELEGANTE XXXX Honestidad, pasión, fe ciega en su equipo... ¡y más de 40 años en la profesión! Acercarse a un gigante como Martín Berasategui supone un hito para cualquier gastrónomo.

La familiaridad de este hombre no deja de sorprender, sobre todo porque considerándose a sí mismo un humilde "transportista de felicidad" hoy está tutelando un imperio culinario. ¿El posible secreto de su éxito? Tener las ideas muy claras, manejar productos de máxima calidad, aplicar las técnicas modernas que más respeten los sabores y, sin lugar a dudas, lo que él promulga con su ya famoso gesto de "garrote" (levantar el antebrazo con el puño cerrado en actitud de fortaleza): trabajar, trabajar y trabajar.

¿Un plato de referencia? El mítico Milhojas caramelizado de anguila ahumada, foie gras, cebolleta y manzana verde.

Especialidades : Ensalada de tuétanos de verdura con marisco, crema de lechuga de caserío y jugo yodado. Solomillo "Luismi" asado a la brasa sobre lecho de clorofila de acelgas y bombón de queso. Limón con jugo de albahaca, judía verde y almendra.

Menú 275 € - Carta 180/200 €

Loidi 4 ✉ 20160 - ✆ 943 36 64 71 - www.martinberasategui.com - Cerrado 15 diciembre-10 marzo, lunes, almuerzo: martes, cena: domingo

LASTRES

Asturias - Mapa regional **3**-C1 - Mapa de carreteras Michelin nº 572-B14

Eutimio

PESCADOS Y MARISCOS • FAMILIAR XX Casa de aire regional con cierto prestigio en la zona. En su mesa encontrará una cocina tradicional especializada en pescados, pero también una selecta carta de vinos a buen precio ¡Pregunte por sus mariscos y por los pescados del día!

Menú 30 € - Carta 40/50 €

San Antonio (Hotel Eutimio) ✉ 33330 - ✆ 985 85 00 12 - www.casaeutimio.com - Cerrado lunes, cena: domingo

LEGASA

Navarra - Mapa regional **17**-A1 - Mapa de carreteras Michelin nº 573-C25

Arotxa

TRADICIONAL • RÚSTICA XX Una vez más estamos ante un negocio de carácter familiar, pues está llevado entre dos hermanos que se reparten las tareas entre la sala y los fogones. Se presenta con un bar privado y una única sala bastante diáfana, de cuidado montaje clásico pero con detalles rústicos que cincelan su personalidad. El chef propone una cocina tradicional con toques actuales, aunque sin duda uno de los grandes protagonistas de su carta es el Chuletón asado, elaborado sobre carbón de encina, en varillas inclinadas y con la calidad propia que siempre atesoran las carnes de vaca de raza Pirenaica.

Especialidades : Pimientos rellenos de hongos. Carrilleras de ternera estofadas. Canutillos rellenos de crema pastelera.

Carta 32/50 €

Santa Catalina 34 ✉ 31792 - ✆ 948 45 61 00 - www.arotxa.com - Cerrado 7-24 enero, 6-14 julio, cena: lunes, martes, cena: miércoles-viernes

LEKUNBERRI

Navarra - Mapa regional **17**-A2 - Mapa de carreteras Michelin nº 573-C24

Epeleta

CARNES A LA PARRILLA • RÚSTICA XX Uno de esos sitios que gusta recomendar, pues resulta muy acogedor y emana honestidad. Ocupa un atractivo caserío dotado con un bar y un comedor, ambos de cuidado ambiente rústico. Buenas carnes y pescados a la brasa.

Menú 50/80 € – Carta 45/65 €

Aralar ✉ 31870 – ✆ 948 50 43 57 – www.asadorepeleta.com – Cerrado 15-30 junio, lunes

LEÓN

León – Mapa regional **8**-B1 – Mapa de carreteras Michelin n° 575-E13

Cocinandos (Yolanda León y Juanjo Pérez)

MODERNA • MARCO CONTEMPORÁNEO XXX Cuando hablamos de un buen tándem nos referimos, precisamente, a establecimientos como este, pues Yolanda León y Juanjo Pérez (tanto monta, monta tanto) se conocieron en unas cocinas y tuvieron claro que querían entrelazar sus destinos.

Hoy, en la histórica Casa del Peregrino (1750) ubicada junto al antiguo convento de San Marcos, el actual Parador, sorprenden con un interior de estética moderna y apuestan por la transparencia en la cocina como una seña de identidad, para que los clientes contemplen de manera más directa la progresión de sus platos.

La propuesta, de tinte creativo, se basa en dos menús degustación que toman como base los mejores productos de la zona, evolucionando semanalmente según la temporalidad de las materias primas. ¡La bodega apuesta por los vinos de esta tierra!

Especialidades : Esparragos blancos y verdes con holandesa de naranja sanguina, cecina y mojama. Merluza con duxelle y carbonara de perretxicos. Merienda: miel, queso y nueces.

Menú 50/90 €

Plaza de San Marcos 7 ✉ 24001 – ✆ 987 07 13 78 – www.cocinandos.com – Cerrado 23 febrero-11 marzo, 26 julio-17 agosto, lunes, domingo

Pablo (Juan José Losada)

MODERNA • MINIMALISTA XX Una casa familiar que vive la gastronomía con pasión y ha sabido evolucionar sin perder los valores tradicionales.

El restaurante, a solo unos metros de la Pulchra Leonina, sorprende por su juego de contrastes, pues presenta una fachada de mampostería acorde a la antigüedad del entorno y un interior de... ¡sorprendentes líneas minimalistas! El chef Juanjo Losada plantea junto a su mujer, Yolanda Rojo (la hija del fundador), lo que podríamos definir como cocina leonesa de vanguardia, pues sus cuidadas creaciones se construyen siempre desde la exaltación del mejor producto leonés, natural y de temporada.

Encontrará un único menú degustación, con opción de maridaje, que va evolucionando a lo largo del año e intenta hacer patria para dar visibilidad a los pequeños productores de la región.

Especialidades : Sardina y buey. Conejo de monte. Avellana.

Menú 50/75 €

Avenida Los Cubos 8 ✉ 24007 – ✆ 987 21 65 62 – www.restaurantepablo.es – Cerrado 8-20 enero, 8-22 abril, 10-26 agosto, lunes, martes, cena: domingo

LAV

MODERNA • TENDENCIA XX ¡Una visita obligada para cualquier foodie! LAV, que ejerce como fiel acrónimo de "Laboratorio Alfonso V", llegó con muchísimas ganas a esta bella localidad, aportando una nueva mentalidad y aires renovados a la gastronomía leonesa. Su chef, Javier del Blanco, está triunfando tanto por la oferta culinaria como por el planteamiento de la experiencia, pues esta se desarrolla en tres etapas: entrada, cocina y comedor. ¿Qué encontrará? Dos menús degustación, uno un poco más exclusivo, divididos en grupos (cremas y sopas, pescados, carnes...) para que escoja sus platos dentro de cada uno de ellos.

Especialidades : El cocido leonés LAV. Merluza a la leonesa. Chocolate, pan, naranja y aceite.

Menú 39/60€

Avenida Padre Isla 1 (Hotel Alfonso V) ✉ 24002 - ✆ 987 22 09 52 - www.restaurantelav.com - Cerrado 7-30 enero, 30 junio-23 julio, martes, miércoles

Becook

FUSIÓN · SIMPÁTICA Desde hace tiempo los gastrónomos se hacen eco de nuevos aires en León y, sin duda, creemos que no les falta razón. Tras su paso por grandes casas, como la estrellada Nerua de Bilbao, el chef David García decidió volver a su tierra para dar rienda suelta a su creatividad y crear un negocio con personalidad. El local, de ambiente informal y divertido, presenta un interior tipo bistró actual, con la cocina vista y una carta de gusto internacional en la que confluyen las técnicas actuales, los toques orientales y los matices más urbanos. ¿Recomendaciones? Las Vieiras Thai y el Sashimi de atún.

Especialidades : Arroz con setas de temporada, trufa y foie. Mollejas de lechazo fritas con capuchino de lenteja roja. Volcán de merengue y frutos rojos.

Carta 25/35€

Cantareros 2 ✉ 24002 - ✆ 987 01 68 08 - www.restaurantebecook.es - Cerrado lunes, domingo

Clandestino

FUSIÓN · BAR DE TAPAS Un gastrobar urbano que sorprende con paredes rotas, suelos de hormigón, maderas recicladas... ¿Su propuesta? Cocina actual-creativa con influencias asiáticas y peruanas.

Ración 15€

Cervantes 1 ✉ 24002 - ✆ 987 75 39 71 - www.clandestinoleon.es

Koi

JAPONESA · A LA MODA Un restaurante japonés bastante singular, pues fusiona la estética urbana-actual con los elementos estructurales de un edificio antiguo. ¡Se accede por un estrecho pasillo!

Carta 35/45€

Cervantes 1 ✉ 24002 - ✆ 987 79 39 72 - www.koijapones.com - Cerrado lunes

LÉRIDA - Lleida

→ Ver Lleida

LERMA

Burgos - Mapa regional 8-C2 - Mapa de carreteras Michelin nº 575-F18

Casa Brigante

REGIONAL · RÚSTICA Le resultará muy fácil de localizar, ya que ocupa una de las casas porticadas del s. XIX que miran al Palacio Ducal, hoy recuperado como Parador. Se accede por un soportal y está distribuido en dos plantas, con el comedor principal al nivel de la calle, presidido por un gran horno de leña y una parrilla, así como dos salas más y un pequeño reservado en el piso superior. Aquí encontrará una amable organización familiar, un sencillo servicio de mesa y una carta algo escueta pero fiel al recetario tradicional castellano, con buenas carnes rojas y el típico Lechazo asado como producto estrella.

Especialidades : Morcilla de Burgos. Lechazo asado en horno de leña. Flan de café.

Carta 30/40€

Plaza Mayor 5 ✉ 09340 - ✆ 947 17 05 94 - www.casabrigante.com - Cerrado cena: lunes-domingo

Parador de Lerma

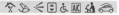

HISTÓRICO · CLÁSICA Hermoso palacio del s. XVII ubicado en la Plaza Mayor. Atesora un espectacular patio central, cubierto por un lucernario, y habitaciones de completo equipamiento, todas amplias y de gran clasicismo. En el restaurante ensalzan la cocina local y regional.

70 habitaciones - 95/200€ - 19€

Plaza Mayor 1 ✉ 09340 - ✆ 947 17 71 10 - www.parador.es

LEVANTE (PLAYA DE) - Valencia → Ver València

LIMPIAS

Cantabria - Mapa regional **6**-C1 - Mapa de carreteras Michelin nº 572-B19

Parador de Limpias

MANSIÓN • CONTEMPORÁNEA Se alza en la finca del Palacio de Eguilior, arbolada y de gran extensión. Consta de dos construcciones, un recio palacio del s. XX y un anexo más actual, con habitaciones modernas y confortables. El restaurante ofrece una carta tradicional. En su jardín encontrará un sendero bien marcado para el paseo.

65 habitaciones - 85/200 € - 17 € - 7 suites

Fuente del Amor ✉ 39820 - ✆ 942 62 89 00 - www.parador.es

LINARES

Jaén - Mapa regional **1**-C2 - Mapa de carreteras Michelin nº 578-R19

Los Sentidos

MODERNA • MARCO CONTEMPORÁNEO XX Este atractivo restaurante ocupa una casa del casco antiguo bien restaurada, con la fachada en piedra y una decoración interior de estética actual. Encontrará una pequeña recepción y hasta cuatro salas de cuidado montaje, dos por planta, destacando por su luminosidad la que se asoma a un patio interior. Aquí apuestan por una cocina actual que toma como base los recetarios tradicional y regional, pues ansían reflejar los sabores de siempre bajo técnicas actuales bien aplicadas. Pruebe el Paté de perdiz con nieve de queso Sierra Sur o su Cochinillo y manzana, pues... ¡están buenísimos!

Especialidades : Paté de perdiz con migas de pan. Cordero segureño asado con verduritas. Crema de natillas heladas con espuma de galletas y azafrán.

Menú 37/47 € - Carta 30/50 €

Doctor 13 ✉ 23700 - ✆ 953 65 10 72 - www.restaurantelossentidos.com - Cerrado lunes, cena: domingo

Canela en Rama

ACTUAL • MARCO CONTEMPORÁNEO XX Una casa de moderno montaje en la que se apuesta por el recetario local y andaluz, siempre desde el máximo respeto al sabor. Platos con personalidad y buen menú degustación.

Menú 45 €

Espronceda 22 ✉ 23700 - ✆ 953 60 25 32 - www.canelaenramalinares.es - Cerrado 19 julio-24 agosto, lunes, martes, cena: miércoles-jueves, cena: domingo

Taberna Canela en Rama

REGIONAL • BAR DE TAPAS X La acogedora taberna de dos plantas que dio origen al negocio, presentada ahora con una barra en cada piso. ¡Las tapas individuales van acompañando siempre la consumición!

Tapa 1 € - Ración 10 €

República Argentina 12 ✉ 23700 - ✆ 953 60 25 32 - www.canelaenramalinares.es

Taberna La Carbonería

TRADICIONAL • BAR DE TAPAS X Esta taberna, algo pequeña y de ambiente rústico, destaca tanto por su amplia carta de raciones como por su extensa variedad de vinos, servidos por copas. ¡Suele llenarse!

Tapa 1 € - Ración 8 €

Zabala 9 ✉ 23700 - ✆ 953 01 09 40

LINARES DE LA SIERRA

Huelva - Mapa regional **1**-A2 - Mapa de carreteras Michelin nº 578-S10

Arrieros

REGIONAL • RÚSTICA ✕ Una gran opción si está visitando la sierra de Aracena, su Parque Natural o Linares de la Sierra, un bello pueblo de calles empedradas. El restaurante, llevado por el matrimonio propietario, ocupa una típica casa serrana de paredes encaladas. En su interior encontrará un ambiente rústico sumamente acogedor, con una sugerente chimenea, el techo en madera y un cuidado mobiliario rústico-actual que denota el gusto por los detalles. Su chef propone una cocina regional bien actualizada... eso sí, con el cerdo ibérico de bellota como epicentro de su recetario. ¡Pruebe su exquisita Sopa de tomate!

Especialidades : Sopa de tomate rosa y confitura de higos. Abanico ibérico, oloroso y verduras. Cremoso de castañas y arándanos.

Carta 33/50€

Arrieros 2 ✉ 21207 - ✆ 959 46 37 17 - www.restaurantearrieros.com -
Cerrado 20 junio-20 julio, cena: lunes-martes, miércoles, cena: jueves-domingo

LINYOLA

Lleida - Mapa regional **9**-B2 - Mapa de carreteras Michelin nº 574-G32

Amoca

TRADICIONAL • FAMILIAR ✕ Cuenta un dicho popular que "las apariencias engañan"; sin duda, aquí estamos ante un magnífico ejemplo de ello pero para bien, pues su anodina y modesta fachada da paso a un encantador negocio familiar, de 3ª generación, que inició su andadura en 1961. Presenta un cuidado bar, un largo pasillo con la cocina a la vista y, a continuación, el comedor, de montaje moderno-actual. Ofrecen una carta tradicional amplia y de buen nivel, con sabrosos platos típicos y unos productos del mar, de tal calidad, que realmente sorprenden en un pueblo del interior. ¡No se marche sin probar sus caracoles!

Especialidades : Caracoles estilo Amoca. Arroz caldoso de bogavante. Coulant de chocolate con helado de coco.

Carta 28/35€

Llibertat 32 ✉ 25240 - ✆ 973 57 51 10 - www.amocarestaurant.com -
Cerrado 15 julio-7 agosto, lunes, cena: domingo

LLADURS

Lleida - Mapa regional **9**-B2 - Mapa de carreteras Michelin nº 574-G34

La Vella Farga

BOUTIQUE HOTEL • ACOGEDORA Una antigua masía restaurada y rodeada de naturaleza. Sus recios muros en piedra dan paso a unas dependencias, de confort actual, sumamente elegantes y detallistas. El bello restaurante, en el viejo granero, propone una carta actual y un buen menú degustación.

14 habitaciones - 236/556€

Carretera LV-4241 B ✉ 25283 - ✆ 973 29 92 12 - www.hotelvellafarga.com

LLAFRANC

Girona - Mapa regional **10**-B1 - Mapa de carreteras Michelin nº 574-G39

Casamar (Quim Casellas)

MODERNA • AMBIENTE CLÁSICO ✕✕ Un negocio familiar que ha evolucionado mucho con los años, pues inició su andadura como hotel aprovechando el crecimiento turístico de la Costa Brava en los años 60.

En su comedor, de ambiente clásico-actual, podrá degustar una cocina moderna no exenta de personalidad, de asentadas raíces regionales y siempre en base al mejor producto de proximidad; de hecho el chef al frente, Quim Casellas, toma esta vinculación con el territorio como leitmotiv, lo que le ha llevado a vincularse con distintos colectivos asociados a la filosofía "Km. 0" (Slow Food, La Cuina de L'Empordanet), donde se valora tanto a los productores locales como sus métodos de trabajo.

El edificio se encuentra en una zona elevada de la localidad, por lo que su terraza disfruta de unas maravillosas vistas sobre la bahía.

Especialidades : Foie-gras con anguila ahumada y manzana a la vainilla. Paletilla de cochinillo con canelón vegetal. Yogur con tomillo y melocotón.

Menú 55/84 € - Carta 50/75 €

Nero 3 (Hotel Casamar) ✉ 17211 - ☎ 972 30 01 04 - www.hotelcasamar.net - Cerrado 1 enero-3 abril, lunes, cena: domingo

junto al Far de Sant Sebastià Este : 2 km

El Far de Sant Sebastià

TRADICIONAL • AMBIENTE MEDITERRÁNEO XX Ubicado junto al faro, en una fonda del s. XVIII que destaca por sus vistas, con más de 80 km. de horizonte marítimo. Los productos del mar toman el protagonismo en sus menús (pescados de lonja, arroces de Pals...). ¡Coquetas habitaciones de ambiente marinero!

Menú 20 € (almuerzo)/36 € - Carta 35/58 €

Montanya del Far de Sant Sebastià ✉ 17211 - ☎ 972 30 16 39 - www.hotelelfar.com - Cerrado 1 enero-9 febrero, cena: lunes, martes

LLAGOSTERA

Girona - Mapa regional **10**-A1 - Mapa de carreteras Michelin nº 574-G38

en la carretera de Sant Feliu de Guíxols

Els Tinars (Marc Gascons)

TRADICIONAL • ACOGEDORA XXX En el mundo de la gastronomía la fama no es flor de un día, siempre llega como premio al esfuerzo, a la valía, a la constancia... y esta casa es un magnífico ejemplo de ello.

El restaurante, en una antigua masía restaurada, se presenta con una coqueta terraza-jardín para la época estival y un luminoso interior de ambiente mediterráneo, este dominado por los tonos blancos y con la viguería de madera a la vista.

El chef Marc Gascons, que ha tomado junto a su hermana Elena el testigo de lo que aquí acontece, propone una completa carta de cocina tradicional catalana, siempre actualizada en base a los mejores productos de proximidad, escogidos entre los pequeños productores cercanos o en la maravillosa lonja de Palamós. Interesante oferta de menús, con opción de maridaje en el de degustación.

Especialidades : Pie de cerdo crujiente, tartar de gamba, frutos secos y ali oli de hierbas. Buey gallego a la brasa, patatas asadas, hierbas, ajos, cebollitas y pimientos piquillo. Chocolate cremoso y crujiente, frutos rojos confitados, bizcocho y helado de piel de limón.

Menú 38/78 € - Carta 55/85 €

Este : 5 km ✉ 17240 - ☎ 972 83 06 26 - www.elstinars.com - Cerrado 13 enero-13 febrero, 2-5 noviembre, lunes, cena: domingo

Ca la María

TRADICIONAL • RÚSTICA X Atractiva masía del s. XVII dotada con tres salas, una en la antigua cocina. Su propuesta, tradicional actualizada y de proximidad, trabaja mucho con productos ecológicos.

Carta 35/55 €

Este : 4,5 km, carret. Llagostera - Sta. Cristina km 8 ✉ 17240 - ☎ 972 83 13 34 - www.restaurantcalamaria.cat - Cerrado 23 diciembre-15 enero, martes

LLANÇÀ

Girona - Mapa regional **9**-D3 - Mapa de carreteras Michelin nº 574-E39

en el puerto Noreste : 1, 5 km

Miramar (Paco Pérez)

CREATIVA • ELEGANTE XXX Dicen quienes mejor le conocen que, pese a su fama, Paco Pérez es... ¡un auténtico obrero de los fogones!

El restaurante Miramar es la representación de un sueño hecho realidad, pues los deseos de un niño con aspiraciones de chef fueron tomando forma tras conocer a su mujer, Montse Serra, con quien recuperó la vieja fonda familiar ubicada frente a la playa. Hoy, tras un paulatino proceso de transformación, aquel edificio se ha convertido en un restaurante de referencia para descubrir la cocina mediterránea del s. XXI.

¿La piedra angular de su propuesta? Una mirada marina que ensalza los productos de la zona y honra tanto el recetario marinero como los típicos "mar y montaña" de la cocina catalana, planteados, eso sí, desde un punto de vista totalmente moderno, creativo y vanguardista.

Especialidades : Anchoa y trufa. Piquillo y chuleta. Tarta de queso.

Menú 160/190 € – Carta 100/170 €

Passeig Marítim 7 ✉ 17490 – ✆ 972 38 01 32 – www.restaurantmiramar.com – Cerrado 1 enero-3 marzo, lunes, cena: martes, cena: domingo

El Vaixell

TRADICIONAL • SIMPÁTICA XX Restaurante de carácter familiar ubicado a escasos metros de la playa El Port, epicentro turístico de Llançà. Presenta un diáfano comedor de línea funcional-actual decorado a base de coloristas detalles marineros. El chef-propietario, tercera generación de la saga de cocineros Calsina, apuesta por la cocina tradicional ampurdanesa de raíces marineras, rica en arroces y con la interesante opción de varios menús. No se marche sin probar su Arroz a la marinera, la siempre sabrosa Zarzuela de pescado y marisco o algún "Suquet". ¡Procuran abastecerse de pequeños productores del Empordà!

Especialidades : Anchoas de la casa. Arroz a la marinera. Raviolis crujientes de tarta tatin de manzana.

Menú 21 € (almuerzo)/34 € – Carta 34/45 €

Castellar 62 ✉ 17490 – ✆ 972 38 02 95 – www.elvaixell.com – Cerrado lunes, cena: martes-jueves, cena: domingo

LLANES

Asturias – Mapa regional **3**–C1 – Mapa de carreteras Michelin nº 572-B15

El Bálamu

PESCADOS Y MARISCOS • SIMPÁTICA X Local de ambiente marinero ubicado en el primer piso de la lonja de Llanes, frente al puerto pesquero. Elaboraciones simples en base a un producto de extraordinaria calidad.

Menú 40/65 € – Carta 32/75 €

Paseo del Muelle, Edificio La Lonja ✉ 33500 – ✆ 985 41 36 06 – Cerrado 7 enero-1 marzo, 16-26 noviembre, cena: martes, miércoles

en Andrín Sureste : 5 km

Julia

TRADICIONAL • ELEGANTE XX Tiene un acceso independiente respecto al hotel Balcón de la Cuesta y sorprende por sus terrazas, idóneas para admirar las montañas de Andrín. Cocina actual y gran bodega.

Carta 30/60 €

Hotel Balcón de la Cuesta, Camino de la Cuesta ✉ 33596 – ✆ 984 20 88 20 – www.balcondelacuesta.com – Cerrado 16 septiembre-14 abril, lunes, cena: domingo

Balcón de la Cuesta

TRADICIONAL • ACOGEDORA Un hotel perfecto para desconectar y disfrutar de la naturaleza. Ofrece un salón con chimenea, idílicas vistas al entorno y espaciosas habitaciones, todas ellas tipo suite, con cocina americana, un salón separado y, en algunos casos, hasta terraza o balcón.

17 suites – 100/320 €

Camino de la Cuesta ✉ 33596 – ✆ 984 20 88 20 – www.balcondelacuesta.com – Cerrado 16 septiembre-14 abril

Julia – Ver selección restaurantes

en Celorio Oeste : 4, 5 km – Mapa regional 3-C1

Castru el Gaiteru

TRADICIONAL • SENCILLA X Una casa modesta pero digna de confianza, pues trabajan con buen producto y tienen una cámara para madurar las carnes. Su especialidad son los pescados y carnes a la brasa.

Menú 35 € – Carta 35/50 €

Eria de la Vega ✉ 33595 – ☎ 985 40 20 25 – www.castrugaiteru.es – Cerrado 14-31 octubre, cena: martes, miércoles

en La Pereda Sur : 4 km – Mapa regional 3-C1

CAEaCLAVELES

AGROTURISMO • DE DISEÑO Un hotel sumamente moderno y original, por lo que atesora varios premios arquitectónicos. Se define como "un volumen orgánico de trayectoria curva" y cautiva por su cubierta.

5 habitaciones – †† 95/140 € – ☕ 10 €

✉ 33500 – ☎ 985 92 59 81 – www.caeaclaveles.com – Cerrado 22 diciembre-16 enero

en Pancar Suroeste : 1, 5 km – Mapa regional 3-C1

El Retiro (Ricardo González)

MODERNA • RÚSTICA XX Cuando las cosas se hacen con corazón suelen salir bien, algo que se palpa nada más conocer a Ricardo González, un chef de raza que lleva los fogones en las venas.

Nos encontramos en una pequeña aldea, en un negocio de tradición familiar que ha evolucionado mucho con los tiempos; por eso, el antiguo "chingre" que un día fundaron sus abuelos (1982) presenta hoy un interesante contraste estético que juega con la modernidad, la rusticidad y la autenticidad de dejar a la vista algunas paredes en roca natural.

En lo gastronómico la apuesta está clara: una cocina actual asturiana no exenta de técnica y creatividad, respetuosa con las materias primas del entorno y ávida de conquistar su paladar. Apuesta por tres interesantes menús degustación denominados Pancar, Llanes y "El Retiro".

Especialidades : Quisquillas con un pil-pil de merluza, endivia aliñada y aire de hinojo. Pichón asado entero a la brasa, apionabo y zanahorias ecológicas. Texturas de manzana, apio, cítricos y pan de especias.

Menú 58/120 € – Carta 55/75 €

✉ 33500 – ☎ 985 40 02 40 – www.elretirollanes.es – Cerrado 3 febrero-6 marzo, cena: lunes, martes, cena: miércoles-jueves, cena: domingo

LOS LLANOS DE ARIDANE

– Santa Cruz de Tenerife → Ver Canarias (La Palma)

LLEIDA • LÉRIDA

Lleida – Mapa regional 9-A2 – Mapa de carreteras Michelin n° 574-H31

Ferreruela

CATALANA • RÚSTICA XX Cocina de la tierra, autóctona, de proximidad... la exaltación de las raíces culinarias como forma de expresión. Sin duda, estamos ante un restaurante que tiene las ideas claras y resulta original, pues ocupa un antiguo almacén de frutas transformado. Posee un comedor principal sobrio a la par que diáfano, con el techo alto a dos aguas, la parrilla vista y una estética rústica-actual bastante cuidada. Su carta de tinte tradicional-catalán está especializada en platos de temporada, muchos terminados a la brasa y con guiños a la cocina moderna. ¡Consulte en su pizarra los productos de mercado!

Especialidades : Coca de berenjena ahumada con sobrasada, queso y miel trufada. Lingote de pies de cerdo a la parrilla con tubérculos. El suizo de chocolate y coco.

Carta 35/50 €

Bobalà 8 ✉ 25004 – ☎ 973 22 11 59 – www.ferreruela.com – Cerrado cena: lunes-miércoles, domingo

Aimia

MODERNA • MARCO CONTEMPORÁNEO Un restaurante a tener en cuenta, pues nunca es fácil encontrar cocina moderna a precios moderados. El negocio, que toma su nombre (mujer querida) del catalán antiguo que cantaban los trovadores, presenta un interior de estética actual, con la cocina a la vista del cliente desde la sala y una barra adosada a la misma para que usted, si lo desea, pueda comer en ella mientras contempla la elaboración de los platos. Aquí encontrará una cocina actual y de fusión, con bastantes influencias asiáticas. ¿Una recomendación? Pruebe su Carpaccio de pulpo o el Calamar con salsa de fino y ajos negros.

Especialidades : Carpaccio de pulpo con crema de patata ahumada y ali oli de azafrán. Arroz a la lata con cresta de gallo y pepino de mar. Crema de maracuyá con espuma de coco y menta.

Menú 16 € (almuerzo), 30/40 € – Carta 28/40 €

Doctor Combelles 67 ✉ 25003 – ✆ 973 26 16 18 – www.aimia.cat – Cerrado 1-10 enero, 10-25 septiembre, lunes, cena: martes-miércoles, cena: domingo

L'Espurna

COCINA DE MERCADO • MARCO CONTEMPORÁNEO Un restaurante de ambiente nórdico-actual que conjuga, con acierto, pasado y presente. Su propuesta se basa en varios menús que cambian mensualmente, todos de tinte moderno.

Menú 20 € (almuerzo), 40/50 € – Carta 35/50 €

Salmerón 10 ✉ 25004 – ✆ 973 22 54 54 – www.lespurnarestaurant.com – Cerrado 20 enero-2 febrero, 27 julio-9 agosto, lunes, cena: martes-miércoles, cena: domingo

Parador de Lleida

EDIFICIO HISTÓRICO • FUNCIONAL Instalado en el Convento del Roser (s. XVII), en plano casco antiguo. Ofrece cuidadas habitaciones de línea actual-funcional, todas distribuidas en torno al bello claustro, hoy techado, y un restaurante que ensalza la cocina tradicional en la soberbia iglesia.

53 habitaciones – 65/180 € – 17 €

Cavellers 15 ✉ 25002 – ✆ 973 00 48 66 – www.parador.es

en la carretera N II por Gran Passeig de Ronda : 3,5 km

Carballeira

TRADICIONAL • AMBIENTE CLÁSICO Elegante, bien llevado en familia y con profusión de madera. El propietario es gallego, detalle que se nota en la gran calidad de sus pescados y mariscos. ¡Interesantes menús!

Menú 50/100 € – Carta 40/70 €

✉ 25194 – ✆ 973 27 27 28 – www.carballeira.net – Cerrado 12-21 agosto, lunes, cena: martes, cena: domingo

en la vía de servicio de la A 22 por av. Alcalde Rovira Roura : 7 km

Finca Prats

NEGOCIOS • CONTEMPORÁNEA Resulta atractivo tanto por el diseño, en hormigón, madera y cristal, como por la ubicación, junto a un campo de golf. Completo SPA y luminoso restaurante, donde ofrecen una cocina tradicional actualizada. ¡Interesante para reuniones de empresa y escapadas!

36 habitaciones – 130/180 € – 4 suites

salida 1 ✉ 25198 – ✆ 902 44 56 66 – www.fincaprats.com

LLÍVIA

Girona – Mapa regional **9**-C1 – Mapa de carreteras Michelin n° 574-E35

Can Ventura

REGIONAL • RÚSTICA XX En un edificio con encanto que data de 1791. Presenta un interior de aire rústico cuidado hasta el más mínimo detalle, con dos hermosas salas y las paredes en piedra. Su chef apuesta por la cocina regional elaborada con productos "Km 0".

Menú 50 € – Carta 35/55 €

Plaza Major 1 ✉ 17527 – ✆ 972 89 61 78 – www.canventura.com – Cerrado lunes, jueves, cena: domingo

Ambassade de Llívia

FRANCESA • ACOGEDORA X Un restaurante íntimo, agradable y con curiosos detalles decorativos. Ofrece una cocina de enorme nivel técnico, con firmes raíces francesas y guiños a la tradición catalana.

Menú 25 € – Carta 39/72 €

Dels Forns 15 ✉ 17527 – ✆ 972 89 65 35 – www.ambassadedellivia.com – Cerrado 11-31 mayo, 5-25 octubre, lunes, martes, cena: domingo

Trumfes N

MODERNA • MARCO CONTEMPORÁNEO X ¡El sueño realizado de dos grandes amigos! Ofrece una cocina tradicional-creativa de bases catalanas, con gran protagonismo para la patata (Trumfes) por dar nombre al local.

Menú 30 € – Carta 38/60 €

Raval 27 ✉ 17527 – ✆ 972 14 60 31 – www.restaurantrumfes.com – Cerrado 2-28 mayo, cena: lunes, martes, miércoles

en Gorguja Noreste : 2 km – Mapa regional **9**–C1

La Formatgeria de Llívia

INTERNACIONAL • RÚSTICA XX Un homenaje a la tradición quesera y láctea, de ahí su nombre. Ofrecen una cocina de tinte actual, rica en carnes y con especialidades, como la popular raclette o alguna de sus fondues (de setas, de oveja, de camembert o tradicional suiza).

Carta 35/65 €

Pla de Ro ✉ 17527 – ✆ 972 14 62 79 – www.laformatgeria.com – Cerrado martes

LLOFRIU

Girona – Mapa regional **10**–B1 – Mapa de carreteras Michelin n° 574-G39

La Sala de l'Isaac

A LA PARRILLA • RÚSTICA X Ocupa una bella casa de piedra de aire rústico-actual, donde apuestan por una cocina tradicional especializada en carnes y pescados a la brasa. ¡La parrilla está a la vista!

Menú 18 € (almuerzo), 28/48 € – Carta 30/55 €

Barceloneta 44 ✉ 17124 – ✆ 972 30 16 38 – www.salagran.com – Cerrado 7 enero-7 marzo, cena: lunes, martes, cena: domingo

LLORET DE MAR

Girona – Mapa regional **10** A2 – Mapa de carreteras Michelin n° 574-G38

Mas Romeu

TRADICIONAL • RÚSTICA XX Algo alejado del centro pero con una agradable terraza arbolada. Este restaurante familiar propone varios menús y una completa carta tradicional, diferenciando entre carnes a la brasa, pescados, mariscos, guisos y especialidades de la casa.

Menú 20 € (almuerzo), 25/50 € – Carta 35/55 €

Urbanización Mas Romeu, Oeste : 1,5 km ✉ 17310 – ✆ 972 36 79 63 – www.masromeu.com – Cerrado 7-24 octubre, miércoles

ESPAÑA

en la playa de Fanals Oeste : 2 km – Mapa regional **10**–A2

Rigat Park

FAMILIAR • TRADICIONAL Hotel con detalles rústicos y coloniales emplazado en un parque arbolado frente al mar. Las habitaciones, de estilo clásico-elegante, cuentan con mobiliario restaurado original. El restaurante a la carta, que se distribuye en torno a una terraza de verano, siempre amplía su oferta durante la temporada alta.

78 habitaciones – 250/450 € – 21 suites

Avenida América 1 ✉ 17310 – ✆ 972 36 52 00 – www.rigat.com – Cerrado 13 octubre-13 marzo

en la playa de Santa Cristina Oeste : 3 km – Mapa regional **10**–A2

Santa Marta

TRADICIONAL • CLÁSICA Resulta encantador y atesora un emplazamiento único, pues se encuentra en un frondoso pinar asomado a la playa. Presenta idílicas terrazas escalonadas y confortables habitaciones, las redecoradas en un estilo clásico-actual. El restaurante, dotado con una chimenea y vistas al mar, tiene un uso polivalente.

76 habitaciones – 110/300 € – 18 € – 2 suites

✉ 17310 – ✆ 972 36 49 04 – www.hotelsantamarta.es – Cerrado 6 enero-2 marzo

LLOSETA – Balears → Ver Balears (Mallorca)

LLUBÍ – Balears → Ver Balears (Mallorca)

LLUCMAJOR – Balears →

LOGROÑO

La Rioja – Mapa regional **14**–A2 – Mapa de carreteras Michelin nº 573-E22

Ikaro (Carolina Sánchez e Iñaki Murua)

CREATIVA • DE DISEÑO XX Los incansables inspectores de la guía también son humanos y... ¡saben descubrirse ante una historia de amor!

La crónica de esta casa nos habla, con mayúsculas, de Carolina Sánchez e Iñaki Murua, dos chefs que decidieron unir sus caminos tras conocerse en las aulas del Basque Culinary Center. La atractiva propuesta del tándem busca conciliar su pasión por la cocina y el diseño pero también sorprender, algo que consiguen desde una creatividad bien entendida, pues aportan una visión vanguardista de la gastronomía riojana en base a los mejores productos de temporada.

¿Detalles que suman? Añaden algún guiño culinario a sus orígenes, pues él es natural de Laguardia, considerada la capital de la rioja alavesa, y ella de Santa Ana de los Ríos de Cuenca, una localidad andina del sur de Ecuador.

Especialidades : Espárragos en dos texturas. Pichón en dos cocciones. Torta de tres leches.

Menú 38/70 € – Carta 48/60 €

Avenida de Portugal 3 ✉ 26001 – ✆ 941 57 16 14 – www.restauranteikaro.com – Cerrado 6-27 enero, 3 agosto-1 septiembre, almuerzo: miércoles, jueves, viernes, sábado, almuerzo: domingo

Kiro Sushi (Félix Jiménez)

JAPONESA • MINIMALISTA X Metodología, respeto, técnica, serenidad... ¡Descubra la gastronomía clásica nipona sin coger un avión!

Kiro significa "Camino de regreso" y define mejor que nada lo que simboliza este restaurante para el chef Félix Jiménez, que identificó su propósito en el mundo tras un viaje iniciático a Japón. Allí, de la mano del maestro Yoshikawa Takamasa, desveló la magia de la tradición, el sentido de las pautas, los secretos del arroz... pues para elaborar el auténtico sushi hay que trascender a un plano capaz de transformarte el alma.

Vaya sin prisas, pues solo con esta predisposición podrá apreciar desde la barra de sushi los rituales inherentes a cada corte, la delicadeza de los movimientos, la suntuosidad del producto... todo dentro de una exhibición limitada a 10 comensales por servicio.

Especialidades : Nigiri de anguila ahumada. Maki de atún. Tamagoyaki.

Menú 90 €

María Teresa Gil de Gárate 24 ✉ 26002 - ✆ 941 12 31 45 - www.kirosushi.es - Cerrado 6-27 abril, 3-16 agosto, lunes, almuerzo: martes, domingo

La Cocina de Ramón

TRADICIONAL • MARCO CONTEMPORÁNEO XX Tiene personalidad, sin duda, pues refleja el largo idilio entre Ramón Piñeiro, el chef-propietario, y sus fogones. Se halla en una de las principales calles del casco viejo, a escasos metros de la catedral, y tras una gran reforma hoy presenta unas paredes en piedra vista que transmiten mayor calidez. Aquí apuestan fuerte por los productos de mercado y los platos de cuchara, todo dentro de una cocina bien actualizada de base tradicional. No se pierda las Pochas guisadas a fuego lento, al estilo riojano y con sus sacramentos, o sus Patitas de cabritillo guisadas a la riojana con alegría.

Especialidades : Las verduras del mercado de San Blas. Pichón sangrante asado con parmentier de trufa. Hojaldre de manzana reineta con helado de sidra.

Menú 25/60 € - Carta 34/45 €

Portales 30 ✉ 26001 - ✆ 941 28 98 08 - www.lacocinaderamon.es - Cerrado 7 enero-2 febrero, 15-28 junio, 12-18 agosto, cena: miércoles, domingo

La Galería

MODERNA • MARCO CONTEMPORÁNEO XX No tiene un nombre baladí, pues el comedor principal funciona también como sala de exposiciones temporales. Su carta, de gusto actual, se enriquece con varios arroces y menús.

Menú 25/35 € - Carta 25/40 €

Saturnino Ulargui 5 ✉ 26001 - ✆ 941 20 73 66 - www.restaurantelagaleria.com - Cerrado 3-23 agosto, domingo

Juan Carlos Ferrando (N)

ACTUAL • MARCO CONTEMPORÁNEO XX Una casa actual de atenta organización familiar. Propuesta elaborada que toma como base la cocina riojana, siempre con platos actualizados y los mejores productos de la zona.

Menú 50/70 € - Carta 55/70 €

María Teresa Gil de Gárate 7 ✉ 26002 - ✆ 941 21 47 95 - www.juancarlosferrando.com - Cerrado 3-23 agosto, lunes, martes, cena: domingo

Tastavin

TRADICIONAL • BAR DE TAPAS X Resulta agradable y cuenta con el beneplácito de la clientela local. Ofrecen buenas tapas de sabor tradicional, con toques actuales, así como muchos vinos por copa.

Tapa 3 € - Ración 10 €

San Juan 25 ✉ 26001 - ✆ 941 26 21 45 - www.tastavin.es - Cerrado lunes, almuerzo: martes-miércoles

Tondeluna

MODERNA • BAR DE TAPAS X Sorprende por su diseño, sin barra pero con enormes mesas para tapear sentados. Ofrecen raciones y medias raciones de cocina tradicional actualizada, así como varios menús.

Ración 14 €

Muro de la Mala 9 ✉ 26001 - ✆ 941 23 64 25 - www.tondeluna.com - Cerrado cena: domingo

Umm

TRADICIONAL • BAR DE TAPAS X Se halla en pleno centro e intenta conquistarnos por los ojos, pues ofrece una enorme variedad de pinchos, raciones y bocadillitos, todo bien presentado y bastante elaborado.

Tapa 2 € - Ración 10 €

Marqués de Vallejo 10 ✉ 26001 - ✆ 941 04 76 12 - www.ummfoodanddrink.com - Cerrado 27 enero-10 febrero, 24 agosto-7 septiembre

Umm

COCINA DE MERCADO • BAR DE TAPAS X De carácter polivalente y en un área residencial. Aquí encontrará tapas, raciones y bocadillos hechos al momento, pero también... ¡originales desayunos y copas por la noche!

Tapa 2€ – Ración 10€

Torrecilla en Cameros 11 ✉ 26008 – ✆ 941 51 97 24 – www.ummfoodanddrink.com – Cerrado 27 enero-10 febrero, 24 agosto-7 septiembre

Calle Mayor

FAMILIAR • DE DISEÑO Un hotel con carácter donde se sabe aunar pasado y presente, ya que ocupa un palacete del s. XVI ubicado en pleno casco antiguo. ¡Habitaciones modernas de excelente nivel!

30 habitaciones – 95/185€ – 11€

Marqués de San Nicolás 71 ✉ 26001 – ✆ 941 23 23 68 – www.hotelcallemayor.com

LOJA

Granada – Mapa de carreteras Michelin n° 578-U17

en la Finca La Bobadilla por la autovía A 92 - Oeste : 18 km y desvío 3 km – Mapa regional 1-C2

Royal Hideaway La Bobadilla

GRAN LUJO • ELEGANTE Precioso cortijo concebido como un oasis de paz... no en vano, se halla en una finca repleta de olivos. Encontrará un lujoso interior, con habitaciones bien personalizadas, una gran piscina exterior rodeada de zonas verdes y una nutrida oferta gastronómica.

53 habitaciones – 190/350€ – 14 suites

por salida a Villanueva de Tapia ✉ 18300 – ✆ 958 32 18 61 – www.barcelolabobadilla.com – Cerrado 15 noviembre-28 febrero

LORCA

Murcia – Mapa regional 16-A2 – Mapa de carreteras Michelin n° 577-S24

Parador Castillo de Lorca

LUJO • CONTEMPORÁNEA Edificio de nueva planta construido en el histórico recinto del Castillo de Lorca. Presenta un moderno interior, un SPA y espaciosas habitaciones de línea actual. El restaurante, que ofrece la carta típica de los Paradores, se completa con una terraza que destaca por sus maravillosas vistas sobre la ciudad.

76 habitaciones – 75/180€ – 16€ – 9 suites

Castillo de Lorca ✉ 30800 – ✆ 968 40 60 47 – www.parador.es

en la carretera de Granada Suroeste : 4 km

Paredes

TRADICIONAL • AMBIENTE CLÁSICO XX En esta coqueta casa familiar proponen una cocina de gusto tradicional que destaca por sus cuidadas presentaciones. Posee un bar privado que ejerce como zona de espera, una sala actual-funcional y un reservado. Buena clientela de negocios.

Carta 35/55€

Carretera N-340 a, km 588 ✉ 30817 – ✆ 626 27 77 25 – www.restauranteparedes.com – Cerrado 1-31 agosto, lunes, cena: martes-jueves, cena: domingo

LUCENA

Córdoba – Mapa regional 1-C2 – Mapa de carreteras Michelin n° 578-T16

Araceli

TRADICIONAL • AMBIENTE CLÁSICO XX Llevado directamente por la pareja propietaria. Ofrecen una cocina tradicional de sencilla elaboración, con algunos mariscos de calidad y un buen apartado de pescados frescos.

Menú 13 € (almuerzo), 20/60 € - Carta 33/50 €

Avenida del Parque 10 ✉ 14900 - ✆ 957 50 17 14 - www.restaurantearaceli.es

LUGO

Lugo - Mapa regional **13**-C2 - Mapa de carreteras Michelin n° 571-C7

España

TRADICIONAL • AMBIENTE CLÁSICO XX Llevado entre hermanos y... ¡con más de 100 años de historia! Ofrece una carta tradicional actualizada e interesantes jornadas gastronómicas (setas, caza, reses propias...).

Menú 15 € (almuerzo) - Carta 35/70 €

Teatro 10 ✉ 27001 - ✆ 982 24 27 17 - www.restespana.es - Cerrado domingo

Mesón de Alberto

GALLEGA • AMBIENTE CLÁSICO XX Se halla en una calle peatonal del casco antiguo, con una tapería en la planta baja, un buen comedor en el primer piso y dos privados. Amplia carta de cocina tradicional gallega, con un apartado de mariscos y un menú degustación.

Menú 16/39 € - Carta 35/55 €

Cruz 4 ✉ 27001 - ✆ 982 22 83 10 - www.mesondealberto.com - Cerrado cena: lunes, martes, cena: domingo

Paprica

CREATIVA • DE DISEÑO XX Una propuesta gastronómica diferente en esta ciudad. Posee un pequeño bar de línea moderna, un único comedor que sirve como sala de exposiciones a los artistas locales y una terraza-patio en la parte de atrás. Cocina actual y de temporada.

Carta 40/60 €

Noreas 10 ✉ 27001 - ✆ 982 25 58 24 - www.paprica.es - Cerrado lunes, cena: domingo

Orbán e Sangro

HISTÓRICO • ACOGEDORA Coqueto hotel instalado en una casa señorial del s. XVIII. Las habitaciones combinan su valioso mobiliario antiguo con unos bellos baños de diseño, destacando las abuhardilladas y las que se asoman a las murallas. ¡Atractivo bar de época!

12 habitaciones - †† 66/233 € - ☕ 13 €

Travesía do Miño 6 ✉ 27001 - ✆ 982 24 02 17 - www.pazodeorban.es

LUINTRA

Ourense - Mapa regional **13**-C3 - Mapa de carreteras Michelin n° 571-E6

al Este 5 km

Parador de Santo Estevo

EDIFICIO HISTÓRICO • HISTÓRICA Instalado en un monasterio benedictino de incomparable belleza, en pleno bosque y con los cañones del río Sil al fondo. Posee tres preciosos claustros y habitaciones de confort actual, las superiores más amplias y con mejores vistas. El restaurante, con los techos abovedados, ocupa las antiguas caballerizas.

77 habitaciones - †† 95/225 € - ☕ 18 €

Monasterio de Santo Estevo de Ribas de Sil ✉ 32160 - ✆ 988 01 01 10 - www.parador.es

LUYEGO DE SOMOZA

León – Mapa regional **8**-A1 – Mapa de carreteras Michelin nº 575-E11

Hostería Camino

AGROTURISMO • RÚSTICA Encantadora casona de piedra ubicada en un pueblo maragato. Su portalón de madera da paso a un interior sumamente acogedor, con un cálido salón social, un patio típico, habitaciones de aire rústico y un buen restaurante, donde apuestan por la cocina regional.

9 habitaciones – 68/87 €

Nuestra Señora de los Remedios 25 ✉ 24717 – ✆ 987 60 17 57 – www.hosteriacamino.com

MAÇANET DE CABRENYS

Girona – Mapa regional **9**-C3 – Mapa de carreteras Michelin nº 574-E38

Els Caçadors

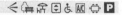

MODERNA • RÚSTICA XX Si está visitando la vertiente oriental de los Pirineos, por la comarca del Alto Ampurdán, debe apuntarlo en su hoja de ruta, pues supone una gran opción para reponer fuerzas durante su viaje. Se encuentra en los bajos del hotel homónimo y sorprende por su juego de contrastes, tanto en lo estético como en lo gastronómico, pues los recios techos abovedados y las paredes en piedra encuentran el contrapunto perfecto en las lámparas de diseño y el mobiliario, de un blanco impoluto. La propuesta, de gusto regional y tradicional, se completa con... ¡algunos platos propios del lejano oriente!

Especialidades : Dados de salmón marinado con crema de yogur y menta. Arroz cremoso de sepia y gamba de Palamós. Crema de chocolate blanco con fresas marinadas y crumble de chocolate.

Menú 28/32 € – Carta 33/45 €

Urbanización Casanova ✉ 17720 – ✆ 972 54 41 36 – www.hotelelscassadors.com – Cerrado 7-31 enero, lunes, martes

MÁCHER – Las Palmas → Ver Canarias (Lanzarote)

MADREMANYA

Girona – Mapa regional **10**-B1 – Mapa de carreteras Michelin nº 574-G38

La Plaça

TRADICIONAL • RÚSTICA XX En el restaurante, dividido en dos salas y con los techos abovedados, apuestan por una cocina tradicional actualizada que siempre procura dar protagonismo a los productos provenientes de su huerta y de caza en temporada. ¡Agradable terraza!

Menú 55/64 € – Carta 48/64 €

Hotel La Plaça, Sant Esteve 17 ✉ 17462 – ✆ 972 49 04 87 – www.restaurantlaplaca.com – Cerrado 15 enero-15 febrero, lunes, martes, miércoles

La Plaça

BOUTIQUE HOTEL • PERSONALIZADA ¡En una encantadora masía del s. XIII! Ofrecen habitaciones tipo suite, muchas con chimenea, algunas con terraza y todas con una buena mezcla de detalles rústicos y modernos.

7 habitaciones – 120 € – 15 € – 4 suites

Sant Esteve 17 ✉ 17462 – ✆ 972 49 04 87 – www.laplacamadremanya.com – Cerrado 15 enero-15 febrero

La Plaça – Ver selección restaurantes

El Racó de Madremanya

BOUTIQUE HOTEL • CONTEMPORÁNEA Un establecimiento precioso, pues es fruto de la conexión de varias casas antiguas unidas entre sí. Ofrece habitaciones bastante amplias y de diferentes estilos, la zona social en lo que fueron las cuadras y un restaurante reservado a los clientes alojados.

14 habitaciones – 140/335 €

Jaume Marquès Casanovas 7 ✉ 17462 – ✆ 972 49 06 49 – www.elracodemadremanya.com

GMVozd/iStock

thesomegirl/iStock

MADRID

Déjese sorprender por una ciudad que irradia historia, cultura y diversidad, pues Madrid es un conglomerado de barrios (Malasaña, Chueca, Lavapiés, La Latina...) para descubrir andando, con atractivos mercados, agradables terrazas y muchos rincones con encanto.

En lo gastronómico da un juego infinito, pues cuenta con innumerables bares que animan a comer en la calle, tomando tapas, desde las más típicas a las más innovadoras, así como una extraordinaria oferta de restaurantes que dan cabida... ¡a todas las cocinas del mundo!

La especialidad culinaria es el Cocido madrileño, normalmente servido en tres vuelcos (primero la sopa, luego los garbanzos con las verduras y, finalmente, tanto las carnes como los embutidos), aunque hay otros platos típicos como los Callos a la madrileña, el Besugo al horno, el Bocadillo de calamares... y, en el apartado de postres, los Churros con chocolate, las Torrijas, la Corona de la Almudena o las tradicionales Rosquillas de San Isidro (Tontas y Listas).

- Mapa regional n° 15-B2
- Mapa de carreteras Michelin n° 575 y 576 - K18 y K19

NUESTRA SELECCIÓN DE RESTAURANTES

LOS RESTAURANTES DE LA A A LA Z

A

B

C

J. Larrea/age fotostock

LAS MESAS QUE NO DEBEN FALTAR

LAS ESTRELLAS: LAS MEJORES MESAS

✿✿✿

Tres estrellas: una cocina única. ¡Justifica el viaje!

✿✿

Dos estrellas: una cocina excepcional. ¡Merece la pena desviarse!

✿

Una cocina de gran nivel. ¡Compensa pararse!

L. Vallecillos/age fotostock

BIB GOURMAND

Nuestras mejores relaciones calidad-precio

LOS RESTAURANTES... SEGÚN SUS DESEOS

RESTAURANTES POR TIPO DE COCINA

BirdofPrey/iStock

Vasca

RESTAURANTES ABIERTOS SÁBADO Y DOMINGO

NUESTRA SELECCIÓN DE HOTELES

D. Hernanz Ramos/Moment/Getty Images

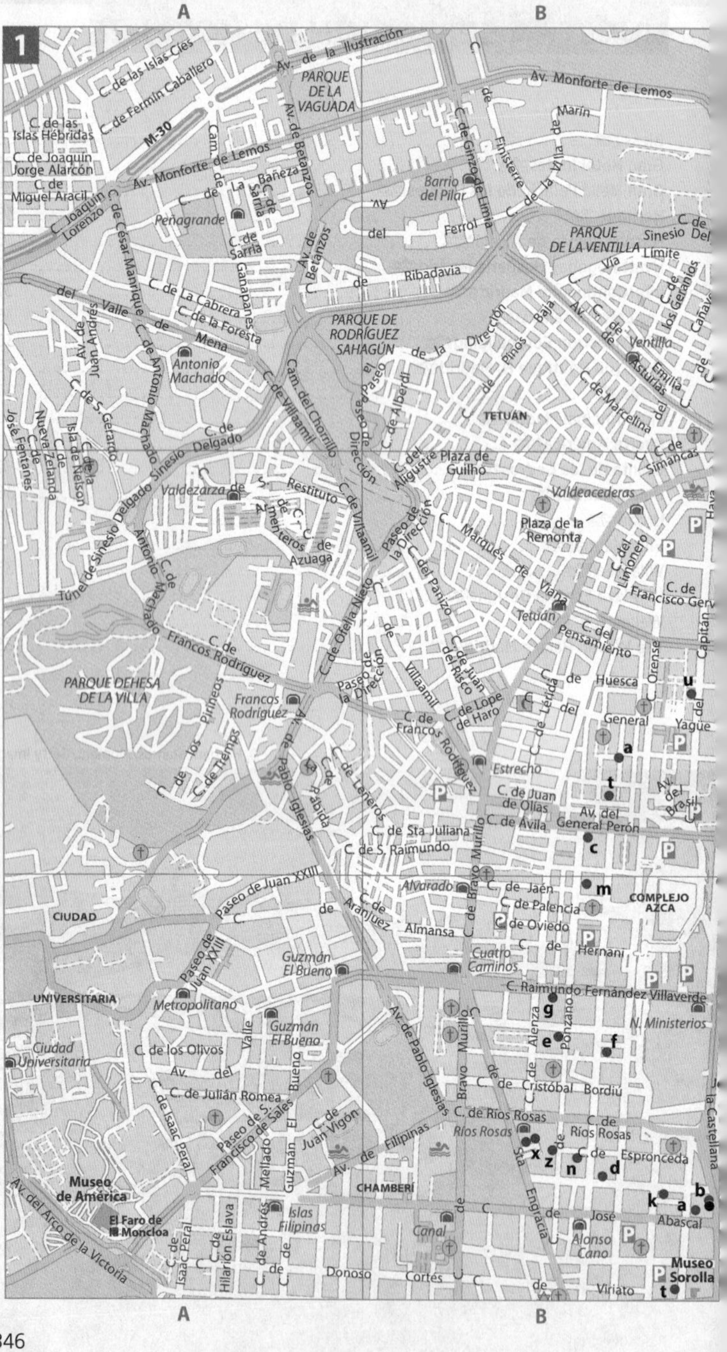
A
B
1
2
3
PARQUE DE LA VAGUADA
Av. de la Ilustración
C. de las Islas Cíes
C. de Fermín Caballero
C. de las Islas Hébridas
C. de Joaquín Jorge Alarcón
C. de Miguel Aracil
C. Joaquín Lorenzo
M-30
Av. Monforte de Lemos
Av. de Betanzos
Barrio del Pilar
Peñagrande
C. de Ginzo de Limia
C. de Finisterre
C. de la Villa de Marín
Av. del Ferrol
PARQUE DE LA VENTILLA
C. de Sinesio Delgado
Vía Límite
C. de Ribadavia
C. de César Manrique
C. de Sarria
C. de Ganapanes
C. del Valle de Mena
C. de La Cabrera
C. de la Foresta
PARQUE DE RODRÍGUEZ SAHAGÚN
Paseo de la Dirección
Av. de Juan Andrés
Antonio Machado
C. de Antonio Machado
C. de S. Gerardo
Cam. del Chorrillo
C. de Villaamil
C. de Alberdi
C. de Pinos Baja
Av. de Asturias
C. de Marcelina
Ventilla
TETUÁN
C. de Simancas
C. de José Fentanes
C. de Nueva Zelanda
C. de Isla de Nelson
Valdezarza
Túnel de Sinesio Delgado
C. del Aligustre
Plaza de Guilho
Valdeacederas
Plaza de la Remonta
C. Marqués de Viana
C. de Azuaga
C. del Panizo
C. del Limonero
C. de Francisco Gervás
Tetuán
C. del Pensamiento
C. de Francos Rodríguez
PARQUE DEHESA DE LA VILLA
Francos Rodríguez
C. de Ofelia Nieto
C. de Juan del Risco
C. de Lope de Haro
C. de Huesca
C. de Lérida
C. Orense
C. del General Yagüe
C. del Capitán Haya
C. de los Pirineos
C. de Tiemps
Av. de Pablo Iglesias
C. de la Pabida
C. de Leñeros
Estrecho
C. de Juan de Olías
C. de Ávila
Av. del General Perón
Av. del Brasil
C. de Sta Juliana
C. de S. Raimundo
Paseo de Juan XXIII
C. de Aranjuez
Alvarado
C. de Jaén
C. de Palencia
C. de Oviedo
C. de Hernani
COMPLEJO AZCA
CIUDAD UNIVERSITARIA
Almansa
C. de Bravo Murillo
Cuatro Caminos
Guzmán El Bueno
C. Raimundo Fernández Villaverde
Metropolitano
N. Ministerios
Ciudad Universitaria
C. de los Olivos
Av. del Valle
C. de Alenza
C. de Ponzano
C. de Cristóbal Bordiú
C. de Julián Romea
C. de Isaac Peral
C. de Ríos Rosas
Ríos Rosas
C. de Sta Engracia
C. de Espronceda
Paseo de la Castellana
Paseo de S. Francisco de Sales
C. de Juan Vigón
Av. de Filipinas
C. de Guzmán El Bueno
C. de Meléndez Valdés
Museo de América
El Faro de la Moncloa
Av. del Arco de la Victoria
CHAMBERÍ
Islas Filipinas
Canal
C. de José Abascal
Alonso Cano
Museo Sorolla
C. de Hilarión Eslava
C. de Andrés Mellado
C. de Donoso Cortés
C. de Viriato
a b c d e f g k m n t u x z

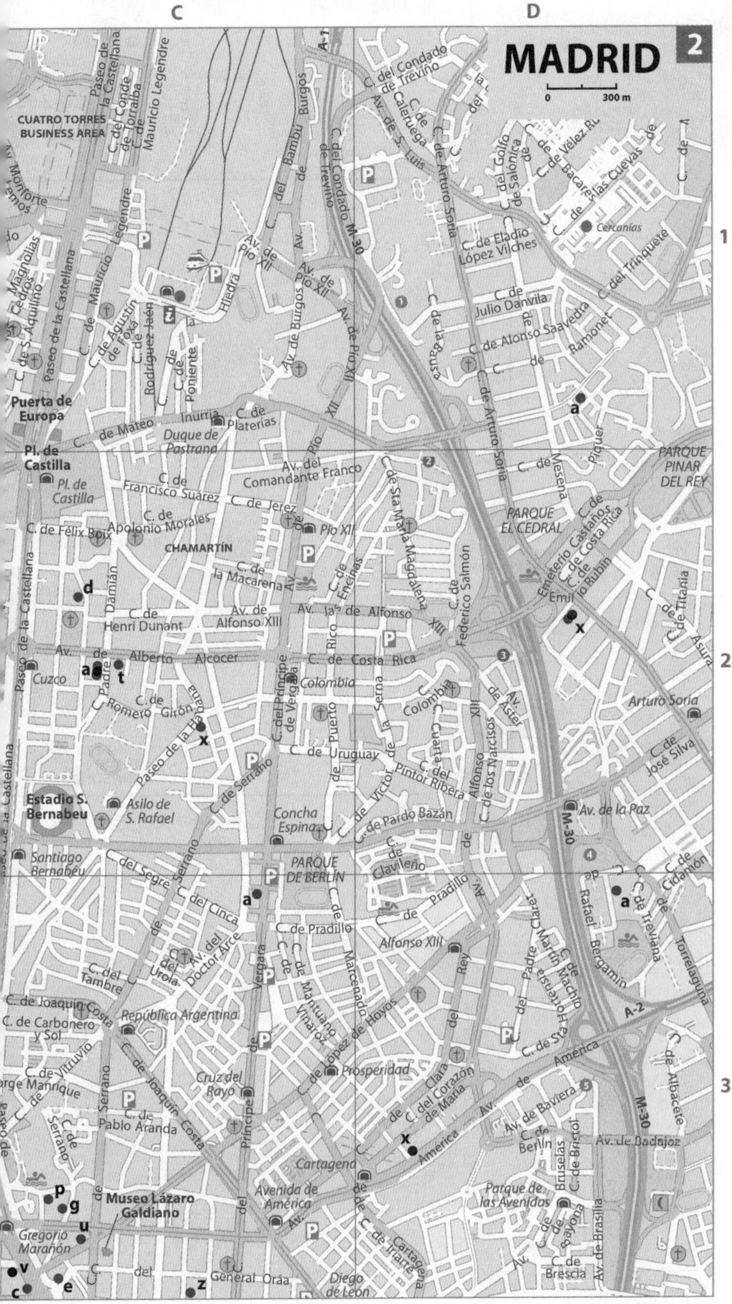
MADRID
2
0
300 m
C
D
1
2
3
CUATRO TORRES BUSINESS AREA
Puerta de Europa
Pl. de Castilla
CHAMARTÍN
Estadio S. Bernabeu
Museo Lázaro Galdiano
PARQUE PINAR DEL REY
PARQUE EL CEDRAL
PARQUE DE BERLÍN
Parque de las Avenidas
Paseo de la Castellana
Av. de Burgos
Av. de Pío XII
C. de Arturo Soria
Av. de Alberto Alcocer
C. de Costa Rica
C. de Serrano
C. del Príncipe de Vergara
C. de López de Hoyos
Av. de América
Av. de Baviera
Av. de Badajoz
C. de Joaquín Costa
C. de Francisco Suárez
C. de Mateo Inurria
Av. del Comandante Franco
Av. de Alfonso XIII
C. de Uruguay
C. de Pradillo
C. de Clara del Rey
C. de Marcenado
C. de Cartagena
C. de Emilio Rubín
C. de José Silva
C. de Alonso Saavedra
C. de Julio Danvila
C. de Eladio López Vilches
C. del Trinquete
Cercanías
M-30
A-1
A-2
Duque de Pastrana
Pl. de Castilla
Pío XII
Colombia
Concha Espina
Cuzco
Santiago Bernabéu
Asilo de S. Rafael
Alfonso XIII
Arturo Soria
Av. de la Paz
República Argentina
Cruz del Rayo
Prosperidad
Cartagena
Avenida de América
Gregorio Marañón
Diego de León
General Oráa

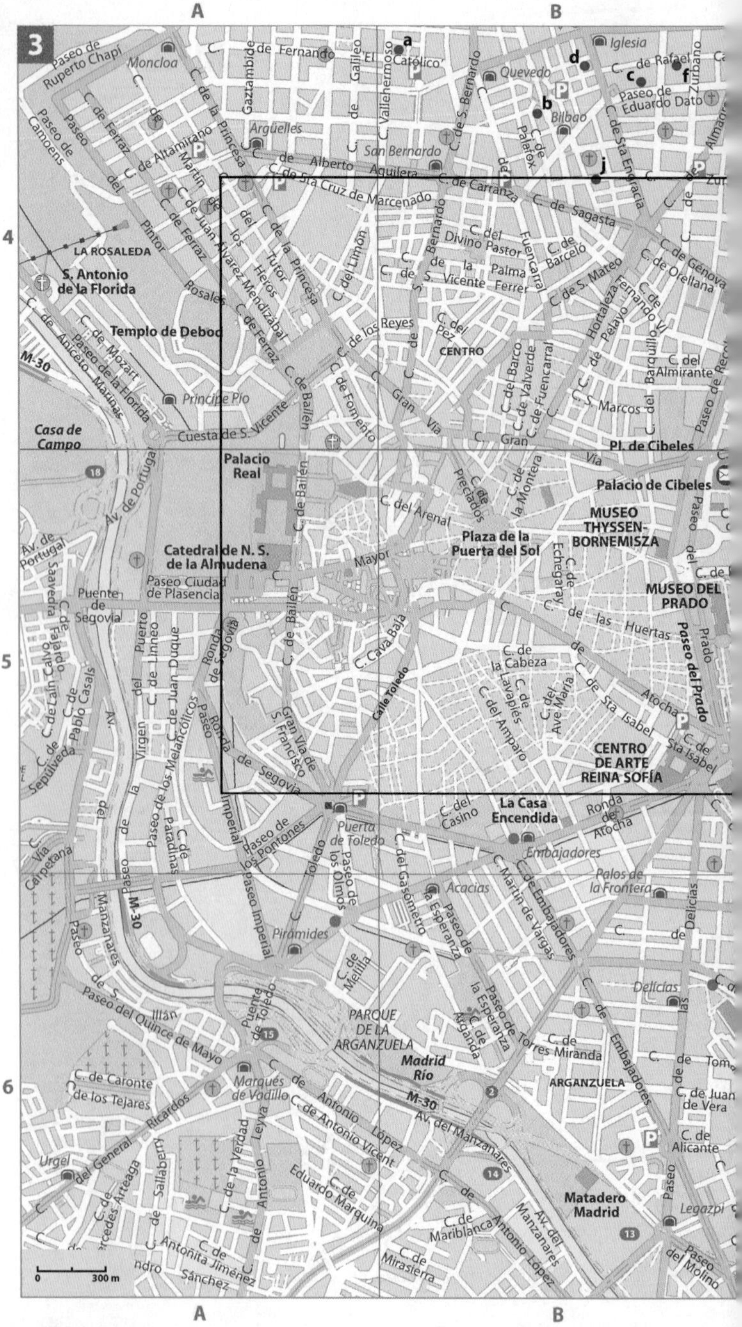
A
B
3
4
5
6
Paseo de Ruperto Chapí
Moncloa
Paseo de Camoens
Paseo del Pintor Rosales
C. de Ferraz
C. de Altamirano
C. de Martín de los Heros
C. de Juan Álvarez Mendizábal
C. de la Princesa
Gaztambide
C. de Fernando 'El Católico'
Galileo
C. Vallehermoso
Argüelles
San Bernardo
C. de Alberto Aguilera
C. de Sta Cruz de Marcenado
C. de S. Bernardo
Quevedo
Iglesia
C. de Rafael
Zurbano
Paseo de Eduardo Dato
Bilbao
C. de Palafox
C. de Sta Engracia
C. de Carranza
C. de Sagasta
C. del Divino Pastor
Fuencarral
C. de Barceló
C. de la Palma
C. de S. Vicente Ferrer
C. de S. Mateo
Hortaleza
C. de Fernando VI
C. de Pelayo
C. del Barquillo
C. de Génova
C. de Orellana
C. del Almirante
C. del Limón
C. del Tutor
LA ROSALEDA
S. Antonio de la Florida
Templo de Debod
C. de los Reyes
C. del Pez
CENTRO
C. del Barco
C. de Valverde
C. de Fuencarral
C. de S. Marcos
M-30
C. de Mozart
Paseo de la Florida
C. de Aniceto Marinas
Príncipe Pío
C. de Bailén
C. de Fomento
Gran Vía
Cuesta de S. Vicente
Casa de Campo
Pl. de Cibeles
Palacio Real
C. de Preciados
C. de la Montera
Palacio de Cibeles
C. del Arenal
Plaza de la Puerta del Sol
MUSEO THYSSEN-BORNEMISZA
Av. de Portugal
Catedral de N. S. de la Almudena
Mayor
C. de Echegaray
Paseo del Prado
MUSEO DEL PRADO
Paseo Ciudad de Plasencia
Puente de Segovia
C. de Saavedra Fajardo
C. de las Huertas
Paseo del Prado
C. Cava Baja
Calle Toledo
C. de la Cabeza
C. de Lavapiés
C. del Ave María
C. del Ampara
C. de Sta Isabel
C. de Atocha
Ronda de Segovia
Paseo Virgen del Puerto
C. de Linneo
C. de Juan Duque
Paseo de los Melancólicos
C. de Laín Calvo
C. de Pablo Casals
C. de Sepúlveda
Gran Vía de S. Francisco
CENTRO DE ARTE REINA SOFÍA
Vía Carpetana
C. de Paradinas
Paseo Imperial
Paseo de los Pontones
Toledo
Puerta de Toledo
Paseo de los Olmos
C. del Gasómetro
C. del Casino
La Casa Encendida
Ronda de Atocha
Embajadores
Palos de la Frontera
Acacias
Paseo de la Esperanza
C. Martín de Vargas
C. de Embajadores
Paseo de las Delicias
Paseo Manzanares
Pirámides
C. de Melilla
Delicias
Paseo de S. Illán
Paseo del Quince de Mayo
Puente de Toledo
PARQUE DE LA ARGANZUELA
C. de Arganda
Paseo de Torres Miranda
C. de Tomás
Madrid Río
ARGANZUELA
C. de Juan de Vera
C. de Caronte
C. de los Tejares
Marqués de Vadillo
C. de Antonio López
C. de Antonio Vicent
M-30
Av. del Manzanares
C. de Alicante
Urgel
C. del General Ricardos
C. de Sallaberry
C. de la Verdad
C. de Antonio Leyva
C. de Eduardo Marquina
Matadero Madrid
Legazpi
C. de Mercedes Arteaga
C. de Antonita Jiménez
C. de Mariblanca
C. de Mirasierra
Paseo del Molino
Sánchez
0
300 m
a
b
c
d
f
j

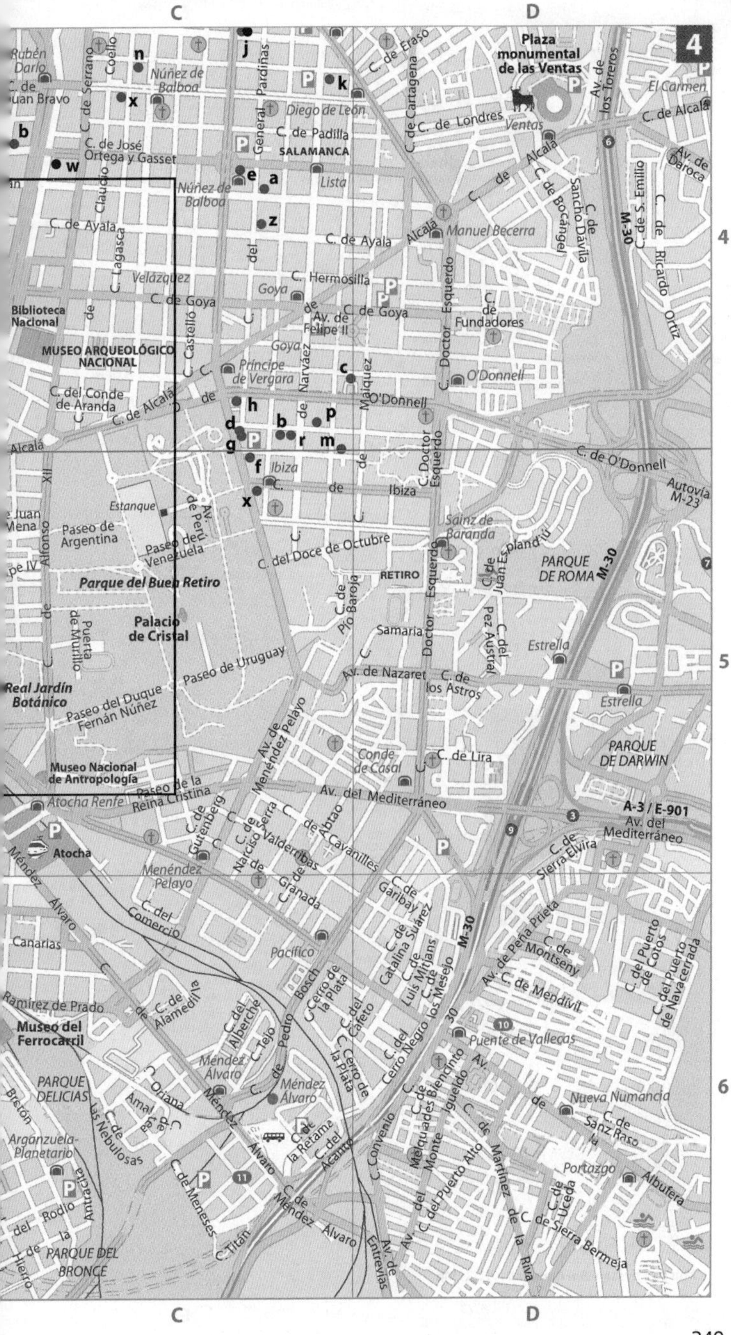
C
D
4
5
6
Plaza monumental de las Ventas
Rubén Darío
C. de Juan Bravo
C. de Serrano
Coello
Núñez de Balboa
C. de José Ortega y Gasset
Claudio
General Pardiñas
C. de Eraso
Diego de León
C. de Padilla
SALAMANCA
C. de Cartagena
C. de Londres
Ventas
Av. de los Toreros
El Carmen
C. de Alcalá
Av. de Daroca
Lista
Núñez de Balboa
C. de Ayala
Manuel Becerra
C. de Bocángel
C. de Sancho Dávila
C. de S. Emilio
C. de Ricardo Ortiz
M-30
Lagasca
Velázquez
C. de Goya
C. Hermosilla
Goya
Av. de Felipe II
C. de Fundadores
Biblioteca Nacional
MUSEO ARQUEOLÓGICO NACIONAL
C. Castelló
Príncipe de Vergara
Narváez
Maiquez
C. Doctor Esquerdo
O'Donnell
C. del Conde de Aranda
C. de Alcalá
C. de O'Donnell
Autovía M-23
Ibiza
C. de Ibiza
Estanque
Av. de Perú
Paseo de Argentina
Paseo de Venezuela
Sainz de Baranda
C. del Doce de Octubre
C. de Juan Esplandiú
PARQUE DE ROMA
RETIRO
Parque del Buen Retiro
Alfonso XII
C. de Pío Baroja
Palacio de Cristal
Puerta de Murillo
Samaria
Pez Austral
Estrella
Paseo de Uruguay
Av. de Nazaret
C. de los Astros
Real Jardín Botánico
Paseo del Duque Fernán Núñez
Av. de Menéndez Pelayo
PARQUE DE DARWIN
Conde de Casal
C. de Lira
Museo Nacional de Antropología
Paseo de la Reina Cristina
Atocha Renfe
Av. del Mediterráneo
A-3 / E-901
Atocha
C. de Gutenberg
C. de Narciso Serra
C. de Valderribas
C. de Abtao
C. de Cavanilles
C. de Sierra Elvira
Menéndez Pelayo
C. de Granada
C. de Garibay
C. del Comercio
Méndez Álvaro
Canarias
Pacífico
C. de Catalina Suárez
C. de Luis Mitjans
C. de los Mesejo
Av. de Peña Prieta
C. de Montseny
C. del Puerto de Cotos
C. del Puerto de Navacerrada
C. de Mendívil
Ramírez de Prado
C. de Alamedilla
C. del Alberche
C. Tejo
C. de Pedro Bosch
C. Cerro de la Plata
C. del Cafeto
C. del Cerro Negro
Museo del Ferrocarril
Puente de Vallecas
PARQUE DELICIAS
C. Oriana
C. Amalfea
C. de las Nebulosas
C. de la Retama
C. del Acanto
C. Convenio
C. de Melquiades Biencinto
C. de Monte Igueldo
Av. de Martínez de la Riva
Nueva Numancia
C. de Sanz Raso
Albufera
Portazgo
Bretón
Arganzuela-Planetario
C. de Meneses
C. del Puerto Alto
C. de Uceda
C. de Sierra Bermeja
Antracita
C. del Rodio
PARQUE DEL BRONCE
C. Titán
Av. de Entrevías
Av. del

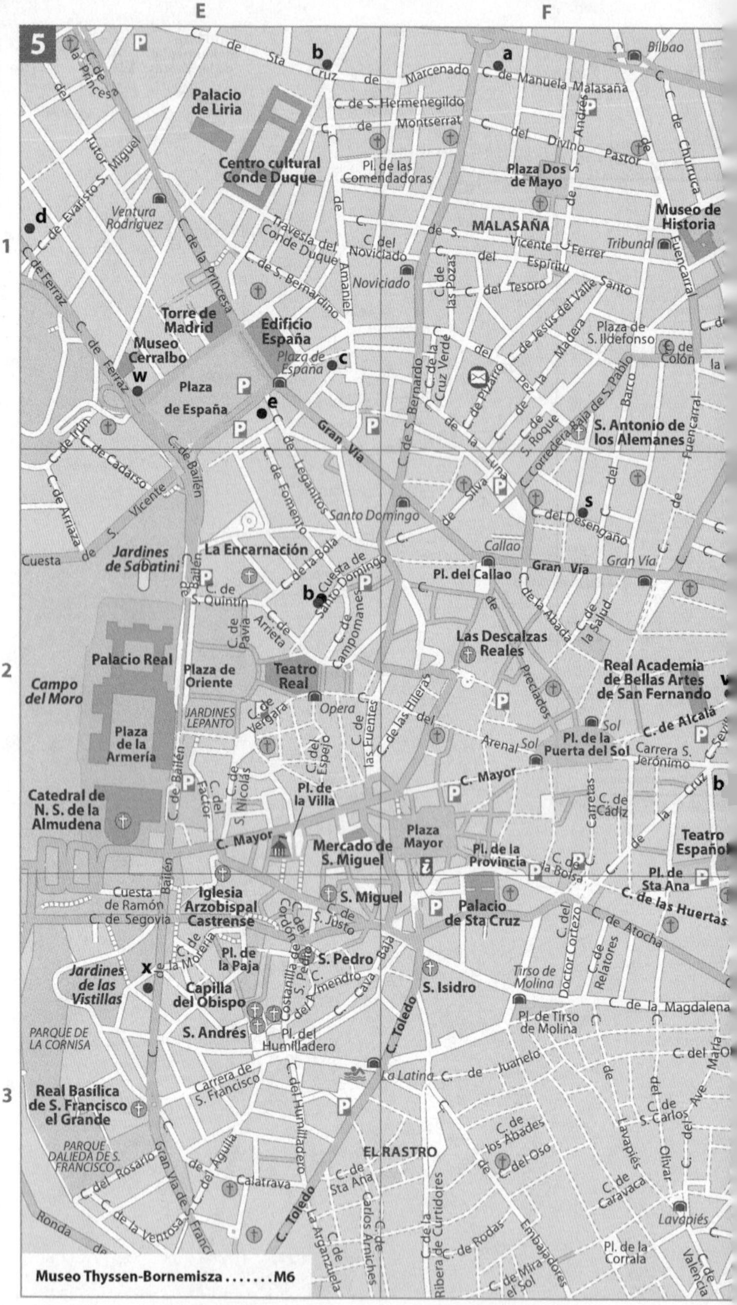
E
F
5
1
2
3
Palacio de Liria
Centro cultural Conde Duque
C. de Sta Cruz de Marcenado
C. de Manuela Malasaña
C. de S. Hermenegildo
C. de Montserrat
Pl. de las Comendadoras
C. del Divino Pastor
Plaza Dos de Mayo
Museo de Historia
C. de Churruca
Bilbao
C. de la Princesa
C. de Tutor
S. Miguel
Ventura Rodríguez
C. de Evaristo S. Miguel
C. de Ferraz
Travesía del Conde Duque
C. de S. Bernardino
C. del Noviciado
Noviciado
C. de Amaniel
MALASAÑA
C. de S. Vicente Ferrer
C. del Espíritu
C. del Tesoro
Tribunal
C. de Fuencarral
C. de las Pozas
C. de Jesús del Valle
Santo
Torre de Madrid
Edificio España
Museo Cerralbo
Plaza de España
Plaza de S. Ildefonso
Pl. de Colón
C. de la Cruz Verde
C. de S. Bernardo
C. de Pizarro
C. del Pez
C. de la Madera
Corredera Baja de S. Pablo
C. del Barco
S. Antonio de los Alemanes
C. de Irún
C. de Cadarso
C. de Arriaza
Cuesta de S. Vicente
C. de Bailén
C. de Leganitos
C. de Fomento
Gran Vía
Santo Domingo
C. de la Luna
C. de S. Roque
C. del Desengaño
Callao
Gran Vía
Pl. del Callao
Jardines de Sabatini
La Encarnación
C. de S. Quintín
C. de la Bola
Cuesta de Santo Domingo
C. de Pavía
C. de Arrieta
C. de Campomanes
C. de la Abada
C. de la Salud
Las Descalzas Reales
Palacio Real
Campo del Moro
Plaza de Oriente
Teatro Real
Real Academia de Bellas Artes de San Fernando
JARDINES LEPANTO
C. de Vergara
Opera
C. del Espejo
C. de las Fuentes
C. de las Hileras
C. del Arenal
Preciados
Sol
Pl. de la Puerta del Sol
C. de Alcalá
Carrera S. Jerónimo
Plaza de la Armería
C. de S. Nicolás
C. del Factor
Pl. de la Villa
C. Mayor
C. de Cádiz
C. de la Cruz
Catedral de N. S. de la Almudena
Mercado de S. Miguel
Plaza Mayor
Pl. de la Provincia
C. de la Bolsa
Teatro Español
Pl. de Sta Ana
C. de las Huertas
Cuesta de Ramón
C. de Segovia
Iglesia Arzobispal Castrense
C. del Cordón
C. de S. Justo
S. Miguel
Palacio de Sta Cruz
C. del Doctor Cortezo
C. de Atocha
C. de Relatores
C. de la Morería
Pl. de la Paja
S. Pedro
Costanilla de S. Pedro
C. del Almendro
Cava Baja
S. Isidro
Tirso de Molina
Jardines de las Vistillas
Capilla del Obispo
C. Toledo
Pl. de Tirso de Molina
C. de la Magdalena
S. Andrés
Pl. del Humilladero
PARQUE DE LA CORNISA
La Latina
C. de Juanelo
Carrera de S. Francisco
C. del Humilladero
Real Basílica de S. Francisco el Grande
C. de S. Carlos
C. del Ave María
C. de Lavapiés
C. del Olivar
C. de los Abades
C. del Oso
EL RASTRO
PARQUE DALIEDA DE S. FRANCISCO
C. del Rosario
Gran Vía de S. Francisco
C. del Águila
Calatrava
C. de Sta Ana
C. de Carlos Arniches
C. de Caravaca
Lavapiés
C. de la Ventosa
Ronda
C. Toledo
La Arganzuela
Ribera de Curtidores
C. de Rodas
Embajadores
C. de Mira el Sol
Pl. de la Corrala
C. de Valencia
Museo Thyssen-Bornemisza M6

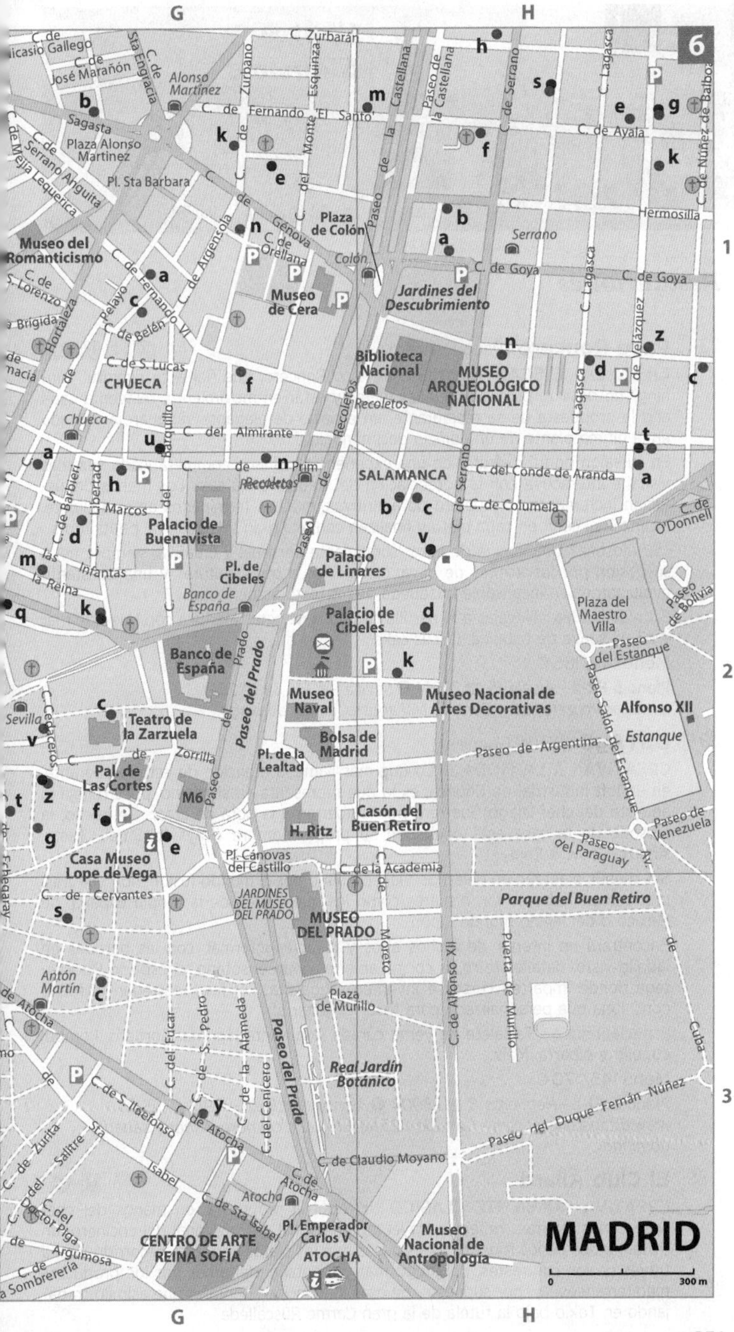
MADRID
6
G
H
1
2
3
0
300 m
Museo del Romanticismo
CHUECA
Chueca
Palacio de Buenavista
Pl. de Cibeles
Banco de España
Palacio de Linares
Palacio de Cibeles
Museo Naval
Bolsa de Madrid
Pl. de la Lealtad
H. Ritz
Casón del Buen Retiro
Teatro de la Zarzuela
Pal. de Las Cortes
Casa Museo Lope de Vega
Pl. Cánovas del Castillo
JARDINES DEL MUSEO DEL PRADO
MUSEO DEL PRADO
Plaza de Murillo
Real Jardín Botánico
CENTRO DE ARTE REINA SOFÍA
Pl. Emperador Carlos V
ATOCHA
Atocha
Museo Nacional de Antropología
Plaza de Colón
Colón
Museo de Cera
Jardines del Descubrimiento
Biblioteca Nacional
MUSEO ARQUEOLÓGICO NACIONAL
Recoletos
SALAMANCA
Serrano
Museo Nacional de Artes Decorativas
Plaza del Maestro Villa
Paseo del Estanque
Paseo Salón del Estanque
Alfonso XII
Estanque
Paseo de Argentina
Paseo de Venezuela
Paseo del Paraguay
Paseo de Bolivia
Parque del Buen Retiro
Puerta de Murillo
C. de Alfonso XII
Paseo del Duque Fernán Núñez
C. de Claudio Moyano
Paseo del Prado
Paseo de Recoletos
Paseo de la Castellana
C. de Serrano
C. Lagasca
C. de Velázquez
C. de Núñez de Balboa
C. de Goya
C. de Ayala
C. Hermosilla
C. del Conde de Aranda
C. de Columela
C. de O'Donnell
C. Zurbarán
C. de Fernando 'El Santo'
C. de Génova
C. de Orellana
C. de Argensola
C. de Fernando VI
C. de Belén
C. de S. Lucas
C. del Almirante
C. de Barquillo
C. de Prim
Alonso Martínez
Plaza Alonso Martínez
Pl. Sta Barbara
Sagasta
C. de Sta Engracia
C. de José Marañón
C. de Serrano Anguita
C. de Mejía Lequerica
C. de S. Lorenzo
Hortaleza
Pelayo
C. de Barbieri
Libertad
S. Marcos
Las Infantas
la Reina
Sevilla
C. Cedaceros
C. de Zorrilla
M6
C. de Cervantes
C. de la Academia
C. de Moreto
Antón Martín
C. de Atocha
C. de S. Ildefonso
C. del Fúcar
C. de S. Pedro
C. de la Alameda
C. del Cenicero
C. de Zurita
C. del Saltre
Sta Isabel
C. de Sta Isabel
C. del Doctor Piga
de Argumosa
C. de Sombrerería

Centro Moncloa

Facto Foto/age fotostock

Restaurantes

✿✿ Paco Roncero (Paco Roncero)

CREATIVA • ELEGANTE XxxX El chef Paco Roncero, que fiel a su espíritu "running" no deja de perseguir nuevas metas y estar en movimiento, reinventa cada año la propuesta de su restaurante, un espacio de elegante vanguardia ubicado en la última planta de un edificio decimonónico.

En su salón podrá disfrutar de una experiencia culinaria completa, cada vez más visual e interactiva con la potenciación del trabajo en la sala. Los menús degustación incrementan el número de aperitivos, muchos terminados ante el cliente, alcanzan el cenit en cada plato y finalizan con una gran selección de petits fours.

¿Su filosofía? Una cocina de autor sumamente personal y creativa, siempre fiel a su pasión por los aceites de oliva, con guiños a otras culturas y una constante evolución en su incansable búsqueda de las texturas perfectas.

Especialidades : Navajas a la parrilla con curry vegetal. Merluza con buey de mar y pil-pil suave de bilbaína. Circus cake.

Menú 148/185€

Plano 5 F2-v - *Alcalá 15 ✉ 28014 Ⓜ Sevilla - ✆ 915 32 12 75 - www.pacoroncero.com - Cerrado 1-31 agosto, lunes, domingo*

✿✿ DSTAgE (Diego Guerrero)

CREATIVA • A LA MODA XX Lo que más llama la atención de este restaurante, en un loft industrial de Chueca, es lo que representa en sí mismo, pues refleja la apuesta del chef Diego Guerrero por la libertad a la hora de crear. De hecho, la filosofía de la casa está oculta en su propio nombre (Days to Smell, Taste, Amaze, Grow & Enjoy).

Sus menús plantean un divertido viaje culinario por el mundo fusionando culturas, productos y sabores tan dispares como los que vienen de la propia España, de México o del lejano mundo nipón.

Encontrará un interior de techos altos y carácter informal, con las paredes en ladrillo visto, detalles retro, la cocina abierta... y en el sótano, el espacio Backdstage donde imparten cursos e inventan propuestas. Al final, entregan el menú con... ¡una púa personalizada para tocar la guitarra!

Especialidades : Tartaleta de yema curada y guisante lágrima. Cordero, kombu, cogollo y piparra. Maíz.

Menú 145/170€

Plano 6 G1-c - *Regueros 8 ✉ 28004 Ⓜ Alonso Martínez - ✆ 917 02 15 86 - www.dstageconcept.com - Cerrado 1-23 agosto, 22 diciembre-7 enero, sábado, domingo*

✿ El Club Allard

CREATIVA • AMBIENTE CLÁSICO XxxX Aquí la propuesta, en manos del chef José Carlos Fuentes, refleja la trayectoria personal y profesional del cocinero, un trotamundos de los fogones, pues busca que los platos narren su recorrido vital a través de los contrastes, del juego mar y montaña, del amor por los productos mediterráneos... y, por supuesto, de esas influencias orientales que asimiló trabajando en Tokio bajo la tutela de la gran Carme Ruscalleda.

El local es distinguido, sin duda, pero si busca sensaciones debe reservar "La Pecera", el privado que se asoma a la cocina, con capacidad para seis comensales dispuestos a descubrir, desde dentro, su menú gastronómico.

¿Un secreto culinario? Siempre tienen garrafas de agua con algas kombu, pues estas ejercen como un potenciador natural del sabor y es la base de sus caldos.

Especialidades : Pulpo y zanahoria en texturas. Rodaballo entre salicornias y espinacas, con reducción de las espinas y quicos. Torrija Allard 2.0, de zanahoria y mandarina.

Menú 80/130 € – Carta 85/115 €

Plano 5 E1-w – *Ferraz 2 ✉ 28008 Ⓜ Plaza España – ✆ 915 59 09 39 – www.elcluballard.com – Cerrado 4-21 agosto, lunes, domingo*

✿ Cebo

CREATIVA • DE DISEÑO XXX ¿Tiene ganas de una experiencia? No dude en entrar, pues aquí descubrirá platos de soberbio nivel técnico.

El restaurante gastronómico del hotel Urban, en pleno corazón de la capital, sorprende por su estilismo y modernidad, con maravillosos detalles de diseño y una barra semicircular que toma el lujo por bandera. La figura aquí es Aurelio Morales, un chef de Alcalá de Henares que tras años de formación en las mejores casas de Cataluña (Miramar, ABaC, elBulli, Tickets...) decidió volver a su entorno y plantear su versión del mítico mar y montaña, algo que vio la luz en una cocina de fusión catalana-madrileña digna de admiración.

Propone dos menús degustación, uno corto y otro largo, que buscan despertar todos nuestros sentidos exaltando los productos desde la innovación y la creatividad.

Especialidades : Boquerón 2016. Arroz Costa Brava y matices del entorno. Cruni de bergamota.

Menú 85/130 €

Plano 6 G2-z – *Hotel Urban, Carrera San Jerónimo 34 ✉ 28014 Ⓜ Sevilla – ✆ 917 87 77 70 – www.cebomadrid.com – Cerrado 1-31 agosto, lunes, domingo*

✿ Corral de la Morería Gastronómico

MODERNA • MARCO CONTEMPORÁNEO XX Una de las mayores sorpresas de los últimos años, pues no es habitual encontrar alta cocina en un local para espectáculos.

Efectivamente, nos hallamos en "el mejor tablao flamenco del mundo", un establecimiento histórico y singular que hoy enriquece su propuesta con dos espacios bien diferenciados: el restaurante Tablao, donde se puede comer algo mientras disfruta del flamenco en vivo, y el restaurante gastronómico como tal, bien separado, contemporáneo, muchísimo más tranquilo y... ¡con solo cuatro mesas!

La oferta de este último, en manos del chef David García, brilla tanto por la puesta en escena como por el servicio, con unos menús degustación de inspiración vasca que dejan huella. Elaboraciones delicadas, finísimas texturas, fondos y caldos que te hacen cerrar los ojos de placer...

Especialidades : Tallarines de calamar con un toque picante y caldo de chipirón. Pichón asado y reposado, tomate anisado y hojas de espinaca. Intxaursaltsa.

Menú 49/65 €

Plano 5 E3-x – *Morería 17 ✉ 28005 Ⓜ La Latina – ✆ 913 65 84 46 – www.corraldelamoreria.com – Cerrado 1 julio-31 agosto, lunes, almuerzo: martes-sábado, domingo*

✿ Yugo (Julián Mármol)

JAPONESA • AMBIENTE EXÓTICO X ¿Conoce las tradicionales tabernas japonesas (Izakayas)? Aquí descubrirá la esencia de estas casas, el punto de encuentro habitual en el día a día de cualquier nipón.

Sorprende por su cuidadísima decoración, con dos ambientes bien diferenciados, una barra de sushi, profusión de maderas, bellas máscaras, banderas... y una cocina mimada hasta el más ínfimo detalle, pues Julián Mármol ha sabido fusionar las cocinas japonesa y mediterránea respetando la sutileza oriental a la hora de adaptarse al paladar europeo. Todo parte del producto y, a través de él, busca provocarnos... ¡una sucesión de sensaciones únicas!

¿Hay alguna sorpresa? Pues sí, ya que en el sótano esconden "The Bunker", una sala reservada para socios e ideada como si estuviéramos en un auténtico búnker de la II Guerra Mundial.

Especialidades : Sashimi Moriawase. Gamba roja con cresta de gallo. Flan de fresa y bombones de té verde.

Menú 90 € (almuerzo), 110/155 € – Carta 75/110 €

Plano 6 G3-y – *San Blas 4 ✉ 28014 Ⓜ Atocha – ☎ 914 44 90 34 – www.yugothebunker.com – Cerrado almuerzo: lunes, domingo*

Gofio by Cícero Canary (Safe Cruz)

REGIONAL • BISTRÓ El sabor y la esencia de Canarias... ien pleno Barrio de las Letras!

En este pequeño local tipo bistró, actualizado con gusto, viajará sensorialmente a las "islas afortunadas" para descubrir su calor, su vegetación, sus volcanes, sus paisajes desérticos... reinterpretando esta exuberante belleza desde un punto de vista gastronómico que nos hace sentir, muy de cerca, toda su personalidad. El chef al frente, Safe Cruz, apuesta por dos menús degustación de cocina canaria creativa en los que a través de pequeños bocados podrá degustar recetas y productos de las distintas islas, siempre con sabores bien compenetrados, gran intensidad y una exquisita sutileza.

La bodega también resulta interesante, pues se centra en vinos canarios de pequeños productores para sorprender, aún más, al comensal.

Especialidades : Bocadillo de pata asada en olla de hierro con su jugo. Caldo millo, costilla de cerdo ibérico y papa negra. Leche asada de cabra, helado de gofio y dulce de guayaba.

Menú 50/80 €

Plano 6 G3-s – *Lope de Vega ✉ 28014 Ⓜ Antón Martin – ☎ 915 99 44 04 – www.gofiobycicero.com – Cerrado 6-12 abril, 10-25 agosto, 23 diciembre-7 enero, lunes, martes*

Atlantik Corner

COCINA DE MERCADO • TENDENCIA Se encuentra en el popular Barrio de Las Letras, presenta un sencillo ambiente de bistró y, conceptualmente, resulta original. Bajo el nombre de Atlantik Corner encontraremos más que una cocina una filosofía, desenfadada y viajera, que apuesta por los sabores del Atlántico como si se tratase de una región, por eso su carta se cimenta en la cercana gastronomía portuguesa y gallega para ir creciendo hacia sabores mucho más lejanos: marroquís, mexicanos, brasileños... ¿Qué recomendamos? Pruebe la Ensaladilla con encurtidos y pulpo, el Carabinero asado al carbón o algún plato de bacalao.

Especialidades : Croquetas de centollo y pimientos de Padrón en tempura. Bacalao à Brás. Torrija de brioche con helado de galleta.

Menú 15 € (almuerzo)/45 € – Carta 31/45 €

Plano 6 G2-g – *Ventura de la Vega 11 ✉ 28014 Ⓜ Sevilla – ☎ 910 71 72 45 – www.atlantikcorner.com*

Triciclo

CREATIVA • BISTRÓ El nombre le va como anillo al dedo, pues las tres ruedas del vehículo infantil sirven de preciosa metáfora para referirse a los tres jóvenes chefs que llevan las riendas de la casa. En conjunto, exhibe una sencillez decorativa que cabalga entre la rusticidad más elemental y el encanto propio de un bistrot... sin embargo, lo realmente importante es su interesante apuesta culinaria, de gusto actual y basada tanto en las sugerencias del día como en las elaboraciones más personales, creativas o exóticas que encontrará en su carta. ¡Puede pedir los platos en medias raciones o en formato de tapa!

Especialidades : Carabinero asado al sarmiento. Merluza frita con ajoarriero de gamba roja. Brioche tostado en sartén con helado de almendra.

Menú 55/80 € – Carta 35/55 €

Plano 6 G3-c – *Santa María 28 ✉ 28014 Ⓜ Antón Martin – ☎ 910 24 47 98 – www.eltriciclo.es – Cerrado 7-14 enero, domingo*

Alabaster

MODERNA • A LA MODA XXX Atesora un gastrobar y un interior actual, con detalles de diseño, dominado por los tonos blancos. Cocina tradicional actualizada con devoción por los productos gallegos.

Carta 40/60 €

Plano 6 H2-k - *Montalbán 9 Ⓜ Retiro - ✆ 915 12 11 31 - www.restaurantealabaster.com - Cerrado 5-12 abril, 10-30 agosto, domingo*

Dos Cielos Madrid

MODERNA • DE DISEÑO XXX La apuesta madrileña de los famosos gemelos Torres, en las caballerizas de un lujoso palacio. Ofrecen un menú degustación y una carta actual en base a productos de temporada.

Menú 55 € (almuerzo)/120 € - Carta 60/90 €

Plano 5 E2-b - *Hotel Gran Meliá Palacio de los Duques, Cuesta de Santo Domingo 5 ✉ 28013 Ⓜ Ópera - ✆ 915 41 67 00 - www.melia.com - Cerrado 1-31 agosto, lunes, domingo*

Ático

MODERNA • BURGUESA XX Demuestra personalidad respecto al hotel, está tutelado por el chef Ramón Freixa y destaca tanto por su estética clásica-actual como por sus vistas. Cocina actual desenfadada.

Menú 45 € (almuerzo)/70 € - Carta 40/60 €

Plano 6 G2-k - *Hotel The Principal Madrid, Marqués de Valdeiglesias 1 ✉ 28004 Ⓜ Banco de España - ✆ 915 32 94 96 - www.restauranteatico.es*

El Señor Martín Ⓝ

TRADICIONAL • TENDENCIA XX Casa de aire actual-industrial en la que todo gira en torno al mar, siempre con productos de gran tamaño y calidad. Optan por las brasas y la parrilla como forma de expresión.

Carta 50/90 €

Plano 6 G1-n - *General Castaños 13 ✉ 28004 Ⓜ Alonso Martínez - ✆ 917 95 71 70 - www.srmartin.es - Cerrado 9-25 agosto, domingo*

Arallo Taberna

FUSIÓN • BAR DE TAPAS X Un gastrobar urbano que rompe conceptos y apuesta por la fusión, combinando la cocina española con la oriental en un sutil juego de texturas y sabores. ¡Pruebe sus Dumplings!

Tapa 5 € - Ración 15 € - Menú 20 € (almuerzo)/35 €

Plano 6 G2-m - *Reina 31 ✉ 28004 Ⓜ Chueca - ✆ 690 67 37 96 - www.arallotaberna.com - Cerrado 10-23 agosto*

Arce

CLÁSICA • AMBIENTE CLÁSICO X Una casa de organización familiar que denota buen hacer, pues plantean una cocina clásica de producto y sabor. Amplia carta, menús y la posibilidad de tomar medias raciones.

Menú 65/80 € - Carta 50/75 €

Plano 6 G2-h - *Augusto Figueroa 32 ✉ 28004 Ⓜ Chueca - ✆ 915 22 04 40 - www.restaurantearce.com - Cerrado 10-20 agosto, lunes, martes*

Askuabarra

COCINA DE MERCADO • SENCILLA X Llevado por dos hermanos que han mamado la profesión, de ahí el valor que dan a usar productos de calidad. Cocina de mercado actualizada y una especialidad, el Steak tartare.

Carta 35/60 €

Plano 6 G2-v - *Arlabán 7 ✉ 28014 Ⓜ Sevilla - ✆ 915 93 75 07 - www.askuabarra.com - Cerrado cena: domingo*

Barra M

FUSIÓN • BAR DE TAPAS Este curioso local, presidido por una única mesa-barra, ensalza la comida callejera elaborando una sugerente fusión entre la cocina asiática y la peruana. ¡Ideal para foodies!

Tapa 6 € - Ración 20 €

Plano 6 G2-d - *Libertad 5 ✉ 28004 Ⓜ Chueca - ✆ 916 68 46 78 - www.barraeme.es - Cerrado 1-15 agosto, almuerzo: lunes-martes, cena: domingo*

Chuka Ramen Bar

FUSIÓN • AMBIENTE ORIENTAL ¿Conoce la versión japonesa de la cocina china? Aquí ofrecen la fusión culinaria entre ambas culturas, con platos míticos como el Ramen y alguna propuesta mucho más callejera.

Carta 26/37 €

Plano 6 G2-t - *Echegaray 9 ✉ 28014 Ⓜ Sevilla - ✆ 640 65 13 46 - www.chukaramenbar.com - Cerrado 2-25 agosto, lunes, almuerzo: martes, domingo*

Enklima

FUSIÓN • SENCILLA Modesto, íntimo y llevado por una pareja emprendedora. A través de sus menús descubrirá una cocina de fusión muy personal, al gusto del día pero con muchos matices exóticos.

Menú 60/85 €

Plano 5 E1-d - *Ferraz 36 ✉ 28008 Ⓜ Ventura Rodríguez - ✆ 911 16 69 91 - www.enklima.com - Cerrado lunes, almuerzo: martes-viernes, domingo*

Gioia

ITALIANA • ROMÁNTICA Coqueto local en dos alturas llevado por una pareja del Piamonte. Ofrecen una cocina italiana clásica con platos actuales. ¡Pruebe su L'uovo morbido o el curioso Riso e oro!

Menú 30/45 € - Carta 36/56 €

Plano 6 G2-a - *San Bartolomé 23 ✉ 28004 Ⓜ Chueca - ✆ 915 21 55 47 - www.gioiamadrid.es - Cerrado 10-23 agosto, lunes, cena: martes*

Krachai

THAI • AMBIENTE ORIENTAL Repartido en dos salas, ambas con una iluminación bastante cuidada y de montaje actual. La carta, de cocina tailandesa, distribuye los platos según su técnica de elaboración.

Menú 35 € - Carta 30/55 €

Plano 6 G1-a - *Fernando VI-11 ✉ 28004 Ⓜ Alonso Martínez - ✆ 918 33 65 56 - www.krachai.es - Cerrado 9-31 agosto, cena: domingo*

Lamian by Soy Kitchen

FUSIÓN • SENCILLA Con su nombre hacen referencia al icónico y popular Ramen, concebido aquí como el mejor punto de partida para descubrir la fusión entre la gastronomía española y la oriental.

Carta 25/50 €

Plano 5 E1-c - *Plaza Mostenses 4 ✉ 28015 Ⓜ Plaza de España - ✆ 910 39 22 31 - www.lamianconcept.com - Cerrado 12-25 agosto, lunes*

Luke Ⓝ

CREATIVA • ACOGEDORA Un asiático que... ¡sorprende al paladar! El chef surcoreano Luke Jang propone una cocina de fusión que mezcla los productos, técnicas y sabores ibéricos con los coreanos.

Menú 65 € - Carta 25/45 €

Plano 6 G1-f - *Bárbara de Braganza 2 ✉ 28004 Ⓜ Alonso Martinez - ✆ 913 19 94 57 - www.lukerestaurante.com - Cerrado domingo*

Tampu

PERUANA • DE DISEÑO Pizarra, madera, mimbre... y un nombre que rememora las antiguas posadas existentes en el Camino del Inca. Cocina peruana clásica y moderna, con ceviches, tiraditos, causas...

Menú 16 € (almuerzo), 45/65 € - Carta 30/60 €

Plano 6 G2-n - *Prim 13 ✉ 28004 Ⓜ Chueca - ✆ 915 64 19 13 - www.tampurestaurante.com - Cerrado lunes, cena: domingo*

La Tasquita de Enfrente

INTERNACIONAL • FAMILIAR Próximo a la Gran Vía y con buena clientela. Ofrece una cocina de inspiración francesa, bien actualizada, que se construye cada día en base al producto de temporada adquirido.

Menú 85/120 € – Carta 50/75 €

Plano 5 F2-s – *Ballesta 6 ✉ 28004 Ⓜ Gran Vía – ☎ 915 32 54 49 – www.latasquitadeenfrente.com – Cerrado 3-30 agosto, domingo*

Tori-Key Ⓝ

JAPONESA • SIMPÁTICA Un japonés diferente, pues huye de la habitual propuesta fría a base de sushi para abordar el mundo de la cocina Yakitori, la centrada en las brochetas de pollo a la parrilla.

Menú 15 € (almuerzo), 30/55 € – Carta 30/50 €

Plano 1 B3-x – *Plaza del Descubridor Diego de Ordás 2 ✉ 28003 Ⓜ Ríos Rosas – ☎ 914 38 86 70 – Cerrado 18-22 abril, 5-30 agosto, domingo*

Umiko

JAPONESA • MINIMALISTA Un asiático divertido y diferente, pues aspira a fusionar la cocina nipona tradicional con los sabores madrileños más castizos. ¡Terminan la mayoría de los platos en la barra!

Carta 45/60 €

Plano 6 G2-c – *Los Madrazo 18 ✉ 28014 Ⓜ Sevilla – ☎ 914 93 87 06 – www.umiko.es – Cerrado 5-13 abril, 9-24 agosto, lunes, domingo*

Alojamientos

The Westin Palace Madrid

LUJO • CLÁSICA Elegante e histórico, pues es... ¡todo un símbolo de la Belle Époque! Alberga una bellísima zona social bajo una bóveda Art Nouveau y suntuosas habitaciones, unas clásicas y otras de línea más actual. En el restaurante La Rotonda elaboran cocina internacional.

470 habitaciones – 850/1000 € – 39 € – 51 suites

Plano 6 G2-e – *Plaza de las Cortes 8 Ⓜ Sevilla – ☎ 913 60 80 00 – www.marriott.com*

Gran Hotel Inglés Ⓝ

BOUTIQUE HOTEL • VINTAGE Presume de historia, pues abrió en 1886 y en él se han dado cita personajes como Virginia Woolf, Matisse, Carlos Gardel... Ofrece lujosas estancias de inspiración art déco, cuidadas habitaciones y un restaurante que apuesta por la cocina tradicional castiza.

38 habitaciones – 250/450 € – 10 suites

Plano 5 F2-b – *Echegaray 8 ✉ 28014 Ⓜ Sevilla – ☎ 913 60 00 01 – www.granhotelingles.com*

Gran Meliá Palacio de los Duques

EDIFICIO HISTÓRICO • ELEGANTE ¡A pocos metros del Teatro Real! Este palacio del s. XIX, tematizado en torno a la figura de Velázquez, ofrece espacios multifuncionales de carácter público y privado (Red Level), habitaciones actuales de gran confort y, ya en la azotea, unas idílicas vistas.

180 habitaciones – 250/450 € – 35 €

Plano 5 E2-b – *Cuesta de Santo Domingo 5 ✉ 28005 Ⓜ Ópera – ☎ 915 41 67 00 – www.melia.com*

Dos Cielos Madrid – Ver selección restaurantes

Urban

LUJO • DE DISEÑO Resulta idóneo para sentir el pulso de la ciudad, tiene una estética vanguardista y confirma una especial relación con el arte, ya que decora el edificio con muchas obras originales y... ¡tiene su propio museo! Habitaciones detallistas de línea clásica-actual.

96 habitaciones - 120/410 € - 26 €

Plano 6 G2-z - *Carrera San Jerónimo 34 ✉ 28014 Ⓜ Sevilla - ✆ 917 87 77 70 - www.hotelurban.com*

Cebo - Ver selección restaurantes

Villa Real

NEGOCIOS • PERSONALIZADA Sorprende, pues atesora una valiosa colección de arte griego y romano en todas sus dependencias. Las confortables habitaciones poseen atractivos detalles y mobiliario en caoba. El restaurante, decorado con litografías de Andy Warhol, muestra un carácter informal y una cocina tradicional con tintes actuales.

115 habitaciones - 120/250 € - 23 € - 14 suites

Plano 6 G2-f - *Plaza de las Cortes 10 ✉ 28014 Ⓜ Sevilla - ✆ 914 20 37 67 - www.hotelvillareal.com*

VP Plaza España Design

LUJO • A LA MODA Un hotel pensado tanto para el turista como para el cliente de empresa. Encontrará detalles de diseño, obras de arte, zonas lúdicas... y un fantástico sky bar panorámico en la última planta, donde está el restaurante y su genial piscina con fondo transparente.

211 habitaciones - 205/280 € - 25 € - 3 suites

Plano 5 E1-e - *Plaza España 5 ✉ 28008 Ⓜ Plaza de España - ✆ 915 95 55 10 - www.plazaespana-hotel.com*

Las Letras Gran Vía

NEGOCIOS • CLÁSICA Edificio restaurado que sorprende por su interior, actual y colorista. Tiene habitaciones de diseño muy neoyorquino, con una iluminación intimista y curiosos poemas en las paredes. Su restaurante está casi unido al lounge-bar, donde suelen pinchar música.

109 habitaciones - 140/640 € - 20 €

Plano 6 G2-q - *Gran Vía 11 ✉ 28013 Ⓜ Gran Vía - ✆ 915 23 79 80 - www.iberostar.com*

Only You Boutique H. Madrid

NEGOCIOS • DE DISEÑO Encantador hotel ubicado en el corazón de Chueca, en un palacio rehabilitado del s. XIX que hoy se muestra moderno y con mil detalles tras una profunda labor de interiorismo. Acogedoras zonas sociales, habitaciones muy bien equipadas y un correcto restaurante.

125 habitaciones - 180/1000 € - 27 €

Plano 6 G1-2-u - *Barquillo 21 ✉ 28004 Ⓜ Chueca - ✆ 910 05 22 22 - www.onlyyouhotels.com*

The Principal Madrid

BOUTIQUE HOTEL • ELEGANTE Ubicado en uno de los primeros edificios que se construyeron en la Gran Vía, junto al emblemático Metrópolis. La recepción se halla en la sexta planta, ofrece habitaciones de línea actual, que varían según sus vistas, y atesora una encantadora azotea-terraza.

72 habitaciones - 200/540 € - 29 € - 4 suites

Plano 6 G2-k - *Marqués de Valdeiglesias 1 ✉ 28004 Ⓜ Banco de España - ✆ 915 21 87 43 - www.theprincipalmadridhotel.com*

Ático - Ver selección restaurantes

Retiro Salamanca

H. Lippert/imageBROKER/age fotostock

Restaurantes

✿✿ Ramón Freixa Madrid

CREATIVA • DE DISEÑO XXXX Formado en el restaurante familiar de Barcelona (El Racó d'en Freixa), el chef Ramón Freixa ha sabido ganarse tanto los corazones como los paladares del cosmopolita comensal madrileño. Su filosofía, en línea con una cocina creativa y de autor, da un giro hacia los orígenes, las tradiciones mediterráneas y los maridajes clásicos, que aquí son tratados de una manera muy actual.

El elegante local, ubicado en el hotel Único Madrid, presenta un comedor principal y un tranquilo privado, sorprendiendo ambos espacios por los bellísimos mosaicos de sus suelos. ¡Agradable terraza para la sobremesa!

El constante juego de equilibrios entre tradición y vanguardia se deja notar, especialmente, en el valor que el chef otorga a la calidad de los panes, no en vano... ¡sus abuelos maternos eran panaderos!

Especialidades : El estudio del tomate 2020. Micro menu de bogavante de nuestras costas. Miel, flores y pimientas.

Menú 110/180 € – Carta 100/175 €

Plano 6 H1-s – *Hotel Único Madrid, Claudio Coello 67 ✉ 28001 Ⓜ Serrano – ✆ 917 81 82 62 – www.ramonfreixamadrid.com – Cerrado 5-13 abril, 1-31 agosto, lunes, domingo*

✿ Kabuki Wellington (Ricardo Sanz)

JAPONESA • DE DISEÑO XXX Nos encontramos en el hotel Wellington, donde el chef Ricardo Sanz ha sabido madurar y expandir su proyecto hasta convertir al Grupo Kabuki en lo que hoy es.

En este elegante restaurante, imprescindible para un gastrónomo, descubrirá toda la verdad sobre la "Cocina Kabuki". Aquí surgen las ideas y combinaciones que luego, adaptadas a los productos locales, ven la luz en el resto de restaurantes del grupo para reflejar esa increíble fusión entre la cocina japonesa y la mediterránea, con el producto ibérico como eje vertebrador.

Ricardo Sanz suele estar trabajando tras la barra de sushi, donde muestra su maestría cual "sensei" a la hora de realizar los distintos cortes en crudo, al estilo nipón tradicional. ¡Las mesas de la parte alta permiten ver toda la sala y la labor de los cocineros!

Especialidades : Sashimi Wellington. Maguro teriyaki. Cremoso de yuzu.

Menú 110 € – Carta 80/130 €

Plano 6 H2-a – *Hotel Wellington, Velázquez 6 ✉ 28001 Ⓜ Retiro – ✆ 915 77 78 77 – www.restaurantekabuki.com – Cerrado 6-12 abril, 3-24 agosto, almuerzo: sábado, domingo*

✿ 99 KŌ sushi bar

JAPONESA • A LA MODA XX Singular, elegante, exclusivo... y con un nombre muy apropiado, pues KŌ es la "niña bonita" del grupo Bambú.

El local, con el concepto espacial propio de un restaurante boutique, presenta una gran barra de sushi para 16 comensales, una zona de bar y un reservado. El chef David Arauz, que siente la gastronomía nipona como "un estilo de vida", propone una cocina japonesa contemporánea respetuosa con la tradición, las técnicas y los productos, buscando siempre las mejores materias primas y la armonía de cada plato. El planteamiento se centra en dos menús (Omakase y Kaiseki), abriéndonos ambos a un universo de sabores y texturas donde cada bocado supone una explosión de sensaciones.

Desde cualquier punto de la barra se aprecia, perfectamente, la hermosa liturgia de los cortes en crudo.

Especialidades : Tartar toro y caviar. Buey wagyu en sarmientos. Helado de tomillo y tocino de cielo de maracuyá.

Menú 110/165€

Plano 6 H1-h – *Marqués de Villamagna 1 Ⓜ Rubén Darío – ✆ 914 31 38 78 – www.99kosushibar.com – Cerrado 15 agosto-11 septiembre, almuerzo: lunes, domingo*

Álbora

MODERNA • MARCO CONTEMPORÁNEO XX Abrió sus puertas con la premisa de ofrecer a la pudiente clientela del barrio de Salamanca una oferta gastronómica de calidad, algo que ha conseguido con creces bajo la atenta batuta de un profesional como Jorge Dávila.

Encontrará dos zonas bien diferenciadas: el moderno gastrobar de la planta baja, donde se presenta de forma informal una magnífica selección de pinchos, tapas y raciones, así como un restaurante de carácter gastronómico en el piso superior, este último con un ambiente mucho más íntimo y sofisticado.

Desde los fogones prima la excelencia de las materias primas sobre el hecho de proponer unas complicadas elaboraciones, pues aquí apuestan por una cocina actualizada de base tradicional que juegue con los productos de temporada. ¡No dude en degustar sus soberbias chacinas!

Especialidades : Cigala de tronco, fondo de sus cabezas y toques picantes. Lenguado a la plancha, salsa de tomate y albahaca. Torrija caramelizada con su helado de canela.

Menú 65/95€ – Carta 55/85€

Plano 6 H1-z – *Jorge Juan 33 ✉ 28001 Ⓜ Velázquez – ✆ 917 81 61 97 – www.restaurantealbora.com – Cerrado 10-16 agosto, cena: domingo*

Punto MX (Roberto Ruiz)

MEXICANA • MINIMALISTA XX ¡Este es el primer restaurante mexicano que logró una estrella MICHELIN!

El chef Roberto Ruiz ha revitalizado la gastronomía de vanguardia mexicana con elaboraciones en directo, procesos artesanales, nuevas tecnologías, materias primas extraídas de su propia huerta... y, en los últimos tiempos, una clara apuesta por incorporar insectos (Escamoles, Chapulines, Chicatanas...), ingredientes opcionales que resultan habituales en la cocina mexicana y que aquí le aportan un toque crujiente a algunas elaboraciones.

Confían en la evolución natural, por eso los platos que dieron fama a la casa (Guacamole Punto MX, Tuétano a la brasa, Tacos...) ahora solo se pueden recordar en el Mezcal Lab, un espacio de ambiente más informal en el que también ofrecen... ¡la mayor colección de mezcales de Europa!

Especialidades : Guacamole Punto MX. Tuétano a la brasa. Crêpes de cajeta.

Menú 110/170€

Plano 4 C4-z – *General Pardiñas 40 ✉ 28001 Ⓜ Goya – ✆ 914 02 22 26 – www.puntomx.es – Cerrado 5-12 abril, 15-31 agosto, 23 diciembre-7 enero, lunes, domingo*

La Tasquería (Javier Estévez)

MODERNA • BISTRÓ X Esta original tasca está revolucionando conceptos, pues toma la humilde casquería como base para unas creaciones de alta cocina que no se limitan a trabajar solo con estos productos; de hecho Javi Estévez, el joven chef, indica: "somos casqueros pero también hacemos otras cosas".

El local, rústico-actual con detalles industriales, busca potenciar esa "cultura casquera" impresa en el ADN de los madrileños más castizos; eso sí, dándole una vuelta para que a través de las técnicas actuales se eleve a un nivel superior, más delicado y elegante.

ADN
LOCAL
POR NUESTRAS VENAS CORRE KM.0
POR NUESTRAS VENAS CORRE KM.0
makro
TU ÉXITO ES NUESTRO COMPROMISO

Ofrecen elaboraciones para todos los gustos, pero su especialidad son las raciones de casquería fina en torno a la ternera, el cordero, el cerdo... No se pierda la Cabecita de cochinillo crujiente, uno de los platos más fotografiados por los foodies.

Especialidades : Ensalada de lengua de ternera con salpicón de bogavante. Rabitos de cerdo con anguila y queso. Milhojas de pistacho con sorbete de yuzu.

Menú 50/75€ - Carta 40/50€

Plano 4 C4-c - *Duque de Sesto 48 ✉ 28009 Ⓜ Goya - ✆ 914 51 10 00 - www.latasqueria.com - Cerrado 7-16 enero, 3-25 agosto, cena: domingo*

Cantina Roo Ⓝ

MEXICANA • COLORIDA Un mexicano curioso, colorista, canalla... que sorprende en lo estético al reproducir, a través de modestos murales que parecen grafitis, esos divertidos exvotos con esqueletos en los que nos narran historias cotidianas. La propuesta, construida entre el fotógrafo mexicano Óscar Polanco y el chef español Guillermo Ortega, está pensada para compartir, en base al recetario mexicano pero con parte de las materias primas mediterráneas y unas cuidadísimas tortas de maíz artesanas. También ofrecen tequilas, mezcales y cervezas mexicanas, así que déjese llevar y... ¡pídase una refrescante michelada!

Especialidades : Ceviche de lubina y gambón. Tacos al pastor de lagarto ibérico. Tamal de chocolate.

Menú 15€ (almuerzo)/25€ - Carta 28/40€

Plano 2 C3-u - *López de Hoyos 13 ✉ 28006 Ⓜ Gregorio Marañón - ✆ 918 05 20 59 - www.cantinaroo.es - Cerrado 1-26 agosto, lunes, cena: domingo*

La Castela

TRADICIONAL • AMBIENTE TRADICIONAL Todo un clásico, sencillo pero puesto al día, en el que se da continuidad a las populares e históricas tabernas madrileñas. Los espejos, los estucos, el mostrador de estaño... entrar aquí es como viajar en el tiempo. Tras el bar de la entrada encontrará un comedor de correcto montaje donde el propietario, que toma las comandas, propone una cocina tradicional en la que lo más destacado son las excelentes sugerencias y la frescura del producto. ¿Qué pedir? Cualquier pescado fresco, los Chipirones encebollados... o la Milhoja de ventresca, que es lo que degustó Michelle Obama cuando comió aquí.

Especialidades : Garbanzos salteados con langostinos. Rabo de toro. Tarta de queso.

Carta 33/45€

Plano 4 C4-r - *Doctor Castelo 22 ✉ 28009 Ⓜ Ibiza - ✆ 915 74 00 15 - www.lacastela.com - Cerrado cena: domingo*

Castelados

TRADICIONAL • AMBIENTE TRADICIONAL Se encuentra a escasos metros del Retiro y parece haber encontrado la deseada fórmula del éxito, pues tanto el ambiente como la propuesta culinaria siguen los pasos del restaurante La Castela, el cercano y concurrido hermano mayor de la calle Doctor Castelo. ¿Qué encontrará? Un animado bar orientado al tapeo, una sala de línea clásica-funcional y una carta tradicional de producto que destaca tanto por la calidad del pescado, siempre fresco, como por su apartado de sugerencias diarias. Pruebe la Milhoja de ventresca, los Garbanzos salteados con langostinos, su delicioso Rabo de toro...

Especialidades : Milhojas de ventresca. Merluza al aceite de oliva. Sorbete de hierbabuena.

Carta 32/45€

Plano 4 C4-h - *Antonio Acuña 18 ✉ 28009 Ⓜ Principe de Vergara - ✆ 910 51 56 25 - www.castelados.com - Cerrado cena: domingo*

La Maruca

TRADICIONAL • SIMPÁTICA Un establecimiento que irradia optimismo y frescura a través de dos conceptos icónicos, Santander y Cantabria, recreados aquí con sus colores, sabores y olores más significativos. Estamos en un restaurante acogedor, con un bar multiusos y espacios de estética actual que siempre encuentran huecos para los detalles de diseño. Su carta refleja una cocina 100% tradicional, con predominio de platos cántabros en los que se cuida tanto la elaboración como la calidad de las materias primas. ¿Una recomendación? Las famosas Anchoas de Santoña, las Rabas, su Ensaladilla rusa, la Merluza a la crema...

Especialidades : Rabas de Santander. Tajada de merluza a la crema. Tarta de limón.

Carta 30/42€

Plano 6 H1-k – *Velázquez 54 ✉ 28001 Ⓜ Velázquez – ☎ 917 81 49 69 – www.restaurantelamaruca.com*

La Montería

TRADICIONAL • AMBIENTE CLÁSICO X Está a unos pasos del Retiro, por lo que siempre hay que tenerlo en cuenta si visitamos este maravilloso parque. El negocio, de tradición familiar y con más de 50 años de historia, se presenta completamente reformado tras pasar del padre al hijo, que hoy nos muestra un coqueto bar de raciones y un pequeño comedor de línea actual, con las paredes desnudas y dominado por los tonos blancos. Cocina tradicional actualizada con una particularidad, aquí siempre encontraremos algún plato de caza. ¡Las Gambas gabardina invertidas y las Monterías (mejillones rellenos) son tremendamente populares!

Especialidades : Carabinero en abrigo. Solomillo de venado con vino y foie. Hojaldre relleno de manzana, pasas y piñones.

Menú 36/48€ – Carta 35/45€

Plano 4 C4-b – *Lope de Rueda 35 ✉ 28009 Ⓜ Ibiza – ☎ 915 74 18 12 – www.lamonteria.es – Cerrado cena: domingo*

Tepic

MEXICANA • RÚSTICA X He aquí un mexicano que se aleja de tipismos y folclores, del colorido, de los mariachis y sus guitarrones... todo para recrear un espacio rústico-actual dominado por la madera vista, los tonos blancos y una iluminación indirecta más que cuidada. En este local, que con su nombre ensalza la capital del estado de Nayarit, podrá disfrutar de una cocina mexicana bastante auténtica, con una buena selección de entrantes, llamados Antojitos, una amplia selección de Tacos y alguna que otra especialidad autóctona de aquel país. ¡Olvídese del vino y pruebe sus cervezas, tequilas o mezcales!

Especialidades : Aguachile de camarón. Tacos de chicharrón de queso con solomillo. Pastel tres leches.

Menú 22/31€ – Carta 30/45€

Plano 6 H1-f – *Ayala 14 ✉ 28001 Ⓜ Goya – ☎ 915 22 08 50 – www.tepic.es – Cerrado cena: domingo*

Étimo

CREATIVA • TENDENCIA XXX Sorprende por su interiorismo, pues combina pasado y presente, y apuesta por una cocina actual, delicada en las formas pero muy técnica y consistente. ¡Hay una mesa del chef!

Menú 70/120€

Plano 6 H1-e – *Ayala 27 ✉ 28005 Ⓜ Goya – ☎ 913 75 98 83 – www.etimo.es – Cerrado 5-26 agosto, lunes, domingo*

Goizeko Wellington

TRADICIONAL • AMBIENTE CLÁSICO XXX Disfruta de un comedor clásico-moderno y dos privados, todo de exquisito montaje. Su carta, que fusiona la cocina tradicional, la internacional y la creativa, se ha visto también enriquecida con varios platos de origen nipón.

Menú 85/120€ – Carta 55/75€

Plano 6 H1-2-t – *Hotel Wellington, Villanueva 34 ✉ 28001 Ⓜ Retiro – ☎ 915 77 01 38 – www.goizekogaztelupe.com – Cerrado almuerzo: sábado, domingo*

Sanxenxo

PESCADOS Y MARISCOS • AMBIENTE CLÁSICO XXX ¡Un referente de la cocina gallega en la ciudad! Posee un estilo clásico-actual renovado y destaca por su honestidad, con un sugerente expositor de género asomado a la calle.

Carta 50/75€

Plano 4 C4-e – *José Ortega y Gasset 40 ✉ 28020 Ⓜ Núñez de Balboa – ☎ 915 77 82 72 – www.sanxenxo.es – Cerrado 5-20 agosto, cena: domingo*

Amparito Roca

TRADICIONAL • ACOGEDORA XX Debe su nombre a un mítico pasodoble y apuesta por la honestidad, con las mejores materias primas por bandera. Montaje clásico-actual y... ¡sorprendentes detalles decorativos!

Carta 50/75€

Plano 4 C4-x - *Juan Bravo 12 ✉ 28006 Ⓜ Núñez de Balboa - ✆ 913 48 33 04 - www.restauranteamparitoroca.com - Cerrado 11-25 agosto, domingo*

Arrayán Ⓝ

ACTUAL • MARCO CONTEMPORÁNEO XX Acogedor y de buen montaje clásico-actual. Apuesta por una cocina de bases tradicionales con platos actualizados, desentrañable únicamente a través de sus tres menús sorpresa.

Menú 45€ (almuerzo), 75/100€

Plano 6 H2-c - *Villalar 6 ✉ 28001 Ⓜ Retiro - ✆ 914 35 46 63 - www.arrayanrestaurante.com - Cerrado 1-31 agosto, lunes, cena: domingo*

BiBo Madrid

MODERNA • BISTRÓ XX Se inspira en la Feria de Málaga y ofrece una carta actual con el sello de Dani García, que nos invita a un viaje en globo por el mundo. ¡Brunch New York cada fin de semana!

Carta 45/65€

Plano 2 C3-e - *Paseo de la Castellana 52 ✉ 28046 Ⓜ Gregorio Marañón - ✆ 918 05 25 56 - www.grupodanigarcia.com*

La Bien Aparecida

TRADICIONAL • TENDENCIA XX Lleva el nombre de la patrona de Cantabria y se distribuye en dos plantas, donde crean varios ambientes. Cocina tradicional actualizada, finas texturas y contundentes sabores.

Menú 75/125€ - Carta 43/75€

Plano 6 H1-n - *Jorge Juan 8 ✉ 28001 Ⓜ Serrano - ✆ 911 59 39 39 - www.restaurantelabienaparecida.com*

Cañadío

TRADICIONAL • SIMPÁTICA XX Si conoce Santander le sonará, pues su nombre nos traslada a una de sus plazas más famosas y a la casa madre de este negocio. Ofrece una barra-cafetería pensada para tapear, dos salas de línea actual y una cocina tradicional bien elaborada.

Carta 40/55€

Plano 4 C4-k - *Conde de Peñalver 86 ✉ 28005 Ⓜ Diego de León - ✆ 912 81 91 92 - www.restaurantecanadio.com*

Las Carboneras de Lu Ⓝ

TRADICIONAL • ACOGEDORA XX Acogedor restaurante de ambiente contemporáneo ubicado en una antigua carbonería. La chef ofrece una cocina clásica de tintes afrancesados, cuidando mucho las presentaciones.

Carta 45/60€

Plano 6 H2-b - *Villalar 7 ✉ 28001 Ⓜ Retiro - ✆ 910 57 70 03 - www.lascarbonerasdelu.com - Cerrado 4-26 agosto, lunes, domingo*

47 Ronin

JAPONESA • AMBIENTE ORIENTAL XX Cocina japonesa tratada de forma creativa, con técnicas actuales, finas texturas y una sugerente adaptación del recetario nipón a nuestros productos. ¡Platos muy visuales!

Menú 45€ (almuerzo)/122€ - Carta 45/65€

Plano 6 H1-c - *Jorge Juan 38 ✉ 28001 Ⓜ Velázquez - ✆ 913 48 50 34 - www.47-ronin.es - Cerrado lunes, domingo*

⫶○ Etxeko ⓝ   🔥 A/C

ACTUAL · TENDENCIA ✕✕ Tras el nombre, que en vasco significa "hecho en casa", encontrará la propuesta madrileña del chef Martín Berasategui, pensada como un gran viaje culinario a sus raíces.

Carta 50/65€

Plano 6 H1-g – *Hotel Bless, Velázquez 62* ✉ *28001* Ⓜ *Velázquez –* ☏ *910 86 13 78 –*
www.blesscollectionhotels.com

⫶○ O grelo   A/C ⟷

GALLEGA · AMBIENTE CLÁSICO ✕✕ Conozca las excelencias de la cocina gallega tradicional, con gran variedad de pescados y mariscos. Se han ido renovando y actualmente ofrecen un aspecto moderno, con un gastrobar que les funciona bastante bien, una sala y tres privados.

Carta 55/70€

Plano 4 C4-5-m – *Menorca 39* ✉ *28009* Ⓜ *Ibiza –* ☏ *914 09 72 04 –*
www.restauranteogrelo.com – Cerrado cena: domingo

⫶○ Haroma ⓝ   A/C

ACTUAL · ELEGANTE ✕✕ ¿Le sorprende su nombre? Juegan con la ortografía, pues nace de usar la "H" de Heritage y la palabra Aroma. Ambiente elegante y cocina actual, con el sello de Mario Sandoval.

Menú 40/78€ – Carta 65/85€

Plano 4 C4-j – *Hotel Heritage, Diego de León 43* ✉ *28006* Ⓜ *Diego de Leon –*
☏ *910 88 70 70 - www.heritagemadridhotel.com*

⫶○ Huerta de Carabaña   A/C

TRADICIONAL · MARCO CONTEMPORÁNEO ✕✕ Un reino culinario de tintes tradicionales gobernado por un magnánimo monarca: las mejores verduras de Carabaña. Ofrece un espacio tipo bistró y otro de carácter gastronómico.

Carta 45/75€

Plano 6 H1-d – *Lagasca 32* ✉ *28001* Ⓜ *Serrano –* ☏ *910 83 00 07 –*
www.huertadecarabana.es – Cerrado 1-31 agosto, cena: lunes, cena: domingo

⫶○ Maldonado 14   A/C

TRADICIONAL · AMBIENTE CLÁSICO ✕✕ Presenta una única sala repartida en dos niveles, ambos con una decoración clásica y los suelos en madera. Proponen una carta tradicional de temporada y producto, así como sabrosos postres caseros. ¡No se pierda su famosa Tarta de manzana!

Menú 42€ – Carta 40/60€

Plano 4 C4-n – *Maldonado 14* ✉ *28006* Ⓜ *Núñez de Balboa –* ☏ *914 35 50 45 –*
www.maldonado14.com – Cerrado 5-25 agosto, domingo

⫶○ 99 sushi bar   A/C ⟷

JAPONESA · MINIMALISTA ✕✕ Perfecto para descubrir los sabores y texturas de la cocina nipona. Posee una pequeña barra en la que elaboran Sushi a la vista del cliente, una atractiva bodega acristalada y una sala de corte moderno con el típico montaje japonés.

Menú 90€ – Carta 45/65€

Plano 6 H1-b – *Hermosilla 4* ✉ *28001* Ⓜ *Serrano –* ☏ *914 31 27 15 –*
www.99sushibar.com – Cerrado 1-27 agosto, domingo

⫶○ Salino ⓝ   A/C

TRADICIONAL · MARCO CONTEMPORÁNEO ✕✕ Los famosos Torreznos de La Raquetista, Ensaladilla, Arroz de salmorreta y carabinero, Lomo de vaca finlandesa con 45 días de maduración... ¡Cocina tradicional bien elaborada!

Carta 45/55€

Plano 4 C5-f – *Menorca 4* ✉ *28009* Ⓜ *Ibiza –* ☏ *912 14 16 82 - www.salino.es –*
Cerrado cena: domingo

Santerra

TRADICIONAL • MARCO CONTEMPORÁNEO XX En esta casa, no exenta de personalidad, ensalzan la cocina tradicional de raíces manchegas, con deliciosos platos de caza y guisos diarios. ¡No deje de probar sus croquetas!

Carta 40/65€

Plano 4 C4-a – *General Pardiñas 56 ✉ 28001 Ⓜ Núñez de Balboa – ✆ 914 01 35 80 – www.santerra.es – Cerrado 6-13 abril, 10-24 agosto, lunes, cena: domingo*

Surtopía

ANDALUZA • MARCO CONTEMPORÁNEO XX Un local de ambiente moderno que nos traslada a los sabores de Andalucía y, sobre todo, de Cádiz, con técnicas actuales y detalles de autor. ¡Descubra los vinos de Sanlúcar!

Menú 50/65€ – Carta 40/60€

Plano 2 C3-z – *Núñez de Balboa 106 ✉ 28005 Ⓜ Núñez de Balboa – ✆ 915 63 03 64 – www.surtopia.es – Cerrado 5-12 mayo, 10-30 agosto, lunes, domingo*

Arzábal Ⓝ

TRADICIONAL • MARCO CONTEMPORÁNEO X Una encantadora zona de tapeo frente al mismo Retiro, con una moderna sala en dos niveles para disfrutar de su cocina tradicional elaborada. Completa carta de vinos y champán.

Carta 40/55€

Plano 4 C4-d – *Menéndez Pelayo 13 ✉ 28009 Ⓜ Ibiza – ✆ 914 09 56 61 – www.arzabal.com – Cerrado domingo*

Sa Brisa Ⓝ

FUSIÓN • MARCO CONTEMPORÁNEO X Actual, agradable y muy bien ubicado. Podrá tapear o comer a la carta, utilizando la mayoría de sus platos productos ibicencos fusionados con elaboraciones de otras culturas.

Menú 29€ (almuerzo), 48/70€ – Carta 45/65€

Plano 4 C4-g – *Menéndez Pelayo 15 ✉ 28009 Ⓜ Ibiza – ✆ 910 22 45 40 – www.sabrisarestaurante.com – Cerrado lunes, almuerzo: martes*

Canalla Bistro

MODERNA • MARCO CONTEMPORÁNEO X Descubra la propuesta más informal del chef valenciano Ricard Camarena, que busca dejar su impronta en la capital con una fórmula muy urbana. ¡Platos idóneos para compartir!

Carta 35/45€

Plano 6 H1-a – *Goya 5 (Platea Madrid) ✉ 28001 Ⓜ Serrano – ✆ 915 77 00 25 – www.plateamadrid.com – Cerrado 1-31 agosto, lunes, martes*

Kulto

MODERNA • SIMPÁTICA X Simpático, moderno, luminoso... ¡y a un paso del Retiro! Ofrece unas elaboraciones de gusto actual, asociadas tanto al producto de mercado como a la fusión con otras culturas.

Carta 45/60€

Plano 4 C5-x – *Ibiza 4 ✉ 28009 Ⓜ Ibiza – ✆ 911 73 30 53 – www.kulto.es – Cerrado lunes, martes*

Marcano

INTERNACIONAL • TENDENCIA X Local de línea actual y mesas desnudas en el que encontrará una cocina de sabores muy bien definidos, con algún plato tradicional de cuchara y otros de gusto internacional.

Carta 55/70€

Plano 4 C4-p – *Doctor Castelo 31 Ⓜ Ibiza – ✆ 914 09 36 42 – www.restaurantemarcano.com – Cerrado lunes, cena: domingo*

Alojamientos

Villa Magna

LUJO • CLÁSICA Este magnífico hotel exhibe una zona social de elegante línea clásica y varios tipos de habitaciones, destacando las suites de la última planta por su terraza. La sugerente oferta culinaria, que incluye comidas tipo lunch, se enriquece con un restaurante gastronómico y otro dedicado a la cocina cantonesa-oriental.

150 habitaciones – 760/860 € – 42 € – 18 suites

Plano 4 C4-w – *Paseo de la Castellana 22 28046 Rubén Darío – 915 87 12 34 – www.hotelvillamagna.com*

Hospes Puerta de Alcalá

LUJO • CONTEMPORÁNEA Ocupa un edificio de 1883 con la recepción en el paso de carruajes, varias salas de reuniones y unas modernas habitaciones, muchas asomadas a la Puerta de Alcalá. En su restaurante ofrecen una carta tradicional y... ¡el típico Cocido madrileño en tres vuelcos!

37 habitaciones – 170/610 € – 5 suites

Plano 6 H2-v – *Plaza de la Independencia 3 28001 Retiro – 914 32 29 11 – www.hospes.com*

Bless N

LUJO • PERSONALIZADA Señorío y distinción en una de las mejores zonas de la ciudad. Tras su elegante fachada encontrará unas instalaciones actuales inspiradas en los años 70, con estancias de gran confort y espacios singulares rediseñados por el interiorista Lázaro Rosa-Violán.

91 habitaciones – 280/600 € – 30 € – 10 suites

Plano 6 H1-g – *Velázquez 62 28001 Velázquez – 915 75 28 00 – www.blesscollectionhotels.com*

Etxeko – Ver selección restaurantes

Wellington

LUJO • CLÁSICA Lujo y tradición se alían en un hotel realmente emblemático... no en vano, es aquí donde muchos toreros se alojan durante la Feria de San Isidro. Presenta unas instalaciones de línea clásica-elegante, con un concurrido bar de ambiente inglés y habitaciones de completo equipamiento.

249 habitaciones – 155/390 € – 37 € – 26 suites

Plano 6 H1-2-t – *Velázquez 8 28001 Retiro – 915 75 44 00 – www.hotel-wellington.com*

Kabuki Wellington • **Goizeko Wellington** – Ver selección restaurantes

Único Madrid

LUJO • CONTEMPORÁNEA Tras su atractiva fachada clásica encontrará un hall de diseño, una elegante zona social con varias salitas y confortables habitaciones, todas con elementos clásicos y vanguardistas. ¡Servicio de coches con chofer para visitar la ciudad!

44 habitaciones – 250/600 € – 29 € – 1 suite

Plano 6 H1-s – *Claudio Coello 67 28001 Serrano – 917 81 01 73 – www.unicohotelmadrid.com – Cerrado 3-24 agosto*

Ramón Freixa Madrid – Ver selección restaurantes

Heritage N

• ELEGANTE Sorprende con un lujo atemporal, pues lleva la firma del interiorista Lorenzo Castillo. ¿Qué encontrará? Espacios singulares, un bar-terraza en la azotea, habitaciones de gran confort... y una buena oferta gastronómica, asesorada por el chef Mario Sandoval.

46 habitaciones – 220/520 €

Plano 4 C4-j – *Diego de León 43 Diego de Leon – 910 88 70 70 – www.heritagemadridhotel.com*

Haroma – Ver selección restaurantes

Chamartín Tetuán

Ezhukov/iStock

Restaurantes

✿✿✿ DiverXO (David Muñoz)

CREATIVA • DE DISEÑO XxX ¡Vanguardia o morir! Bajo este lema, uno de los muchos que anclan el onírico mundo del chef David Muñoz (también llamado Dabiz) a la realidad, encontraremos la esencia de DiverXO, un espacio transgresor que sorprende tanto por su propuesta culinaria como por su labor de interiorismo, pues encontrará los cerdos voladores que le han acompañado siempre, calaveras con cresta, cientos de mariposas, enormes hormigas cromadas...

David, fiel a sí mismo, apuesta por un único menú degustación con una cocina tremendamente viajera, divertida, irreverente y, sobre todo, libre, pues rompe con todos los cánones para no fallar a su heterogénea clientela, siempre ávida de experiencias y abierta a vivir una metafórica "orgía" de sabores.

Reserve con tiempo, pues... ¡su lista de espera es de varios meses!

Especialidades : Canapé crujiente de piel de cochinillo, chopitos y mermelada de tomates maduros. "Espardenyes" a la robata con pil-pil de ají amarillo, leche de tigre caliente de salmonetes y anguila ahumada. Maíz, lulo, vainilla y la leche que queda en el fondo del bowl después de los cereales.

Menú 250 €

Plano 2 C2-a – *Hotel NH Collection Eurobuilding, Padre Damián 23 ✉ 28036 Ⓜ Cuzco – ✆ 915 70 07 66 – www.diverxo.com – Cerrado 5-12 abril, 10-30 agosto, lunes, martes, domingo*

✿ A'Barra

TRADICIONAL • DE DISEÑO XxxX Todo un ejemplo de organización y profesionalidad. Jorge Dávila, a cargo del proyecto gastronómico del Grupo Álbora, lo explica cuando indica que "una gran cocina consta de cuatro patas: producto, equilibrio, gusto y técnica".

El local, vestido con maderas nobles y obras de reconocidos artistas, deslumbra tanto por su distribución espacial como por sus líneas vanguardistas, diversificando la experiencia entre su elegante comedor, la gran barra circular orientada al Show Cooking y una Mesa del Chef en la misma cocina.

Para ellos "sin producto no hay cocina", por eso buscan que el cliente experimente múltiples sensaciones desde el sabor, siempre auténtico, con interesantes menús en la barra gastronómica y la opción de una carta tradicional actualizada en el comedor. ¡Completa bodega!

Especialidades : Gamba roja, jugo de cítricos y ensalada de algas. Bogavante azul, salsa americana de sus cabezas y fideuá crujiente. Tarta de manzana al estilo A'barra.

Menú 65 € (almuerzo), 105/115 € – Carta 60/95 €

Plano 2 C3-g – *Del Pinar 15 ✉ 28014 Ⓜ Gregorio Marañón – ✆ 910 21 00 61 – www.restauranteabarra.com – Cerrado 5-18 agosto, domingo*

✿ Gaytán (Javier Aranda)

MODERNA • MINIMALISTA XX Gaytán no es un restaurante al uso, sino más bien... ¡el sueño del chef Javier Aranda convertido en realidad!

El espacio, que deslumbra nada más entrar, presenta un inesperado interior de estética minimalista presidido por unas originales columnas en madera que flanquean la gran cocina abierta, tomando esta todo el protagonismo sobre la sala para que los comensales participen del proceso creativo.

Su propuesta gastronómica, complementada por una pequeña carta para el cliente de empresa los días laborables, quiere ensalzar lo que aquí definen como las "joyas de temporada", algo que consiguen a través del menú Inaurem ("joya" o "alhaja" en latín) y especialmente con el menú Javier Aranda, más completo, pues este último desvela los pasos y técnicas dados para conseguir cada plato.

Especialidades : Judias verdes con jamón. Liebre con dátiles al Jerez. Hinojo, coco y limón.

Menú 88/137 € – Carta 55/75 €

Plano 2 C3-a – *Príncipe de Vergara 205 (lateral) ✉ 28002 Ⓜ Concha Espina – ✆ 913 48 50 30 – www.chefjavieraranda.com – Cerrado 2 agosto-2 septiembre, lunes, domingo*

✿ Kabuki

JAPONESA • MINIMALISTA XX "No debemos seguir las huellas de los clásicos, debemos buscar lo que ellos buscaron". Tras estas inspiradoras palabras del poeta japonés Matsuo Bashō es más fácil entender un restaurante como este, todo un símbolo, pues aquí germinó en el año 2000 la floreciente esencia del Grupo Kabuki.

Con su nombre, que nos transporta al teatro nipón del periodo Edo, nos posicionan ante una propuesta de inspiración oriental; eso sí, trasformada poco a poco, pues aquí es donde apareció por primera vez, sobre todo a través de sus famosos Nigiris, la acertada fusión entre la cocina mediterránea y la tradicional de Japón.

Hoy, consolidada la propuesta, encontrará una culinaria japonesa con toques ibéricos (Huevo de codorniz con paté de trufa blanca, Usuzukuri bocata de calamares, Churros con chocolate...).

Especialidades : Tartar de toro con angulas. Costilla de waygu en teriyaki. Mochi de moscatel con queso fresco. Tartar de toro con angulas. Costilla de waygu en teriyaki. Mochi de moscatel con queso fresco.

Carta 60/120 €

Plano 1 B2-t – *Avenida Presidente Carmona 2 ✉ 28020 Ⓜ Santiago Bernabeu – ✆ 914 17 64 15 – www.grupokabuki.com – Cerrado 6-12 abril, 10-31 agosto, almuerzo: sábado, domingo*

Zalacaín

CLÁSICA • ELEGANTE XXXX ¡Un histórico remozado! Encontrará un ambiente clásico-actual y una propuesta que combina pasado y presente, con un buen menú degustación y la opción de tomar medias raciones.

Menú 98 € – Carta 80/110 €

Plano 2 C3-p – *Álvarez de Baena 4 ✉ 28006 Ⓜ Gregorio Marañón – ✆ 915 61 48 40 – www.restaurantezalacain.com – Cerrado 6-12 abril, 1-31 agosto, almuerzo: sábado, domingo*

Ferreiro

TRADICIONAL • AMBIENTE CLÁSICO XX En sus salas, de ambiente clásico-actual, le propondrán una cocina tradicional con fuertes raíces asturianas. Su amplia carta se completa con un buen apartado de sugerencias.

Menú 32/54 € – Carta 40/60 €

Plano 1 B3-m – *Comandante Zorita 32 ✉ 28020 Ⓜ Alvarado – ✆ 915 53 93 42 – www.restauranteferreiro.com*

99 sushi bar

JAPONESA • DE DISEÑO XX Un local con muchísimo éxito, pues los platos nipones tradicionales conviven en armonía con aquellos que buscan la fusión con la cocina española. ¡Pruebe sus Gyozas de jabalí!

Menú 90 € – Carta 60/80 €

Plano 2 C2-a – *Hotel NH Collection Eurobuilding, Padre Damián 23 ✉ 28036 Ⓜ Cuzco – ✆ 913 59 38 01 – www.99sushibar.com – Cerrado domingo*

Rocacho

TRADICIONAL • MARCO CONTEMPORÁNEO XX Una casa de línea contemporánea que apuesta por el producto. Ofrecen platos de temporada, pescados salvajes, carnes de vacuno mayor a la parrilla... y unos sabrosísimos arroces.

Carta 45/65€

Plano 2 C2-t - *Padre Damián 38 ✉ 28005 Ⓜ Cuzco - ✆ 914 21 97 70 - www.rocacho.com - Cerrado almuerzo: lunes, cena: martes*

Rubaiyat Madrid

CARNES A LA PARRILLA • BRASSERIE XX ¡Descubra todo el sabor de São Paulo! Ofrecen una completa carta con carnes propias (Brangus, Tropical Kobe Beef...) y platos típicos como la Feijoada (de noviembre a marzo).

Carta 60/75€

Plano 2 C2-d - *Juan Ramón Jiménez 37 ✉ 28036 Ⓜ Cuzco - ✆ 913 59 10 00 - www.gruporubaiyat.com - Cerrado cena: domingo*

La Tahona

CARNES A LA PARRILLA • AMBIENTE CLÁSICO XX Pertenece a la cadena de El Asador de Aranda y ofrece salas de aire castellano-medieval, con el horno de leña como gran protagonista a la entrada. ¡El lechazo es la estrella!

Menú 36/55€ - Carta 38/50€

Plano 1 B2-u - *Capitán Haya 21 (lateral) ✉ 28020 Ⓜ Cuzco - ✆ 915 55 04 41 - www.asadordearanda.com - Cerrado 4-30 agosto, cena: domingo*

Viavélez

CREATIVA • A LA MODA XX Presenta un selecto bar de tapas y un moderno comedor en el sótano, donde podrá degustar platos creativos en base al recetario asturiano. ¡La taberna no cierra por vacaciones!

Menú 18€ (almuerzo)/30€ - Carta 35/55€

Plano 1 B2-c - *Avenida General Perón 10 ✉ 28020 Ⓜ Santiago Bernabeu - ✆ 915 79 95 39 - www.restauranteviavelez.com - Cerrado lunes, cena: domingo*

Desencaja

TRADICIONAL • MARCO CONTEMPORÁNEO X Una casa en constante evolución que, desde el respeto a su identidad, procura crecer satisfaciendo los deseos de sus clientes. Cocina de mercado con sugerentes platos de caza.

Menú 45/92€

Plano 2 C2-x - *Paseo de la Habana 84 ✉ 28036 Ⓜ Colombia - ✆ 914 57 56 68 - www.dsncaja.com - Cerrado 3-30 agosto, cena: lunes, domingo*

Gaman Ⓝ

PERUANA • SIMPÁTICA X Su nombre se traduce como "perseverancia" y refleja la cocina del chef Luis Arévalo, nikkei en las formas pero con un concepto más nipón; de hecho, elaboran un menú "omakase".

Menú 69€ - Carta 40/70€

Plano 1 B2-a - *Plaza de San Amaro 8 ✉ 28020 Ⓜ Estrecho - ✆ 914 63 36 23 - www.gaman.com - Cerrado domingo*

Alojamientos

NH Collection Eurobuilding

NEGOCIOS • CONTEMPORÁNEA Atesora un lobby espectacular, pues su bóveda con tecnología led es... ¡la pantalla multimedia más grande de Europa! En conjunto, ofrece dependencias amplias y bien equipadas, con habitaciones de línea contemporánea, numerosas salas de reuniones y múltiples espacios sociales. ¡Interesantísima oferta gastronómica!

412 habitaciones - 135/350€ - 25€

Plano 2 C2-a - *Padre Damián 23 ✉ 28036 Ⓜ Cuzco - ✆ 913 53 73 00 - www.nh-hotels.com*

✿✿✿ **DiverXO** • **99 sushi bar** - Ver selección restaurantes

Puerta América

NEGOCIOS · DE DISEÑO Un hotel cosmopolita, colorista y que está marcado por el diseño, pues cada una de sus plantas refleja la creatividad de un famoso arquitecto o un prestigioso interiorista. Ofrece unas habitaciones muy originales y un atractivo espacio de ocio en el ático.

301 habitaciones - 105/550 € - 22 € - 14 suites

Plano 2 D3-x - *Avenida de América 41 28002 Cartagena - 917 44 54 00 - www.hotelpuertamerica.com*

Chamberí

Antonio_Sanchez/iStock

Restaurantes

Coque (Mario Sandoval)

CREATIVA · DE DISEÑO Hablar de los hermanos Sandoval (Mario al frente de la cocina, Diego como jefe de sala y Rafael en labores de sumiller) supone, casi de manera automática, descubrirse ante tres portentos de la hostelería española.

Su magnífico restaurante, con unos 1. 100 m², multiplica la experiencia culinaria al plantearse esta como una serie de etapas en un recorrido por sus instalaciones. Los elegantes espacios, diseñados por el interiorista Jean Porsche, responden a un nuevo código visual que combina papeles pintados, delicados entelados, piedra natural... todo para potenciar las sensaciones.

El chef Mario Sandoval, fiel a su esencia, plantea la cocina más innovadora sin que esta deje de lado las raíces familiares, como ese mítico Cochinillo lacado al horno de leña que nunca puede faltar en sus menús.

Especialidades : Flor helada de pistacho con gazpachuelo de aceituna, caviar y espuma de cerveza. Lomo de salmonete escabechado con romesco de cacahuete. Chocolate especiado con helado de lavanda.

Menú 195/310 €

Plano 4 C4-b - *Marqués de Riscal 11 28010 Rubén Darío - 916 04 02 02 - www.restaurantecoque.com - Cerrado 4-26 agosto, 22-31 diciembre, lunes, domingo*

Santceloni

CREATIVA · ELEGANTE Resulta realmente magnífico y vincula su nombre a la localidad natal del ya desaparecido Santi Santamaría, uno de los grandes maestros del chef Óscar Velasco.

Este es uno de los establecimientos más exquisitos y elegantes de la ciudad, con un nivel de exigencia en cocina, sala y sumillería difícil de encontrar en todo el país. La experiencia culinaria en sus comedores, el principal con la cocina a la vista y un buen privado, se ve acrecentada por un espacio denominado "El Estudio", donde podrá descubrir la extrema calidad de sus materias primas.

En lo estrictamente gastronómico Óscar Velasco defiende la creatividad, el respeto por el producto y, sobre todo, el sabor, con platos muy bien ensamblados e impecables en la técnica. ¡Su "carro" de quesos es uno de los más variados de España!

Especialidades : Cigalas a la plancha en hojas de lechuga. Lasaña de pato, pistachos, cardamomo y suero de Idiazabal. Rábano daikon, maíz, regaliz y fruta de la pasión.

Menú 90 € (almuerzo), 185/363 € – Carta 126/211 €

Plano 1 B3-b – *Hotel Hyatt Regency Hesperia Madrid, Paseo de la Castellana 57 ✉ 28046 Ⓜ Gregorio Marañón – ✆ 912 10 88 40 – www.restaurantesantceloni.com – Cerrado 1-8 enero, 5-12 abril, 1-31 agosto, almuerzo: sábado, domingo*

Clos Madrid

MODERNA • MARCO CONTEMPORÁNEO XX La gran apuesta del sumiller y restaurador Marcos Granda, el propietario del famoso restaurante Skina de Marbella, que ha llegado a la capital con una propuesta diferente donde la cocina y la bodega estén a la misma altura.

El local, de ambiente contemporáneo, resulta perfecto para degustar una cocina actual de marcados tintes creativos, tomando siempre como base los sabores tradicionales y los productos de los mejores proveedores nacionales. Aquí el planteamiento gastronómico busca exaltar una máxima de esta casa: "Los grandes restaurantes son aquellos que hacen y logran que el cliente se sienta importante".

¿Sebe lo que significa "Clos"? Es un término francés con el que se hace referencia a una explotación vinícola, normalmente de contrastada calidad, cercada y protegida por un muro.

Especialidades : Arroz de pichón. Lomo de merluza, pil-pil de sus espinas y cristal de espinaca. Natillas a la madrileña.

Menú 60 € (almuerzo), 70/85 € – Carta 55/70 €

Plano 1 B3-g – *Raimundo Fernández Villaverde 24 Ⓜ Cuatro Caminos – ✆ 910 64 88 05 – www.restauranteclosmadrid.es – Cerrado 8-12 abril, 10-23 agosto, almuerzo: sábado, domingo*

El Invernadero (Rodrigo de la Calle)

MODERNA • ACOGEDORA XX Rodrigo de la Calle se autodefine como un "domesticador de vegetales" y no le falta razón, pues lo que hace con nuestro entorno verde le ha convertido en una ineludible referencia; de hecho, es uno de los padres de la "gastrobotánica".

En su restaurante, que deja la cocina a la vista dentro de un espacio actual-natural, podrá descubrir una filosofía culinaria que convierte a las hortalizas en el hilo conductor de su propuesta, siempre fina, sabrosa, tremendamente técnica y basada en unos menús degustación que no cierran la puerta a poder tomar algún plato de carne o pescado. También sorprenden sus originales fermentados vegetales: kombuchas, tepaches, verduras vinificadas, licuados...

¿Detalles curiosos? Las tarjetas de visita son consecuentes con sus dogmas y... ¡germinan al plantarse!

Especialidades : Esencia de remolacha. Arroz de verduras del desierto. Tiramisu de topinambur.

Menú 95/135 €

Plano 1 B3-e – *Ponzano 85 ✉ 28003 Ⓜ Rios Rosas – ✆ 628 93 93 67 – www.elinvernaderorestaurante.com – Cerrado 6-13 abril, 10-24 agosto, 23-31 diciembre, lunes, domingo*

Lúa (Manuel Domínguez)

MODERNA • ACOGEDORA XX Hay muchos restaurantes gallegos en Madrid... sin embargo, lo que no es habitual es encontrar una cocina de esta región que sea personal, innovadora y diferente.

La propuesta del chef orensano Manuel Domínguez, hijo de auténticos "pulpeiros", se materializa en un restaurante con dos ambientes: el gastrobar de la entrada, donde podrá degustar una carta de raciones y medias raciones, así como el espacio gastronómico del piso inferior, más cuidado. Aquí ofrecen una cocina actual de marcadas raíces celtas, articulada en torno a un menú degustación y con ingredientes de temporada que juegan a encumbrarse entre sí.

Dice una canción que "Hay un gallego en la luna"... lo cierto con Lúa (luna en gallego), por suerte para nosotros, es que tenemos un maravilloso "lunático" triunfando en la capital.

Especialidades : Pulpo á feira. Salmón ahumado con miso. Tarta de Santiago.

Menú 72/98€

Plano 3 B4-c - *Eduardo Dato 5 ✉ 28003 Ⓜ Rubén Darío - ✆ 913 95 28 53 - www.restaurantelua.com - Cerrado domingo*

Bacira

FUSIÓN • VINTAGE Un restaurante de éxito que refrenda valores como la amistad, el esfuerzo y, sobre todo, el amor por los fogones; esos tres pilares son sobre los que crece esta casa, llevada con dedicación entre Carlos Langreo, Vicente de la Red y Gabriel Zapata, los tres chefs-socios, especializados en diferentes cocinas (la tradicional mediterránea, la japonesa y la nikkei) pero receptivos a nuevas tendencias y proclives a una gastronomía de fusión. El local, que llama la atención por sus esbeltas columnas de hierro fundido, no puede resultar más acogedor, con un ambiente informal y una estética vintage.

Especialidades : Tiradito de dorada con vieiras de la Patagonia y salsa huancaina. Albóndigas guisadas de rabo de toro con puré de patata. Torrija caramelizada con sopa de vainilla y helado de canela.

Menú 15€ (almuerzo)/68€ - Carta 30/45€

Plano 3 B4-d - *Castillo 16 ✉ 28010 Ⓜ Iglesia - ✆ 918 66 40 30 - www.bacira.es*

Bolívar

TRADICIONAL • FAMILIAR Una de las opciones más interesantes para comer en el corazón de Madrid, en el castizo y popular barrio de Malasaña. El local, algo pequeño pero bien llevado en familia y adaptado estéticamente a los gustos actuales, apuesta desde hace medio siglo por una cocina tradicional de mercado muy bien elaborada. La carta resulta bastante completa... sin embargo, aquí recomendamos descubrir algún menú, pues estos desgranan mejor los matices de su propuesta y suelen introducir un pequeño maridaje al cambiar el vino en función de los platos. ¿Un clásico de la casa? Las Croquetas caseras de langostinos.

Especialidades : Vieiras asadas con foie, coliflor trufada y gelatina de manzana. Atún rojo con pimientos asados y jamón frito. Coulant de chocolate con helado de menta.

Menú 20/40€ - Carta 33/45€

Plano 5 F1-a - *Manuela Malasaña 28 ✉ 28004 Ⓜ San Bernardo - ✆ 914 45 12 74 - www.restaurantebolivar.com - Cerrado 4-30 agosto, domingo*

Gala

ESPAÑOLA CONTEMPORÁNEA • ÍNTIMA Se halla junto a Nuevos Ministerios y ya podría ser considerado un clásico de la capital, pues no son muchos los restaurantes que consiguen celebrar sus bodas de plata a pleno rendimiento. Cuenta con un coqueto comedor y un privado, ambos de estética actual, donde le ofrecerán una cocina tradicional actualizada, de mercado y de temporada, que siempre se ve enriquecida con algún que otro menú e interesantes jornadas gastronómicas, como las que suelen organizar dedicadas a las setas. Las especialidades más solicitadas por sus clientes son el Steak tartare y alguno de los platos con atún rojo.

Especialidades : Pulpo a la brasa con espuma de patata y chorizo zamorano. Lubina con tartar de tomate y crema de hinojo. Texturas de chocolate.

Menú 35/60€ - Carta 35/49€

Plano 1 B3-n - *Espronceda 14 ✉ 28003 Ⓜ Alonso Cano - ✆ 914 42 22 44 - www.restaurantegala.com - Cerrado 3-25 agosto, cena: lunes, cena: domingo*

La MaMá

TRADICIONAL • SIMPÁTICA La sencillez no está reñida con el gusto y en este restaurante se nota nada más entrar, pues la pareja al frente (María y Marcos) ha apostado sin complejos por una decoración "low cost" que refleje su propia personalidad, encargándose ellos mismos de cada detalle. Su propuesta, rica en matices heredados por el chef tras su formación en El Ermitaño (Benavente), busca una cocina tradicional de corte emocional, pues pretende revisar la cocina de nuestras madres aportándole algún que otro toque innovador. Pruebe varios platos, pues... ¡muchos se pueden pedir en medias raciones!

Especialidades : Los txipis de La MaMá. Lomo de bacalao, piperrada y guiso de manitas de ministro. Cremoso de plátano y yogur, miel de brezo, polen y helado de violetas.

Menú 25€ - Carta 30/43€

Plano 1 B3-f - *María Panes 6 ✉ 28003 Ⓜ Nuevos Ministerios - ✆ 910 61 97 64 - www.lamamarestaurante.com - Cerrado 10-23 agosto, 24 diciembre-1 enero, lunes, cena: martes-miércoles, cena: domingo*

La Taberna del Loco Antonelli Ⓝ

FUSIÓN • BISTRÓ ¡Una propuesta que rompe moldes! Presenta un interior tipo bistró de ambiente desenfadado y, con su nombre, recuerda al ingeniero italiano Juan Bautista Antonelli, que en la segunda mitad del s. XVI inició un proyecto para transformar Madrid en un puerto de mar, conectando el río Manzanares con el Atlántico. El capitán al timón es el chef Sergio Menge, que apuesta por lo que él mismo llama una cocina "de puerto", tremendamente viajera, divertida y basada en los pescados y mariscos de nuestras costas, con matices picantes de su México natal y guiños marinos de fusión a otras cocinas del mundo.

Especialidades : La Croqueta de pulpo y cangrejo picante. Merluza con pochas. Queso de cabra helado, arándanos, frambuesas y merengue roto.

Carta 30/40€

Plano 3 B4-b - *Olid 15 ✉ 28010 Ⓜ Bilbao - ✆ 912 77 74 89 - www.locoantonelli.com - Cerrado 19-29 agosto, lunes, cena: domingo*

Las Tortillas de Gabino

TRADICIONAL • ACOGEDORA Está bien llevado entre dos hermanos y recibió este nombre como homenaje al cocinero de La Ancha, un popular restaurante de Madrid que fue fundado por su abuelo hacia los años 30. Las Tortillas de Gabino se encuentra en pleno barrio de Chamberí, con un íntimo recibidor, un privado, una cava acristalada y dos salas de estética actual, ambas comunicadas entre sí por un pasillo que da acceso a la cocina, siempre visible. Su carta tradicional actualizada se completa con un magnifico apartado de tortillas, destacando entre ellas la Velazqueña, que es la tradicional de patatas, y la Trufada.

Especialidades : Tortilla velazqueña. Carrillera de ternera glaseada. Flan de queso brie.

Carta 33/45€

Plano 3 B4-f - *Rafael Calvo 20 ✉ 28010 Ⓜ Rubén Darío - ✆ 913 19 75 05 - www.lastortillasdegabino.com - Cerrado 5-12 abril, 9-23 agosto, domingo*

Tripea

FUSIÓN • SIMPÁTICA La recuperación de mercados como focos gastronómicos se ha impuesto, por eso ya no extraña ver locales como este, instalado en tres puestos contiguos del Mercado de Vallehermoso. Visualmente resulta muy llamativo, pues presenta un mural de aire urbano tremendamente colorista, la cocina vista en todo el frontal y una única mesa alargada, pensada para compartir, prácticamente en el mismo pasillo de paseo por los puestos. ¿Su oferta? Cocina de fusión asiático-peruana, conocida habitualmente como nikkei, con especialidades como el Curry ají de gallina o sus sabrosas setas Shitakes.

Especialidades : Ceviche wok de mejillones. Curry aji de gallina. Chatin de manzana.

Menú 35€ - Carta 30/43€

Plano 3 B4-a - *Vallehermoso 36 (Mercado de Vallehermoso, puesto 44) ✉ 28005 Ⓜ Quevedo - ✆ 918 28 69 47 - www.tripea.es - Cerrado 17-23 agosto, lunes, domingo*

Benares

HINDÚ • AMBIENTE CLÁSICO Sigue de cerca los pasos del restaurante homónimo en Londres y destaca tanto por la propuesta culinaria, india actualizada, como por su agradable terraza-jardín, con estanque.

Menú 19€ (almuerzo)/55€ - Carta 45/65€

Plano 6 G1-k - *Zurbano 5 ✉ 28010 Ⓜ Alonso Martínez - ✆ 913 19 87 16 - www.benaresmadrid.com - Cerrado 6-22 agosto, domingo*

℩O Alpe Ⓝ

EUROPEA CONTEMPORÁNEA • AMBIENTE CLÁSICO XX Su nombre hace un guiño a los años que el chef pasó en grandes casas de Suiza. Ambiente clásico-actual y cocina de raíces helvéticas, con tintes centroeuropeos e ibéricos.

Menú 36/59 € – Carta 35/50 €

Plano 6 H1-m – *Fernando el Santo 25 ✉ 28010 Ⓜ Colón – ✆ 917 52 36 25 – www.alperestaurante.es – Cerrado 1-31 agosto, lunes, domingo*

℩O Atelier Belge

BELGA • AMBIENTE CLÁSICO XX La auténtica gastronomía belga con interesantes guiños a la cocina creativa. Pruebe sus Mejillones o la Raya, con alcaparras y mantequilla negra. ¡Excelente carta de cervezas!

Menú 14 € (almuerzo), 28/45 € – Carta 40/64 €

Plano 1 B3-d – *Bretón de los Herreros 39 ✉ 28003 Ⓜ Alonso Cano – ✆ 915 45 84 48 – www.atelierbelge.es – Cerrado lunes, cena: domingo*

℩O Lakasa

COCINA DE TEMPORADA • TENDENCIA XX En auge, hasta el punto de que también hay que reservar las mesas del gastrobar. Cocina de mercado, con renovación constante de la carta y la posibilidad de medias raciones.

Carta 42/70 €

Plano 1 B3-x – *Plaza del Descubridor Diego de Ordás 1 ✉ 28003 Ⓜ Rios Rosas – ✆ 915 33 87 15 – www.lakasa.es – Cerrado sábado, domingo*

℩O Medea Ⓝ

CREATIVA • MINIMALISTA XX Sobriedad estética, ambiente underground, música indie... Sus menús reflejan una cocina que fusiona tendencias y sabores, con detalles mediterráneos, asiáticos y sudamericanos.

Menú 55/80 €

Plano 3 B4-j – *Nicasio Gallego 14 ✉ 28010 Ⓜ Alonso Martinez – ✆ 910 81 97 71 – www.medearestaurante.com – Cerrado 15-26 marzo, 3-23 agosto, lunes, domingo*

℩O Soy Kitchen

FUSIÓN • A LA MODA XX Su chef, oriundo de Pekín, elabora una propuesta única que fusiona la cocina asiática (China, Corea, Japón...) con la española y la peruana. ¡Platos llenos de color y sabor!

Menú 65 €

Plano 1 B3-t – *Zurbano 59 ✉ 28010 Ⓜ Gregorio Marañón – ✆ 913 19 25 51 – www.soykitchen.es – Cerrado cena: domingo*

℩O Candeli Ⓝ

A LA PARRILLA • MARCO CONTEMPORÁNEO X Llevado por dos hermanos que confían en la cocina de producto, sin artificios, trabajando con pescados del día y carnes maduradas. ¡Las brasas son las grandes protagonistas!

Carta 35/50 €

Plano 1 B3-z – *Ponzano 47 ✉ 28003 Ⓜ Ríos Rosas – ✆ 917 37 70 86 – www.candelirestaurante.com – Cerrado cena: domingo*

℩O Fismuler

TRADICIONAL • TENDENCIA X ¡Gastronomía e interiorismo! Presenta un ambiente retro-industrial de extrema austeridad donde, de forma desenfadada, sirven una cocina tradicional muy bien actualizada.

Carta 35/65 €

Plano 6 G1-b – *Sagasta 29 ✉ 28004 Ⓜ Alonso Martínez – ✆ 918 27 75 81 – www.fismuler.com – Cerrado 1-7 enero, 9-23 agosto, domingo*

Kappo

JAPONESA • TENDENCIA Íntimo, de estética actual y con una sugerente barra de sushi como eje central. Cocina nipona de corte moderno propuesta a través de un único menú... ampliable, eso sí.

Menú 58/72€

Plano 1 B3-k – *Bretón de los Herreros 54 ✉ 28003 Ⓜ Gregorio Marañón – ✆ 910 42 00 66 – www.kappo.es – Cerrado 5-26 agosto, lunes, domingo*

Miyama

JAPONESA • MARCO CONTEMPORÁNEO Restaurante nipón con un gran nivel de aceptación, también entre los clientes japoneses. En su única sala conviven la amplia barra de sushi, en la que se puede comer, y unas mesas de sencillo montaje. Cocina tradicional japonesa de calidad.

Carta 45/70€

Plano 2 C3-c – *Paseo de la Castellana 45 ✉ 28046 Ⓜ Gregorio Marañón – ✆ 913 91 00 26 – www.restaurantemiyama.com – Cerrado 10-31 agosto, domingo*

Poncelet Cheese Bar

QUESOS, FONDUES Y RACLETTES • MARCO CONTEMPORÁNEO Un espacio de diseño innovador que toma los quesos por leitmotiv, pues oferta hasta 150 tipos contando sus tablas, fondues y raclettes. ¡También hay platos sin este producto!

Menú 28/58€ – Carta 30/46€

Plano 1 B3-a – *José Abascal 61 ✉ 28003 Ⓜ Gregorio Marañon – ✆ 913 99 25 50 – www.ponceletcheesebar.es – Cerrado lunes, cena: domingo*

Tiradito

PERUANA • A LA MODA Restaurante joven y desenfadado en el que se apuesta por la cocina 100% peruana, fiel a sus productos y tradiciones. Elaboran ceviches, tiraditos, picoteos, tapas criollas...

Carta 40/58€

Plano 5 E1-b – *Conde Duque 13 ✉ 28015 Ⓜ San Bernardo – ✆ 915 41 78 76 – www.tiradito.es – Cerrado lunes, almuerzo: martes, cena: domingo*

Alojamientos

InterContinental Madrid

GRAN LUJO • CLÁSICA Goza de un elegante hall clásico, con cúpula y profusión de mármoles, así como de un agradable patio-terraza interior y unas habitaciones que destacan por su gran confort. En el restaurante, anexo al hall-bar, apuestan por una cuidada carta internacional y un completísimo brunch los domingos.

269 habitaciones – 175/600€ – 32€ – 33 suites

Plano 2 C3-v – *Paseo de la Castellana 49 ✉ 28046 Ⓜ Gregorio Marañón – ✆ 917 00 73 00 – www.madrid.intercontinental.com*

Hyatt Regency Hesperia Madrid

LUJO • ELEGANTE Un hotel renovado que destaca por su emplazamiento en el centro de la Castellana, una zona comercial y de negocios. Presenta unas cuidadas habitaciones de estilo clásico-actual y una buena oferta culinaria, con el restaurante Santceloni como su buque insignia.

171 habitaciones – 250/1500€ – 30€ – 8 suites

Plano 1 B3-b – *Paseo de la Castellana 57 ✉ 28046 Ⓜ Gregorio Marañón – ✆ 912 10 88 00 – www.hesperia-madrid.com*

✿✿ **Santceloni** – Ver selección restaurantes

Orfila

LUJO · ELEGANTE Encantador palacete del s. XIX ubicado en una calle céntrica pero tranquila. Emana distinción, posee elegantes habitaciones vestidas con mobiliario de época y se está poniendo de moda los domingos, cuando ofrecen un Brunch diseñado por el chef Mario Sandoval.

32 habitaciones - 255/468€ - 33€ - 12 suites

Plano 6 G1-e - *Orfila 6 ✉ 28010 Ⓜ Alonso Martínez - ✆ 917 02 77 70 - www.hotelorfila.com - Cerrado 1-31 agosto*

Alrededores

fserram /iStock

al Este

Aderezo

TRADICIONAL · AMBIENTE CLÁSICO XX Agradable, de ambiente clásico contemporáneo, con un bar de espera y un excelente expositor de pescados. Buena cocina de producto basada en el recetario tradicional.

Menú 25/60€ - Carta 40/60€

Plano 2 D1-a - *Añastro 48 ✉ 28033 - ✆ 917 67 01 58 - www.aderezorestaurante.es - Cerrado 1-31 agosto, domingo*

Los Cedros

TRADICIONAL · AMBIENTE CLÁSICO XX Aunque posee varios espacios destaca por su jardín, pues al oír la cascada de agua se nos olvida que estamos en Madrid. Cocina clásica-actualizada donde impera el producto.

Menú 39/195€ - Carta 43/62€

Plano 2 D2-x - *Hotel Quinta de los Cedros, Allendesalazar 4 ✉ 28043 Ⓜ Arturo Soria - ✆ 915 15 22 00 - www.restauranteloscedros.es - Cerrado 9-12 abril, 3-23 agosto, domingo*

Casa d'a Troya

GALLEGA · MARCO CONTEMPORÁNEO X Casa de larga tradición familiar que se ha renovado bajo las riendas de las nuevas generaciones. Cocina gallega sencilla, de modestas presentaciones y copiosas raciones.

Menú 38/48€ - Carta 35/65€

Plano 2 D3-a - *Emiliano Barral 14 ✉ 28043 Ⓜ Avenida de la Paz - ✆ 914 16 44 55 - www.casadatroya.es - Cerrado 1-31 agosto, lunes, cena: martes-jueves, cena: domingo*

Jaizkibel Ⓝ

VASCA · MARCO REGIONAL X Pequeño asador vasco dotado con un sugerente expositor de género y una "kupela" de sidra. Amplia carta de cocina vasca clásica, con un apartado de guisos, arroces y bacalaos.

Menú 55/70€ - Carta 45/65€

Fuera de plano - *Albasanz 67 (por Alcalá 4D4) ✉ 28037 Ⓜ Suanzes - ✆ 913 04 16 41 - www.jaizkibelartesanoscocineros.com - Cerrado domingo*

Quinta de los Cedros

TRADICIONAL • ELEGANTE Coqueto, íntimo, tranquilo... ¡y ciertamente sorprendente! Lo que fue una gran casa de "verano" a las afueras de Madrid se ha adaptado a los tiempos, presentándose hoy con bellísimos jardines. Cuidadas habitaciones, unas con terraza y otras de tipo bungalow.

32 habitaciones - 115/345 € - 15 €

Plano 2 D2-x - *Allendesalazar 4 ✉ 28043 Ⓜ Arturo Soria - ✆ 915 15 22 00 - www.hotelquintadeloscedros.com*

Los Cedros - Ver selección restaurantes

al Norte

Filandón

TRADICIONAL • MARCO CONTEMPORÁNEO XX Negocio de línea actual-campestre, tipo asador, ubicado en pleno campo. Proponen una cocina de producto y parrilla especializada en pescados. ¡Tiene fama su Lenguado Evaristo!

Carta 50/70 €

Fuera de plano - *Carretera Fuencarral-El Pardo, km 1,9 (M 612) ✉ 28049 - ✆ 917 34 38 26 - www.filandon.es - Cerrado 25 julio-20 agosto, lunes, cena: domingo*

El Oso

ASTURIANA • MARCO REGIONAL XX Casita de dos plantas dotada con varias salas de estética actual, todas amplias, luminosas y con algún detalle "astur". Cocina asturiana centrada en el producto de la huerta.

Carta 40/60 €

Fuera de plano - *Avenida de Burgos 214 (vía de servicio La Moraleja, dirección Burgos) ✉ 28050 - ✆ 917 66 60 60 - www.restauranteeloso.com - Cerrado cena: domingo*

MAJADAHONDA

Madrid – Mapa regional **15**-A2 – Mapa de carreteras Michelin n° 576-K18

Jiménez

MODERNA • AMBIENTE CLÁSICO XX Ocupa el edificio de un antiguo apeadero, reformado y embellecido con una decoración clásica no exenta de cierta elegancia. Agradable terraza y cocina tradicional actualizada.

Menú 50 € – Carta 34/56 €

Avenida de la Estación (antiguo apeadero) ✉ 28220 – ✆ 913 72 81 33 – www.restaurantejimenez.es

El Viejo Fogón

MODERNA • RÚSTICA XX Íntimo, de ambiente rústico y llevado por profesionales con muchas inquietudes, lo que se traduce en un constante deseo de evolucionar. Cocina actual rica en detalles.

Carta 39/55 €

San Andrés 14 ✉ 28220 – ✆ 916 39 39 34 – www.elviejofogon.es – Cerrado 6-13 abril, 10-25 agosto, lunes, cena: domingo

MÁLAGA

Málaga – Mapa regional **1**-C2 – Mapa de carreteras Michelin n° 578-V16

José Carlos García

CREATIVA • DE DISEÑO XXX Entender al chef José Carlos García supone echar la vista atrás, pues siempre debemos recordar que el mítico Café de París, el antiguo negocio familiar, también ganó en 2002 la estrella MICHELIN para la ciudad. El local sorprende, pues ubicado frente a los lujosos yates del Muelle Uno se presenta como un espacio contemporáneo, elegante a la par que canalla, donde confluyen los detalles vanguardistas y el diseño industrial con los jardines verticales o la estética chill out, todo en perfecta sintonía con el Mediterráneo, su alegría y su luz.

Aquí las propuestas de autor ensalzan el producto local, tanto de tierra como de mar, con sugerentes guiños creativos a emblemas tradicionales de la zona (boquerones, olivas, gambas rojas...) para provocar, como fin último, la emoción del comensal.

Especialidades : Quisquillas con zumo de pimientos asados y eneldo. Lubina con queso payoyo y menta. Lima, albahaca y plátano.

Menú 80/110 € – Carta 80/95 €

Plaza de la Capilla, Muelle Uno, Puerto de Málaga ✉ 29016 – ✆ 952 00 35 88 – www.restaurantejcg.com – Cerrado lunes, domingo

Café de París

TRADICIONAL • SIMPÁTICA X Un negocio clave en la historia de la hostelería malagueña, pues aquí se consiguió, en 2002, la primera estrella MICHELIN para la ciudad. Hoy la casa rompe con el pasado y de la mano del laureado chef José Carlos García se adecúa a los gustos actuales, presentándose con una estética más informal, divertida y libre de protocolos (mezcla de mesas desnudas y vestidas, originales lámparas con monos, visita a la cocina...). ¿Qué ofrecen? Una carta dinámica en la que se apuesta por los platos para compartir, con especialidades como el Steak tartar o el Solomillo de ibérico con salsa Café de París.

Especialidades : Tartar de salmón con vinagreta de verduras. Solomillo ibérico con salsa Café de París. Tocino de cielo con pasión.

Menú 25/40 € – Carta 25/35 €

Vélez-Málaga 8 ✉ 29016 – ✆ 952 22 50 43 – www.rcafedeparis.com – Cerrado lunes, domingo

Figón de Juan

TRADICIONAL • FAMILIAR X Un negocio familiar que destila dedicación y profesionalidad. Su emplazamiento en una zona comercial y de negocios, donde existe mucha competencia, hace que su popularidad tenga aún más valor. Presenta una barra de apoyo, dos salas y un privado, todo de ambiente clásico-regional. Su cocina tradicional se muestra rica en sabores y aromas, siempre con carnes de calidad, pescados del día y grandes clásicos de la casa, como los Boquerones fritos al limón, los Chopitos a la plancha, su Rabo de toro... No se pierda el Arroz con leche, elaborado todavía a fuego lento por la matriarca de la casa.

Especialidades : Boquerones fritos al limón. Rabo de toro. Arroz con leche.

Carta 30/40€

Pasaje Esperanto 1 ✉ 29007 - ✆ 952 28 75 47 - www.restaurantefigondejuan.com - Cerrado 2-30 agosto, domingo

La Cosmopolita

COCINA DE MERCADO • AMBIENTE MEDITERRÁNEO X Lo encontrará en el corazón peatonal del casco antiguo, donde sorprende con una acogedora decoración rústica-vintage. Buena cocina de mercado elaborada con técnicas actuales.

Carta 35/55€

José Denís Belgrano 3 ✉ 29015 - ✆ 952 21 58 27 - Cerrado domingo

KGB

CREATIVA • BAR DE TAPAS X Resulta tremendamente singular, pues hace simpáticos guiños al mundo del espionaje y busca popularizar la alta cocina replicando las mejores tapas de prestigiosos chefs.

Tapa 6€ - Ración 9€

Fresca 12 ✉ 29015 - ✆ 952 22 68 51 - www.kgbmalaga.com - Cerrado almuerzo: lunes, domingo

TA-KUMI (N)

JAPONESA • SENCILLA X Un japonés de agradables instalaciones que completa su carta nipona con unos sugerentes menús. Si hace bueno reserve en la terraza y... ¡disfrute de sus vistas a la Alcazaba!

Menú 30/52€ - Carta 35/55€

Mundo Nuevo 3 ✉ 29012 - ✆ 952 06 00 79 - www.restaurantetakumi.com - Cerrado lunes

G.H. Miramar

EDIFICIO HISTÓRICO • HISTÓRICA ¡Lujo e historia a orillas del mar! Sorprende tanto por las zonas nobles, entre las que destaca el elegante patio cubierto, como por la estética de sus habitaciones (clásicas, neomudéjares o mediterráneas). Su restaurante brinda una cocina tradicional-actual.

161 habitaciones - 250/900€ - 29 suites

Paseo de Reding 22 ✉ 29016 - ✆ 952 60 30 00 - www.granhotelmiramarmalaga.com

MALLORCA - Balears

➜ Ver Balears

MALPICA DE BERGANTIÑOS

A Coruña - Mapa de carreteras Michelin nº 571-C3

en Barizo Oeste : 7 km - Mapa regional 13-B1

As Garzas (Fernando Agrasar)

GALLEGA • ACOGEDORA XX En plena Costa da Morte, llamada así por los numerosos naufragios que durante siglos han visto sus vecinos, se encuentra el restaurante As Garzas, una casa familiar llevada por el cocinero Fernando Agrasar, que aprendió de su madre el humilde oficio de alegrar nuestros estómagos.

Amplios ventanales dejan al visitante sobrecogido e impactado por este paraíso de aves que anidan en abruptos acantilados frente a las islas Sisargas. En ese escenario se presenta el producto, platos de sabores clásicos bien definidos y una ejecución impecable. Desde el más que destacado pulpo a los arroces con socarrat crujiente, el pescado en su punto exacto de cocción o, por supuesto, una bien tratada materia vegetal.

Aquí la cocina expresa lo mismo que se ve tras los cristales: la belleza desnuda del océano.

Especialidades : Jurel marinado en cítricos, aromáticos y tomate. Salmonete de roca, berberechos y jugo de espinas. Bizcocho especiado de zanahoria, nueces caramelizadas y helado de requesón.

Menú 51€ - Carta 46/70€

Porto Barizo 40, carretera DP 4306, km 2,7 ✉ 15113 - ✆ 981 72 17 65 - www.asgarzas.com - Cerrado 8-26 junio, 14 diciembre-4 enero, lunes, cena: martes-jueves, cena: domingo

MANACOR - Balears → Ver Balears (Mallorca)

LA MANGA DEL MAR MENOR
Murcia - Mapa de carreteras Michelin nº 577-T27

en Urbanización Playa Honda Sur : 5 km - Mapa regional **16**-B3

Malvasía

TRADICIONAL • AMBIENTE CLÁSICO XX Este atractivo restaurante, instalado en una urbanización, disfruta de una fachada moderna que sirve como perfecto prefacio para lo que veremos en el interior, un espacio de estética actual con detalles de diseño y una decoración dedicada al mundo del vino. Desde sus fogones apuestan por una cocina de tinte actual-creativo... eso sí, siempre tomando como base el recetario tradicional e internacional. En buena lógica con el marco también poseen una selecta bodega. ¿Desea probar algo especial? Pida su Tartar de atún, el Arroz Malvasía o el suculento Mújol con tomate y huevo escalfado.

Especialidades : Alcachofa a la parrilla con crema de foie, crujiente de jamón y lascas de parmesano. Cochinillo confitado con verduras en tempura con salsa de miel. Raviolis de chocolate caliente.

Menú 35€ - Carta 30/40€

Edificio Julieta - bajo 6 ✉ 30385 - ✆ 968 14 50 73 - www.restaurantemalvasia.com - Cerrado 20-31 enero, lunes, cena: domingo

LA MANJOYA - Asturias → Ver Oviedo

MANRESA
Barcelona - Mapa regional **10**-A2 - Mapa de carreteras Michelin nº 574-G35

Aligué

TRADICIONAL • FAMILIAR XX Una casa con... imás de 60 años de historia! Los hermanos Aligué proponen, en un espacio moderno y actual, una cocina tradicional catalana fiel a los productos de temporada.

Carta 45/65€

Barriada El Guix 10 (carretera de Vic) ✉ 08243 - ✆ 938 73 25 62 - www.restaurantaligue.es - Cerrado cena: lunes-jueves, cena: domingo

MAÓ - Balears → Ver Balears (Menorca)

LauriPatterson/iStock

MARBELLA

Málaga – Mapa regional **1**-A3 – Mapa de carreteras Michelin nº 578-W15

Nos gusta...

Pasear con la puesta de sol por la playa o por el paseo marítimo; disfrutar del excepcional microclima y del carácter desenfadado de la gente; recorrer las callejuelas encaladas del casco viejo, siempre repletas de macetas con flores, y tomar el aperitivo en la famosa Plaza de los Naranjos. Por supuesto, también nos gusta contagiarnos del ambiente VIP que se respira en la plaza interior del lujoso hotel **Puente Romano**, donde hay propuestas gastronómicas para todos los gustos (**BiBo**). En un plano mucho más culinario, nos gusta redescubrir los fantásticos pescados y mariscos que ofrece **Santiago**, la alta cocina creativa de **Skina**, los potentes sabores derivados de los jugos que siempre nos sorprenden en **Messina**...

¿Una recomendación para los más foodies? No pierda la oportunidad y pruebe la Tarta de queso que elaboran en **Kava**, pues está considerada... ¡una de las mejores de España!

SusanaValera/iStock

Restaurantes

✿✿ Skina

MODERNA • SIMPÁTICA XX Los restaurantes gastronómicos suelen ubicarse en espacios singulares, aunque... ¡no es habitual que se presenten con el diminuto tamaño de este!

Nos encontramos en las estrechas callejuelas encaladas del casco antiguo de Marbella, en un local que, en palabras del asturiano Marcos Granda, su propietario, se agiganta por lo que ofrece: "Los grandes restaurantes son aquellos que hacen y logran que el cliente se sienta importante".

El jovencísimo chef, Mario Cachinero, plantea una cocina creativa que evoluciona el recetario tradicional andaluz, con escogidos productos de temporada (pescado gallego salvaje capturado de forma artesanal, aceites premium de Jaén producido en olivares de montaña, carnes exclusivas con orientación gourmet...) y un nivel técnico capaz de sorprender al comensal.

Especialidades : Cigala, su jugo y alcaparras. Rodaballo y verduras de temporada. Nuestro chocolate.

Menú 149/198€ - Carta 121/121€

Plano E1-x - *Aduar 12 ✉ 29601 - ✆ 952 76 52 77 - www.restauranteskina.com - Cerrado 6-20 enero, lunes, almuerzo: sábado, domingo*

✿ Messina (Mauricio Giovanini)

CREATIVA • MINIMALISTA XXX Lejos de lo que pueda parecer por el nombre este no es un restaurante italiano, pues Messina representa el sueño de un cocinero italoargentino que fue más allá de sus raíces para encontrar su propia personalidad y exteriorizar, a través de la gastronomía, su analítico y complejo mundo interior.

Ubicado muy cerca de la playa de la Bajadilla, el local se presenta con una estética actual-minimalista, suave música jazz y una clarísima obsesión: marcar con nitidez los sabores de una cocina que bebe tanto del recetario ibérico como del sudamericano y el oriental.

¿Secretos? El chef Mauricio Giovanini observó que el sabor reposa en la parte líquida de los alimentos, por lo que el aprovechamiento de los jugos y sus derivados (concentrados, cremas...) ha marcado desde entonces el camino a seguir.

Especialidades : Chipá criollo. Pichón de Bresse con mole. Cremoso de chocolate y Malibú con sopa de dulce de leche y cacahuetes.

Menú 69/89€ - Carta 49/65€

Plano F2-v - *Avenida Severo Ochoa 12 ✉ 29603 - ✆ 952 86 48 95 - www.restaurantemessina.com - Cerrado 1-12 enero, 22-31 diciembre, almuerzo: lunes-sábado, domingo*

✿ El Lago

CREATIVA • ACOGEDORA XX Frente al bullicio estival de Marbella acudir al restaurante El Lago, en la casa-club del Greenlife Golf, supone encontrar un remanso de paz, pues la armonía del entorno y las vistas al gran lago, al que debe su nombre el restaurante, son el complemento perfecto para una buena comida.

Desde los fogones, y con un marcado talante creativo, el chef Juan José Carmona apuesta por una cocina de producto que desvele las interioridades de la cocina andaluza actual, respetando la filosofía de una casa que siempre ha ensalzado el hecho de trabajar con materias primas de proximidad y ha asumido como propios los valores de la famosa Slow Food.

No resulta extraño encontrar personajes de la jet-set internacional por aquí, sobre todo en la maravillosa terraza de verano que se asoma al lago.

Especialidades : Gazpacho de carabineros con juliana de lechuga malagueña, ajo y limón. Pichón con caldo de legumbres, acelgas y cacahuetes. Torrija caramelizada con ron de Motril, frutas tropicales de la Axarquía y crema de yogurt.

Menú 71/81€ - Carta 71/81€

Plano C2-n - *Avenida Las Cumbres, Urbanización Elviria Hills (salida Elviria : 10 km y desvío 2 km) ✉ 29603 - ✆ 952 93 23 71 - www.restauranteellago.com - Cerrado lunes, almuerzo: martes-domingo*

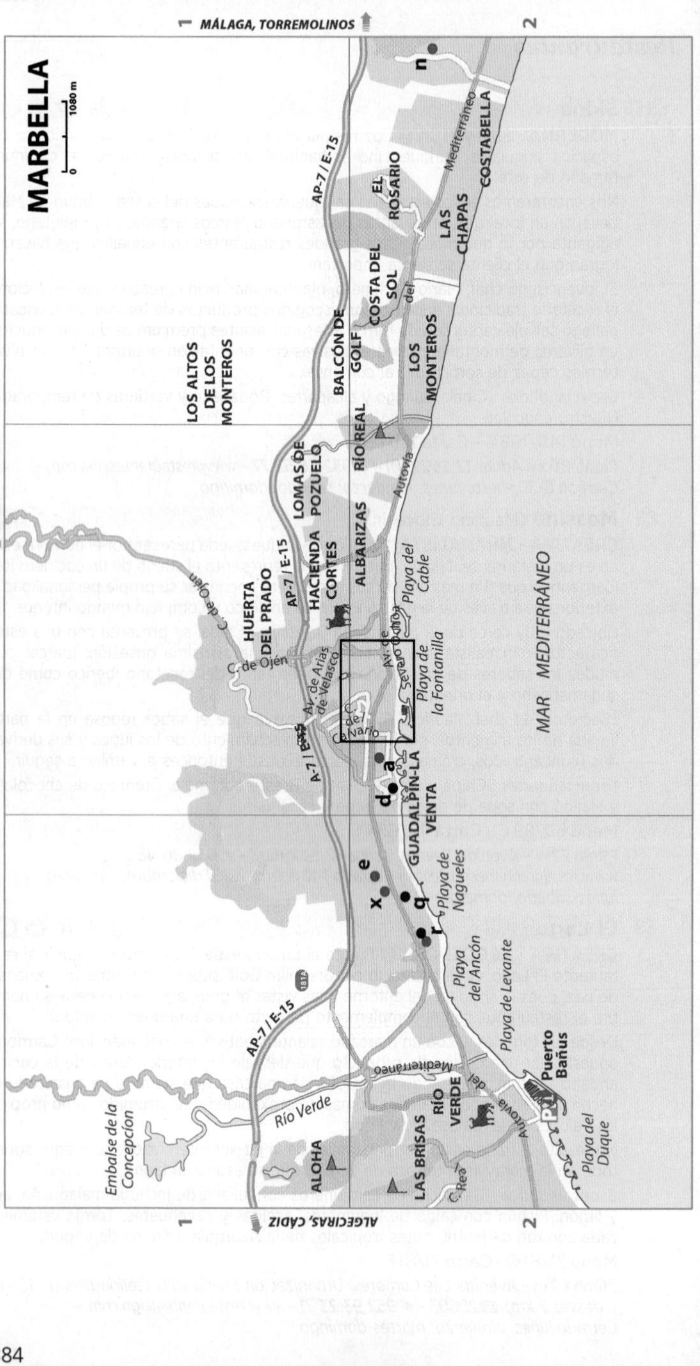
MARBELLA
0
1080 m
MÁLAGA, TORREMOLINOS
ALGECIRAS, CADIZ
COÍN
A
B
C
1
2
LOS ALTOS DE LOS MONTEROS
HUERTA DEL PRADO
HACIENDA CORTES
LOMAS DE POZUELO
ALBARIZAS
RÍO REAL
BALCÓN DE GOLF
COSTA DEL SOL
EL ROSARIO
LAS CHAPAS
COSTABELLA
LOS MONTEROS
GUADALPÍN-LA VENTA
ALOHA
LAS BRISAS
RÍO VERDE
Puerto Bañus
Embalse de la Concepción
Río Verde
AP-7 / E-15
A-7 / E-15
C. de Ojén
Av. de Arias de Velasco
C. del Calvario
Av. de Severo Ochoa
Autovía del Mediterráneo
C. Real
Playa del Cable
Playa de la Fontanilla
Playa de Nagueles
Playa del Ancón
Playa de Levante
Playa del Duque
MAR MEDITERRÁNEO
a
d
e
x
q
r
n

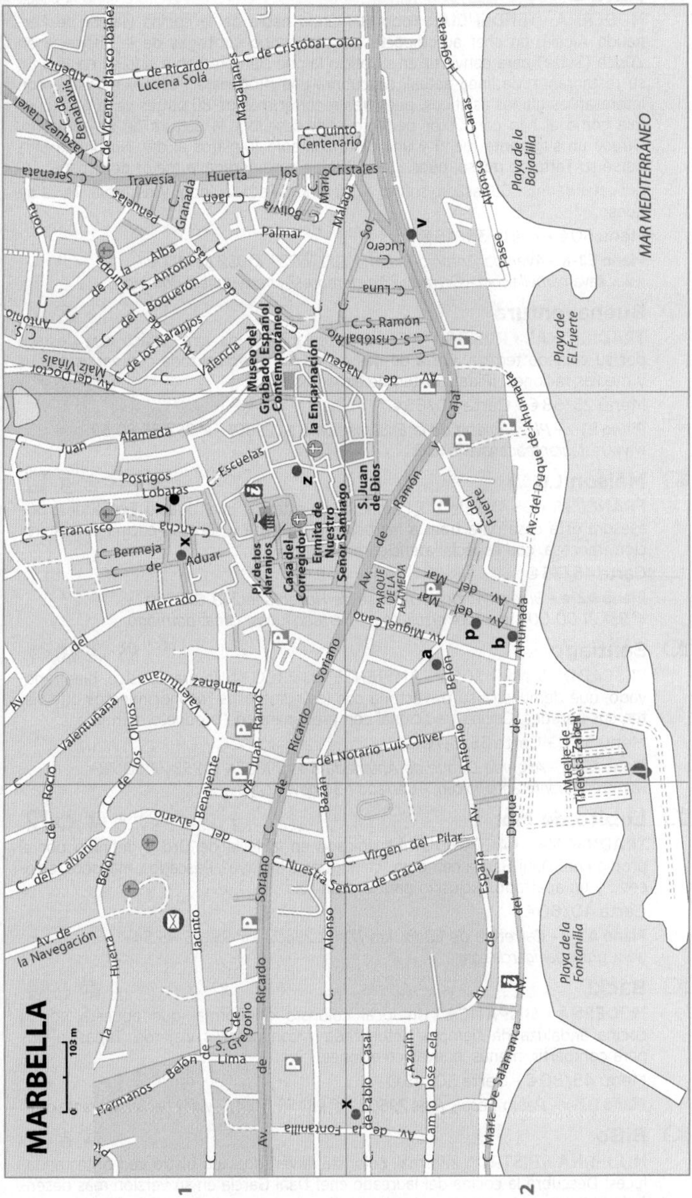
MARBELLA
0
103 m
1
2
D
E
F
MAR MEDITERRÁNEO
Playa de la Fontanilla
Playa de El Fuerte
Playa de la Bajadilla
Muelle de Theresa Zabell
Museo del Grabado Español Contemporáneo
la Encarnación
Pl. de los Naranjos
Casa del Corregidor
Ermita de Nuestro Señor Santiago
S. Juan de Dios
PARQUE DE LA ALAMEDA
Av. de Ricardo Soriano
Av. Miguel Cano
Av. del Mar
Av. de Ramón y Cajal
Av. del Duque de Ahumada
Av. de la Navegación
Av. Antonio Belón
Av. España
Av. de la Fontanilla
Av. de Salamanca
Av. del Doctor Maíz Viñals
Av. del Mercado
C. Ancha
C. Bermeja
C. de Aduar
C. Postigos
C. Lobatas
C. Escuelas
C. Alameda
C. Juan
C. S. Francisco
C. Valencia
C. de los Naranjos
C. S. Antonio
C. del Boquerón
C. de Europa
C. Peñuelas
C. Granada
C. Jaén
C. Bolivia
C. Mario
C. Málaga
C. Palmar
C. Sol
C. Lucero
C. Luna
C. S. Ramón
C. S. Cristóbal
C. Río
C. Nabeul
C. de Cristóbal Colón
C. de Ricardo Lucena Solá
C. de Vicente Blasco Ibáñez
C. Vázquez Clavel
C. Albéniz
C. de Benahavís
C. Serenata
C. Magallanes
C. Quinto Centenario
Travesía Huerta los Cristales
C. del Fuerte
C. del Notario Luis Oliver
C. de Juan Ramón Jiménez
C. Valentuñana
C. del Rocío
C. de los Olivos
C. del Calvario
C. Jacinto Benavente
C. Nuestra Señora de Gracia
C. Virgen del Pilar
C. Alonso Bazán
C. de Pablo Casal
C. Azorín
C. Camilo José Cela
C. de S. Gregorio
C. Lima
C. Hermanos Belón
C. Huerta la Belón
C. Marie De Salamanca
Paseo Alfonso Canas
Hogueras
x
y
z
v
a
b
p

ESPAÑA

Kava

MODERNA · TENDENCIA Todo el mundo habla de la cocina viajera de Fernando Alcalá, un chef autodidacta que abandonó las togas de la abogacía en Zúrich (Suiza) para convertir en su oficio la que siempre había sido su pasión. En su restaurante, de línea actual, descubrirá una propuesta fresca y moderna con interesantes guiños asiáticos, pues tras recorrer más de 80 países ve la gastronomía como el hilo conductor perfecto para descubrir la cultura de un territorio. Ofrece un sugerente menú y una carta con solo 10 platos al día. No puede perderse su Tarta de queso, pues... ¡en 2019 fue considerada la mejor de España!

Especialidades : Col asada, sofrito XO y limón. Pato, bulgogi y escarola. Tarta de queso.

Menú 50 € - Carta 35/45 €

Plano E2-a - *Avenida Antonio Belón 4 ✉ 29602 - ✆ 952 82 41 08 - www.kavamarbella.com - Cerrado 23 diciembre-7 enero, lunes, domingo*

Buenaventura

TRADICIONAL · RÚSTICA Coqueto restaurante de aire rústico que destaca por su cuidada terraza. Carta de gusto tradicional actualizada con varios menús y medias raciones. ¡Pida su Atún de almadraba!

Menú 25/58 € - Carta 40/65 €

Plano E1-z - *Plaza Iglesia de la Encarnación 5 ✉ 29601 - ✆ 952 85 80 69 - www.restaurantebuenaventura.es*

Maison Lu

FRANCESA · DE DISEÑO La nueva apuesta del chef Juanlu Fernández, que asesora esta casa para traer a Marbella su delicada y sabrosa cocina de inspiración francesa, con especial atención a las aves.

Carta 45/75 €

Plano A2-e - *Bulevar Príncipe Alfonso de Hohenlohe 269 ✉ 29602 - ✆ 951 21 00 00 - www.universolu.com - Cerrado lunes, cena: domingo*

Santiago

PESCADOS Y MARISCOS · AMBIENTE CLÁSICO Un gran clásico, bien renovado, que demuestra su trayectoria con los numerosos reconocimientos que visten sus paredes. Cocina tradicional con predominio de producto marinero.

Menú 35 € - Carta 35/60 €

Plano E2-b - *Avenida Duque de Ahumada 5 ✉ 29602 - ✆ 952 77 00 78 - www.restaurantesantiago.com - Cerrado 1-30 noviembre*

Lobito de Mar

TRADICIONAL · ACOGEDORA Ubicado en la Milla de Oro y definido por el propio chef Dani García como un "chiringuito sin playa". Pescados, mariscos, arroces... y un apartado exclusivo para el atún rojo.

Carta 40/60 €

Plano A2-x - *Carretera de Cádiz, km 178 ✉ 29602 - ✆ 951 55 45 54 - www.grupodanigarcia.com*

Back!

MODERNA · SIMPÁTICA Un local colorista e informal que apuesta por la cocina andaluza de siempre, actualizada y con detalles viajeros. Tapas, platos para compartir, menús, nuevas creaciones...

Menú 45/80 € - Carta 30/45 €

Plano D2-x - *Pablo Casals 8 ✉ 29602 - ✆ 951 55 00 45 - www.backrestaurante.com*

BiBo

MODERNA · BISTRÓ Informal, colorista, divertido... ¡un bistró con tintes andaluces! Descubra la cocina del laureado chef Dani García en su versión más desenfadada, pues está pensada para compartir y basada en la fusión de técnicas, estilos y materias primas de enorme calidad.

Carta 45/65 €

Plano A2-r - *Boulevard Príncipe Alfonso von Hohenlohe ✉ 29602 - ✆ 951 60 70 11 - www.grupodanigarcia.com*

TA-KUMI

JAPONESA · FAMILIAR Muy bien llevado, con socios nipones y una completa carta de cocina japonesa. ¿Una especialidad? Pruebe sus California roll de langostinos en tempura y espárragos verdes.

Menú 52 € – Carta 40/55 €

Plano B2-a – *Gregorio Marañón 4 ✉ 29602 – ✆ 952 77 08 39 – www.restaurantetakumi.com – Cerrado lunes*

La Taberna de Santiago

TRADICIONAL · BAR DE TAPAS Disfruta de una atractiva fachada azulejada, una espaciosa terraza y un coqueto interior. Amplia oferta de tapas y raciones, de tinte tradicional y a precios razonables.

Tapa 2 € – Ración 8 €

Plano E2-p – *Avenida del Mar 20 ✉ 29600 – ✆ 952 77 00 78 – www.restaurantesantiago.com – Cerrado 1-30 noviembre*

Alojamientos

Marbella Club

LUJO · CLÁSICA ¡Belleza, lujo e historia a orillas del Mediterráneo! Atesora un inmenso jardín, un seductor club de playa, excelentes habitaciones y hasta 15 idílicas villas, destacando con 6200 m² la exclusiva Villa del Mar. Gran oferta gastronómica de gusto internacional.

79 habitaciones – 360/1000 € – 51 suites

Plano A2-q – *Boulevard Príncipe Alfonso von Hohenlohe ✉ 29602 – ✆ 952 82 22 11 – www.marbellaclub.com*

Puente Romano

LUJO · CLÁSICA Elegante complejo de aire andaluz dotado con un jardín subtropical y habitaciones tipo bungalow, todas de elevado confort. Sorprende por su variada propuesta gastronómica, pues atesora varios restaurantes en la Plaza Village y uno más, llamado Sea Grill, con vistas al mar. ¡Tome una copa disfrutando de música en vivo!

204 habitaciones – 253/841 € – 55 suites

Plano A2-r – *Boulevard Príncipe Alfonso von Hohenlohe ✉ 29602 – ✆ 952 82 09 00 – www.puenteromano.com*

Gran Meliá Don Pepe

CADENA HOTELERA · CONTEMPORÁNEA Un oasis junto al mar, pues se rodea por un bello jardín subtropical. Sus excelentes estancias le sorprenderán por el confort y la profusión en los detalles. En el restaurante T Bone Grill proponen una cocina tradicional especializada en productos a la brasa.

168 habitaciones – 230/1160 € – 24 suites

Plano B2-d – *José Meliá ✉ 29602 – ✆ 952 77 03 00 – www.melia.com*

La Villa Marbella

TRADICIONAL · PERSONALIZADA Ocupa varios edificios del casco viejo, todos con habitaciones de completo equipamiento y detalles personalizados. Destaca la amabilidad del personal y el gusto decorativo.

10 habitaciones – 90/169 €

Plano E1-y – *Príncipe 10 ✉ 29601 – ✆ 952 76 62 20 – www.lavillamarbella.com*

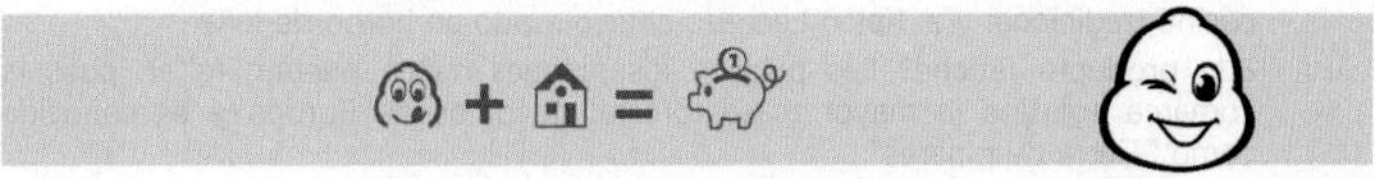

MARTINET

Lleida - Mapa regional **9**-B1 - Mapa de carreteras Michelin nº 574-E35

Fonda Pluvinet

CATALANA • RÚSTICA X Se encuentra en la calle/carretera que cruza la localidad, instalado en un edificio en piedra que, solo con su fachada, ya nos insinúa la sencilla pero acogedora línea rústica que vamos a encontrar. El matrimonio al frente de esta casa apuesta por los sabores catalanes de siempre, sin aditivos, por lo que podrá descubrir la potencia de algún plato pirenaico y muchas especialidades catalanas de interior, todas elaboradas con cariño, sin prisas y desde la tranquilidad que da trabajar con los productos de la zona, siempre magníficos. ¡Ambiente agradable y excelentes atenciones!

Especialidades : Trinxat de Cerdanya. Civet de jabalí. Crema catalana.

Carta 29/38 €

Del Segre 13 D ✉ 25724 - ✆ 973 51 54 91 - Cerrado 17 mayo-1 junio, 16-30 noviembre, cena: lunes, martes, cena: miércoles-jueves, cena: domingo

EL MASNOU

Barcelona - Mapa regional **10**-B3 - Mapa de carreteras Michelin nº 574-H36

Tresmacarrons (Miquel Aldana)

MODERNA • ACOGEDORA XX Una casa familiar que, solo con el nombre, ya hace un explícito guiño al firmamento MICHELIN y sus estrellas, pues "macaron" es el nombre coloquial con el que los gastrónomos franceses se refieren a esta codiciada distinción.

Aquí descubrirá, en un ambiente de línea moderna bastante acogedor, la firme apuesta del chef Miquel Aldana por la cocina catalana de producto, contemporánea en las formas, adaptada a la estacionalidad de las materias primas y estrechamente vinculada a El Maresme, la comarca barcelonesa en la que nos encontramos, que inspira la propuesta y hace sentir su característica visión del "mar y montaña" en cada plato.

También están recuperando con éxito la "cultural del vermut", un ejercicio social que abordan con una carta específica para ese momento (de 10:00 a 13:30).

Especialidades : "Esqueixada" de atún marinada en soja. Bisque de carabinero con gnocchi de patata y mantequilla de avellanas. Sandía con cassis y sorbete de albahaca.

Menú 59/95 € - Carta 45/75 €

Avenida del Maresme 21 ✉ 08320 - ✆ 935 40 92 66 - www.tresmacarrons.com - Cerrado 5-25 septiembre, lunes, martes, miércoles

MASPALOMAS - Las Palmas ➜ Ver Canarias (Gran Canaria)

LA MATANZA DE ACENTEJO - Santa Cruz de Tenerife ➜ Ver Canarias (Tenerife)

MATAPOZUELOS

Valladolid - Mapa regional **8**-B2 - Mapa de carreteras Michelin nº 575-H15

La Botica (Miguel Ángel de la Cruz)

MODERNA • RÚSTICA XX Ubicado a unos pasos del Ayuntamiento, en una casa de labranza que data de 1876.

Lo más llamativo de este restaurante-asador, dotado con un gran comedor de carácter castellano y un coqueto privado en lo que fue la botica del pueblo, de ahí el nombre, es el carácter dual de su propuesta: mientras el chef-recolector Miguel Ángel de la Cruz practica una gastronomía ecológica de aprovechamiento que explota los recursos del entorno, pues ansía que el comensal sienta el medio rural en el plato, su padre Teodoro, un Maestro Asador, se mantiene fiel a la cocina tradicional y al típico Lechazo churro asado en horno de leña.

¿Un producto fetiche? Las piñas y los piñones nunca pueden faltar, pues la comarca aglutina la mayor masa forestal de pinos de Europa y es conocida como "Tierra de pinares".

Especialidades : Remolacha, aliño de sopa agria y guiso de riñones de lechazo. Molleja de ternera lacada con una crema de piñón y piña verde. Pan de piñones.

Menú 58/85€ - Carta 40/65€

Plaza Mayor 2 ✉ 47230 - ✆ 983 83 29 42 - www.laboticadematapozuelos.com - Cerrado lunes, cena: martes-jueves, cena: domingo

MATARÓ

Barcelona - Mapa regional **10**-B3 - Mapa de carreteras Michelin nº 574-H37

El Nou-Cents

MODERNA • RÚSTICA XXX Presenta un buen hall y dos comedores, destacando el más rústico por contar con chimenea y tener una bóveda catalana en ladrillo visto. Ofrecen una cocina actual de bases clásicas, trabajando mucho la trufa, las setas y la caza.

Menú 42€ (almuerzo)/68€ - Carta 45/70€

El Torrent 21 ✉ 08302 - ✆ 937 99 37 51 - www.elnou-cents.restaurant - Cerrado domingo

Sangiovese

CREATIVA • MARCO CONTEMPORÁNEO XXX Un espacio que conjuga con acierto la modernidad y la tradición. Ofrecen elaboraciones de mercado y de temporada, lo que permite ver una evolución constante con cada estación.

Menú 25/65€ - Carta 40/70€

Muralla de Sant Llorenç 32 ✉ 08302 - ✆ 937 41 02 67 - www.sangioveserestaurant.com - Cerrado lunes, cena: martes, cena: domingo

Hapo Sushi Sake Bar (N)

JAPONESA • AMBIENTE EXÓTICO X Un restaurante japonés de ambiente contemporáneo, aunque no faltan elegantes detalles orientales y una barra de sushi. Cocina nipona con crudos, semicrudos, cocinados, ramen...

Menú 60/65€ - Carta 30/50€

Cuba 32 ✉ 08302 - ✆ 938 53 57 21 - www.haposakebar.com

La Marineta Platets i Tapes

COCINA DE MERCADO • RÚSTICA X Agradable, informal y con una línea rústico-actual bastante cuidada. Cocina catalana de mercado bien interpretada por el chef, que equilibra técnica, creatividad y pasión.

Menú 18€ (almuerzo), 35/45€ - Carta 30/45€

Cuba 76 ✉ 08302 - ✆ 935 12 60 22 - www.lamarineta.com - Cerrado 25 marzo-1 abril, 29 julio-19 agosto, 25 noviembre-2 diciembre, lunes, domingo

MEAÑO

Pontevedra - Mapa regional **13**-A2 - Mapa de carreteras Michelin nº 571-E3

Quinta de San Amaro

AGROTURISMO • ACOGEDORA Un hotelito rural con muchísimo encanto. Encontrará habitaciones de excelente confort, todas con mobiliario colonial, y un restaurante completamente acristalado que apuesta por la cocina gallega actualizada. ¡Buena oferta de actividades y cursos gastronómicos!

14 habitaciones - 110/155€

Lugar de San Amaro 6 ✉ 36968 - ✆ 986 74 89 38 - www.quintadesanamaro.com

MEDINA SIDONIA

Cádiz - Mapa regional **1**-B3 - Mapa de carreteras Michelin nº 578-W12

El Duque

TRADICIONAL • RÚSTICA X Este negocio familiar disfruta de un acogedor bar a la entrada, dotado con varias mesas para tomar tapas y raciones, así como un cálido comedor tipo asador, muy luminoso, rodeado de ventanales y con gran profusión de madera. Su amplia carta refleja claramente su pasión por las carnes, la caza y el recetario tradicional, sin embargo en ella también encontrará unos buenos pescados y algún que otro plato más actual. Si desea pasar más tiempo en Medina Sidonia puede alojarse aquí, pues complementan su actividad con unas correctas habitaciones que combinan el mobiliario en madera y forja.

Especialidades : Ravioli de rabo de toro con emulsión de parmesano. Brazuelo de cabrito al horno. Torrijas caramelizadas con coco y fresas.

Menú 30/35€ - Carta 28/44€

Avenida del Mar 10 ✉ 11170 - ✆ 956 41 00 40 - www.elduquedemedina.es - Cerrado lunes

MELIANA

Valencia - Mapa regional **11**-B2 - Mapa de carreteras Michelin nº 577-N28

en el Barrio de Roca Este : 2 km

Ca' Pepico

REGIONAL • RÚSTICA X Descubra la esencia culinaria valenciana en este restaurante, muy bien llevado entre dos hermanos (Ana y Pepe Ferrer) e instalado entre huertas. Ofrece un agradable comedor de ambiente rústico dividido en dos partes, así como un privado que hoy aprovecha lo que fue el patio-lucernario. En su carta conviven los platos regionales del recetario familiar y algún otro más actual... aunque son muchos los que acuden buscando especialmente sus arroces, solo dos diarios, uno fijo para cada día de la semana y el otro improvisado en función de los productos del mercado. ¡Nutrida y variada bodega!

Especialidades : All i pebre. Arroz con "fesols i naps". Bizcocho sefardí con helado de mandarina.

Carta 35/50€

Mediterráneo 1 ✉ 46133 - ✆ 961 49 13 46 - www.capepico.com - Cerrado 16 agosto-16 septiembre, cena: martes, domingo

MENORCA - Balears ➜ Ver Balears

MERANGES

Girona - Mapa regional **9**-C1 - Mapa de carreteras Michelin nº 574-E35

Can Borrell

REGIONAL • FAMILIAR X En un pueblo de montaña con muchísimo encanto. Restaurante de aire rústico donde podrá saborear una cocina propia del recetario catalán aunque con sugerentes actualizaciones. Como complemento al negocio también ofrece habitaciones, varias con vistas al valle.

Menú 45€ - Carta 27/50€

Retorn 3 ✉ 17539 - ✆ 972 88 00 33 - www.canborrell.com - Cerrado 16 enero-5 febrero, 9-26 diciembre

MÉRIDA

Badajoz - Mapa regional **12**-B2 - Mapa de carreteras Michelin nº 576-P10

A de Arco N

TRADICIONAL • AMBIENTE CLÁSICO XX Se halla junto al Arco de Trajano y sorprende en la sala, pues esta muestra parte de sus ciclópeos sillares en piedra. Carta tradicional y regional con sugerencias diarias.

Menú 29€ - Carta 30/45€

Trajano 8 ✉ 06800 - ✆ 924 30 13 15 - www.adearco.com

Parador de Mérida

HISTÓRICO • CLÁSICA Ocupa parte de un convento franciscano del s. XVIII, íntimo y acogedor, con habitaciones sobrias y mobiliario castellano. El patio conserva restos arqueológicos originales. En su restaurante podrá degustar una cocina que toma como base el recetario regional.

82 habitaciones - 80/195€ - 18€ - 2 suites

Plaza de la Constitución 3 ✉ 06800 - ✆ 924 31 38 00 - www.parador.es

MIERES

Asturias - Mapa regional **3**-B2 - Mapa de carreteras Michelin nº 572-C12

El Cenador del Azul

TRADICIONAL • AMBIENTE CLÁSICO XX Céntrico y de amable organización familiar. Posee unas instalaciones de línea clásica-actual, con mobiliario de calidad y un buen servicio de mesa. Aquí ofrecen una cocina tradicional actualizada, trabajando bastante los pescados.

Menú 17 € (almuerzo)/28 € – Carta 35/55 €

Aller 51-53 ✉ 33600 – ✆ 985 46 18 14 – Cerrado 19 julio-10 agosto, cena: lunes-jueves, domingo

MOAÑA

Pontevedra – Mapa regional **13**-A3 – Mapa de carreteras Michelin nº 571-F3

Prado Viejo

TRADICIONAL • MINIMALISTA XX Cuenta con un bar a la entrada, donde ofrecen los menús, una sala de línea clásica y una huerta propia que abastece al restaurante. Cocina tradicional y sugerencias diarias.

Carta 25/45 €

Ramón Cabanillas 16 ✉ 36950 – ✆ 986 31 16 34 – www.pradoviejo.com – Cerrado 8-14 enero, 25 noviembre-18 diciembre, lunes, cena: domingo

MOGÁN – Las Palmas → Ver Canarias (Gran Canaria)

MOGARRAZ

Salamanca – Mapa regional **8**-A3 – Mapa de carreteras Michelin nº 575-K11

Mirasierra

TRADICIONAL • RÚSTICA XX Ocupa un caserón y cuenta con varias salas, destacando la del fondo por sus vistas. Ofrecen deliciosos guisos, derivados del cerdo ibérico, setas, carnes a la brasa, quesos...

Menú 19 € (almuerzo)/29 € – Carta 30/50 €

Miguel Angel Maillo ✉ 37610 – ✆ 923 41 81 44 – www.restaurantemirasierra.com – Cerrado 8-31 enero, lunes, cena: martes-domingo

MOLINA DE SEGURA

Murcia – Mapa regional **16**-B2 – Mapa de carreteras Michelin nº 577-R26

Lamarimorena

CREATIVA • DE DISEÑO X He aquí un local moderno, fresco y polivalente que, dominado por los tonos blancos, sabe aunar los conceptos de gastrobar y restaurante. Cocina actual rica en tapas y menús.

Menú 28 € – Carta 22/39 €

Avenida del Chorrico 110 ✉ 30500 – ✆ 968 61 12 89 – www.lamarimorenarestaurant.com – Cerrado 15-30 agosto, lunes, cena: domingo

La Maita

CREATIVA • BAR DE TAPAS X Sorprende por el diseño del edificio, pues combina partes de la antigua muralla con amplias placas de acero Corten y hormigón. Tapas locales, de autor y fieles al gusto nipón.

Tapa 3 € – Ración 12 € – Carta 25/45 €

Castillo 18 ✉ 30500 – ✆ 968 97 36 07 – www.lamaita.com – Cerrado lunes, martes, cena: domingo

LOS MOLINOS
Madrid – Mapa regional **15**–A2 – Mapa de carreteras Michelin n° 576-J17

ⓘ○ **Asador Paco** 🛱 AC

TRADICIONAL · RÚSTICA ⅹ Ocupa una céntrica casa de piedra, con el comedor en lo que fue el pajar. Tiene fama por sus platos de verduras y por sus asados en horno de leña, estos últimos bajo encargo.

Carta 40/55€

Pradillos 11 ✉ 28460 – ℰ 918 55 17 52 – www.hornodeasarpaco.es –
Cerrado 15 septiembre-15 octubre, cena: lunes, martes, cena: miércoles-jueves, cena: domingo

MOLINS DE REI
Barcelona – Mapa regional **10**–B3 – Mapa de carreteras Michelin n° 574-H36

ⓘ○ **L'Àpat** AC

TRADICIONAL · RÚSTICA ⅹ Un negocio de organización familiar y ambiente rústico donde se sentirá como en casa. Su amplia carta tradicional se enriquece con sugerencias diarias y un menú degustación.

Menú 35€ – Carta 25/45€

Del Carril 38 ✉ 08750 – ℰ 936 68 05 58 – www.restaurantlapat.cat –
Cerrado 6-13 abril, 3-17 agosto, cena: lunes, domingo

MONACHIL
Granada – Mapa regional **1**–D1 – Mapa de carreteras Michelin n° 578-U19

ⓐ **La Cantina de Diego** 🛱 & AC

TRADICIONAL · RÚSTICA ⅹ Restaurante de organización familiar emplazado en la zona antigua de la ciudad. Posee una terraza de verano y dos atractivos comedores, ambos de ambiente rústico-regional. Su chef-propietario, Diego Higueras, apuesta desde los fogones por una cocina tradicional y regional sin grandes complicaciones técnicas... eso sí, fiel a los productos autóctonos de temporada y a la cada vez más en boga filosofía del "km 0". Entre sus especialidades están el Revuelto de morcilla de Monachil, los Tacos de bacalao fritos con tomate, el Solomillo de la sierra con guarnición o la Marcelina, un postre típico.

Especialidades : Revuelto de morcilla de Monachil con pasas y piñones. Entrecot de ternera pajuna de Sierra Nevada. Marcelina.

Carta 28/45€

Callejón de Ricarda 1 ✉ 18193 – ℰ 958 30 37 58 –
www.restaurantelacantinadediego.es – Cerrado 3-10 febrero, 3 agosto-1 septiembre, lunes, cena: martes-jueves, cena: domingo

🏠 **La Almunia del Valle** ☆ ⏀ ⪜ 🛏 🗵 AC P

CASA DE CAMPO · PERSONALIZADA Situado en una ladera e integrado en el paisaje. Presenta un atractivo salón-biblioteca y habitaciones bastante actuales, dos con forma de cubo. El comedor, iluminado por un lucernario y de ambiente casero, ofrece una cocina de mercado con toques actuales.

15 habitaciones – 👫 110/158€

camino de la Umbría Este : 1,5 km (casco antiguo) ✉ 18193 – ℰ 958 30 80 10 –
www.laalmuniadelvalle.com – Cerrado 9 diciembre-7 febrero

MONFORTE DE LEMOS
Lugo – Mapa regional **13**–C2 – Mapa de carreteras Michelin n° 571-E7

ⓘ○ **Manuel Bistró** & AC ⏀ P

MODERNA · AMBIENTE TRADICIONAL ⅹⅹ Una casa sofisticada y agradable. Su chef propone una cocina de mercado con toques de vanguardia, pero también buenos arroces, algunos platos de pastas e interesantes menús.

Carta 22/43€

Duquesa de Alba 62 ✉ 27400 – ℰ 982 40 27 47 – www.donmanuelbistro.com –
Cerrado 8-19 enero, 5-16 julio, 16-27 noviembre, lunes, cena: martes-miércoles, cena: domingo

Parador de Monforte de Lemos

EDIFICIO HISTÓRICO • HISTÓRICA Bello conjunto arquitectónico situado sobre un promontorio, con fantásticas vistas y el edificio principal instalado en un monasterio benedictino. Hay que destacar la amabilidad del personal y el hermoso claustro neoclásico. Su restaurante es una buena opción para descubrir la gastronomía típica de la zona.

45 habitaciones – 75/160 € – 16 € – 5 suites

Plaza Luis de Góngora y Argote 27400 – 982 41 84 84 – www.parador.es

MONROYO

Teruel – Mapa regional **2**-C3 – Mapa de carreteras Michelin n° 574-J29

al Norte 2, 5 km

Consolación

MODERNA • DE DISEÑO ¡En la antigua casa del ermitaño! Propone una cocina actual-creativa que ensalza los productos autóctonos, mima los detalles y siempre sorprende en la comarca del Matarraña.

Carta 30/40 €

Hotel Consolación, Carretera N-232, km 96 44652 – 978 85 67 87 – www.consolacion.com.es – Cerrado almuerzo: lunes-martes

Consolación

BOUTIQUE HOTEL • DE DISEÑO ¡Genial concepto arquitectónico en plena naturaleza! Aquí conviven, armónicamente, una ermita del s. XVI y unas estructuras independientes en forma de cubos, estas últimas con fantásticos miradores, pinceladas de diseño y unas curiosas chimeneas. ¡Idóneo para practicar senderismo, barranquismo o bicicleta!

12 habitaciones – 165/235 €

Carretera N-232 km 96 44652 – 978 85 67 87 – www.consolacion.com.es

Consolación – Ver selección restaurantes

MONTELLANO

Sevilla – Mapa regional **1**-B2 – Mapa de carreteras Michelin n° 578-V13

Deli

TRADICIONAL • RÚSTICA El amor y la fe ciega en la cocina tradicional trascienden los valores de esta casa, que sorprende con varios arroces, platos de la cocina vasca, Cochinillo lechal segoviano al horno... Estamos ante un negocio familiar de 3ª generación que, procurando siempre trabajar con productores locales, apuesta también por los sabores autóctonos hasta el punto de intentar recuperar algunos platos de la zona que remontan sus orígenes a la época andalusí. Son muy populares por su Arroz meloso con perdiz de campo, los ricos Caracoles burgaos en salsa de almendras y ñoras, sus Alcachofas naturales...

Especialidades : Alboronías. Arroz con perdiz de campo. Gachas con aceite de naranja.

Menú 15 € (almuerzo) – Carta 26/50 €

Plaza de Andalucía 10 41770 – 954 87 51 10 – www.restaurantedeli.com – Cerrado 1-31 agosto, lunes, cena: domingo

MONTILLA

Córdoba – Mapa regional **1**-B2 – Mapa de carreteras Michelin n° 578-T16

Las Camachas

REGIONAL • AMBIENTE TRADICIONAL Mesón de arquitectura andaluza dotado con un bar y varias salas de buen montaje. Aquí apuestan por los platos típicos de la región elaborados a la antigua usanza, como el Paté de perdiz, el Rabo de toro o las verduras en temporada.

Menú 11/18 € – Carta 30/40 €

Avenida Europa 3 14550 – 957 65 00 04 – www.restaurantelascamachas.com

MORA DE RUBIELOS

Teruel – Mapa regional **2**–B3 – Mapa de carreteras Michelin n° 574-L27

El Rinconcico

TRADICIONAL • AMBIENTE CLÁSICO X Un punto gastronómico a tener en cuenta siempre que pase por la Sierra de Gúdar. Presenta un aspecto impecable, tanto exterior como interior, con un atractivo bar de tapas en la planta baja y una sala de ambiente clásico en el piso superior. Su carta propone una cocina tradicional actualizada que emana honestidad, cuida mucho las presentaciones y hace diversos guiños a los productos turolenses. Uno de sus platos más populares es el famoso Ternasco D. O. de Aragón, cocinado al vapor durante nueve horas para conservar su jugosidad y luego dorado con un golpe de horno. ¡No le defraudará!

Especialidades : Ensalada templada de chipirones con habitas. Ternasco de Aragón al horno. Tarta de queso con crumble de nueces y helado de romero.

Carta 30/45€

Santa Lucía 4 ✉ 44400 – ✆ 978 80 60 63 – www.elrinconcico.com – Cerrado martes

MORAIRA

Alicante – Mapa regional **11**–B3 – Mapa de carreteras Michelin n° 577-P30

Sand

INTERNACIONAL • A LA MODA X Con personalidad propia, de estilo urbano-actual y ubicado a pocos pasos de la playa de l'Ampolla. Apuestan por una carta muy variada, de tinte mediterráneo e internacional.

Carta 31/53€

Avenida de la Paz 24 ✉ 03724 – ✆ 966 49 19 49 – www.restaurantesand.com

LA MORALEJA – Madrid

➜ Ver Alcobendas

MORALES DE REY

Zamora – Mapa regional **8**–B2 – Mapa de carreteras Michelin n° 575-F12

Brigecio

TRADICIONAL • FAMILIAR XX Está llevado por un amable matrimonio, se encuentra en un pueblecito a unos 10 km al noroeste de Benavente y toma su nombre de un histórico castro astur denominado "Castro Brigecio". Tras sus muros encontrará una única sala de línea actual, algo impersonal pero con buen servicio de mesa y chimenea. Su completa carta de cocina tradicional actualizada, normalmente generosa en las raciones, cuenta con un amplio apartado de bacalaos (Bacalao a lo Tío, Bacalao con crestas de gallo...) y un buen menú los días laborables. ¿Un plato que no debe perderse? Por supuesto, su famoso Pulpo a la zamorana.

Especialidades : Ensalada Brigecio. Bacalao con morro de ternera. Helado de AOVE con almíbar de mango.

Menú 15€ (almuerzo)/34€ – Carta 33/48€

Avenida Constitución 28 ✉ 49693 – ✆ 980 65 12 65 – www.brigecio.net – Cerrado 31 agosto-21 septiembre, lunes, cena: martes-jueves, cena: domingo

MORATALLA

Murcia – Mapa regional **16**–A2 – Mapa de carreteras Michelin n° 577-R24

El Olivar

TRADICIONAL • ACOGEDORA XX Ubicado en la calle principal, con un bar de tapas y un interior rústico que sabe dar cabida a los detalles antiguos y actuales. En su cocina tradicional actualizada se da muchísimo protagonismo al arroz de Calasparra y al aceite de oliva.

Menú 15€ (almuerzo), 39/69€ – Carta 40/50€

Carretera de Caravaca 50 ✉ 30440 – ✆ 968 72 40 54 – www.el-olivar.es – Cerrado 1 junio-30 septiembre, lunes, martes, cena: miércoles-viernes, cena: domingo

MOREDA DE ALLER

Asturias – Mapa regional **3**-B2 – Mapa de carreteras Michelin n° 572-C12

Teyka

TRADICIONAL • AMBIENTE CLÁSICO XX Encontrará un espacioso bar-cafetería y una sala clásica, esta última con chimenea y el techo acristalado a modo de lucernario. Cocina tradicional y asturiana de corte casero, siempre con abundantes raciones y numerosas recomendaciones.

Menú 14/25 € – Carta 28/40 €

Avenida Constitución 35 ✉ 33670 – ✆ 985 48 10 20 – Cerrado lunes, martes, miércoles, cena: domingo

MORELLA

Castellón – Mapa regional **11**-B1 – Mapa de carreteras Michelin n° 577-K29

Daluan

MODERNA • BISTRÓ XX Una de las mejores opciones para comer mientras visita esta encantadora localidad, llena de cuestas y callejones con historia. Presenta una tranquila terraza y el comedor en la 1ª planta, este último actualizado con gusto. La carta, que cuida los sabores típicos de la zona (Croquetas morellanas, Paletilla de cordero lechal al horno...), se completa con un fantástico menú degustación, mucho más actual, donde encontrará platos como la Ostra vegetal o su Cordero en texturas con calabaza, naranja y anís. ¡Esté atento a sus jornadas gastronómicas, muy exitosas con las setas y las trufas!

Especialidades : Milhojas de cecina y foie caramelizado. Paletilla de cordero lechal al horno. Brioche y vainilla.

Menú 32/50 € – Carta 35/45 €

Callejón Cárcel 4 ✉ 12300 – ✆ 964 16 00 71 – www.daluan.es – Cerrado 5 enero-2 marzo, cena: lunes-martes, miércoles, cena: jueves, cena: domingo

Mesón del Pastor

REGIONAL • AMBIENTE CLÁSICO X Casa de ambiente clásico-regional ubicada en el casco viejo de la ciudad amurallada. Tras su atractiva fachada en piedra encontrará un edificio de dos plantas, la superior actual-funcional y la inferior dominada por su elegante rusticidad. Trabajan mucho con productos autóctonos, cinegéticos, carnes rojas a la brasa de encina... y triunfan con sus jornadas gastronómicas, dedicadas a las setas (noviembre-diciembre) y a las trufas (enero-febrero). ¿Ha visto en las escaleras unas coloristas figuras de papel? Recuerdan las famosas fiestas de El Sexenni, que se celebran en Morella cada seis años.

Especialidades : Croquetas morellanas y de perdiz. Paletilla de cordero al horno. Cuajada con leche de oveja.

Menú 19/35 € – Carta 25/37 €

Cuesta de Jovani 7 ✉ 12300 – ✆ 964 16 02 49 – www.mesondelpastor.com – Cerrado 29 junio-8 julio, 21-27 diciembre, cena: lunes-martes, miércoles, cena: jueves, cena: domingo

Vinatea

TRADICIONAL • BISTRÓ X Restaurante de ambiente familiar ubicado en una casa rehabilitada del s. XII que, a su vez, forma parte de una céntrica y atractiva calle porticada. En su interior podrá ver como convive la sala, de línea clásica-actual, con un curioso pozo del s. XIII y una bodega acristalada que tienen en el sótano. Aquí apuestan por una cocina que retoma el recetario tradicional morellano, bien actualizado en la técnica y de elaboradas presentaciones... de hecho, los entrantes llegan al comensal en forma de tapas. ¡No se pierda las Croquetas morellanas, de trufa en temporada y de cocido el resto del año!

Especialidades : Croquetas morellanas de gallina. Paletilla de ternasco al horno. Cuajada de leche de oveja.

Menú 18/32 € – Carta 30/42 €

Blasco de Alagón 17 ✉ 12300 – ✆ 964 16 07 44 – www.restaurantevinatea.com – Cerrado 2 noviembre-4 diciembre, lunes, cena: martes-jueves, cena: domingo

MORGA

Vizcaya - Mapa regional **18**-A3 - Mapa de carreteras Michelin nº 573-C21

en el barrio Andra Mari

Katxi

REGIONAL • FAMILIAR X Esta casa, ya centenaria, posee un bar con chimenea y una sala amplia a la par que luminosa. Carta regional e interesantes sugerencias, siempre con productos de gran calidad.

Menú 15/32€ - Carta 33/69€

Foruen Bidea 20 (Hotel Katxi) ✉ 48115 - ✆ 946 25 02 95 - www.katxi.com - Cerrado 12-28 enero, lunes, cena: domingo

MUNDAKA

Vizcaya - Mapa regional **18**-A3 - Mapa de carreteras Michelin nº 573-B21

en la carretera de Gernika Sur : 1, 2 km

Portuondo

TRADICIONAL • RÚSTICA XX Este bello caserío destaca por sus agradables terrazas de bar, asomadas al mar y a las montañas. En sus salas, de carácter panorámico, ofrecen una carta tradicional de asador.

Menú 22€ - Carta 40/65€

Barrio Portuondo ✉ 48360 - ✆ 946 87 60 50 - www.restauranteportuondo.com - Cerrado 8 diciembre-23 enero, lunes, martes, cena: miércoles-jueves, cena: domingo

MURCIA

Murcia - Mapa regional **16**-B2 - Mapa de carreteras Michelin nº 577-S26

Alborada

TRADICIONAL • MARCO CONTEMPORÁNEO XX Resulta céntrico y es conocido en toda la ciudad... de hecho, casi siempre está lleno. Dispone de un moderno bar de tapas, una agradable sala con el techo acústico y dos pequeños privados de uso polivalente. El chef, que ha cogido con mano firme las riendas del negocio familiar, elabora desde los fogones una cocina tradicional de mercado abierta a los gustos del cliente, por eso su carta contempla un apartado de mariscos, guisos y arroces previa reserva. Aunque todo está bueno hay un gran clásico de la casa que no debe dejar de probar: la Patata rellena de cremoso de boletus y foie.

Especialidades : Huevo poché con foie, salsa de trufa blanca y ralladura de trufa fresca. Ijada de atún en taco con dulce de tomate, caviar de soja y polvo de avellana fresca. Milhoja de frutos rojos con crema pastelera y chocolate caliente.

Carta 33/47€

Andrés Baquero 15 ✉ 30004 - ✆ 968 23 23 23 - www.alboradarestaurante.com - Cerrado 10-17 agosto, lunes, cena: domingo

Gurea

VASCA • AMBIENTE CLÁSICO XX Los auténticos sabores de la cocina vasca y norteña trasladados a esta ciudad. Buena zona de tapeo con "pintxos" fríos y calientes, opción a medias raciones y comedor clásico.

Carta 33/52€

Alejandro Séiquer 16 ✉ 30001 - ✆ 968 77 50 30 - www.restaurantegurea.com - Cerrado 1-31 agosto, lunes, cena: domingo

Keki de Sergio Martínez

MODERNA • BISTRÓ X Restaurante-tapería de ambiente moderno ubicado a escasos metros de la Catedral. Apuestan por una cocina actual, siempre cimentada en buenas texturas e interesantes maridajes.

Carta 28/40€

Fuensanta 4 ✉ 30001 - ✆ 968 22 07 98 - www.keki.es - Cerrado 11-25 agosto, lunes, cena: domingo

Local de Ensayo

CREATIVA • MARCO CONTEMPORÁNEO El alma del restaurante, ecléctico e industrial, es el chef David López. Plantea una cocina creativa y técnica que actualiza las recetas murcianas y las de su Hellín natal.

Menú 45/65€ – Carta 45/60€

Policía Angel García 20 (Puente Tocinos) ✉ 30006 – ✆ 968 24 70 54 – www.localdensayo.com – Cerrado 9 agosto-2 septiembre, lunes, domingo

La Pequeña Taberna

REGIONAL • AMBIENTE CLÁSICO Sorprende con una llamativa terraza repleta de hortalizas, así como una barra de tapeo y dos buenas salas de línea clásica-actual. ¡Pruebe las Alcachofas de la abuela!

Menú 20/30€ – Carta 25/40€

Plaza San Juan 7 ✉ 30003 – ✆ 968 21 98 40 – www.lapequeñataberna.com – Cerrado 1-31 agosto, lunes, cena: domingo

Pura Cepa

TRADICIONAL • BAR DE TAPAS Este bar-vinoteca, con terraza y un moderno comedor, rompe un poco con la estética habitual en los locales de tapeo murcianos. ¡Disfrute del tapeo o de sus menús degustación!

Tapa 3€ – Ración 12€ – Menú 15/30€

Plaza Cristo del Rescate 8 ✉ 30003 – ✆ 968 21 73 97 – www.puracepamurcia.com – Cerrado 2-31 agosto, lunes, cena: domingo

en El Palmar por A - 30 : 8 km – Mapa regional **16**–B2

Cabaña Buenavista (Pablo González)

CREATIVA • ACOGEDORA Cocinas singulares podemos encontrar en muchos sitios, lo que ya no resulta habitual es que estas se vean acompañadas por un entorno tan maravilloso y único.

Este restaurante sorprende, sin duda, pues desde el mismo acceso a sus jardines nos veremos trasladados a otro mundo; no en vano, el comedor principal en el que culmina el recorrido ocupa una espectacular cabaña, de estructura cónica, cubierta por... ¡auténtico junco africano!

La propuesta del chef Pablo González, exenta de convencionalismos y con guiños al recetario murciano, demuestra un elevado nivel técnico y creativo, con un maravilloso equilibrio en los maridajes y un enorme protagonismo para los aperitivos, que empiezan a tomarse de manera imprevista entre las exuberantes palmeras y olivos que rodean el edificio principal.

Especialidades : Tuétano y crucíferas. Arroz de cigala con vaca gallega. Babá con ginebra de naranja y pasión.

Menú 120/140€ – Carta 83/105€

Urbanización Buenavista ✉ 30120 – ✆ 968 88 90 06 – www.cabanabuenavista.com – Cerrado 2 agosto-2 septiembre, cena: lunes-miércoles, cena: viernes, sábado, domingo

NAVACERRADA

Madrid – Mapa regional **15**–A2 – Mapa de carreteras Michelin nº 576 J17

Nava Real

FAMILIAR • PERSONALIZADA Un edificio en piedra que le cautivará, tanto por las flores que visten su hermosa fachada como por sus coquetas habitaciones. Las estancias del anexo también tienen su encanto. El restaurante combina la calidez del ambiente rústico con una carta tradicional.

16 habitaciones – 75€ – 5€

Huertas 1 ✉ 28491 – ✆ 918 53 10 00 – www.hotelnavareal.com

NAVAFRÍA

Segovia - Mapa regional **8**-C3 - Mapa de carreteras Michelin nº 575-I18

Posada Mingaseda

FAMILIAR • RÚSTICA Precioso rural instalado en una casa típica del centro de la localidad. Ofrecen un coqueto jardín y confortables habitaciones de aire rústico, todas personalizadas y algunas abuhardilladas. En el restaurante, con chimenea, apuestan por la cocina tradicional.

6 habitaciones - 96/125€

Campillo 12 ✉ 40161 - ✆ 921 50 69 02 - www.posadamingaseda.com

NAVALENO

Soria - Mapa regional **8**-D2 - Mapa de carreteras Michelin nº 575-G20

La Lobita (Elena Lucas)

CREATIVA • FAMILIAR XX La historia de esta casa nos remite a un pasado de amor por la hostelería, pues la chef Elena Lucas defiende el hecho de representar a la 3ª generación de su familia ante los fogones.

El nombre del local rinde tributo al apellido de su abuela (Luciana Lobo) y nos abre la vía para entender una cocina de sentimientos que, desde la creatividad, explora los sabores guardados en la memoria y dinamiza tanto la naturaleza como los productos del entorno.

Junto a su marido Diego Muñoz, en labores de maître-sumiller, la chef busca un diálogo con el cliente a través de sus platos, como quien narra un cuento o acompaña en un paseo por el bosque, descubriendo los sabores autóctonos en temporada y elevando el tratamiento de algunas materias primas, como las setas, a la categoría de auténtico arte.

Especialidades : La tocona de pinares. Royal de caza con setas de temporada. La tarta de queso: homenaje al corral.

Menú 70/95€

Avenida La Constitución 54, carretera N 234 ✉ 42149 - ✆ 975 37 40 28 - www.lalobita.es - Cerrado 1-3 enero, 22 junio-1 julio, 14-23 septiembre, lunes, martes, cena: miércoles-jueves, cena: domingo

El Maño

TRADICIONAL • RÚSTICA X Restaurante de organización familiar instalado en una vetusta casona restaurada que aún conserva su fachada en piedra. Encontrará un pequeño bar con chimenea y al fondo el comedor, de sencillo montaje y ambiente rústico-actual, con algunos detalles decorativos de carácter cinegético. Su carta contempla elaboraciones caseras de gran autenticidad, sabrosas carnes sorianas, intensos platos de caza y algunas especialidades pinariegas de temporada, estas últimas especialmente de índole micológico. ¿Una recomendación? Pruebe un clásico de la casa, el Corzo en salsa de almendras con marzuelos.

Especialidades : Crep de amanita caesarea y torta del Casar. Jabalí estofado con boletus edulis. Delicias de queso.

Menú 11/34€ - Carta 26/36€

Calleja del Barrio 5 ✉ 42149 - ✆ 975 37 41 68 - www.abuelaeugenia.com - Cerrado 1-16 septiembre, 24 diciembre-7 enero, cena: lunes

NEGREIRA

A Coruña - Mapa regional **13**-B2 - Mapa de carreteras Michelin nº 571-D3

Casa Barqueiro

GALLEGA • FAMILIAR XX Una casa de gestión familiar llevada con la dosis perfecta de talento, simpatía y profesionalidad. El negocio presenta un concurrido bar-vinoteca, con algunas mesas para tapear, así como un cuidado comedor interior dotado con un bello mural del bucólico Ponte Maceira y una vistosa bodega acristalada que asume casi todo el protagonismo. De sus fogones surge una cocina tradicional gallega realmente honesta, destacando tanto por la calidad de sus carnes como por lo ajustado de sus precios. Pida su magnífico Chuletón de vacuno mayor a la piedra, pues aquí... ¡suelen ofrecer auténtico buey!

Especialidades : Pulpo a la plancha. Chuletón de vaca. Tarta de queso al horno.

Carta 33/45 €

Avenida de Santiago 13 ✉ 15830 - ✆ 981 81 82 34 - www.casabarqueiro.es - Cerrado 4-21 noviembre, martes

en Gonte Suroeste : 3 km - Mapa regional 13-B2

Santiago Bidea

TRADICIONAL • MARCO CONTEMPORÁNEO X Hay nombres que definen a la perfección la filosofía de un proyecto; no en vano, Santiago Bidea significa... ¡Camino de Santiago en euskera! El negocio, ubicado en una diminuta aldea próxima a Negreira, cuenta con el aval del gran Juan Mari Arzak, uno de los socios, y está llevado con pasión por la chef Oihana Chico, que tras sus estudios de hostelería se formó profesionalmente a las órdenes del maestro en su casa de Donostia / San Sebastián. ¿Su propuesta? Cocina vasca tradicional y actual en base al mejor producto gallego, de temporada y proximidad. ¡También hay unas coquetas habitaciones!

Especialidades : Timbal de judía verde con langostino asado y mayonesa de frutos secos. Magret de pato a las dos salsas. Torrija con granizado de lima y albahaca.

Menú 40 € - Carta 28/49 €

Gonte ✉ 15839 - ✆ 981 88 63 42 - www.santiagobidea.com - Cerrado 1 noviembre-1 abril, lunes, cena: martes-miércoles

NERJA

Málaga - Mapa regional **1**-C2 - Mapa de carreteras Michelin nº 578-V18

Oliva

COCINA MEDITERRÁNEA • A LA MODA X Resulta agradable y suele llenarse, tanto la sala como la terraza. Cocina mediterránea-actual con detalles internacionales. ¡Pruebe su menú degustación!

Menú 48 € - Carta 38/50 €

Plaza de España 2 ✉ 29780 - ✆ 952 52 29 88 - www.restauranteoliva.com

Sollun

MODERNA • A LA MODA X Restaurante de línea moderna emplazado en una céntrica calle comercial. El chef, formado en grandes casas, propone una cocina actual-mediterránea de mimadas elaboraciones.

Menú 42/55 € - Carta 48/67 €

Pintada 9 ✉ 29780 - ✆ 952 52 55 69 - www.sollunrestaurant.com - Cerrado 12 enero-9 febrero, almuerzo: lunes, domingo

NOJA

Cantabria - Mapa regional **6**-C1 - Mapa de carreteras Michelin nº 572-B19

Sambal

MODERNA • MARCO CONTEMPORÁNEO XX Disfruta de una estética actual y destaca por su ubicación junto al campo de golf, ofreciendo vistas a un "green" desde una de sus salas. Cocina actual de bases tradicionales.

Menú 52/68 € - Carta 45/70 €

El Arenal (Campo de golf Berceda) ✉ 39180 - ✆ 942 63 15 31 - www.sambalrestaurante.com - Cerrado 1 octubre-14 junio, cena: lunes, martes

NOVO SANCTI PETRI (URBANIZACIÓN) - Cádiz

→ Ver Chiclana de la Frontera

LA NUCÍA

Alicante - Mapa regional **11**-B3 - Mapa de carreteras Michelin nº 577-Q29

El Xato (Cristina Figueira)

CREATIVA • A LA MODA XX Se encuentra junto a la iglesia y es un negocio familiar con más de un siglo de historia, pues lo que empezó siendo una simple bodega de vino a granel pasó a transformarse en un concurrido bar de tapas y, años más tarde, en un restaurante.

La chef Cristina Figueira, que comenzó a formarse en esta misma casa con su suegra, Esperanza Fuster, es hoy una de las cocineras más relevantes de la zona por su dominio del recetario alicantino tradicional, sobre todo de los arroces, y por su aportación a la gastronomía con platos creativos de marcado tinte mediterráneo. Proponen varios menús, destacando entre ellos el que llaman Menú Centenario "El Xato desde 1915".

¿Le encanta descubrir vinos nuevos? Genial, pues su completa bodega atesora una gran selección de caldos con la D. O. P. Vinos Alicante.

Especialidades : Espárragos sobre tierra de setas. Arroz de cigalas y callos de bacalao. Flan de queso de La Nucía con citricos, caqui y helado de pétalos de violeta.

Menú 54/70€

Avenida l'Església 3 ✉ 03530 – ✆ 965 87 09 31 – www.elxato.com – Cerrado 4-14 marzo, 22 octubre-12 noviembre, lunes, cena: domingo

NUEVA DE LLANES

Asturias – Mapa regional **3**–C1 – Mapa de carreteras Michelin nº 572-B15

Casa Pilar

PESCADOS Y MARISCOS • RÚSTICA X Casa de organización familiar y aire rústico. De sus fogones surge una cocina tradicional asturiana rica en arroces cremosos, pescados del Cantábrico y mariscos de la zona.

Menú 45€ – Carta 40/65€

La Nogalera ✉ 33592 – ✆ 985 41 01 77 – www.restaurantecasapilar.com – Cerrado 7 enero-13 febrero, 13-22 octubre, cena: lunes, martes

OCAÑA

Toledo – Mapa regional **7**–B2 – Mapa de carreteras Michelin nº 576-M19

Palio

TRADICIONAL • AMBIENTE CLÁSICO XX Sorprende por varios aspectos, pero sobre todo por la exquisitez del servicio, pues muestra detalles de nivel al presentar algunos platos con campana. La casa, llevada con acierto entre dos hermanos, disfruta de un hall, un comedor clásico-actual en la 1ª planta y una sala más en el último piso. Aquí proponen una cocina tradicional con elaboraciones actualizadas, visible a través de la carta y especialmente en su popular menú "Palio". El maravilloso pan es de elaboración propia como homenaje a su abuelo, que era panadero, y... idan la opción de comprar, para su casa, los vinos de la carta!

Especialidades : Lasaña de verduras. Callos tradicionales. Milhoja de hojaldre con crema.

Menú 28/37€ – Carta 30/40€

Mayor 12 ✉ 45300 – ✆ 925 13 00 45 – www.paliorestaurante.es – Cerrado lunes, cena: martes-jueves, cena: domingo

OIARTZUN • OYARZUN

Guipúzcoa – Mapa regional **18**–B2 – Mapa de carreteras Michelin nº 573-C24

al Sur

Zuberoa (Hilario Arbelaitz)

CLÁSICA • MARCO REGIONAL XXX Reserve mesa, pues no todos los días se come en un edificio con... ¡más de 600 años de historia!

Este bellísimo caserío sorprende por su acogedor interior, con profusión de piedra y madera. Aquí el chef Hilario Arbelaitz, que aprendió los secretos de la cocina tradicional de su madre, nos propone junto a sus hermanos José Mari y Eusebio, este último al frente de la sala, una cocina que aglutina tradición y actualidad, pues vela por los sabores de la auténtica cocina vasca sin negarse a la evolución. Ofrecen un menú degustación y una buena carta de temporada, con grandes clásicos de la casa como el Foie-gras salteado en caldo de garbanzos o sus famosos platos de caza.

¿Curiosidades? Su Tarta de queso, que enamoró al mismísimo Bruce Springsteen, está considerada una de las mejores de España.

Especialidades : Ensalada de txangurro, berenjena asada, queso a las finas hierbas y piñones. Lenguado asado, brotes de espárrago verde y tomate a la albahaca. Pastel de avellana y chocolate con helado de yogur.

Menú 143 € - Carta 88/110 €

Plaza Bekosoro 1 (barrio Iturriotz, 2,2 km) ✉ 20180 - ✆ 943 49 12 28 - www.zuberoa.com - Cerrado 1-16 enero, 22 abril-8 mayo, 14-30 octubre, miércoles, domingo

OJÉN

Málaga - Mapa regional **1**-A3 - Mapa de carreteras Michelin nº 578-W15

La Posada del Ángel

FAMILIAR • PERSONALIZADA Coqueto, rústico y en el centro de un típico pueblo blanco. Las habitaciones se reparten entre varias casas contiguas, todas con un mismo patio. ¡Aparque a la entrada de Ojén!

16 habitaciones ☕ - 👥 98/145 €

Mesones 21 ✉ 29610 - ✆ 952 88 18 08 - www.laposadadelangel.net - Cerrado 9-28 diciembre

OLABERRIA

Guipúzcoa - Mapa regional **18**-B2 - Mapa de carreteras Michelin nº 573-C23

Zezilionea

VASCA • FAMILIAR X Ofrece un bar con algunas mesas para el menú, un comedor moderno y un coqueto privado, donde proponen una cocina vasca de producto. ¡Pruebe sus deliciosos Hongos al horno!

Carta 40/75 €

San Joan Plaza ✉ 20212 - ✆ 943 88 58 29 - www.zezilionea.com - Cerrado 5-20 agosto, 23 diciembre-5 enero, cena: lunes, cena: domingo

OLEIROS

A Coruña - Mapa regional **13**-B1 - Mapa de carreteras Michelin nº 571-B5

Comei Bebei

TRADICIONAL • FAMILIAR XX Comer y beber... ¡esa es la cuestión! Este negocio familiar abrió en 1974 con las ideas muy claras, ofrecer auténtica cocina gallega y vinos de la zona. Hoy aquella taberna, que originalmente se llamó Comei, Bebei e Pagai, se presenta renovada pero fiel a la misma filosofía. Cuenta con un bar-vinoteca a la entrada, La Tapería del Comei, donde sirven un menú del día y dos comedores a la carta de montaje clásico-actual. ¿Qué ofrecen? Cocina tradicional actualizada de sólidas raíces locales y unas interesantes jornadas gastronómicas. ¡Pruebe los Callos de ternera con garbanzos a la gallega!

Especialidades : Pulpo a la brasa sobre crema de patata y aceite de pimentón. Medallones de solomillo sobre salsa de Pedro Ximénez y champiñones. Filloas caramelizadas rellenas de crema pastelera.

Menú 10 € - Carta 25/35 €

Avenida Ramón Núñez Montero 20 ✉ 15173 - ✆ 981 61 17 41 - Cerrado 6-17 abril, 23 diciembre-3 enero, lunes, cena: domingo

El Refugio

TRADICIONAL • AMBIENTE CLÁSICO XX Un negocio de sólida trayectoria profesional. Propone una completa carta de cocina tradicional e internacional, con algunos mariscos y buenas sugerencias de caza en temporada.

Carta 45/65 €

Plaza de Galicia 8 ✉ 15173 - ✆ 981 61 08 03 - www.restaurante-elrefugio.com - Cerrado 6-25 septiembre, lunes, cena: domingo

OLITE - Navarra ➜ Ver Erriberri

OLLERS

Girona – Mapa regional **9**–C3 – Mapa de carreteras Michelin nº 574-F38

Casa Anamaria by Victor Trochi

CREATIVA • ELEGANTE XX Presenta un comedor de estilo clásico-moderno y una cocina de inspiración catalana que sorprende, a partes iguales, tanto por su delicadeza como por sus detalles creativos.

Menú 58/100 €

Hotel Casa Anamaria, Carretera de Ollers (Este : 1 km) ✉ 17833 – ✆ 872 59 17 21 – www.hotelcasaanamaria.com – Cerrado 1-31 enero, lunes, martes, almuerzo: miércoles-sábado, cena: domingo

Casa Anamaria

TRADICIONAL • ACOGEDORA Lujo, encanto, exclusividad... en un aislado entorno natural. Las impecables habitaciones se reparten entre la antigua masía y otros bellos edificios. ¡Ideal para desconectar!

28 habitaciones ☕ – 👥 174/400 €

Carretera de Ollers (Este : 1 km) ✉ 17833 – ✆ 872 59 17 21 – www.hotelcasanamaria.com – Cerrado 1-31 enero

Casa Anamaria by Victor Trochi – Ver selección restaurantes

OLOST

Barcelona – Mapa regional **9**–C2 – Mapa de carreteras Michelin nº 574-G36

✿ Sala (Antonio Sala)

TRADICIONAL • AMBIENTE CLÁSICO XX Tenga presente esta dirección, pues hay pocos establecimientos con su nivel en la comarca de Osona y es una magnífica opción en la ruta del románico catalán.

El local, ubicado junto al ayuntamiento, sorprende tanto por su fachada en piedra como por su interior, pues conserva, a modo de antesala, la zona de bar donde ofrecen los menús más económicos y a continuación el comedor, este ya con un montaje clásico más cuidado.

El chef Antonio Sala plantea un perfecto equilibrio entre la tradición y la modernidad, pues sin cerrarse a la renovación ha sabido mantener sus grandes clásicos. ¿La base de su cocina? Usar los mejores productos de temporada, con especial atención a la trufa negra, a los hongos del entorno y a las piezas de origen cinegético. ¡Interesantes jornadas gastronómicas!

Especialidades : Canelones de brandada de bacalao con bisque de bogavante y caviar nacarí. Chuletas de corzo en salsa agridulce, chutney de orejones y setas de temporada. Helado de queso tierno con laminado de trufa negra y nuestro aceite de trufa.

Menú 65/85 € – Carta 60/75 €

Plaza Major 17 ✉ 08516 – ✆ 938 88 01 06 – www.fondasala.com – Cerrado 31 agosto-20 septiembre, 22-27 diciembre, cena: lunes, martes, cena: domingo

OLOT

Girona – Mapa regional **9**–C1 – Mapa de carreteras Michelin nº 574-F37

✿✿ Les Cols (Fina Puigdevall)

CREATIVA • DE DISEÑO XXX Si la propuesta culinaria planteada por la chef Fina Puigdevall ya es de por sí increíble, pues construye su creatividad en base a la estacionalidad del paisaje y a los productos propios de la comarca volcánica de La Garrotxa (trigo sarraceno, pollos de corral, patatas de la Vall d'en Bas, judías de Santa Pau...), la vanguardista e inesperada estética interior del edificio, instalado en una antigua masía catalana rediseñada por el estudio español RCR (premio Pritzker de arquitectura 2017), pone la guinda para que la experiencia resulte inolvidable.

Aquí todo está marcado, conceptualmente, por la relación de los espacios con la naturaleza, algo que se percibe de manera especial en el pabellón para eventos, acristalado, visualmente etéreo y... ¡rodeado de gallinas que comen en libertad!

Especialidades : Caldo volcánico. Arroz de alforfón. Postre de coliflor.

Menú 115 €

Mas Les Cols, Avenida Les Cols 2 ✉ 17800 – ✆ 972 26 92 09 – www.lescols.com – Cerrado 1-22 enero, 27 julio-2 agosto, lunes, martes, cena: domingo

Les Cols Pavellons

BOUTIQUE HOTEL · DE DISEÑO Una experiencia... ¡singular! Consta de cinco cubos acristalados que anhelan, con su construcción, la conquista de sensaciones y la integración de cada espacio en el entorno.

5 habitaciones – 360/380 €

Mas Les Cols, Avenida Les Cols 2 ✉ 17800 – ✆ 699 81 38 17 – www.lescolspavellons.com – Cerrado 1-31 enero

ONDARA

Alicante – Mapa regional **11**-B2 – Mapa de carreteras Michelin nº 577-P30

Casa Pepa (Antonia Ballester)

CREATIVA · AMBIENTE CLÁSICO XX Las mujeres que triunfan en la cocina suelen recordar la pasión que les inculcaron sus madres y abuelas. Aquí no podía ser menos, por eso la chef Antonia Ballester (Tona) ensalza las virtudes de la gran Pepa Romans, su progenitora, una referencia ineludible de la gastronomía alicantina.

Hoy, desde los fogones, dan continuidad al placer culinario que encontramos en esta casa, volcada en trasladar al comensal los sabores y aromas de la Marina Alta. Dicen que "cocinan emociones"; lo cierto es que sí, pero bien apoyados por el bello emplazamiento de esta casa de labranza entre huertas, naranjos y viejos olivos.

En esta tierra la cultura del arroz está impresa a fuego, así que en su propuesta nunca falta algún arroz meloso: de levaduras de cerveza, de setas, de pescado de roca, de bogavante...

Especialidades : Cigalitas, crema de ajos tiernos y jamón ibérico. Cochinillo a baja temperatura y jugo de fruta de la pasión. Torrija con anís estrellado.

Menú 45/85 € – Carta 56/68 €

Partida Pamis 7-30 (Suroeste : 1,5 km) ✉ 03760 – ✆ 965 76 66 06 – www.casapepa.es – Cerrado lunes, cena: martes, cena: domingo

ONTINYENT • ONTENIENTE

Valencia – Mapa regional **11**-A2 – Mapa de carreteras Michelin nº 577-P28

Sents (Santiago Prieto)

MODERNA · MINIMALISTA XX Parece evidente que la unión hace la fuerza, por eso los hermanos Prieto, Santiago al frente de los fogones y Joaquín en labores de sumiller, forman parte del firmamento MICHELIN.

En su restaurante, de estética actual-minimalista, plantean una cocina de gusto moderno que, sin rechazar los arraigados valores de la gastronomía tradicional valenciana, busca nuevos sabores e ideas en la fusión con otras cocinas del mundo. La propuesta, que denota personalidad e importantes dosis de investigación, llega al comensal a través de tres menús degustación que varían en función del número de platos o pases, todos con opción de maridaje.

¿Alguna curiosidad? Pues sí; los "petit fours" se presentan de forma original y divertida, con dos figuras que representan a los propios hermanos Prieto.

Especialidades : Puerro con gamba. Arroz con alcachofas y jamón. Algarrobo con café.

Menú 45/80 €

Plaza Vicente Andrés Estellés 9 ✉ 46870 – ✆ 960 08 83 32 – www.sents.es – Cerrado 13-27 enero, 6-20 abril, 3-17 agosto, lunes, cena: martes-miércoles, cena: domingo

El Tinell de Calabuig

TRADICIONAL • AMBIENTE CLÁSICO XX De ambiente clásico y gestión familiar. Aquí encontrará una carta tradicional actualizada y la opción de menús. De vez en cuando... ¡también organizan jornadas gastronómicas!

Menú 30/50 € – Carta 30/45 €

Josep Melcior Gomis 23 ✉ 46870 – ✆ 962 91 50 48 – Cerrado 24-31 agosto, 5-11 octubre, cena: lunes-martes, domingo

OREÑA

Cantabria – Mapa regional **6**-B1 – Mapa de carreteras Michelin nº 572-B17

Posada Caborredondo

FAMILIAR • RÚSTICA Esta casona de piedra, ubicada a solo 2 km. de Santillana del Mar, sorprende por su amplio porche. Salón social con chimenea e impecables habitaciones, algunas abuhardilladas.

14 habitaciones – 61/90 € – 6 €

Barrio Caborredondo 81, Noroeste : 1,5 km ✉ 39525 – ✆ 942 71 61 81 – www.posadacaborredondo.com – Cerrado 15 diciembre-15 marzo

ORFES

Girona – Mapa regional **9**-D3 – Mapa de carreteras Michelin nº 574-F38

por la carretera GI 554 Norte : 2, 5 km y desvío a la derecha 1 km

Sa Poma

TRADICIONAL • ACOGEDORA X Encantador, en mitad del campo y con un ambiente rústico muy cuidado. Ofrecen una cocina actual catalana, con toques mallorquines, que... ¡utiliza productos de su propia huerta!

Carta 31/51 €

Veïnat de la Palma (Hotel Masía La Palma) ✉ 17468 – ✆ 972 19 31 37 – www.masialapalma.com – Cerrado martes, miércoles, cena: domingo

ORÍS

Barcelona – Mapa regional **9**-C2 – Mapa de carreteras Michelin nº 574-F36

L'Auró

TRADICIONAL • AMBIENTE CLÁSICO XX Negocio familiar dotado con un bar, una sala para el menú y un gran comedor principal. Cocina tradicional actualizada con platos fuera de carta, así que... ¡déjese aconsejar!

Carta 39/59 €

Carretera C 17, km 76,2 (Este : 0,5 km) ✉ 08573 – ✆ 938 59 53 01 – www.restaurantauro.com – Cerrado 6-27 agosto, lunes, cena: martes-domingo

ORONOZ

Navarra – Mapa de carreteras Michelin nº 573-C25

en Zozaia Sur : 3 km – Mapa regional 17-B1

Kuko

CASA DE CAMPO • RÚSTICA Instalado en un gran caserón, con siglos de historia, que ha sido rehabilitado. Ofrece encantadoras habitaciones y un interesante restaurante, pues al chef-propietario le gusta escoger personalmente todos los productos y modificar los menús con frecuencia.

7 habitaciones – 110/140 €

Barrio Zozaia 6 (Casa Gorritzenea) ✉ 31720 – ✆ 948 59 22 99 – www.kukohotel.com

OROPESA

Toledo – Mapa regional **7**-A2 – Mapa de carreteras Michelin nº 576-M14

Parador de Oropesa

EDIFICIO HISTÓRICO • HISTÓRICA Debe conocerlo, pues este castillo-palacio del s. XIV fue... ¡el primer Parador-Monumento de España! Ofrece un bello patio, amplias zonas nobles y habitaciones de buen confort. El comedor, con terraza-mirador y el techo artesonado, ensalza la cocina regional.

3 habitaciones - 75/160 € - 16 € - 1 suite

Plaza del Palacio 1 ✉ 45560 - ✆ 925 43 00 00 - www.parador.es

LA OROTAVA - Santa Cruz de Tenerife ➜ Ver Canarias (Tenerife)

ORTIGUERA

Asturias - Mapa regional **3**-A1 - Mapa de carreteras Michelin n° 572-B9

Ferpel

TRADICIONAL • SIMPÁTICA XX Un restaurante de origen familiar bastante singular, pues cuenta con una barra de bar orientada al "show cooking". Cocina identificada con el producto local y de proximidad.

Menú 68 € - Carta 33/45 €

Carretera de bajada al puerto y desvío a la izquierda en el barrio El Molino 0,5 km ✉ 33716 - ✆ 985 47 32 85 - www.ferpelgastronomico.com - Cerrado 9 diciembre-11 febrero, cena: lunes-jueves, domingo

ORUÑA

Cantabria - Mapa regional **6**-B1 - Mapa de carreteras Michelin n° 572-B18

El Hostal

TRADICIONAL • AMBIENTE CLÁSICO XX Instalado en una casa señorial con cierto encanto y mucha historia, pues fue construida a finales del s. XIX y llegó a utilizarse como hostal, de ahí el nombre actual. En su elegante comedor, de ambiente clásico-minimalista, podrá descubrir una cocina tradicional y de mercado que busca la pureza de los sabores por encima de los artificios, con buenas presentaciones, detalles actuales y unas muy buenas materias primas. También posee tres privados, todos diferentes, y una maravillosa terraza-jardín arbolada, aislada del entorno por una tapia de piedra y perfecta para las sobremesas.

Especialidades : Rabas de calamar. Callos con huevo a baja temperatura. Tarta de queso.

Menú 20 € (almuerzo)/55 € - Carta 34/48 €

Barrio El Puente 13 ✉ 39477 - ✆ 942 57 58 98 - www.elhostalrestaurante.es - Cerrado 7-23 enero, 16 septiembre-13 octubre, lunes, cena: martes-miércoles, cena: domingo

OSUNA

Sevilla - Mapa regional **1**-B2 - Mapa de carreteras Michelin n° 578-U14

La Casona de Calderón

BOUTIQUE HOTEL • PERSONALIZADA Esta preciosa casa del s. XVII, con mil detalles, disfruta de un acogedor patio, una fuente, un pozo y habitaciones muy bien personalizadas. El restaurante, vestido con una curiosa colección de grabados dieciochescos, se muestra fiel a la cocina tradicional.

15 habitaciones - 53/97 €

Plaza Cervantes 16 ✉ 41640 - ✆ 954 81 50 37 - www.casonacalderon.es

OURENSE

Ourense - Mapa regional **13**-C3 - Mapa de carreteras Michelin n° 571-E6

Nova (Julio Sotomayor y Daniel Guzmán)

MODERNA • A LA MODA XX Hojas de repollo caídas del cielo, delicados mejillones que se posan en el plato, el sonido del río, el olor a humo... es la presentación de la llamada "cocina de raíces".

En este restaurante no se han vuelto locos con las vanguardias. Julio Sotomayor y Daniel Guzmán, las dos personas que han rejuvenecido la escena gastronómica de Ourense recuperando los sabores de la infancia, resulta que son primos, socios y amigos de toda la vida. Ambos tienen las ideas claras y reconocen, aunque suene a frase manida, que desean ser fieles a sí mismos y "hacer universal lo local".

Sus tres menús tienen ocho, diez y trece pases, pero puede estar tranquilo si elige el más breve. Cualquiera de ellos incluye una carne y un pescado para hacer valer la tradición de que... ¡en Galicia nadie se queda con hambre!

Especialidades : Pulpo marinado sobre pan de castaña y mousse de remolacha. La papada de cerdo, bullabesa y azafrán. Bica de pistacho, naranja y ruibarbo.

Menú 40/80€

Valle Inclán 5 ✉ 32004 - ✆ 988 21 79 33 - www.novarestaurante.com - Cerrado 6-16 enero, 10 agosto-3 septiembre, lunes, cena: martes, cena: domingo

Pacífico N

A/C

MODERNA • BISTRÓ La atractiva evolución de un clásico, pues el negocio familiar que en 1975 fundaron los abuelos de Francisco Domínguez, el chef-propietario, se ha transformado para amoldarse a los nuevos tiempos y presentarse con una estética mucho más sugerente y actual. Presenta un bar-cafetería a la entrada y a continuación el restaurante como tal, tipo bistró y con la cocina vista al fondo. ¿Su propuesta? Un único menú degustación de tinte actual de lunes a viernes, basado en productos de proximidad y temporada, así como un completo brunch los fines de semana. Visto el éxito... ¡recomendamos reservar!

Especialidades : Pulpo a baja temperatura con espuma de cítricos. Bonito de Burela con trigo tierno y salmorejo de fresa. Chocolate, café y caramelo.

Menú 28€ (almuerzo)

Pena Trevinca 37 ✉ 32005 - ✆ 988 61 46 72 - Cerrado 15-31 enero, 29 julio-11 agosto, cena: lunes, martes, cena: miércoles-domingo

A Taberna

A/C

TRADICIONAL • RÚSTICA Llevado por un amable matrimonio. En sus salas, de ambiente rústico, le propondrán una carta tradicional que se suele ver enriquecida con interesantes sugerencias de palabra.

Carta 35/50€

Julio Prieto Nespereira 32 ✉ 32005 - ✆ 988 24 33 32 - www.ataberna.com - Cerrado 1-16 septiembre, lunes, cena: domingo

luchezar/iStock

OVIEDO

Asturias – Mapa regional **3**–B1 – Mapa de carreteras Michelin n° 572-B12

Nos gusta...

Pasear por las calles para sentir el carácter sosegado de sus edificios; visitar el bello conjunto catedralicio para enlazar con nuestra historia; dar una vuelta por el mercado de El Fontán y entrar a tomar algo en algún "chigre" o, mejor aún, ir al entorno de la plaza de Trascorrales, para asistir allí al ir y venir de la gente desde alguna de sus terrazas.

Después, resulta interesante dar un salto en el tiempo viendo la espectacular arquitectura del **Ayre H. Oviedo**, diseñado por Santiago Calatrava e integrado en el impresionante Palacio de Congresos "Ciudad de Oviedo". También nos gusta disfrutar con los sabores de toda la vida en **Casa Fermín**, probar el menú gastronómico de **Ca'Suso** y, por supuesto, visitar el histórico **Eurostars H. De la Reconquista**, vinculado desde 1981 a los jurados que anualmente otorgan los prestigiosos premios Princesa de Asturias en el Teatro Campoamor.

Gitanna/iStock

Restaurantes

Ca'Suso

MODERNA · ACOGEDORA XX Croquetas líquidas de queso La Peral, Pulpo braseado en fondo de Pedreru y patata, Pixín (rape) negro asado con calabaza y verduritas... estos son algunos de los platos que encontrará en esta casa, firme defensora tanto de la cocina tradicional actualizada como de los productos asturianos de temporada. El restaurante, emplazado en el casco antiguo, está llevado con gran acierto por los hermanos Feito (Iván y Vicente), que han creado un espacio neorrústico sumamente acogedor. Su carta se enriquece con dos interesantes menús, uno denominado Bistró y el otro, más gastronómico, Ca'Suso.

Especialidades : Croquetas líquidas de queso La Peral. Fabada asturiana. Arroz con leche requemado.

Menú 25 € (almuerzo), 28/50 € - Carta 35/45 €

Plano B2-f - *Marqués de Gastañaga 13 ✉ 33009 - ☎ 985 22 82 32 - www.ca-suso.com - Cerrado lunes, cena: martes, cena: domingo*

El Foralín

ACTUAL · BISTRÓ X Los nombres de los restaurantes no se ponen al azar, pues suelen hablarnos de un sitio, de una historia, de un sueño... o como en este caso, de aquel pequeño barco del abuelo que... ¡llegó a faenar en el caladero de Irlanda! En esta casa, amplia, céntrica y de ambiente actual-marinero, podrá degustar una cocina moderna de marcadas bases tradicionales y asturianas, pues el chef Félix Martínez persigue la reproducción fidedigna de los sabores de antaño desde la modernidad. ¿Un lema? Ensalza la cocina artesana, con raciones copiosas e interesantes sugerencias como complemento al menú del día.

Especialidades : Croquetas de jamón. Arroz con pitu. Peñasanta de limón.

Menú 18 € (almuerzo) - Carta 30/40 €

Plano A1-n - *Asturias 18 ✉ 33004 - ☎ 985 74 67 97 - www.elforalin.com - Cerrado lunes, cena: domingo*

Del Arco

TRADICIONAL · AMBIENTE CLÁSICO XXX Restaurante de sólida trayectoria y elegante ambiente inglés en el que apuestan por una cocina clásica de corte tradicional e internacional... eso sí, con detalles actuales.

Menú 68 € - Carta 45/62 €

Plano A1-d - *Plaza de América 6 ✉ 33005 - ☎ 985 25 55 22 - www.delarco.com - Cerrado domingo*

Casa Fermín

TRADICIONAL · ELEGANTE XXX Negocio familiar con prestigio en la ciudad. Ofrece una carta de cocina tradicional actualizada y una gran bodega que destaca por su variedad. El comedor, atractivo, amplio y confortable, se complementa con varios privados en el sótano.

Menú 70 € - Carta 45/65 €

Plano B1-c - *San Francisco 8 ✉ 33003 - ☎ 985 21 64 52 - www.casafermin.com - Cerrado domingo*

Mestura

TRADICIONAL · AMBIENTE CLÁSICO XX Se halla en la entreplanta del hotel España, donde encontraremos una sala de elegante línea clásica y una cocina tradicional que cuida los detalles. ¡También ofrecen menús!

Menú 23 € (almuerzo), 42/69 € - Carta 40/70 €

Plano B1-b - *Jovellanos 2 ✉ 33009 - ☎ 984 03 40 14 - www.mesturarestaurante.es - Cerrado lunes, domingo*

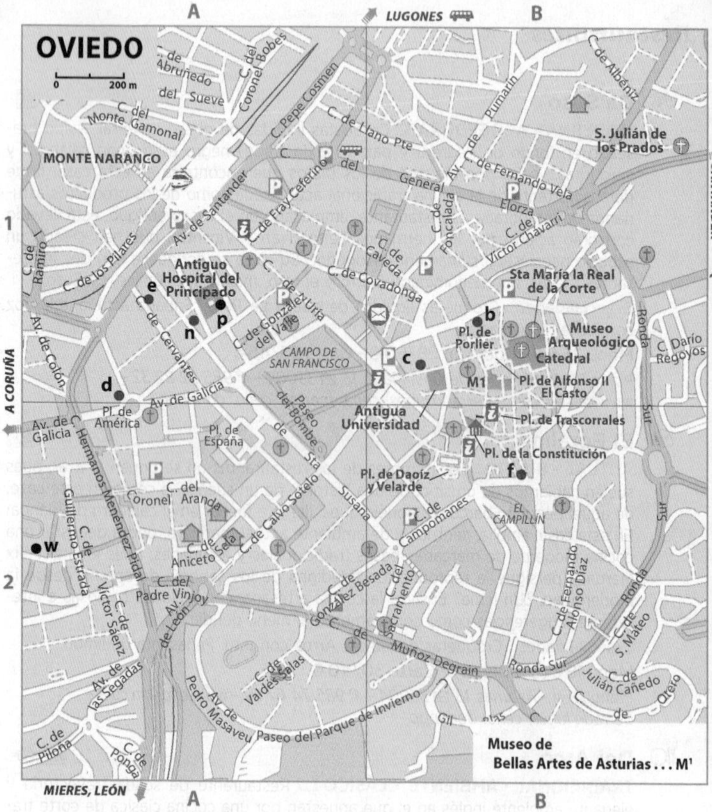

Gloria

TRADICIONAL • BAR DE TAPAS Sencillez, proximidad, tradición... Esta "Casa de comidas" es la propuesta más popular del chef asturiano Nacho Manzano, que apuesta por las tapas y los platos para compartir.

Tapa 6 € – Ración 15 €

Plano A1-e – *Cervantes 24* ✉ *33004* – ✆ *984 83 42 43* – *www.estasengloria.com* – *Cerrado domingo*

Alojamientos

Eurostars H. De la Reconquista

HISTÓRICO • CLÁSICA Suntuoso hotel-monumento instalado en un edificio del s. XVIII que, en su origen, funcionó como hospicio y hospital. Atesora maravillosos salones, patios porticados y un restaurante, de carácter polivalente, donde elaboran cocina tradicional e internacional.

131 habitaciones – †† 98/428 € – ☕ 18 € – 11 suites

Plano A1-p – *Gil de Jaz 16* ✉ *33004* – ✆ *985 24 11 00* – *www.eurostarshoteldelareconquista.com*

Ayre H. Oviedo

NEGOCIOS • MINIMALISTA Tiene una fachada realmente espectacular... no en vano, forma parte del Palacio de Exposiciones y Congresos diseñado por el genial arquitecto Santiago Calatrava. Sus modernísimas instalaciones están definidas por la luminosidad, la amplitud y el diseño.

135 habitaciones - 66/290€ - 15€ - 20 suites

Plano A2-w - *Policarpo Herrero ✉ 33006 - ✆ 985 96 47 77 - www.ayrehoteles.com*

en La Manjoya Sur: 7 km - Mapa regional 3-B1

La Zoreda

TRADICIONAL • ELEGANTE XXX Atesora una elegante línea clásica y tiene el acceso por el hall del hotel. Aquí proponen una carta tradicional e internacional de buen nivel, complementada por varios menús.

Menú 26€ (almuerzo)/65€ - Carta 30/55€

Fuera de plano - *Hotel Castillo del Bosque la Zoreda, La Manjoya (por la Carretera de Mieres A2) ✉ 33170 - ✆ 985 96 33 33 - www.castillodelbosquelazoreda.com*

Castillo del Bosque la Zoreda

LUJO • ELEGANTE Tranquilo palacete, a modo de pequeño castillo, ubicado en una zona boscosa que sorprende por su excelente entorno ajardinado. Dentro de sus encantadoras habitaciones, destacan las dúplex y la del torreón.

23 habitaciones - 95/145€ - 17€ - 2 suites

Fuera de plano - *La Manjoya (por la Carretera de Mieres A2) ✉ 33170 - ✆ 985 96 33 33 - www.castillodelbosquelazoreda.com*

La Zoreda - Ver selección restaurantes

OYARZUN - Guipúzcoa → Ver Oiartzun

PÁGANOS

Álava - Mapa regional **18**-A2 - Mapa de carreteras Michelin n° 573-E22

Héctor Oribe

MODERNA • RÚSTICA XX Aquí encontrará un buen ejemplo de lo que podríamos calificar como cocina actualizada de base tradicional. El chef-propietario, Héctor Oribe, se formó en la escuela de hostelería de Mendizorroza y amplió posteriormente sus conocimientos en algunos de los establecimientos vascos mejor valorados. Su restaurante presenta una zona de bar a la entrada, una sala clásica dominada por los tonos blancos y una atractiva bodega acristalada. Trabaja mucho con menús y tiene algunas especialidades destacables, como los Canutillos de pan y morcilla o su popular Rabo de vacuno estofado.

Especialidades: Lata de anchoas marinadas con verduras asadas. Cochinillo confitado con patata trufada y piña agridulce. Tarta de queso fresco con helado de frambuesas.

Menú 20€ (almuerzo)/39€ - Carta 30/45€

Gasteiz 8 ✉ 01309 - ✆ 945 60 07 15 - www.hectororibe.es - Cerrado 1-15 julio, 20 diciembre-15 enero, lunes, cena: martes-domingo

LOS PALACIOS Y VILLAFRANCA

Sevilla - Mapa regional **1**-B2 - Mapa de carreteras Michelin n° 578-U12

Manolo Mayo

TRADICIONAL • AMBIENTE CLÁSICO XX Tras medio siglo de servicios y sobremesas este restaurante sigue obteniendo el reconocimiento del sector y, lo que es más importante, el premio de llenarse a diario. Presenta un bar de tapas y un cuidado comedor de ambiente clásico, donde procuran transmitir al comensal el amor que le profesan a la cocina, de marcado gusto tradicional pero con interesantes toques de modernidad, siendo estos detalles más evidentes en las propuestas "en miniatura" que ofrecen durante las cenas. Gran menú degustación, deliciosos arroces e increíbles especialidades, como sus famosas Croquetas de salmorejo.

Especialidades : Sinfonía de tomate de Los Palacios. Arroz con carabineros. Pera crujiente rellena de su confitura.

Menú 16/39€ – Carta 32/45€

Avenida de Sevilla 29 ⊠ 41720 – 𝒞 955 81 10 86 – www.manolomayo.com

PALAFRUGELL

Girona – Mapa regional **10**–B1 – Mapa de carreteras Michelin n° 574-G39

🍽️○ **Pa i Raïm** 🛋️ A/C

TRADICIONAL · AMBIENTE CLÁSICO XX ¡En la antigua casa del escritor Josep Pla! Ofrece una sala clásica, otra tipo jardín de invierno y una coqueta terraza presidida por dos tilos centenarios. Su carta de temporada combina los platos tradicionales con otros más actuales.

Menú 24€ (almuerzo), 40/60€ – Carta 30/60€

Torres Jonama 56 ⊠ 17200 – 𝒞 972 30 45 72 – www.pairaim.com –
Cerrado 23-30 marzo, 16-30 noviembre, lunes, cena: martes-jueves, cena: domingo

PALAMÓS

Girona – Mapa regional **10**–B1 – Mapa de carreteras Michelin n° 574-G39

🏵️ **La Salinera** 🛋️ A/C

PESCADOS Y MARISCOS · AMBIENTE MEDITERRÁNEO XX El buen trabajo de Josep desde los fogones y Montse en la sala refleja el alma de esta casa, fácil de localizar frente al puerto de Palamós. Sin duda, estamos ante un restaurante con personalidad y carácter propio, pues el local ocupa lo que un día fue una fábrica de salazones. La agradable terraza climatizada de la entrada da paso a un interior moderno y acogedor, con dos salas que sorprenden por sus atractivos techos abovedados. Cuenta con sus propios viveros y ofrece una cocina de raíces mediterráneas especializada en pescados y mariscos, siempre originarios de la Costa Brava.

Especialidades : Gambas de palamós. Medallones de rape. Crema de naranja con helado de vainilla y brownie negro.

Menú 20/40€ – Carta 30/55€

Avenida 11 Setembre 93 ⊠ 17230 – 𝒞 972 31 64 74 – www.salinera.es – Cerrado lunes

🍽️○ **La Fàbrica del Gel** 🛋️ A/C

TRADICIONAL · FAMILIAR XX Negocio familiar dotado con una elegante terraza y dos salas de cuidado montaje, ambas abovedadas. Cocina tradicional de calidad, con pescados del día e interesantes menús.

Menú 27€ (almuerzo)/40€ – Carta 44/61€

Plaza Sant Pere 6 ⊠ 17230 – 𝒞 972 60 04 08 – www.lafabricadelgel.com –
Cerrado 1 febrero-31 marzo, martes, cena: domingo

🍽️○ **Entre dos Mons** A/C

PERUANA · MARCO CONTEMPORÁNEO X Su nombre lo dice casi todo, pues aquí fusionan la gastronomía catalana con los sabores e ingredientes del recetario peruano... no en vano, la chef es oriunda de aquel país.

Menú 23€ (almuerzo), 37/70€ – Carta 45/65€

Tauler i Servià 21 ⊠ 17230 – 𝒞 972 31 52 89 – www.entredosmons.es – Cerrado lunes,
cena: martes, cena: domingo

en Plà de Vall Llobregà carretera de Palafrugell C 31 - Norte : 3, 5 km –
Mapa regional **10**–B1

🍽️○ **Mas dels Arcs** 🛋️ 👤 A/C ⇄ 🅿️

TRADICIONAL · AMBIENTE MEDITERRÁNEO XX Este negocio familiar presenta una sala clásica, un buen porche acristalado de aire marinero y un espacio chill out más informal. Cocina tradicional en base al producto local.

Carta 30/50€

⊠ 17230 – 𝒞 972 31 51 35 – www.masdelsarcspalamos.com –
Cerrado 7 enero-23 febrero, martes

en la carretera de playa Castell por la carretera de Palafrugell C 31 - Norte : 4, 5 km

La Malcontenta

TRADICIONAL · AMBIENTE CLÁSICO XXX En su sala, amplia, elegante y de agradable ambiente clásico, le propondrán una cocina tradicional no exenta de personalidad, bien actualizada y fiel a los productos locales.

Menú 28 € - Carta 35/51 €

Hotel La Malcontenta, Paratge Torre Mirona - Platja Castell 12 ✉ 17230 - ✆ 972 31 23 30 - www.lamalcontentahotel.com

La Malcontenta

LUJO · PERSONALIZADA Resulta realmente atractivo, pues ocupa una masía fortificada del s. XVI que destaca por su emplazamiento, en un paraje protegido y rodeado de rutas forestales. Atesora un entorno ajardinado y magníficas habitaciones, todas amplias y con mobiliario de calidad.

14 habitaciones - 121/407 € - 4 suites

Paratge Torre Mirona - platja Castell 12 ✉ 17230 - ✆ 972 31 23 30 - www.lamalcontentahotel.com

La Malcontenta - Ver selección restaurantes

PALAU - SATOR

Girona - Mapa regional **10**-B1 - Mapa de carreteras Michelin n° 574-G39

Mas Pou

REGIONAL · RÚSTICA X Está en el centro del pueblo, en una masía del s. XVI dotada con una zona ajardinada, terraza y un anexo, hoy Museo Rural de la labranza, en el que hay un bar para los fines de semana. Es uno de los restaurantes más populares en la comarca del Baix Empordà y complementa su hall con diversas salas de ambiente rústico, algunas abovedadas. Ofrece una cocina regional y casera de sencilla elaboración, basada tanto en cocciones lentas como en la calidad de los productos de la comarca; también tiene una carta vegetariana y otra para celíacos. ¡Pida algún guiso, como el de Pollo con sepia y gambas!

Especialidades : Pastel de tortillas de verduras. Pollo con sepia y gambas. Manzanas al horno con crema catalana.

Menú 26/38 € - Carta 33/45 €

Plaza de la Mota 4 ✉ 17256 - ✆ 972 63 41 25 - www.maspou.com - Cerrado 7 enero-14 febrero, lunes, cena: domingo

PALENCIA

Palencia - Mapa regional **8**-B2 - Mapa de carreteras Michelin n° 575-F16

Asador La Encina

TRADICIONAL · AMBIENTE CLÁSICO XX Su fama le precede, pues aquí elaboran una de las mejores tortillas de patata de España. Se presenta con las características propias de un asador, aunque algo más moderno.

Carta 40/55 €

Casañé 2 ✉ 34002 - ✆ 979 71 09 36 - www.asadorlaencina.com - Cerrado 1-20 agosto, cena: domingo

Casa Pepe´s

TRADICIONAL · RÚSTICA XX ¡Amabilidad y productos de calidad! Encontrará un concurrido bar y un comedor castellano en dos niveles, donde ofrecen una completa carta tradicional con pescados y mariscos.

Carta 40/60 €

Avenida Manuel Rivera 16 ✉ 34002 - ✆ 979 10 06 50 - www.casapepes.es - Cerrado 1-23 agosto, lunes

PALMA - Balears ➜ Ver Balears (Mallorca)

LA PALMA - Santa Cruz de Tenerife ➜ Ver Canarias

PALMANOVA - Baleares → Ver Baleares (Mallorca)

EL PALMAR

Valencia - Mapa regional **11**-B2 - Mapa de carreteras Michelin nº 577-O29

Arrocería Maribel

ARROCES • BISTRÓ X Un renovado negocio familiar en el que se ensalza la cultura arrocera de la Albufera. Combinan la oferta tradicional con otra más actual. ¡La terraza está casi sobre el canal!

Menú 24/50 € - Carta 25/58 €

Francisco Monleón 5 ✉ 46012 - ✆ 961 62 00 60 - www.arroceriamaribel.com - Cerrado 13-23 enero, 29 junio-9 julio, 14-24 septiembre, cena: lunes-martes, miércoles, cena: jueves-domingo

EL PALMAR - Murcia → Ver Murcia

EL PALMAR (PLAYA DE) - Cádiz → Ver Vejer de la Frontera

LAS PALMAS DE GRAN CANARIA - Las Palmas →

PALMONES

Cádiz - Mapa regional **1**-B3 - Mapa de carreteras Michelin nº 578-X13

Casa Mané

PESCADOS Y MARISCOS • FAMILIAR X Atractiva cabaña de madera ubicada al borde de la playa. Su especialidad son los pescados y mariscos, presentados en una barca-expositor refrigerada que hay en la misma sala.

Carta 30/46 €

Almadraba (playa de Palmones) ✉ 11379 - ✆ 956 67 50 10 - www.restaurantecasamane.com - Cerrado 2-17 septiembre, lunes, cena: martes-jueves, cena: domingo

PALS

Girona - Mapa regional **10**-B1 - Mapa de carreteras Michelin nº 574-G39

Vicus

CREATIVA • DE DISEÑO XX He aquí la evolución, con notable éxito, de un viejo negocio familiar que inicialmente vio la luz como café. Se halla en una de las principales calles de Pals y actualmente presenta una sala de altos techos que sabe combinar la agradable estética actual con algunos detalles más clásicos que enraízan el local con su pasado (barra, suelos, algunos muebles...). El chef, formado en grandes casas, propone una cocina tradicional elaborada y de tintes creativos que no le defraudará. Su carta se completa con una buena oferta de menús, destacando entre ellos tanto el de arroces como el de degustación.

Especialidades : Croquetas de longaniza. Arroz negro con calamar. El limón del huerto.

Menú 20 € (almuerzo)/62 € - Carta 33/50 €

Enginyer Algarra 51 ✉ 17256 - ✆ 972 63 60 88 - www.vicusrestaurant.com - Cerrado 7 enero-1 abril, almuerzo: martes

Es Portal

CATALANA • RÚSTICA XX En una masía ampurdanesa de impresionante aspecto, no en vano... ¡se construyó en el s. XVI! Ofrece unos atractivos exteriores y comedores de aire rústico, donde proponen una cocina de temporada en base a producto local. Cuidadas habitaciones como complemento.

Menú 30 € (almuerzo), 45/65 € - Carta 40/58 €

Carretera de Torroella de Montgrí (Norte : 1,7 km) ✉ 17256 - ✆ 972 63 65 96 - www.esportalhotel.com - Cerrado 10 febrero-6 abril, 15 octubre-20 diciembre, lunes

Pahissa del Mas ...

MODERNA • MARCO REGIONAL XX Instalado en el pajar del Mas Pou, una masía rodeada de arrozales que data de 1352. Elaboran una cocina actual muy personal, con el producto de proximidad como protagonista.

Menú 40/60 € – Carta 40/65 €

Barri Molinet 16, Carretera Torroella de Montgrí (Norte : 1,9 km) ✉ 17256 – ✆ 972 63 69 76 – www.pahissadelmas.com – Cerrado 25 noviembre-31 enero, lunes, martes, cena: domingo

Sol Blanc

CATALANA • RÚSTICA XX ¡En una masía del s. XIX ubicada en pleno campo! Ofrecen una cocina catalana muy honesta, en base a productos de proximidad, con intensos guisos y tomates de su propia huerta.

Menú 55 € – Carta 37/65 €

Carretera Torroella de Montgrí (Norte : 1,5 km) ✉ 17256 – ✆ 972 66 73 65 – www.restaurantsolblanc.com – Cerrado 3 febrero-5 marzo, martes, miércoles

PAMPLONA – Navarra → Ver Iruña

PANCAR – Asturias → Ver Llanes

PANES

Asturias – Mapa de carreteras Michelin n° 572-C16

en Alles por la carretera de Cangas de Onís - Oeste : 10, 5 km – Mapa regional 3-C2

La Tahona de Besnes

AGROTURISMO • RÚSTICA ¡Ideal para aislarse en plena naturaleza! Este atractivo conjunto rural se reparte entre varias edificaciones de piedra, ofreciendo una correcta zona social, unas cuidadísimas habitaciones de aire rústico-moderno y un modesto restaurante de cocina tradicional. Las casas anexas funcionan como apartamentos.

22 habitaciones – †† 55/88 € – ☕ 6 €

Besnes ✉ 33578 – ✆ 985 41 56 41 – www.latahonadebesnes.es

PASAI DONIBANE • PASAJES DE SAN JUAN

Guipúzcoa – Mapa regional 18-B2 – Mapa de carreteras Michelin n° 573-C24

Txulotxo

PESCADOS Y MARISCOS • AMBIENTE TRADICIONAL X Pasai Donibane es un municipio pesquero con gran encanto, pues aparte de las pintorescas fachadas volcadas al mar posee algunos rincones para guardar en el recuerdo. El restaurante Txulotxo se encuentra en uno de esos enclaves mágicos, ya que ocupa la antigua cuadra de un palacio a escasos metros de un embarcadero. Aquí lo mejor, junto a su cocina, son las estupendas vistas a la bahía desde el comedor principal, pues permiten contemplar el incesante trasiego de buques y pesqueros. ¡Rodaballo, merluza, chipirones, marisco... todo fresquísimo!

Especialidades : Ensalada templada de langostinos. Rodaballo a la parrilla. Tarta de queso.

Menú 25/36 € – Carta 33/52 €

Donibane 71 ✉ 20110 – ✆ 943 52 39 52 – www.restaurantetxulotxo.com – Cerrado 21 enero-6 marzo, martes, cena: domingo

PASAIA • PASAJES DE SAN PEDRO

Guipúzcoa – Mapa regional 18-B2 – Mapa de carreteras Michelin n° 573-C24

Izkiña

PESCADOS Y MARISCOS • AMBIENTE TRADICIONAL XX Negocio familiar de 3ª generación. Presenta un bar de pinchos a la entrada y dos salas, la principal de ambiente actual-marinero. Carta especializada en pescados y mariscos.

Carta 55/80 €

Euskadi Etorbidea 19 - Trintxerpe ✉ 20110 – ✆ 943 39 90 43 – www.restauranteizkina.com – Cerrado 6-15 abril, 17 agosto-2 septiembre, lunes, martes, miércoles, cena: domingo

PASAJES DE SAN JUAN - Guipúzcoa → Ver Pasai Donibane

PASAJES DE SAN PEDRO - Guipúzcoa → Ver Pasaia

PAU

Girona - Mapa regional **9**-D3 - Mapa de carreteras Michelin nº 574-F39

Mas Lazuli

MODERNA • A LA MODA X Un espacio singular que refleja la alianza entre modernidad y rusticidad. Apuestan por una cocina de gusto actual, sorprendiendo con... ¡vino y aceite de elaboración propia!

Menú 48 € - Carta 47/65 €

Hotel Mas Lazuli, Carretera de Roses, Este : 1 km ✉ 17494 - ✆ 872 22 22 20 - www.hotelmaslazuli.es - Cerrado 10 enero-27 marzo

Mas Lazuli

BOUTIQUE HOTEL • DE DISEÑO Parcialmente instalado en un convento-masía del s. XI que, estando rodeado de viñas y olivos, hoy se presenta rehabilitado. Ofrece atractivos espacios, diversos tratamientos de relax-belleza y luminosas habitaciones, todas con vistas a la comarca del Empordà.

17 habitaciones ☕ - 👥 196/258 €

Carretera de Roses, Este : 1 km ✉ 17494 - ✆ 872 22 22 20 - www.hotelmaslazuli.es - Cerrado 10 enero-27 marzo

Mas Lazuli - Ver selección restaurantes

PEDRAZA

Segovia - Mapa regional **8**-C2 - Mapa de carreteras Michelin nº 575-I18

La Olma

TRADICIONAL • RÚSTICA XX Antigua casa de piedra dotada con varias salas de aire rústico. Proponen una cocina tradicional actualizada e interesantes menús: Buscasetas, Segoviano, el de Pedraza...

Carta 30/65 €

Plaza del Alamo 1 ✉ 40172 - ✆ 921 50 99 81 - www.laolma.com - Cerrado cena: lunes-jueves, cena: domingo

PEDROSO DE ACIM

Cáceres - Mapa regional **12**-B1 - Mapa de carreteras Michelin nº 576-M10

en la carretera de El Palancar

El Palancar

CARNES A LA PARRILLA • AMBIENTE TRADICIONAL X ¡Junto al "conventito" de El Palancar! Ofrece cocina tradicional actualizada, carnes a la brasa y, durante el verano, unas curiosas cenas temáticas contemplando las estrellas.

Menú 25/35 € - Carta 30/50 €

Carretera de El Palancar (Sur : 2 km) ✉ 10829 - ✆ 927 19 20 33 - www.elpalancar.com - Cerrado 1-15 julio, lunes, cena: martes-jueves, cena: domingo

PENÀGUILA

Alicante - Mapa regional **11**-B3 - Mapa de carreteras Michelin nº 577-P28

al Oeste 3 km

La Escondida

BOUTIQUE HOTEL • PERSONALIZADA Tranquilo, cuidado y en sintonía con el entorno. Ofrece estancias de confort actual, amplias habitaciones y un agradable comedor de ambiente rústico, donde proponen una carta de gusto internacional. ¡Tienen dos atractivas cabañas de madera en un pinar anexo!

12 habitaciones ☕ - 👥 108/310 €

Carretera de Alcoy, km 9 ✉ 03815 - ✆ 965 51 30 46 - www.hotelescondida.com - Cerrado 7-28 enero

PEÑAFIEL

Valladolid - Mapa regional **8**-C2 - Mapa de carreteras Michelin nº 575-H17

Ambivium

MODERNA · DE DISEÑO XxX Ubicado en el la famosa bodega Pago de Carraovejas, con lo que gastronomía y viticultura se alían en un perfecto equilibrio. Cocina tradicional actualizada de finas texturas.

Menú 45€ (almuerzo)/85€

Camino Carraovejas, Este 3 km ✉ 47300 -
✆ 983 88 19 38 - www.restauranteambivium.com -
Cerrado 30 diciembre-28 enero, lunes, cena: martes-domingo

PERALADA

Girona - Mapa regional **9**-D3 - Mapa de carreteras Michelin nº 574-F39

Castell Peralada

MODERNA · AMBIENTE CLÁSICO XxX Cuando hablamos de un emplazamiento singular nos referimos a sitios como este, pues se encuentra en un castillo medieval (s. XIV) que ha ido ampliando sus instalaciones poco a poco; de hecho, su actual oferta cultural y de ocio se completa hoy con un museo, un bellísimo parque, un casino...

En el restaurante, que presenta un ambiente clásico bien actualizado y atractivos reservados en los torreones, nos plantean una visión contemporánea de la cocina tradicional ampurdanesa, sorprendiendo esta tanto por la sutileza de los sabores como por su dominio de los puntos de cocción. No se pierda el carro de quesos, pues... ¡contempla más de 30 opciones diferentes!

¿Un consejo? Si piensa ir en verano reserve con tiempo, pues hay muchísima actividad con su famoso Festival Internacional de Música.

Especialidades : Tartar de ternera con ostras. Crujiente de manitas de cerdo con cigalas. Bizcocho, horchata de algarroba con café y naranja.

Menú 40€ (almuerzo)/100€ - Carta 72/98€

Sant Joan ✉ 17491 -
✆ 972 52 20 40 - www.castellperaladarestaurant.com -
Cerrado 6 enero-1 marzo, lunes, martes

Cal Sagristà

TRADICIONAL · RÚSTICA X Muy singular, pues ocupa... ¡la antigua casa del sacristán del convento! Cocina tradicional con platos como el Bacalao "Cal Sagristà" o el Hígado de pato con salsa de fresas.

Carta 33/46€

Rodona 2 ✉ 17491 - ✆ 972 53 83 01 - Cerrado 3-27 febrero, 2-26 noviembre, lunes, martes

al Noreste 1, 5 km

Peralada

SPA Y BIENESTAR · CONTEMPORÁNEA Se encuentra en un campo de golf y destaca tanto por sus atractivas habitaciones, con un estilo contemporáneo-urbano y mucha madera, como por sus originales ofertas terapéuticas, vitivinícolas o de relax. ¡Amplios espacios polivalentes!

60 habitaciones ☕ - 👥 190/285€ - 4 suites

Rocaberti ✉ 17491 - ✆ 972 53 88 30 - www.hotelperalada.com

LA PEREDA - Asturias ➜ Ver Llanes

PERILLO - A Coruña ➜ Ver A Coruña

PETRER

Alicante - Mapa regional **11**-A3 - Mapa de carreteras Michelin nº 577-Q27

La Sirena

PESCADOS Y MARISCOS • AMBIENTE CLÁSICO XXX Atesora una buena barra y tres salas de línea clásica-actual. Su carta de temporada, que combina arroces, platos tradicionales y modernos, se complementa con distintos menús.

Menú 30/75 € - Carta 40/70 €

Avenida de Madrid 14 ✉ 03610 - ✆ 965 37 17 18 - www.lasirena.net - Cerrado 7-16 enero, 10 agosto-3 septiembre, lunes, cena: domingo

PINAR DE ANTEQUERA - Valladolid ➜ Ver Valladolid

PINETA (VALLE DE) - Huesca ➜ Ver Bielsa

EL PINÓS • PINOSO

Alicante - Mapa regional **11**-A3 - Mapa de carreteras Michelin nº 577-Q26

El Racó de Pere i Pepa

TRADICIONAL • RÚSTICA XX Llevado con gran acierto e ilusión por el matrimonio propietario. Se halla en la avenida de acceso al pueblo desde Jumilla, presentándose con una terraza a la entrada y un interior en dos plantas de estilo rústico-actual. Su chef-propietario propone una cocina tradicional actualizada y regional, rica en arroces (hasta ocho variantes) y con sugerentes especialidades, como el Solomillo con foie gras y salsa de Oporto o la siempre sabrosa Paletilla de cabrito al horno. ¡Descubra sus interesantes jornadas gastronómicas, dedicadas a la Trufa, al Marisco gallego, al Cochinillo segoviano... !

Especialidades : Vieira con puré de patatas y martini rojo. Carré de cordero con salsa de vino tinto. Frutos rojos con mascarpone.

Menú 35/40 € - Carta 33/45 €

Carretera de Jumilla 26 ✉ 03650 - ✆ 965 47 71 75 - www.racodepereipepa.com - Cerrado lunes, cena: martes-jueves, cena: domingo

PLAN

Huesca - Mapa regional **2**-C1 - Mapa de carreteras Michelin nº 574-E31

La Capilleta

CREATIVA • BISTRÓ X Si está descubriendo el valle de Chistau no debe pasar por alto este restaurante, pues es una de las mejores opciones para comer en la comarca del Sobrarbe. Se encuentra a la entrada de la localidad, con un atractivo bar tipo bistró y a continuación, separado por grandes stores, un coqueto comedor con mobiliario provenzal, detalles vintage y algún que otro apunte al dialecto de la zona, el "chistabino". Aquí proponen una cocina actual de producto, pero también platos tradicionales y un sabroso apartado de arroces al horno Josper, destacando entre ellos su famoso Arroz de ceps y foie.

Especialidades : Huevos eco a baja temperatura con ceps, foie y papada ibérica. Ternasco de Aragón al horno. Coulant de chocolate con bombón de avellana.

Carta 33/42 €

Carretera San Juan de Plan 7 ✉ 22367 - ✆ 974 94 14 10 - www.lacapilleta.es - Cerrado 2 enero-7 febrero, lunes, martes, cena: domingo

PLASENCIA

Cáceres - Mapa regional **12**-C1 - Mapa de carreteras Michelin nº 576-L11

Parador de Plasencia

EDIFICIO HISTÓRICO • CLÁSICA Magnífico, pues ocupa un convento del s. XV que aúna la austeridad dominica con un exquisito gusto decorativo. Impresionantes zonas nobles, extraordinarios claustros y mobiliario de época. El comedor, instalado en el refectorio, realza el recetario regional.

64 habitaciones - 👥 100/200 € - ☕ 18 € - 2 suites

Plaza de San Vicente Ferrer ✉ 10600 - ✆ 927 42 58 70 - www.parador.es

Palacio Carvajal Girón

EDIFICIO HISTÓRICO · CONTEMPORÁNEA Singular, ya que ha recuperado un hermoso palacio del s. XVI. Tras su nobiliaria fachada se esconde un amplio zaguán, un patio porticado que funciona como zona social y una recia escalera en piedra. Modernas habitaciones y restaurante de correcto montaje.

28 habitaciones – 85/199 € – 14 €

Plaza Ansano 1 ✉ 10600 – ✆ 927 42 63 26 – www.palaciocarvajalgiron.com

PLATJA D'ARO

Girona – Mapa regional **10**-B1 – Mapa de carreteras Michelin n° 574-G39

Cala del Pi

LUJO · CLÁSICA Complejo de lujo ubicado al borde del mar, junto a una pequeña cala. Ofrece una variada zona social, habitaciones completas, todas con terraza, y un circuito de aguas. El restaurante, dotado con atractivas terrazas, propone una extensa carta de cocina actual.

49 habitaciones – 155/510 € – 8 suites

Avenida Cavall Bernat 160, Este : 1,5 km ✉ 17250 – ✆ 972 82 84 29 – www.hotelcaladelpi.com

PLATJA DE SANT JOAN • PLAYA DE SAN JUAN

Alicante – Mapa regional **11**-B3 – Mapa de carreteras Michelin n° 577-Q28

en la carretera de Sant Joan d'Alacant Noroeste : 2 km

La Vaquería

TRADICIONAL · A LA MODA Asador de estética actual dotado con terraza y zona de ocio infantil. Su especialidad son las carnes a la brasa... aunque también trabaja con pescados y verduras de temporada.

Carta 35/65 €

Carretera Benimagrell 52 ✉ 03560 – ✆ 965 94 03 23 – www.asadorlavaqueria.com

PLAYA BLANCA – Las Palmas → Ver Canarias (Lanzarote)

PLAYA DE LAS AMÉRICAS – Santa Cruz de Tenerife → Ver Canarias (Tenerife)

PLAYA DE SAN JUAN – Alicante → Ver Platja de Sant Joan

PLAYA HONDA – Las Palmas → Ver Canarias (Lanzarote)

PLAYA DE PATALAVACA – Las Palmas → Ver Canarias (Gran Canaria) : Arguineguín

EL POBLE NOU DEL DELTA – Tarragona →

POBOLEDA

Tarragona – Mapa regional **9**-B3 – Mapa de carreteras Michelin n° 574-I32

Brots

MODERNA · A LA MODA Coqueto, rústico-actual y ubicado en una céntrica calleja. Su chef-propietario, formado en grandes casas europeas, plantea una cocina actual de firmes bases internacionales.

Menú 35/45 € – Carta 35/50 €

Nou 45 ✉ 43376 – ✆ 977 82 73 28 – www.brotsrestaurant.com – Cerrado 1-12 julio, 23 diciembre-15 enero, cena: lunes, martes, cena: domingo

POLLENÇA – Balears → Ver Balears (Mallorca)

EL PONT DE BAR

Lleida – Mapa regional **9**-B1 – Mapa de carreteras Michelin n° 574-E34

en la carretera N 260 Este : 4, 5 km

La Taverna dels Noguers

COCINA CASERA • AMBIENTE TRADICIONAL X Lo encontrará junto a la carretera, en una atractiva casita dotada con un porche de madera y un jardín. En conjunto presenta una decoración de gusto regional, con una única sala bastante luminosa, los techos en madera a modo de cabaña y una chimenea caldeando el espacio. En sus fogones se trabaja sobre platos de elaboración casera, con unos sabrosos guisos y especialidades propias del recetario catalán. Los grandes clásicos de su carta son el Conejo a la mostaza de Dijon, los Canelones del abuelo Miquel gratinados con queso del Cadí, las Manitas de cerdo con nabos de Cerdanya...

Especialidades : Canelones de carne. Conejo a la mostaza. Carrito de postres caseros.

Carta 32/41€

✉ 25723 – ✆ 973 38 40 20 – www.tavernadelsnoguers.com – Cerrado 7 enero-7 febrero, cena: lunes-miércoles, jueves, cena: viernes, cena: domingo

PONT DE MOLINS

Girona – Mapa regional **9**-D3 – Mapa de carreteras Michelin n° 574-F38

El Molí

FAMILIAR • DE DISEÑO Fusiona pasado y presente, pues en parte ocupa un antiguo molino del Camino Natural de La Muga, idóneo para hacer rutas en BTT. Encontrará un cálido restaurante, el origen del negocio, y habitaciones actuales, muchas... ¡asomadas al río desde la misma bañera!

15 habitaciones – 135/175€

Carretera Les Escaules, Oeste : 2 km ✉ 17706 – ✆ 972 52 92 71 – www.hotelelmoli.es – Cerrado 23 diciembre-23 enero

PONTE ULLA • PUENTE ULLA

A Coruña – Mapa regional **13**-B2 – Mapa de carreteras Michelin n° 571-D4

Villa Verde

TRADICIONAL • MARCO REGIONAL XX Estamos en una zona realmente privilegiada, pues esta comarca gallega es famosa por sus viñedos y sus magníficos pazos. La nobleza inherente a esta tierra también la veremos reflejada en este restaurante, pues ocupa una hermosa casa de campo en piedra que remonta sus orígenes al s. XVIII. Posee una atractiva bodega-lagar, un comedor rústico con "lareira" y una sala de elegante montaje clásico. El éxito de su cocina tradicional está en la calidad de sus materias primas, siempre con pescados salvajes, carnes autóctonas y productos de temporada.

Especialidades : Vieiras al horno. Rape relleno de gambas. Tarta de nuez y plátano.

Menú 30/50€ – Carta 30/45€

Lugar de Figueiredo 10 ✉ 15885 – ✆ 981 51 26 52 – www.villa-verde.es – Cerrado 22 diciembre-4 enero, cena: lunes-jueves, cena: domingo

PONTEVEDRA

Pontevedra – Mapa regional **13**-B2 – Mapa de carreteras Michelin n° 571-E4

La Ultramar

FUSIÓN • BAR DE TAPAS X Se halla en el Edificio Sarmiento del Museo de Pontevedra y hace un acertado homenaje gastronómico a todos los gallegos repartidos por el mundo. Sabrosísima cocina de fusión.

Tapa 20€ – Ración 30€

Padre Amoedo Carballo 3 ✉ 36002 – ✆ 986 85 72 66 – www.laultramar.es – Cerrado lunes, cena: domingo

Eirado da Leña

MODERNA • ACOGEDORA X Instalado en una casa típica del casco viejo. Cocina gallega actualizada y con toques de fusión, siempre en base a unas buenas materias primas y con la opción de varios menús.

Menú 48/70 € – Carta 45/65 €

Plaza da Leña 3 ✉ 36002 – ✆ 986 86 02 25 – www.oeirado.com – Cerrado cena: domingo

Loaira

MODERNA • BAR DE TAPAS X Gastrobar dotado con una pequeña barra a la entrada y un salón tipo bistró en el piso superior. Platos de base tradicional, con toques actuales, pensados para compartir.

Tapa 3 € – Ración 12 €

Plaza de Leña 2 ✉ 36002 – ✆ 986 85 88 15 – Cerrado cena: domingo

Il Piccolo

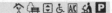

ITALIANA • SENCILLA X Un restaurante italiano de esos que dejan huella, pues lejos de limitarse a los consabidos platos de pasta y pizza presenta especialidades de todas las regiones del país.

Carta 23/42 €

Virgen del Camino 16 ✉ 36001 – ✆ 986 85 99 99 – www.ristoranteilpiccolo.es

Parador de Pontevedra

EDIFICIO HISTÓRICO • HISTÓRICA Atesora un encanto indudable, pues se encuentra en pleno casco viejo y ocupa el palacio del s. XVI donde residieron los Condes de Maceda. Historia en piedra, bellos jardines, confort actual... y como complemento, una propuesta culinaria de tinte regional.

47 habitaciones – †† 85/190 € – ☕ 16 € – 2 suites

Barón 19 ✉ 36002 – ✆ 986 85 58 00 – www.parador.es

en San Salvador de Poio Mapa regional **13**-B2

Solla (Pepe Solla)

CREATIVA • TENDENCIA XXX ¡Cocinero, roquero y amante del surf! Las pasiones marcan el camino de las personas y, sin duda, nos ayudan a entenderlas. ¿Una frase del chef? "En la cocina, como en la vida, busco la claridad y la esencia".

Pepe Solla, criado entre fogones, ha llevado el negocio familiar a cotas de excelencia apostando por defender el sabor, otra de sus obsesiones, desde una cocina creativa que exalte el producto local. Lejos de grandes combinaciones él apuesta por la simplicidad, pues sus "mágicas" aportaciones de tendencia global (kéfir, anacardos, leche de coco...) al extraordinario producto gallego trasforman los platos y permiten que estos se acomoden para siempre en nuestra memoria.

Su elegante comedor se asoma tanto a la cocina como al relajante entorno rural, la fuente de su inspiración.

Especialidades : Un puñado de percebes y su caldo. Sanmartiño, su tartar y emulsión de la grasa. Carajillo de chocolate.

Menú 94/128 €

Avenida Sineiro 7 (Carretera de La Toja : 2 km) ✉ 36005 – ✆ 986 87 28 84 – www.restaurantesolla.com – Cerrado 13-21 abril, 19 diciembre-5 enero, lunes, cena: jueves, cena: domingo

PONTS

Lleida – Mapa regional **9**-B2 – Mapa de carreteras Michelin n° 574-G33

Lo Ponts

CATALANA • ACOGEDORA XX Está llevado en familia, lo que no quita un ápice para mostrar pasión y profesionalidad. Posee un pequeño espacio para la venta de vinos, así como tres salas de línea actual-funcional. Aquí encontrará una cocina regional actualizada de buen nivel en la que se aporta a cada plato su propia personalidad, normalmente con productos autóctonos y de temporada. Disfruta de una variada bodega y suelen organizar periódicas "cenas tast", donde presentan atractivos maridajes entre postres y vinos. Buenos menús y sugerentes especialidades, como los populares Caracoles "Lo Ponts" o las Cocas de recapte.

Especialidades : La coca de escalivada con butifarra de Ponts y setas. El bacalao desalado en casa con gamba roja, alcachofas, judías del ganxet y picada. El sorbete casero de pera eco con limón y jengibre.

Menú 20/26 € – Carta 33/50 €

Carretera de Calaf 6 ✉ 25740 – ✆ 973 46 00 17 – www.loponts.com – Cerrado 7-17 enero, 29 junio-17 julio, lunes, cena: martes-jueves, cena: domingo

PORROIG – Balears ➜ Ver Balears (Eivissa)

PORT D'ALCÚDIA – Balears ➜

PORT D'ANDRATX – Balears ➜ Ver Balears (Mallorca)

PORT DE POLLENÇA – Balears ➜ Ver Balears (Mallorca)

PORT DE SÓLLER – Balears ➜ Ver Balears (Mallorca)

PORTALS NOUS – Balears ➜ Ver Balears (Mallorca)

PORTBOU

Girona – Mapa regional **9**-D3 – Mapa de carreteras Michelin n° 574-E39

Voramar

ACTUAL • AMBIENTE MEDITERRÁNEO XX Se halla en pleno paseo marítimo y está viviendo una segunda juventud, empujado por el cambio generacional y por una propuesta más gourmet. Carta actual e interesantes menús.

Menú 38 € (almuerzo)/62 € – Carta 45/65 €

Passeig de la Sardana 6 ✉ 17497 – ✆ 972 39 00 16 – Cerrado 9-22 marzo, 2-22 noviembre, cena: lunes-martes, miércoles, cena: jueves-domingo

PORTO CRISTO – Balears ➜ Ver Balears (Mallorca)

PORTOCOLOM – Balears ➜ Ver Balears (Mallorca)

POZUELO DE ALARCÓN

Madrid – Mapa regional **15**-B2 – Mapa de carreteras Michelin n° 576-K18

El Cielo de Urrechu

TRADICIONAL • A LA MODA XX En la 2ª planta del centro comercial Zielo Shopping Pozuelo, donde se presenta con un sugerente bar, una zona de copas y dos salas muy actuales, la principal con magníficas vistas a Madrid. Cocina de gusto tradicional con detalles actuales.

Carta 40/62 €

Avenida de Europa 26 B (C.C. Zielo, local 217) ✉ 28223 – ✆ 917 09 32 85 – www.cielodeurrechu.com

Kabutokaji

JAPONESA • DE DISEÑO XX Un japonés que no le defraudará, pues resulta elegante a la par que sofisticado. Delicadas presentaciones, acertadas combinaciones y... ¡una sorprendente oferta de nigiris!

Carta 65/95 €

Avenida Navacerrada 1 ✉ 28224 – ✆ 918 05 18 97 – www.kabutokaji.net – Cerrado lunes, cena: domingo

Zurito

COCINA DE MERCADO • MARCO CONTEMPORÁNEO XX Atesora una estética contemporánea y está bien llevado por el chef-propietario. Elaboraciones de base tradicional, menú diario y la opción de menús degustación por encargo.

Carta 33/57 €

Lope de Vega 2 ✉ 28223 – ✆ 913 52 95 43 – www.zurito.com – Cerrado 1-31 agosto, lunes, cena: martes, cena: domingo

junto a la autovía M 502 Sureste : 2, 5 km

Urrechu

MODERNA • AMBIENTE CLÁSICO XxX Todo un referente culinario en la zona, pues es el buque insignia del mediático chef Íñigo Pérez "Urrechu". Ambiente clásico y carta de tinte moderno, con influencias vascas.

Menú 64 € – Carta 50/71 €

Barlovento 1 (C.C. Zoco Pozuelo) ✉ 28223 – ✆ 917 15 75 59 – www.urrechu.com – Cerrado 1-20 agosto, cena: domingo

PRATDIP

Tarragona – Mapa regional **9**-B3 – Mapa de carreteras Michelin nº 574-I32

por la carretera T 311 Sureste : 2 km

Mas Mariassa

CASA DE CAMPO • DE DISEÑO Masía bicentenaria emplazada a las afueras del pueblo, entre la costa y el Priorato, rodeada de bancales repletos de almendros y avellanos. Ofrece una terraza de estilo chill out, un interior rústico-actual, con habitaciones de sobria decoración, y un comedor gastronómico orientado al cliente alojado.

7 habitaciones – 144/202 €

Carretera de Santa Marina km 30 ✉ 43320 – ✆ 977 26 26 01 – www.masmariassa.com

PRENDES

Asturias – Mapa regional **3**-B1 – Mapa de carreteras Michelin nº 572-B12

Casa Gerardo (Marcos Morán)

MODERNA • ACOGEDORA XxX Cuando hablamos de prestigio y tradición nos referimos a negocios como este, de muros ya centenarios, pues tras abrir sus puertas como casa de postas en 1882 ha encadenado hasta cinco generaciones de la misma familia luchando por ofrecer el mejor servicio cada día.

Aunque las riendas las lleva el chef Marcos Morán, lo cierto es que el trabajo diario lo realiza en tándem con su padre, Pedro, con quien ha alcanzado una simbiosis que repercute en el idóneo equilibrio entre tradición y contemporaneidad. En sus acogedoras salas, de ambiente rústico-actual, podrá degustar unos platos en los que prima el sabor, con materias primas escogidas que explotan la despensa asturiana y unos fantásticos puntos de cocción.

¿Platos emblemáticos? La fabada de Prendes o la Crema de arroz con leche requemada.

Especialidades : Puerro y algas. Salmonete con texturas de coliflor. Crema de arroz con leche requemada de Prendes.

Menú 75/130 € – Carta 60/90 €

Carretera AS 19 ✉ 33438 – ✆ 985 88 77 97 – www.restaurantecasagerardo.es – Cerrado 8-31 enero, 16-22 noviembre, lunes, cena: martes-jueves, cena: domingo

PUEBLA DE SANABRIA

Zamora – Mapa regional **8**-A2 – Mapa de carreteras Michelin nº 575-F10

Posada de las Misas

TRADICIONAL • ÍNTIMA X Un sitio para comer bien y barato... ¡a solo unos pasos del castillo! Ofrece una carta tradicional de sencillas elaboraciones pero fiel defensora de los productos sanabreses.

Carta 30/49 €

Plaza Mayor 13 (Hotel Posada de las Misas) ✉ 49300 – ✆ 980 62 03 58 – www.posadadelasmisas.com – Cerrado 7 enero-7 febrero

ESPAÑA

La Cartería

BOUTIQUE HOTEL • CONTEMPORÁNEA Edificio del s. XVIII que en su día se utilizó para el cobro de diezmos. Combinan con equilibrio la rusticidad de las paredes en piedra y los detalles de diseño, logrando siempre un entorno acogedor. El comedor ocupa las antiguas bodegas excavadas en la roca.

8 habitaciones – 90/135€ – 7€

Rua 16 ✉ 49300 – ☎ 980 62 03 12 – www.lacarteria.com

LA PUEBLA DE VALVERDE

Teruel – Mapa regional **2**-B3 – Mapa de carreteras Michelin nº 574-L27

por la carretera de Camarena de la Sierra Oeste : 2 km

La Fondica

TRADICIONAL • SENCILLA X No le defraudará, pues aquí la gastronomía se ve acompañada por un entorno singular. El restaurante, ubicado frente a una fábrica de jamones, ocupa un edificio de finales del s. XIX que sirvió de fonda para los viajeros que venían, en tren, en respuesta a un incipiente turismo de salud. En su comedor, rústico-actual y con vistas a la Sierra de Javalambre, podrá disfrutar de una cocina tradicional con toques actuales. ¿Qué encontrará? Fideos melosos con boletus y foie, Canelones de setas, un sabrosísimo Ternasco, Torrijas caseras... ¡y unas atractivas habitaciones por si desea alojarse!

Especialidades : Fideos melosos de boletus, chalotas y virutas de foie. Pollo de corral relleno de jamón y trufa negra. Torrija de pan brioche.

Menú 35€ – Carta 32/41€

Carretera de la Estación (Hotel La Fonda de la Estación) ✉ 44450 – ☎ 978 67 04 67 – www.lafondadelaestacion.com – Cerrado 2-15 noviembre

PUENTE ARCE

Cantabria – Mapa regional **6**-B1 – Mapa de carreteras Michelin nº 572-B18

El Nuevo Molino (José Antonio González)

MODERNA • RÚSTICA XXX Si busca un sitio con encanto... ¡no espere para reservar mesa! Este precioso restaurante, a orillas del Pas, sorprende tanto por su emplazamiento en un molino de agua (s. XVIII) como por su encantador jardín, este último con un hórreo de grandes proporciones que ejerce como privado y una antigua capilla desacralizada.

En sus comedores, ambos de ambiente rústico, el chef José Antonio González propone una cocina de línea moderna que evoluciona el recetario tradicional, actualizando los platos de la zona en cuanto a sus técnicas y rescatando para el gastrónomo los marcados sabores de los guisos de la región.

¿Puntos básicos de su cocina? Usar el mejor producto y trabajar la intensidad de los caldos, pues estos encierran el sabor y para él son la piedra angular de cualquier elaboración.

Especialidades : Pulpo a la plancha, perlas de tapioca y salsa de calamar. Costilla de vaca, patata mortero y arena ahumada. Torrija de pan caramelizada con crema inglesa.

Menú 42/70€ – Carta 45/60€

Barrio Monseñor 18 (Carretera N 611) ✉ 39478 – ☎ 942 57 50 55 – www.elnuevomolino.es – Cerrado 7 enero-15 marzo, martes, cena: domingo

PUENTE GENIL

Córdoba – Mapa regional **1**-B2 – Mapa de carreteras Michelin nº 578-T15

Casa Pedro

TRADICIONAL • AMBIENTE CLÁSICO X Un negocio que conjuga las características esenciales para un buen comensal; no en vano, aquí dejan de lado la cocina experimental y afirman pensar solo en que el cliente salga satisfecho. Dispone de una organización familiar estable y profesional, con un bar de pinchos a la entrada, donde sirven un variado menú del día, y un comedor bastante acogedor de estilo actual-funcional. Cocina tradicional y de mercado de excelente calidad, con una variada oferta de pescados, mariscos y verduras en temporada. Los platos más solicitados son el Salmorejo, las Alcachofas con jamón, el Rabo de toro...

Especialidades : Salmorejo. Paletilla de cordero. Biscuit de membrillo.

Menú 10 € – Carta 28/37 €

Poeta García Lorca 5 ✉ 14500 – ✆ 957 60 42 76 – www.restaurantecasapedro.com – Cerrado 1-16 julio, 20 agosto-3 septiembre, lunes

PUENTE SAN MIGUEL

Cantabria – Mapa regional **6**-B1 – Mapa de carreteras Michelin n° 572-B17

Hostería Calvo

REGIONAL • FAMILIAR X Esta casa, próxima a Torrelavega, es toda una referencia de la gastronomía cántabra, hoy mostrada con orgullo y cariño por la chef-propietaria, María Juana Larín, que ha tomado con acierto las riendas del negocio familiar. El sencillo local, decorado con cuadros que pintó el propio fundador de la casa, presenta dos salas de correcto montaje, funcionando una de ellas como privado. ¿Su propuesta? Los platos cántabros de toda la vida, elaborados siempre en base a las mejores materias primas de la zona. Aquí todo está buenísimo, pero recomendamos que pruebe sus maravillosas Albóndigas de calamar.

Especialidades : Albóndigas de calamar. Merluza con setas. Hojaldre con crema templada.

Menú 35 € – Carta 28/36 €

Carretera de Oviedo 182 ✉ 39530 – ✆ 942 82 00 56 – Cerrado 15-30 junio, 15-30 noviembre, lunes, cena: domingo

PUENTE ULLA – A Coruña → Ver Ponte Ulla

PUERTO DE LA CRUZ – Santa Cruz de Tenerife → Ver Canarias (Tenerife)

EL PUERTO DE SANTA MARÍA

Cádiz – Mapa regional **1**-A2 – Mapa de carreteras Michelin n° 578-W11

✿✿✿ Aponiente (Ángel León)

CREATIVA • DE DISEÑO XXXX Enrólese en el buque del chef jerezano Ángel León, un enamorado del mar que, al igual que el capitán Cousteau en el mítico Calypso, ha encontrado en este restaurante el entorno perfecto para su estudio e investigación.

El espacio en sí encierra una metáfora sobre el aprovechamiento de recursos, pues ocupa un maravilloso Molino de Mareas de 1815 que, como complemento a su planteamiento culinario, solo le provocará admiración.

El chef toma como base los humildes pescados de descarte y, en una constante búsqueda de nuevos ingredientes, apuesta por la bioluminiscencia, las algas, el plancton, los embutidos marinos, el exoesqueleto de los crustáceos, los mágicos cocinados con agua de sal... todo con unas técnicas tan increíbles que se ha ganado, a pulso, el ser conocido como "El chef del mar".

Especialidades : Flan de huevas de lisa. Botillo marino. Quesos del mar.

Menú 195/225 €

Francisco Cossi Ochoa (Molino de Mareas El Caño) ✉ 11500 – ✆ 956 85 18 70 – www.aponiente.com – Cerrado 7 diciembre-12 marzo, lunes, domingo

La Taberna del Chef del Mar

CREATIVA • BAR DE TAPAS X Ocupa las antiguas instalaciones de Aponiente y es la manera más económica de acceder a las creaciones del chef Ángel León, pues aquí todo está en formato de tapas y raciones.

Tapa 6 € – Ración 18 €

Puerto Escondido 6 ✉ 11500 – ✆ 956 11 20 93 – www.latabernadelchefdelmar.com – Cerrado 4 noviembre-5 marzo, lunes, cena: domingo

PUERTO DE VEGA

Asturias – Mapa regional **3**–A1 – Mapa de carreteras Michelin nº 572-B10

Mesón el Centro

TRADICIONAL · SENCILLA X Si no conoce Puerto de Vega debe visitarlo, pues es uno de los pueblos marineros más bonitos y auténticos de todo el litoral cantábrico. El local, ubicado en una zona peatonal del casco antiguo y llevado por un amable matrimonio, sorprende por su sencillez, no exenta de personalidad. Mary, la chef, suele salir a hablar con los comensales y siempre defiende aquellas elaboraciones que explotan el maravilloso producto local, preparado según el recetario tradicional pero con detalles actuales. ¿Alguna especialidad? Pruebe sus cremosas Croquetas de cigala y albariño o el Falso carpaccio de pulpo.

Especialidades : Carpaccio de pulpo. Merluza sobre crema de puerros. Torrija caramelizada.

Menú 35 € – Carta 28/47 €

Plaza de Cupido ✉ 33790 – ✆ 985 64 85 67 – Cerrado 23 septiembre-4 diciembre, cena: lunes, martes

Pleamar

FAMILIAR · ACOGEDORA Este coqueto hotel le sorprenderá por su cuidadísima decoración. Ofrece habitaciones personalizadas de estilo rústico-actual, todas con detalles marineros y vistas al mar.

9 habitaciones – 80/160 € – 8 €

Párroco Penzol 46 ✉ 33790 – ✆ 985 64 88 66 – www.hotelpleamar.com – Cerrado 15 diciembre-1 marzo

PUIG - REIG

Barcelona – Mapa regional **9**–C2 – Mapa de carreteras Michelin nº 574-G35

El Celler de Ca la Quica

TRADICIONAL · RÚSTICA X ¡Casa del s. XIX a la que se accede por un lateral! Tiene las salitas repartidas por su bodega, todas con las paredes en piedra y los techos abovedados. Ofrece una carta de mercado a precios económicos y un menú del día con varios arroces.

Carta 35/60 €

Major 48 (entrada lateral) ✉ 08692 – ✆ 938 38 02 20 – www.elcellerdecalaquica.es – Cerrado 13-19 mayo, 19-25 agosto, lunes, cena: martes-jueves, cena: domingo

PUIGPUNYENT – Balears → Ver Balears (Mallorca)

ES PUJOLS – Balears → Ver Balears (Formentera)

QUEJANA – Álava → Ver Kexaa

QUINTANADUEÑAS

Burgos – Mapa regional **8**–C1 – Mapa de carreteras Michelin nº 575-E18

al Sureste 1, 3 km

La Galería

TRADICIONAL · ACOGEDORA XX El restaurante a la carta, dotado con dos hornos de leña y un acceso independiente, presenta un comedor luminoso y actual con toda una pared acristalada. Cocina tradicional.

Carta 35/45 €

Gregorio López Bravo 2 ✉ 09197 – ✆ 947 29 26 06 – www.hqlagaleria.com – Cerrado cena: domingo

QUINTANAR DE LA ORDEN

Toledo – Mapa regional **7**–C2 – Mapa de carreteras Michelin nº 576-N20

Granero

MODERNA · ELEGANTE XX Una casa familiar con historia, pues... illeva más de medio siglo de servicios! Estamos en una de las joyas culinarias de La Mancha, un restaurante llevado entre hermanos que se presenta con una zona de bar a la entrada, donde sirven el menú del día y raciones, así como un buen comedor a la carta y una atractiva terraza-patio. Ofrecen una carta de estilo actual, con algo de fusión, y un fantástico menú degustación, todo acompañado por pan artesano. La bodega, muy buena en su categoría, está llevada por el apasionado sumiller Adán Israel, siempre ataviado con un mandil y el clásico tastevin.

Especialidades : Huevos trufados con setas, patata y crema al foie-gras. Lomo de ciervo con pera al vino y tirabeques. Delicia de almendra y crema con helado artesanal.

Menú 45/55 € - Carta 33/48 €

San Fernando 90 ✉ 45800 - ✆ 925 18 02 38 - Cerrado 14-18 enero, 1-10 octubre, miércoles, cena: domingo

QUINTANILLA DE ONÉSIMO

Valladolid - Mapa regional **8**-C2 - Mapa de carreteras Michelin nº 575-H16

en la carretera N 122 Este : 3 km

Taller

CREATIVA · DE DISEÑO XX Se halla en la prestigiosa bodega Arzuaga y sorprende en su conjunto, pues aquí el diseño, el servicio y la gastronomía caminan de la mano.

Desde el mismísimo acceso al restaurante, a través de un futurista túnel de impronta digital, el espacio cautiva tanto por su diseño como por su amplitud, con originales detalles y relajantes vistas a uno de los viñedos con más caché de la D. O. Ribera del Duero. En lo puramente culinario la propuesta cae en manos del chef Víctor Gutiérrez, que asesora todo lo que aquí acontece apostando, al igual que en su restaurante de Salamanca, por una cocina creativa que fusione el recetario peruano y el regional.

¿Más motivos para ir? La famosa diseñadora de moda Amaya Arzuaga, muy implicada en el proyecto familiar, suele ejercer como maître al frente de la sala.

Especialidades : Ceviche de corvina. Chuletillas, mollejas y azafrán. Cristal de coco y maracuyá.

Menú 70/130 € - Carta 50/80 €

Hotel Arzuaga, km 325 ✉ 47350 - ✆ 983 68 11 46 - www.tallerarzuaga.com - Cerrado 8-24 enero, lunes, cena: martes-jueves, cena: domingo

Arzuaga

SPA Y BIENESTAR · ELEGANTE Se halla en la bodega homónima y es una gran opción para el enoturista. Encontrará numerosos salones para reuniones de empresa, confortables habitaciones, unas de estilo castellano y otras de estética clásica-actual, así como restaurantes y un SPA con servicios de vinoterapia. ¡Interesante oferta de experiencias!

97 habitaciones ☕ - 👥 130/168 €

km 325 ✉ 47350 - ✆ 983 68 70 04 - www.hotelarzuaga.com

Taller - Ver selección restaurantes

QUINTANILLA DEL AGUA

Burgos - Mapa regional **8**-C2 - Mapa de carreteras Michelin nº 575-F19

El Batán del Molino

FAMILIAR · RÚSTICA Molino harinero del s. XI emplazado en un paraje de agradables exteriores, con jardín, césped y piscina. Su arquitectura tradicional combina el adobe y la piedra de los muros con las vigas de madera. Menú de cocina casera con productos de su propia huerta.

9 habitaciones - 👥 60 € - ☕ 6 €

El Molino, Sur : 1 km ✉ 09347 - ✆ 658 80 09 13 - www.elbatandelmolino.com - Cerrado 1 enero-30 marzo

RÁFALES

Teruel - Mapa regional **2**-C3 - Mapa de carreteras Michelin nº 574-J30

La Alquería

MODERNA • RÚSTICA No le dejará indiferente, pues se encuentra en plena Plaza Mayor, resulta acogedor y propone una cocina actual de gran nivel. La chef, Clara Lapuente, que apuesta claramente por el producto de proximidad, trabajó un tiempo como pastelera, lo que se traduce en que domine las medidas y puntos de todos los platos pero, sobre todo, de su riquísima repostería casera. Se encuentra en la planta baja de un encantador hotelito, por lo que a los clientes alojados les suelen ofrecer un menú especial a precio fijo para las cenas. Solo atienden a 12 comensales, por lo que... ¡es necesario reservar!

Especialidades : Alcachofas confitadas con migas, yema y trufa. Timbal de ternasco con dátiles, cuscús de verduras y aceite de pistachos. Helado de té de roca sobre galleta de almendra con cerezas confitadas.

Menú 35€ (almuerzo), 27/35€ - Carta 34/45€

Plaza Mayor 9 (Hotel La Alquería) ✉ 44589 - ✆ 978 85 64 05 - www.lalqueria.net - Cerrado cena: domingo

RAMALES DE LA VICTORIA

Cantabria - Mapa regional **6**-C1 - Mapa de carreteras Michelin nº 572-C19

El Ronquillo

REGIONAL • RURAL En este negocio, de ambiente rústico y familiar, proponen una cocina regional que recupera sabores de otra época... eso sí, en base a producto autóctono y técnicas actuales.

Menú 45/110€ - Carta 30/62€

Menéndez Pelayo 2 ✉ 39800 - ✆ 942 64 60 55 - www.restauranteronquillo.es - Cerrado 23-29 febrero, lunes, cena: domingo

RAXÓ

Pontevedra - Mapa de carreteras Michelin nº 571-E3

en Serpe Norte : 1, 5 km - Mapa regional **13**-A2

Pepe Vieira (Xosé T. Cannas)

CREATIVA • MARCO CONTEMPORÁNEO Xosé T. Cannas empezó en esto de los fogones con un local de solo siete mesas en Sanxenxo. En poco tiempo decidió cambiar de localidad y el negocio creció, tanto que el nombre, el de su abuelo, ya casi se ha apoderado de él... "al final he decidido que me llamo Pepe Vieira".

Su actual restaurante, en el pueblo gallego de Raxo, está rodeado de bosques y tiene unos enormes ventanales asomados a la ría de Pontevedra. Allí, el chef se atreve a explorar recetas e ingredientes foráneos combinados con los excelentes productos locales. Por ejemplo, un mochi salado con setas shiitake y un pesto de grelos, la verdura gallega más singular; o una caldeirada que, además de la ajada típica, añade ingredientes como el curry. Por algo dice... "be kitchen my friend".

Especialidades : Bogavante crudo y asado. Congrio frito, encurtidos, ajo asado y caldo de congrio seco. Montonico, miel de castaño y polen.

Menú 72/130€

Camiño da Serpe ✉ 36992 - ✆ 986 74 13 78 - www.pepevieira.com - Cerrado 6 enero-15 marzo, lunes, cena: martes-jueves, cena: domingo

REBOREDO - Pontevedra

→ Ver O Grove

REDONDELA

Pontevedra - Mapa regional **13**-B3 - Mapa de carreteras Michelin nº 571-F4

O Xantar de Otelo

REGIONAL • AMBIENTE CLÁSICO X Este negocio familiar cuenta con sus propios barcos de pesca, por lo que aquí siempre ofrecen pescados y mariscos de calidad a precios interesantes. Buena cocina gallega.

Carta 25/39 €

Avenida Estación de Ferrocarril 27 ✉ 36800 - ✆ 986 40 15 20 - www.oxantardeotelo.com - Cerrado cena: lunes, cena: domingo

REGENCÓS

Girona - Mapa regional **10**-B1 - Mapa de carreteras Michelin nº 574-G39

La Calèndula

COCINA MEDITERRÁNEA • DE DISEÑO XX Un restaurante original y atractivo, pues ocupa el antiguo teatro de la localidad. Su propuesta, sumamente detallista, exalta el producto cercano y... ¡el mundo de las flores!

Menú 74 € - Carta 40/65 €

Hotel Del Teatre, Nou 2 ✉ 17214 - ✆ 972 30 38 59 - www.lacalendula.net - Cerrado 9 diciembre-15 marzo

Del Teatre

CASA DE CAMPO • RÚSTICA Una bella casa del s. XVIII que aún conserva los muros en piedra, en perfecta armonía con el entorno de este pequeño pueblo del Baix Empordà. Ofrece habitaciones con muchísimo encanto, todas en un estilo rústico bastante auténtico y con equipamiento actual.

7 habitaciones - 135/160 €

Plaza Major ✉ 17214 - ✆ 972 30 38 59 - www.hoteldelteatre.com - Cerrado 9 diciembre-15 marzo

La Calèndula - Ver selección restaurantes

REINOSA

Cantabria - Mapa regional **6**-B2 - Mapa de carreteras Michelin nº 572-C17

Villa Rosa

FAMILIAR • PERSONALIZADA Hotelito de ambiente clásico instalado en una hermosa villa de principios del s. XX. Ofrece unos cuidados exteriores, un atractivo SPA para uso privado y habitaciones de buen confort.

12 habitaciones - 60/80 €

Héroes de la Guardia Civil 4 ✉ 39200 - ✆ 942 75 47 47 - www.villarosa.com

RENTERÍA - Guipúzcoa

→ Ver Errenteria

RIBADESELLA

Asturias - Mapa regional **3**-C1 - Mapa de carreteras Michelin nº 572-B14

Arbidel (Jaime Uz)

MODERNA • ROMÁNTICA XX Una "rara avis" que en su día definimos como "joya gastronómica" y que disfrutó de bastante eco mediático por lo comedido de sus precios.

Toma su nombre de uno de los personajes de La Fonte del Cay, un antiguo cuento asturiano escrito en bable, y se encuentra en la zona antigua de la localidad, presentándose con una agradable terraza a la entrada que suele tener cola para sentarse durante la época estival.

En su comedor, de línea rústica-actual, el chef Jaime Uz sorprende a propios y extraños con una cocina tremendamente vinculada a la tierra, bastante moderna en su factura pero respetuosa tanto con los productos como con los sabores. El chef se define a sí mismo como "un artesano de los fogones"; la verdad, viendo la pasión y minuciosidad con la que trabaja, es que no le falta razón.

Especialidades : Meloso de centollo, callos de bacalao, papada ibérica, jalapeño verde y lima. Pixin asado con cuscús, caramelo de cigala y tallarines de calamar. Esponjoso de Taramundi, nieve de remolacha y romero helado.

Menú 55/88 € – Carta 45/66 €

Oscura 1 ✉ 33560 – ✆ 985 86 14 40 – www.arbidel.com – Cerrado 15-30 noviembre, lunes, cena: martes-jueves, cena: domingo

en la playa

Quince Nudos

TRADICIONAL • ACOGEDORA X Algo escondido aunque... ¡próximo a la playa! Proponen una cocina de base tradicional con toques actuales, otorgando un lugar de honor a los arroces en todas sus variantes.

Menú 50 € – Carta 43/61 €

Avelina Cerra 6 ✉ 33560 – ✆ 984 11 20 73 – www.restaurantequincenudos.com – Cerrado 1-30 noviembre, cena: lunes, martes, cena: miércoles-jueves, cena: domingo

Villa Rosario

TRADICIONAL • CLÁSICA Un singular palacete indiano ubicado a pie de playa. Ofrece dos tipos de habitaciones: clásicas en el edificio principal y más actuales cruzando la calle. ¡Desayuno gourmet!

33 habitaciones – 95/350 €

Dionisio Ruisánchez 6 ✉ 33560 – ✆ 985 86 00 90 – www.hotelvillarosario.com – Cerrado 13 enero-15 marzo

en Güertona Suroeste : 2 km – Mapa regional 3-C1

La Huertona

TRADICIONAL • ACOGEDORA XX ¡Con buen nombre en la zona! Posee un gastrobar y un cuidado comedor, muy luminoso, con vistas a los verdes alrededores. Carta de mercado que ensalza los pescados de la zona.

Carta 35/84 €

Carretera de Junco ✉ 33560 – ✆ 985 86 05 53 – www.restaurantelahuertona.com – Cerrado 15-30 junio, 19 octubre-30 noviembre, almuerzo: lunes, martes, almuerzo: miércoles-jueves, almuerzo: domingo

RICOTE

Murcia – Mapa regional 16-B2 – Mapa de carreteras Michelin n° 577-R25

El Sordo

TRADICIONAL • A LA MODA XX Un negocio familiar de carácter centenario que merece admiración, sobre todo por mostrar una estética moderna que sorprende por estos lares. Su amplia carta tradicional contempla suculentos platos de caza, guisos, especialidades serranas, un menú degustación... e incluso una bodega digna de ser destacada, pues atesora casi todos los vinos murcianos y alguna que otra joya, nacional o internacional. Descubra sus tapas, los clásicos de la casa, como el Gallo de corral asado en su jugo, o sus famosas especialidades cinegéticas (Lomo de venado al Fondillón, Fileticos de ciervo a la plancha...).

Especialidades : Ceviche de atún. Cabritillo al horno. Bizcocho borracho con sorbete de mantecado.

Menú 15/55 € – Carta 28/42 €

Alharbona ✉ 30610 – ✆ 968 69 71 50 – www.elsordo.es – Cerrado 22 junio-31 julio, lunes, martes, miércoles, cena: jueves

RIPOLL

Girona – Mapa regional 9-C1 – Mapa de carreteras Michelin n° 574-F36

Reccapolis

TRADICIONAL • AMBIENTE CLÁSICO XX Presenta tres acogedoras salas, coloristas y de línea clásica-modernista, así como un coqueto balcón-terraza con vistas al río. Cocina tradicional actualizada, siempre con producto de temporada y la posibilidad de medias raciones.

Menú 27 € – Carta 30/52 €

Carretera Sant Joan 68 (C 151a) ✉ 17500 – ✆ 972 70 21 06 – www.reccapolis.com – Cerrado 31 agosto-1 octubre, cena: lunes-martes, miércoles, cena: jueves, cena: domingo

RIUDOMS

Tarragona – Mapa regional **9**-B3 – Mapa de carreteras Michelin n° 574-I33

El Celler de L'Arbocet

REGIONAL • RÚSTICA XX Instalado en una casa solariega, del s. XVIII, que sorprende por su ambiente rústico-moderno. Cocina tradicional actualizada en base a productos ecológicos y de proximidad.

Menú 65 € – Carta 40/65 €

Masferrer 9 ✉ 43330 – ✆ 977 85 00 82 – www.cellerarbocet.com – Cerrado 17 febrero-31 marzo, 21 octubre-4 diciembre, lunes, martes, cena: domingo

RIVAS - VACIAMADRID

Madrid – Mapa regional **15**-B2 – Mapa de carreteras Michelin n° 576-L19

La Rotonda

TRADICIONAL • SIMPÁTICA X Emplazado en un centro comercial de Rivas Urbanizaciones. Ofrece una sala de línea actual-funcional y una carta tradicional, con sugerencias diarias cantadas en la mesa.

Carta 35/50 €

Paseo Las Provincias 3 (centro comercial Covibar 2) ✉ 28529 – ✆ 916 66 93 65 – Cerrado cena: domingo

EL ROCÍO

Huelva – Mapa regional **1**-A2 – Mapa de carreteras Michelin n° 578-U10

Aires de Doñana

TRADICIONAL • MARCO REGIONAL X La personalísima belleza del El Rocío deriva de su gente, de su folclore, de su espiritualidad... y, por supuesto, de la proximidad a un marco excepcional compuesto por el Parque Natural de Doñana y las marismas del Guadalquivir. En este restaurante, de marcado acento marismeño al presentar la cubierta de "castañuela" (un brezo autóctono), le propondrán una cocina tradicional bien actualizada y algún que otro plato típico de la zona. La terraza destaca especialmente por sus maravillosas vistas, pues se asoma a la laguna y tiene la famosa ermita de El Rocío como telón de fondo.

Especialidades : Pato con arroz. Ragout de mostrenca al agridulce. Tarta Doñana.

Carta 25/40 €

Avenida de la Canaliega 1 ✉ 21750 – ✆ 959 44 27 19 – Cerrado 8-10 junio, 24 junio-14 julio, lunes

ROMANYÀ DE LA SELVA

Girona – Mapa regional **10**-B1 – Mapa de carreteras Michelin n° 574-G38

Can Roquet

MODERNA • ACOGEDORA XX Se halla en un pueblecito de montaña, instalado en una antigua casa de piedra que hoy se presenta con una decoración de contrastes. Cocina actual-creativa y relajante terraza.

Carta 35/66 €

Plaza de l'Esglesia 1 ✉ 17240 – ✆ 972 83 30 81 – www.canroquet.com – Cerrado 18 noviembre-3 marzo, lunes, martes

RONDA

Málaga - Mapa regional **1**-A3 - Mapa de carreteras Michelin nº 578-V14

✿✿ Bardal (Benito Gómez)

CREATIVA • DE DISEÑO XXX Hay quien dice de Ronda que refleja... ¡la ciudad "soñada"! Lo cierto, sin entrar en el mundo onírico, es que hablamos de una de las localidades más bellas de Andalucía y en ella el restaurante Bardal se ha convertido, con un ejercicio de interiorismo que conjuga la elegancia, la luz y la simplicidad, en el buque insignia de la hostelería rondeña.

El chef Benito Gómez, catalán de origen pero andaluz de adopción, propone a través de sus menús una cocina creativa sin estridencias ni etiquetas, fresca y actual, basada en unos sabores reconocibles que enlazan con la tradición y se presentan ante el comensal transformados en un sutil juego de contrastes y texturas. La experiencia, sorprendente en algunos momentos, procura que los productos de la comarca de Ronda sean los grandes protagonistas.

Especialidades : Sopa fría de navajas, esparragos verdes y caviar. Ciervo a la bordalesa, terrina de foie, trufa y col. Naranja, azahar y torta de algarrobo.

Menú 95/110 €

José Aparicio 1 ✉ 29400 - ✆ 951 48 98 28 - www.restaurantebardal.com - Cerrado 5-23 enero, 5-23 julio, lunes, domingo

Albacara

TRADICIONAL • AMBIENTE CLÁSICO XX Disfruta de personalidad propia respecto al hotel Montelirio y destaca por sus vistas al Tajo desde algunas mesas. Cocina tradicional con un apartado de platos vegetarianos.

Menú 53/70 € - Carta 40/62 €

Hotel Montelirio, Tenorio 8 ✉ 29400 - ✆ 952 16 11 84 - www.hotelmontelirio.com - Cerrado 7 enero-6 marzo

Tragatá

TRADICIONAL • BAR DE TAPAS X Informal, alegre, luminoso... ¡un espacio que fusiona lo moderno y lo andaluz! ¿Qué ofrecen? Embutidos, salazones, latas de alta gama, chapatas, platos de cuchara, raciones...

Tapa 3 € - Ración 12 €

Nueva 4 ✉ 29400 - ✆ 952 87 72 09 - www.tragata.com - Cerrado 7 enero-7 febrero, lunes, almuerzo: domingo

Parador de Ronda

TRADICIONAL • CONTEMPORÁNEA Destaca por su excepcional emplazamiento, pues se halla al mismo borde del Tajo. Presenta un buen hall-recepción, cubierto por una cúpula moderna, y habitaciones de completo equipamiento, todas con los suelos en tarima. En su comedor, luminoso y de montaje clásico, encontrará una cocina de tinte regional.

78 habitaciones - 105/260 € - 19 €

Plaza de España ✉ 29400 - ✆ 952 87 75 00 - www.parador.es

San Gabriel

HISTÓRICO • ACOGEDORA Una mansión nobiliaria de 1736 que perteneció a... ¡la familia del conquistador Pizarro! Atesora un patio andaluz y habitaciones personalizadas, todas con mobiliario de época.

22 habitaciones - 69/129 € - 7 €

Marqués de Moctezuma 19 ✉ 29400 - ✆ 952 19 03 92 - www.hotelsangabriel.com

Montelirio

PALACE • ELEGANTE Casa-palacio del s. XVII dotada de vistas parciales al Tajo de Ronda. Ofrece habitaciones de muy buen confort, todas personalizadas en su decoración, así como un patio y una espectacular terraza-balconada.

15 habitaciones - 150/250 € - 14 €

Tenorio 8 ✉ 29400 - ✆ 952 87 38 55 - www.hotelmontelirio.com

Albacara - Ver selección restaurantes

Jaén
PARAÍSO INTERIOR
¡Sueña!
Jaén.
el paisaje infinito... Infinitas posibilidades...
HAZ TUS SUEÑOS REALIDAD.
DIPUTACIÓN
DE JAÉN

ROQUETAS DE MAR

Almería - Mapa regional **1**-D2 - Mapa de carreteras Michelin nº 578-V22

Alejandro

ACTUAL • MARCO CONTEMPORÁNEO XXX Lo mejor de comer en Alejandro, bien ubicado en el paseo marítimo que hay frente al puerto deportivo, es conectarse con la historia culinaria de Almería; para ello, invitan a vivir la experiencia casi desde dentro, pues la sala principal se asoma a la cocina en un intento de que vea el trabajo con cada plato.

La propuesta del chef Alejandro Sánchez nace de un proceso creativo que tiene como única finalidad agradar al cliente, conquistando su paladar con materias primas seleccionadas, finas texturas, marcados sabores... y también detalles viajeros, pues su cocina denota las influencias orientales y latinas de quien ha recorrido medio mundo tras los fogones.

Las atenciones al llegar, a cargo de su madre, dan un poso de serenidad y amor por la hostelería digno de nuestro reconocimiento.

Especialidades : Gurullos de calamar de potera y ortiguillas. Salmonete de roca al amontillado. Espuma de chocolate, naranja y jengibre.

Menú 40/85€ - Carta 50/65€

Avenida Antonio Machado 32 ✉ 04740 - ✆ 950 32 24 08 - www.restaurantealejandro.es - Cerrado 7-27 enero, lunes, cena: martes, cena: domingo

ROSES • ROSAS

Girona - Mapa regional **9**-D3 - Mapa de carreteras Michelin nº 574-F39

Die Insel

INTERNACIONAL • AMBIENTE CLÁSICO XX Llevado por un alemán que ama esta tierra. Su carta, con elaboraciones clásicas, contempla platos como el Tournedo rossini o los Espárragos con salsa holandesa en temporada.

Menú 18€ (almuerzo), 38/75€ - Carta 35/65€

Pescadors 17 ✉ 17480 - ✆ 972 25 71 23 - www.dieinsel.info - Cerrado 15 enero-25 marzo, lunes, martes

Sumac Ⓝ

COCINA DE MERCADO • SIMPÁTICA X Una casa diferente donde los productos de proximidad y mercado hablan por sí mismos. Tendrá la sensación de haber comido en casa de un amigo... ¡pero uno que cocina muy bien!

Menú 20€ (almuerzo)/25€ - Carta 36/54€

Cap Norfeu 22 ✉ 17480 - ✆ 972 15 48 02 - www.restaurantsumac.com - Cerrado 15 enero-15 febrero, lunes, cena: domingo

Terraza

TRADICIONAL • AL BORDE DEL MAR Se encuentra en pleno paseo marítimo, donde está llevado, de forma impecable, por la 3ª generación de la misma familia. Encontrará una variada zona social, habitaciones de línea clásica-actual y un coqueto SPA con solárium en la 5ª planta. El restaurante tiene mucha luz natural y un correcto montaje.

78 habitaciones - 99/296€ - 5 suites

Avenida Rhode 32 ✉ 17480 - ✆ 972 25 61 54 - www.hotelterraza.com - Cerrado 10 noviembre-29 marzo

en la playa de Canyelles Petites Sureste : 2, 5 km

Els Brancs

CREATIVA • AMBIENTE MEDITERRÁNEO XX Elegante y con idílicas vistas al mar, sobre todo desde la terraza. Encontrará una carta de tinte creativo y un menú que conjuga a la perfección la técnica con el producto.

Menú 95/145€ - Carta 78/95€

Hotel Vistabella, Avenida Díaz Pacheco 26 ✉ 17480 - ✆ 972 25 60 08 - www.elsbrancs.com - Cerrado 20 octubre-15 abril, lunes, almuerzo: martes-domingo

ESPAÑA

Vistabella

LUJO • MEDITERRÁNEA Disfruta de un emplazamiento increíble, sobre la misma playa y con accesos casi privados a la misma. Se presenta con agradables terrazas de estilo mediterráneo, modernas habitaciones y... ¡una gran oferta gastronómica con varios restaurantes abiertos al público!

19 habitaciones – 135/360 € – 15 suites

Avenida Díaz Pacheco 26 ✉ 17480 – ✆ 972 25 62 00 – www.hotelvistabella.com – Cerrado 20 octubre-15 abril

Els Brancs – Ver selección restaurantes

en la urbanización Santa Margarida Oeste : 2 km

ROM

TRADICIONAL • SIMPÁTICA Una curiosa taberna ubicada frente a la playa. Ofrece una carta tradicional o un menú degustación, este último previa reserva ¡En la 1ª planta hay un comedor más gastronómico!

Menú 20 € (almuerzo) – Carta 25/50 €

Passeig Marítim 43 ✉ 17480 – ✆ 972 15 11 94 – www.romroses.com – Cerrado martes

RUILOBA

Cantabria – Mapa regional **6**–B1 – Mapa de carreteras Michelin nº 572-B17

El Remedio

TRADICIONAL • ACOGEDORA Destaca por su ubicación, casi de postal, junto a una iglesia del s. XIX, a pocos metros del acantilado y rodeado de espacios verdes. Su cocina, de bases tradicionales, se construye en base al producto, con unas elaboraciones muy finas y de elegantes texturas.

Menú 45 € – Carta 33/50 €

Barrio de Liandres, Ermita del Remedio, Norte : 2 km ✉ 39527 – ✆ 942 10 78 13 – www.restauranteelremedio.com – Cerrado 8 diciembre-1 marzo, lunes, cena: martes-miércoles, cena: domingo

S'AGARÓ

Girona – Mapa regional **10**–B1 – Mapa de carreteras Michelin nº 574-G39

Candlelight

ACTUAL • ELEGANTE Un restaurante luminoso y bien actualizado. Aquí apuestan por una cocina que baila entre el clasicismo afrancesado y la cocina contemporánea de producto ¡Excelente terraza!

Menú 88 € – Carta 63/97 €

Hostal de La Gavina, Plaza de la Rosaleda ✉ 17248 – ✆ 972 32 11 00 – www.lagavina.com – Cerrado 27 octubre-8 abril, almuerzo: lunes-domingo

Hostal de La Gavina

LUJO • CLÁSICA Un hotel de hermosos exteriores y amplias instalaciones que destaca por su estupendo emplazamiento al lado del mar. Ofrece habitaciones de buen confort general, decoradas con mobiliario antiguo de diferentes estilos, y un completo SPA.

53 habitaciones – 260/450 € – 22 suites

Plaza de la Rosaleda ✉ 17248 – ✆ 972 32 11 00 – www.lagavina.com – Cerrado 27 octubre-8 abril

Candlelight – Ver selección restaurantes

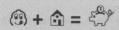

SABADELL

Barcelona - Mapa regional **10**-B3 - Mapa de carreteras Michelin nº 574-H36

Duuo

MODERNA • MARCO CONTEMPORÁNEO X Actual, elegante y curioso desde la misma entrada, pues presentando el acceso por un edificio clásico se extiende, interiormente, hasta el anexo, de diseño mucho más actual. Presenta amplios espacios, un cuidado servicio de mesa y una estética dominada por los tonos grises que hace destacar, aún más, las leves notas de color. Los platos a la carta pueden resultar algo caros, según lo que pida, sin embargo la relación calidad/precio del menú Duuo es, sencillamente, excepcional. Si usted es de los que lleva un "foodie" dentro opte por su atractivo menú Degustación... ¡no le defraudará!

Especialidades : Crep de verduras con bechamel de boletus. Caldereta de pescado. Delirio de chocolate.

Menú 15 € (almuerzo), 28/49 € - Carta 35/50 €

Sant Llorenç 57-61 ✉ 08202 - ✆ 937 25 71 51 - www.duuorestaurant.com - Cerrado 7-11 enero, 5-21 agosto, lunes, cena: domingo

Can Feu

TRADICIONAL • AMBIENTE CLÁSICO XX Casa familiar de excelente organización dotada con tres salas, una muy enfocada al menú diario. Proponen una cocina de mercado y de temporada, siempre con productos selectos.

Menú 18 € (almuerzo), 30/65 € - Carta 40/60 €

Pintor Borrassà 43 ✉ 08205 - ✆ 937 26 27 91 - www.restaurantcanfeu.com - Cerrado 6-13 abril, 3-23 agosto, cena: sábado, domingo

Nou Canaletes

TRADICIONAL • BAR DE TAPAS X Un negocio singular, pues combina la estética propia de un restaurante con un ambiente actual y desenfadado, centrando su oferta en las tapas y en los platos para compartir.

Tapa 4 € - Ración 7 € - Menú 13/45 €

Capmany 24 ✉ 08201 - ✆ 937 25 93 47 - www.noucanaletes.com - Cerrado 7-12 enero, 5-12 abril, 9-23 agosto, domingo

SAGÀS

Barcelona - Mapa regional **9**-C2 - Mapa de carreteras Michelin nº 574-F35

por la carretera C 62 Sur : 1, 5 km y desvío a la derecha 0, 5 km

Els Casals (Oriol Rovira)

MODERNA • RÚSTICA XXX Verduras y hortalizas cultivadas por ellos mismos, aves de corral criadas en semilibertad, huevos de sus propias gallinas, una piara de cerdos de raza Duroc, setas silvestres... si algo refleja esta casa es su apego por el terruño, por lo autóctono, pues prácticamente todos los productos que emplean provienen de la finca familiar o de explotaciones cercanas.

El restaurante, ubicado en una masía del s. XVII, refleja el trabajo de cinco hermanos "payeses" en el que uno, Oriol Rovira, además ejerce como cocinero; un gran ejemplo de autosuficiencia y sostenibilidad, volcado con la filosofía del "Km. 0".

Tienen muchos platos sugerentes, aunque debemos destacar tanto la Sobrasada, simplemente espectacular, como su famosa Pularda, una especialidad que preparan con butifarra de perol y puerros.

Especialidades : Sobrasada con panal de miel y pan con tomate. Mollejas de ternera de leche con cremoso de patatas y hierbas frescas. Guifré.

Menú 64/78 € - Carta 50/65 €

Finca Els Casals ✉ 08517 - ✆ 938 25 12 00 - www.elscasals.cat - Cerrado 8-17 enero, 6-16 abril, 5-15 octubre, lunes, martes, cena: miércoles-jueves, cena: domingo

SAGUNT • SAGUNTO

Valencia – Mapa regional **11**–B2 – Mapa de carreteras Michelin n° 577-M29

Arrels

ACTUAL • BISTRÓ XX Una visita inexcusable para todo aquel que desee conocer el legado romano de esta localidad. Se encuentra frente al Museu Històric de Sagunt y tras su nombre, que significa raíces, esconde la vuelta a los orígenes, al oficio, a la identidad y, en suma, a la memoria. El bello local, que ocupa las antiguas caballerizas de un palacio del s. XVI, sorprende tanto por sus imponentes arcos en piedra como por su propuesta culinaria, actual de base local. La joven chef Vicky Sevilla apuesta por dos menús degustación que aúnan técnica y sabor, siempre con buenas presentaciones y unos sobrios maridajes.

Especialidades : Tartar de salmonete con crême brûlée de coliflor tostada. Cochinillo, salsa de calvados y chutney de manzana. Naranja, clavo y jengibre.

Menú 30/39€

Castillo 18 ✉ 46500 – ✆ 606 75 40 76 – www.restaurantarrels.com – Cerrado lunes, cena: martes-jueves, cena: domingo

en el puerto Este : 6 km

Negresca

TRADICIONAL • AMBIENTE MEDITERRÁNEO XX Dejando a un lado el tema gastronómico, que sin duda es lo relevante, uno de los datos más interesantes sobre este restaurante es su emplazamiento... no en vano, el comedor, bastante luminoso y actual, disfruta de grandes ventanales para que los comensales puedan ver el quehacer de los bañistas en la playa. La especialidad de la casa son los bacalaos y los arroces, sin embargo podemos decir que en general ofrecen una cocina tradicional con toques actuales. ¡Pida su Arroz a las trufas blanca y negra con setas boletus o el Bacalao Negresca, confitado y gratinado con salsa holandesa!

Especialidades : Chipirones a la pimienta verde. Arroz de pulpo y gambas. Croquetas de chocolate con helado de vainilla.

Menú 17€ (almuerzo), 27/38€ – Carta 30/45€

Avenida Mediterráneo 141 ✉ 46520 – ✆ 962 68 04 04 – Cerrado lunes

SALAMANCA

Salamanca – Mapa regional **8**–B3 – Mapa de carreteras Michelin n° 575-J12

Víctor Gutiérrez

CREATIVA • DE DISEÑO XX Fácil de localizar frente al Palacio de Congresos y Exposiciones de Castilla y León.

El chef-propietario, que da nombre al local, afirma que su cocina se asienta en tres firmes pilares: producto, técnica y sentimiento. Sin duda es así, pero nosotros apreciamos mucho más, pues hemos descubierto una cocina de autor que, desde un gran dominio técnico, una fantástica puesta en escena e inequívocas dosis de creatividad, fusiona el excelso producto regional con los sabores y colores de la gastronomía peruana, cerrando así el círculo perfecto de unos platos que nos hablan, por sí mismos, de los orígenes del chef.

Su gastronomía llega al comensal a través de distintos menús degustación que evolucionan a lo largo del año, siempre con la opción de algún maridaje para enriquecer la experiencia.

Especialidades : Aguacate, piel de leche de oveja y caviar. Salmonete, tomate de árbol y agua de mar. Lúcuma, chocolate blanco y oro.

Menú 75/120€

Plano B2-t – *De la Empedrada 78 ✉ 37007 – ✆ 923 26 29 73 – www.restaurantevictorgutierrez.com – Cerrado 26 enero-5 febrero, 23 agosto-3 septiembre, lunes, almuerzo: martes, domingo*

El Alquimista

MODERNA • DE DISEÑO XX Los artífices del negocio son Sandra y César, una pareja con experiencia hostelera que aquí apuesta por un espacio y una cocina sumamente personales. Encontrará un interior diáfano y moderno, dominado por los tonos blancos, así como una cocina fresca y actual con detalles creativos. Su carta siempre se ve enriquecida con un menú al mediodía, para las jornadas laborables, o un sugerente menú degustación, este último reservado tanto para las cenas como para los fines de semana. Cuidadas presentaciones, buen producto, precios ajustados... ¡Restaurante acogedor para parejas y cenas de amigos!

Especialidades : Tartar de salmón marinado con cítricos, huevo poché y chorizo. Lomo de lechazo asado con toffe de guisantes y jugo de calderillo bejarano. Sorbete de limón con parfait de miel.

Menú 18 € (almuerzo)/38 € - Carta 32/44 €

Plano C2-a - *Plaza San Cristóbal 6 ✉ 37001 - ✆ 923 21 54 93 - www.elalquimistarestaurante.es - Cerrado cena: martes, miércoles*

En la Parra

MODERNA • A LA MODA XX Llevado por una joven pareja que demuestra ganas e ilusión. Cocina tradicional actualizada en base a un único menú degustación, con el cerdo ibérico como producto destacado.

Menú 45 €

Plano C2-m - *San Pablo 82 ✉ 37008 - ✆ 923 06 47 83 - www.restaurantenlaparra.com - Cerrado 29 febrero-15 marzo, 4-21 agosto, lunes, cena: domingo*

El Mesón de Gonzalo

TRADICIONAL • ACOGEDORA XX Todo un ejemplo de adaptación a los nuevos tiempos. Sus asados, carnes al carbón y grandes clásicos conviven con platos más actuales y de fusión. ¡Pruebe su Steak Tartar!

Carta 40/55 €

Plano C2-c - *Plaza del Poeta Iglesias 10 ✉ 37001 - ✆ 923 21 72 22 - www.elmesondegonzalo.es*

El Mesón de Gonzalo - La Barra

TRADICIONAL • BAR DE TAPAS X ¡Uno de los locales de moda en Salamanca! Destaca por tener la cocina a la vista, ofreciendo un showcooking tradicional actualizado con guiños orientales y sudamericanos.

Tapa 5 € - Ración 14 €

Plano C2-c - *Plaza Poeta Iglesias 10 ✉ 37001 - ✆ 923 21 72 22 - www.elmesondegonzalo.es*

Tapas 3.0

MODERNA • BAR DE TAPAS X Sugerente gastrobar dotado con un atractivo comedor y una cava acristalada en el sótano. Ofrece deliciosas tapas y raciones de gusto tradicional, pero... ¡con toques actuales!

Tapa 6 € - Ración 14 € - Menú 17 € (almuerzo)

Plano C2-g - *Sánchez Barbero 9 ✉ 37002 - ✆ 923 61 96 19 - www.tapastrespuntocero.es - Cerrado cena: martes, miércoles*

G.H. Don Gregorio

LUJO • ELEGANTE Exclusivo y en pleno casco antiguo, donde ocupa una casa señorial del s. XV. Atesora un bello patio porticado y estancias de gran confort, las "Deluxe Superior" con vistas.

17 habitaciones ☕ - 👥 185/476 €

Plano C2-t - *San Pablo 80 ✉ 37008 - ✆ 923 21 70 15 - www.hoteldongregorio.com*

Rector

BOUTIQUE HOTEL • ELEGANTE Resulta encantador, está a pocos pasos del romántico huerto de Calixto y Melibea y, tras su fachada neorenacentista, encierra un sinfín de detalles. ¡Impecables habitaciones!

14 habitaciones - 👥 165/187 € - ☕ 15 € - 1 suite

Plano C3-e - *Paseo del Rector Esperabe 24 ✉ 37008 - ✆ 923 21 84 82 - www.hotelrector.com*

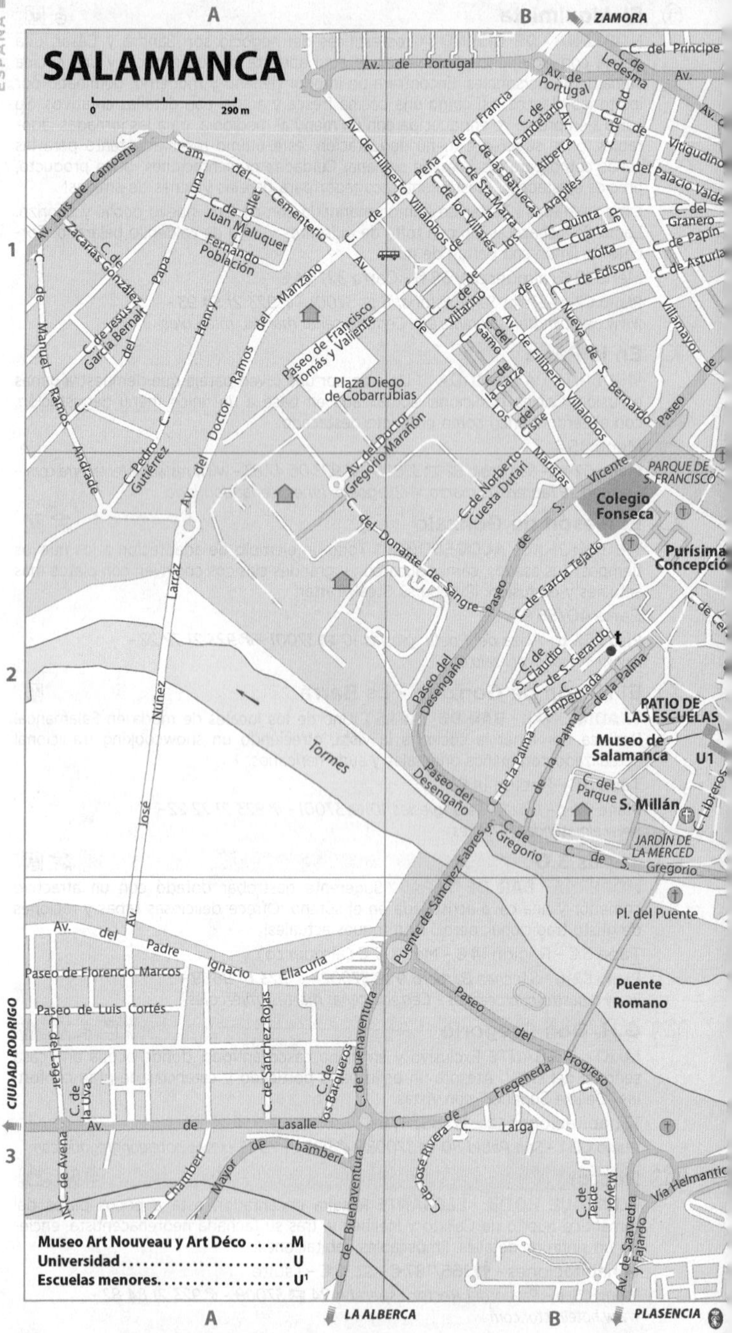
SALAMANCA
0
290 m
A
B
ZAMORA
1
2
3
Av. de Portugal
C. del Príncipe
C. de Ledesma
Av.
Av. de Portugal
Av. de Filiberto Villalobos
C. de Candelario
Av. de la Peña de Francia
C. de las Batuecas
C. de Sta Marta
C. de los Villares
C. de los Arapiles
Alberca
C. del Cid
de Vitigudino
C. del Palacio Valdés
C. del Granero
C. de Papín
C. Quinta
C. Cuarta
Volta
C. de Edison
C. de Asturias
Av. Luis de Camoens
Cam. del Cementerio
C. de Juan Maluquer
C. Fernando Población
C. Collet
C. de Zacarías González
Luna
Papa
Henry
C. de Manuel Ramos Andrade
C. de Jesús García Bernalt
C. del
C. Pedro Gutiérrez
Av. del Doctor Ramos del Manzano
Paseo de Francisco Tomás y Valiente
Plaza Diego de Cobarrubias
Av. del Doctor Gregorio Marañón
C. de Villarino
C. del Gamo
C. de la Garza
C. del Cisne
Los Maristas
Av. de Filiberto Villalobos
C. Nueva de S. Bernardo
Villamayor
Paseo de S. Vicente
C. de Norberto Cuesta Dutari
PARQUE DE S. FRANCISCO
Colegio Fonseca
Purísima Concepción
C. del Donante de Sangre
C. de García Tejado
C. de Cer
C. de S. Claudio
C. de S. Gerardo
t
C. Empedrada
C. de la Palma
PATIO DE LAS ESCUELAS
Museo de Salamanca
U1
Paseo del Desengaño
Av. Larraz
Av. José Núñez
Tormes
C. del Parque
S. Millán
C. Libreros
JARDÍN DE LA MERCED
C. de S. Gregorio
Pl. del Puente
Puente de Sánchez Fabrés
Puente Romano
Av. del Padre Ignacio Ellacuría
Paseo de Florencio Marcos
Paseo de Luis Cortés
C. del Lagar
C. de la Uva
C. de Sánchez Rojas
C. de los Barqueros
C. de Buenaventura
Paseo del Progreso
C. Fregeneda
Av. de Lasalle
C. de José Rivera
C. Larga
C. de Avena
Chamberí
Mayor de Chamberí
C. de Teide
Mayor
Av. de Saavedra y Fajardo
Vía Helmántica
CIUDAD RODRIGO
LA ALBERCA
PLASENCIA
Museo Art Nouveau y Art Déco ...... M
Universidad .... U
Escuelas menores.................. U1

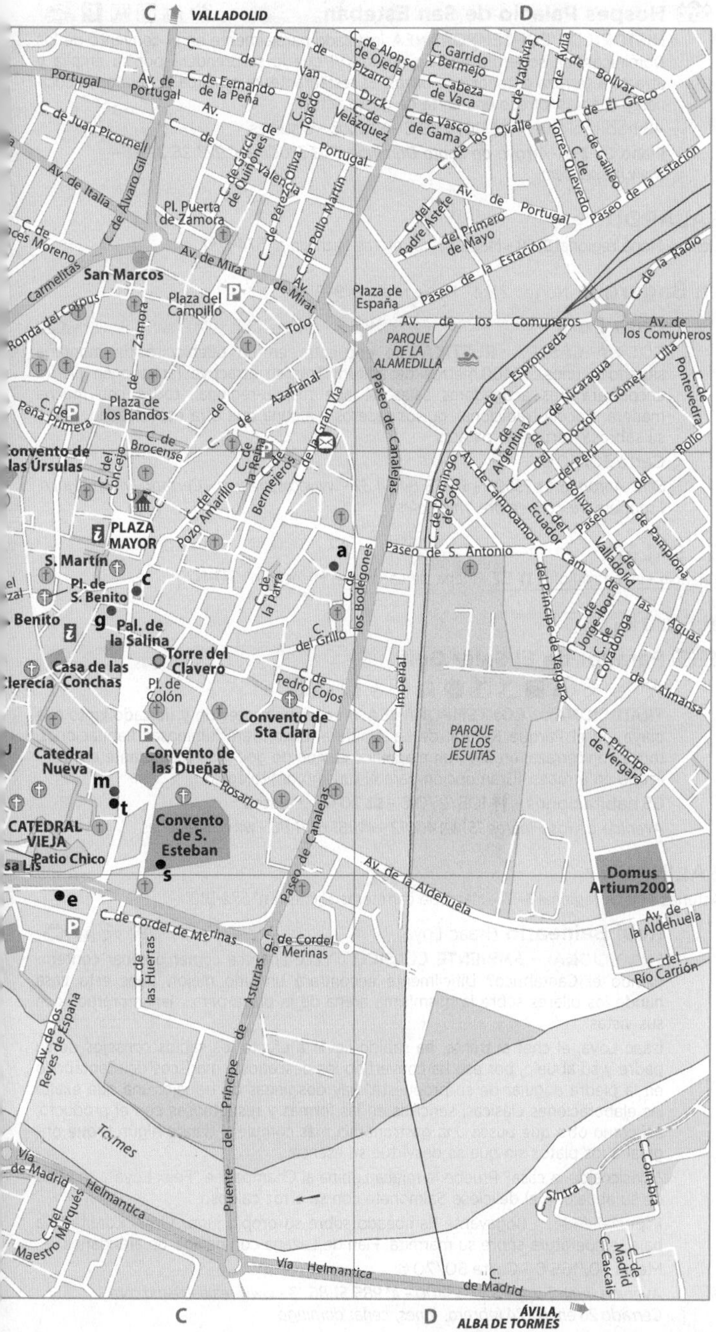
C
VALLADOLID
D
1
2
3
Portugal
Av. de Portugal
C. de Fernando de la Peña
C. de Juan Picornell
Av. de Italia
C. de Alvaro Gil
C. de García de Quiñones
C. de Toledo
C. de Pérez Oliva
Valencia
C. de Pollo Martín
Av. de Mirat
San Marcos
Pl. Puerta de Zamora
Plaza del Campillo
Carmelitas
Ronda del Corpus
Zamora
Toro
Plaza de España
Paseo de la Estación
C. de Alonso de Ojeda
C. Pizarro
Van Dyck
C. de Velázquez
C. Garrido y Bermejo
C. Cabeza de Vaca
C. de Vasco de Gama
C. de los Ovalle
C. de Valdivia
C. de Ávila
C. de Bolívar
C. de El Greco
Torres Quevedo
C. de Galileo
C. del Padre Astete
C. del Primero de Mayo
C. de la Radio
Av. de los Comuneros
PARQUE DE LA ALAMEDILLA
Paseo de Canalejas
C. de Espronceda
C. de Nicaragua
C. del Doctor Gómez Ulla
C. de Pontevedra
Rollo
C. de Argentina
C. del Perú
Bolivia
C. de Domingo de Soto
Av. de Campoamor
C. del Ecuador
Paseo de Valladolid
C. de Pamplona
Paseo de S. Antonio
C. del Príncipe de Vergara
Cam. de las Aguas
C. de Jorge Ibor
C. de Covadonga
de Almansa
C. Príncipe de Vergara
C. de Peña Primera
Plaza de los Bandos
C. de Brocense
Azafranal
C. de la Gran Vía
Convento de las Úrsulas
C. del Concejo
C. de la Reina
C. de Bermejeros
C. del Pozo Amarillo
PLAZA MAYOR
S. Martín
Pl. de S. Benito
S. Benito
Pal. de la Salina
Torre del Clavero
C. de la Parra
C. de los Bodegones
C. del Grillo
Imperial
C. de Pedro Cojos
Casa de las Conchas
Clerecía
Pl. de Colón
Convento de Sta Clara
PARQUE DE LOS JESUITAS
Catedral Nueva
Convento de las Dueñas
C. Rosario
CATEDRAL VIEJA
Patio Chico
Convento de S. Esteban
Av. de la Aldehuela
Domus Artium2002
Av. de la Aldehuela
C. del Río Carrión
C. de Cordel de Merinas
C. de las Huertas
Av. de los Reyes de España
Puente del Príncipe de Asturias
Tormes
Vía de Madrid
Helmántica
C. del Maestro Marqués
Vía Helmántica
C. de Madrid
C. Coimbra
C. Sintra
C. de Madrid
C. Cascais
a
c
g
m
t
s
e
ÁVILA, ALBA DE TORMES

Hospes Palacio de San Esteban

HISTÓRICO • CONTEMPORÁNEA Instalado parcialmente en el convento de los Dominicos, un soberbio edificio del s. XVI que le sorprenderá por su amplia y atractiva terraza exterior con olivos. El restaurante, que ocupa las antiguas cocinas y cuadras, ofrece una carta de gusto actual.

48 habitaciones - 110/290€ - 22€ - 3 suites

Plano C2-3-s - *Arroyo de Santo Domingo 3 37008 - 923 26 22 96 - www.hospes.com*

SALARDÚ

Lleida - Mapa regional **9**-B1 - Mapa de carreteras Michelin nº 574-D32

en Bagergue Norte: 2 km - Mapa regional 9-B1

Casa Perú

COCINA CASERA • RÚSTICA Se encuentra en un pueblecito de montaña situado a unos... ¡1400 metros de altitud! Tras su atractiva fachada en piedra encontrará tres acogedoras salas de aire rústico-regional, todas con mucha madera. Cocina tradicional, guisos caseros y alguna que otra especialidad, como su sabrosa Tortilla de patatas.

Carta 30/40€

Sant Antoni 6 25598 - 973 64 54 37 - www.casaperu.es - Cerrado 1 mayo-1 julio, 1 septiembre-1 diciembre, miércoles

EL SALER

Valencia - Mapa regional **11**-B2 - Mapa de carreteras Michelin nº 577-N29

al Sur 7 km

Parador de El Saler Golf

TRADICIONAL • CONTEMPORÁNEA Un enclave protegido y ubicado junto a la playa, en el Parque Natural de La Albufera. Encontrará luminosas habitaciones, todas con terraza, un SPA, un magnífico campo de golf y un restaurante especializado en arroces. ¡Gran opción para el turismo ornitológico!

65 habitaciones - 105/270€ - 20€ - 2 suites

Avenida de los Pinares 151 46012 - 961 61 11 86 - www.parador.es

SALINAS

Asturias - Mapa regional **3**-B1 - Mapa de carreteras Michelin nº 572-B12

Real Balneario (Isaac Loya)

TRADICIONAL • AMBIENTE CLÁSICO ¿Le apetece comer o cenar contemplando el Cantábrico? Difícilmente encontrará un sitio mejor, pues esta casa hunde los pilares sobre la mismísima arena de la playa para... ¡enamorarnos con sus vistas!

Isaac Loya, el chef al frente, ha sabido llevar a efecto los sabios consejos de su padre y su abuelo, por eso ha convertido los pescados y mariscos del Cantábrico en la piedra angular de su propuesta. Hay dos líneas de trabajo: una que exalta las elaboraciones clásicas, sencillas en las formas y respetuosas con el producto, así como otra que busca una gastronomía más compleja, dando algún toque original a los platos sin que se desvirtúe su esencia.

¿Clásicos de la casa? Pruebe la mítica Lubina al Champagne "Félix Loya", un plato de su abuelo, o el delicioso Salmonete con su arroz caldoso.

Especialidades : Bogavante flambeado sobre su propio jugo. Virrey confitado a baja temperatura sobre su marmita. Flan de Lazana con helado de arándanos.

Menú 70/165€ - Carta 50/70€

Avenida Juan Sitges 3 33400 - 985 51 86 13 - www.realbalneario.com - Cerrado 26 enero-24 febrero, lunes, cena: domingo

SALLENT

Barcelona – Mapa regional **9**-C2 – Mapa de carreteras Michelin nº 574-G35

Ospi

TRADICIONAL • MARCO CONTEMPORÁNEO XX Ofrece un moderno comedor, la cocina semivista y unos platos tradicionales con toques actuales. La carta se completa con un apartado de tapas, otro de raciones y varios menús.

Menú 30/60 € – Carta 45/60 €

Estació 4 ✉ 08650 – ✆ 938 20 64 98 – www.restaurantospi.com – Cerrado cena: lunes-jueves, domingo

SALLENT DE GÁLLEGO

Huesca – Mapa regional **2**-C1 – Mapa de carreteras Michelin nº 574-D29

Almud

FAMILIAR • ACOGEDORA Resulta acogedor y con su nombre se hace referencia a una unidad de medida típica de la región. Sorprende por sus habitaciones, bien personalizadas y con mobiliario de época.

10 habitaciones – 92/135 €

Vico 11 ✉ 22640 – ✆ 974 48 83 66 – www.hotelalmud.com

en El Formigal Noroeste : 4 km – Mapa regional **2**-C1

Vidocq

MODERNA • ACOGEDORA XX ¡Vidocq, Vidocq... ! Sí, seguro que le suena, pues este restaurante toma su nombre del legendario detective francés que un día encarnó, para la gran pantalla, el famoso actor Gérard Depardieu. Se presenta con un coqueto comedor de línea actual, donde le ofrecerán una cocina de base tradicional con alguna influencia oriental. No dude en pasar por aquí cuando baje de las pistas de esquí, pues entre sus especialidades encontrará platos tan sabrosos como el Cordero lechal Tensino o tan exóticos como el Phat-Thay. ¡Algunos jueves hacen cenas temáticas y todos los domingos ofrecen Sushi!

Especialidades : Huevo a baja temperatura, migas de remolacha y crema de queso. Carrillera de vaca al vino tinto. Queso Radiquero, miel de Hoz de Jaca y dulce de saúco de Sallent.

Menú 40 € – Carta 35/47 €

Avenida Huesca (Edif. Jacetania) ✉ 22640 – ✆ 974 49 04 72 – Cerrado 4 mayo-5 junio, 26 octubre-27 noviembre, lunes, martes

en Lanuza Sureste : 3 km – Mapa regional **2**-C1

La Casueña

FAMILIAR • PERSONALIZADA Edificio de estilo montañés que destaca por sus atractivas pinturas de inspiración medieval, su acogedora zona social y sus detallistas habitaciones, cada una dedicada a un escritor. Cocina casera y amplio menú, de donde podrá seleccionar platos sueltos.

10 habitaciones – 130/160 €

Troniecho ✉ 22640 – ✆ 974 48 85 38 – www.lacasuena.com – Cerrado 3 mayo-5 junio, 18 octubre-4 diciembre, 13-26 diciembre

SALOU

Tarragona – Mapa regional **9**-B3 – Mapa de carreteras Michelin nº 574-I33

Deliranto (Josep Moreno)

CREATIVA • MARCO CONTEMPORÁNEO XX La búsqueda de experiencias se ha convertido en una tendencia, por ello aquí es precisamente eso lo que ofrecen, envolviendo la alta gastronomía en historias o cuentos clásicos (El maravilloso mago de Oz, el Cuento de Navidad de Dickens, El Principito...) capaces de llevarnos a otros mundos.

La original propuesta, en ocasiones algo surrealista, encuentra su punto álgido en la mesa, pues tanto en la carta como en los menús encontraremos un sinfín de aperitivos, entrantes y sabrosos platos principales, todos de excelente nivel técnico.

El moderno local, que cada año renueva la narración, entiende su oferta como un espectáculo total, por eso plantea cada servicio como si fuera un teatro que, imaginariamente, levantara el telón. ¡Una fórmula cuidada y divertida que no deja indiferente!

Especialidades : Bacalao negro en pasión de parmesano. Negret en dos cocciones. Chocolate cítrico.

Menú 55/132 € – Carta 65/100 €

Llevant 7 ✉ 43840 – ✆ 977 38 09 42 – www.deliranto.com – Cerrado 5 enero-11 febrero, lunes, martes, domingo

Club Náutico Salou

TRADICIONAL • AMBIENTE MEDITERRÁNEO XX Fiel a su nombre se encuentra en el puerto deportivo, con fantásticas vistas al mismo desde la sala y la terraza. Carta tradicional actualizada y buenos menús, uno de arroces.

Menú 33/65 € – Carta 40/60 €

Espigó del Moll, puerto deportivo ✉ 43840 – ✆ 977 38 21 68 – www.grupocasablancaevents.com – Cerrado 1 noviembre-1 marzo, lunes, cena: domingo

La Morera de Pablo & Ester

TRADICIONAL • FAMILIAR XX ¡Apartado del bullicio turístico! El comedor, completamente acristalado, se complementa con una atractiva terraza a la sombra de una morera. Cocina actual y menús de mercado.

Menú 35/45 € – Carta 45/65 €

Berenguer de Palou 10 ✉ 43840 – ✆ 977 38 57 63 – Cerrado 1 febrero-1 marzo, lunes

SAN ADRIÁN DE COBRES – Pontevedra ➜ Ver Vilaboa

SAN ANDRÉS – Santa Cruz de Tenerife ➜ Ver Canarias (Tenerife)

SAN BERNARDO – Valladolid ➜ Ver Valbuena de Duero

SAN CRISTÓBAL DE LA LAGUNA – Santa Cruz de Tenerife ➜ Ver Canarias (Tenerife)

SAN ILDEFONSO – Segovia ➜ Ver La Granja

SAN JOSÉ

Almería – Mapa regional 1-D2 – Mapa de carreteras Michelin nº 578-V23

Casa Miguel

TRADICIONAL • VINTAGE X Un restaurante singular, pues aquí todo gira en torno al mundo de cine y las más de 500 películas rodadas en Almería. Amplia carta de gusto tradicional con pescados frescos.

Menú 12/45 € – Carta 25/50 €

Avenida San José 43-45 ✉ 04118 – ✆ 950 38 03 29 – www.casamiguelentierradecine.es – Cerrado 8 enero-22 febrero, lunes

SAN JUAN DE ALICANTE – Alicante ➜ Ver Sant Joan d'Alacant

SAN LORENZO DE EL ESCORIAL

Madrid – Mapa regional **15**-A2 – Mapa de carreteras Michelin nº 576-K17

Montia (Daniel Ochoa y Luis Moreno)

MODERNA • MINIMALISTA XX Nadie dijo que lograr la fórmula del éxito fuera fácil... sin embargo, a tenor de la lista de espera que manejan, parece que aquí han dado con ella.

El local, en una calle escalonada del casco viejo, refleja el sueño de dos chefs con talento, Daniel Ochoa y Luis Moreno, ambos totalmente libres a la hora de crear. En el curioso comedor, rústico-minimalista, proponen una cocina técnica y divertida con la que ensalzan los colores, sabores y aromas de la sierra madrileña, el auténtico leitmotiv de su apuesta gastronómica (caza, setas, hierbas silvestres, callos...). Para ellos, la cocina además debe tener un carácter divulgador, por eso siempre tiene que sacar a la luz las joyas culinarias de los pequeños productores del entorno.

¡Su degustación de quesos de la sierra es un clásico de la casa!

Especialidades : Escabeche de codorniz y zanahoria, apio y hierbas silvestres. Cabrito bustareño con bechamel ahumada y cebolleta tierna. Macaron de saúco, piñones e hinojo.

Menú 55/75€

Calvario 4 ✉ 28200 – ✆ 911 33 69 88 – www.montia.es – Cerrado 5-20 agosto, 12-27 diciembre, lunes, martes, cena: miércoles, cena: domingo

Charolés

TRADICIONAL • AMBIENTE CLÁSICO XX Atesora gran prestigio, tanto por la belleza del local como por su cocina tradicional de temporada. ¡Pruebe su famosísimo cocido, servido solo los lunes, miércoles y viernes!

Carta 35/60€

Floridablanca 24 ✉ 28200 – ✆ 918 90 59 75 – www.charolesrestaurante.com

SAN MIGUEL DE VALERO

Salamanca – Mapa regional **8**-A3 – Mapa de carreteras Michelin nº 575-K12

Sierra Quil'ama

TRADICIONAL • RÚSTICA XX Un hotel-restaurante que le sorprenderá, no solo por su presencia en un pequeño pueblo de la sierra salmantina sino también porque su nombre nos remite a una curiosa leyenda, no aclarada del todo a día de hoy, que narra el rapto de una princesa árabe por parte del rey visigodo Don Rodrigo. En sus salas, todas de agradable ambiente rústico, podrá descubrir una cocina de tinte actual que solo llega hasta el comensal a través de sus menús, uno de tendencia tradicional y otro tipo degustación. ¿Una recomendación? Pruebe el típico Cabrito asado o su delicioso Arroz con boletus.

Especialidades : Morro con escalivada y miel de bellota. Mollejas, humo y puerro. La Colmena.

Menú 25/35€

Paraje los Perales ✉ 37763 – ✆ 923 42 30 00 – Cerrado 7-28 enero, lunes, martes, cena: miércoles-jueves, cena: domingo

SAN PANTALEÓN DE ARAS

Cantabria – Mapa regional **6**-C1 – Mapa de carreteras Michelin nº 572-B19

La Casona de San Pantaleón de Aras

AGROTURISMO • ACOGEDORA Esta atractiva casona rural del s. XVII disfruta de un bello y amplio entorno ajardinado, con césped, un riachuelo, terraza relax... Sus acogedoras habitaciones poseen una decoración personalizada, con los suelos en madera y muy buenos detalles. Pequeño SPA de línea moderna y uso privado.

7 habitaciones – 80/120€

Barrio Alvear 65 (carret. CA 268) ✉ 39766 – ✆ 942 63 63 20 – www.casonadesanpantaleon.com – Cerrado 1 enero-13 febrero

SAN PEDRO DE ALCÁNTARA

Málaga – Mapa regional **1**-A3 – Mapa de carreteras Michelin nº 578-W14

por la carretera de Cádiz

Villa Padierna

LUJO • ELEGANTE Excelente hotel construido a modo de villa señorial, con profusión de mármoles, muebles antiguos y obras de arte. Dispone de un patio central, unas magníficas habitaciones y un completísimo SPA, pues se extiende por 2000 m^2. En el restaurante La Veranda le sorprenderán con una carta actual de tintes creativos.

76 habitaciones – 350/850 € – 36 suites

Carretera de Cádiz, km 166, salida Cancelada : 6 km y desvío 2 km ✉ 29679 – ✆ 952 88 91 50 – www.villapadiernapalacehotel.com

SAN PEDRO DEL PINATAR

Murcia – Mapa regional **16**-B2 – Mapa de carreteras Michelin nº 577-S27

Juan Mari

TRADICIONAL • AMBIENTE CLÁSICO XX Lo mejor de esta casa es el cariño con el que se hacen las cosas, algo siempre latente en la atmósfera de un negocio íntegramente familiar. El restaurante se halla en el centro de la localidad, presentándose con un comedor de línea actual y una pequeña terraza exterior. Desde los fogones padre e hijo apuestan por una cocina tradicional de corte local, ofreciendo siempre raciones abundantes y cuidadas presentaciones. Amplio surtido de arroces y sabrosas especialidades, como el Tartar de salmón con algas marinas, el Arroz con foie y boletus, su Jardín de hortalizas con salsa verde...

Especialidades : Hojaldre de setas con foie. Lubina salvaje con setas y ajos tiernos. Helado de higos.

Menú 30 € (almuerzo), 25/50 € – Carta 30/45 €

Emilio Castelar 113 C ✉ 30740 – ✆ 968 18 62 98 – www.juanmari.es – Cerrado 15 enero-10 febrero, cena: lunes, martes, cena: domingo

SAN RAMÓN

A Coruña – Mapa regional **13**-C1 – Mapa de carreteras Michelin nº 571-B5

Casa Pena

TRADICIONAL • RÚSTICA XX ¡Un refugio culinario! Ofrece un interior rústico muy acogedor, una carta tradicional que destaca por sus carnes y sugerentes jornadas gastronómicas marcadas en el calendario.

Carta 31/60 €

Feira 49 ✉ 15563 – ✆ 981 40 40 24 – Cerrado lunes, cena: domingo

SAN ROMÁN DE CANDAMO

Asturias – Mapa regional **3**-B1 – Mapa de carreteras Michelin nº 572-B11

El Llar de Viri

COCINA CASERA • RÚSTICA X Al referirnos a esta casa es obligado hablar de Elvira Fernández (Viri), la chef-propietaria, que fiel a la historia de las guisanderas asturianas ejerce como guardiana del rico recetario tradicional. En sus preciosas salas de ambiente rústico, ambas con chimenea, le propondrán una cocina casera que exalta los sabores de antaño, realizada a fuego lento y con los mejores productos de proximidad, casi siempre de su propia huerta. No deje de probar su Fabada Asturiana, pues en 2013 fue declarada "La Mejor Fabada del Mundo" en las Jornadas gastronómicas de les fabes celebradas en Villaviciosa.

Especialidades : Croquetón de langostinos y bacalao. Fabada asturiana. Arroz con leche.

Carta 30/35 €

Tresquilos 20 ✉ 33828 – ✆ 985 82 80 22 – www.llardeviri.eu – Cerrado cena: lunes-jueves

SAN SALVADOR DE POIO – Pontevedra ➜ Ver Pontevedra

SAN SEBASTIÁN - Guipúzcoa → Ver Donostia / San Sebastián

SAN SEBASTIÁN DE LA GOMERA - Santa Cruz de Tenerife → Ver Canarias (La Gomera)

SAN VICENTE DE LA BARQUERA

Cantabria - Mapa regional **6**-A1 - Mapa de carreteras Michelin nº 572-B16

✿✿ Annua (Óscar Calleja)

CREATIVA • MARCO CONTEMPORÁNEO XXX ¿Qué nos enamora de Annua? Sin duda su atmósfera, realmente mágica, pues desde las terrazas o el comedor se pueden contemplar tanto las montañas como el lento avance de las embarcaciones que van y vienen de faenar.

En lo gastronómico... ¡resulta sorprendente! Óscar Calleja propone una original cocina que fusiona los gustos locales con elementos asiáticos, fruto de sus viajes, y sobre todo mexicanos, algo que se entiende muchísimo mejor al saber que el chef vivió los primeros años de su vida en Ciudad de México. La propuesta comparte espacio con Nácar, un "bistró & sea lounge" donde también se puede ir a picar algo y tomar una copa.

¿Hay un producto estrella? Existe un parque para el cultivo de ostras en esta misma localidad, así que estos bivalvos toman el protagonismo en varios platos.

Especialidades : Berberechos acapulqueños. Lubina, apio y espárrago. Batman de arándanos y huitlacoche.

Menú 155/225€

Paseo de la Barquera ✉ 39540 - ✆ 942 71 50 50 - www.annuagastro.com - Cerrado 13 octubre-12 marzo, lunes, cena: martes-jueves, cena: domingo

Augusto

PESCADOS Y MARISCOS • SIMPÁTICA XX Su cuidada decoración nos transporta al interior de un barco, con profusión de maderas y bellas lámparas de inspiración náutica. Ofrecen pescados y mariscos de enorme calidad.

Carta 32/65€

Mercado 1 ✉ 39540 - ✆ 942 71 20 40 - www.restauranteaugusto.com - Cerrado 1-15 noviembre, lunes, cena: domingo

Las Redes

PESCADOS Y MARISCOS • ACOGEDORA XX Una casa familiar, con zona de picoteo, que siempre está pendiente de traer el producto más fresco posible de la lonja. Carta tradicional con arroces, mariscos, parrilladas...

Menú 40€ - Carta 40/70€

Avenida de los Soportales 24 ✉ 39540 - ✆ 942 71 25 42 - www.restaurantelasredes.com - Cerrado cena: martes, miércoles

SAN VICENTE DE LA SONSIERRA

La Rioja - Mapa regional **14**-A2 - Mapa de carreteras Michelin nº 573-E21

Casa Toni

CREATIVA • DE DISEÑO XX Sorprende, pues su fachada en piedra da paso a un interior bastante moderno. Destaca tanto por su carta, equilibrada entre la cocina actual y la regional, como por su bodega.

Menú 28€ - Carta 35/50€

Zumalacárregui 27 ✉ 26338 - ✆ 941 33 40 01 - www.casatoni.es - Cerrado 15-30 junio, 23 diciembre-7 enero, lunes, cena: martes-jueves, cena: domingo

SANGENJO - Pontevedra → Ver Sanxenxo

SANLÚCAR DE BARRAMEDA

Cádiz – Mapa regional **1**-A2 – Mapa de carreteras Michelin nº 578-V10

Casa Bigote

PESCADOS Y MARISCOS • RÚSTICA Esta casa familiar abrió sus puertas en 1951 como una sencilla taberna marinera, donde se despachaba manzanilla a los curtidos pescadores del barrio Bajo de Guía; con el paso de los años, Fernando Bigote y sus hijos fueron ampliando el negocio. Actualmente dispone de una taberna típica y dos salas de ambiente neorrústico con detalles marineros, destacando la del piso superior por sus vistas a la desembocadura del Guadalquivir. Ofrece deliciosas frituras, guisos marineros, pescados de la zona y, sobre todo, unos espectaculares langostinos, siendo este un producto que ha marcado su identidad.

Especialidades : Langostinos de Sanlúcar. Urta a la roteña. Puding de pasas al PX.

Carta 30/45 €

Pórtico de Bajo de Guía 10 ✉ 11540 – ✆ 956 36 26 96 – www.restaurantecasabigote.com – Cerrado 23 octubre-2 diciembre, domingo

El Espejo

MODERNA • SIMPÁTICA Un soplo de aire fresco en la gastronomía de Sanlúcar y, sobre todo, en el entorno de Bajo de Guía, un turístico barrio marinero en el que la oferta se suele limitar a mariscos y pescaíto frito. El restaurante, ubicado dentro del hotel Posada de Palacio pero con un acceso independiente, combina su montaje rústico-actual con los detalles antiguos inherentes a la arquitectura del edificio; de hecho, una de sus salas ocupa las antiguas caballerizas. ¿Qué proponen? Una carta de cocina moderna que ensalza los productos del entorno y dos menús degustación. ¡Su chef cuida mucho la puesta en escena!

Especialidades : Tartar de atún rojo de Almadraba con ajoblanco. Costilla glaseada y puré de cebollino. Passion-coco pie.

Menú 35/45 € – Carta 28/38 €

Caballeros 11 ✉ 11540 – ✆ 651 14 16 50 – www.elespejo-sanlucar.es – Cerrado 6-14 enero, 20-28 abril, 19-27 octubre, 30 noviembre-8 diciembre, lunes, martes

Taberna Casa Bigote

PESCADOS Y MARISCOS • TABERNA Un local que data de 1951 y aún conserva gran tipismo. Ofrece tapas y raciones de pescaíto frito, guisos marineros, mariscos, atún en porciones... ¡Fue el origen de Casa Bigote!

Tapa 2 € – Ración 12 €

Pórtico Bajo de Guía 8 ✉ 11540 – ✆ 956 36 26 96 – www.restaurantecasabigote.com – Cerrado 23 octubre-3 diciembre, domingo

SANT ANTONI DE CALONGE

Girona – Mapa regional **10**-B1 – Mapa de carreteras Michelin nº 574-G39

Mas Falet 1682

LUJO • CLÁSICA Se reparte entre una masía, donde encontraremos tanto los espacios sociales como las amplias habitaciones, y un anexo más moderno que da cabida a los salones de trabajo y al auditorio. Restaurante de buen nivel y bases catalanas, con detalles de personalidad.

11 habitaciones – 140/220 € – 1 suite

Astúries 11 ✉ 17252 – ✆ 972 66 27 26 – www.masfalet.com

SANT ANTONI DE PORTMANY – Balears → Ver Balears (Eivissa)

SANT CARLES DE LA RÁPITA

Tarragona – Mapa regional **9**-A3 – Mapa de carreteras Michelin nº 574-K31

Miami Can Pons

PESCADOS Y MARISCOS · **AMBIENTE CLÁSICO** XX Posee un comedor de ambiente marinero, una agradable terraza acristalada y un pequeño expositor de productos. Su carta de pescados y mariscos se completa con varios menús.

Menú 23/47€ - Carta 31/56€

Passeig Maritim 20 ✉ 43540 - ✆ 977 74 05 51 - www.miamicanpons.com - Cerrado 13-31 enero

SANT CLIMENT - Balears ➔ Ver Balears (Menorca)

SANT FELIU DE GUÍXOLS

Girona - Mapa regional **10**-B1 - Mapa de carreteras Michelin n° 574-G39

Sa Marinada

COCINA MEDITERRÁNEA · **AMBIENTE MEDITERRÁNEO** XXX Destaca por su ubicación, sobre el puerto deportivo, y por sus vistas. Brinda luminosidad, elegancia, un buen vivero, cocina clásica-marinera... ¡y hasta sus propios amarres!

Menú 30/150€ - Carta 39/75€

Passeig del Fortim ✉ 17220 - ✆ 972 32 38 00 - www.samarinada.com

Terra

COCINA MEDITERRÁNEA · **ELEGANTE** XXX Aquí apuestan por el lujo y la exclusividad, creando el contrapunto perfecto ante una cocina contemporánea de firmes bases mediterráneas. ¡Se puede almorzar en la terraza!

Menú 65/85€ - Carta 45/60€

Hotel Alàbriga, Carretera de Sant Pol 633 ✉ 17220 - ✆ 872 20 06 06 - www.hotelalabriga.com - Cerrado 10 enero-1 marzo, lunes, martes

Cau del Pescador

PESCADOS Y MARISCOS · **RÚSTICA** X Un negocio familiar de aire rústico-marinero. Sus fogones levan anclas entre arroces, pescados, mariscos, sugerencias de temporada y algún que otro plato rescatado del pasado.

Carta 45/65€

Sant Domènec 11 ✉ 17220 - ✆ 972 32 40 52 - www.caudelpescador.com - Cerrado 7-21 enero, cena: lunes, martes, cena: domingo

Alàbriga

GRAN LUJO · **CONTEMPORÁNEA** ¡Realmente exclusivo! Sorprende tanto por el diseño, pues este simula el casco de un yate fondeado, como por el lujo de sus apartamentos tipo suite, todos con increíbles terrazas asomadas al mar. Selecta oferta gastronómica y servicios de alto standing.

29 suites - 506/7000€

Carretera de Sant Pol 633 ✉ 17220 - ✆ 872 20 06 00 - www.hotelalabriga.com - Cerrado 6 enero-2 marzo

Terra - Ver selección restaurantes

SANT FELIU DE PALLEROLS

Girona - Mapa regional **9**-C2 - Mapa de carreteras Michelin n° 574-F37

en la carret. de Sant Iscle de Colltort Norte : 10 km

Finca El Ventós

CASA DE CAMPO · **RÚSTICA** Tras su estrecho camino de acceso llegará a un espacio exclusivo y singular, en el mismísimo Parque Natural de la Zona Volcánica de la Garrotxa. Ofrece preciosas vistas, un interior rústico-actual y un restaurante de cocina tradicional-catalana.

10 habitaciones - 160/350€

Sant Iscle de Colltort ✉ 17174 - ✆ 972 10 79 62 - www.fincaelventos.com - Cerrado 5 enero-4 febrero

SANT FERRAN DE SES ROQUES - Balears ➔ Ver Balears (Formentera)

SANT FRANCESC DE FORMENTERA - Balears ➜ Ver Balears (Formentera)

SANT FRUITÓS DE BAGES

Barcelona - Mapa regional **10**-A2 - Mapa de carreteras Michelin nº 574-G35

Can Ladis

TRADICIONAL • MARCO CONTEMPORÁNEO XX Se encuentra en la avenida principal, disfruta de una estética moderna y está llevado en familia. Ofrece una cocina tradicional actualizada, especializada en pescados y mariscos, así como varios menús con las bebidas incluidas.

Menú 39/65 € - Carta 35/70 €

Carretera de Vic 56 ✉ 08272 - ✆ 938 76 00 19 - www.marisquercanladis.com - Cerrado 2-14 enero, 17 agosto-2 septiembre, lunes, martes, cena: miércoles-jueves, cena: domingo

en la carretera de Sant Benet Sureste : 3 km

L'Ó

MODERNA • MINIMALISTA XXX Uno de nuestros objetivos es promover experiencias culinarias y dar ideas para alguna escapada, algo que aquí se cumple a la perfección por su emplazamiento frente al monasterio benedictino de Sant Benet (año 960). Este es complejo de enorme interés, pues también da cabida a la famosa Fundación Alicia (ALI-mentación y cien-CIA), un centro de investigación en cocina para que todos comamos mejor.

El restaurante, ubicado dentro del hotel Món Sant Benet y llevado por el chef Jordi Llobet, apuesta por una cocina de producto y proximidad, con elaboraciones actuales fieles a las raíces mediterráneas de la zona. La carta, apoyada por varios menús, siempre ofrece "Los clásicos" de la casa, "Platos de temporada", la sección "Del huerto a la olla", lo que llaman "La apuesta por el territorio"...

Especialidades : Arroz de cerdo con cremoso de berenjena blanca ahumada. Conejo al chocolate. La Montserratina.

Menú 49/129 € - Carta 70/95 €

Hotel Món Sant Benet, Camí de Sant Benet de Bages ✉ 08272 - ✆ 938 75 94 04 - www.hotelmonstbenet.com - Cerrado 6-26 enero, lunes, martes, miércoles, cena: jueves, cena: domingo

Món Sant Benet

NEGOCIOS • CONTEMPORÁNEA ¡Aquí el descanso está garantizado! Hotel de línea moderna ubicado en un tranquilo paraje junto al monasterio de Sant Benet, del s. X. Atesora amplias zonas nobles, habitaciones muy confortables y una variada oferta gastronómica con opción a "show cooking".

87 habitaciones - 79/199 € - 8 suites

Camí de Sant Benet de Bages ✉ 08272 - ✆ 938 75 94 04 - www.hotelmonstbenet.com

L'Ó - Ver selección restaurantes

SANT GREGORI

Girona - Mapa regional **10**-A1 - Mapa de carreteras Michelin nº 574-G38

Maràngels

TRADICIONAL • RÚSTICA XX Instalado en una bella masía del s. XVII con el entorno ajardinado. En sus salas, de atmósfera rústica-actual, ofrecen una cocina tradicional actualizada y la opción de menús.

Menú 44/66 € - Carta 40/65 €

Carretera GI 531, Este : 1 km ✉ 17150 - ✆ 972 42 91 59 - www.marangels.com - Cerrado 3-23 agosto, lunes, cena: domingo

SANT JOAN D'ALACANT • SAN JUAN DE ALICANTE

Alicante - Mapa regional **11**-B3 - Mapa de carreteras Michelin nº 577-Q28

La Quintería

GALLEGA • AMBIENTE CLÁSICO XX Resulta céntrico y tiene al dueño al frente del negocio. Encontrará varias salas de montaje clásico-tradicional y una carta bastante amplia, con numerosos platos gallegos basados en la calidad de las materias primas, pescados y mariscos.

Menú 35/50 € – Carta 30/60 €

Dr. Gadea 17 ✉ 03550 – ☎ 965 65 22 94 – www.restaurantelaquinteria.com – Cerrado lunes, cena: domingo

SANT JOAN DESPÍ

Barcelona – Mapa regional **10**-B3 – Mapa de carreteras Michelin nº 574-H36

Ver plano de Barcelona

Follia

CREATIVA • TENDENCIA XXX Casa en piedra de moderna decoración dotada con un huerto propio. Escoja entre su cocina creativa a base de medias raciones o el menú degustación, este con maridaje de vinos. También puede tapear o comer de forma más informal en el sótano.

Menú 80 € – Carta 30/60 €

Plano Barcelona 1 A3-b – *Creu de Muntaner 17 ✉ 08970 – ☎ 934 77 10 50 – www.follia.com – Cerrado 5-13 abril, 9-31 agosto, cena: domingo*

SANT JOSEP DE SA TALAIA – Balears → Ver Balears (Eivissa)

SANT JULIÀ DE VILATORTA

Barcelona – Mapa regional **9**-C2 – Mapa de carreteras Michelin nº 574-G36

Masalbereda

TRADICIONAL • ACOGEDORA XX Un restaurante de ambiente rústico que destaca, especialmente, por su coqueta terraza acristalada. Cocina de gusto tradicional puesta al día en técnicas y presentaciones.

Menú 46 € – Carta 40/65 €

Hotel Masalbereda, Avenida Sant Llorenç 68 ✉ 08504 – ☎ 938 12 28 52 – www.masalbereda.com – Cerrado miércoles, cena: domingo

Masalbereda

TRADICIONAL • CONTEMPORÁNEA Hotel con encanto ubicado en una masía muy antigua, no en vano... ¡existe documentación sobre ella de 1337! Encontrará un bello entorno ajardinado, acogedoras instalaciones y cálidas habitaciones, coexistiendo con acierto los detalles rústicos y modernos.

20 habitaciones ☕ – 👥 138/294 €

Avenida Sant Llorenç 68 ✉ 08504 – ☎ 938 12 28 52 – www.masalbereda.com

Masalbereda – Ver selección restaurantes

Torre Martí

FAMILIAR • ACOGEDORA Esta preciosa casa señorial posee un salón-biblioteca y confortables habitaciones, casi todas con muebles antiguos de distintos estilos y, algunas de ellas, con acceso al jardín. El acogedor restaurante, enfocado al cliente alojado, trabaja en base a un menú.

8 habitaciones ☕ – 👥 138/169 €

Ramón Llull 11 ✉ 08504 – ☎ 938 88 83 72 – www.hoteltorremarti.com – Cerrado 15 julio-15 agosto, 15 diciembre-15 enero

SANT LLORENÇ DES CARDASSAR – Balears → Ver Balears (Mallorca)

SANT LLUÍS – Balears → Ver Balears (Menorca)

SANT MIQUEL DE BALANSAT – Balears → Ver Balears (Eivissa)

SANT PAU D'ORDAL

Barcelona - Mapa regional **10**-A3 - Mapa de carreteras Michelin nº 574-H35

Cal Xim

CARNES A LA PARRILLA • AMBIENTE TRADICIONAL X Resulta fácil de localizar, ya que se encuentra en la plaza de la localidad. Dispone de una barra a la entrada, dos salas de aire neorrústico-funcional y un comedor en el sótano que cumple las funciones de privado y bodega. Uno de los elementos a destacar es la parrilla a la vista. Aquí elaboran una cocina catalana de temporada, trabajando en lo posible con productos de la región. Una de sus especialidades son las Alcachofas, cocinadas al calor de las brasas, aunque también tienen éxito con el Cordero y la Calçotada. ¡Su carta de vinos es la mejor manera de conocer los caldos de la región!

Especialidades : Tortilla de judías y botifarra. Cordero a la brasa. Crema catalana.

Carta 28/43 €

Plaza Subirats 5 ✉ 08739 - ✆ 938 99 30 92 - www.calxim.com - Cerrado 26 agosto-3 septiembre, cena: lunes, martes, cena: miércoles-jueves, cena: domingo

Cal Pere del Maset

TRADICIONAL • MARCO CONTEMPORÁNEO XX En este restaurante, de dilatada trayectoria familiar, encontrará unas instalaciones de línea actual con detalles rústicos y modernistas. En sus salas y privados, algunos panelables, ofrecen una cocina de mercado de sabor tradicional.

Menú 40/60 € - Carta 35/70 €

Ponent 20 ✉ 08739 - ✆ 938 99 30 28 - www.calperedelmaset.com - Cerrado lunes, cena: martes-jueves, cena: domingo

SANT PERE DE RIBES

Barcelona - Mapa regional **10**-A3 - Mapa de carreteras Michelin nº 574-I35

en la carretera de Vilafranca del Penedès C-15B Noroeste : 2, 5 km

Carnivor by Valentí

TRADICIONAL • ACOGEDORA XX ¡En el Parque Natural del Garraf! Esta antigua masía disfruta de una agradable terraza, un acogedor interior y una sabrosa cocina tradicional, destacando esta por sus carnes.

Carta 55/85 €

km 4,6 ✉ 08810 - ✆ 938 96 03 02 - www.carnivor1922.com

SANT QUIRZE DEL VALLÈS

Barcelona - Mapa regional **10**-B3 - Mapa de carreteras Michelin nº 574-H36

en la carretera de Rubí C 1413a Suroeste : 5, 5 km

Can Ferrán

CATALANA • FAMILIAR X Una casa familiar con mucha historia, pues funciona desde 1949. Se halla en una zona boscosa al borde de la carretera, donde se presenta con una agradable terraza, un buen hall y varios comedores, todos amplios, luminosos y de montaje funcional-actual; también ofrece un privado y, en general, un sencillo servicio de mesa. Elaboran platos propios del recetario regional, con gran protagonismo de las brasas y especialidades locales como las Mongetes del Ganxet, unas alubias muy tiernas que solo se producen en esta zona de Cataluña. ¡Ojo, que no aceptan reservas ni tarjetas de crédito!

Especialidades : Mongetes con botifarra de perol. Carrilleras de cerdo guisadas con alcachofas. Recuit de Fonteta con confitura de naranja.

Carta 20/35 €

km 14 ✉ 08192 - ✆ 936 99 17 63 - www.masiacanferran.com - Cerrado 1-30 agosto, cena: sábado, domingo

SANT SADURNÍ D'ANOIA

Barcelona - Mapa regional **10**-A3 - Mapa de carreteras Michelin nº 574-H35

La Cava d'en Sergi

TRADICIONAL • MARCO CONTEMPORÁNEO XX Sant Sadurní d'Anoia está considerada como la Capital del Cava, por eso este restaurante se presenta como una magnífica oportunidad para redondear el día si ha decidido visitar alguna de sus famosísimas bodegas. El negocio, ubicado en una calle bastante céntrica, posee una única sala de estilo clásico-actual, con un buen servicio de mesa, el suelo en tarima y el techo forrado en madera. Su chef-propietario plantea una cocina tradicional actualizada, con elaboraciones delicadas y detalles repletos de creatividad. La carta, que evoluciona según la temporada, se complementa con varios menús.

Especialidades : Gazpacho de sandia con mousse de queso fresco, gelatina de fresa, aguacate y manzana. Meloso de cordero con trigueros y salsa de boletus a la crema. El canelón de mojito en texturas.

Menú 18 € (almuerzo), 39/42 € – Carta 35/45 €

València 17 ✉ 08770 – ✆ 938 91 16 16 – www.lacavadensergi.com – Cerrado 6-13 abril, 3-24 agosto, lunes, cena: martes-viernes, cena: domingo

SANT VICENT DEL RASPEIG • SAN VICENTE DEL RASPEIG

Alicante – Mapa regional **11**-A3 – Mapa de carreteras Michelin n° 577-Q28

La Paixareta

TRADICIONAL • AMBIENTE CLÁSICO X Una buena opción si solo busca amabilidad, honestidad y productos de calidad. Posee un pequeño expositor de pescados y mariscos a la entrada, en la misma sala principal, así como dos privados. ¡Deliciosos guisos y buen apartado de arroces!

Menú 20/30 € – Carta 24/42 €

Torres Quevedo 10 ✉ 03690 – ✆ 965 66 58 39 – www.restaurantelapaixareta.es – Cerrado 7-11 enero, 15-31 agosto, lunes, cena: martes, cena: domingo

SANTA COLOMA DE GRAMENET

Barcelona – Mapa regional **10**-B3 – Mapa de carreteras Michelin n° 574-H36

Ver plano de Barcelona

Lluerna (Víctor Quintillà)

MODERNA • DE DISEÑO XX Lo bueno de un restaurante familiar de estas características es que las cosas transcurren sin prisas, de manera sosegada, y eso se transmite tanto en el servicio como en la cocina, elaborada a fuego lento y con grandes dosis de cariño.

El local, de línea actual-minimalista, se ha sumado no hace mucho a la moda de dejar las cocinas a la vista. Como complemento, cuenta con un coqueto reservado para ocho comensales en la bodega.

El matrimonio propietario, Víctor Quintillà y Mar Gómez, apuesta por una sobria cocina de producto que exalte las materias primas de proximidad (Slow Food) sin renunciar a otros orígenes, con unas elaboraciones actualizadas que siempre explotan la técnica en favor de mejores texturas y una potenciación del sabor. Amplia oferta de menús, algunos... ¡muy económicos!

Especialidades : Arroz meloso de gamba de playa. Pescado de playa sobre pil pil de almejas. Coulant de avellana, albaricoque y fruta de la pasión.

Menú 43/95 € – Carta 42/67 €

Plano Barcelona 2 D1-a – *Avenida Pallaresa 104 ✉ 08921 Ⓜ Santa Coloma – ✆ 933 91 08 20 – www.lluernarestaurant.com – Cerrado 2-7 enero, 5-13 abril, 2-24 agosto, lunes, almuerzo: jueves, domingo*

Ca n'Armengol

TRADICIONAL • AMBIENTE CLÁSICO XX Disfruta de gran prestigio, pues ya son tres generaciones de la misma familia las que desde 1923 han dedicado su vida a enaltecer los valores de la cocina tradicional, regional y de raíces mediterráneas. Se presenta con dos entradas bien definidas, una directa al antiguo bar, donde hoy ofrecen el menú del día, y la otra reservada para el acceso a las salas o al comedor privado, que se dedican en exclusiva al servicio a la carta. Completa bodega, platos con opción de medias raciones y apetitosas especialidades, como su histórico Bacalao colomenc, el Arroz a la cazuela o las setas en temporada.

Especialidades : Guisantes del Maresme con butifarra negra y panceta. Pescado de la lonja en suquet. Fresas, mató y miel.

Menú 13 € - Carta 32/49 €

Plano Barcelona 2 D1-n - *Prat de La Riba 1 ✉ 08921 Ⓜ Santa Coloma - ☎ 933 91 68 55 - www.canarmengol.net - Cerrado 6-12 abril, 3-25 agosto, lunes, cena: martes, cena: domingo*

Verat

FUSIÓN • POPULAR X Su nombre, que en catalán significa caballa, es toda una declaración de intenciones, pues nos habla de un pescado al acceso de todo el mundo. Esta es la idea predominante en este restaurante, el hermano pequeño del laureado Lluerna, justo al lado, donde el chef Víctor Quintillà populariza su cocina a través de platillos y raciones de fusión, todo en un ambiente informal no exento de personalidad. Ofrecen interesantes fórmulas, para un mínimo de dos personas, y algunas especialidades que no debe perderse, como la Oreja de cerdo Kimchi y su ensalada o el "Cap y pota" tradicional con garbanzos.

Especialidades : Canelones de asado. Oreja de cerdo y kimchi. Espuma de coco, piña y ron.

Menú 18/30 € - Carta 23/33 €

Plano Barcelona 2 D1-a - *Avenida Pallaresa 104 ✉ 08921 Ⓜ Santa Coloma - ☎ 936 81 40 80 - www.barverat.com - Cerrado 2-7 enero, 5-13 abril, 2-24 agosto, lunes, domingo*

SANTA COLOMA DE QUERALT

Tarragona - Mapa regional **9**-B2 - Mapa de carreteras Michelin nº 574-H34

Hostal Colomí

TRADICIONAL • FAMILIAR X No se puede hablar del Hostal Colomí sin reconocer la labor de las hermanas Camps, Nati y Rosita, pues ellas personifican los pilares sobre los que se alza esta céntrica y concurrida casa familiar. Presenta un acogedor comedor dominado por la presencia de una parrilla vista y una sala más en el piso superior, esta última reservada para grupos y fines de semana. La sabrosa cocina casera que surge de sus fogones se ve enriquecida con diversos platos de tinte regional y tradicional. ¿Quiere probar algo realmente bueno? ¡Pida sus deliciosos Ceps (boletus) con foie y huevo frito!

Especialidades : Ensalada de morro y oreja, con alcaparras y mostaza. Morro de bacalao confitado con samfaina. Coca de cristal con anís de Chinchón.

Menú 18 € (almuerzo)/20 € - Carta 35/50 €

Raval de Jesús 12 ✉ 43420 - ☎ 977 88 06 53 - Cerrado lunes, cena: martes-domingo

SANTA COMBA

A Coruña - Mapa regional **13**-B1 - Mapa de carreteras Michelin nº 571-C3

Retiro da Costiña

MODERNA • ACOGEDORA XXX La historia de este negocio familiar comenzó en 1939, cuando los abuelos abrieron su casa de comidas cerca de Santiago de Compostela. La segunda generación, ya en Santa Comba, transformó un menú basado en el pulpo, la carne asada y la merluza a la romana en una cocina moderna que respetase el producto... ¡y vaya si acertaron!

Hoy, los hermanos Manuel y Leonor, han sabido mejorar ese legado con divertidos menús que se sirven en tres ambientes (la bodega, la sala y el salón para la sobremesa). Lubinas, centollos, carne de vaca curada 18 meses, gallinas con ADN gallego... defienden una cocina "con los pies en el suelo" que, se mire por donde se mire, es imposible maridar mejor.

Su moderna y multifuncional bodega, con más de 900 referencias, resulta perfecta para acompañar cualquier plato.

Especialidades : Ensalada de espárrago blanco con praliné de piñones, torreznos, queso de oveja y aliño de nueces. Pichón estofado con crema de apionabo, emulsión de boniato y cerezas. Cremoso de bergamota con sorbete de naranja sanguina, merengue de coco, gel de limón, zanahoria confitada y crujiente de arroz.

Menú 80 € - Carta 45/65 €

Avenida de Santiago 12 ✉ 15840 - ✆ 981 88 02 44 - www.retirodacostina.com - Cerrado 13-20 abril, 28 septiembre-5 octubre, 21 diciembre-5 enero, lunes, cena: domingo

SANTA CRISTINA (PLAYA DE) - Girona ➜ Ver Lloret de Mar

SANTA CRISTINA D'ARO

Girona - Mapa regional **10**-B1 - Mapa de carreteras Michelin nº 574-G39

al Noroeste 5 km

Mas Tapiolas

TRADICIONAL • ACOGEDORA Ocupa parcialmente una antigua masía y destaca tanto por el paisaje circundante como por sus opciones de ocio, con un campo de Pitch & Putt y un moderno SPA. Le sorprenderá la exclusividad de algunas habitaciones o la variedad de salitas del restaurante.

53 habitaciones - 139/620 €

Veïnat de Solius ✉ 17246 - ✆ 972 83 70 17 - www.hotelmastapiolas.com

SANTA CRUZ DE CAMPEZO

Álava - Mapa regional **18**-B2 - Mapa de carreteras Michelin nº 573-E22

ARREA!

REGIONAL • RÚSTICA Un negocio rústico-actual muy vinculado al entorno, la comarca de la Montaña Alavesa. Su cocina, tradicional elaborada, toma como base los productos de temporada de la zona.

Menú 16/70 € - Carta 40/50 €

Subida del Frontón 30 ✉ 01110 - ✆ 689 74 03 70 - www.arrea.eus - Cerrado 18-25 marzo, 4-18 septiembre, cena: lunes, martes, cena: miércoles-jueves, cena: domingo

SANTA CRUZ DE TENERIFE - Santa Cruz de Tenerife ➜ Ver Canarias (Tenerife)

SANTA EULALIA DEL RÍO - Balears ➜ Ver Balears (Eivissa)

SANTA GERTRUDIS DE FRUITERA - Balears ➜ Ver Balears (Eivissa)

SANTA MARGALIDA - Balears ➜ Ver Balears (Mallorca)

SANTA MARGARIDA (URBANIZACIÓN) - Girona ➜ Ver Roses

SANTA MARÍA DEL CAMÍ - Balears ➜ Ver Balears (Mallorca)

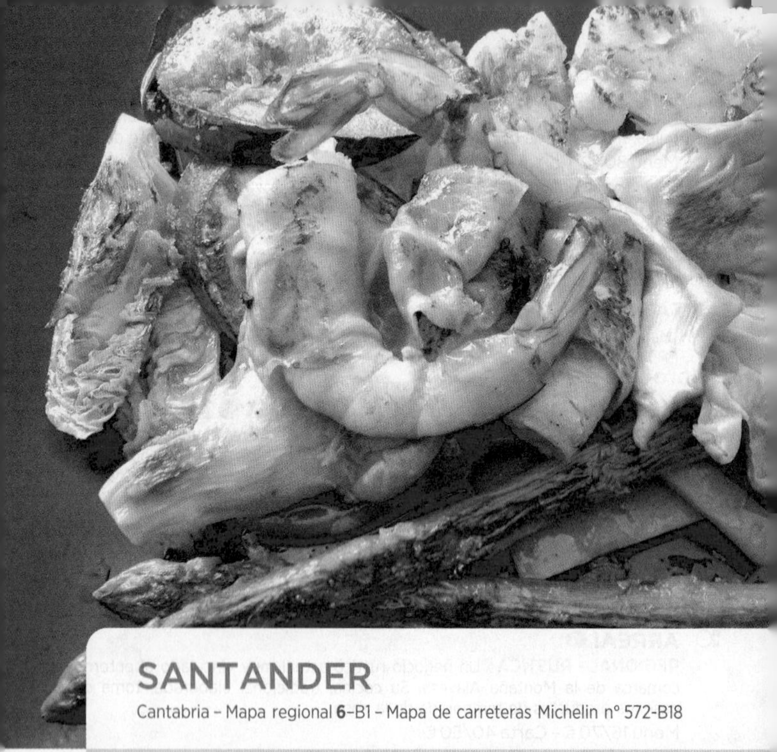

SANTANDER

Cantabria – Mapa regional **6**–B1 – Mapa de carreteras Michelin n° 572-B18

Nos gusta...

No hay nada como dar un paseo por la playa de El Sardinero, disfrutando de su belleza y contemplando la fachada del Gran Casino, uno de los emblemas de la ciudad. También solemos asomarnos a la terraza del hotel **Eurostars Real** para disfrutar de sus vistas a la bahía y recomendamos ir hasta los Jardines de Pereda para contemplar el vanguardista edificio del Centro Botín.

En lo culinario, nos encanta degustar la alta cocina cántabra de **El Serbal**, saborear los pescados y mariscos de restaurantes como **La Bombi** o **Del Puerto**, curiosear por la sorprendente colección de botellas de vino de **Bodega Cigaleña** y rendir nuestro tributo a la historia en **El Machi**, la taberna más antigua de Santander.
Muy cerca de aquí, a poco más de 20 km, se encuentra **El Cenador de Amós** (Villaverde de Pontones), una visita inexcusable si desea vivir una experiencia gastronómica de esas que dejan huella.

M. Alvarez/Moment Open /Getty Images

Restaurantes

✿ El Serbal

TRADICIONAL • AMBIENTE CLÁSICO XXX El Serbal es la referencia gastronómica para quien recorra esta preciosa ciudad y se adentre en Puertochico, uno de sus barrios con más encanto.

La línea culinaria de la casa, consensuada entre los chefs Quique Muñoz y Toni González (El Nuevo Molino, en Puente Arce), busca en la honestidad su razón de ser para, según sus propias palabras, "que el cliente se sienta feliz y quiera volver". Su oferta de pescados siempre queda abierta, pues depende del mejor producto que encuentren en la lonja (lubina, merluza, rape...), donde compran a diario.

La cocina cántabra desprende personalidad, presume de sabor y pone a nuestro alcance unas materias primas de excepción, venidas tanto del Cantábrico como de los maravillosos pastos que sirven de alimento a las reses Tudanca, una raza autóctona.

Especialidades : Arroz con espárrago natural y setas de Cantabria. Presa ibérica frita al carbón, zanahoria y café. Helado de queso con chocolate blanco, membrillo y miel.

Menú 42/85€ - Carta 45/70€

Plano E1-k - *Andrés del Río 7 ✉ 39004 - ✆ 942 22 25 15 - www.elserbal.com - Cerrado 10-23 noviembre, lunes, cena: domingo*

Querida Margarita

TRADICIONAL • TENDENCIA XX Con este local, ubicado junto al famoso restaurante El Serbal, se pretende revisar la oferta de esa laureada casa para ofrecer alta gastronomía en un formato "low cost", más accesible a cualquier bolsillo. Presenta un bar de tapas a la entrada, presidido por una gran pizarra en la que escriben sus propuestas, una confortable sala de línea actual y un único menú de tinte tradicional que se va cambiando todos los días. Ni que decir tiene que el éxito de público ha sido inmediato, con independencia al hecho de encontrarse en la zona con más competencia directa de Santander.

Especialidades : Taco de bonito marinado, pesto y tomate asado. Lingote de cochinillo, puré de chirivia y encurtidos. Cremoso de arroz con leche con crumble de avellana.

Menú 19€

Plano E1-k - *Andrés del Río 7 ✉ 39002 - ✆ 630 34 17 43 - Cerrado cena: domingo*

Agua Salada

TRADICIONAL • BRASSERIE X Honestidad, amabilidad, notorias dosis de encanto... ¡he aquí un negocio sin lujos pero auténtico! Tras su sencilla fachada en esquina encontrará un acogedor espacio, a modo de "bistrot" francés, dominado por los colores blanco y verde, con una antigua barra de bar a la vista, las mesas desnudas en mármol y algún que otro detalle, como las velas encendidas, que anhela dar una oportunidad al romanticismo. Apuestan por una cocina de base tradicional bien presentada y puesta al día, siempre con sabores definidos y la interesante opción de poder disfrutarla a través de medias raciones.

Especialidades : Tartar de atún con ajoblanco y helado de mostaza inglesa. Pastel de rabo de buey y berenjena con queso de cabra. Cremoso de fruta de la pasión con plátano caramelizado.

Carta 33/41€

Plano E1-x - *San Simón 2 ✉ 39003 - ✆ 942 04 93 87 - Cerrado cena: lunes, martes*

Umma

MODERNA • A LA MODA X Un restaurante en dos alturas que nos gusta tanto por su propuesta culinaria como por su estética, informal y neoyorquina, pues combina la presencia de unos elevadísimos techos, donde encontraremos la sorprendente reproducción de algunas pinturas rupestres, y unas luminosas paredes en ladrillo visto pintado de blanco. Su joven chef-propietario, Miguel Ángel Rodríguez, enfoca la cocina moderna desde un punto de vista actual, accesible a todo el mundo, apostando por unos platos armoniosos, sabrosos y bien elaborados que siempre miren al futuro sin dejar de lado la tradición.

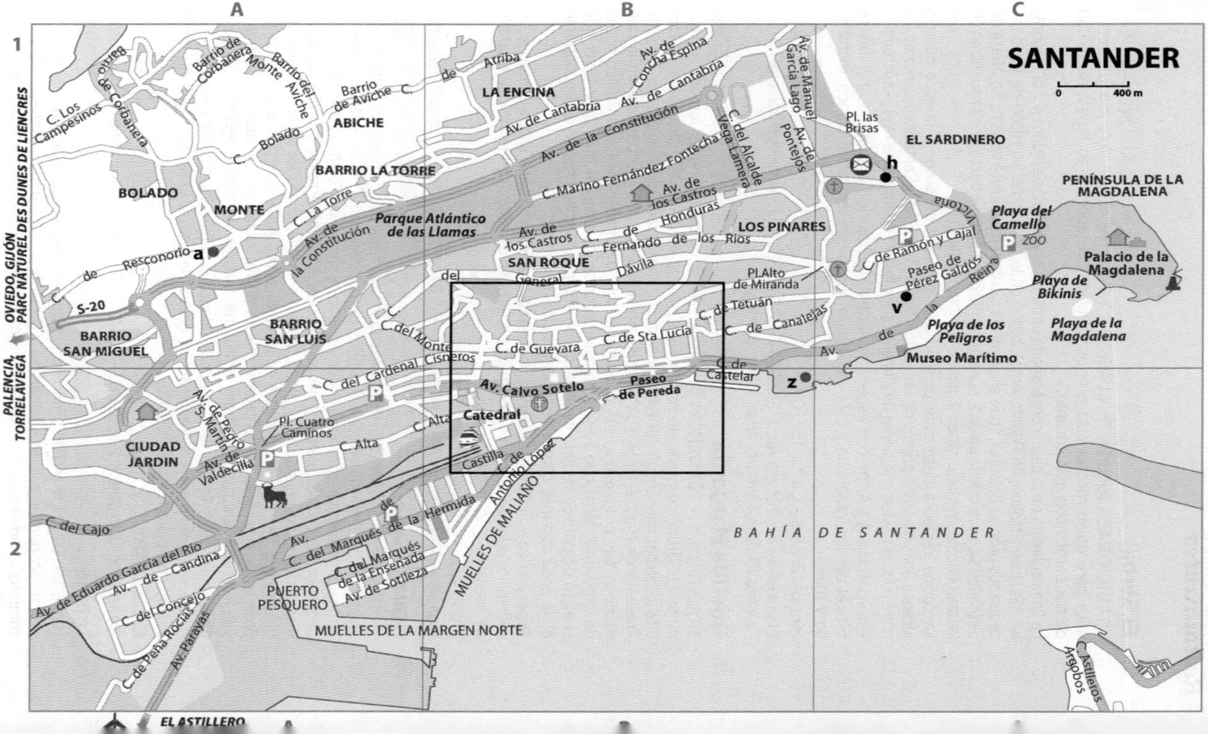
SANTANDER
0
400 m
A
B
C
1
2
OVIEDO, GIJÓN
PARC NATUREL DES DUNES DE LIENCRES
PALENCIA, TORRELAVEGA
EL ASTILLERO
EL SARDINERO
PENÍNSULA DE LA MAGDALENA
Palacio de la Magdalena
Playa del Camello
ZOO
Playa de Bikinis
Playa de la Magdalena
Playa de los Peligros
Museo Marítimo
Pl. las Brisas
Av. de Manuel García Lago
Av. de Pontejos
C. del Alcalde Vega Lamera
LOS PINARES
Paseo de Pérez Galdós
C. de Ramón y Cajal
Av. de la Reina Victoria
Pl.Alto de Miranda
C. de Tetuán
C. de Canalejas
C. de Castelar
C. de Sta Lucía
C. de Guevara
Av. Calvo Sotelo
Paseo de Pereda
Catedral
C. Alta
Castilla
C. de Antonio López
MUELLES DE MALIAÑO
BAHÍA DE SANTANDER
MUELLES DE LA MARGEN NORTE
PUERTO PESQUERO
C. del Marqués de la Ensenada
Av. de Sotileza
Av. C. del Marqués de la Hermida
Av. de Eduardo García del Río
Av. de Candina
C. del Concejo
C. de Peña Rocías
Av. Parayas
C. del Cajo
CIUDAD JARDIN
Av. de Valdecilla
Av. de Pedro S. Martín
Pl. Cuatro Caminos
C. del Cardenal Cisneros
C. del Monte
BARRIO SAN LUIS
BARRIO SAN MIGUEL
S-20
C. de Resconorio
a
BOLADO
MONTE
C. La Torre
Av. de la Constitución
Parque Atlántico de las Llamas
BARRIO LA TORRE
C. Bolado
ABICHE
Barrio de Aviche
Barrio del Monte Aviche
Barrio de Corbanera
C. Los Campesinos
C. de Atriba
LA ENCINA
Av. de Cantabria
Av. de Concha Espina
C. Marino Fernández Fontecha
Av. de los Castros
C. Honduras
C. Fernando de los Ríos
SAN ROQUE
C. del General Dávila
C. Astilleros Argobos
h
v
z

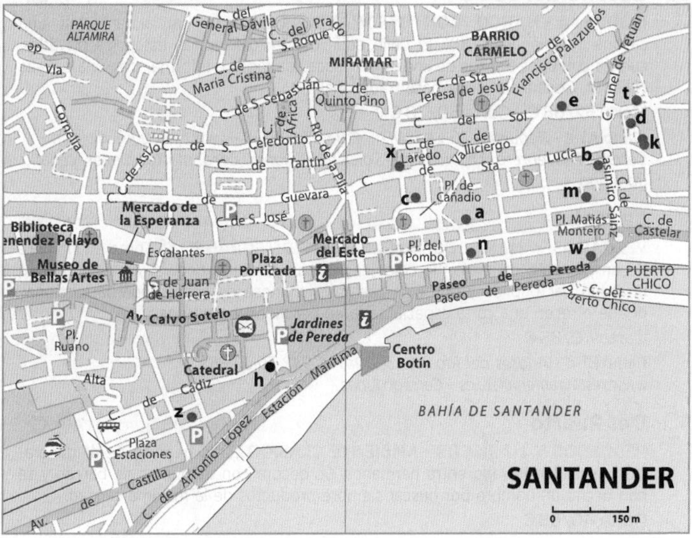

Especialidades : Alcachofas, foie y naranja. Presa ibérica, mostaza y cebollas quemadas. Tarta limón, frutos rojos y crema helada de albahaca.

Menú 10 € (almuerzo), 25/50 € – Carta 32/43 €

Plano E1-e – *Sol 47 ✉ 39003 – ✆ 942 21 95 95 – www.ummasantander.com – Cerrado 1-15 febrero, 1-15 octubre, lunes, cena: domingo*

ꝉO Asador Lechazo Aranda

CARNES A LA PARRILLA • AMBIENTE CLÁSICO XX Sus instalaciones recrean sabiamente la belleza y atmósfera de la más noble decoración castellana. Ofrece una carta basada en carnes y especialidades como el cordero asado.

Menú 38 € – Carta 32/47 €

Plano E1-t – *Tetuán 15 ✉ 39004 – ✆ 942 21 48 23 – Cerrado 24 diciembre-1 enero, cena: lunes*

ꝉO La Bombi

TRADICIONAL • RÚSTICA XX Basa su éxito en la bondad de sus productos, no en vano cuenta con un sugerente expositor y su propio vivero. Posee tres salas de gran contraste, pues dos son rústicas y la otra de línea moderna, esta última con acceso a un patio-terraza.

Menú 50/100 € – Carta 45/75 €

Plano E1-b – *Casimiro Sáinz 15 ✉ 39003 – ✆ 942 21 30 28 – www.labombi.com*

ꝉO Cañadío

TRADICIONAL • AMBIENTE CLÁSICO XX ¡Es considerado toda una institución en la ciudad! Presenta un bar de tapeo, un comedor en un altillo y una sala clásica-actual. Cocina tradicional elaborada de buen nivel.

Carta 40/55 €

Plano E1-c – *Gómez Oreña 15 (Plaza Cañadío) ✉ 39002 – ✆ 942 03 55 86 – www.restaurantecanadio.com – Cerrado domingo*

Casona del Judío

MODERNA • MARCO CONTEMPORÁNEO XX Instalado parcialmente en una casona indiana del s. XIX. El bello edificio principal, donde están los privados, cuenta con unos anexos de línea más fresca, luminosa e informal, con una terraza chill out. Cocina actual de base tradicional.

Menú 52/68€ - Carta 50/70€

Plano A1-a - *Repuente 20 ✉ 39012 - ✆ 942 34 27 26 - www.casonadeljudio.com - Cerrado 1-15 febrero, 1 noviembre-15 diciembre, lunes, cena: martes-jueves, cena: domingo*

La Mulata

PESCADOS Y MARISCOS • AMBIENTE MEDITERRÁNEO XX Toma su nombre de un pequeño cangrejo, de color negro, parecido a la nécora. Aquí encontrará un buen bar público y una sala bastante luminosa de línea moderna-funcional, donde ofrecen una carta especializada en pescados y mariscos.

Carta 40/85€

Plano E1-d - *Andrés del Río 7 ✉ 39004 - ✆ 942 36 37 85 - www.restaurantemulata.es - Cerrado lunes*

Del Puerto

PESCADOS Y MARISCOS • AMBIENTE CLÁSICO XX Un negocio de 4ª generación muy bien llevado entre hermanos. Se decora con maquetas de barcos y se han hecho un nombre por buscar siempre productos de la máxima calidad.

Carta 40/68€

Plano E1-m - *Hernán Cortés 63 ✉ 39003 - ✆ 942 21 30 01 - www.bardelpuerto.com - Cerrado lunes, cena: domingo*

Bodega Cigaleña

TRADICIONAL • RÚSTICA X Casa de ambiente rústico-antiguo, a modo de museo, vestida con mil detalles enológicos. Cocina tradicional rica en carnes de la zona, pescados de lonja, verduras, quesos...

Carta 30/55€

Plano E1-a - *Daoiz y Velarde 19 ✉ 39003 - ✆ 942 21 30 62 - www.cigalena.com - Cerrado domingo*

Casa Lita

TRADICIONAL • BAR DE TAPAS X Taberna ubicada frente a Puertochico, una zona privilegiada de Santander. Ofrece una buena terraza, una gran barra repleta de pinchos que varían según la hora del día y una pequeña carta de raciones. ¡Pruebe su famosísimo Pollo al curry!

Tapa 3€ - Ración 12€

Plano E1-w - *Paseo de Pereda 37 ✉ 39004 - ✆ 942 36 48 30 - www.casalita.es - Cerrado lunes*

La Caseta de Bombas

COCINA DE MERCADO • A LA MODA X Instalado en un curioso edificio que, en otro tiempo, contenía la maquinaria para achicar el agua del dique. Amabilidad, sabor y un magnífico producto procedente de la lonja.

Carta 30/52€

Plano B2-z - *Gamazo ✉ 39004 - ✆ 942 74 26 68 - www.lacasetadebombas.es*

El Machi

PESCADOS Y MARISCOS • BAR DE TAPAS X Tiene 80 años de historia y toma su nombre a modo de alias, pues el apelativo original de esta casa era Taberna Marinera Machichaco. Combinan lo antiguo y lo moderno para crear un bar marinero de diseño. Carta amplia de pescados y arroces.

Tapa 3€ - Ración 10€

Plano D2-z - *Calderón de la Barca 9 ✉ 39002 - ✆ 942 21 87 22 - www.elmachi.es*

Mesón Gele

TRADICIONAL • RÚSTICA Resulta céntrico y está llevado con amabilidad. Encontrará un concurrido bar público y un comedor rústico-regional distribuido en dos niveles. Cocina de tinte tradicional.

Menú 45 € - Carta 35/53 €

Plano E1-n - *Eduardo Benot 4 ✉ 39003 - ✆ 942 22 10 21 - www.restaurantegele.com - Cerrado 14-30 octubre, lunes, cena: domingo*

Alojamientos

Bahía

NEGOCIOS • CONTEMPORÁNEA Presenta una línea actual-vanguardista y destaca por su ubicación, entre la Catedral y el espectacular Centro Botín diseñado por el arquitecto Renzo Piano. Ofrece atractivas zonas sociales, cuidadas habitaciones y un llamativo restaurante de estética vintage.

188 habitaciones - 69/400 € - 16 € - 17 suites

Plano D2-h - *Cádiz 22 ✉ 39002 - ✆ 942 20 50 00 - www.hotelbahiasantander.es*

en El Sardinero Mapa regional **6**-B1

Eurostars Real

HISTÓRICO • CLÁSICA Destaca tanto por su estratégica situación, en la parte alta de Santander, como por su magnífico personal. Ofrece un amplio hall, luminosos salones tipo pérgola, elegantes habitaciones y un moderno centro de talasoterapia. El restaurante El Puntal disfruta de un estilo clásico y agradables vistas a la bahía.

114 habitaciones - 90/350 € - 24 € - 9 suites

Plano C1-v - *Paseo Pérez Galdós 28 ✉ 39005 - ✆ 942 27 25 50 - www.hotelreal.es*

G. H. Sardinero

CADENA HOTELERA • CONTEMPORÁNEA Se halla frente al Gran Casino y supone un gran homenaje a la historia, pues ha sido totalmente reconstruido a imitación del edificio neoclásico original. La línea clásica-actual y la elegancia van de la mano tanto en las zonas nobles como en las habitaciones. El restaurante propone una cocina tradicional.

102 habitaciones - 100/270 € - 16 € - 16 suites

Plano C1-h - *Plaza de Italia 1 ✉ 39005 - ✆ 942 27 11 00 - www.hotelsardinero.es*

SANTIAGO DE COMPOSTELA

A Coruña – Mapa regional **13**–B2 – Mapa de carreteras Michelin nº 571-D4

Nos gusta...

Recorrer el histórico **Parador Hostal dos Reis Católicos** y dar una vuelta por el animado Mercado de Abastos, justo antes de tomarnos unas tapas en la **Taberna Abastos 2. O**. Pasar por **Lume**, la propuesta informal de la chef Lucía Freitas, que continúa sorprendiendo al cliente gourmet en **A Tafona**. Redescubrir esa "cocina de barrio" que practican en **Pampín Bar** y acudir con devoción a **Casa Marcelo**, pues nos enamora su original fusión entre la cocina gallega, nipona y peruana.

¿Y si tenemos ganas de pescados o mariscos? Lo tenemos claro, los mejores son los de **Mar de Esteiro**, a solo 6 km. Santiago de Compostela, la meta soñada por un sinfín de peregrinos, cuenta desde hace poco con un espacio culinario desenfado y singular, el mercado La Galiciana, una antigua nave industrial que, bien restaurada y con grandes mesas corridas, ha sabido convertir la gastronomía en un punto más de atracción.

O. Strewe/Getty Images

Restaurantes

✿ A Tafona (Lucía Freitas)

MODERNA • ACOGEDORA XX Hay proyectos que requieren muchísimo aprendizaje, viajes, esfuerzo... esa evolución personal que solo se logra cuando valoramos cada meta y avanzamos paso a paso.

Esta es la escala de valores desde la que debemos acercarnos al restaurante A Tafona y a su chef, Lucía Freitas, una mujer formada en algunas de las mejores casas de España. El local, presidido por un gran lucernario y de cálido ambiente actual, crea el escenario perfecto para degustar una propuesta moderna de base regional, deudora de los magníficos productos gallegos que ve cada día en el mercado (sobre todo pescados) pero también sabrosa, técnica y madura.

Encontrará una carta de temporada e interesantes menús, con platos fieles a la filosofía del "KM. 0"; de hecho, muchas de las verduras... ¡vienen de su propio huerto!

Especialidades : Ceviche de vieira con helado de leche de tigre. Arroz cremoso con caldo de carabineros. La vie en rose.

Menú 65/98 € - Carta 40/60 €

Plano D1-k - *Virxe da Cerca 7 ✉ 15703 - ✆ 981 56 23 14 - www.restauranteatafona.com - Cerrado lunes, cena: martes, cena: domingo*

✿ Casa Marcelo (Marcelo Tejedor)

FUSIÓN • BAR DE TAPAS X Casa Marcelo es la recompensa con la que se premian muchísimos peregrinos cuando completan el Camino de Santiago, sin embargo... ¡no hace falta sufrir tanto para disfrutarlo!

Su chef, Marcelo Tejedor, llevó durante muchos años las riendas de un restaurante de lujo que ahora se presenta reconvertido en una tasca de ambiente cosmopolita, sin manteles ni grandes butacas pero con la cocina a la vista y la ventaja de estar a pocos metros de la insigne Catedral. ¿Su propuesta? Una fusión que mezcla productos japoneses y gallegos con guiños a la gastronomía china, mexicana o peruana, ya sea a través de una lubina con ají, de unas gambas con chile o de un dim sum de bacalao. Tras degustar sus platos, uno sale de allí... ¡amando el orvallo gallego!

Vaya con tiempo, pues no es posible reservar.

Especialidades : Ensalada de tomate bombón con sorbete de pepino. Calabacines flor con albahaca y parmesano. Té verde con limón.

Ración 20 €

Plano C1-m - *Hortas 1 ✉ 15705 - ✆ 981 55 85 80 - www.casamarcelo.net - Cerrado 15-29 febrero, 28 mayo-4 junio, 15-30 noviembre, lunes, domingo*

Asador Gonzaba (N)

CARNES A LA PARRILLA • AMBIENTE TRADICIONAL XX ¿Busca carnes de máxima calidad? En este asador las encontrará, pues llevan la experiencia por bandera y no hay más que ver su cámara de maduración, a la entrada del comedor, para rendirse a la evidencia. Presentan un correcto bar a la entrada, salones de ambiente clásico y privados de buen nivel, donde podrá degustar una carta tradicional muy enfocada a los tres tipos de carne que ofrecen: la de ternera, la de vaca y la de buey gallego. También tienen cordero de raza churra y pescados a la brasa según el mercado. La bodega, bastante completa, destaca por su selección de vinos gallegos.

Especialidades : Steak tartar de solomillo de vaca. Lechazo al horno de leña. Filloas rellenas.

Carta 30/45 €

Plano A2-c - *Nova de Abaixo 2 ✉ 15706 - ✆ 981 59 48 74 - www.asadorgonzaba.com - Cerrado cena: domingo*

Café de Altamira

TRADICIONAL · AMBIENTE TRADICIONAL Está de moda, pues aquí la relación calidad/precio es magnífica. El simpático local, vinculado al hotel Pazo de Altamira pero con acceso y funcionamiento independientes, sorprende ya solo por su estética, con bombillas colgadas del techo, curiosos botelleros, una colorista vajilla de Sargadelos... todo a medio camino entre lo rústico y lo vintage. Ofrecen una cocina tradicional bien actualizada, con personalidad y una filosofía orientada a ensalzar los sabores gallegos. Su emplazamiento, junto al siempre concurrido mercado de Abastos, también garantiza la bondad de los productos.

Especialidades : Pulpo a la brasa con emulsión de pimentón de la Vera y cachelos. Merluza con cebolla confitada y ajada. Torrija de brioche infusionada en arroz con leche y helado de cítricos.

Menú 15 € (almuerzo) – Carta 30/45 €

Plano D1-b – *Ameas 9 ✉ 15704 – ✆ 981 55 85 92 – www.cafedealtamira.com – Cerrado miércoles, cena: domingo*

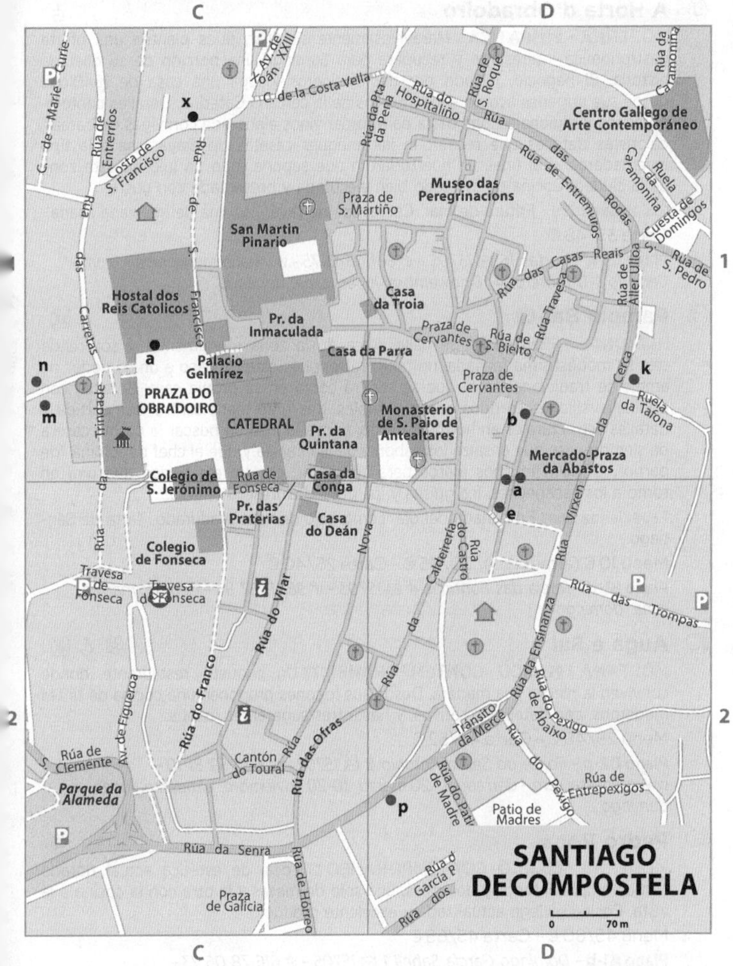

Ghalpón Abastos

MODERNA · SIMPÁTICA Se halla junto al concurrido mercado de abastos y es totalmente recomendable para aquel que quiera vivir una experiencia culinaria. Aquí se recrea un ambiente moderno, casual e informal, con una pequeña barra y la cocina parcialmente abierta a la sala. En las mesas, desnudas pero con buena vajilla y diferentes sillas, podrá descubrir un menú de mercado y temporada consistente en cinco tapas (un plato gallego, uno de verdura, uno de pescado, uno de carne y un postre) así como otro un poco más pequeño y económico, dando ambos la posibilidad de un interesante maridaje con vinos de la zona.

Especialidades : Berberechos cítricos. Jurel asado a la llama. Cañitas rellenas de crema.

Menú 30/45€

Plano D1-2-a – *Das Ameas 4 ✉ 15704 – ✆ 654 01 59 37 – www.abastosdouspuntocero.com – Cerrado domingo*

A Horta d'Obradoiro

MODERNA • SIMPÁTICA X Maravillosamente singular, pues plantea una oferta gastronómica interesante y recupera para Santiago una porción de su dilatada historia. El negocio, llevado por dos cocineros, ocupa una casa de 1640 que desde sus orígenes acogió a los músicos de la cercana Catedral. Detalles contemporáneos y regionales, una barra para tomar vinos elaborada con vigas de bateas, coloristas detalles que recuerdan las antiguas casetas de playa, una sala tipo invernadero... y al final, un huerto-jardín que supone todo un lujo en esta zona de la ciudad. Cocina de mercado bien ejecutada y presentada con gusto.

Especialidades : Fritura de mar. Caldeirada de raya. Espuma de manzana asada.

Carta 33/48€

Plano C1-n - *Hortas 16 ✉ 15705 - ✆ 881 03 13 75 - www.ahortadoobradoiro.com - Cerrado 3-17 febrero, 4-18 noviembre, lunes, cena: domingo*

Pampín Bar Ⓝ

REGIONAL • SENCILLA X Se halla cerca de la zona monumental y sorprende tras su modestísima fachada, un tanto retro, pues esta da paso a un comedor de ambiente tradicional en el que se sentirá como en su propia casa. El local, con originales sillones corridos en los laterales, una gran mesa central compartida y detalles estructurales en hormigón visto, apoya la idea de buscar la cocina casera de siempre, esa que ensalza los sabores de la infancia y que el chef denomina "de barrio". Ofrecen muchos platos para compartir, con un eje básico que gira en torno a los escabeches, los guisos y los pescados frescos del día.

Especialidades : Empanada del día. Lomo bajo de vaca madurado. Tarta de Santiago.

Menú 10€ (almuerzo), 20/45€ - Carta 25/40€

Plano B1-d - *Ruela das Fontiñas 4 ✉ 15703 - ✆ 981 11 67 84 - Cerrado martes, cena: domingo*

Auga e Sal

MODERNA • MARCO CONTEMPORÁNEO XX Un coqueto restaurante donde conviven la piedra y la madera. Desde sus fogones proponen una cocina de tintes modernos, con detalles creativos, y hasta tres sugerentes menús.

Menú 29/48€ - Carta 42/52€

Plano D2-p - *Fonte do Santo Antonio 8 ✉ 15702 - ✆ 680 59 81 10 - www.augaesal.com - Cerrado 10-20 marzo, 10-20 noviembre, almuerzo: lunes, domingo*

Pedro Roca

MODERNA • MARCO CONTEMPORÁNEO XX Local de estética actual dotado con un amplio interior y dos salas, una solo de mesas y la otra con la cocina a la vista. Cocina gallega actualizada y excelente producto.

Menú 45/80€ - Carta 45/65€

Plano A1-b - *Domingo García Sabell 1 ✉ 15705 - ✆ 616 78 06 73 - www.pedroroca.es - Cerrado lunes, cena: domingo*

Don Quijote

GALLEGA • AMBIENTE CLÁSICO X Un negocio familiar de instalaciones clásicas. Su carta tradicional gallega gira en torno a los pescados y mariscos... eso sí, con un buen apartado de caza en temporada.

Menú 25€ (almuerzo) - Carta 30/50€

Plano A1-e - *Galeras 20 ✉ 15705 - ✆ 981 58 68 59 - www.quijoterestaurante.com*

Lume Ⓝ

MODERNA • BAR DE TAPAS X ¡La propuesta más informal de la chef Lucía Freitas! Plantea, junto al Mercado de Abastos, una cocina actual de fusión a través de pequeños bocados y raciones para compartir.

Tapa 4€ - Ración 13€

Plano D2-e - *Das Ameas 2 ✉ 15704 - ✆ 981 56 47 73 - Cerrado almuerzo: martes, cena: domingo*

A Maceta

FUSIÓN · RÚSTICA X Tiene carácter e identidad propia, pues atesora un estilo rústico-actual y una coqueta terraza-patio. Cocina actual con sugerentes dosis de fusión y detalles de creatividad.

Carta 30/45€

Plano B1-a - *San Pedro 120 ✉ 15703 - ✆ 981 58 96 00 - www.amaceta.com - Cerrado 17 febrero-3 marzo, 4-18 noviembre, lunes, cena: martes, cena: domingo*

Taberna Abastos 2.0

MODERNA · BAR DE TAPAS X Resulta sorprendente y singular, pues ocupa seis casetas del mercado y se presenta con una estética actual. Es necesario reservar su única mesa y personalizan los menús. ¡Producto excepcional y elaboraciones de gran nivel!

Ración 9€ - Menú 35/50€

Plano D1-2-a - *Plaza de Abastos, Casetas 13-18 ✉ 15704 - ✆ 654 01 59 37 - www.abastosdouspuntocero.com - Cerrado domingo*

Alojamientos

Parador Hostal dos Reis Católicos

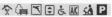

HISTÓRICO · HISTÓRICA ¡Impresionante edificio del s. XVI donde conviven fe, arte y tradición! Posee una magnífica zona noble y habitaciones de época distribuidas en torno a cuatro patios. Tanto en el restaurante Dos Reis, con enormes arcos de piedra, como en el Enxebre, algo más sencillo, aquí se apuesta por la cocina gallega tradicional.

131 habitaciones - 125/295€ - 21€ - 6 suites

Plano C1-a - *Plaza do Obradoiro 1 ✉ 15705 - ✆ 981 58 22 00 - www.parador.es*

San Francisco H. Monumento

HISTÓRICO · ACOGEDORA He aquí un hotel-monumento, pues ocupa un convento del s. XVIII declarado Bien de Interés Cultural. Atesora una zona social con restos arqueológicos, dos claustros y habitaciones muy bien equipadas. Su restaurante se complementa con dos salones para banquetes.

80 habitaciones - 142/365€ - 2 suites

Plano C1-x - *Campillo San Francisco 3 ✉ 15705 - ✆ 981 58 16 34 - www.sanfranciscohm.com - Cerrado 6-21 enero*

A Quinta da Auga

FAMILIAR · ELEGANTE Ocupa una fábrica de papel del s. XVIII instalada junto a un meandro del río Sar, con preciosos jardines, una bella fachada en piedra y estancias personalizadas de singular encanto. En su coqueto restaurante podrá degustar una cocina tradicional-actualizada.

51 habitaciones - 169/350€ - 1 suite

Fuera de plano - *Paseo da Amaia 23 b (por Avenida Rosalía de Castro A2 : 1,5 km) ✉ 15706 - ✆ 981 53 46 36 - www.aquintadaauga.com - Cerrado 7-13 enero*

en la carretera N 550 Noreste : 6 km

Mar de Esteiro

PESCADOS Y MARISCOS · AMBIENTE CLÁSICO XXX Una de las mejores opciones para degustar pescados y mariscos de calidad. El éxito de esta casa, ubicada a unos seis km. de Santiago, sin duda está en sus magníficas materias primas... aunque el edificio también resulta muy singular, pues se trata de una imponente casona rehabilitada que está catalogada como Bien de Interés Cultural. Dispone de un agradable jardín con terraza de verano, un bar privado y varios comedores de estética actual emplazados en lo que fueron las habitaciones. ¡No deje de probar el popular Guiso de rubio o su gran especialidad, el Arroz con bogavante!

Especialidades : Ensalada tibia. Bogavante con arroz. Tarta de queso al horno.

Menú 35€ - Carta 33/55€

Fuera de plano - *Lugar Ponte Sionlla, Enfesta (por Avenida de Lugo B1) ✉ 15884 - ✆ 981 88 80 57 - www.mardeesteiro.com - Cerrado lunes, cena: martes, cena: domingo*

SANTILLANA DEL MAR

Cantabria – Mapa regional **6**-B1 – Mapa de carreteras Michelin nº 572-B17

Los Blasones

TRADICIONAL • RÚSTICA Tras su bonita fachada en piedra presenta un interior de ambiente rústico, con un expositor de productos a la entrada. El chef mantiene el gusto de esta casa por la tradición.

Menú 16/35 € – Carta 35/55 €

Plaza de la Gándara 8 ✉ 39330 – ✆ 942 81 80 70 – www.restaurantelosblasones.es – Cerrado 7 enero-28 febrero, viernes

Gran Duque

TRADICIONAL • RÚSTICA Este pequeño restaurante de organización familiar presenta una sala de aire rústico, un vivero de marisco y la cocina a la vista. Amplia carta tradicional con opción de menús.

Menú 20/50 € – Carta 31/46 €

Jesús Otero 7 ✉ 39330 – ✆ 942 84 03 86 – www.granduque.com – Cerrado 4-29 noviembre, almuerzo: lunes

Casa del Marqués

MANSIÓN • ELEGANTE Una casa señorial con muchísimo encanto e historia, no en vano... ¡conserva una escalera con más de 700 años de antigüedad! En sus estancias conviven el gusto y la elegancia.

15 habitaciones – 79/203 € – 12 €

Cantón 26 ✉ 39330 – ✆ 942 81 88 88 – www.hotelcasadelmarques.com – Cerrado 10 diciembre-1 marzo

SANTO DOMINGO DE LA CALZADA

La Rioja – Mapa regional **14**-A2 – Mapa de carreteras Michelin nº 573-E21

Los Caballeros

REGIONAL • RÚSTICA Ocupa un edificio histórico ubicado en pleno centro, tras la cabecera de la Catedral. "Gastromesón" orientado al tapeo, buen comedor rústico y carta regional rica en bacalaos.

Carta 35/55 €

Mayor 58 ✉ 26250 – ✆ 941 34 27 89 – www.restauranteloscaballeros.com – Cerrado 7 enero-6 febrero, lunes, cena: domingo

Parador de Santo Domingo de la Calzada

TRADICIONAL • CLÁSICA Instalado en un antiguo hospital de peregrinos, junto a la Catedral. Posee una agradable zona social, dotada con bellos arcos en piedra, y confortables habitaciones de estilo clásico. En el restaurante, de cálida rusticidad, le propondrán una carta regional.

60 habitaciones – 95/190 € – 18 € – 2 suites

Plaza del Santo 3 ✉ 26250 – ✆ 941 34 03 00 – www.parador.es

SANTPEDOR

Barcelona – Mapa regional **9**-C2 – Mapa de carreteras Michelin nº 574-G35

Ramón

TRADICIONAL • AMBIENTE CLÁSICO Este negocio familiar, con buena trayectoria, decora sus salas y privados a base de molinillos, relojes y pesas. Su carta tradicional se enriquece con un apartado de pescados y sugerencias de temporada. ¡Carpa independiente para banquetes!

Menú 21/42 € – Carta 35/65 €

Camí de Juncadella ✉ 08251 – ✆ 938 32 08 50 – www.ramonparkhotel.com

SANTURIO – Asturias → Ver Gijón

SANXENXO • SANGENJO

Pontevedra – Mapa regional **13**-A2 – Mapa de carreteras Michelin nº 571-E3

La Taberna de Rotilio

TRADICIONAL · AMBIENTE CLÁSICO XX Pulpo a la antigua, Vieiras, Arroz con choco, Guiso de rape... En esta casa, que debe su nombre al fundador, ofrecen una interesante carta de gusto tradicional-marinero.

Carta 35/55€

Avenida do Porto 9 ✉ 36960 - ✆ 986 72 02 00 - www.hotelrotilio.com - Cerrado 1 noviembre-28 febrero, lunes, cena: domingo

Sabino

TRADICIONAL · FAMILIAR X Un restaurante de larga tradición familiar ubicado a escasos metros de la famosa playa de Silgar. Cocina tradicional de raíces gallegas, con toques actuales y buen producto.

Menú 28€ - Carta 30/48€

Ourense 3 ✉ 36960 - ✆ 986 72 34 00 - www.restaurantesabino.com - Cerrado 13-23 abril, 2 noviembre-2 diciembre

Augusta

SPA Y BIENESTAR · ELEGANTE Elegante complejo distribuido en dos edificios, ambos con unos magníficos SPA y los exteriores ajardinados. Destaca su piscina y su amplia terraza Caribbean, dotada con unas fantásticas vistas a la ría. Encontrará dos restaurantes... uno de gusto tradicional y el otro, más actual, con platos internacionales.

107 habitaciones - 95/340€ - 13€ - 53 suites

Lugar de Padriñán 25 ✉ 36960 - ✆ 986 72 78 78 - www.augustasparesort.com

Sanxenxo

SPA Y BIENESTAR · ELEGANTE Muy bien ubicado en un extremo de la playa. Posee un piano-bar, un completo SPA marino con centro de talasoterapia y dos tipos de habitaciones, las del anexo más amplias y modernas. El restaurante, de carácter panorámico, propone una carta gallega tradicional.

92 habitaciones - 120/250€ - 5 suites

Avenida Playa de Silgar 3 ✉ 36960 - ✆ 986 69 11 11 - www.hotelsanxenxo.com - Cerrado 8-18 enero

EL SARDINERO - Cantabria → Ver Santander

SARDÓN DE DUERO

Valladolid - Mapa regional **8**-B2 - Mapa de carreteras Michelin nº 575-H16

al Noreste 2 km

Refectorio

CREATIVA · ELEGANTE XXXX A su inequívoca valía culinaria hay que añadir un emplazamiento singular. Nos encontramos en un monasterio del s. XII rodeado por un precioso entorno natural... no en vano, el monumental edificio está cercado de viñedos y bodegas adscritas a la D. O. Ribera de Duero.

Al frente de los fogones encontraremos al chef Marc Segarra, un perfeccionista que nos plantea un viaje a los productos de temporada y proximidad, sobre todo de la propia finca (miel, piñones, vinos...), siempre con elegancia, mucho sabor y notables dosis de creatividad.

Las atenciones aquí son extraordinarias, pues suelen esperar al comensal en el mismo aparcamiento para acompañarle por el hotel, guiarle por el claustro y conducirle hasta el elegante refectorio, de altísimos techos abovedados, que da nombre al restaurante.

Especialidades : Puerro asado, vinagreta de avellana, croquetas de ajo y trufa. Dorada confitada, pil-pil de piñones, col y vinagre de Jerez. Chocolate, leche de oveja y sal.

Menú 140/160€

Hotel Abadía Retuerta LeDomaine, Carretera N 122 (km 332,5) ✉ 47340 - ✆ 983 68 03 68 - www.ledomaine.es - Cerrado 15 diciembre-14 febrero, almuerzo: lunes-domingo

Abadía Retuerta LeDomaine

EDIFICIO HISTÓRICO · GRAN LUJO Un hotel realmente único, no en vano recupera un maravilloso monasterio del s. XII rodeado de viñedos. Encontrará amplios jardines, un bello claustro y habitaciones de gran confort, todas con mobiliario clásico de calidad y servicio de mayordomo las 24 horas. ¡Oferta gastronómica ligada a los vinos de la propia bodega!

27 habitaciones - 480/529 € - 3 suites

Carretera N 122 (km 332,5) ✉ 47340 - ✆ 983 68 03 68 - www.abadia-retuerta.com - Cerrado 15 diciembre-14 febrero

Refectorio - Ver selección restaurantes

SARVISÉ

Huesca - Mapa regional **2**-C1 - Mapa de carreteras Michelin n° 574-E29

Casa Frauca

REGIONAL · RÚSTICA XX Negocio familiar enclavado en un pequeño pueblo del Pirineo aragonés, en el Valle del Ara y muy próximo al maravilloso Parque Natural de Ordesa. Se accede a través de una reducida recepción y dispone de tres comedores, dos de marcado ambiente rústico y el otro más actual. Podrá elegir entre el menú del día y una carta regional-tradicional, siendo los platos estrella el Arroz con conejo y caracoles, las famosas Migas con huevos de la casa y su Paletilla de cordero del Valle de Broto con patatas a lo pobre. Aquí también ofrecen varias habitaciones por si desea alojarse, algunas abuhardilladas.

Especialidades : Arroz con longaniza de Graus, trufa y setas. Cabrito confitado a baja temperatura. Crespillos de borrajas.

Menú 24/40 € - Carta 30/50 €

Carretera de Ordesa ✉ 22374 - ✆ 974 48 63 53 - www.casafrauca.com - Cerrado 6 enero-3 abril, lunes, cena: domingo

EL SAUZAL - Santa Cruz de Tenerife → Ver Canarias (Tenerife)

SEGORBE

Castellón - Mapa regional **11**-A2 - Mapa de carreteras Michelin n° 577-M28

María de Luna

TRADICIONAL · MARCO CONTEMPORÁNEO XX He aquí, seguramente, uno de los restaurantes más populares en la comarca del Alto Palancia. Presenta dos salas de altos techos y estética actual, destacando la que se asoma al claustro-patio del hotel Martín El Humano. Aquí la carta, que aborda tanto la cocina tradicional actualizada como la regional, se enriquece con diversas jornadas gastronómicas dedicadas al bacalao, a las setas, a las tapas... Descubra alguno de sus arroces, las Sepietas salteadas o la famosísima Olla segorbina, un plato típico a base de legumbres, verduras, varios tipos de huesos, diferentes carnes y embutidos.

Especialidades : Arroz meloso de bogavante. Cochinillo crujiente con crema de manzana ácida y salsa de romero. Torrija tradicional con helado de vainilla.

Menú 12 € (almuerzo), 20/25 € - Carta 25/40 €

Fray Bonifacio Ferrer 7 (Hotel Martín El Humano) ✉ 12400 - ✆ 964 71 36 01 - www.hotelmartinelhumano.es - Cerrado 9-19 enero, lunes, cena: domingo

SEGOVIA

Segovia - Mapa regional **8**-C3 - Mapa de carreteras Michelin n° 575-J17

Villena

MODERNA · ELEGANTE XXX Ocupa la antigua iglesia del Convento de las Oblatas y apuesta tanto por la coherencia como por el producto de proximidad, con elaboraciones actualizadas de gusto tradicional.

Menú 70/120 €

Plano B1-b - *Plazuela de los Capuchinos 4 ✉ 40001 - ✆ 921 46 00 32 - www.restaurante-villena.com - Cerrado 17 febrero-4 marzo, lunes, cena: martes, cena: domingo*

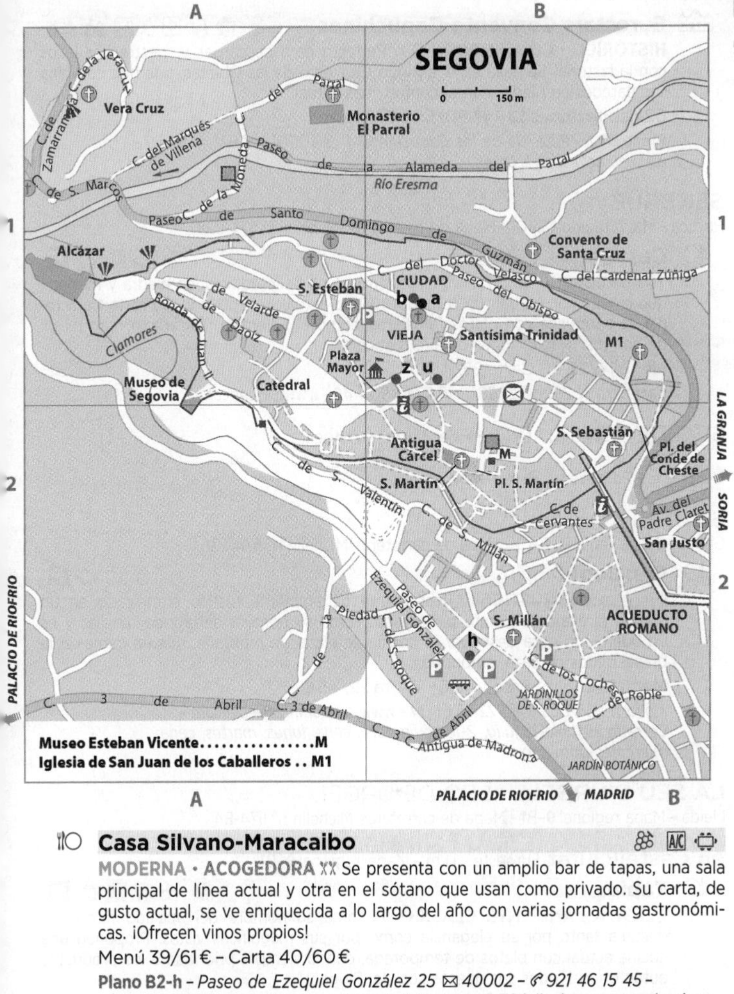

Casa Silvano-Maracaibo

MODERNA · ACOGEDORA XX Se presenta con un amplio bar de tapas, una sala principal de línea actual y otra en el sótano que usan como privado. Su carta, de gusto actual, se ve enriquecida a lo largo del año con varias jornadas gastronómicas. ¡Ofrecen vinos propios!

Menú 39/61€ – Carta 40/60€

Plano B2-h – *Paseo de Ezequiel González 25 ✉ 40002 – ☎ 921 46 15 45 – www.restaurantemaracaibo.com – Cerrado 7-15 enero, 6-30 julio, lunes, cena: domingo*

José María

TRADICIONAL · MARCO REGIONAL XX Sorprende por su amplitud, con bellos espacios castellanos y otros de línea más actual. El plato emblemático es el Cochinillo asado, de hecho... ¡tienen una granja para su cría!

Menú 53€ – Carta 45/60€

Plano B1-u – *Calle del Cronista Lecea 11 ✉ 40001 – ☎ 921 46 11 11 – www.restaurantejosemaria.com*

Juan Bravo (N)

MODERNA · TABERNA X Un gastrobar de ambiente actual que apuesta por la cocina regional actualizada. Sus elaboraciones, pensadas para compartir, toman como base los productos de temporada.

Carta 20/40€

Plano B1-z – *Plaza Mayor 9 ✉ 40001 – ☎ 921 15 16 07 – www.juan-bravo.com*

Eurostars Convento Capuchinos

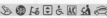

HISTÓRICO · CONTEMPORÁNEA Perfecto para descansar y... ¡estrechar lazos con la historia! Se halla en el antiguo Convento de las Oblatas, que hoy combina sus paredes en piedra con el confort más actual.

62 habitaciones – 90/599 € – 1 suite

Plano B1-a – *Plazuela de los Capuchinos 4 ✉ 40001 – ☎ 921 41 52 50 – www.eurostarshotels.com*

SENEGÜÉ

Huesca – Mapa regional **2**-C1 – Mapa de carreteras Michelin n° 574-E28

Casbas

TRADICIONAL · RÚSTICA XX Instalado en un bello edificio, en piedra y madera, que cuenta con un bar, un comedor rústico-actual y un privado. Su carta tradicional se enriquece con platos familiares, como el Solomillo "torrefacto" con pil-pil de hongos. ¡Habitaciones de aire rústico!

Menú 14/20 € – Carta 25/45 €

Carretera N 260 ✉ 22666 – ☎ 974 48 01 49 – www.casbas.com

SEO DE URGEL – Lleida → Ver La Seu d'Urgell

SERPE – Pontevedra → Ver Raxó

SETCASES

Girona – Mapa regional **9**-C1 – Mapa de carreteras Michelin n° 574-E36

Can Jepet

CATALANA · RÚSTICA XX Restaurante de ambiente rústico emplazado en un pueblo pirenaico bastante pintoresco. Toma su nombre del apodo familiar y es un buen sitio para descubrir la cocina catalana de montaña, rica en carnes a la brasa, platos de caza, embutidos...

Menú 18 € (almuerzo)/45 € – Carta 22/45 €

Molló 11 ✉ 17869 – ☎ 972 13 61 04 – www.restaurantcanjepet.com – Cerrado 29 junio-10 julio, 2-18 noviembre, cena: lunes, martes, cena: miércoles-domingo

LA SEU D'URGELL • SEO DE URGEL

Lleida – Mapa regional **9**-B1 – Mapa de carreteras Michelin n° 574-E4

en Castellciutat Suroeste : 1 km – Mapa regional 9–B1

Tàpies

CLÁSICA · AMBIENTE CLÁSICO XXX Toma su nombre del apellido familiar y destaca tanto por su elegancia como por sus magníficas vistas. Proponen una cocina actual con platos de temporada, dando siempre prioridad a los productos autóctonos. ¡Todos sus quesos son del Pirineo!

Menú 35 € (almuerzo)/75 € – Carta 45/70 €

Hotel El Castell de Ciutat, Carretera N 260 ✉ 25700 – ☎ 973 35 00 00 – www.hotelelcastell.com – Cerrado 1 noviembre-1 junio, lunes, martes, almuerzo: miércoles-viernes

El Castell de Ciutat

LUJO · CLÁSICA Ocupa una zona elevada que, al mismo tiempo, se encuentra a los pies del castillo-fortaleza del s. XVI. Elegante zona noble, SPA gratuito para el cliente alojado y habitaciones de muy buen confort, unas abuhardilladas y otras con terraza.

36 habitaciones – 194/231 € – 2 suites

Carretera N 260 ✉ 25700 – ☎ 973 35 00 00 – www.hotelelcastell.com

Tàpies – Ver selección restaurantes

grafvision/iStock

SEVILLA

Sevilla – Mapa regional **1**–B2 – Mapa de carreteras Michelin n° 578-T11

Nos gusta...

Recorrer el conjunto palatino del Real Alcázar y la impresionante Catedral; sentir la tradición taurina en el entorno de la Maestranza; acercarnos hasta el Parque de María Luisa y conmovernos ante la espectacular Plaza de España... ¡pero qué maravillosa es esta ciudad!

Durante su visita recomendamos tomar un café en el emblemático hotel **Alfonso XIII** y subir a la terraza-azotea del **Eme Catedral** para "tocar" la Giralda. También, conocer el Mercado Lonja del Barranco, un espacio gourmet de moda y, sobre todo, callejear entre los barrios de San Lorenzo y Santa Cruz para tapear. Mención especial merecen el viaje al pasado de un histórico como **El Rinconcillo**, la original propuesta de **Cañabota**, la cocina actual de **Sobretablas**...
¿Una pausa? Acérquese al entorno del Puente de Isabel II (o de Triana) y tómese un vino Manzanilla, un Amontillado o el típico "rebujito" en alguna de sus terrazas.

bruev/iStock

Restaurantes

Abantal (Julio Fernández)

CREATIVA • MINIMALISTA XXX Para entender este restaurante y sus valores debemos partir del nombre, pues etimológicamente sería la voz predecesora de la palabra "delantal".

El alma de esta elegante casa es el chef Julio Fernández, que busca vestir los tradicionales sabores andaluces de vanguardia. Su meditada propuesta procura, según sus propias palabras, construirse "desde dentro hacia fuera", priorizando la autenticidad de los sabores sobre los resultados estéticos y demostrando un profundo conocimiento del producto local, algo que se aprecia mejor con los platos de temporada. El resultado es una cocina creativa sin ataduras, siempre dispuesta a amplificar la experiencia con una nutrida selección de vinos generosos y AOVEs.

¿Busca algo más? No lo dude y reserve la "mesa del chef", ubicada en la misma cocina.

Especialidades : Carabinero al vapor sobre arroz salteado de verduras y ali oli. Patata especiada, cola de toro, huevo trufado y hongos. Granizado de hinojo, cilantro, manzana y limón.

Menú 80/140€

Plano D2-b - *Alcalde José de la Bandera 7 ✉ 41003 - ✆ 954 54 00 00 - www.abantalrestaurante.es - Cerrado 24 julio-28 agosto, lunes, domingo*

Az-Zait

MODERNA • ACOGEDORA XX Debe su nombre a un vocablo árabe que significa "jugo de aceituna" (aceite) y demuestra una constante progresión, pues aquí aplican técnica y convicción en todas las elaboraciones. Presenta un correcto hall, donde podrá tomar una selección de tapas, así como dos salas de inspiración clásica y cuidadísimo servicio... de hecho, tienen detalles como el carro de quesos. Encontrará una reducida carta de cocina tradicional e internacional, con toques modernos, así como tres sugerentes menús degustación que varían en función del número de platos. ¡Pruebe el Huevo a baja temperatura con pulpo y trufa!

Especialidades : Huevo a baja temperatura con pulpo y trufa. Vieiras a la parrilla con salsa romesco. Buñuelo de chocolate líquido con helado de vainilla.

Menú 35/48€ - Carta 30/45€

Plano B1-d - *Plaza de San Lorenzo 1 ✉ 41002 - ✆ 954 90 64 75 - www.az-zait.es - Cerrado 1-30 julio, almuerzo: martes-miércoles*

Sobretablas N

ACTUAL • SIMPÁTICA XX Un restaurante del que todo el mundo habla, pues al evidente interés culinario y estético de la casa, ubicada en un chalet del barrio de El Porvenir, se une el hecho de que la joven pareja al frente se conoció trabajando en El Celler de Can Roca. Camila Ferrero, la chef, destila todo lo aprendido para proponernos una cocina actual de claras influencias tradicionales y regionales, con muchos destellos de personalidad y unos precios ajustados. ¿Curiosidades? El comedor principal presenta la estética de una terraza cubierta, repleta de plantas y... ¡con la opción de abrir el techo parcialmente!

Especialidades : Langostino con chicharrones. Rabo de toro con puré de apionabo y trufa. Bombón de chocolate frito.

Menú 55/70€ - Carta 30/40€

Fuera de plano - *Colombia 7 (por Avenida de la Borbolla D3) ✉ 41013 - ✆ 955 54 64 51 - www.sobretablasrestaurante.com - Cerrado 1-31 agosto, lunes, cena: domingo*

Cañabota

PESCADOS Y MARISCOS • SENCILLA X Tremendamente singular, sin duda, pues su nombre recuerda uno de los tiburones más curiosos que existen y atesora un original mostrador de pescadería a la entrada, algo que no extraña al saber que la familia del propietario se ha dedicado a la pesca durante generaciones. Conceptualmente busca combinar la complicidad de un bar de tapas con la espectacularidad de una barra de sushi, trabajando en directo, vendiendo los pescados del expositor-pescadería al peso y dando un tremendo protagonismo a la parrilla vista. ¿El secreto de su éxito? Enorme ilusión, honestidad y un producto excepcional.

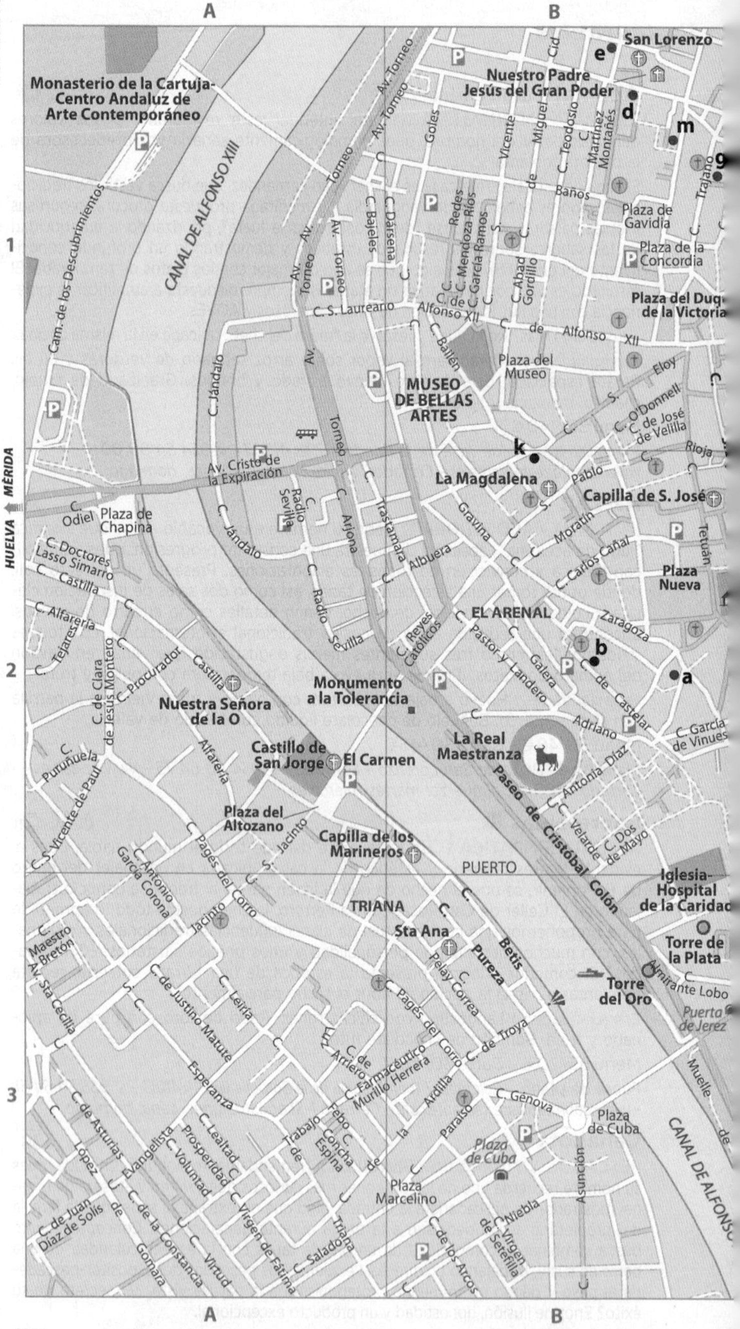
A
B
1
2
3
San Lorenzo
Nuestro Padre Jesús del Gran Poder
Monasterio de la Cartuja-Centro Andaluz de Arte Contemporáneo
CANAL DE ALFONSO XIII
Av. Torneo
Plaza de Gavidia
Plaza de la Concordia
Plaza del Duque de la Victoria
C. de Alfonso XII
Plaza del Museo
MUSEO DE BELLAS ARTES
Cam. de los Descubrimientos
C. Jándalo
Av. Cristo de la Expiración
HUELVA
MÉRIDA
Plaza de Chapina
La Magdalena
Capilla de S. José
Plaza Nueva
EL ARENAL
C. Reyes Católicos
C. Pastor y Landero
C. Zaragoza
C. de Castelar
C. Adriano
La Real Maestranza
Paseo de Cristóbal Colón
Monumento a la Tolerancia
Nuestra Señora de la O
Castillo de San Jorge
El Carmen
Plaza del Altozano
Capilla de los Marineros
PUERTO
TRIANA
Sta Ana
C. Betis
C. Pureza
Iglesia-Hospital de la Caridad
Torre de la Plata
Torre del Oro
Puerta de Jerez
C. Pagés del Corro
C. de Justino Matute
C. Esperanza
Plaza de Cuba
Plaza Marcelino
CANAL DE ALFONSO
C. Génova
C. Asunción
C. Virgen de Fátima
C. Salado
C. de los Arcos
C. de Asturias
C. Alfarería
C. Castilla
C. S. Vicente de Paul
Av. Sta Cecilia

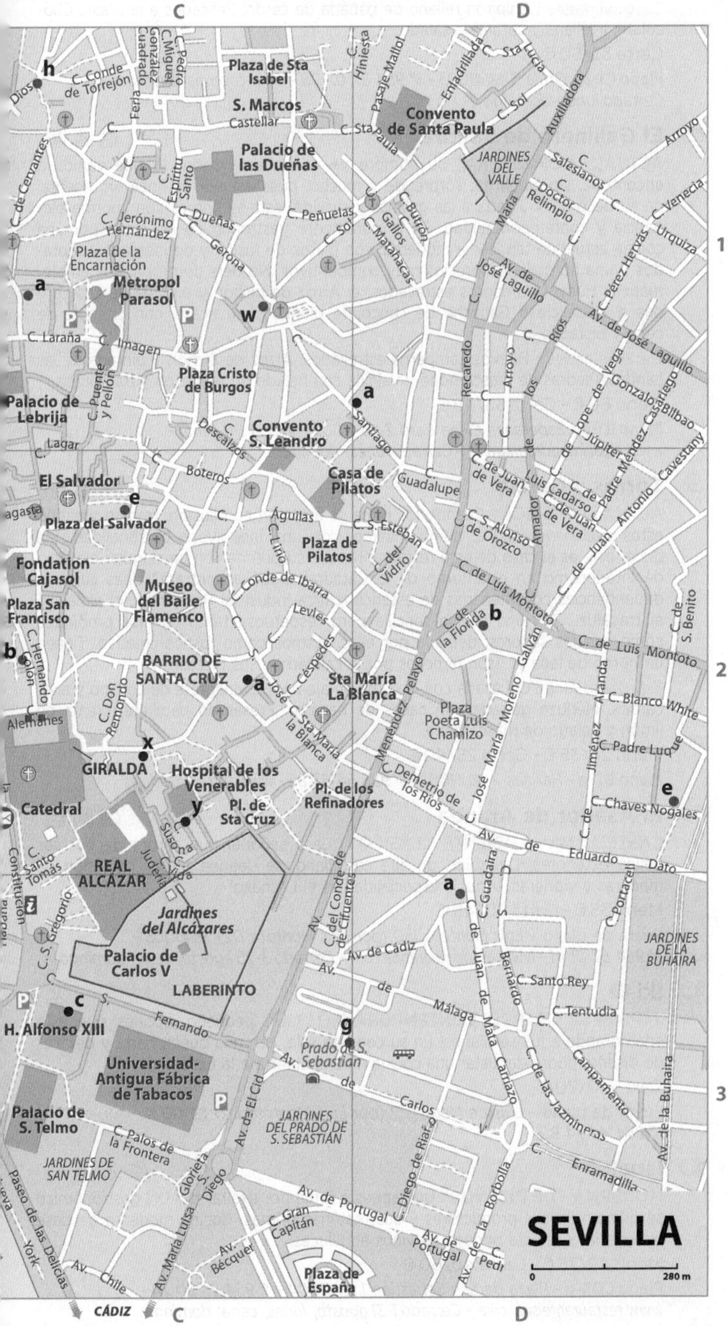
SEVILLA
0
280 m
C
D
1
2
3
CÁDIZ
Plaza de Sta Isabel
S. Marcos
Convento de Santa Paula
Palacio de las Dueñas
JARDINES DEL VALLE
Plaza de la Encarnación
Metropol Parasol
Plaza Cristo de Burgos
Palacio de Lebrija
Convento S. Leandro
Casa de Pilatos
El Salvador
Plaza del Salvador
Plaza de Pilatos
Fondation Cajasol
Plaza San Francisco
Museo del Baile Flamenco
BARRIO DE SANTA CRUZ
Sta María La Blanca
Plaza Poeta Luis Chamizo
GIRALDA
Hospital de los Venerables
Catedral
Pl. de Sta Cruz
Pl. de los Refinadores
REAL ALCÁZAR
Jardines del Alcázares
Palacio de Carlos V
LABERINTO
H. Alfonso XIII
Universidad-Antigua Fábrica de Tabacos
Palacio de S. Telmo
JARDINES DE SAN TELMO
JARDINES DEL PRADO DE S. SEBASTIÁN
Prado de S. Sebastián
JARDINES DE LA BUHAIRA
Plaza de España
C. Conde de Torrejón
Dios
C. Pedro
C. Miguel González Cuadrado
Feria
Castellar
C. Hiniesta
Pasaje Mallol
Enladrillada
C. Sta Lucía
C. Sol
C. Sta Paula
Auxiliadora
Arroyo
C. Salesianos
C. Doctor Relimpio
C. Venecia
Urquiza
C. de Cervantes
C. Espíritu Santo
C. Jerónimo Hernández
C. Dueñas
Gerona
C. Peñuelas
C. Sol
C. Gallos
C. Matahacas
C. Butrón
María
Av. de José Laguillo
C. Pérez Hervás
C. Laraña
C. Imagen
C. Puente y Pellón
Recaredo
Arroyo
C. de los Ríos
C. Lope de Vega
Gonzalo Bilbao
C. Padre Méndez Casariego
Júpiter
Santiago
Lagar
C. Descalzos
C. Boteros
Guadalupe
C. de Juan de Vera
Luis Cadarso
C. de Juan de Vera
Amador de los Ríos
C. Antonio Cavestany
Águilas
C. Lirio
C. S. Esteban
C. S. Alonso de Orozco
C. de Juan
C. del Vidrio
C. Conde de Ibarra
Levíes
C. de Luis Montoto
C. de la Florida
C. de S. Benito
C. Hernando Colón
C. Don Remondo
C. José
C. Céspedes
C. Sta María la Blanca
Menéndez Pelayo
José María Moreno Galván
Aranda
C. Blanco White
Alemanes
C. Padre Luque
Jiménez
C. Demetrio de los Ríos
C. Chaves Nogales
C. Susona
C. Vida
Judería
C. Santo Tomás
Constitución
C. S. Gregorio
Av. de Eduardo Dato
C. del Conde de Cifuentes
C. Guadaira
C. de Juan de Mata Carriazo
S. Bernardo
C. Portacelli
Av. de Cádiz
Av. de Málaga
C. Santo Rey
C. Tentudía
C. S. Fernando
Av. de Carlos V
Av. de El Cid
C. de las Jazmineras
Campamento
Av. de la Buhaira
C. Enramadilla
C. Palos de la Frontera
Glorieta S. Diego
C. Diego de Riaño
Av. de Portugal
C. Gran Capitán
Av. Bécquer
Av. de Portugal
Av. de la Borbolla
C. Pedro
Av. María Luisa
Av. Chile
Paseo de las Delicias
York

Especialidades : Chipirón relleno de papada de cerdo. Pescados a la brasa. Chocolate, avellana y caramelo salado.

Carta 33/50€

Plano C1-a - *Orfila 3 ✉ 41003 - ✆ 954 87 02 98 - www.covermanager.com - Cerrado lunes, domingo*

El Gallinero de Sandra

ACTUAL • ACOGEDORA Su nombre ya nos orienta sobre lo que vamos a encontrar... sin embargo, sorprende y mucho, pues estando la línea argumental de su decoración ligada a las gallinas y su vida, esta se enfoca con enorme elegancia y contemporaneidad. En lo puramente gastronómico apuestan por una cocina actual de tendencia moderna, con platos de fusión y de mercado adaptados a una horquilla de precios muy competitivos. No deje de probar sus emblemáticos Huevos camperos estrellados, el Arroz de pichón y pintada de Las Landas o el delicioso Ganache de chocolate blanco y aguacate, con crumble de coco y pistacho.

Especialidades : Huevos camperos estrellados. Arroz de pichón y pintada de las Landas. Piedras de mascarpone y vainilla con helado de requesón y frambuesa.

Menú 60€ - Carta 33/48€

Plano B1-g - *Esperanza Elena Caro 2 ✉ 41002 - ✆ 954 90 99 31 - www.elgallinerodesandra.es - Cerrado lunes, domingo*

Torres y García

ACTUAL • RÚSTICA Cuando los retos se afrontan con ilusión, trabajo y cariño estos suelen ver la luz, como mínimo, con una inequívoca personalidad. Sin duda, este es el caso de este restaurante, que sorprende con un singular ejercicio de interiorismo en el entorno de la Catedral. ¿Qué encontrará? Unas curiosas dependencias concatenadas de estética rústica-industrial (la terraza, el almacén, el tragaluz...) y una cocina sencilla pero respetuosa tanto con los productos como con los sabores, definida por ellos mismos como rústica-creativa. Tienen un horno de leña y... ¡son famosos por la calidad de sus pizzas!

Especialidades : Col asada con espuma de ajo negro, vinagreta de comino y anacardos. Merluza guisada con callos de bacalao. Fresas en papillote, crema de limón y helado de mascarpone.

Menú 28/35€ - Carta 25/40€

Plano B2-a - *Harinas 2 ✉ 41001 - ✆ 955 54 63 85 - www.torresygarcia.es*

El Asador de Aranda

CASTELLANA • AMBIENTE CLÁSICO Casa señorial que sorprende por sus bellos exteriores. Las salas, de aire castellano, se definen por la profusión de maderas y vidrieras. ¡Aquí la especialidad es el Lechazo!

Menú 35€ - Carta 30/45€

Fuera de plano - *Luis Montoto 150 (por Luis Montoto D2) ✉ 41005 - ✆ 954 57 81 41 - www.asadordearanda.com - Cerrado 3-25 agosto, cena: domingo*

Iki (N)

JAPONESA • MARCO CONTEMPORÁNEO ¡Un pequeño japonés que está enamorando a los sevillanos! En su coqueta sala, con una buena barra y detalles de diseño, podrá degustar una cocina nipona abierta a la fusión.

Carta 40/70€

Fuera de plano - *Luis de Morales 2 (por Luis Montoto D2) ✉ 41005 - ✆ 954 44 74 95*

Ispal (N)

MODERNA • DE DISEÑO Una apuesta firme por exaltar el ADN gastronómico sevillano, con sus productores y sus materias primas. Cocina moderna de base tradicional y selecta bodega de vinos andaluces.

Menú 49/75€ - Carta 40/60€

Plano CD3-g - *Plaza de San Sebastián 1 ✉ 41004 - ✆ 954 23 20 24 - www.restauranteispal.com - Cerrado 1-31 agosto, lunes, cena: domingo*

⛶○ Tribeca   ᕽ 🅰🄲 ⇆ 🚗

ACTUAL · MARCO CONTEMPORÁNEO ✕✕ Está llevado entre hermanos, presenta detalles de diseño y debe su nombre a un famoso barrio de Nueva York. Carta de tinte actual y buenos pescados, estos como sugerencias.

Menú 85€ – Carta 45/60€

Plano D2-e – *Chaves Nogales 3* ✉ *41018* – 𝒞 *954 42 60 00* – *www.restaurantetribeca.com* – *Cerrado 1-31 agosto, domingo*

⛶○ La Azotea   ᕽ 🅰🄲 ⇆

TRADICIONAL · BAR DE TAPAS ✕ ¡No para de ganar adeptos! La sala, muy luminosa y actual, se completa con una mesa-reservado en la misma cocina. Carta tradicional actualizada con opción de medias raciones.

Tapa 6€ – Ración 21€

Plano B1-m – *Conde de Barajas 13* ✉ *41002* – 𝒞 *955 11 67 48* – *www.laazoteasevilla.com*

⛶○ El Disparate 🆕   ⇆ 🛋 ᕽ 🅰🄲

FUSIÓN · BAR DE TAPAS ✕ Un gastrobar muy curioso, sin barra pero con preciosas mesas y una buena terraza. Encontrará tanto cocina andaluza como de fusión. ¡También ofrecen unas cuidadas habitaciones!

Tapa 5€ – Ración 14€

Fuera de plano – *Alameda de Hércules 31 (por Teodosio B1)* ✉ *41002* – 𝒞 *954 91 32 62* – *www.thecornerhousesevilla.com*

⛶○ Eslava   ⇆ 🔼 🅰🄲

TRADICIONAL · FAMILIAR ✕ Un negocio de larga trayectoria familiar que ha sabido labrarse un nombre en la ciudad. En su coqueta sala proponen una cocina tradicional actualizada de muy buen nivel, siempre con la opción de pedir alguna de sus famosas tapas. ¡También ofrecen apartamentos!

Carta 35/60€

Plano B1-e – *Eslava 5* ✉ *41002* – 𝒞 *954 90 65 68* – *www.espacioeslava.com* – *Cerrado 7-17 enero, 1-25 agosto, lunes, domingo*

⛶○ Eslava   🅰🄲

TRADICIONAL · BAR DE TAPAS ✕ Reconocido por el público y la crítica, no en vano ha sido galardonado con varios premios en diferentes certámenes gastronómicos. De sus fogones surgen las tapas propias de una cocina tradicional actualizada y algún que otro guiso.

Tapa 3€ – Ración 12€

Plano B1-e – *Eslava 3* ✉ *41002* – 𝒞 *954 90 65 68* – *www.espacioeslava.com* – *Cerrado 7-17 enero, 1-25 agosto, lunes, domingo*

⛶○ Matsuri 🆕   🅰🄲

JAPONESA · SENCILLA ✕ Aquí apuestan firme por la cocina tradicional nipona, centrando la oferta en makis, sashimis y nigiris pero también con tempuras y platos calientes. ¡Soberbio punto del arroz!

Carta 30/55€

Plano C1-h – *Amor de Dios 68* ✉ *41002* – 𝒞 *954 90 83 69* – *www.matsurisevilla.com*

⛶○ Ovejas Negras   🅰🄲

FUSIÓN · BAR DE TAPAS ✕ Un local íntimo y de ambiente desenfadado. Más que tapas lo que aquí ofrecen son platitos, donde saben fusionar la gastronomía local con las cocinas de otras partes del mundo.

Tapa 5€ – Ración 10€

Plano C2-b – *Hernando Colón 8* ✉ *41004* – 𝒞 *955 12 38 11* – *www.ovejasnegrastapas.com*

⛶○ Puratasca   🛋 🅰🄲

ACTUAL · BAR DE TAPAS ✕ Un bar de tapas que ha sabido, por méritos propios, ganarse un nombre en el barrio de Triana. Tiene el aspecto de una tasca tradicional... sin embargo, aquí proponen unos platos actuales y creativos, bastante bien concebidos y copiosos.

Tapa 6€ – Ración 14€

Fuera de plano – *Numancia 5 (por Tejares A2)* ✉ *41010* – 𝒞 *954 33 16 21* – *www.puratasca.com* – *Cerrado 10-23 agosto, domingo*

El Rinconcillo

TRADICIONAL • RÚSTICA ¡Una casa con solera! Ofrecen una carta tradicional especializada en chacinas de la Sierra de Huelva y cocina casera andaluza, trabajando también los pescados y las frituras.

Carta 20/45€

Plano C1-w – *Gerona 40 ✉ 41003 – ☎ 954 22 31 83 – www.elrinconcillo.es – Cerrado 1-17 agosto*

El Rinconcillo

REGIONAL • BAR DE TAPAS ¡Todo un homenaje a la historia! La casa, que se fundó en 1670 y tiene un incuestionable encanto, ocupa dos locales anexos, uno de ellos en una vieja tienda de ultramarinos.

Tapa 3€ – Ración 10€

Plano C1-w – *Gerona 40 ✉ 41003 – ☎ 954 22 31 83 – www.elrinconcillo.es – Cerrado 20 julio-20 agosto*

Tradevo Centro

MODERNA • BAR DE TAPAS Agradable y bien ubicado, en una de las muchas placitas del centro histórico. Cocina de base tradicional, a la que saben dar un giro actual, y platos con toques orientales.

Tapa 4€ – Ración 10€

Plano C2-e – *Cuesta del Rosario 15 ✉ 41004 – ☎ 854 80 74 24 – www.tradevo.es*

Tradevo San Bernardo

MODERNA • BAR DE TAPAS Sigue la línea de la casa madre (Tradevo), aquí con una carta de gastrobar: entradas frías, platos de cuchara, frituras, productos del mar, carnes... ¡Pida la Sardina marinada!

Tapa 4€ – Ración 14€

Plano D3-a – *Juan de Mata Carriazo 6 ✉ 41005 – ☎ 854 80 61 73 – www.tradevo.es – Cerrado lunes, cena: domingo*

Alojamientos

Alfonso XIII

GRAN LUJO • CLÁSICA Emana majestuosidad y resulta realmente sorprendente, pues atesora arcos, arabescos, mosaicos... Encontrará unas magníficas zonas nobles y varios tipos de habitaciones, destacando las suites. Restaurante gastronómico, coctelería, bar de tapas y tienda gourmet.

126 habitaciones – 220/1100€ – 30€ – 22 suites

Plano C3-c – *San Fernando 2 ✉ 41004 – ☎ 954 91 70 00 – www.hotel-alfonsoxiii-sevilla.com*

Gran Meliá Colón

LUJO • CONTEMPORÁNEA Instalado en un edificio, hoy actualizado, que se construyó para la exposición iberoamericana de 1929. Sorprende ver que cada planta está dedicada a un pintor, reflejando las puertas una copia de sus lienzos. Algunas noches, en el bar, ofrecen música en vivo.

159 habitaciones – 180/700€ – 30 suites

Plano B2-k – *Canalejas 1 ✉ 41001 – ☎ 954 50 55 99 – www.gran-melia-colon.com*

Palacio de Villapanés

BOUTIQUE HOTEL • CONTEMPORÁNEA Parcialmente instalado en un palacio del s. XVIII. Disfruta de un hermoso patio central, una azotea-solárium y elegantes habitaciones, algunas con los artesonados originales. El restaurante, dividido en dos salas, ofrece una carta tradicional e internacional.

45 habitaciones – 220/660€ – 23€ – 5 suites

Plano CD1-a – *Santiago 31 ✉ 41003 – ☎ 954 50 20 63 – www.palaciovillapanes.com*

Mercer Sevilla

LUJO • ELEGANTE Instalado en la Casa-Palacio Castelar, un bellísimo edificio burgués de 1880. Presenta un elegante patio, una impresionante escalera en mármol y habitaciones clásicas vestidas por afamados interioristas. Su pequeño restaurante apuesta por la cocina creativa.

12 habitaciones ☕ - 👥 350/750 €

Plano B2-b - *Castelar 26 ✉ 41001 - ✆ 954 22 30 04 - www.mercersevilla.com*

Casa 1800

LUJO • ELEGANTE Ocupa un edificio del s. XIX y, junto al bonito patio interior, destaca por su maravillosa azotea, dotada con terrazas, solárium y una piscina... ¡con vistas a la Giralda!

33 habitaciones - 👥 120/550 € - ☕ 12 €

Plano C2-x - *Rodrigo Caro 6 ✉ 41004 - ✆ 954 56 18 00 - www.hotelcasa1800.com*

Amadeus Sevilla

FAMILIAR • CLÁSICA Un hotel temático dedicado a la música clásica. Ocupa varias casas del barrio de Santa Cruz, mima los detalles y sorprende por su bella terraza-azotea, asomada a la Giralda.

30 habitaciones - 👥 95/250 € - ☕ 12 €

Plano C2-a - *Farnesio 6 ✉ 41004 - ✆ 954 50 14 43 - www.hotelamadeussevilla.com*

Halo Ⓝ

BOUTIQUE HOTEL • PERSONALIZADA Detallista, tranquilo y ubicado en el barrio de Santa Cruz. Desde la azotea, con solárium y terrazas, podrá contemplar la puesta de sol sobre la Catedral. ¡Solo para adultos!

18 habitaciones - 👥 99/429 € - ☕ 15 €

Plano C2-y - *Gloria 3 ✉ 41004 - ✆ 954 56 33 56 - www.hotelhalodesevilla.com*

SIERRA NEVADA

Granada - Mapa regional **1**-D1 - Mapa de carreteras Michelin nº 578-U19

El Lodge Ⓝ

LUJO • ELEGANTE ¡Todo un lujo inesperado! Ofrece habitaciones personalizadas de aire montañés con mucha madera, una buena oferta culinaria y una mágica piscina-terraza exterior, de agua caliente y carácter panorámico. Su conexión con las pistas... ¡permite salir esquiando!

10 habitaciones ☕ - 👥 400/600 € - 10 suites

Maribel 8 ✉ 18196 - ✆ 958 48 06 00 - www.ellodge.com -
Cerrado 21 abril-1 diciembre

SIGÜENZA

Guadalajara - Mapa regional **7**-C1 - Mapa de carreteras Michelin nº 575-I22

✿ El Doncel (Enrique Pérez)

MODERNA • ACOGEDORA XX Nos encontramos en una localidad de marcada impronta medieval, por eso aún llama más la atención un restaurante de estas características, que apuesta por los contrastes y propone gastronomía moderna en un espacio de acogedora rusticidad; no en vano... ¡estamos en una casona del s. XVIII construida en piedra!

Los hermanos Pérez, con Enrique al frente de los fogones y Eduardo en labores de maître-sumiller, son herederos de una larga tradición en el mundo de la hostelería seguntina, por eso cuando tomaron las riendas del negocio familiar lo hicieron con responsabilidad, pasión y honestidad.

¿La propuesta? Aportar un enfoque culinario más vanguardista a los sabores de su tierra, siempre desde el respeto a los productos de temporada y con una puesta en escena que denota un tacto muy especial.

Especialidades : Tartar de trucha de La Alcarria. Cordero lechal, deshuesado y meloso con sus verduras al carbón. Texturas de quesos del entorno.

Menú 76€ – Carta 50/70€

Paseo de la Alameda 3 ✉ 19250 – ☎ 949 39 00 01 – www.eldoncel.com – Cerrado 7 enero-29 febrero, 15-25 diciembre, lunes, cena: domingo

Nöla

MODERNA • MARCO CONTEMPORÁNEO X Pasee por esta hermosa localidad y haga un alto en un restaurante que fusiona historia y gastronomía. Mientras con su nombre rinde un homenaje al gran Robert de Nola, el cocinero que en 1520 editó el primer libro de cocina en catalán (Llibre del Coch), con su emplazamiento, en la Casa del Doncel, recuerda al legendario noble castellano D. Martín Vázquez de Arce. En el interior del local, que armoniza el montaje y diseño actual con los antiguos elementos estructurales del edificio, le propondrán una cocina tradicional actualizada y varios menús. ¡Descubra su agradable terraza-patio de verano!

Especialidades : Migas de pan de hogaza con papada y huevo a baja temperatura. Albóndigas de caza guisadas en pepitoria de avellanas. Torrija de pan de brioche con helado artesano.

Menú 27/43€ – Carta 34/44€

Plaza de San Vicente (Casa del Doncel) ✉ 19250 – ☎ 949 39 32 46 – www.nolarestaurante.com – Cerrado 7-31 enero, 8-19 junio, 21 septiembre-2 octubre, cena: lunes, martes, miércoles, cena: domingo

Parador de Sigüenza

EDIFICIO HISTÓRICO • HISTÓRICA Instalado en un castillo medieval cuyas murallas testimonian un pasado colmado de historia. El conjunto atesora un amplio patio de armas, estancias con decoración castellana de época y un hermoso salón-comedor, donde podrá degustar platos regionales y algunas especialidades típicas como las Migas del pastor.

81 habitaciones – 100/205€ – 17€

Plaza del Castillo ✉ 19250 – ☎ 949 39 01 00 – www.parador.es

en Alcuneza Noreste : 6 km – Mapa regional 7-C1

El Molino de Alcuneza (Samuel Moreno)

MODERNA • RÚSTICA XX ¡Un restaurante gourmet con muchísimo encanto! Se encuentra en un hotel a unos 6 km. de la bellísima villa medieval de Sigüenza, donde han recuperado un molino harinero del s. XV.

Aquí, rodeado de piedra, madera, y detalles de buen gusto, es donde los hermanos Moreno (Samuel y Blanca), plantean una cocina moderna, de base tradicional, centrada en sacar a la luz los maravillosos productos de temporada de la serranía de Sigüenza, dando eso sí protagonismo a las setas, a la caza y a las verduras u hortalizas de su propia huerta. Proponen dos menús degustación y una carta que permite extraer platos sueltos de los mismos..

¿Curiosidades? Su oferta de panes artesanos es una de las mejores de España, pues elaboran hasta siete tipos distintos con harinas ecológicas de espelta y de otros cereales.

Especialidades : Menestra de verduras y setas de temporada. Pulpo ahumado al momento con pimentón agridulce. Bizcocho fluido de mango con helado de coco.

Menú 55/75€ – Carta 48/60€

Hotel El Molino de Alcuneza, Carretera GU 128 km 0,5 ✉ 19250 – ☎ 949 39 15 01 – www.molinodealcuneza.com – Cerrado 16 diciembre-9 febrero, almuerzo: lunes-miércoles

El Molino de Alcuneza

BOUTIQUE HOTEL • RÚSTICA Antiquísima casa-molino que aún conserva la maquinaria en funcionamiento. Posee un salón con parte del suelo acristalado y coquetas habitaciones, las de la casa principal rústicas y las del anexo actuales.

17 habitaciones – 160/350€

Carretera GU 128, km 0,5 ✉ 19250 – ☎ 949 39 15 01 – www.molinodealcuneza.com – Cerrado 1 enero-10 febrero

El Molino de Alcuneza – Ver selección restaurantes

SIRUELA

Badajoz - Mapa regional **12**-C2 - Mapa de carreteras Michelin nº 576-P14

La Pajarona

PARTICULAR • ACOGEDORA ¡Ideal si está visitando La Siberia extremeña! Ocupa una casa señorial de varias plantas y sorprende tanto por su acogedora decoración como por sus atractivas zonas sociales.

8 habitaciones - 70/75€

Revenga 13 ✉ 06650 - ✆ 924 62 66 59 - www.lapajarona.com

SITGES

Barcelona - Mapa regional **10**-A3 - Mapa de carreteras Michelin nº 574-I35

Fragata

MODERNA • A LA MODA XX Un restaurante que ha sabido conjugar su legado familiar con una notable modernización de las instalaciones. Su completa carta de cocina actual, con diversos toques creativos, se ve enriquecida con un apartado de arroces más tradicionales.

Carta 35/55€

Passeig de la Ribera 1 ✉ 08870 - ✆ 938 94 10 86 - www.restaurantefragata.com

Maricel

TRADICIONAL • AMBIENTE CLÁSICO XX Este restaurante familiar posee una atractiva terraza acristalada y dos comedores clásicos. Su carta alterna platos tradicionales, como los arroces, con otros más creativos.

Carta 45/65€

Paseo de la Ribera 6 ✉ 08870 - ✆ 938 94 20 54 - www.maricel.es - Cerrado 15-30 noviembre

SIURANA

Tarragona - Mapa regional **9**-B3 - Mapa de carreteras Michelin nº 574-I32

Els Tallers

MODERNA • ACOGEDORA XX El negocio, que comparte edificio con el hotel La Siuranella y sorprenden por encontrarse en un pintoresco pueblo de montaña, está llevado con mimo por una pareja que conoce muy bien el mundo de la hostelería... de hecho, han trabajado en varios restaurantes de reconocido prestigio internacional. En la sala, de ambiente rústico-actual, le propondrán una cocina actual-creativa basada en una mini carta y varios menús de muy buen nivel. Si piensa alojarse unos días para descubrir la comarca del Priorat pregunte por las habitaciones con balcón y vistas panorámicas, pues son las mejores.

Especialidades : Ensalada de queso de cabra y frutos secos. Magret de pato con manzana asada y reducción de garnacha. Brownie de chocolate con sus virutas y sorbete de mango.

Menú 35€ (almuerzo), 24/58€ - Carta 35/49€

Rentadors 2 ✉ 43362 - ✆ 977 82 11 44 - www.siuranella.com - Cerrado 6-30 enero, lunes, almuerzo: martes

SOLIVELLA

Tarragona - Mapa regional **9**-B2 - Mapa de carreteras Michelin nº 574-H33

Cal Travé

CATALANA • FAMILIAR XX Atesora una larga trayectoria y un gran aval... ¡toda la familia está implicada en el negocio! Presenta una acogedora sala de ambiente clásico-actual, una sugerente parrilla vista y bellos detalles vistiendo sus paredes, como los aperos de labranza o la valiosa colección de antiguos relojes de pared. Aquí encontrará una cocina catalana especializada en elaborar platos a la brasa, como el Bacalao o el Entrecot de Nebraska, siempre acompañados por unos deliciosos postres caseros y una selección de los caldos que salen de Sanstravé, su propia bodega. ¡Amasan y elaboran ellos mismos el pan!

Especialidades : Canelón crujiente de Camembert. Pies de cerdo a la brasa. Copa italiana.

Carta 33/52 €

Carretera d'Andorra 56 ✉ 43412 – ✆ 977 89 21 65 – www.sanstrave.com – Cerrado 1-17 julio, 4-20 noviembre, cena: lunes-martes, miércoles, cena: jueves, cena: domingo

SÓLLER – Balears ➜ Ver Balears (Mallorca)

SOMO

Cantabria – Mapa regional **6**-B1 – Mapa de carreteras Michelin n° 572-B18

Torres de Somo

MANSIÓN • CLÁSICA Hotel de nueva construcción a modo de casa señorial inglesa o pequeño "château" francés, pues está flanqueado por dos vistosas torres. Presenta unos relajantes exteriores y unas habitaciones de equipamiento actual, donde se alternan los estilos clásico y colonial. Un caminito da acceso directo a la playa.

30 habitaciones – 80/169 € – 11 €

Arna 66 ✉ 39140 – ✆ 942 51 00 52 – www.hoteltorresdesomo.com

SON SERVERA – Balears ➜ Ver Balears (Mallorca)

SON VIDA – Balears ➜ Ver Balears (Mallorca) : Palma

SORIA

Soria – Mapa regional **8**-D2 – Mapa de carreteras Michelin n° 575-G22

✿ Baluarte (Óscar J. García)

MODERNA • DE DISEÑO XX Sorprende tanto por su ubicación en un edificio blasonado como por la monumentalidad del acceso, lo que permite jugar con los contrastes y romper los esquemas del comensal cuando ve un espacio de diseño en el interior.

La personalidad del chef, Óscar J. García, trasciende más allá de los fogones en una demostración evidente de talento y pasión, apostando siempre por una cocina moderna y técnica, de firmes bases tradicionales, que visualice desde un punto de vista evolucionista el costumbrismo de la gastronomía castellana. Sus menús permiten apreciar la magia existente en los productos sorianos de temporada, con un protagonismo especial para las setas y las Trufas negras.

¿No tiene cuerpo para un menú largo? No se preocupe, pues permiten extraer platos de ellos como si fuera una carta.

Especialidades : Escabeche emulsionado de codorniz con caballa marinada en sal. Solomillo de corzo con su reducción y mousse de pichón. Tarta de queso Oncala.

Menú 59/69 € – Carta 38/48 €

Caballeros 14 ✉ 42002 – ✆ 975 21 36 58 – www.baluarte.info – Cerrado 13-29 abril, 24 junio-2 julio, 1-11 septiembre, lunes, cena: martes, cena: domingo

SORT

Lleida – Mapa regional **9**-B1 – Mapa de carreteras Michelin n° 574-E33

✿ Fogony (Zaraida Cotonat)

MODERNA • ACOGEDORA XX En una localidad como Sort, famosa por acoger la administración de lotería con mayor venta online de España (La Bruixa d'Or), más de uno pensará que la existencia de una estrella MICHELIN ha sido una cuestión de suerte, pero... ¡de eso nada!

Aquí se posicionan a favor de los valores del "KM. 0", demostrando su valía a base de trabajo y tesón. La chef Zaraida Cotonat propone a través de sus menús una cocina moderna y sostenible, siempre con una exaltación del producto de proximidad (pollos de la Torre d'Erbull, truchas de Tavascán, ternera "Bruneta" de los Pirineos, cordero de raza "Xisqueta"...).

¿Y el significado de Fogony? Es como aquí llaman a un efecto del viento, que entrando frío y húmedo por los Pirineos Catalanes se vuelve cálido y seco cuando llega a la comarca del Pallars Sobirà.

Especialidades : Guiso de garbanzos, bacalao en dos texturas, toques picantes y anisados. Meloso de vaca Bruna, cacao y parmantier de patata trufada. Citricos: Mandarina, naranja, lima y limón.

Menú 38/75 €

Avenida Generalitat 45 ✉ 25560 - ✆ 973 62 12 25 - www.fogony.com - Cerrado 15-31 mayo, 15-30 septiembre, lunes, martes, cena: domingo

SOS DEL REY CATÓLICO

Zaragoza - Mapa regional **2**-B1 - Mapa de carreteras Michelin nº 574-E26

La Cocina del Principal

TRADICIONAL · DE DISEÑO XX Pasear por las calles de esta villa medieval es como regresar a una parte de nuestra historia... no en vano, sus encantadores recovecos aún son capaces de trasladarnos en el tiempo. Este restaurante, situado en pleno casco antiguo, recupera un recio edificio en piedra que hoy se presenta con una sala principal de cuidado montaje y un comedor, algo más íntimo, emplazado en lo que fue la bodega. Proponen una cocina sabrosa, bien elaborada y de carácter tradicional, con especialidades como la Firigolla (una especie de parrillada de verduras) o las sabrosas Pochas viudas de la Valdonsella.

Especialidades : Foie-gras mi-cuit de hígado de pato. Cordero asado al horno. Hojaldre con chocolate y crema.

Menú 28/50 € - Carta 32/55 €

Fernando El Católico 13 ✉ 50680 - ✆ 948 88 83 48 - Cerrado 7 enero-8 febrero, lunes, cena: domingo

Parador de Sos del Rey Católico

TRADICIONAL · CLÁSICA Edificio de estilo regional construido en piedra y emplazado junto a la muralla medieval. Posee habitaciones de completo equipamiento y sobria decoración. En su comedor encontrará la cocina típica de Paradores, de gusto regional, y lo que llaman el menú Medieval. ¡Buen abanico de actividades al aire libre!

66 habitaciones - 75/160 € - 17 € - 1 suite

Arquitecto Sáinz de Vicuña 1 ✉ 50680 - ✆ 948 88 80 11 - www.parador.es - Cerrado 2 enero-15 febrero

SOTO DE LUIÑA

Asturias - Mapa regional **3**-B1 - Mapa de carreteras Michelin nº 572-B11

al Noroeste 1,5 km

Cabo Vidio

TRADICIONAL · SIMPÁTICA X En esta coqueta casa familiar encontrará un comedor rústico-actual asomado a una terraza ajardinada. Su cocina tradicional siempre ensalza las materias primas de la zona.

Carta 35/50 €

Oviñana ✉ 33156 - ✆ 985 59 61 12 - www.cabovidio.com - Cerrado 8 enero-14 febrero, cena: lunes-martes, miércoles, cena: jueves, cena: domingo

SOTO DEL REAL

Madrid - Mapa regional **15**-B2 - Mapa de carreteras Michelin nº 576-J18

La Cabaña

TRADICIONAL · AMBIENTE TRADICIONAL XX Está instalado en un chalet, con un amplio jardín a la entrada y un porche que usan como terraza de verano. Carta tradicional, buen menú y destacables carnes a la parrilla.

Menú 18 € (almuerzo), 28/60 € - Carta 40/65 €

Plaza Chozas de la Sierra (urbanización La Ermita) ✉ 28791 - ✆ 918 47 78 82 - www.lacabanadesoto.com - Cerrado cena: lunes, martes, cena: miércoles, cena: domingo

SUANCES

Cantabria – Mapa regional **6**-B1 – Mapa de carreteras Michelin nº 572-B17

Emma

ACTUAL • MARCO CONTEMPORÁNEO XX De ambiente contemporáneo y... ¡con estupendas vistas sobre Suances! Su cocina, actual de base tradicional, hace interesantes referencias a los países visitados por el chef.

Carta 35/60€

Ceballos 14 ✉ 39340 – ✆ 942 81 03 22 – www.emmagastro.com – Cerrado 15 enero-7 marzo, lunes, cena: domingo

Costa Esmeralda Suites

PARTICULAR • ORIGINAL Sorprende, pues tras la preciosa fachada de aire rústico presenta un interior volcado con el mundo del motor; de hecho, hay un coche clásico en la recepción y sus bellas habitaciones, la mitad con jacuzzi privado, se visten con fotografías o citas de pilotos.

31 habitaciones – 70/200€ – 13€ – 10 suites

Ceballos 53 ✉ 39340 – ✆ 942 84 43 43 – www.costaesmeraldasuites.com – Cerrado 8 diciembre-8 febrero

TAFALLA

Navarra – Mapa regional **17**-A2 – Mapa de carreteras Michelin nº 573-E24

Túbal

REGIONAL • ELEGANTE XX Ubicado en una céntrica plaza con soportales. Cuenta con una tienda delicatessen, elegantes salas de línea clásica y un bonito patio. Cocina tradicional navarra puesta al día.

Menú 41€ – Carta 38/55€

Plaza Francisco de Navarra 4-1º ✉ 31300 – ✆ 948 70 08 52 – www.restaurantetubal.com – Cerrado 21 enero-3 febrero, 21 agosto-3 septiembre, lunes, cena: martes-jueves, cena: domingo

TALAVERA DE LA REINA

Toledo – Mapa regional **7**-A2 – Mapa de carreteras Michelin nº 576-M15

Raíces-Carlos Maldonado

CREATIVA • DE DISEÑO X Espontáneo, parlanchín, humilde, trabajador... todo el mundo conoce a Carlos Maldonado, un chef joven, creativo y muy mediático que enamora tanto por su cocina como por su naturalidad. Tras recorrer España con su "food truck" ha echado raíces en su tierra y, en un local tan desenfadado como él, busca mostrar sus inquietudes culinarias. La propuesta, que parte de los sabores de Talavera para ir abarcando el mundo, se puede descubrir a través de varios menús que varían en función del número de pases, teniendo el más económico los precios de Bib Gourmand. ¡El chef charla un poco con cada mesa!

Especialidades : Carillas Hoisin. Pechuga de pichón con mole poblano. Muerte x chocolate.

Menú 29/55€

Ronda de Canillo 3 ✉ 45600 – ✆ 671 42 21 15 – www.raicescarlosmaldonado.es. – Cerrado lunes, martes, cena: miércoles

Ruiz de Luna

TRADICIONAL • MINIMALISTA XX Debe su nombre a un célebre ceramista y atesora una estética actual, con una cocina tradicional actualizada y numerosos arroces. ¡Carta de cervezas con más de 100 referencias!

Menú 25/40€ – Carta 30/45€

Avenida de la Constitución 7 ✉ 45600 – ✆ 925 81 89 95 – www.restauranteruizdeluna.es – Cerrado lunes, cena: martes-jueves, cena: domingo

El Estu Talavera

TRADICIONAL • BAR DE TAPAS Negocio ubicado en una zona nueva de la ciudad. Ofrece un bar de tapas de ambiente marinero y un cuidado comedor. Su especialidad son las frituras y los productos ibéricos.

Tapa 5 € – Ración 13 €

Miguel Hernández 7 ✉ 45600 – ✆ 925 82 45 70 – Cerrado 1-15 febrero, 1-15 agosto, lunes, cena: domingo

TARAZONA

Zaragoza – Mapa regional **2**-B1 – Mapa de carreteras Michelin n° 574-G24

La Merced de la Concordia

TRADICIONAL • MARCO CONTEMPORÁNEO Se encuentra en pleno casco histórico y es una opción, a tener muy en cuenta, si está descubriendo los secretos de esta bella localidad aragonesa. Sin duda le sorprenderá, pues el ambiente medieval previo al portalón de acceso da paso a unos espacios mucho más luminosos y actuales, en general dominados por los tonos claros y vestidos con obras de arte contemporáneo. Aquí proponen una cocina tradicional actualizada que se esfuerza por usar los productos de temporada. También ofertan unas correctas habitaciones, por lo que el cliente alojado encontrará los menús a precios más ajustados.

Especialidades : Alcachofas con coquinas. Costillas de cordero empanadas y aromatizadas. Helado de regaliz con teja de almendras.

Menú 14 € (almuerzo), 18/33 € – Carta 33/40 €

Plaza La Merced 2 ✉ 50500 – ✆ 976 19 93 44 – www.lamerced.info – Cerrado 2-12 septiembre, lunes, cena: domingo

Saboya 21

TRADICIONAL • MARCO CONTEMPORÁNEO Presenta una diáfana cafetería y un comedor de línea clásica-actual. Su carta tradicional actualizada se enriquece con numerosas sugerencias y un interesante menú de setas.

Carta 40/60 €

Marrodán 34-1º ✉ 50500 – ✆ 976 64 35 15 – www.restaurantesaboya21.com – Cerrado 2-12 septiembre, cena: domingo

TARRAGONA

Tarragona – Mapa regional **9**-B3 – Mapa de carreteras Michelin n° 574-I33

Arcs

TRADICIONAL • ACOGEDORA Este restaurante dispone de una barra de apoyo y una sala de ambiente rústico-actual, con las paredes y arcos originales en piedra. Cocina actualizada de base tradicional. ¡Pruebe los grandes clásicos de la casa o alguno de sus menús!

Menú 25 € (almuerzo)/45 € – Carta 38/52 €

Misser Sitges 13 ✉ 43003 – ✆ 977 21 80 40 – www.restaurantarcs.com – Cerrado 2-13 enero, 22 junio-5 julio, 2-8 noviembre, lunes, domingo

Barquet Tarragona

REGIONAL • SIMPÁTICA Atesora una dilatada trayectoria y ha evolucionado de carbonería a envasadora de sifones, para luego convertirse en bar y por fin en restaurante, hoy de estética moderna. Cocina de mercado basada en sabrosos arroces y platos regionales.

Menú 25/50 € – Carta 35/53 €

Gasòmetre 16 ✉ 43003 – ✆ 977 24 00 23 – www.restaurantbarquet.com – Cerrado 15 agosto-11 septiembre, cena: lunes, domingo

De Vins

TRADICIONAL • SENCILLA Algo sencillo pero muy bien ubicado, pues se halla en una calle peatonal que desemboca en la Rambla Nova. Carta de cocina tradicional con un único protagonista: el producto.

Menú 24/35 € – Carta 35/50 €

Mendez Núñez 10 ✉ 43004 – ✆ 977 23 00 20 – www.devins.es – Cerrado 3-9 febrero, 24-30 agosto, martes, cena: miércoles, cena: domingo

El Terrat

TRADICIONAL • TENDENCIA Ofrece una estética actual-funcional y una cocina tradicional actualizada que denota detalles de autor, enriqueciendo la carta con un apartado de arroces y la opción de menús.

Menú 21 € (almuerzo), 40/60 € – Carta 33/65 €

Pons d'Icart 19 ✉ 43004 – ✆ 977 24 84 85 – www.elterratrestaurant.com – Cerrado lunes, cena: domingo

TARRASA – Barcelona ➜ Ver Terrassa

TAZACORTE – Santa Cruz de Tenerife ➜ Ver Canarias (La Palma)

TEGUESTE – Santa Cruz de Tenerife ➜ Ver Canarias (Tenerife)

EL TEJO – Cantabria ➜ Ver Comillas

TENERIFE – Santa Cruz de Tenerife ➜ Ver Canarias

TERRASSA • TARRASA

Barcelona – Mapa regional **10**-B2-3 – Mapa de carreteras Michelin nº 574-H36

El Cel de les Oques

MODERNA • MARCO CONTEMPORÁNEO Ubicado en pleno centro, en una estrecha calle peatonal del casco histórico. Su anodina entrada da paso a un restaurante de línea actual-funcional, algo justo pero muy cuidado y con la cocina a la vista. Los dos jóvenes socios, que demuestran ambición y ganas de mejorar, apuestan por una cocina tradicional actualizada que, en lo posible, trabaja con productos ecológicos y de proximidad, enriqueciendo siempre la carta con un buen menú del día y otro de degustación. ¿Qué pedir? Los Filetes de caballa mediterránea marinados, la Presa ibérica al vermut de Ullastrell, su Piña al ron con crema...

Especialidades : Rigatoni a la crema de trompetas de la muerte con trufa negra. Pato con peras y soletillas al estilo de Can Carbonell. Juego de chocolates artesanales.

Menú 18 € (almuerzo)/42 € – Carta 30/40 €

De la Palla 15 ✉ 08221 – ✆ 937 33 82 07 – www.elceldelesoques.com – Cerrado 6-12 abril, 4-25 agosto, lunes, cena: martes, domingo

Sara

TRADICIONAL • AMBIENTE CLÁSICO Se encuentra en una gran avenida de la parte alta de Terrassa y, sin duda, es una buena opción para todos aquellos que deseen comer en esta ciudad, pues resulta acogedor y ha sabido labrarse un merecido renombre en la zona. Dispone de un pequeño hall con barra de apoyo a la entrada y una sala clásica que está dividida en dos ambientes gracias a una mampara. De sus fogones surge una cocina tradicional y de mercado que cuida mucho los productos, con varios platos catalanes y vascos que permanecen inmutables en el tiempo al respetar los sabores y aromas de antaño.

Especialidades : Erizos de mar gratinados. Merluza en salsa verde con cocochas. Sopa de mango con frutos rojos.

Carta 30/45 €

Avenida Abat Marcet 201 ✉ 08225 – ✆ 937 35 80 25 – www.sararestaurant.com – Cerrado 4-26 agosto, cena: miércoles, domingo

Vapor Gastronòmic

REGIONAL • BRASSERIE Aunque automáticamente relacionamos la palabra "Vapor" con el mundo de la gastronomía lo cierto es que aquí, a través del nombre del restaurante, buscan rendir un pequeño homenaje a la singular revolución industrial de Terrassa durante el s. XIX, volcada con el mundo textil y que la hizo ser conocida como "la ciudad de las máquinas de vapor". ¿Qué encontrará? Un comedor de sencillo montaje, con la cocina a la vista, y una carta tradicional actualizada en la que los platos a la brasa son los auténticos protagonistas, siempre procurando potenciar los productos "Km. 0" o de proximidad.

Especialidades : Berenjenas a la brasa, tostado de miso, miel y cítricos. Crujiente de pies de cerdo, patitas de calamar, all i oli ahumado y salsa oriental. Crumble de manzana y fruta de temporada con helado de cítricos.

Menú 15 € (almuerzo) - Carta 28/35 €

De la Palla 15 ✉ 08221 - ✆ 659 56 61 36 - www.vaporgastronomic.com - Cerrado 6-12 abril, 4-25 agosto, lunes, cena: martes, domingo

La Bodeguilla

TRADICIONAL • ACOGEDORA XX Sorprende por sus cuidadas instalaciones, con un claro protagonismo de la madera. Cocina de mercado de corte tradicional, rica en texturas y de sabores bastante marcados.

Menú 32/39 € - Carta 40/60 €

Josep Tapioles 1 ✉ 08226 - ✆ 937 84 14 62 - www.restaurantlabodeguilla.com - Cerrado 6 agosto-2 septiembre, lunes, cena: domingo

TERUEL

Teruel - Mapa regional **2**-B3 - Mapa de carreteras Michelin nº 574-K26

Yain

TRADICIONAL • MARCO CONTEMPORÁNEO XX Lo primero que llama la atención es su nombre, Yain, un vocablo hebreo con el que se designa al vino... sin embargo, este es un detalle que se comprende, perfectamente, al saber que aquí hallaron los restos de una bodega judía y que su propietario es el célebre Raúl Igual, galardonado con el premio a Mejor Sumiller de España en 2010. Ofrece varias salas de línea actual, una selecta bodega y una cocina de base tradicional con toques actuales. Interesante menú degustación con maridaje de vinos y sabroso Bacalao, la gran especialidad de la casa.

Especialidades : Tosta de sardina de cuba con ajo negro. Bacalao ajoarriero según Teodoro Bardají. Tarta de queso semicurado de Albarracín.

Menú 19 € (almuerzo), 45/70 € - Carta 28/43 €

Plaza de la Judería 9 ✉ 44001 - ✆ 978 62 40 76 - www.yain.es - Cerrado 6-12 enero, 2-8 abril, 6-15 julio, 9-15 noviembre, lunes, cena: martes, cena: domingo

La Barrica

MODERNA • BAR DE TAPAS X ¡La referencia del tapeo turolense! Los pinchos se sirven al estilo vasco, sobre una rebanada de pan, y varían diariamente en función de los productos que haya en el mercado.

Tapa 3 € - Ración 10 €

Abadía 5 ✉ 44001 - Cerrado 15-24 junio, domingo

EL TOBOSO

Toledo - Mapa regional **7**-C2 - Mapa de carreteras Michelin nº 576-N21

Hospedería Casa de la Torre

FAMILIAR • HISTÓRICA Una casona manchega del s. XVI dedicada al insigne Cervantes. Atesora un bello despacho (El aposento de los libros de Don Quijote) y habitaciones tematizadas de aire rústico.

12 habitaciones - 79/89 €

Antonio Machado 16 ✉ 45820 - ✆ 925 56 80 06 - www.casadelatorre.com

LA TOJA (ISLA DE) - Pontevedra → Ver A Toxa (Illa de)

TOLEDO

Toledo - Mapa regional **7**-B2 - Mapa de carreteras Michelin nº 576-M17

Iván Cerdeño N

MODERNA • CASA DE CAMPO XXXX ¿Ha estado alguna vez en un cigarral toledano? Le aseguramos que sorprenden.

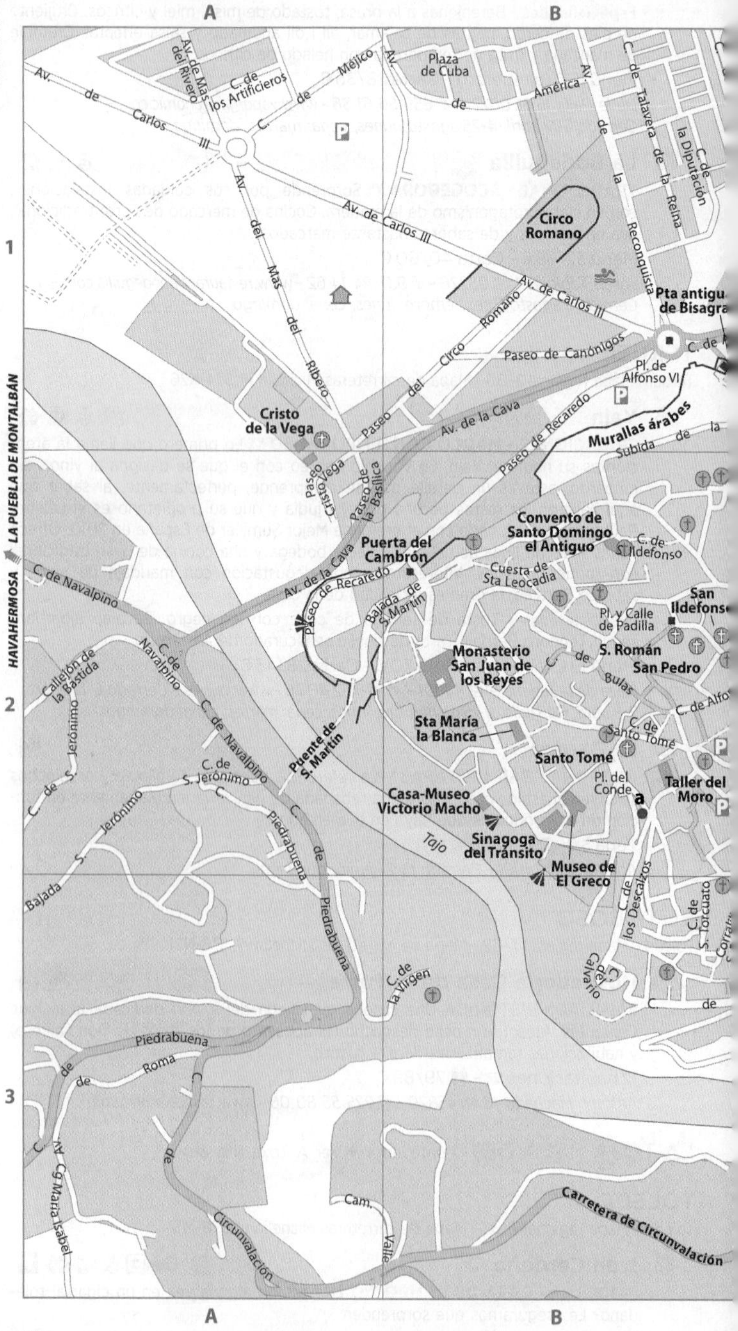
A
B
1
2
3
HAVAHERMOSA
LA PUEBLA DE MONTALBÁN
Av. de Carlos III
Av. de Mas del Rivero
C. de los Artificieros
C. de Méjico
Plaza de Cuba
Av. de América
C. de Talavera de la Reina
C. de la Diputación
Av. de la Reconquista
Av. del Mas del Ribero
Av. de Carlos III
Circo Romano
Paseo del Circo Romano
Pta antigu. de Bisagra
C. de
Paseo de Canónigos
Pl. de Alfonso VI
Cristo de la Vega
Av. de la Cava
Paseo de Recaredo
Murallas árabes
Subida de la
Paseo Cristo Vega
Paseo de la Basílica
Convento de Santo Domingo el Antiguo
C. de S. Ildefonso
Puerta del Cambrón
Cuesta de Sta Leocadia
C. de Navalpino
Paseo de Recaredo
Bajada de S. Martín
San Ildefons
Pl. y Calle de Padilla
Callejón de la Bastida
C. de Navalpino
Monasterio San Juan de los Reyes
C. de Bulas
S. Román
San Pedro
C. de Alfo
C. de S. Jerónimo
C. de Navalpino
Puente de S. Martín
Sta María la Blanca
C. de Santo Tomé
Santo Tomé
C. de S. Jerónimo
Pl. del Conde
Taller del Moro
a
Casa-Museo Victorio Macho
C. Piedrabuena
Tajo
Sinagoga del Tránsito
Museo de El Greco
Bajada S. Jerónimo
C. de Piedrabuena
C. de los Descalzos
C. de S. Torcuato
C. del Calvario
C. de la Virgen
C. de
C. de Piedrabuena
C. de Roma
C. de Circunvalación
Av. Cg María Isabel
Cam. Valle
Carretera de Circunvalación

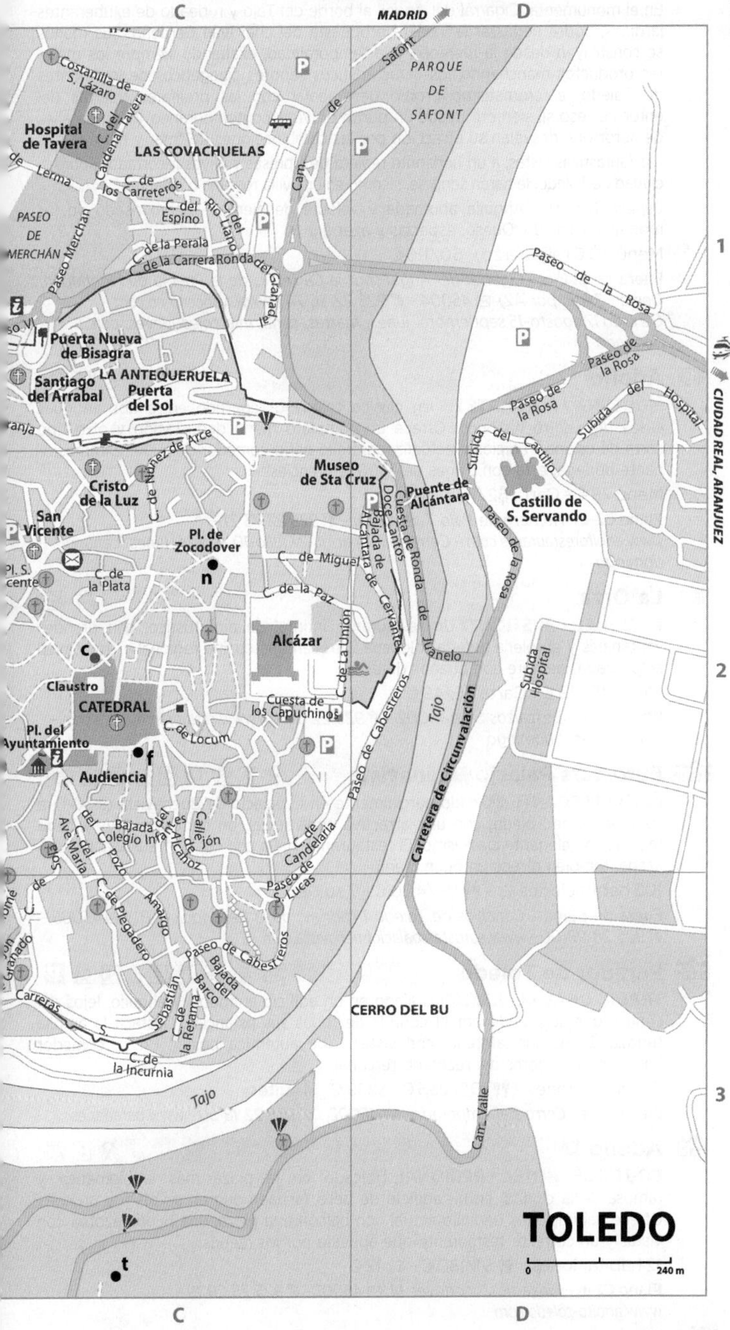
C
D
MADRID
Safont
de
Cam.
PARQUE
DE
SAFONT
Costanilla de S. Lázaro
Hospital de Tavera
C. del Cardenal Tavera
LAS COVACHUELAS
de Lerma
C. de los Carreteros
C. del Espino
C. del Río Llano
PASEO DE MERCHÁN
Paseo Merchán
C. de la Perala
C. de la Carrera
Ronda del Granadal
Paseo de la Rosa
1
Puerta Nueva de Bisagra
LA ANTEQUERUELA
Santiago del Arrabal
Puerta del Sol
Paseo de la Rosa
Subida del Hospital
CIUDAD REAL, ARANJUEZ
C. de Núñez de Arce
Cristo de la Luz
Museo de Sta Cruz
Puente de Alcántara
Subida del Castillo
Castillo de S. Servando
San Vicente
Pl. de Zocodover
n
Doce Cantos
Cuesta de Ronda de Juanelo
Bajada de Alcántara
C. de Cervantes
C. de Miguel
Paseo de la Rosa
C. de la Plata
C. de la Paz
Alcázar
C. de La Unión
c
Claustro
CATEDRAL
Cuesta de los Capuchinos
Paseo de Cabestreros
Tajo
Carretera de Circunvalación
Subida Hospital
2
Pl. del Ayuntamiento
C. de Locum
f
Audiencia
Bajada del Colegio Infantes
Calle de Alcahoz
Calle jón
C. de Candelaria
C. del Ave María
C. del Pozo
Amargo
C. de Plegadero
Paseo de S. Lucas
Paseo de Cabestreros
Bajada del Barco
C. de Retama
Sebastián
Carreras S.
C. de la Incurnia
CERRO DEL BU
Tajo
Cam. Valle
3
t
TOLEDO
0
240 m

En el monumental Cigarral del Ángel, al borde del Tajo y rodeado de exuberantes jardines, podrá degustar la insólita propuesta del chef Iván Cerdeño. Sus menús se construyen desde la memoria y la temporalidad, exaltando siempre los mejores productos manchegos, los característicos sabores cinegéticos de los montes de Toledo, el cromatismo propio de trabajar con las prolíferas huertas del entorno... eso sí, siempre desde un punto de vista contemporáneo y con detalles de autor que desvelan su atracción por las combinaciones de "mar y montaña".

Las fantásticas vistas, a un horizonte repleto de cipreses y olivos recortados sobre la ciudad de Toledo, le harán sentirse... ¡como en una villa toscana o palatina!

Especialidades : Anguila ahumada y velouté de hierbas. Ciervo asado de los montes de Toledo. Queso, especias y azafrán.

Menú 40 € (almuerzo), 60/115 €

Fuera de plano - *Cigarral del Ángel (por la Carretera de la Puebla de Montalbán, Oeste : 3 km, por A2) ✉ 45004 - ✆ 925 22 36 74 - www.ivancerdeno.com - Cerrado 17 agosto-15 septiembre, lunes, martes, cena: miércoles-jueves, cena: domingo*

Adolfo

MODERNA • ELEGANTE XXX Un clásico toledano repartido entre dos antiguas casas del centro histórico. Ofrece un completo menú degustación y otro tipo carta de cocina tradicional actualizada. Bello patio-comedor del s. XII e impresionante bodega, esta con... ¡más de 2500 referencias!

Menú 78 € - Carta 62/78 €

Plano C2-c - *Hombre de Palo 7 ✉ 45001 - ✆ 925 22 73 21 - www.adolforestaurante.com - Cerrado 7-14 abril, 27 julio-10 agosto, lunes, cena: domingo*

La Orza

REGIONAL • RÚSTICA XX Un restaurante íntimo, de aire rústico, con grandes ventanales y en plena judería toledana. Ofrecen una cocina regional y tradicional actualizada, siempre con buenos detalles.

Menú 45/49 € - Carta 35/49 €

Plano B2-a - *Descalzos 5 ✉ 45002 - ✆ 925 22 30 11 - www.restaurantelaorza.com - Cerrado cena: domingo*

Eurostars Palacio Buenavista

LUJO • ELEGANTE Ubicado parcialmente en el palacio de Buenavista (s. XVI), a las afueras de Toledo, con una atractiva zona social, un completo SPA y habitaciones de elegante clasicismo. El restaurante, fiel a una cocina tradicional actualizada, también ofrece un buen menú.

102 habitaciones ☕ - 👥 95/400 € - 7 suites

Fuera de plano - *Concilios de Toledo 1 (por av. de la Reconquista B1) ✉ 45005 - ✆ 925 28 98 00 - www.eurostarspalaciobuenavista.com*

Parador de Toledo

TRADICIONAL • CLÁSICA Instalado en un edificio antiguo y tranquilo, lejos del centro, que sorprende por el confort de todas sus estancias. Destaca la amplia terraza de su bar-cafetería, con vistas... ¡de auténtica postal! En su comedor ensalzan los sabores del recetario regional.

78 habitaciones - 👥 105/235 € - ☕ 19 € - 4 suites

Plano C3-t - *Cerro del Emperador ✉ 45002 - ✆ 925 22 18 50 - www.parador.es*

Adolfo (N)

BOUTIQUE HOTEL • REGIONAL Ubicado en la plaza más emblemática y famosa de la ciudad, en un edificio de bella fachada que en su día fue un café. Ofrece habitaciones de línea actual con balcón a la plaza, una buena azotea con vistas y un correcto restaurante que apuesta por los menús.

12 habitaciones - 👥 91/180 € - ☕ 12 €

Plano C2-n - *Plaza de Zocodóver 14 ✉ 45001 - ✆ 925 25 29 19 - www.adolfo-toledo.com*

Casa de Cisneros

FAMILIAR • RÚSTICA Casa del s. XVI ubicada frente a la Puerta de los Leones de la Catedral. Posee habitaciones algo pequeñas pero encantadoras, rústicas y con los techos en madera. Conserva vestigios de un palacio musulmán del s. XI y... ¡ofrece preciosas vistas desde la azotea!

10 habitaciones – 55/150 € – 10 €

Plano C2-f – *Cardenal Cisneros 12 ✉ 45002 – ✆ 925 22 88 28 – www.hospederiacasadecisneros.com*

TOLOSA

Guipúzcoa – Mapa regional **18**–B2 – Mapa de carreteras Michelin n° 573-C23

Casa Nicolás

CARNES A LA PARRILLA • FAMILIAR Todo empezó con el abuelo Nicolás y su pequeña tasca; medio siglo después, estamos ante un negocio de tercera generación que es conocido como "El templo de las txuletas".

Carta 50/70 €

Avenida Zumalakarregi 7 ✉ 20400 – ✆ 943 65 47 59 – www.asadorcasanicolas.com – Cerrado cena: domingo

TONA

Barcelona – Mapa regional **9**–C2 – Mapa de carreteras Michelin n° 574-G36

Torre Simón

TRADICIONAL • ACOGEDORA Ubicado en una preciosa villa, de estética modernista, que ha tenido diversas utilidades a lo largo de su historia. Carta de cocina tradicional actualizada y sugerente menú.

Menú 46 € (almuerzo)/50 € – Carta 35/42 €

Doctor Bayés 75 ✉ 08551 – ✆ 938 87 00 92 – www.torresimon.com – Cerrado 3-17 agosto, lunes, cena: martes-domingo

TOPAS

Salamanca – Mapa regional **8**–B2 – Mapa de carreteras Michelin n° 575-I13

por la carretera N 630 Oeste : 9,5 km y desvío a la derecha 2,3 km

Castillo del Buen Amor

EDIFICIO HISTÓRICO • HISTÓRICA Castillo-palacio del s. XV construido sobre una fortaleza. Posee una variada zona noble, un patio gótico-renacentista y espaciosas habitaciones, destacando especialmente las de la torre del homenaje. El restaurante, que ocupa las antiguas caballerizas abovedadas, propone una carta tradicional y varios menús.

36 habitaciones – 110/180 € – 4 suites

✉ 37799 – ✆ 923 35 50 02 – www.buenamor.net

TORÀ

Lleida – Mapa regional **9**–B2 – Mapa de carreteras Michelin n° 574-G34

Hostal Jaumet

REGIONAL • FAMILIAR Negocio familiar de 5ª generación fundado en 1890 y ubicado junto a la carretera. Aunque se presenta bajo el nombre de "hostal" la mayor parte del trabajo recae sobre el restaurante, clásico-tradicional y de correcto montaje. Su carta de cocina catalana se completa con guisos tradicionales, cocina casera y los populares "Platos de la abuela Ramona": Ofegat de la Segarra, Perdiz a la vinagreta, Canelones... Las habitaciones, de buen confort y línea actual, están distribuidas en torno a un patio con piscina. ¡Descubra a qué saben los platos elaborados en una cocina de carbón!

Especialidades : Habas a la catalana. Ofegat de la Segarra. Crema catalana.

Menú 15/20 € – Carta 27/38 €

Carretera C 1412a ✉ 25750 – ✆ 973 47 30 77 – www.hostaljaumet.com

TORLA

Huesca – Mapa regional **2**-C1 – Mapa de carreteras Michelin nº 574-E29

El Duende

TRADICIONAL · RÚSTICA XX Casa en piedra dotada con un bar de espera en la planta baja y dos salas en los pisos superiores, ambas rústicas y de cuidado montaje. Cocina tradicional de buen nivel, dos menús y platos típicos... como el sabroso Ternasco de la zona.

Menú 23/30 € – Carta 30/45 €

De la Iglesia ✉ 22376 – ✆ 974 48 60 32 – www.restauranteelduende.com – Cerrado 15 noviembre-1 febrero

TORO

Zamora – Mapa regional **8**-B2 – Mapa de carreteras Michelin nº 575-H13

por la carretera de Peleagonzalo Suroeste : 11,5 km

Valbusenda

RESORT · CONTEMPORÁNEA Orientado al turismo enológico, pues pertenece a una bodega, está en pleno campo y sus modernas instalaciones se han pensado para el relax. En el restaurante, de ambiente minimalista, elaboran una cocina actual. ¡Vistas a la vega del Duero y a los viñedos!

28 habitaciones – 190/350 € – 7 suites

Carretera Toro-Peleagonzalo ✉ 49800 – ✆ 980 69 95 73 – www.valbusenda.com

TORRECABALLEROS

Segovia – Mapa regional **8**-C3 – Mapa de carreteras Michelin nº 575-J17

La Portada de Mediodía

TRADICIONAL · RÚSTICA XX Instalado en... ¡una casa de postas del s. XVI! En sus salas, de acogedor ambiente rústico, proponen una cocina castellana dominada por los asados y las carnes a la brasa.

Carta 35/55 €

San Nicolás de Bari 31 ✉ 40160 – ✆ 921 40 10 11 – www.laportadademediodia.com – Cerrado lunes, cena: domingo

El Rancho de la Aldegüela

REGIONAL · RÚSTICA XX Trabaja mucho y atesora un carácter rústico realmente personal, pues ocupa una antigua finca de esquileo. En sus acogedoras salas podrá degustar una cocina tradicional especializada en asados y carnes a la parrilla.

Carta 35/50 €

Plaza Marqués de Lozoya 3 ✉ 40160 – ✆ 921 40 10 60 – www.fincaelrancho.com – Cerrado cena: lunes-jueves, cena: domingo

TORRELLANO

Alicante – Mapa regional **11**-A3 – Mapa de carreteras Michelin nº 577-R28

Nuestrabarra

TRADICIONAL · A LA MODA XX Próximo a una zona industrial. Tras su atractiva fachada presenta un interior muy moderno y acogedor. Su carta combina las tapas y raciones con los platos propios de la cocina tradicional, deliciosas carnes a la brasa, arroces, pescados...

Menú 35 € – Carta 28/60 €

Consueta 6 ✉ 03320 – ✆ 965 10 79 00 – www.tapasnuestrabarra.com – Cerrado domingo

TORRELODONES

Madrid – Mapa regional **15**-A2 – Mapa de carreteras Michelin n° 576-K18

La Casita

TRADICIONAL • RÚSTICA XX Ocupa una casita de piedra que, en su día, sirvió como... ¡casa de postas! Destaca el comedor principal, ubicado en una especie de cabaña. Cocina tradicional actualizada.

Menú 26 € – Carta 33/48 €

Camino de Valladolid 10 ✉ 28250 –
✆ 918 59 55 05 – www.lacasitadetorre.com –
Cerrado cena: domingo

TORRENT

Girona – Mapa regional **10**-B1 – Mapa de carreteras Michelin n° 574-G39

Mas de Torrent

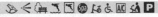

CASA DE CAMPO • ACOGEDORA Disfruta de unas dependencias magníficas, distribuidas entre la preciosa masía del s. XVIII y los distintos pabellones anexos. Adecuada oferta gastronómica, bello entorno ajardinado con piscina y... ¡una curiosísima colección de tapetes en homenaje a Picasso!

30 habitaciones – 350/550 € – 9 suites

Afores ✉ 17123 – ✆ 972 30 32 92 – www.hotelmastorrent.com –
Cerrado 1 enero-1 marzo

TORRENUEVA

Ciudad Real – Mapa regional **7**-B3 – Mapa de carreteras Michelin n° 576-Q19

Retama (N)

MODERNA • MARCO CONTEMPORÁNEO XXXX Toma su nombre de un arbusto con flores amarillas muy común en la Meseta Central, haciendo con ello un claro guiño a la tierra y al entorno.

El sobrio pero encantador local, de ambiente actual y con las mesas desnudas, refleja la cocina del chef Javier Aranda (Gaytán, La Cabra) a través de dos menús y una cuidada carta que revisa la cocina manchega desde la más estricta vanguardia culinaria, con unas presentaciones tremendamente cuidadas, agradables texturas y los sabores pronunciados a la vez que armónicos. Intentan trabajar siempre con productos locales para que el concepto de "cercanía" sea una constante en la sensación final del comensal.

El entorno del hotel La Caminera emana tranquilidad y exclusividad, en línea con ese lujo campestre que apuesta fuerte por el turismo gastronómico.

Especialidades : Sopa de ajo y huevo curado. Lomo de ciervo, cereales y dátiles. Cremoso helado de hierbas de monte.

Menú 55/85 € – Carta 50/75 €

Hotel La Caminera, Camino de Altamar (Noreste : 6 km) ✉ 13740 –
✆ 926 34 47 33 – www.hotellacaminera.com – Cerrado 1-17 enero, 28 julio-14 agosto, lunes, martes, cena: domingo

La Caminera (N)

CASA DE CAMPO • CONTEMPORÁNEA Disfrute del lujo en plena campiña manchega, en una finca idónea para desconectar. Posee un SPA con tratamientos a base de aceite de oliva, un campo de golf, un espacio exclusivo para cazadores, bodega... ¡y hasta una pista de aterrizaje para jets privados!

61 habitaciones – 155/355 €

Camino de Altamar (Noreste : 6 km) ✉ 13740 – ✆ 926 34 47 33 –
www.hotellacaminera.com

Retama – Ver selección restaurantes

TORRICO

Toledo – Mapa de carreteras Michelin nº 575-M14

en Valdepalacios Noreste : 6 km – Mapa regional **7**–A2

Tierra

MODERNA • ELEGANTE XXX Agradable, luminoso, clásico-elegante... Cocina moderna construida en base a un completo menú y una reducida carta, priorizando los productos de proximidad de la propia finca.

Menú 132 € – Carta 76/105 €

Hotel Valdepalacios, Carretera Oropesa a Puente del Arzobispo ✉ 45572 – ✆ 925 45 75 34 – www.tierra-valdepalacios.com – Cerrado lunes, martes, cena: domingo

Valdepalacios

CASA DE CAMPO • CLÁSICA Hotel de lujo ubicado en una extensa finca agrícola, con animales de caza, zonas ajardinadas y bellas construcciones anexas. Encontrará una atmósfera clásica-elegante, con bellos salones y habitaciones de exquisito confort. ¡Hacen muchos eventos para empresas!

27 habitaciones – 320/700 € – 25 €

Carretera Oropesa a Puente del Arzobispo ✉ 45572 – ✆ 925 45 75 34 – www.valdepalacios.es

Tierra – Ver selección restaurantes

TORTOSA

Tarragona – Mapa regional **9**–A3 – Mapa de carreteras Michelin nº 574-J31

Parador de Tortosa

EDIFICIO HISTÓRICO • HISTÓRICA Belleza e historia aúnan sus fuerzas, pues ocupa un castillo del s. X encaramado a una colina y asomado a la vega del Ebro. Sus magníficas dependencias recrean el ambiente de antaño con el confort actual. Cocina de base regional especializada en arroces.

69 habitaciones – 95/170 € – 17 € – 3 suites

Castell de la Suda ✉ 43500 – ✆ 977 44 44 50 – www.parador.es

TOSSA DE MAR

Girona – Mapa regional **10**–B2 – Mapa de carreteras Michelin nº 574-G38

La Cuina de Can Simón (Xavier Lores)

CREATIVA • AMBIENTE CLÁSICO XX Tossa de Mar, el "paraíso azul" de Marc Chagall, es un conjunto medieval repleto de posibilidades, tanto si visita sus encantadores callejones como si desea pasar el día en alguna de sus calas. ¿Le apetece? Pues... ¡remate la visita con un homenaje gastronómico!

Los hermanos Lores, con Josep María en la sala y Xavier al frente de los fogones, apuestan al pie de las murallas por una cocina actual que fusione colores y sabores, pues con ello rinden un pequeño homenaje a sus propios abuelos, uno pescador y el otro pintor. Fieles a la cocina mediterránea y a la tradición pesquera su fuerte son los pescados y mariscos, siempre frescos al proceder de la lonja, aunque también ofrecen algún arroz y selectas carnes que enlazan con el recetario, más de montaña, del interior de la Costa Brava.

Especialidades : Sepia de la costa en texturas, crudités de verduras y algas. Mar y Tierra de mero en evocación de un fricandó. Chocolate en esferas, negro y blanco.

Menú 69/98 € – Carta 61/86 €

Portal 24 ✉ 17320 – ✆ 972341269 – www.restaurantcansimon.com – Cerrado 13-30 enero, 16 noviembre-3 diciembre, lunes, martes, cena: domingo

TOX

Asturias – Mapa regional **3**–A1 – Mapa de carreteras Michelin nº 572-B10

Regueiro

CREATIVA • AMBIENTE CLÁSICO XX ¡Ubicado en pleno campo! Plantea una cocina creativa de fusión con muchas influencias asiáticas, plasmadas tanto en sus menús como en los platos a la carta más tradicionales.

Menú 42/75 € - Carta 35/60 €

Tox ✉ 33793 - ✆ 985 64 85 94 - www.restauranteregueiro.es - Cerrado 1 enero-31 marzo, lunes, cena: domingo

A TOXA (ILLA DE) • LA TOJA ISLA DE

Pontevedra - Mapa regional **13**-A2 - Mapa de carreteras Michelin nº 571-E3

Eurostars G.H. La Toja

LUJO • ELEGANTE Emblemático, de gran tradición y situado al borde de la hermosa ría de Arousa, con idílicas vistas y magníficos exteriores. Elegante zona social, SPA-balneario y habitaciones de gran confort. En su comedor, de cuidado montaje y con un excelente servicio de mesa, encontrará una cocina clásica bien elaborada.

199 habitaciones - 120/600 € - 15 suites

Illa da Toxa ✉ 36991 - ✆ 986 73 00 25 - www.eurostarsgranhotellatoja.com - Cerrado 1 enero-5 abril, 15 octubre-31 diciembre

TRAMACASTILLA

Teruel - Mapa regional **2**-B3 - Mapa de carreteras Michelin nº 574-K25

por la carretera A 1512 Este : 1 km

Hospedería El Batán (María José Meda)

MODERNA • ACOGEDORA XX Este singular restaurante, en plena naturaleza, ocupa lo que en su día fue una fábrica de lanas, de ahí su situación junto al cauce del Guadalaviar. El encanto del edificio es indudable, pues conserva la estructura original y se asienta en un entorno de gran valor paisajístico, donde encontrará... ¡hasta saltos de agua!

En su cálido comedor, de elegante ambiente rústico-regional, podrá degustar las sabrosas elaboraciones de María José Meda, una mujer autodidacta que rompe los moldes de lo que se acostumbra a comer en estos parajes. Desde la coherencia, la chef arriesga para renovarse y apuesta por una cocina actual, con toques creativos, que ensalce las materias primas de los bosques y campos próximos. ¿Una curiosidad? Ella misma ayudó a reconstruir el edificio y... ¡esas cosas se notan!

Especialidades : Arroz bomba con perdiz de campo y boletus. Paletilla de cabritillo lechal asada a baja temperatura con milhojas de panceta y queso. El café en texturas.

Menú 49/65 € - Carta 49/49 €

✉ 44112 - ✆ 978 70 60 70 - www.elbatan.es - Cerrado 1-24 enero, 21-27 junio, cena: lunes, martes

TRAMACASTILLA DE TENA

Huesca - Mapa regional **2**-C1 - Mapa de carreteras Michelin nº 574 D29

El Privilegio

TRADICIONAL • ACOGEDORA ¡Interesante para una escapada romántica! Tras su atractiva fachada en piedra encontrará un hotel muy acogedor, con un pequeño SPA y habitaciones de varios estilos, algunas abuhardilladas. El restaurante, clásico-actual, apuesta por el recetario tradicional.

20 habitaciones - 136/200 € - 6 suites

Zacalera 1 ✉ 22663 - ✆ 974 48 72 06 - www.elprivilegio.com

TRES CANTOS

Madrid – Mapa regional **15**-B2 – Mapa de carreteras Michelin nº 576-K18

La Sartén

FUSIÓN • ACOGEDORA Sorprende tanto por los detalles como por la ambientación, un tanto ecléctica, pues muestra detalles clásicos, modernos, coloniales... ¡hasta un pequeño jardín vertical! La chef al frente, Elena García, apuesta por una combinación de platos sumamente diferentes (ceviche, gyoza, tartar, rossejat negro, rabo de toro, jarrete...); eso sí, capaces de convivir en armonía ante una cocina de fusión actual. Dan la posibilidad de pedir medias raciones, sirven vinos por copas y tienen sabrosísimas especialidades, como el Cochinillo deshuesado, asado a baja temperatura y salteado con su propio jugo.

Especialidades : Tartar de salmón. Cochinillo deshuesado asado a baja temperatura. Tarta de queso al horno, tierra de galleta y helado de violeta.

Menú 38 € (almuerzo) – Carta 32/45 €

Sector de los Pueblos 2 ✉ 28760 – ✆ 918 03 17 51 – www.lasarten3c.com – Cerrado 1-31 agosto, lunes, martes, cena: domingo

La Terraza de Alba

TRADICIONAL • MARCO CONTEMPORÁNEO Cocina tradicional actualizada con un apartado de arroces y de atún rojo. ¿Un plato destacado? El Steak tartar al gusto que hacen en la sala. ¡Hay opción de medias raciones!

Carta 35/55 €

Alba 5 ✉ 28760 – ✆ 918 03 24 40 – www.laterrazadealba.com – Cerrado 1-23 agosto, lunes, cena: domingo

TRUJILLO

Cáceres – Mapa regional **12**-C2 – Mapa de carreteras Michelin nº 576-N12

Corral del Rey

TRADICIONAL • RÚSTICA Restaurante de gestión familiar y acogedor ambiente rústico. Aquí la especialidad son los asados y las carnes rojas elaboradas en parrilla de carbón de encina... sin embargo, también triunfa su propuesta de tapas para el centro de la mesa.

Menú 25/42 € – Carta 25/50 €

Corral del Rey 2 ✉ 10200 – ✆ 927 32 30 71 – www.corraldelreytrujillo.com – Cerrado cena: miércoles, cena: domingo

Parador de Trujillo

HISTÓRICO • CONTEMPORÁNEA Descubra el sosiego latente tras los recios muros del convento de Santa Clara (s. XVI). Las habitaciones, bastante modernas, se distribuyen alrededor de un claustro renacentista. El comedor se apoya en una antigua capilla, donde suelen servir los desayunos.

50 habitaciones – 80/185 € – 16 €

Santa Beatriz de Silva 1 ✉ 10200 – ✆ 927 32 13 50 – www.parador.es

TUDELA

Navarra – Mapa regional **17**-A3 – Mapa de carreteras Michelin nº 573-F25

Treintaitres

TRADICIONAL • ACOGEDORA ¡Una referencia en la gastronomía vegetal! Aquí descubrirá una cocina de base tradicional, con toques actuales, que tiene en la verdura su producto estrella... de hecho, el menú degustación está realizado únicamente con estas hortalizas.

Menú 25/50 € – Carta 40/60 €

Pablo Sarasate 7 ✉ 31500 – ✆ 948 82 76 06 – www.restaurante33.com – Cerrado 20 enero-4 febrero, 31 julio-14 agosto, cena: lunes, martes, cena: domingo

Trinquete

TRADICIONAL • RÚSTICA XX Negocio de línea rústica-actual que apuesta, claramente, por los productos autóctonos. Cocina tradicional, sabores de casa y autenticidad, todo con frutos de su propia huerta.

Menú 25/45€ – Carta 40/70€

Trinquete 1 bis ✉ 31500 – ✆ 948 41 31 05 – www.trinquete.es – Cerrado cena: domingo

en la carretera N 232 Sureste : 3 km

Beethoven

TRADICIONAL • AMBIENTE CLÁSICO XX Un restaurante de ambiente clásico que siempre demuestra imaginación y ganas de trabajar. Su propuesta, tradicional actualizada, evoluciona en base al sublime producto local.

Menú 23€ (almuerzo) – Carta 40/50€

Avenida Tudela 30 ✉ 31512 – ✆ 948 82 52 60 – www.rtebeethoven.com – Cerrado 1-10 enero, 4-14 julio, cena: lunes-domingo

por la carretera de Ejea de los Caballeros Noreste : 4 km y desvío a la derecha 0, 5 km

Aire de Bardenas

BOUTIQUE HOTEL • DE DISEÑO Ha ganado numerosos premios de arquitectura y sorprende por su inhóspito emplazamiento, junto al desierto de las Bardenas Reales. Habitaciones insólitas, algunas... ¡tipo burbuja! El restaurante, de diseño moderno, elabora una cocina tradicional actualizada.

32 habitaciones – 285/430€ – 18€

✉ 31500 – ✆ 948 11 66 66 – www.airedebardenas.com

ÚBEDA

Jaén – Mapa regional **1**-C2 – Mapa de carreteras Michelin nº 578-R19

Cantina La Estación

MODERNA • SIMPÁTICA XX Algo apartado del centro histórico pero... ¡sorprendente! Esconde un sencillo bar de tapas a modo de estación y a continuación el comedor, este último imitando lo que sería el interior de un antiguo vagón de tren. Los propietarios, muy implicados en el negocio, apuestan por una cocina actual y de temporada, intentando siempre enriquecer su carta con un completo menú degustación y, al menos, un guiso diferente cada día. ¿Platos representativos? Pruebe las Mollejas de ternera salteadas sobre tallarines de sepia o su Milhojas de cordero Segureño, con cremoso de boniato, vainilla y palo cortado.

Especialidades : Ensalada de bogavante, reducción de su caparazón. Bacalao confitado en AOVE sobre pisto casero. Café, turrón y chocolate.

Menú 45€ – Carta 33/45€

Cuesta Rodadera 1 ✉ 23400 – ✆ 687 77 72 30 – www.cantinalaestacion.com – Cerrado 1-24 julio, cena: martes, miércoles

Asador de Santiago

TRADICIONAL • AMBIENTE TRADICIONAL XX ¡Todo un clásico de la ciudad! Posee un animado bar de tapas y dos salas muy cuidadas, una de línea actual-contemporánea y la otra algo más clásica. Cocina tradicional y de producto, con asados en horno de leña y carnes rojas al carbón.

Menú 30/55€ – Carta 30/65€

Avenida Cristo Rey 4 ✉ 23400 – ✆ 953 75 04 63 – www.asadordesantiago.com – Cerrado cena: domingo

Palacio de Úbeda

LUJO • A LA MODA Se halla en pleno casco antiguo y ocupa varios edificios, destacando el bello palacio renacentista de los Condes de Guadiana (s. XVI). Cada habitación está dedicada a una familia nobiliaria y su restaurante apuesta por la actualización de la cocina andaluza.

37 habitaciones – 140/230€ – 18€

Juan Pasquau 4 ✉ 23400 – ✆ 953 81 09 73 – www.palaciodeubeda.com

Parador de Úbeda

CADENA HOTELERA • HISTÓRICA Palacio del s. XVI dotado con un gran patio central de doble galería, una hermosa escalera en piedra y bellos artesonados. Habitaciones de línea rústica-elegante y buen nivel. En su restaurante podrá descubrir la cocina típica regional y unos curiosos menús.

36 habitaciones - 100/210 € - 17 €

Plaza Vázquez Molina ✉ 23400 - ✆ 953 75 03 45 - www.parador.es

ULLDECONA

Tarragona - Mapa regional **9**-A3 - Mapa de carreteras Michelin nº 574-K31

en la carretera de La Sénia

✿ L'Antic Molí (Vicent Guimerà)

MODERNA • ACOGEDORA XX ¿Aún no ha probado las galeras? No espere más, pues estos crustáceos mediterráneos, considerados durante años una variedad de descarte, se están poniendo de moda y sorprendiendo al mundo gastronómico.

El mejor sitio para su degustación es L'Antic Molí, un viejo molino harinero recuperado, actualizado y hoy volcado con la cultura "Km. 0"; no en vano, el chef Vicent Guimerà se alza como uno de los baluartes de la cocina Slow Food, aquella que se construye exclusivamente con productos del territorio, próximos y ecológicos. El chef destaca su equidistante emplazamiento entre el mar y la montaña como una ventaja a la hora de contar historias, pues le permite "jugar" con los productos de ambos mundos.

Todos los años ofrecen unas jornadas gastronómicas dedicadas a las galeras. ¡No se las pierda!

Especialidades : Alcachofas y langostinos flambeadas al ron. Civet de cabra con vino, remolacha, yogur y pepinillo. Mató, frambuesa, sisho verde y ruibarbo.

Menú 35 € (almuerzo), 58/90 € - Carta 40/60 €

Barri Castell, Noroeste : 10 km ✉ 43550 - ✆ 977 57 08 93 - www.anticmoli.com - Cerrado 9-30 noviembre, lunes, cena: martes-jueves, cena: domingo

✿ Les Moles (Jeroni Castell)

MODERNA • RÚSTICA XX Este negocio familiar, ubicado en una antigua masía, nos habla del entorno, de los productos de proximidad, de la historia de Ulldecona... hasta el punto de que el propio nombre saca a la luz las antiguas piedras de molino (les moles) que se fabricaban en la cantera local.

El chef Jeroni Castell basa su propuesta en el perfecto equilibrio que debe existir entre proximidad, técnica y diversión, apostando siempre por todos aquellos productos que ensalzan el binomio mar y montaña para hablarnos de "Las Terres de l'Ebre": aceite, arroz, ostras, atún rojo, cabra hispánica, cangrejo azul, espardenyes...

¿Curiosidades? Cuentan con su propia panadería interna, por lo que ofrecen una buena variedad de panes en los que se juega con las formulaciones, la masa madre y unas largas fermentaciones.

Especialidades : Ensalada de gambas de Tarragona con mosaico de verduras y tomates. Armónica de atún rojo a la brasa, yema de huevo curada, puré de patata y mantequilla. El jardín: rosas, violeta, jazmín, hibiscus y tomillo.

Menú 30/90 € - Carta 54/73 €

Noroeste : 2 km ✉ 43550 - ✆ 977 57 32 24 - www.lesmoles.com - Cerrado 21 diciembre-24 enero, lunes, cena: martes-jueves, cena: domingo

URDAITZ • URDÁNIZ

Navarra - Mapa regional **17**-B2 - Mapa de carreteras Michelin nº 573-D25

✿✿ El Molino de Urdániz (David Yárnoz)

CREATIVA • RÚSTICA XX Lo que menos esperas al ver un caserón en piedra de estas características, testigo mudo del fluido tránsito de peregrinos que se dirigen a Santiago, es una cocina de autor digna de hacer un alto en el camino.

Presenta un interior de ambiente rústico-actual, diferenciando entre el comedor del acceso, donde solo ofrecen un menú económico de tinte tradicional, y el espacio gastronómico del piso superior, este último de mejor montaje.

El chef David Yárnoz elabora una cocina creativa que enamora tanto por los sabores, siempre potentes, como por su atractivo visual, exaltando los productos que nos hablan de la Comunidad Foral de Navarra. En su menú degustación conviven las novedades de temporada y los grandes clásicos de la casa, como su Caramelo de pimentón relleno de mousse de txistorra.

Especialidades : Consomé de paloma, crema y piel crujiente de topinambur y menta. Pechuga de pichón asado, bizcocho de algas y huevas de Jerez. Trufa de primavera, crema helada de cerveza y leche tostada.

Menú 90/120 €

Carretera N 135, Suroeste : 0,5 km ✉ 31698 - ✆ 948 30 41 09 - www.elmolinourdaniz.com - Cerrado 10-26 febrero, 22-30 junio, 23 noviembre-2 diciembre, lunes, cena: martes-jueves, cena: domingo

UTIEL

Valencia - Mapa regional **11**-A2 - Mapa de carreteras Michelin nº 577-N26

El Carro

TRADICIONAL • AMBIENTE TRADICIONAL XX Este negocio familiar presenta un gastrobar y una sala actual en varios niveles, donde ofrecen una carta tradicional de temporada y los vinos de la zona (D. O. Utiel-Requena).

Menú 29 € - Carta 25/40 €

Héroes del Tollo 25 ✉ 46300 - ✆ 962 17 11 31 - www.restauranteelcarro.com - Cerrado cena: miércoles, domingo

VAL DE SAN LORENZO

León - Mapa regional **8**-A1 - Mapa de carreteras Michelin nº 575-E11

La Lechería

TRADICIONAL • RÚSTICA X ¡Un pueblo muy famoso por sus mantas y colchas artesanales! Ocupa una casona de piedra que funcionó como lechería y, en un cuidado ambiente neorrústico, propone una cocina tradicional bien actualizada... aunque aquí el plato estrella es el Cocido maragato.

Carta 25/40 €

La Lechería 1 ✉ 24717 - ✆ 987 63 50 73 - www.la-lecheria.com - Cerrado 6-31 enero, lunes, cena: domingo

VALBUENA DE DUERO

Valladolid - Mapa de carreteras Michelin nº 575-H17

en San Bernardo Sureste : 4,5 km - Mapa regional **8**-C2

Castilla Termal Monasterio de Valbuena

TERMAL • HISTÓRICA Hotel-balneario unido a uno de los monasterio cistercienses (s. XII) mejor conservados de Europa. Encontrará espléndidas habitaciones, una completa oferta lúdico-termal, distintas opciones de restauración y... ¡la sede de la Fundación Las Edades del Hombre!

79 habitaciones - 104/227 €

Monasterio ✉ 47359 - ✆ 983 68 30 40 - www.castillatermal.com

VALDEMORO

Madrid - Mapa regional **15**-B2 - Mapa de carreteras Michelin nº 576-L18

Chirón (Iván Muñoz)

MODERNA • AMBIENTE CLÁSICO XXX Cuando decimos que Chirón es una de las mejores opciones para comer a las afueras de Madrid no hablamos en balde, pues este negocio familiar, de 4ª generación, se encuentra... ¡a solo 25 km. de la capital!

El chef Iván Muñoz, que trabaja junto a su hermano Raúl en funciones de sommelier, apuesta por la gastronomía del terruño, defendiendo que las raíces castizas no están reñidas con el hecho de ofrecer una cocina moderna y creativa. Encontrará unos interesantísimos menús, con toques manchegos, en los que se nos invita a una ruta por las vegas del Tajo, del Jarama o del Tajuña.

Aquí siempre intentan potenciar el sabor en base al mejor producto local, lo que llevó a que Iván Muñoz fuera escogido, en 2018, como embajador de los alimentos madrileños, el famoso sello "M Producto Certificado".

Especialidades : Guisante lágrima, aguacate y melón de cuelga. Codorniz con arroz de campo. Palomita de fresón y yogur.

Menú 30 € (almuerzo), 46/95 €

Alarcón 27 ✉ 28341 - ✆ 918 95 69 74 - www.restaurantechiron.com - Cerrado 7-11 enero, 30 marzo-3 abril, 10-31 agosto, lunes, cena: martes-miércoles, cena: domingo

La Fontanilla

TRADICIONAL • AMBIENTE CLÁSICO Bien llevado entre hermanos. Su carta tradicional se completa, los laborables al almuerzo, con un menú ejecutivo de bastante éxito. ¡Por las noches hay platos para compartir!

Menú 14 € (almuerzo) - Carta 30/55 €

Illescas 2 ✉ 28341 - ✆ 918 09 55 82 - www.restaurantelafontanilla.com - Cerrado 11-30 agosto, lunes, cena: martes-miércoles, cena: domingo

VALDEPALACIOS - Toledo → Ver Torrico

VALDEVIMBRE

León - Mapa regional **8**-B1 - Mapa de carreteras Michelin n° 575-E13

Los Poinos

TRADICIONAL • RÚSTICA Su nombre rememora los tacos de madera sobre los que descansan las cubas. Dispone de un bar rústico y comedores tipo cueva, excavados a mano. Cocina tradicional actualizada.

Menú 25 € - Carta 25/37 €

Canal de Rozas 81 ✉ 24230 - ✆ 987 30 40 18 - www.lospoinos.com - Cerrado 7-23 enero, 15-25 junio, cena: lunes-martes, miércoles, cena: jueves

Rimma_Bondarenko/iStock

VALÈNCIA

Valencia – Mapa regional **11**–B2 – Mapa de carreteras Michelin n° 577-N28

Nos gusta...

Ver alguna de las exposiciones del Bombas Gens Centre d'Art y darnos un homenaje en **Ricard Camarena**, un espacio que sorprende tanto por sus instalaciones como por su depurada cocina de autor. Saborear la versión del "Garum" romano que ofrecen en **Sucede**, donde se puede comer entre restos arqueológicos, y de ahí viajar estéticamente al futuro, algo que conseguimos con solo dar un paseo por el complejo de la Ciutat de les Arts i les Ciències.

También nos encanta recorrer los maravillosos barrios que dan vida a la ciudad (Ruzafa, El Carmen...), algún mercado modernista (Mercado Central o Mercado de Colón) y cumplir con las tradiciones gastronómicas inexcusables en esta ciudad: visitar la emblemática taberna **Casa Montaña** y acercarnos a degustar una paella en un clásico como **Casa Carmela**, en la playa de la Malvarrosa, que siempre las elaborada a la antigua, con leña de naranjo.

T. E White/Photolibrary/Getty Images

Restaurantes

✿✿ Ricard Camarena

MODERNA • MARCO CONTEMPORÁNEO XxxX He aquí un soberbio restaurante, pues forma parte de la rehabilitada fábrica de Bombas Gens que hoy también acoge un centro artístico-cultural.

Se agradece el hecho de que reciban a la entrada y acompañen al comensal, para que no se sienta abrumado ante la amplitud de las instalaciones, con una gran recepción de aire contemporáneo, un bar privado donde sirven los primeros snacks y el moderno comedor al fondo, con profusión de maderas y la cocina a la vista para tomar en ella un último aperitivo mientras charla con el chef.

Ricard Camarena presenta una gastronomía tremendamente coherente, de autor pero con sólidas bases que toman las hortalizas como referencia y denotan un exhaustivo proceso de investigación. ¡Las salsas, que ensalzan los productos de proximidad, cautivan por su delicadeza!

Especialidades : Semiconserva de tomate ecológico, ventresca de atún, habanero y jugo de tomate ahumado. Arroz de trufa, apiobola y yema de huevo de corral. Fresas, hibiscus, canela y sésamo blanco.

Menú 68 € (almuerzo), 125/155 €

Plano B1-2-h – *Avenida de Burjassot 54 (Bombas Gens Centre d'Art) ✉ 46009 – ✆ 963 35 54 18 – www.ricardcamarenarestaurant.com – Cerrado 1-22 enero, 9-25 agosto, lunes, martes, domingo*

✿✿ El Poblet

CREATIVA • A LA MODA XxX El homenaje de Quique Dacosta a su propia historia, pues con el nombre de El Poblet recuerda aquél que lució el restaurante del chef, en Dénia, antes de pasar a llamarse como él.

El negocio, próximo al Ayuntamiento, puede verse como la sucursal de su exquisita cocina en la capital del Turia... sin embargo, el chef al frente de esta casa, Luís Valls, es un alumno aventajado que también está sorprendiendo con platos propios e interesantes destellos de personalidad, centrando su propuesta en una cocina valenciana moderna que no deja indiferente, siempre con finas texturas, sabores potentes y productos locales.

Ofrecen una pequeña carta, varios menús degustación, incluido uno ejecutivo los días laborables, y una completa bodega. ¡Eche un ojo a su increíble colección de whiskies de Malta!

Especialidades : Piel de boniato, foie y whisky de malta. Arroz bomba con pato collverd y otoño de remolachas asadas. La higuera.

Menú 62/125 € – Carta 85/85 €

Plano G2-a – *Correos 8-1º ✉ 46002 Ⓜ Colón – ✆ 961 11 11 06 – www.elpobletrestaurante.com – Cerrado martes, domingo*

✿ Sucede

MODERNA • DE DISEÑO XxX ¿Hacemos un viaje gastronómico al pasado? Esta es la propuesta del chef Miguel Ángel Mayor, que recupera los sabores de los antiguos romanos y árabes valencianos a través de las técnicas actuales y la reinterpretación.

El escenario es perfecto para esta idea, pues combina acertadamente los vestigios de la muralla árabe (s. XII) con el minimalismo. Aquí descubrirá una cocina con rasgos arqueológicos que busca, a través de sus menús, mostrarnos los diferentes sabores y planteamientos culinarios que han transitado la ciudad.

¿Aún no conoce el Garum? Es un aliño que funciona como un potenciador del sabor. Fue creado por los griegos y difundido por los romanos, que lo hacían en base a la fermentación de las vísceras de pequeños pescados, sal, especias, hierbas aromáticas... ¡Pruebe su versión!

Especialidades : La sardina. Rabanitos. Flor de hibiscus.

Menú 98/120 €

Plano G1-b – *Hotel Caro H., Almirante 14 ✉ 46002 – ✆ 963 15 52 87 – www.sucede.com – Cerrado 15 julio-1 septiembre, lunes, almuerzo: martes-jueves, domingo*

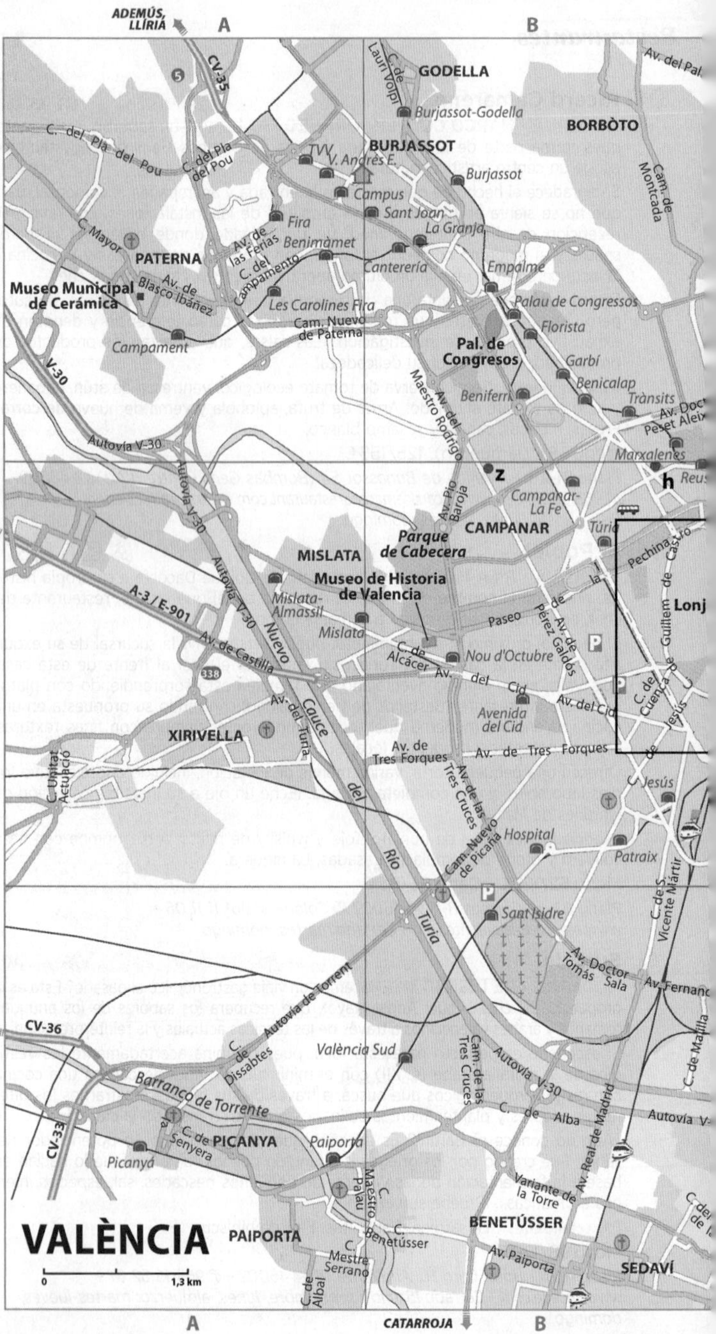
VALÈNCIA
0
1,3 km
A
B
1
2
3
ADEMÚS, LLÍRIA
MADRID
TORRENT
CATARROJA
CV-35
CV-36
CV-33
V-30
Autovía V-30
A-3 / E-901
338
GODELLA
BORBÒTO
BURJASSOT
PATERNA
CAMPANAR
MISLATA
XIRIVELLA
PICANYA
PAIPORTA
BENETÚSSER
SEDAVÍ
Museo Municipal de Cerámica
Pal. de Congresos
Parque de Cabecera
Museo de Historia de Valencia
Lonj
Burjassot-Godella
Burjassot
TVV
V. Andrés E.
Campus
Sant Joan
La Granja
Fira
Benimàmet
Cantería
Empalme
Les Carolines Fira
Campament
Palau de Congressos
Florista
Garbí
Benicalap
Beniferri
Trànsits
Marxalenes
Reus
Campanar-La Fe
Túria
Mislata-Almassil
Mislata
Nou d'Octubre
Avenida del Cid
Jesús
Hospital
Patraix
Sant Isidre
València Sud
Paiporta
Picanya
C. de Lauri Volpi
C. del Pla del Pou
C. del Pla del Pou
C. Mayor
Av. de las Ferias
C. del Campamento
Av. de Blasco Ibáñez
Cam. Nuevo de Paterna
Av. del Maestro Rodrigo
Av. Pío Baroja
Cam. de Montcada
Av. del Pal
Av. Doct Peset Aleix
Pechina
C. de Guillem de Castro
Paseo de la
Av. de Pérez Galdós
C. de Alcácer
Av. del Cid
Av. del Cid
Av. de Castilla
Av. del Turia
Nuevo Cauce del Río Turia
C. del Cuenca
C. de Jesús
Av. de Tres Forques
Av. de Tres Forques
Av. de las Tres Cruces
Cam. Nuevo de Picaña
C. Unitat Actuació
C. de S. Vicente Mártir
Av. Doctor Tomás Sala
Av. Fernand
C. de Malilla
Autovía de Torrent
C. de Dissabtes
Barranco de Torrente
C. de la Senyera
Cam. de las Tres Cruces
Autovía V-30
C. de Alba
Autovía V-
Av. Real de Madrid
Variante de la Torre
C. del de la
Av. Paiporta
C. Maestro Palau
C. Benetússer
C. Mestre Serrano
C. de Albal
h
Z

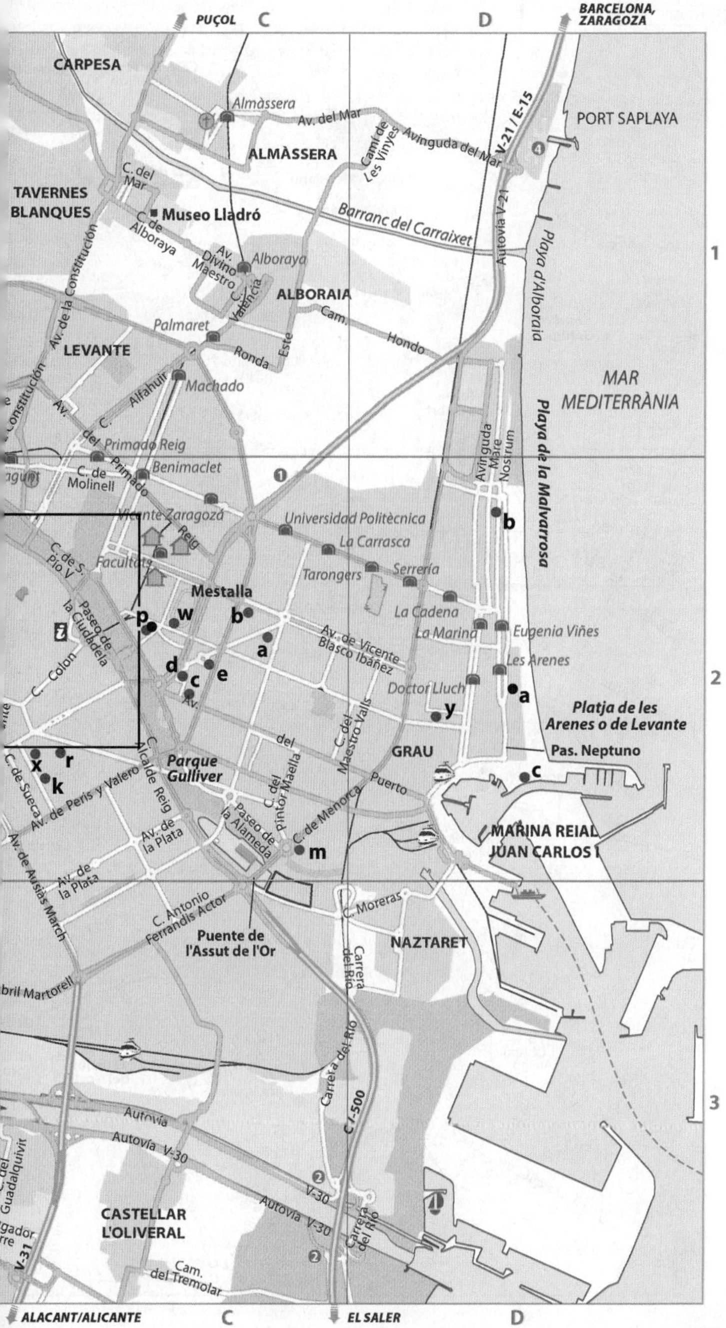
PUÇOL
C
D
BARCELONA, ZARAGOZA
CARPESA
Almàssera
Av. del Mar
ALMÀSSERA
Camí de Les Vinyes
Avinguda del Mar
V-21 / E-15
PORT SAPLAYA
TAVERNES BLANQUES
C. del Mar
Museo Lladró
C. de Alboraya
Barranc del Carraixet
Autovía V-21
Playa d'Alboraia
Av. Divino Maestro
Alboraya
C. Valencia
ALBORAIA
Av. de la Constitución
Cam. Hondo
Palmaret
Ronda
Este
LEVANTE
Machado
Alfahuir
Av. Constitución
C. del Primado Reig
Av. del Primado Reig
Primado Reig
MAR MEDITERRÀNIA
Playa de la Malvarrosa
Benimaclet
C. de Molinell
Avinguda Mare Nostrum
Vicente Zaragoza
Universidad Politècnica
La Carrasca
b
C. de S. Pio V
Facultats
Tarongers
Serrería
Mestalla
w
b
p
La Cadena
La Marina
Eugenia Viñes
Paseo de la Ciudadela
Av. de Vicente Blasco Ibáñez
a
Les Arenes
C. Colon
d
c
e
Doctor Lluch
a
Av.
y
Platja de les Arenes o de Levante
C. del Maestro Valls
del
GRAU
Pas. Neptuno
x
r
C. Alcalde Reig
Parque Gulliver
Puerto
c
k
C. de Sueca
Av. de Peris y Valero
C. del Pintor Maella
C. de Menorca
MARINA REIAL JUAN CARLOS I
Av. de la Plata
Paseo de la Alameda
m
Av. de Ausiàs March
Av. de la Plata
C. Antonio Ferrandis Actor
C. Moreras
Puente de l'Assut de l'Or
NAZTARET
Carrera del Río
Carrera del Río
CV-500
Autovía
Autovía V-30
V-30
Autovía V-30
C. del Guadalquivir
CASTELLAR L'OLIVERAL
Carrera del Río
V-31
Cam. del Tremolar
1
2
3
ALACANT/ALICANTE
EL SALER

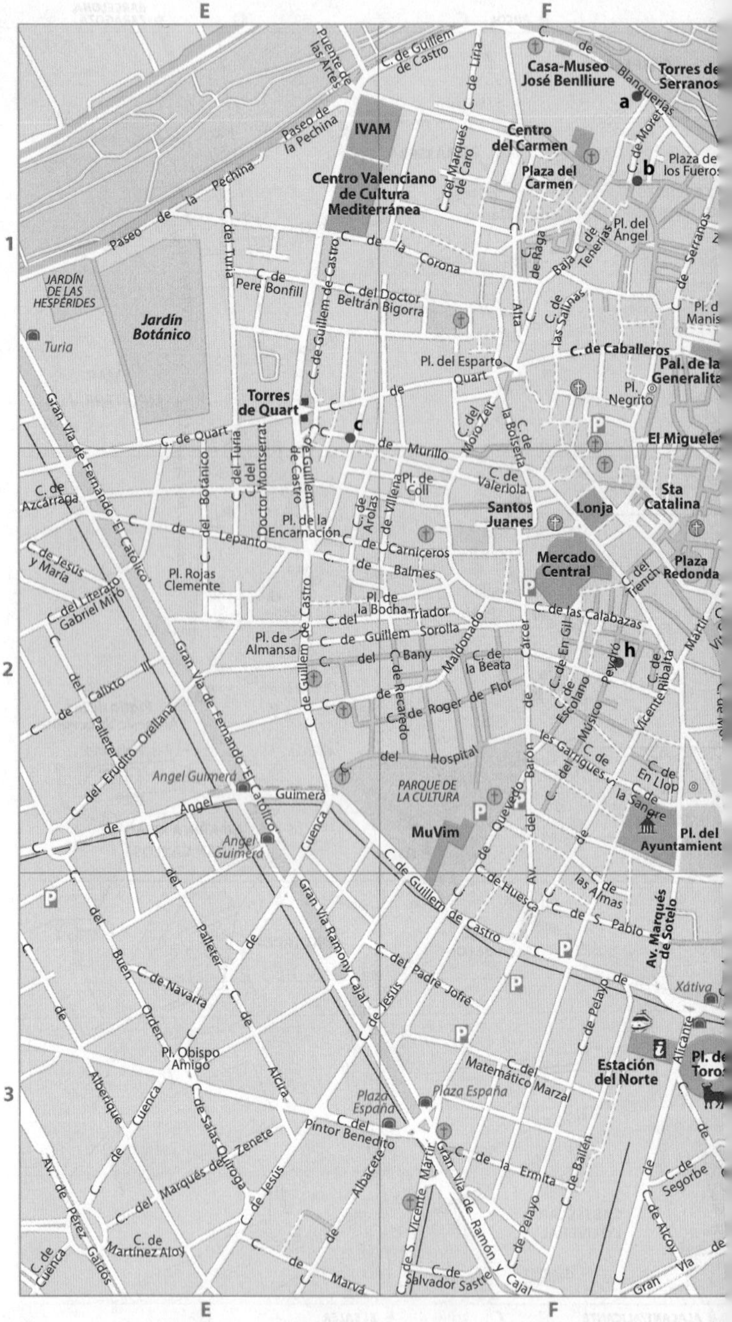
E
F
1
2
3
Casa-Museo José Benlliure
Torres de Serranos
C. de Blanquerías
a
b
IVAM
Centro del Carmen
Plaza del Carmen
Centro Valenciano de Cultura Mediterránea
Plaza de los Fueros
C. de Moret
Puente de las Artes
C. de Guillem de Castro
Paseo de la Pechina
C. de Líria
C. del Marqués de Caro
C. de Raga
Baja
C. de Tenerías
Pl. del Ángel
C. de Serranos
Paseo de la Pechina
C. del Turia
C. de la Corona
C. de Pere Bonfill
C. del Doctor Beltrán Bigorra
Alta
C. de las Salinas
Pl. de Manises
JARDÍN DE LAS HESPÉRIDES
Jardín Botánico
Turia
C. de Caballeros
Pal. de la Generalitat
Pl. del Esparto
Pl. Negrito
C. de Quart
Torres de Quart
c
C. del Moro Zeit
C. de la Bolsería
El Miguelete
Gran Vía de Fernando El Católico
C. de Quart
C. de Murillo
C. del Botánico
C. del Turia
C. del Doctor Montserrat
C. de Guillem de Castro
C. de Azcárraga
Pl. de Coll
C. de Valeriola
Santos Juanes
Lonja
Sta Catalina
C. de Lepanto
Pl. de la Encarnación
C. de Arolas
C. de Villena
C. de Carniceros
Mercado Central
Plaza Redonda
C. de Jesús y María
Pl. Rojas Clemente
C. de Balmes
C. del Trench
C. del Literato Gabriel Miró
Pl. de la Bocha
C. del Triador
C. de las Calabazas
Pl. de Almansa
C. de Guillem Sorolla
C. de En Gil
h
C. del Bany
C. de Recaredo
Maldonado
C. de la Beata
C. de Cárcer
C. de Calixto III
C. de Escolano
C. de Vicente Ribalta
Peydro
Mártir
C. del Pallerer
C. de Roger de Flor
C. del Músico
C. del Erudito Orellana
Gran Vía de Fernando El Católico
C. del Hospital
C. de les Garrigues
C. de En Llop
Angel Guimerá
PARQUE DE LA CULTURA
C. de la Sangre
C. de Ángel Guimerá
Av. del Barón de Cárcer
C. de Quevedo
MuVim
Pl. del Ayuntamiento
Angel Guimerá
Cuenca
C. de Guillem de Castro
C. de Huesca
C. de las Almas
C. de S. Pablo
Av. Marqués de Sotelo
C. del Pallerer
C. del Buen Orden
Gran Vía Ramón y Cajal
C. del Padre Jofré
C. de Pelayo
Xátiva
C. de Navarra
C. de Jesús
C. de Alcira
Alicante
Estación del Norte
Pl. de Toros
C. de Alberique
Pl. Obispo Amigó
C. del Matemático Marzal
Plaza España
Plaza España
C. de Cuenca
C. de Salas Quiroga
C. del Pintor Benedito
C. del Marqués de Zenete
C. de la Ermita
C. de Bailén
C. de Segorbe
Av. de Pérez Galdós
C. de Albacete
Gran Vía de Ramón y Cajal
C. de Pelayo
C. de Alcoy
C. de Martínez Aloy
C. de S. Vicente Mártir
C. de Salvador Sastre
C. de Cuenca
C. de Marvá
Gran Vía de
E
F

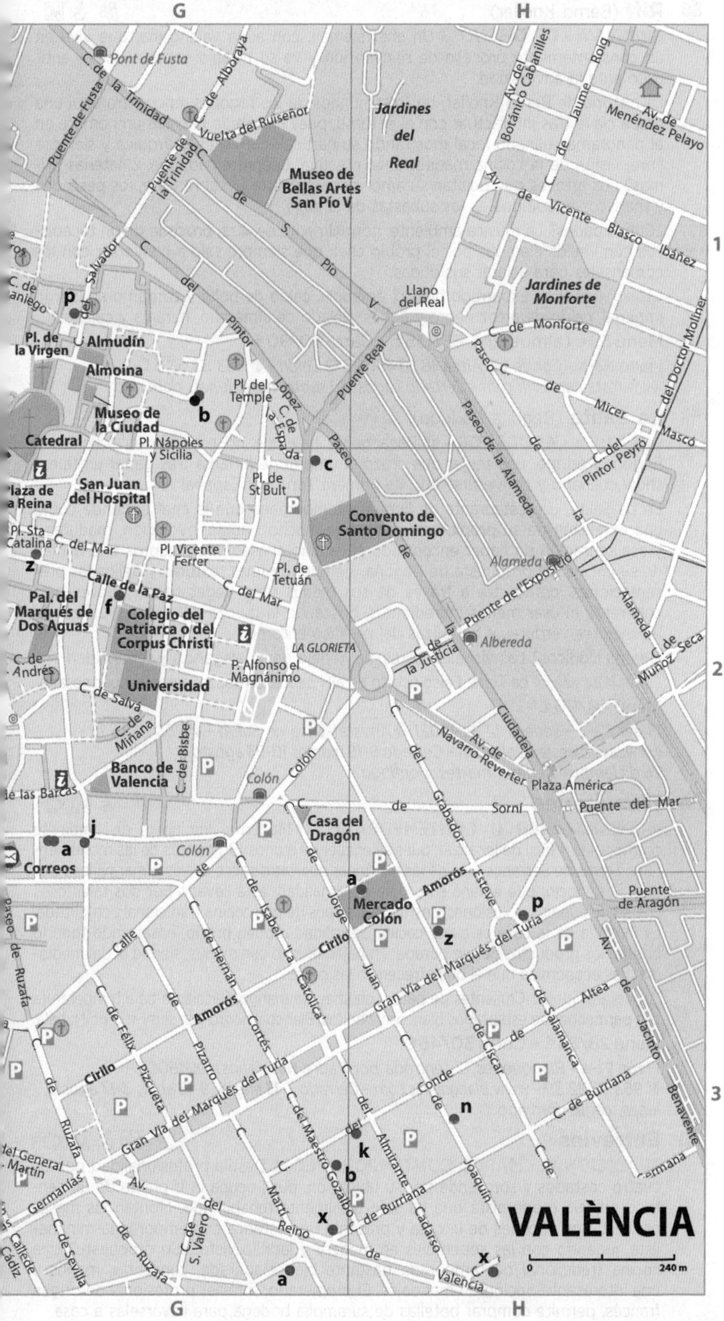
G
H
1
2
3
VALÈNCIA
0
240 m
Pont de Fusta
C. de la Trinidad
Puente de Fusta
C. de Alboraya
Vuelta del Ruiseñor
Puente de la Trinidad
Jardines del Real
Museo de Bellas Artes San Pío V
C. de S. Pío V
Av. del Botánico Cabanilles
C. de Jaume Roig
Av. de Menéndez Pelayo
Av. de Vicente Blasco Ibáñez
Jardines de Monforte
Llano del Real
C. de Monforte
C. del Doctor Moliner
Paseo C. de Micer Mascó
C. del Pintor Peyró
Salvador
C. del Pintor López
Pl. de la Virgen
Almudín
Almoina
Museo de la Ciudad
Catedral
Pl. del Temple
C. de la Espada
Puente Real
Paseo de la Alameda
Pl. Nápoles y Sicilia
Plaza de la Reina
San Juan del Hospital
Pl. de St Bult
Convento de Santo Domingo
Pl. Sta Catalina
C. del Mar
Pl. Vicente Ferrer
Pl. de Tetuán
Alameda
Puente de l'Exposició
Calle de la Paz
Pal. del Marqués de Dos Aguas
Colegio del Patriarca o del Corpus Christi
LA GLORIETA
C. de la Justicia
Albereda
C. de Muñoz Seca
C. de Andrés
P. Alfonso el Magnánimo
Universidad
C. de Salvá
C. de Miñana
C. del Bisbe
Banco de Valencia
de las Barcas
Colón
C. del Grabador Esteve
Av. de Navarro Reverter
Ciudadela
Plaza América
C. de Sorní
Puente del Mar
Casa del Dragón
Correos
Mercado Colón
C. de Jorge Juan
Amorós
Cirilo
Puente de Aragón
Paseo de Ruzafa
Calle de Colón
C. de Isabel la Católica
C. de Hernán Cortés
Gran Vía del Marqués del Turia
C. de Salamanca
C. de Ciscar
Av. de Jacinto Benavente
C. de Altea
C. de Félix Pizcueta
C. de Pizarro
C. del Maestro Gozalbo
C. del Almirante Cadarso
C. Conde de Altea
C. de Burriana
C. de Ruzafa
C. del General S. Martín
Germanías
Av. del Reino de Valencia
C. de S. Valero
C. de Sevilla
Calle de Cádiz
C. Martí
C. de Joaquín
Germanías

✿ **Riff** (Bernd Knöller)

CREATIVA • **DE DISEÑO** XX Un chef alemán, con alma valenciana, que vive en un constantemente proceso de reinvención y ve su trabajo como el mejor antídoto ante la adversidad.

La historia de Bernd Knöller, un trotamundos de los fogones, encuentra aquí una etapa clave tras interactuar con el entorno, pues ha sabido hacerse un nombre en el panorama culinario local mostrando su particular, a veces anárquica y siempre libre, visión de la cocina mediterránea creativa, diferente cada día. ¿Materias primas? Los arroces que delatan su amor por esta tierra y, sobre todo, los pescados y mariscos adquiridos en las subastas de la lonja.

¿Curiosidades? La música ambiente, normalmente de jazz, procede de un tocadiscos con vinilos elegidos por el propio chef, que siempre sale a conversar con los comensales para aclarar sus dudas.

Especialidades : Espárrago blanco, amapola, caldo de pollo y cardamomo. Sargo imperial, caldo de arroz negro y habas. Helado de almendra, naranja y calabaza.

Menú 39€ (almuerzo), 85/135€ - Carta 60/90€

Plano H3-k - *Conde de Altea 18 ✉ 46005 Ⓜ Colón - ✆ 963 33 53 53 - www.restaurante-riff.com - Cerrado 1 agosto-1 septiembre, lunes, domingo*

✿ **La Salita** (Begoña Rodrigo)

CREATIVA • **ACOGEDORA** XX Poca gente hay que no conozca en Valencia a Begoña Rodrigo, una mujer que cruzó el umbral de la fama tras ganar un talent show culinario y convertirse en... ¡la primera Top Chef España!

En La Salita, un restaurante de línea contemporánea que la chef entiende como una extensión de su propio ser, se aprecia mucho trabajo, evolución, madurez... y esa sensación de haber encontrado el camino al asentar conceptos que hablan de su cocina. La propuesta de Begoña, siempre de finas texturas y delicadas presentaciones, demuestra a través de sus menús (uno vegetariano) que es más coherente al usar menos ingredientes, buscando la pureza del sabor y utilizando las mejores verduras y hortalizas del prolífico entorno.

¿Platos icónicos? Las visuales Tiaras, fiel reflejo de su elegancia y femineidad.

Especialidades : La Tiara. Falso risotto de all i pebre. Calabaza, naranja y parmesano.

Menú 49/90€

Plano C2-a - *Séneca 12 ✉ 46021 Ⓜ Amistat-Casa de Salud - ✆ 963 81 75 16 - www.lasalitarestaurante.com - Cerrado 9-15 marzo, 10-23 agosto, 28 diciembre-3 enero, martes, domingo*

Blanqueries

MODERNA • **MARCO CONTEMPORÁNEO** XX Moderno, luminoso, de ambiente cosmopolita y fácil de localizar, pues se encuentra a unos 100 metros de las monumentales Torres de Serranos, una de las históricas puertas de acceso a esta maravillosa ciudad. El negocio, que emana su propia personalidad, está llevado por dos talentosos chefs que aúnan sus ilusiones y esfuerzos en pos de una cocina tradicional actualizada. La filosofía de la casa es clara: cocina de calidad a buen precio, ensalzando todo lo posible los productos de temporada. Trabajan mucho con menús, siendo el del mediodía más económico que el que ofrecen en las cenas.

Especialidades : Crujientes de pato y chutney de mango. Bacalao a baja temperatura con parmentier de espárragos blancos y habitas. Blanco y negro con semi-frío de Nutella.

Menú 28/35€ - Carta 30/45€

Plano F1-a - *Blanqueries 12 (entrada por Padre Huérfanos) ✉ 46002 - ✆ 963 91 22 39 - www.blanquerias.com - Cerrado 7-13 enero, 9-13 abril, 3-17 agosto, lunes, cena: domingo*

Entrevins

TRADICIONAL • **MARCO CONTEMPORÁNEO** XX Destila profesionalidad por los cuatro costados y sorprende por su ubicación, pues ocupa la 1ª planta de un céntrico edificio modernista que ha sido totalmente rehabilitado. Montan las mesas por distintos rincones de la casa y presenta una estética contemporánea-minimalista, jugando con las superficies en madera y ladrillo visto. ¿Su propuesta? Una cocina tradicional de temporada bastante bien elaborada, con carta, menús y una interesante opción de maridajes. El propietario, sumiller profesional de origen francés, permite comprar botellas de su amplia bodega para llevárselas a casa.

Especialidades : Figatell de cordero con crema de su caldereta. Solomillo de vaca vieja asado a leña con coliflor, cuscús vegetal y torrefactos. Chocoblas: chocolate en diferentes texturas con aceite de oliva y sal.

Menú 22€ (almuerzo)/39€ - Carta 30/45€

Plano G2-z – *De la Paz 7 ✉ 46003 Ⓜ Colón – ✆ 963 33 35 23 – www.entrevins.es – Cerrado lunes, domingo*

Goya Gallery

TRADICIONAL · MARCO CONTEMPORÁNEO XX No debe perdérselo, pues resulta céntrico y está muy vinculado al folclore local, ya que desde 1950 las reuniones para organizar las satíricas fiestas de las Fallas tuvieron lugar en el mítico bar Goya. Hoy encontrará un restaurante renovado y agradable, con un bar de espera y atractivos rincones en su interior. Ofrecen una carta tradicional-mediterránea que destaca tanto por las sugerencias y las tapas creativas como por su maravilloso apartado de arroces secos o melosos... no en vano, el chef Fernando Navarro ha ganado numerosos premios y concursos. ¡Pruebe el arroz Señoret de carabinero!

Especialidades : Calamar de playa a la plancha. Paella de carabineros. Cheesecake.

Menú 30/40€ - Carta 33/44€

Plano G3-x – *Burriana 3 ✉ 46005 – ✆ 963 04 18 35 – www.goyagalleryrestaurant.com – Cerrado lunes, cena: domingo*

Gran Azul

TRADICIONAL · AMBIENTE MEDITERRÁNEO XX Cuando Abraham Brández, el joven chef-propietario, decidió abrir este restaurante demostró valor y ambición, pues no es fácil montar un negocio especializado en arroces en una ciudad con tanta competencia. La carta, que contempla unas 15 variantes entre paellas, arroces (secos o melosos) y fideuás, se completa con una excelente selección de carnes rojas, pescados del día y mariscos, todos elaborados a la brasa en una parrilla-horno Josper. El local, de línea actual, presenta una enorme barra donde se puede comer, así como una interesante convivencia entre los azulejos cerámicos y la madera.

Especialidades : Alcachofa confitada y a la brasa con cecina de vaca y trufa. Paella marinera con gamba, cigala y langostino. Chocolate, café, pistacho y frambuesas.

Carta 32/53€

Plano C2-d – *Avenida Aragón 12 ✉ 46021 Ⓜ Aragón – ✆ 961 47 45 23 – www.granazulrestaurante.com – Cerrado 15-26 agosto, domingo*

Kaymus

TRADICIONAL · DE DISEÑO XX Negocio de organización familiar emplazado cerca del nuevo estadio del Valencia C. F. El local, de estética moderna pero algo impersonal, disfruta de una única sala y un buen privado. Desde los fogones el chef-propietario, Nacho Romero, apuesta por una cocina de tendencia actual y sencillas elaboraciones... eso sí, elaborada con gran fineza y materias primas de calidad. Su amplia carta se enriquece con sabrosos arroces y la opción de menús, uno tipo degustación. Debemos destacar la Ensaladilla Kaymus, las Croquetas de cocido o bacalao ahumado, la Ostra Gillardeau al gusto del chef...

Especialidades : Chipirón en su tinta relleno de blanquet. Arroz del señoret. Piña asada a la brasa con helado de vainilla.

Menú 33/55€ - Carta 32/52€

Plano B2-z – *Avenida Maestro Rodrigo 44 ✉ 46015 Ⓜ Beniferri – ✆ 963 48 66 66 – www.kaymus.es – Cerrado 13-19 enero, 10-24 agosto, cena: lunes, martes*

Canalla Bistro

FUSIÓN · SIMPÁTICA X La apuesta más joven y divertida del chef valenciano Ricard Camarena. Presenta unas salas de línea informal que sorprenden por sus alocados detalles, con gran protagonismo para la madera y, sobre todo, para unas coloristas cabezas de cerdo diseñadas por el reputado taller de José Miguel Piñero. Los fogones, a la vista en la zona de paso, dan pie a una cocina de marcado carácter internacional, pensada para compartir y con muchos platos de fusión que nos traen recuerdos de Oriente, de Sudamérica o del Mediterráneo. ¿Una recomendación? Un clásico para comer con la mano: el Sandwich de pastrami.

Especialidades : Sandwich de pastrami. Pad Thai con albóndigas de ibérico picantes. Tarta espumosa de chocolate y avellanas.

Menú 16 € (almuerzo)/29 € – Carta 32/40 €

Plano G3-a – *Maestro José Serrano 5* ⊠ *46003* Ⓜ *Xàtiva* – ℰ *963 74 05 09* – www.canallabistro.com

2 Estaciones   🛖 AC

COCINA MEDITERRÁNEA · BISTRÓ ✗ El barrio de Ruzafa, conocido como el Soho valenciano, se ha convertido en una de las zonas más interesantes de la ciudad a nivel gastronómico. Aquí, precisamente, se encuentra 2 Estaciones, un negocio llevado hoy entre Alberto Alonso y Mar Soler, cocineros, pareja y cómplices en este bonito proyecto. El local, a modo de bistró informal, se presenta con una gran barra, la cocina vista y unas singulares mesas (vestidas con manteles de tela) que recuperan los pies de las antiguas máquinas de coser. Ofrecen cocina mediterránea y de temporada, siempre con platos actualizados y la opción de menús.

Especialidades : Coca de aceite con lengua y salsa tártara. Merluza al vapor con patata chafada y jugo de pimientos verdes en salmuera. Torrija estilo thai con helado de plátano.

Menú 35/48 € – Carta 33/50 €

Plano C2-k – *Pintor Salvador Abril 28* ⊠ *46005* – ℰ *963 03 46 70* – www.2estaciones.com – *Cerrado 13-19 enero, lunes, almuerzo: miércoles, domingo*

Forastera Ⓝ   🛇 AC

COCINA DE MERCADO · SENCILLA ✗ Una casa sencilla pero muy interesante ubicada en el barrio de El Carmen, a tiro de piedra de las Torres de Quart. El chef Txiscu Nuévalos, que trabajó como responsable de I+D en el laureado Nerua de Bilbao, ha decidido volver a su tierra para emprender su propio proyecto junto a su mujer, Laura, que es la "forastera" a la que se debe el nombre del negocio. El agradable local, vestido con mobiliario actual y espacios bastante luminosos, centra su propuesta en dos menús de cocina casera con detalles actuales, ambos económicos y concebidos en base a los productos de mercado. ¡Miman cada plato!

Especialidades : Alcachofas salteadas con crema de ajo. Rabo de vaca guisado y deshuesado. Calabaza asada con arrope.

Menú 15 € (almuerzo), 25/35 €

Plano E1-c – *Murillo 31* ⊠ *46001* – ℰ *963 55 89 15* – www.restauranteforasteravalencia.com – *Cerrado 7-21 enero, 15-28 agosto, lunes, cena: martes-miércoles, cena: domingo*

Gallina Negra Ⓝ   AC

ACTUAL · BISTRÓ ✗ Siempre llega un momento en el que los cocineros jóvenes comienzan a volar por libre y eso, precisamente, es lo que vemos en esta casa del barrio de El Carmen. El local, ubicado en una calle algo escondida, presenta un ambiente bastante personal, con detalles vintage, diferentes tipos de sillas y hasta un mostrador de carnicería en mármol. Óscar y Javier, formados bajo la batuta del chef Ricard Camarena, autodefinen su propuesta como "libre", buscando la autenticidad a través de platos informales y divertidos que fusionen elementos culinarios del Mediterráneo, de Asia y de América Latina.

Especialidades : Pimientos asados a la llama y capellán casero. Pollo en adobo anticuchero, ají amarillo y choclos. Tarta de queso.

Carta 27/35 €

Plano F1-b – *Roteros 16* ⊠ *46003* – ℰ *960 03 37 80* – *Cerrado 15 febrero-1 marzo, 15-25 agosto, cena: lunes, martes, cena: domingo*

🍴○ Ameyal   🛇 AC

MEXICANA · AMBIENTE CLÁSICO ✗✗✗ Un mexicano romántico, elegante y realmente interesante en lo gastronómico. Su nombre, que en lengua Náhuatl significa "manantial", ya es toda una declaración de intenciones.

Menú 19 € (almuerzo)/49 € – Carta 39/55 €

Plano H3-z – *Conde de Salvatierra 39* ⊠ *46004* Ⓜ *Colón* – ℰ *963 20 58 37* – www.ameyal.es – *Cerrado 1-15 agosto, lunes, cena: domingo*

Lienzo

COCINA MEDITERRÁNEA • A LA MODA XXX Ocupa los bajos de un elegante edificio y sorprende por su modernidad, con dos salas separadas por una bodega acristalada y la cocina semivista. ¿Su propuesta? Buenas elaboraciones de gusto mediterráneo, algún plato de fusión y varios menús, todos sugerentes.

Menú 32€ (almuerzo), 50/65€ – Carta 37/67€

Plano G2-c – *Plaza de Tetuan 18 ✉ 46003 Ⓜ Alameda – ✆ 963 52 10 81 – www.restaurantelienzo.com – Cerrado 17-31 agosto, lunes, cena: miércoles, cena: domingo*

La Sucursal

MODERNA • DE DISEÑO XXX Sorprende por su luminosidad y su emplazamiento en pleno puerto, en el ático del "Veles e Vents". Ofrece diseño, vistas, una cocina abierta... e interesantes menús degustación.

Menú 45€ (almuerzo), 70/90€

Plano D2-c – *Edificio Veles e Vents, 3ª planta (en el puerto) ✉ 46002 – ✆ 963 74 66 65 – www.restaurantelasucursal.com – Cerrado lunes*

Vertical

CREATIVA • DE DISEÑO XXX Destaca tanto por el montaje como por sus vistas, pues se encuentra en la última planta del hotel Ilunion Aqua 4. Sala de estética actual, curiosa terraza chill out e interesante cocina creativa reflejada mediante menús gastronómicos.

Menú 50€ (almuerzo), 75/90€

Plano C2-m – *Luis García Berlanga 19 ✉ 46023 – ✆ 963 30 38 00 – www.restaurantevertical.com – Cerrado martes*

Karak

FUSIÓN • DE DISEÑO XX ¡En el hotel One Shot Mercat 09! Su mediática chef apuesta por la cocina de fusión, con una carta de línea viajera en el gastrobar y un buen menú degustación en el comedor.

Menú 50/100€ – Carta 40/60€

Plano F2-h – *Músico Peydró 9 ✉ 46001 Ⓜ Àngel Guimerà – ✆ 963 15 45 88 – www.restaurantekarak.com – Cerrado 3-16 febrero, 10-23 agosto, lunes, domingo*

Alejandro del Toro

CREATIVA • MINIMALISTA XX Un restaurante de línea moderna que, tras la reorientación del negocio, centra su propuesta en diferentes menús, todos de tinte creativo y uno de carácter gastronómico.

Menú 27€ (almuerzo), 35/89€

Plano C2-w – *Amadeo de Saboya 15 ✉ 46010 Ⓜ Aragón – ✆ 963 93 40 46 – www.restaurantealejandrodeltoro.com – Cerrado 7-15 enero, lunes, cena: domingo*

Apicius

MODERNA • AMBIENTE CLÁSICO XX Se presenta con un único salón, amplio y actual, donde apuestan por una moderna cocina de mercado. Buena oferta de menús e interesantes jornadas gastronómicas (trufa, setas...).

Menú 28€ (almuerzo), 44/59€ – Carta 45/65€

Plano C2-e – *Eolo 7 ✉ 46021 Ⓜ Aragón – ✆ 963 93 63 01 – www.restaurante-apicius.com – Cerrado 2 agosto-2 septiembre, cena: lunes, almuerzo: sábado, domingo*

Baobab Ⓝ

TRADICIONAL • MARCO CONTEMPORÁNEO XX En el glamuroso Baobab, con una barra para comer frente a la misma cocina, encontrará experiencias, sabores y muchísima pasión. Carta de base tradicional con toques modernos.

Carta 30/50€

Plano H3-p – *Serrano Morales 2 ✉ 46004 Ⓜ Colón – ✆ 961 67 66 75 – www.baobabgastronomia.com – Cerrado lunes, cena: domingo*

⫣◯ Casa Carmela   🏠 AC 🔁

TRADICIONAL · RÚSTICA XX Un histórico de la Malvarrosa, de ambiente regional pero bien actualizado. Suele estar lleno, pues sus famosas paellas y arroces solo se elaboran con fuego de leña de naranjo.

Menú 41 € (almuerzo)/55 € – Carta 35/50 €

Plano D2-b – *Isabel de Villena 155* ✉ *46011* – ☏ *963 71 00 73* –
www.casa-carmela.com – *Cerrado lunes, cena: martes-domingo*

⫣◯ Habitual   AC 🔁

INTERNACIONAL · A LA MODA XX Esta curiosa propuesta del chef Ricard Camarena, en el modernista Mercado de Colón, sorprende por su diseño. Extensa carta de tinte internacional y base mediterránea.

Menú 18 € (almuerzo)/32 € – Carta 34/51 €

Plano H3-a – *Jorge Juan 19 (Mercado de Colón, planta inferior)* ✉ *46004*
Ⓜ *Colón* – ☏ *963 44 56 31* – *www.habitual.es*

⫣◯ Kōmori   🏠 ⊞ 🚻 AC 🔁 🚗

JAPONESA · MINIMALISTA XX Tras su nombre, que significa "murciélago", encontrará un restaurante japonés con cierto pedigrí, pues sigue la senda de los Kabuki en Madrid. Cocina nipona-mediterránea.

Menú 55 € – Carta 55/75 €

Plano C2-p – *Hotel The Westin València, General Gil Dolz* ✉ *46010* Ⓜ *Alameda* –
☏ *960 04 56 35* – *www.restaurantekomori.com* – *Cerrado 13-27 abril,
11 agosto-2 septiembre, domingo*

⫣◯ Llisa Negra Ⓝ   🚻 AC 🔁

A LA PARRILLA · BRASSERIE XX Un local de moda con el sello de Quique Dacosta. Apuesta por la cocina de producto, sin artificios, con salazones, arroces, guisos, un protagonismo especial para la parrilla...

Menú 60 € – Carta 45/65 €

Plano G2-j – *Pascual Y Genís 10* ✉ *46002* Ⓜ *Colon* – ☏ *699 18 37 70* –
www.llisanegra.com – *Cerrado domingo*

⫣◯ Nozomi Sushi Bar   🚻 AC

JAPONESA · MINIMALISTA XX El término Nozomi, que significa "La ilusión de un sueño cumplido", refleja a la perfección el amor por la cultura nipona. Cocina abierta, ambiente Zen y buenos productos.

Menú 45 € – Carta 45/60 €

Plano C2-r – *Pedro III El Grande 11* ✉ *46005* Ⓜ *Xàtiva* – ☏ *961 48 77 64* –
www.nozomisushibar.es – *Cerrado 9-27 marzo, 3 agosto-4 septiembre,
23 diciembre-3 enero, lunes, martes, almuerzo: miércoles, almuerzo: domingo*

⫣◯ Oganyo Ⓝ   🚻 AC

ACTUAL · MARCO CONTEMPORÁNEO XX Un local moderno donde vinculan la tradición y la contemporaneidad. Su chef plantea una cocina actual, fresca y de producto, con sabores sumamente definidos. ¡Déjese llevar!

Menú 25 € (almuerzo), 35/45 € – Carta 30/50 €

Plano C2-b – *Belgica 30* ✉ *46021* – ☏ *961 18 40 90* – *www.oganyo.es* – *Cerrado cena: martes*

⫣◯ Saiti   AC

MODERNA · SIMPÁTICA XX Una casa que... ¡tiene por meta la excelencia! El chef propone una cocina actual de temporada repleta de matices, a través de una reducida carta y varios menús gastronómicos.

Menú 36 € (almuerzo), 48/85 € – Carta 40/60 €

Plano H3-x – *Reina Doña Germana 4* ✉ *46005* – ☏ *960 05 41 24* – *www.saiti.es* –
Cerrado 24 agosto-6 septiembre, cena: lunes, domingo

⅋○ Casa Montaña   🏵 ⅋ AC ⌖

TRADICIONAL · BAR DE TAPAS ⅄ Una parada obligada para todo aquel que visite València, pues ocupa una preciosa taberna de 1836. Ofrece tapas y raciones, así como vermú, mistela y numerosos vinos por copas.

Tapa 5 € – Ración 10 €

Plano D2-y – *José Benlliure 69* ✉ *46011* Ⓜ *Maritim Serreria* – ✆ *963 67 23 14* – *www.emilianobodega.com* – *Cerrado cena: domingo*

⅋○ Coloniales Huerta   🏠 ⅋ AC

TRADICIONAL · BAR DE TAPAS ⅄ Tiene un encanto indudable y, aun presentando espacios actualizados, conserva la esencia de la vieja tienda de ultramarinos que hubo en 1916. ¡Vinoteca y tienda delicatessen!

Tapa 8 € – Ración 15 €

Plano G3-b – *Maestro Gozalbo 13* ✉ *46005* Ⓜ *Colón* – ✆ *963 34 80 09* – *www.grupolasucursal.com* – *Cerrado cena: domingo*

⅋○ Askua   🏵 ⅋ AC

TRADICIONAL · MINIMALISTA ⅄ Un negocio consolidado gracias a la calidad de sus materias primas. En la sala, moderna y en tonos claros, le propondrán una cocina de producto muy respetuosa con los sabores.

Carta 45/70 €

Plano C2-c – *Felip María Garín 4* ✉ *46021* Ⓜ *Aragón* – ✆ *963 37 55 36* – *www.restauranteaskua.com* – *Cerrado 1-14 enero, 5-19 agosto, almuerzo: domingo*

⅋○ Birlibirloque   🏵 🏠 ⅋ AC ⌖

COCINA MEDITERRÁNEA · BAR DE TAPAS ⅄ Un gastrobar de ambiente desenfadado y cosmopolita. Su carta se completa con un buen menú ejecutivo al mediodía y un menú de tapas por la noche. ¡Excelente selección de vinos!

Tapa 4 € – Ración 16 €

Plano G2-z – *De la Paz 7* ✉ *46003* Ⓜ *Colón* – ✆ *960 64 44 59* – *www.birlibirloquebar.es* – *Cerrado cena: lunes, domingo*

⅋○ Fierro Ⓝ   AC

MODERNA · TENDENCIA ⅄ Resulta original, pues tiene una única mesa compartida con la cocina vista y los chef interactuando constantemente. Platos actuales que mezclan sabores argentinos y españoles.

Menú 50 € (almuerzo), 95/120 €

Plano C2-x – *Doctor Serrano 4* ✉ *46006* – ✆ *963 30 52 44* – *www.fierrovlc.com* – *Cerrado 1-15 enero, 19-31 marzo, 3-31 agosto, lunes, martes, miércoles, domingo*

⅋○ Lavoe Ⓝ   ⅋ AC

ARROCES · MARCO CONTEMPORÁNEO ⅄ Una casa de arroces bastante céntrica y moderna, bien llevada por un cocinero autodidacta. Busca sin descanso el "arroz perfecto", normalmente combinado con productos del mar.

Menú 30 € (almuerzo)/50 €

Plano G2-f – *De la Creu Nova 4* ✉ *46002* – ✆ *663 77 64 25* – *www.lavoearrozymar.com* – *Cerrado cena: lunes-viernes, domingo*

⅋○ Mercatbar Ⓝ   AC

ACTUAL · BISTRÓ ⅄ El gastrobar del chef Quique Dacosta le sorprenderá, pues su oferta de tapas y menús se completa con una selección de platos peruanos. ¡También hay piscos y cervezas de autor!

Menú 25 € (almuerzo)/30 €

Plano H3-n – *Joaquín Costa 27* ✉ *46002* – ✆ *963 74 85 58* – *www.mercatbar.com* – *Cerrado almuerzo: lunes, domingo*

⅋○ Toshi Ⓝ   AC

COCINA MEDITERRÁNEA · SENCILLA ⅄ Siguen la filosofía nipona con... ¡solo 10 asientos en barra! Su propuesta, por contra, es mediterránea, con platos sencillos y honestos en base al producto local de temporada.

Menú 32/68 €

Plano G1-p – *Salvador 5* ✉ *46003* – ✆ *673 75 33 47* – *www.toshi.es* – *Cerrado lunes, domingo*

Vuelve Carolina

CREATIVA • BAR DE TAPAS Realmente singular, pues tiene las paredes y techos totalmente forrados en madera. Carta de tapas creativas con opción a dos menús y... ¡la posibilidad de tomar tapas peruanas!

Tapa 5 € – Ración 16 € – Menú 28 € (almuerzo)/35 €

Plano G2-a – *Correos 8 ✉ 46002 Ⓜ Colón – ✆ 963 21 86 86 – www.vuelvecarolina.com – Cerrado domingo*

Alojamientos

The Westin València

LUJO • CLÁSICA Instalado en un edificio histórico de bella estética modernista. Disfruta de un maravilloso jardín interior, elegantes zonas sociales y unas habitaciones de excelente equipamiento, destacando la espectacular Suite Real vestida por el diseñador Francis Montesinos. Interesante oferta gastronómica.

130 habitaciones – 170/750 € – 24 € – 5 suites

Plano C2-p – *Amadeo de Saboya 16 ✉ 46010 Ⓜ Aragón – ✆ 963 62 59 00 – www.westinvalencia.com*

Kōmori – Ver selección restaurantes

Caro H.

BOUTIQUE HOTEL • CONTEMPORÁNEA Un palacete del s. XIX tremendamente curioso. Conserva restos arqueológicos de gran valor en casi todas las habitaciones, siempre conciliando el estilo urbano más actual con los detalles romanos y árabes.

25 habitaciones – 195/245 € – 22 € – 1 suite

Plano G1-b – *Almirante 14 ✉ 46002 – ✆ 963 05 90 00 – www.carohotel.com*

Sucede – Ver selección restaurantes

en la playa de Levante (Les Arenes)

Las Arenas

LUJO • CLÁSICA De lujoso ambiente clásico, frente a la playa y dotado con... ¡unas magníficas salas de reuniones! Su restaurante, llamado Sorolla por un lienzo del pintor expuesto en la sala, ofrece horario continuo y una carta tradicional que incluye un apartado de arroces.

253 habitaciones – 150/565 € – 26 € – 10 suites

Plano D2-a – *Eugenia Viñes 22 ✉ 46011 Ⓜ Marina Real Juan Carlos I – ✆ 963 12 06 00 – www.hotel-lasarenas.com*

VALENCIA DE DON JUAN

León – Mapa regional **8**-B1 – Mapa de carreteras Michelin n° 575-F13

Casa Alcón

TRADICIONAL • FAMILIAR Restaurante de organización familiar emplazado junto al ayuntamiento. Disfruta de una agradable terraza bajo unos soportales, un bar de espera y un comedor de sencillo ambiente clásico-regional. Trabaja mucho con el menú del día... sin embargo, no descuida en ningún momento el servicio a la carta. De sus fogones surge una cocina atenta al recetario tradicional y regional, con predominio de platos leoneses y asturianos. Gracias a su buen hacer se ha ganado el favor de una clientela habitual. ¡No deje de probar sus Garbanzos con setas al ajoarriero o el Bacalao molinero, típico de la localidad!

Especialidades : Garbanzos con setas al ajoarriero. Lomo de bacalao con crema de boletus y foie. Milhojas de crema.

Menú 13 € (almuerzo)/17 € – Carta 30/40 €

Plaza Mayor ✉ 24200 – ✆ 987 75 10 96 – www.casaalcon.es – Cerrado 15-29 junio, 16-23 septiembre, 23 diciembre-4 enero, cena: lunes-miércoles

VALGAÑÓN

La Rioja - Mapa regional **14**-A2 - Mapa de carreteras Michelin nº 573-F20

Pura Vida

FAMILIAR · CONTEMPORÁNEA Un hotel con encanto que fusiona la arquitectura tradicional y el diseño de interiores más actual. Lo mejor son sus habitaciones, en tonos blancos y con mobiliario moderno.

8 habitaciones - 95/115€

Real 7 ✉ 26288 - ✆ 941 42 75 30 - www.hotelpuravida.es - Cerrado 21 junio-3 julio, 2-9 septiembre

VALL D'ALBA

Castellón - Mapa regional **11**-B1 - Mapa de carreteras Michelin nº 577-L29

Cal Paradís (Miguel Barrera)

MODERNA · MARCO CONTEMPORÁNEO XXX Todo un ejemplo de lo que es un cocinero vocacional, pues... ¿cuántos maestros conocen con una estrella MICHELIN?

Miguel Barreda, criado entre pucheros en el negocio familiar (El Paraíso), cumplió los deseos de sus padres haciendo Magisterio pero no pudo hacer oídos sordos a su instinto, por lo que también hizo Hostelería antes de regresar a casa. Tras un periodo de lógica continuidad tomó las riendas del restaurante, le cambió el nombre, realizó importantes reformas... y conquistó nuestros paladares con una cocina actual plena de sabor, fiel a sus raíces y recuerdos pero también abierta a la modernidad.

¿Recomendaciones? Pruebe un clásico como los Tomates "de penjar", sardina de bota y ajos a la brasa o alguno de sus arroces, pues estos son uno de los puntos fuertes del chef.

Especialidades : Agua de pepino, encurtido, flores y clóchina. Raya a la brasa, romesco, queso y jugos. Chocolates, plátano y toffe.

Menú 45/130€ - Carta 50/65€

Avenida Vilafranca 30 ✉ 12194 - ✆ 964 32 01 31 - www.calparadis.es - Cerrado 24 diciembre-4 enero, lunes, cena: martes-jueves, cena: domingo

LA VALL DE BIANYA

Girona - Mapa regional **9**-C1 - Mapa de carreteras Michelin nº 574-F37

en la carretera N 260 Noroeste : 2 km

Ca l'Enric (Jordi Juncà)

CREATIVA · DE DISEÑO XXX Una casa familiar con carácter, buenas dosis de historia y un claro leitmotiv: la exaltación de los solitarios bosques de la Vall de Bianya y sus productos.

El hostal que aquí existió a finales del s. XIX se ha transformado, poco a poco, para dar paso a un fantástico espacio gastronómico, sorprendiendo hoy con una estética contemporánea que juega con la iluminación y plantea sugerentes contrastes entre el diseño y los materiales (piedra, madera, piel...) que nos conectan con el entorno. Presentan una cocina creativa de gran nivel, con platos de vanguardia que toman como base la esencia de estas tierras y de la cocina tradicional catalana.

La experiencia suele incluir un pase por la bodega, algo que se hace mientras le acompañan a la mesa, y la visita a la cocina al final de la comida.

Especialidades : Taco de pollo con espardeñas. Pichón con zanahorias al vino y puré al comino. Tres leches en texturas.

Menú 100/130€ - Carta 70/100€

✉ 17813 - ✆ 972 29 00 15 - www.calenric.net - Cerrado 22 diciembre-13 enero, lunes, cena: martes-jueves, cena: domingo

Mas la Ferreria

CASA DE CAMPO · REGIONAL Un bello hotel rural que recupera una antigua herrería, en piedra, del s. XIV. Combina las comodidades actuales con el encanto de antaño... eso sí, rodeado de naturaleza. Singulares habitaciones, casi todas con terraza, y servicio de restauración por las noches.

8 habitaciones - 165/205€ - 2 suites

Mas la Ferreria, Santa Margarida ✉ 17813 - ✆ 972 29 13 45 - www.hotelmaslaferreria.com

VALLADOLID

Valladolid – Mapa regional **8**–B2 – Mapa de carreteras Michelin n° 575-H15

Nos gusta...

El ambiente turístico y universitario que se respira en torno a la Catedral.

En lo gastronómico, nos encanta probar platos de alta cocina como los de **Trigo**, donde se ensalzan los productos de Castilla y León. También, disfrutar de una romántica velada en **Llantén** (en el Pinar de Antequera), dejarnos llevar por las propuestas de **Chuchi Martín** y, por supuesto, salir a tomar tapas y vinos por los aledaños de la Plaza Mayor (**Jero**, **Villa Paramesa**...).
La especialidad a orillas del Pisuerga es el lechazo (cordero lechal) asado al horno de leña, un plato castellano que encontrará en todos los asadores y que, junto al pan (Lechuguino, Cuadros, Cuatro Canteros...), ha sabido convertirse en un símbolo culinario.
La moda de los espacios gastronómicos también ha entrado con fuerza en la capital pucelana, así que déjese caer por la Estación Gourmet, ubicada junto a la estación de tren.

LucVi/Shutterstock.com

Restaurantes

✿ Trigo (Víctor Martín) A/C

MODERNA • MARCO CONTEMPORÁNEO XX Siempre se ha dicho del trigo que es el oro de Castilla, por lo que la alusión al mítico cereal puede entenderse aquí como una metáfora de arraigados valores.

El salto cualitativo que ha dado este restaurante, a escasos pasos de la Catedral pucelana, refleja la inequívoca pasión del chef leonés Víctor Martín por el mundo de los fogones, lo aprendido tras trabajar en grandes casas (ABaC, El Racó de Can Fabes, Santceloni...) y una personalidad digna de todo elogio.

Junto a su mujer Noemí, sumiller y responsable de sala, apuesta por una cocina contemporánea y creativa de firmes raíces tradicionales, construida siempre en base a las materias primas de la despensa regional y a los selectos productos que consigue de los mejores proveedores locales, con los que mantiene una estrechísima relación.

Especialidades : Hígado de pato, frambuesa al romero y bayas en texturas. Molleja de ternera, setas y puré de apionabo. Torrija de vino.

Menú 40/55€ - Carta 45/65€

Plano C2-m - *Tintes 8 ✉ 47002 - ✆ 983 11 55 00 - www.restaurantetrigo.com - Cerrado 15-31 agosto, lunes, domingo*

Chuchi Martín (N) A/C

TRADICIONAL • BISTRÓ X Tras el nombre de un local casi siempre se oculta una historia, un recuerdo, un producto... o, como en este caso, el cariñoso apelativo con el que todos en Valladolid conocen al chef-propietario, el auténtico alma de esta casa. El restaurante, algo escondido por estar junto a un paso elevado, se presenta con un buen bar a la entrada, donde sirven desayunos y aperitivos, así como un coqueto comedor para el servicio a la carta. ¿Su propuesta? Cocina tradicional muy vinculada al producto de temporada, con platos a la brasa y soberbios guisos. ¡Pruebe las Croquetas y su famoso Calamar a la brasa!

Especialidades : Croquetas caseras. Calamar a la brasa. Tarta de manzana.

Menú 12€ (almuerzo)/30€ - Carta 30/40€

Plano BC3-x - *Paseo del Arco de Ladrillo 28 ✉ 47007 - ✆ 663 59 57 88 - Cerrado 10-20 agosto, cena: lunes-jueves, cena: domingo*

La Cocina de Manuel (N) A/C

TRADICIONAL • BISTRÓ X Modesto local llevado de manera profesional por Manuel y Esther, una pareja que trabaja con enorme pasión. Encontrará una barra de bar a la entrada, donde come mucha gente los fines de semana a base de tapas y aperitivos, así como un pequeño salón tipo bistró decorado con sencillez. La carta no es muy amplia... sin embargo, resulta seductora e interesante, con una cocina tradicional actualizada que hace guiños a otras culturas, cuida las presentaciones, apuesta por los sabores definidos y, para nuestro deleite, da la opción de medias raciones en algunos platos. ¡Ambiente joven y desenfadado!

Especialidades : Mi-cuit de pato relleno de membrillo de manzana, polvo de pistacho y gelatina de verdejo. Manitas de cerdo con puré de batata al curry y su crujiente. Flan de queso Idiazábal con helado de vainilla.

Carta 28/40€

Plano B3-g - *Hípica 1 (previsto traslado a Álvarez Taladriz 6) ✉ 47007 - ✆ 983 02 35 51 - www.lacocinademanuel.com - Cerrado 13-29 enero, 10-27 agosto, lunes, domingo*

Paco Espinosa A/C

PESCADOS Y MARISCOS • AMBIENTE CLÁSICO XX ¡En el barrio de La Victoria! Su carta contempla ibéricos, revueltos, guisos caseros... pero también magníficos pescados y mariscos, algo poco habitual sin ser puerto de mar.

Menú 75€ - Carta 45/70€

Plano B1-c - *Paseo Obregón 16 ✉ 47009 - ✆ 983 33 09 88 - Cerrado 5-27 agosto, lunes, cena: domingo*

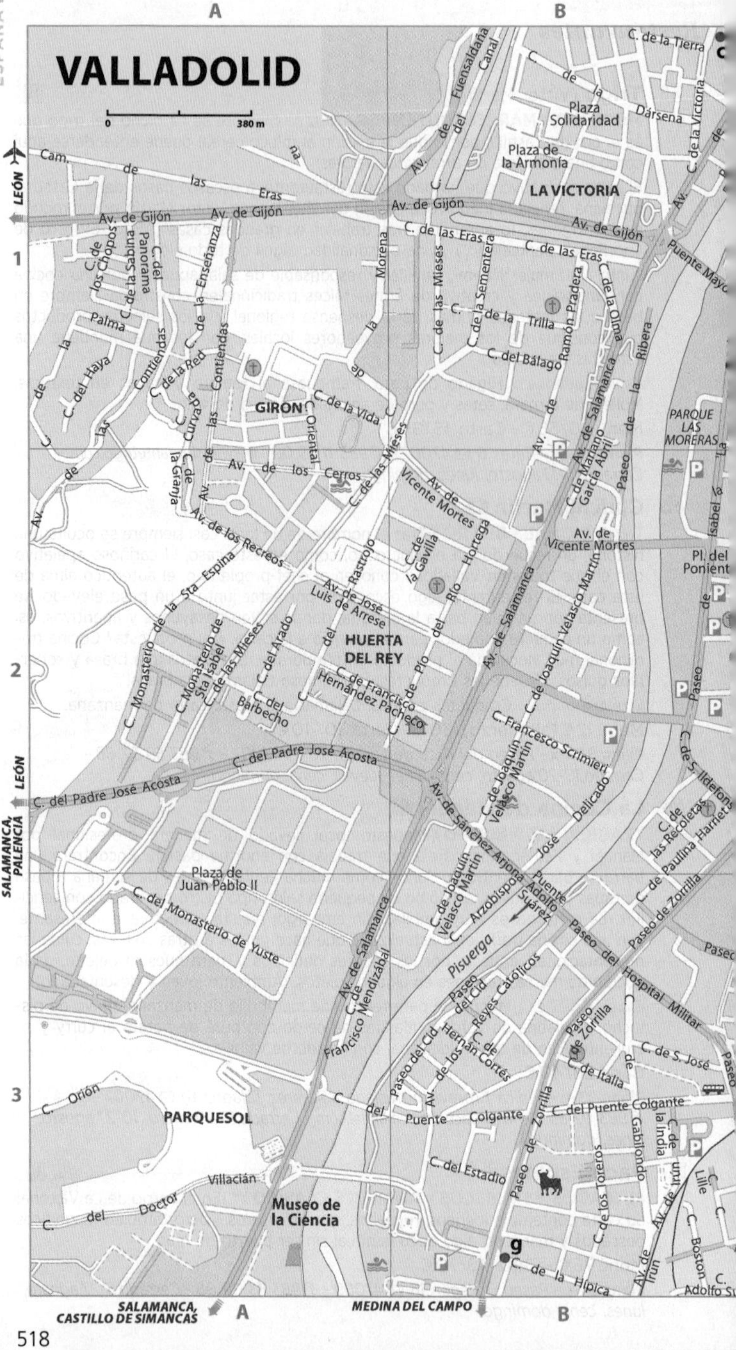
A
B
VALLADOLID
0
380 m
LEÓN
Cam. de las Eras
Av. de Gijón
Av. de Gijón
Av. de Gijón
Av. de Gijón
C. de los Chopos
C. de la Sabina
C. del Panorama
C. de la Enseñanza
Palma
C. de la Red
Contiendas
Contiendas
C. del Haya
C. de las
Av. de
Curva
C. de la Granja
Av. de las
GIRON
C. Oriental
C. de la Vida
Morena
Av. de los Cerros
Av. de los Recreos
C. de las Mieses
Av. del Canal
Fuensaldaña
C. de la Tierra
C. de la Dársena
Plaza Solidaridad
Plaza de la Armonía
LA VICTORIA
C. de la Victoria
Puente Mayor
C. de las Eras
C. de las Eras
C. de las Mieses
C. de la Sementera
C. de la Trilla
C. de Ramón Pradera
C. de la Olma
C. del Bálago
Av. de Salamanca
Paseo de la Ribera
C. de Mariano García Abril
PARQUE LAS MORERAS
Isabel la
Av. de Vicente Mortes
Av. de Vicente Mortes
Pl. del Poniente
C. de la Gavilla
C. del Río Hortega
C. del Rastrojo
Av. de José Luis de Arrese
C. Monasterio de la Sta Espina
C. Monasterio de Sta Isabel
C. de las Mieses
C. del Arado
HUERTA DEL REY
C. de Francisco Hernández Pacheco
C. del Barbecho
C. de Pío del Río
Av. de Salamanca
C. de Joaquín Velasco Martín
C. Francesco Scrimieri
C. del Padre José Acosta
C. del Padre José Acosta
LEÓN
SALAMANCA, PALENCIA
C. de Joaquín Velasco Martín
C. José Delicado
C. de S. Ildefonso
C. de las Recoletas
C. de Paulina Harriet
Av. de Sánchez Arjona
Puente Adolfo Suárez
C. Arzobispo
C. de Joaquín Velasco Martín
Plaza de Juan Pablo II
C. del Monasterio de Yuste
C. de Zorrilla
Paseo de Zorrilla
Paseo del Hospital Militar
Pisuerga
Av. de Salamanca
C. de Francisco Mendizábal
Paseo del Cid
Paseo del Cid
Av. de los Reyes Católicos
C. de Hernán Cortés
Paseo de Zorrilla
C. de S. José
C. de Italia
C. Orión
PARQUESOL
C. del Puente Colgante
C. del Puente Colgante
Paseo de Zorrilla
Gabilondo
C. de la India
C. del Estadio
Villacián
C. del Doctor
Museo de la Ciencia
C. de los Toreros
Av. de Irún
Av. de Irún
Lille
C. Boston
C. de la Hípica
g
C. Adolfo Su
Paseo
1
2
3
SALAMANCA, CASTILLO DE SIMANCAS
MEDINA DEL CAMPO

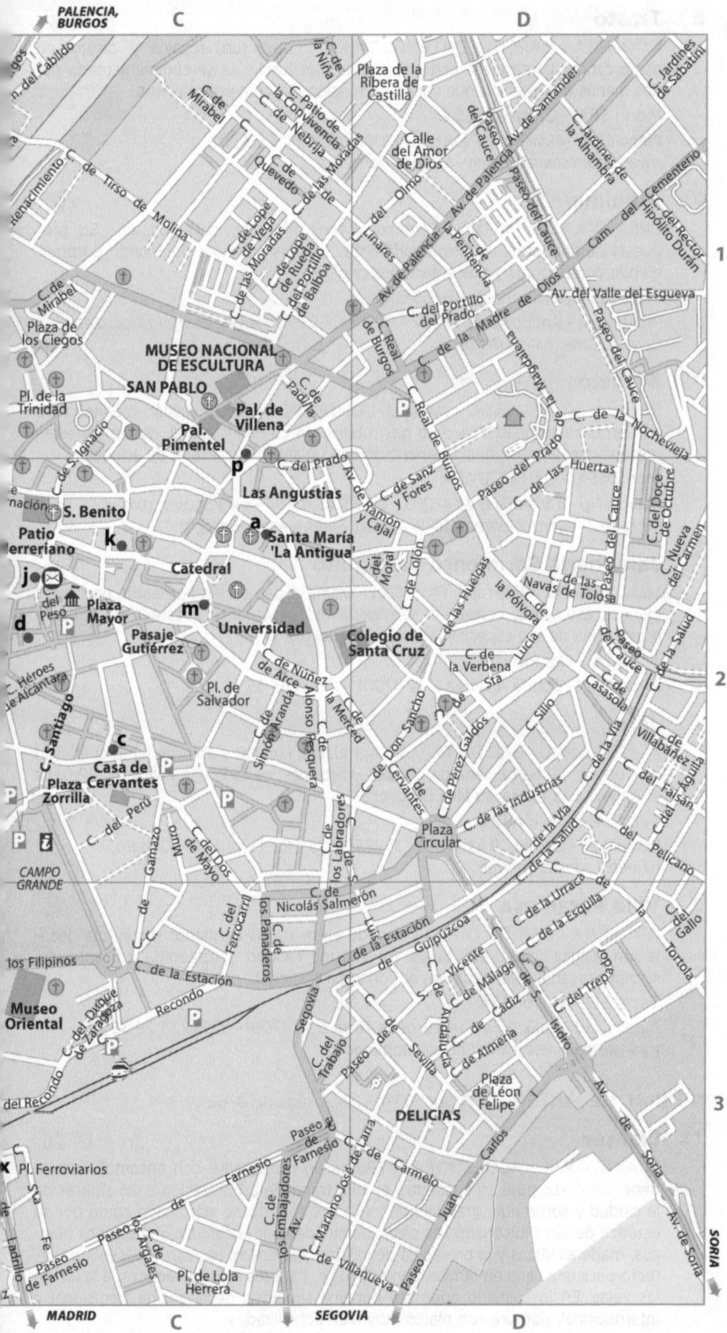
PALENCIA, BURGOS
C
D
1
2
3
MUSEO NACIONAL DE ESCULTURA
SAN PABLO
Pal. de Villena
Pal. Pimentel
p
Las Angustias
a
Santa María 'La Antigua'
S. Benito
Patio Herreriano
k
j
Catedral
m
Plaza Mayor
d
Universidad
Pasaje Gutiérrez
Colegio de Santa Cruz
c
Casa de Cervantes
Plaza Zorrilla
CAMPO GRANDE
Museo Oriental
DELICIAS
Plaza de la Ribera de Castilla
Calle del Amor de Dios
Plaza de los Ciegos
Pl. de la Trinidad
Pl. de Salvador
Plaza Circular
Plaza de León Felipe
Pl. Ferroviarios
Pl. de Lola Herrera
C. de Mirabel
C. de Tirso de Molina
C. de Quevedo
C. de Nebrija
C. Patio de la Convivencia
C. de la Niña
C. de las Moradas
C. de Lope de Vega
C. de Lope de Rueda
C. del Portillo de Balboa
C. del Olmo
C. de Linares
Av. de Palencia
Av. de Santander
Paseo del Cauce
C. de la Penitencia
C. Jardines de la Alhambra
C. Jardines de Sabatini
C. del Rector Hipólito Durán
Cam. del Cementerio
C. de la Madre de Dios
Av. del Valle del Esgueva
C. del Portillo del Prado
C. Real de Burgos
C. de Padilla
C. de la Magdalena
C. de la Nochevieja
C. del Prado
Av. de Ramón y Cajal
C. de Sanz y Fores
Paseo del Prado de la Magdalena
C. de las Huertas
C. del Doce de Octubre
C. Nueva del Carmen
C. del Moral
C. de Colón
C. de las Huelgas
C. de la Pólvora
C. de las Navas de Tolosa
C. de S. Ignacio
C. de Santiago
C. Héroes de Alcántara
C. de Núñez de Arce
C. de Simón Aranda
C. Alonso Pesquera
C. de la Merced
C. de Don Sancho
C. de Cervantes
C. de Pérez Galdós
C. de la Verbena
C. de Sta Lucía
C. Silió
C. de Casasola
C. de la Salud
C. de Villabáñez
C. del Águila
C. del Faisán
C. de la Vía
C. de las Industrias
C. del Pelícano
C. del Perú
C. de Gamazo
C. Muro
C. del Dos de Mayo
C. de los Labradores
C. de S. Luis
C. de Nicolás Salmerón
C. del Ferrocarril
C. de los Panaderos
C. de la Estación
C. de Guipúzcoa
C. de la Urraca
C. de la Esquila
C. de la Tórtola
C. del Gallo
C. de S. Vicente
C. de Málaga
C. de Cádiz
C. de S. Isidro
C. del Trepador
C. de Andalucía
C. de Almería
C. de Sevilla
Paseo de Segovia
C. del Trabajo
los Filipinos
Recondo
C. del Duque de Zaragoza
C. del Recondo
Paseo de Farnesio
C. de Mariano José de Larra
C. de los Embajadores
C. de Carmelo
Paseo de Juan Carlos I
Av. de Soria
C. de Villanueva
C. de los Argales
C. Sta Fe
C. de Ladrillo
MADRID
SEGOVIA
SORIA

Trasto

MODERNA • MARCO CONTEMPORÁNEO XX Juventud, técnica y diseño en pleno centro. La pequeña carta, moderna y de fusión, se ve complementada por dos menús degustación que varían en función del número de platos.

Menú 36€ - Carta 42/65€

Plano C2-c - *Menéndez Pelayo ✉ 47001 - ✆ 983 45 50 90 - www.trastorestaurante.com - Cerrado domingo*

Alquimia Ⓝ

CREATIVA • DE DISEÑO X Céntrico, joven, diferente, desenfadado... Su propuesta de tinte creativo fusiona diferentes sabores y cocinas del mundo, sorprendiendo con texturas y presentaciones originales.

Menú 25€ (almuerzo), 45/65€

Plano C2-a - *Antigua 6 ✉ 47002 - ✆ 983 07 53 78 - www.alquimiavalladolid.es - Cerrado cena: lunes, martes*

5 Gustos

COCINA DE MERCADO • MARCO CONTEMPORÁNEO X ¡Pasión mediterránea en tierras castellanas! Posee un gastrobar y un comedor actual, donde apuestan por una cocina tradicional de mercado con un selecto apartado de arroces.

Menú 45€ - Carta 33/45€

Plano C1-p - *Torrecilla 8 ✉ 47003 - ✆ 983 45 43 04 - www.5gustos.com - Cerrado 27 enero-2 febrero, 10-16 agosto, lunes, cena: domingo*

Jamonería Sarmiento-Jabuguito

TRADICIONAL • BAR DE TAPAS X El aroma a pan recién horneado, productos ibéricos escogidos, conservas seleccionadas... Acérquese a este curioso bar y pruebe una de sus especialidades, los Miguelitos.

Tapa 2€ - Ración 10€

Plano C2-k - *Conde Ansúrez 11 ✉ 47001 - ✆ 983 35 55 14*

Jero

TRADICIONAL • BAR DE TAPAS X Agradable, familiar y ubicado junto al edificio de Correos. Su barra, llena de pinchos y raciones, es toda una invitación. ¡Pruebe el Angelillo, la Cabra, su Mini Burguer... !

Tapa 3€ - Ración 12€

Plano C2-j - *Correos 11 ✉ 47001 - ✆ 983 35 35 08 - Cerrado 15-30 enero, 10 julio-1 agosto, martes*

Villa Paramesa

MODERNA • BAR DE TAPAS X Llevado entre varios hermanos y con una decoración rústica-actual. Sus tapas, de enorme calidad y esmerada presentación, siempre rayan a gran altura en el Concurso Nacional.

Tapa 3€ - Ración 15€

Plano C2-d - *Calixto Fernández de la Torre 5 ✉ 47001 - ✆ 983 35 79 36 - www.villaparamesa.com - Cerrado domingo*

en Pinar de Antequera Sur : 6 km - Mapa regional **8**-B2

Llantén

TRADICIONAL • ACOGEDORA XX ¿Busca un restaurante con encanto? Este lo tiene, sin duda, pues se encuentra en una tranquila urbanización a las afueras de la ciudad y sorprende, gratamente, tanto por su entorno ajardinado como por su estética de aires ibicencos. Las salas, dominadas por la conjunción de tonos blancos, maderas vistas y la presencia de cálidas chimeneas, recrean el escenario perfecto para una cena en familia, con amigos o, para los más románticos, a la luz de las velas. En lo culinario apuestan por una simbiosis de la cocina tradicional e internacional, siempre con platos muy bien actualizados.

Especialidades : Espárragos de Tudela de Duero con crema de coliflor. Cabrito asado. Tierra de pinares.

Menú 54 € - Carta 34/50 €

Fuera de plano - *Encina 11 (por paseo Zorrilla B3) ✉ 47153 - ✆ 983 24 42 27 - www.restaurantellanten.com - Cerrado 1 enero-1 marzo, lunes, cena: domingo*

en el club de campo La Galera Noroeste : 4 km

Dámaso

MODERNA • AMBIENTE CLÁSICO XX Humildad, naturalidad, técnica... aquí todo gira en torno al chef Dámaso Vergara, el auténtico epicentro de la casa. ¡La sala se asoma al "tee" del hoyo 9 en el campo de golf!

Carta 43/53 €

Fuera de plano - *Corbeta (por Avenida de Fuensaldaña, VA-900 B1) ✉ 47009 - ✆ 655 099 955 - www.restaurantedamaso.es - Cerrado lunes, cena: martes-miércoles, cena: domingo*

al Suroeste

AC Palacio de Santa Ana

HISTÓRICO • CONTEMPORÁNEA En el antiguo monasterio de los Jerónimos, rodeado por una bonita pradera con mirador frente al río Pisuerga. Disfruta de un magnífico claustro y habitaciones funcionales, algunas abuhardilladas. Su restaurante propone una cocina actual de bases tradicionales.

93 habitaciones - 90/215 € - 15 € - 5 suites

Fuera de plano - *Avenida del Príncipe de Asturias (por la Avenida de Salamanca : 4 km A3) ✉ 47195 - ✆ 983 40 99 20 - www.hotelacpalaciodesantaana.com*

VALLDEMOSSA - Balears

→ Ver Balears (Mallorca)

VALLE DE CABUÉRNIGA

Cantabria - Mapa regional **6**-B1 - Mapa de carreteras Michelin n° 572-C17

Camino Real de Selores

HISTÓRICO • PERSONALIZADA Casona del s. XVII en la que se mezclan elementos rústicos originales con otros de diseño moderno. Las habitaciones, repletas de detalles, ocupan también cuatro edificios más. El restaurante, de ambiente muy acogedor, recupera lo que un día fueron las cuadras.

25 habitaciones - 80/105 € - 4 suites

Selores, Sur : 1,5 km ✉ 39511 - ✆ 942 70 61 71 - www.caminorealdeselores.com

VALLROMANES

Barcelona - Mapa regional **10**-B3 - Mapa de carreteras Michelin n° 574-H36

Can Poal

TRADICIONAL • FAMILIAR X Sin duda le gustará, pues ocupa una masía familiar que remonta sus orígenes al s. XIV. En su interior, bastante acogedor, bien restaurado y de ambiente rústico-actual, podrá degustar una cocina tradicional catalana donde se mima el producto de temporada, se cuidan las presentaciones y, con buen criterio, procuran respetar la autenticidad de los sabores. Su carta contempla un buen menú, varios platos del día, deliciosos arroces, guisos y la especialidad que les dio cierta fama en la zona, los platos a la brasa. ¿Un plato de toda la vida? Sus deliciosas Manitas de cerdo rellenas de foie.

Especialidades : Ensalada de bacalao con textura de tomate. Arroz de gambas, marisco. Pastel caliente de chocolate.

Menú 25 € (almuerzo), 35/38 € - Carta 35/45 €

Avenida Vilassar de Dalt 1b ✉ 08188 - ✆ 935 72 94 34 - www.canpoal.cat - Cerrado 19 agosto-9 septiembre, domingo

ESPAÑA

Sant Miquel

TRADICIONAL • ACOGEDORA XX Un negocio familiar dotado de dos comedores, uno funcional y el otro tipo jardín de invierno. Enriquece su carta tradicional con menús temáticos de temporada. ¡Buena bodega!

Carta 35/50 €

Plaza de l'Església 12 ✉ 08188 – ☎ 935 72 90 29 – www.stmiquel.cat – Cerrado 13-28 enero, 10-25 agosto, lunes, cena: martes-jueves, cena: domingo

VALLS

Tarragona – Mapa regional **9**–B3 – Mapa de carreteras Michelin nº 574-I33

en la carretera N 240 Norte : 8 km

Les Espelmes

REGIONAL • RÚSTICA X En sus coquetas salas, de estilo clásico-regional, podrá descubrir los sabores de la cocina catalana y una selecta bodega. ¡Magnífica terraza techada con vistas panorámicas!

Carta 30/43 €

✉ 43813 – ☎ 977 60 10 42 – www.lesespelmes.com – Cerrado 29 junio-30 julio, cena: lunes-martes, miércoles, cena: domingo

VALVERDE – Santa Cruz de Tenerife ➜ Ver Canarias (El Hierro)

VALVERDE DEL CAMINO

Huelva – Mapa regional **1**–A2 – Mapa de carreteras Michelin nº 578-T9

Casa Dirección

COCINA DE MERCADO • MARCO CONTEMPORÁNEO XX Realmente fácil de localizar, pues se halla en el acceso norte de la localidad, junto al bello caserón de estilo inglés que hoy da cobijo al Museo Etnográfico (también llamado Casa Dirección). Cuenta con un bar de tapas, donde podrá degustar los platos de la carta en formato mini, y una sala acristalada que se asoma a la magnífica terraza, con una zona ajardinada para los eventos y... ¡hasta un anfiteatro! Su joven chef busca más gustar que sorprender, lo que se traduce en una cocina de temporada puesta al día y elaborada con mimo. ¡Pruebe su Milhojas de foie, queso de cabra y membrillo!

Especialidades : Milhojas de foie, queso de cabra y membrillo. Arroz frito de pato. Tocino de cielo de mandarina y fruta de la pasión.

Menú 35/45 € – Carta 30/40 €

Avenida de la Constitución 98 ✉ 21600 – ☎ 959 55 13 34 – www.restaurantecasadireccion.com – Cerrado 24 febrero-1 marzo, 25 mayo-4 junio, 17-30 agosto, lunes, cena: domingo

VECINOS

Salamanca – Mapa regional **8**–A3 – Mapa de carreteras Michelin nº 575-J12

Casa Pacheco

TRADICIONAL • RÚSTICA XX Hablar de Casa Pacheco supone referirnos a la historia y tradición de un negocio familiar que ya va por la 3ª generación; sin embargo, seguramente lo que más le llamará la atención como cliente es la estrecha relación del establecimiento con el mundo taurino, no en vano aquí todo remite a la Fiesta Nacional y sus comedores están dedicados a dos diestros, Julio Robles y Leandro Marcos. Proponen una carta de gusto tradicional rica en carnes, bacalaos y embutidos ibéricos, siendo los platos con los que han conseguido más halagos las Mollejas de lechazo y el Steak tartare.

Especialidades : Patatas meneadas. Steak tartare. Flan de chocolate blanco.

Carta 30/45 €

José Antonio 12 ✉ 37456 – ☎ 923 38 21 69 – www.restaurantecasapacheco.com – Cerrado lunes, cena: martes-domingo

LA VEGA

Asturias – Mapa regional **3**–C1 – Mapa de carreteras Michelin nº 572-B14

Güeyu-Mar

PESCADOS Y MARISCOS • RÚSTICA X Una visita inexcusable si le gustan los pescados a la brasa, pues aquí son de gran tamaño y excepcional calidad. El nombre del negocio, en bable, significa "Ojos de mar".

Carta 45/85€

Playa de Vega 84 ✉ 33560 – ✆ 985 86 08 63 – www.gueyumar.es – Cerrado 15 enero-15 febrero, 1-15 noviembre, lunes, martes, cena: miércoles-jueves, cena: domingo

VEGA DE TIRADOS

Salamanca – Mapa regional **8**–A2 – Mapa de carreteras Michelin nº 575-I12

Rivas

TRADICIONAL • MARCO CONTEMPORÁNEO XX Las señas de identidad de esta casa, de línea moderna-funcional, son los guisos tradicionales y las carnes a la brasa. ¡Esté atento a sus exitosas jornadas gastronómicas!

Carta 40/60€

Serafín Gómez Mateos ✉ 37170 – ✆ 923 32 04 71 – www.restauranterivas.com – Cerrado 8-23 enero, 1-18 julio, lunes, cena: martes-jueves, cena: domingo

VEJER DE LA FRONTERA

Cádiz – Mapa regional **1**–A3 – Mapa de carreteras Michelin nº 578-X12

El Jardín del Califa

NORTEAFRICANA • ACOGEDORA X Se halla en el hotel La Casa del Califa, donde atesora un encantador patio-terraza interior con palmeras, una sala acristalada tipo porche y un bello comedor de altos techos abovedados. Cocina marroquí y libanesa, carnes a la brasa y... ¡coquetas habitaciones!

Carta 30/41€

Plaza de España 16 (Hotel La Casa del Califa) ✉ 11150 – ✆ 956 45 17 06 – www.califavejer.com

Trafalgar

TRADICIONAL • MARCO CONTEMPORÁNEO X Resulta coqueto, con la cocina a la vista y la terraza montada en la turística plaza. Cocina tradicional andaluza actualizada: platos de atún, arroces, pescaíto frito, carnes...

Carta 25/40€

Plaza de España 31 ✉ 11150 – ✆ 956 44 76 38 – Cerrado 9 diciembre-16 febrero

en la playa de El Palmar Oeste : 11 km

El Alférez (N)

TRADICIONAL • MARCO CONTEMPORÁNEO X Sabrosos mariscos, pescados de la lonja de Conil, una carta exclusiva dedicada al atún rojo de almadraba... ¡todo frente al mar! Déjese aconsejar por sus honestos propietarios.

Carta 35/60€

Playa de El Palmar (Vejer Costa) ✉ 11159 – ✆ 956 23 28 61 – www.restauranteelalferez.com – Cerrado 15 noviembre-15 marzo, martes

Casa Francisco

PESCADOS Y MARISCOS • RÚSTICA X Su privilegiada situación en 1ª línea de playa, el expositor de pescados y el vivero de marisco nos indican, claramente, la oferta de esta casa, a la que hay que sumar un apartado para el atún rojo de almadraba y varios arroces. ¡Zona de tapas con mesas altas!

Menú 25/35€ – Carta 45/62€

Playa de El Palmar (Vejer Costa) ✉ 11150 – ✆ 956 23 22 49 – www.casafranciscoeldesiempre.com – Cerrado 15-31 diciembre

VELATE (PUERTO DE) – Navarra ➜ Ver BELATE (Puerto de)

VERA

Almería – Mapa regional **1**-D2 – Mapa de carreteras Michelin nº 578-U24

Juan Moreno

TRADICIONAL • MARCO CONTEMPORÁNEO XX Restaurante de línea actual ubicado en una zona industrial, cerca de la plaza de toros. Su chef propone una cocina de sabor tradicional, con la opción de varios menús y sugerencias diarias. ¡Organizan interesantes jornadas gastronómicas a lo largo del año!

Menú 31/83 € – Carta 35/50 €

Carretera de Ronda 3 ✉ 04620 – ✆ 950 39 30 51 – www.restaurantejuanmoreno.es – Cerrado 4-17 noviembre, domingo

Terraza Carmona

REGIONAL • AMBIENTE TRADICIONAL XX Un negocio familiar con renombre en la zona, pues siempre ha ensalzado la cocina regional y local. De sus instalaciones debemos destacar, por su solera, el salón principal.

Menú 26/47 € – Carta 27/49 €

Del Mar 1 ✉ 04620 – ✆ 950 39 07 60 – www.terrazacarmona.com – Cerrado 7-22 enero, lunes

VERDICIO

Asturias – Mapa regional **3**-B1 – Mapa de carreteras Michelin nº 572-B12

La Fustariega

TRADICIONAL • MARCO REGIONAL X Rodeado de verdes prados. Posee un bar-sidrería y dos salas de línea regional, donde ofrecen una sencilla carta tradicional rica en pescados y mariscos. ¡Interesante bodega!

Carta 30/60 €

Fiame ✉ 33448 – ✆ 985 87 81 03 – www.restaurantelafustariega.com – Cerrado 18-28 febrero, miércoles

VIC

Barcelona – Mapa regional **9**-C2 – Mapa de carreteras Michelin nº 574-G36

Divicnus

TRADICIONAL • ACOGEDORA XX Un establecimiento en clara progresión, pues lo que empezó siendo un gastrobar ha ido evolucionando hasta convertirse en el restaurante que encontramos hoy en día. Se encuentra en una calle peatonal del casco viejo, a escasos metros de la Plaza Mayor, presentándose con una zona informal a la entrada, donde ofrecen los menús e interesantes opciones de picoteo, así como un comedor a la carta de elegante ambiente clásico-actual a continuación y una terraza con jardín en la parte posterior. Amplia carta de cocina tradicional actualizada, con algunos platos catalanes, y menús a precios ajustados.

Especialidades : Carpaccio de gambas con vinagreta de limón y dos caviares. Solomillo de ciervo con salsa de su marinado. Cremoso de yogur con mascarpone y frutas del bosque.

Menú 19 € (almuerzo), 27/48 € – Carta 33/50 €

Sant Miquel dels Sants 1 ✉ 08500 – ✆ 937 42 00 23 – www.divicnus.com – Cerrado 17-28 febrero, 23 septiembre-8 octubre, lunes, domingo

Barmutet

TRADICIONAL • BAR DE TAPAS X Le sorprenderá por su formato, a medias entre un pequeño bistró y una taberna. Carta de tapas y raciones bastante variada, con especialidades a la brasa, latas, encurtidos...

Tapa 5 € – Ración 10 €

De la Ciutat 2 ✉ 08500 – ✆ 938 13 46 43 – www.barmutet.cat – Cerrado lunes

Boccatti

TRADICIONAL • ACOGEDORA X Ocupa un antiguo bar y deja un excelente sabor de boca, tanto por lo exquisito del trato como por la calidad y variedad de sus materias primas. Carta de carácter marinero.

Carta 50/70 €

Mossèn Josep Gudiol 21 ✉ 08500 - ✆ 938 89 56 44 - www.boccatti.es - Cerrado 8-23 abril, 6-27 agosto, cena: lunes-miércoles, jueves, cena: domingo

Magda Subirana

CATALANA • ACOGEDORA X Se halla en la parte peatonal del casco viejo, en una casa restaurada del s. XVII. Ambiente rústico-actual y amplia carta de base tradicional, con un gran apartado de tapas.

Menú 17 € (almuerzo), 27/33 € - Carta 32/48 €

Sant Sadurní 4 ✉ 08500 - ✆ 938 89 02 12 - www.magdasubirana.cat - Cerrado 6-13 abril, 2-23 agosto, cena: lunes-jueves, domingo

LA VID

Burgos - Mapa regional **8**-C2 - Mapa de carreteras Michelin nº 575-H19

La Casona de La Vid

TRADICIONAL • RÚSTICA XX Resulta singular, pues al pertenecer al hotel-bodega El Lagar de Isilla permite tanto el alojamiento en sus habitaciones, todas personalizadas, como el recorrido por unas instalaciones de marcado carácter enológico. Se accede por la cafetería, tras la que veremos un horno de leña y varios espacios, entre comedores y terrazas, de ambiente rústico-castellano... eso sí, todos con detalles actuales. Su amplia carta tradicional propone grandes especialidades, como el Cordero lechal asado, y varios menús, dando también la opción de un maridaje con los vinos de la bodega por solo cinco euros más.

Especialidades : Textura de quesos en ensalada con frutos secos. Lechazo asado en horno de leña. Pimientos rellenos con crema de quesos y base de natillas.

Menú 40/56 € - Carta 30/45 €

Camino Real 1 ✉ 09471 - ✆ 947 53 04 34 - www.lagarisilla.es

VIELHA • VIELLA

Lleida - Mapa regional **9**-B1 - Mapa de carreteras Michelin nº 574-D32

Era Coquèla

MODERNA • AMBIENTE CLÁSICO XX Negocio de línea clásica que toma su nombre de una olla de hierro típica del valle. Proponen una cocina de bases tradicionales, con platos actualizados y la opción de menús.

Menú 18/50 € - Carta 35/45 €

Avenida Garona 29 ✉ 25530 - ✆ 973 64 29 15 - www.eracoquela.com - Cerrado 1 mayo-1 junio, 15 octubre-1 diciembre, lunes

Era Lucana

TRADICIONAL • AMBIENTE CLÁSICO XX Tiene un bar, decorado con fotos y galardones gastronómicos, un comedor principal de buen montaje y dos privados, todo con profusión de madera. Cocina tradicional actualizada.

Menú 17/26 € - Carta 33/50 €

Avenida Alcalde Calbetó 10, edificio Portals d'Aran ✉ 25530 - ✆ 973 64 17 98 - www.eralucana.com - Cerrado 1-15 julio, lunes

Deth Gormán

REGIONAL • AMBIENTE CLÁSICO X Muy conocido, pues abrió hace tres décadas. Descubra los platos más famosos de la cocina autóctona, como la Olla aranesa, los Civet de jabalí, los Caracoles de alta montaña...

Carta 25/40 €

Met Día 8 ✉ 25530 - ✆ 973 64 04 45 - Cerrado 20 junio-10 julio, martes

Eth Bistro

COCINA DE MERCADO • BISTRÓ Íntimo local tipo bistró decorado con lámparas de diseño y unas curiosas cabezas de ciervo hechas de madera. Apuestan por una cocina moderna, accesible a través de dos menús.

Menú 39/75€

Paseo de la Libertat 18 ✉ 25530 – ✆ 628 80 37 47 – www.bistrovielha.es – Cerrado 1-15 noviembre, miércoles

El Ciervo

FAMILIAR • PERSONALIZADA Atesora unas preciosas habitaciones de línea nórdica, todas personalizadas, con los suelos en madera e innumerables detalles decorativos. ¡Sorprendente buffet de desayunos!

20 habitaciones – 69/160€

Plaza de Sant Orenç 3 ✉ 25530 – ✆ 973 64 01 65 – www.hotelelciervo.net – Cerrado 13 abril-15 junio, 13 octubre-4 diciembre

en Garòs por la carretera de Salardú - Este : 5 km

Es Arraïtzes

PERUANA • FAMILIAR Toma su nombre de un término aranés que significa "raíces" y suele sorprender, pues propone una cocina de fusión en la que confluyen sabores peruanos, araneses y catalanes.

Menú 55€ – Carta 35/50€

Plaza Major 7 ✉ 25539 – ✆ 973 44 93 61 – www.esarraitzes.com – Cerrado 1-31 mayo, 1-31 octubre

en Escunhau por la carretera de Salardú - Este : 3 km – Mapa regional 9-B1

El Niu

TRADICIONAL • AMBIENTE CLÁSICO Dicen los viajeros que comer bien y barato en el Val d'Aran no es fácil, por lo que esta reseña tiene aún más valor. Se encuentra junto a la carretera y esta llevado por la agradable pareja propietaria, con ella en la sala y él al frente de los fogones. Posee un comedor de línea clásica con profusión de madera, curiosos objetos decorativos de época y algún que otro detalle cinegético. En su carta, rica en carnes y de tinte tradicional, encontrará platos tan sugerentes como las Colmenillas (o múrgulas) rellenas de foie, la famosa Olla aranesa o el contundente Chuletón de vaca rubia gallega.

Especialidades : Erizos de mar glaseados. Murgulas rellenas de foie. Fresones a la pimienta negra.

Carta 33/45€

Deth Pònt 1 ✉ 25539 – ✆ 973 64 14 06 – Cerrado 21 junio-21 julio

VIGO

Pontevedra – Mapa regional 13-A3 – Mapa de carreteras Michelin nº 571-F3

Maruja Limón (Rafael Centeno)

CREATIVA • A LA MODA ¿Se puede ser un extraterrestre en la cocina y triunfar? Sí, y el restaurante vigués Maruja Limón es la prueba, pues es justo señalar que cuando abrieron, en 2001, no tenían nada que ver con el mundo de la hostelería. De hecho el chef al frente, Rafael Centeno, que hoy ejerce junto a sus dos jefes de cocina (Inés Abril y Daniel Alonso), es diplomado en relaciones laborales y nunca antes había trabajado entre fogones.

Por suerte, su falta de formación no frenó sus ganas de experimentar, por lo que ha conseguido un estilo personal y "libre" que, como él dice... ¡navega por el Atlántico!

Una experiencia divertida y sin mantel, con productos de calidad que van desde el jabalí a la merluza, el conejo de monte o el jurel. Y algo muy interesante: está a pocos metros del paseo marítimo de Vigo.

Especialidades : Caballa tibia ligeramente escabechada, remolacha y frambuesa. Molleja de ternera al carbón, boniato y verduras aliñadas. Tocinillo de vainilla, cardamomo y huevas de la pasión.

Menú 60/110€ – Carta 48/70€

Montero Ríos 4 ✉ 36201 – ✆ 986 47 34 06 – www.marujalimon.es – Cerrado 25 enero-10 febrero, 14-28 septiembre, lunes, domingo

Abisal

COCINA DE MERCADO • MARCO CONTEMPORÁNEO XX Cautiva a todo aquél que lo visita, pues al espíritu elegante y contemporáneo del local hay que unir una propuesta fresca, técnica y bastante sorprendente. Aquí apuestan claramente por una cocina de mercado de tintes actuales, bien presentada y abierta en exclusiva a los productos con la mejor relación calidad/precio encontrados cada día, lo que obliga según las propias palabras del joven chef, Adrián Fuentes, a un constante ejercicio de "inspiración e improvisación". La oferta gastronómica se limita a unos menús degustación que varían constantemente, siempre divertidos y llenos de sabor.

Especialidades : Canelón de buey de mar con encurtidos. Merluza en caldo verde, patata, jalapeño y kombu. Cremoso de chocolate, espuma de remolacha, galleta y helado de vainilla.

Menú 26€

Avenida de Hispanidade 83 ✉ 36203 – ✆ 986 17 45 47 –
Cerrado 12 agosto-1 septiembre, lunes, cena: martes-miércoles, domingo

Casa Marco

TRADICIONAL • AMBIENTE CLÁSICO XX Una opción más que interesante si lo que busca es una cocina tradicional elaborada que se alce, como alternativa, ante las consabidas mariscadas existentes por estos lares. En conjunto presenta un montaje de elegante línea clásica-actual, destacando la sala del fondo por tener un ventanal que permite ver las evoluciones del chef ante los fogones. La carta, de raciones generosas, se enriquece con algunos arroces, deliciosos pescados de mercado y un buen apartado de especialidades, como los Lomos de martillo con caviar de erizo o la riquísima Sopa de chocolate blanco con helado de cítricos.

Especialidades : Saquitos rellenos. Bacalao encebollado. Brownie de chocolate con leche.

Carta 35/45€

Avenida García Barbón 123 ✉ 36201 – ✆ 986 22 51 10 –
Cerrado 31 agosto-13 septiembre, domingo

Morrofino

MODERNA • SIMPÁTICA X Un restaurante-taberna que bien podría convertirse en referencia entre los foodies. Resulta sorprendente, pues se presenta con una sencilla estética urbana y la cocina abierta tras la barra, ya que el chef quiere que los fogones sean los grandes protagonistas. ¿Qué proponen? Elaboraciones actuales, técnicas, divertidas... con tintes creativos y detalles de street food que respetan los sabores tradicionales. En la carta, bien apoyada por un menú degustación, encontrará platos para compartir y curiosas especialidades, como las Cocochas confitadas con setas o su versión del Bocata de calamares.

Especialidades : Gofre de patata con kimchi y anguila ahumada. Magret de pato, pera en vinagre y pimiento verde. No es el típico flan.

Menú 39€ – Carta 30/40€

Serafín Avendaño 4-6 ✉ 36201 – ✆ 886 11 42 04 – Cerrado lunes, cena: domingo

Marina Davila

MODERNA • ELEGANTE XXX Le sorprenderá con un montaje contemporáneo y fantásticas vistas sobre la ría, especialmente desde sus terrazas. Cocina actual en base a los pescados y mariscos de la lonja.

Carta 40/80€

Muelle de reparaciones de Bouzas ✉ 36208 – ✆ 986 11 44 46 –
www.restaurantedavila.com – Cerrado 5-20 enero, 15-30 septiembre, lunes

Alameda XXI

TRADICIONAL • A LA MODA XX Tiene personalidad propia respecto al hotel y presenta un estilo clásico-contemporáneo. La propuesta, actual de raíces gallegas, se complementa con una extensa carta de vinos.

Menú 50/85€ – Carta 40/85€

Hotel G. H. Nagari, Plaza de Compostela 21 ✉ 36201 – ✆ 986 21 11 40 –
www.granhotelnagari.com

Bitadorna Vigo

PESCADOS Y MARISCOS • MARCO REGIONAL XX Posee una estética actual y llama la atención por su buena oferta de pescados y mariscos, atreviéndose con unas elaboraciones más actualizadas y platos de caza en temporada.

Menú 35 € (almuerzo), 25/55 € – Carta 35/55 €

Ecuador 56 ✉ 36203 – ✆ 986 13 69 51 – www.bitadorna.com – Cerrado 15-22 febrero, 4-26 agosto, cena: domingo

Silabario

MODERNA • MARCO CONTEMPORÁNEO XX Sorprende por su ubicación, pues ocupa la vanguardista cúpula de cristal sobre... ila sede del Real Club Celta de Vigo! Buenas vistas y cocina actual en base a producto local.

Menú 25/72 € – Carta 45/65 €

Príncipe 44 ✉ 36202 – ✆ 986 07 73 63 – www.silabario.gal – Cerrado 15 junio-1 julio, lunes, cena: martes, cena: domingo

Kero

PERUANA • SENCILLA X Su nombre rememora los vasos ceremoniales de la cultura inca, lo que nos sirve como prólogo o presentación ante un restaurante que apuesta por la cocina peruana de fusión.

Menú 14 € (almuerzo), 35/43 € – Carta 30/40 €

Castelar 6 ✉ 36201 – ✆ 886 12 40 66 – www.kerococinaperuana.com – Cerrado domingo

Kita N

JAPONESA • MINIMALISTA X Sencilla línea minimalista, técnicas y cortes nipones, el fabuloso producto gallego... y un nombre japonés tras cuyo significado (Norte) se esconden varios guiños e intenciones.

Menú 44 € – Carta 40/55 €

Avenida de Hispanidade 89 ✉ 36203 – ✆ 986 91 36 75 – www.restaurantekita.com – Cerrado lunes, domingo

The Othilio Bar

COCINA DE MERCADO • SIMPÁTICA X Acogedor local de carácter costumbrista llevado entre hermanos gemelos, uno en la dirección y el otro a los fogones. Cocina actual desenfadada que exalta el producto gallego.

Menú 16 € (almuerzo), 25/40 € – Carta 25/40 €

Luis Taboada 11 ✉ 36202 – ✆ 986 19 00 17 – www.othilio.es – Cerrado 28 enero-13 febrero, 13-28 agosto, lunes, domingo

Pazo Los Escudos

LUJO • ELEGANTE Encantador hotel distribuido en dos edificios contiguos, uno de nueva construcción y el otro en un precioso pazo del s. XIX. Magníficos exteriores, elegantes zonas comunes y varios tipos de habitaciones, destacando las asomadas al mar. En su restaurante proponen una carta de raíces gallegas con detalles actuales.

54 habitaciones ☕ – 👥 140/335 € – 6 suites

Avenida Atlántida 106 ✉ 36208 – ✆ 986 82 08 20 – www.pazolosescudos.com

G.H. Nagari

LUJO • CONTEMPORÁNEA Resulta céntrico, es una referencia en la ciudad y cuenta con una atractiva terraza exterior. Aquí debemos destacar tanto la amplitud como los detalles de interiorismo de todas las estancias, con habitaciones de gran confort y una cuidadísima iluminación.

69 habitaciones – 👥 112/390 € – ☕ 15 € – 3 suites

Plaza de Compostela 21 ✉ 36201 – ✆ 986 21 11 11 – www.granhotelnagari.com

Alameda XXI – Ver selección restaurantes

en Bembrive Sur : 6 km

Soriano

TRADICIONAL • RÚSTICA XX El acceso es algo difícil, aunque está bien señalizado. Ofrece varias salas neorrústicas y una carta tradicional que destaca por sus carnes a la brasa. Excelente bodega y hermosas vistas. ¡Posee un club del fumador!
Carta 35/70 €
Chans 25 ✉ 36313 – ✆ 986 48 13 73 – www.asadorsoriano.com – Cerrado cena: domingo

LA VILA JOIOSA • VILLAJOYOSA

Alicante – Mapa regional **11**-B3 – Mapa de carreteras Michelin n° 577-Q29

por la carretera de Alacant Suroeste : 3 km

Emperador

INTERNACIONAL • AMBIENTE CLÁSICO XX Disfruta de un elegante montaje y una carta de tinte mediterráneo e internacional, con un apartado de clásicos de la casa. ¡Algunas mesas ofrecen maravillosas vistas al mar!
Menú 65 € – Carta 40/55 €
Hotel El Montíboli ✉ 03570 – ✆ 965 89 02 50 – www.montiboli.es – Cerrado almuerzo: martes-domingo

El Montíboli

LUJO • ELEGANTE Destaca por su privilegiada situación sobre el mar, pues se halla en un promontorio rocoso con dos pequeñas playas a sus pies. Encontrará espacios bastante elegantes, hermosos jardines, habitaciones bien personalizadas y distintos servicios de restauración, variando estos según la temporada y ocupación.
85 habitaciones – 152/264 €
✉ 03570 – ✆ 965 89 02 50 – www.montiboli.es
Emperador – Ver selección restaurantes

VILABOA

Pontevedra – Mapa regional **13**-B3 – Mapa de carreteras Michelin n° 571-E4

en San Adrián de Cobres Suroeste : 7,5 km

Mauro

TRADICIONAL • ACOGEDORA XX ¡Buenas vistas a la ría! Se halla en el pantalán y destaca tanto por su estética actual como por su carácter panorámico. Carta tradicional gallega con un apartado de mariscos.
Menú 35/60 € – Carta 35/60 €
Puerto de San Adrián de Cobres 35 ✉ 36141 – ✆ 986 67 25 81 – www.maurorestaurante.es – Cerrado lunes, cena: domingo

VILADECAVALLS

Barcelona – Mapa regional **10**-A3 – Mapa de carreteras Michelin n° 574-H35

Ristol Viladecavalls

CATALANA • AMBIENTE CLÁSICO XX La familia Ristol lleva más de un siglo en la restauración, por eso demuestran gran profesionalidad. Posee amplias instalaciones, destacando la sala principal por tener la cocina a la vista. Cocina tradicional catalana con toques actuales.
Menú 20/25 € – Carta 35/55 €
Antoni Soler Hospital 1 ✉ 08232 – ✆ 93 788 29 98 – www.ristol.com – Cerrado 10-25 agosto, cena: lunes, martes, cena: miércoles, cena: domingo

VILAFRANCA DEL PENEDÈS

Barcelona – Mapa regional **10**-A3 – Mapa de carreteras Michelin nº 574-H35

Cal Ton

CATALANA · ACOGEDORA XX ¡Casa con solera y tradición! Posee varias salas, destacando una tipo jardín de invierno. Cocina catalana actualizada y tradicional, con platos tan singulares como sus famosos Mini Canelones. Buena bodega que ensalza los vinos del Penedès.

Menú 32/55 € – Carta 35/60 €

Casal 8 ✉ 08720 – ✆ 938 90 37 41 – www.restaurantcalton.com – Cerrado 6-13 abril, 27 julio-18 agosto, lunes, cena: martes, cena: domingo

VILALBA

Lugo – Mapa regional **13**-C1 – Mapa de carreteras Michelin nº 571-C6

Mesón do Campo

TRADICIONAL · RÚSTICA XX Un restaurante de referencia en la región. Aquí le propondrán una cocina de base tradicional con pinceladas actuales e interesantes jornadas gastronómicas a lo largo del año.

Menú 48 € – Carta 37/78 €

Plaza San Juan 10 ✉ 27800 – ✆ 982 51 02 09 – www.mesondocampo.com – Cerrado cena: martes, miércoles

Parador de Vilalba

HISTÓRICO · CLÁSICA El encanto de antaño y las comodidades de hoy se funden en este Parador, instalado parcialmente en un impresionante torreón del s. XV que perteneció a los señores de Andrade. Ofrece habitaciones de ambiente castellano y una cocina fiel al recetario regional.

48 habitaciones – †† 70/145 € – ☕ 15 €

Valeriano Valdesuso ✉ 27800 – ✆ 982 51 00 11 – www.parador.es

VILAMARÍ

Girona – Mapa regional **9**-C3 – Mapa de carreteras Michelin nº 574-F38

Can Boix

REGIONAL · RURAL X ¿Le apetece genuina cocina catalana? En este acogedor restaurante familiar, a pie de carretera y con las paredes en piedra, ofrecen esa autenticidad que tanto busca, pues lo mejor de los negocios rurales es que suelen huir de lo superfluo para crecer desde la honestidad. Aquí los hermanos Boix, Jordi y Albert, apuestan decididamente por los guisos tradicionales de mar y montaña, las carnes a la parrilla de leña natural y, sobre todo, la elaboración de algún arroz realmente exquisito, un plato que nunca falta en sus menús. ¡Trabajan con producto de temporada de los huertos vecinales!

Especialidades : Canelones de pularda y foie. Arroz seco de bogavante, sepia y costilla. Xuixo de Girona a la parrilla.

Menú 15 € (almuerzo)/29 € – Carta 30/40 €

Carretera de Banyoles a l'Escala ✉ 17468 – ✆ 972 56 10 05 – www.boixrestaurantvilamari.com – Cerrado 23 marzo-3 abril, 14 septiembre-1 octubre, cena: lunes-miércoles, jueves, cena: domingo

VILANOVA I LA GELTRÚ

Barcelona – Mapa regional **10**-A3 – Mapa de carreteras Michelin nº 574-I35

en Racó de Santa Llúcia Oeste : 2 km

La Cucanya

INTERNACIONAL · AMBIENTE CLÁSICO XX Al borde del mar, en un edificio acristalado y rodeado de terrazas. Ofrece una carta internacional y nacional, pero también la organización de catas y jornadas gastronómicas. ¡Un plato emblemático de esta casa es el Suquet de gambas!

Menú 46 € – Carta 35/65 €

✉ 08800 – ✆ 938 15 19 34 – www.restaurantlacucanya.com

VILCHES

Jaén - Mapa regional **1**-C1 - Mapa de carreteras Michelin nº 578-R19

por la carretera de La Carolina a Úbeda Noreste : 3 km y desvío a la izquierda 7 km

El Añadío

AGROTURISMO • RÚSTICA Establecimiento rural emplazado en una gran finca-dehesa, de difícil acceso, dedicada a la cría de toros bravos. Atesora bellas estancias, atractivas habitaciones y un comedor, todo de ambiente rústico. ¡Descubra las actividades ganaderas con el mayoral!

8 habitaciones - 140€

Dehesa El Añadío ✉ 23220 - ✆ 953 06 60 31 - www.elanadio.es

VILERT - Girona ➜ Ver Esponellà

SA VILETA - Balears ➜ Ver Balears (Mallorca) : Palma

VILLABUENA DE ÁLAVA - Álava ➜ Ver Eskuernaga

VILLACARRIEDO

Cantabria - Mapa regional **6**-B1 - Mapa de carreteras Michelin nº 572-C18

Palacio de Soñanes

EDIFICIO HISTÓRICO • ELEGANTE Este impresionante palacio barroco destaca tanto por su fachada en piedra como por su espectacular escalera. Las habitaciones combinan con sumo gusto el mobiliario antiguo y el moderno. En el restaurante, de ambiente clásico, encontrará una cocina elaborada y actual. ¡Ideal si quiere sorprender a su pareja!

28 habitaciones - 105/150€ - 12€ - 2 suites

Barrio Camino 1 ✉ 39640 - ✆ 942 59 06 00 - www.abbapalaciodesonaneshotel.com - Cerrado 1 enero-1 abril, 12 octubre-31 diciembre

VILLAFRANCA DEL BIERZO

León - Mapa regional **8**-A1 - Mapa de carreteras Michelin nº 575-E9

Las Doñas del Portazgo

FAMILIAR • ACOGEDORA ¡Una casa del s. XVII con personalidad! Ofrece habitaciones no muy grandes pero sumamente acogedoras, todas elegantemente empapeladas y las del piso superior abuhardilladas.

17 habitaciones - 65/80€ - 7€

Ribadeo 2 (calle del Agua) ✉ 24500 - ✆ 987 54 27 42 - www.elportazgo.es

VILLAJOYOSA - Alicante ➜ Ver La Vila Joiosa

VILLALBA DE LA SIERRA

Cuenca - Mapa regional **7**-C2 - Mapa de carreteras Michelin nº 576-L23

Mesón Nelia

REGIONAL • FAMILIAR XX Una casa con buen nombre en la zona, pues aquí el oficio de restaurador ha pasado de padres a hijos durante tres generaciones. Disfruta de un bar moderno-funcional, donde también sirven la carta diaria, un comedor con chimenea y un enorme salón para eventos. El chef-propietario propone una actualización de la cocina tradicional conquense, por lo que ofrece platos como la Copita de ajoarriero con albaricoque, el Bacalao con pisto manchego o las Manitas de cerdo rellenas de queso de cabra. El entorno, a orillas del Júcar, resulta sumamente atractivo. ¡También gestionan varias casas rurales!

Especialidades : Copita de ajoarriero. Manitas de cerdo rellenas de queso de cabra. Biscuit de higos.

Menú 15/40€ - Carta 30/45€

Carretera de Cuenca-Tragacete km 21 ✉ 16140 - ✆ 969 28 10 21 - www.mesonnelia.com - Cerrado 10 enero-10 febrero, cena: lunes-martes, miércoles

VILLALCÁZAR DE SIRGA

Palencia – Mapa regional **8**-B2 – Mapa de carreteras Michelin nº 575-F16

℩O Mesón de Villasirga A/C

REGIONAL • RÚSTICA ✗ Gran tipismo, sencillez y una decoración de ambiente rústico. Sus especialidades son el Lechazo y los famosos Tropezones de morcilla casera. El restaurante vecino "Mesón los Templarios", también de ellos, propone la misma carta regional.

Carta 25/40€

Plaza Mayor ✉ 34449 – ✆ 979 88 80 22 – www.mesondevillasirga.com – Cerrado 24 diciembre-2 febrero, cena: lunes-jueves

VILLALLANO

Palencia – Mapa regional **8**-C1 – Mapa de carreteras Michelin nº 575-D17

℩O Ticiano A/C

MODERNA • RÚSTICA ✗✗ ¡Instalado en unas antiguas cuadras! Ofrece un bar y un coqueto comedor, de ambiente rústico-actual pero con detalles de diseño. Carta tradicional actualizada rica en carnes.

Carta 40/60€

Concepción ✉ 34815 – ✆ 979 12 36 10 – www.ticiano.es – Cerrado 17 febrero-9 marzo, lunes, cena: martes-jueves, cena: domingo

VILLAMANRIQUE DE LA CONDESA

Sevilla – Mapa regional **1**-A2 – Mapa de carreteras Michelin nº 578-U11

℩O Ardea Purpurea ♿ A/C P

TRADICIONAL • RÚSTICA ✗✗ Resulta singular, sin duda, pues debe su nombre a la esbelta "Garza imperial" y ocupa una típica choza marismeña de ambiente rústico-actual. Cocina tradicional actualizada.

Carta 30/50€

Hotel Ardea Purpurea, Camino Vereda de los Labrados, Este : 1 km ✉ 41850 – ✆ 955 75 54 79 – www.ardeapurpurea.com

Ardea Purpurea ♿ A/C P

AGROTURISMO • RÚSTICA Esta curiosa construcción reproduce, prácticamente a las puertas del parque de Doñana, las antiguas chozas o cabañas de los marismeños, con las paredes encaladas y los techos cubiertos de "castañuela" (un tipo de brezo autóctono). ¡Agradable y tranquilo!

19 habitaciones ☕ – 👥 95/145€

Camino Vereda de los Labrados, Este : 1 km ✉ 41850 – ✆ 955 75 54 79 – www.ardeapurpurea.com

℩O **Ardea Purpurea** – Ver selección restaurantes

VILLAMAYOR

Asturias – Mapa regional **3**-C1 – Mapa de carreteras Michelin nº 572-B14

por la carretera de Borines y desvío a Cereceda - Noreste : 5 km

Palacio de Cutre P

FAMILIAR • RÚSTICA Antigua casa señorial emplazada en un pintoresco paraje, con espléndidas vistas a los valles y montañas. Sus dependencias recrean un marco de entrañable rusticidad. Los exteriores, ajardinados y con terrazas, están presididos por un gigantesco roble. En su elegante restaurante ofrecen una carta de buen nivel.

18 habitaciones ☕ – 👥 99/160€

La Goleta ✉ 33583 – ✆ 985 70 80 72 – www.palaciodecutre.com – Cerrado 2 enero-31 marzo, 29 junio-9 julio

VILLANUEVA DE LOS INFANTES

Ciudad Real – Mapa regional **7**-C3 – Mapa de carreteras Michelin nº 576-P20

La Morada de Juan de Vargas

FAMILIAR • ACOGEDORA Una casa del s. XVI que sorprende por sus cuidadas habitaciones de ambiente rústico, cada una dedicada a una de las musas de Don Francisco de Quevedo en "El Parnaso español".

7 habitaciones - 55/85€ - 6€

Cervantes 3 13320 - 926 36 17 69 - www.lamoradadevargas.com

VILLANUEVA DE SAN CARLOS

Ciudad Real - Mapa regional **7**-B3 - Mapa de carreteras Michelin n° 576-Q18

La Encomienda

REGIONAL • MARCO REGIONAL Una casa de carácter manchego que parece anclada en el tiempo, no en vano... ¡ocupa una antigua quesería! Cocina regional de sabor casero, con platos como el Arroz con perdiz.

Menú 13€ (almuerzo)/18€ - Carta 30/45€

Queipo de Llano 34 13379 - 926 87 91 69 - www.laencomiendarestaurante.com - Cerrado 1-31 agosto, cena: lunes-domingo

VILLARCAYO

Burgos - Mapa regional **8**-C1 - Mapa de carreteras Michelin n° 575-D19

en Horna Sur : 1 km

Mesón El Cid

TRADICIONAL • FAMILIAR Un restaurante que sabe combinar los detalles rústicos y regionales con el mobiliario clásico. Ofrece un bar, un salón con chimenea, dos comedores y una carta tradicional.

Menú 30€ - Carta 25/70€

Zamora 42 09554 - 947 13 11 71 - www.hoteljimena.es - Cerrado 26 octubre-3 diciembre, lunes

VILLARROBLEDO

Albacete - Mapa regional **7**-C2 - Mapa de carreteras Michelin n° 576-O22

Azafrán

REGIONAL • AMBIENTE CLÁSICO Croquetas de "Atascaburras" manchego, Lomo de orza casero con salmorejo, ali-oli y pan tostado, "Ajopringue" albaceteño de matanza con foie... Le gustará, pues supone un soplo de aire fresco en la gastronomía de la zona. Su chef-propietaria, tras formarse en grandes casas, ha sabido aunar aquí tanto los conocimientos aprendidos como su personal visión culinaria. Ofrece una cocina de corte actual y base regional, escrutable a través de varios menús y con apartados tan representativos como el dedicado a los quesos manchegos o a la caza en temporada. ¡Los fines de semana aconsejamos reservar!

Especialidades : Alcachofas rellenas y escabeche de verduras. Carrillada ibérica estofada con airén y patatas a lo pobre. Villarrobledo cheesecake.

Menú 20/54€ - Carta 35/50€

Avenida Reyes Católicos 71 02600 - 967 14 52 98 - www.azafranvillarrobledo.com - Cerrado lunes, cena: martes-jueves, cena: domingo

VILLAVERDE DE PONTONES

Cantabria - Mapa regional **6**-B1 - Mapa de carreteras Michelin n° 572-B18

Cenador de Amós (Jesús Sánchez)

MODERNA • ACOGEDORA Descubra todo lo que acontece en la hermosa Casa-Palacio Mazarrasa (1756), un templo culinario pensado... ¡por y para la emoción!

La experiencia arranca en el bar, donde ofrecen un aperitivo e invitan a escoger alguno de sus menús, luego hace una parada en la bodega, pasa por la panadería para que conozca los panes que allí elaboran (en base a harina ecológica molida a la piedra y fermentada con masa madre) y, finalmente, culmina en cualquiera de sus elegantes comedores, todos con un toque rústico-actual.

El chef Jesús Sánchez, de inconfundible estilismo por llevar siempre una gorra, construye su propuesta jugando con los sabores y las texturas para que se complementen, concretando esos matices que nos narran la identidad cántabra y que ansía que nuestro paladar deguste en cada plato.

Especialidades : La huerta navarra. Mero con mantequilla de algas y caviar de cachón. Nuestra versión de la tarta San Marcos.

Menú 130/160 € – Carta 95/95 €

Plaza del Sol 15 ✉ 39793 – ✆ 942 50 82 43 – www.cenadordeamos.com – Cerrado 23 diciembre-15 marzo, lunes, cena: martes-jueves, cena: domingo

VILLAVICIOSA

Asturias – Mapa regional **3**–B1 – Mapa de carreteras Michelin nº 572-B13

Lena

TRADICIONAL • RÚSTICA X Se definen, con acierto, como una sidrería gastronómica, pues refleja el tipismo de esos locales y una cocina tradicional asturiana de mucho nivel. ¡Extensa carta de sidras!

Carta 29/59 €

Cervantes 2 ✉ 33300 – ✆ 984 83 31 97 – www.sidrerialena.com – Cerrado lunes, cena: domingo

VILLENA

Alicante – Mapa regional **11**–A3 – Mapa de carreteras Michelin nº 577-Q27

La Teja Azul

TRADICIONAL • RÚSTICA X Ocupa una casa ya centenaria, con un bar y tres salas de marcada rusticidad. Carta tradicional especializada en arroces, como el de conejo y caracoles a la leña de sarmiento.

Menú 30/50 € – Carta 26/50 €

Sancho Medina 34 ✉ 03400 – ✆ 965 34 82 34 – www.latejaazul.com – Cerrado 12-23 julio, cena: lunes, martes, cena: miércoles-jueves, cena: domingo

VILLOLDO

Palencia – Mapa regional **8**–B2 – Mapa de carreteras Michelin nº 575-F16

Estrella del Bajo Carrión

TRADICIONAL • MARCO CONTEMPORÁNEO XX Recrea una atmósfera muy acogedora, con un salón de uso polivalente y un luminoso comedor de estética actual. Cocina tradicional con toques actuales y buenas presentaciones. Las habitaciones tienen un estilo bastante moderno, con detalles rústicos y de diseño.

Carta 45/60 €

Mayor 32 ✉ 34131 – ✆ 979 82 70 05 – www.estrellabajocarrion.com – Cerrado 7-31 enero, lunes, cena: domingo

VITORIA - GASTEIZ

Álava – Mapa regional **18**–A2 – Mapa de carreteras Michelin nº 573-D21

Andere

TRADICIONAL • AMBIENTE CLÁSICO XXX Se halla en pleno centro y es considerado un clásico... eso sí, hoy bien actualizado y con un bello patio cubierto a modo jardín de invierno. Cocina tradicional puesta al día.

Menú 50/75 € – Carta 50/75 €

Gorbea 8 ✉ 01008 – ✆ 945 21 49 30 – www.restauranteandere.com – Cerrado 12-19 agosto, lunes, cena: domingo

Ikea

TRADICIONAL • DE DISEÑO XXX Un restaurante muy singular, con profusión de madera, detalles de diseño y... ¡las simpáticas lámparas-cangrejo de Javier Mariscal! Cocina tradicional con platos actualizados.

Menú 42 € (almuerzo)/68 € – Carta 45/80 €

Portal de Castilla 27 ✉ 01007 – ✆ 945 14 47 47 – www.restauranteikea.com – Cerrado 15-30 enero, 12-27 agosto, lunes, cena: miércoles, cena: domingo

Zaldiarán

INTERNACIONAL • ELEGANTE XXX ¡Un gran clásico de la localidad! Ofrece un interior muy bien diversificado y una cocina actualizada de base tradicional e internacional, con carnes y pescados a la parrilla.

Menú 50/65 € - Carta 50/70 €

Avenida Gasteiz 21 ✉ 01008 - ✆ 945 13 48 22 - www.restaurantezaldiaran.com - Cerrado martes, cena: domingo

Arkupe

TRADICIONAL • MARCO CONTEMPORÁNEO XX Se halla en pleno casco viejo y disfruta de una estética más informal, pues la zona de picoteo juega ahora con detalles contemporáneos y vintage. Completa carta tradicional.

Menú 25/63 € - Carta 35/55 €

Mateo Moraza 13 ✉ 01001 - ✆ 945 23 00 80 - www.restaurantearkupe.com - Cerrado cena: domingo

El Clarete

MODERNA • ACOGEDORA XX Está llevado entre hermanos y presenta un aspecto actual, con una bodega acristalada en una sala y la cocina semivista en la otra. Interesantes menús de línea actual-creativa.

Menú 27 € (almuerzo)/54 €

Cercas Bajas 18 ✉ 01008 - ✆ 945 26 38 74 - www.elclareterestaurante.com - Cerrado 10-31 agosto, cena: lunes-miércoles, domingo

La Escotilla

PESCADOS Y MARISCOS • BAR DE TAPAS X Un bar de tapas con personalidad, sin duda, pues su apuesta de tapas y raciones, complementada por un apartado de arroces, mira constantemente al mar. ¡También tienen menús!

Tapa 3 € - Ración 12 €

San Prudencio 5 ✉ 01005 - ✆ 945 00 26 27 - www.laescotilla.es - Cerrado lunes

PerretxiCo

TRADICIONAL • BAR DE TAPAS X ¡Junto al casco antiguo! En este bar de tapas, moderno con detalles rústicos, encontrará unos pinchos de excelente factura y la posibilidad de tomar tanto raciones como menús.

Tapa 2 € - Ración 8 € - Menú 16 € (almuerzo), 21/34 €

San Antonio 3 ✉ 01005 - ✆ 945 13 72 21 - www.perretxico.es - Cerrado cena: domingo

VIVEIRO

Lugo - Mapa regional **13**-C1 - Mapa de carreteras Michelin nº 571-B7

en la playa de Area por la carretera C 642 - Norte : 4 km

Nito

TRADICIONAL • AMBIENTE CLÁSICO XXX Se presenta con un bar, una gran sala y una atractiva terraza, esta última concebida como un maravilloso balcón a la ría. Cocina tradicional basada en la calidad del producto.

Carta 35/80 €

Playa de Area 1 (Hotel Ego) ✉ 27850 - ✆ 982 56 09 87 - www.hotelego.es

XÀBIA • JÁVEA

Alicante - Mapa regional **11**-B2

en la Playa del Arenal Mapa regional 11-B3

El Rodat

COCINA MEDITERRÁNEA • AMBIENTE CLÁSICO XXX Se encuentra en el hotel homónimo y crea expectación, pues no hay nada mejor para abrir boca que una frase del chef al frente, Nazario Cano: "En El Rodat no dormimos, soñamos".

Efectivamente, aquí sueñan y dejan volar la imaginación, pero lejos de perderse en los etéreos vapores de un mundo onírico saben sacarle partido a la vigilia y materializar esos sueños en realidad. Su cocina, actual, efectista y con toques de fusión, se construye en base a la calidad del producto, buscando preferentemente los sabores mediterráneos a través de los pescados y mariscos de la zona.

La propuesta refleja su pasión por el mar e intenta abarcarlo de menos a más, por eso los menús (Argo y Nautilus) van incrementando el número de platos de una manera muy sutil, como si nos adentráramos en sus aguas.

Especialidades : Cinta glaseada con chutney de mango y cebolleta encurtida. Pescadilla encurtida en pil pil de sus espinas y cabeza. Milhojas de berenjena y limón, con toffe de sus pieles.

Menú 85/140€

Hotel El Rodat, La Murciana 15 - 5,5 km ✉ 03730 - ✆ 966 47 07 10 - www.elrodat.com - Cerrado lunes, cena: domingo

Tula (N) (Borja Susilla)

COCINA MEDITERRÁNEA • SENCILLA Cuando todo el mundo habla maravillas de un restaurante es, sin duda, porque... ¡en él se están haciendo las cosas muy bien!

En este sencillo local, ubicado frente a la playa del Arenal y llevado de forma profesional por una pareja de cocineros con experiencia (Borja Susilla y Clara Puig), ofrecen unas apetitosas elaboraciones en las que se nota su aprendizaje en grandes casas con estrella de la península. Encontrará abundantes sugerencias de mercado y muchos platos pensados para que los deguste en formato de medias raciones, combinando siempre con acierto las texturas y los sabores en base a los mejores productos de temporada.

Pruebe su Arroz con leche caramelizado, un postre que ofrecen como homenaje a su paso por el laureado Casa Gerardo de Prendes, en el Principado de Asturias.

Especialidades : Éclair salado de bonito semicurado con pesto de berenjena ahumada y aguacate. Mabra con setas y crema. Pan, queso, servilleta y aceite.

Menú 35€ - Carta 30/50€

Avenida de la Llibertat 36 - 3 km ✉ 03730 - ✆ 966 47 17 45 - www.tularestaurante.com - Cerrado 10 diciembre-15 enero, lunes

La Perla de Jávea

TRADICIONAL • MARCO CONTEMPORÁNEO ¡En pleno paseo marítimo! Este negocio familiar, reformado y con vistas, ofrece una cocina tradicional especializada en arroces, con hasta 14 variantes, y pescados de lonja.

Menú 25€ (almuerzo)/50€ - Carta 30/45€

Avenida de la Llibertat 21 - 3 km ✉ 03730 - ✆ 966 47 07 72 - www.laperladejavea.com - Cerrado 4 noviembre-3 diciembre, lunes

Tosca

COCINA MEDITERRÁNEA • ACOGEDORA Toma su nombre del tipo de piedra autóctona que viste su interior y sorprende con una agradable terraza, esta última... ¡con vistas al canal! Cocina mediterránea puesta al día.

Menú 20/82€ - Carta 35/55€

Avenida del Mediterráneo 238, Edificio Costa Blanca (2 km) ✉ 03730 - ✆ 965 79 31 45 - www.restaurantetosca.com - Cerrado 6 enero-9 febrero, lunes

Es Tapa Ti

TRADICIONAL • BAR DE TAPAS Tapas clásicas y de autor, ensaladas, pescados, carnes, arroz, hamburguesas... ¡perfecto para una comida informal mirando al mar! Sala actual acristalada y agradable terraza.

Tapa 2€ - Ración 11€

Paseo de David Ferrer 11 - 3 km ✉ 03730 - ✆ 966 47 31 27 - www.estapatijavea.com - Cerrado miércoles

El Rodat

TRADICIONAL • CLÁSICA Se encuentra en una tranquila urbanización, repleta de chalets, y destaca por el buen confort de sus habitaciones, dotadas según su ubicación de terraza o jardín. Buen SPA e interesante oferta culinaria, pues presentan un espacio de tinte tradicional especializado en arroces y un cuidado restaurante gastronómico.

42 habitaciones - 119/339€ - 18€

La Murciana 15 - 5,5 km ✉ 03730 - ✆ 966 47 07 10 - www.elrodat.com

✿ **El Rodat** - Ver selección restaurantes

al Suroeste 2, 5 km

✿✿ BonAmb (Alberto Ferruz)

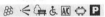

CREATIVA • A LA MODA XXX Los restaurantes gastronómicos siempre tienen un plus, una vuelta de tuerca que les hace diferentes. Aquí, en plena comarca alicantina de la Marina Alta, esa cocina con personalidad parte de un intenso revisionismo a la propia cultura mediterránea.

Si el espacio en sí ya resulta singular, pues ocupa una casa de campo donde hoy conviven pasado y presente, mención aparte merecen tanto el entorno ajardinado como la propuesta culinaria planteada por el chef Alberto Ferruz, formado en grandes casas nacionales e internacionales. Sus menús descubren unos platos llenos de matices mediterráneos (sol, sal, tiempo, navegación de cabotaje...), en base a un sólido hilo conductor pero también con sugerentes combinaciones que enriquecen la experiencia al jugar con fusiones y contrastes orientales.

Especialidades : Infusión de tomates fermentados al sereno y moluscos. Extracto de una fritura. Tocinillo vegetal.

Menú 89/135€ - Carta 78/95€

Carretera de Benitachell 100 ✉ 03730 - ✆ 965 08 44 40 - www.bonamb.com - Cerrado 26 noviembre-2 febrero, lunes, almuerzo: martes

XERTA

Tarragona - Mapa regional **9**-A3 - Mapa de carreteras Michelin nº 574-J31

✿ Villa Retiro (Fran López)

CREATIVA • ACOGEDORA XXX Realice un mágico viaje a los sabores del Baix Ebre, en Tarragona, una tierra que sorprende por su ignota belleza.

En este restaurante, ubicado en las antiguas caballerizas del resort indiano Villa Retiro, el chef Fran López conquista nuestro paladar con un nuevo mundo culinario que ve en el Delta del Ebro su fuente de inspiración. A través de sus menús propone una cocina creativa que replantea los sabores habituales en esta tierra (los famosos arroces del Delta, diferentes pescados de lonja, el invasor cangrejo azul...) para enriquecer la cocina con múltiples toques personales, técnicas modernas y detalles contemporáneos.

¿Acepta un consejo? Valore la posibilidad de hacer noche aquí, pues el hotel es encantador y tienen interesantes ofertas para aquellos que buscan una escapada gourmet.

Especialidades : Alcachofas y más. Arroz de col y alubias. Algarrobas de chocolate.

Menú 39€ (almuerzo), 80/120€ - Carta 78/137€

Hotel Villa Retiro, Dels Molins 2 ✉ 43592 - ✆ 977 47 38 10 - www.hotelvillaretiro.com - Cerrado 1-31 enero, lunes, cena: domingo

Villa Retiro

LUJO • ELEGANTE Instalado en un maravilloso palacete modernista con detalles coloniales. Consta de dos edificios, uno con habitaciones de época que sorprenden por sus bellísimos suelos hidráulicos y el otro con estancias de gusto contemporáneo. ¡Exuberante jardín arbolado!

19 habitaciones - 154/274€ - 2 suites

Dels Molins 2 ✉ 43592 - ✆ 977 47 38 10 - www.hotelvillaretiro.com - Cerrado 1 enero-1 febrero

✿ **Villa Retiro** - Ver selección restaurantes

XINORLET • CHINORLET

Alicante – Mapa regional **11**-A3

Elías

REGIONAL • AMBIENTE CLÁSICO XX Una casa de larga trayectoria familiar que ha sabido adaptarse a los nuevos tiempos sin perder un ápice de sus raíces. Se halla en el centro del pueblo, tras una discreta fachada, presentándose con un interior muy bien renovado de línea actual. Aquí lo más admirable es el respeto que muestran hacia los platos regionales de siempre y su técnica de elaboración, por eso muchos de ellos aún se cocinan al calor de las brasas, a la antigua usanza. Ofrecen diferentes carnes a la brasa, curiosos platos locales y una especialidad con nombre propio: su espectacular Arroz con conejo y caracoles.

Especialidades : Gachamiga. Arroz con conejo y caracoles. Flan de turrón.

Carta 30/45€

Rosers 7 ✉ 03649 – ✆ 966 97 95 17 – www.restauranteelias.es – Cerrado 7-14 enero, 22 junio-19 julio, cena: lunes-jueves, cena: sábado, domingo

XIVA • CHIVA

Valencia – Mapa regional **11**-A2 – Mapa de carreteras Michelin nº 577-N27

Las Bairetas (N)

REGIONAL • MARCO CONTEMPORÁNEO X ¿Aún no ha probado los arroces a la leña? En este moderno negocio familiar, que toma su nombre de la finca donde empezaron a hacer arroces los padres de los hermanos Margós (Pablo, Marcos, Rodrigo y Rafa), podrá degustar hasta 18 variantes, todas deliciosas y con el denominador común de elaborarse solo con madera de pino. La oferta se basa en unos primeros de gusto regional-actual (no se pierdan las Croquetas), los deliciosos arroces (Arroz de pollo campero y alcachofas, Arroz negro de sepiola, Paella valenciana...) y, como colofón, unos exquisitos postres. ¡Permiten visitar los paelleros!

Especialidades : Timbal de sepia. Paella valenciana. Tarta de queso en espuma.

Menú 32€ (almuerzo)/50€ – Carta 30/40€

Ramón Y Cajal ✉ 46370 – ✆ 962 52 13 73 – www.lasbairetas.com – Cerrado cena: lunes-domingo

ZAFRA

Badajoz – Mapa regional **12**-B3 – Mapa de carreteras Michelin nº 576-Q10

El Acebuche

TRADICIONAL • A LA MODA X Una gran opción por encontrarse en la zona más turística de Zafra, entre la Plaza España y el monumental Parador (castillo-palacio del s. XV). Viendo la terracita de la entrada y la fachada puede parecer un moderno gastrobar... sin embargo, nada más acceder al interior veremos que presenta la estética de un restaurante, con un comedor actual-funcional no exento de algún que otro detalle de diseño. ¿Su propuesta? Dos cartas combinables entre sí, una a base de tapas y la otra, algo más reducida, con deliciosos platos de tinte clásico y tradicional. ¡Déjese guiar y pruebe algún vino de la zona!

Especialidades : Foie con trufa. Cochinillo confitado a baja temperatura con puré de remolacha y crema de manzana. Coulant con helado de galleta oreo.

Carta 30/40€

Santa Marina 3 ✉ 06300 – ✆ 924 55 33 20 – www.elacebuchedezafra.com – Cerrado 7-20 octubre, lunes, cena: domingo

La Rebotica

TRADICIONAL • AMBIENTE TRADICIONAL XX Se halla en el casco viejo y sorprende por su singular estética, a modo de casa antigua con la cocina a la vista. Cocina tradicional-actual con algún plato de influencia lusa.

Carta 35/60€

Botica 12 ✉ 06300 – ✆ 924 55 42 89 – www.lareboticazafra.com – Cerrado lunes, cena: domingo

Casa Palacio Conde de la Corte

PALACE • CLÁSICA ¡Íntimamente ligada al mundo del toro de lidia! Presenta un hermoso patio, una galería acristalada y habitaciones de elegante clasicismo, cada una dedicada a una ganadería.

15 habitaciones – 121/250 €

Plaza del Pilar Redondo 2 ✉ 06300 – ✆ 924 56 33 11 – www.condedelacorte.com

Parador de Zafra

EDIFICIO HISTÓRICO • HISTÓRICA Un castillo del s. XV que permite convivir con la historia. Sus muros albergan auténticos tesoros, como el patio renacentista, la capilla o algunas habitaciones con los techos artesonados. Buena oferta gastronómica de gusto regional y... ¡visitas guiadas!

51 habitaciones – 75/195 € – 16 €

Plaza Corazón de María 7 ✉ 06300 – ✆ 924 55 45 40 – www.parador.es

ZAHARA DE LOS ATUNES

Cádiz – Mapa regional **1**-B3 – Mapa de carreteras Michelin n° 578-X12

La Taberna de El Campero

TRADICIONAL • ACOGEDORA Una preciosa taberna que ensalza el ambiente marinero de la localidad. El atún rojo de almadraba es el gran protagonista, con bastantes platos en versión de tapas y raciones.

Carta 35/45 €

María Luisa 6 ✉ 11393 – ✆ 956 43 90 36 – www.latabernadelcampero.com – Cerrado 30 septiembre-1 abril, lunes

Trasteo

MODERNA • BAR DE TAPAS Un gastrobar de ambiente simpático e informal, pues se decora con enseres reciclados. Cocina de corte actual bien elaborada, fresca y ligera, basada en platos y medios platos.

Tapa 7 € – Ración 15 €

María Luisa 24 ✉ 11393 – ✆ 956 43 94 78 – Cerrado 1 octubre-31 marzo, martes

ZAHORA - Cádiz → Ver Los Caños de Meca

ZAMORA

Zamora – Mapa regional **8**-B2 – Mapa de carreteras Michelin n° 575-H12

Casa Mariano

TRADICIONAL • AMBIENTE CLÁSICO Dispone de un bar y varios comedores, entre los que destaca el que muestra una sección de la muralla de la ciudad. Tiene un buen horno de leña y la parrilla a la vista, por eso sus especialidades son las carnes asadas y a la brasa.

Menú 39 € – Carta 30/45 €

Avenida Portugal 28 ✉ 49016 – ✆ 980 53 44 87 – www.asadorcasamariano.com – Cerrado cena: lunes-martes, cena: domingo

Parador de Zamora

EDIFICIO HISTÓRICO • HISTÓRICA Palacio del s. XV dotado con un bello patio renacentista y un interior que aún emana recuerdos medievales. Amplia zona noble y habitaciones de correcto confort. El restaurante, de línea clásica y con vistas a una terraza, apuesta por la cocina tradicional.

46 habitaciones – 90/315 € – 17 € – 6 suites

Plaza de Viriato 5 ✉ 49001 – ✆ 980 51 44 97 – www.parador.es

ZARAGOZA

Zaragoza – Mapa regional **2**-B2 – Mapa de carreteras Michelin n° 574-H27

Nos gusta...

Alojarnos en el vanguardista hotel **Hiberus** y pasear por el Parque del Agua "Luís Buñuel", un meandro del Ebro recuperado y transformado para la EXPO de Zaragoza (2008). Disfrutar de la cocina creativa en restaurantes como **La Prensa** o **Cancook** y salir de tapas por la zona de El Tubo, repleta de bares, con un "avituallamiento" obligatorio en la histórica **Casa Lac**.

No debe perderse el mercado gastronómico Puerta Cinegia, un atractivo complejo de ocio culinario construido sobre una de las puertas que daban acceso a la Zaragoza romana. Aquí encontrará unos vistosos y animados puestos gourmet, ejerciendo todos bajo la mirada de una gigantesca estatua de César Augusto, el fundador de la ciudad.
Uno de los platos más típicos es el famoso Ternasco de Aragón, un cordero joven asado al horno, aunque también resultan populares las Migas aragonesas, el Pollo al chilindrón, las Borrajas con patatas...

font83/iStock

Restaurantes

Cancook (Ramces González)

CREATIVA • **MARCO CONTEMPORÁNEO** XX ¿Ha visto la película Ratatouille? En ella el chef Gusteau proclamaba como un dogma: "cualquiera puede cocinar". En cierta forma este es también el lema de esta casa, pues el "Puedo Cocinar" que da nombre al restaurante nos habla de su equipo, con varios miembros formados tras los fogones.

En este atractivo local, próximo a La Romareda y de renovada línea actual, descubrirá la propuesta del chef cubano Ramces González, copropietario junto al responsable de sala y sumiller Diego Millán. Apuesta por una cocina moderna-creativa respetuosa con los sabores de temporada pero también divertida, fiel a los recuerdos de infancia y con un don para armonizar los productos.

Solo ofrecen menús, pues creen que una experiencia culinaria completa necesita este formato para apreciarse con intensidad.

Especialidades : Ensalada de encurtidos, escabeches y salazones. Pichón, castañas y hierbabuena. Nuestro lemmon pie.

Menú 62/110 €

Plano A3-a – *Juan II de Aragón 5 ✉ 50009 – ✆ 976 23 95 16 – www.cancookrestaurant.com – Cerrado 12-27 enero, 5-13 abril, 9-24 agosto, lunes, domingo*

La Prensa (Marisa Barberán)

CREATIVA • **MARCO CONTEMPORÁNEO** XX Lo que despuntando los años 70 empezó siendo un despacho de vinos se convirtió, poco a poco, en un restaurante de referencia para la gastronomía maña.

El tándem formado por la chef Marisa Barberán y su marido, David Pérez, que ejerce como jefe de sala y sumiller, ha dado alas a una casa que construye su filosofía desde un precepto: el amor por el trabajo bien hecho.

En su comedor, minimalista con detalles de diseño, podrá degustar una cocina actual-creativa que denota una constante evolución, sobre todo cuando el punto de partida está en la honestidad del trabajo diario, en la utilización de los mejores productos de temporada y en el perfecto conocimiento de la técnica actual, lo que permite jugar con los sabores, colores y texturas en favor de unos platos más coherentes y equilibrados.

Especialidades : Huevo, manitas, aceite de piñones y trufa. Esturión, escabeche ligero y bitter. Fresas en texturas.

Menú 60/115 €

Plano C3-c – *José Nebra 3 ✉ 50007 – ✆ 976 38 16 37 – www.restaurantelaprensa.com – Cerrado 5-14 abril, 4-25 agosto, 21 diciembre-4 enero, lunes, domingo*

Quema

MODERNA • **DE DISEÑO** XX Se encuentra junto al formidable edificio del IAACC Pablo Serrano (Instituto Aragonés de Arte y Cultura Contemporáneos) y no debemos dejarnos engañar por su aparente funcionalidad, pues con esta solo se busca ofrecer calidad a un precio más moderado. Combina el diseño informal y el carácter polivalente para ofrecer una carta-menú de gusto actual a precios cerrados, con muchos platos para elegir y la posibilidad de ver como se hacen las elaboraciones en la cocina, que está acristalada al otro lado de la barra. ¡La mitad de los vinos que ofrecen son de la región!

Especialidades : Ajoblanco con carpaccio de carabineros. Buñuelo de ternasco de Aragón. Limón parece, limón es.

Menú 33/49 €

Plano B2-a – *Paseo María Agustín 20 ✉ 50004 – ✆ 976 43 92 14 – www.restaurantequema.com – Cerrado 10-23 agosto, cena: lunes, domingo*

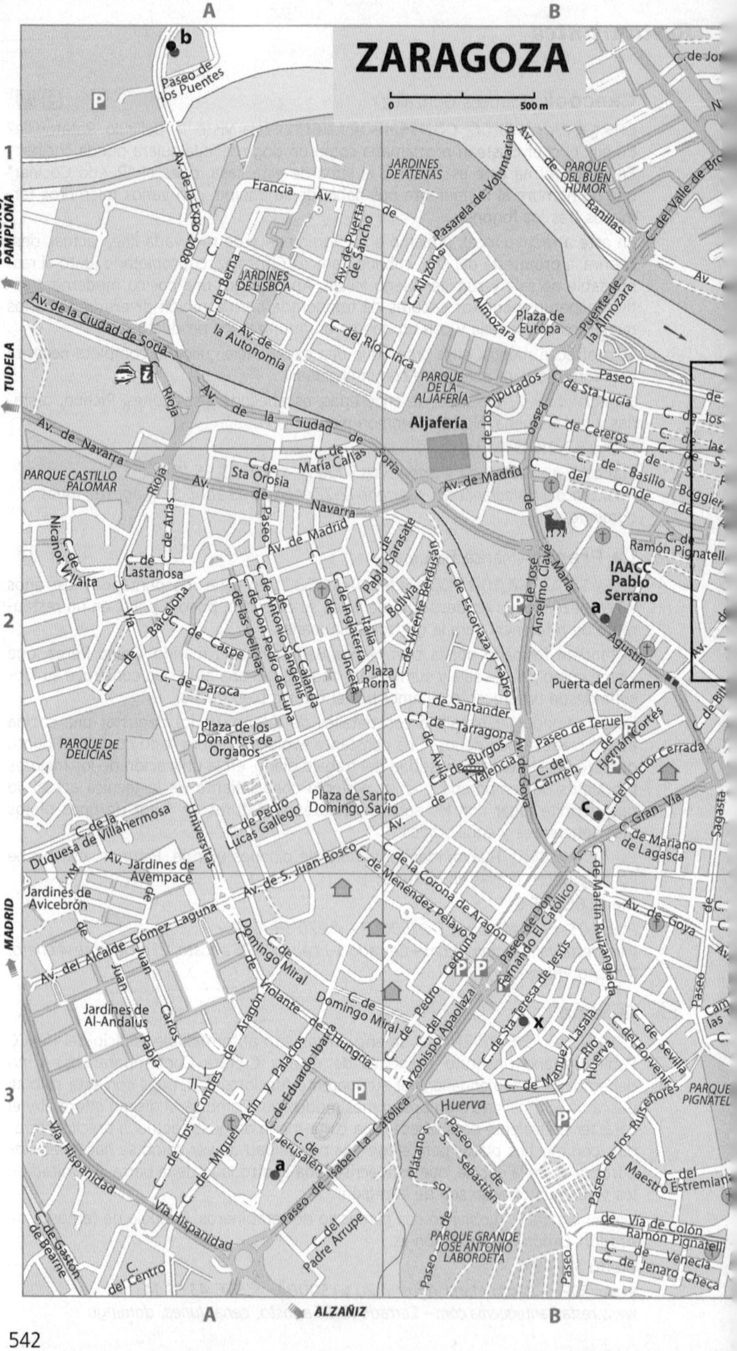
ZARAGOZA
0
500 m
A
B
1
2
3
LOGROÑO, PAMPLONA
TUDELA
MADRID
ALZAÑIZ
Paseo de los Puentes
Av. de la Expo 2008
Francia
Av. de Puerta de Sancho
JARDINES DE ATENAS
Pasarela de Voluntariado
PARQUE DEL BUEN HUMOR
Av. de Ranillas
C. del Valle de Broto
C. de Berna
JARDINES DE LISBOA
C. Ainzón
Almozara
Plaza de Europa
Puente de la Almozara
Av. de la Ciudad de Soria
Av. de la Autonomía
C. del Río Cinca
PARQUE DE LA ALJAFERÍA
Aljafería
Rioja
Av. de la Ciudad de Soria
C. de los Diputados
Paseo de Sta Lucía
Paseo de María Agustín
C. de Cereros
C. de Basilio Boggiero
C. del Conde
Av. de Navarra
PARQUE CASTILLO PALOMAR
C. de Sta Orosia
C. de María Callas
Av. de Madrid
C. de Ramón Pignatelli
C. de Nicanor Villalta
C. de Arias
C. de Lastanosa
Paseo de Pablo Sarasate
IAACC Pablo Serrano
C. de José Anselmo Clavé
C. de Escoriaza y Fabro
C. de Vicente Berdusán
Bolivia
C. Italia
C. de Inglaterra
C. de Unceta
C. Calanda
C. de Antonio Sangenis
C. de Don Pedro de Luna
C. de las Delicias
C. de Caspe
Vía Universitas
C. de Barcelona
C. de Daroca
Plaza Roma
Puerta del Carmen
C. de Santander
C. de Tarragona
C. de Burgos
C. de Valencia
Av. de Goya
Paseo de Teruel
C. de Hernán Cortés
C. del Carmen
C. del Doctor Cerrada
PARQUE DE DELICIAS
Plaza de los Donantes de Organos
Plaza de Santo Domingo Savio
C. de Pedro Lucas Gallego
Av. de Ávila
C. Gran Vía
C. de Mariano de Lagasca
Sagasta
C. de la Duquesa de Villahermosa
Av. Jardines de Avempace
Av. de S. Juan Bosco
C. de Menéndez Pelayo
C. de la Corona de Aragón
Paseo de Don Fernando El Católico
C. de Martín Ruizanglada
Jardines de Avicebrón
Av. del Alcalde Gómez Laguna
Av. de Juan Pablo II
C. Domingo Miral
C. de Pedro Cerbuna
C. de Sta Teresa de Jesús
C. de Manuel Lasala
C. Río Huerva
C. del Porvenir
C. de Sevilla
Jardines de Al-Andalus
Av. de los Condes de Aragón
C. de Violante de Hungría
C. de Domingo Miral
C. del Arzobispo Apaolaza
PARQUE PIGNATELLI
C. de Miguel Asín y Palacios
C. de Eduardo Ibarra
C. de Jerusalén
Paseo de Isabel La Católica
Huerva
Paseo de los Plátanos
Paseo de S. Sebastián
Paseo de los Ruiseñores
C. del Maestro Estremiana
Vía Hispanidad
C. de Gastón de Bearne
C. del Centro
C. del Padre Arrupe
PARQUE GRANDE JOSÉ ANTONIO LABORDETA
C. de Vía de Colón
Ramón Pignatelli
C. de Venecia
C. de Jenaro Checa
Aljafería
a
b
c
x
P

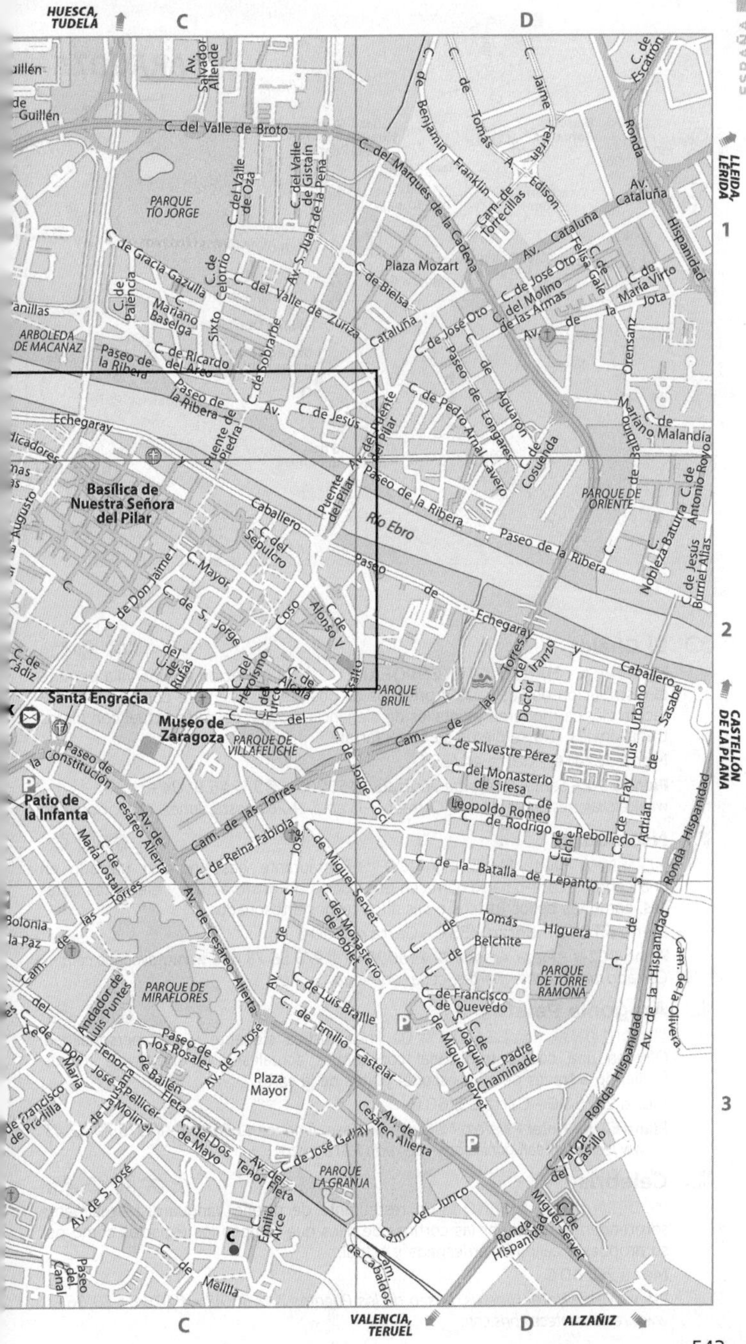
HUESCA, TUDELA
C
D
LLEIDA, LÉRIDA
CASTELLÓN DE LA PLANA
VALENCIA, TERUEL
ALZAÑIZ
1
2
3
Basílica de Nuestra Señora del Pilar
Santa Engracia
Museo de Zaragoza
Patio de la Infanta
PARQUE TÍO JORGE
ARBOLEDA DE MACANAZ
PARQUE DE ORIENTE
PARQUE BRUIL
PARQUE DE VILLAFELICHE
PARQUE DE MIRAFLORES
PARQUE DE TORRE RAMONA
PARQUE LA GRANJA
Plaza Mozart
Plaza Mayor
Río Ebro
C. del Valle de Broto
C. del Marqués de la Cadena
Av. Cataluña
Ronda Hispanidad
Paseo de la Ribera
Paseo de Echegaray y Caballero
Puente de Piedra
Puente del Pilar
C. de Jesús
C. Mayor
C. de Don Jaime I
Coso
C. de Alonso V
Cam. de las Torres
C. de Miguel Servet
Av. de Cesáreo Alierta
Av. de S. José
C. de Reina Fabiola
C. de Luis Braille
C. de Emilio Castelar
C. de la Batalla de Lepanto
C. de Silvestre Pérez
Cam. del Junco
Cam. de Cabaldos
C. de Melilla
Paseo de la Constitución
Av. Tenor Fleta
C. de José Galiay
C. de Francisco de Quevedo
C. de Tomás Higuera
C. de Belchite
C. de Jorge Coci
C. de Sobrarbe
C. del Valle de Zuriza
C. de Gracia Gazulla
C. de Bielsa
C. de José Oto
C. de Pedro Arnal Cavero
Paseo de Longares
C. de Aguarón
C. de Cosuenda
C. de Mariano Malandía
C. de Balbino Orensanz
Av. de la Hispanidad
Cam. de la Oliva
C. de Larraga
Paseo del Canal

El Chalet

MODERNA • MARCO CONTEMPORÁNEO Su ubicación en una villa permite la distribución de sus salas y privados en dos plantas, siempre con una ambientación clásica-moderna y detalles de elegancia. Cocina de corte actual con platos tradicionales. ¡No se pierda su Steak tartar!

Menú 38/41€ - Carta 44/55€

Plano B3-x - *Santa Teresa de Jesús 25 ✉ 50006 - ✆ 976 56 91 04 - www.elchaletrestaurante.com - Cerrado 6-15 abril, 9-26 agosto, lunes, cena: domingo*

Novodabo

MODERNA • AMBIENTE CLÁSICO Restaurante gastronómico ubicado en una céntrica casa-palacio. Ofrecen una cocina de gusto actual y elegantes detalles, como los bellos frescos o sus altos techos artesonados.

Menú 33€ (almuerzo)/55€ - Carta 40/60€

Plano BC2-x - *Plaza Aragón 12 ✉ 50004 - ✆ 976 56 78 46 - www.novodabo.com - Cerrado lunes, cena: martes, cena: domingo*

Aragonia Palafox

TRADICIONAL • ELEGANTE De línea rústica elegante y con personalidad. Ofrecen una cocina tradicional con toques actuales y la opción de menús, pudiendo a través de ellos escoger platos de la carta.

Menú 28/50€ - Carta 35/60€

Plano E2-k - *Hotel Palafox, Marqués de Casa Jiménez ✉ 50004 - ✆ 976 79 42 43 - www.restaurantearagonia.com - Cerrado 1-31 agosto*

Celebris

MODERNA • DE DISEÑO Un restaurante de diseño vanguardista realmente sorprendente, tanto por las cortinas de hilos que rompen los espacios como por su propuesta culinaria, arriesgada y actual.

Menú 20/40€

Plano A1-b - *Hotel Hiberus, Paseo de los Puentes 2 ✉ 50018 - ✆ 876 54 20 06 - www.restaurantecelebris.com*

Casa Lac

TRADICIONAL • HISTÓRICA ¡Aquí las verduras son las protagonistas! El local, con mucha historia, atesora la licencia más antigua de España como restaurante (1825). Agradable bar de tapas y dos salones, destacando el del piso superior por su ambiente decimonónico.

Carta 40/60€

Plano E2-h - *Mártires 12 ✉ 50003 - ✆ 976 39 61 96 - www.restaurantecasalac.es - Cerrado 10-16 agosto, lunes, cena: domingo*

Antonio

TRADICIONAL • FAMILIAR Resulta íntimo, acogedor y detallista. Aquí encontrará una sabrosa cocina de base tradicional... eso sí, con toques actuales. Los platos destacados de su carta son los Arroces, que cambian con la temporada, el Ternasco y el Steak tartar.

Menú 25/39€ - Carta 30/45€

Plano F2-q - *Plaza San Pedro Nolasco 5 ✉ 50001 - ✆ 976 39 74 74 - www.antoniorestaurante.com.es - Cerrado 7-13 enero, 4-11 mayo, 17-31 agosto, lunes, cena: domingo*

Crudo

FUSIÓN • BAR DE TAPAS Una taberna de carácter gastronómico que busca su identidad trabajando con productos crudos y marinados. Su carta denota influencias niponas, mediterráneas y latinoamericanas.

Tapa 4€ - Ración 14€

Plano B2-c - *Doctor Cerrada 40 ✉ 50005 - ✆ 876 71 01 47 - www.crudozaragoza.com - Cerrado 20-26 enero, 10-31 agosto, lunes, domingo*

Alojamientos

Hiberus

NEGOCIOS • DE DISEÑO Magnífico hotel ubicado junto al Parque Metropolitano del Agua. Ofrece amplias zonas comunes, interiores minimalistas, una zona chill out junto a la piscina y luminosas habitaciones, casi todas con vistas al Ebro.

164 habitaciones - 76/214€ - 17€ - 12 suites

Plano A1-b - *Paseo de los Puentes 2 ✉ 50018 - ✆ 876 54 20 08 - www.palafoxhoteles.com*

Celebris - Ver selección restaurantes

Palafox

NEGOCIOS • CLÁSICA Resulta céntrico y sorprende por su decoración... no en vano, está firmada por el famoso interiorista Pascua Ortega. Encontrará salones de gran capacidad y habitaciones de estilo clásico, estas últimas repartidas en tres categorías: Hotel, Club y Ducal.

160 habitaciones - 96/219€ - 21€ - 19 suites

Plano E2-k - *Marqués de Casa Jiménez ✉ 50004 - ✆ 976 23 77 00 - www.palafoxhoteles.com*

Aragonia Palafox - Ver selección restaurantes

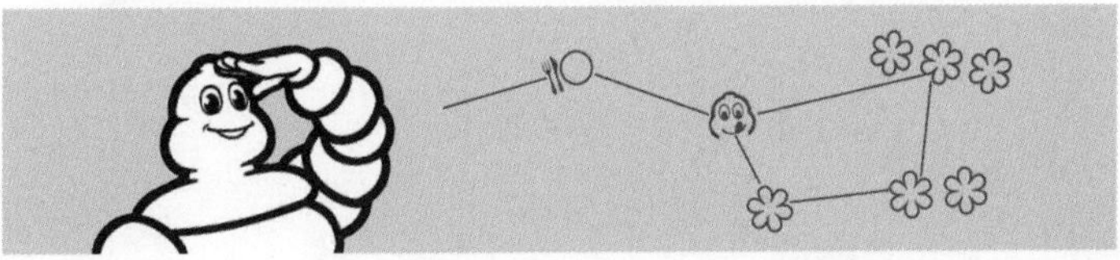

ZEANURI

Vizcaya - Mapa regional **18**-A2 - Mapa de carreteras Michelin nº 573-C21

en el barrio de Ipiñaburu Sur : 4 km

Etxegana

FAMILIAR • PERSONALIZADA ¡Ideal para aislarse! Este bello caserío, en pleno campo, ofrece habitaciones que fusionan la estética vasca y de Indonesia, con materiales de calidad, tallas y algún detalle moderno. Pequeño SPA y buen restaurante de cocina tradicional, con vistas al valle.

18 habitaciones - 120/140 €

Ipiñaburu 38 ✉ 48144 - ✆ 946 33 84 48 - www.etxegana.com

ZOZAIA - Navarra ➜ Ver Oronoz

ZUMARRAGA

Guipúzcoa - Mapa regional **18**-B2 - Mapa de carreteras Michelin nº 573-C23

Kabia

TRADICIONAL • FAMILIAR Una casa, llevada en familia, donde apuestan por la cocina tradicional actualizada. La carta, algo escueta, siempre se completa con sugerencias diarias e interesantes menús.

Menú 23 € (almuerzo)/49 € - Carta 40/60 €

Legazpi 5 ✉ 20700 - ✆ 943 72 62 74 - www.restaurantekabia.com - Cerrado 16 agosto-2 septiembre, lunes, martes, cena: miércoles-jueves, cena: domingo

E. Rodriguez/Moment Open/Getty Images

ANDORRA

ANDORRA LA VELLA

Andorra la Vella – Mapa regional **9**-B1 – Mapa de carreteras Michelin nº 574-E34

La Borda Pairal 1630

TRADICIONAL • RÚSTICA XX He aquí una "borda" típica del Pirineo, reconstruida en piedra y madera pero con atractivos detalles modernos. Ofrecen una cocina tradicional fiel a los productos de la zona.

Carta 35/48 €

Doctor Vilanova 7 ✉ AD500 – ✆ 869 999 –
Cerrado lunes, cena: domingo

Celler d'en Toni

TRADICIONAL • AMBIENTE TRADICIONAL XX Casa de larga tradición familiar. En su comedor, de ambiente rústico, encontrará una cocina de mercado rica en productos de temporada. ¡Pruebe los Canelones al estilo de Toni!

Menú 26/40 € – Carta 35/55 €

Verge del Pilar 4 ✉ AD500 – ✆ 862 750 – www.cellerdentoni.com –
Cerrado 1-20 julio, lunes, cena: domingo

Andorra Park H.

LUJO • CONTEMPORÁNEA Se halla en la parte alta de la ciudad, rodeado de jardines. Aquí encontrarán amplias zonas sociales y habitaciones de excelente confort, todas con terraza. En el restaurante gastronómico proponen una carta tradicional actualizada y un buen menú degustación.

88 habitaciones – 160/235 € – 1 suite

Les Canals 24 ✉ AD500 – ✆ 877 777 – www.andorraparkhotel.com

Plaza

TRADICIONAL • ELEGANTE Hotel de línea clásica-elegante que destaca tanto por la céntrica ubicación como por su diáfano lobby, con dos ascensores panorámicos. En su distinguido restaurante elaboran una cocina de corte internacional con toques actuales.

90 habitaciones – 120/350 € – 19 €

María Pla 19 ✉ AD500 – ✆ 879 444 – www.plazandorra.com

ESCALDES ENGORDANY

Escaldes-Engordany – Mapa regional **9**-B1 – Mapa de carreteras Michelin nº 574-E34

A Casa Canut

INTERNACIONAL • AMBIENTE CLÁSICO XXX Este restaurante, de ambiente clásico y en la primera planta del hotel, ha sabido hacerse un nombre gracias a la bondad de sus pescados. Extensa carta de tinte internacional.

Menú 29/52 € – Carta 46/82 €

Avenida Carlemany 107 (Hotel A Casa Canut) ✉ AD700 – ✆ 739 900 –
www.acasacanut.com

L' Enoteca

TRADICIONAL • DE DISEÑO XX Algo alejado del centro pero interesante, pues en su moderno interior apuestan por una cocina tradicional elaborada con productos de temporada. ¡Elija el vino en su bodega!

Carta 35/65 €

Del Parnal 4 ✉ AD700 –
✆ 813 545 – www.cruenoteca.com –
Cerrado 15 agosto-3 septiembre, domingo

LA MASSANA

La Massana - Mapa regional **9**-B1 - Mapa de carreteras Michelin n° 574-E34

Molí dels Fanals

TRADICIONAL • RÚSTICA XX ¡Ocupa una antigua "borda"! En su comedor, de aire rústico-montañés, le presentarán una carta tradicional rica en carnes y, para terminar, un irresistible carrito de postres.

Menú 25 € (almuerzo) - Carta 35/45 €

Avenida las Comes (Sispony), Sur : 2,3 km ✉ AD400 - ✆ 835 380 - www.molidelsfanals.com - Cerrado lunes, cena: domingo

Rutllan

FAMILIAR • RÚSTICA Hotel de organización familiar instalado en un edificio con profusión de madera. Ofrece unas confortables habitaciones y resulta muy llamativo durante la época estival, pues cubren sus balcones con preciosos geranios. El restaurante, de línea clásica, está decorado con numerosos jarrones de cerámica y cobre.

96 habitaciones - 90/190 €

Avenida del Ravell 3 ✉ AD400 - ✆ 738 738 - www.hotelrutllan.com

PAS DE LA CASA

Canillo - Mapa regional **9**-C1 - Mapa de carreteras Michelin n° 574-E35

por la carretera de Soldeu Suroeste : 10 km

Grau Roig

FAMILIAR • PERSONALIZADA Con el circo de Pessons como telón de fondo... esta típica construcción de montaña resulta ideal para pasar unos días de esquí o trekking. Posee varios tipos de habitaciones, todas coquetas y bien equipadas, así como una oferta gastronómica suficientemente variada.

42 habitaciones - 162/600 €

Grau Roig ✉ AD200 - ✆ 755 556 - www.hotelgrauroig.com - Cerrado 13 abril-19 junio

SOLDEU

Canillo - Mapa regional **9**-B1 - Mapa de carreteras Michelin n° 574-E35

Sol i Neu

TRADICIONAL • ACOGEDORA X Se encuentra a pie de pistas y está considerado todo un clásico en la zona. En conjunto tiene cierto aire montañés, con profusión de madera y objetos antiguos relacionados con el mundo del esquí. Cocina tradicional con detalles actuales.

Carta 40/60 €

Dels Vaquers ✉ AD100 - ✆ 851 325 - www.sporthotels.ad - Cerrado 12 abril-23 junio

Sport H. Hermitage

ALBERGUE • ELEGANTE ¡A 1850 m de altitud y con acceso directo a las pistas de Grandvalira! Presenta un exterior típico montañés y un interior de línea actual, con alguna que otra pincelada zen. Amplísimo SPA con vistas a las montañas, como todas las habitaciones. Sus restaurantes tienen el asesoramiento de reconocidos chefs.

135 habitaciones - 300/750 € - 3 suites

Carretera de Soldeu ✉ AD100 - ✆ 870 670 - www.sporthotels.ad - Cerrado 13 abril-15 junio

H. G. Eiben/Photolibrary/Getty Images

PORTUGAL

O PALMARÉS 2020
EL PALMARÉS

AS NOVAS ESTRELAS
LAS NUEVAS ESTRELLAS

✿✿

Leça da Palmeira *(Douro)*	**Casa de Chá da Boa Nova**

✿

Lisboa *(Estremadura)*	**EPUR**
Lisboa *(Estremadura)*	**Fifty Seconds**
Passos de Silgueiros *(Beira Alta)*	**Mesa de Lemos**
Vila Nova de Cacela *(Algarve)*	**Vistas**

OS NOVOS BIB GOURMAND
LOS NUEVOS BIB GOURMAND

Abrantes/Alferrarede *(Ribatejo)*	**Casa Chef Victor Felisberto**
Coimbra *(Beira Litoral)*	**Solar do Bacalhau**
Guimarães *(Minho)*	**Le Babachris**
Lisboa *(Estremadura)*	**Saraiva's**
Porto/Foz do Douro *(Douro)*	**In Diferente**
Santarém *(Ribatejo)*	**Ó Balcão**

Você também pode encontrar todas as estrelas e os Bib Gourmand na página 692

Además podrá encontrar todas las estrellas y todos los Bib Gourmand, en la página 692

Estabelecimentos com estrelas 2020

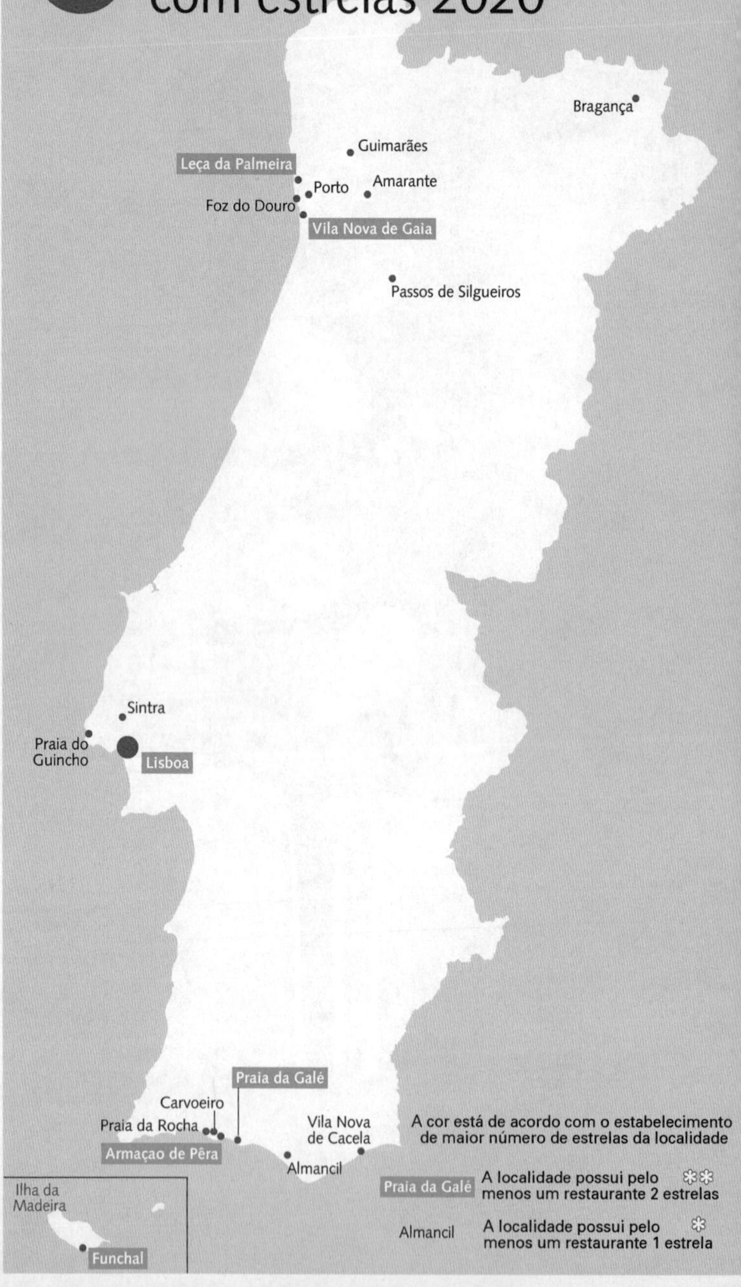
Bragança
Guimarães
Leça da Palmeira
Porto
Amarante
Foz do Douro
Vila Nova de Gaia
Passos de Silgueiros
Sintra
Praia do Guincho
Lisboa
Praia da Galé
Carvoeiro
Praia da Rocha
Armaçao de Pêra
Vila Nova de Cacela
Almancil
Ilha da Madeira
Funchal
A cor está de acordo com o estabelecimento de maior número de estrelas da localidade
Praia da Galé A localidade possui pelo menos um restaurante 2 estrelas
Almancil A localidade possui pelo menos um restaurante 1 estrela

Os Bib Gourmand 2020

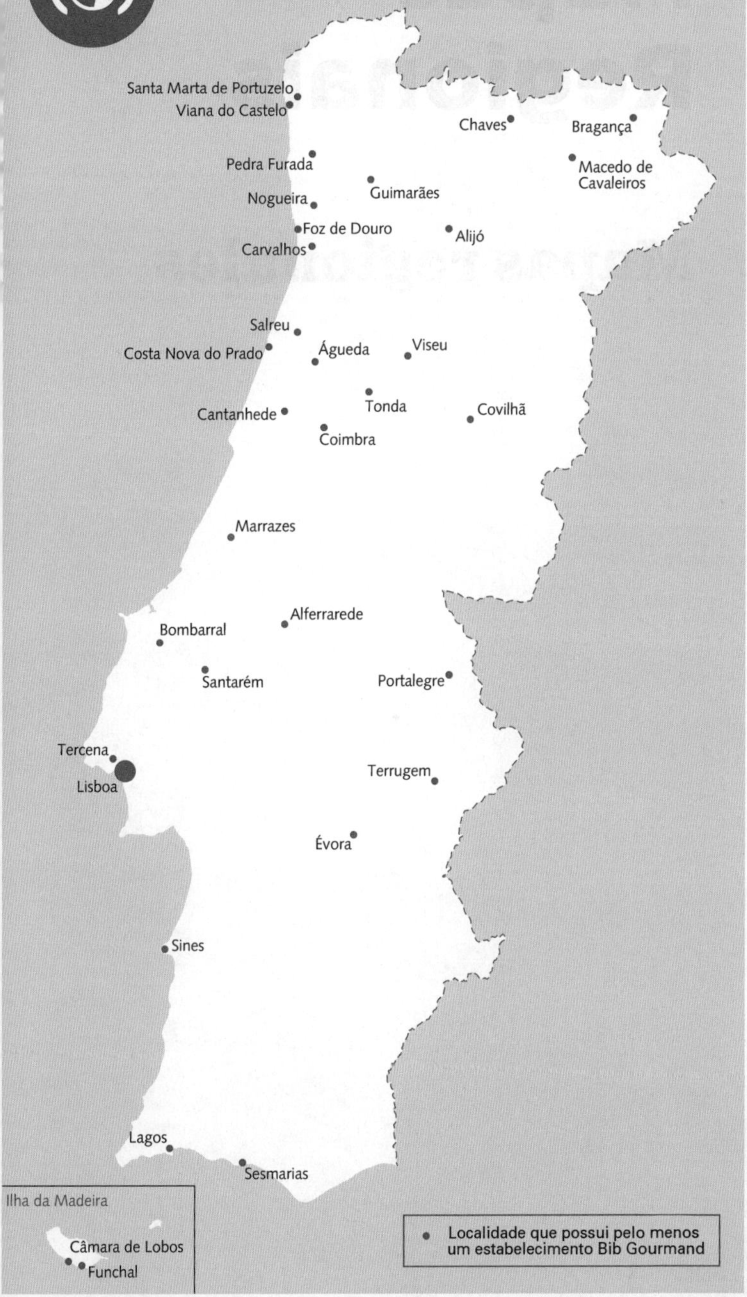
Santa Marta de Portuzelo
Viana do Castelo
Chaves
Bragança
Pedra Furada
Macedo de Cavaleiros
Guimarães
Nogueira
Foz de Douro
Alijó
Carvalhos
Salreu
Costa Nova do Prado
Águeda
Viseu
Tonda
Cantanhede
Covilhã
Coimbra
Marrazes
Alferrarede
Bombarral
Santarém
Portalegre
Tercena
Lisboa
Terrugem
Évora
Sines
Lagos
Sesmarias
Ilha da Madeira
Câmara de Lobos
Funchal
• Localidade que possui pelo menos um estabelecimento Bib Gourmand

Mapas Regionais

Mapas regionales

Localidade que possui como mínimo...

- ● um hotel ou um restaurante
- ✿ uma das melhores mesas do ano
- ☺ um restaurante « Bib Gourmand »
- ⌂ Um hotel ou uma casa rural particularmente agradável

Localidad que posee como mínimo...

- ● un hotel o un restaurante
- ✿ una de las mejores mesas del año
- ☺ un restaurante « Bib Gourmand »
- ⌂ un hotel o una casa rural particularmente agradable

Portugal

OCEANO ATLÂNTICO
ESPAÑA
Viana do Castelo
Minho, Douro, Trás os Montes
6
Braga
Bragança
Porto
Vila Real
Aveiro
Viseu
Beiras
3
Guarda
Figueira da Foz
Coimbra
Fátima
Castelo Branco
Estremadura, Ribatejo
4
Santarém
Portalegre
LISBOA
Badajoz
Setúbal
Évora
Alentejo
1
Beja
ESPAÑA
2
Algarve
Sevilla
Portimão
Faro
Madeira
5
Funchal
Cádiz
A 52
N 120
A 6
A 52
A 52
E 1
A 3
N 122
E 82
IP 4
E 82
A 4
E 82
E 802
N 102
A 24
A 1
E 80
A 25
E 80
A 62
E 80
A 1
E 80
E 802
A 23
A 23
E 806
E 803
N 630
A 5
E 90
A 1
E 80
A 13
A 6
E 90
A 6
E 90
A 5
E 90
N 432
A 2
E 1
N 630
E 803
N 125
A 22
E 1
A 49
E 1
A 4
E 5
A 92
E 5
AP 4
A 381

1 Alentejo

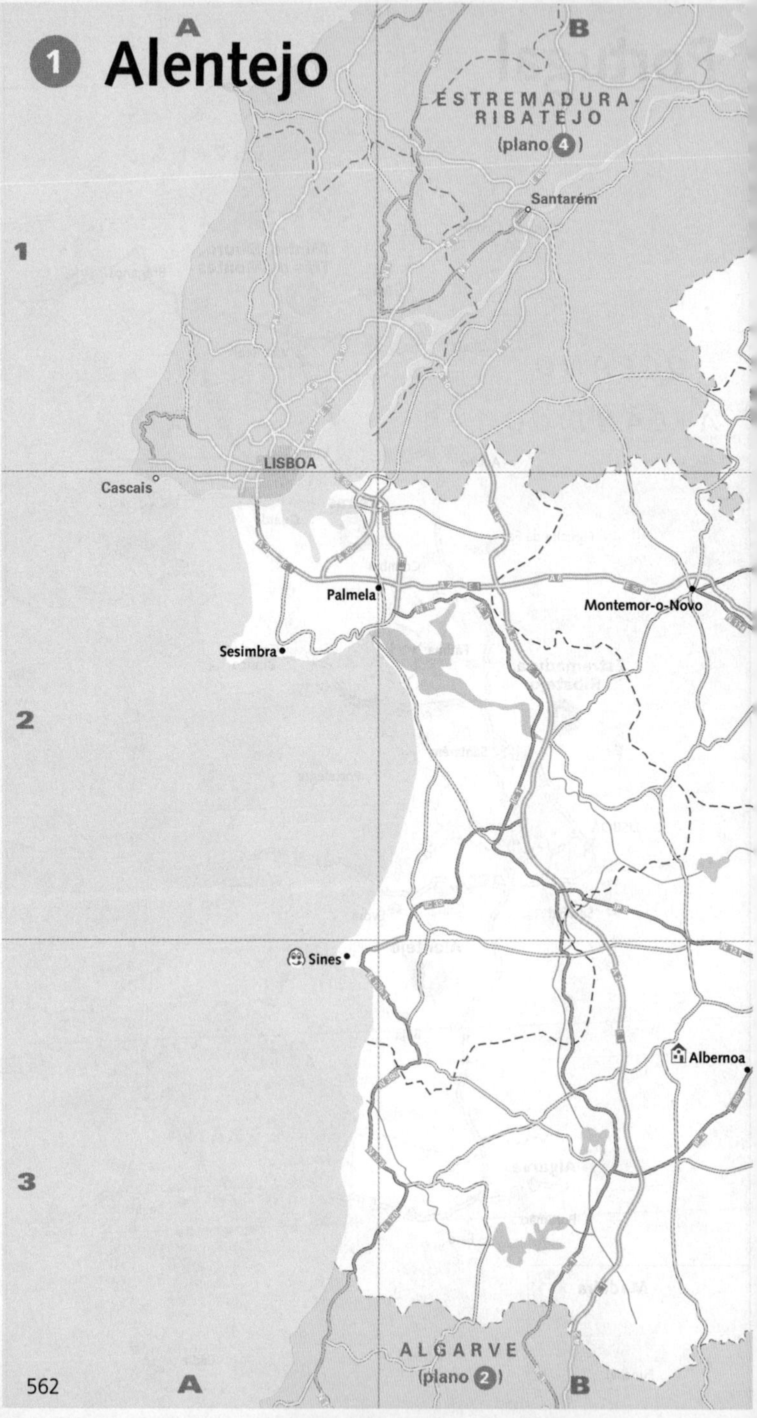
A
B
ESTREMADURA-
RIBATEJO
(plano 4)
Santarém
1
LISBOA
Cascais
Palmela
Montemor-o-Novo
Sesimbra
2
Sines
Albernoa
3
ALGARVE
(plano 2)
A
B

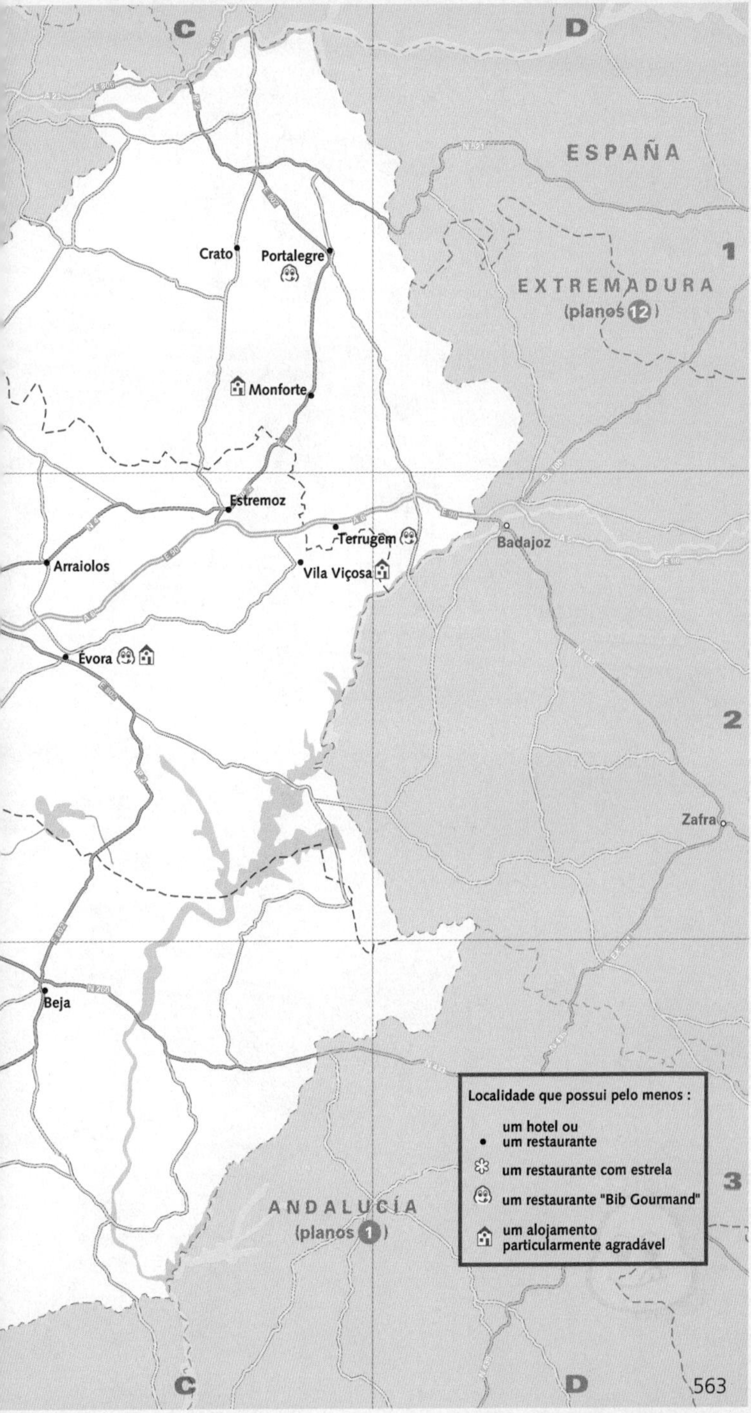
C
D
ESPAÑA
1
EXTREMADURA
(planos 12)
Crato
Portalegre
Monforte
Estremoz
Terrugem
Badajoz
Arraiolos
Vila Viçosa
Évora
2
Zafra
Beja
ANDALUCÍA
(planos 1)
3
Localidade que possui pelo menos :
um hotel ou
um restaurante
um restaurante com estrela
um restaurante "Bib Gourmand"
um alojamento
particularmente agradável
C
D

Algarve

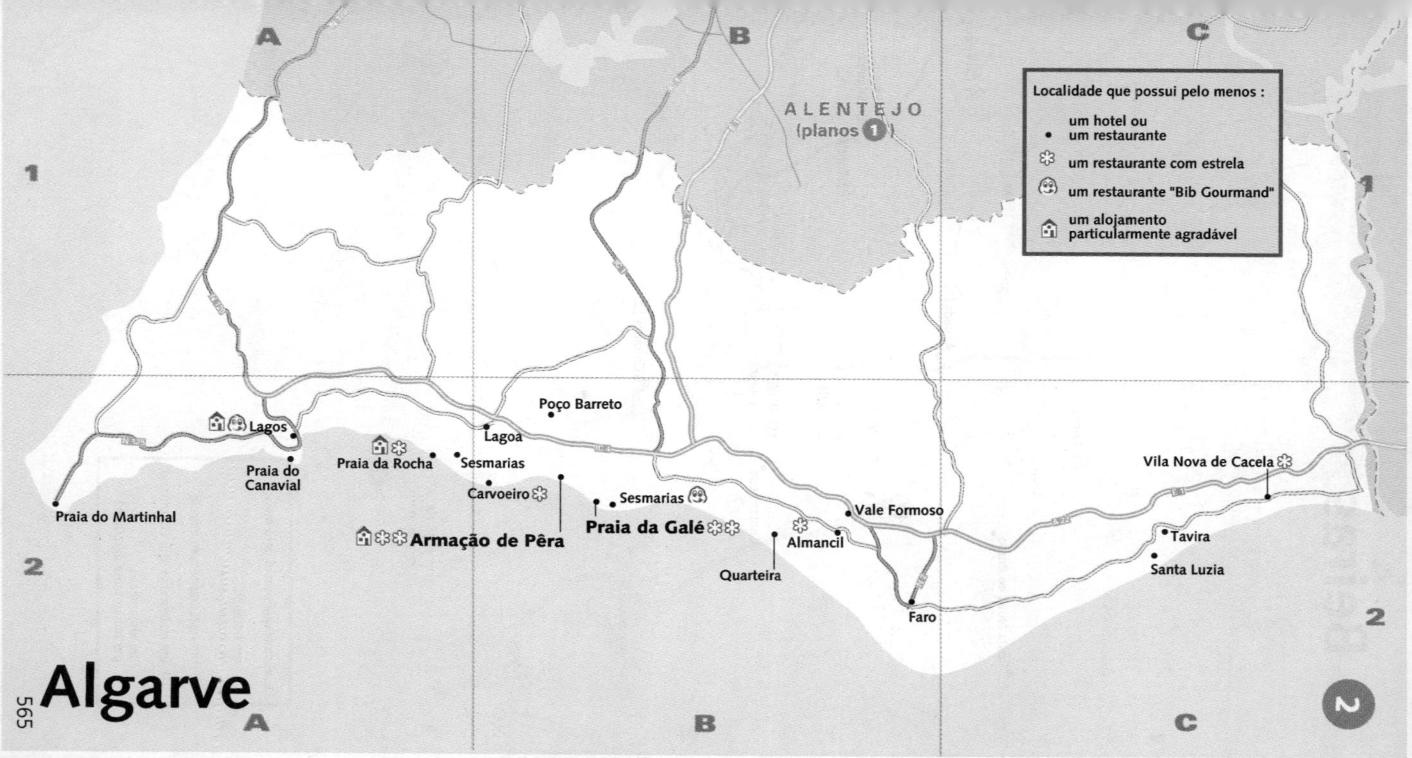

ALENTEJO
(planos 1)
Localidade que possui pelo menos :
um hotel ou um restaurante
um restaurante com estrela
um restaurante "Bib Gourmand"
um alojamento particularmente agradável
Praia do Martinhal
Lagos
Praia do Canavial
Praia da Rocha
Sesmarias
Lagoa
Poço Barreto
Carvoeiro
Armação de Pêra
Sesmarias
Praia da Galé
Quarteira
Almancil
Vale Formoso
Faro
Vila Nova de Cacela
Tavira
Santa Luzia

3 Beiras

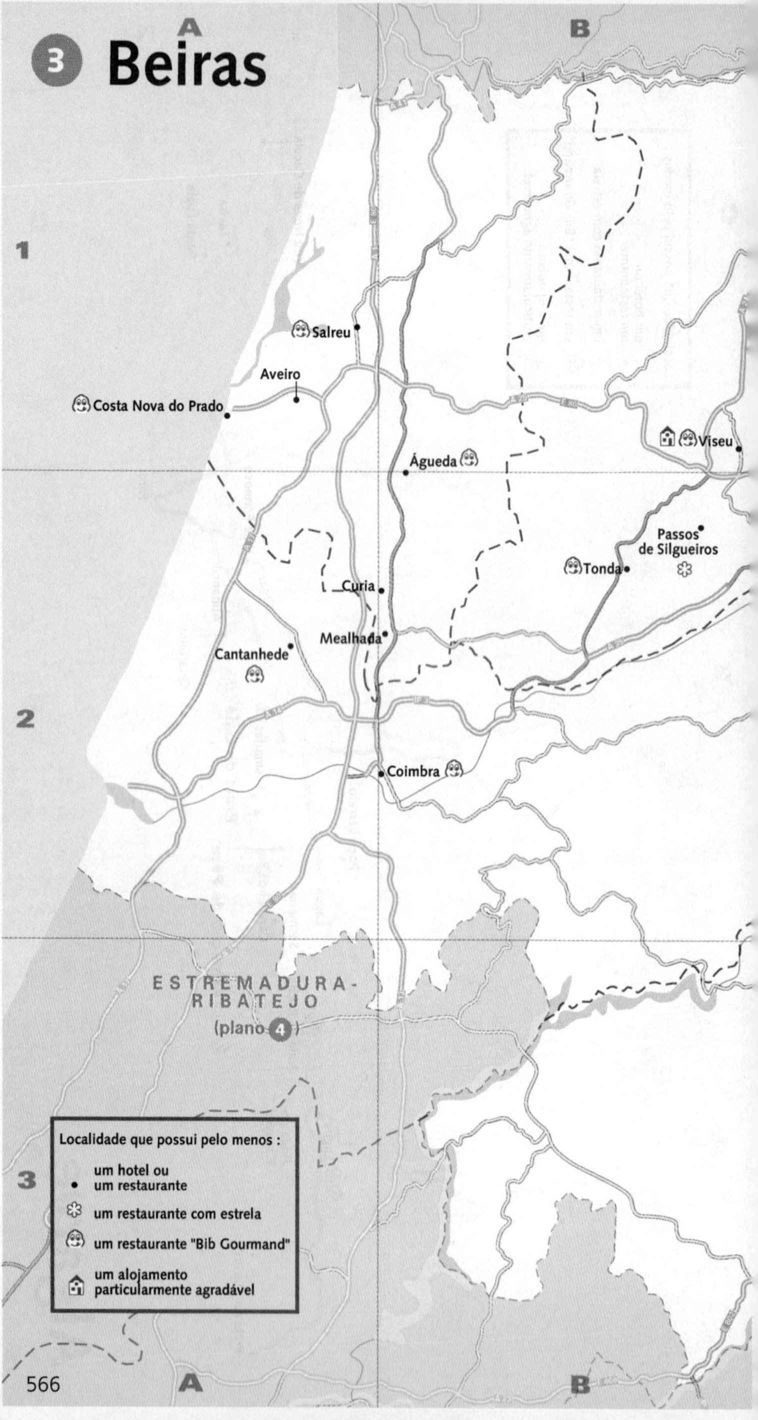
A
B
1
2
3
Salreu
Aveiro
Costa Nova do Prado
Viseu
Águeda
Passos de Silgueiros
Tonda
Curia
Mealhada
Cantanhede
Coimbra
ESTREMADURA-RIBATEJO
(plano 4)
Localidade que possui pelo menos :
um hotel ou um restaurante
um restaurante com estrela
um restaurante "Bib Gourmand"
um alojamento particularmente agradável

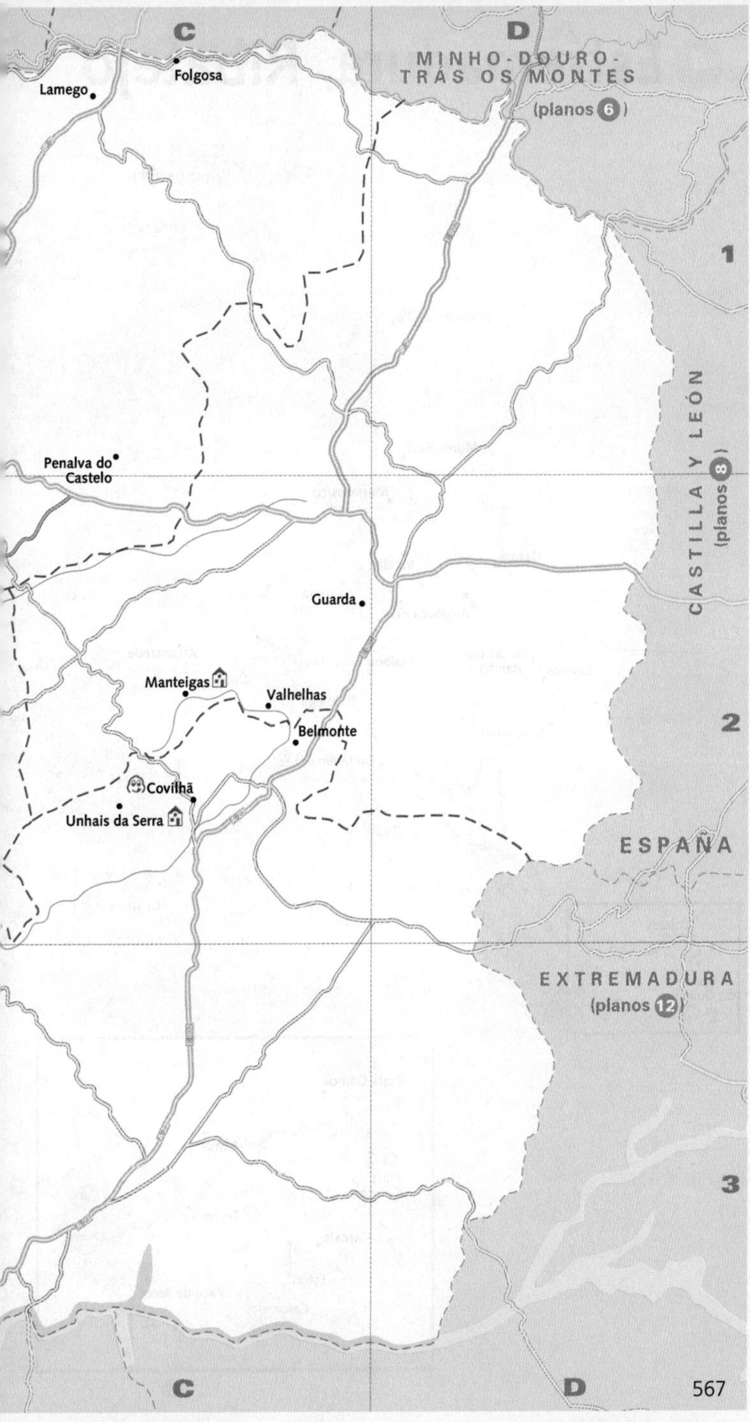
C
D
MINHO-DOURO-
TRÁS OS MONTES
(planos 6)
Folgosa
Lamego
1
CASTILLA Y LEÓN
(planos 8)
Penalva do
Castelo
Guarda
Manteigas
Valhelhas
Belmonte
2
Covilhã
Unhais da Serra
ESPAÑA
EXTREMADURA
(planos 12)
3
C
D

4 Estremadura, Ribatejo

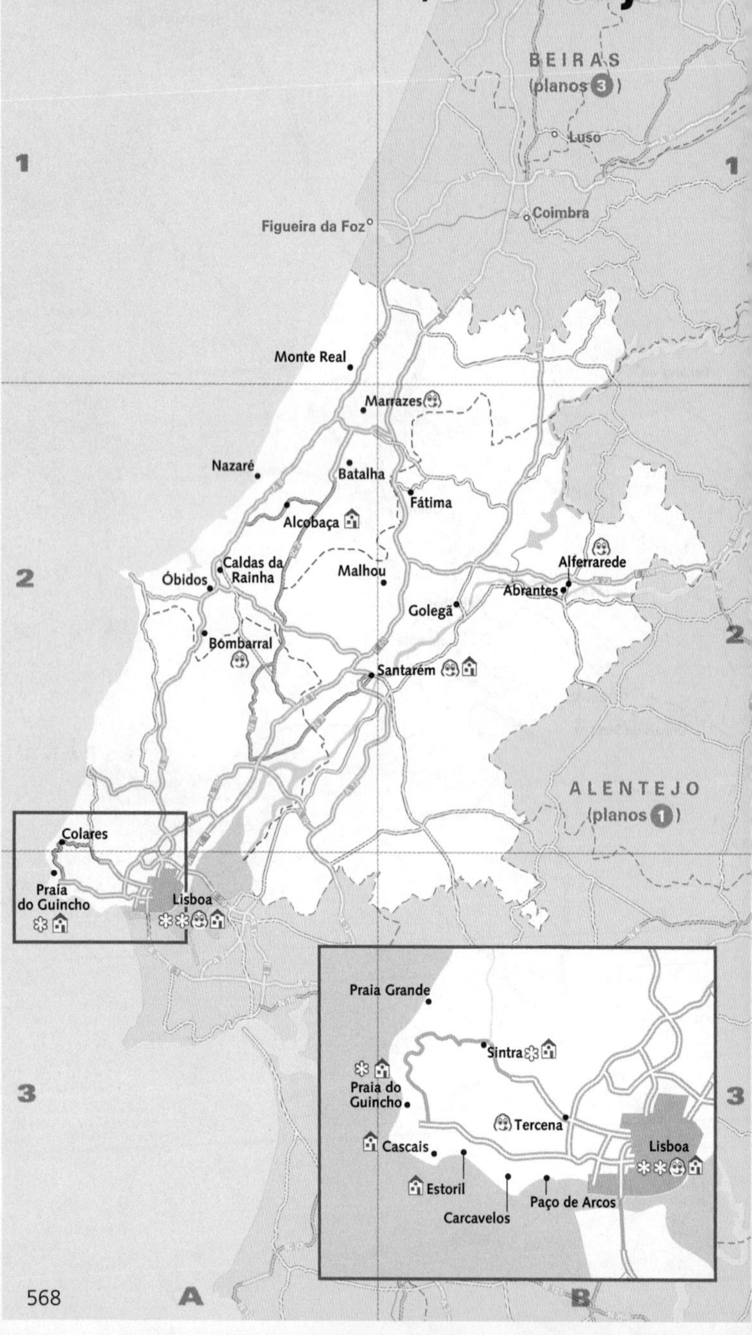

Madeira 5

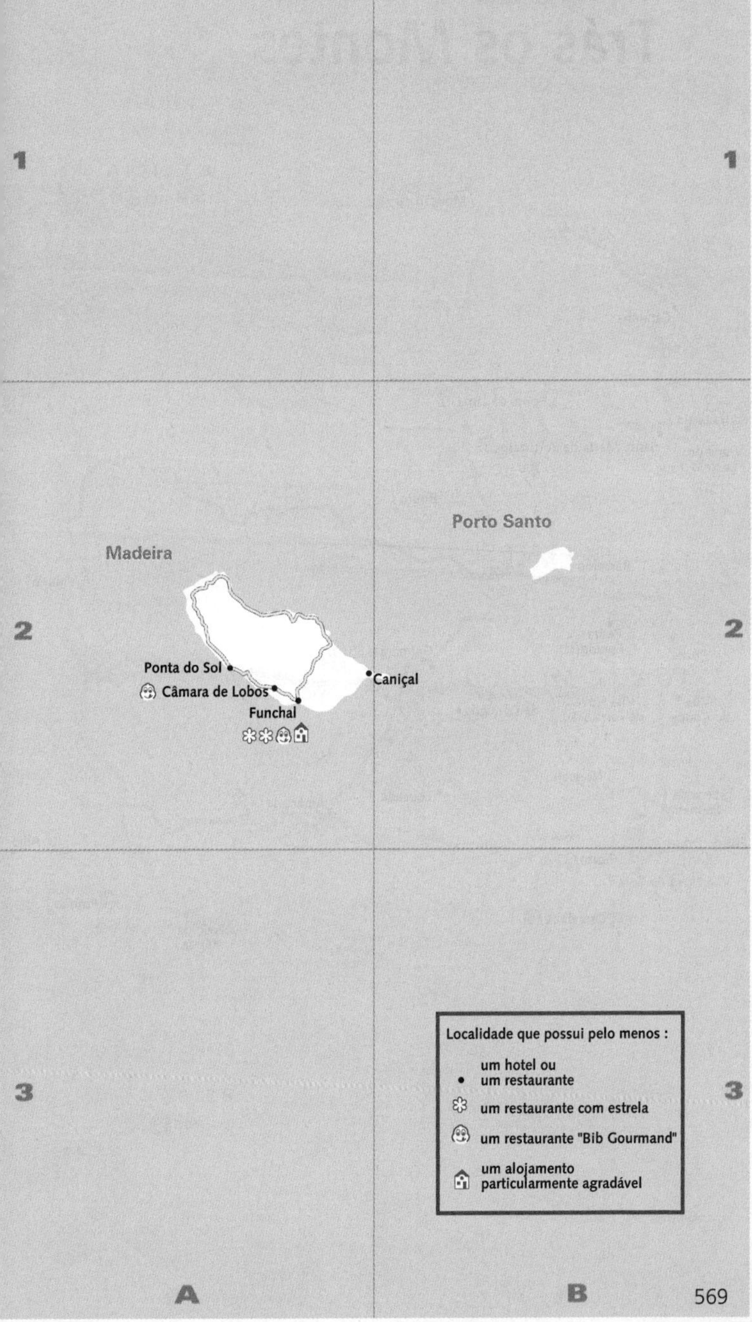

A
B
1
2
3
Porto Santo
Madeira
Ponta do Sol
Câmara de Lobos
Funchal
Caniçal
Localidade que possui pelo menos :
um hotel ou um restaurante
um restaurante com estrela
um restaurante "Bib Gourmand"
um alojamento particularmente agradável

6 Minho, Douro, Trás os Montes

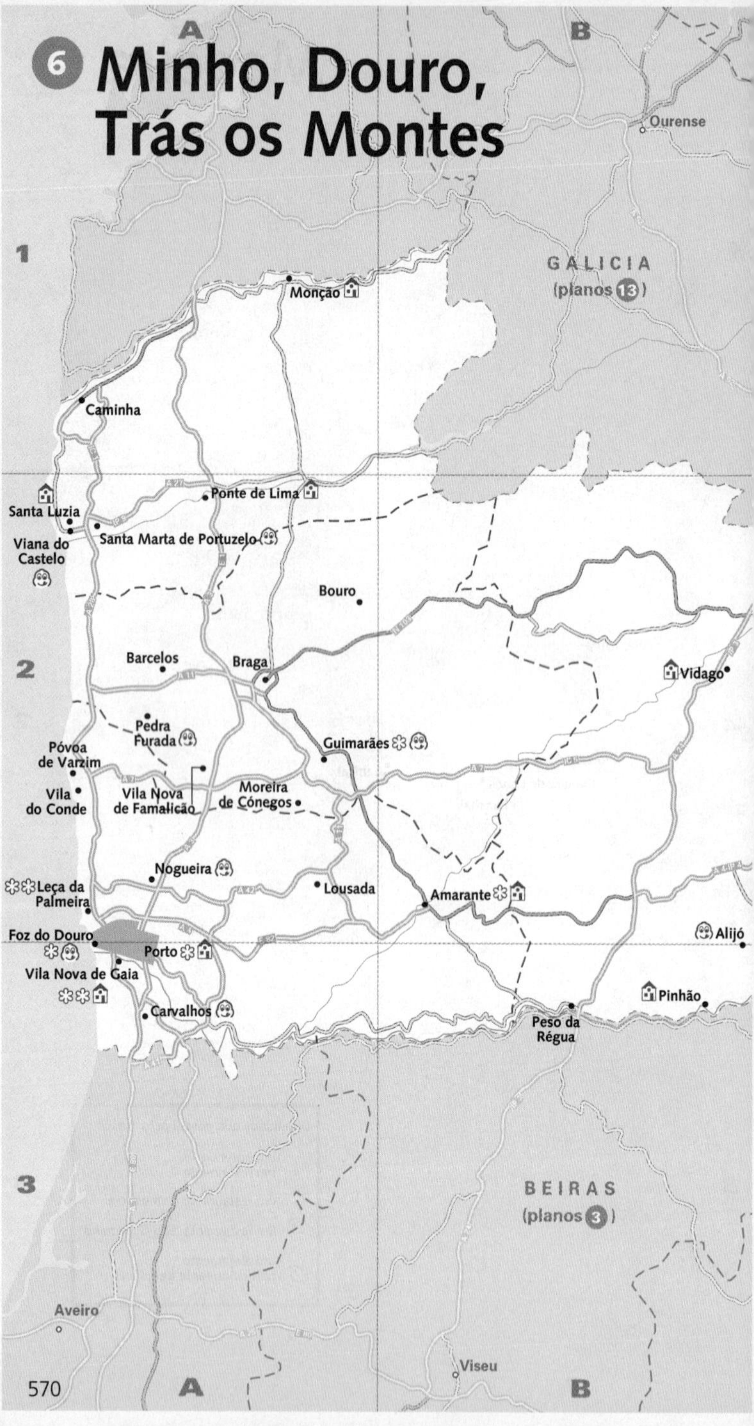

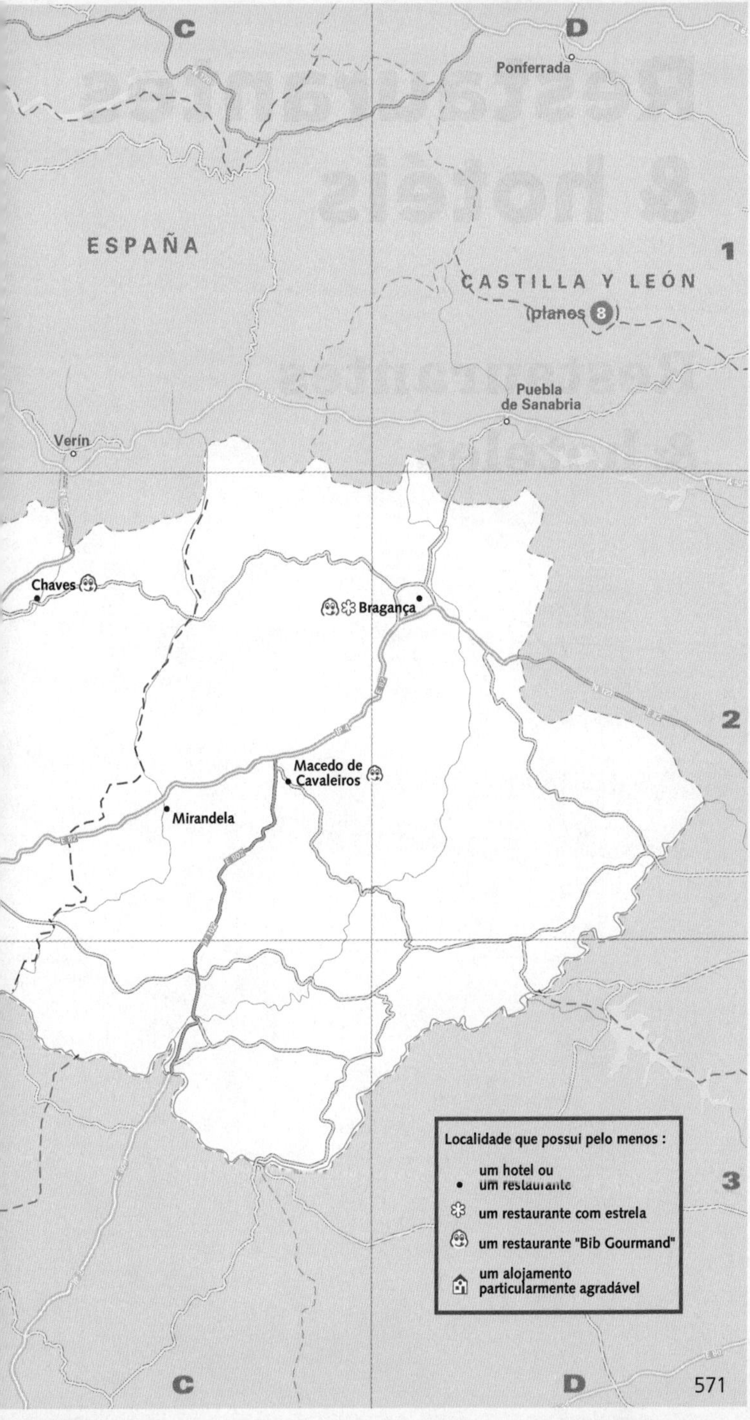
C
D
Ponferrada
ESPAÑA
1
CASTILLA Y LEÓN
(planos 8)
Puebla
de Sanabria
Verín
Chaves
Bragança
2
Macedo de
Cavaleiros
Mirandela
3
Localidade que possui pelo menos :
um hotel ou
um restaurante
um restaurante com estrela
um restaurante "Bib Gourmand"
um alojamento
particularmente agradável
C
D

Restaurantes & hotéis

Restaurantes & hoteles

Localidades de A a Z

Localidades de A a Z

● Lisboa 600
● Madeira 618

ABRANTES

Santarém – Mapa regional: **4**-B2 – Mapa das estradas Michelin n° 592-N5

Santa Isabel

TRADICIONAL • **RÚSTICA** Uma casa que apaixona pelo seu estilo! As salas de refeições com um toque rústico, distribuídas pelos espaços originais, combinam receitas tradicionais com especialidades deliciosas.

Carta 21/38€

Rua Santa Isabel 12 ✉ 2200-393 – ✆ 241 36 62 30 – Fechado domingo

em Alferrarede Noroeste : 5 km – Mapa regional: **4**-B2

Casa Chef Victor Felisberto

REGIONAL • **DECORAÇÃO CLÁSSICA** Descubra a particular visão da cozinha regional de Victor Felisberto, um chef português com um grande percurso após se ter formado em París e adquirido experiência tanto em restaurantes franceses como em Londres, Barcelona e Andorra. A sua especialidade são as carnes elaboradas em forno de lenha, nomeadamente o porco ibérico e a vitela, com a particularidade de que as trabalha a fogo muito lento para obter texturas melosas e sabores mais intensos. Recupera pratos do receituário tradicional, oferece sobremesas caseiras de bom nível e... até o pão que se come neste lugar segue a sua própria receita!

Especialidades : Camarão à chef. Cachaço de porco preto confitado em vinho tinto. Pastel de nata fondant com gelado de canela e nata.

Carta 24/32€

Rua do Cana Verde 8 ✉ 2200-049 – ✆ 931 737 898 – www.casachefvictorfelisberto.pt – Fechado 22 junho-2 julho, 3ª feira

ÁGUEDA

Aveiro – Mapa regional: **3**-B2 – Mapa das estradas Michelin n° 591-K4

O Típico

TRADICIONAL • **RÚSTICA** Se você procura um lugar típico e autenticidade vá a este restaurante, localizado na parte alta da cidade e gerido por um casal encantador. Em conjunto, é um lugar modesto e as mesas são muito apertadas... não é por acaso, a fachada simples dá passagem para uma única sala típica na qual convivem detalhes regionais, objetos antigos e instrumentos de lavoura. Aqui vai encontrar clientes locais e cozinha 100% portuguesa, com pratos generosos, sabores genuínos e deliciosas sobremesas de elaboração caseira. Prove o Polvo à Lagareiro ou o Bacalhau gratinado com batatas a murro!

Especialidades : Tábua de presunto com queijo fresco. Polvo à Lagareiro. Aletria.

Menu 15/30€ – Carta 25/33€

Rua Dr Manuel Alegre 42 ✉ 3750-159 – ✆ 234 625 336 – Fechado 10-31 agosto, sábado, jantar: domingo

ALBERNOA

Beja – Mapa regional: **1**-B3 – Mapa das estradas Michelin n° 593-S6

pela estrada IP 2

Herdade dos Grous

TRADICIONAL • **DECORAÇÃO CLÁSSICA** Cozinha tradicional portuguesa com produtos da própria quinta! Contam com agricultura biológica e criação de gado, com vitelas alentejanas, borregos merinos, porcos ibéricos...

Menu 52/68€ – Carta 33/44€

Hotel Herdade dos Grous, Herdade dos Grous (Norte : 3 km) ✉ 7800-601 – ✆ 284 960 000 – www.herdade-dos-grous.com

Malhadinha Nova

CRIATIVA • TENDÊNCIA XX Integrado no edifício da adega! Tem por base os produtos da quinta (450 hectares): horto, gado vacum, porco ibérico, vinho, azeite... e os da zona. Interessantes menus.

Menu 60 € (almoço), 45/90 € – Carta 45/60 €

Herdade da Malhadinha Nova (Sudoeste : 7 km) ✉ 7800-601 – ☎ 284 965 432 – www.malhadinhanova.pt – Fechado 1 janeiro-6 fevereiro, 2ª feira, domingo

Herdade dos Grous

AGROTURISMO • RURAL Agricultura, ganadaria, passeios a cavalo, vinhedos... um maravilhoso refúgio de paz em contacto com a natureza! Estamos num precioso agroturismo, com quase 1100 hectáreas e também um lago, que distribui os seus quartos entre varios edificios independentes.

17 quartos – 115/155 € – 15 suites

Herdade dos Grous (Norte : 3 km) ✉ 7800-601 – ☎ 284 960 000 – www.herdade-dos-grous.com

Herdade dos Grous – Ver selecção restaurantes

Malhadinha Nova

LUXO • RÚSTICA O acesso, por uma estrada de terra batida, integra perfeitamente o idílico monte rural com o conforto, design e exclusividade. Estacione o carro na Adega restaurante e deixe que o convidem aos quartos, rodeados de campos e vinhedos, ideais para desligar.

30 quartos – 300/400 €

Herdade da Malhadinha Nova (Sudoeste : 7 km) ✉ 7800-601 – ☎ 284 965 432 – www.malhadinhanova.pt – Fechado 1 janeiro-6 fevereiro

Malhadinha Nova – Ver selecção restaurantes

ALBUFEIRA

Faro – Mapa regional: **2**-B2 – Mapa das estradas Michelin nº 593-U5

em Sesmarias Oeste : 4 km – Mapa regional: **2**-B2

O Marinheiro

TRADICIONAL • RÚSTICA XX Uma casa agradável, tipo vila, que surpreende, na atualidade, pelo seu ambiente e proposta. Encontra-se perto da praia e, em conjunto, oferece umas instalações confortáveis, com um pequeno espaço na entrada que funciona como loja de produtos típicos e um renovado interior de ambiente náutico-colonial. A sua oferta resulta sumamente interessante, pois combina os pratos da cozinha tradicional portuguesa com elaborações próprias do receituário internacional, em ambos os casos atualizados em técnicas e apresentações. O tratamento dispensado pelo casal de proprietários é excelente e demonstra uma grande seriedade!

Especialidades : Filetes de cavala em escabeche. Peixe galo sobre puré de abobora, chips de chouriço. Panna cotta com frutos silvestres.

Carta 20/39 €

Caminho da Praia da Coelha ✉ 8200-385 – ☎ 289 592 350 – www.ath.pt – Fechado 8 dezembro-29 fevereiro, almoço: 2ª feira-domingo

na Praia da Galé Oeste : 6, 5 km

✿✿ Vila Joya

CRIATIVA • LUXO XXXX Distinção, serviço, ambiente, emoção... Há quem diga que comer aqui é o mais parecido a provar o paraíso, o que faz todo o sentido se olharmos para a idílica localização e essas vistas panorâmicas dignas de um postal.

Surpreende no aspeto gastronómico, pois o chef, de origem austríaca, Dieter Koschina, reinterpreta a cozinha clássica-internacional do centro da Europa, do ponto de vista moderno e atual, tendo por base umas matérias primas de excecional qualidade com maridagens quase perfeitas.

As elegantes salas interiores complementam-se com dois espaços que merecem uma menção à parte: a incrível esplanada sob o alpendre, aberta à imensidão do oceano e idónea para um fim de tarde romântico, e o que se conhece como a "Mesa do chef", pensada para quem procura uma experiência mais completa.

Especialidades : Lavagante do Atlântico, caril vermelho e coco. Cherne, caldo dashi, beurre blanc e rábano. Chocolate, banana e lima.

Menu 135€ (almoço)/210€ – Carta 101/125€

Estrada da Praia da Galé ✉ 8201-917 – ✆ 289 591 795 – www.vilajoya.com – Fechado 17 novembro-9 março

ALCOBAÇA

Leiria – Mapa regional: **4**-A2 – Mapa das estradas Michelin nº 592-N3

António Padeiro

TRADICIONAL • FAMILIAR X Um negócio de 3ª geração com história, inicialmente uma padaria, foi depois uma cervejaria e, finalmente, evoluiu até se transformar em restaurante. Cozinha do tipo caseiro.

Menu 15/30€ – Carta 19/35€

Rua Dom Maur Cocheril 27 ✉ 2460 – ✆ 262 582 295 – www.antoniopadeiro.com – Fechado 15-30 junho, 16-30 novembro

Challet Fonte Nova

MANSÃO • ELEGANTE Bela casa senhorial com jardins, uma zona de convívio elegante e quartos de época, divididos por um edifício principal e um anexo mais actual. Ideal para relaxar, também dispõe de massagens e tratamentos de beleza.

9 quartos – 90/120€

Rua da Fonte Nova 8 ✉ 2460-046 – ✆ 262 598 300 – www.challetfontenova.pt – Fechado 22 dezembro-12 janeiro

ALFERRAREDE – Santarém ➜ Ver Abrantes

ALIJÓ

Vila Real – Mapa regional: **6**-B3 – Mapa das estradas Michelin nº 591-I7

Cêpa Torta

REGIONAL • QUADRO CONTEMPORÂNEO XX Uma volta aos sabores próprios da terra e à gastronomía regional das origens. Nesta casa têm uma visão muito clara, pois apostaram por um espaço de linha atual, no qual o trabalho se centra em produtos com denominação ou, como se diz em Portugal, de "origem controlada"... mas sempre cuidando muito tanto o serviço como as apresentações. Contam com vários menus muito interessantes e alguns pratos destacados, como o Milho à Transmontana com costela, o Porco assado ou o seu saboroso Medalhão à Douro Gourmet.

Especialidades : Cogumelo gratinado com queijo chèvre. Medalhão à Douro gourmet. Pudim de azeite com gelado de azeite.

Carta 24/35€

Rua Dr. José Bulas Cruz ✉ 5070-047 – ✆ 259 950 177 – www.douro-gourmet.com – Fechado 2ª feira, jantar: domingo

ALMANCIL

Faro – Mapa regional: **2**-B2 – Mapa das estradas Michelin nº 593-U5

Pequeno Mundo

FRANCESA • ELEGANTE XXX Ideal para casais, pois ocupa uma preciosa casa algarvia dotada com românticos pátios e cálidos refeitórios. Ementa internacional com claras influências francesas.

Carta 45/62€

Pereiras - Caminho de Pereiras, Oeste : 1,5 km ✉ 8135-907 – ✆ 289 399 866 – www.restaurantepequenomundo.com – Fechado 24 novembro-4 fevereiro, 2ª feira, almoço: 3ª feira-sábado, domingo

Coca-Cola Signature Mixers es una nueva gama de **mixers**, pensada y elaborada para abrir todo un mundo de nuevas experiencias y posibilidades. Las cuatro variedades, **Smoky Notes, Woody Notes, Spicy Notes, y Herbal Notes**, han sido cuidadosamente elaboradas en colaboración con algunos de **los mejores mixólogos** del mundo, para combinar a la perfección con los mejores destilados oscuros. Cada mixer ofrece una **experiencia de sabor** diferente y sublime, para **deleite** de los **paladares más exigentes**. Atrévete a probarlos y redescubre tu copa como nunca hubieras imaginado.

#SIGNATUREMIXERS

Coca-Cola MIX

Si mezcla con alcohol, disfrute de un consumo responsable y solo si es mayor de edad.

ao Sul

❀ Gusto

MEDITERRÂNEA • QUADRO CONTEMPORÂNEO XxX Desfruta de um acesso independente do luxuoso hotel Conrad Algarve e demonstra personalidade, tanto pelo cuidado bar privado da entrada como pela elegante sala de jantar interior. A maravilhosa varanda pode elevar a experiência!

A proposta culinária está a cargo do conceituado chef alemão Heinz Beck (3 estrelas MICHELIN no restaurante La Pergola, Roma), pelo que partilha a mesma filosofia, com raízes mediterrâneas e influências italianas, que valoriza o equilíbrio entre a modernidade e a consecução de uma cozinha saudável, que está em constante auge sob conceitos internacionais como o "healthy cooking".

O que vai encontrar? Uma carta com elaborações selecionadas e dois interessantes menus de degustação, que mudam em função do número de pratos.

Especialidades : Lavagante azul, crosta de nduja, infusão de katsuobushi e pó de ervas aromáticas. Fagotelli carbonara. Planeta da avelã.

Menu 105/155 € - Carta 75/95 €

Hotel Conrad Algarve, Estrada de Vale do Lobo a Quinta do Lago, 5,5 km ✉ 8135-106 - ✆ 289 350 700 - www.conradalgarve.com - Fechado 1 janeiro-29 fevereiro, 2ª feira, 3ª feira, almoço: 4ª feira-domingo

❀ São Gabriel

TRADICIONAL • DECORAÇÃO CLÁSSICA XxX Nunca é fácil encontrar a essência de um território no prato, por isso devemos destacar o facto de que o chef Leonel Pereira é do Algarve e conhece na perfeição o receituário tradicional da região, sendo este o ponto de partida da sua constante e subtil criatividade.

O restaurante, localizado numa zona de férias com muitos campos de golfe, oferece uma elegante sala principal de linha clássica e uma agradável esplanada-jardim, surpreendendo a primeira pela sua vistosa lareira circular, no centro da sala.

Você vai encontrar uma cozinha de produto, respeitadora do ambiente; de facto, ciente da sua excelente localização em frente ao Atlântico, o restaurante costuma abastecer-se tanto no oceano como no Parque Natural da Ria Formosa, com o qual colabora na reabilitação de algumas espécies.

Especialidades : Vieiras com espargos e pêra fumada. Risotto de lavagante azul e souflê de plancton. Branco de preto de ananas, coco e limao.

Menu 112/135 € - Carta 95/110 €

Estrada de Vale do Lobo a Quinta do Lago, 4 km ✉ 8135-106 - ✆ 289 394 521 - www.sao-gabriel.com - Fechado 15 novembro-1 março, 2ª feira, almoço: 3ª feira-domingo

Alambique

TRADICIONAL • ACOLHEDORA XX Ideal para descobrir a cozinha tradicional portuguesa e internacional, com muitos pratos cozinhados em carvão natural e especialidades como o Arroz de tamboril. Esplanadas excelentes!

Menu 55/85 € - Carta 50/65 €

Estrada de Vale do Lobo a Quinta do Lago, 4 km ✉ 8135-160 - ✆ 289 394 579 - Fechado almoço: 2ª feira-domingo

Conrad Algarve

GRANDE LUXO • COMTEMPORÂNEA Estátuas de mármore, quadros abstratos, dotado com uma vasta equipa e espaços sumamente luminosos... tudo isto e muito mais num hotel de estética contemporânea, direcionado para o cliente mais exigente. Encontrará quartos amplos, luxuosos e atuais, com a sua própria varanda, bem como uma oferta gastronómica bastante diversificada.

134 quartos - 200/650 € - 20 suites

Estrada de Vale do Lobo a Quinta do Lago, 5,5 km ✉ 8135-106 - ✆ 289 350 700 - www.conradalgarve.com

❀ **Gusto** - Ver selecção restaurantes

na Praia do Ancão Sul : 7, 5 km

2 Passos

PEIXES E FRUTOS DO MAR • QUADRO MEDITERRÂNEO XX Destaca-se pelo seu carácter panorâmico, pois possui umas maravilhosas vistas para uma praia protegida. Cozinha tradicional portuguesa especializada em peixes selvagens e mariscos.

Menu 48/68 € – Carta 60/80 €

Praia do Ancão ✉ 8135-905 – ✆ 289 396 435 – www.restaurante2passos.com – Fechado 1 dezembro-31 janeiro, jantar: 2ª feira, jantar: domingo

na Quinta do Lago Sul : 8, 5 km

Casa Velha

INTERNACIONAL • ACOLHEDORA XXX Elegância e distinção numa preciosa casa, tipo vila, que segue a linha da cozinha clássica francesa... mas, isso sim, cada vez com mais toques portugueses. Surpreenda o seu acompanhante!

Menu 65/115 € – Carta 69/82 €

Rua Formosa ✉ 8135-024 – ✆ 289 394 983 – www.quintadolago.com – Fechado 12 janeiro-13 fevereiro, 10 novembro-27 dezembro, almoço: 2ª feira-sábado, domingo

em Vale Formoso Nordeste : 1, 5 km – Mapa regional: **2**-B2

Henrique Leis

MODERNA • ÍNTIMA XX Instalado num chalé elegante que se destaca tanto pelo seu cuidado interior como pelo seu terraço acolhedor. O chef, de origem brasileira, oferece uma cozinha atual com base clássica.

Menu 85 € – Carta 71/100 €

✉ 8100-267 – ✆ 289 393 438 – www.henriqueleis.com – Fechado 20 novembro-28 dezembro, jantar: 2ª feira, jantar: domingo

AMARANTE

Porto – Mapa regional: **6**-B2 – Mapa das estradas Michelin nº 591-I5

✿ Largo do Paço

MODERNA • DECORAÇÃO CLÁSSICA XXX Se visitar a pitoresca vila de Amarante já é uma experiência, pois está repleta de antigas mansões, ir a um restaurante como este pode ser o final de uma visita que você, sem dúvida, guardará na memória.

O Largo do Paço cativa pela sua localização; não é por acaso que está instalado num palácio do séc. XVI, hoje transformado em hotel (Casa da Calçada), do qual ainda emana a romântica atmosfera de tempos passados. Na elegante sala de jantar, de linha clássica historicista, propõem-lhe uma cozinha moderna, que cuida tanto dos sabores como dos pontos de cocção, sempre com um grande equilíbrio entre tradição e inovação, um bom uso das matérias primas da estação e um mimo especial nas apresentações.

O serviço atento também merece uma menção, pois é jovem, numeroso e... muito profissional!

Especialidades : Carabineiro, abacate, coral, kalamansi. Borrego, ervilha, beringela, iogurte. Morango, ruibardo, hibisco, lima kaffir.

Menu 110/125 € – Carta 78/88 €

Hotel Casa da Calçada, Largo do Paço 6 ✉ 4600-017 – ✆ 255 410 830 – www.largodopaco.com – Fechado 6-28 janeiro, 2ª feira, almoço: 3ª feira-sábado, domingo

Casa da Calçada

PALACE • ELEGANTE Instalado num palácio do séc. XVI realmente impressionante, pois é capaz de nos transportar a outros tempos, distribui as áreas sociais por belos recantos e oferece quartos de elegante linha clássica. Piscina panorâmica e agradáveis esplanadas - solárium!

26 quartos – 135/190 € – 4 suites

Largo do Paço 6 ✉ 4600-017 – ✆ 255 410 830 – www.casadacalcada.com – Fechado 1-31 janeiro

✿ **Largo do Paço** – Ver selecção restaurantes

AREIA - Porto ➜ Ver Vila do Conde

ARMAÇÃO DE PÊRA

Faro - Mapa regional: **2**-B2 - Mapa das estradas Michelin nº 593-U4

ao Oeste 2 km

✿✿ Ocean

CRIATIVA • DESIGN XxxX Um restaurante distinto e especial que conta com todos os detalhes para que a experiência fique bem guardada na sua memória.

O acesso, flanqueado por vistosos vidros de Murano, chama muito a atenção pois produz um efeito teatral antes de entrar na sala de jantar, decorada com um elegante jogo de tons dourados, brancos e azuis, mas onde prima, acima de tudo, a impressionante janela envidraçada que abre este espaço ao inabarcável oceano.

O chef austríaco Hans Neuner propõe uma cozinha criativa que destila uma interessante combinação de detalhes internacionais e lusitanos, tudo numa conceção culinária refinada, fresca e colorida, que consegue a nitidez nos sabores. O menu de degustação, em 5 ou 7 etapas, pode sublimar-se com uma harmonização de vinhos, pois... possuem uma seleta garrafeira!

Especialidades : Carabineiro, tomate, alcachofras e manjericão. Pintada, trufas, topinambur e couve-bruxelas. Banana da Madeira e chocolate negro.

Menu 155/195€

Hotel Vila Vita Parc, Alporchinhos ✉ 8400-450 - ☎ 282 310 100 - www.restauranteocean.com - Fechado 6 janeiro-18 fevereiro, 29 novembro-23 dezembro, 2ª feira, 3ª feira, almoço: 4ª feira-domingo

Vila Vita Parc

LUXO • ACOLHEDORA Um hotel incrível, abrange... 22 hectares de jardins subtropicais verdejantes! Disponibiliza quartos e suites fantásticos, todos com varanda, bem como villas deslumbrantes, um SPA e serviços que são um autêntico luxo. Os seus restaurantes convidam a uma viagem gastronómica.

90 quartos ☕ - 👥 215/785€ - 52 suites

Alporchinhos ✉ 8400-450 - ☎ 282 310 100 - www.vilavitaparc.com

✿✿ **Ocean** - Ver selecção restaurantes

Vilalara Thalassa Resort

RESORT • ELEGANTE Um oásis de paz que convida a momentos de relaxamento! Um pequeno paraíso, com acesso directo a uma praia quase privativa e até um anfiteatro natural, disponibiliza quartos espaçosos com excelente equipamento, rodeados por magníficos jardins.

118 quartos ☕ - 👥 210/600€

Praia das Gaivotas ✉ 8400-450 - ☎ 282 320 000 - www.vilalararesort.com - Fechado 1 novembro-15 fevereiro

ARRAIOLOS

Évora - Mapa regional: **1**-C2 - Mapa das estradas Michelin nº 593-P6

Pousada Convento Arraiolos

EDIFÍCIO HISTÓRICO • ACOLHEDORA Instalado parcialmente num convento cuja igreja, revestida de azulejos, data de 1585. Encontrará um interior devidamente atualizado, com uma oferta gastronómica de cariz regional, um claustro belíssimo, jardins preparados para fazer piqueniques... e até um picadeiro!

30 quartos ☕ - 👥 100/272€ - 2 suites

Arraiolos, Norte : 1 km ✉ 7041-909 - ☎ 266 419 340 - www.pousadas.pt

AVEIRO

Aveiro – Mapa regional: **3**-A1 – Mapa das estradas Michelin nº 591-K4

Salpoente

MODERNA • DESIGN XXX Localizado em frente ao canal de São Roque, num edifício único que no seu dia foi um armazém de sal. Ambiente rústico sofisticado e cozinha contemporânea, especialistas em bacalhaus.

Menu 45/65€ – Carta 35/50€

Cais de São Roque 83 ✉ 3800-256 – ✆ 234 382 674 – www.salpoente.pt

O Moliceiro

TRADICIONAL • SIMPLES X Casa familiar, especialistas em peixe fresco e grelhado. Conta com uma esplanada na rua, um bar privado e uma sala de jantar simples, com cozinha à vista e uma montra.

Carta 25/35€

Largo do Rossio 6 ✉ 3800-246 – ✆ 234 420 858 – Fechado 19 junho-5 julho, 17-31 outubro, 5ª feira

Moliceiro

URBANO • CLÁSSICA Sofisticado, distinto e com charme, um espaço onde nada foi deixado ao acaso. Conta com um acolhedor piano - bar e quartos temáticos, todos eles diferentes entre si: provençal, oriental, romântico...

48 quartos – 125/200€ – 1 suite

Rua Barbosa de Magalhães 15-17 ✉ 3800-154 – ✆ 234 377 400 – www.hotelmoliceiro.pt

em Costa Nova do Prado Sudoeste : 9,5 km – Mapa regional: **3**-A1

Dóri

PEIXES E FRUTOS DO MAR • SIMPLES X Encontra-se entre a ria de Aveiro e o oceano Atlântico, no primeiro andar de um edificio envidraçado-atual que possui unas esplêndidas vistas, nomeadamente da varanda. Possui um bar de espera, com um sugestivo expositor de produtos, e duas salas, muito luminosas e de linha funcional-atual. Apesar de também oferecerem saborosas carnes e alguns arrozes, aqui a especialidade são os peixes selvagens, elaborados fundamentalmente na brasa, e os mariscos. Não se vá embora sem provar a Fritada de peixe ou o seu delicioso "Ensopado" de rodovalho!

Especialidades : Amêijoas à bulhão pato. Fritada de peixe com arroz de lingueirão. Ovos moles com amêndoa.

Carta 30/45€

Rua das Companhas ✉ 3830-453 – ✆ 234 369 017 – Fechado 15-31 outubro, 2ª feira, jantar: domingo

BARCELOS

Braga – Mapa regional: **6**-A2 – Mapa das estradas Michelin nº 591-H4

Turismo

TRADICIONAL • QUADRO CONTEMPORÂNEO XX Excelente, de linha moderna e orientado para o rio. Apresenta uma agradável esplanada, uma colorida sala envidraçada e um esmerado reservado, em que se serve uma ementa mais gastronómica.

Carta 42/73€

Rua Duques de Bragança ✉ 4750-272 – ✆ 253 826 411 – www.restauranteturismo.com – Fechado 31 agosto-15 setembro, 2ª feira

BATALHA

Leiria – Mapa regional: **4**-A2 – Mapa das estradas Michelin nº 592-N3

Villa Batalha

URBANO • COMTEMPORÂNEA Destaca - se pelo seu jardim, com zonas relvadas e um campo de Pitch Putt. Área de convívio muito elegante e quartos actuais totalmente equipados, todos eles espaçosos. O restaurante, de linha clássica - actual, oferece uma carta tradicional e internacional.

93 quartos - 80/120 € - 22 suites

Rua Dom Duarte I-248 2440-415 - 244 240 400 - www.hotelvillabatalha.com

BEJA

Beja - Mapa regional: **1**-C3 - Mapa das estradas Michelin n° 593-R6

Pousada Convento Beja

EDIFÍCIO HISTÓRICO • ACOLHEDORA Instalado num convento do século XIII que ainda conserva o seu traçado original, o claustro e a capela. Conta com um interior devidamente renovado, onde convivem a elegância, a história e o conforto atuais. O restaurante, sob arcadas, propõe uma carta tradicional.

33 quartos - 90/229 € - 2 suites

Largo D. Nuno Álvares Pereira 7801-901 - 284 313 580 - www.pousadas.pt

BELMONTE

Castelo Branco - Mapa regional: **3**-C2 - Mapa das estradas Michelin n° 592-K7

pela estrada de Caria Sul : 0,7 km e desvio a direita 1,5 km

Pousada Convento de Belmonte

EDIFÍCIO HISTÓRICO • ACOLHEDORA Destaca pelas suas belas vistas à serra da Estrela e à cova da Beira. A zona nobre aproveita as ruínas dum antigo convento e possui quartos de bom conforto. O refeitório que desfruta de uma moderna montagem encontra - se num ambiente aberto à serena majestade da paisagem circundante.

22 quartos - 85/200 € - 1 suite

Serra da Esperança 6250-064 - 275 910 300 - www.conventodebelmonte.pt

BOMBARRAL

Leiria - Mapa regional: **4**-A2 - Mapa das estradas Michelin n° 592-O2

Dom José

PORTUGUESA • FAMILIAR X Restaurante tipo vila localizado na entrada do Bombarral. O negócio, gerido em família, apresenta uma sala funcional-atual na qual chama a atenção tanto o retrato do rei José I de Portugal, pintado sobre azulejos, como a curiosa garrafeira envidraçada onde o cliente pode entrar e escolher, por si próprio, o vinho que lhe irão servir. A ementa, reduzida, mas em constante evolução, reflecte a essência da... autêntica cozinha caseira portuguesa! Entre as suas especialidades estão os Filetes de linguado, com arroz e molho tártaro, ou a Feijoada de porco preto.

Especialidades : Ovos mexidos com farinheira e cogumelos frescos salteados com espargos. Feijoada de porco preto. Tarte de lima com manjericão.

Carta 25/40 €

Rua Dr. Alberto Martins dos Santos 4 2540-039 - 262 604 384 - Fechado jantar: 2ª feira, domingo

BOURO

Braga - Mapa regional: **6**-A2 - Mapa das estradas Michelin n° 591-H5

Pousada Mosteiro Amares - Gerês

EDIFÍCIO HISTÓRICO • ACOLHEDORA Situado num mosteiro beneditino do século XII que conserva a sobriedade estética original com mobiliário de vanguarda. O restaurante, instalado nas cozinhas antigas e dominado pela pedra exposta, oferece uma carta de sabores tradicionais e regionais.

30 quartos - 110/272 € - 2 suites

Largo do Terreiro 4720-633 - 253 371 970 - www.pousadas.com

BRAGA

Braga – Mapa regional: **6**-A2 – Mapa das estradas Michelin nº 591-H4

Cruz Sobral

TRADICIONAL • RÚSTICA Um agradável negócio familiar de 4ª geração, que apresenta uma proposta de sabor popular, elaborando os pratos numa cozinha de lenha à vista do cliente. Adega magnífica!

Carta 30/50 €

Campo das Hortas 7-8 ✉ 4700-210 – ✆ 253 616 648 – Fechado 20 julho-10 agosto, 2ª feira, jantar: domingo

na estrada N 309 Sudeste : 5 km

Dona Júlia

TRADICIONAL • QUADRO CONTEMPORÂNEO Chama a atenção pela sua decoração, bastante moderna e orientada para o mundo do vinho. A sua proposta, de tipo tradicional português, ao jantar é completada com uma carta de sushi.

Carta 30/60 €

Falperra ✉ 4715-151 – ✆ 253 270 826 – www.donajulia.pt – Fechado 9 agosto-9 setembro, 2ª feira, jantar: domingo

BRAGANÇA

Bragança – Mapa regional: **6**-D2 – Mapa das estradas Michelin nº 591-G9

G Pousada (Óscar Gonçalves)

MODERNA • SIMPÁTICA Se ainda não conhece a moderna cozinha de Trás-os-Montes, o "reino maravilhoso" exaltado pelo insigne escritor Miguel Torga, não deve perder esta casa, um exemplo de honestidade, paixão e vontade de superação.

O negócio, que destaca a G do seu nome como uma referência ao apelido Gonçalves, dos irmãos que estão à frente do mesmo, Óscar e António, apresenta uma decoração clássica e destaca pelas espetaculares vistas da fortaleza local.

Castanhas, cogumelos, ervas aromáticas, variantes da típica alheira, um pequeno carro de queijos... o mostruário de produtos locais vê a luz tanto na carta como nos menus, estes últimos com um carácter temático, pois são dedicados a famosos artistas da Escola Superior de Belas Artes de Porto. Costuma surpreender com uma prova de azeites transmontanos!

Especialidades : Carabineiro, milhos e algas. Vaca, ervilhas e centeio. Pudim de amêndoa e gelado de pêssego.

Menu 88/170 € – Carta 41/61 €

Hotel Pousada de Bragança, Estrada de Turismo ✉ 5300-271 – ✆ 273 331 493 – www.gpousada.com – Fechado almoço: 2ª feira-domingo

Tasca do Zé Tuga

DE MERCADO • RÚSTICA Uma das melhores opções para comer na sua visita a Bragança, pois encontra-se dentro das muralhas da cidade velha e, na sua esplanada, pode desfrutar de umas estupendas vistas do castelo medieval... Apresenta um interior com um atrativo ambiente rústico-atual, com grandes postas de bacalhau penduradas no tecto e umas vistosas lâmpadas feitas com panelas de cozinha. Luís Portugal, o popular e mediático chef que deu um giro à sua vida após ter passado pela versão lusitana de MasterChef, aposta por uma carta de gosto regional, com toques modernos, e dois apetecíveis menus, um deles vegetariano.

Especialidades : Éclair de Alheira. Polvo com castanhas. 4 momentos de abóbora.

Menu 25/40 € – Carta 27/35 €

Rua da Igreja 66 ✉ 5300-025 – ✆ 273 381 358

Pousada de Bragança

FAMILIAR • CLÁSSICA Sorpreende a forma de cuidar e mimar os seus clientes e pela sua localização, no alto de uma ladeira, com magníficas vistas tanto do Castelo de Bragança como da cidade. Salão social com chaminé e quartos de conforto atual.

28 quartos - 110/195€

Estrada de Turismo 5300-271 - 273 331 493 - www.gpousada.com

G Pousada - Ver selecção restaurantes

pela estrada N 103 - 7 Norte: 4,5 km

O Javali

REGIONAL • RÚSTICA X Um restaurante com um ar rústico que não o vai dececionar. Cozinha transmontana especializada em pratos de caça, como o seu Javalí estufado com castanhas ou Arroz de lebre.

Menu 25€ - Carta 25/45€

Quinta do Reconco 6 5300-672 - 273 333 898 - Fechado 3ª feira

CALDAS DA RAINHA

Leiria - Mapa regional: **4**-A2 - Mapa das estradas Michelin nº 592-N2

Sabores d'Itália

ITALIANA • QUADRO CONTEMPORÂNEO XX Um negócio que cuida tanto os detalhes como a organização, com duas salas de design moderno e um excelente serviço de mesa. A sua carta de sabores italianos é complementada com alguns pratos de raízes portuguesas.

Carta 30/55€

Praça 5 de Outubro 40 2500-111 - 262 845 600 - www.saboresditalia.com - Fechado 13 janeiro-3 fevereiro, 16-26 novembro, 2ª feira

CÂMARA DE LOBOS - Ilha da Madeira

→ Ver Madeira (Arquipélago da)

CAMINHA

Viana do Castelo - Mapa regional: **6**-A1 - Mapa das estradas Michelin nº 591-G3

Solar do Pescado

PEIXES E FRUTOS DO MAR • FAMILIAR X Uma boa casa para comer peixe, marisco ou... lampreia na época! Apresenta espaços de cálida rusticidade, a sala principal tem belos arcos de pedra e murais de azulejos.

Carta 24/33€

Rua Visconde Sousa Rego 85 4910-156 - 258 922 794 - www.solardopescado.pt - Fechado 1-30 novembro, 3ª feira

CANIÇAL - Ilha da Madeira

→ Ver Madeira (Arquipélago da)

CANTANHEDE

Coimbra - Mapa regional: **3**-A2 - Mapa das estradas Michelin nº 592-K4

Marquês de Marialva

TRADICIONAL • SIMPÁTICA XX Com o seu nome rende uma pequena homenagem a este nobre português, que participou de modo decisivo em várias batalhas da guerra da Restauração. O estabelecimento goza de algum prestígio e de uma boa localização, pois ocupa uma casa antiga que foi restaurada. Conta com três salas de carácter intimista, onde se combinam elementos clássicos e rústicos, uma delas com lareira, bem como uma grande sala para banquetes no piso superior. Elaborações à la carte de sabor tradicional e sugestivos menus de degustação. Prove o bacalhau assado estilo Lagareiro ou o seu saborossimo cabrito!

Especialidades : Pataniscas de bacalhau. Cabrito assado à padeiro. Pasteis de nata.

Menu 32€ - Carta 25/35€

Largo do Romal 16 3060-129 - 231 420 010 - www.marquesdemarialva.com - Fechado 2ª feira, jantar: domingo

CARCAVELOS

Lisboa – Mapa regional: **4**-B3 – Mapa das estradas Michelin nº 592-P1

na praia

A Pastorinha

PEIXES E FRUTOS DO MAR • ACOLHEDORA XXX Esta casa, com prestígio na zona, é especializada em peixe e mariscos, destacando - se tanto pela qualidade dos produtos como pelas suas amplas instalações em frente ao mar. Não se esqueça de provar o seu fabuloso Arroz de marisco descascado!

Carta 37/51€

Avenida Marginal ✉ 2775-604 – ✆ 21 457 1892 – www.apastorinha.com

CARVALHOS

Porto – Mapa regional: **6**-A3 – Mapa das estradas Michelin nº 591-I4

Mário Luso

TRADICIONAL • FAMILIAR XX Um negócio de sempre, pois Mário Moreira dos Santos, conhecido por todos como Mário Luso, abriu as suas portas por volta de 1942. Este restaurante central, que é gerido em familia, dispõe de um amplo hall e duas atrativas salas de ambiente rústico-regional. É uma grande referência na zona, pois oferece cozinha tradicional portuguesa de qualidade, exaltando sempre as virtudes da Carne Mirandesa, proveniente do nordeste transmontano e com Denominação de Origem Protegida. O que provar? Peça a Posta de vitela mirandesa, a Costeleta mirandesa, o Arroz de robalo selvagem...

Especialidades : Bolinhos de bacalhau. Posta de vitela mirandesa. Favo de Caramelo.

Carta 28/35€

Largo França Borges 308 ✉ 4415-240 – ✆ 22 784 2111 – www.marioluso.com – Fechado 16-31 agosto, 2ª feira, jantar: domingo

CARVOEIRO – Santarém

➜ Ver Lagoa

violleta/iStock

CASCAIS

Lisboa – Mapa regional: **4**-B3 – Mapa das estradas Michelin nº 592-P1

Nós gostamos...

Nesta cidade encantadora combinamos o turismo gastronómico com a paisagem e a cultura, por isso estamos atentos aos espaços expositivos e gostamos de ir a hotéis como a **Pousada Cascais**, com um incrível Bairro da Arte repleto de estúdios para apoiar os artistas no seu processo criativo.

Ao lado da rota lógica pela cidade velha, onde recomendamos provar a cozinha do famoso chef José Avillez (**Cantinho do Avillez**) de Lisboa, caminhar pelas falésias da Boca do Inferno e deixando-nos levar pelas lindas praias do Guincho; lá, disfrutamos especialmente das vistas sobre o Atlântico, oferecidas pela **Fortaleza do Guincho** e **Furnas do Guincho**, bem como saborear os frutos do mar que sempre encontramos no **Porto de Santa Maria**.
Não deixe de visitar o Estoril, uma bela cidade com um carácter aristocrático localizada... a pouco mais de 3 km!

L. S. Engelbrecht/Danita Delimont Agency/age fotostock

Restaurantes

Cantinho do Avillez

MODERNA • SIMPLES Simples, descontraido e com a assinatura do chefe José Avillez. Cozinha atual, de bases tradicionais, com algum prato de fusão. Peça os Carabineiros do Algarve com molho thai!

Menu 15 € (almoço) - Carta 30/50 €

Rua da Palmeira 6A 2750-133 - 21 138 9666 - www.cantinhodoavillez.pt

Mar do Inferno

PEIXES E FRUTOS DO MAR • QUADRO TRADICIONAL Junto à famosa Boca do Inferno! Você vai encontrar um grande expositor de produto, viveiros de lagostas, uma garrafeira envidraçada... Cozinha tradicional com peixes e mariscos ao peso.

Carta 35/60 €

Avenida Rei Humberto II de Itália 2750-800 - 21 483 2218 - www.mardoinferno.pt - Fechado 6-24 janeiro, 15-31 outubro, 4ª feira

Alojamentos

Cascais Miragem

LUXO • CLÁSSICA A luz, o vidro e as vistas definem este grande hotel de traçado actual, bem situado em frente ao oceano, com espaços de convívio amplos e quartos completamente equipados, a maior parte com varanda. O restaurante Gourmet destaca - se pela sua disposição elegante e cozinha actual de bases internacionais.

177 quartos - 250/650 € - 12 suites

Avenida Marginal 8554 2754-536 - 21 006 0600 - www.cascaismirage.com

Pousada Cascais

HISTÓRICO • DESIGN Inserido na histórica Fortaleza da Cidadela, dividido num complexo de espaços, surpreende pelo conceito, na fusão da arte e da história, integrando na cidadela múltiplos espaços expositivos e "open studios" de artistas de residência. Peça os quartos com vistas para a marina!

124 quartos - 100/250 € - 2 suites

Avenida Dom Carlos I (Fortaleza da Cidadela) 2750-310 - 21 481 4300 - www.pestana.com

Farol H.

PALACE • HISTÓRICA Uma preciosidade, inserido numa mansão do séc. XIX, situado em frente ao oceano sobre as falésias. Apresenta quartos confortáveis de design contemporâneo, individualmente concebidos por reconhecidos designers, assim como uma oferta gastronómica de cozinha de autor sob influências mediterrâneas de fusão e japonesa.

33 quartos - 180/350 €

Avenida Rei Humberto II de Itália 7 2750-800 - 21 482 3490 - www.farol.com.pt

Casa Vela

TRADICIONAL • COMTEMPORÂNEA Situado numa zona residencial ligeiramente afastado do centro. Está distribuído em duas casas, tendo uma, uma boa sala de estar com lareira. Oferece quartos de estilo moderno, alguns com cozinha. Bonitos jardins e terraços em socalcos!

29 quartos - 70/180 € - 10 €

Rua dos Bem Lembrados 17 2750-306 - 21 486 8972 - www.casavelahotel.com

Pérgola House

HISTÓRICO • ELEGANTE Casa senhorial centenária com charme! Elegante tanto no interior como no exterior, oferece um jardim florido e um interior requintado com bom gosto nos detalhes.

10 quartos - 88/168€

Avenida Valbom 13 2750-508 - 21 484 0040 - www.pergolahouse.pt - Fechado 15 dezembro-25 janeiro

na Quinta da Marinha

The Oitavos

RESORT • COMTEMPORÂNEA Convida a momentos de relaxamento, conforto e design inovador... para além de mais, esta rodeado por um campo de golfe com uma magnifica vista para a imensidão azul do Oceano Atlântico. Disponibiliza quartos claramente contemporâneos, luminosos e incrivelmente espaçosos, todos com varanda privada. O restaurante oferece uma carta internacional.

140 quartos - 162/225€ - 25€ - 2 suites

Rua de Oitavos (Noroeste : 5 km) 2750-374 - 21 486 0020 - www.theoitavos.com - Fechado 10 dezembro-15 janeiro

na estrada do Guincho

Furnas do Guincho

PEIXES E FRUTOS DO MAR • ACOLHEDORA XX Apresenta grandes varandas e duas salas de linha moderna, ambas envidraçadas e com excelentes vistas ao Atlântico. Ementa tradicional com primazia de peixes e mariscos.

Carta 35/70€

Oeste : 3,5 km 2750-642 - 21 486 9243 - www.furnasdoguincho.pt

na Praia do Guincho Noroeste : 9 km – Mapa regional: **4**–B3

Fortaleza do Guincho

MODERNA • ELEGANTE XXXX Encontramo-nos em pleno Parque Natural de Sintra-Cascais, numa fortificação do séc. XVII, hoje transformada em hotel, que ainda recorda o seu passado militar com dois grandes canhões na entrada. A localização encanta pelas vistas do oceano e do Cabo da Rocha, pois este é... o ponto geográfico mais ocidental da Europa!

No elegante restaurante, de renovado classicismo e carácter panorâmico, propor-lhe-ão uma cozinha que encontra inspiração no mar e se constrói sempre tendo por base os melhores produtos, umas cuidadas apresentações e uma perfeita execução; tudo numa linha gastronómica atual que, na sua essência, valoriza as raízes do receituário tradicional português.

Você é dos que apreciam um bom vinho? Mais uma razão para ir, pois a garrafeira conta com mais de 900 referências.

Especialidades : Ataque do choco. Robalo de anzol. Nabada de semide.

Menu 75€ (almoço), 95/145€ - Carta 82/99€

Hotel Fortaleza do Guincho, Praia do Guincho 2750-642 - 21 487 0491 - www.fortalezadoguincho.pt

Porto de Santa Maria

PEIXES E FRUTOS DO MAR • DECORAÇÃO CLÁSSICA XX Desfruta de vários ambientes e muitíssima luz natural, pois está à beira da praia. Oferece peixes e mariscos de grande qualidade, bem como uma garrafeira com mais de 1200 referências.

Menu 25/50€ - Carta 60/80€

Praia do Guincho 2750-642 - 21 487 9450 - www.portosantamaria.com

Panorama

PEIXES E FRUTOS DO MAR • DECORAÇÃO CLÁSSICA Restaurante especializado em peixe e mariscos, possui um excelente expositor de produtos, no entanto também confecciona risottos, pastas, espetadas... Encontra - se próximo do mar, com instalações luminosas e actuais.

Menu 34/43 € - Carta 45/65 €

Estrada do Guincho ✉ 2750-693 - ✆ 21 487 0062 - www.panorama-guincho.com - Fechado 3ª feira

Fortaleza do Guincho

EDIFÍCIO HISTÓRICO • ELEGANTE Antiga fortaleza situada num promontório rochoso sobre o mar. Dispõe de um pátio com pórtico e quartos muito cuidados mas pouco espaçosos, sendo que os do primeiro andar são superiores aos do térreo, possuindo galerias envidraçadas e vistas para a praia.

27 quartos - 190/270 €

Praia do Guincho ✉ 2750-642 - ✆ 21 487 0491 - www.fortalezadoguincho.pt

Fortaleza do Guincho - Ver selecção restaurantes

CHAVES

Vila Real - Mapa regional: **6**-C2 - Mapa das estradas Michelin nº 591-G7

Carvalho

TRADICIONAL • QUADRO CONTEMPORÂNEO Encontra-se em pleno centro da cidade, uma zona onde é fácil estacionar. Atrás da sua cuidada fachada vai encontrar um interior de ambiente clássico-atual, elegante e confortável, com uma equipa profissional que sabe atender os clientes. À frente dos fogões está a proprietária, que muda a carta diariamente para oferecer uma cozinha tradicional de qualidade, sempre com peixes frescos e alguma especialidade típica, como a famosa Alheira, um enchido fumado composto de carnes de ave e de porco.

Especialidades : Alheira com grelos. Naco de vitela com arroz de fumeiro. Migas do Carvalho.

Menu 20/25 € - Carta 25/35 €

Alameda do Tabolado ✉ 5400-523 - ✆ 276 321 727 - www.restaurante-carvalho.com - Fechado 1-13 abril, 1-15 julho, 2ª feira, jantar: domingo

Forte de S. Francisco

EDIFÍCIO HISTÓRICO • ACOLHEDORA Gostaria de hospedar - se num Monumento Nacional? Este hotel ocupa parcialmente uma fortaleza que data do século XVII... No entanto, após as recentes reformas, apresenta uma área social moderna e quartos confortáveis. Sala de jantar panorâmica, elegante e de bom gosto.

54 quartos - 68/98 € - 4 suites

Alto da Pedisqueira ✉ 5400-435 - ✆ 276 333 700 - www.fortesaofrancisco.com

COIMBRA

Coimbra - Mapa regional: **3**-B2 - Mapa das estradas Michelin nº 592-L4

Solar do Bacalhau

TRADICIONAL • TENDÊNCIA Bem localizado na Baixa de Coimbra, a zona do centro histórico onde moravam os comerciantes e os artesãos na Idade Média. Caso deseje degustar o famoso bacalhau português, não encontrará um lugar melhor, pois esta casa surpreende pelo seu atrativo design interior em dois andares, com as paredes em pedra, um pátio interior envidraçado e muita luz natural. Serve tanto à la carte como menus, com diversas especialidades regionais, uns maravilhosos pratos de bacalhau (à Solar, no pão, no forno, à braz enformado...) e um bom departamento de carnes. Os expositores existentes na zona de acesso são um verdadeiro convite!

Especialidades : Bolinhos de bacalhau. Bacalhau no pão. Misto de doces conventuais.

Menu 15€ (almoço), 17/35€ – Carta 20/35€

Rua da Sota, 10 ✉ 3000-392 – ✆ 239 098 990

Arcadas

TRADICIONAL • ELEGANTE XXX Possui duas salas que comunicam entre si que ocupam as antigas cavalariças do palácio, ambas com um estilo clássico - atual, a melhor delas voltada para o jardim. O seu chef propõe uma cozinha atual, de base tradicional e internacional, que se vê refletida em interessantes menus.

Menu 60/130€ – Carta 55/80€

Hotel Quinta das Lágrimas, Rua António Augusto Gonçalves ✉ 3041-901 – ✆ 239 802 380 – www.quintadaslagrimas.pt – Fechado almoço: 2ª feira-domingo

Casas do Bragal

TRADICIONAL • DECORAÇÃO CLÁSSICA XX Um restaurante de ambiente boémio, com livros e quadros por todo lado, para que você se sinta como em casa. Oferece uma cozinha do tipo tradicional, com boas entradas e buffet de sobremesas.

Carta 30/60€

Rua Damião de Góis - Urbanização de Tamonte ✉ 3030-088 – ✆ 918 103 988 – Fechado 1-13 janeiro, 1-17 agosto, 2ª feira, almoço: 3ª feira-6ª feira,, jantar: domingo

Spaghetti Notte

ITALIANA • SIMPÁTICA X Encontra-se numa zona residencial e constitui uma oferta diferente em Coimbra, com pratos de inspiração italiana que denotam as origens brasileiras da chef. Técnica e sabor!

Carta 28/45€

Rua Vitorino Nemésio 387 ✉ 3030-360 – ✆ 919 468 371 – Fechado 13-20 janeiro, 13-30 julho, 9-16 novembro, 2ª feira, almoço: 3ª feira-5ª feira

Quinta das Lágrimas

HISTÓRICO • HISTÓRICA Um palácio magnífico onde convivem a história e a lenda, uma vez que está rodeado pelo famoso jardim botânico que testemunhou o amor da bela Inês de Castro e o infante Pedro, o herdeiro do trono português. Um luxo clássico renovado, congressos, gastronomia...

53 quartos – 115/300€ – 2 suites

Rua António Augusto Gonçalves ✉ 3041-901 – ✆ 239 802 380 – www.quintadaslagrimas.pt

Arcadas – Ver selecção restaurantes

COLARES

Lisboa – Mapa regional: **4**-B3 – Mapa das estradas Michelin nº 592-P1

na Praia Grande Noroeste : 3,5 km

Nortada

PEIXES E FRUTOS DO MAR • DECORAÇÃO CLÁSSICA X O seu principal trunfo é a sua localização, a escassos metros do oceano e com a sala debruçada sobre o imenso azul. A carta, bastante completa, baseia - se em peixes e mariscos.

Carta 35/55€

Avenida Alfredo Coelho 8 ✉ 2705-329 – ✆ 21 929 1516 – www.restaurantenortada.com – Fechado 3ª feira

COSTA NOVA DO PRADO – Aveiro → Ver Aveiro

COVA DA IRIA – Santarém → Ver Fátima

COVILHÃ

Castelo Branco - Mapa regional: **3**-C2 - Mapa das estradas Michelin nº 592-L7

Taberna A Laranjinha

REGIONAL • TABERNA Se estiver à procura de um lugar central, económico e com pratos que reflictam os sabores da zona, não encontrará um lugar melhor, pois esta casa emana autenticidade nos quatro lados. Por trás da sua modesta fachada de pedra vai encontrar um interior simples, próprio de uma taberna rústica, em que convivem ardósia, madeira, diversas barricas de vinho, as típicas toalhas de mesa aos quadrados... e alguns objetos antigos decorando as paredes. Aqui propõem, sempre com muita amabilidade, uma cozinha de tipo regional, baseada em pestiscos, porções e saborosas especialidades locais. Perfeito para petiscar!

Especialidades : Bombons de fumeiro com molho de maçã e caril. Pernil de borrego braseado a baixa temperatura em vinho tinto. Cremoso de requeijão com doce de abóbora e amendoim crocante.

Carta 25/35 €

Rua 1º de Dezembro 10 ✉ 6200-032 - ✆ 275 083 586 - Fechado 8-21 julho, almoço: sábado, domingo

na estrada N 339 Noroeste : 6 km

Pousada Serra da Estrela

EDIFÍCIO HISTÓRICO • FUNCIONAL Um hotel de montanha que alia a história ao conforto mais atual, uma vez que está situado num imponente edifício reabilitado. Os quartos têm uma decoração cuidada mas sóbria. Cozinha regional, ar puro, tratamentos de beleza... e uma suite que ocupa um andar completo!

86 quartos ☕ - 👥 100/358 € - 5 suites

Estrada das Penhas da Saúde ✉ 6200-634 - ✆ 21 040 7660 - www.pousadas.pt

CRATO

Portalegre - Mapa regional: **1**-C1 - Mapa das estradas Michelin nº 592-O7

em Flor da Rosa Norte : 2 km

Pousada Mosteiro do Crato

HISTÓRICO • COMTEMPORÂNEA Singular porque já foi um castelo, do qual mantém o merlão, um convento, pelo qual se conserva a igreja e, finalmente, um belíssimo Palácio de Duques. Pátio aberto, zona de convívio ampla, quartos actuais e cozinha tradicional muito bem actualizada.

24 quartos ☕ - 👥 120/286 €

✉ 7430-999 - ✆ 245 997 210 - www.pousadas.pt

CURIA

Aveiro - Mapa regional: **3**-B2 - Mapa das estradas Michelin nº 591-K4

Curia Palace H.

PALACE • PERSONALIZADA Inserido num grandioso Palácio Hotel dos "Dourados Anos 20"! Destaque para os belíssimos jardins. Concilia diferentes quartos; uns com design contemporâneo enquanto outros mantêm peças de mobiliário originais da época. Restaurante integrado no que outrora foi o salão de festas, com tectos altíssimos e varandim.

100 quartos ☕ - 👥 80/200 €

Avenida Plátanos, Anadia ✉ 3780-541 - ✆ 231 510 300 - www.almeidahotels.pt

ESTÓI - Faro ➜ Ver Faro

ESTORIL

Lisboa - Mapa regional: **4**-B3 - Mapa das estradas Michelin nº 592-P1

Organic Caffe

ORGÂNICA • QUADRO CONTEMPORÂNEO É um restaurante encantador e singular, pois a sua carta aposta pela cozinha biológica e orgânica. Encontra-se junto a um SPA, a modo de um serviço complementar para os clientes.

Menu 14 € (almoço) - Carta 20/30 €

Rua Particular de Hotel Palácio Estoril 2769-504 - 910 787 656 - Fechado 1-7 janeiro, 17 agosto-1 setembro, 3ª feira

Palácio Estoril

SPA E BEM ESTAR • CLÁSSICA Um hotel de referência internacional desde 1930. Localizado próximo do famoso casino, temos a certeza que não ficará desiludido, pois combina história, distinção, elevadas doses de elegância... e um conforto de excelência. Descubra a sua piscina de água termal!

129 quartos - 130/350 € - 32 suites

Rua Particular 2769-504 - 21 464 8000 - www.palacioestorilhotel.com

ESTREMOZ

Évora - Mapa regional: **1**-C2

Mercearia Gadanha

MODERNA • QUADRO REGIONAL Surpreende-lo-á, pois tem encanto e um curioso bar-loja gourmet. A oferta, atual-moderna de bases tradicionais, vê a luz nuns pratos copiosos e cheios de sabor.

Carta 35/55 €

Largo Dos Dragões De Olivença 84 7100 - 268 333 262 - www.merceariagadanha.pt - Fechado 22-28 junho, 2ª feira, jantar: domingo

ÉVORA

Évora - Mapa regional: **1**-C2 - Mapa das estradas Michelin nº 593-Q6

Dom Joaquim

TRADICIONAL • SIMPÁTICA Eis aquí um negócio com as ideias claras, pois a sua meta é agradar aos clientes. Encontra-se na parte histórica e ocupa o que um dia foi uma oficina de pneus, apresentando-se hoje com um ambiente clássico-atual, não isento de elegância, que é definido por um bom serviço de mesa e a profusão de pedra à vista. A carta, fiel ao receituário tradicional português, também propõe sugestões diárias, gelados caseiros e alguns pratos destacados, como o Tournedó à mostarda antiga ou o seu popular Arroz de lebre. Uma bem surtida garrafeira surpreende com muitos vinhos do Alentejo!

Especialidades : Sopa de cação. Borrego assado no forno. Doce de ovos moles com trouxas queimadas.

Carta 25/40 €

Rua dos Penedos 6 7000-531 - 266 731 105 - www.restaurantedomjoaquim.pt - Fechado 2-17 janeiro, 1-15 agosto, 2ª feira

Degust'Ar

REGIONAL • QUADRO CONTEMPORÂNEO Emana uma inequívoca personalidade e chama a atenção pelas suas altas abóbadas. Carta atual de bases regionais, com o complemento de uma boa seleção de tapas e petiscos.

Carta 26/45 €

Hotel M'AR De AR Aqueduto, Rua Candido dos Reis 72 7000-582 - 266 740 700 - www.mardearhotels.com

Origens

MODERNA • TENDÊNCIA X Escondido, de certa forma, numa ruela mas muito interessante, está localizado em pleno centro histórico. Na sua pequena sala, alargada, atual e com cozinha à vista ao fundo da mesma, poderá descobrir os sabores da gastronomia alentejana contemporânea.

Menu 65 € - Carta 33/48 €

Rua de Burgos 10 ✉ 7000-863 - ✆ 266 704 440 - www.origensrestaurante.com - Fechado 10-31 janeiro, 1-10 agosto, 25 novembro-9 dezembro, 2ª feira, domingo

M'AR De AR Aqueduto

CADEIA HOTELEIRA • COMTEMPORÂNEA Fácil de localizar junto do aqueduto e instalado, parcialmente, no antigo palácio dos Sepúlveda (s. XVI). Surpreende pelo seu amplo pátio e pelos quartos modernos, com atrativas varandas orientadas para as zonas ajardinadas.

58 quartos - 122/200 € - 4 suites

Rua Candido dos Reis 72 ✉ 7000-546 - ✆ 266 740 700 - www.mardearhotels.com

Degust'Ar - Ver seleccão restaurantes

Pousada Convento Évora

HISTÓRICO • TRADICIONAL A pousada encontra - se em um convento do século XV, hoje concebido como um local de meditação e relaxamento. Seu interior confortável conserva pinturas e detalhes de época. Os quartos foram renovados. A sala de refeição encontra - se nas galerias do claustro, que foram muito bem conservadas.

30 quartos - 130/329 € - 6 suites

Largo Conde de Vila Flor ✉ 7000-804 - ✆ 266 730 070 - www.pousadas.pt

pela estrada de Estremoz N 18 Noreste : 4 km

Convento do Espinheiro

HISTÓRICO • GRANDE LUXO Instalado num maravilhoso convento que data de 1458. Composto por uma zona de convívio variada, um claustro, uma igreja deslumbrante e dois tipos de quartos, sendo os mais novos os mais modernos. O bar ocupa o que outrora funcionou como cozinha e a sala de refeições funciona na cave antiga com tectos abobadados e uma carta tradicional actualizada.

84 quartos - 135/250 € - 6 suites

Canaviais ✉ 7002-502 - ✆ 266 788 200 - www.conventodoespinheiro.com

FARO

Faro - Mapa regional: **2**-B2 - Mapa das estradas Michelin n° 593-U6

Faz Gostos

TRADICIONAL • QUADRO CONTEMPORÂNEO XX Conta com dois espaços muito bem definidos: um é do tipo nave, com tetos altos, e o outro, mais moderno, designado bistrô. Ementa tradicional portuguesa com variadíssimos menus.

Menu 16 € (almoço), 20/55 € - Carta 22/57 €

Rua do Castelo 13 ✉ 8000-243 - ✆ 914 133 668 - www.fazgostos.com

em Estói Norte : 11 km

Pousada Palácio Estoi

CADEIA HOTELEIRA • HISTÓRICA Ocupa um palácio do séc. XVIII que surpreende pela sua atractiva piscina panorâmica. Moderna recepção, salões palacianos, capela e quartos com linha funcional - actual. O restaurante, de montagem simples, apresenta tanto pratos regionais como tradicionais.

60 quartos - 120/408 € - 3 suites

Rua S. José ✉ 8005-465 - ✆ 21 040 7620 - www.pousadas.pt

FÁTIMA

Santarém - Mapa regional: **4**-B2 - Mapa das estradas Michelin n° 592-N4

Tia Alice

TRADICIONAL • ELEGANTE XX Um negócio familiar atualizado com muito gosto. As salas complementam-se com uma atrativa loja de produtos do lar e um belo jardim. Saborosa cozinha tradicional!

Carta 35/45€

Avenida Irmã Lucia de Jesus 152 ✉ 2495-557 - ✆ 249 531 737 - Fechado 1-10 fevereiro, 20 julho-31 agosto, 2ª feira, jantar: domingo

na Cova da Iria Noroeste : 2 km

O Convite

TRADICIONAL • DECORAÇÃO CLÁSSICA XXX Dispõe de uma entrada própria, um acesso a partir do hall do hotel e uma confortável sala de jantar de linha clássica - atual. Carta tradicional bastante completa, com pratos elaborados.

Carta 27/55€

Rua Jacinto Marto 100 (Hotel Dom Gonçalo) ✉ 2495-450 - ✆ 249 539 330 - www.hoteldg.com

FLOR DA ROSA - Portalegre ➜ Ver Crato

FOLGOSA

Viseu - Mapa regional: **3**-C1 - Mapa das estradas Michelin n° 591-I6

DOC

MODERNA • ACOLHEDORA XXX Instalado num edifício de traçado actual que se destaca pela sua localização, na margem do rio Douro e com uma esplanada sugestiva sobre o mesmo. O seu chef propõe uma cozinha tradicional com toques criativos e um menu degustação. Vistas magníficas!

Menu 90/100€ - Carta 60/80€

Estrada Nacional 222 ✉ 5110-204 - ✆ 254 858 123 - www.ruipaula.com - Fechado 10 janeiro-1 fevereiro, 3ª feira, almoço: 4ª feira

FOZ DO DOURO - Porto ➜ Ver Porto

FUNCHAL - Ilha da Madeira ➜ Ver Madeira (Arquipélago da)

GOLEGÃ

Santarém - Mapa regional: **4**-B2 - Mapa das estradas Michelin n° 592-N4

Lusitano

SPA E BEM ESTAR • ACOLHEDORA Casa familiar encantadora que fica a dever o seu nome a uma raça de cavalos originária desta região. Conta com uma zona de convívio bastante sedutora, quartos bastante espaçosos, principalmente o anexo, e um restaurante bem iluminado de traçado actual que oferece uma carta tradicional.

23 quartos - 88/164€ - 1 suite

Rua Gil Vicente 4 ✉ 2150-193 - ✆ 249 979 170 - www.hotellusitano.com

GUARDA

Guarda - Mapa regional: **3**-C2 - Mapa das estradas Michelin n° 591-K8

Don Garfo

TRADICIONAL • TENDÊNCIA XX De organização familiar e instalado numa antiga casa de pedra. A oferta, tradicional portuguesa mas atualizada nas suas apresentações, geralmente complementa - se com algum menu.

Menu 60/75€ - Carta 30/60€

Rua do bairro 25 Abril 10 ✉ 6300-774 - ✆ 271 211 077 - www.dongarfo.net

Aquariu's

TRADICIONAL • DECORAÇÃO CLÁSSICA Apresenta um bar - loja de vinhos e uma sala clássica, com dois expositores. Cozinha tradicional do produto, com carnes nacionais e peixes selvagens da zona de Aveiro.

Carta 25/35 €

Avenida Cidade de Salamanca 3A e 3B 6300-538 - 271 230 157 - www.restaquarius.com - Fechado 20 junho-5 julho, 8-18 novembro, 2ª feira

GUIMARÃES

Braga - Mapa regional: **6**-A2 - Mapa das estradas Michelin nº 591-H5

A Cozinha (Antonio Loureiro)

MODERNA • TENDÊNCIA A cereja no topo do bolo para finalizar a sua visita a esta bela localidade, cujo centro medieval foi declarado Património da Humanidade.

O restaurante, num discreto edifício do centro histórico, apresenta uma encantadora sala de linha informal e de mosaico hidráulico, da qual se vê a cozinha, estando esta parte bem separada por uma parede envidraçada. Antonio Loureiro, o chef, propõe uma cozinha repleta de sensibilidade e equilíbrio, moderna nas formas mas com uma sólida base tradicional, umas apresentações muito cuidadas e algo que chama muito a atenção, um grande respeito pelo produto. O que oferece? Uma pequena carta, com algum prato vegetariano, e vários menus gastronómicos.

A parte superior conta com uma sala privada e um terraço, com... um modesto jardim vertical!

Especialidades : Foie-gras com maça. Rodovalho e lagostim. Chila.

Menu 75/95 € - Carta 46/64 €

Largo do Serralho 4 4800-472 - 253 534 022 - www.restauranteacozinha.pt - Fechado 1-15 janeiro, 1-7 setembro, 20-26 outubro, 2ª feira, domingo

Le Babachris N

MEDITERRÂNEA • BISTRÔ A primeira coisa que chama a atenção nesta casa, próxima do centro histórico, é o nome do estabelecimento, pois reúne o sonho de Bárbara (portuguesa) e de Christian (chef espanhol) por ter o seu próprio restaurante desde que se conheceram em França. Na sala de jantar principal, tipo bistró, poderá descobrir uma cozinha atual de raíces francesas, que fusiona a essência mediterrânea com o produto português. Oferecem um menú executivo ao meio-dia e, à noite, um menu de degustação (Inspirações) que se pode saborear em 4 ou 6 momentos. A proposta muda de 15 em 15 dias e... aos sábados o arroz é o protagonista!

Especialidades : Panko. Coco, bacalhau. Morango, haba tonka.

Menu 12 € (almoço), 28/35 €

Rua Dom João I 39 4810-122 - 964 420 548 - www.lebabachris.com - Fechado 19 fevereiro-6 março, 2ª feira, domingo

Histórico by Papaboa

TRADICIONAL • ACOLHEDORA Vale a pena ir a este restaurante, ainda que apenas seja para almoçar ou jantar num edifício histórico, pois ocupa uma bela casa senhorial do s. XVII, que surpreende tanto pela sua torre como pelo belo pátio-jardim. O edifício, apresentado como um espaço multidisciplinar, oferece uma sala de jantar principal rústico-moderna e várias salas de carácter palaciano. Dos seus fogões surge uma cozinha tradicional portuguesa de bom nível, pois cuidam tanto as elaborações como o produto... ainda por cima, as porções são muito generosas. Também oferecem pratos vegetarianos e sem glúten!

Especialidades : Alheira com grelos. Polvo à Lagareiro. Toucinho à Histórico com gelado e caramelo.

Carta 27/35 €

Rua de Valdonas 4 4800-476 - 253 412 107 - www.papaboa.pt

Hool

TRADICIONAL • ACOLHEDORA XX Tem personalidade e um acesso independente do hotel. Na sala, um pouco eclética, descobre - se uma cozinha atualizada que cuida da apresentação. Atrativa esplanada!

Menu 28/48 € – Carta 28/40 €

Largo da Oliveira (Hotel Da Oliveira) ✉ 4801-910 – ✆ 253 519 390 – www.hoteldaoliveira.com

na estrada da Penha Este : 2,5 km

Pousada Mosteiro de Guimarães

EDIFÍCIO HISTÓRICO • HISTÓRICA Instalado num imponente mosteiro do século XII! Na sua arquitetura e decoração encontram - se vestígios de outra época... Todavia, o que mais se destaca, são os seus magníficos painéis de azulejos, os seus jardins e a sua piscina panorâmica. O restaurante, que exala um ar monástico, propõe uma cozinha regional e tradicional.

49 quartos – 110/272 € – 2 suites

✉ 4810-011 – ✆ 253 511 249 – www.pousadas.pt

LAGOA

Faro – Mapa regional: **2**-B2 – Mapa das estradas Michelin nº 593-U4

em Carvoeiro Sudoeste: 3,5 km – Mapa regional: **2**-B2

Bon Bon

MODERNA • ELEGANTE XXX Um restaurante que vende encanto, qualidade e uma verdadeira experiência gastronómica, de gosto regional, mas muito bem revista em tudo o que respeita a apresentações, texturas e harmonia de sabores.

A elegante sala, de ambiente clássico-atual e com tetos altíssimos, fascina tanto pela sua planta hexagonal como pelo facto de ter uma lareira central de ferro forjado. Nela, vamos encontrar um cuidado serviço de mesa, uma grande garrafeira vista por um dos seus lados e, como detalhe curioso, um armário repleto de antigos guias MICHELIN.

A sólida proposta do chef, Louis Anjos, centra-se num único menu degustação de tipo contemporâneo, o qual tem como particularidade o facto de o cliente pagar em função do número de pratos que consumir. Os sabores do Algarve levados para a alta cozinha.

Especialidades : Lavagante azul, açafrão, beterraba, tangerina. Salmonete, molho de figados, migas de tomate e presunto de bolota. Amêndoa, moscatel, mel, alfazema.

Menu 38 € (almoço), 98/130 €

Estrada de Sesmarias - Urbanização Cabeço de Pias ✉ 8400-525 – ✆ 282 341 496 – www.bonbon.pt – Fechado 30 novembro-31 janeiro, 3ª feira, 4ª feira, almoço: 5ª feira-6ª feira,

em Sesmarias Sudoeste : 4,7 km

Hexagone

TRADICIONAL • QUADRO CONTEMPORÂNEO XX Localizado numa urbanização, conta com uma charmosa esplanada, um bar e uma sala de refeições de estilo clássico. Cozinha tradicional e internacional atualizada.

Carta 30/68 €

Urbanização Presa de Moura ✉ 8400-008 – ✆ 282 342 485 – www.restaurantehexagone.com – Fechado domingo

LAGOS

Faro – Mapa regional: **2**-A2 – Mapa das estradas Michelin nº 593-U3

Avenida

MODERNA • QUADRO CONTEMPORÂNEO XX Uma das melhores opções para comer no belo ambiente da Marina de Lagos, um ponto de referência na localidade, por ser o local em que estão ancorados os barcos de recreio. Possui um acesso independente do hotel onde se encontra, destacando pela sua personalidade, com uma simpática garrafeira envidraçada, na entrada, e uma sala de linhas contemporâneas, com muito design, de onde se vê a cozinha. O seu chef aposta pela gastronomia de produto, moderna nas maneiras, mas com muitos pratos frios de fusão, como o ceviche o os bifes tartaros. Aqui dá-se especial importância às apresentações!

Especialidades : Vieiras, aipo, ouriço do mar, feijão verde. Texturas de tomate, salmão selvagem e mexilhões. Chocolate negro, flor de sal, avelãs e maracujá.

Menu 60 € - Carta 32/52 €

Hotel Lagos Avenida, Avenida dos Descobrimentos 53 ✉ 8600-645 - ✆ 282 780 092 - www.avenidarestaurante.pt

Dos Artistas

MODERNA • TENDÊNCIA XX Desfrute de uma agradável esplanada e uma sala clássica - colonial. Ementa de sabor internacional, com um menu ao almoço apenas e uma oferta muito mais gastronómica ao jantar.

Menu 28 € (almoço), 33/60 € - Carta 37/74 €

Rua Cândido dos Reis 68 ✉ 8600-681 - ✆ 282 760 659 - www.artistasrestaurant.com - Fechado domingo

Don Sebastião

TRADICIONAL • QUADRO REGIONAL X Agradável e interessante. Apostam na cozinha portuguesa mais tradicional, devidamente apresentada e de doses generosas. Costuman apresentar o peixe fresco previamente a mesa antes de ser cozinhado. A sua adega também surpreende, conta com até 75 variedades de Portos!

Carta 30/60 €

Rua 25 de Abril 20 ✉ 8600-763 - ✆ 282 780 480 - www.restaurantedonsebastiao.com - Fechado 22 novembro-2 janeiro

Lagos Avenida

BOUTIQUE HOTEL • DESIGN Um hotel com muitos detalhes de design. Apresenta uma atrativa área social, esmerados quartos, todos eles com varanda ou sacada, e uma sugestiva área "chill out", com solárium e piscina infinita no terraço, destacando este espaço pelas suas maravilhosas vistas.

46 quartos ☕ - 👥 140/320 €

Avenida dos Descobrimentos 53 ✉ 8600-645 - ✆ 282 780 092 - www.sonelhotels.com

Avenida - Ver selecção restaurantes

na Meia Praia Noreste : 3 km

Vivendo

INTERNACIONAL • DECORAÇÃO CLÁSSICA XX Restaurante de estilo clássico - atual onde não falta a elegância. Encontrará uma carta internacional, um menu Gourmet e... gelados deliciosos feitos no local!

Menu 38 € - Carta 35/50 €

Rua Rui Belo ✉ 8600-904 - ✆ 282 770 902 - www.vila-palmeira.com - Fechado 1 dezembro-20 janeiro, 2ª feira

na Praia do Canavial Sul : 2,5 km

Cascade

RESORT • ELEGANTE Vasto complexo turístico localizado próximo do mar, com vários edifícios em forma de villas e jardim. Dispõe de quartos bastante confortáveis que se organizam em quatro linhas estéticas: sul - americana, asiática, europeia e africana. Excelente oferta gastronómica.

86 quartos ☕ - 👥 182/676 € - 22 suites

Rua das Ilhas ✉ 8600-513 - ✆ 282 771 500 - www.cascaderesortalgarve.com

pela estrada N 125 Este : 4,6 km e desvio a dereita 0,3 km

Quinta Bonita

CASA DE CAMPO • PERSONALIZADA Uma casa de campo que cuida até ao mais mínimo pormenor. Conta com agradáveis espaços com jardim, uma horta e quartos com diferentes estilos, ao longe avista - se o mar.

9 quartos - 119/199 €

Matos Morenos, Quatro Estradas ✉ 8600-115 – ✆ 282 762 135 – www.boutiquehotelalgarve.com

LAMEGO

Viseu – Mapa regional: **3**–C1 – Mapa das estradas Michelin n° 591-I6

ao Norte pela N 2 : na margem do rio Douro (estrada N 222)

Six Senses Douro Valley

GRANDE LUXO • ELEGANTE Uma antiga quinta, hoje de estética moderna, que se destaca pelos exteriores cuidados, os terraços e as românticas vistas do Douro. Distribui os quartos entre o edifício principal e vários chalés. Lista de cariz tradicional com alguns pratos internacionais.

60 quartos – 325/800 € – 35 €

Quinta do Vale de Abraão (13 km) ✉ 5100-758 – ✆ 254 660 660 – www.sixsenses.com

LEÇA DA PALMEIRA

Porto – Mapa regional: **6**–A2 – Mapa das estradas Michelin n° 591-I3

Casa de Chá da Boa Nova (Rui Paula)

PEIXES E FRUTOS DO MAR • DESIGN XxX Poucas vezes o conceito de "levar o mar à mesa" é tão literal, tão autêntico, tão selvagem... até ao ponto de se sentir o vaivém das ondas na própria sala.

O singular edifício, concebido pelo arquiteto luso Álvaro Siza Vieira, está declarado Monumento Nacional e surpreende tanto pela sua localização, sobre as rochas da Praia da Boa Nova, como pela sua incrível panorâmica do oceano.

O meticuloso chef no comando, Rui Paula, conquistará o seu paladar através de um grande menu degustação, e você poderá escolher o número de pratos que deseja descobrir (6, 12 ou 21). Aqui a cozinha de proximidade joga com as apresentações, as texturas, os sabores, as elaborações... e toda essa técnica atual que permite que se tire o máximo proveito dos extraordinários peixes e mariscos do Atlântico.

Especialidades : Ostra e atum. Lula Chanel. Colheita tardia.

Menu 90/160 €

Avenida da Liberdade (junto ao farol) ✉ 4450-705 – ✆ 22 994 0066 – www.casadechadaboanova.pt – Fechado 2ª feira, domingo

LEIRIA

Leiria – Mapa das estradas Michelin n° 592-M3

em Marrazes na estrada N 109 - Norte : 1 km – Mapa regional: **4**–A2

Casinha Velha

TRADICIONAL • QUADRO REGIONAL X Aqui a sensação é a de ir a uma casa particular, pois deve-se tocar a campaínha para entrar. Encontrará uma agradável zona de espera e uma simpática sala de jantar no piso superior, decorada com uma estética rústica-campestre que toma como leitmotiv tudo o relacionado com a cultura do vinho. O cliente costuma surpreender-se com a variedade das entradas, as especialidades caseiras dedicadas a cada dia da semana e, sbretudo, com a completíssima garrafeira (oferecem mais de 1000 referências). Um restaurante de grande interesse para os enólogos aficionados, pois, de vez em quando, também organizam provas.

Especialidades : Folhado de queijo da Serra com mel e vinho do Porto. Cabrito assado no forno. Brisa do Lis.

Carta 25/38 €

Rua Professores Portelas 23 ✉ 2415-534 – ✆ 244 855 355 – www.casinhavelha.com – Fechado 7-21 janeiro, 23 junho-7 julho, 3ª feira, jantar: domingo

MmeEmil/iStock

ShyMan/iStock

LISBOA

Lisboa é uma cidade voltada para Tejo e o melhor lugar para testemunhar essa forte ligação ao rio é subir ao Cristo Rei, o ponto panorâmico mais privilegiado, com uma impressionante vista sobre a famosa Ponte 25 de Abril, o Chiado e a pitoresca Alfama. Passear pelos bairros de Lisboa permite conhecer a sua cultura, o seu caráter, a sua gente... e para se deslocar entre uns e outros, o ideal é apanhar os seus icónicos elétricos amarelos.

Do ponto de vista gastronómico, descobrirá que o símbolo da cidade é a sardinha, e as lojas estão repletas de souvenirs que fazem deste humilde peixe um ex-líbris. Na realidade, transformou-se num emblema artístico e há belíssimos estabelecimentos (O Mundo Fantástico da Sardinha Portuguesa) com latas de conservas personalizadas.

O produto rei, comum a todo o Portugal, é o bacalhau (bacalhau com natas, bacalhau à Brás, bacalhau à Gomes de Sá, pataniscas de bacalhau...). Quanto à doçaria, reinam os deliciosos pastéis de Belém, ainda fiéis à sua receita original de 1837.

- Mapa regional n° 4-B3
- Mapa de carreteras Michelin n° 733, 592 e 593-P2

AS MESAS QUE NÃO DEVEM FALTAR

AS ESTRELAS: AS MELHORES MESAS

✿✿

Duas estrelas: Uma cozinha excecional. Vale um desvio!

✿

Uma estrela: Uma cozinha de grande nivel. Merece a pena parar!

BIB GOURMAND

A nossa melhor relação qualidade/preço

A NOSSA SELECÇÃO

OS RESTAURANTES

OS HOTÉIS

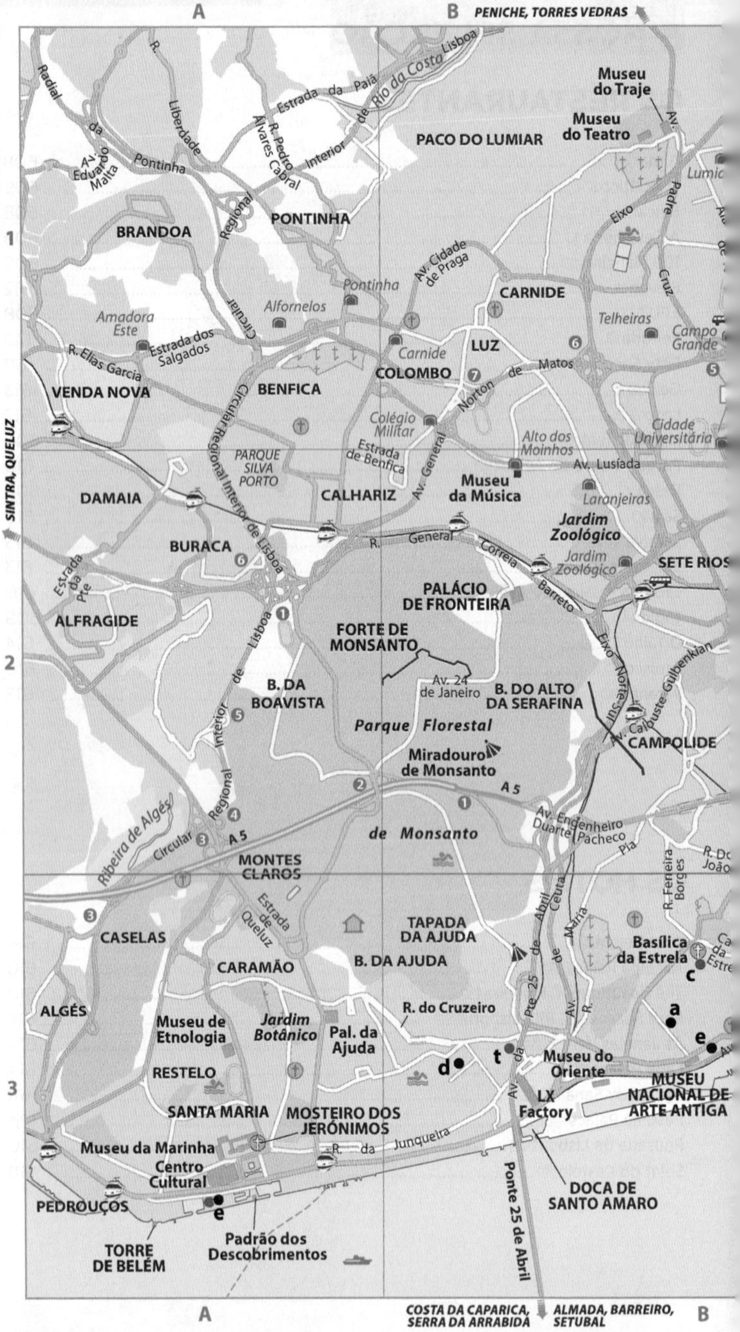
A
B
PENICHE, TORRES VEDRAS
SINTRA, QUELUZ
COSTA DA CAPARICA, SERRA DA ARRABIDA
ALMADA, BARREIRO, SETUBAL
1
2
3
Museu do Traje
Museu do Teatro
PACO DO LUMIAR
PONTINHA
BRANDOA
CARNIDE
LUZ
COLOMBO
BENFICA
VENDA NOVA
DAMAIA
BURACA
ALFRAGIDE
CALHARIZ
Museu da Música
Jardim Zoológico
SETE RIOS
PALÁCIO DE FRONTEIRA
FORTE DE MONSANTO
B. DA BOAVISTA
B. DO ALTO DA SERAFINA
CAMPOLIDE
Parque Florestal de Monsanto
Miradouro de Monsanto
MONTES CLAROS
CASELAS
TAPADA DA AJUDA
B. DA AJUDA
CARAMÃO
ALGÉS
Museu de Etnologia
Jardim Botânico
Pal. da Ajuda
RESTELO
SANTA MARIA
MOSTEIRO DOS JERÓNIMOS
Museu da Marinha
Centro Cultural
PEDROUÇOS
TORRE DE BELÉM
Padrão dos Descobrimentos
Museu do Oriente
LX Factory
MUSEU NACIONAL DE ARTE ANTIGA
DOCA DE SANTO AMARO
Basílica da Estrela
Ponte 25 de Abril
Radial da Pontinha
Av. Eduardo Malta
R. Liberdade
Estrada da Paiã
Rio da Costa
Lisboa
R. Pedro Álvares Cabral
Interior
Regional
Circular Regional Interior de Lisboa
Av. Cidade de Praga
Pontinha
Alfornelos
Amadora Este
Estrada dos Salgados
R. Elias Garcia
Carnide
Colégio Militar
Estrada de Benfica
Av. General Norton de Matos
Alto dos Moinhos
Av. Lusíada
Laranjeiras
Telheiras
Campo Grande
Cidade Universitária
Eixo
Padre Cruz
PARQUE SILVA PORTO
R. General Correia Barreto
Jardim Zoológico
Estrada da Pte
Eixo Norte-Sul
Av. Calouste Gulbenkian
Av. 24 de Janeiro
A 5
Av. Engenheiro Duarte Pacheco
Ribeira de Algés
Circular
Estrada de Queluz
R. Ferreira Borges
R. do Cruzeiro
Av. Ceuta
Av. Pte 25 de Abril
Av. de Maria
R. da Junqueira
Av. da
a
c
d
e
t

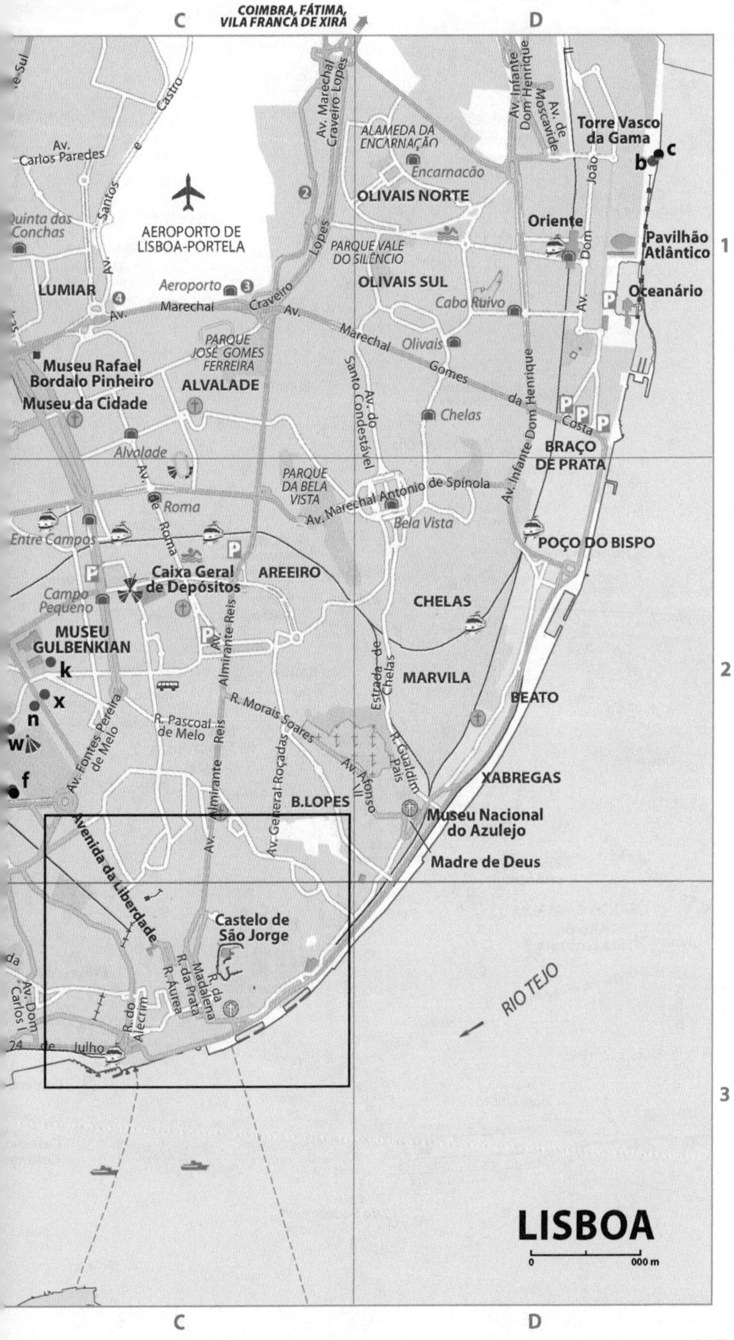
COIMBRA, FÁTIMA, VILA FRANCA DE XIRA
C
D
1
2
3
LISBOA
0
000 m
AEROPORTO DE LISBOA-PORTELA
Aeroporto
Av. Carlos Paredes
Av. Santos e Castro
Quinta das Conchas
LUMIAR
Av. Marechal Craveiro Lopes
ALAMEDA DA ENCARNAÇÃO
Encarnacão
OLIVAIS NORTE
PARQUE VALE DO SILÊNCIO
OLIVAIS SUL
Cabo Ruivo
Olivais
Chelas
Av. Marechal Gomes da Costa
Av. Infante Dom Henrique
Av. de Moscavide
Av. Dom João
Torre Vasco da Gama
Oriente
Pavilhão Atlântico
Oceanário
PARQUE JOSÉ GOMES FERREIRA
ALVALADE
Museu Rafael Bordalo Pinheiro
Museu da Cidade
Alvalade
Av. de Roma
Roma
Entre Campos
Campo Pequeno
Caixa Geral de Depósitos
AREEIRO
PARQUE DA BELA VISTA
Av. Marechal António de Spínola
Bela Vista
Av. do Santo Condestável
BRAÇO DE PRATA
POÇO DO BISPO
CHELAS
MARVILA
BEATO
Estrada de Chelas
MUSEU GULBENKIAN
Av. Almirante Reis
R. Morais Soares
R. Pascoal de Melo
Av. Fontes Pereira de Melo
Av. General Roçadas
Av. Afonso III
R. Gualdim Pais
XABREGAS
B.LOPES
Museu Nacional do Azulejo
Madre de Deus
Avenida da Liberdade
Castelo de São Jorge
R. da Madalena
R. da Prata
R. Áurea
R. do Alecrim
Av. Dom Carlos I
24 de Julho
RIO TEJO

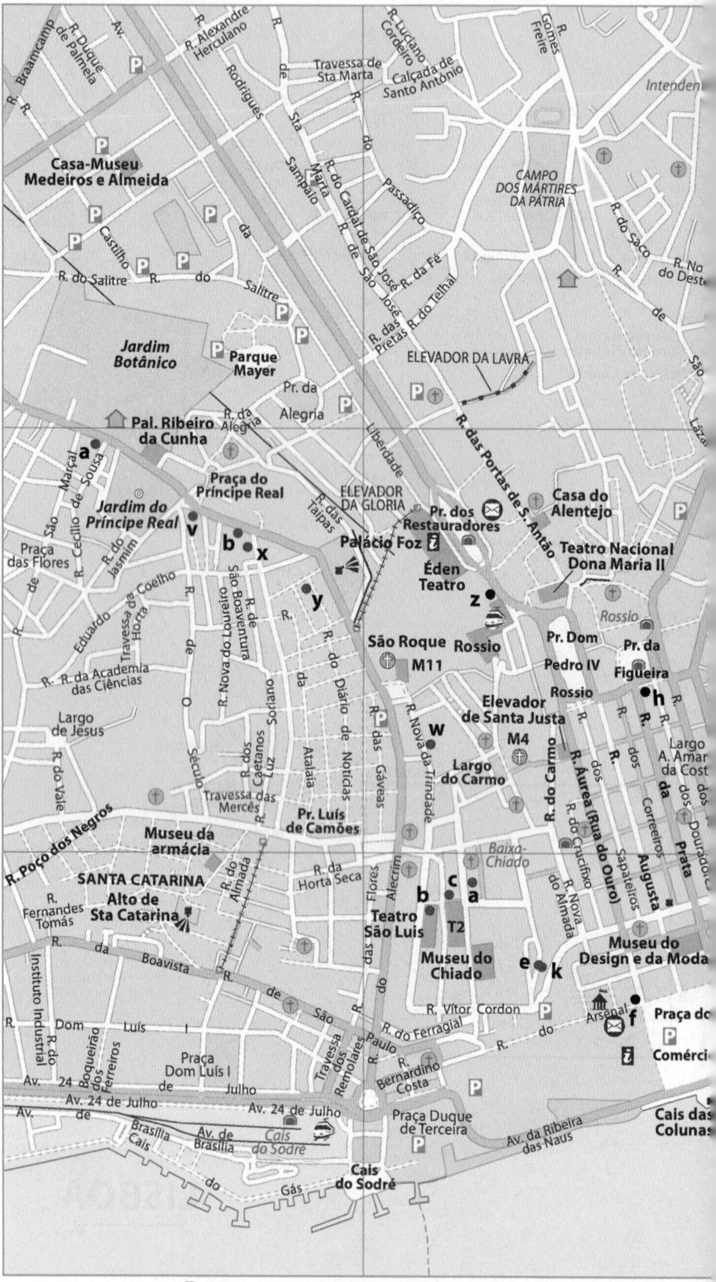
E
F
1
2
3
R. Braamcamp
R. Duque de Palmela
R. Alexandre Herculano
Rodrigues
Travessa de Sta Marta
R. Luciano Cordeiro
Calçada de Santo António
R. Gomes Freire
Intendente
Casa-Museu Medeiros e Almeida
Sta Marta
Sampaio
R. do Cardal de São José
R. de São José
Passadiço
CAMPO DOS MÁRTIRES DA PÁTRIA
R. do Saco
R. Nova do Desterro
Castilho
R. do Salitre
R. da Fé
R. do Telhal
R. das Pretas
ELEVADOR DA LAVRA
Jardim Botânico
Parque Mayer
Pr. da Alegria
R. da Alegria
Pal. Ribeiro da Cunha
Liberdade
R. das Portas de S. Antão
Praça do Príncipe Real
Jardim do Príncipe Real
R. das Taipas
ELEVADOR DA GLORIA
Pr. dos Restauradores
Casa do Alentejo
Teatro Nacional Dona Maria II
Palácio Foz
Éden Teatro
Praça das Flores
R. do Jasmim
R. Cecílio de Sousa
R. Nova do Loureiro
São Boaventura
R. de São Marçal
Travessa da Horta
R. Eduardo Coelho
Rossio
Pr. Dom Pedro IV
Pr. da Figueira
São Roque
M11
R. da Academia das Ciências
R. do Século
R. Soriano
R. do Diário de Notícias
R. da Atalaia
R. das Gáveas
R. Nova da Trindade
Elevador de Santa Justa
M4
Largo de Jesus
R. dos Caetanos
Luz
Largo do Carmo
R. do Carmo
R. Áurea (Rua do Ouro)
R. dos Correeiros
R. da Prata
R. dos Douradores
Largo A. Amaral da Costa
R. do Vale
Travessa das Mercês
Pr. Luís de Camões
R. Poço dos Negros
Museu da armácia
Baixa-Chiado
R. do Crucifixo
R. Nova do Almada
R. dos Sapateiros
Augusta
SANTA CATARINA
R. do Almada
R. da Horta Seca
R. das Flores
Alecrim
Alto de Sta Catarina
R. Fernandes Tomás
Teatro São Luis
T2
Museu do Chiado
Museu do Design e da Moda
R. da Boavista
Instituto Industrial
R. de São Paulo
R. Vítor Cordon
Arsenal
R. do Arsenal
Praça do Comércio
R. Dom Luís I
R. do Boqueirão dos Ferreiros
Praça Dom Luís I
Travessa dos Remolares
R. do Ferragial
R. Bernardino Costa
Av. 24 de Julho
Av. de Brasília
Cais do Sodré
Praça Duque de Terceira
Av. da Ribeira das Naus
Cais das Colunas
Cais do Gás
a
b
c
e
f
h
k
v
w
x
y
z

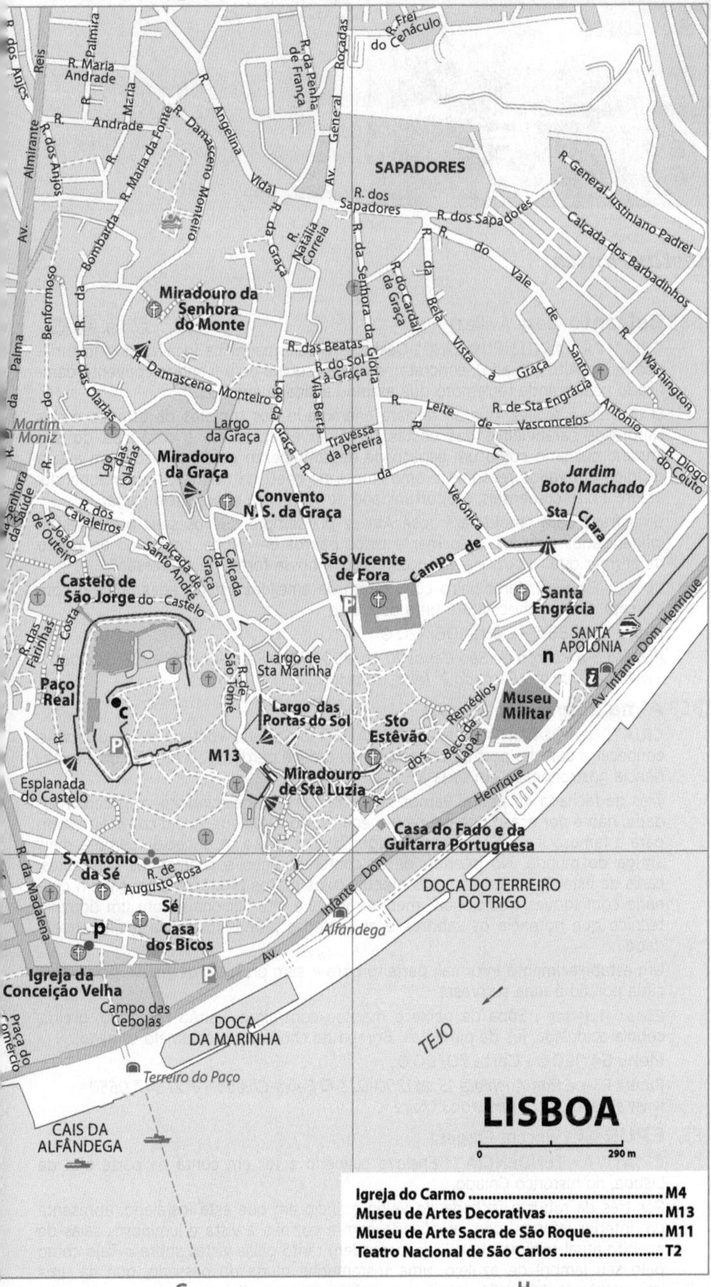
G
H
1
2
3
LISBOA
0
290 m
SAPADORES
R. dos Sapadores
R. General Justiniano Padrel
Calçada dos Barbadinhos
R. Washington
R. do Vale de Santo António
R. da Bela Vista à Graça
R. do Cardal da Graça
R. da Senhora da Glória
R. Natália Correia
R. da Graça
Av. General Roçadas
R. da Penha de França
R. Frei do Cenáculo
R. Angelina Vidal
R. Damasceno Monteiro
R. Maria da Fonte
R. Maria Andrade
R. Palmira
R. dos Anjos
R. Andrade
R. da Bombarda
Av. Almirante Reis
R. Benformoso
R. da Palma
R. das Olarias
Martim Moniz
Miradouro da Senhora do Monte
R. das Beatas
R. do Sol à Graça
Vila Berta
Lgo da Graça
R. Leite de Vasconcelos
R. de Sta Engrácia
R. Diogo do Couto
Largo da Graça
Lgo das Olarias
Travessa da Pereira
R. da Verónica
Miradouro da Graça
Convento N. S. da Graça
Jardim Boto Machado
Campo de Sta Clara
R. dos Cavaleiros
R. João de Outeiro
R. da Senhora da Saúde
Calçada de Santo André
Calçada da Graça
São Vicente de Fora
Santa Engrácia
SANTA APOLÓNIA
Av. Infante Dom Henrique
Castelo de São Jorge
Costa do Castelo
R. das Farinhas
Largo de Sta Marinha
R. de São Tomé
Paço Real
Largo das Portas do Sol
Sto Estêvão
R. dos Remédios
Beco da Lapa
Museu Militar
M13
Miradouro de Sta Luzia
Esplanada do Castelo
Casa do Fado e da Guitarra Portuguesa
S. António da Sé
R. de Augusto Rosa
R. da Madalena
Sé
Casa dos Bicos
Igreja da Conceição Velha
DOCA DO TERREIRO DO TRIGO
Alfândega
Campo das Cebolas
DOCA DA MARINHA
TEJO
Praça do Comércio
Terreiro do Paço
CAIS DA ALFÂNDEGA
Igreja do Carmo M4
Museu de Artes Decorativas M13
Museu de Arte Sacra de São Roque M11
Teatro Nacional de São Carlos T2

Centro

fotoVoyager/iStock

Restaurantes

✿✿ Belcanto (José Avillez)

CRIATIVA • ACOLHEDORA XXX Destaca-se pela magnífica localização, no turístico Bairro Alto (Chiado), concretamente na esquina de um antigo convento danificado pelo grande terremoto que assolou a cidade em 1755.

O chef José Avillez, que se declara enamorado dos tomates da estação e dos saborosos carabineiros das costas do Algarve, apresenta a casa-mãe do seu império culinário como um espaço de descobrimento gastronómico, com a sala dividida em vários recantos e uma "mesa do chef" na cozinha, proporcionando, assim, a oito comensais, a oportunidade de viver uma experiência plena.

Uma frase para emoldurar? José Avillez diz sempre que os seus pratos estão influenciados pela luz, pelo mar e pelos bairros de Lisboa, chegando ao ponto de afirmar que "a cozinha é o nosso fado, a nossa forma de expressão".

Especialidades : Carabineiro com xerém de ameijoas esferificadas. Robalo com abacate. Choco, chocolate e tinta de choco.

Menu 165/185 € - Carta 106/120 €

Planta F3-a - *Largo de São Carlos 10 ✉ 1200-410 Ⓜ Baixa-Chiado - ✆ 21 342 0607 - www.belcanto.pt - Fechado 2ª feira, domingo*

✿✿ Alma (Henrique Sá Pessoa)

CRIATIVA • QUADRO CONTEMPORÂNEO XX Se tiver vontade de se divertir e conhecer a cozinha portuguesa atual, não o deve perder, pois propõe uma experiência gastronómica em toda a linha.

Trás da fachada de pedra, vamos encontrar um estabelecimento com personalidade; não é por acaso que ocupa um edifício do XVIII, que serviu como armazém para a famosa livraria Bertrand, inaugurada em 1732 e reconhecida como a mais antiga do mundo. No interior, de ar contemporâneo e chamativos contrastes, carta da estação e interessantes menus, cujos pratos propõem uma viagem culinária com toques tradicionais, mediterrâneos e internacionais, com um domínio técnico que potencia os sabores e as matérias primas locais da melhor qualidade.

Um estabelecimento informal, perfeito para ir sem pressa e desfrutar, pois... aqui cada porção é uma surpresa!

Especialidades : Sopa de peixe e marisco com algas. Leitão confitado, grelos, cebola acidulada, jus de pimentas. Bomba de chocolate e caramelo salgado.

Menu 64/120 € - Carta 70/90 €

Planta F3-c - *Rua Anchieta 15 ✉ 1200-023 Ⓜ Baixa-Chiado - ✆ 21 347 0650 - www.almalisboa.pt - Fechado 2ª feira*

✿ EPUR Ⓝ (Vincent Farges)

CRIATIVA • TENDÊNCIA XX Enclave culinário a ter em conta na parte alta de Lisboa, no histórico Chiado.

Por trás da robusta fachada do velho edifício em que está instalado, apresenta um interior informal bem atualizado com a cozinha à vista e luminosas salas de espírito atual-minimalista que surpreendem tanto pelas vistas sobre o Tejo como pelo seu lambril de azulejo, uma testemunha muda do passado, que dá uma importante contribuição com o seu carácter e personalidade.

O que vai encontrar? Uma cozinha criativa incrivelmente visual, mas também elegante, pura e próxima do mundo vegetal, com bases tradicionais e internacionais. O chef francês Vicent Farges aposta pelo essencial para elevar a experiência e ofrece um único menu degustação surpresa, cujo preço muda em função do número de pratos (4, 6 ou 8) que tomarmos.

Especialidades : Bonito, huacatay e pepino. Peixe-galo, ostras, codium e timur. Morangos, ruibarbo e framboesa.

Menu 35€ (almoço), 65/160€

Planta F3-e – *Largo da Academia Nacional De Belas Artes 14* ✉ *1200-005* **Ⓜ** *Baixa-Chiado –* ✆ *21 346 0519 – www.epur.pt – Fechado 1-20 janeiro, 2-17 agosto, 2ª feira, domingo*

🍴○ **Tágide**   ⩽ AC

MODERNA • DECORAÇÃO CLÁSSICA XxX Possui um animado bar de tapas/ /petiscos na entrada e, subindo as escadas, a elegante sala principal, com belas vistas sobre Lisboa. Cozinha tradicional atualizada.

Menu 20€ (almoço), 69/88€ – Carta 40/65€

Planta F3-k – *Largo da Academia Nacional de Belas Artes 18-20* ✉ *1200-005* **Ⓜ** *Baixa-Chiado –* ✆ *21 340 4010 – www.restaurantetagide.com – Fechado 13-19 janeiro, domingo*

🍴○ **Pesca**   🏠 AC 🛁

CRIATIVA • TENDÊNCIA XX Localizado numa casa de pedra da parte alta de Lisboa. Oferecem cozinha tradicional e mediterrânica à base de produtos da zona, bem tratados e com uma excelente apresentação.

Menu 50/80€ – Carta 45/65€

Planta E2-a – *Rua da Escola Politécnica 27* ✉ *1250-099* **Ⓜ** *Rato –* ✆ *21 346 0633 – www.restaurantepesca.pt – Fechado 2ª feira*

🍴○ **100 Maneiras**   AC

CRIATIVA • DESIGN X Melhorou com a mudança de lugar, apresentando-se agora com uma estética moderna e... inclusivamente com uma mesa do chef! A sua proposta centra-se em vários menús de cozinha moderna-criativa.

Menu 80/110€

Planta E2-y – *Rua do Teixeira 39* ✉ *1200-459 –* ✆ *910 307 575 – www.100maneiras.com – Fechado 2ª feira, almoço: 3ª feira-domingo*

🍴○ **O Asiático**   🏠 AC

ASIÁTICA • TENDÊNCIA X Índia, Tailândia, China, Japão... o chef transmite a sua experiência asiática através de uma apelativa fusão, sempre com base em produtos nacionais e com pratos para partilhar.

Carta 31/40€

Planta E2-x – *Rua da Rosa 317* ✉ *1200-386 –* ✆ *21 131 9369 – www.oasiatico.com – Fechado almoço: 2ª feira-5ª feira*

🍴○ **A Cevicheria**   AC

PERUANA • TENDÊNCIA X Cozinha peruana com sotaque português. É pouco espaçoso mas muito original, um enorme polvo pendurado no teto domina as atenções. Há sempre fila para entrar!

Carta 20/35€

Planta E2-v – *Rua Dom Pedro V-129* ✉ *1250-094* ✆ *21 803 8815*

🍴○ **Mini Bar Teatro**   🏠 & AC

CRIATIVA • BISTRÔ X Informal, intimista, descontraído... Localizado na zona dos teatros do Bairro Alto e quando já nada tem para surpreender depois do Belcanto, arrebata os sentidos com os novos pratos.

Menu 45/55€ – Carta 39/58€

Planta F3-b – *Rua António Maria Cardoso 58* ✉ *1200-027* **Ⓜ** *Baixa-Chiado –* ✆ *21 130 5393 – www.minibar.pt – Fechado almoço: 2ª feira-domingo*

Páteo - Bairro do Avillez

PEIXES E FRUTOS DO MAR • QUADRO MEDITERRÂNEO Instalado no pátio central de um atrativo complexo gastronómico. A qualidade é o fio condutor da variedade de propostas, protagonizada por peixes e mariscos saborosos.

Carta 41/65€

Planta F2-w - *Rua Nova da Trindade 18 ✉ 1200-466 Ⓜ Baixa-Chiado - ✆ 21 583 0290 - www.bairrodoavillez.pt*

Sála Ⓝ

MODERNA • TENDÊNCIA Localizado numa concorrida rua da "Baixa". Oferecem um bom menu de degustação de cozinha moderna e uma carta reduzida, procurando o chef trabalhar sempre com produtos da estação.

Menu 45/80€ - Carta 30/50€

Planta G3-p - *Rua dos Bacalhoeiros 103 ✉ 1100-068 Ⓜ Terreiro do Paço - ✆ 21 887 3045 - www.restaurantesala.pt - Fechado 1-13 janeiro, 2ª feira, domingo*

Taberna - Bairro do Avillez

TRADICIONAL • TABERNA Tem o formato de uma taberna - charcutaria e faz parte do complexo gastronómico sobejamente conhecido Bairro do Avillez. Cozinha tradicional apresentada em formato de petiscos e porções.

Carta 20/33€

Planta F2-w - *Rua Nova da Trindade 18 ✉ 1200-466 Ⓜ Baixa-Chiado - ✆ 21 583 0290 - www.bairrodoavillez.pt*

Tapisco

INTERNACIONAL • TENDÊNCIA Um local de estética atual que se define perfeitamente apenas com o seu nome, o qual combina as palavras tapas e petiscos. Existem muitos pratos para partilhar!

Carta 25/40€

Planta E2-b - *Rua Dom Pedro V 81 ✉ 1250-026 - ✆ 213 420 681 - www.tapisco.pt*

Alojamentos

Avenida Palace

BUSINESS • CLÁSSICA Emana prestígio e distinção, não é em vão que data de 1892. Possui uma zona nobre esplêndida, complementada com belíssimo bar de estilo inglês, e quartos deslumbrantes ao estilo clássico.

82 quartos - 240/285€ - 16 suites

Planta F2-z - *Rua 1º de Dezembro 123 ✉ 1200-359 Ⓜ Restauradores - ✆ 21 321 8100 - www.hotelavenidapalace.pt*

Pousada de Lisboa

EDIFÍCIO HISTÓRICO • HISTÓRICA Encontra-se no coração de Lisboa e forma parte de um conjunto arquitetónico catalogado como Monumento Nacional. Área social com antiguidades, quartos de conforto clássico-atual e moderno restaurante, com um teto em abóbada e as carnes na brasa como especialidade.

88 quartos - 240/450€ - 2 suites

Planta F3-f - *Praça do Comércio 31 ✉ 1100-148 Ⓜ Terreiro do Paço - ✆ 21 040 7640 - www.pestana.com*

The Beautique H. Figueira

CADEIA HOTELEIRA • DESIGN Ocupa um edifício totalmente recuperado e que hoje se apresenta com elevado design. Os quartos, uns com duche e outros com banheira, seguem um estilo íntimo mas de completo equipamento. O seu restaurante faz uma homenagem pela cozinha tradicional portuguesa.

50 quartos - 98/600€

Planta F2-h - *Praça da Figueira 16 ✉ 1100-241 Ⓜ Rossio - ✆ 21 049 2940 - www.thebeautiquehotels.com*

Solar do Castelo

HISTÓRICO • A MODA Instalado num palacete do séc. XVIII! Desfruta de um bonito pátio empedrado, por onde passeiam pavões, um pequeno museu de cerâmica e quartos de linha clássica - atual.

20 quartos - 162/450 € - 14 €

Planta G2-c - *Rua das Cozinhas 2 ✉ 1100-181 - ✆ 21 880 6050 - www.heritage.pt*

Este

ricardorocha/Fotosearch LBRF/age fotostock

Restaurantes

Fifty Seconds Ⓝ

CRIATIVA • ELEGANTE XXXX Já almoçou ou jantou alguma vez a 120 metros de altura? Viva a experiência no magnífico restaurante situado na Torre Vasco da Gama, uma construção emblemática que domina o skyline lisboeta com impressionantes vistas sobre a cidade, o Tejo e... até a mágica península de Troia!

Aqui vai descobrir uma cozinha moderna e mediterrânea, de autor, com identidade própria, sob a tutela do laureado chef espanhol Martín Berasategui. A proposta, com pratos à la carte e dois menus, constrói-se com a melhor matéria prima da zona, tratada com delicadeza e técnicas atuais.

Acede-se ao singular espaço, muito elegante, circular e completamente envidraçado, mediante um elevador panorâmico que sobe até ao restaurante, exatamente em 50 segundos, tal como o nome sugere.

Especialidades : Ostra com sumo de azeitonas verdes, emulsão de wasabi e crocante de algas. Pombo Royal com maçã, falso risotto de espargos brancos, jus de manteiga tostada e balsâmico envelhecido, chutney de citrinos. Infusão de arroz, leite e cardamomo, pistáchio, yuzu e kalamansi.

Menu 130/170 € - Carta 100/130 €

Planta D1-b - *Cais das Naus, Lote 2.21.01 (Parque das Nações) ✉ 1990-173 Ⓜ Oriente - ✆ 21 152 5380 - www.fiftysecondsexperience.com - Fechado 1-23 janeiro, 2ª feira, domingo*

Alojamentos

Myriad by Sana H.

BUSINESS • COMTEMPORÂNEA Localizado junto à Torre Vasco da Gama, é um vislumbre do futuro. O interior alia design contemporâneo e requinte, com todos os quartos debruçados sobre o rio e uma excelente varanda. O restaurante, oferece uma cozinha de autor portuguesa de cariz internacional.

185 quartos - 240/270 € - 30 € - 1 suite

Planta D1-c - *Cais das Naus, Lote 2.21.01 (Parque das Naçoes) ✉ 1990-173 Ⓜ Oriente - ✆ 21 110 7600 - www.myriad.pt*

Oeste

T. et B. Morandi/hemis.fr

Restaurantes

✿ Eleven (Joachim Koerper)

CRIATIVA • ELEGANTE XXXX Sabe o que significa Eleven? Faz referência aos 11 amigos, um deles cozinheiro, que resolveram tornar-se sócios e abrir o seu próprio negócio.

Aqui devemos ter presente a figura do seu chef, o alemão Joachim Koerper, que construiu uma sólida trajetória profissional em torno do facto de trabalhar exclusivamente com matérias primas da estação e preferencialmente do lugar. A sua proposta, de inspiração mediterrânea e marcados aspectos criativos, aposta por pratos frescos e coerentes que ressaltam o sabor do produto principal.

Há poucos restaurantes como este em Portugal, pois ocupa um edifício de linhas minimalistas localizado na parte mais alta do jardim Amália Rodrigues e oferece fantásticas vistas ao Parque Eduardo VII; de facto, a elegante sala de jantar... parece um autêntico miradouro!

Especialidades : Foie gras de pato, soja, rum e laranja. Lavagante com sésamo, espinafres e molho de caril de Madras. Cheesecake com abacate e shiso.

Menu 35€ (almoço), 98/185€ – Carta 80/130€

Planta C2-w – *Rua Marquês de Fronteira ✉ 1070-051 Ⓜ São Sebastião – ✆ 21 386 2211 – www.restauranteleven.com – Fechado domingo*

✿ Feitoria

MODERNA • ELEGANTE XXX Para muitos é uma paragem obrigatória cada vez que visitam a capital lusitana, pois combina uma elegância intrínseca com um trato extraordinário e uma proposta indiscutivelmente de alto nível.

Conta com um atrativo hall-bar e uma sala de ambiente moderno, onde se descobre uma cozinha atual de marcada base tradicional, mais centrada em oferecer sabor e um ponto de cocção perfeito do que em experiências complexas e com muitos artifícios. A apresentação dos pratos é cuidada e minuciosa.

O restaurante orgulha-se de contar com um produto realmente excelente, de tal maneira que não deve estranhar se, alguma vez, antes de lhe servirem um prato, lhe mostrarem o produto utilizado como prova da frescura e, se for o caso, para explicar a origem do mesmo. O carro de queijos é imperdível!

Especialidades : Carabineiro do Algarve. Peixe da lota de Peniche, bivalves e arroz carolino de salicórnia queimada. Pastel de nata.

Menu 85/135€ – Carta 75/90€

Planta A3-e – *Hotel Altis Belém, Doca do Bom Sucesso ✉ 1400-038 – ✆ 21 040 0208 – www.restaurantefeitoria.com – Fechado 1-17 janeiro, 2ª feira, almoço: 3ª feira-sábado, domingo*

✿ Loco (Alexandre Silva)

MODERNA • TENDÊNCIA XX Um ponto de referência entre os foodies lisboetas, pois reflete a divina "loucura" do chef Alexandre Silva e a sua obsessão por integrar o comensal na experiência culinária.

Surpreende logo no acesso, pois apresenta uma árvore suspensa do teto no hall ao que se segue a sala de jantar, com muitísimo design, mesas despidas e a cozinha à vista. A proposta, fresca e sugestiva, parte do produto sazonal português, mas buscando os sabores de sempre através de técnicas atuais, o que lhe permite afinar as texturas e fazer umas apresentações interessantes.

Curiosidades? Devemos lembrar que Alexandre Silva é um chef tremendamente popular, pois em 2012 foi o vencedor da 1ª edição do concurso Top Chef em Portugal. No estabelecimento anexo contam com um espaço de I+D!

Especialidades : Sashimi de carabineiro. Bacalhau curado com salsa de alho. Nuvem de leite de ovelha com requeijão e gelado.

Menu 96/112€

Planta B3-c - *Rua dos Navegantes 53 B ✉1200-731 Ⓜ Rato - ✆ 21 395 1861 - www.loco.pt - Fechado 4-19 junho, 12-26 novembro, 2ª feira, almoço: 3ª feira-sábado, domingo*

Saraiva's Ⓝ

INTERNACIONAL • BISTRÔ X Um bar-restaurante que mostra um carácter notável após a sua reforma. Hoje, a poucos metros do Parque Eduardo VII, apresenta uma estética muito mais informal e divertida, tipo bistró, com um atrativo balcão na entrada, mesas sem toalhas em várias alturas e um pequeno salão privado, tudo com um atrativo jogo de contrastes entre a madeira cálida e esses painéis cerámicos, em tons verdes, que lhe dão personalidade. A proposta? Cozinha internacional e tradicional portuguesa com pratos atualizados, destacando dentre eles o Bife tártaro, as Croquetes de cozido, o Entrecosto confitado sobre rancho...

Especialidades : Tataki de atum. Bacalhau à Saraiva's. Leite creme.

Menu 14€ (almoço), 20/35€ - Carta 21/35€

Planta C2-n - *Rua Engenheiro Canto Resende 3 ✉1050-104 Ⓜ São Sebastião - ✆ 21 340 4010 - www.restaurantetagide.com - Fechado 13-19 janeiro, domingo*

Solar dos Nunes

TRADICIONAL • RÚSTICA X Um desses restaurantes aos quais é um prazer ir, pois combina como poucos a profissionalidade e a simpatia da sua equipa com a qualidade mostrada pelos seus fogões... de facto, a carta representa uma magnífica oportunidade para descobrir a cozinha tradicional portuguesa e, nomeadamente, a alentejana. Dispõe de um balcão de apoio e duas salas de jantar um tanto pequenas, com vigas de madeira, lambril de azulejos, inúmeros reconhecimentos gastronómicos decorando as paredes e um precioso chão de pedras, ao estilo das calçadas lisboetas. Resistirá a pedir um dos peixes expostos na vitrine?

Especialidades : Mil folhas de batata doce com camarões. Folhado de lavagante à Nunes. Tarte rainha Santa Isabel.

Carta 33/42€

Planta B3-t - *Rua dos Lusíadas 68-72 ✉1300-372 - ✆ 21 364 7359 - www.solardosnunes.pt - Fechado domingo*

Varanda

MODERNA • ELEGANTE XXXX Destaca para a varanda, debruçada sobre o parque Eduardo VII, e para a oferta, com um buffet completo ao almoço e uma aposta muito mais gastronómica à noite.

Menu 76€ (almoço), 89/105€ - Carta 90/120€

Planta C2-f - *Hotel Four Seasons H. Ritz Lisbon, Rua Rodrigo da Fonseca 88 ✉1099-039 Ⓜ Marquês de Pombal - ✆ 21 381 1400 - www.fourseasons.com*

Go Juu

JAPONESA • DESIGN X Descubra a autêntica cozinha nipónica num espaço singular, praticamente minimalista, com profusão de madeiras e um sushi bar na sala. Existe uma zona exclusiva para sócios!

Menu 15€ (almoço)/23€ - Carta 45/65€

Planta C2-k - *Rua Marquês Sá da Bandeira 46 ✉1050-149 Ⓜ S. Sebastião - ✆ 21 828 0704 - www.gojuu.pt - Fechado 24-31 agosto, 21-31 dezembro, 2ª feira, jantar: domingo*

O Talho

CARNES • TENDÊNCIA Sumamente original, o acesso é feito através de... um modernissimo talho! O local propõe uma carta na qual tudo gira em torno do mundo da carne e respetivos acompanhamentos.

Carta 31/48€

Planta C2-x – *Rua Carlos Testa 18 ✉ 1050-046 Ⓜ S. Sebastião – ☏ 21 315 4105 – www.otalho.pt*

Alojamentos

Four Seasons H. Ritz Lisbon

LUXO • CLÁSSICA Convida a uma estadia repleta de conforto! Edifício moderno com um interior muito luminoso e com um ambiente clássico e elegante. Disponibiliza áreas públicas espaçosas, um vasto leque de tratamentos no spa e quartos com todos os equipamentos modernos.

241 quartos – 575/830€ – 41€ – 41 suites

Planta C2-f – *Rua Rodrigo da Fonseca 88 ✉ 1099-039 Ⓜ Marquês de Pombal – ☏ 21 381 1400 – www.fourseasons.com*

Varanda – Ver selecção restaurantes

Lapa Palace

GRANDE LUXO • CLÁSSICA Palácio luxuoso do século XIX situado no alto de uma das sete colinas que dominam Lisboa com vistas para a foz do rio Tejo. O restaurante, elegante e luminoso, propõe uma cozinha tradicional bastante actualizada, ideal para uma estadia inesquecível!

109 quartos – 410/430€ – 11 suites

Planta B3-a – *Rua do Pau de Bandeira 4 ✉ 1249-021 Ⓜ Rato – ☏ 21 394 9494 – www.olissippohotels.com*

Pestana Palace

PALACE • CLÁSSICA Belíssimo palácio do século XIX decorado à época, com salões suntuosos, quartos repletos de detalhes e... um ambiente em modo de jardim botânico! O restaurante, que surpreende com um reservado intantiga cozinha, propõe almoços simples e jantares mais elaborados.

176 quartos – 150/270€ – 18 suites

Planta B3-d – *Rua Jau 54 ✉ 1300-314 – ☏ 21 361 5600 – www.pestana.com*

Altis Belém

CADEIA HOTELEIRA • DESIGN Luxo e modernidade! Provido de uma zona chill out na cobertura, uma cafeteria minimalista e quartos bastante amplos, com decorações temáticas alusivas à época dos descobrimentos portugueses e respectivos intercâmbios culturais. O restaurante, elegante e ao mesmo tempo bastante sóbrio, propõe uma cozinha de cariz actual.

45 quartos – 155/350€ – 5 suites

Planta A3-e – *Doca do Bom Sucesso ✉ 1400-038 – ☏ 21 040 0200 – www.altishotels.com*

Feitoria – Ver selecção restaurantes

As Janelas Verdes

TRADICIONAL • CLÁSSICA Instalado num palacete do século XVIII, mesmo ao lado do Museu Nacional de Arte Antiga. Aqui encontrará romanticismo, charme, história, personalidade...

29 quartos – 143/450€ – 14€

Planta B3-e – *Rua das Janelas Verdes 47 ✉ 1200-690 – ☏ 21 396 8143 – www.heritage.pt*

littleclie/iStock

LOUSADA

Porto - Mapa regional: **6**-A2 - Mapa das estradas Michelin n° 591-I5

Quinta de Cedovezas

CASEIRA • CASA DE CAMPO Este restaurante familiar encontra - se em pleno ambiente rural, numa bela casa de campo construída em pedra. Oferecem amabilidade e uma cozinha tradicional de cariz caseiro.

Carta 25/35€

Rua de Cedovezas 102 - Sudeste : 2 km (Pias) ✉ 4620-505 - ✆ 255 811 513 - www.quintadecedovezas.com - Fechado 19 agosto-5 setembro, 2ª feira, 3ª feira, jantar: domingo

MACEDO DE CAVALEIROS

Bragança - Mapa regional: **6**-C2 - Mapa das estradas Michelin n° 591-H9

Brasa

TRADICIONAL • QUADRO CONTEMPORÂNEO Surpreende tanto pelo serviço e a amabilidade como pelo seu nível culinário... não é em vão que o proprietário e a mulher se formaram profissionalmente em Paris ao longo de muitos anos. Na moderna sala, dominada pelos tons branco/preto e um grande mural humorístico sobre o trabalho numa cozinha, propor-lhe-ão uma carta tradicional portuguesa que convive com numerosos pratos franceses. Especialidades? Prove algum dos seus Carpaccios, o Filet au poivre ou, mais que tudo, alguma das suas famosas e contundentes Francesinhas, uma espécie de sanduíche, de que oferecem até 10 variedades.

Especialidades : Bombom de alheira com purê de maçã. Risotto nero de rabo de boi. Volcão de chocolate.

Menu 14/25€ - Carta 25/35€

Rua S. Pedro 4 ✉ 5340-259 - ✆ 278 421 722 - Fechado 13-28 maio, 9-23 setembro, 2ª feira

O Montanhês

GRELHADOS • RÚSTICA Restaurante com uma decoração rústica e organização familiar, com duas salas, uma delas com lareira. Oferece pratos regionais e a especialidade são as carnes grelhadas.

Carta 20/30€

Rua Camilo Castelo Branco 19 ✉ 5340-237 - ✆ 278 422 481 - Fechado 2ª feira

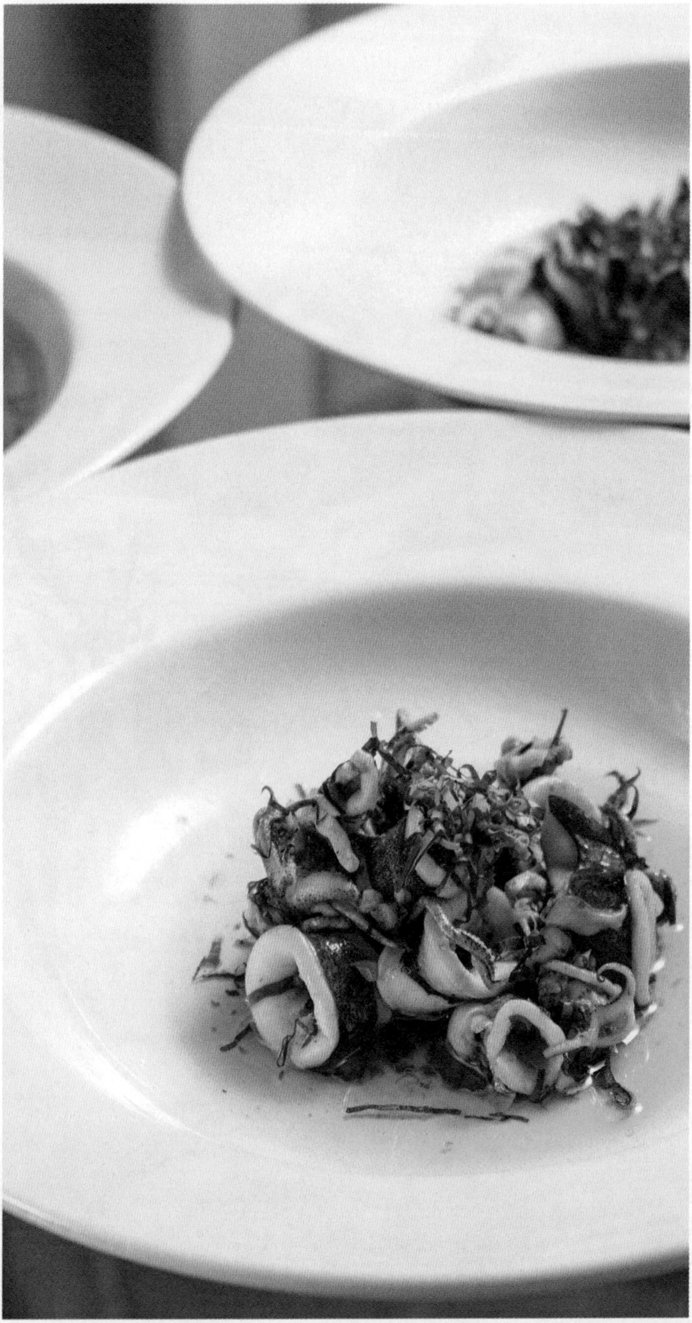
JM Travel Photography/Shutterstock.com

MADEIRA

Estamos no meio do Atlântico, num arquipélago cuja existência se deve, em parte, ao turismo. Na verdade, a Madeira, a ilha da eterna primavera, foi durante muitos anos o destino predileto da aristocracia europeia, que a procurava pelo seu exotismo e clima privilegiado.

Aqui, como não poderia deixar de ser, os produtos do mar são os protagonistas (peixe-espada-preto, sargo, gaiado...), embora as ementas sejam equilibradas com uns saborosos nacos de carne. Uma das entradas mais típicas é o bolo do caco, um pão de trigo que se costuma barrar com manteiga de alho. Também são populares as sopas (sopas de trigo, sopa de tomate e cebola, a tradicional açorda...), a famosa espetada em pau de louro (pedaços de carne de vaca em espetadas de louro grelhadas), o tradicional picado madeirense, a carne de vinha-d'alhos e, como sobremesa, o saborosíssimo bolo de mel.

Uma bebida típica? Prove a poncha, feita com aguardante de cana, mel e sumo de limão.

- Mapa regional nº 5-A2
- Mapa das estradas Michelin nº 733

J. Skipper/Photolibrary/Getty Images

CÂMARA DE LOBOS

Ilha da Madeira - Mapa regional: **5**-A2 - Mapa das estradas Michelin nº 733-B3

Vila do Peixe

PEIXES E FRUTOS DO MAR • QUADRO TRADICIONAL Uma opção ideal para almoçar ou jantar durante a sua visita à localidade, visto que se encontra na parte alta do centro antigo (em frente do mercado municipal) e possui umas enormes janelas de vidro que permitem desfrutar de uma maravilhosa vista, tanto da baia como do oceano. Se o que você procura é uma autêntica cozinha de mar e o peixe fresco do día, não vai encontrar um restaurante melhor, pois aqui o cliente escolhe as peças que deseja comer como se estivesse no mercado e estas, depois de serem pesadas à sua frente, são imediatamente preparadas na brasa.

Especialidades : Gambas à Vila do Peixe. Bodião grelhado. Mousse de manga.

Carta 28/40 €

Rua Dr. João Abel de Freitas 30-A ✉ 9300-048 - ✆ 291 099 909 - www.viladopeixe.com

Quinta da Serra

CASA DE CAMPO • CLÁSSICA Uma bela quinta do séc. XVIII que serviu como residência de verão de um cônsul inglês. Oferece salões de época, quartos de linha clássica - funcional, um restaurante com certificação BIO e... um bucólico ambiente verde, com várias árvores de grande porte!

44 quartos - 100/300 € - 8 suites

Estrada do Chote 4 ✉ 9325-140 - ✆ 291 640 120 - www.hotelquintadaserra.com

CANIÇAL

Ilha da Madeira - Mapa regional: **5**-A2 - Mapa das estradas Michelin nº 733-B2

Quinta do Lorde

BUSINESS • COMTEMPORÂNEA Magnifico hotel, semelhante a uma pequena aldeia madeirense típica. Espalha os quartos, apartamentos, áreas públicas, lojas e restaurantes entre diferentes edifícios bem interligados. Apresenta uma ampla oferta gastronómica, a maior piscina de hotel da ilha e até uma marina própria!

143 quartos - 80/350 € - 34 suites

Sitio da Piedade ✉ 9200-044 - ✆ 291 969 830 - www.quintadolorde.pt

FUNCHAL

Ilha da Madeira - Mapa regional: **5**-A2 - Mapa das estradas Michelin nº 733-B3

Il Gallo d'Oro

MODERNA • ELEGANTE Como viajantes, podemos encontrar paraísos na terra em diversas partes do mundo; um deles, com certeza, é a ilha da Madeira, conhecida como "A pérola do Atlântico".

No aspeto puramente gastronómico, o chef francês Benoît Sinthon, apaixonado por esta terra, promove uma cozinha fresca e saborosa que exalta os sabores atlânticos, tanto da ilha como do oceano, resgatando antigas receitas e reinterpretando-as com as técnicas mais atuais. Oferecem vários menus, que mudam consoante o número de pratos, sempre requintados, dos quais se podem extrair diversas elaborações tal como se fosse uma carta.

Conselhos? Passe um tempo na esplanada, digna de qualquer conto de fadas, pois as suas impressionantes vistas sobre o litoral constituem um cenário perfeito para um fim de tarde romântico.

Especialidades : Truta da ilha, geleia de coco e perola de yuzu. Galinha bio e legumes da nossa horta. Banana XPTO.

Menu 130/245 € - Carta 107/146 €

Hotel The Cliff Bay, Estrada Monumental 147 ✉ 9004-532 - ✆ 291 707 700 - www.ilgallodoro.com - Fechado almoço: 2ª feira-sábado, domingo

William

CLÁSSICA • ROMÂNTICA XXXX Comer aqui representa muito mais do que uma homenagem gastronómica, pois... trata-se de um autêntico encontro com a história! Não é por acaso que este hotel foi um dos destinos prediletos da aristocracia europeia.

Na sua elegante sala de jantar, distribuída por dois andares, poderá degustar uma cozinha atual de base clássica com umas maridagens muito bem-sucedidas, uma lógica exaltação do produto local e uma atenção exaustiva a todos os detalhes. Menção à parte merecem as idílicas vistas, pois constituem uma das melhores panorâmicas do litoral do Funchal e representam a cereja no topo do bolo de um almoço ou um jantar perfeitos.

Sabe de onde é que vem o nome? É uma merecida homenagem à lendária figura do sonhador escocês William Reid que iniciou a construção do hotel há mais de um século.

Especialidades : Duo de lavagante com aromas do Funchal. Robalo com cevadinha e espinafre, molho de Champagne. Poncha regional e maracujá em merengue crocante.

Menu 120/187 € - Carta 69/119 €

Hotel Belmond Reid's Palace, Estrada Monumental 139 ✉ 9000-098 - ✆ 291 717 171 - www.belmond.com - Fechado 2ª feira, almoço: 3ª feira-sábado, domingo

Casal da Penha

PORTUGUESA • DECORAÇÃO CLÁSSICA X Um negócio familiar que defende o encanto das coisas simples, mas autênticas. Encontra-se no centro, rodeado de grandes hotéis, e completa a sua modesta, mas pulcra, sala de jantar com um maravilhoso terraço no andar de cima, sendo este espaço aberto o mais solicitado pelos clientes. O pai, à frente dos fogões, propõe uma cozinha de gosto tradicional com muitas especialidades regionais, deliciosos peixes do dia, uma ampla variedade de carnes, bons arrozes e até "paellas". Têm muitíssimo sucesso entre os turistas!

Especialidades : Lulas grelhadas ao azeite e alho. Arroz de peixe com camarão e coentros. Mousse de maracujá com sementes.

Carta 30/45 €

Rua Penha de França, beco Ataide 1 ✉ 9000-014 - ✆ 291 227 674 - www.casaldapenha.com - Fechado almoço: domingo

Villa Cipriani

ITALIANA • DECORAÇÃO CLÁSSICA XXX Integrado no hotel Reid's Palace e situado numa villa independente. Elegância, cozinha italiana e magnífica vista sobre as falésias, destacando - se desde o terraço.

Menu 85 € - Carta 55/78 €

Hotel Belmond Reid's Palace, Estrada Monumental 139 ✉ 9000-098 - ✆ 291 717 171 - www.reidspalace.com - Fechado almoço: 2ª feira-domingo

Armazém do Sal

TRADICIONAL • RÚSTICA XX Uma casa de ambiente rústico, autêntico e acolhedor. Predomina o granito e a madeira com pormenores de moderno desing. Interpretação moderna da cozinha tradicional!

Menu 20 € (almoço), 35/41 € - Carta 35/55 €

Rua da Alfândega 135 ✉ 9000-059 - ✆ 291 241 285 - www.armazemdosal.com - Fechado almoço: domingo

The Dining Room

INTERNACIONAL • ELEGANTE XX Assente numa casa histórica e rodeado por um esplêndido jardím. Na sua elegante sala, que possui um "ar inglês", oferecem uma cozinha clássica, com toques atuais e pratos internacionais.

Menu 42/60 € - Carta 40/60 €

Hotel Quinta da Casa Branca, Rua da Casa Branca 7 ✉ 9000-088 - ✆ 291 700 770 - www.quintacasabranca.pt - Fechado almoço: 2ª feira-domingo

ⅱ○ Uva ◄ 🏠 AC

MODERNA · QUADRO CONTEMPORÂNEO XX Encontra - se no terraço do hotel, junto à piscina, pelo que proporciona esplêndidas vistas. Cozinha de gosto atual - internacional e grande seleção de vinhos a copo.
Carta 45/65€
Rua das Aranhas 27-A (Hotel The Vine) ✉ 9000-044 – ✆ 291 009 000 –
www.hotelthevine.com – Fechado almoço: 2ª feira-domingo

ⅱ○ Boho Bistrô 🟢 AC

MODERNA · BISTRÔ X É modesto, mas oferece uma proposta atual com cuidadas apresentações, valorizando os productos da estação e a tradição portuguesa, sem temor à cozinha de fusão.
Menu 11€ (almoço), 60/90€ – Carta 45/60€
Rua dos Aranhas 48 ✉ 9000-144 – ✆ 918 048 432 – www.boho.pt –
Fechado 1-15 dezembro, almoço: 2ª feira, almoço: sábado, domingo

🏨 Belmond Reid's Palace ◄ 🛎 🍴 🕙 ⅃♨ 🔒 AC 🔊 🅿

HISTÓRICO · CLÁSSICA Lendário hotel, quase atemporal, onde a elegância de inspiração inglesa está aliada ao estilo vitoriano. Com um âmbito natural exuberante, orgulha - se do encantador é precioso jardim subtropical sobre a falésia onde está situado. Luxo, alta cozinha e uma deslumbrante vista para o oceano Atlântico.
163 quartos ⇌ – 👫 295/440€ – 35 suites
Estrada Monumental 139 ✉ 9000-098 – ✆ 291 717 171 – www.belmond.com
❀ **William** · ⅱ○ **Villa Cipriani** – Ver selecção restaurantes

🏨 The Cliff Bay 🏹 🏖 ◄ 🛎 ⅃ 🖥 🕙 ♨ 🔒 🔻 AC 🔊 🅿

LUXO · ACOLHEDORA Desfrute de uma estadia inesquecível neste atraente hotel, com jardins, uma zona privada para banhos no mar e umas vistas fantásticas para o oceano desde a maior parte dos seus elegantes quartos. A vasta oferta culinária contempla opções ligeiras, informais e de carácter gastronómico.
202 quartos ⇌ – 👫 195/375€ – 6 suites
Estrada Monumental 147 ✉ 9004-532 – ✆ 291 707 700 – www.portobay.com
❀❀ **Il Gallo d'Oro** – Ver selecção restaurantes

🏨 Pestana Promenade 🏹 ◄ 🛎 🖥 🕙 ♨ ⅃♨ 🔻 AC 🔊 🚐

CADEIA HOTELEIRA · DESIGN Destaca - se pelas suas vistas, pois está localizado sobre a falésia; a maior parte dos seus quartos, actuais e alegres (quase todos com varanda), sobressaem tanto às suas piscinas como ao oceano. Lobby amplo, bom SPA e suites personalizadas. O restaurante combina o seu buffet internacional com outros temáticos.
118 quartos ⇌ – 👫 165/320€ – 4 suites
Rua Simplicio dos Passos Gouveia 31 ✉ 9000-001 – ✆ 291 141 400 –
www.pestana.com

🏨 Quinta da Casa Branca 🏖 🛎 ⅃ ♨ AC 🅿

LUXO · COMTEMPORÂNEA Rodeado de uma exuberante vegetação e instalado num prédio do séc. XIX, fundado pelos descendentes de John Leacock. A maior parte dos quartos distribui - se por dois edificios de conforto contemporâneo e uma magnífica casa situada no centro do jardim.
41 quartos ⇌ – 👫 185/280€ – 8 suites
Rua da Casa Branca 7 ✉ 9000-088 – ✆ 291 700 770 – www.quintacasabranca.pt
ⅱ○ **The Dining Room** – Ver selecção restaurantes

🏨 Quinta Bela São Tiago 🏹 🏖 ◄ 🛎 ⅃ ♨ 🕙 AC 🅿

HISTÓRICO · PERSONALIZADA Ocupa uma casa senhorial situada na parte antiga do Funchal, uma zona sempre animada e com ruelas repletas de vida. Apesar de ter uma boa sala de jantar recomenda - se jantar na esplanada de maneira a desfrutar das vistas, tanto do imenso oceano como da cidade.
56 quartos ⇌ – 👫 124/386€ – 8 suites
Rua Bela São Tiago 70 ✉ 9060-400 – ✆ 291 204 500 – www.solpuro.pt

Quinta Jardins do Lago

HISTÓRICO • PERSONALIZADA Quinta com charme do séc. XVIII situada sobre uma das colinas que rodeiam o Funchal, destaca - se a deslumbrante vista. Todos os quartos têm varanda ou terraço para desfrutar do belo jardim botânico. Oferta gastronómica clássica e internacional.

36 quartos – 210/260 € – 4 suites

Rua Dr. João Lemos Gomes 29 ✉ 9000-208 – ✆ 291 750 100 – www.jardinsdolago.com

pela estrada de Camacha por VR1 : 8 km

Casa Velha do Palheiro

TRADICIONAL • PERSONALIZADA Desfrute plenamente do relaxamento e da natureza nesta casa senhorial com um ambiente inglês encantador. Dispõe do seu próprio jardim botânico, um elegante SPA e um campo de golf. O restaurante aposta numa reinterpretação da cozinha tradicional.

32 quartos – 185/270 € – 5 suites

Rua da Estalagem 23, São Gonçalo ✉ 9060-415 – ✆ 291 790 350 – www.palheiroestate.com

PONTA DO SOL

Ilha da Madeira – Mapa regional: **5**-A2 – Mapa das estradas Michelin n° 733-A2

Estalagem da Ponta do Sol

TRADICIONAL • COMTEMPORÂNEA A estalagem surpreende pelo seu design, pois trata - se de um edifício antigo, com anexos modernos, localizado no topo de um rochedo. Decoração funcional e moderna, vista magnífica. O seu restaurante desfruta de uma montagem actual e uma bela panorâmica sobre o oceano.

54 quartos – 76/117 €

Quinta da Rochinha ✉ 9360-529 – ✆ 291 970 200 – www.pontadosol.com

MAIA

Porto - Mapa das estradas Michelin nº 591-I4

em Nogueira Este : 3,5 km - Mapa regional: **6**-A2

Machado

TRADICIONAL • RÚSTICA X Tanto a quantidade como a qualidade estão garantidas neste restaurante, instalado numa casa antiga, numa pequeña povoação perto da Maia. Conta com várias salas independentes, mas de aparência similar, todas com um ar rústico, com um serviço de mesa simples e inúmeros detalhes típicos pendurados das paredes. Aqui é absolutamente impossível ir-se embora com fome, pois oferecem um menu de tipo tradicional e sabor caseiro, com porções muito abundantes. Não hesite em provar a Vitela assada estilo Lafões, a grande especialidade da casa!

Especialidades : Rojões à beirão. Vitela assada à moda de Lafões. Mousse de chocolate.

Menu 23€

Rua Dr. António José de Almeida 467 ✉ 4475-456 - ✆ 22 941 0839 - www.restaurantemachado.com - Fechado 2ª feira, 3ª feira

MALHOU

Santarém - Mapa regional: **4**-B2 - Mapa das estradas Michelin nº 592-N3

O Malho

TRADICIONAL • RURAL XX Casa familiar construída com arquitectura típica da região do Ribatejo. Salas, com uma decoração clássica mas com detalhes regionais, sugere uma cozinha tradicional especializada em peixe. Por encomenda oferecem muitos mais pratos dos que têm na carta!

Carta 20/30€

Rua Padre Reis 4 ✉ 2380-537 - ✆ 249 882 781 - www.restauranteomalho.com - Fechado 1-31 agosto, 2ª feira, jantar: domingo

MANTEIGAS

Guarda - Mapa regional: **3**-C2 - Mapa das estradas Michelin nº 591-K7

Casa das Obras

FAMILIAR • HISTÓRICA Casa Senhorial que conserva no seu interior a atmosfera do séc. XVIII, com aconchegantes detalhes e mobiliário de época nos quartos. Pequeno jardim com piscina ao atravessar a rua.

6 quartos ☕ - 👥 60/120€

Rua Teles de Vasconcelos ✉ 6260-185 - ✆ 275 981 155 - www.casadasobras.pt - Fechado 1-30 novembro

MARRAZES - Leiria ➜ Ver Leiria

MEALHADA

Aveiro - Mapa regional: **3**-B2 - Mapa das estradas Michelin nº 591-K4

Rei dos Leitões

TRADICIONAL • SIMPÁTICA XX Nesta casa, com uma longa trajetória familiar, a proposta é uma cozinha tradicional muito bem elaborada, com o "Leitão assado" como prato estrela. Dispõem de uma adega fantástica!

Carta 30/70€

Avenida da Restauração 17 ✉ 3050 -382 - ✆ 231 202 093 - Fechado 6-23 janeiro, 17-25 junho, 28 setembro-2 outubro, jantar: 3ª feira, 4ª feira

MIRANDELA

Bragança - Mapa regional: **6**-C2 - Mapa das estradas Michelin nº 591-H8

Flor de Sal

PORTUGUESA • DESIGN XXX Dispõe de um atrativo hall - adega, uma moderna sala e um bar com esplanada junto ao río. Cozinha regional de produto, com protagonismo para o azeite da zona.

Carta 25/38 €

Parque Dr. José Gama ✉ 5370-527 - ☏ 278 203 063 - Fechado 1-31 janeiro, 2ª feira, jantar: domingo

MONÇÃO

Viana do Castelo - Mapa regional: **6**-A1 - Mapa das estradas Michelin nº 591-F4

Convento dos Capuchos

HISTÓRICO • COMTEMPORÂNEA Perfeito para relaxar, pois ocupa parcialmente um convento do século XVIII e tem uma boa área ajardinada, com um tanque cheio de peixes e um bosque de bambus. Disponibiliza quartos de estilo clássico atual e dispõe de um claustro central. O seu restaurante propõe uma cozinha tradicional atualizada.

24 quartos ☕ - 👥 82/173 €

Qta. do Convento dos Capuchos (Antiga Estrada de Melgaço) ✉ 4950-527 - ☏ 251 640 090 - www.conventodoscapuchos.com

na estrada de Sago Sudeste : 3 km

Solar de Serrade

MANSÃO • HISTÓRICA Ocupa uma casa brazonada de estética senhorial e encontra - se numa quinta repleta de vinhas, e são produtores de Alvarinho. Apresenta belos salões com decoração da época, uma capela e elegantes quartos, a maioria com mobiliário antigo.

6 quartos ☕ - 👥 80/95 € - 2 suites

Mazedo ✉ 4950-280 - ☏ 251 654 008 - www.solardeserrade.pt

MONFORTE

Portalegre - Mapa regional: **1**-C1 - Mapa das estradas Michelin nº 592-O7

pela estrada N 369 Noroeste : 5, 5 km e desvio a esquerda 1km

Torre de Palma

CASA DE CAMPO • COMTEMPORÂNEA Localizado em pleno campo, numa quinta histórica que ainda conserva vestígios de uma vila lusitano - romana. Surpreende pela sua torre esbelta, a sua capela, a sua adega, o seu centro equestre... e várias casas alentejanas independentes orientadas para o turismo familiar!

18 quartos ☕ - 👥 150/460 € - 1 suite

Herdade de Torre de Palma ✉ 7450-250 - ☏ 245 038 890 - www.torredepalma.com

MONTE REAL

Leiria - Mapa regional: **4**-A1 - Mapa das estradas Michelin nº 592 M3

Palace H. Monte Real

EDIFÍCIO HISTÓRICO • ELEGANTE Este hotel instalado em um edifício imponente de aparência palaciana com uma fachada maravilhosa e um anexo moderno, oferece quartos muito confortáveis, aqueles que encontram - se na parte nova dispõem de varanda.

96 quartos ☕ - 👥 151/180 € - 5 suites

Rua de Leiria ✉ 2426-909 - ☏ 244 618 900 - www.termasdemontereal.pt

MONTEMOR - O - NOVO

Évora - Mapa regional: **1**-B2 - Mapa das estradas Michelin n° 593-Q5

pela estrada N 4 Oeste : 4 km e desvio a esquerda 0,5 km

L'And Vineyards

MODERNA • MINIMALISTA XXX Encontra-se isolado no meio do campo e surpreende pela sua estética moderna, com inúmeras lâmpadas cromadas penduradas do teto e grandes janelas que dão para o lago do hotel. A sua proposta culinária? Uma cozinha atual, de bases regionais, que cuida muito as apresentações. Excelente serviço e atenção com o cliente!

Menu 75/105€

Hotel L'And Vineyards, Herdade das Valadas ✉ 7050-031 - ✆ 266 242 400 - www.l-and.com - Fechado almoço: 2ª feira-5ª feira

L'And Vineyards

LUXO • MODERNA Este estabelecimento aposta no design, na gastronomía e no vinho! Um estadia aqui é uma experiência autêntica, pois possui quartos com vistas para o céu através de tetos corrediços (Sky View) e outros quartos tipo apartamento (Land View), todos equipados e com conforto máximo.

26 suites - 200/430€

Herdade das Valadas ✉ 7050-031 - ✆ 266 242 400 - www.l-and.com

L'And Vineyards - Ver selecção restaurantes

MOREIRA DE CÓNEGOS

Braga - Mapa regional: **6**-A2 - Mapa das estradas Michelin n° 591-H4/H5

S. Gião

TRADICIONAL • DECORAÇÃO CLÁSSICA XX Goza de grande prestígio em todo Portugal! Na sua sala, de estilo clássico regional, com grandes janelas com vista para as montanhas, poderá degustar uma cozinha tradicional portuguesa bastante delicada, sempre muito bem apresentada.

Carta 30/51€

Rua Comendador Joaquim de Almeida Freitas 56 ✉ 4815-270 - ✆ 253 561 853 - www.sgiao.com - Fechado 2ª feira

NAZARÉ

Leiria - Mapa regional: **4**-A2 - Mapa das estradas Michelin n° 592-N2

Taberna d'Adélia

PEIXES E FRUTOS DO MAR • FAMILIAR X Encontra-se a alguns passos da praia e apresenta duas salas de ar clássico-marítimo, ambas com inúmeras mensagens em papéis pendurados do teto. Pesam o peixe à frente dos clientes!

Carta 30/40€

Rua das Traineras 12 ✉ 2450-196 - ✆ 262 552 134 - www.tabernadadelia.com - Fechado 8-27 dezembro, 4ª feira

NOGUEIRA - Porto → Ver Maia

ÓBIDOS

Leiria - Mapa regional: **4**-A2 - Mapa das estradas Michelin n° 592-N2

Pousada Castelo Óbidos

EDIFÍCIO HISTÓRICO • HISTÓRICA Recupera um castelo medieval encostado à muralha e... com exteriores dignos de um filme! Os quartos, personalizadas com nomes de reis, estão distribuídos entre a alcáçova e uma casa nobre. O restaurante, que preza a cozinha regional, surpreende pelas sua vista.

19 quartos - 160/400€

Paço Real ✉ 2510-999 - ✆ 21 040 7630 - www.pousadas.pt

Real d'Óbidos

BOUTIQUE HOTEL • HISTÓRICA Edifício senhorial localizado junto às muralhas. Possui um exterior encantador, quartos personalizados e uma piscina com vista deslumbrante. Temática medieval atenciosamente cuidada!

18 quartos - 85/155 € - 1 suite

Rua D. João de Ornelas ✉ 2510-074 - ✆ 262 955 090 - www.hotelrealdobidos.com

PAÇO DE ARCOS

Lisboa - Mapa regional: **4**-B3 - Mapa das estradas Michelin nº 592-P2

Casa da Dízima

MODERNA • RÚSTICA XX Deve o seu nome à história do edifício, que em tempos serviu para cobrar os impostos. Conta com varias salas, as principais de ar rústico - moderno; oferece uma cozinha moderna de cariz tradicional portuguesa e internacional.

Carta 30/40 €

Rua Costa Pinto 17 ✉ 2770-046 - ✆ 21 446 2965 - www.casadadizima.com - Fechado jantar: domingo

PALMELA

Setúbal - Mapa regional: **1**-B2 - Mapa das estradas Michelin nº 593-Q3

Pousada de Palmela

HISTÓRICO • HISTÓRICA Excelente pousada situada num convento do séc. XV, junto às muralhas do castelo de Palmela. Tem um grande nível, com agradáveis zonas nobres e elegantes quartos. O restaurante oferece uma montagem muito cuidada e uma interessante ementa tradicional.

27 quartos - 110/243 € - 1 suite

Castelo de Palmela ✉ 2950-317 - ✆ 21 235 1226 - www.pousadas.pt

PASSOS DE SILGUEIROS

Viseu - Mapa regional: **3**-B2 - Mapa das estradas Michelin nº 591-K5

Mesa de Lemos

CRIATIVA • DESIGN XXX Eis aqui um restaurante surpreendente em todos os sentidos, pois é um oásis arquitetónico e gastronómico que ilumina, como um farol à noite, a tranquila região vitivinícola do Dão.

O jovem chef Diogo Rocha, que está tendo uma progressão espetacular, ofrece uma cozinha criativa de bases tradicionais, que faz dos produtos desta terra a pedra angular da sua proposta, respeitando muitíssimo os sabores ao jogar com as técnicas, as diferentes texturas e as cores. Como é lógico, o vinho é da própria adega.

O soberbo edifício, bastante amplo, de design moderno e completamente envidraçado, apaixona pelo modo como se integra nos campos de vinhas adjacentes, assim sendo... aproveite para desfrutar umas vistas fantásticas!

Especialidades : De Sagres: o imperador. Da serra do Caramulo: o cabrito. De Resende: as cerejas.

Menu 80/145 € - Carta 59/70 €

Quinta de Lemos (Oeste : 2 km) ✉ 3500-541 - ✆ 961 158 503 - www.mesadelemos.com - Fechado 3-23 agosto, 21 dezembro-3 janeiro, 2ª feira, 3ª feira, almoço: 4ª feira-5ª feira, jantar: domingo

PEDRA FURADA

Braga - Mapa regional: **6**-A2 - Mapa das estradas Michelin n° 591-H4

Pedra Furada

TRADICIONAL • ACOLHEDORA Pedra Furada é uma tranquila povoação incluída no Caminho de Santiago português, pelo que é frequente ver corajosos peregrinos entre os comensais. Acede-se ao restaurante através de uma simpática esplanada, surpreendendo pelo seu cuidado interior de ambiente rústico, com uma grande lareira, o teto de madeira e as rijas paredes decoradas com diversos prémios gastronómicos. Elaboram uma cozinha regional-caseira simples e ao mesmo tempo honesta, utilizando matérias primas de boa qualidade e alguns produtos cultivados na sua própria horta.

Especialidades : Pataniscas de bacalhau. Galo recheado assado à moda de Barcelos. Leite creme.

Menu 10 € (almoço), 12/22 € - Carta 25/40 €

Estrada N 306 ✉ 4755-392 - ☎ 252 951 144 - www.pedrafurada.com - Fechado 24 agosto-2 setembro, jantar: 2ª feira

PENALVA DO CASTELO

Viseu - Mapa regional: **3**-C1 - Mapa das estradas Michelin n° 591-J6

Parador Esentia Casa da Insua

EDIFÍCIO HISTÓRICO • CLÁSSICA Com charme e história, pois ocupa uma casa senhorial do séc. XVIII que pertenceu ao governador de um estado do Brasil. Belíssimos jardins, amplas zonas nobres e quartos confortáveis, clássicos no edifício principal e mais modernos nos seus anexos.

35 quartos - 90/195 € - 16 € - 9 suites

Insua ✉ 3550-126 - ☎ 232 640 110 - www.parador.es

PESO DA RÉGUA

Vila Real - Mapa regional: **6**-B3 - Mapa das estradas Michelin n° 591-I6

Castas e Pratos

PORTUGUESA • NA MODA Instalado num antigo armazém de madeira, completamente remodelado, que em tempos pertenceu à estação ferroviária. Disponibiliza uma cozinha tradicional muito bem atualizada e uma excelente carta de vinhos apresentada com um iPad.

Carta 40/65 €

Rua José Vasques Osório ✉ 5050-280 - ☎ 254 323 290 - www.castasepratos.com

Cacho d'Oiro

PORTUGUESA • DECORAÇÃO CLÁSSICA Este restaurante, gerenciado por um casal, apresenta um interior de estilo clássico e encontra - se próximo ao mercado. Elaboram uma cozinha regional portuguesa de qualidade, com boas carnes e o Cabrito assado no forno é a grande especialidade da casa.

Carta 22/32 €

Travessa da Rua Branca Martinho ✉ 5050-292 - ☎ 254 321 455 - www.restaurantecachodoiro.pt - Fechado 15-30 junho

PINHÃO

Vila Real - Mapa regional: **6**-B3 - Mapa das estradas Michelin n° 591-I7

Rabelo

MODERNA • DECORAÇÃO CLÁSSICA Agradável, acolhedor e com um terraço de verão! Comer aqui é uma boa opção se deseja degustar tanto os pratos regionais como os tradicionais lusitanos... isso sim, com elaborações e apresentações bem atualizadas.

Carta 30/60 €

Hotel Vintage House, Lugar da Ponte ✉ 5085-034 - ☎ 254 730 230 - www.vintagehousehotel.com - Fechado 6 janeiro-29 fevereiro

Vintage House

LUXO • CLÁSSICA No conjunto, tem um bom nível, com uma decoração atualizada e aprazível vista sobre o Douro. Possui zonas nobres bem cuidadas e quartos bem redecorados num estilo clássico - atual.

47 quartos - 150/355€ - 3 suites

Lugar da Ponte 5085-034 - 254 730 230 - www.vintagehousehotel.com

Rabelo - Ver selecção restaurantes

ao Norte 5 km

Casa do Visconde de Chanceleiros

TRADICIONAL • ACOLHEDORA Muito agradável e bem cuidado, pois a sua decoração original combina perfeitamente os estilos clássico e regional. As áreas comuns encontram - se no edifício principal e os quartos nos anexos, com vista para um campo repleto de oliveiras e vinhas. Surpreende pela sua sauna, já que está dentro de uma grande barrica de vinho!

10 quartos - 135/185€

Largo da Fonte. Chanceleiros 5085-201 - 254 730 190 - www.chanceleiros.com

POÇO BARRETO

Faro - Mapa regional: **2**-B2 - Mapa das estradas Michelin nº 593-U4

O Alambique

INTERNACIONAL • RÚSTICA Casa situada ao rés - do - chão, localizada junto a uma estrada, com duas salas de tectos altos e uma montagem correcta, separadas por dois arcos de pedra. Ementa internacional com preços razoáveis.

Menu 43€ - Carta 25/41€

Estrada de Silves 8300-042 - 282 449 283 - www.alambique.de - Fechado 10 dezembro-22 janeiro, almoço: 2ª feira, 3ª feira, almoço: 4ª feira-domingo

PONTA DO SOL - Ilha da Madeira → Ver Madeira (Arquipélago da)

PONTE DE LIMA

Viana do Castelo - Mapa regional: **6**-A2 - Mapa das estradas Michelin nº 591-G4

Açude

REGIONAL • QUADRO TRADICIONAL Apresenta um interior rústico e destaca - se pela sua localização, junto ao Clube Náutico do Rio Lima. Carta tradicional - regional com especialidades sazonais, como a lampreia.

Carta 25/39€

Arcozelo - Centro Naútico 4990-150 - 258 944 158 - www.restauranteacude.com - Fechado 29 junho-5 julho, 1-8 novembro, 2ª feira, jantar: domingo

Petiscas

TRADICIONAL • ACOLHEDORA Íntimo, charmoso e muito bem localizado, ao lado da Ponte Velha. Correta carta tradicional - regional portuguesa. Prove o Bacalhau com broa!

Carta 30/40€

Largo da Alegria - Arcozelo 4990-240 - 258 931 347 - Fechado 9 abril-16 agosto, 12 novembro-27 dezembro, 2ª feira

na Estrada N 203 Nordeste : 5, 2 km

Carmo's Boutique H.

BOUTIQUE HOTEL • COMTEMPORÂNEA Único e exclusivo, surpreende pelo design vanguardista que é perfeitamente integrado na natureza. Conta com uma biblioteca - restaurante, um SPA de aromaterapia, quartos elegantes e a opção de experiências sugestivas. Nenhum detalhe é deixado ao acaso!

18 quartos - 215/419€

Gemieira 4990-645 - 910 587 558 - www.carmosboutiquehotel.com

PORTALEGRE

Portalegre – Mapa regional: **1**-C1 – Mapa das estradas Michelin nº 592-O7

Solar do Forcado

TRADICIONAL • RÚSTICA ✗ Encontrá-lo-á numa rua estreita e empedrada do centro histórico, relativamente próximo do Castelo. A sua modesta fachada dá passagem a um espaço não muito amplo, mas acolhedor, de ambiente rústico e com uma decoração em torno do mundo taurino. Aqui a aproposta é uma cozinha tradicional, especializada em carnes, quase sempre com algum prato dedicado ao touro bravo, como homenagem aos Forcados, uma modalidade das touradas lusitanas praticada tanto pelo proprietário como pelo seu pai. Prove a excelente Espetada de touro bravo e... não perca o Cozido à portuguesa servido à quinta-feira!

Especialidades : Pastéis de alheira com mostarda de pimento piquilho. Lacão assado no forno com arroz de cogumelos silvestres. Pudim de mel e azeite.

Carta 20/30 €

Rua Candido dos Reis 14 ✉ 7300-129 – ✆ 245 330 866 – Fechado 1-31 agosto, almoço: sábado, domingo

no bairro da Pedra Basta Sudeste : 3 km

Tomba Lobos

ALENTEJANA • QUADRO TRADICIONAL ✗✗ Vai gostar, pois o bar da entrada dá passagem a uma bela sala de jantar com o tetos em abóbada. Cozinha alentejana baseada em produtos de mercado, com caça e cogumelos sazonais.

Menu 25/50 € – Carta 25/40 €

Rua 19 De Junho 2 ✉ 7300-126 – ✆ 245 906 111 – www.tombalobos.pt – Fechado 1-14 janeiro, 2ª feira, jantar: domingo

PORTELA – Braga ➜ Ver Vila Nova de Famalicão

PORTIMÃO

Faro – Mapa das estradas Michelin nº 593-U4

na Praia da Rocha Sul : 2 km – Mapa regional: **2**-A2

Vista

MODERNA • LUXO ✗✗✗ Quando falamos de estabelecimentos únicos, referimo-nos a restaurantes como este, capazes de nos transportar ao mundo dos sonhos. Encontramo-nos num maravilhoso palacete, do começo do séc. XX, localizado sobre um promontório em plena Praia da Rocha, o que permite aceder de maneira privilegiada a umas vistas dignas de um postal, que se perdem na imensidão do Atlântico. É daí que vem o seu nome!

Numa sala elegante, com grandes janelas para ver o oceano, você vai descobrir uma proposta fresca e moderna de vários menus, elaborados todos eles com as melhores matérias primas da zona. O seu jovem chef, João Oliveira, exalta os sabores de cada produto com elaborações delicadas e cheias de matizes que, seguramente, não defraudarão o seu paladar.

Especialidades : Carabineiro do Mediterrâneo. Leitão bisaro. Spring flowers.

Menu 110/160 €

Hotel Bela Vista, Avenida Tomás Cabreira ✉ 8500-802 – ✆ 282 460 280 – www.vistarestaurante.com – Fechado 2 janeiro-6 março, almoço: 2ª feira-domingo

Bela Vista

LUXO • PERSONALIZADA Ocupa um precioso palacete do início do século XX e destaca - se pela sua magnífica localização no centro da praia, numa zona elevada e com fantásticas vistas para o mar. Salões íntimos, bar elegante, SPA requintado e quartos bem cuidados... 11 no edifício principal e o restante nos anexos.

38 quartos – 250/500 €

Avenida Tomás Cabreira ✉ 8500-802 – ✆ 282 460 280 – www.hotelbelavista.net

Vista – Ver selecção restaurantes

jackmalipan/iStock

PORTO

Porto – Mapa regional: **6**-A3 – Mapa das estradas Michelin nº 591-I3

Nós gostamos...

O simples fato de andar pela cidade, porque tem um charme boémio incomparável.

Andamos pelas margens do Douro e por vezes até embarcamos num rabelo, os típicos barcos que transportavam barris de vinho e que hoje oferecem aos turistas a melhor vista das suas bonitas pontes (Ponte da Arrábida, Ponte Luís I, Ponte do Infante...).
Depois de visitar as famosas vinícolas localizadas em Vila Nova de Gaia (Taylor's, Croft, Ramos Pinto, Sandeman ...) sempre vamos ao **The Yeatman**, onde pode disfrutar de uma cozinha excecional e... uma das melhores vistas do Porto!
O que não se deve perder? A criatividade do **Antiqvvm**, as divertidas propostas do Chef José Avillez fora de Lisboa (**Mini Bar** e **Cantinho do Avillez**), as famosas Tripas à moda do Porto de **Líder**, o sabor mais tradicional de **O Paparico**, ou as populares francesinhas...

LeoPatrizi /iStock

Restaurantes

Antiqvvm

CRIATIVA • ELEGANTE XXX Há lugares no mundo que, só pela sua localização, exercem um particular poder de atração; é ese o caso de Antiqvvm, localizado num frondoso e central parque, junto do Museu Romântico da cidade, com um cuidado jardim do qual terá... uma das vistas mais idílicas sobre a ribeira do Douro!

Nas suas elegantes salas, não isentas de magia, com carpetes, paredes de pedra e uma decoração de grande nível, o chef Vítor Matos aposta por uma cozinha tradicional e sazonal, com muitos toques internacionais, elaborando os pratos sempre com técnicas atuais e tendo por base matérias primas selecionadas.

Em palavras do próprio chef, com o seu trabalho o mesmo procura "promover os valores de uma cozinha cultural, natural, evolutiva, social e artística".

Especialidades : Lavagante azul, chilli, caril, ovas de truta, abacate e manga. Salmonete, carabineiro, couve-flor, ouriço do mar e codium. Tarte de limão, laranja confit, mascarpone, chá matcha, kumquat e yuzu.

Menu 45 € (almoço), 80/150 € - Carta 60/83 €

Planta E2-a - *Rua de Entre Quintas 220 ✉ 4050-240 - ✆ 22 600 0445 - www.antiqvvm.pt - Fechado 12-29 janeiro, 2ª feira, domingo*

Le Monument (N)

SULISTA • DECORAÇÃO CLÁSSICA XXX Elegância e profissionalidade! O reconhecido chef Julien Montbabut, fiel às suas origens, propõe uma cozinha francesa atual e elaborada, muito cuidada nas apresentações.

Menu 85/110 €

Planta G2-a - *Hotel Le Monumental Palace, Avenida Dos Aliados 151 ✉ 4000-067 Ⓜ Aliados - ✆ 22 766 2411 - www.maison-albar-hotels-porto-monumental.com - Fechado 2ª feira, almoço: 3ª feira-sábado, domingo*

O Paparico

TRADICIONAL • RÚSTICA XXX Situado na parte alta da cidade, apresenta um ambiente rústico muito confortável. Cozinha tradicional portuguesa de qualidade, com preços elevados, de acordo com o ambiente.

Carta 70/95 €

Planta D2-k - *Rua de Costa Cabral 2343 ✉ 4200-232 - ✆ 22 540 0548 - www.opaparico.com - Fechado 28 julho-13 agosto, 23 dezembro-9 janeiro, 2ª feira, almoço: 3ª feira-sábado, domingo*

DOP

TRADICIONAL XX Inserido num edifício histórico! Nas suas salas de refeições, atuais e desniveladas entre si, pode contar com uma cozinha tradicional de qualidade. Excelente adega com vinhos portugueses e internacionais.

Menu 27 € (almoço)/90 € - Carta 50/80 €

Planta F3-f - *Largo de São Domingos 18 (Palácio das Artes) ✉ 4050-545 Ⓜ São Bento - ✆ 22 201 4313 - www.doprestaurante.pt - Fechado 27 janeiro-10 fevereiro, almoço: 2ª feira, domingo*

Líder

TRADICIONAL • FAMILIAR XX Encontra - se numa zona residencial tranquila e é gerido de forma exemplar pelo seu proprietário, ciente de tudo. A luz natural inunda o interior que se apresenta clássico e funcional. Não se esqueça de provar um prato emblemático, as Tripas à moda do Porto.

Carta 30/55 €

Planta C2-r - *Alameda Eça de Queiroz 126 ✉ 4200-274 - ✆ 22 502 0089 - www.restaurantelider.com*

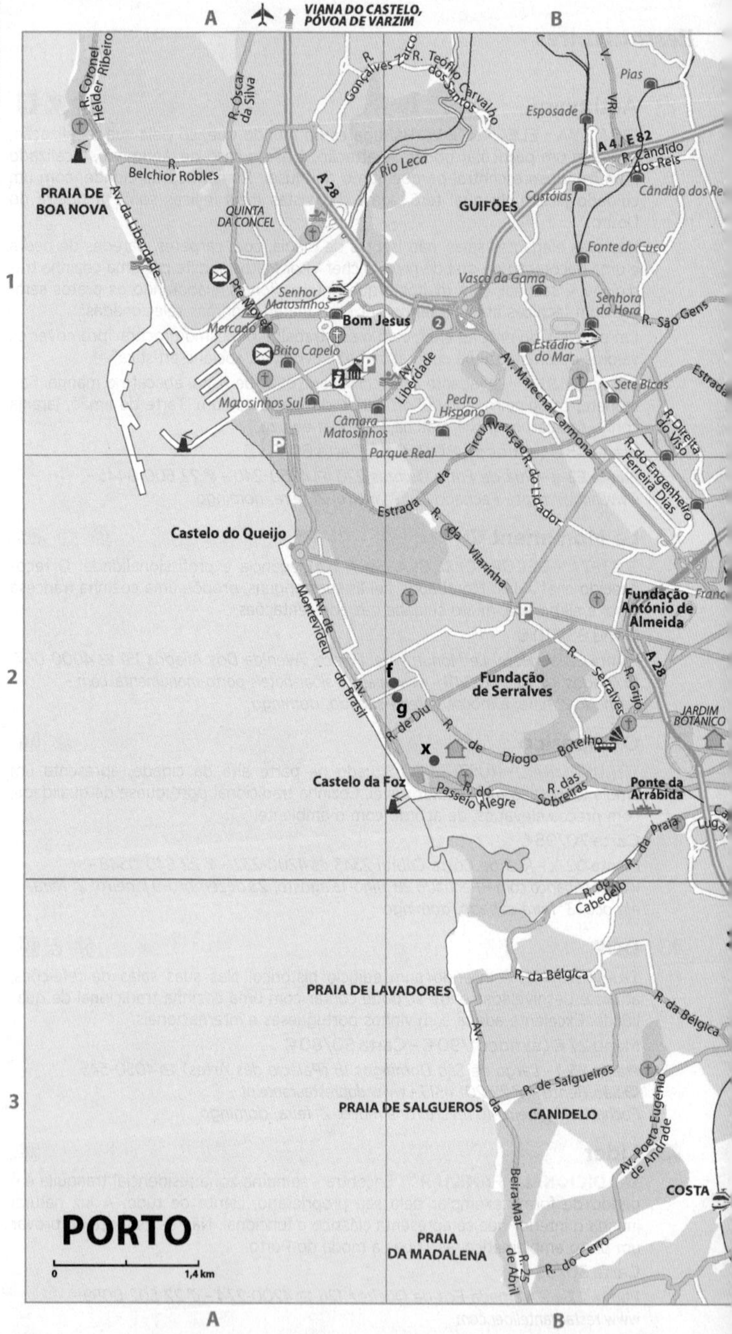
A
B
1
2
3
VIANA DO CASTELO, PÓVOA DE VARZIM
R. Coronel Helder Ribeiro
R. Óscar da Silva
R. Gonçalves Zarco
R. Teófilo Carvalho dos Santos
V. VRI
Pias
Esposade
A 4 / E 82
R. Cândido dos Reis
Cândido dos Reis
Rio Leca
A 28
R. Belchior Robles
PRAIA DE BOA NOVA
Av. da Liberdade
QUINTA DA CONCEL
GUIFÕES
Custóias
Fonte do Cuco
Vasco da Gama
Senhora da Hora
R. São Gens
Pte Móvel
Senhor Matosinhos
Bom Jesus
Mercado
Brito Capelo
Av. Liberdade
Estádio do Mar
Av. Marechal Carmona
Sete Bicas
Estrada
Matosinhos Sul
Pedro Hispano
Câmara Matosinhos
Circunvalação
R. Direita do Viso
R. do Engenheiro Ferreira Dias
Parque Real
Estrada da
R. do Lidador
R. da Vilarinha
Castelo do Queijo
Av. de Montevideu
Fundação António de Almeida
Av. do Brasil
R. Serralves
R. Grijó
Fundação de Serralves
JARDIM BOTÂNICO
R. de Diu
R. de Diogo Botelho
Castelo da Foz
Passeio Alegre
R. do
R. das Sobreiras
Ponte da Arrábida
R. da Praia
R. do Cabedelo
R. da Bélgica
PRAIA DE LAVADORES
R. da Bélgica
Av.
R. de Salgueiros
PRAIA DE SALGUEROS
da
CANIDELO
Av. Poeta Eugénio de Andrade
Beira-Mar
COSTA
PORTO
0
1,4 km
PRAIA DA MADALENA
R. 25 de Abril
R. do Cerro
f
g
x

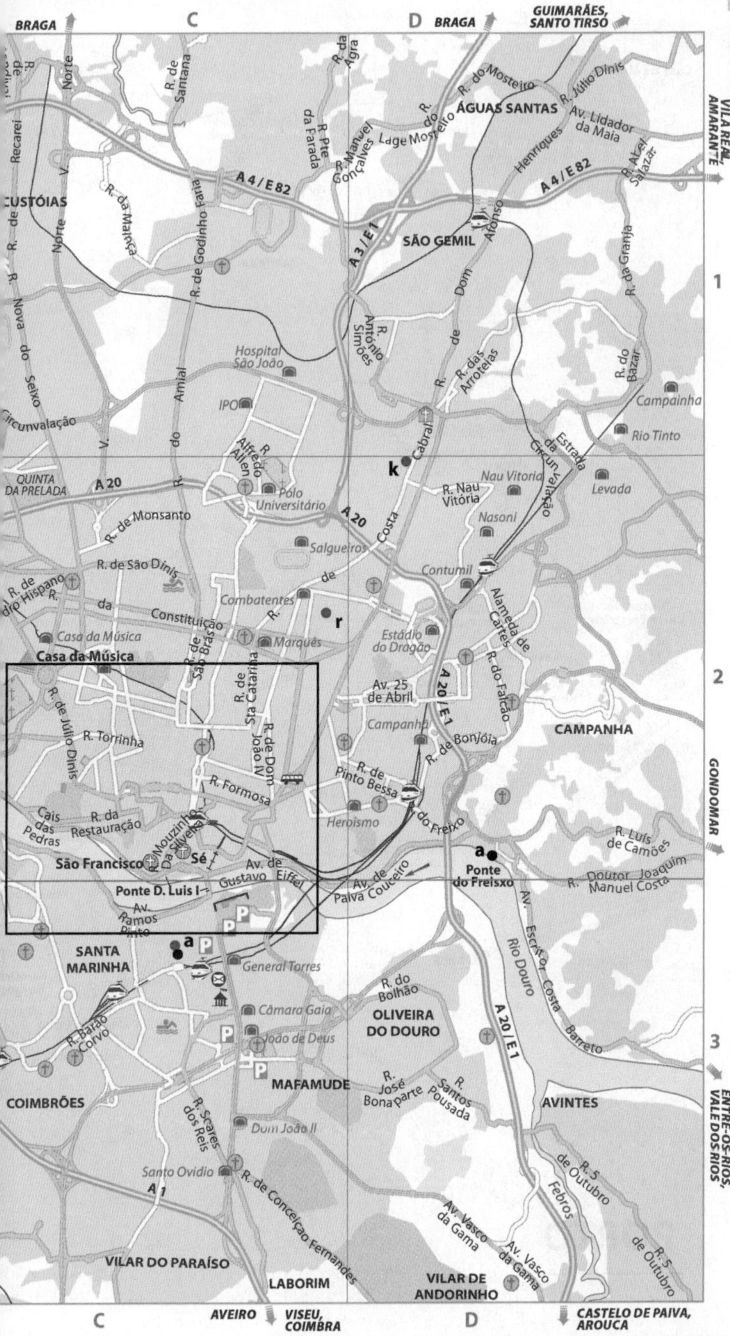
BRAGA
C
D
BRAGA
GUIMARÃES, SANTO TIRSO
VILA REAL, AMARANTE
1
2
GONDOMAR
3
ENTRE-OS-RIOS, VALE DOS RIOS
AVEIRO
VISEU, COIMBRA
CASTELO DE PAIVA, AROUCA
CUSTÓIAS
ÁGUAS SANTAS
SÃO GEMIL
A 4 / E 82
A 3 / E 1
A 20
A 20 / E 1
A 1
R. de Santana
R. da Agra
R. Pte da Farada
R. Manuel Gonçalves
Lage
R. do Mosteiro
R. Júlio Dinis
Av. Lidador da Maia
Henriques
R. Al. Salazar
R. da Maiaca
R. de Godinho Faria
R. do Amial
V. Norte
R. Recarei
R. Nova do Seixo
Circunvalação
Dom Afonso
R. da Granja
R. António Simões
R. das Arroteias
R. do Bazar
Campainha
Rio Tinto
Hospital São João
IPO
R. Alfredo Allen
Pólo Universitário
QUINTA DA PRELADA
R. de Monsanto
Cabral
k
Estrada da Circunvalação
Nau Vitoria
R. Nau Vitória
Levada
Nasoni
Salgueiros
Costa
R. de São Dinis
Contumil
R. de Diogo Hispano
Combatentes
R. da Constituição
r
Estádio do Dragão
Alameda de Cartes
Casa da Música
Marquês
R. de São Brás
R. de Sta Catarina
R. do Falcão
Av. 25 de Abril
R. de Júlio Dinis
R. Torrinha
R. de Dom João IV
Campanhã
CAMPANHA
R. de Bonjóia
R. Formosa
R. de Pinto Bessa
Heroísmo
do Freixo
Cais das Pedras
R. da Restauração
R. Mouzinho Da Silveira
Sé
São Francisco
Av. de Gustavo Eiffel
Av. de Paiva Couceiro
a
Ponte do Freixo
R. Luís de Camões
R. Doutor Joaquim Manuel Costa
Ponte D. Luís I
Av. Ramos Pinto
Av. Escritor Costa Barreto
Rio Douro
SANTA MARINHA
General Torres
R. do Bolhão
Câmara Gaia
OLIVEIRA DO DOURO
R. Barão Corvo
João de Deus
MAFAMUDE
R. José Bonaparte
R. Santos Pousada
COIMBRÕES
AVINTES
R. Soares dos Reis
Dom João II
Santo Ovídio
R. de Conceição Fernandes
R. 5 de Outubro
Febros
Av. Vasco da Gama
VILAR DO PARAÍSO
LABORIM
VILAR DE ANDORINHO

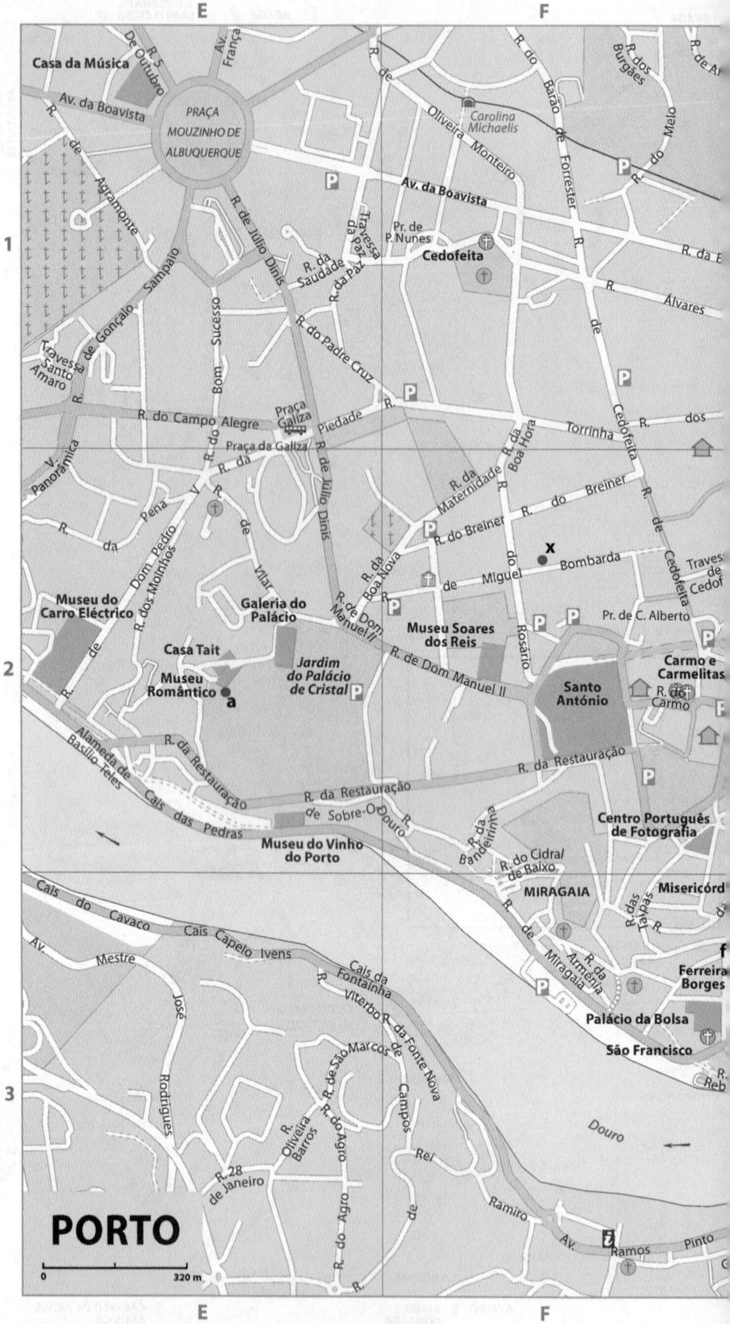
E
F
1
2
3
PORTO
0
320 m
Casa da Música
R. 5 De Outubro
Av. França
Av. da Boavista
PRAÇA MOUZINHO DE ALBUQUERQUE
R. de Agramonte
R. de Oliveira Monteiro
Carolina Michaelis
R. do Barão de Forrester
R. dos Burgães
R. do Melo
R. de Ar
Av. da Boavista
R. de Júlio Dinis
Travessa da Paz
Pr. de P. Nunes
Cedofeita
R. da B
R. da Saudade
R. da Paz
R. Álvares
R. de Gonçalo Sampaio
Bom Sucesso
R. do Padre Cruz
Travessa Santo Amaro
R. de Cedofeita
R. do Campo Alegre
Praça Galiza
R. Piedade
R. dos Torrinha
Praça da Galiza
V. Panorâmica
R. do
R. da
R. da Boa Hora
R. da Maternidade
R. do Breiner
R. da Pena
R. de Vilar
R. de Júlio Dinis
R. do Breiner
R. de Dom Pedro
R. dos Moinhos
x
R. da Boa Nova
R. de Miguel Bombarda
Travessa de Cedof
Museu do Carro Eléctrico
Galeria do Palácio
R. de Dom Manuel II
R. do Rosário
Pr. de C. Alberto
Museu Soares dos Reis
Casa Tait
Jardim do Palácio de Cristal
Carmo e Carmelitas
R. de
Museu Romântico
a
R. de Dom Manuel II
Santo António
R. do Carmo
Alameda de Basílio Teles
R. da Restauração
R. da Restauração
R. da Restauração
Cais das Pedras
R. de Sobre-O-Douro
R. da Bandeirinha
Centro Português de Fotografia
Museu do Vinho do Porto
R. do Cidral de Baixo
MIRAGAIA
Misericórd
R. das Taipas
Cais do Cavaco
Cais Capelo Ivens
R. de Miragaia
R. da Arménia
Av. Mestre José Rodrigues
Cais da Fontainha
R. Viterbo
R. da Fonte Nova
Ferreira Borges
Palácio da Bolsa
São Francisco
R. de São Marcos
R. de Campos
R. Oliveira Barros
R. do Agro
Douro
R. 28 de Janeiro
R. Rei Ramiro
R. do Agro
Av. Ramos Pinto
R. de
R.

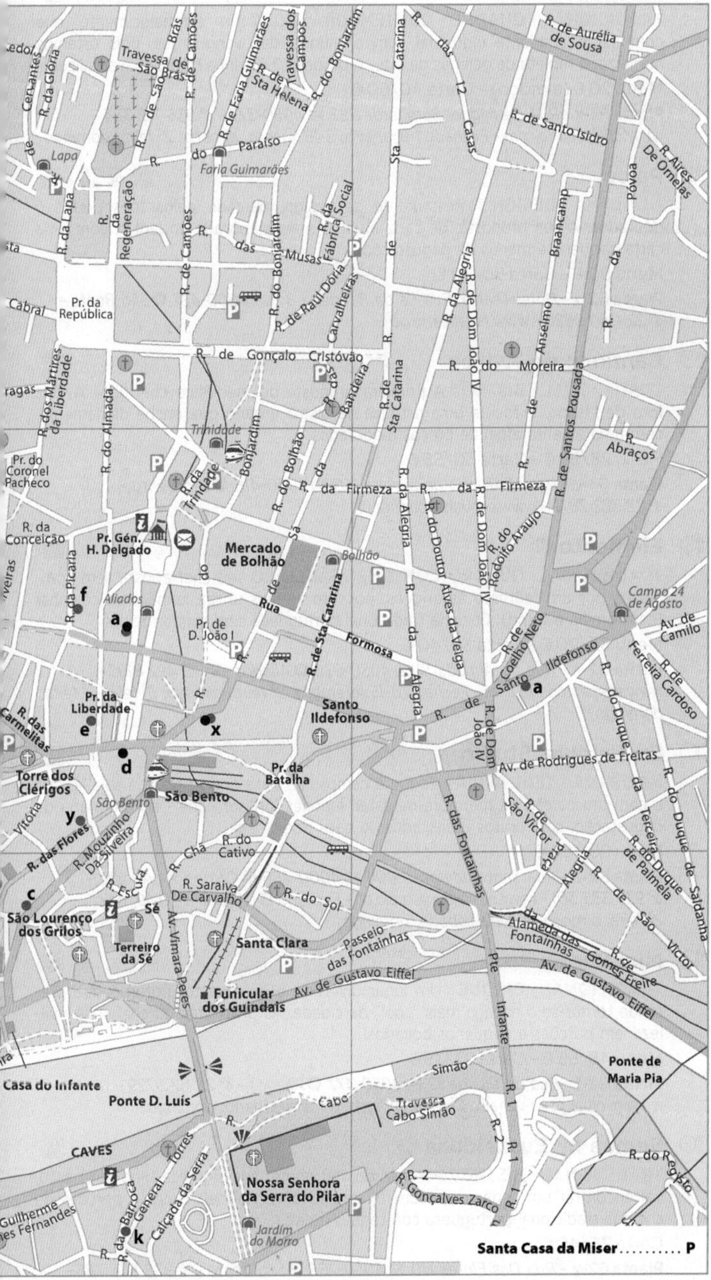
G
H
1
2
3
Travessa de São Brás
R. de Camões
R. da Glória
Cervantes
Lapa
R. da Lapa
R. da Regeneração
Pr. da República
R. de Faria Guimarães
R. de Sta Helena
Travessa dos Campos
R. do Bonjardim
R. do Paraíso
Faria Guimarães
R. das Musas
R. da Fábrica Social
R. de Raúl Dória
R. de Gonçalo Cristóvão
R. das Carvalheiras
R. da Bandeira
R. de Sta Catarina
R. das 12 Casas
R. de Aurélia de Sousa
R. de Santo Isidro
R. Aires De Ornelas
R. da Póvoa
R. de Anselmo Braancamp
R. da Alegria
R. de Dom João IV
R. do Moreira
R. de Santos Pousada
R. Abraços
R. dos Mártires da Liberdade
R. do Almada
Pr. do Coronel Pacheco
Trindade
R. da Trindade
R. do Bolhão
R. da Firmeza
R. de Sá da Bandeira
R. do Doutor Alves da Veiga
R. do Rodolfo Araújo
R. da Conceição
Pr. Gén. H. Delgado
Mercado de Bolhão
Bolhão
Campo 24 de Agosto
R. da Picaria
Aliados
Pr. de D. João I
Rua Formosa
R. de Coelho Neto
Av. de Camilo
R. de Santo Ildefonso
R. de Ferreira Cardoso
Pr. da Liberdade
R. das Carmelitas
Santo Ildefonso
R. do Duque da Terceira
Torre dos Clérigos
Pr. da Batalha
Av. de Rodrigues de Freitas
São Bento
R. das Fontainhas
R. de São Victor
R. do Duque de Saldanha
R. das Flores
R. Mouzinho Da Silveira
R. do Cativo
R. Chã
R. Escura
R. Saraiva De Carvalho
R. do Sol
Praça Alegria
R. do Duque de Palmela
R. de São Victor
São Lourenço dos Grilos
Sé
Terreiro da Sé
Av. Vimara Peres
Santa Clara
Passeio das Fontainhas
Alameda das Fontainhas
R. de Gomes Freire
Funicular dos Guindais
Av. de Gustavo Eiffel
Pte Infante
Ponte de Maria Pia
Casa do Infante
Ponte D. Luís
Simão
Cabo
Travessa Cabo Simão
R. do Registo
CAVES
R. General Torres
Calçada da Serra
Nossa Senhora da Serra do Pilar
R. Gonçalves Zarco
Gulherme Fernandes
R. da Barroca
Jardim do Morro
Santa Casa da Miser.......... P

⫙○ Oficina Ⓝ   🛋 AC

TRADICIONAL · QUADRO CONTEMPORÂNEO ✗✗ Um estabelecimento que combina o ambiente industrial com o mundo das vanguardas, pois estamos numa zona repleta de galerias de arte. A proposta? Cozinha tradicional atualizada.
Menu 20€ (almoço) – Carta 40/60€
Planta F2-x – *Rua De Miguel Bombarda 282* ✉ *4050-377* – ☎ *936 712 384* – *www.oficinaporto.com* – *Fechado 1-8 janeiro, 2-18 agosto, almoço: 2ª feira, domingo*

⫙○ Palco   🛋 & AC 🚗

MODERNA · DESIGN ✗✗ Restaurante de design marcado pelos tons pretos e dourados. A sua proposta, de cariz atual, é mais elaborada ao jantar, com uma carta pequena e menus de degustação.
Menu 80€ – Carta 50/70€
Planta G2-x – *Hotel Teatro, Rua Sá da Bandeira 84* ✉ *4000-427* Ⓜ *São Bento* – ☎ *22 040 9620* – *www.hotelteatro.pt*

⫙○ Cantinho do Avillez   AC

TRADICIONAL · BISTRÔ ✗ A primeira proposta do mediático chef José Avillez fora de Lisboa. Presenta uma estética de bistrô urbano que enche diariamente, com uma ementa atual de preços moderados.
Menu 28/59€ – Carta 30/55€
Planta G3-c – *Rua Mouzinho da Silveira 166* ✉ *4050-416* Ⓜ *São Bento* – ☎ *22 322 7879* – *www.cantinhodoavillez.pt*

⫙○ Elemento Ⓝ   AC

TRADICIONAL · QUADRO CONTEMPORÂNEO ✗ O seu chef aposta sem complexos por um regresso às origens, por isso apenas utiliza lenha para cozinhar (com grelha e forno). Cozinha tradicional portuguesa com toques atuais.
Menu 65/90€ – Carta 30/40€
Planta G2-e – *Rua do Almada 51* ✉ *4050-036* Ⓜ *Aliados* – ☎ *22 492 8193* – *www.elementoporto.com* – *Fechado 8-15 setembro, 2ª feira, almoço: 3ª feira-5ª feira, domingo*

⫙○ Euskalduna Studio   AC

MODERNA · TENDÊNCIA ✗ Toque à campainha para entrar! Na sua sala, íntima e com um balcão de mármore de estilo japonês, propor - lhe - ão um menu de degustação, com pratos atualizados de base tradicional.
Menu 95/160€
Planta H2-a – *Rua Santo Ildefonso 404* ✉ *4000-466* Ⓜ *Campo 24 Agosto* – ☎ *935 335 301* – *www.euskaldunastudio.pt* – *Fechado 13-26 janeiro, 11-19 maio, 2ª feira, almoço: 3ª feira-sábado, domingo*

⫙○ Mini Bar Ⓝ   AC

TRADICIONAL · CHIQUE ✗ Um lugar divertido e de carácter noturno que pretende tornar-se o espaço mais "cool" da cidade. As propostas do chef José Avillez... em porções e pequenos bocados!
Menu 45/55€ – Carta 22/35€
Planta G2-f – *Rua da Picaria 12* ✉ *4050-477* Ⓜ *Aliados* – ☎ *22 112 9729* – *www.minibar.pt* – *Fechado 2ª feira, almoço: 3ª feira-sábado, domingo*

⫙○ Semea by Euskalduna Ⓝ   AC

TRADICIONAL · BISTRÔ ✗ Por trás do seu nome, que significa filho em basco, vai encontrar um espaço tipo bistrô, simpático e informal. Tapas e porções de cozinha tradicional portuguesa com toques atuais.
Carta 25/40€
Planta G2-y – *Rua Das Flores 179* ✉ *4050-266* Ⓜ *São Bento* – ☎ *938 566 766* – *www.semeabyeuskaldunad.pt* – *Fechado 13-26 janeiro, 5-11 outubro, 2ª feira, 3ª feira*

Alojamentos

Le Monumental Palace

GRANDE LUXO · CLÁSSICA O luxo ao seu serviço! Neste hotel central, que recuperou um edificio de 1923, vai encontrar um maravilhoso salão social com biblioteca, um SPA e requintados quartos, todos eles clássicos, amplos e cheis de detalhes. Conta também com uma oferta culinária selecionada.

72 quartos - 250/380€ - 25€ - 4 suites

Planta G2-a - *Avenida dos Aliados 151 4000-067 Aliados - 22 766 2410 - www.maison-albar-hotels-le-monumental-palace.com*

Le Monument - Ver selecção restaurantes

InterContinental Porto-Palacio das Cardosas

LUXO · CLÁSSICA A impressionante fachada do s. XVIII dá lugar a um edificio que, em tempos, serviu como convento. Tem uma luxuosa zona nobre, com lojas de joias, e confortáveis quartos, alguns tipo duplex. O restaurante combina uma ementa atual e a opção de menus.

105 quartos - 190/450€ - 22€

Planta G2-d - *Praça da Liberdade 25 4000-322 São Bento - 22 003 5600 - www.intercontinental.com*

Pestana Palacio do Freixo

LUXO · HISTÓRICA Ocupa um Palácio Barroco do séc. XVIII e uma antiga fábrica de Moagens, conferindo - lhe um enquadramento privilegiado com terraço nas margens do Douro. Apresenta uma área pública senhorial, quartos clássicos e um moderno restaurante, onde convidam a uma carta tradicional.

77 quartos - 258/401€ - 10 suites

Planta D2-a - *Estrada N-108 4300-316 - 22 531 1000 - www.pestana.com*

Teatro

URBANO · DESIGN Muito original pois recria um ambiente boémio e teatral! Trata - se dum edifício de nova construção que se ergue no mesmo lugar onde noutros tempos havia um teatro.

74 quartos - 110/200€

Planta G2-x - *Rua Sá da Bandeira 84 4000-427 São Bento - 22 040 9620 - www.hotelteatro.pt*

Palco - Ver selecção restaurantes

na Foz do Douro Mapa regional: **6**-A3

Pedro Lemos

MODERNA · QUADRO CONTEMPORÂNEO XX Interessante tanto pela gastronomia como pela zona onde se encontra, conhecida como "Foz do Douro", onde confluem as águas do rio com as do Atlântico.

O atractivo edifício, património arquitetónico da cidade, tem dois andares, com uma encantadora sala no piso inferior, onde se encontra à vista a garrafeira, e a sala de refeições principal no andar superior, com uma estética mais cosmopolita. Pedro Lemos centraliza a sua proposta em menus de degustação que mudam em função do número de pratos, sempre com vistosas elaborações que valorizam a frescura tanto dos produtos locais como, em geral, dos do resto das regiões do país.

Conselhos? Recomendamos ir de taxi, pois este é um bairro histórico com ruas estreitas, em que não é fácil estacionar.

Especialidades : Foie gras de pato, pão de especiarias e pêra. Atum, cogumelos e dashi. Banana, alfazema e pérolas de barbeito.

Menu 110/130 €

Planta B2-x – *Rua do Padre Luis Cabral 974 ✉ 4150-459 – ✆ 22 011 5986 – www.pedrolemos.net – Fechado 2ª feira, domingo*

In Diferente

INTERNACIONAL • QUADRO CONTEMPORÂNEO XX Não está no centro da cidade nem nas principais rotas turísticas... porém, vale a pena ir a este restaurante, sossegado, acolhedor e de linha atual. Angélica Salvador, a jovem chefe de origem brasileira, oferece a sua pessoal visão da cozinha tradicional portuguesa e internacional, com pratos mais elaborados e muito bem apresentados. Procura oferecer uma proposta diferente e pessoal, com detalhes de autor, tirando o máximo partido tanto dos maravilhosos peixes chegados das lotas próximas de Matosinhos ou Aveiro como das fantásticas carnes da região.

Especialidades : Burrata In Diferente. Robalo do mar, xerém de bivalves, salicornia e Champagne. Pastel de nata, creme de limão, café e gelado de canela.

Menu 12 € (almoço)/45 € – Carta 35/50 €

Planta B2-g – *Rua do Doutor Sousa Rosa 23 ✉ 4150-719 – ✆ 911 033 315 – Fechado 1-15 agosto, 2ª feira, jantar: domingo*

Cafeína

A/C

TRADICIONAL • ÍNTIMA XX A particular fachada de azulejos conduz - nos a um espaço dividido em duas salas de sofisticado ambiente contemporâneo, uma representando uma biblioteca. Há sofisticação na cozinha tradicional portuguesa e internacional.

Menu 16 € (almoço), 24/52 € – Carta 32/46 €

Planta B2-f – *Rua do Padrão 100 ✉ 4150-557 – ✆ 22 610 8059 – www.cafeina.pt*

Terra

A/C

INTERNACIONAL • DESIGN XX Fachada surpreendente e muito particular, à entrada um sushi - bar e uma sala de decoração sóbria e confortável. Cozinha japonesa, tradicional e internacional, com pratos italianos.

Menu 16 € (almoço), 24/52 € – Carta 32/46 €

Planta B2-f – *Rua do Padrão 103 ✉ 4150-559 – ✆ 22 617 7339 – www.restauranteterra.com*

PÓVOA DE VARZIM

Porto – Mapa regional: **6**–A2 – Mapa das estradas Michelin nº 591-H3

505

A/C

INTERNACIONAL • QUADRO CONTEMPORÂNEO XX Elegante, moderno e com interessantes detalhes. Oferecem uma completa carta baseada na cozinha tradicional e internacional, com um menu do dia durante a semana. Bons produtos!

Menu 12 € (almoço)/20 € – Carta 35/45 €

Avenida do Repatriamento dos Poveiros 505 ✉ 4490-404 – ✆ 252 109 479 – www.grupobodegao.com – Fechado 2ª feira

pela estrada N 13

O Marinheiro

A/C P

PEIXES E FRUTOS DO MAR • QUADRO MEDITERRÂNEO XX Um barco encalhado em terra firme alberga este original restaurante disposto em dois andares e com um atractivo ambiente marinheiro. A sua especialidade são os produtos do mar.

Carta 35/50 €

A Ver-o-Mar (Norte : 2 km) ✉ 4490-091 – ✆ 252 682 151 – www.grupojgomes.com

PRAIA DA GALÉ

- Faro → Ver Albufeira

PRAIA DA ROCHA - Faro ➔ Ver Portimão

PRAIA DO CANAVIAL - Faro ➔ Ver Lagos

PRAIA DO GUINCHO - Lisboa ➔ Ver Cascais

PRAIA GRANDE - Lisboa ➔ Ver Colares

QUARTEIRA

Faro - Mapa regional: **2**-B2 - Mapa das estradas Michelin nº 593-U5

em Vilamoura

Emo

MODERNA • QUADRO CONTEMPORÂNEO XXX Integrado no último piso do hotel, é um espaço moderno, com vista panorâmica sobre os campos de golfe. Carta mediterrânica com pratos contemporâneos e diferentes menus de degustação.

Carta 50/70 €

Hotel Anantara Vilamoura, Avenida dos Descobrimentos, Victoria Gardens (Noroeste : 7 km) ✉ 8125-135 - ✆ 289 317 000 - www.vilamoura.anantara.com - Fechado 2ª feira, almoço: 3ª feira-sábado, domingo

Willie's

INTERNACIONAL • DECORAÇÃO CLÁSSICA XX Numa zona de férias, totalmente voltada para o golfe! Ser-lhe-á proposta uma cozinha clássica para a sua sala acolhedora, orientada para o cliente internacional, que mima as apresentações.

Carta 63/80 €

Rua do Brasil 2, Área do Pinhal Golf Course (Noroeste : 6 km) ✉ 8125-479 - ✆ 289 380 849 - www.willies-restaurante.com - Fechado 3 dezembro-7 fevereiro, almoço: 2ª feira-3ª feira, 4ª feira, almoço: 5ª feira-domingo

Hilton Vilamoura As Cascatas

CADEIA HOTELEIRA • COMTEMPORÂNEA Encontra - se numa zona residencial e próximo de um campo de golfe, pelo que a maior parte dos seus clientes são adeptos deste desporto. Destaca - se tanto pelo nível dos seus quartos como pelo seu SPA, o maior de Portugal. Uma escolha interessante para levar a família!

176 quartos - 115/350 €

Rua da Torre d'Agua, Lote 4.11.1B (Noroeste : 6 km) ✉ 8125-615 - ✆ 289 304 000 - www.hiltonvilamouraresort.com

Anantara Vilamoura

RESORT • COMTEMPORÂNEA Este hotel de luxo, perto dum campo de golf, tem como filosofia a identificação dos seus espaços com o ambiente (detalhes, música ambiente, doçaria regional...) Um SPA excelente com pessoal de origem tailandesa e quartos atuais, todos com varanda.

263 quartos - 138/468 € - 17 suites

Avenida dos Descobrimentos, Victoria Gardens (Noroeste : 7 km) ✉ 8125-135 - ✆ 289 317 000 - www.vilamoura.anantara.com

Emo - Ver selecção restaurantes

The Lake Resort

CADEIA HOTELEIRA • COMTEMPORÂNEA Construção clássica com quartos amplos, luminosos e atuais. Surpreende bastante pelo seu exterior, com um pequeno lago, areia artificial na piscina e inclusivamente um caminho privado até à praia. Uma proposta gastronómica bastante variada!

183 quartos - 135/518 € - 9 suites

Avenida do Cerro da Vila, Praia da Falésia (Oeste : 4,5 km) ✉ 8126-910 - ✆ 289 320 700 - www.thelakeresort.com - Fechado 1 dezembro-31 janeiro

QUELUZ
Lisboa – Mapa das estradas Michelin n° 592-P2

em Tercena Oeste: 4 km – Mapa regional: **4**-B3

O Parreirinha

TRADICIONAL • QUADRO REGIONAL O ponto forte desta casa está, sem dúvida, na sua cozinha, pois trata-se de um restaurante modesto, um pouco pequeno e de organização familiar simples, mas eficaz. Apresenta um interior de ambiente regional sem grandes excessos decorativos, destacando o salão do fundo por estar bem mobilado e contar com lareira. Propõem uma ementa de gosto tradicional, sempre com porções abundantes e preços razoáveis para o produto que oferecem. Entre as suas especialidades cabe destacar o Arroz de "línguas" de bacalhau, o Peixe galo frito com sopa de ovas e o maravilhoso Tournedó às três pimentas.

Especialidades : Ovo mexido com espargos e linguiça. Arroz de lingueirão. Marquise de chocolate.

Carta 25/35€

Avenida Santo António 41 ✉ 2730-046 – ✆ 21 437 9311 – www.oparreirinha.com – Fechado almoço: sábado, domingo

QUINTA DA MARINHA – Lisboa ➜ Ver Cascais

QUINTA DO LAGO – Faro ➜ Ver Almancil

SALREU
Aveiro – Mapa regional: **3**-A1 – Mapa das estradas Michelin n° 591-J4

Casa Matos

REGIONAL • ÍNTIMA É gerido por um casal simpático, ele a cargo da sala e ela à frente dos fogões. Por trás da cuidada fachada, vai encontrar um bar público, onde oferecem os seus saborosos "petiscos", seguido da sala de jantar com dois níveis, com uma elegante decoração que combina a estética clássica dominante com diversos elementos de carácter rústico. Apresenta uma carta bastante variada, mas singular, com numerosas entradas, em porções, e diversos pratos principais por encomenda, pois diariamente só preparam um prato de carne e outro de peixe. Prove as lulas recheadas com picadinho de caça!

Especialidades : Mexilhões salteados com cebola roxa. Bacalhau assado no forno à Zé do Pipo. Rabanadas com doce de ovos e amêndoa.

Carta 28/35€

Rua Padre Antonio Almeida 7-A ✉ 3865-282 – ✆ 963 111 367 – Fechado 15-30 junho, domingo

SANTA LUZIA – Viana do Castelo ➜ Ver Viana do Castelo

SANTA LUZIA
Faro – Mapa regional: **2**-C2 – Mapa das estradas Michelin n° 593-U7

Casa do Polvo Tasquinha

REGIONAL • QUADRO MEDITERRÂNEO Esta aldeia marinheira é conhecida em todo o pais como "A Capital do Polvo", um dado fundamental para entender o amor gastronómico que aqui, em frente à Ria Formosa, sentem pelo popular polvo. Cozinha e ambiente marinheiro.

Carta 30/45€

Avenida Eng. Duarte Pacheco 8 ✉ 8800-545 – ✆ 281 328 527 – www.casadopolvo.pt – Fechado 2-24 novembro, jantar: 2ª feira, 3ª feira

SANTA MARTA DE PORTUZELO – Viana do Castelo ➜ Ver Viana do Castelo

SANTARÉM

Santarém – Mapa regional: **4**-A2 – Mapa das estradas Michelin nº 592-O3

Ó Balcão

MODERNA • SIMPÁTICA Um estabelecimento pequeno e informal, tipo taberna, que, porém, resulta acolhedor, pois soube recriar um espaço no qual a quotidianeidade (peças de cerâmica, pratos decorativos, uma grande lousa...) e a modernidade se equilibram harmoniosamente. A proposta do chef Rodrigo Castelo, autodidata, sincero e obcecado por conhecer o produto desde a origem para assim melhor o entender, centra-se numa ampla carta de base regional com pratos elaborados que anseiam sempre divertir o comensal, provocando-lhe sensações e dando-lhe a conhecer sabores. Detalhes de autor com carácter local!

Especialidades : Sopa de peixe do rio com ovas de barbo. Bochecha de toiro e pickles caseiros. Pão de Ló de Rio Maior com gelado de queijo de ovelha.

Carta 25/37 €

Rua Pedro de Santarém 73 ✉ 2000-223 – ✆ 243 055 883 – Fechado domingo

Casa da Alcáçova

EDIFÍCIO HISTÓRICO • CLÁSSICA Esta casa senhorial do século XVII oferece algumas ruínas romanas, uma muralha antiga, uma vista maravilhosa para o rio Tejo, uma sala de estar elegante e quartos de estilo clássico.

10 quartos – 135/175 €

Largo da Alcáçova 3 ✉ 2000-110 – ✆ 243 304 030 – www.alcacova.com

SESIMBRA

Setúbal – Mapa regional: **1**-A2 – Mapa das estradas Michelin nº 593-Q2

Ribamar

PEIXES E FRUTOS DO MAR • ACOLHEDORA Em frente à praia! Oferece duas salas de ambiente marítimo, uma em estilo de varanda envidraçada, e uma cozinha tradicional portuguesa elaborada com peixes e mariscos da zona.

Menu 26/42 € – Carta 30/50 €

Avenida dos Náufragos 29 ✉ 2970-637 – ✆ 21 223 4853 – www.restauranteribamar.pt

SESMARIAS – Faro ➜ Ver Albufeira

SESMARIAS – Faro ➜ Ver Lagoa

SINES

Setúbal – Mapa regional: **1**-A3 – Mapa das estradas Michelin nº 593-S3

Cais da Estação

PEIXES E FRUTOS DO MAR • ACOLHEDORA Um restaurante singular, que recupera para a restauração o antigo armazém da estação de combóios de Sines. Depois de uma profundíssima remodelação, apresenta-se atualmente com um bom balcão na entrada, em que se pode ver uma magnífica vitrine de peixes e mariscos, bem como uma cuidada sala principal de estilo clássico e uma boa sala de jantar na cave, coberta por uma abóbada de tijolo. A sua carta aposta pelo receituário tradicional com o peixe como protagonista. Uma recomendação? Prove o Arroz de lingueirão com choco frito ou a Espetada de lulas com gambas.

Especialidades : Casquinha de sapateira com pão tostado. Arroz de lingueirão com choco frito. Pudim de requeijão com nozes.

Carta 23/41 €

Avenida General Humberto Delgado 16 ✉ 7520-104 – ✆ 269 636 271 – www.caisdaestacao.com – Fechado 2ª feira

SINTRA

Lisboa – Mapa regional: **4**-B3 – Mapa das estradas Michelin nº 592-P1

na estrada de Colares Oeste : 1,5 km

Tivoli Palácio de Seteais

EDIFÍCIO HISTÓRICO • GRANDE LUXO Magnífico palácio do século XVIII rodeado de jardins. Depois da sua elegante recepção encontrará várias salas de ar régio e excelentes quartos com mobiliário de época. O restaurante complementa - se com uma esplanada e um recinto semi - privado, este último numa preciosa sala oval.

30 quartos – 430/1530 €

Rua Barbosa do Bocage 8 ✉ 2710-517 – ☎ 21 923 3200 – www.tivolihotels.com

na estrada da Lagoa Azul - Malveira Sudoeste : 7 km

Lab by Sergi Arola

CRIATIVA • TENDÊNCIA XXX O Penha Longa H. é um resort realmente exclusivo, tanto por se situar no Parque Natural de Sintra-Cascais como pelo facto das suas luxuosas dependências... darem a um campo de golfe!

Lab by Sergi Arola conta com um bar, em que poderá contemplar os trabalhos da cozinha, uma impressionante garrafeira envidraçada e uma sala de jantar de estética moderna, que surpreende pelas incríveis vistas dos "greens", o que se torna especialmente mágico à noite, quando estão iluminados.

O mediático chef espanhol Sergi Arola, sempre identificado com a liberdade e o espírito do rock & roll, faz gala de un compromisso total com esta casa e aposta por pratos de autor sumamente saborosos, em geral de marcada inspiração mediterrânea, mas com subtis referências aos esplêndidos produtos locais.

Especialidades : Moleja de vitela numa paisagem de primavera. Caviar osetra e foie gras. Sardinha viajante, laranja sanguinea e pistacho.

Menu 98/130 € – Carta 90/130 €

Hotel Penha Longa H. ✉ 2714-511 – ☎ 21 924 9011 – www.labbysergiarola.com – Fechado 1 janeiro-29 fevereiro, 2ª feira, 3ª feira, almoço: 4ª feira-sábado, domingo

Midori

JAPONESA • NA MODA XX O melhor japonês de Portugal! O seu nexo com a cultura nipónica é evidente, pois Midori significa "verde", numa clara referência ao fantástico ambiente vegetal do hotel Penha Longa.

Será atendido à chegada, no estacionamento, do qual o acompanharão até à mesa. Cozinha aberta, paredes cobertas por vinis, um bonito mural desenhado por uma artista portuguesa... e grandes janelas, para que esses tons verdes que envolvem o restaurante formem parte da experiência.

O chef, Pedro Almeida, propõe uma gastronomia portuguesa com alma nipónica, pois reivindica as técnicas do país oriental para as aplicar ao melhor produto local. Propor-lhe-á uma pequena carta e dois menus degustação, com pratos tão atrevidos como o Miso shiro de caldo-verde, que simboliza a fusão entre os dois mundos.

Especialidades : Miso shiro de caldo verde. Nigiris de assinatura do chef. Gelatina de sake, cremoso de chocolate branco com iogurte e sorbet de líchia.

Menu 98/133 € – Carta 75/115 €

Hotel Penha Longa H. ✉ 2714-511 – ☎ 21 924 9011 – www.penhalonga.com – Fechado 1 janeiro-29 fevereiro, 2ª feira, almoço: 3ª feira-sábado, domingo

Penha Longa H.

GRANDE LUXO • HISTÓRICA Neste peculiar complexo, rodeado por um ambiente exclusivo, encontrará um palacete, monumentos do séc. XIV e quartos muito confortáveis, todos elegantes e com varanda. Com vistas tanto para o campo de golfe como para o Parque Natural. Os seus restaurantes sugerem uma variada oferta culinária de carácter internacional.

177 quartos – 250/1000 € – 17 suites

✉ 2714-511 – ☎ 21 924 9011 – www.penhalonga.com

Lab by Sergi Arola • **Midori** – Ver selecção restaurantes

TAVIRA

Faro - Mapa regional: **2**-C2 - Mapa das estradas Michelin n° 593-U7

A Ver Tavira

MODERNA • DECORAÇÃO CLÁSSICA XX Situado em pleno centro histórico. Aqui oferecem uma boa cozinha ao gosto atual, com um cunho claramente mais gastronómico ao jantar. Varanda - sacada com fantásticas vistas!

Menu 25€ (almoço), 42/75€ - Carta 40/60€

Largo Abu-Otmane (calçada da Galeria 13) ✉ 8800-306 - ✆ 281 381 363 - www.avertavira.com - Fechado 1-31 janeiro, 2ª feira

TERCENA - Lisboa ➜ Ver Queluz

TERRUGEM

Portalegre - Mapa regional: **1**-C2 - Mapa das estradas Michelin n° 592-P7

A Bolota

TRADICIONAL • ACOLHEDORA XX Eis aqui, junto à estrada principal e à auto-estrada, o que pode ser uma paragem gastronómica perfeita na rota de Madrid a Lisboa. A sua cuidada fachada dá passagem a duas salas de ambiente clásico-regional, uma delas com um bar privado e lareira. Dos seus fogões surge uma cozinha tradicional portuguesa que cuida muito os detalhes, além do mais enriquecida com alguns pratos alentejanos e incursões na cozinha internacional. Embora se possa falar de vários pratos, aqui é obrigatório recomendar o menu degustação, pois apresenta uma relação qualidade-preço insuperável.

Especialidades : Espinafres gratinados com gambas. Assado especial de vitela. Fidalgo.

Menu 20/27€ - Carta 25/35€

Rua Madre Teresa - Quinta das Janelas Verdes ✉ 7350-491 - ✆ 268 656 118 - Fechado 7-15 janeiro, 27 julho-26 agosto, 2ª feira, 3ª feira, jantar: domingo

TONDA

Viseu - Mapa regional: **3**-B2 - Mapa das estradas Michelin n° 591-K5

3 Pipos

REGIONAL • RÚSTICA XX O emblema deste restaurante são três barricas, daí o seu nome, que não é estranho, tendo em conta a estreita relação da casa com a cultura vinícola. Este negócio familiar, que foi crescendo pouco a pouco, apresenta-se hoje com um bar na entrada, uma pequena loja de produtos locais e cinco salas, todas com as paredes de pedra e detalhes decorativos que exaltam o mundo do vinho. Propõe uma cozinha de tipo caseiro, com saborosas recomendações diárias e pratos típicos da beira Alta. Prove o Polvo, o Cabrito da casa ou o Bacalhau com broa (pão de milho) ao estilo 3 Pipos!

Especialidades : Pataniscas de bacalhau. Cabrito assado à 3 Pipos. Papão.

Menu 15/17€ - Carta 25/35€

Rua de Santo Amaro 966 ✉ 3460-479 - ✆ 232 816 851 - www.3pipos.pt - Fechado 24-31 agosto, 2ª feira, jantar: domingo

UNHAIS DA SERRA

Castelo Branco - Mapa regional: **3**-C2 - Mapa das estradas Michelin n° 592-L7

H2otel

SPA E BEM ESTAR • COMTEMPORÂNEA Tranquilo, isolado e com um design de destaque. Conta com amplos espaços de convívio, quartos ao mais alto nível, um SPA - balneário completo com tratamentos à base de águas sulfurosas e um restaurante luminoso. Os preços dos quartos incluem AquaLudic!

84 quartos - 150/300€ - 6 suites

Avenida das Termas ✉ 6201-909 - ✆ 275 970 020 - www.h2otel.com.pt

VALE FORMOSO - Faro ➜ Ver Almancil

VALHELHAS

Guarda – Mapa regional: **3**-C2 – Mapa das estradas Michelin nº 591-K7

Vallecula

TRADICIONAL • **RÚSTICA** Negócio de organização familiar instalado numa antiga casa que surpreende pela sua rude fachada de pedra. Ambiente rústico e cozinha fiel às receitas tradicionais portuguesas.

Carta 20/30 €

Praça Dr. José de Castro 1 ✉ 6300-235 – ✆ 275 487 123 – Fechado 1-30 setembro, 2ª feira, jantar: domingo

VIANA DO CASTELO

Viana do Castelo – Mapa regional: **6**-A2 – Mapa das estradas Michelin nº 591-G3

Tasquinha da Linda

PEIXES E FRUTOS DO MAR • **SIMPÁTICA** Uma das melhores opções para almoçar nesta atrativa localidade da Costa Verde. O simpático restaurante, localizado junto ao Castelo de Santiago da Barra, ocupa um antigo armazém do cais, destacando-se por contar com viveiros. Resulta detalhista, apresenta um ambiente rústico-marítimo e caracteriza-se pelo facto de que os seus proprietários são grossistas de peixe, de tal maneira que, com o restaurante o que fizeram foi dar um passo no processo comercial que lhes permite vender peixes e mariscos de qualidade, normalmente ao peso e a preços muito competitivos. Não oferecem quaisquer pratos de carne!

Especialidades : Polvo com molho verde. Linguado grelhado da costa. Leite creme.

Carta 28/38 €

Rua dos Mareantes A-10 ✉ 4900-370 – ✆ 258 847 900 – www.tasquinhadalinda.com – Fechado domingo

em Santa Luzia Norte : 6 km – Mapa regional: **6**-A2

Pousada Viana do Castelo

CADEIA HOTELEIRA • **CLÁSSICA** Singular, ocupa um edifício de inícios do século XX com uma vista esplendorosa para o mar e para o estuário do Rio Lima. O melhor são os terraços, mas também se destaca pelo seu elegante interior de linha clássica e o seu charmoso restaurante, com cozinha tradicional e internacional.

51 quartos – 110/272 €

Monte de Santa Luzia ✉ 4901-909 – ✆ 258 800 370 – www.pousadas.pt

em Santa Marta de Portuzelo Norte : 5,5 km – Mapa regional: **6**-A2

Camelo

REGIONAL • **SIMPLES** Este estabelecimento familiar, que soube ganhar um lugar entre os gastrónomos da zona, quase sempre está cheio, pese a que se encontra num lugar de passagem. Acede-se por um bar de espera e conta com várias salas de jantar, todas bem decoradas. Conta também com um pavilhão para banquetes e com um enorme pátio ajardinado onde se montam as esplanadas. Aqui elabora-se uma cozinha minhota de grande qualidade, pois contam com um viveiro de peixes, um aquário para as lampreias e uma secção completa de carnes na sua carta. Não deixe de provar as lampreias na estação!

Especialidades : Castanhas com cogumelos. Bacalhau à Camelo. Leite creme.

Carta 25/35 €

Rua de Santa Marta 119 - Estrada N 202 ✉ 4925-104 – ✆ 258 839 090 – www.camelorestaurantes.com – Fechado 22 junho-3 julho, 2ª feira

VIDAGO

Vila Real – Mapa regional: **6**-B2 – Mapa das estradas Michelin nº 591-H7

Vidago Palace

GRANDE LUXO • ELEGANTE Um dos emblemas da hotelaria portuguesa! É magnífico e está instalado num imponente edifício que se destaca tanto pelas suas zonas nobres, com uma esplêndida escada, como pelos seus quartos. Também oferece um SPA, um campo de golfe e dois restaurantes, um deles no antigo salão de baile.

56 quartos – 180/300 € – 14 suites

parque de Vidago 5425-307 – 276 990 900 – www.vidagopalace.com

VILA DO CONDE

Porto – Mapa regional: **6**-A2 – Mapa das estradas Michelin nº 591-H3

em Areia pela estrada N 13 - Sudeste : 4 km

Romando

TRADICIONAL • QUADRO CONTEMPORÂNEO XX Fica situado num bairro nos arredores da Areia e apresenta - se com uma grande sala de estilo moderno. Cozinha tradicional portuguesa, com boa selecção de arrozes e alguns mariscos.

Carta 35/55 €

Rua da Fonte 221 4480-088 – 252 641 075 – www.romando.pt

VILA NOVA DE CACELA

Faro – Mapa regional: **2**-C2 – Mapa das estradas Michelin nº 593-U7

ao Norte 6,5 km

Vistas

MODERNA • DECORAÇÃO CLÁSSICA XXX Um restaurante especial, pois apresenta um ambiente clássico-elegante pouco habitual e encontra-se junto ao que é considerado... o melhor campo de golfe de Portugal!

O chef lusitano Rui Silvestre, famoso por conquistar com apenas 29 anos a sua primeira estrela MICHELIN, tomou as rédeas desta casa para ampliar a sua proposta, sempre excelente, delicada e espantosamente equilibrada. Já nos aperitivos se vê que estamos perante uma cozinha de grande nível técnico, com uma acertada culinária de base clássica onde não faltam os detalhes de modernidade no momento em que a nossa imaginação levante voo. Há uma pequeña carta e dois interessantes menus de degustação.

Alguma recomendação? Se fizer bom tempo, reserve na agradável esplanada, na qual contará com um ambiente relaxante e arborizado.

Especialidades : Lavagante azul, marmelada de tomate, caviar e aipo bola. Salmonete de rocha assado, compota de cebola, lagostim e harissa. Chocolate Guanaja 70%, manteiga de amendoim e banana.

Menu 90/135 € – Carta 72/101 €

Sitio de Pocinho-Sesmarias (Monte Rei Golf & Country Club) 8900-907 – 281 950 950 – www.vistasrestaurante.com – Fechado 2 novembro-10 março, 2ª feira, almoço: 3ª feira-sábado, domingo

VILA NOVA DE FAMALICÃO

Braga – Mapa regional: **6**-A2 – Mapa das estradas Michelin nº 591-H4

em Portela Nordeste : 8,5 km

Ferrugem

MODERNA • NA MODA XX Muito atrativo, pois esconde - se num... antigo estábulo! Na sua sala, com altíssimos tetos e ambiente rústico - moderno, poderá descobrir uma cozinha atual de tendência criativa.

Menu 40/60 € – Carta 40/50 €

Estrada N 309, Rua das Pedrinhas 32 4770-379 – 252 911 700 – www.ferrugem.pt – Fechado 17-31 agosto, 2ª feira, jantar: domingo

VILA NOVA DE GAIA

Porto - Mapa regional: **6**-A3 - Mapa das estradas Michelin nº 591-I4

Ver planta do Porto

✿✿ The Yeatman

CRIATIVA • ELEGANTE XXXX Toda a gente sabe que a cidade do Porto possui um encanto intemporal, quase mágico; o que já nem todos sabem é que um dos lugares para a contemplar se encontra na ribeira de Vila Nova de Gaia, do outro lado do Douro.

Aqui, o chef Ricardo Costa oferece uma cozinha criativa que se constrói tendo por base dois pilares, a gastronomia tradicional portuguesa e o uso dos melhores produtos da estação, tratados com uma delicadeza extrema e um evidente domínio técnico.

Conta com espaços de carácter panorâmico? A sala de jantar, com grandes janelas, mas, sobretudo, a espetacular esplanada, que dá à parte mais bela da cidade, para que contemplemos as famosíssimas caves (Taylor´s, Croft, Ramos Pinto...) e a bucólica ponte Dom Luís I. A garrafeira é uma das melhores de Portugal!

Especialidades : Mini chocos, arroz frito e holandês picante. Leitão thai, coco, yuzo e caril. Chocolate de São Tomé, milho tostado, toffee e chantilly.

Menu 170€

Planta Porto C3-a - *Hotel The Yeatman, Rua do Choupelo (Santa Marinha) ✉ 4400-088 - ✆ 22 013 3100 - www.theyeatman.com - Fechado 5 janeiro-4 fevereiro, almoço: 2ª feira-domingo*

The Blini

TRADICIONAL • ACOLHEDORA XX Um restaurante que encanta pelas sua espetacular vista, tanto para o Porto como para as águas do Douro. Cozinha tradicional e atual, com uma grande oferta de menus e deliciosos arrozes.

Menu 95€ - Carta 35/65€

Planta Porto G3-k - *Rua General Torres 344 ✉ 4430-107 - ✆ 22 405 5306 - www.theblini.com - Fechado domingo*

The Yeatman

GRANDE LUXO • ELEGANTE Impressionante conjunto escalonado numa zona de caves, em frente à zona histórica da cidade. Possui uns quartos de traçado clássico - actual, todos dotados de varanda e muitas delas personalizadas com temas alusivos da cultura vitivinícola.

103 quartos - 225/855€ - 6 suites

Planta Porto C3-a - *Rua do Choupelo (Santa Marinha) ✉ 4400-088 - ✆ 22 013 3100 - www.theyeatman.com*

✿✿ **The Yeatman** - Ver selecção restaurantes

VILA VIÇOSA

Évora - Mapa regional: **1**-C2 - Mapa das estradas Michelin nº 593-P7

Narcissus Fernandesii

MODERNA • ELEGANTE XX Cativa tanto pelo nome, de origem botânica, como pela decoração, com excelentes detalhes e a cozinha à vista. Oferecer-lhe-á uma carta moderna-atual e dois menús de degustação.

Menu 45/70€ - Carta 42/70€

Largo Gago Coutinho 11 (Hotel Alentejo Marmòris) ✉ 7160-214 - ✆ 268 887 010 - www.alentejomarmoris.com

Pousada Convento Vila Viçosa

EDIFÍCIO HISTÓRICO • TRADICIONAL Situado no antigo convento real de As Chagas de Cristo, que data de princípios do século XVI. O seu interior prevalece a herança histórica com muito confortável, fazendo girar as zonas comuns, no geral de traçado clássico - elegante, em volta do claustro. Sala para pequenos - almoços com o tecto abobadado e sala de refeições luminosa.

34 quartos - 90/229€ - 5 suites

Convento das Chagas - Terreiro do Paço ✉ 7160-251 - ✆ 268 980 742 - www.pousadas.pt

En la mesa de los grandes chefs.
Lavazza es el café de los mejores restaurantes del mundo.
LAVAZZA
TORINO, ITALIA, 1895

VILAMOURA - Faro ➔ Ver Quarteira

VISEU

Viseu - Mapa regional: **3**-B1 - Mapa das estradas Michelin nº 591-K6

Muralha da Sé

TRADICIONAL • RÚSTICA XX Uma opção interessante para o turista, pois ocupa uma antiga casa construída em granito, em pleno centro histórico e apenas a alguns passos da Catedral. Apresenta um pequeno hall, uma agradável sala de jantar de ambiente clásico, com paredes de pedra e lareira, bem como um espaço adicional que faz as vezes de uma área privada. A sua atenciosa equipa oferece--lhe uma carta com um interessante passeio pelos pratos mais relevantes do receituário português, sempre tendo por base produtos de qualidade e com apresentações bastante cuidadas. Não perca o Bacalhau à Lagareiro!

Especialidades : Cogumelos com alheira. Cabrito assado no forno. Pudim de pão com leite creme queimado.

Carta 25/35€

Adro da Sé 24 ✉ 3500-195 - ☎ 232 437 777 - www.muralhadase.com - Fechado 3ª feira, jantar: domingo

Pousada de Viseu

EDIFÍCIO HISTÓRICO • ACOLHEDORA Instalado no antigo hospital de São Teotónio, este lindo edifício de 1842 dispõe de um agradável pátio coberto e quartos de estilo moderno, aqueles que encontram - se no último andar possuem varanda. O restaurante combina estética moderna com menu tradicional.

81 quartos ☕ - 👥 80/157€ - 3 suites

Rua do Hospital ✉ 3500-161 - ☎ 232 456 320 - www.pousadas.pt

Casa da Sé

EDIFÍCIO HISTÓRICO • HISTÓRICA Procura um hotel com charme? Pernoite nesta casa nobiliária do séc. XVIII, um edifício que soube manter toda a sua essência tanto na sua cuidada recuperação, assim como num mobiliário de outrora que... pode ser adquirido!

12 quartos ☕ - 👥 80/155€

Rua Augusta Cruz 12 ✉ 3510-088 - ☎ 232 468 032 - www.casadase.net

Índice temático

Índice temático

España

LAS ESTRELLAS DE BUENA MESA

RESTAURANTES COM ESTRELAS

N Nuevo establecimiento con distinción
N *Novo estabelecimento com distinção*

✿✿✿

Barcelona	ABaC	
Barcelona	Lasarte	
Dénia	Quique Dacosta	
Donostia / San Sebastián	Akelaŕe	
Donostia / San Sebastián	Arzak	
Girona	El Celler de Can Roca	
Larrabetzu	Azurmendi	
Lasarte	Martín Berasategui	
Madrid	DiverXO	
El Puerto de Santa María	Aponiente	
Villaverde de Pontones	Cenador de Amós	**N**

✿✿

Almansa	Maralba	
Arriondas	Casa Marcial	
Barcelona	Angle	**N**
Barcelona	Cocina Hermanos Torres	
Barcelona	Disfrutar	
Barcelona	Enoteca	
Barcelona	Moments	
Cáceres	Atrio	
Cocentaina	L'Escaleta	
Córdoba	Noor	**N**
Errenteria	Mugaritz	
Ezcaray	El Portal	
Llançà	Miramar	
Madrid	Coque	
Madrid	DSTAgE	
Madrid	Paco Roncero	
Madrid	Ramón Freixa Madrid	
Madrid	Santceloni	
Mallorca/ Es Capdellà	Zaranda	

Marbella	Skina	**N**
Murcia/ El Palmar	Cabaña Buenavista	
Olot	Les Cols	
Ronda	Bardal	**N**
San Vicente de la Barquera	Annua	
Tenerife/ Guía de Isora	M.B	
Urdaitz	El Molino de Urdániz	
València	El Poblet	**N**
València	Ricard Camarena	
Xàbia	BonAmb	

ANDALUCÍA

Chiclana de la Frontera/ Novo Sancti Petri	Alevante	
Córdoba	Choco	
El Ejido	La Costa	
Fuengirola	Sollo	
Huelva	Acánthum	
Jaén	Bagá	
Jaén	Dama Juana	**N**
Jerez de la Frontera	LÚ Cocina y Alma	
Jerez de la Frontera	Mantúa	**N**
Málaga	José Carlos García	
Marbella	El Lago	
Marbella	Messina	
Roquetas de Mar	Alejandro	
Sevilla	Abantal	

ARAGÓN

Huesca	Lillas Pastia
Huesca	Tatau
Tramacastilla	Hospedería El Batán
Zaragoza	Cancook
Zaragoza	La Prensa

ASTURIAS

Arriondas	El Corral del Indianu
Gijón	Auga

Gijón	La Salgar
Llanes/ Pancar	El Retiro
Prendes	Casa Gerardo
Ribadesella	Arbidel
Salinas	Real Balneario

BALEARES (ISLAS)

Ibiza/ San Antonio de Portmany	Es Tragón **N**
Mallorca/ Canyamel	Voro **N**
Mallorca/ Capdepera	Andreu Genestra
Mallorca/ Deià	Es Racó d'Es Teix
Mallorca/ Palma	Adrián Quetglas
Mallorca/ Palma	Marc Fosh
Mallorca/ Palmanova	Es Fum
Mallorca/ Port d'Alcudia	Maca de Castro

CANARIAS (ISLAS)

Gran Canaria/ Arguineguín	La Aquarela **N**
Gran Canaria/ Mogán	Los Guayres **N**
Tenerife/ Los Gigantes	El Rincón de Juan Carlos
Tenerife/ Guía de Isora	Abama Kabuki
Tenerife/ San Cristóbal de La Laguna	Nub
Tenerife/ Santa Cruz de Tenerife	Kazan

CANTABRIA

Ampuero/ La Bien Aparecida	Solana
Hoznayo	La Bicicleta
Puente Arce	El Nuevo Molino
Santander	El Serbal

CASTILLA Y LEÓN

Benavente	El Ermitaño
Burgos	Cobo Vintage
León	Cocinandos
León	Pablo
Matapozuelos	La Botica
Navaleno	La Lobita
Quintanilla de Onésimo	Taller **N**
Salamanca	Víctor Gutiérrez

Sardón de Duero	Refectorio
Soria	Baluarte
Valladolid	Trigo

CASTILLA-LA MANCHA

Cuenca	Trivio
Illescas	El Bohío
Sigüenza	El Doncel
Sigüenza/ Alcuneza	El Molino de Alcuneza
Toledo	Iván Cerdeño **N**
Torrenueva	Retama **N**

CATALUÑA

Arbúcies	Les Magnòlies
Banyoles	Ca l'Arpa
Barcelona	Alkimia
Barcelona	Aürt **N**
Barcelona	Caelis
Barcelona	Cinc Sentits **N**
Barcelona	Dos Palillos
Barcelona	Enigma
Barcelona	Hisop
Barcelona	Hofmann
Barcelona	Hoja Santa
Barcelona	Koy Shunka
Barcelona	Oria
Barcelona	Pakta
Barcelona	Tickets
Barcelona	Via Veneto
Barcelona	Xerta
Bellvís	La Boscana
Calldetenes	Can Jubany
Cambrils	Can Bosch
Cambrils	Rincón de Diego
Castelló d'Empúries	Emporium
Cercs	Estany Clar
Corçà	Bo.TiC
Gimenells	Malena
Girona	Massana
Gombrèn	La Fonda Xesc
Llafranc	Casamar
Llagostera	Els Tinars
El Masnou	Tresmacarrons
Olost	Sala

Peralada	Castell Peralada
Sagàs	Els Casals
Salou	Deliranto **N**
Sant Fruitós de Bages	L'Ó
Santa Coloma de Gramenet	Lluerna
Sort	Fogony
Tossa de Mar	La Cuina de Can Simón
Ulldecona	L'Antic Molí
Ulldecona	Les Moles
La Vall de Bianya	Ca l'Enric
Xerta	Villa Retiro

GALICIA

Cambados	Yayo Daporta
A Coruña	Árbore da Veira
O Grove/ Reboredo	Culler de Pau
Malpica de Bergantiños/ Barizo	As Garzas
Ourense	Nova
Pontevedra/ San Salvador de Poio	Solla
Raxó/ Serpe	Pepe Vieira
Santa Comba	Retiro da Costiña
Santiago de Compostela	Casa Marcelo
Santiago de Compostela	A Tafona
Vigo	Maruja Limón

LA RIOJA

Daroca de Rioja	Venta Moncalvillo
Logroño	Ikaro
Logroño	Kiro Sushi

MADRID (COMUNIDAD)

Madrid	Álbora
Madrid	A'Barra
Madrid	Cebo
Madrid	Clos Madrid
Madrid	El Club Allard
Madrid	Corral de la Morería Gastronómico
Madrid	Gaytán
Madrid	Gofio by Cícero Canary **N**
Madrid	El Invernadero
Madrid	Kabuki
Madrid	Kabuki Wellington
Madrid	Lúa
Madrid	99 KŌ sushi bar **N**

Madrid	Punto MX
Madrid	La Tasquería
Madrid	Yugo
San Lorenzo de El Escorial	Montia
Valdemoro	Chirón

MURCIA (REGIÓN)

Cartagena	Magoga **N**

NAVARRA

Iruña/ Pamplona	La Biblioteca **N**
Iruña/ Pamplona	Europa
Iruña/ Pamplona	Rodero

PAÍS VASCO

Amorebieta/ Boroa	Boroa
Axpe	Etxebarri
Bilbao	Eneko Bilbao
Bilbao	Etxanobe Atelier
Bilbao	Mina
Bilbao	Nerua Guggenheim Bilbao
Bilbao	Ola Martín Berasategui **N**
Bilbao	Zarate
Bilbao	Zortziko
Donostia / San Sebastián	Amelia
Donostia / San Sebastián	eMe Be Garrote
Donostia / San Sebastián	Kokotxa
Donostia / San Sebastián	Mirador de Ulía
Elciego	Marqués de Riscal
Galdakao	Andra Mari
Getaria	Elkano
Hondarribia	Alameda
Larrabetzu	Eneko
Oiartzun	Zuberoa

VALENCIANA (COMUNIDAD)

Alacant	Monastrell
Benicarló	Raúl Resino
Calp	Audrey's by Rafa Soler

Calp	Beat
Calp	Orobianco
Daimús	Casa Manolo
Elx	La Finca
La Nucía	El Xato
Ondara	Casa Pepa
Ontinyent	Sents
València	Riff
València	La Salita **N**
València	Sucede
Vall d'Alba	Cal Paradís
Xàbia	El Rodat
Xàbia	Tula **N**

BIB GOURMAND

BIB GOURMAND

N **Nuevo establecimiento con distinción**
N *Novo estabelecimento com distinção*

ANDALUCÍA

Agua Amarga	Asador La Chumbera	
Alcalá del Valle	Mesón Sabor Andaluz	**N**
Almuñécar	El Chaleco	
Cádiz	Sopranis	
Los Caños de Meca/ Zahora	Arohaz	
Cartaya	Consolación	**N**
Cazalla de la Sierra	Agustina	
Cazorla	Mesón Leandro	
Chipiona	Casa Paco	
Córdoba	Avío	**N**
Córdoba	La Cuchara de San Lorenzo	
Córdoba	El Envero	
Córdoba	La Taberna de Almodóvar	
Gaucín	Platero & Co	
Granada	Atelier Casa de Comidas	**N**
Linares	Los Sentidos	
Linares de la Sierra	Arrieros	
Málaga	Café de París	
Málaga	Figón de Juan	
Marbella	Kava	**N**
Medina-Sidonia	El Duque	
Monachil	La Cantina de Diego	
Montellano	Deli	
Los Palacios y Villafranca	Manolo Mayo	
Puente-Genil	Casa Pedro	
El Rocío	Aires de Doñana	
Sanlúcar de Barrameda	Casa Bigote	
Sanlúcar de Barrameda	El Espejo	**N**
Sevilla	Az-Zait	
Sevilla	Cañabota	
Sevilla	El Gallinero de Sandra	
Sevilla	Sobretablas	**N**
Sevilla	Torres y García	
Úbeda	Cantina La Estación	
Valverde del Camino	Casa Dirección	

ARAGÓN

Barbastro	Trasiego
Biescas	El Montañés
Cariñena	La Rebotica
Castellote	Castellote
Chía	Casa Chongastán
La Fresneda	Matarraña
Hecho	Canteré
Mora de Rubielos	El Rinconcico
Plan	La Capilleta
La Puebla de Valverde	La Fondica
Ráfales	La Alquería
Sallent de Gállego/ El Formigal	Vidocq
Sarvisé	Casa Frauca
Sos del Rey Católico	La Cocina del Principal
Tarazona	La Merced de la Concordia
Teruel	Yain
Zaragoza	Quema

ASTURIAS

Oviedo	Ca'Suso
Oviedo	El Foralín
Puerto de Vega	Mesón el Centro
San Román de Candamo	El Llar de Viri

BALEARES (ISLAS)

Mallorca/ Inca	Sa Fàbrica
Mallorca/ Palma	Aromata
Menorca/ Ciutadella de Menorca	Smoix

CANARIAS (ISLAS)

Gran Canaria/ Arucas	Casa Brito
Gran Canaria/ Las Palmas de Gran Canaria	La Barra **N**
Gran Canaria/ Las Palmas de Gran Canaria	Deliciosamarta
Gran Canaria/ Las Palmas de Gran Canaria	El Equilibrista 33 **N**
Gran Canaria/ Las Palmas de Gran Canaria	Pícaro **N**
Gran Canaria/ Las Palmas de Gran Canaria	Qué Leche
Gran Canaria/ Las Palmas de Gran Canaria	El Santo **N**
Lanzarote/ Arrecife	Lilium
Lanzarote/ Famara	El Risco

La Palma/ Las Caletas	El Jardín de la Sal	**N**
Tenerife/ Chimiche	El Secreto de Chimiche	
Tenerife/ La Matanza de Acentejo	La Bola de Jorge Bosch	**N**
Tenerife/ San Andrés	La Posada del Pez	
Tenerife/ El Sauzal	Las Terrazas del Sauzal	**N**

CANTABRIA

Borleña	Mesón de Borleña	
Cartes	La Cartería	**N**
Cosgaya	Del Oso	
Oruña	El Hostal	
Puente San Miguel	Hostería Calvo	
Santander	Agua Salada	
Santander	Querida Margarita	
Santander	Umma	

CASTILLA Y LEÓN

Astorga	Las Termas	
Boceguillas	Área de Boceguillas	
Burgos	La Fábrica	
Cacabelos/ Canedo	Palacio de Canedo	
Covarrubias	De Galo	
Espinosa de los Monteros	Posada Torre Berrueza	
León	Becook	
León	LAV	
Lerma	Casa Brigante	
Morales de Rey	Brigecio	
Navaleno	El Maño	
Salamanca	El Alquimista	
San Miguel de Valero	Sierra Quil'ama	
Valencia de Don Juan	Casa Alcón	
Valladolid	Chuchi Martín	**N**
Valladolid	La Cocina de Manuel	**N**
Valladolid/ Pinar de Antequera	Llantén	
Vecinos	Casa Pacheco	
La Vid	La Casona de La Vid	

CASTILLA-LA MANCHA

Albacete	Asador Concepción	**N**
Albacete	Don Gil	
Cabañas de la Sagra	Casa Elena	
Campo de Criptana	Las Musas	**N**

Cuenca	Olea Comedor	**N**
Ocaña	Palio	
Quintanar de la Orden	Granero	**N**
Sigüenza	Nöla	
Talavera de la Reina	Raíces-Carlos Maldonado	**N**
Villalba de la Sierra	Mesón Nelia	
Villarrobledo	Azafrán	

CATALUÑA

Artesa de Lleida	Antoni Rubies	
Badalona	Olmosgourmet	
Banyoles	Quatre Estacions	
Barcelona	Cruix	**N**
Barcelona	Saó	**N**
Barcelona	Senyor Parellada	
Barcelona	Vivanda	
Bossòst	Er Occitan	
Bossòst	El Portalet	
Caldes de Montbui	Mirko Carturan Cuiner	
Canet de Mar	La Font	
L'Escala	La Gruta	
L'Escala/Cinc Claus	Mas Concas	
Falset	El Celler de L'Aspic	
La Garriga	Vinòmic	
Girona	Pocavergonya	**N**
Els Hostalets d'En Bas	L'Hostalet	
Hostalric	Quatre Vents 3.0	**N**
Igualada	Somiatruites	
Linyola	Amoca	
Llançà	El Vaixell	
Lleida	Aimia	
Lleida	Ferreruela	
Maçanet de Cabrenys	Els Caçadors	
Martinet	Fonda Pluvinet	
Palamós	La Salinera	
Palau-sator	Mas Pou	
Pals	Vicus	
El Poble Nou del Delta	L'Algadir	
El Pont de Bar	La Taverna dels Noguers	
Ponts	Lo Ponts	
Sabadell	Duuo	
Sant Pau d'Ordal	Cal Xim	
Sant Quirze del Vallès	Can Ferrán	
Sant Sadurní d''Anoia	La Cava d'en Sergi	
Santa Coloma de Gramenet	Ca n'Armengol	
Santa Coloma de Gramenet	Verat	

Santa Coloma de Queralt	Hostal Colomí	
Siurana	Els Tallers	
Solivella	Cal Travé	
Terrassa	El Cel de les Oques	
Terrassa	Sara	
Terrassa	Vapor Gastronòmic	
Torà	Hostal Jaumet	
Vallromanes	Can Poal	
Vic	Divicnus	
Vielha/Escunhau	El Niu	
Vilamarí	Can Boix	

EXTREMADURA

Badajoz	Lugaris	**N**
Cáceres	Madruelo	
Hervás	El Almirez	
Hervás	Nardi	
Jaraíz de la Vera	La Finca	**N**
Zafra	El Acebuche	

GALICIA

Arcade	Arcadia	
Baiona	Paco Durán	
Boqueixón/ Codeso	O Balado	
Cambados	Ribadomar	
Cambados	A Taberna do Trasno	
Cánduas	Mar de Ardora	
Cangas/ Hío	Doade	
A Coruña	El de Alberto	
A Coruña	Artabria	
A Coruña	Miga	**N**
Esteiro	Muiño	
Ferrol	O Camiño do Inglés	
Gonte	Santiago Bidea	
A Guarda	Trasmallo	
A Guarda	Xantar	
Negreira	Casa Barqueiro	
Oleiros	Comei Bebei	
Ourense	Pacífico	**N**
Ponte Ulla	Villa Verde	
Santiago de Compostela	Asador Gonzaba	**N**
Santiago de Compostela	Café de Altamira	
Santiago de Compostela	Ghalpón Abastos	
Santiago de Compostela	A Horta d'Obradoiro	

Santiago de Compostela	Mar de Esteiro	
Santiago de Compostela	Pampín Bar	**N**
Vigo	Abisal	**N**
Vigo	Casa Marco	
Vigo	Morrofino	**N**

LA RIOJA

Casalarreina	La Vieja Bodega	
Logroño	La Cocina de Ramón	

MADRID (COMUNIDAD)

Alcalá de Henares	Ambigú	
Guadarrama	La Calleja	
Madrid	Atlantik Corner	
Madrid	Bacira	
Madrid	Bolívar	**N**
Madrid	Cantina Roo	**N**
Madrid	La Castela	
Madrid	Castelados	
Madrid	Gala	
Madrid	La MaMá	
Madrid	La Maruca	
Madrid	La Montería	
Madrid	La Taberna del Loco Antonelli	**N**
Madrid	Tepic	
Madrid	Las Tortillas de Gabino	
Madrid	Triciclo	
Madrid	Tripea	
Tres Cantos	La Sartén	**N**

MURCIA (REGIÓN)

Cartagena/ Los Dolores	La Cerdanya	
La Manga del Mar Menor/ Urbanización Playa Honda	Malvasía	
Murcia	Alborada	
Ricote	El Sordo	
San Pedro del Pinatar	Juan Mari	

NAVARRA

Donamaria	Donamaria'ko Benta	
Iruña/ Pamplona	Ábaco	

Legasa	Arotxa
Puerto de Velate	Venta de Ulzama

PAÍS VASCO

Bilbao	Los Fueros
Donostia / San Sebastián	Galerna
Donostia / San Sebastián	Topa
Hondarribia	Zeria **N**
Laguardia	Amelibia
Páganos	Héctor Oribe
Pasai Donibane	Txulotxo

VALENCIANA (COMUNIDAD)

Alacant	Govana
Alacant	Pópuli Bistró
Alcoi	L'Amagatall de Tota **N**
L'Alcora	Sant Francesc
Alcossebre	Atalaya **N**
Alcossebre	El Pinar
Alfafara	Casa el Tio David
Almoradí	El Buey
Alzira	Cami·Vell
Benifaió	Juan Veintitrés
Calp	Komfort
El Campello	Brel
Castelló de la Plana	Le Bistrot Gastronómico **N**
Castelló de la Plana	ReLevante
Cocentaina	Natxo Sellés
Cullera	Eliana Albiach **N**
Dénia	El Baret de Miquel Ruiz **N**
Elx	Frisone
Ibi	Erre que Erre **N**
Meliana	Ca' Pepico
Morella	Daluan
Morella	Mesón del Pastor
Morella	Vinatea
El Pinós	El Racó de Pere i Pepa
Sagunt	Arrels **N**
Sagunt	Negresca
Segorbe	María de Luna
València	Blanqueries
València	Canalla Bistro **N**
València	2 Estaciones
València	Entrevins

València	Forastera **N**
València	Gallina Negra **N**
València	Goya Gallery
València	Gran Azul
València	Kaymus
Xinorlet	Elías
Xiva	Las Bairetas **N**

HOTELES AGRADABLES

HOTÉIS AGRADÁVEIS

ANDALUCÍA

Baza	Cuevas Al Jatib
Benahavís	Amanhavis
Las Cabezas de San Juan	Hacienda de San Rafael
Córdoba	Balcón de Córdoba
Córdoba	Palacio del Bailío
Granada	Casa Morisca
Granada/ La Alhambra	Alhambra Palace
Granada/ La Alhambra	América
Granada/ La Alhambra	Parador de Granada
Jerez de la Frontera	Casa Palacio María Luisa
Loja/ Finca La Bobadilla	Royal Hideaway La Bobadilla
Marbella	Marbella Club
Marbella	Puente Romano
Marbella	La Villa Marbella
Monachil	La Almunia del Valle
Ojén	La Posada del Ángel
Osuna	La Casona de Calderón
Ronda	San Gabriel
Sevilla	Alfonso XIII
Sevilla	Casa 1800
Sevilla	Mercer Sevilla
Sierra Nevada	El Lodge
Vilches	El Añadío

ARAGÓN

Albarracín	Casa de Santiago
Albarracín	La Casona del Ajimez
Buera	La Posada de Lalola
Calaceite	Hotel del Sitjar
La Fresneda	El Convent 1613
Fuentespalda	La Torre del Visco
Monroyo	Consolación
Sallent de Gállego	Almud
Sallent de Gállego/ Lanuza	La Casueña

ASTURIAS

Cadavedo	Torre de Villademoros
Cofiño	Puebloastur
Cudillero	Casona de la Paca
Llanes/ La Pereda	CAEaCLAVELES
Oviedo/ La Manjoya	Castillo del Bosque la Zoreda
Panes/ Allés	La Tahona de Besnes
Villamayor	Palacio de Cutre

BALEARES (ISLAS)

Ibiza/ Eivissa	Mirador de Dalt Vila
Ibiza/ Sant Miquel de Balansat	Can Pardal
Ibiza/ Sant Miquel de Balansat	Cas'Pla
Ibiza/ Sant Miquel de Balansat	Hacienda Na Xamena
Ibiza/ Santa Eulària des Riu	Can Curreu
Ibiza/ Santa Gertrudis de Fruitera	Cas Gasi
Mallorca/ Artà	Can Moragues
Mallorca/ Cala Blava	Cap Rocat
Mallorca/ Canyamel	Can Simoneta
Mallorca/ Es Capdellà	Castell Son Claret
Mallorca/ Capdepera	Predi Son Jaumell
Mallorca/ Deià	Belmond La Residencia
Mallorca/ Deià	Sa Pedrissa
Mallorca/ Lloseta	Cas Comte
Mallorca/ Palma	Calatrava
Mallorca/ Palma	Can Alomar
Mallorca/ Palma	Can Bordoy
Mallorca/ Palma	Can Cera
Mallorca/ Palma	Castillo H. Son Vida
Mallorca/ Palma	Glòria de Sant Jaume
Mallorca/ Palma	Palacio Ca Sa Galesa
Mallorca/ Palma	Sant Francesc
Mallorca/ Pollença	Son Brull
Mallorca/ Porto Cristo	Son Mas
Mallorca/ Puigpunyent	G.H. Son Net
Mallorca/ Sant Llorenç des Cardassar	Son Penya
Mallorca/ Santa Margalida	Casal Santa Eulàlia
Mallorca/ Sóller	Ca N'ai
Mallorca/ Sóller	Ca's Xorc
Mallorca/ Sóller	Son Grec
Mallorca/ Son Servera	Son Gener
Mallorca/ Valldemossa	Valldemossa
Menorca/ Cala en Porter	Torralbenc
Menorca/ Es Castell	Sant Joan de Binissaida
Menorca/ Sant Lluís	Alcaufar Vell
Menorca/ Sant Lluís	Biniarroca

CANARIAS (ISLAS)

Fuerteventura/ Corralejo	Gran Hotel Atlantis Bahía Real
La Gomera/ San Sebastián de la Gomera	Parador de San Sebastián de La Gomera
Gran Canaria/ Maspalomas	Grand H. Residencia
La Palma/ Tazacorte	Hacienda de Abajo
Tenerife/ Garachico	San Roque
Tenerife/ Guía de Isora	The Ritz-Carlton, Abama
Tenerife/ Playa de las Américas	G.H. Bahía del Duque

CANTABRIA

Ajo	Palacio de la Peña
Comillas/ El Tejo	La Posada Los Trastolillos
Fontibre	Posada Rural Fontibre
Hoz de Anero	Casona Camino de Hoz
Oreña	Posada Caborredondo
Reinosa	Villa Rosa
San Pantaleón de Aras	La Casona de San Pantaleón de Aras
Santander/ El Sardinero	Eurostars Real
Santillana del Mar	Casa del Marqués
Suances	Costa Esmeralda Suites
Valle de Cabuerniga	Camino Real de Selores
Villacarriedo	Palacio de Soñanes

CASTILLA Y LEÓN

Burgos	Landa
Calatañazor	Casa del Cura
Espinosa de los Monteros	Posada Real Torre Berrueza
Luyego de Somoza	Hostería Camino
Navafría	Posada Mingaseda
Puebla de Sanabria	La Cartería
Quintanilla del Agua	El Batán del Molino
Salamanca	G.H. Don Gregorio
Salamanca	Rector
Sardón de Duero	Abadía Retuerta LeDomaine
Topas	Castillo del Buen Amor
Valbuena de Duero/ San Bernardo	Castilla Termal Monasterio de Valbuena
Villafranca del Bierzo	Las Doñas del Portazgo

CASTILLA-LA MANCHA

Alarcón	Parador de Alarcón
Almagro	La Casa del Rector
Almagro	Parador de Almagro
Ballesteros de Calatrava	Palacio de la Serna
Cuenca	Parador de Cuenca
Imón	La Botica
Jábaga	La Casita de Cabrejas
Sigüenza/ Alcuneza	El Molino de Alcuneza
El Toboso	Hospedería Casa de la Torre
Toledo	Casa de Cisneros
Torrico/ Valdepalacios	Valdepalacios
Villanueva de los Infantes	La Morada de Juan de Vargas

CATALUÑA

Avinyonet de Puigventós	Mas Falgarona
Barcelona	ABaC
Barcelona	Arts
Barcelona	Casa Fuster
Barcelona	Cotton House
Barcelona	G.H. La Florida
Barcelona	Mandarin Oriental Barcelona
Barcelona	Mercer H. Barcelona
Barcelona	The One Barcelona
Barcelona	El Palace
Barcelona	The Serras
Barcelona	Sofía
Begur	Aiguaclara
La Bisbal d'Empordà	Castell d'Empordà
Cabrils	Mas de Baix
Cadaqués	Calma Blanca
Calella	Sant Jordi
La Canonja	Mas La Boella
Cànoves	Can Cuch
Cardona/ La Coromina	La Premsa
Castelladral	La Garriga de Castelladral
Escaladei	Terra Dominicata
Esponellà	La Calma de Rita
Girona	Sants Metges
Joanetes	Mas Les Comelles
Lladurs	La Vella Farga
Madremanya	La Plaça
Madremanya	El Racó de Madremanya
Ollers	Casa Anamaria

Olot	Les Cols Pavellons
Palamós	La Malcontenta
Pau	Mas Lazuli
Platja de Fenals	Rigat Park
Pratdip	Mas Mariassa
Regencós	Del Teatre
San Feliú de Guixols	Alàbriga
Sant Julià de Vilatorta	Torre Martí
Torrent	Mas de Torrent
La Vall de Bianya	Mas la Ferreria
Vielha	El Ciervo
Xerta	Villa Retiro

EXTREMADURA

Arroyomolinos de la Vera	Peña del Alba
Cáceres	Atrio
Cáceres	Parador de Cáceres
Cuacos de Yuste	La Casona de Valfrío
Plasencia	Parador de Plasencia
Siruela	La Pajarona
Trujillo	Parador de Trujillo
Zafra	Casa Palacio Conde de la Corte

GALICIA

Baiona	Parador de Baiona
Belesar	Le Sept
Bentraces	Pazo de Bentraces
Caldas de Reis	Torre do Río
Lugo	Orbán e Sangro
Luíntra	Parador de Santo Estevo
Meaño	Quinta de San Amaro
Santiago de Compostela	Parador Hostal dos Reis Católicos
Santiago de Compostela	A Quinta da Auga
Vigo	Pazo Los Escudos

LA RIOJA

Azofra	Real Casona de las Amas
Casalarreina	Hospedería Señorío de Casalarreina
Valgañón	Pura Vida

MADRID (COMUNIDAD)

Boadilla del Monte	El Antiguo Convento de Boadilla del Monte
Chinchón	Parador de Chinchón
Collado Mediano	La Torre Box Art H.
Madrid	Orfila
Navacerrada	Nava Real

NAVARRA

Iruña/ Pamplona	Palacio Guendulain
Tudela	Aire de Bardenas
Zozaia	Kuko

PAÍS VASCO

Donostia / San Sebastián	Akelaře
Donostia / San Sebastián	María Cristina
Elciego	Marqués de Riscal
Eskuernaga	Viura
Galdakao	Iraragorri
Gautegiz-Arteaga	Castillo de Arteaga
Laguardia	Hospedería de los Parajes
Zeanuri	Etxegana

VALENCIANA (COMUNIDAD)

Alcoi	Masía la Mota
Benimantell	Vivood Landscape H.
La Vila Joiosa	El Montíboli

Spa

HOTELES CON SPA

HOTÉIS COM SPA

Spa

ANDALUCÍA

Cádiz	Parador H. Atlántico
Casares	Finca Cortesin
Chiclana de la Frontera/ Novo Sancti Petri	Gran Meliá Sancti Petri
El Ejido/ Almerimar	Golf Almerimar
Loja/ Finca La Bobadilla	Royal Hideaway La Bobadilla
Marbella	Gran Meliá Don Pepe
Marbella	Marbella Club
Marbella	Puente Romano
San Pedro de Alcántara	Villa Padierna
Úbeda	Palacio de Úbeda

ASTURIAS

Cangas del Narcea/ Corias	Parador de Corias
Cofiño	Puebloastur
Oviedo/ La Manjoya	Castillo del Bosque la Zoreda

BALEARES (ISLAS)

Ibiza/ Sant Miquel de Balansat	Hacienda Na Xamena
Mallorca/ Calvià	Maricel
Mallorca/ Campos	Sa Creu Nova Art H.
Mallorca/ Es Capdellà	Castell Son Claret
Mallorca/ Ses Illetes	Gran Meliá de Mar
Mallorca/ Palma	Can Bordoy
Mallorca/ Palma	Glòria de Sant Jaume
Mallorca/ Palma	Es Princep
Mallorca/ Palma	Valparaíso Palace
Mallorca/ Palmanova	St. Regis Mardavall
Mallorca/ Port de Sóller	Jumeirah Port Soller

CANARIAS (ISLAS)

Fuerteventura/ Corralejo	Gran Hotel Atlantis Bahía Real
Gran Canaria/ Cruz de Tejeda	Parador Cruz de Tejeda
Gran Canaria/ Maspalomas	Grand H. Residencia

Gran Canaria/ Maspalomas	Salobre H. Resort and Serenity
El Hierro/ Valverde, en Las Playas	Parador de El Hierro
Lanzarote/ Playa Blanca	Princesa Yaiza
Tenerife/ Guía de Isora	The Ritz-Carlton, Abama
Tenerife/ Playa de las Américas	G.H. Bahía del Duque
Tenerife/ Playa de las Américas	Royal Hideaway Corales Resort
Tenerife/ Santa Cruz de Tenerife	Iberostar Grand H. Mencey

CANTABRIA

Santander/ El Sardinero	Eurostars Real

CASTILLA Y LEÓN

El Burgo de Osma	Castilla Termal Burgo de Osma
Quintanilla de Onésimo	Arzuaga
San Ildefonso o La Granja	Parador de La Granja
Sardón de Duero	Abadía Retuerta LeDomaine
Segovia	Eurostars Convento Capuchinos
Toro	Valbusenda
Valbuena de Duero/ San Bernardo	Castilla Termal Monasterio de Valbuena

CASTILLA-LA MANCHA

Almagro	La Casa del Rector
Toledo	Eurostars Palacio Buenavista
Torrenueva	La Caminera
Torrico/ Valdepalacios	Valdepalacios

CATALUÑA

Avinyonet de Puigventós	Mas Falgarona
Barcelona	Arts
Barcelona	H1898
Barcelona	Mandarin Oriental Barcelona
Barcelona	The One Barcelona
Barcelona	El Palace
Barcelona	Sofía
Barcelona	W Barcelona
Cadaqués	Calma Blanca
Calders	Urbisol

Lleida	Finca Prats
Lloret de Mar	Santa Marta
Peralada	Peralada
Platja d'Aro	Cala del Pi
Roses	Terraza
S'Agaró	Hostal de La Gavina
Santa Cristina d'Aro	Mas Tapiolas
La Seu d'Urgell/ Castellciutat	El Castell de Ciutat
Torrent	Mas de Torrent

GALICIA

Luíntra	Parador de Santo Estevo
Sanxenxo	Augusta
Sanxenxo	Sanxenxo
Santiago de Compostela	A Quinta da Auga
Illa da Toxa	Eurostars G.H. La Toja
Vigo	G.H. Nagari
Vigo	Pazo Los Escudos

MADRID (COMUNIDAD)

Alcalá de Henares	Parador de Alcalá de Henares
Madrid	Hospes Puerta de Alcalá
Madrid	NH Collection Eurobuilding
Madrid	VP Plaza España Design

MURCIA (REGIÓN)

Lorca	Parador Castillo de Lorca

PAÍS VASCO

Donostia / San Sebastián	Akelaŕe
Elciego	Marqués de Riscal

VALENCIANA (COMUNIDAD)

Benicasim	El Palasiet
Benimantell	Vivood Landscape H.
El Saler	Parador de El Saler Golf
València/ Playa de Levante	Las Arenas

València	The Westin València
La Vila Joiosa	El Montíboli
Xàbia	El Rodat

Principado de **Andorra**

Índice de establecimientos

Índice de estabelecimentos

RESTAURANTES

Andorra la Vella	La Borda Pairal 1630
Andorra la Vella	Celler d'en Toni
Escaldes-Engordany	A Casa Canut
Escaldes-Engordany	L' Enoteca
La Massana	Molí dels Fanals
Soldeu	Sol i Neu

ALOJAMIENTOS

Andorra la Vella	Andorra Park H.
Andorra la Vella	Plaza
La Massana	Rutllan
Pas de la Casa	Grau Roig
Soldeu	Sport H. Hermitage

PORTUGAL

RESTAURANTES COM ESTRELAS

LAS ESTRELLAS DE BUENA MESA

N Novo estabelecimento com distinção
N Nuevo establecimiento con distinción

✿✿

Albufeira/ Praia da Galé	Vila Joya
Armação de Pêra	Ocean
Leça da Palmeira	Casa de Chá da Boa Nova **N**
Lisboa	Alma
Lisboa	Belcanto
Madeira/ Funchal	Il Gallo d'Oro
Vila Nova de Gaia	The Yeatman

✿

ALGARVE

Almancil	Gusto
Almancil	São Gabriel
Lagoa/ Carvoeiro	Bon Bon
Portimão/ Praia da Rocha	Vista
Vila Nova de Cacela	Vistas **N**

BEIRA ALTA

Passos de Silgueiros	Mesa de Lemos **N**

DOURO

Amarante	Largo do Paço
Porto	Antiqvvm
Porto/ Foz do Douro	Pedro Lemos

ESTREMADURA

Cascais/ Praia do Guincho	Fortaleza do Guincho
Lisboa	Eleven
Lisboa	EPUR **N**
Lisboa	Feitoria
Lisboa	Fifty Seconds **N**
Lisboa	Loco
Sintra	Lab by Sergi Arola
Sintra	Midori

MADEIRA

Madeira/ Funchal	William

MINHO

Guimarães	A Cozinha

TRAS-OS-MONTES

Bragança	G Pousada

BIB GOURMAND

BIB GOURMAND

N Novo estabelecimento com distinção
N Nuevo establecimiento con distinción

ALGARVE

Albufeira/ Sesmarias	O Marinheiro
Lagos	Avenida

ALTO ALENTEJO

Évora	Dom Joaquim
Portalegre	Solar do Forcado
Terrugem	A Bolota

BAIXO ALENTEJO

Sines	Cais da Estação

BEIRA ALTA

Tonda	3 Pipos
Viseu	Muralha da Sé

BEIRA BAIXA

Covilhã	Taberna A Laranjinha

BEIRA LITORAL

Águeda	O Típico
Aveiro/ Costa Nova do Prado	Dóri
Cantanhede	Marquês de Marialva
Coimbra	Solar do Bacalhau **N**
Salreu	Casa Matos

DOURO

Carvalhos	Mário Luso
Maia/ Nogueira	Machado
Porto/ Foz do Douro	In Diferente **N**

ESTREMADURA

Bombarral	Dom José
Leiria/ Marrazes	Casinha Velha
Lisboa	Saraiva's **N**
Lisboa	Solar dos Nunes
Queluz/ Tercena	O Parreirinha

MADEIRA

Madeira/ Câmara de Lobos	Vila do Peixe
Madeira/ Funchal	Casal da Penha

MINHO

Guimarães	Le Babachris **N**
Guimarães	Histórico by Papaboa
Pedra Furada	Pedra Furada
Viana do Castelo	Tasquinha da Linda
Viana do Castelo/ Santa Marta de Portuzelo	Camelo

RIBATEJO

Alferrarede	Casa Chef Victor Felisberto **N**
Santarém	Ó Balcão **N**

TRAS-OS-MONTES

Alijó	Cêpa Torta
Bragança	Tasca do Zé Tuga
Chaves	Carvalho
Macedo de Cavaleiros	Brasa

HOTÉIS AGRADÁVEIS

HOTELES AGRADABLES

ALGARVE

Armação de Pêra	Vila Vita Parc
Lagos	Quinta Bonita
Portimão/ Praia da Rocha	Bela Vista

ALTO ALENTEJO

Évora	Convento do Espinheiro
Monforte	Torre de Palma
Vila Viçosa	Pousada Convento Vila Viçosa

BAIXO ALENTEJO

Albernoa	Herdade dos Grous
Albernoa	Malhadinha Nova

BEIRA ALTA

Manteigas	Casa das Obras
Viseu	Casa da Sé

BEIRA BAIXA

Unhais da Serra	H2otel

DOURO

Amarante	Casa da Calçada
Porto	Le Monumental Palace
Vila Nova de Gaia	The Yeatman

ESTREMADURA

Alcobaça	Challet Fonte Nova
Cascais	Casa Vela
Cascais	Pérgola House
Cascais/ Praia do Guincho	Fortaleza do Guincho

Estoril	Palácio Estoril
Lisboa	As Janelas Verdes
Lisboa	Lapa Palace
Lisboa	Pestana Palace
Lisboa	Solar do Castelo
Sintra	Penha Longa H.
Sintra	Tivoli Palácio de Seteais

MADEIRA

Funchal	Casa Velha do Palheiro

MINHO

Monção	Solar de Serrade
Ponte de Lima	Carmo's Boutique H.
Viana do Castelo/ Santa Luzia	Pousada Viana do Castelo

RIBATEJO

Santarém	Casa da Alcáçova

TRAS-OS-MONTES

Pinhão	Casa do Visconde de Chanceleiros
Vidago	Vidago Palace

HOTÉIS COM SPA

HOTELES CON SPA

ALGARVE

Almancil	Conrad Algarve
Armação de Pêra	Vila Vita Parc
Armação de Pêra	Vilalara Thalassa Resort
Faro/ Estói	Pousada Palácio Estoi
Portimão/ Praia da Rocha	Bela Vista
Quarteira/ Vilamoura	Anantara Vilamoura
Quarteira/ Vilamoura	Hilton Vilamoura As Cascatas
Quarteira/ Vilamoura	The Lake Resort

ALTO ALENTEJO

Évora	Convento do Espinheiro
Monforte	Torre de Palma
Montemor-o-Novo	L'And Vineyards

BEIRA ALTA

Lamego	Six Senses Douro Valley

BEIRA BAIXA

Covilhã	Pousada Serra da Estrela
Unhais da Serra	H2otel

BEIRA LITORAL

Coimbra	Quinta das Lágrimas

DOURO

Porto	Le Monumental Palace
Vila Nova de Gaia	The Yeatman

ESTREMADURA

Batalha	Villa Batalha
Cascais	The Oitavos
Estoril	Palácio Estoril
Lisboa	Altis Belém
Lisboa	Four Seasons H. Ritz Lisbon
Lisboa	Myriad by Sana H.
Lisboa	Pestana Palace
Sintra	Penha Longa H.

MADEIRA

Madeira/ Funchal	Belmond Reid's Palace
Madeira / Funchal	Casa Velha do Palheiro
Madeira/ Funchal	The Cliff Bay
Madeira/ Funchal	Pestana Promenade

MINHO

Ponte de Lima	Carmo's Boutique H.

RIBATEJO

Golegã	Lusitano

TRAS-OS-MONTES

Vidago	Vidago Palace

Léxico gastronómico

Gastronomical lexicon

Lexique gastronomique

Lessico gastronomico

Gastronomisches Lexikon

LEGUMBRES	LEGUMES	VEGETABLES
Aceitunas	Azeitonas	Olives
Aguacate	Abacate	Avocado
Alcachofas	Alcachofras	Artichokes
Berenjena	Beringela	Aubergine
Calabacín	Abobrinha	Courgette
Calabaza	Cabaça	Pumpkin
Cardo	Cardo	Cardoon
Coliflor	Couve-flor	Cauliflower
Endibias	Escarola	Chicory
Escarola	Escarola	Endive
Espárragos	Espargos	Asparagus
Espinacas	Espinafres	Spinach
Garbanzos	Grão de bico	Chickpeas
Guisantes	Ervilhas	Peas
Habas	Favas	Broad beans
Judías	Feijão	Beans
Judías verdes	Feijão verde	French beans
Judiones	Feijão grande	Butter beans
Lechuga	Alface	Lettuce
Lentejas	Lentilhas	Lentils
Patatas	Batatas	Potatoes
Pepino	Pepino	Cucumber
Pimientos	Pimentos	Peppers
Puerros	Alhos franceses	Leeks
Repollo/col	Repolho/Couve	Cabbage
Tomates	Tomates	Tomatoes
Zanahoria	Cenoura	Carrot

LÉGUMES	LEGUMI	GEMÜSE
Olives	Olive	Oliven
Avocat	Avocado	Avocado
Artichauts	Carciofi	Artischocken
Aubergines	Melanzane	Auberginen
Courgettes	Zucchine	Zucchini
Courge	Zucca	Kürbis
Cardon	Cardo	Kardonen
Chou-fleur	Cavolfiore	Blumenkohl
Endives	Indivia	Chicoree
Scarole	Scarola	Endivien
Asperges	Asparagi	Spargel
Épinards	Spinaci	Spinat
Pois chiches	Ceci	Kichererbsen
Petits pois	Piselli	Erbsen
Fèves	Fave	Dicke Bohnen
Haricots	Fagioli	Bohnen
Haricots verts	Fagiolini	Grüne Bohnen
Fèves	Fagioli	Saubohnen
Laitue	Lattuga	Kopfsalat
Lentilles	Lenticchie	Linsen
Pommes de terre	Patate	Kartoffeln
Concombre	Cetriolo	Gurken
Poivrons	Peperoni	Paprika
Poireaux	Porri	Lauch
Chou	Cavoli	Kohl
Tomates	Pomodori	Tomaten
Carotte	Carote	Karotten

ARROZ, PASTA Y CHAMPIÑONES	ARROZ, MASSA E COGUMELO	RICE, PASTA AND MUSHROOMS
Arroz blanco	Arroz branco	White rice
Arroz de marisco	Arroz de marisco	Seafood rice
Arroz de pollo	Arroz com frango	Chicken rice
Arroz de verduras	Arroz com legumes	Vegetable rice
Arroz negro	Arroz preto	Black rice
Boleto	Seta	Cep mushrooms
Canelones	Canelões	Cannelloni
Champiñones	Cogumelos	Small mushrooms
Colmenillas	Espécie de cogumelo	Morel mushrooms
Espaguetis	Espaguetes	Spaghetti
Lasaña	Lasanha	Lasagne
Níscalos	Míscaros	Mushrooms
Seta de cardo	Seta de cardo	Oyster mushrooms
Trufa	Trufa	Truffle

MARISCOS	MARISCO	SEAFOOD
Almejas	Amêijoas	Clams
Angulas	Eirós	Eels
Berberechos	Amêijoas	Cockles
Bogavante	Lavagante	Lobster
Calamares	Lulas	Squid
Camarón	Camarão	Shrimp
Cangrejo	Caranguejo	Crab
Carabineros	Camarão vermelho	Jumbo prawn
Centollo	Santola	Spider crab
Chipirones	Lulinhas	Squid
Cigalas	Lagostim	Langoustine
Gambas	Gambas	Prawns
Langosta	Lagosta	Lobster
Langostinos	Lagostims	Prawns
Mejillones	Mexilhões	Mussels
Navajas	Navalhas	Razor clams
Nécoras	Caranguejos	Small crabs
Ostras	Ostras	Oysters
Percebes	Perceves	Barnacles
Pulpo	Polvo	Octopus
Sepia	Sépia	Cuttlefish
Vieiras	Vieiras	Scallops
Zamburiñas	Leques	Queen scallops

RIZ, PÂTES ET CHAMPIGNONS	RISO, PASTA E FUNGHI	REIS, NUDELN UND PILZE
Riz blanc	Riso bianco	Weißer Reis
Riz aux fruits de mer	Risotto ai frutti di mare	Reis mit Meeresfrüchten
Riz au poulet	Risotto al pollo	Reis mit Huhn
Riz aux légumes	Risotto alle verdure	Gemüsereis
Riz noir	Risotto al nero di seppia	Schwarzer Reis
Bolet	Porcini	Pilze
Cannelloni	Cannelloni	Cannelloni
Champignons de Paris	Champignon	Champignons
Morilles	Ovoli	Morcheln
Spaghetti	Spaghetti	Spaghetti
Lasagne	Lasagne	Lasagne
Mousserons	Prugnolo	Reizker
Pleurote du Panicot	Cardoncello	Distelpilz
Truffe	Tartufo	Trüffel

FRUITS DE MER	FRUTTI DI MARE	MEERESFRÜCHTE
lovisses	Arselle	Muscheln
Anguille	Anguilla	Aal
Coques	Vongole	Herzmuscheln
Homard	Astice	Hummer
Encornets	Calamari	Tintenfisch
Petite crevette	Gamberetti	Garnelen
Crabe	Granchi	Krabben
Grande crevette rouge	Gambero rosso	Cambas
Araignée de mer	Gransevola	Teufelskrabbe
Calmar	Calamari	Tintenfische
Langoustines	Scampi	Kaisergranat
Gambas	Gamberi	Garnelen
Langouste	Aragosta	Languste
Crevette	Gamberone	Langustinen
Moules	Cozze	Miesmuscheln
Couteaux	Cannolicchio	Scheidenmuscheln
Étrilles	Granchi	Kleine Meereskrebse
Huîtres	Ostriche	Austern
Anatifes	Lepadi	Entenmuscheln
Poulpe	Polpo	Kraken
Seiche	Seppia	Tintenfisch
Coquilles Saint- Jacques	Capesante	Jakobsmuscheln
Pétoncles	Capesante	Kammmuscheln

PESCADOS	PEIXES	FISH
Arenques	Arenques	Herring
Atún / bonito	Atum / Bonito	Tuna
Bacalao	Bacalhau	Cod
Besugo	Besugo	Sea bream
Boquerones/anchoas	Boqueirão/Anchova	Anchovies
Caballa	Sarda	Mackerel
Dorada	Dourada	Dorado
Gallos	Peixe-galo	John Dory
Lenguado	Linguado	Sole
Lubina	Robalo	Sea bass
Merluza	Pescada	Hake
Mero	Mero	Halibut
Rape	Tamboril	Monkfish
Rodaballo	Rodovalho	Turbot
Salmón	Salmão	Salmon
Salmonetes	Salmonetes	Red Mullet
Sardinas	Sardinhas	Sardines
Trucha	Truta	Trout

CARNES	CARNE	MEAT
Buey	Boi	Ox
Cabrito	Cabrito	Kid
Callos	Tripas	Tripe
Cerdo	Porco	Pork
Chuletas	Costeletas	Chops
Cochinillo	Leitão	Suckling pig
Cordero	Cordeiro	Lamb
Costillas	Costelas	Ribs
Entrecó	Bife	Entrecote
Hígado	Fígado	Liver
Jamón	Presunto	Ham
Lechazo	Cordeiro novo	Milk-fed lamb
Lengua	Língua	Tongue
Lomo	Lombo	Loin
Manitas	Pés	Pig's trotters
Mollejas	Moelas	Sweetbreads
Morros	Focinhos	Snout
Oreja	Orelha	Pig's ear
Paletilla	Pá	Shoulder
Rabo	Rabo	Tail
Riñones	Rins	Kidneys
Solomillo	Lombo	Sirloin
Ternera	Vitela	Veal
Vaca	Vaca	Beef

POISSON	PESCI	FISCH
Harengs	Aringhe	Heringe
Thon	Tonno	Thunfisch
Morue/Cabillaud	Merluzzo	Kabeljau
Pagre	Pagro	Seebrasse
Anchois	Alici/acciughe	Anchovy
Maquereau	Sgombri	Makrele
Dorade	Orata	Dorade
Cardine	Rombo giallo	Butt
Sole	Sogliola	Seezunge
Bar	Branzino	Wolfsbarsch
Merlu	Nasello	Seehecht
Mérou	Palombo	Heilbutt
Lotte	Rana Pescatrice	Seeteufel
Turbot	Rombo	Steinbutt
Saumon	Salmone	Lachs
Rougets	Triglie	Rotbarbe
Sardines	Sardine	Sardine
Truite	Trota	Forelle

VIANDE	CARNI	FLEISCH
Bœuf	Manzo	Ochse
Cabri	Agnellino da latte	Lamm
Tripes	Trippa	Kutteln
Porc	Maiale	Schwein
Côtelettes d'agneau	Costolette	Kotelett
Cochon de lait	Maialino da latte arrosto	Spanferkelbraten
Agneau	Agnello	Lamm
Côtelettes	Costolette	Kotelett
Entrecôte	Bistecca	Entrecote
Foie	Fegato	Leber
Jambon	Prosciutto	Schinken
Agneau de lait	Agnello	Lamm
Langue	Lingua	Zunge
Filet	Lombo	Filet
Pieds de porc	Piedino	Schweinefuß
Ris de veau	Animelle	Bries
Museaux	Musetto	Maul
Oreille de porc	Orecchio di maiale	Schweineohr
Épaule	Spalla	Schulter
Queue	Coda	Schwanz
Rognons	Rognoni	Nieren
Filet	Filetto	Lendenstück
Veau	Vitello	Kalb
Bœuf	Bue	Rind

AVES Y CAZA	AVES E CAÇA	FOWL AND GAME
Avestruz	Avestruz	Ostrich
Becada	Galinhola	Woodcock
Capón	Capão	Capon
Ciervo	Cervo	Venison
Codorniz	Codorniz	Quail
Conejo	Coelho	Rabbit
Faisán	Faisão	Pheasant
Jabalí	Javali	Wild boar
Liebre	Lebre	Hare
Oca	Ganso	Goose
Paloma	Pomba	Pigeon
Pato	Pato	Duck
Pavo	Peru	Turkey
Perdiz	Perdiz	Partridge
Pichón	Pombinho	Squab pigeon
Pintada	Galinha da Guiné	Guinea fowl
Pollo	Frango	Chicken
Pularda	Frango	Chicken
Venado	Veado	Deer

CONDIMENTOS	CONDIMENTOS	CONDIMENTS
Aceite de oliva	Azeite da azeitona	Olive oil
Ajo	Alho	Garlic
Albahaca	Alfavaca	Basil
Azafrán	Açafrão	Saffron
Canela	Canela	Cinnamon
Cebolla	Cebola	Onion
Cominos	Cominhos	Cumin
Eneldo	Endro	Dill
Estragón	Estragão	Tarragon
Guindilla	Guindia	Chilli pepper
Hierbabuena-menta	Hortelã-pimenta	Mint
Laurel	Loureiro	Laurel
Mantequilla	Manteiga	Butter
Mostaza	Mostarda	Mustard
Orégano	Orégão	Oregano
Perejil	Salsa	Parsley
Pimentón	Pimentão	Paprika
Pimienta	Pimenta	Pepper
Romero	Alecrim	Rosemary
Sal	Sal	Salt
Tomillo	Tomilho	Thyme
Vinagre	Vinagre	Vinegar

VOLAILLES ET GIBIER	GALLINACE I CACCIAGIONE	GEFLÜGEL UND WILDBRET
Autruche	Struzzo	Strauß
Bécasse	Beccaccia	Schnepfe
Chapon	Cappone	Kapaun
Cerf	Cervo	Reh
Caille	Quaglia	Wachtel
Lapin	Coniglio	Kaninchen
Faisan	Fagiano	Fasan
Sanglier	Cinghiale	Wildschwein
Lièvre	Lepre	Hase
Oie	Oca	Gans
Pigeon	Colomba	Taube
Canard	Anatra	Ente
Dinde	Tacchino	Truthahn
Perdrix	Pernice	Rebhuhn
Pigeonneau	Piccione	Täubchen
Pintade	Faraona	Perlhuhn
Poulet	Pollo	Huhn
Poularde	Pollo	Poularde
Cerf	Cervo	Hirsch

CONDIMENTS	CONDIMENTI	ZUTATEN
Huile d'olive	Olio d'oliva	Olivenöl
Ail	Aglio	Knoblauch
Basilic	Basilico	Basilikum
Safran	Zafferano	Safran
Cannelle	Cannella	Zimt
Oignon	Cipolla	Zwiebel
Cumin	Cumino	Kümmel
Aneth	Aneto	Dill
Estragon	Dragoncello	Estragon
Piment rouge	Peperoncino	Roter Pfeffer
Menthe	Menta	Minze
Laurier	Alloro	Lorbeer
Beurre	Burro	Butter
Moutarde	Senape	Senf
Marjolaine	Origano	Oregano
Persil	Prezzemolo	Petersilie
Paprika	Paprica	Paprika
Poivre	Pepe	Pfeffer
Romarin	Rosmarino	Rosmarin
Sel	Sale	Salz
Thym	Timo	Thymian
Vinaigre	Aceto	Essig

ES	PT	EN
EMBUTIDOS Y CURADOS	**ENCHIDOS E CURADOS**	**SAUSAGES AND CURED MEATS**
Butifarra	Linguiça da Catalunha	Catalan sausage
Cecina	Chacina	Cured meat
Chorizo	Chouriço	Spiced sausage
Jamón	Presunto	Ham
Lacón	Lacão	Shoulder of pork
Morcilla	Morcela	Black pudding
Salchicha	Salsicha	Sausage
Salchichón	Salsichão	Salami
Sobrasada	Paio das Baleares	Majorcan sausage
Tocino	Toucinho	Bacon
FRUTAS Y POSTRES	**FRUTAS E SOBREMESAS**	**FRUITS AND DESSERTS**
Castañas	Castanhas	Chestnut
Chocolate	Chocolate	Chocolate
Cuajada	Coalhada	Curd
Flan	Pudim	Crème caramel
Fresas	Morangos	Strawberries
Fruta	Fruta	Fruit
Fruta en almíbar	Fruta em calda	Fruit in syrup
Helados	Gelados	Ice cream
Higos	Figos	Figs
Hojaldre	Folhado	Puff pastry
Manzanas asadas	Maçãs assadas	Baked apple
Melón	Melão	Melon
Miel	Mel	Honey
Mousse de chocolate	Mousse de chocolate	Chocolate mousse
Nata	Nata	Cream
Natillas	Doce de ovos	Custard
Nueces	Nozes	Walnut
Peras	Pêras	Pears
Piña	Ananás	Pineapple
Plátano	Banana	Banana
Queso curado	Queijo curado	Smoked cheese
Queso fresco	Queijo fresco	Fromage frais
Requesón	Requeijão	Fromage blanc
Sandía	Melancia	Watermelon
Tartas	Torta	Cakes/tarts
Yogur	Iogurte	Yoghurt
Zumo de naranja	Sumo de laranja	Orange juice

CHARCUTERIES	SALSICCE E CURED	WÜRSTE
Saucisse catalane	Salsiccia Catalana	Katalanische Wurst
Viande séchée	Scatti	Trockenfleisch
Saucisson au piment	Salsicce piccanti	Pfefferwurst
Jambon	Prosciutto	Schinken
Épaule de porc	Spalla di maiale	Schweineschulter
Boudin	Salsiccia	Blutwurst
Saucisse	Salsicce	Würstchen
Saucisson	Salame	Salami
Saucisse de Majorque	Soppressata	Mallorquinische Wurst
Lard	Lardo	Speck
FRUITS ET DESSERTS	**FRUTTA E DESSERT**	**FRÜCHTE UND DESSERTS**
Châtaignes	Castagne	Kastanien
Chocolat	Cioccolato	Schokolade
Lait caillé	Cagliata	Dickmilch
Crème au caramel	Crème caramel	Pudding
Fraises	Fragole	Erdbeeren
Fruits	Frutta	Früchte
Fruits au sirop	Frutta sciroppata	Obst in Sirup
Glaces	Gelato	Eis
Figues	Fichi	Feigen
Feuilleté	Pasta sfoglia	Gebäck
Pomme braisée	Mela al forno	Bratapfel
Melon	Melone	Melone
Miel	Miele	Honig
Mousse au chocolat	Mousse di cioccolato	Schokoladenmousse
Crème	Crema	Sahne
Crème anglaise	Budino	Cremespeise
Noix	Noci	Walnuss
Poires	Pere	Birnen
Ananas	Ananas	Ananas
Banane	Banana	Banane
Fromage sec	Formaggio stagionato	Hartkäse
Fromage frais	Formaggio fresco	Frischkäse
Fromage blanc	Formaggio bianco	Quark
Pastèque	Cocomero	Wassermelone
Tartes	Torte	Torten
Yaourt	Yogurt	Joghurt
Jus d'orange	Succo d'arancia	Orangensaft

ÍNDICE DE MAPAS

ÍNDICE DE MAPAS

(6) **Número de mapa entre paréntesis**
Número do mapa entre parênteses

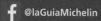

inguide